김길성의
네트워크
딥다이브

김길성 지음

한빛미디어

김길성의 네트워크 딥다이브
용어의 기원부터 장비, 보안, 관리까지 네트워크 엔지니어링을 위한 거의 모든 것

초판 1쇄 발행 2025년 5월 7일

지은이 김길성 / **펴낸이** 전태호
펴낸곳 한빛미디어(주) / **주소** 서울시 서대문구 연희로2길 62 한빛미디어(주) IT출판2부
전화 02-325-5544 / **팩스** 02-336-7124
등록 1999년 6월 24일 제25100-2017-000058호 / **ISBN** 979-11-6921-381-3 93000

책임편집 홍성신 / **기획 · 편집** 이희영 / **교정** 고란희
디자인 박정우 / **전산편집** 다인 / **일러스트** 이진숙
영업마케팅 송경석, 김형진, 장경환, 조유미, 한종진, 이행은, 김선아, 고광일, 성화정, 김한솔 / **제작** 박성우, 김정우

이 책에 대한 의견이나 오탈자 및 잘못된 내용은 출판사 홈페이지나 아래 이메일로 알려주십시오.
파본은 구매처에서 교환하실 수 있습니다. 책값은 뒤표지에 표시되어 있습니다.

한빛미디어 홈페이지 www.hanbit.co.kr / 이메일 ask@hanbit.co.kr

Published by Hanbit Media, Inc. Printed in Korea
Copyright © 2025 김길성 & Hanbit Media, Inc.

이 책의 저작권은 김길성과 한빛미디어(주)에 있습니다.
저작권법에 의해 보호를 받는 저작물이므로 무단 전재와 무단 복제를 금합니다.

지금 하지 않으면 할 수 없는 일이 있습니다.
책으로 펴내고 싶은 아이디어나 원고를 메일(**writer@hanbit.co.kr**)로 보내주세요.
한빛미디어(주)는 여러분의 소중한 경험과 지식을 기다리고 있습니다.

김길성의
{ 네트워크 딥다이브 }

김길성 지음

한빛미디어

추천사

인문학적 관점에서 인류 최고의 발명품 중 하나는 문자와 종이일 것이다. 인류가 자신의 생각을 표현하고 지식과 정보를 기록할 수 있었기에 문명은 수 세기의 진보를 가져올 수 있었다.

20세기 후반, 컴퓨터와 통신의 결합으로 인해 인류는 제3의 물결을 맞이하고 정보화 사회로 나아갈 수 있었다. 문자뿐만 아니라 영상, 사운드 등을 포함한 새로운 데이터는 폰 노이만 이래 표준화된 컴퓨터에서 자유롭게 생성되고 저장되기 시작했다.

이러한 데이터 및 정보의 공유에 대한 갈망은, 인터넷이라는 거대한 네트워크를 탄생시켰다. 네트워크Network란 그물을 뜻하는 Net과 Work의 합성어로, 통상 IT에서는 두 대 이상의 컴퓨터들을 연결하고 서로 통신할 수 있는 것을 의미한다. 오늘날의 네트워크는 통신에 머물지 않고 플랫폼을 이루고 새로운 시스템을 제공하고 있다. 페이스북, 인스타그램, 유튜브, 넷플릭스, 카카오톡 등 수많은 새로운 콘텐츠는 21세기의 신문명으로, 새로운 공간에서 디지털화되어 끊임없이 생성되고 또 소비되고 있다.

Make IT Easy!

넷플릭스 영화 한 편을 보기 위해 OSI 7계층과 TCP/IP를 이해할 필요는 없다. 사용자에게 있어 IT는 쉬워야 한다. 다만 엔지니어링 측면에서는 복잡하고 어려운 기술을 최대한 간결하고 효율적이면서도 안정적으로 구현을 하기 위해 많은 것들을 분석하고 이해하고 재조립할 수 있어야 한다.

저자로부터 이 책의 초안을 받고 첫 페이지를 열었을 때 적지 않게 놀랐다. 먼저 네트워크에서 다루어야 할 물리적, 논리적인 기술 영역이 총망라되어 있었기 때문이고, 그 접근 방식이나 기술적인 서술의 디테일이 기존의 어떠한 서적과도 차별화될 만큼 훌륭했기 때문이다.

저자와 오랜 기간 함께 몸 담았던 한국 최고의 네트워크 스터디 조직 'The Interface'의 이념은 네트워크 장치들을 연결하여, 궁극적으로는 사람과 사람을 연결해 주자는 것이었다. 이 책은 이 이념에 맞게 신입 네트워크 엔지니어 최고의 입문 서적으로, 또 현직 엔지니어를 위한 훌륭한 어드바이저로 활용될 것이다.

저자의 친구이자 업계의 선배로 이러한 대작의 출간을 다시 한번 기쁜 마음으로 크게 환영한다.

– 시스코 시스템즈 이사_우명하

굴지의 데이터 센터, 통신 사업자, 네트워크 솔루션 제조사 등 네트워크 주요 분야 전반에서 커리어를 쌓아온 저자의 경험과 지식, 인사이트를 담아 네트워크 기술에 대한 모든 것을 망라한 바이블입니다. IT의 중요한 한 축인 네트워크는 이런 광범위한 분야를 체계적으로 정리하고 습득하기 어려웠던 만큼 이런 책이 나오게 되어 굉장히 기쁘게 생각합니다. 전반적인 네트워크 개념을 공부하는 분들 뿐만 아니라 모든 엔지니어가 곁에 두고 참고할 만한 레퍼런스로 추천 드립니다.

— 한국 주니퍼 네트웍스 기술본부장_오동열

이 책은 다양한 네트워크 기술을 체계적으로 정리하고 있어, 네트워크 입문자는 물론 현업에 종사하는 실무자에게도 큰 도움이 될 것입니다. 특히 클라우드 시대를 살아가는 모든 인프라 엔지니어와 개발자들에게도 네트워크 기술을 빠르게 이해하는 데 큰 도움이 되리라 확신합니다. CP, 벤더, ISP 등 네트워크 현업에서 쌓은 저자의 풍부한 실전 경험과 성실함을 바탕으로, 이론과 실무를 균형 있게 담아 낸 이 책이 독자 여러분께 유익한 길잡이가 되기를 바라며, 진심을 담아 추천합니다.

— 네이버클라우드 리더_김도경

저자의 말

네트워크 엔지니어로서 기술에 대한 깊은 목마름을 느낄 때가 있습니다. 특히 진입 장벽이 높거나 관련 자료가 드문 경우 더욱 그렇습니다. 예를 들어 광 케이블에 대한 얇고 넓은 정보가 필요한데, 관련 서적은 난해한 전문 용어들과 수많은 수학 공식들로 구성되어 있어 도통 읽어볼 엄두가 안 나기도 합니다. 이럴 때마다 네트워크 엔지니어에게 필요한 방대한 지식을 모아둔 가이드북 같은 책이 하나 있었으면 좋겠다는 생각을 많이 했습니다. 그래서 한 번쯤은 궁금하지만, 속 시원한 설명을 듣기 어려운 기술들에 대한 답변서 같은 책을 집필하게 되었습니다.

사실 필자는 굉장히 운이 좋은 편이었습니다. 한국에서 가장 큰 데이터 센터를 운영하는 회사에서 첫 직장생활을 시작하였고, 네트워크 벤더 회사를 거쳤습니다. 덕분에 고객사에서 필요한 지식과 벤더에서 필요한 지식을 두루 접할 수 있었습니다. 이러한 경험을 기반으로, 네트워크 엔지니어 분들에게 조그맣게 도움이 될 수 있을까 하여 기술 서적을 출간하게 되었습니다.

이 책은 광 케이블, 라우팅 프로토콜, 하드웨어 그리고 툴에 이르기까지 네트워크 엔지니어링의 넓은 영역과 주제에 대해 다루고 있습니다. 다만 쉽게 인터넷에서 접할 수 있거나 비교적 문서화가 잘되어 있는 토픽들에 대해서는 언급하지 않습니다. 예를 들어, OSPF LSA 타입별로 어떤 역할을 하는지는 인터넷에서 쉽게 접하실 수 있기 때문에 이 책에서는 다루지 않습니다.

대신 접하기 어려웠거나 이해하기 어려웠던 기술들을 위주로 설명할 예정입니다. 비교적 잘 알려지지 않은 내용들, 각종 기술의 탄생 배경과 한계점, 그리고 보완 방법들에 대하여 깊이 있게 알아보고자 합니다. 이러한 맥락에서 어떤 토픽들은 마치 그림을 그리듯이 매우 심도 있게 접근할 것입니다.

Write short – and they will read it.
Write clearly – and they will understand it.
Write graphically – and they will keep it in mind.
　　　　　　　　　　　　　　－Joseph Pulitzer

짧게 써라. 그러면 읽힐 것이다.
명료하게 써라. 그러면 이해될 것이다.
그림 같이 써라. 그러면 기억속에 머물 것이다.

다만 이는 순수하게 이해를 돕고자 하는 노력의 일부일 뿐입니다. 이 책을 읽는 동안에는 큰 맥락만 잡고 시간이 지난 뒤 구체적인 부분이 생각나지 않을 때 바로 그때 펴볼 수 있는 책이었으면 합니다.

최대한 편안한 마음으로 이 책을 펼쳐 주셨으면 좋겠습니다. 느긋하고 여유로운 마음과 커피 한잔으로 접하신다면 더욱 더 좋지 않을까 싶습니다. 비록 미천한 지식이지만 여러분을 이렇게 책으로 뵐 수 있게 되어 더 없이 기쁩니다. 만일 독자님께서 이 책을 읽던 중에 '아! 이랬구나! 이런 기술이었구나!'하고 무릎을 탁 칠 수 있다면 저에게 더 없이 커다란 영광이 될 것입니다.

－ 김길성/Ethan Kim

감사의 말

> "인생은 가까이서 보면 비극이지만 멀리서 보면 희극이다."
> Life is a tragedy when seen in close-up, but comedy in long-shot.
> – 찰리 채플린 Charles Chaplin

이 말을 곱씹다 보면 어쩌면 우리 모두는 타인의 조연으로서 삶을 살아가고 있는 게 아닐까 라는 생각이 들 때가 있습니다. 그러나 조연일지라도 무대의 스포트라이트를 받을 때가 있습니다. 제 삶의 스포트라이트는 동종 업계의 아내를 만나, 가정을 꾸리고, 저를 닮은 아이들을 만나게 된 바로 그날부터 시작되었습니다. 새 가정을 이룬 순간부터 오늘까지 매 순간, 제 삶에는 스포트라이트가 비추고 있습니다.

이 책의 작지만 큰 공간을 빌려 아내에게 말하고자 합니다. 고맙습니다. 아주 많이.

제가 제 아이들을 사랑하는 만큼 저를 사랑으로 보살펴 주신 부모님께 깊은 감사의 말씀드립니다. 어머님을 통해 진정한 사랑이 무엇인지 배웠습니다. 감사합니다, 우리 장 권사님. 그리고 너무나 갑자기 하늘의 부르심을 받으신 우리 아버지. 언제나 천국에서 잘 지켜 봐주셔서 감사드립니다.

돌아보니 저는 참 운도 좋았습니다. 인복이 많았습니다. 'The Interface'라는 스터디 그룹을 시작으로, 첫 직장부터 지금까지 만나 뵌 모든 분이 기술적인 선배로서, 또 삶의 선구자로서 존경받아 마땅한 분들이었습니다. 그 모든 분들께 깊은 감사의 말씀을 드립니다.

마지막으로 제 삶의 큰 원동력이 되어주는 동기들과 친구들에게도 감사의 말씀을 드립니다.

저자 소개

2008년부터 17년간 네트워크 엔지니어 및 개발자로서 활동하고 있다. 한국에서 가장 큰 데이터 센터를 운영하는 검색 엔진사이트, '네이버'를 통해 IT업계에 발을 내디뎠다. 해당 기업에서 내부 데이터 센터 연동, 국내/해외 회선 사업자들의 망 연동 그 외 IDC 이전 사업 등과 같이 다양한 업무를 수행하였다. 여러 벤더의 스위치, 라우터, 방화벽 그리고 SLB 등을 다뤘으며 사내 도구들을 직접 개발하기도 하였다.

이후 네트워크 벤더사인 '주니퍼 네트웍스'로 자리를 옮겨 ISP 및 MSO 사업자들을 대상으로 다양한 종류의 프로젝트와 세미나를 주관하였다. 본사(Sunnyvale, CA, USA)에서 여러 네트워크 PoC를 진행하며 글로벌 엔지니어 및 다수의 계측기 벤더와 협업하였다. PoC 대상 기술로는 전통적인 라우팅 프로토콜부터 MPLS, LFA, MoFRR까지 넓은 범주의 기술을 다루었다. 현재는 통신사로 자리를 옮겨 네트워크 관련 업무를 수행하고 있다.

2008년에 CCIE #20230을 취득하였다. 네트워크 엔지니어이자 컴퓨터 공학도 출신으로 MySQL 과 JS, CSS 등을 다룰 줄 알며 자바, 펄, PHP, 파이썬 등에 관심이 깊다.

네트워크 기술과 컴퓨팅 지식을 기반으로 SLB 및 configuration 수집 및 분석, 네트워크 장비 자동 탐색 시스템, 자산 정보 시스템 그리고 IT support ticket system외 여러 시스템들을 직접 개발하기도 하였다.

최근에는 『Effective Cybersecurity』[1]의 공동 번역을 맡기도 하였다.

---

[1] Stallings, William. Effective cybersecurity: understanding and using standards and best practices. Upper Saddle River, NJ: Addison-Wesley, 2019. Print.

들어가며

이 책의 규칙

이 책에서 전반적으로 사용되는 규칙은 다음과 같습니다.

영단어 위첨자

이 책에서는 가급적 한글을 우선시하되 의미가 모호하거나 한글이 되려 어려운 경우에는 영어를 별도 표기했습니다. 이는 2가지 이유 때문인데, 첫째, 기술 공영어인 영어로 관련 내용을 검색하기 쉽도록 하기 위함입니다. 둘째, 일부 기술어는 어려운 한문으로 번역되어, 영어가 되려 이해하기 쉬운 경우가 있기 때문입니다.

STP$^{Spanning\ Tree\ Protocol}$가 예시 중 하나입니다. Spanning은 '걸친다' 또는 '놓인다'는 의미로, spanning tree는 전체 노드가 하나 이상 선으로 연결된 나무 모양의 토폴로지를 일컫는 용어입니다. 이를 굳이 한글로 표현하려고 하니, '신장트리 프로토콜'이라는, 한문과 영어가 뒤섞인 묘한 단어가 되어 버립니다. Spanning 단어의 의미 중 하나로 늘린다는 뜻이 있는데, 이를 동일한 의미의 한문, 신장^{伸張}으로 옮긴 것입니다. 이처럼 번역된 기술어 보다 영어 원문이 보다 나은 경우에는 영어 그대로 표기할 예정입니다.

이 책의 CLI는 슈도 코드 형태로 쓰여집니다.

이 책에서는 CLI 커맨드는 많이 사용되지 않을 것이나, 꼭 필요하다면 슈도 코드^{Pseudocode} 기반으로 설명할 것입니다. 슈도코드는 특정 프로그래밍 문법이나, 특정 벤더 CLI를 사용하지 않고, 일상 용어 형태로 작성한 코드를 말합니다.

예를 들어, Cisco 장비에서 목적지^{Destination}가 1.1.1.1/32인 IP를 드랍하라는 커맨드는 다음과 같습니다.

```
커맨드 # 1.1.1.1/32 패킷 드랍
ip route 1.1.1.1 255.255.255.255 Null0
```

이를 슈도코드로 작성하면 다음과 같습니다.

```
커맨드 # 1.1.1.1/32 패킷 드랍

set route 1.1.1.1/32 to drop;
```

슈도 코드가 다소 낯설고 어색할 수 있지만, 조금만 익숙해지면 그 누구라도 쉽게 이해할 수 있을 것입니다. 슈도코드를 통해서 특정 벤더 CLI에 얽매이지 않으면서 (전문 네트워크 엔지니어가 아니더라도) 그 의미를 쉽게 파악할 수 있도록 할 것입니다.

더불어 IP 표기 방식은 서브넷 마스크[Subnet mask]나 와일드카드 마스크[Wildcard mask] 등이 아닌 프리픽스[Prefix] 형태로 통일하여 표현할 예정입니다.

심화 학습, NOTE

다음과 같은 NOTE는 다소 어렵고 심도 있는 내용을 적어 둔 곳입니다. 난이도가 다소 있더라도 알아 두면 도움이 될 만한 내용들을 모아 두었습니다.

> **NOTE 라운드 로빈의 어원**
>
> 라운드 로빈[Round-robin]이라는 단어의 어원은 프랑스어 Ruban rond에서 왔다는 설이 가장 유력합니다. Ruban rond은 프랑스에서 어떤 일을 함께 하기 위해 모인 사람들의 뜻을 왕이나 고위 공무원에게 전달할 때 사용한 문서를 뜻합니다. 이때 주동자를 알지 못하도록 이름을 둥글게 빙 둘러썼다고 합니다. 라운드 로빈은 Ruban rond처럼 순서대로 한 번씩 돌아가며 선택되는 모습을 빗댄 것으로 추정됩니다. 참고로 한국에는 이와 유사한 문서로 사발통문[沙鉢通文]이라는 것이 있습니다.

들어가며

패킷 분석 캡처 표기

이 책에서는 원활하고 정확한 패킷 구조 이해를 위해 패킷 캡처가 많이 사용됩니다. 각 캡처에서 필요한 부분은 ①, ②, ③과 같은 원형 숫자를 이용하여 보다 자세히 설명할 것입니다.

다음 그림은 UDP 패킷의 일부를 캡처한 것으로, 레이어^{Layer}는 위에서 아래로 흐릅니다. 다시 말해 패킷이 인터페이스 외부로 내보내 질 때 ① IP 헤더가 보내진 뒤에 ② UDP 헤더가 보내집니다. 그러나 이 책에서 패킷 캡처를 언급할 때는 데이터가 전송된 순서가 아니라 패킷 레이어로 접근하여 ① IP 헤더(L3 헤더) **'위에'** ② UDP 헤더(L4 헤더)가 있다고 표현할 예정입니다.

```
Internet Protocol Version 4, Src: 192.168.2.10, Dst: 239.0.0.1    ① IP 헤더
User Datagram Protocol, Src Port: 5001, Dst Port: 5001
    Source Port: 5001
    Destination Port: 5001
    Length: 1478
    Checksum: 0x5071 [unverified]                                  ② UDP 헤더
    [Checksum Status: Unverified]
    [Stream index: 0]
  > [Timestamps]
    UDP payload (1470 bytes)
```

▶ UDP 패킷의 일부

이 책에 사용되는 약자

이 책에서 반복해서 사용하는 약어들의 뜻은 다음과 같습니다.

약자	본딧말	의미
NEs	Network Equipment(s)	스위치, 라우터를 포함한 모든 형태의 네트워크 장비
src	Source	통신 출발지
dst	Destination	통신 목적지
링크 Link **포트** Port **인터페이스** Interface		네트워크 장비와 장비를 연결하는 연결 포인트를 말합니다. 엄밀히 말하면 링크와 포트는 물리적인 장치를 말합니다. 반면 인터페이스는 물리적인 장치뿐 아니라 vlan tag처럼 논리적인 영역까지 포함한 더 넓은 의미를 갖고 있습니다.
B/W	Bandwidth	대역폭

목차

추천사 • 4

저자의 말 • 6

감사의 말 • 8

저자 소개 • 9

들어가며 • 10

PART 00 오리엔테이션

CHAPTER 00 네트워크 통신

0.1 광 통신 • 26

0.2 이더넷 • 28

0.3 라우팅 프로토콜 • 31

0.4 UDP와 TCP • 34

0.5 SLB • 37

PART 01 광 통신 엔지니어링

CHAPTER 01 광 송수신기

1.1 광 송수신기 • 44

1.2 Optic 관리 • 47

1.3 MSA • 54

CHAPTER 02　빛

- 2.1　빛이란? • 58
- 2.2　물리학에서 전자기파 • 64
- 2.3　멀티 모드와 싱글 모드 • 72
- 2.4　광원 • 75

CHAPTER 03　광 케이블

- 3.1　코어 • 82
- 3.2　클래딩 • 94
- 3.3　버퍼와 외피 • 99
- 3.4　커넥터 • 104

CHAPTER 04　장거리 광 신호 기술

- 4.1　해저 케이블 • 112
- 4.2　WDM • 119
- 4.3　코히어런트 • 138

CHAPTER 05　전기 통신 케이블

- 5.1　Twisted-Pair(TP) 케이블 • 150
- 5.2　기타 케이블 • 156

나가며 • 158

목차

PART 02 TDM/이더넷

CHAPTER 06 TDM

6.1 PSTN • 162

6.2 PDH • 167

6.3 클락 동기화 • 172

6.4 SONET/SDH • 182

CHAPTER 07 이더넷

7.1 이더넷 • 214

7.2 이더넷의 진화 • 217

나가며 • 248

PART 03 L3 프로토콜

CHAPTER 08 라우팅 프로토콜

8.1 OSPF • 252

8.2 BGP • 261

8.3 멀티캐스트 • 268

CHAPTER 09 MPLS

- 9.1 MPLS · 290
- 9.2 MPLS 핵심 개념 · 292
- 9.3 MPLS 라벨 할당 · 297
- 9.4 MPLS VPN · 334
- 9.5 MPLS 기술들 · 345

CHAPTER 10 전용선 및 VPN 기술

- 10.1 VPN · 378
- 10.2 전용선 · 379
- 10.3 인터넷 기반 VPN · 383
- 10.4 IP 패킷 분할 · 407

CHAPTER 11 기타 L3 프로토콜

- 11.1 DNS · 430
- 11.2 ARP · 440
- 11.3 분극 현상 · 451

나가며 · 454

목차

PART 04 서버 로드 밸런서, SLB

CHAPTER 12 로드 밸런서

12.1 로드 밸런서의 역할 • 458

12.2 SLB 알고리즘과 토폴로지 • 463

CHAPTER 13 SLB 운영 관리

13.1 SLB 심층 학습 • 500

13.2 이슈 관리 • 517

나가며 • 537

PART 05 네트워크 하드웨어

CHAPTER 14 섀시

14.1 네트워크 장비 아키텍처 • 542

CHAPTER 15 네트워크 장비 3대 요소

15.1 OS • 550

15.2 ASIC • 559

15.3 패브릭 • 568

CHAPTER 16 QoS

16.1 버퍼 • 586
16.2 QoS • 593

CHAPTER 17 스위치 vs 라우터

17.1 스위치와 라우터 • 606

CHAPTER 18 파워 유닛

18.1 접지 • 614
18.2 AC/DC • 616

나가며 • 618

 PART 06 네트워크 관리

CHAPTER 19 네트워크 장비 도입 과정

19.1 네트워크 장비 도입 프로세스 • 622
19.2 계측기 • 626
19.3 NEBS • 630
19.4 MTTF • 636

목차

CHAPTER 20 생존성 향상 기술

- 20.1 BFD • 640
- 20.2 컨트롤 플레인 페일오버 • 647
- 20.3 Fast Reroute • 652
- 20.4 포트(링크) 플랩 딜레이 • 663

CHAPTER 21 보안과 공격

- 21.1 DoS 공격과 syn-cookie • 670
- 21.2 DDoS 공격 • 678

CHAPTER 22 설정 관리

- 22.1 필터링 자동화 • 690
- 22.2 원격 설정 • 698

CHAPTER 23 커맨드 & 툴

- 23.1 CLI 커맨드 • 714
- 23.2 ping 및 B/W 테스트 툴 • 720
- 23.3 웹 서버 테스트 툴 • 732
- 23.4 패킷 캡처 • 739
- 23.5 네트워크 장비 접속 관리 • 750

나가며 • 755

 **부록** 네트워크 잡학 사전

APPENDIX A1 국제 표준화 단체

A1.1 네트워크 국제 표준화 단체 • 760

APPENDIX A2 기타 참고용 자료

A2.1 윤초 • 772

A2.2 알파 입자 • 775

A2.3 데이터 센터의 화재 관리 • 778

A2.4 업계 실무 용어 • 781

클립 레퍼런스 • 782

참고 문헌 • 785

찾아보기 • 788

PART

00

오리엔테이션

본격적인 여행에 앞서 이 책에서 언급하는 주요 기술인 광 통신, 이더넷, 라우팅 프로토콜, TCP와 UDP 그리고 SLB의 기본적인 개념을 먼저 살펴보고자 합니다. 네트워크 엔지니어링이 익숙하지 않은 초심자의 눈높이에 맞춘 쉬운 용어들이 앞으로 펼쳐질 여정을 더 수월하게 만들 것입니다.

CHAPTER 00
네트워크 통신

네트워크 통신은 출발지에서 목적지까지 데이터를 전달하는 과정이나 행위를 말합니다. 근래 네트워크 통신은 고도로 발달하여 영화 한 편 정도는 1초 만에 전달할 수 있을 정도로 빠릅니다. 이는 하루 아침에 만들어진 결과물이 아닙니다. 수많은 표준과 기술 개발, 최적화 및 엔지니어들의 땀방울이 모여 만들어진 결과입니다.

인터넷 통신 이면에는 광 통신 장비, 스위치, 라우터, SLB, 보안 장비와 같은 전문 장비들의 헌신도 있습니다. 이들은 대단히 복잡하고 다양한 프로토콜을 이해할 수 있으며 장애 발생 시 이를 스스로 복구하는 능력을 갖추고 있습니다. 그러나 이러한 전문 장비는 전문가의 손길을 필요로 합니다. 지식과 역량이 뛰어난 엔지니어가 다룰수록 효율은 높이고 사고와 장애 위험을 낮출 수 있습니다. 장비의 성능도 중요하지만, 엔지니어의 역량이 그 보다 더 중요합니다. 따라서 네트워크 전문가가 되기 위한 지식을 자세히 다루기 앞서 필수적이고 기본적인 개념들을 하나씩 살펴보겠습니다.

Roadmap

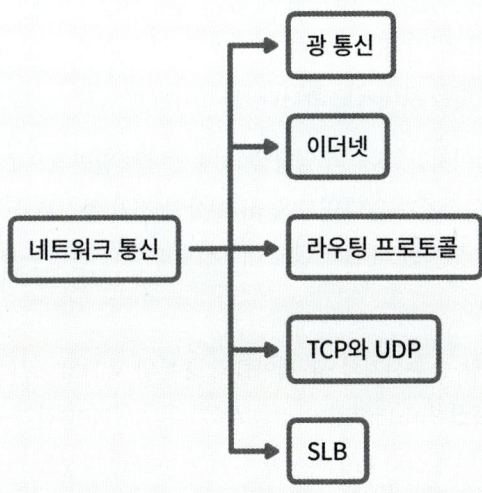

0.1 광 통신

네트워크 통신 매체는 크게 **광 통신**과 **전기 통신**으로 나눌 수 있습니다. 먼저 광※ 통신은 빛으로 데이터를 주고받는 통신입니다. 멀리 떨어진 두 사람이 손전등 빛을 켜면 1, 끄면 0이라 약속하고 신호를 주고받을 수 있듯이 광 통신은 빛을 켜고 끄면서 데이터를 전송합니다. 광 통신은 특히 장거리 통신에 유리합니다. 예를 들어, 초강력 손전등을 이용하면 수 km 떨어진 곳까지도 빛을 보낼 수 있습니다. 실제 네트워크 통신을 할 때는 유리 섬유 케이블을 이용하여 수십 km 이상 떨어진 곳까지 빛을 보내기도 합니다.

전기 통신은 매우 대중적이지만, 감쇠의 영향을 크게 받아서 일반적으로 100 m 이내의 거리에서만 사용됩니다. 별다른 장치가 없다면 200 m 이상의 전기 통신은 사실상 불가능합니다. 통신 거리가 짧다는 약점이 있지만 다루기 쉽고 내구성도 뛰어나 반영구적으로 사용할 수 있으며 부품이 저렴합니다.

반면 광 통신은 비싸고 광 송수신기와 광 케이블의 종류와 WDM, 코히어런트^{Coherent} 사용 여부에 따라 프로토콜이 복잡하고 다루기 어려울 뿐 아니라 심지어 전기 통신에 비해 수명도 짧은 편입니다. 그러나 한 번에 100 km 이상 통신이 가능하고 파장을 여러 개 사용하면 대역폭을 수십 배 이상 증가시킬 수도 있습니다.

광 파장

두 명이 손전등 하나로 통신하는 대신 7명씩 나눠 서서 각각 일곱 가지 무지개 색 손전등을 들고 통신한다면 한 번에 7배의 데이터를 전송할 수 있지 않을까요? 유사한 맥락으로 광 통신에서는 다음 그림처럼 광 파장, 쉽게 말해 색을 달리해서 통신량을 수십 배에서 수백 배까지 높일 수 있습니다.

▶ 그림 0.1 7채널(파장) 통신 예시

광 송수신기

광 통신을 위해서는 손가락 만한 장치, **광 송수신기**Optical transceiver가 필요합니다. 스위치나 라우터는 이를 이용하여 전기 신호를 광 신호로 바꾸거나 반대로 광 신호를 전기 신호로 바꾸기도 합니다. 광 통신의 핵심 장치라고 볼 수 있습니다.

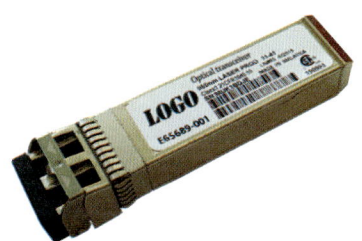

▶ 그림 0.2 광 송수신기(SFP+) 예시

광 송수신기는 사용하는 파장에 따라 데이터 전송 속도와 도달 거리와 같은 스펙이 달라집니다. 제공 속도가 빠르고 전송 거리가 길수록 가격이 크게 높아지는데, 네트워크 장비 본체보다도 비싸질 수 있습니다. 따라서 성능과 예산을 고려해 신중하게 선택해야 합니다(보다 자세한 내용은 'Chapter 01 광 송수신기'에서 다룹니다.).

0.2 이더넷

근래 네트워크 통신은 **이더넷**Ethernet과 **IP** 그리고 **TCP** 통신이 압도적으로 많이 사용되고 있습니다. 수많은 경쟁 프로토콜을 제치고 이더넷과 IP가 네트워크 세계를 평정했다고 해도 과언이 아닙니다. 이더넷과 IP를 함께 사용하는 경우가 많아서 마치 한몸처럼 불리기도 하지만, 엄밀히 말하면 이더넷과 IP는 표준화 단체부터 다른 완전히 별개의 프로토콜입니다. 이더넷은 IEEE 802.3을 통해 표준화되었고, IP는 IETF RFC 791을 통해 표준화되었습니다. 그러나 ARP가 이 둘 사이를 매끄럽게 이어주기 때문에 마치 하나의 프로토콜처럼 여기는 경우가 많습니다.

IP 통신

IP는 총 4개의 숫자로 이루어진 IP 주소를 이용하여 통신합니다. **IP 주소**는 집 주소와 유사합니다. 필요에 따라 이사를 한다면 집 주소가 바뀔 수 있는 것처럼 IP 주소 또한 언제든 바뀔 수 있습니다.

이더넷 통신

이더넷은 총 6개의 16진수(최소: 00, 최대: FF)로 구성된 **MAC**Media Access Control 주소를 사용하여 통신합니다. 마치 사람이 태어나면 이름을 지어주듯이 이더넷 장비들은 모두 고유의 MAC 주소를 가지고 태어납니다. 이 MAC 주소는 장비가 생산될 때 정해지고 한 번 정해지면 바뀌지 않습니다.

예를 들어, 다음 그림을 보면 홍길동 씨는 동에 번쩍 1번 길에 살고 있지만, 원한다면 언제든 동에 번쩍 2번 길이나 서에 번쩍 1번 길로 이사 갈 수 있습니다.

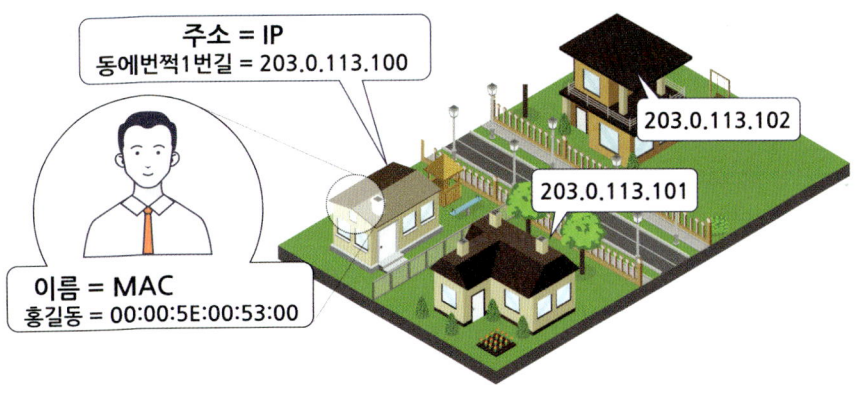

▶ 그림 0.3 MAC과 IP의 관계

비슷한 맥락으로 IP 주소(거주지)는 언제든 바뀔 수 있지만 MAC 주소(이름)는 바뀌지 않습니다.

ARP

동에 번쩍 2번 길에 누군가 이사 왔습니다. 다시 말해 어떤 IP의 MAC이 바뀌었습니다. MAC을 알아야겠죠? 이때 필요한 프로토콜이 **ARP**^{Address Resolution Protocol}입니다. 어떤 IP 주소에 어떤 MAC이 사는지 궁금할 때 ARP라는 확성기를 통해 "동에 번쩍 2번 길에 사시는 분 이름이 뭐예요?"라고 물어볼 수 있습니다.

이더넷과 IP 세상에는 주소록이 없습니다. 어떤 MAC이 어떤 IP를 가지고 있는지 체계적으로 관리되지 않으므로 모든 장비가 ARP라는 확성기를 입에 대고 서로 간에 직접 물어봐야 합니다. 이로 인해 골치 아픈 이슈가 만들어지기도 합니다(ARP에 대한 더 자세한 내용은 '11.2 ARP'에서 살펴보겠습니다.).

데이터 통신 vs 음성 통신

이더넷은 데이터 통신을 위해 개발된 프로토콜입니다. 데이터 통신은 전송하고자 하는 데이터를 패킷^{Packet}이라는 작은 단위로 나눠 통신을 하기 때문에 **PSN**^{Packet-Switched Network}이라 부릅니다. PSN은 도로와 비슷합니다. 구축·유지 비용이 낮지만, 교통 체증과 사고의 위험이 항상 도사리고 있습니다. 즉, 내가 보낸 패킷이 목적지까지 간다는 보장이 없습니다. 그러므로 송신자와 수신자가 패킷을 잘 감시해야 합니다. 수신자는 패킷을 받으면 순서대로 왔는지, 또 손상된 곳은 없는지 살펴야 합니다. 한편 송신자는 수신자가 패킷을 잘 받았는지 응답을 기다립니다. 아무리 기다려도 응답이 없다면 사고가 난 것으로 추정하고 재전송을 해야 합니다. 이처럼 PSN은 이용료가 값싼 대신 송신자 및 수신자의 역할이 큽니다.

반면 음성 통신인 **TDM**^{Time Division Multiplexing}은 기차와 비슷합니다. 엄격히 관리되는 기차처럼 정확한 스케줄에 따라 이동합니다. 교통 체증도 없고 사고의 위험도 낮습니다. 매우 안정적인 네트워크로, 뛰어난 안정성을 제공하며 항상 일정한 트래픽을 보장받을 수 있습니다. 그러나 초기 구축·유지 비용이 매우 높고 안정적인 네트워크 운영을 위해 장비들이 해야 할 일이 너무나도 많습니다.

TDM 프로토콜은 여러 가지가 있지만, 대표 프로토콜을 뽑으라면 **SONET/SDH**일 것입니다. SONET/SDH는 대단히 복잡한 구조를 가지고 있으며 음성 통화 중 오류가 발생하지 않도록 스스로 통신 구간을 철저하게 관리하고 감시합니다. 간단히 말해 엔지니어에겐 좋은 프로토콜입니다. 통신 구간들을 잘 감시할 뿐 아니라 문제가 발생하면 알아서 우회하기 때문입니다. 하지만 프로토콜이 복잡하여 장비를 만들기 어렵고 가격도 높습니다. 안타깝게도 이러한 높은 구축·운영 비용이 계기가 되어 TDM이 지켜왔던 네트워크 왕좌를 이더넷에게 내어준 뒤 이제는 점차 접하기 어려운 기술이 되어 가고 있습니다(TDM의 역사와 특성에 관한 자세한 내용은 'Chapter 06 TDM'에서 만나볼 수 있습니다.).

0.3 라우팅 프로토콜

IP 네트워크는 수많은 컴퓨터가 거미줄처럼 연결되어 만들어집니다. 네트워크 장비들은 이처럼 복잡하고 수많은 경로에서 최적의 경로를 찾아내려고 애씁니다. 이러한 **라우팅**Routing 세상을 '소요 시간' 개념으로 접근해보면 보다 이해하기 쉽습니다. 즉, 라우팅이란 데이터 패킷을 발신지에서 목적지까지 최적 경로로 전달하는 과정을 뜻하고, **라우팅 프로토콜**Routing Protocol이란 라우터 간에 경로 정보를 교환하고 최적 경로를 결정해주는 네트워크 프로토콜을 뜻합니다.

예시로 한 지점에서 다른 지점으로 가기 위한 경로를 찾는 과정을 그림을 통해 살펴보겠습니다. 다음 그림은 ①과 ②라는 2개의 지점과 그 사이 도로들을 표현한 지도입니다. 각 도로 위의 숫자 팻말은 해당 도로를 지나갈 때 걸리는 시간(초)입니다. 어떤 도로는 10초가 걸리고 어떤 도로는 100초나 걸리기도 합니다. ②에서 ①까지 최단 시간에 도착해야 한다면 어떤 도로를 거쳐야 할까요?

▶ 그림 0.4 경로 계산을 위한 지도 예시

어떤 길을 가야할지 눈으로 찾을 수 있듯이 라우팅 프로토콜들은 소요 시간과 같은 정보를 수집하여 지도를 만들고 이를 토대로 최적의 경로를 계산합니다. 세부 과정은 라우팅 프로토콜별로 차이가 있습니다. 대략적으로 어떤 차이가 있는지 근래 가장 많이 사용하는 라우팅 프로토콜 OSPF와 IS-IS, BGP를 통해 알아보겠습니다.

OSPF와 IS-IS

OSPF^{Open Shortest Path First}와 IS-IS^{Intermediate System to Intermediate System}는 쌍둥이 같은 프로토콜로, 유사한 점이 많습니다. 성격이 급해서 빠른 길을 좋아하고 관리자의 개입을 싫어하는 편입니다. 즉, 목적지까지 가는 최적의 경로를 스스로 계산하고 그 과정에 관리자가 개입할 수 있는 부분이 적습니다. 관리자는 기껏해야 도로 소요 시간을 강제로 바꾸는 정도입니다. 따라서 OSPF와 IS-IS는 도시와 같은 네트워크 라우팅에 적합합니다. 도시처럼 도로가 거미줄처럼 얽히고 설킨 네트워크는 사람의 개입 없이 장비가 알아서 라우팅 정보를 수집하고 스스로 최적의 라우팅을 계산하는 것이 좋습니다.

BGP

BGP^{Border Gateway Protocol}는 국제 항공 라우팅과 유사합니다. 비행기의 운항 경로는 빠르다고 좋은 길이 아닙니다. 적대국의 영공이나 비행 금지 구역을 지나가서는 안 되며 기상 상황이나 영공 통과료^{Overflight Fee} 등 여러 조건이 영향을 미칩니다. 즉, 비행기 운항 경로는 사람의 적극적인 개입이 필요합니다. 비슷한 맥락으로 BGP는 지정된 장비끼리만 통신하며 경로를 조정할 수 있는 여러 옵션이 제공됩니다. 네트워크 엔지니어는 이들 옵션을 이용하여 트래픽이 나갈 경로와 들어올 경로를 정교하게 조정할 수 있습니다. BGP의 특별한 옵션들은 '8.2 BGP'에서 보다 자세히 살펴볼 예정입니다.

IGP vs EGP

OSPF와 IS-IS는 성문 안쪽 도시처럼 경계 안쪽에서 주로 사용되므로 IGP^{Interior Gateway Protocol} 프로토콜로 분류됩니다. 반면 BGP는 성문 넘어 다른 도시와의 라우팅 용도로 주로 사용되어 EGP^{External Gateway Protocol}로 분류됩니다.

구분	IGP	EGP
사용 범위	조직 내부(동일 AS)에서 라우팅 관리	AS(Autonomous System) 간 라우팅 관리
프로토콜 종류	OSPF, IS-IS, RIP 등	BGP
주요 목적	내부 네트워크의 장애 최소화 및 빠른 라우팅	외부 네트워크 간 경로 정보 교환 및 정책 기반 라우팅
수집 정보	주로 거리, 비용 등 정량적 메트릭	AS 경로, 정책, 커뮤니티 등 다양한 속성
경로 선택	최단 경로(Dijkstra 등)	정책을 중시
주 사용 네트워크	중소형 규모의 네트워크에 최적화	대규모 인터넷 수준의 네트워크에 최적화
연결 대상	동일 조직 내의 라우터들 간	서로 다른 조직(AS) 간

▶ 표 0.1 IGP와 EGP 비교

0.4 UDP와 TCP

IP의 핵심은 라우팅입니다. 예를 들어, www.example.com이라는 사이트에 접속한다면 서버까지 접속하는 최적 경로는 IP가 담당해 찾아 줍니다. 그러나 패킷이 서버에 도착했다고 해서 끝이 아닙니다. 효과적인 통신이 이뤄지려면 몇 가지 기술이 더 필요합니다.

UDP

203.0.113.1 서버가 메일, 웹 그리고 파일 서비스를 제공한다고 가정해보겠습니다. 192.0.2.100 → 203.0.113.1로 패킷이 왔을 때 IP만 보고 192.0.2.100 클라이언트가 원하는 서비스가 무엇인지 알 수 있나요? 당연히 알 수 없습니다. 그래서 IP 통신에는 '우편함'이 필요합니다. 서비스별로 서버의 우편함 역할을 하는 **포트**Port를 달리 하면 사용자가 원하는 서비스가 무엇인지 손쉽게 알 수 있습니다. 예를 들어, 메일 서비스 용도로 포트 번호 **25**를 할당했고, 203.0.113.1:**25**로 패킷이 들어왔다면 메일 서비스 요청임을 바로 알 수 있습니다. UDP^{User Datagram Protocol}가 이러한 우편함 기능을 제공할 수 있습니다.

다음 그림의 ①과 ② 필드가 각각 출발지 및 목적지 우편함 번호입니다.

```
> Ethernet II, Src: Micro-St_bb:b0:7f (04:7c:16:bb:b0:7f), Dst: EFMNetwo_89:39:68 (70:5d:cc:89:39:68)
> Internet Protocol Version 4, Src: 192.168.0.216, Dst: 210.220.163.82
∨ User Datagram Protocol, Src Port: 51723, Dst Port: 53
    Source Port: 51723      ①
    Destination Port: 53    ②
    Length: 52
    Checksum: 0x37f5 [unverified]  ③
    [Checksum Status: Unverified]
    [Stream index: 0]
  > [Timestamps]
    UDP payload (44 bytes)
> Domain Name System (query)
```

▶ 그림 0.5 UDP 헤더

통신을 하고 싶은 프로그램이 손을 들 때 윈도우^{Windows} 혹은 리눅스^{Linux}와 같은 OS가 우편함 번호, 즉 포트 번호를 그때마다 할당합니다.

TCP

UDP 패킷이 다니는 인터넷 네트워크는 사고의 위험이 큽니다. 언제 어디서 패킷이 사라질지 아무도 알 수 없습니다. UDP 패킷이 일단 목적지에 도착했다면 ③ Checksum 필드를 통해 데이터 손상 여부를 알 수 있습니다. 그러나 목적지에 오지 못하고 손실되었다면 출발 자체를 못한 것인지 아니면 경로 중간에 사라진 것인지 알 수 없습니다. 따라서 안정적인 통신을 하려면 **TCP**Transmission Control Protocol가 필요합니다.

TCP는 다음과 같이 다양한 필드를 제공합니다. 우편함 기능과 더불어 패킷의 손실 여부를 추적하고 복구할 수 있는 여러 메커니즘을 지원하기 위함입니다.

```
> Ethernet II, Src: 0a:00:27:00:00:15 (0a:00:27:00:00:15), Dst: PcsCompu_6e:e1:52 (08:00:27:6e:e1:52)
> Internet Protocol Version 4, Src: 192.168.56.1, Dst: 192.168.56.104
v Transmission Control Protocol, Src Port: 11248, Dst Port: 80, Seq: 1, Ack: 1, Len: 638
    Source Port: 11248
    Destination Port: 80
    [Stream index: 0]
    [Conversation completeness: Incomplete (28)]
    [TCP Segment Len: 638]
    Sequence Number: 1    (relative sequence number)
    Sequence Number (raw): 807778422
    [Next Sequence Number: 639    (relative sequence number)]
    Acknowledgment Number: 1    (relative ack number)
    Acknowledgment number (raw): 3601115094
    0101 .... = Header Length: 20 bytes (5)
  > Flags: 0x018 (PSH, ACK)
    Window: 8212
    [Calculated window size: 8212]
    [Window size scaling factor: -1 (unknown)]
    Checksum: 0x32b5 [unverified]
    [Checksum Status: Unverified]
    Urgent Pointer: 0
  > [Timestamps]
  > [SEQ/ACK analysis]
    TCP payload (638 bytes)
> Hypertext Transfer Protocol
```

▶ 그림 0.6 TCP 헤더

TCP가 지원하는 대표 기능들은 다음과 같습니다.

- 새로운 통신을 시도할 때 목적지가 받아줄 수 있는지 파악
- 패킷의 손상뿐 아니라 분실 여부를 추적하고, 분실 시 재전송 시행
- 트래픽 전송 속도 조절

여러 논문에 따르면 인터넷 트래픽의 약 90%는 TCP고, 나머지는 UDP가 차지하는 것으로 알려져 있습니다. TCP를 많이 사용하는 만큼 인터넷은 안정적입니다. 사용자가 웹 사이트에 접

속할 때마다 글자가 사라지거나 뒤바뀌지 않는 것은 TCP가 자신의 역할을 성실히 수행하기 때문입니다.

반면 UDP는 통신량이 작아서 복잡한 기능이 필요하지 않거나 손실이 발생하더라도 복구할 필요가 없는 경우에 주로 사용합니다. 대표적인 예로 실시간 트래픽이 있습니다. 음성 통화와 같은 실시간 트래픽은 패킷을 잃어버렸다고 재전송해선 안 됩니다. 예를 들어, "여행 가고 있어."라고 말했는데 재전송으로 "행여 가고 있어."가 전달되면 의미가 왜곡될 수 있기 때문입니다. 이처럼 재전송이 불필요한 환경이라면 헤더 사이즈가 작은 UDP를 사용하여 통신 속도를 조금 더 높일 수 있습니다. 이 밖에 TCP 관련 흥미로운 주제들은 '13.2 이슈 관리'와 '21.1 DoS 공격과 syn-cookie'에서 살펴볼 예정입니다.

0.5 SLB

"티끌 모아 태산"이라는 속담이 있습니다. 먼지 같이 작은 티끌이라도 모으고 모으면 태산과 같은 큰 산이 될 수 있다는 뜻입니다. 이는 컴퓨팅 세계에도 적용됩니다. 비록 서버 한 대의 처리량은 적지만, 많은 서버가 모이면 엄청난 양의 작업을 처리할 수 있습니다. 우리가 접하는 대부분의 네트워크 서비스들 또한 그렇습니다. 초대형 사이트에 접속했을 때도 그 뒤에는 수백, 수천 대의 서버가 동작하고 있습니다.

이때 중요한 것은 하나의 서버 혹은 컴퓨터 한 대가 처리할 수 있는 업무량에는 한계가 있다는 것입니다. 즉, 수백, 수천 대의 서버가 동작하더라도 각 서버가 짊어질 처리량이 적절히 분산되어야 합니다. 예를 들어 트럭에 짐을 실을 때 최대 적재 용량을 고려해야 하는 것과 같습니다. 한 트럭에 너무 많거나 적은 짐을 싣지 않도록 하면서 최대한 빈틈없이 짐을 실어야 효율을 최대로 끌어 올릴 수 있습니다. 이를 **로드 밸런싱**Load balacing이라 합니다.

효과적이면서 단순하게 로드 밸런싱을 구현하는 방법은 똑같은 트럭 여러 대를 준비하고 짐을 순서대로 하나씩 나눠 주는 방식입니다. 예를 들어 다음 그림에서 트럭 안 박스 숫자는 짐이 실린 순서로, 왼쪽부터 오른쪽으로 하나씩 순차적으로 실린 것을 볼 수 있습니다.

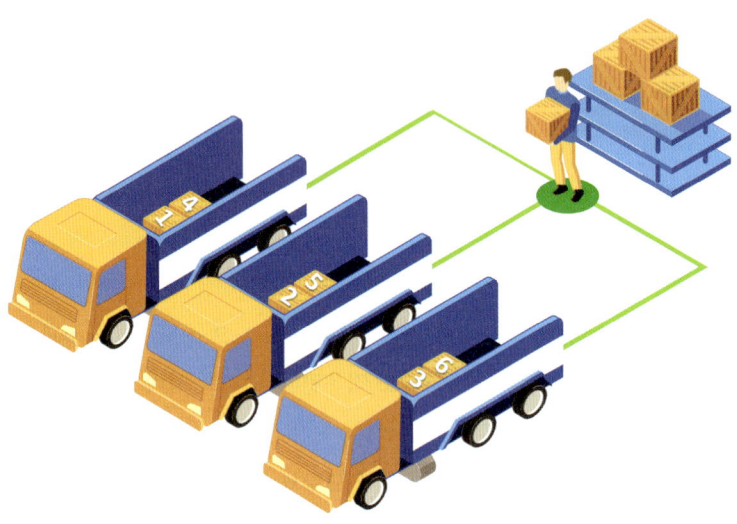

▶ 그림 0.7 로드 밸런싱 예시

이렇게 짐을 실으면 거의 균등하게 짐을 실을 수 있을 것입니다. 이처럼 하나씩 돌아가며 짐을 나눠주는 방식을 컴퓨팅 세계에서는 **라운드 로빈**$^{\text{Round-Robin}}$ (RR) 방식이라고 합니다.

그러나 실무에서는 여러 변수가 발생하기 마련입니다. 택배 같은 배달 서비스를 보면 박스 크기와 무게 그리고 트럭의 크기나 적재 용량 등이 다양합니다. 짐을 순서대로 실어도 균일하게 실린다는 보장이 없는 것입니다. 그럼에도 짐의 무게나 크기가 충분히 고르게 분포되어 있다면 결과적으로는 거의 균일하게 실을 수 있습니다.

SLB

트럭에 짐을 분배하는 일은 사람이 하지만, 네트워크 세계에서 서버에 패킷을 분배하는 일은 **SLB**$^{\text{Server Load Balancer}}$라는 장비가 담당합니다.

> 💡 **Tip.** 한국에서는 SLB보다는 L4 스위치라고 부르는 편입니다.

네트워크 세계에서도 패킷을 라운드 로빈 방식으로 분배하는 경우가 많습니다. 물론 서버의 CPU 상태 등을 파악해서 패킷을 분배하는 등 이보다 복잡한 알고리즘을 택하기도 합니다.

패킷 재조합

트럭에 짐을 싣는 것과 달리 네트워크 세계에서는 패킷을 분배할 때 고민해야 할 요소가 한 가지 더 있습니다. 하나의 데이터가 수백, 수천 개의 패킷으로 쪼개져 전송될 수 있다는 사실입니다(그 이유에 대한 자세한 설명은 '10.4 IP 패킷 분할'에서 살펴보겠습니다.). 만일 택배 상자를 잘게 여러 조각으로 쪼개서 전달한다면 무엇이 제일 중요할까요? 그렇습니다. 쪼개진 조각들을 같은 트럭에 싣는 것입니다. 그래야 다시 원본으로 조립할 수 있기 때문입니다.

네트워크 세상에서 패킷은 출발지에서 쪼개져서 보내지고, SLB는 쪼개진 패킷들을 받게 됩니다. 따라서 SLB는 지나가는 모든 패킷을 살펴보고 같은 종류의 패킷이라면 반드시 같은 서버에 보내야 합니다. 예를 들어 A1 패킷을 1번 서버에 보냈었다면 A2, A3과 같이 쪼개진 모든 패킷을 1번 서버로 보내야 합니다(이 동작에 관한 보다 자세한 설명은 '12.1 로드 밸런서의 역할'에서 다룹니다.). SLB는 새로운 패킷을 받으면 출발지와 목적지 우편함(포트)을 기록한 뒤 서버에게 보냅니다. 이후 우편함 번호가 동일한 패킷을 받으면 첫 번째 패킷을 보냈던 그 서버에게 보내 줍니다. 이러한 패킷 전송 내역은 **세션 테이블**이라는 메모리 영역에 기록합니다. 성능이 좋은 SLB일수록 더 빨리 세션 테이블에 기록하고 더 큰 세션 테이블을 관리할 수 있습니다.

간략히 살펴본 바와 같이 SLB는 서비스 최전선에서 안정성과 효율성을 책임지는 중요한 역할을 담당하고 있습니다. SLB에 관한 더 자세한 주제들은 'PART 04 서버 로드 밸런서, SLB'에서 깊이 살펴볼 예정입니다.

PART 01
광 통신 엔지니어링

네트워크 엔지니어로서 매일 접하면서도 잘 모르고 사용하는 기술 중 하나가 광 통신입니다. 특히 장거리 네트워크를 구축하고 건물 내부 패치를 구성하는 엔지니어라면 기본적인 광 통신 지식이 꼭 필요합니다. 더 나아가 글로벌 인프라를 운영한다면 광 통신의 제약 사항과 WDM, 코히어런트 기술에 관한 깊이 있는 지식이 필요합니다. PART 01에서는 어려워 보이는 광 통신 기술들과 그 제약 사항 등에 대해서 최대한 쉽고 심도 있게 다룰 예정입니다.

CHAPTER 01
광 송수신기

네트워크 엔지니어에게 광 통신은 가깝고도 먼 주제입니다. 마치 공기처럼 매일 접하지만, 다소 어려운 물리학 지식을 필요로 하기 때문에 가까이 하기에는 멀어 보이는 학문입니다. 그럼에도 불구하고 장거리 네트워크를 디자인·구축해야 하는 엔지니어라면 광 통신에 관한 넓은 지식이 있어야 합니다. 좁게는 광 송수신기부터 넓게는 DWDM 시스템까지 알아야 할 것들이 많습니다. 장거리 전송은 투자 비용이 크므로 잘 모르고 구축하면 큰 손실을 입을 수 있기 때문입니다. Chapter 01에서는 광 송수신기에 대해 살펴보겠습니다.

Roadmap

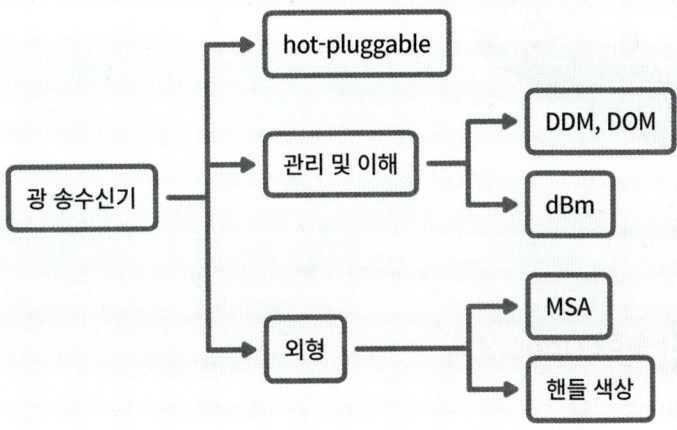

1.1 광 송수신기

광 송수신기 Optical transceiver는 네트워크 장비 내부에서 생성된 전기 신호를 광 신호로 변환해서 광 케이블로 보내거나, 반대로 광 케이블로부터 받은 광 신호를 전기 신호로 바꿔주는 장치입니다. 정식 명칭은 광 송수신기지만, 흔히 Optic이라고 짧게 불리는 편입니다(이하 Optic).

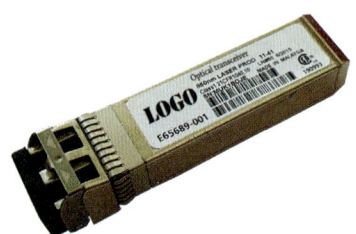

▶ 그림 1.1 광 송수신기 (SFP+) 예시

1 교체 가능한 Optic

제가 처음 Optic을 접했을 때 왜 스위치에서 빠지는지 궁금했습니다. UTP 포트의 경우 스위치에 붙박이 형태로 고정되어 있어 교체가 불가능하지만, Optic은 교체가 가능하도록 설계되어 있습니다. 아주 기본적이지만, 중요한 얘기부터 시작해볼까요? Optic은 왜 교체 가능하도록 설계되었을까요? 여기에는 3가지 이유가 있습니다.

매체 특성(성능 감소)

UTP(좀 더 정확히는 RJ45) 포트와 Optic은 각각 사용하는 매체Medium가 다릅니다. UTP는 전기를 사용하고, Optic은 빛을 사용합니다. 전기를 사용하는 RJ45는 장시간 사용해도 고장률이 현저히 낮습니다. 전원 케이블을 반영구적으로 사용할 수 있듯이 UTP 포트 또한 반영구적으로 사용할 수 있습니다.

Optic은 다릅니다. 전구나 자동차 헤드라이트처럼 모든 빛을 내는 장치는 시간의 흐름에 따라 자연스럽게 그 성능이 감소합니다(좀 더 정확히 말하자면 인류가 반영구적인 광원의 상용 개발을 아직 못했다고 볼 수 있을 것입니다.). Optic 또한 장시간 사용하면 인식률이 떨어지고, CRC$^{Cyclic\ Redundancy\ Check}$ 오류가 발생하기도 합니다. 따라서 만일 Optic을 붙박이 형태로 만들었다면 Optic 수명이 다할 때마다 스위치 자체를 교체해야 될지도 모릅니다.

속도 차이

UTP의 경우 한 포트에서 다양한 속도를 지원합니다. 1000BASE-T 규격을 지원하는 UTP 포트라면 10 Mbps, 100 Mbps 혹은 1 Gbps 중에 하나를 선택하여 사용 가능합니다. 차로 비유하자면 하나의 엔진으로 10 km/h, 100 km/h 그리고 1000 km/h 속도를 낼 수 있는 것과 동일합니다. 전기라는 매체가 매우 안정적이어서 다루기 쉬울 뿐 아니라 인류가 오랜 시간 전기 관련 기술을 발전시켜온 덕분입니다.

반면 Optic은 하나로 둘 이상의 속도를 지원하지 않습니다. 빛이라는 매체는 다루기 대단히 어려워서 Optic 내부에서 빛을 만드는 장치, 즉 광원$^{Light\ source}$ 하나로 여러 속도를 만들기 어렵기 때문입니다. 하나의 Optic에서 두 종류 이상의 속도를 제공하는 Optic이 없는 것은 아닙니다. 이중 속도$^{Dual-rate}$ Optic이라는 제품이 있습니다. 그러나 이 Optic은 하나의 광원을 사용하는 것이 아니라 내부에 2개의 광원 칩이 존재합니다. 차로 비유하자면 10 km/h용 엔진과 100 km/h용 엔진이 따로 있는 것과 유사합니다. 용도가 제한적이고 가격이 높은 이중 속도 Optic을 제외하면 일반적인 Optic은 하나의 속도만 지원합니다. 따라서 다양한 속도를 지원할 수 있도록 Optic을 교체할 수 있어야 합니다.

> **Tip.** 네트워크 장비 데이터 플레인(ASIC)에서 지원 가능한 속도의 Optic만 사용해야 합니다. 예를 들어, 10 GE Optic만 지원하는 장비에 더 낮은 B/W인 1 GE Optic을 꽂으면 사용할 수 없습니다.

전송 거리 차이

속도가 같다고 해서 다 같은 Optic이 아닙니다. 동일한 속도를 제공하더라도 사용하는 파장 및 민감도에 따라 도달 거리가 달라집니다. 예를 들어, 10 GE 성능을 제공하는 Optic 종류로, 약 300 m를 지원하는 10GBASE-SR과 약 80 km를 지원하는 10GBASE-ZR Optic이 있습니다. 이 둘은 광원, 사용하는 파장 대역 그리고 전송 가능 거리까지 모두 다릅니다. 차로 비유하자면 둘 다 100 km/h로 달릴 수 있는 엔진이지만 사용하는 연료나 설계, 내구성이 다르다고 볼 수 있습니다.

앞서 살펴본 3가지 이유로 운영 중인 네트워크 장비의 Optic을 교체해야 하는 경우가 발생합니다. 초창기 네트워크 장비는 전원을 꺼야 Optic 교체가 가능했지만, 근래에는 운영 중인 장비를 끄지 않고도 교체 가능한 Optic, 즉 hot-pluggable 혹은 hot-swappable Optic이 대중적입니다.

On Board Optic

최근 Optic에 필요한 로직을 스위치 내부로 넣어서(마치 RJ45처럼) Optic을 붙박이 형태로 설계하려는 논의가 진행되고 있습니다. 이러한 Optic을 OBO[On Board Optic]라고 합니다. 네트워크 장비 ASIC 성능이 이제는 많이 좋아져서 점점 더 수많은 포트를 수용할 수 있는 반면 Optic이 차지하는 물리적인 크기[Faceplate]는 눈에 띄게 줄어들지 않았습니다. OBO를 이용하면 스위치에 Optic 로직을 내장하고, 스위치 전면부에는 케이블 연결을 위한 최소한의 구조만 남길 수 있습니다. 덕분에 포트 밀집도[Density]도 높이고 공조도 원활하게 할 수 있습니다.

반면 OBO는 하나의 물리적인 포트를 여러 포트로 나눠 쓸 수 있는 breakout 형태의 케이블을 사용해야 하기 때문에 실질적인 효과에 대해 다소 논쟁이 있습니다. 앞으로 대중화될 수 있을지 좀 더 신중히 지켜보아야 할 것 같습니다.

1.2 Optic 관리

Optic의 광 수신 레벨은 가장 중요한 Optic 관리·운영 정보 중 하나입니다.

1 광 수신 레벨 불량

광 케이블에 분명 광 신호가 있음에도 포트가 업^{Up}되지 않는 경우가 있습니다. 이는 일반적으로 광 신호 레벨(세기)이 기준치보다 낮아서 발생하는 현상입니다. 여러 원인이 있지만 가장 빈번한 사유들을 정리하면 다음과 같습니다.

- 광 케이블 손상
- 광 케이블 벤딩^{Bending} (광 케이블이 기준치 이상으로 과도하게 꺾인 것)
- ODF$^{Optical\ Distribution\ Frame}$ (패치 패널) 구성 불량
- 상대편(피어) Optic 불량
- 광 신호를 받는 로컬 Optic 불량 등

이러한 경우 점검 및 복구 과정은 다음과 같습니다.

① 광 케이블 이상 점검
　A. 광 케이블 Tx와 Rx가 서로 바뀐 것은 아닌지 확인
　B. 광 테스터기를 사용하여 구간별 광 레벨 값 확인
　C. 여분의 케이블로 교체(경로 중간에 ODF가 있을 경우 각 ODF 구간별로 교체)
② Optic 이상 여부 점검(여분 Optic으로 교체)
③ 장거리 전송용 Optic으로 교체(예. 10GBASE-SR → 10GBASE-LR)

DDM/DOM

광 수신 레벨 불량으로 문제 구간을 찾을 때 휴대용 **광 테스터기**$^{Fiber\ optical\ tester}$ 사용을 권장합니다. 구간별로 광 레벨을 즉각 확인할 수 있으므로 이슈 구간을 빠르고 정확하게 찾을 수 있기

때문입니다. 허나 테스터기가 준비되어 있지 않을 경우엔 어떻게 할까요?

근래 대부분 Optic 및 네트워크 장비는 DDM$^{\text{Digital Diagnostic Monitoring}}$과 DOM$^{\text{Digital Optical Monitoring}}$ (혹은 DDM + Information = DDMI) 프로토콜을 지원합니다. 네트워크 장비들은 이 프로토콜을 통해 Optic 관련 각종 정보를 수집할 수 있습니다.[1] 대부분 네트워크 장비와 Optic은 DDM/DOM을 지원하기 때문에 Optic 제조사, 시리얼 번호와 같은 제품 정보뿐 아니라 온도, 사용 전력, 광 출력·수신 레벨 그리고 각 임계치 정보 등 상태 정보도 알 수 있습니다.

커맨드 예시를 통해 네트워크 장비에서 DDM/DOM 기능을 이용하여 Optic 정보를 확인해 보겠습니다. 특히 빨간색 광 레벨 값을 눈여겨보아야 합니다. 예시에서 Optic은 −1.05 dBm 값으로 광 신호를 출력(Tx)하고 있고 −3.11 dBm 값으로 받고(Rx) 있습니다.

```
DOM/DDM output 예시

switch # show port 1/1/1 optic information
Interface: 1/1/1
Media Type: SFP+    Serial Number: ABCD1234Z
Current Temperature: 31.5 °C
        Warning threshold   Low: 20°C       High: 40°C
        Alarm threshold     Low: 10°C       High: 50°C
Current Tx Power (dBm): -1.05
        Warning threshold   Low: -5.00      High: -1.00
        Alarm threshold     Low: -7.00      High: 0.00
Current Rx Power (dBm): -3.11
        Warning threshold   Low: -8.00      High: -1.00
        Alarm threshold     Low: -13.00     High: 0.00
```

이 수치는 권장 레벨 값일까요? 이를 확인하고자 한다면 threshold(임계치) 값을 살펴보면 됩니다. 모든 Optic은 사용하는 광원과 제작 방식에 따라 조금씩 다른 threshold를 갖고 있습니다. 따라서 Optic 벤더는 각 Optic별로 적절한 threshold 값을 각각 설정하며, 이를 DDM/DOM으로 알 수 있습니다. 지정된 threshold 값을 벗어나면 통신이 매우 불안정해질 수 있습니다. 대부분의 네트워크 장비들은 이를 즉각 감지하여 syslog 등의 알람을 전송합니다.

---

[1] DOM: SNIA SFF TWG, SFF-8472(2001, Rev 1.0), 〈Management Interface for SFP+〉 참조

dBm

앞서 '광 수신 레벨 불량'에서 다룬 예시를 보면 광 신호 세기를 나타내는 단위로 **dBm(dBmW)** 이라는 단위를 사용하는 것을 볼 수 있습니다. 헌데 자세히 보니 Rx dBm 값이 −3.11 dBm, 즉 마이너스(−) 값입니다. 마이너스 값이면 문제가 있는 것일까요? 아닙니다. dBm은 전력 단위인 $mW^{Milliwatt}$를 $P_{(dBm)} = 10*\log_{10} P_{(mW)}$ 공식에 넣어 변환한 것입니다. 다시 말해 dBm은 전력 단위인 mW를 다르게 표현한 것입니다.

저처럼 수학 공식이 달갑지 않은 분들을 위해 다음과 같이 간단한 변환 테이블을 준비하였습니다.

dBm	mW	dBm	mW	dBm	mW	dBm	mW
		0 dBm	1 mW				
−10 dBm	0.1 mW	−1 dBm	0.7943 mW	1 dBm	1.2589 mW	10 dBm	10 mW
−20 dBm	0.01 mW	−2 dBm	0.6309 mW	2 dBm	1.5848 mW	20 dBm	100 mW
−30 dBm	0.001 mW	−3 dBm	0.5011 mW	3 dBm	1.9952 mW	30 dBm	1000 mW
−40 dBm	0.0001 mW	−4 dBm	0.3981 mW	4 dBm	2.5118 mW	40 dBm	10000 mW

▶ 표 1.1 dBm, mW 변환 테이블

이 표에서 가장 중요하게 볼 것은 '0 dBm'입니다. 기준이 되는 0 dBm은 0 mW가 아니라 '1 mW'입니다.

$$0 \text{ dBm} = 1 \text{ mW}$$

0 dBm은 1 mW이고, −1 dBm은 0.7943 mW입니다. 즉, −1 dBm은 0dBm보다 0.2057 mW 낮은 수치를 말합니다. dBm의 마이너스는 1 mW보다 낮다는 것을 의미하는 기호인 것입니다. 마이너스 값이 크면 클수록 1 mW에서 멀고, 0 mW에 가까운 아주 작은 전력을 가리킵니다. 그렇다면 왜 mW라는 단위를 두고 굳이 dBm이라는 단위를 사용하는 것일까요?

다음 그림은 dBm과 mW의 관계를 그린 그래프입니다. 전형적인 로그 그래프로, 0 dBm에 가까우면 mW의 변화를 민감하게 보여 주지만 멀어지면 10의 배수로 표기됨을 볼 수 있습니다.

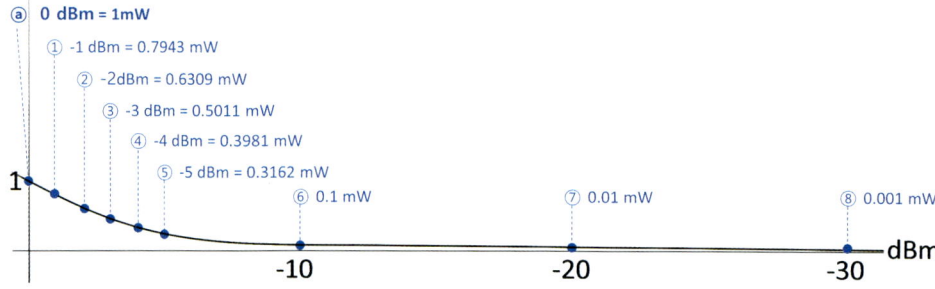

▶ 그림 1.2 dBm to mW

⑥ -10 dBm은 0.1 mW, ⑦ -20 dBm은 0.01 mW ⑧ -30 dBm은 0.001 mW입니다. 즉, ±10 dBm이 될 때마다 mW는 10배씩 차이 나게 됩니다. 0에서 0.001 mW까지 1000배의 차이를 0에서 30이라는 작은 범위로 표기할 수 있는 것입니다. 바로 이것이 dBm을 사용하는 이유입니다.

> **Tip.** 소리의 크기를 나타내는 단위인 dB(데시벨)도 로그 스케일이 적용됩니다. 예를 들어 40 dB → 50 dB로 듣기 위해선 스피커 전력을 10배 높여야 하고 40 dB → 60 dB로 들으려면 전력을 100배 올려야 합니다.

0.01 mW와 0.001 mW로 쓰는 것보다 -10 dBm과 -20 dBm으로 표기하는 것이 가독성이 좋습니다. 더불어 의사소통할 때도 dBm이 편리합니다. -30 dBm이라는 수치를 전달할 때 "영점영영일mW"라고 말하는 것보단 "마이너스 삼십 dBm"이라고 말하는 것이 전달하기 쉽습니다. 이런 이유들로 네트워크 장비가 광 레벨을 나타낼 때 dBm으로 표기하는 경우가 많습니다.

단, 벤더에 따라 차이가 있을 수 있습니다. 어떤 장비는 오직 mW로 표기하기도 하고, 또 어떤 장비는 dBm과 mW를 병기하기도 합니다. dBm으로 표기하든 mW로 표기하든 동일한 광 레벨을 다르게 표기한 것일 뿐입니다.

감쇠기

Optic에 들어오는 Rx 파워가 너무 높으면 Optic이 영구적으로 손실될 수 있습니다. 이때 인위적으로 Rx dBm을 낮추려면 **감쇠기**Attenuator라는 장치를 사용해야 합니다. 사용 방법은 무척 간단합니다. 다음과 같은 감쇠기를 광 케이블 앞에 끼우면 됩니다.

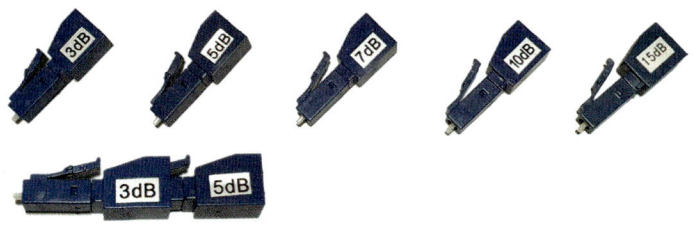

▶ 그림 1.3 감쇠기(위)와 이중 연결한 감쇠기(아래)

감쇠기 표면에 감쇠되는 레벨 값이 적혀 있습니다. 그 레벨만큼 dBm 값이 줄어 든다는 의미입니다. 예를 들어, 현재 Rx power가 -1 dBm인데 (-)5 dBm 감쇠기를 연결하면 (-)5 dBm 만큼 줄어들어 -6 dBm이 됩니다.

감쇠기는 여러 개를 겹쳐 사용할 수도 있습니다. 앞서 그림처럼 (-)3 dBm와 (-)5 dBm을 연속으로 끼우면 -8 dBm을 낮출 수 있습니다. 단, 이렇게 여러 감쇠기를 끼우면 연결에 따른 손실이 -1 dBm 정도 발생할 수 있을 뿐 아니라 연결 부위가 헐거워져 조그마한 충격에도 광 레벨 값이 크게 흔들릴 수 있습니다. 따라서 감쇠기는 가능하다면 가급적 1개만 사용하는 것을 권장합니다.

2 광 송수신기 핸들 색상

1 GE SX, LX, ZX, 이 3가지 표준은 동일 속도, 1 GE를 지원하지만 사용하는 파장과 도달 거리가 다릅니다. 따라서 피어Peer끼리 반드시 동일한 타입(프로토콜)의 Optic을 사용해야 합니다. 모든 Optic 바깥쪽 라벨에는 지원되는 세부 표준이 적혀 있지만, 글씨가 다소 작기 때문에 육안으로 확인하기 쉽지 않을 때가 있습니다. 더욱이 장비에 이미 삽입되어 사용 중인 Optic이라면 라벨을 확인할 수 없습니다.

이러한 불편함들을 해소하고 직관적으로 구분할 수 있도록 Optic 벤더들은 다음과 같이 핸들Handle의 색을 다르게 제작합니다.

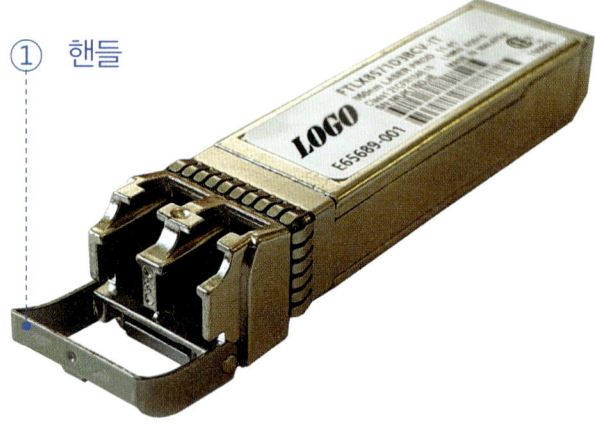

▶ 그림 1.4 광 송수신기 핸들

한 가지 아쉬운 점이라면 핸들 색에 대한 표준이 없다 보니 Optic 벤더별로 색이 제각각인 경우가 많습니다. 즉, Optic 벤더 A는 SX Optic의 핸들을 노란색으로 제작했는데 B벤더는 초록색으로 제작하거나 어떤 경우에는 별도의 색 없이 은색 철이 그대로 드러나 있는 경우도 있습니다. 비록 표준화되진 않았지만, 최근 많은 Optic 벤더들은 다음과 같은 컬러 코드 패턴을 보이고 있습니다.

표준 프리픽스	표준 예시	도달 거리	사용 파장	색상 코드
S*	SX, SR	200~300 m	850 nm	흰색 or 검은색
L*	LX, LR	10 km	1310 nm	파란색
E*	EX, ER	40 km	1550 nm	빨간색 or 갈색
Z*	ZX, ZR	80 km	1550 nm	초록색

▶ 표 1.2 10GE 핸들의 색상 코드 예시

Optic을 장비에서 뽑아낼 때 사용하는 핸들 또한 표준화된 용어가 아니기 때문에 다음과 같이 다양하게 불리기도 합니다.

- pull ring
- extraction lever
- latch
- unlock clip

- release handle
- locking handle
- bale clasp

SPF의 핸들은 은색 철 링에 플라스틱을 감싼 형태로 많이 제작되었습니다. 그래서 풀 링$^{\text{Pull ring}}$이라고 합니다. 이후 Optic들은 주로 직사각형 철 혹은 플라스틱 위에 색을 입히는 형태로 제작합니다.

1.3 MSA

10GBASE-SR과 SFP+는 모두 10 Gbps 이더넷과 관련된 표준입니다만 엄연히 다른 표준입니다. 10GBASE-SR은 IEEE의 802.3 규격에서 지정한 이더넷 '프로토콜'이지만, SFP는 Optic의 물리 규격(Form factor) 표준입니다.

Optic 속도와 SFP와 SFP+과 같은 물리 규격은 서로 약한 상관관계를 갖고 있습니다. 예를 들어, SFP = 1 GE, SPF+ = 10 GE와 같이 물리 규격에 따라 Optic 속도가 구분되는 경우가 있습니다. 그러나 물리 규격과 Optic 속도가 항상 1:1로 연결되는 것은 아닙니다. QSFP28의 경우 25GBASE-LR, 50GBASE-LR, 100GBASE-LR4까지 다양한 속도를 지원합니다. 즉, 서로 '약한' 상관관계에 있다고 볼 수 있습니다.

1 물리 규격 표준화 단체

일반적인 네트워크 관련 기술들은 IEEE와 같은 국제표준화 단체에서 만드는 경우가 대다수입니다. 허나 Optic 물리 규격 표준을 만드는 과정은 조금 독특합니다. 이러한 물리 규격 표준은 다수의 Optic 제조사끼리 서로 합의하여 만듭니다. 이 Optic 표준을 **MSA**(Multi-Source Agreements)라고 합니다. 표준화 단체에서 만든 표준은 아니기 때문에 꼭 따라야 한다는 구속력은 없습니다. 그러나 사실상 업계 표준 역할을 하므로 표준화 과정에 참여하지 않은 Optic 제조사조차 대부분 MSA 표준을 따릅니다.

참고로 하나의 단체에서 MSA 표준을 만드는 것이 아니라서 물리 규격별로 표준화 단체가 다른 경우도 있습니다. 예를 들어, 우리가 접하는 많은 100 GE 이하의 Optic은 주로 SNIA SFF TA[2]에서 표준화되었습니다. 반면 100 GE Optic들은 CFP MSA라는 곳에서 표준화 작업이 활발하게 진행되고 있습니다.

---

[2] SNIA SFF TA(Storage Networking Industry Association Small Form Factor Technology Affiliate)는 스토리지 네트워킹 산업 협회 (SNIA) 산하의 기술 그룹으로, 소형 폼 팩터(SFF) 와 관련된 표준을 정의하고 관리하는 역할을 수행합니다.

2 물리 규격 네이밍

SFP, XFP, CFP라는 단어들을 보면 맨 앞의 영문자만 다르고 FP는 동일한 것을 볼 수 있습니다. 여기서 **FP**는 **F**orm-factor **P**luggable을 의미합니다. FP라는 네이밍을 갖는 Optic들은 뒷글자를 FP로 통일하고, 맨 앞 글자를 달리하여 여러 의미를 부여합니다. SFP의 맨 앞 글자 S는 '작다'는 뜻의 'small'에서 따왔습니다. XFP, CFP는 지원 속도를 기반으로 지었습니다. 10 Gbps용으로 선보인 XFP는 10을 의미하는 로마 숫자 X를 붙였고, 100 Gbps를 지원하는 CFP는 100을 의미하는 라틴어 centum의 약자 C를 붙였습니다.

FP 이전에는 GBIC$^{\text{GigaBit Interface Converter}}$이라는 물리 규격이 있었습니다. 이 규격의 본딧말이 의미하듯이 지원 속도를 기반으로 이름을 지은 케이스입니다. 헌데 이 GBIC이라는 명칭이 통용되다 보니 모든 Optic을 GBIC이라고 부르기도 합니다. 초창기에는 SFP를 mini-GBIC이라고 부를 정도였습니다. 사소한 것 같아도 Optic 물리 규격을 명확히 구분하지 않으면 잘못된 발주 등으로 손실을 입을 수 있습니다. 따라서 네트워크 엔지니어라면 정확한 Optic 명칭을 부르는 습관을 길러 두는 것이 좋습니다.

3 Optic의 물리적인 크기

다른 전자 부품들처럼 Optic도 시간이 지나면서 크기가 작아졌습니다. 모든 IT 장치가 그러하듯 작으면 작을수록 좋지만 Optic은 특히 그러합니다. 작아질수록 한 장비에 넣을 수 있는 Optic, 즉 포트 개수가 증가하기 때문입니다. 이를 '포트 밀도$^{\text{Port density}}$가 증가한다'고 표현합니다. 더불어 Optic은 작아질수록 네트워크 장비의 공조 디자인, 전력, 크기 등에 직접적으로 영향을 주기 때문에 크기를 줄이기 위한 기술 투자가 많이 이뤄지는 편입니다.

초창기 Optic들은 주로 손바닥만 한 크기로 꽤 크게 개발되었습니다. 이후 기술이 안정되고 고도화되면서 점차 손가락만 한 크기로 줄어듭니다. 이렇게 작아지는 과정에 여러 종류의 물리 규격이 나오게 됩니다. 10 GE Optic 물리 규격들을 살펴보면 300 pin MSA, XENPAK, XPAK, X2, XFP, SFP+순으로 크기가 작아졌습니다. 이 물리 규격 사이에 성능상 차이는 사실상 없다고 봐도 무방합니다. 단, 초창기에는 큰 사이즈의 Optic에 더 많은 기술(예. 파장을 조정할 수 있는 튜너블^{Tunable} Optic)들을 넣기 수월하기 때문에 크기가 큰 Optic만 특수 기능을 지원하기도 합니다. 허나 시간 흐름에 따른 기술 발전 덕분에 작은 사이즈의 Optic도 유사한 기능들을 지원하며 차이가 거의 없어집니다.

CHAPTER
02

빛

물리학자에게 가장 알고 싶은 것 딱 하나를 고르라면 대부분 주저 없이 빛을 고를 것입니다. 아인슈타인을 비롯한 수많은 과학자의 노력으로 지금은 빛의 여러 특징이 밝혀졌으나 아직도 밝혀진 것보단 모르는 부분이 더 많은 신비로운 존재입니다.

앞서 살펴본 광 통신은 바로 이 빛을 매체로 사용하기 때문에 빛과 네트워크는 뗄 수 없는 관계입니다. Chapter 02에서는 빛의 수많은 특성 중에 광 통신에 꼭 필요하고 기초적인 내용만을 추려서 살펴보고자 합니다. 그럼에도 아마 이 책에서 가장 어려운 강의가 아닐까 싶습니다. 다만 이 책은 물리학 책이 아니니 다루는 모든 내용을 완벽히 이해하는 것보단 최대한 가벼운 마음으로 흐름만 파악하면서 살펴보기 바랍니다.

Roadmap

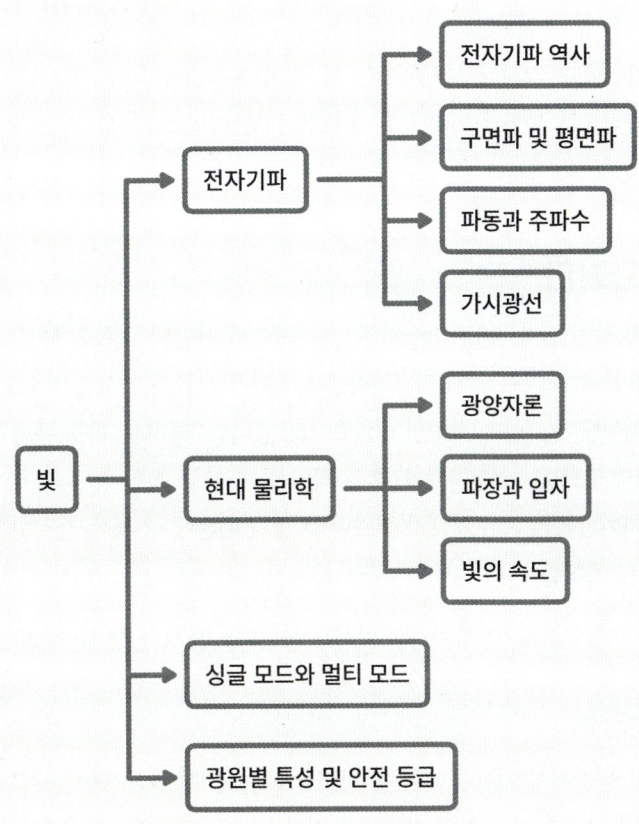

2.1 빛이란?

20세기 통신 기술은 주로 전기를 사용했습니다. 허나 전기는 전송 가능 거리가 매우 짧다는 치명적인 제약이 있습니다. 그러다 21세기에는 빛, 정확히는 전자기파를 통신용으로 사용하면서 전송 거리가 비약적으로 늘어났습니다. 대체 빛은 어떤 마법을 가지고 있길래 장거리 전송이 가능한 걸까요?

1 빛과 전자기파

빛이란, 엄밀히 말하면 전자기파Electromagnetic waves 중에서 사람의 눈으로 볼 수 있는 가시광선 대역을 일컫는 말입니다. 다시 말해 전자기파라는 커다란 분류에 가시광선이 포함되어 있습니다. 사실 광 통신은 빛이 아니라 적외선 대역을 사용합니다. 따라서 '빛을 통한 광 통신'이라는 표현은 틀렸습니다. 그보다는 '전자기파(혹은 적외선 대역)를 통한 통신'이 보다 정확한 표현입니다. 다만 전자기파라는 단어 자체가 생소할 수 있기 때문에 이 책에서는 '빛을 이용한 통신'으로 통일하여 기술하겠습니다.

그럼 전자기파란 무엇일까요? 전자기파의 역사를 들여다보면 보다 쉽게 이해할 수 있습니다.

전자기파의 발견

영국의 한 가난한 농장에서 태어난 과학자, 마이클 패러데이Michael Faraday는 어느 날 전선에 전기가 흐를 때 전선 옆에 놓인 나침반 바늘이 움직이는 것을 목격합니다. 패러데이는 전선에서 발생하는 **전기장**Electric field이 나침반 주위 **자기장**Magnetic field에 영향을 준 것이라 확신했습니다. 즉, 전기가 자기장을 만들어 낸다는 것이었습니다. 그러나 당시 과학계에서 전기와 자기는 완전히 분리된 개념으로 취급했기 때문에 그의 주장은 쉽사리 받아들여지지 않았습니다. 결국 패러데이는 1821년에 세계 최초의 모터를, 1831년에는 발전기를 만들어 자신의 주장을 증명했습니다. 이는 전기와 자기는 동떨어진 개념이 아니라 전기를 자기로, 반대로 자기를 전기로 변환할 수 있음을 증명한 것입니다. 그는 더 나아가 빛도 전자기파의 일종이라고 주장하였으나 구체적인 증거가 없었기 때문에 학계에서 받아들여지진 않았습니다.

이후 패러데이가 노년에 접어들고 추앙받는 과학자가 되었을 때 그의 연구에 매료된 젊은 과학자이자 수학자인 제임스 클러크 맥스웰James Clerk Maxwell이 1865년 다른 과학자들의 전자기파 연구를 바탕으로 4개(초기에는 8개)의 수학 공식을 발표합니다. 이것이 바로 물리학의 위대한 발견으로 일컫는 맥스웰 방정식[1]Maxwell's equations입니다. 이 방정식으로 전자기파의 모든 현상을 정확히 예측할 수 있었습니다.

빛과 달리 전자기파는 눈에 보이지 않기 때문에 당시의 기술력으로는 전자기파의 속력을 측정할 수 없었습니다. 전자기파 존재조차도 실험으로 증명되지 못한 시기였습니다. 허나 맥스웰은 순수 수학 공식만으로 전자기파의 속력을 구했습니다. 이렇게 도출된 전자기파 속도는 프랑스의 물리학자 레옹 푸코Léon Foucault가 측정한 빛의 속도, 초속 30만 km와 일치했습니다. 그렇습니다. 빛이 전자기파의 일종이라는 페러데이와 맥스웰의 주장이 수학적으로 규명된 것입니다. 이후 1888년 독일의 과학자 하인리히 헤르츠Heinrich Hertz는 실험을 통해 전자기파의 존재를 규명하였을 뿐 아니라 빛 또한 전자기파의 일종임을 증명하였습니다.

이후 인류가 전자기파를 다루는 기술은 발전에 발전을 거듭했습니다. 우리가 사용하는 스마트폰, WiFi, 지상파 TV, 라디오까지 모두 전자기파를 이용합니다. 이제 전자기파는 유무선 통신에 없어서는 안 될 존재가 되었습니다.

전자기파란?

전자기파는 전기장과 자기장이 결합되어 퍼져 나가는 에너지를 말합니다. 이렇게 말하면 굉장히 어려워 보이지만 다음 그림을 보면 어렵지 않게 이해할 수 있습니다.

---

[1] 맥스웰의 4대 방정식은 가우스 법칙Gauss's law, 가우스 자기 법칙Gauss's law for magnetism, 패러데이 전자기 유도 법칙Faraday's law, 앙페르-맥스웰 회로 법칙Ampère's law with Maxwell's addition이 있습니다.

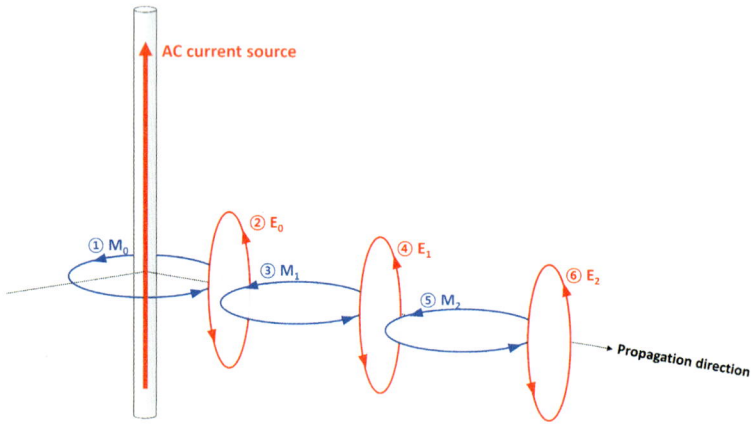

▶ 그림 2.1 전자기파의 흐름

그림을 보면 고등 교육 과정에서 배웠던 앙페르의 오른손 법칙대로 전선에 전류가 아래에서 위로 흐르면 반시계 방향으로 자기장 ① M_0이 생성됩니다. 이때 발생한 자기장 ① M_0으로 인해 이번에는 전기장 ② E_0가 생성됩니다. 또, 전기장 ② E_0로 인해 이번에는 자기장 ③ M_1이 생성됩니다. 이처럼 전기장과 자기장이 서로 연쇄 반응을 일으키며 끊임없이 공간으로 퍼져 나가는 에너지를 전자기파라고 합니다.

> **Tip.** 전자기파를 흔히 전자파라고도 합니다. 더불어 전기장을 전장, 자기장을 자장으로 짧게 부르기도 합니다.

물론 전선에서 발생하는 전기파가 그림 2.1처럼 한 방향으로 전파Propagation되는 것은 아닙니다. 실제로는 3차원 공간으로 전파되기 때문에 공처럼 둥근 구Sphere 형태의 복잡한 모양을 가지고 있습니다. 즉, 우리가 일상에서 마주하는 대부분의 전자기파는 마치 잔잔한 호수에 돌을 떨어뜨린 것처럼 3차원으로 퍼져 나갑니다. 이를 **구면파**Spherical wave라고 합니다. 구면파는 한곳으로 집중되어 나아가는 것이 아니고 여러 공간으로 '퍼지기' 때문에 전선에서 발생하는 전자기파는 전선에서 멀어질수록 그 에너지가 점차 약해집니다.

반면 **평면파**Plane wave는 매우 단순한 구조를 가지고 있습니다. 다음 그림과 같이 **X축으로는 자기장** 파동이 좌우로, **Y축으로는 전기장** 파동이 위아래로 운동하고 있습니다. 그리고 두 파동이 서로 90도, 즉 직각으로 서로에게 영향을 주며 Z축으로 전파되고 있습니다. 구면파와 달리 평면파는 방해물이 없다면 퍼져 나가지 않고 Z 방향으로 직진합니다.

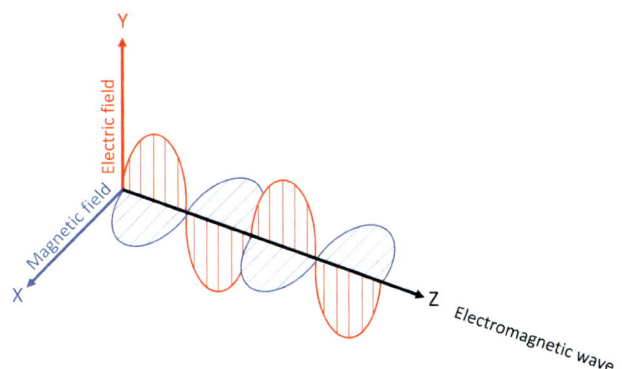

▶ 그림 2.2 전자기파의 흐름(평면파)

완벽한 평면파, 즉 전혀 흐트러지지 않고 우주 끝까지 한 방향으로 직진하는 평면파는 아직 발견되지 않았습니다. 다만 인류가 볼 수 있는 전자기파 중 평면파에 가까운 전자기파가 하나 있는데, 바로 네트워크 Optic의 싱글 모드용으로 주로 사용되는 레이저^{Laser}입니다.

2 파동과 주파수

파동이란 일정한 주기로 어떤 에너지가 한 곳에서 다른 곳으로 이동하며 나가는 것을 말합니다. 일례로 고요한 호수에 돌멩이를 떨어뜨리면 파동이 굽이굽이 이동하는 것을 눈으로 볼 수 있습니다.

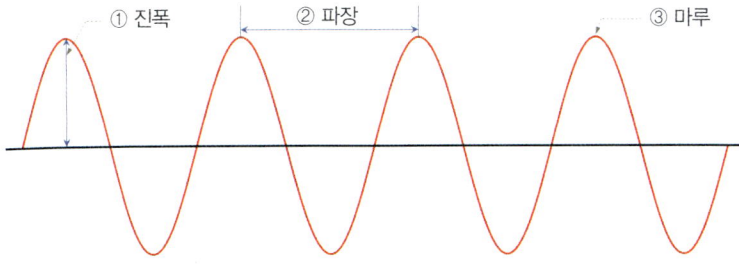

▶ 그림 2.3 파동 예시

그림과 같이 파동의 각 꼭짓점을 ③ **마루**^{Peak}라 하고 마루와 마루 간의 거리를 ② **파장**^{Wavelength}이라고 합니다. 이 파장의 길이가 **주파수**^{Frequency}를 결정합니다. 주파수를 진동수라고도 하는데, 초당 발생한 마루 개수를 주파수라고 합니다.

파장별 특성

광 통신에서 가장 중요한 전자기파에는 여러 ② 파장이 존재하며 파장에 따라 아주 다른 특성을 가지고 있습니다. 다음 그림에서 볼 수 있듯이 전자기파는 파장에 따라 X선$^{X-ray}$, UV$^{Ultraviolet\ rays}$(자외선), 가시광선$^{Visible\ light}$, 적외선^{Infrared}, 초단파^{Microwave}, 라디오파^{Radiowave} 등으로 나뉩니다.

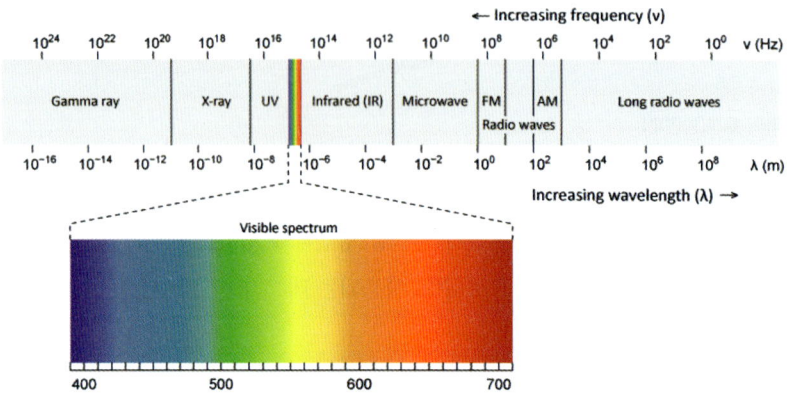

▶ 그림 2.4 전자기파 스펙트럼(출처: en.wikipedia.org/wiki/File:EM_spectrum_mk.svg)

이 중에 비교적 익숙한 전자기파들을 꼽자면 X선, 가시광선, 초단파가 있습니다. 모두 전자기파지만 파장에 따라 성격과 특성이 무척 다릅니다. X선은 인체를 통과할 수 있어 의료 분야에서 많이 사용하고 가시광선은 사람이 눈으로 볼 수 있는 전자기파 대역이며 초단파는 전자레인지에서 음식을 데우는 데 쓰입니다. 이처럼 전자기파의 파장에 따라 사람이 눈으로 볼 수 있는 빛이 되기도 하고, 몸을 통과하는 X선이 될 수도 있으며 음식을 데우는 초단파가 될 수도 있습니다.

가시광선

우리가 흔히 빛이라고 하는 것은 전자기파 대역 중에 가시광선$^{Visible\ light(spectrum)}$ 대역을 말합니다. 그리고 빛(가시광선)은 파장에 따라 색이 달라집니다.

어렸을 때 한 번쯤 빛을 프리즘에 통과시켜서 아름다운 무지개색이 나오는 실험을 해본 적 있을 것입니다. 이는 프리즘을 통해 빛의 파장을 분리한 것입니다. 파장에 따라 전자기파 반사 각도가 미세하게 다르다는 원리를 이용하여 빛을 여러 개로 나눈 결과로 아름다운 무지개가 나오는 것입니다.

그림 2.4에서 알 수 있듯이 가시광선의 파장은 380 nm – 780 nm입니다. 빨간색은 620 nm, 주황색은 590 nm, 파랑색은 450 nm, 보라색은 380 nm으로 빨간색에서 보라색으로 갈수록 파장이 짧아집니다.

> **Tip.** nm는 나노미터Nanometer를 의미합니다. 다시 말해 마루(peak)와 마루 사이, 즉 파장이 몇 나노미터인지 표기해주는 단위입니다. 예를 들어, 380 nm라고 하면 주파수의 마루와 마루 사이가 380 나노미터라는 뜻입니다.

네트워크 통신용으로는 적외선 대역을 주로 사용합니다. 정확히는 주로 850 nm – 1700 nm 대역을 사용합니다. 적외선 대역이라 사람의 눈에는 보이지는 않습니다. 왜 적외선 대역을 통신용으로 사용하는지는 'Chapter 03 광 케이블'의 '감쇠'에서 자세히 알아볼 예정입니다.

NOTE 자외선, 적외선의 의미

자외선을 뜻하는 Ultraviolet을 풀어 쓰면 ultra(극히) + violet(보라색), 즉 '매우 보라색'이라는 의미로, 너무 보라색이라 사람 눈에 보이지 않는 대역을 말합니다. 마찬가지 맥락으로 적외선을 뜻하는 Infrared 역시 infra(넘어선) + red(빨간색), 즉 '매우 빨간색'이라는 의미로, 사람 눈에 보이지 않는 대역을 말합니다.

NOTE 파장을 Hz로 변환하면?

빛의 파장은 nm^{Nanometer}으로 표기합니다. 예를 들어, 빨간색은 약 620 nm의 파장을 갖고 있습니다. 파장이 620 나노미터라는 뜻이죠. 그럼 620 nm는 초당 얼마나 많은 마루가 있는 걸까요? 620 nm을 초당 몇 번 진동하는지 표기하는 단위인 Hz로 변환하면 약 480 Thz입니다. 이는 초당 480조 번이나 진동한다는 뜻입니다. 그만큼 매우 빠르게 진동하는 파장이라는 것을 알 수 있습니다. 참고로 장거리 통신용으로 많이 이용하는 1550 nm를 환산하면 약 193 Thz입니다.

2.2 물리학에서 전자기파

이번 학습에서는 빛에 대한 이해도를 높이기 위해 전자기파에 대해 더욱 심도 있게 살펴볼 예정입니다. 전자기파에 대한 시각을 넓히는 관점에서 다루는 내용으로, 네트워크 엔지니어링에 직접적인 영향을 미치지 않으니 가볍게 살펴보기 바랍니다.

1 파장과 입자의 관계

우리가 자연계에서 만나는 모든 물질은 원자(원자핵+전자)로 구성되어 있습니다. 현대 과학에서는 여러 실험과 가설을 통해 이보다 더 작은 입자인 전자, 양성자, 중성자 등 양자의 존재가 드러났습니다. 그렇다면 빛에도 입자가 있을까요?

광양자가설 또는 광자론이라 불리는 광양자설Light quantum hypothesis은 빛도 어떤 입자(양자)로 이뤄져 있다는 이론입니다. 사실 빛도 자세히 들여다보면 마치 물질처럼 어떤 입자로 구성되어 있다는 것이죠. 이 빛의 알갱이(입자)를 광양자Light quantum 혹은 광자Photon라고 부릅니다. 이를 실험으로 입증하여 노벨상을 받은 과학자가 바로 알베르트 아인슈타인Albert Einstein입니다.

광자의 모습을 실제 눈으로 확인해본 사람이 있을까요? 아쉽게 아직은 없습니다. 언젠가 기술이 발전하여 양자의 모습을 들여다보았을 때 빛의 전파 과정이나 광자의 모습이 예상한 것과 일치할지 아무도 확답할 수 없습니다. 심지어 양자역학에서는 기술의 발전과는 무관하게 그 모습을 보는 것 자체가 영영 불가능하다고 가정하기도 합니다. 그렇다면 어떤 근거로 빛이 전자기파면서 광자로 이뤄져 있다는 것일까요?

눈으로 직접 볼 수 없기 때문에 과학자들은 '빛이 파장 혹은 입자라면?'이라는 가설을 세우고 실험 결과를 바탕으로 본질을 탐구합니다. 이 가설을 탐구하는 대표적인 실험이 이중 슬릿 실험입니다.

이중 슬릿 실험

이중 슬릿 Double slit 실험은 다음 그림처럼 2개의 구멍 사이에 빛을 쏘는 비교적 간단한 실험입니다. 만일 빛이 어떤 작은 알갱이들로 이루어졌다면 다음처럼 2 개의 구멍을 일직선으로 통과하여 뒤쪽 스크린에 빛이 2줄로 생길 것입니다.

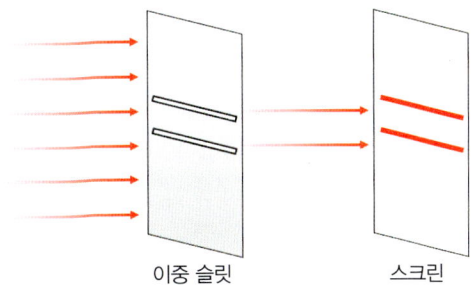

▶ 그림 2.5 이중 슬릿 실험(a): 빛이 입자일 경우

그러나 빛이 파장이라면 이야기가 달라집니다. 잔잔한 호수에 2개의 돌을 동시에 떨어뜨리면 2 개의 파동이 생깁니다. 이 두 파동이 서로 만나는 구간 중 마루가 같은 방향일 때, 즉 둘 다 올라가는 마루라면 서로의 에너지가 합쳐져 마루가 2배로 높아집니다. 반대로 마루가 서로 반대 방향일 때, 즉 올라가는 마루와 내려가는 마루가 부딪히면 상쇄되어 파장이 없어져버립니다. 따라서 많은 과학자가 만약 빛이 파장이라면 파동이 서로 섞여서 뒤쪽 스크린에 사다리꼴이 남게 될 것이라고 예상했습니다.

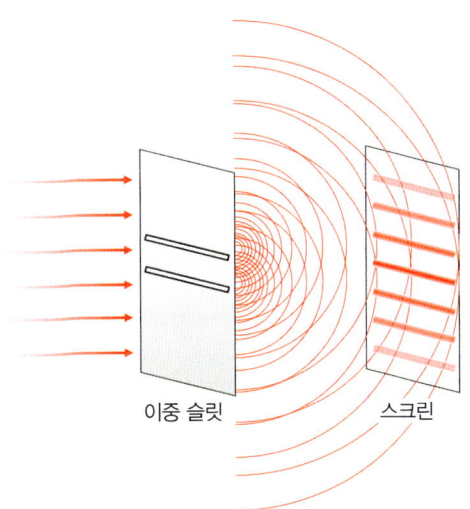

▶ 그림 2.6 이중 슬릿 실험(b): 빛이 파장일 경우

그러나 이 실험의 결과는 지금까지도 많은 과학자를 혼란스럽게 할 만큼 무척 놀라웠습니다. 첫 실험을 진행하자 먼저 실험 (b)처럼 물결 무늬가 나왔습니다. 마치 잔잔한 호수에 2개의 돌을 떨어트린 것과 같은 현상이 스크린에 도달한 빛에서도 나왔습니다. 과학자들은 이를 보고 '빛은 파장의 성질을 지니고 있다'는 결론에 도달하게 됩니다.

이어서 빛이 스크린에 도달하는 경로에 다른 물체를 두어서 파동이 생기는 중간 과정을 '관측'하려 하자 놀라운 일이 발생했습니다. 스크린에 물결 무늬 대신 일직선으로 두 구멍을 통과한 실험 (a)와 같은 결과가 나왔기 때문입니다. 즉, 파장처럼 보였던 빛이 관측을 당하는 순간 마치 입자처럼 나타난 것입니다. 관측을 하느냐 아니냐에 따라 빛은 파장이었다가 입자가 되기도 했습니다. 도무지 이해하기 힘든 이 실험 결과를 해석하기 위해 탄생한 학문이 **양자역학**Quantum mechanics입니다.

양자역학은 원자나 분자 혹은 그보다 작은 세상, 즉, 아원자 입자 등의 미시 세계Micro-world를 연구하는 학문으로, 인간의 상식을 뛰어넘는 내용들이 많아서 어렵기로 악명이 높습니다.

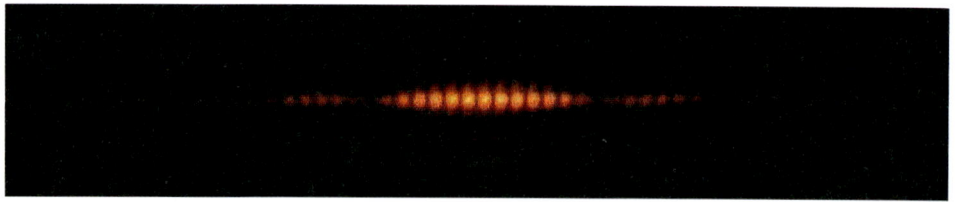

▶ 그림 2.7 실제 이중 슬릿 실험에서 파장 형태로 남은 빛의 모습
(출처: upload.wikimedia.org/wikipedia/commons/c/c2/Single_slit_and_double_slit2.jpg)

1927년 열린 솔베이 회의Conseil Solvay에서 양자역학을 인정하지 못하는 아인슈타인과 양자역학의 아버지라 불리는 닐스 보어Niels Bohr를 주축으로 많은 과학자가 격론을 벌인 끝에 양자역학이 판정승을 하게 됩니다. 그럼에도 죽을 때까지 양자역학을 인정하지 않았던 아인슈타인은 "신은 주사위를 던지지 않는다(God does not play dice)."라는 유명한 말을 남기기도 했습니다. 그러나 양자역학은 실제로 많은 자연 현상을 설명했고 지금은 상대성 이론과 함께 현대 물리학의 큰 축이 되었습니다.

💡 **Tip.** 이중 슬릿 실험에 대해 더 자세한 내용이 궁금하다면 'La Physique Autrement' 채널의 "Wave-Particle Duality Animation"에서 실험 내용을 애니메이션으로 확인할 수 있습니다.

빛보다 큰 입자의 이중 슬릿 실험

1999년, 이번에는 빛이 아닌 분자로 이중 슬릿 실험을 진행하게 됩니다. 미시 세계 입자라고 하기에는 다소 큰 분자, 풀로렌^{Fullerene}(c60)으로 이중 슬릿 실험을 진행해 빛과 동일한 결과를 얻게 됩니다. 2019년 11월 비엔나대학교의 아르민 샤예기$^{Armin\ Shayeghi}$ 교수와 연구진들은 그라미시딘^{Gramicidin}이라는 미생물 분자, 즉 생명체의 분자를 이용한 이중 슬릿 실험에서도 동일한 결과를 얻게 됩니다. 이 충격적인 결과는 미시 세계뿐 아니라 현실 세계의 물질도 조건만 부합한다면 빛과 마찬가지로 파장이 될 수도 있고 입자가 될 수도 있다는 것을 암시했습니다.

이 실험 결과를 진보적으로 해석한다면 입자로 구성된 우주의 모든 '물질'이라는 것이 다른 물질들과 상호 작용이 전혀 이뤄지지 않는 완벽한 진공 상태에서는 물질이 아니라 파동으로 존재한다는 것을 의미합니다. 예를 들어, 사람의 몸도 완벽한 진공 상태에서는 물질이 아닌 파동으로 존재하다 빛과 같은 다른 물질과 상호 작용이 이뤄지는 순간 다시 물질이 된다는 것입니다. 이를 **파동-입자 이중성**$^{Wave-particle\ duality}$ 이론이라고 합니다. 현 과학계에서는 모든 우주 물질이 파동을 가지고 있다는 파동 입자 이중성 이론을 전반적으로 받아들이고 있습니다. 사람의 몸에 비해 파동이 극단적으로 작아서 느낄 수 없을 뿐입니다.

정리하자면 빛이 파동과 입자의 특성을 동시에 가지고 있는 특이점 연구를 시작으로, 현대 물리학은 우주의 모든 물질이 동일한 특성을 가지고 있다는 결론에 도달하게 되었습니다.

> **NOTE** | **빛의 매질**
>
> 호수에 돌을 던지면 물결이 퍼져 나가듯이 파동은 일정한 주기를 가지고 에너지가 전달되어 나가는 것을 말합니다. 이처럼 우리가 일상생활에서 접하는 파동은 그 에너지를 전달해주는 매개체, 즉 물과 같은 매질$^{媒質,\ Medium}$을 필요로 합니다. 소리의 경우 공기나 물 또는 고체 등이 매질이 되어 파장이 전달됩니다.
>
> 약 200년 전 과학자들은 우리가 소리를 듣기 위해 공기가 필요한 것처럼 우주에서 오는 빛도 분명 어떤 매질이 있을 것이라고 생각했습니다. 그러나 당시 기술로는 매질의 정체를 밝히기 어려웠기 때문에 임의로 에테르^{Aether}라는 가명을 붙여주었습니다.
>
> 그러나 20세기에 들어서 빛의 매질은 기존 물리학에서 인정할 수 없을 수준으로 독특한 물질이어야 함이 밝혀지게 됩니다. 예를 들면 모든 물질을 뚫고 나갈 수 있을 만큼 가볍고, 빛과

같은 속도로 운동하며 빛의 속도에 영향을 줄 수 있는 물질이어야 했습니다. 결국 마이컬슨-몰리Michelson-Morley 실험을 시작으로 많은 실험에서 '에테르는 존재하지 않는다'는 결론에 도달하게 되었습니다.

현대 과학계에서는 빛은 매질이 없더라도 전파될 수 있는 것으로 받아들여지고 있습니다. 그럼 빛은 진공 상태인 우주에서 어떻게 전파되는 것일까요? 현재까지 가장 설득력 있는 해석은 양자전기역학Quantum ElectroDynamics, QED이라는 이름도 어려운 학문에서 나옵니다.

양자역학의 불완전성을 비판하기 위해 시작했다가 양자역학을 가장 잘 설명하는 대표적인 사고 실험이 된 '슈뢰딩거의 고양이'는 상자 안의 고양이가 산 것도, 죽은 것도 아닌 상태로 있다가 관찰자가 들여다보는 순간, 즉 다른 무언가와 상호 작용이 일어나는 순간 산 것인지 죽은 것인지가 결정된다는 실험입니다. 즉, 양자역학에서 입자는 어떤 상호 작용이 발생하는 순간 그 존재가 드러난다고 보고 있습니다.

여기서 중요한 것은 공간의 상호 작용 확률이 각기 다르다는 점입니다. 예를 들어, 상호 작용이 일어날 때 입자가 나타날 확률을 보면 A 지점은 90%, B 지점은 50%, C 지점은 10%와 같이 공간에 따라 서로 다른 확률이 나타납니다. 확률에 따라 입자가 많이 나타나는 곳도 있고, 적게 나타나는 곳도 있다는 뜻입니다. 확률이 높은 지점, 즉 많은 입자가 모여 있는 곳을 피크Peak라고 합니다. 즉 앞서 살펴본 이중 슬릿 실험 결과 이미지에서 파동 형태를 다시 살펴보면 광양자가 상호 작용을 할 때 확률이 높은 곳은 밝게, 확률이 낮은 곳은 어둡게 나타난 것입니다.

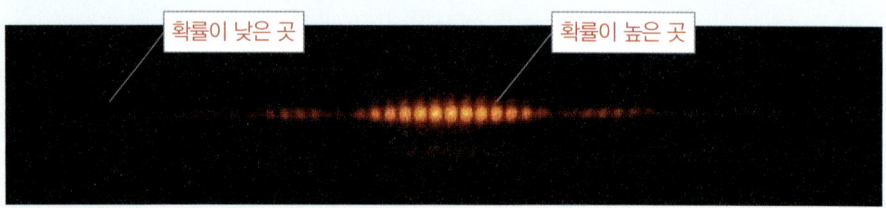

▶ 그림 2.8 이중 슬릿 실험에서 파장 형태로 남은 빛의 모습

양자전기역학에 따르면 파동은 매질이 필요하지 않습니다. 진공이라 하더라도 에너지(파동)는 이동이 가능하고, 이동하던 에너지가 무엇인가와 상호 작용할 때 비로소 양자 형태로 나타나기 때문입니다.

머리가 지끈거린다고요? 걱정하지 않으셔도 됩니다. 양자전기역학의 아버지이자 노벨 물리학 수상자 리처드 파인만Richard Feynman마저도 "양자 역학을 이해한 사람은 아무도 없다(No one understands quantum mechanics)."라고 말할 정도니까요. 물론 이로써 이 논제에 마침표가 찍힌 것은 아닙니다. 여전히 수많은 변수와 가능성이 존재합니다. 늘 그러했듯 갑자기 어느 날 기존 학설을 뒤집는 새로운 실험 결과가 나올지도 모릅니다. 인류가 빛의 정체를 완벽히 알려면 앞으로도 충분히 많은 시간이 필요할 것 같습니다.

2 빛의 속도

진공 상태에서 빛의 속도는 2.99792458×10^8 m/s로, 흔히 초속 30만 km로 표기합니다. 이는 지구를 1초 만에 7바퀴 반이나 돌 수 있는 속도입니다. 네트워크 엔지니어가 알아 둬야 할 물리적 한계도 바로 여기서 시작됩니다.

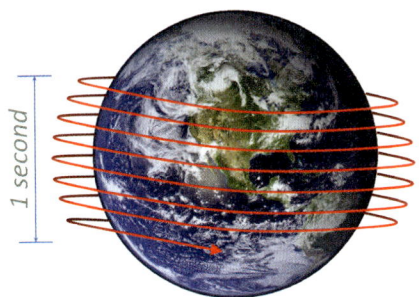

▶ 그림 2.9 우주에서 1초간 빛의 이동 속도

빛의 속도로 지구를 한 바퀴 돌면 대략 130 ms가 걸립니다. 즉, 빛이 우주에서 아무리 빠르다고 해도 지구 반대편을 찍고 오는 데 130 ms정도는 걸린다는 것입니다. 하지만 빛이 가장 빠른 상태는 진공 상태일 때입니다. 즉, 우주에서 가장 빠릅니다. 다른 매체(매질)를 통해서 이동하면 저항을 받고 속도가 느려집니다.

> **NOTE** 빛은 왜 매질에서 느려질까?

빛이 물, 유리 등 매질을 통해서 이동하면 느려지는 이유를 설명하는 데는 2가지 이론이 있습니다.

1. 광자 흡수/방출 이론Photon absorption and emission theory

물질 내에서 광자가 이동하는 방식은, 물질의 분자를 뚫고 가는 것이 아니라 물질의 분자에 흡수되었다가 다시 방출되는 과정을 반복하며 이동한다는 이론입니다. 이렇게 흡수/방출되는 과정을 거칠 때 다음 분자까지 거리가 멀다면, 즉 거쳐야 하는 분자가 적다면 빛이 빨리 전파되고 반대로 분자 간격이 좁아서 많은 분자를 거쳐야 하면 속도가 느려진다는 이론입니다.

2. 간섭 이론Quantum interference theory

분자가 전자기파를 받으면 새로운 전자기파를 방출한다는 이론입니다. 이로 인해 기존의 빛과 새로운 빛이 엉키면서 기존 빛의 이동 속도를 저하시킨다는 이론입니다.

광 케이블 안에서 빛이 이동할 때 속도는 초속 20만 km로, 진공 상태에 비해 약 34%가량의 손실이 발생합니다. 따라서 빛이 광 케이블에서 지구 한 바퀴를 돌면 진공 상태보다 약 1.6배가 길어진 210 ms 정도가 걸립니다. 그럼 인터넷 패킷이 210 ms 만에 지구 한 바퀴를 돌 수 있을까요? '4.1 해저 케이블'에서 자세히 살펴보겠지만, 광 케이블은 보통 해저를 따라 굴곡지게 설치되는 경우가 대부분입니다. 국가 간 해저 케이블을 직선으로 설치할 수 없는 경우가 많기 때문에 실제 경로는 직선 경로보다 많이 늘어납니다. 따라서 현실적으로 광 케이블을 이용하여 지구 반대편을 찍고 오는 데 걸리는 레이턴시Latency(대기 시간)는 해저 케이블 상황에 따라 다르겠지만 일반적으로 300-500 ms가 걸립니다.

즉, 광 케이블을 이용한 지구 한 바퀴 통신은 진공에서 빛의 속도인 130 ms보다 대략 4배 정도 늘어납니다. 이 또한 충분히 빠른 것 같지만 빠른 응답을 요구하는 FPS 게임 등에는 적합하지 않습니다. 게임에서 총을 쏘고 0.5초 뒤에 반응이 온다면 게임을 진행할 수 없을 정도라고 느끼죠. 개인 차가 있지만, 일반적으로 레이턴시가 100 ms 이상이면 지연Laggy으로 인해 FPS 게임을 즐기기 힘든 것으로 알려져 있습니다. 즉, 100 ms가 FPS 게임의 최대 허용치죠. 바로 이러한 이유로 대형 게임 업체들은 각 대륙별로 게임 서버를 둡니다. 빛과 광 케이블의 물리적인 한계로, 그보다 빠르게 패킷을 전송할 수 없기 때문입니다.

타키온

아인슈타인은 상대성 이론을 통해 빛보다 빠른 물질은 없을 것이라고 했습니다. 만일 빛보다 빠르게 움직이는 물질이 있다면 과거로 시간 여행을 할 것이라고 했죠. 정말 빛보다 빠른 물질은 없을까요?

1973년 오스트레일리아의 두 과학자, 로저 클레이^{Roger W. Clay}와 필립 크라우치^{Philip C. Crouch}는 우주방사선^{Cosmic ray}이 공기 중의 분자나 원자와 충돌할 때 생성된 물질이 빛보다 아주 조금 더 빠르다는 내용을 과학 학술지 『네이처^{Nature}』에 발표한 적이 있습니다. 이 빛보다 빠른 가상 물질을 **타키온**^{Tachyon}이라고 칭합니다. 아직도 물리학자들은 이 타키온의 존재 여부를 두고 팽팽하게 맞서고 있습니다. 설령 타키온이 실존하더라도 빛과는 달리 '정보'를 보낼 수 없을 것이라고 예상하고 있습니다. 상대성 이론대로라면 빛보다 빠르면 시간 여행을 할 수 있지만 정보까지 실은 타키온의 시간 여행은 불가능하다고 보는 거죠.

만일 우리가 빛 대신 타키온으로 통신을 할 수 있다면 어떻게 될까요? 어떤 서버로 핑^{Ping}을 보내면 그 핑은 시간을 거슬러 과거의 서버가 핑을 받게 될 것입니다. 응답을 준다면? 그럼 다시 시간을 거슬러 과거의 내가 응답을 받게 될 것입니다. 진짜 그런 일이 생긴다면 ICMP 데이터 영역에 로또 번호를 적어 보내기로 합시다. =)

2.3 멀티 모드와 싱글 모드

네트워크 엔지니어는 **멀티 모드**Multi-mode와 **싱글 모드**SIngle-mode라는 단어를 수없이 접하게 됩니다. 이 둘을 손쉽게 구분하자면 멀티 모드는 단거리용, 싱글 모드는 장거리용입니다. 여기서 모드라는 것은 정확히 무엇일까요? 이번 학습에서는 두 모드의 차이점과 싱글 모드의 장거리 전송 비결을 살펴보겠습니다.

1 멀티 모드와 싱글 모드의 빛 이동

다음 그림은 광 케이블 코어 안에서 멀티 모드와 싱글 모드에 따른 빛의 이동 경로를 보여 줍니다.

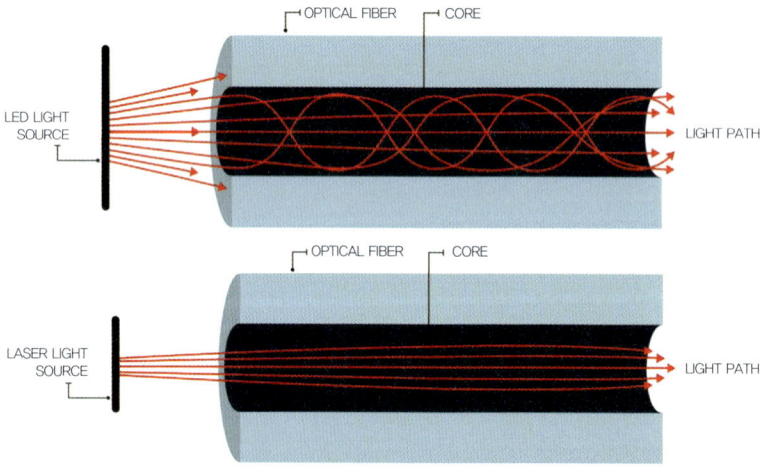

▶ 그림 2.10 멀티 모드(위)와 싱글 모드(아래)에서 빛의 이동 경로(출처: fibre-systems.com)

멀티 모드에서 빛이 이동하는 경로를 자세히 보면 어떤 빛은 코어 안쪽으로 들어가지만 어떤 빛은 코어가 아닌 엉뚱한 곳으로 향하는 것을 볼 수 있습니다. 이러한 현상은 멀티 모드용으로 사용되는 광원(예. LED)의 **발산각**Diffusion angle이 커서 코어 크기보다 더 크게 발산되고 있기 때문에 발생합니다. 이때 코어 밖으로 발산된 빛은 아무 쓸모없이 버려지는 빛입니다. 반면 싱글 모드를 보면 버려지는 빛 없이 모두 코어 안쪽으로 들어가고 있습니다. 싱글 모드용으로 사용되는 광원(예. 레이저)은 직진성이 강해서 발산각이 극히 작기 때문입니다.

멀티 모드

그림 2.10에서 다룬 멀티 모드의 빛 이동을 좀 더 자세히 살펴 보겠습니다. 어떤 빛은 코어 내에서 일직선으로 나아가고 있지만, 또 어떤 빛은 (클래딩에 의해 반사되면서) 위아래로 크게 운동하며 이동하는 걸 볼 수 있습니다.

이런 현상을 **모드 분산**Modal dispersion이라고 합니다. 광 코어에 직각으로 들어간 빛은 목적지까지 빨리 도착하지만, 다른 빛은 코어 내부에서 반사되면서 이동하는 경로가 크게 늘어나 목적지에 늦게 도착하게 됩니다.

광 케이블 내의 멀티 모드 빛은 크게 세 종류로 나눌 수 있습니다.

- **액시얼 모드**Axial mode : 광 케이블 코어에 수평하게 일직선으로 움직이는 빛으로, 가장 빠르게 목적지까지 도달
- **로우 오더 모드**Low order mode : 클래딩에 의해 코어 내에서 반사되기는 하지만 그 각도가 크지 않아서 총 이동 거리는 많지 않은 빛
- **하이 오더 모드**High order mode : 코어 내에서 많이 반사되며 많은 운동을 하는 빛, 즉 가장 긴 거리를 이동하는 빛

모드 분산이 심한 경우에는 신호 해석이 불가능해집니다. A → B로 데이터를 보낸다고 가정해 보겠습니다. A가 빛을 전송했을 때는 0.1초 만에 100레벨의 빛을 보냈습니다. 헌데 B가 받을 때는 액시얼 모드, 로우 오더 모드 그리고 하이 오더 모드가 모두 뒤섞이면서 1초 동안 1~30 레벨의 빛이 퍼져서 도착했다면 이를 1이라고 해석해야 할까요? 0이라고 해석해야 할까요? 심지어 A가 0.2초에 곧바로 다른 빛을 보냈다면 0.1초에 보낸 빛과 0.2초에 보낸 빛이 섞이면서 더더욱 혼란이 가중될 것입니다.

결국 B는 데이터 해석을 할 수가 없게 됩니다. 빛에는 순번표가 없습니다. 빛이 도착했을 때 이게 0.1초에 출발한 빛인지 0.2초 전에 출발한 것인지 알 수 없습니다. 즉, 같은 신호를 가지고 출발한 빛이 목적지에 '동시에' 도착하여야만 합니다.

이처럼 빛의 속도 차로 인해 도달 시간이 달라지는 것을 **DMD**Differential Mode Delay라고 하며 멀티 모드의 도달 거리는 이 DMD로 인해 수백 미터에 불과하다는 태생적 한계가 있습니다.

> 💡 **Tip.** '3.2 클래딩'의 '2. GI-MMF, SI-MMF'의 그림 3.9를 참조하면 보다 직관적으로 이해할 수 있을 것입니다.

CHAPTER 02 빛 **73**

> **NOTE** **DMD와 모달 분산**
>
> DMD가 모드 분산 현상을 이끌어 냅니다. 모달 분산을 뜻하는 Modal dispersion이라는 단어에서 modal은 mode를 의미하고 dispersion은 말 그대로 mode가 하나로 뭉치지 못하고 퍼지는 것을 말합니다. 쉽게 말하자면 DMD와 Modal dispersion은 사실상 같은 현상을 말합니다. 어떤 경우에는 DMD를 Differential Modal Dispersion의 약자로 해석하기도 합니다.

싱글 모드

그림 2.10의 싱글 모드를 살펴보면 빛이 코어 안을 거의 일직선으로 쭉쭉 뻗어 나가는 것을 볼 수 있습니다. 발산각이 극히 작아 장거리를 이동해도 빛의 속도 편차가 거의 없기 때문에 목적지까지 도달 시간 차이가 거의 발생하지 않습니다. 바로 이것이 싱글 모드 전송 거리가 수십~수천 km까지 가능한 비결입니다.

2 모드 이론

멀티 모드와 싱글 모드에서 사용하는 **모드**Mode라는 단어는 모드 이론Mode theory를 통해 알려진 용어입니다. 모드 이론은 광 코어에서 빛의 전파 과정Propagation of light을 설명하는 이론입니다. 여기서 '모드'란, 광 케이블 내에서 이동(운동)하는 전자기파 파동의 모음을 말합니다.

그림 2.10 아래를 보면 여러 빛이 광 케이블로 들어갔으나 하나처럼 이동하고 있습니다. 여기서 모드는 하나입니다. 반면 그림 2.10 위를 보면 아주 다양한 경로가 있습니다. 그래서 다수의 모드가 있다고 해서 멀티 모드라고 합니다. 쉽게 말해 모드란 빛의 경로 수를 말합니다.

싱글 모드는 하나의 모드만 있는 것을 말합니다. 모드가 하나이기 때문에 광 케이블 안에서 편차 없이 동일한 속도로 목적지까지 도착하게 됩니다. 대표적인 예가 레이저입니다. 레이저는 거리가 멀어지더라도 빛이 여러 방향으로 발산되지 않고 먼 곳까지 이동할 수 있습니다.

2.4 광원

Optic의 심장을 꼽으라면 빛을 만드는 장치인 광원을 꼽을 수 있습니다.

1 도달 거리

Optic은 전송 가능한 거리, 즉 도달 거리에 따라 가격 차이가 많이 납니다. 보다 쉬운 이해를 위해 여러 Optic 중, 10 GE Optic을 기준으로 Optic별 도달 거리와 특성에 대해 살펴보도록 하겠습니다.

10 GE 표준, 802.3ae에서는 Optic을 사용하는 파장 및 도달 거리에 따라 SR, LRM, LR, ER 그리고 ZR(비표준) 등으로 구분합니다. 다음 표는 각 표준별 광원, 최대 전송 거리 그리고 특성을 정리한 표입니다.

표준	본딧말	최대 전송 거리	파장	케이블
10GBASE-LRM	Long Reach Multi-mode	220 m	1310 nm	MMF
10GBASE-SR	Short Reach	300 m	850 nm	MMF
10GBASE-LR	Long Reach	10 km	1310 nm	SMF
10GBASE-ER	Extended Reach	40 km	1550 nm	SMF
10GBASE-ZR	'Z' Reach	80 km	1550 nm	SMF

▶ 표 2.1 10 GE 이더넷 표준(802.3ae)별 약자와 본딧말 그리고 특성

표에서 비교적 전송 거리가 짧은 LRM과 SR은 **MMF**^{Multi-Mode Fiber} 케이블을 사용하고, 10 km 이상을 전송해야 하는 LR 이상의 Optic들을 모두 **SMF**^{Single-Mode Fiber} 케이블을 사용하는 것을 볼 수 있습니다. 표와 같이 (전송 장비를 사용하지 않은 순수) Optic의 최대 도달 거리는 ZR을 사용했을 때 80 km입니다.

한 가지 흥미로운 사실로, ZR은 IEEE 802.3ae 표준이 아닙니다. 표준은 ER까지입니다. ZR

은 Optic 벤더들이 만들어 낸 표준입니다. 따라서 다른 표준들과는 달리 명확한 본딧말이 알려지지 않았지만 ZR의 Z는 가장 마지막 알파벳이라 가장 멀리 간다는 의미로 붙인 것으로 추정됩니다. 일부 Optic 제조사에서는 이보다 더 긴 120 km까지 갈 수 있는 Optic을 생산하기도 합니다만 이 역시 표준은 아닙니다.

2 광원

광 신호의 전송 거리를 늘릴 수 있는 비법은 무엇이 있을까요? 더 강력한 빛을 사용하면, 다시 말해 광 신호 세기(dBm)를 높이면 더 먼 거리로 전송할 수 있을 것 같은데, 맞을까요? 네, 맞긴 하지만 일반적인 Optic에는 해당하지 않습니다.

WDM 같이 광 신호를 1000 km 이상 전송하는 장비들은 아주 강력한 광 신호를 이용합니다. 허나 이렇게 강력한 광 신호를 사용할 때 부수적인 이슈들이 존재합니다. 우선 소비 전력이 높아지고 장비 전원부 및 공조 설계가 강화되어야 합니다. 더불어 강력한 광 신호가 인체에 노출되었을 때 사람이 다치지 않도록 안전 장치도 필요합니다. 강력한 광 신호를 사용하면 장거리 전송이 가능해지는 것은 자명한 사실이지만, 그렇다고 출력을 무한정 높일 수 있는 것도 아닙니다.

일반적인 네트워크 장비용 Optic들은 출력 차가 크지 않습니다. 사실 SR이든 ZR이든 Optic의 종류에 관계없이 Optic의 광 신호 출력 값은 대부분 −1에서 3 dBm 내외입니다. 출력 값은 차이가 없는데 어떻게 장거리 전송이 가능한 것일까요? 비결은 **광원**Light source에 있습니다.

Optic 내부 컴포넌트 중에서 광 코어에 빛을 쏘는 장치를 광원이라고 하는데 다음은 Optic별로 사용되는 광원들을 정리한 표입니다.

약자	본딧말	주로 사용하는 규격
LED	Light Emitting Diode	MMF (~1 Gbps)
VCSEL	Vertical Cavity Surface Emitting Laser	MMF (10 Gbps~)
Fabry-Pérot	프랑스 과학자 Fabry와 Pérot의 이름	10GBASE-LR
DFB	Distributed Feedback Laser	10GBASE-LR
EML	Externally Modulated Laser	10GBASE-ER
Cooled EML	Cooled Externally Modulated Laser	10GBASE-ZR

▶ 표 2.2 Optic 광원 종류

MMF에서는 LED와 VCSEL이 주로 사용됩니다. 1 Gbps까지는 LED를 주로 사용했으나 속도 한계로 인해 10 Gbps 이상에는 주로 VCSEL을 사용합니다. VCSEL은 LED에 비해 온도 변화에 강하고, 저전력으로 구동되는 등 LED에 비해 다양한 장점을 가지고 있습니다.

SMF에서는 다양한 형태의 레이저가 사용됩니다. 전송 거리가 길어질수록 코어 안쪽으로 빛을 더 잘 모을 수 있고(잘 보내고), 민감한(잘 받는) 광원 센서^{Photodetector}를 사용합니다. 다시 말해 SR → ZR로 갈수록 더 섬세한 광원 센서를 사용합니다. 덕분에 Optic 광 출력을 크게 높이지 않고서도 장거리 전송이 가능해집니다.

만일 이러한 비싸고 민감한 광원 센서에 아주 강력한 광 신호가 필터링^{Filtering}을 거치지 않고 그대로 들어오면 Optic이 영구 손상될 수 있습니다. 따라서 장거리 전송용 Optic을 사용할 때는 광 테스터기 등을 통해 Rx dBm이 너무 높지 않은지 체크해야 합니다. 물론 Rx dBm이 높더라도 당장 Optic을 손상시키지 않을 수 있지만 수명이 짧아집니다. 경험으로 보았을 때 대체로 −5 dBm 이내로 운영하였을 때 Optic을 가장 이상적으로 장기간 운영할 수 있었습니다. 단, Optic마다 임계치^{Threshold}가 제각각이므로 반드시 DDM/DOM을 통해 정상 운영 범위를 확인하고 그 중간 정도 값을 유지하는 것이 좋습니다(DDM/DOM에 대한 자세한 내용은 '1.2 Optic 관리'를 참고하세요.). 만일 Rx dBm이 너무 높다면 감쇠기를 연결하여 강제로 낮춰야 합니다.

3 광 신호 확인 및 안전

Optic에서 나오는 광 신호를 맨눈으로 보는 건 안전할까요? 결론부터 말하자면 잠깐 확인하는 정도는 안전합니다. 정말 안전한지 어떻게 확인할 수 있을까요? IEC$^{International\ Electrotechnical\ Commission}$ 60825 표준을 따르는 레이저 제품에는 레이저 등급^{Class}이 표기됩니다. Optic 라벨에도 다음 그림처럼 레이저 등급을 확인할 수 있습니다. IEC 60825의 레이저 등급별 인체 위험도는 다음 표와 같습니다.

레이저 등급	안전도
Class 1	가장 안전한 등급입니다.
Class 1M	안전하긴 하지만 별도 광학 장치(예. 돋보기)를 사용하여 본다면 눈에 손상을 줄 수도 있습니다.
Class 2	0.25초 내로 아주 잠깐 보는 건 괜찮습니다.
Class 2M	별도 광학 장치를 쓰지 않고 0.25초 내로 잠깐 보는 건 괜찮습니다.

Class 3R	눈으로 직접 보았을 때 약하게 악영향을 미칠 수 있는 등급으로, 이 등급부터는 안전 장치가 디자인되어야 합니다. 예를 들어, 광 케이블 컷이 감지되면 레이저를 자동으로 끄는 안전 장치 등이 있어야 합니다.
Class 3B	눈으로 직접 보는 것은 위험하지만, 불투명한 표면에 반사된 빛을 보는 건 위험하지 않은 등급입니다.
Class 4	신체 손상을 일으킬 수 있는 가장 위험한 등급으로 주로 군사용, 의료용으로 사용됩니다.

▶ 표 2.3 레이저 안전 등급(출처: en.wikipedia.org/wiki/Laser_safety)

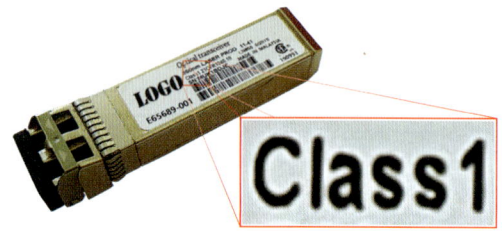

▶ 그림 2.11 Optic의 레이저 등급 표기

네트워크 엔지니어가 자주 접하는 Optic은 대부분 Class 1 또는 Class 1M 등급입니다. 다시 말해 아주 잠깐 Optic이 잘 나오는지 확인하는 정도는 괜찮다고 볼 수 있습니다. 허나 육안으로 확인할 수 있는 것은 멀티 모드까지입니다. 싱글 모드용 Optic은 눈으로 보아도 확인이 불가능합니다.

멀티 모드는 가시광선(380 nm ~ 780 nm)과 인접한 850 nm 파장을 사용하기 때문에 광원을 눈으로 식별할 수 있습니다. 좀 더 정확히 말하자면 (SR과 같은) 멀티 모드 Optic 광원이 정확히 850 nm만 발산하는 것이 아니라, 그 인근의 빛도 같이 발산합니다. 이 중 사람의 눈으로 볼 수 있는 780 nm 이하 빛도 같이 발산되며 이 빛을 사람의 눈으로 볼 수 있습니다. 허나 싱글 모드의 경우 가시광선 파장에서 아주 멀리 떨어진 1310 nm과 1550 nm을 사용하기 때문에 맨눈으로 빛을 확인할 수 없습니다. 이 경우에는 핸드폰 카메라를 사용할 수 있습니다.

멀티 모드든 싱글 모드든 모두 적외선 대역의 빛을 사용하고 핸드폰 카메라는 기본적으로 적외선을 볼 수 있습니다. 핸드폰에는 적외선 필터가 적용되어 있지만 이 필터가 아주 완벽하게 모든 적외선을 필터링하는 것은 아니라서 Optic 광원을 핸드폰 카메라로 보았을 때 적외선을 확인할 수 있는 경우가 많습니다(아주 좋은 적외선 필터가 사용되었다면 핸드폰 카메라로 볼 수 없습니다.).

참고로 DWDM과 같이 장거리 전송용으로 사용되는 Optic은 Class 3 등급의 레이저가 사용되기도 하므로 각별히 주의해야 합니다. 단, Class 1과 같은 안전한 등급이라 하더라도 적외선이 신체에 주는 영향에 대해서 여러 논란[2][3]이 있으므로 가급적 육안이 아닌 핸드폰 카메라를 활용하길 권장합니다.

---

2 Safety assessment of near infrared light emitting diodes for diffuse optical measurements,
  Alper Bozkurt Banu Onaral, 22 March 2004
  www.ncbi.nlm.nih.gov/pmc/articles/PMC406415
3 Eye Safety Related to Near Infrared Radiation Exposure to Biometric Devices,
  Nikolaos Kourkoumelis and Margaret Tzaphlidou, March 1, 2011
  www.ncbi.nlm.nih.gov/pmc/articles/PMC5720004

CHAPTER 03

광 케이블

네트워크 엔지니어라면 광 케이블을 매우 자주 사용할 것입니다. 그럼에도 광 케이블의 구조와 특성에 큰 관심을 두지 않는 경우가 많습니다. Chapter 03에서는 광 케이블의 구조와 각 컴포넌트별 원리 및 특성에 대해 심도 있게 살펴보고자 합니다.

Roadmap

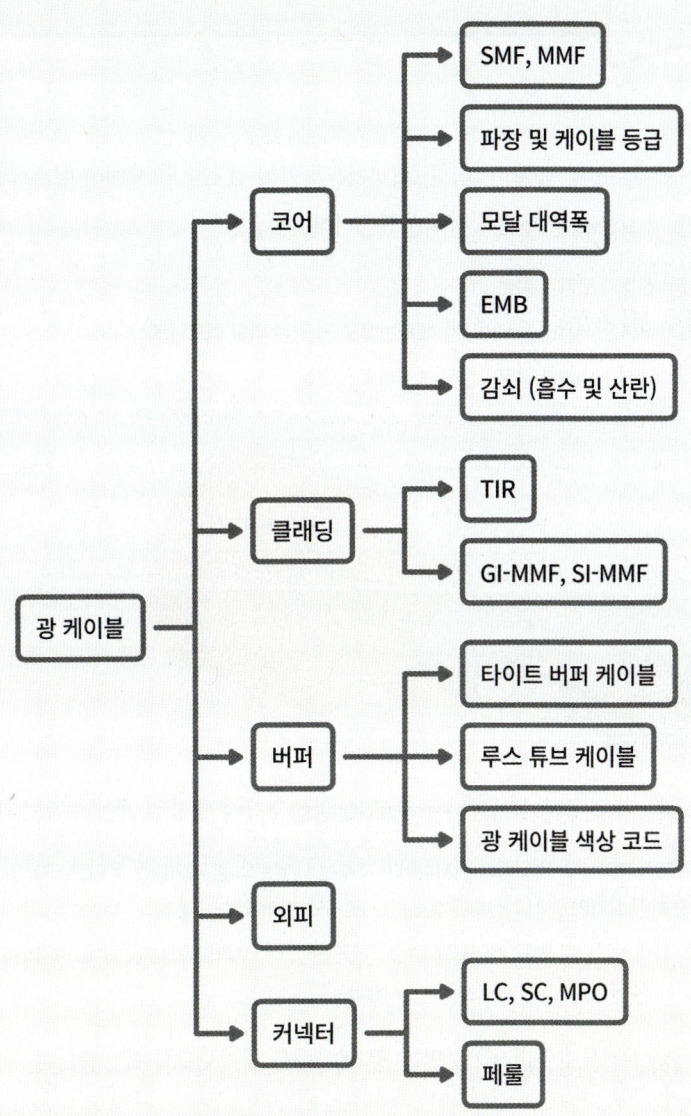

3.1 코어

광 케이블 Fiber cable은 코어, 클래딩, 버퍼, 외피라는 4가지 요소로 구성되어 있습니다. 다음 순서대로 광 케이블의 요소들을 자세히 살펴보겠습니다.

- **코어**: 빛(광) 신호가 오가는 통로
- **클래딩**: 빛이 코어 안에서만 움직이도록 해주는 일종의 거울 역할 컴포넌트
- **버퍼 그리고 외피**: 케이블을 외부로부터 보호해주는 물질

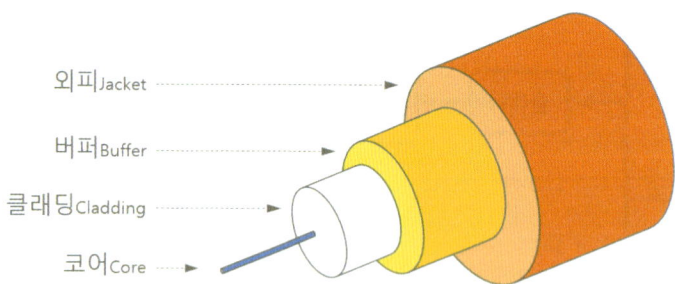

▶ 그림 3.1 광 케이블 구조

코어는 광 케이블 내에서 빛이 이동하는 통로로, 다음 2가지 재질로 만들 수 있습니다.

- **유리**: 매우 대중적입니다. 네트워크 엔지니어가 다루는 대부분의 광 케이블은 유리로 되어 있습니다. 조금 더 정확히 표현하면 실리카Silica(이산화규소, $SiO2$)로 구성되어 있습니다.
- **플라스틱[1]**: 플라스틱으로 만든 케이블을 POFPlastic Optical Fiber라고 합니다. 최대 1 Gbps의 속도 제한뿐 아니라 거리 제약도 있어서 제한된 영역에서 사용됩니다.

대중적으로 사용하는 유리(Silica)로 만든 광 케이블을 살펴보도록 하겠습니다.

---

1 PMMAPoly Methyl MethAcrylate, 흔히 아크릴이라고도 불립니다.

1 SMF, MMF

(유리) 광 케이블 종류는 코어 형태에 따라 두 종류로 나뉩니다. 흔히 멀티 케이블이라고 불리며 멀티 모드 빛이 흐르는 **MMF**$^{\text{Multi-Mode Fiber}}$ 그리고 싱글 케이블이라 불리며 싱글 모드 빛이 흐르는 **SMF**$^{\text{Single-Mode Fiber}}$입니다.

네트워크 엔지니어라면 두 케이블 모두 많이 다루게 됩니다. 일반적으로 MMF는 단거리용, SMF는 장거리용으로 사용합니다. 여기서 단거리라고 하면 대략 100 m(최대 300 m) 정도를 말합니다. 따라서 100 m(최대 300 m) 이하면 MMF, 그 이상이면 SMF를 사용한다고 보면 대부분 맞습니다. 그렇다면 SMF와 MMF는 어떤 차이가 있을까요?

SMF와 MMF 케이블의 차이점은 단 하나, 바로 코어 직경입니다. 다음 그림과 같이 SMF 코어 직경은 8~9 µm입니다. 반면 MMF는 50 µm(또는 62.5 µm)로 SMF와 MMF 케이블 간 코어 직경 차이가 7배에 달합니다. SMF와 MMF의 코어 직경 차이는 크지만 클래딩까지 합친 크기는 둘 다 125 µm(0.0125 cm)로 동일함을 확인할 수 있습니다.

> **Tip.** 여기서 µm는 마이크로미터Micrometer 또는 마이크론Micron이라고 읽으며 1 µm=0.0001 cm입니다.

코어 직경이 수치가 너무 작기 때문에 코어가 얼마나 얇을지 쉽사리 와닿지 않을 것입니다. SMF의 코어 사이즈, 9 µm(0.0009 cm)는 대략 거미줄 굵기랑 유사하고, MMF 50 µm(0.005 cm)는 사람 머리카락의 굵기와 유사합니다. 이따금씩 광 케이블 끝단에 손톱만한 굵기의 맑은 흰색 파트를 코어라고 착각하는 경우가 있는데, 이는 페룰입니다.

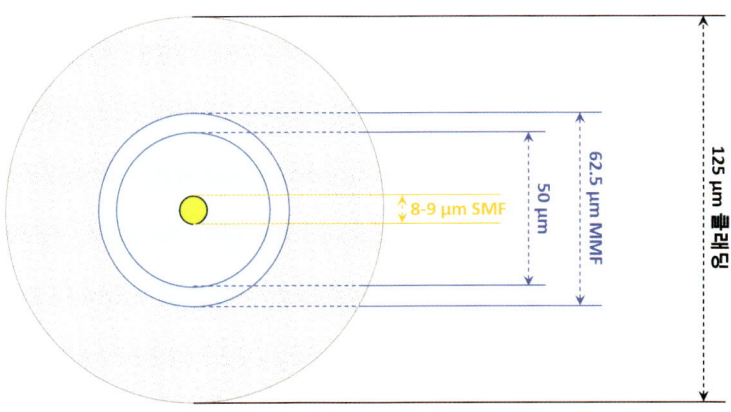

(a) SMF, MMF 코어 크기 비교 – 수직

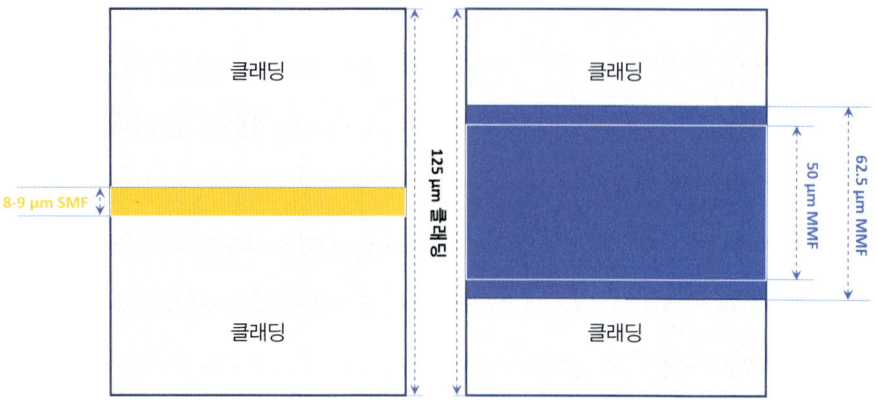

(b) SMF, MMF 코어 크기 비교 – 수평

▶ 그림 3.2 SMF, MMF 코어 크기 비교

그림처럼 MMF는 SMF에 비해 빛이 이동(운동)할 수 있는 코어 공간의 직경이 7배나 더 큽니다. 단순하게 접근한다면 빛이 이동하는 공간(직경)이 더 큰 MMF에서 빛이 더 멀리 갈 것 같습니다. 허나 코어의 직경은 작을수록 좋습니다. 코어 직경이 작을수록 빛의 반사각이 작아지고, 싱글 모드 빛(전자기파)만 보낼 수 있기 때문에 장거리 전송에 더 유리합니다.

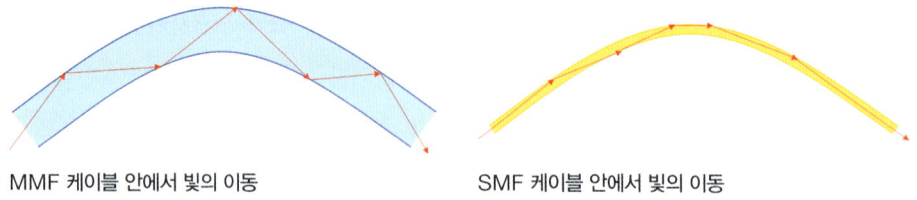

MMF 케이블 안에서 빛의 이동　　　　　　SMF 케이블 안에서 빛의 이동

▶ 그림 3.3 SMF, MMF 케이블 안에서 빛의 이동

그림에서 SMF 케이블을 보면 광 코어 직경이 작기 때문에 케이블이 휘어지는 구간에서도 빛이 거의 일직선에 가깝게 진행합니다. 반면 직경이 넓은 MMF 광 케이블은 반사되는 빛의 각도가 크고, 이로 인해 코어 내에서 빛이 이동(운동)하는 거리가 깁니다. 따라서 광 케이블 코어는 작으면 작을수록 장거리 전송에 유리합니다.

코어 직경이 작을수록 좋다면 SMF를 8 μm가 아니라 아예 1 μm 미만으로 아주 얇게 만들면 좋지 않을까요? 네, 광 케이블 관점에서 본다면 정답입니다. 그러나 그만큼 얇게 제작하기 어렵고, 그 좁은 코어로 광 신호를 모아 보내 주는 건 더 어렵습니다. 좀 더 정확히 말하자면 그만큼 발산각을 좁히기 어렵기 때문에 8 μm보다 작은 코어는 아직 대중적이지 않습니다.

2 SMF, MMF의 파장

SMF와 MMF 케이블은 코어 직경만 다를 뿐 재질은 동일합니다. 허나 케이블을 통과하는 빛(전자기파)의 파장은 완전히 다릅니다. 이렇게 다른 파장을 이용하는 이유는 2가지입니다. 첫 번째, 빛을 내보내는 광원(예. 레이저, LED 등)이 사용하는 파장이 다릅니다. 두 번째, 장거리 전송에 특화된 파장이 있기 때문입니다.

다음 그림은 광 케이블 코어 내에서 발생하는 감쇠(손실)Attenuation에 관한 그래프입니다. 감쇠 값이 크면 클수록 코어 내에서 멀리 이동하지 못합니다. 그림의 굵은 검은색 선이 감쇠 값이며 낮을수록 좋습니다.

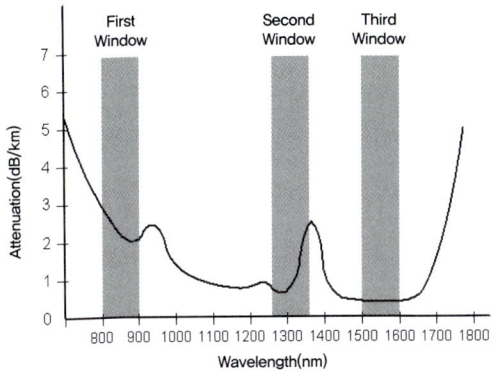

▶ 그림 3.4 광 케이블 코어 내 감쇠 예시 그래프
(출처: cmm.gov.mo/eng/exhibition/secondfloor/MoreInfo/2_8_3_OpticalFibres.html)

그림에서 광 통신용으로 애용하는 3개 대역Window을 볼 수 있는데, 이 대역을 흔히 First, Second 그리고 Third window라고 표현합니다.

First window(for MMF/멀티 모드)

First window, 즉 850 nm 대역은 멀티 모드에서 주로 사용하는 대역입니다. 이 대역은 Second 및 Third window에 비해서는 감쇠(손실)가 높지만 그래도 전체적으로 보았을 때는 감쇠가 낮은 구간입니다.

더불어 멀티 모드 광원으로 이용되는 850 nm용 Optic(LED/VCSEL)들은 경제적입니다. 다시 말해 만들기 쉽고 저렴합니다. 어차피 멀티 모드는 모드 분산으로 인해 장거리 전송이 불가하므로 850 nm 대역은 멀티 모드용으로 충분히 효율성이 높은 대역입니다.

Second, Third window(for SMF/싱글 모드)

싱글 모드는 Second 및 Third window, 즉 1310 nm과 1550 nm 파장 대역을 주로 사용합니다. 이 대역은 그림에서 볼 수 있듯이 감쇠 영향이 매우 낮은 구간입니다. 빛의 감쇠, 즉 손실이 적으므로 장거리 통신용으로 주로 사용됩니다.

3 SMF에 멀티 모드/MMF에 싱글 모드

SMF와 MMF는 앞서 살펴본 바와 같이 코어의 굵기가 다르고 사용되는 주요 파장이 다릅니다. 허나 기본적으로 동일한 재질(유리)로 구성되어 때문에 설령 혼용하더라도 '짧은 거리'는 도달할 수 있습니다.

이 과정의 이해도를 높이기 위해 사람이 눈을 가리고 MMF와 SMF라는 통로를 달린다고 가정해보겠습니다. 멀티 모드는 넓은 통로(MMF)에 여러 명의 달리기 주자를 내보내는 방식입니다. 어떤 이는 통로 벽에 계속 부딪히면서 앞으로 나아가는 반면 어떤 이는 처음부터 통로 중앙으로 달려간 덕분에 통로 벽에 거의 부딪히지 않고 일자로 달려갑니다. 싱글 모드는 단 한 명이 겨우 들어갈 수 있는 좁은 통로(SMF)에 한 명의 주자를 보내는 방식입니다. 통로에 선 주자는 손을 뻗어 길을 머릿속에 그려 나가며 거의 일직선으로 달려나갑니다.

이제 상황을 바꿔서 넓은 통로(MMF)에 한 명의 주자를, 반대로 좁은 통로(SMF)에 여러 명의 주자를 보내 보겠습니다. 넓은 통로에 주자 한 명을 보내면 넓기 때문에 통로 안에서 헤맬 가능성이 높습니다. 물론 거리가 어느 정도 짧으면 문제는 없겠지만 본래 도달 가능한 거리보다는 훨씬 짧아지게 됩니다. 반대로 좁은 통로(SMF)에 여러 주자를 보내면 한 명 정도만 겨우 들어갈 수 있게 됩니다. 즉, 통로 입구에서 여러 명의 주자를 잃게 됩니다. 이는 궁극적으로 광 신호의 에너지가 약해지는 것을 의미합니다. 한 명이 조금 달리다 지쳐버릴 가능성이 높기 때문에 본래 도달 거리보다 짧아집니다. 이와 같이 SMF에 멀티 모드 광 신호를 보내거나 반대로 MMF에 싱글 모드 광 신호를 보내더라도 짧은 거리라면 통신이 가능합니다.

4 SMF, MMF 등급(OS, OM)

SMF 및 MMF 광 케이블 등급은 ISO/IEC 11801을 통해 표준화되어 있습니다(실제로는 복잡하지만). 쉽게 말해, 높은 등급일수록 실리카의 순도가 높고, 그만큼 광 케이블의 품질이 더 좋기 때문에 더 멀리 광 신호를 보낼 수 있습니다.

먼저 MMF를 살펴보면 MMF는 총 5개의 등급, OM^{Optical Multimode} 1–5로 구분됩니다. OM1과 OM2는 1 Gbps를 지원하고, OM3와 OM4는 10 Gbps, OM5는 40 Gbps를 지원하는 MMF 규격입니다. 반면 SMF는 총 2개의 등급, OS^{Optical Single-mode} 1–2로 구분됩니다.

광 케이블 물리 규격 및 외피 색

다음은 광 케이블 규격별 광 코어 직경과 외피 색^{Jacket color}을 정리한 표입니다.

	OM1	OM2	OM3	OM4	OM5	OS1	OS2
코어 직경	62.5 μm	50 μm	50 μm	50 μm	50 μm	8–10 μm	8–10 μm
외피 색	Orange	Orange	Aqua	Aqua	Lime green	Yellow	Yellow

▶ 표 3.1 OM/OS 광 케이블 코어 직경 및 외피 색 규격

광 케이블을 자세히 살펴보면 다음 그림과 같이 작은 글씨로 케이블 규격이 적혀 있습니다. 매번 이 작은 글씨를 확인하기는 어렵지만, 외피 색으로 등급을 쉽게 구분할 수 있습니다.

💡 **Tip.** OM1과 OM2, OM3과 OM4는 같은 색을 사용하기 때문에 정확한 등급 확인을 위해서는 케이블 외피를 확인해야 합니다.

▶ 그림 3.5 MMF 광 케이블 외피 사진(OM3)

MMF 등급별 도달 거리

등급이 낮다고 해서 표준에서 지정된 대역폭보다 높은 대역폭을 전파하지 못하는 것은 아닙니다. 예를 들어, OM1이라고 해서 10 Gbps를 지원하지 못하는 것은 아닙니다. 그러나 전송할 수 있는 거리가 짧아집니다. 다음 표는 MMF 등급별로 지원 가능한 대역^{Bandwidth}과 각각 전송 가능한 거리를 정리한 표입니다.

	OM1	OM2	OM3	OM4	OM5
1000BASE-SX	220 m	275 m	550 m	550 m	550 m
10GBASE-SR	33 m	82 m	300 m	400 m	400 m
40GBASE-SR4	–	–	100 m	150 m	150 m
100GBASE-SR10	–	–	100 m	150 m	150 m

▶ 표 3.2 MMF별 지원 대역폭(출처: en.wikipedia.org/wiki/Multi-mode_optical_fiber)

단, 이 표는 엔지니어가 보기 쉽게 표기한 것으로, 표준에는 전송 가능한 거리가 명시되어 있지 않습니다. 표준에서는 **모달 대역폭**Modal bandwidth(MBW)이라는 단위로 MMF 품질을 정의합니다.

모달 대역폭(MBW)

다음 표는 MMF별 모달 대역폭입니다. 여기서 모달 대역폭은 무슨 의미이며 왜 MMF는 네트워크 엔지니어에게 익숙한 bps가 아닌 hz 단위로 표준화된 것일까요?

MBW	OM1	OM2	OM3	OM4	OM5
850 nm (OFL)	160 MHz · km	200 MHz · km	1500 MHz · km	3500 MHz · km	3500 MHz · km
850 nm (EMB)	–	–	2000 MHz · km	4700 MHz · km	4700 MHz · km
1300 nm (EMB)	500 MHz · km	500 MHz · km	500 MHz · km	500 MHz · km	500 MHz · km

▶ 표 3.3 MMF별 지원 MBW

모달 대역폭은 Mhz*km라는 단위로 표기하는데, 예를 들어 OM3를 보면 1500 Mhz*km입니다. 이는 최소 1 km까지 1500 Mhz, 즉 1.5 Ghz로 신호를 전송할 수 있어야 함을 말합니다. 여기서 hz를 광 신호가 깜빡이는 속도라고 이해하면 쉽습니다. 즉, 아주 단순하게 말해서 1.5 Ghz라면 1.5 Gbps의 신호를 보낼 수 있다는 것을 의미합니다. 그렇다면 굳이 bps가 아닌 모달 대역폭으로 표기하는 이유는 무엇일까요?

첫 번째 이유는 광원에 따라 성능이 달라질 수 있기 때문입니다. 예를 들어, 최근 MMF용으로 주로 사용되는 VCSEL 광원의 경우 LED보다 빛을 더 중앙으로 모아서 쏠 수 있습니다. 이 경우 DMD 현상이 약해지므로 LED보다 더 높은 대역폭을 더 멀리 보낼 수 있습니다. 같은 광 케이블이라 하더라도 어떤 광원이냐에 따라서 전송 가능 거리나 bps 성능에 차이가 날 수 있습니다.

두 번째 이유는 동일한 광 케이블을 사용하더라도 더 높은 B/W를 보낼 수 있는 방법들이 존재하기 때문입니다. 뒤에서 다룰 '4.2 WDM'에서 더 자세히 알아보겠지만 1 hz = 1 bps가 아닙니다. 1 hz에 더 많은 신호를 보낼 수 있는 방법들이 있습니다. 전기를 예로 들자면 전기 신호가 있으면 1 없으면 0으로 해석하는 단순한 통신 방식에서, 신호를 전압별로 세분화하는 방법이 있습니다. 예를 들어, 1v는 1, 2v는 2, 3v는 3 등과 같이 한 번의 신호로 셋 이상의 데이터를 전송할 수 있습니다. 이처럼 한 번에 다양한 신호를 보내는 기술을 **변조**Modulation라고 합니다.

이와 같은 배경으로 MMF 표준은 파장별로 요구되는 최소 도달 거리를 모달 대역폭이라는 표준으로 통일하여 '광 케이블의 품질 기준'을 정의한 것입니다.

모달 대역폭으로 도달 거리 계산

앞서 표 3.3에서 OM3의 850 nm(EMB)의 모달 대역폭을 보면 1 km까지 2000 Mhz를 보장해야 합니다. 즉, 1 km 거리에서 '최소' 2 Gbps를 보장한다는 뜻입니다. 어떤 방식의 광원이나 변조를 하느냐에 따라 실제 Gbps 값은 더 커질 수 있습니다. 케이블 제작 업체 관점에는 변조와 무관하게 hz 기준만 지켜주면 됩니다.

거리가 길어지면 당연히 그만큼 신호 세기는 약해집니다. 거꾸로 말하면 거리가 가까울수록 신호는 강해집니다. 아주 단순하게 접근했을 때 거리가 반으로 줄어들면 신호가 2배 강해질 것입니다.

2000 Mhz*km(OM3)라면 1 km에서 2 Ghz를 지원한다는 것을 의미합니다. 만일 500 m로 하면 4 Ghz, 250 m가 되면 8 Ghz가 지원될 것입니다. 따라서 200 m라면 대략 10 Ghz 정도를 지원할 수 있습니다. 이러한 맥락으로 OM3가 10GBASE-SR를 '최대' 300 m까지 지원할 수 있습니다. 즉, 표 3.3의 모달 대역폭은 케이블 제작 업체가 지켜야 할 '최소' 규격입니다. 따라서 실제 광 케이블은 기준치를 다소 웃도는 품질로 제작할 가능성이 높습니다.

OFL, UFL, EMB

앞서 표 3.3에서 모달 대역폭(MBW) 칼럼에 OFL, EMB라는 작은 글자는 광 코어로 빛이 들어가는 범위를 뜻합니다. 다음 그림은 빛이 코어로 들어가는 과정을 그린 것입니다. 중앙의 짙은 남색이 광 코어고, 이 광 코어를 감싸고 있는 아쿠아색이 클래딩입니다.

> **Tip.** 클래딩에 대한 자세한 내용은 '3.2 클래딩'에서 살펴보겠습니다.

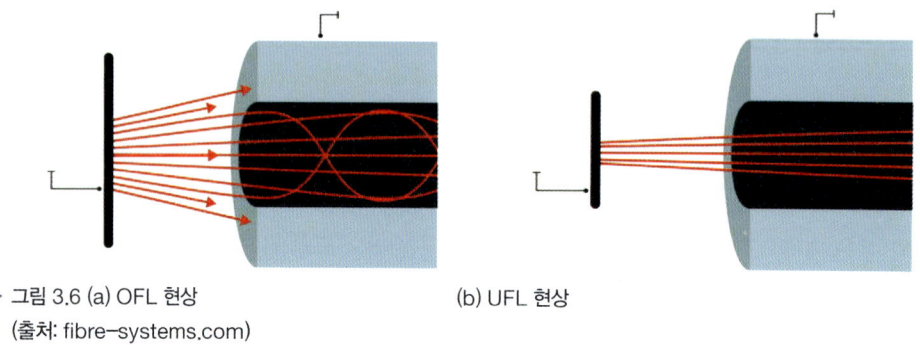

▶ 그림 3.6 (a) OFL 현상   (b) UFL 현상
  (출처: fibre-systems.com)

그림 (a)는 LED와 VCSEL에서 많이 일어나는 OFL^{Over-Filled Launch} 현상을 보여 주고 있습니다. OFL은 빛이 과하게 펼쳐 나와서 그 일부만 광 코어로 들어가는 현상입니다. 이처럼 빛이 펼쳐지는 각도를 앞서 언급했던 **발산각**이라고 합니다. 그림 (b)는 반대의 경우입니다. 빛이 굉장히 좁게 나와서 코어 크기보다 더 작게 들어갑니다. 이러한 현상을 **UFL**^{Under-Filled Launch}이라고 합니다. 반대로 빛이 코어 크기에 딱 맞게 들어가는 현상을 **EMB**^{Effective Modal Bandwidth}라고 합니다.

별것 아닌 것 같아도 OFL이냐 EMB냐에 따라 도달 거리가 달라집니다. 빛이 OFL 형태로 들어가면 광원에서 나온 것보다 더 적은 빛이 광 코어로 들어갑니다. 출발하면서부터 손실이 발생하는 것이죠. 따라서 광 케이블 상세 스펙에는 OFL, UFL 혹은 EMB로 테스트된 것인지 적혀 있습니다. 물론 가장 좋은 것은 EMB로 광 코어와 빛이 딱 맞아떨어지는 경우입니다.

SMF 대역폭

SMF 광 케이블은 하나의 모드만 전파되기 때문에 DMD 현상이 없으며 사용 파장이 사실상 정해져 있습니다. 따라서 MMF처럼 모달 대역폭 표준 형태로 접근하지 않습니다. 대신 SMF는 다음 표와 같이 손실 dB/km 값으로 기준을 정합니다. OS1의 경우 1 km를 갈 때마다 최대

1 dB의 손실(정확히는 감쇠)까지 허용됩니다. 반면 OS2는 1 km를 갈 때마다 최대 0.4 dB의 손실만 허용됩니다.[2]

	OS1	OS2
감쇠	1 dB/km	0.4 dB/km

▶ 표 3.4 SMF 표준별 감쇠 값

5 감쇠

광 신호 손실은 우주와 같은 진공 상태에서는 발생하지 않는데, 왜 광 케이블 내에서는 발생할까요? 이는 **흡수**Absorption와 **산란**Scattering이라는 2가지 원인 때문입니다.

먼저 흡수란, 빛의(정확히는 광자) 에너지가 어떤 물질에 의해 다른 형태로 전환되는 것을 말합니다. 예를 들어, 햇빛이 쨍쨍 내리쬐는 한여름에 검은 옷을 입고 있으면 금방 몸이 뜨거워지는 것을 느낄 수 있습니다. 빛이 검은 옷에 '흡수'되어 열 에너지로 전환되었기 때문입니다.

반면 산란이란, 빛이 어떤 물질에 부딪혀 튕겨 나가는 현상을 말합니다. 쉽게 말해 빛이 반사되는 현상을 말합니다. 바로 이 산란 덕분에 사람이 눈으로 사물을 볼 수 있습니다. 어두운 날 검은색 옷을 입은 사람은 잘 보이지 않습니다. 검은색 옷이 빛을 '흡수'하였기 때문입니다. 반면 흰색 옷을 입고 있으면 눈에 잘 띕니다. 흰색이 빛을 많이 '산란(반사)' 시키기 때문입니다.

빛은 이 2가지 현상, 흡수와 산란으로 인해서 에너지를 잃게 되며 빛 에너지가 줄어드는 현상을 통틀어 **감쇠**Attenuation라고 합니다.

흡수

흡수에는 고유Intrinsic 흡수와 외인성Extrinsic 흡수가 있습니다. 빛(가시광선)은 우리 몸을 통과하지 못합니다. 우리 몸의 원자가 빛을 흡수하기 때문입니다. 이처럼 어떤 물질의 원자 구조로 인해 빛(전자기파)이 흡수되는 현상을 **고유 흡수**라고 합니다.

유리는 적외선을 잘 통과시키기 때문에 광 케이블용으로 사용됩니다. 그러나 마치 가시광선은

---

[2] ITU-T에서는 G.652부터 G.657을 통해 SMF 표준을 정하고 있습니다. 이 중에서 OS1 케이블은 G.652A, G.652B에 OS2는 G.652C, G.652D 규격에 부합하는 편입니다. 참고로 G.653 이상의 표준은 주로 장거리 및 WDM 전송에 유리한 기술(예. NZ-DSF)들에 관한 표준입니다.

우리 몸을 통과하지 못하지만 X선은 통과할 수 있는 것처럼 유리 또한 모든 전자기파 대역을 통과시키는 것은 아닙니다. 가시광선과 적외선 일부 대역은 유리를 잘 통과하지만, 자외선은 통과하지 못하는 편입니다. 다시 말해 전자기파 파장에 따라 유리의 투과율^{Transmissivity}, 유리에 흡수되지 않고 통과할 수 있는 비율이 달라집니다. 앞서 살펴본 SMF, MMF의 파장을 나타낸 그림 3.4에서 적외선 파장별 유리의 고유 흡수 비율을 볼 수 있습니다. 해당 그래프에서 볼 수 있듯이 1550 nm 대역이 고유 흡수가 가장 낮게 발생하는 대역입니다.

> **NOTE 결정 결함**
>
> 만약 1000 nm 대역 전자기파가 유리를 100% 통과할 수 있다면 감쇠가 전혀 없는 유리를 만들 수 있을까요? 아쉽게 현재 기술로는 불가능합니다. 그 이유는 결정 결함$^{Atomic\ defect}$ 때문입니다. 결정 결함은 일부 원자가 배열에서 빠져나가 빈틈^{Vacancy}이 생기거나 위치가 잘못되어 배열이 흐트러지는 현상을 말합니다. 즉, 원자를 빈틈없이 빼곡하게 배열해야 하는데 현재 기술로는 이처럼 원자 단위까지 완벽한 유리를 만들 수 없습니다. 이러한 결정 결함은 실제 물리적 특성보다 효율이 낮아지는 이유 중 하나입니다.

불순물 흡수라고도 불리는 **외인성 흡수**는 광 케이블 유리(코어)에 포함된 중금속이나 수분 등이 빛을 흡수하는 현상을 말합니다. 유리는 세부적으로 여러 종류가 있지만, 광 케이블에 주로 사용하는 유리는 용융 실리카$^{Fused\ silica}$입니다. 용융은 고체를 열로 녹여 액체 상태로 만드는 기술로, 용융 실리카로 유리를 만드는 대표적인 2가지 방식이 있습니다.

첫 번째, 천연 원료를 이용하는 방법으로, 천연 석영 등의 원료를 높은 온도에 용융시켜 만듭니다. 이때 매우 순도 높은 천연 원료를 사용하지 않는 이상 원석에 포함되어 있던 중금속 등이 실리카에 같이 섞이게 되고, 이러한 이물질들이 빛을 흡수하여 광 신호의 진행을 방해합니다.

두 번째, 화학 물질 등을 높은 온도에 반응시켜 순수 이산화규소로 구성된 유리를 만들어 내는 방법이 있습니다. 천연 원료가 아닌 순도 높은 화학 물질을 이용하기 때문에 중금속과 같은 불순물이 포함될 가능성은 현저히 낮아집니다. 그러나 제작 과정에서 소량의 수분이 포함될 수 있으며 이러한 수분이 광 신호 진행을 방해할 수 있습니다.

산란

광 케이블에서 **산란**은 빛이 아주 작은 불순물에 부딪히면서 엉뚱한 방향으로 꺾여버리는 현상을 말합니다. 앞서 '흡수'에서 알아본 바와 같이 불순물로 인해 산란이 발생하기도 합니다. 허나 이보다 광 케이블 제작 과정에서 생긴 밀도 차이로 산란 현상이 발생하는 경우가 많습니다.

바로 이어질 '3.2 클래딩'에서 좀 더 자세히 알아보겠지만, 빛은 유리의 밀도가 아주 조금만 달라져도 방향이 꺾입니다. 광 케이블을 생산하면서 오차 없이 완벽하게 만들기 어렵기 때문에 미량의 밀도 차이가 발생할 수 있습니다. 이러한 밀도 차이가 빛을 산란하게 만듭니다.

3.2 클래딩

클래딩Cladding은 광 코어로 들어온 빛이 코어 밖으로 새어나가지 않도록 코어를 둘러싸고 있는 물질입니다. 빛은 좁디 좁은 광 코어 내에서만 움직여야 합니다. 만일 경로가 틀어져 코어 밖으로 나가려 한다면 클래딩에 부딪혀 다시 코어 내부로 돌아가야 합니다. 다시 말해 클래딩은 광 케이블 코어 안에 빛을 잡아 두는 거울 역할을 합니다. 그럼 클래딩은 어떤 마술을 부려 빛을 가둬 둘 수 있는 것일까요?

1 클래딩의 역할과 구조

클래딩은 **내부전반사**Total (Full) Internal Reflection (이하 TIR)라는 현상을 이용하여 빛을 잡아 둡니다. 다음 그림은 물속에서 레이저 포인터의 각도를 달리하면서 수면 밖으로 굴절되어 나가버리는 빛과 수면에서 반사되어 안쪽으로 되돌아오는 빛을 그린 그림입니다.

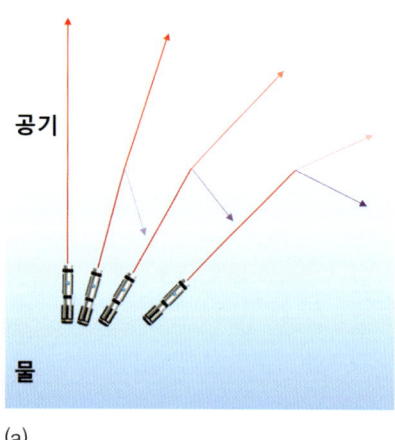

(a)　　　　　　　　　　　　(b) 임계각

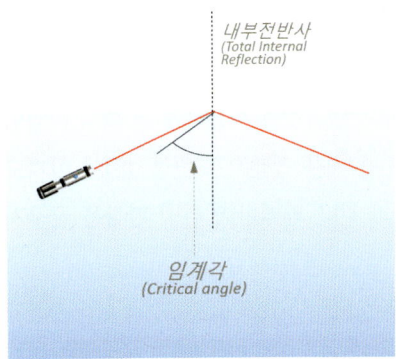

(c) 내부전반사

▶ 그림 3.7 빛의 수면 굴절과 반사

그림 (a)를 살펴보면 눕는 각도가 커질수록 나가는 빛은 줄어들고 되돌아오는 빛의 양이 많아집니다. 레이저를 수면에 완전히 수직으로 쏠 때 빛은 굴절 없이 물 밖으로 나갑니다. 그러나 각도를 조금씩 눕힐수록 공기 중으로 나가는 굴절 각도가 커지면서 물 밖으로 나가는 빛의 양은 줄고, 반대로 반사되어 물 안으로 되돌아오는 빛의 양은 점점 많아집니다. 즉, 눕는 각도가 커질수록 굴절되어 수면 밖으로 나가는 빛과 반대로 반사되어 되돌아오는 빛이 모두 점점 수면 경계쪽으로 향하는 것을 볼 수 있습니다.

그림 (b)를 살펴보면 특정 각도일 때 빛은 공기로 나가지 못합니다. 눕는 각도가 계속 커지다가 특정 각도가 되면 빛이 공기 중으로 나가지 못하고 수면에 머무르는 현상이 나타납니다. 바로 이 각도를 **임계각**Critical angle이라고 합니다.

그림 (c)를 살펴보면 임계각보다 큰 각도로 레이저를 쏘면 모든 빛이 물속으로 반사되어 되돌아옵니다. 이 현상을 내부전반사, 즉 **TIR**이라고 합니다. 물 표면이 마치 거울과 같은 역할을 하는 것입니다. TIR 현상은 물과 공기처럼 '밀도 차이'가 나는 곳에서 발생합니다. 우리 일상에서도 TIR을 매우 자주 접합니다. 깨끗한 호수 표면에 건너편 산의 모습이 반사되어 보이기도 하고 어항을 밑에서 올려다 보면 어항 내부 모습이 수면에 그대로 반사되어 보이기도 합니다.

광 케이블에 빛이 들어올 땐 그 각도가 매우 중요합니다. 광 케이블에 들어올 때부터 임계각을 벗어나서 들어온 빛은 TIR되지 못하고 사라집니다. 이처럼 (코어가 아닌) 클래딩으로 잘못 들어간 뒤 내부를 떠돌다가 사라지는 빛을 **언바운드 광선**Unbound ray이라고 합니다. 반대로 TIR을 통해 코어 내부에서 잘 이동하는 빛은 **바운드 광선**Bound ray[3]이라고 합니다. 클래딩은 코어와 동일한 물질, 즉 유리로 만들지만 밀도만 살짝 낮춰(보통 1% 내외) 굴절률Index of re-fraction을 다르게 합니다.

TIR은 광 통신에 있어 매우 중요한 현상이자 우리가 현재의 인터넷을 사용하게 된 핵심 비결입니다. 만일 자연계에 TIR이라는 현상이 없었다면 클래딩을 거울 성분으로 만들었어야 할지도 모릅니다. 그랬다면 제작 비용이 급격하게 높아져 지금과 같은 쾌적한 인터넷 환경은 꿈꾸지 못했을 것입니다.

실제 클래딩의 모습

앞서 그림 3.1에서 살펴본 광 케이블 구조처럼 여러 문헌에서 코어와 클래딩을 별개의 요소처럼 표기한 경우가 많습니다. 그래서 이 둘을 눈으로 구분할 수 있을 거라 착각하기 쉽습니다. 허나 앞서 언급했듯이 코어와 클래딩은 동일한 물질(실리카)을 사용하고 밀도만 약간 다르기 때문에 사람 눈으로 구분할 수 없습니다. 다음은 단거리 통신용으로 자주 사용하는 타이트 버퍼 케이블의 버퍼와 외피를 제거한 그림입니다.

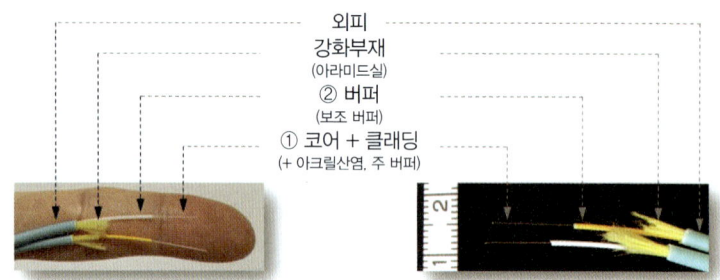

▶ 그림 3.8 MMF(타이트 버퍼) 케이블 단면

그림을 보면 ① 코어 + 클래딩이 합쳐져 그저 유리처럼 보입니다. 이들을 베어 광 케이블Bare fiber이라고도 부르는데, 매우 얇은 것을 볼 수 있습니다.

> 💡**Tip.** 사실 그림의 ①은 코어와 클래딩뿐 아니라 '버퍼와 외피'에서 살펴볼 아크릴산염까지 합쳐진 것입니다. 이렇게 3개의 컴포넌트(코어, 클래딩, 아크릴산염)를 합쳐 흔히 베어 광 케이블이라고 합니다.

---

[3] 바운드 광선은 Guided ray 또는 Trapped ray라고도 합니다. 참고로 guided는 전자기학에서 많이 사용하는 용어로, 한국어로는 도파(導波)라는 다소 어려운 한자로 쓰입니다.

2 GI-MMF, SI-MMF

DMD 영향을 최소화하기 위한 클래딩 설계 방식에 따라 MMF를 SI$^{\text{Step Index}}$-MMF 또는 GI$^{\text{Graded Index}}$-MMF로 나눌 수 있습니다.

SI-MMF

SI-MMF 안에서 빛은 다음 그림과 같이 이동합니다. SI-MMF는 광 케이블 코어와 클래딩의 굴절률이 급격하게 차이나므로 빛이 마치 거울에 부딪히는 것처럼 꺾입니다. 이로 인해 어떤 빛은 빠르게 어떤 빛은 느리게 이동하는 DMD 현상이 크게 발생합니다.

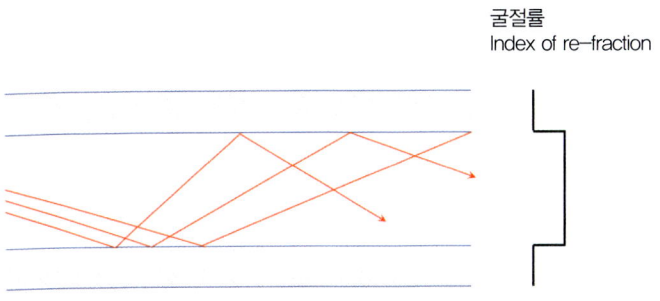

▶ 그림 3.9 SI-MMF

GI-MMF

GI-MMF 안에서 빛은 다음 그림과 같이 이동합니다. 굴절률 분포$^{\text{Refractive index profile}}$를 보면 코어 중심부에서 굴절률이 피크입니다. 그리고 외부쪽으로 (마치 애벌레처럼) 완만하게 낮아지는 것을 볼 수 있습니다. 즉, 광 케이블 코어 중심부는 유리 밀도가 높고 클래딩으로 갈수록 밀도가 차츰차츰 낮아집니다.

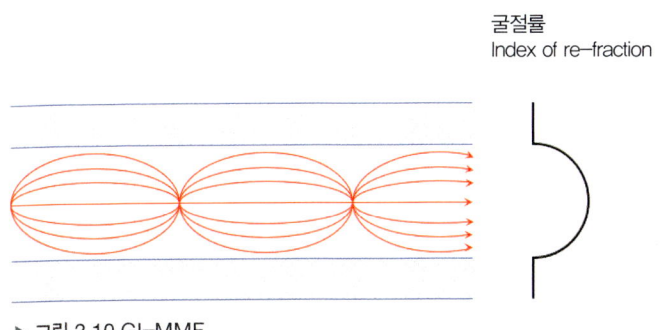

▶ 그림 3.10 GI-MMF

빛의 이동 속도는 밀도가 높은 코어 중심부에 가까워질수록 느려지고 클래딩 쪽으로 갈수록 빨라집니다. 즉, 클래딩을 오가며 크게 이동하는 빛은 빠르게, 코어 중심부 경로 빛은 느리게 이동합니다. 덕분에 여러 모드의 빛이 최대한 유사한 속도로 이동하면서 DMD 영향을 최소화합니다.

3.3 버퍼와 외피

광 케이블의 마지막 구성 요소는 **버퍼**Buffer와 **외피**Jacket입니다. 이들은 용도, 광 코어, 밀집도 그리고 가격에 따라 다양한 재료를 사용합니다.

1 버퍼

버퍼는 앞서 광 케이블 구조 그림(그림 3.1)에서 살펴볼 수 있듯이 클래딩과 외피 사이에 존재하는 일종의 완충제입니다. 광 케이블은 이 버퍼 구조에 따라 타이트 버퍼 케이블 및 루스 튜브 케이블로 구분됩니다.

타이트 버퍼 케이블

타이트 버퍼 케이블 Tight-buffered cable은 네트워크 엔지니어가 매우 빈번하게 접하는 케이블입니다. 'Tight'라는 표현대로 광 코어를 단단한 플라스틱으로 감싸는 구조입니다. 일반적으로 이중 코팅Two-layer coating을 하는데 다음 그림처럼 안쪽 버퍼(노란색)를 **주 버퍼**Primary buffer, 바깥쪽 버퍼(파란색)를 **보조 버퍼**Secondary buffer라고 합니다.

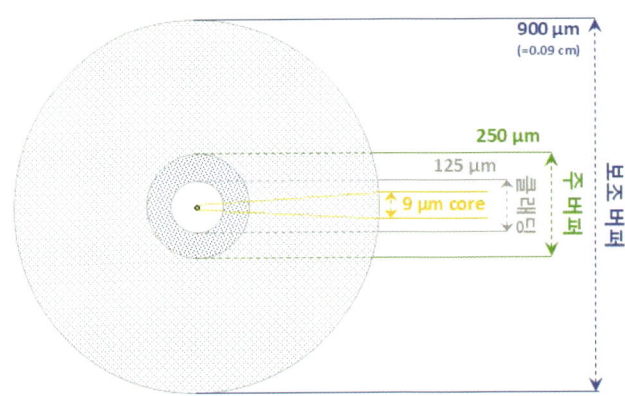

▶ 그림 3.11 타이트 버퍼 케이블

충격에 약한 유리 재질인 광 코어 바로 위에 주 버퍼를 코팅하여 강도는 높이고 외부 수분은 차단합니다. 이때 코팅 물질로 아크릴산염^{Acrylate}, 쉽게 말해 부드러운 플라스틱이 주로 사용됩니다(그림 3.8의 ① 참조). 주 버퍼를 두 종류의 아크릴산염으로 이중 코팅하는 경우도 있습니다. 안쪽은 부드러운 아크릴산염을 쓰고, 바깥쪽은 딱딱한 아크릴산염을 써서 보다 유연하게 만들기도 합니다. 주 버퍼 코팅 위에 나일론^{Nylon}과 같은 보다 단단한 플라스틱 버퍼를 보조 버퍼로 입힙니다. 그림 3.8에서 ② 흰색, 노란색 버퍼가 바로 보조 버퍼입니다.

타이트 버퍼 케이블의 두께는 다양하지만 대부분 지름이 900 µm인 경우가 일반적입니다. 구체적으로 125 µm 코어 + 클래딩 위에 주 버퍼(아크릴산염)를 코팅해서 250 µm 두께의 베어 광 케이블(코어 + 클래딩 + 주 버퍼)을 만든 뒤 그 위에 보조 버퍼(나일론)까지 코팅하면 지름이 900 µm가 됩니다.

타이트 버퍼 케이블은 외부 충격에 강하고 유연하기 때문에 구부러짐이 많은 구간에서 사용하기 좋습니다. 매우 무난한 형태이므로 다목적으로 사용 가능하며 특히 실내용으로 많이 사용합니다. 데이터 센터 내부에서 사용하는 케이블은 대부분 타이트 버퍼 케이블입니다.

루스 튜브 케이블

루스 튜브 케이블$^{Loose\ tube\ cable}$은 광 코어의 밀집도를 높이는 용도로 많이 사용합니다. 타이트 버퍼 케이블의 베어 광 케이블, 250 µm와 보조 버퍼, 900 µm 숫자 차이가 크지 않은 것처럼 느껴질 수 있습니다. 허나 앞서 그림 3.11에서 볼 수 있듯이 면적으로 보면 꽤 차이가 큽니다. 900 µm 지름 안에 250 µm 짜리 베어 광 케이블이 대략 10개는 들어갈 수 있을 정도입니다.

루스 튜브 케이블은 타이트 버퍼 케이블처럼 개별 베어 광 케이블을 두터운 플라스틱으로 감싸는 대신 다음 그림과 같이 베어 광 케이블을 오밀조밀 모으고 그 사이에 방수 기능이 있는 젤을 넣습니다.

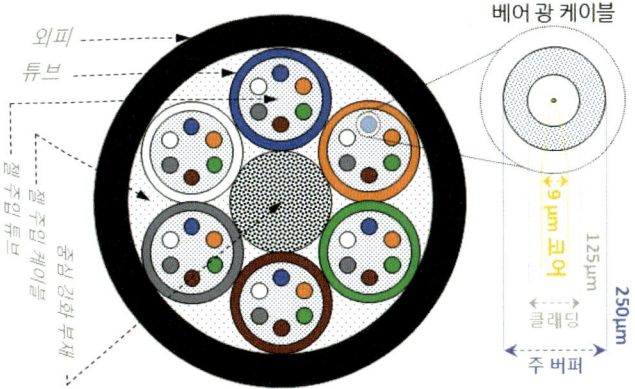

▶ 그림 3.12 루스 튜브 케이블(6 튜브 단일 외피)

이러한 형태로 베어 광 케이블의 밀집도를 높이고 외부 충격과 온도 변화로부터 광 코어를 보호합니다.

다양한 환경에서 무난하게 사용 가능한 타이트 버퍼 케이블과 달리 루스 튜브 케이블은 장단점이 매우 뚜렷합니다. 장점을 먼저 살펴보면 광 코어 밀집도를 크게 높일 수 있고, 온습도 변화에 강합니다. 또한 작은 충격이나 약간의 눌림, 즉 마이크로 벤딩Micro-bending에 강합니다.

단점을 살펴보면 첫째, 압력이 높은 환경에서 방수 젤이 터질 수 있습니다. 예를 들어, 깊은 물속이나 땅속에 케이블을 묻은 환경에서 방수 젤이 터질 수 있습니다. 구부러짐이 심한 구간도 마찬가지입니다. 둘째, 케이블 안에 방수 젤을 넣어야 하는 구조상 케이블 제작과 복구가 어렵습니다. 다시 말해 구축과 복구 비용이 높습니다.

그럼에도 불구하고 높은 밀집도의 베어 광 케이블을 안전하게 보호할 수 있는 편이기 때문에 장거리 + 실외용으로 많이 사용합니다. 하나의 루스 튜브 케이블 안에 단 하나의 베어 광 케이블만 넣을 수 있지만, 일반적으로 12 코어 이상, 많게는 수백 가닥의 베어 광 케이블을 넣습니다.

광 케이블의 급격한 구부러짐을 방지하기 위해 루스 튜브 케이블 중심부에 중심 강화 부재Central strength member를 넣기도 합니다. 구체적으로 아주 단단한 강철Steel wire 혹은 FRPFiberglass-Reinforced Plastic 등을 광 케이블 중심부에 넣어 외부 압력에 의해 광 케이블이 구부러지는 것을 방지합니다(그림 3.12 참조).

이번 예시로 광 코어가 9 μm인 싱글 모드 케이블만 보았으나 멀티 모드 또한 타이트 버퍼 케이블과 루스 튜브 케이블이 존재합니다. 더불어 타이트 버퍼 케이블 또한 루스 튜브 케이블처럼 다량의 광 코어를 모아서 하나의 케이블로 제작할 수 있습니다.

광 케이블 색상 코드

그림 3.12를 자세히 보면 중심부에는 중심 강화 부재가 있고 주위에 총 6개의 튜브가 있습니다. 그리고 각 튜브 안에는 총 6개의 베어 광 케이블이 존재합니다. 이렇게 해서 총 36개의 베어 광 케이블이 하나의 케이블에 존재합니다.

이때 튜브나 베어 광 케이블을 자세히 보면 색이 전부 각기 다른 것을 볼 수 있습니다. 이는 하나의 케이블 내부에 다수의 광 코어, 튜브 또는 버퍼와 같은 서브 유닛Subunit이 존재할 경우 이들을 손쉽게 구분할 수 있도록 색을 다르게 한 것입니다. 만일 모두 검은색으로 동일하다면 100 m에 걸쳐 케이블을 설치했을 때 36개의 선을 양 끝에서 구분하기 어려울 것입니다.

이처럼 서브 유닛 순서에 따라 사용할 색을 지정한 표준을 **광 케이블 색상 코드**Optical fiber cable color coding라고 부릅니다. 대표적인 표준으로 **TIA-598**이 있고, 이 표준을 기반으로 개정안Revision A, B, C, D, D-2 (EIA/TIA-598-D-2:2018) 등이 있습니다.

개정안 C에서는 케이블 색을 파란색, 주황색, 초록색, 갈색, 청회색, 하얀색순으로 지정하였습니다. 그림 3.12는 이 표준을 따라 튜브와 베어 광 케이블을 12시 방향부터 시계 방향으로 파란색, 주황색, 초록색, 갈색, 청회색, 하얀색순으로 배열했습니다. 또 다른 표준으로는 IECInternational Electrotechnical Commission 60304가 있습니다.

2 외피

외피Jacket는 광 케이블을 외부로부터 보호하기 위해 사용하는 플라스틱 피복Sheath을 말하며 PEPolyethylene, PVCPolyvinyl Chloride, PVDFPolyvinyl Difluoride 그리고 LSZHLow Smoke Zero Halogen 등을 주 원료로 사용합니다. 이 원료들은 유연하면서 강도가 높습니다. 원료 특성에 따라 외부 온도(추위나 불) 저항 정도 및 화재 시 유독성 물질 방출 정도가 다르기 때문에 이에 따라 실내용과 실외용을 구분합니다.

케이블을 제작할 때 외부 충격에서 보다 안전할 수 있도록 피복 안쪽에 탄성과 강도가 강한 섬유들을 둘러 감싸기도 합니다(그림 3.8 참조). 이를 강화 부재Strength member라고 합니다. 방탄

복 주소재로 사용될 만큼 고강도 소재인 아라미드^{Aramid} 섬유[4]를 대표적으로 사용하지만 탄소 섬유$^{Carbon\ Fiber}$, 초고밀도폴리에틸렌^{UHMWPE} 등을 사용하기도 합니다.

---

[4] 아라미드 섬유는 최초 개발사인 듀폰^{DuPont}의 상품명, Kevlar(케블라)라는 이름으로도 유명합니다.

3.4 커넥터

광 코어는 무척 얇기 때문에 광 케이블을 Optic에 연결하거나 광 케이블과 광 케이블을 서로 연결할 때 광 케이블 커넥터가 필수입니다. 광 케이블 커넥터는 종류가 무척 다양한데 D4, FC, LC, LSH, MPO, SC, SMA, ST, TOSLINK, MPO가 비교적 잘 알려져 있으며 이외에도 수십 가지 종류가 더 있습니다. 이번 학습에서는 가장 대중적인 커넥터인 SC, LC, MPO에 대해서 살펴보겠습니다.

1 케이블 커넥터

가장 대중적으로 사용되는 광 케이블 커넥터로 SC^{Subscriber Connector}와 LC^{Lucent Connector}가 있습니다. SC는 NTT에서 개발했고, LC는 본딧말에서 추정되듯이 Lucent라는 회사에서 개발했습니다. 먼저 대중적으로 사용된 건 SC였습니다. 이후 LC가 개발되어 EIA, TIA-604-10으로 표준화되었습니다. LC의 경우 커넥터 외형^{Housing} 사이즈가 SC의 절반밖에 안 되기 때문에 빠르게 대중화되었으며 근래에 많이 사용하는 커넥터입니다.

SC, LC 다음으로 대중적인 커넥터로는 MPO^{Multi-fiber Push On}가 있습니다. 100GBASE-SR4 표준은 25 GE(파장) 4개를 모아서 100 GE 성능을 냅니다. 여기서 SR4는 SR(파장) 4개가 모여 있다는 뜻입니다. 이러한 100GBASE-SR4 표준을 지원하기 위해 독립적인 광 케이블 4개를 사용하는 것은 그다지 효율적이지 못합니다.

> **Tip.** 광 케이블이 싱글 모드라면 WDM에서 사용되는 파장 분할을 사용하지만 멀티 모드일 경우엔 MPO 커넥터를 이용하여 물리적인 광 코어를 파장 개수만큼 이용합니다.

(a) SC 커넥터   (b) LC 커넥터   (c) MPO 커넥터

▶ 그림 3.13 가장 대중적인 커넥터 3가지

MPO 커넥터는 다수의 광 신호를 모아서 더 높은 속도를 지원하는 기술들에 최적화되어 있습니다. 그림 (c)와 같이 MPO 커넥터 중심부에는 4-24개의 광 코어가 촘촘하게 모여 있으며 하나의 케이블 안에 다수의 광 코어가 타이트 버퍼 케이블 형태로 존재합니다.

2 페룰

그림 (a)와 (b)를 살펴보면 LC, SC 케이블 커넥터 끝 부분에 이쑤시개 굵기의 흰색 파트가 있습니다. 많은 IT 엔지니어가 이 흰색 파트를 광 케이블 코어라고 착각합니다. 그러나 앞서 언급했듯이 광 코어는 머리카락보다 얇습니다. 사실 이 흰색 파트는 **페룰**Ferrule입니다.

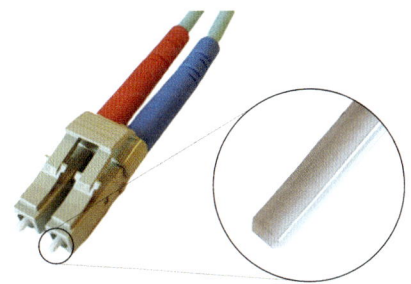

▶ 그림 3.14 페룰

좀 더 명확히 말해 광 코어 굵기는 8-62.5 μm로, 머리카락보다 얇습니다. 사람의 힘으로 이처럼 얇은 광 케이블 코어 2개를 정확하게 연결하는 것은 사실상 불가능합니다. 그래서 페룰이 필요합니다. 페룰은 광 케이블과 Optic 혹은 광 케이블끼리 연결할 때 광 코어가 정확하게 중심부에 놓이도록 도와주는 파트입니다. 더불어 외부로부터 광 코어를 보호하는 역할도 수행합니다. 페룰은 플라스틱, 스테인리스강 등을 원료로 만들기도 하지만 일반적으로는 세라믹으로 만듭니다.

4가지 페룰 가공 방식

페룰을 이용하더라도 오차나 손상, 오염 등으로 인해 일반적으로 0.2-0.8 dBm가량의 삽입 손실Insertion loss이 발생합니다. 삽입 손실은 접속 구간을 통과하면서 광 신호가 약해지는 현상을 말합니다. 그중에서도 페룰 표면 등에서 반사되어 광 신호를 보낸 쪽, 즉 광원 방향으로 되돌아오는 손실을 ORLOptical Return Loss이라고 합니다. 삽입 손실과 ORL을 최소화하기 위해 플랫, PC, UPC, APC라는 4가지 페룰 가공 방식이 존재합니다.

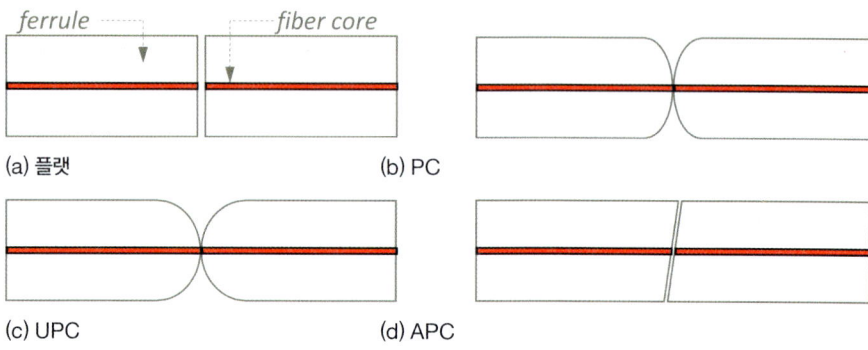

▶ 그림 3.15 4가지 페룰 가공 방식

최초로 개발되었던 페룰 가공 방법은 그림 (a)처럼 페룰을 완전히 일자로 평평하게 가공한 **플랫** 타입이었습니다. 그러나 단면을 매우 완벽하게 가공하지 못하면 페룰과 페룰 사이에 에어갭Air gap이 발생합니다. 이로 인해 4가지 타입 중 ORL이 가장 심하게 발생했습니다(−30 dB가량).

이를 보강하기 위해 나온 타입이 그림 (b)의 **PC**Physical Contact입니다. PC는 광 코어가 있는 중심부를 피크로 그 주위의 페룰을 둥그스름하게 깎아 콘 형태를 만듭니다. 덕분에 2개의 광 코어가 조금 더 밀접하게 맞닿을 수 있습니다. 덕분에 ORL이 약간 개선되었습니다(−35 dB 이상).

그림 (c)의 **UPC**Ultra Physical Contact는 PC를 더 가공한 것입니다. 구체적으로 UPC는 PC의 표면을 좀 더 연마Extended polishing 하여 ORL을 −50 dB 이상으로 낮추었습니다. 근래에 생산되는 광 케이블은 대부분 UPC 타입을 사용하고 있습니다. UPC는 일반적으로 케이블 커넥터 색으로 쉽게 구분할 수 있는데, 싱글 모드 UPC는 파란색, 멀티 모드 UPC는 베이지 혹은 아쿠아색으로 제작하는 편입니다.

마지막으로 그림 (d)의 **APC**Angled Physical Connect는 ORL이 −60 dB 이상으로, 4가지 형태 중 뛰어난 ORL 성능을 보여 줍니다. APC는 페룰 단면을 8도 정도 어긋나게 잘라 냅니다. 덕분에 2개의 페룰이 연결될 때 서로 타이트하게 맞닿을 수 있도록 도와줄 뿐 아니라 페룰 경계에서 손실되는 빛이 광 코어 내부로 들어오지 않고 아예 밖으로 나가도록 디자인되어 있습니다.

단순히 삽입 손실 ORL만 보면 APC가 가장 뛰어나지만 페룰이 회전할 수 있도록 설계되어야 하고 플랫, PC, UPC는 서로 호환이 가능하지만 APC는 다른 페룰 타입과 호환될 수 없다는 2 가지 단점 때문에 사용이 제한적인 편입니다.

> 💡 **Tip.** 보관 상태가 좋지 못한 광 케이블을 사용했거나 장비 운영 중에 갑자기 CRC가 증가하면 페룰의 손상이나 오염을 의심해 볼 수 있습니다. 이때는 광 클리너Fiber cleaner로 페룰을 닦아주면 원상 복구되는 경우가 제법 많습니다.

극성 교체

BiDi Optic처럼 특수한 Optic을 제외하고 대부분 Optic의 왼쪽 보어Bore(구멍)는 빛을 발산 (Tx) 하는 광원이고, 오른쪽 보어는 받은 빛을 해석하는 파트입니다. 서로 이웃하는 포트 A와 B를 연결할 때 A의 Tx 신호가 상대편 B의 Rx로 가도록 광 케이블의 Tx와 Rx를 교차Cross 상태로 제작하는 것이 일반적입니다.

허나 중간에 패치Patch 등을 이용하면 이 구조가 꼬이기도 합니다. 이런 경우라면 광 케이블 한 쪽의 Tx와 Rx를 바꿔야 합니다. 구체적으로 설명하자면 커넥터 하우징Connector housing에서 Tx, Rx 광 케이블을 분리하고 이 둘의 위치를 바꾼 뒤 다시 하우징을 씌우는 과정을 거칩니다. 이 과정을 **극성 교체**Polarity Reversal(reverse connector housing)라고 합니다.

사실 이 과정은 무척 번거로우며 적절한 툴이 없다면 순전히 손가락 힘으로 교체해야 합니다. 더욱이 커넥터 하우징이 단단히 결합된 경우에는 손가락이 얼얼할 정도로 힘이 드는 경우가 있습니다. 그러나 다음 그림과 같은 극성 교체 과정을 따르면 비교적 손쉽게 교체가 가능합니다.

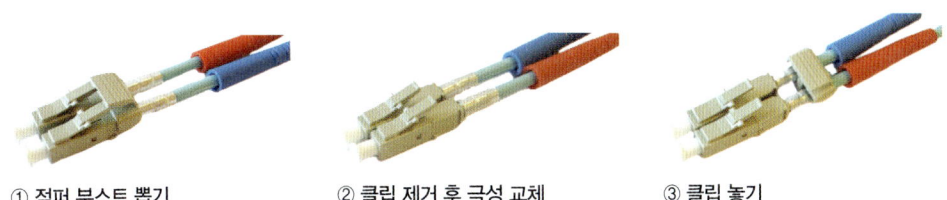

① 점퍼 부스트 뽑기 ② 클립 제거 후 극성 교체 ③ 클립 놓기

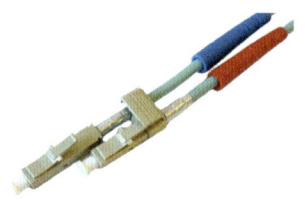  

④ 클립 한쪽 삽입　　　　　⑤ 클립 모두 삽입　　　　　⑥ 점퍼 부스트 조이기

▶ 그림 3.16 극성 교체 과정

이 과정을 좀 더 상세하게 단계별로 살펴보겠습니다. ① 먼저 Tx와 Rx를 구분하는 빨간색, 파란색 점퍼 부스트를 케이블 아래 방향으로 잡아당깁니다. ② Tx, Rx 광 코어를 하나로 모아 주는 클립을 제거하고 빨간색과 파란색 광 코어의 자리를 바꿉니다. ③ 점퍼 부스트를 잡아당겨 생긴 공간 사이에 클립을 놓습니다. ④ 클립을 밀어 올려 한쪽 광 코어를 삽입합니다. ⑤ 나머지 광 코어도 클립에 삽입합니다. ⑥ 마지막으로 점퍼 부스트를 케이블 위쪽으로 밀어 올려 원래 자리에 놓습니다.

이상적으로는 중간 패치와 같이 극성이 변화되는 구간을 미리 조사하여 각 구간에 맞게 교차나 다이렉트 케이블Direct cable을 제작하여야 합니다. 이 과정이 순조롭지 못하면 케이블 포설 후 광 테스터기 등을 사용하여 극성을 점검하는 과정을 거쳐야 합니다.

단, 해저 케이블처럼 장거리 구간 중간에 여러 업체가 관여되어 있다면 극성을 미리 확인하기가 매우 어렵습니다. 안타깝지만 이러한 경우라면 광원 확인 후 극성 교체를 해야 하는 경우가 빈번합니다.

CHAPTER 04
장거리 광 신호 기술

광 신호를 100 km 이상 장거리 전송하려면 특수한 기술들이 필요합니다. ZR Optic의 경우 광 신호를 80 km까지 전송할 수 있으므로 단순하게는 80 km 간격으로 스위치 혹은 재생기를 놓는다면 장거리 전송을 할 수 있을 것입니다. 그러나 이러한 구성은 구축 비용이 많이 들 뿐 아니라 유지 보수 비용 또한 높습니다. 그렇다면 수천 km 이상 떨어져 있는 해저 케이블은 어떻게 구축하고 관리할까요? Chapter 04에서는 해저 케이블의 구축 방안과 유지 보수 그리고 장거리 전송용으로 사용하는 특수 기술들을 살펴보겠습니다. 더불어 100 GE 이상의 고용량 B/W를 지원하는 코히어런트 기술도 다루겠습니다.

Roadmap

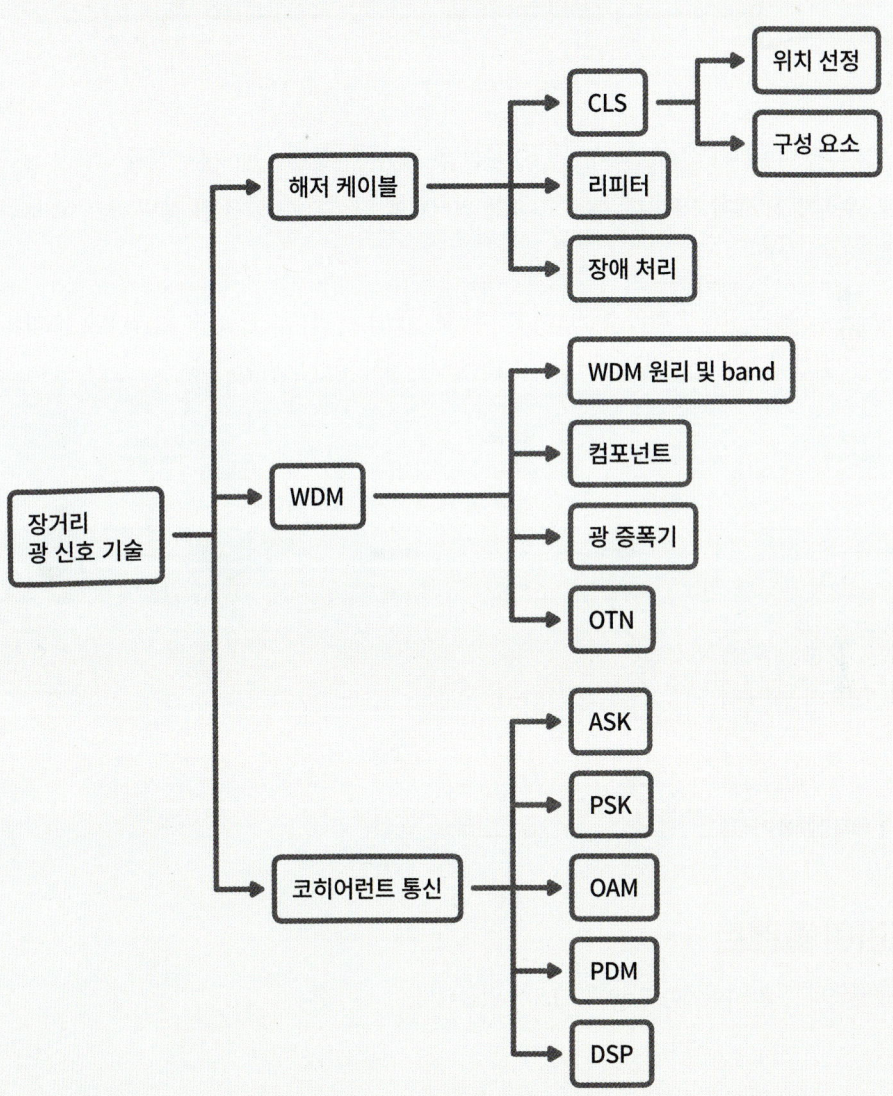

4.1 해저 케이블

전 세계 7대륙을 연결하기 위해서는 바닷속에 깔린 광 케이블, 즉 **해저 케이블**Submarine cable이 필요합니다. 우리가 전 세계 어디서든 빠르고 쉽게 인터넷에 연결할 수 있게 된 것은 바로 이 해저 케이블 덕분입니다.

해저 케이블 시스템은 크게 **드라이 플랜트**Dry plant와 **웻 플랜트**Wet plant로 나눌 수 있습니다. 드라이 플랜트는 말 그대로 지상 구간을 말하고 웻 플랜트는 해저 구간을 말합니다.

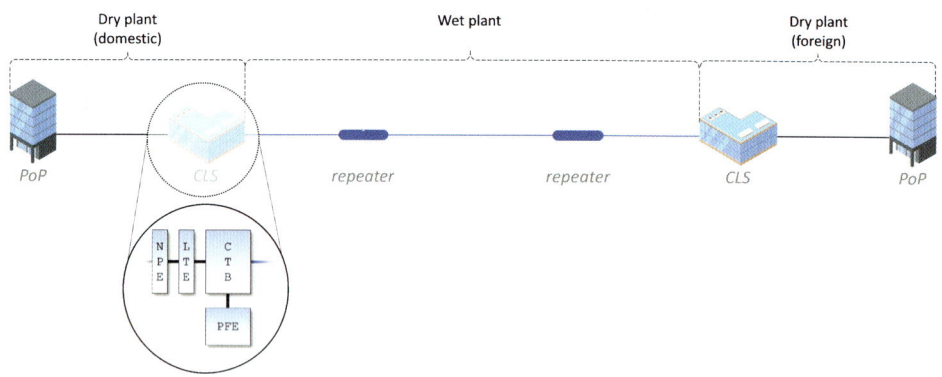

▶ 그림 4.1 해저 케이블 시스템

1 드라이 플랜트

드라이 플랜트의 주요 시설에는 PoP와 CLS가 있습니다.

PoP

PoPPoint of Presence는 ISP A와 ISP B가 서로 연결되는 구간, 즉 둘 이상의 서로 다른 네트워크가 연결되는 곳을 말합니다. PoP라는 단어는 해저 케이블 시스템뿐 아니라 IT 업계에서 전반적으로 사용하는 단어로, '서로 다른 네트워크를 연결하는 포인트'라는 의미입니다. 네트워크 업계에서는 보다 더 큰 영역을 지칭하는 경우가 많습니다. 다른 네트워크 '사업자'들이 서로 연결되는 물리적 위치(예. 건물)를 뜻하기도 합니다.

해저 케이블의 경우 해저 케이블 사업자와 각 국가(로컬) 통신 사업자가 서로 다른 경우가 대부분입니다. 이 경우 PoP를 기점으로 해저 케이블 네트워크 시스템이 완전히 끝나고, 해당 국가의 로컬 사업자 네트워크가 시작됩니다.

CLS

CLS$^{Cable\ Landing\ Station}$는 해저에서 올라온 광 케이블을 지상의 광 케이블에 연결하는 시설입니다. 해저 케이블 시스템의 핵심이라고 할 수 있으며 CLS를 기준으로 해저 케이블과 내륙$^{Inland\ terrestrial}$ 케이블이 나뉩니다.

> **Tip.** 한국에서는 CLS를 육양국陸揚局이라는 일본식 한자어로 부르기도 합니다

CLS는 선박 통행이 적고 바다까지 완만한 경사를 이루고 있는 곳에 설치해야 하므로 위치 선정이 까다롭습니다. 그래야 케이블 구축(포설)이 쉽고, 케이블 손상 가능성이 낮아집니다. 구축 가능 위치가 제한적이고 초기 구축 비용까지 높다 보니 여러 사업자가 컨소시엄을 구성하여 대규모 CLS를 구축하는 경우가 일반적입니다. 후발 사업자들은 타 사업자의 CLS를 임대하기도 합니다.

앞서 살펴본 그림 4.1의 원 안에 있는 CLS의 세부 컴포넌트들을 하나씩 살펴보면 다음과 같습니다.

- **NPE**$^{Network\ Protection\ Equipment}$: 해저 케이블의 이상(SONET/SDH의 경로 보호$^{Path\ protection}$ 기능 등)을 감지하고 장애 발생 시 50 ms 이내로 케이블을 페일오버^{Failover}(절체)하는 장치입니다.
- **LTE**$^{Line\ Terminating\ Equipment}$: 네트워크 시스템이 변경되는 구간입니다.
- **PFE**$^{Power\ Feeding\ Equipment}$: 리피터의 전원을 공급해주는 역할을 수행합니다.
- **CTB**$^{Cable\ Terminal\ Box}$: PFE에서 나온 전원 케이블을 해저 광 케이블에 묶거나 반대로 광 케이블과 전원 케이블을 나누는 역할을 합니다.

2 LTE

LTE의 본딧말 Line Terminating Equipment가 의미하듯 LTE는 특정 네트워크 구간이 끝나는 장치를 말합니다. LTE를 기점으로 해저 케이블 시스템에서 사용되는 L1 기술(WDM)과

L2 기술(SONET/SDH)이 다른 기술로 전환됩니다.

해저 케이블 시스템에서는 WDM + SONET/SDH 형태를 주로 사용하는데 L1 기술로 WDM은 사실상 선택이 아닌 필수입니다. WDM 장치를 이용하면 단일 파장을 사용할 때보다 최대 96배 이상의 B/W를 사용할 수 있기 때문입니다. 광 코어를 구축하고 유지 관리하는 데 높은 비용이 드는 해저 케이블 시스템에서 절대적으로 필요한 기술입니다. 더불어 장거리 전송의 안정성을 높이기 위해 L2 프로토콜인 SONET/SDH를 사용하는 편입니다. 물론 이 기술들을 꼭 육지에서도 사용해야 하는 것은 아닙니다. 해저와 육지 네트워크 프로토콜이 다르다면 CLS의 LTE를 기점으로 육지 케이블 시스템 환경에 보다 적합한 기술(예. 단일 파장의 이더넷)로 변경합니다.

LTE를 조금 더 깊게 들여다보면 **(지상)TLTE – SIE – STLE(해저)** 장치순으로 구성되어 있습니다. 육지 구간 기술(예. 이더넷)이 끝나는 지점에 있는 장치를 TLTE$^{\text{Terrestrial LTE}}$라고 합니다. 반대로 해저 구간 기술이 끝나는 지점에 있는 장치를 SLTE$^{\text{Submarine LTE}}$라고 합니다. 그리고 이 두 기술을 서로 변환시켜 주는 장치를 SIE$^{\text{SDH Interconnection Equipment}}$라고 합니다.

> **Tip.** LTE(혹은 NPE)가 꼭 CLS 내부에 존재해야 하는 것은 아닙니다. 예를 들어, 해저 케이블 사업자가 데이터 센터(혹은 PoP)를 직접 보유하고 있고 육지 구간에서도 WDM + SDH 기술을 그대로 쓰기로 했다면 CLS가 아닌 데이터 센터 안에 NPE, LTE 장치를 둘 수도 있습니다.

리피터

해저 케이블은 1000 km 이상의 매우 장거리에 구성되기도 합니다. 광 케이블의 순도가 아무리 높아도 거리가 길어지면 필연적으로 광 신호가 약해집니다. 따라서 일정 거리 간격으로 신호를 증폭시키고 노이즈를 제거하는 장치가 필요로 합니다. 이 장치를 **리피터**^{Repeater}라고 합니다. 리피터는 일반적으로 100 km 간격으로 설치되는데 기술 발전에 따라 설치 간격이 조금씩 더 길어지고 있습니다.

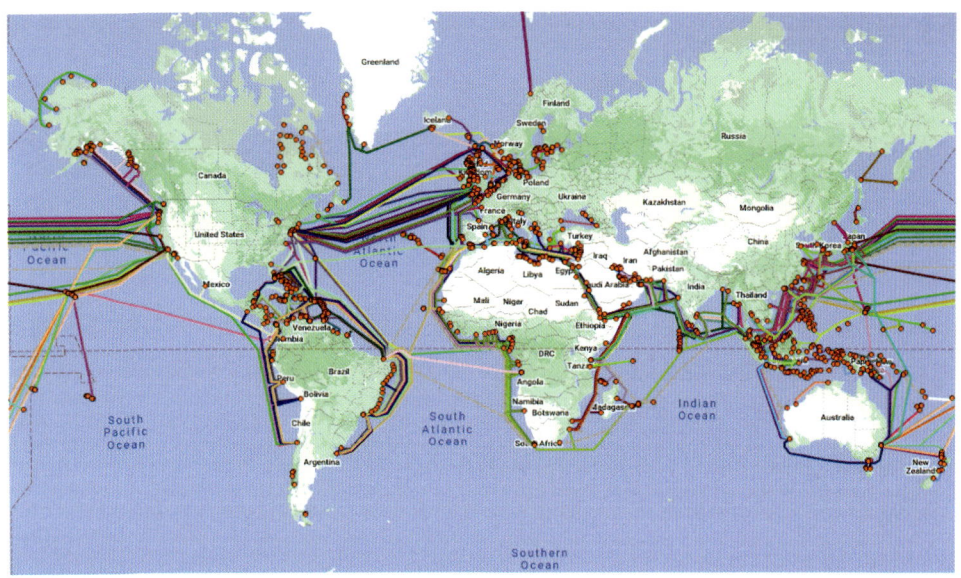

▶ 그림 4.2 전 세계 해저 케이블 시스템(출처: fiberatlantic.com)

언리피티드 케이블 시스템

리피터를 사용하기 위해서는 전기가 필요합니다. 헌데 해저에 전기를 공급하는 건 그리 쉬운 일이 아닙니다. 리피터까지 전기를 공급하기 위해서 해저 케이블 내부에 여러 가닥의 광 코어 뿐 아니라 굵고 순도 높은 구리 전력선을 같이 넣어야 합니다.

광 케이블이 그러하듯 전기 또한 거리에 따라 감쇠가 일어나는데, 전기는 감쇠가 매우 심합니다. 따라서 장거리 해저 구간이라면 CLS의 PFE를 통해서 10000 VDC 이상의 매우 강력한 전기를 보내야 합니다. 이 때문에 해저 케이블 시스템이 복잡해지고, 설치 및 유지 보수 비용도 증가하게 됩니다. 최근 기술이 발달함에 따라 수백 km까지는 전기 없이 해저 케이블 시스템을 구성할 수도 있는데, 이러한 시스템을 **언리피티드 케이블 시스템**Unrepeatered cable system이라고 합니다.

언리피티드 케이블 시스템을 구축하는 대표적인 2가지 방법이 있습니다. 첫째, 처음부터 광 신호를 보낼 때 아주 강력하게 보내고, 반대편 CLS에서 EDFA$^{Erbium-Doped\ Fiber\ Amplifier}$ 증폭기로 신호를 복구하는 방법이 있습니다. 둘째, 전기 없이도 리피터 역할을 할 수 있는 ROPA$^{Remote\ Optically\ Pumped\ Amplifier}$라는 장치를 이용하는 것입니다(EDFA 및 ROPA 관련 내용은 '4.2 WDM'의 '2 재생기·증폭기'에서 더 자세히 살펴볼 예정입니다.).

3 장애 처리

해저 케이블은 장애 발생률을 낮추기 위해 바닷속 땅을 약 1-2 m가량 파고 그 안에 케이블을 묻습니다. 그럼에도 불구하고 여러 종류의 장애가 발생합니다. 육지와 가까운 근해에서 발생하는 장애와 심해에서 발생하는 장애는 그 원인과 처리 방안이 크게 다릅니다.

근해 케이블 손상

근해 케이블 손상은 대부분 어선에 의해 발생합니다. 특히 그물을 바다 밑바닥까지 내린 채로 끌어당겨 물고기를 잡는 방식, 즉 저인망 어업^{Trawler}으로 인해 해저 케이블 단선$^{Cable\ cut}$이 되는 경우가 많습니다. 극히 드물게 해양 생물로 인한 해저 케이블 손상이 보고되기도 합니다. 근해와 심해에서 발생하는 장애 비율을 분석하면 육지 인근, 즉 근해에서 주로 발생합니다. 따라서 근해 해저 케이블은 외피를 매우 두껍게 만들고 단단한 물질들로 케이블을 보호합니다.

심해 케이블 손상

심해 케이블은 손상은 일반적으로 해저 지진 혹은 해저 산사태 등으로 발생합니다. 지진이 일어나면 지각이 벌어지는데, 지각이 단 1 m만 늘어나더라도 해저 케이블은 그만큼 늘어날 수가 없기 때문에 단선이 발생합니다. 이러한 자연 재해로 인한 단선은 케이블을 단단하게 하거나 두껍게 한다고 막을 수 없습니다. 따라서 심해에 가까울수록 해저 케이블 외피가 되려 얇아집니다.

해저 케이블의 복구

바다에서 해저 케이블이 손상되면 광 케이블 장애 지점을 파악하는 것과 동일한 방식으로 장애 구간을 파악합니다. 즉, 단선이 발생한 곳에서 되돌아오는 빛을 감지하여 대략적인 장애 위치를 파악합니다. 만일 육지에서 가깝고 다이버가 잠수할 수 있는 위치라면 다이버의 도움으로 케이블을 복구합니다.

허나 심해에서 단선이 발생하면 해저 케이블을 수리할 수 있도록 특수 제작된 선박을 장애 지점으로 보냅니다. 이 선박을 케이블 쉽$^{Cable\ ship}$ 혹은 CLS$^{Cable\ Layer\ Ship}$라고 합니다.[1] 심해에서 발생한 해저 케이블 장애는 복구되기까지 한 달 이상이 걸리기도 하는데 대부분은 케이블 쉽

---

[1] 공교롭게도 CLS$^{Cable\ Landing\ Station}$와 약자가 같은데, 일반적으로 해저 케이블 시스템에서 CLS라고 하면 Cable Layer Ship이 아닌 Cable Landing Station을 지칭하는 경우가 많습니다.

의 이동 시간 때문입니다. 장애 구간에 도달한 선박은 ROV^Remotely Operated underwater Vehicle를 이용하여 장애 위치를 탐색하고, 끊어진 해저 케이블을 선박 위로 끌어 올립니다. 이후 배 위에서 단선된 케이블을 복구하여 다시 바다 밑으로 내립니다.

해저 케이블은 장애 복구 시간이 상당히 오래 걸리기 때문에 모든 해저 케이블 구간은 철저하게 이중화되어 있습니다. 그러나 이중화된 백업 케이블마저 단선되는 경우가 발생하는데, 이를 **더블 컷**^Double cut이라고 합니다. 이러한 경우 해저 케이블 사업자의 우회 경로에 따라 매우 긴 우회 경로를 택하기도 합니다. 이로 인해 통신 품질이 많이 저하될 수 있습니다.

4 내륙 케이블

해저가 아닌 내륙 구간, 즉 드라이 플랜트 장애로 회선이 수일간 다운되는 경우도 있습니다. 드라이 플랜트는 그림 4.1과 같이 국내^Domestic와 국외^Foreign 구간으로 나눌 수 있습니다. 예를 들어, 한국 데이터 센터 사업자가 미국 데이터 센터까지 회선을 연결한다고 하면 한국 내륙 구간은 **국내 드라이 플랜트**^Domestic dry plant, 미국 내륙 구간은 **해외 드라이 플랜트**^Foreign dry plant 구간으로 구분할 수 있습니다.

일반적으로 각 드라이 플랜트는 해당 국가(로컬) 사업자가 담당하는 경우가 많습니다. 왜 그럴까요? 여러 국가에서 유무선 서비스와 인터넷 서비스를 함께 제공하는 회사들을 쉽게 찾아볼 수 있습니다. 이는 전통적인 전화 통신 서비스를 제공하던 TSP^Telecommunications Service Provider 사업자가 ISP^Internet Service Provider로 사업 영역을 확장한 경우로, 자국에서 독점적인 지위를 갖기도 합니다.

어떤 국가의 TSP, ISP 서비스를 외국 통신 사업자가 주도적으로 제공하는 경우는 드문 편입니다. 이는 통신망이라는 특성 때문입니다. 아무리 우방국이라 하더라도 외국 통신 사업자가 자국의 전화 통신망을 독점하고 있다면 감청의 위험으로부터 자유로울 수 없기 때문입니다.

이러한 배경으로 해외 드라이 플랜트는 해당 국가(로컬) 사업자가 담당하는 경우가 많습니다. 그런데 이 구간에서 발생하는 장애 처리가 예상 외로 많이 지연되기도 합니다. 특히 내륙 사업자가 둘 이상일 때 많이 지연됩니다. 예를 들어, 그림 4.1에서 왼쪽에 있는 PoP가 자국에 있는 데이터 센터 X고, 우측에 있는 PoP가 타국에 있는 데이터 센터 Y라고 가정해보겠습니다. 타국의 땅이 너무 넓어서 타국 CLS ↔ 타국 데이터 센터 Y까지 거리가 너무 멀다면 로컬 사업자 회선이 둘 이상 필요하기도 합니다. 이때 이들 간의 연동 포인트에서 장애가 발생하면 책임 소재가 불분명해져 장애가 지연되기도 합니다.

따라서 만일 아주 중요한 회선을 타국에 연결해야 한다면 해저 케이블 사업자를 다각화할 수 있는지 검토해보아야 합니다. 더 나아가 해저 케이블 사업자를 다각화했더라도, 서로 다른 해저 케이블 사업자들이 결국 동일한 내륙 케이블 구간(사업자)을 선택한 것은 아닌지 살펴보아야 합니다.

> **NOTE** **해저 케이블의 주 고객은 누구일까?**
>
> 현재는 해저 케이블이 과거에 비해 많이 보편화된 편이지만, 여전히 일반 기업이 직접 임대하기에는 비용이 높은 편입니다. 그럼에도 불구하고 높은 임대료를 지불하며 해저 케이블을 사용하는 것은 높은 안정성과 낮은 레이턴시 때문입니다. 해저 케이블을 이용하는 대표적인 기관들로는 정부 기관, ISP, FAANG(Facebook, Amazon, Apple, Netflix, Google) 같은 글로벌 빅테크 회사들이 있습니다.

4.2 WDM

WDMWavelength Division Multiplexing은 여러 전자기파 파장을 동시 전송하여 통신 효율을 극대화하는 장비입니다. 10 Gbps 이더넷 광 코어에 WDM 장비를 도입하면 10 GE * 96 ch = 960 Gbps, 약 1 Tbps를 보낼 수 있습니다. 쉽게 말해, 약 100배에 가까운 대역폭 향상을 제공합니다. 더불어 뛰어난 안정성도 제공할 수 있습니다. 따라서 이번에는 WDM 시스템 구성, 증폭기 그리고 OTN에 대하여 심도 있게 알아보겠습니다.

장거리 통신용으로 애용하는 WDM 시스템은 통신 사업자들에게 아주 매력적인 장비입니다. 하나의 해저 광 케이블 회선을 구축(포설)하고 WDM 시스템으로 CLS를 구축하면 수십 가닥의 해저 케이블을 추가 구축한 것과 같은 효과를 낼 수 있기 때문입니다. WDM 시스템은 무슨 마술을 부리는 걸까요?

앞서 '2.1 빛이란?'의 '2. 파동과 주파수'에서 살펴본 바와 같이 빛에는 수많은 파장이 있습니다. WDM은 이러한 파장 여러 개를 동시에 전송합니다. 이해를 돕기 위해 다음 그림처럼 빨, 주, 노, 초, 파, 남, 보 색별로 데이터를 전송한다고 가정해보겠습니다. 보내는 쪽과 받는 쪽에서 색을 잘 구분하여 통신할 수 있다면 빨간색은 빨간색대로 데이터를 전송하고, 보라색은 보라색대로 데이터를 전송할 수 있을 것입니다. 동시에 말이죠.

▶ 그림 4.3 7ch(파장) WDM 예시

이는 도로 차선을 넓히는 것 같은 효과입니다. 빨간색 차선만 이용하는 통신이 1차로 통신이라면 빨, 주, 노, 초, 파, 남, 보 7가지 색(파장)을 이용하는 통신은 7차로 통신입니다. 즉, 한 번에 보낼 수 있는 차량의 수가 7배 많아집니다. 이처럼 WDM은 각 파장별로 다른 데이터를 보낼 수 있다는 점에 착안하여 만든 장비입니다. WDM의 본딧말, Wavelength Division Multiplexing에 그 아이디어가 고스란히 나타납니다. Wavelength(파장을) Division(나눠서) Multiplexing(하나의 공간, 즉 하나의 광 코어로) 전송한다는 것이죠.

1 WDM의 파장 대역

한 번에 전송 가능한 파장(채널)의 수가 많아질수록 한 번에 전송 가능한 데이터양 또한 비례하여 증가합니다. 즉, 96개의 파장을 사용한다면 대역폭이 96배 커집니다. 그럼 파장을 많이 만들면 그만큼 대역폭이 많아지지 않을까요?

그렇습니다. 그러나 파장을 많이 쓸수록 기술의 한계에 닿게 됩니다. '3.1 코어'에서 알아본 바와 같이 광 코어에서 발생하는 감쇠로 인해 장거리 전송에 사용 가능한 전자기파 대역은 1260-1620 nm로 제한적입니다('2. SMF, MMF의 파장'의 그림 3.4 참조). 즉, WDM 시스템은 1260-1620 nm 약, 360 nm 내에서 파장을 최대한 잘라 써야 합니다.

파장끼리 이웃하는 대역이 좁을수록, 다시 말해 파장 간의 간격이 촘촘할수록 더 많은 파장(채널)을 동시에 보낼 수 있습니다. 이러한 파장 간격을 **채널 간격**Channel spacing이라고 합니다. 채널 간격이 좁으면 좁을수록 동시에 여러 파장을 보낼 수 있으므로 대역폭이 증가합니다. 그러나 채널 간격을 좁히는 것은 매우 어려운 일입니다. 광원에서 발생한 빛 대역이 이웃 대역을 침범하지 않을 정도로 정교하게 설계되어 있어야 하기 때문입니다. 파장을 나타내는 수치인 1 nm, 즉 1 나노미터는 십억 분의 일 미터에 해당하는 매우 작은 수치입니다. 그만큼 작은 수치를 잘 다룰 수 있어야 채널 간격을 좁힐 수 있습니다.

밴드

라지브 라마스와미Rajiv Ramaswami와 쿠마르 시바라잔Kumar N. Sivarajan은 그들의 저서 『Optical Networks』(2011)[2]에서 그림 0.3에서 살펴본 Second, Third Window에 해당하는 대역을

---

[2] Used with permission of Gilseong Kim, from 『Optical Networks, A Practical Perspective, 2nd Edition』 October 12, 2001, Rajiv Ramaswami, Kumar Sivarajan, Table 1.2 Wavelength bands in optical fiber

다음 표와 같이 구분했습니다.

밴드	본딧말	파장 대역	범위
O-밴드	Original band	1260 – 1360 nm	100
E-밴드	Extended band	1360 – 1460 nm	100
S-밴드	Short band	1460 – 1530 nm	65
C-밴드	Conventional band	1530 – 1565 nm	40
L-밴드	Long band	1565 – 1625 nm	60
U-밴드	Ultra-long band	1625 – 1675 nm	50

▶ 표 4.1 광 전송 스펙트럼의 종류

WDM 시스템들은 주로 C-밴드(1530-1565 nm)를 선호하는데 이 C-밴드 대역을 얼마나 촘촘히 쓰느냐에 따라 표와 같이 CWDM, DWDM, UDWDM 등으로 구분됩니다. 다만 다음 기준은 강제성 있는 표준이 아니므로 업체별로 파장 대역이나 채널 간격이 다양할 수 있습니다.

WDM 종류	본딧말	ITU-T 표준	사용 파장	파장 개수	파장 간격
CWDM	Coarse + WDM	G.694.2	C-밴드(1530 nm – 1565 nm)	~ 16	20 nm
DWDM	Dense + WDM	G.694.1	C-밴드(1530 nm – 1565 nm)	32 – 96	1 – 10 nm
UDWDM	Ultra-Dense + WDM		C-밴드 + L-밴드(1565 nm – 1625 nm)	96 – 320+	0.1 – 1 nm

▶ 표 4.2 WDM의 종류

WDM 구성 요소

다음 그림은 데이터가 WDM 시스템을 통해 전송되는 과정을 개괄적으로 그린 것입니다.

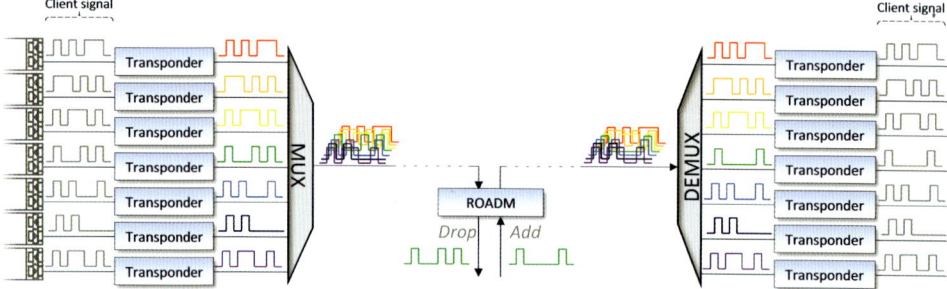

▶ 그림 4.4 WDM 구성 요소

그림과 같이 WDM 시스템은 다음과 같은 세부 장치들로 구성됩니다.

- **트랜스폰더**Transponder : 일반 Optic에서 사용하는 일반 파장(예. 850 nm. 흔히 'gray 파장'이라고도 함)을 WDM 장비에서 사용하는 파장(예. 1550 nm)으로 변환합니다.
- **멀티플렉서**Multiplexer(이하 먹스Mux)/**디멀티플렉서**Demultiplexer(이하 디먹스DeMux)[3] : 다수의 포트에서 들어오는 (트랜스폰더에서 생성된) 파장을 하나의 광 코어로 내보낼 수 있도록 합치거나(먹스), 하나의 광 코어로 넘어온 여러 파장을 각각의 포트로 나눕니다(디먹스).
- **OADM**Optical Add/Drop Multiplexer : 중간 경로에서 일부 파장을 빼거나 넣어 줍니다.
- **증폭기**Amplifier : 광 신호를 증폭하여 전송 거리와 성능을 향상시킵니다.

트랜스폰더

트랜스폰더는 Transmitter(송신기)와 Responder(수신기)를 합친 합성어로, 신호를 받은 뒤에 (어떤 처리를 해서) 다시 내보내는 장치라는 의미입니다. 파장 변환기Wavelength converter 또는 광 미디어 컨버터Fiber to fiber media converter라고 불리기도 하며, 입력된 일반(gray) 광 신호를 전기 신호로 바꿨다가 다시 WDM용 광 신호로 바꾸기 때문에 O-E-O Optical-Electrical-Optical 장치라고도 불립니다. 짧게 xPDR라고 표기하기도 합니다.

트랜스폰더는 이후 '재생기'에서 살펴볼 3R 기능을 수행합니다. 즉, 일반(gray) 광 신호를 WDM 시스템에서 사용할 수 있도록 증폭시키면서, 동시에 WDM 전용 프로토콜(OTN)로 바꾸는, 즉 **캡슐화**Encapsulation 과정을 수행합니다. 트랜스폰더에 먹스와 디먹스 기능을 합친 장치도 존재하는데, 이러한 장치들은 **먹스폰더**Muxponder라고 부릅니다.

---

[3] 멀티플렉서는 다중화기多重化器, 디멀티플렉서는 역다중화기逆多重化器라고 불리기도 합니다.

일부 문헌에서는 재생기나 증폭기도 증폭을 하기 위해 광 신호를 받았다가 내보내는 과정, 즉 수신기와 송신기 기능을 수행하기 때문에 이들까지도 트랜스폰더의 영역에 포함시키기도 하지만 일반적이진 않습니다.

ROADM

근래의 WDM 시스템 통신이 포인트 투 포인트Point-to-point로 구성된 경우는 드물고 대부분 링 구조 혹은 거미줄 같은 메시 구조로, CO^{Central Office}라고도 불리는 여러 PoP를 연결합니다. 그리고 각 PoP를 지나갈 때마다 전체 파장 중 일부 파장을 빼거나 넣기도 합니다. 예를 들어, 어떤 통신 사업자가 다음 그림처럼 WDM 시스템을 구성했는데, 특정 고객이 PoP2와 PoP3 구간에 연결을 원하고 있습니다. 이러한 경우 고객용으로 할당된 파장은 PoP2와 PoP3에서만 사용되어야 합니다. 쉽게 비유해서 다음 그림과 같이 PoP2와 PoP3 사이 초록색 파장은 해당 고객 전용으로 사용되어야 합니다.

PoP2에서는 고객의 데이터를 받아서 WDM 파장으로 변환한 뒤 광 케이블에 합쳐 넣고 PoP3에서는 해당 파장을 빼내어 고객에게 전달해 주어야 합니다. 이때 파장을 넣고 빼는 장치가 **OADM**^{Optical Add-Drop Multiplexer}입니다.

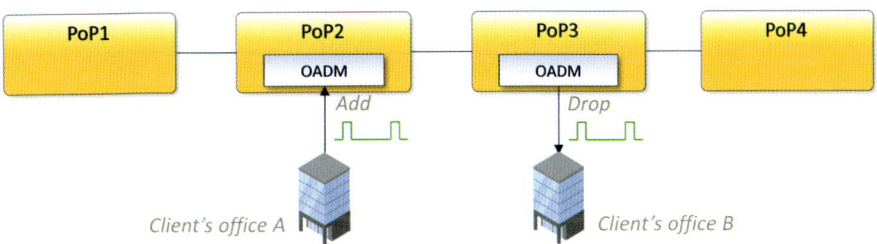

▶ 그림 4.5 OADM 예시

OADM은 물리적인 장비입니다. 즉, 어떤 변경 작업이 필요하면 사람이 직접 가서 물리적인 변경 작업을 해야 합니다. 앞서 그림에서 누군가는 PoP2와 PoP3에 가서 작업을 해야 한다는 것이죠. 이러한 작업은 번거로울 뿐 아니라 많은 운영 비용이 발생합니다. 그래서 **ROADM**^{Reconfigurable Optical Add-Drop Multiplexer}이라는 장치가 개발되었습니다(보통 로뎀 rode:m이라고 발음합니다.). ROADM은 원격 커맨드로 손쉽게 파장을 더하거나 뺄 수 있는 장치입니다.

2 재생기·증폭기

앞서 살펴본 표 4.2와 같이 DWDM은 C-밴드 대역을 이용합니다. 왜 하필 C-밴드일까요? 광 코어에서 감쇠가 가장 적은 대역이기 때문입니다. 더불어 바로 다음 절에서 살펴볼 EDFA라는 장치가 가장 효과적으로 광 신호를 증폭할 수 있는 대역이기도 합니다.

'4.1 해저 케이블'에서 알아본 바와 같이 장거리 통신을 위해서는 일정 간격으로 약해진 광 신호를 다시 복원해주는 장치가 필요합니다. 이 장치를 해저 케이블 시스템에서는 리피터라고 합니다. 좀 더 구체적으로 리피터는 재생기와 증폭기로 나눌 수 있습니다.

> **Tip.** '리피터'라는 단어는 넓은 의미로 해석할 수 있기 때문에 문헌에 따라 재생기로 해석하기도 하고 재생기 + 증폭기로 해석하기도 합니다. 이 책에서는 후자의 해석을 따릅니다.

재생기

장거리 전송 시스템에서 재생기는 다음과 같은 등급이 있습니다.

- **R(Re-amplification)**: 입력된 신호를 증폭합니다. 쉽게 말해 확성기 같은 역할을 하며 노이즈 또한 같이 증폭합니다.
- **2R(+ Re-shaping)**: R 기능과 함께 입력된 신호를 다시 다듬는 과정을 수행합니다. 즉, 노이즈를 제거하는 과정을 수행합니다.
- **3R(+ Re-timing)**: 클락을 복구하여 신호를 동기화하는 과정까지 거칩니다(이에 관해서는 '6.3 클락 동기화'에서 자세히 살펴볼 예정입니다.).

WDM 시스템에서 재생기는 일반적으로 3R 재생기, 그중에서도 **OEO 컨버터**Converter를 말합니다. OEO 컨버터는 광 신호를 전기 신호로 바꾸고 다시 광 신호로 바꾸는 과정을 거치기 때문에 **전기 재생기**Electronic regenerator라고도 합니다. 쉽게 비유하자면 OEO 컨버터는 전송 구간 중간 중간에 L2 스위치를 놓는 것과 유사합니다. 광 신호를 받은 뒤 내부에서 전기 신호로 바꾸고, 다시 광 신호로 바꾸면서 신호를 복원하는 과정이 L2 스위치와 유사하기 때문입니다.

헌데 장거리 시스템에서 전기 재생기는 2가지 치명적인 단점이 있습니다. 첫째, OEO 과정을 거쳐야 하므로 장치가 크고 복잡합니다. 둘째, WDM에 대응하기 위해서는 각 채널별로 재생기가 별도로 필요합니다. 쉽게 비유하자면 약 100 km 구간별로 WDM 파장을 디먹스한 뒤 L2 스위치를 거치고 다시 먹스하는 과정을 거쳐야 합니다. 100개 채널을 사용한다면 100개 채널을 모두 디먹스한 뒤 100개의 스위치를 거치고 나서 다시 먹스하여 하나의 광 케이블로 내보내는 매우 복잡한 과정을 거쳐야 합니다.

광 증폭기

이와 같은 단점을 극복하기 위해서 **광 증폭기**^{Optical amplifier}가 개발되었습니다. 광 증폭기는 엄밀히 말하자면 3R 기능을 가진 재생기가 아니라 R 기능만 가진 증폭기입니다. 그러나 단순하게 신호를 증폭시키는 것은 아니고 노이즈 증폭을 최소화하도록 설계되어 있습니다. 또한 OEO와 달리 전기 신호 변환 과정이 필요 없어서 전송 구간을 매우 단순화시켜 줍니다.

단, 광 증폭기들은 양자역학 원리를 이용하기 때문에 동작 방식을 이해하기 어려운 편입니다. 간단하게 설명하자면 어두운 곳에 플래시를 하나 키고 똑같은 영역에 플래시를 하나 더 비추어 2배로 밝아 보이는 원리를 이용합니다. 조금 정확히 설명하자면 지나가는 1550 nm 광 신호에 1550 nm 빛(정확히는 광자)을 더 넣어서 광 신호를 증폭시킵니다.

광 증폭기는 전기 재생기에 비해 회로가 단순합니다. 더욱이 타깃 파장뿐 아니라 이웃한 파장도 같이 증폭시킬 수 있습니다. 즉, 하나의 광 증폭기로 타깃 대역 외에 인근 대역의 파장(혹은 전체 대역 파장)까지도 같이 증폭할 수 있는 것입니다. WDM 시스템이 매우 반길 만한 특징입니다.

EDFA

광 증폭기에 여러 종류가 있지만, 대표적인 광 증폭기는 **EDFA**^{Erbium-Doped Fiber Amplifier}입니다. EDFA는 원자 번호 68번 원소이며, 원소 기호 Er로 표기되는 어븀^{Erbium}이라는 물질의 특성을 이용한 증폭기입니다. 어븀이라는 물질에 980 nm 혹은 1480 nm 파장의 전자기파 에너지(쉽게 말해, 레이저)를 쏘면 펌핑^{Pumping}, 즉 어븀의 전자가 들뜬 상태^{Excited state}가 됩니다. 이는 에너지를 가지고 있는 상태라는 뜻입니다. 들뜬 상태가 된 어븀은 전자기파를 방출함으로써 다시 안정화^{Ground state}되려고 합니다. 이렇게 들뜬 상태에 있는 어븀 분자 근처에 1550 nm 파장이 지나가면 외부 자극으로 빛이 발생하는 현상, 즉 유도 방출^{Stimulated emission}이 일어나면서 1550 nm 대역의 광 신호에 에너지가 더해집니다. 증폭이 이뤄지는 것이죠. 이와 같은 현상을 ASE^{Amplified Spontaneous Emission}라고 합니다.

결론적으로 어븀은 980 nm 파장을 받으면 1550 nm 파장에 에너지(광자)를 더해주는 특성을 가지고 있습니다. 이 특성을 이용하여 만든 증폭기가 EDFA입니다.

실 망에서 EDFA 증폭 과정은 다음과 같습니다. 광 코어에 어븀을 섞어(doped) 만든 뒤 그 광 코어에 980 nm(혹은 1480 nm) 파장을 넣습니다. 이후 1550 nm 인근 광 신호(즉,

전자기파)가 지나가면, ASE 반응이 일어나면서 광 신호가 증폭됩니다. EDFA의 본딧말이 Erbium-Doped(어븀을 섞어 만든) Fiber Amplifier(광 증폭기)인 이유를 이제 납득할 수 있을 것입니다.

EDFA 동작 방식을 읽고 나면 '그렇게 복잡한 과정을 거치지 않고 그냥 1550 nm 파장이 지나 갈 때 동일 파장의 레이저를 쏴주면 증폭되지 않을까?'라는 의문이 들 수 있습니다. 이는 바로 앞서 비유했던 어두운 곳에서 2개의 플래시를 켜는 것과 동일합니다.

전쟁 영화를 즐겨 본다면 안개가 심한 날 군함에서 커다란 플래시를 껐다 켜며 조명 신호를 보내는 장면을 본 적 있을 것입니다. 여러분이 조명 신호를 해석하는 군인이라고 가정해보겠습니다. 반대편 배에서 커다란 플래시를 껐다 켰다 하면서 신호를 보내기 시작했습니다. 플래시 하나를 더 켰는데, 두 번째 플래시는 그저 켜 두기만 했다면 여러분이 신호를 해석하는 데 도움이 될까요? 당연히 2개의 플래시를 동시에 같이 껐다 켰다를 반복해야 비로소 신호가 증폭될 것입니다. 마찬가지로 광 케이블을 지나가는 1550 m 파장의 빛에 1550 m 빛을 더해봐야 신호를 해석해야 하는 입장에서는 아무런 의미가 없습니다. 신호에 관련된 빛들'만' 각 타이밍에 맞춰 증폭시켜야 비로소 의미가 있게 됩니다.

정리하자면 전체 빛의 양(즉, 광량)을 증폭시키는 건 의미가 없으며 통신에 사용되는 빛(광자)들만 타이밍에 맞게 증폭해야 합니다.

광 증폭기 포지션

EDFA는 엄밀히 말해 순수 증폭기이기 때문에 노이즈를 최소화하도록 설치하는 것이 중요합니다. 이때 큰 영향을 미치는 것이 바로 설치 위치입니다. 설치 위치에 따라 신호 및 노이즈 증폭량이 달라집니다.

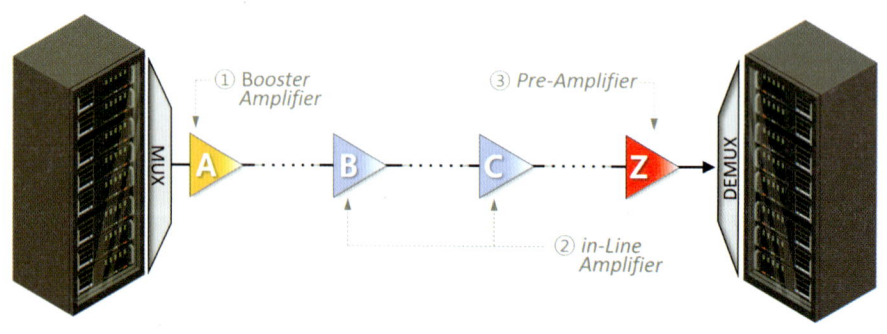

▶ 그림 4.6 광 증폭기 포지션들

먼저 SNR과 NF라는 용어를 이해해야 합니다.

- **SNR(S/R)**^{Signal to Noise Ratio} : 신호에 얼마나 많은 노이즈가 있는지 수치화한 것
- **NF**^{Noise Figure} : 광 증폭기와 같은 장치를 지나가면서 늘어난 노이즈 양을 수치화한 것

광 신호가 나오자마자 바로 신호를 증폭시키는 증폭기를 ① **Booster Amplifier(BA)**라고 합니다. 이때 광 신호는 충분히 강력하고, 노이즈가 거의 없는 상태이기 때문에 신호 증폭률과 NF 모두 낮은 특성을 보입니다. 반면 수신 장비 직전에 증폭기를 두는 것은 ③ **Pre-Amplifier(PA)**라고 하는데 이때 증폭량은 크지만 NF 또한 높은 특성을 보입니다. B나 C처럼 구간 중간에 증폭기를 두는 것을 ② **in-Line Amplifier(LA)**라고 합니다. 해저 케이블 시스템에서 해저 구간에 설치되는 경우입니다. 증폭기를 어느 위치에 두느냐에 따라 천차만별이겠으나 일반적으로 신호 증폭량과 NF 모두 Booster Amplifier(BA)와 Pre-Amplifier(PA)의 중간값 정도를 보이는 경향이 있습니다.

기타 광 증폭기

EDFA와 유사한 광 증폭기로 **EDWA**^{Erbium Doped Waveguide Amplifier}, **TDFA**^{Thulium Doped Fiber Amplifier} 그리고 **PDFFA**^{Praseodymium-Doped Fluoride Fiber Amplifier} 등이 있습니다. 이들은 설계적인 측면에서 효율성을 높이거나 어븀 대신 다른 물질을 이용하여 1550 nm뿐 아니라 1300 nm 대역까지도 증폭 가능하도록 설계된 증폭기들입니다. 세부 설계는 조금씩 다를지라도 모두 기본 원리는 EDFA와 유사합니다.

> **NOTE   전기가 필요 없는 광 증폭기, ROPA의 원리**
>
> EDFA 내부에는 980 nm(혹은 1480 nm) 파장을 만들어 내는 반도체, 즉 광원이 들어가 있기 때문에 전기를 필요로 합니다. 만일 980 nm (혹은 1480 nm) 대역을 가진 빛(정확히는 전자기파)를 광 케이블로 전송해준다면 EDFA에 전기가 필요 없지 않을까요? 그렇다면 '4.1 해저 케이블'에서 리피터를 위한 전기선이 필요 없어지는 게 아닐까요? 이러한 원리로 전기를 이용하지 않는 리피터가 '언리피티드 케이블 시스템'에서 간단히 언급했던 ROPA^{Remote Optically Pumped Amplifier}라는 광 증폭기입니다.
>
> ROPA를 이용하면 해저 케이블에 전기를 보내는 것이 아니라 980 nm(혹은 1480 nm)

대역의 광 신호를 보냅니다. 해저 케이블 중간에 위치한 ROPA는 980 nm(혹은 1480 nm) 대역 광 신호를 받아서 1550 nm 인근 광 신호를 증폭시키게 됩니다.

ROPA가 사용할 빛을 광 신호 송신 측에서 보내 주는 것을 순방향 펌핑Forward pumping이라고 하고, 반대로 수신 측에서 보내 주는 것을 역방향 펌핑Backward pumping이라고 합니다. 이때 펌핑 파장 전송 가능 거리에 한계가 있을 수밖에 없으며 펌핑 파장을 전달할 별도 광 코어(WDM의 경우 별도 채널)가 필요합니다. 때문에 ROPA는 수백 km 정도로 비교적 짧은 거리에 한해 사용하는 것이 일반적입니다.

참고로 어븀은 1480 nm보다는 980 nm에서 더 많은 1550 nm를 생산합니다. 그러나 광 케이블을 통해 980 nm를 전송하면 전송 과정에서 손실이 크기 때문에 더 멀리 전송이 가능한 1480 nm 대역을 주로 이용합니다.

라만 증폭기

라만 증폭기 Raman Amplifier는 EDFA 계열과는 다른 원리로 동작합니다. 라만 증폭기 또한 EDFA만큼 증폭 과정이 복잡합니다. 감쇠를 다룰 때 살펴본 산란이 자연 세계에서 일어날 때 대부분의 산란은 받은 빛(전자기파)과 동일한 파장이 나옵니다. 그러나 아주 낮은 확률로 다른 파장이 나오는 경우가 있습니다. 이를 테면 물에 아주 강한 파란색 레이저를 쏜 뒤 산란된 빛을 살펴보면 대부분 파란색 빛입니다. 그러나 천만 분의 일 이하의 확률이라서 사람 눈으로 볼 수는 없으나 초록색과 같은 다른 색이 보이는 현상이 발견됩니다.

이 현상을 발견한 과학자의 이름을 따라 **라만 현상**Raman effect또는 **라만 산란**Raman scattering이라고 합니다. 양자 역학에서는 라만 현상을 이렇게 설명합니다. 전자는 원자 주위에 마치 토성의 고리처럼 일정 거리를 유지하고 있으며 전자 개수가 많으면 이 고리가 여러 개가 있을 수 있습니다. 에너지를 받아 들뜬 전자는 전자기파를 방출하면서 원래 자리로 되돌아오려고 합니다. 이때 원래대로라면 자신이 있던 고리로 와야 하는데 이따금씩 다른 고리로 가는 경우가 발생하고, 이로 인해 받은 파장과 다른 전자기파 파장이 발산Radiation된다고 보고 있습니다.

좀 더 이해하기 쉽게 현실 세계에 비유하자면 2층에서 위로 던진 공이 원래대로라면 2층으로 되돌아와야 하는데 3층 또는 1층으로 가버리는 것입니다. 그리고 이때 차이 나는 에너지만큼 전자기파 파장이 달라진다는 것이죠.

라만 증폭기는 이러한 라만 현상을 이용한 광 증폭기로, 라만 현상을 극대화하기 위하여 보통 500 mW 이상(약 27 dBm)의 매우 강력한 1450 nm 파장을 광 코어로 보냅니다. 이때 광 코어에 1550 nm 광 신호가 지나가면 (EDFA와 동일하게) 외부 자극으로 인해 빛이 발생하는 현상, 즉 유도 방출이 일어나며 광증폭이 이루어집니다. 다시 말해 ASE가 발생합니다.

이와 같이 의도적으로 라만 현상을 일으키는 것을 SRS$^{Stimulated\ Raman\ Scattering}$라고 합니다. SRS를 일으키기 위해 일반 실리카 광 코어를 사용해도 되지만, 광 코어에 저마늄^{Germanium} 또는 인^{Phosphorus} 등을 섞으면 라만 효과를 더 강하게 일으킬 수 있습니다.

> **Tip.** 라만 증폭기에서 넣는 빛(전자기파)은 증폭을 하려는 파장보다 살짝 낮습니다. 예를 들어, 1550 nm 파장을 증폭시키고자 한다면 1450 nm의 파장을 넣습니다.

라만 증폭기는 EDFA에 비해 몇 가지 강점이 있습니다. 첫째, 방향성이 없습니다. EDFA는 광 신호가 진행하는 방향으로만 증폭이 가능한 반면 라만 증폭기는 광 신호가 진행하는 역방향으로도 증폭이 가능합니다. 둘째, 특수한 광 코어가 아닌 일반 광 코어 안에서도 증폭이 가능합니다. 셋째, 증폭 가능한 대역이 훨씬 넓습니다. 라만 증폭기 내부 레이저가 만들어 내는 파장에 따라 다르지만 이론적으로는 모든 전자기파 대역을 증폭할 수 있습니다.

실 망에서는 EDFA와 라만 증폭기를 같이 쓰는 경우가 많습니다. EDFA는 광 신호가 진행하는 순방향에서 증폭하고, 라만 증폭기는 역방향으로 증폭시키는 것이죠. 예를 들어, 그림 4.6에서 B → C로 가는 순방향은 EDFA가 증폭하고, 반대로 C → B로 가는 역방향은 라만 증폭기를 이용합니다. 이렇게 하면 B에서 넘어갈 때 EDFA에 의해 한 번 증폭되고, 또 C에 가까워질수록 다시 라만 증폭기에 의해 증폭되는 효과를 얻을 수 있습니다.

3 OTN

WDM의 아쉬운 점

통신사들^{Carriers}은 하나의 단일 파장만 이용 가능했던 기존 통신 기술, SONET/SDH 대신 WDM을 사용하면서 엄청난 B/W 향상 효과를 누릴 수 있었습니다. 그러나 수십 여년에 걸쳐 발전해 온 SONET/SDH의 안정성과 호환성에 비하면 초기 WDM은 아쉬운 점이 많았습니다. 대표적인 제약 사항들을 살펴보면 다음과 같습니다.

- **멀티 벤더 미지원**: 초기 WDM 시스템은 다른 WDM 벤더 장비와 호환되지 않았습니다. 즉, 회사 A의 WDM 시스템은 같은 회사 WDM 시스템끼리만 통신이 가능했습니다(벤더 락인Vendor lock-in 발생). 더불어 장애 감지와 장애 발생 원인 분석 또한 전적으로 WDM 벤더의 독자적인 프로토콜에 의존해야 했습니다. WDM 벤더의 기술력 차이에 따라 시스템 안정성이 크게 흔들릴 수 있는 것입니다. 더불어 벤더 락인은 (경쟁 불가에 따른) 가격 상승, 전체 장비들의 잠재 이슈(예. 버그)로 인한 대형 장애, 고객 대응 저하 등의 리스크를 불러오게 됩니다. 성숙한 WDM 시장 조성을 위해 벤더 간 상호 호환성Interoperability 이슈가 반드시 해결되어야 했습니다.

- **포인트 투 포인트 통신**: 초기 WDM 시스템은 다음 그림의 (a) 포인트 투 포인트 통신만 지원 가능했습니다. 물론 현재는 (b) 링Ring 형태를 거쳐 (c) 메시Mesh 형태까지 지원합니다.

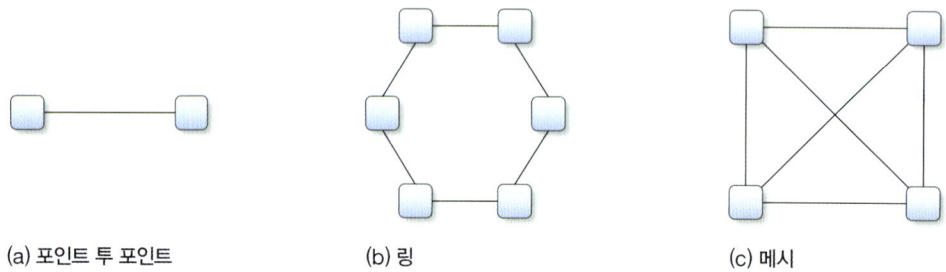

(a) 포인트 투 포인트 (b) 링 (c) 메시

▶ 그림 4.7 WDM 시스템 통신 형태

- **손실 복구**: WDM 장비는 OSI 7계층 기준으로 보았을 때 L1 장비로, 전송 구간에서 발생한 손실에 대해 책임지지 않습니다. 아니 좀 더 정확히 말하면 책임질 수 있는 방법이 없습니다. 만일 TCP 패킷 손실이 있었다면 TCP 프로토콜이 알아서 재전송Retransmission해야 합니다. 그러나 WDM 장비는 '장거리 전송 용도'로 사용되기 때문에 패킷 하나의 손실로 인한 재전송이 통신 효율성에 큰 영향을 미칩니다. 따라서 패킷 손실 복구Loss recovery 메커니즘이 필요했습니다.

OTN의 등장

앞서 열거한 WDM의 단점을 극복하기 위해 나온 프로토콜이 ITU-T G.709 표준, **OTN**Optical Transport Networking입니다. OTN은 기존 세대 전송용 프로토콜, 즉 SONET/SDH의 여러 아이디어를 채택하여 WDM을 더욱 강력하게 만들었습니다.

세계 각국의 운전 규범(예. 도로 방향, 신호 체계)은 매우 다양합니다. 예를 들어, 세계 모든 국가로 연결되는 도로가 있다고 가정해보겠습니다. 각국의 운전자들이 같은 도로 위에서 동시에 운전한다면 여러 사고가 발생할 것입니다. 그런데 도로에 진입하기 전에 모든 차를 카 캐리어에 싣고 다니도록 하면 어떨까요? 비록 차를 캐리어에 싣고 내리는 시간이 소요되겠지만 카 캐리어 전용 도로, 신호 체계, 추적 장치 및 사고 대응 방안을 만든다면 세계 각국의 개별 운전자들이 운전하는 것보다 효율적이고 안정적인 이동이 가능할 것입니다.

이러한 개념이 네트워크 세계에도 빈번하게 적용됩니다. OTN에서는 이 과정을 **디지털 래퍼**Digital Wrapper, DW라고 하며 IP 엔지니어에게는 **캡슐화**Encapsulation라는 개념으로 널리 알려져 있습니다.

OPU

OTN은 다양한 종류의 상위 프로토콜을 WDM 시스템으로 전송할 수 있도록 개발된 래퍼Wrapper 표준입니다. OTN은 상위 프로토콜(예. 이더넷, Fiber Channel)에 상관없이 전체 클라이언트 시그널Signal(데이터)을 OPUOptical Payload Unit 페이로드Payload에 넣습니다. 이후 몇 가지 헤더를 붙여서 **OTU**Optical Transport Unit라는 프레임을 만듭니다.

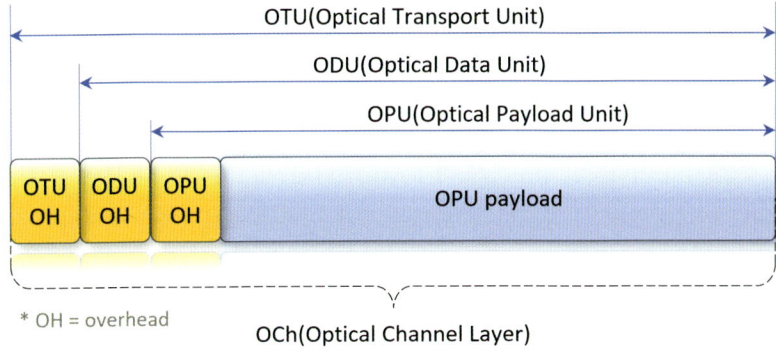

▶ 그림 4.8 OCh 구조

예리한 독자라면 'WDM은 파장을 먹스, 디먹스하는 장비인데 왜 이렇게 복잡한 디지털 래퍼 과정을 거치지?'라고 의문을 표할 수도 있습니다. WDM은 순수하게 L1 장비인데, 그저 기존 gray 파장을 WDM용 파장으로 바꾸고 광 신호를 '그대로' 반대편까지 전송하면 끝나는 일 아닐까요? 맞습니다. 데이터 센터와 같은 하나의 건물 내에서 수백 미터 이내로 통신하는 경우라면 광 신호를 그대로 전달해도 될 것입니다. 그러나 광 신호를 이처럼 '그대로' 전달할 경우에는 2가지 큰 한계점이 생깁니다.

첫째, 포인트 투 포인트 통신만 가능합니다. WDM 네트워크가 링이나 메시 구조로 발전하기 위해서는 전송하는 광 신호의 도착지를 구분할 수 있어야 합니다. 그러나 광 신호를 그대로 복사해서 전달하면 해당 광 신호에 목적지 정보를 담을 수 없기 때문에 링, 메시 토폴로지 구성이 불가합니다.

둘째, WDM은 장거리 통신용으로 많이 이용합니다. 특히 전 세계를 연결하는 해저 케이블의 경우 시시각각 다양한 종류의 손실을 겪게 됩니다. 광 신호를 그대로 전달한다면 언제 어디서 어떤 손실이 발생했는지 알 수 없습니다.

4 OAM

통신사와 회선 계약을 할 때 통신사는 고객과 SLA^{Service-Level Agreement}를 맺게 됩니다. SLA를 통해 장애 레벨과 각 장애 등급에 따른 배상 방안을 정합니다. 예를 들어, 통신 사업자가 보상 기준을 99.999%(Five nines) 이용 가능 시간^{Uptime/Availability}으로 정했다면 장애 시간^{Downtime/Unavailability}이 5분 15초를 넘었을 때 SLA에 따른 보상안을 제공합니다.

해저 케이블의 경우 여러 사업자가 협업하는 경우가 많습니다. 그러나 광 신호 '그대로' 복사하여 전달하면 어느 사업자 구간에서 문제가 생겼는지 알 수가 없습니다. 예를 들어, 지구 반대편까지 가는 데 총 10개의 통신사를 거쳐야 했다면 이 중 누가 문제를 일으켰는지 알 수 없습니다. 따라서 배상 책임도 모호해질 수밖에 없습니다.

WDM으로 전달할 트래픽이 이더넷일 경우 단순하게 접근한다면 이더넷 CRC를 보면 해결되는 게 아닐까요? 허나 이더넷 CRC를 체크할 수 있다는 것은 이더넷 프로토콜을 이해하고 프로세싱해야 한다는 의미입니다. 같은 맥락에서 SONET의 손실을 확인하려면 경로상의 모든 장비가 SONET을 이해해야 합니다. 즉, 상위 프로토콜의 오류 검출 메커니즘을 이용하려면 WDM 장비가 다양한 상위 프로토콜을 이해해야 합니다.

그러나 디지털 래퍼를 사용하면, 즉 WDM 장비들을 위한 자체적인 체크섬^{Checksum} 정보를 만들고 이용한다면 이 이슈를 훨씬 쉽게 해결할 수 있습니다. 구체적으로 WDM 장비들을 위한 별도의 프레임 오류 검출^{Frame error detection} 기술을 만들고 이용하면 중간 경로 장비들이 상위 프로토콜을 이해하지 못해도 상관없습니다.

이러한 배경으로 OTN은 장애 감지를 위한 OAM^{Operations, Administration, Management}을 잘 설계해 두었습니다. SONET/SDH의 OAM 기능을 많이 채택하였는데 특히 TCM 기능을 강화하고 FEC 기술을 채택하였습니다.

TCM

OTN의 **TCM**^{Tandem Connection Monitoring}은 IEEE 802.1ag('7.2 이더넷의 진화'의 '7. 이더넷

OAM' 참조)의 MD, MA, MEP에서 MD 레벨과 매우 유사합니다. OTN은 총 6개의 TCM 필드를 지원하며 각 필드를 활용하여 모니터링 구간을 세분화할 수 있습니다.

TCM 필드 안에는 여러 서브 필드^{Subfield}가 존재하는데 그중 일부는 다음과 같습니다.

- TTI$^{Trail\ Trace\ Identifier}$
- BIP-8$^{Bit\ Interleaved\ Parity\ 8}$
- BDI$^{Backward\ Defect\ Indication}$
- BEI/BIAE$^{Backward\ Error\ Indication\ and\ Backward\ Incoming\ Alignment\ Error}$
- TCM Monitoring Status(STAT)[4]

TCM은 SONET/SDH에서도 있던 기술이지만, 사용 가능한 헤더가 N1과 N2밖에 없었습니다. 그러나 OTN에서는 이 헤더를 6개로 확장하여 다양한 경로에서 보다 세밀하게 에러를 추적할 수 있도록 강화되었습니다.

FEC

이더넷의 CRC 같은 단순 체크섬은 전송 중에 에러 발생 여부만 알려 줄 뿐 에러 복구는 불가합니다. **FEC**$^{Forward\ Error\ Correction}$(ECC$^{Error\ Correcting\ Code}$)는 한발 더 나아가 스스로 에러를 복구하는 능력이 있습니다. FEC를 사용하면 전송 안정성을 높일 수 있을 뿐 아니라 전송 거리도 늘릴 수 있습니다. 단, FEC를 사용하면 OPU 프레임에 별도 공간 및 추가 프로세싱 비용이 소모된다는 단점이 있습니다. 그러나 WDM 세계에서는 단점보다 장점이 큰 기술입니다.

FEC는 FEC 코드, 즉 공식에 따라 에러를 복구하는 수학적인 과정 및 효율 그리고 필요한 리소스가 달라집니다. ITU-T에서 제시한 대표적인 OTN FEC 코드들은 다음과 같습니다.

- **ITU G.709 Annex A**: GFEC$^{Generic\ FEC}$ 또는 RS$^{Reed-Solomon}$(255,239) 혹은 G709 FEC라고 불립니다.
- **ITU G.975.1 Clause i.4 Super FEC**: EFEC$^{Enhanced\ FEC}$라고 불립니다.
- **ITU G.975.1 Clause i.7 Super FEC**: UFEC$^{Ultra\ FEC}$라고 불립니다.

엔드 투 엔드$^{End-to-end}$ 장비 간에는 반드시 동일한 FEC 코드를 사용해야 하며 실제 사용할 FEC 코드는 WDM 장비 운영 조직에서 선택합니다. OTN 표준으로 지정한 이 3가지 FEC 코

---

[4] TU-T G.709/Y.1331, 15.8.2.2 ODU tandem connection monitoring (TCM) overhead 섹션 참조

드 외에도 수많은 FEC 코드들이 있으며 WDM 장비에 따라 비표준 FEC 코드를 지원할 수도 있습니다.

> **NOTE** **SNR**
>
> 신호에 얼마나 많은 노이즈가 있는지 수치화한 것을 SNR(S/R)$^{\text{Signal to Noise Ratio}}$이라고 합니다. 일반적으로 SNR이 10 dB보다 낮으면 사실상 통신이 불가능하다고 보고, 10-15 dB면 통신이 겨우 되긴 하지만 품질이 매우 좋지 않은 환경이라고 봅니다. 적어도 15 dB 이상은 되어야 최소한의 통신이 가능하다고 보며 25 dB 이상이면 비교적 좋은 환경이라고 봅니다. 즉, SNR 값이 낮을수록 품질이 불량하고 반대로 높을수록 통신 품질이 좋다는 것을 의미합니다.
>
> SNR 값을 전기 볼트로 설명한다면 SNR 10 dB일 경우 100볼트의 신호 중에 약 20볼트가 노이즈라는 의미입니다. 신호 중에 20%가량이나 노이즈가 섞여 있으니 매우 불량한 상태라고 볼 수 있습니다. 만일 100볼트 중에 노이즈가 10볼트라면 이때 SNR은 20 dB가 됩니다.

FEC를 쓰면 구체적으로 얼마나 좋아지는 걸까요? 다음 그림은 ITU G.709 RS-255의 성능을 보여 주는 그래프 중 하나입니다.

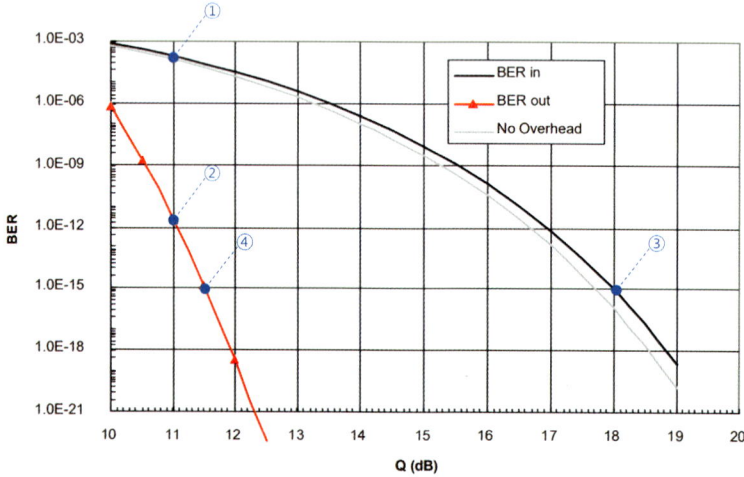

▶ 그림 4.9 R-S 255 코드 BER(출처: itu.int/ITU-T/2005-2008/com15/otn/OTNtutorial.pdf)

그림에서 X축으로는 SNR 값이 dB로 표기되고 있고 Y축으로는 BER$^{Bit\ Error\ Rate}$이 표기되어 있습니다. 아무런 FEC를 적용하지 않았을 때 값은 **BER in**, 즉 검은색 선을 통해서 확인할 수 있고, FEC를 적용하였을 때는 **BER out**, 즉 빨간색 선을 통해서 확인할 수 있습니다.

먼저 Y축을 기준으로 살펴보겠습니다. SNR 11 dB 환경에서 FEC를 적용하지 않았을 때 BER은 약 ① 1.0E-04 정도입니다. ① 1.0E-04는 10^{-4}로 표기할 수도 있는데, 쉽게 말해 10000 bit를 전송했을 때 하나의 에러가 발생할 수 있다는 의미입니다. 동일한 SNR 11 dB 환경에서 FEC를 적용하면 BER이 약 ② 1.0E-12까지 낮아집니다. 이를 풀어 쓰면 1조 bit(= 1 Tera bit)를 전송했을 때 에러 하나가 발생할 수 있다는 의미입니다. 즉, 동일한 SNR 환경에서 FEC를 적용했을 때 비교할 수 없을 정도로 BER이 낮아진다는 것을 알 수 있습니다.

이번에는 X축을 기준으로 살펴보겠습니다. 18 dB에서 FEC를 적용하지 않았을 때 BER은 ③ 1.0E-15입니다. 쉽게 말해서 1 Peta bit를 전송했을 때 하나의 에러가 날 수 있다는 의미입니다. 같은 1.0E-15의 BER 성능을 내기 위해서 FEC를 적용하면 대략 ④ 11.8 dB면 됩니다. FEC를 적용하지 않았을 때보다 6.2 dB나 낮은 수치며 SNR이 11.8 dB라는 통신 환경이 매우 좋지 못한 환경에서 무려 1.0E-15의 BER 안정성을 제공할 수 있습니다.

이처럼 FEC를 통해 향상된 안정성, 즉 18 dB - 11.8 dB = 6.2 dB를 FEC 코딩 게인$^{Coding\ gain}$이라고 합니다.

Pre-FEC BER 모니터링

FEC 기술을 조금 더 적극적으로 사용하면 회선이 페일오버될 때 '단 하나의 손실도' 발생하지 않을 수 있습니다. 비결은 바로 **pre-FEC BER**$^{Bit\ Error\ Rate}$이라는 모니터링 기술에 있습니다. pre-FEC BER은 복구 가능한 에러 수치를 실시간으로 모니터링하다가 에러 수치가 급격히 증가하는 것이 보이면 복구 가능한 에러 수치를 넘기 전에 미리 회선을 페일오버시키는 기술입니다.

예를 들어, FEC를 통해 복구된 패킷의 개수가 1초에 1개 내외로 발생하고 있었다고 가정해보 겠습니다. 헌데 어느 시점에 FEC를 통해 복구되는 패킷의 개수가 1개, 2개… 8개와 같이 순식간에 증가하는 것이 보이면 회선에 심각한 이상이 있다고 판단합니다. 그리고 현상이 더 심해지기 전에 미리 회선을 페일오버합니다.

회선에 에러가 발생하였음에도 FEC를 통해 모두 복구되므로 실제 고객에게 전달될 때는 에러가 없습니다. 복구가 불가능할 정도로 상황이 더 심화되기 전에 페일오버되므로 서비스 영향 또한 발생하지 않습니다. 심지어 가위로 회선을 자르더라도 BER은 아주 짧은 순간에 순차적으로 증감하기 때문에 패킷 손실이 전혀 없는 통신 환경을 만들어 줄 수 있습니다.

BiDi Optic

BiDi^{Bidirectional} Optic이라는 조금 특별한 Optic을 소개하면서 WDM에 대한 소개를 마치고자 합니다. 다음 그림에서 (a)는 일반적인 듀플렉스 Optic으로, Tx와 Rx용으로 물리적으로 분리된 광 코어를 사용합니다. 이때 Tx와 Rx는 모두 동일한 파장(예. 1310 nm)을 사용합니다.

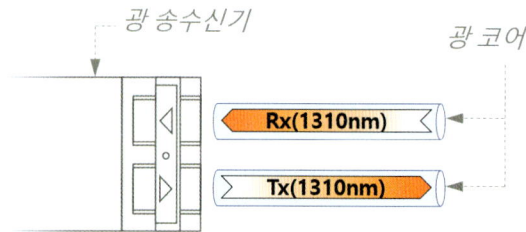

(a) 일반 듀플렉스 Optic

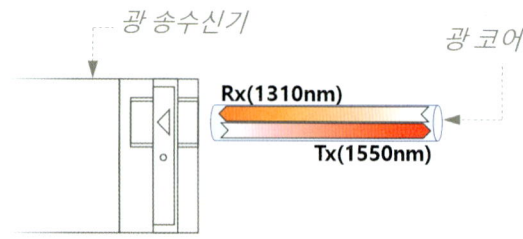

(b) BiDi Optic

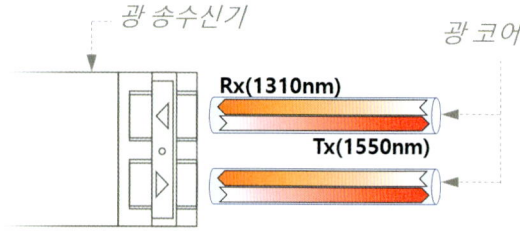

(c) 듀얼 BiDi Optic

▶ 그림 4.10 3가지 Optic

반면 (b)를 보면 광 코어 하나를 사용하지만 Tx용으로 1550 nm 파장을, Rx용으로 1310 nm파장을 사용합니다. 즉, WDM처럼 2개의 파장을 사용하여 하나의 광 코어 안에서 양방향 통신을 합니다. 광 코어 설치가 용이하지 않거나 특수한 사유로 광 코어 사용 수를 줄여야 하는 환경에서 유용하게 사용할 수 있습니다.

> **Tip.** EPON도 유사하게 Tx와 Rx용 파장을 달리 하여 하나의 광 코어를 사용합니다.

4.3 코히어런트

WDM의 경우 파장을 여러 개로 나누어 전송률을 높였습니다. 그런데 파장을 나누지 않고도 전송률을 높이는 기술이 있습니다. 바로 **코히어런트**^{Coherent} 기술입니다. WDM이라는 훌륭한 기술도 있는데 왜 코히어런트 기술이 떠오른 것일까요?

2000년 이전 시대 CPU 시장의 핫 이슈는 클락 속도^{Clock rate}였습니다. 그러나 2000년 이후부터는 클락 속도를 더 이상 높이기 어려운 단계, 즉 한계점에 도달하였고 클락 속도를 높이기 보다는 코어 개수를 늘려가는 방향으로 기술이 발전되었습니다.

비슷한 맥락으로 코히어런트 이전의 광 통신은 OOK^{On Off Keying}, 좀 더 정확히는 IMDD^{Intensity Modulation/Direct Detection} 방식으로 통신했습니다. 쉽게 설명하면, 광 신호가 보이면 1, 안 보이면 0으로 해석하는 기술입니다. 지금까진 OOK를 더 빠르게 하는 것에 집중하였지만, 이제는 그 기술적 한계에도 가까워졌습니다. 물론 OOK를 더 빠르게 만들 수 있겠지만, 투자에 비해 속도 발전이 미미해지는 시점에 도래한 것입니다.

코히어런트 기술은 전자기파(빛)에 총 3가지 기술을 엮어서 만드는 기술로, 전자기파의 높낮이^{Amplitude}와 꺾임^{Phase} 그리고 방향^{Polarization}을 조정합니다. 이 3가지 마법의 단어가 코히어런트 기술을 만들어 내기도 하지만 여러분이 이 책을 덮어버리고 싶게 만드는 마법의 힘도 지니고 있죠.

1 ASK

자, 그럼 본격적으로 어떻게 코히어런트 기술이 구현되는지 살펴보겠습니다. 1초에 한 번씩 매우 짧은 '삑!' 소리가 반복되는 카세트 테이프가 있다고 가정해보겠습니다. 두 사람이 칸막이를 사이에 두고 이 카세트 테이프로 서로 통신하려고 합니다. 1초에 한 번씩 소리가 나올 때 볼륨을 완전히 낮춰서 소리가 안 들리면 0으로 해석하고, 소리가 들리면 1로 해석하기로 하였습니다. 이 방식 왠지 익숙하지 않나요? 네 맞습니다. 바로 OOK입니다.

이렇게 전송하다 보니 한 번에 0 아니면 1밖에 전송을 하지 못합니다. 그래서 이번에는 조금 더 발전된 형태로 통신하기로 했습니다. 볼륨을 다르게 해서 한 번의 신호를 여러 의미로 해석하는 것이죠. 예를 들어, 소리가 아예 안 들리면 0, 속삭이는 정도는 1, 대화 정도의 크기면 2, 고함치듯 높으면 3으로 해석하는 것이죠. 만일 볼륨의 크기를 10단계로 나눌 수 있다면 한 번에 10개의 신호를 보낼 수 있게 됩니다.

혹시 '빛'에서 보았던 파동과 파장이 기억나나요? 페이지가 많이 지나서 그림 2.3 파동 예시를 다시 가져왔습니다. ② 파장^{Wavelength}은 ③ 마루^{Peak}가 반복되는 간격을 말합니다. 그리고 진동의 중심에서 ③ 마루까지의 거리를 ① 진폭^{Amplitude}이라고 합니다. 진폭이 크다는 것은 그만큼 파장의 에너지가 크다는 것을 의미합니다.

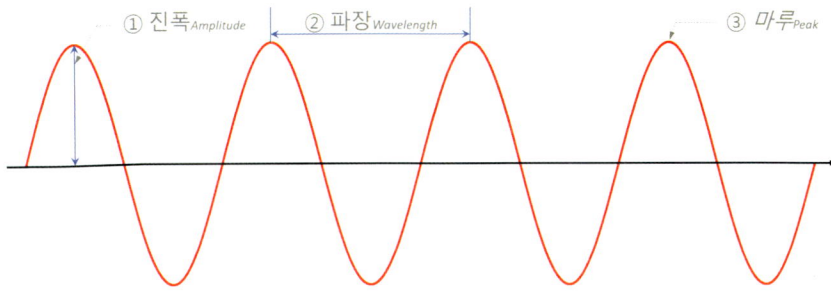

▶ 그림 4.11 파동 예시

ASK$^{Amplitude\ Shift\ Keying}$는 진폭 에너지를 달리하여 한 번에 전송 가능한 데이터양을 늘립니다. 다음 그림에서 진폭이 (거의) 없으면 0으로 해석하고, 진폭이 크면 1로 해석하고 있습니다. 이때 신호를 완전히 0에 가깝도록 만들면 그게 바로 ASK의 일종인 OOK가 됩니다.

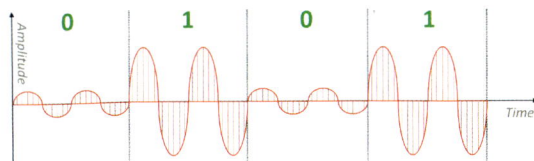

▶ 그림 4.12 2-ASK

반면 다음 그림을 보면 진폭을 4단계로 나눠서 각각의 신호를 달리 해석하고 있습니다. 이해하기 쉽게 전기를 예시로 본다면 1 v가 들어오면 00으로 해석하고, 2 v라면 01, 3 v라면 10, 4 v라면 11로 해석하는 것입니다. 이처럼 진폭을 달리하여 통신량을 늘리는 기술을 ASK라고 합니다.

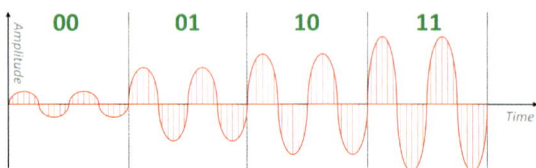

▶ 그림 4.13 ASK(진폭 4단계)

ASK라는 이름 자체는 어려워 보이지만 개념은 의외로 간단합니다. 허나 구현이 매우 까다로운 편입니다. 전송 과정에서 저항이나 감쇠 등으로 인해 신호의 세기가 매우 불안정해질 수 있기 때문입니다. 예를 들어, 보낼 때는 11을 보냈는데 받을 때는 신호가 감쇠하여 10의 값으로 보일 수 있습니다. 따라서 정교한 제어 기술이 필요합니다.

> **NOTE** ASK & AM
>
> ASK와 유사한 기술로 AM$^{Amplitude\ Modulation}$이 있습니다. ASK는 디지털 변조 방식, 즉 이미 디지털화된 신호를 변조하는 기술입니다. 반면 AM은 아날로그 변조 방식, 즉 아날로그 신호를 디지털 신호로 변조하는 기술입니다. 그러나 두 기술 모두 진폭의 세기를 달리 하여 변조하는 기술이기 때문에 엄격히 분리되지 않고 혼용되기도 합니다.

2 PSK

두 번째 기술 PSK$^{phase-shift\ keying}$는 쉽게 말해, '삑!' 소리가 나는 타이밍을 조정하는 방법입니다. 앞서 ASK는 볼륨을 조정하여 전송량을 높였습니다. 마루의 높이, 즉 진폭을 여러 단계로 나눠 신호를 전송하였습니다. 그러나 마루 간격, 즉 파장은 변화가 없었습니다. 반면 PSK는 파장을 변화시킵니다. 다시 말해 마루를 이동시키고 마루가 얼마나 이동한 것인지 측정하여 해석을 달리합니다.

ASK에서 살펴본 카세트 테이프 예시에서 볼륨은 그대로 두고 대신 카세트의 되감기 기능을 이용한다고 가정해보겠습니다. 만일 아무런 변화 없이 1초 만에 '삑!' 소리가 나면 0으로 해석할 것입니다. 그러나 만일 되감기 기능을 이용해서 0.5초 만에 '삑' 소리가 난다면 1로 해석하기로 합니다. 1초라는 시간 안에 '삑' 소리가 단 한 번 난다는 것은 변화가 없습니다. 그러나 '삑!' 소리가 1초라는 시간대^{Timeslot} 중에서 언제 나오는지에 따라 0으로 해석할지 아니면 1로 해석할지가 달라집니다. 만일 1초라는 시간을 10개로 나눌 수 있다면 그만큼 많은 데이터를 보낼 수 있게 됩니다. 예를 들어, 0.1초 만에 '삡!' 소리가 나면 1로, 0.2초 만에 '삡!' 소리가 나면 2로 해석하는 식이죠.

이처럼 마루의 위치를 옮겨서 파장의 모양Phase을 바꾸는 방식이 PSK입니다. 이 모양을 얼마나 많이 바꿀 수 있느냐에 따라 한 번에 전송 가능한 데이터 양이 달라집니다. 다음 그림은 실제 PSK의 동작 방식을 그린 그림입니다. 참고로 통신용으로 사용하는 파장은 대부분 다음 그림과 같이 사인 곡선Sine curve 형태를 띠고 있습니다.

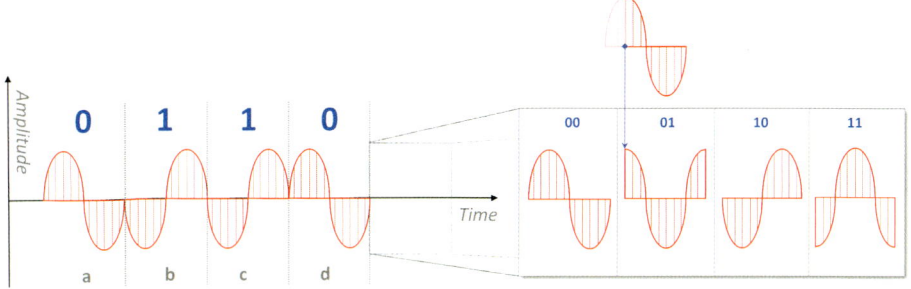

▶ 그림 4.14 2-PSK와 4-PSK

그림 좌측의 a, b, c, d를 먼저 보겠습니다. a가 가장 기본적인 사인 곡선이라면 b는 a를 50% 앞당긴 모습입니다. a, b, c, d 모두 각 슬롯의 크기, 즉 시간은 동일합니다. 헌데 그 안에서 파장의 모양이 다르고, 모양에 따라 데이터를 다르게 해석합니다. 파장이 a 형태라면 0으로 해석하고, b 형태라면 1로 해석하게 됩니다.

이번에는 그림의 우측을 보겠습니다. 00이 가장 기본적인 사인 곡선이라면 01은 00 파장 모양을 약 1/4가량을 앞당긴 모습입니다. 10은 약 2/4, 즉 1/2 정도를 당긴 모습입니다. 마치 테이프의 되감기 기능을 이용하듯이 파장을 당겨서 그 형태를 바꾼 것입니다.

사실 PSK를 설명할 때 1/4과 같이 분모로 설명하는 경우는 거의 없고, 대부분 각도로 표기를 많이 합니다. 사인 곡선을 그릴 때 사인은 총 360도 회전하게 됩니다. 저처럼 수학과 거리가 먼 분들을 위해 사인 곡선이 각도로 표기되는 과정을 그림으로 표현하면 다음과 같습니다.

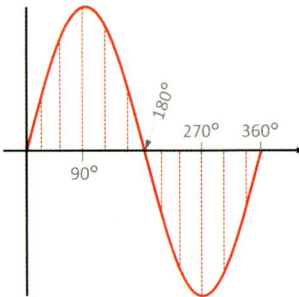

▶ 그림 4.15 사인 곡선

일반적으로 PSK에서는 X축에 표기된 각도를 몇 도만큼 이동했는지 표기합니다. 예를 들어, 그림 4.14의 01은 00을 기준으로 90도 이동한 파장입니다(총 360도에서 1/4 값이 90입니다. 360×1/4=90).

각도를 얼마나 다양하게 바꿀 수 있느냐에 따라 한 번에 전송 가능한 신호의 수도 많아집니다. 비유하자면 테이프의 되감기 기능을 얼마나 세밀하게 다룰 수 있느냐에 따라 한 번에 전송 가능한 데이터 양이 많아집니다.

그림 4.14의 좌측 그림은 한 번에 총 2가지 신호, 즉 0과 1을 전송할 수 있습니다. 반면 우측 그림은 한 번에 총 4가지 신호, 즉 00, 01, 10, 11을 전송할 수 있습니다.

PSK에서는 한 번에 전송 가능한 데이터 양을 PSK 단어 앞에 표기합니다. 그림 4.14의 좌측 그림처럼 한 번에 두 종류의 데이터를 전송할 수 있다면 2-PSK, 우측 그림처럼 네 종류의 데이터를 전송할 수 있다면 4-PSK라고 합니다. 숫자 대신 문자를 붙이기도 합니다. 예를 들어, 2-PSK는 BPSK^{Binary Phase Shift Keying}라는 이름으로, 4-PSK는 QPSK^{Quadrature Phase Shift Keying}라고도 불립니다.

3 QAM = ASK + PSK

QAM^{Quadrature amplitude modulation}은 앞서 소개한 ASK와 PSK를 섞은 기술입니다. 한 번에 광 신호를 전송할 때 진폭도 다양하고, 파장의 모양도 다양하다는 의미입니다.

그림 4.12의 2-ASK와 그림 4.14의 4-PSK를 합치면 다음 그림과 같은 8-QAM을 만들 수 있습니다. 그림을 자세히 보면 좌측의 4개 묶음은 파장의 모양이 다른 4가지 파장을 보여 주고, 우측 4개 묶음은 좌측 4개에 비해 진폭이 커진 것을 볼 수 있습니다.

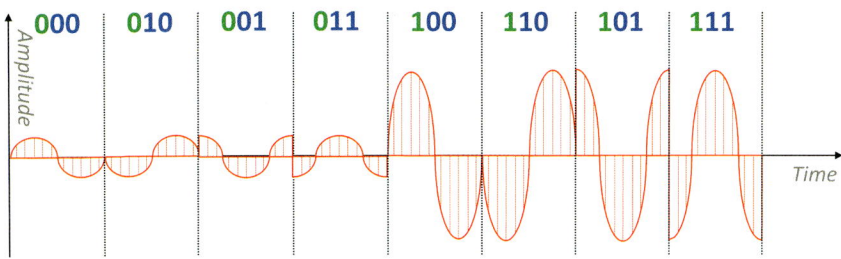

▶ 그림 4.16 8-QAM

그림의 녹색 숫자들은 ASK에서 진폭을 의미합니다. 즉, 진폭이 낮으면 0, 높으면 1로 해석하는 것이죠. 그리고 파란색 글자는 PSK를 말합니다. 2개의 ASK와 4개의 PSK를 조합하면 2(ASK) * 4(PSK) = 8(QAM)을 만들어 냅니다.

그러나 매번 이렇게 그림을 그려서 의사소통하기는 쉽지 않습니다. 따라서 대부분의 QAM 신호 체계를 설명할 때 다음 그림과 같은 **별자리 다이어그램**Constellation diagram이라는 것을 이용합니다. 처음 마주하면 매우 복잡하게 보이지만 사실 읽는 방법을 습득하면 매우 간단한 다이어그램입니다.

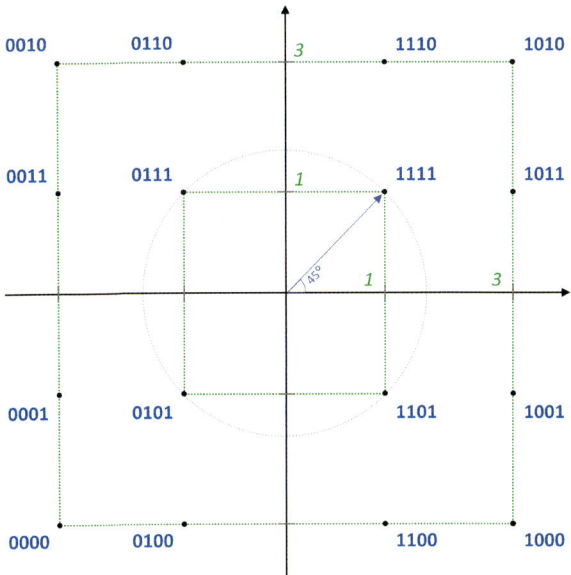

▶ 그림 4.17 QAM 별자리 다이어그램

별자리 다이어그램의 중심부부터 멀어지면 멀어질수록 진폭이 높다는 것을 의미합니다. 그림을 보면 1과 3, 총 2가지의 녹색선으로 표시한 진폭이 있습니다. 그리고 중심부로부터 각도가 PSK에서 사용된 각도를 말합니다. 예를 들어 1 진폭에서 45도 이동한 파장은 1111로 해석합니다.

4 PDM

앞서 '모드 이론'에서 살펴본 바와 같이 모드란 빛의 경로 수를 말하는 것으로, 멀티 모드는 빛의 경로가 여럿 있다는 뜻입니다. 광 코어 내부의 멀티 모드는 아주 다양한 위치로 뻗어 나갑니다. 광 코어를 정면에서 바라보았을 때 위아래로 왔다갔다하는, 다시 말해 수직으로 운동을 하는 전자기파도 있고, 또 좌우로 운동하는 전자기파, 여기에 45도로 운동하는 전자기파까지 아주 많은 전자기파가 뒤섞여 있습니다.

문제는 이처럼 많은 빛이 동시에 출발했음에도 불구하고 도착지에 도달할 때는 DMD가 발생한다는 것입니다. 만일 광 코어에 둘 이상의 모드를 사용하는데 도착지 도달 시간이 달라지지 않는다면 어떨까요? 즉, DMD 현상을 제거하고 각 모드별로 별개의 신호를 보낼 수 있다면? 그렇다면 그만큼 한 번에 많은 신호를 보낼수 있지 않을까요?

이러한 아이디어에 기반한 기술이 바로 **PDM**^{Polarization Division Multiplexing}입니다. PDM에서 사용하는 빛은 멀티 모드는 아닙니다. 멀티 모드는 빛이 이동하는(운동하는) 거리 자체가 다르기 때문에 현재 기술로는 DMD 현상을 제거할 수 없습니다. PDM은 싱글 모드를 이용합니다.

사실 싱글 모드라 하더라도 모두 같은 방향과 속도로 이동할 뿐 실제 내부에는 매우 많은 전자기파가 있습니다. 광 코어를 정면으로 바라보았을 때 좌우와 상하만 있는 게 아니라 각도별로 아주 많은 전자기파가 있다는 의미입니다. 이러한 전자기파 묶음을 **편광**^{Polarization, 偏光}이라고 합니다. 광 코어 내에서 수직으로 이동하는 편광도 있고 수평으로 이동하는 편광도 있습니다. 좀 더 정확히 말하면 편광은 전기장의 진행 방향을 말합니다.

광 코어 내에 수십 개, 어쩌면 수천 개가 될지도 모르는 여러 편광이 존재할 수 있습니다. 현재 기술로 그 모든 편광을 이용할 수는 없습니다. 따라서 현재 기술로 전송할 수 있고 또 받아서 해석할 수 있을 정도로, 딱 필요한 만큼만 보낼 필요가 있습니다. 이때 편광 필터^{Polarization filter}를 사용합니다. 통제가 불가능할 정도로 많은 전자기파를 보내는 게 아니라 편광 필터를 이용해 통제가 가능한 숫자만큼만 편광을 필터링해서 보냅니다.

다음 그림은 단 2개의 편광만 존재하는 전자기파를 그린 것입니다.

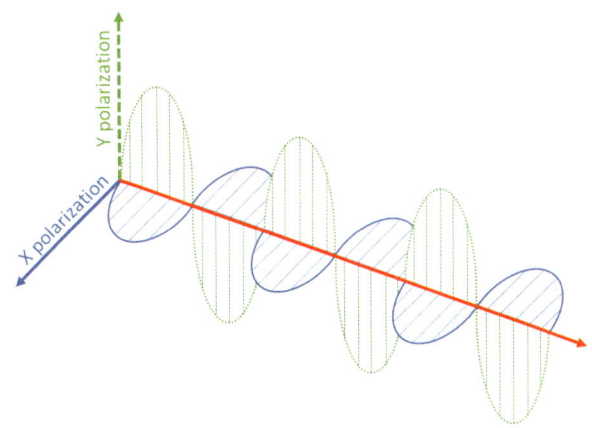

▶ 그림 4.18 듀얼 편광

광 코어를 정면에서 바라보았을 때 좌우, 즉 동서로 움직이는 방향을 X축이라 하고 수직, 즉 남북으로 움직이는 방향으로 Y축이라 정하였을 때 녹색 편광은 수직, 즉 Y축으로만 이동하고 또 다른 파란색 편광은 수평, 즉 X축으로만 이동합니다. 비유하자면 어떤 편광은 마치 뱀처럼 바다 해수면 위를 기어가고 또 다른 하나는 마치 돌고래처럼 점프와 잠수를 반복하며 이동하는 것과 유사합니다.

이때 혼동하지 말아야 할 부분은, 편광은 WDM처럼 파장이 다르지 않다는 것입니다. 그림 4.18을 자세히 보면 녹색 편광과 파란색 편광 모두 마루의 간격, 즉 파장은 동일합니다. 그저 전기장이 이동하는(운동하는) 방향이 다를 뿐입니다. 여기서 만일 또 다른 전자기파를 45도 사선으로 기울여서 남동/북서 방향으로 하나를 더 보내면 전송량은 3배가 될 것이고, 남서/북동 방향으로 운동하는 전자기파 하나를 더 보내면 4배가 될 것입니다.

말처럼 쉽게 전송량을 높이면 좋겠지만, 송신할 때 각기 다른 방향으로 운동하는 4개의 전자기파별로 각기 다른 정보를 실어 보내고 수신할 때는 4개의 전자기파를 '추적'하여 각기 다르게 해석해야 하기 때문에 그만큼 기술 난이도가 높아집니다.

DSP

코히어런트 기술은 앞서 살펴본 기술(ASK, PSK, QAM, PDM)을 모두 섞어 사용합니다. 통신 세계에서는 매우 빠른 속도로 코히어런트 정보를 실시간으로 전송하고 해석할 수 있어야 합니다. 예를 들어, DP-16QAM^Dual-Polarization 16-level Quadrature Amplitude Modulation이라고 한다면 2개의 편광을 해석하면서 동시에 16개의 QAM(ASK+PSK) 신호를 해석하여야 합니다. 100 GE 코히어런트 기술이라고 한다면 이 모든 변조^Modulation를 합쳐 100 Gbps 성능을 발휘하게 됩니다. 이 수치는 일반적인 칩셋이 감당하기엔 버거운 성능이기 때문에 코히어런트 통신에 최적화된 칩셋이 필요합니다. 바로 이 역할을 해주는 것이 **DSP**^Digital Signal Processor입니다. 코히어런트 DSP는 코히어런트 통신을 위한 변조를 수행하고 해석하는 반도체 칩셋입니다.

지금까지 다룬 내용들을 잘 파악했다면 각 벤더에서 코히어런트 인터페이스에서 사용하는 변조 방식^Modulation format, 예를 들어 16-QAM, QPSK, 8-QAM, DP-4QAM 그리고 DP-QPSK 등의 의미를 정확히 이해할 수 있을 것입니다.

이제 호환성에 관한 얘기를 간략히 해보고자 합니다. 너무나도 당연하겠지만, 서로 통신하는 네트워크 장비 간에는 동일한 변조 방식을 사용해야 합니다. 헌데 동일한 변조 방식을 사용해도 통신이 안 되는 경우가 있습니다. 바로 FEC 때문입니다. 업계 표준으로 사용하는 FEC 코드 외에도 워낙 다양한 FEC 코드가 존재하기 때문에 장비별로 다른 FEC 코드를 사용하는 경우가 있습니다. 서로 다른 FEC를 쓰면 프레임 포맷이 달라지기 때문에 서로 통신이 불가능합니다. 따라서 여러 벤더로 코히어런트 망을 구성할 때는 필히 변조 방식과 더불어 FEC 코드가 서로 호환 가능한지 확인해야 합니다.

CHAPTER 05
전기 통신 케이블

우리는 지금까지 광 통신에 관해 매우 심도 있는 여행을 마쳤습니다. 이 여행을 마치기 전에 아주 전통적인 통신 방법, 즉 전기 통신용으로 이용하는 케이블을 간략히 살펴봄으로써 '광 통신 엔지니어링'을 마무리하고자 합니다. 광 통신과 달리 전선을 통한 전기 통신은 저항에 의한 감쇠가 매우 커서 장거리 전송에 불리합니다. 따라서 최근 전기 통신은 장거리 통신용으로 사용하지 않는다고 봐도 무방할 정도입니다. 그러나 전기 통신은 광 통신에 비해 다루기가 쉽고 값싼 비용으로 높은 전송률을 가질 수 있을 뿐 아니라 고장률이 현격히 낮아 단거리 통신용으로 여전히 많이 사랑받고 있습니다. 전기라는 매체의 특성과 더불어 기술 성숙도가 높은 덕분입니다.

Roadmap

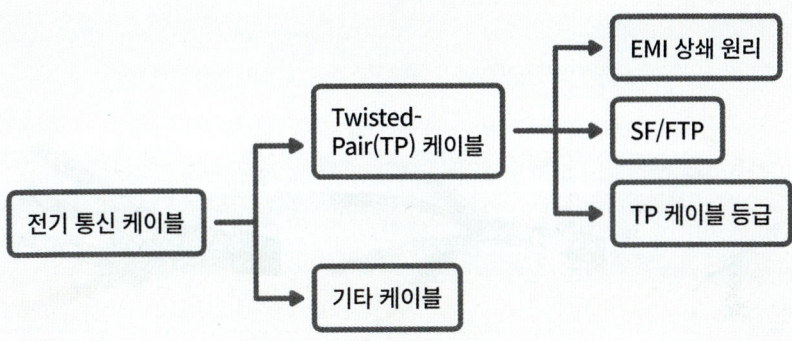

5.1 Twisted-Pair(TP) 케이블

이번 학습에서 엔지니어가 많이 다루는 UTP와 STP에 대해 간단히 살펴보겠습니다.

1 Twisted-Pair

다음 그림을 보면 UTP와 STP 모두 선이 2개씩 꼬여 있는 것을 볼 수 있습니다. 이처럼 선을 꼰 케이블을 **TP 케이블**Twisted-Pair cable이라고 합니다.

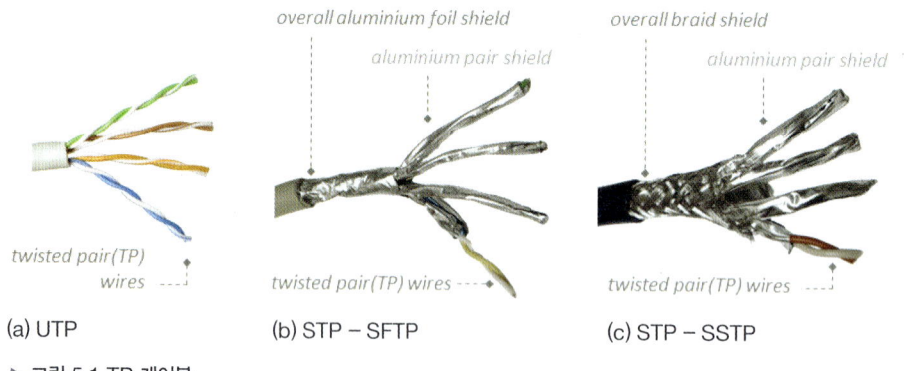

(a) UTP (b) STP – SFTP (c) STP – SSTP

▶ 그림 5.1 TP 케이블

앞서 '2.1 빛이란?'의 '전자기파란?'에서 살펴본 그림 2.1처럼 전선에 전류가 흐르면 그 주위에 자기장이 생기고, 이 자기장이 다시 전기장을 만들어 냅니다. 이렇게 만들어진 전자기파(전자파)는 바로 옆에 있는 전선의 통신에 영향을 줍니다. 이를 가장 효과적으로 차단하는 방법은 차폐Shield입니다. 차폐는 외부로부터 전자파가 들어오지 못하고 반대로 나가지도 않도록 전선을 전자파 차단 물질로 감싸는 것을 말합니다.

그러나 차폐는 추가 비용이 들기 때문에 비용을 최소화하면서 EMIElectro Magnetic Interference 영향을 최소화할 수 있는 대안책으로 TP 케이블이 사용됩니다. 선을 꼼으로써 케이블 내부 구리선에서 발생한 전자기파가 다른 전선의 전기 흐름을 방해하는 현상, 즉 EMI를 최소화할 수 있습니다. 왜 그럴까요?

TP의 EMI 감소

다음 그림은 2개의 전선을 꼬지 않고 일자로 놓아둔 그림입니다. 두 전선에서 만들어진 자기장 ①과 ②가 전선 중간에서 합쳐지며 더욱 에너지가 강해져 전선 아래로 강력한 자기장 ③이 형성되는 것을 볼 수 있습니다. 이렇게 만들어진 자기장은 다시 전기장을 만들어 내면서 통신에 영향을 줍니다.

> **Tip.** 다음 그림은 이해를 돕기 위해 자기장을 2차원으로 그렸습니다. 실제 자기장과 전기장은 훨씬 복잡한 3차원 형태로 퍼져 나갑니다.

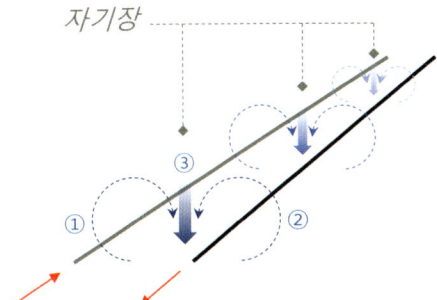

▶ 그림 5.2 일직선의 두 전선

다음 그림을 보면 전류 방향에 따른 자기장 방향은 다르지 않습니다. 즉, 전류가 들어가는 왼쪽 전선 ①을 눈으로 쫓아가면 자기장의 방향은 항상 시계 방향으로 형성되어 있음을 볼 수 있습니다. 그러나 회선을 꼬아 두니 두 전선의 자기장이 합쳐지는 방향이 달라집니다. 한 번은 ② 위로 향하고 그 다음에는 ③ 아래 방향으로 향하게 됩니다. 이렇듯 서로 다른 방향을 향하는 자기장들이 서로 부딪히면서 상쇄^{Cancellation}, 즉 없어지거나 약해집니다.

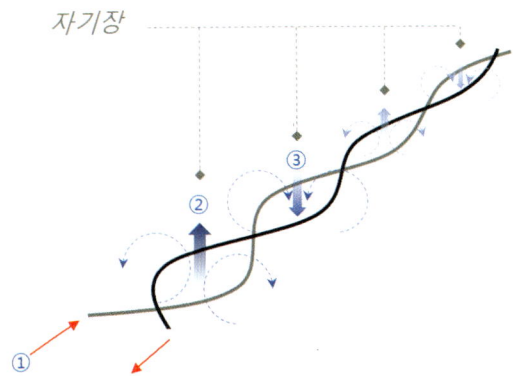

▶ 그림 5.3 꼬여 있는 전선

TP는 비용에 비해 효과가 뛰어나긴 하지만, 보다 더 완벽하게 외부에 영향을 주지도 받지도 않으려면 차폐가 필요합니다. 우리가 흔히 알고 있는 STP가 바로 그 주인공입니다.

2 SF/FTP

IT 관련 직종에 근무하거나 IT에 관심이 있다면 **UTP**$^{\text{Unshielded Twisted-Pair}}$라는 용어를 매우 많이 들어 보았을 것입니다. 네트워크 엔지니어라면 **STP**$^{\text{Shielded Twisted-Pair}}$도 들어 보았을 것입니다. 그림 5.1 (a)는 UTP입니다. Twisted-pair(TP) 와이어 외에 그 어떠한 차폐도 없습니다. 그 오른쪽 (b) STP - SFTP 그림을 보면 각각의 TP를 알루미늄 페어 실드$^{\text{Aluminium pair shield}}$로 감싼 뒤 전체 TP 4개를 다시 한번 알루미늄 포일 실드$^{\text{Aluminium foil shield}}$로 감싼 것을 볼 수 있습니다. 즉, TP를 두 번에 걸쳐 알루미늄 호일로 감싼 것입니다. 이 케이블을 흔히 **SFTP**라고 합니다.

(c)를 보면 4개의 알루미늄 포일 실드를 알루미늄 포일이 아닌 브레이드 실드$^{\text{Braid shield}}$로 감싼 것을 볼 수 있습니다. 브레이드 실드는 격자로 꼬아 둔 철로, 전자파를 차단함과 동시에 외부 충격으로부터 케이블을 보호해주는 역할을 합니다. 이 케이블은 흔히 **SSTP**라고 합니다.

SFTP와 SSTP가 합쳐진 형태의 케이블도 있습니다. 즉, 각각의 알루미늄 페어 실드를 두번째 알루미늄 호일 실드로 크게 한 번 두른 뒤 다시 한번 브레이드 실드로 감싼 형태로, 흔히 더블 실드 케이블$^{\text{Double shielded cable}}$이라고 부릅니다. 정확한 명칭은 **SF/FTP**$^{\text{Shieled and Foiled with Foiled Twisted Pairs}}$로, SF 중 S는 케이블에 브레이드 실드, F는 포일 실드가 있음을 의미합니다. FTP는 케이블 외피 부분이 아니라 총 4겹의 TP$^{\text{Twisted-Pair}}$를 각각 포일로 실드 처리했다는 것을 의미합니다. 정리하면 실드는 총 4가지 종류로 구분할 수 있습니다.

- **SF**: overall braiding + 포일
- **S**: overall braiding만 존재
- **F**: overall 포일만 존재
- **U**: braiding과 포일 둘 다 없음

TP 코드 분류 방법		
SF 케이블 외피 shield S = braiding, F = foil, U = Unshielded	F 개별 TP shield F = foil, U = Unshielded	TP Twisted Pair

그럼 우리가 흔히 말하는 UTP, STP는 어떤 분류에 속하는 걸까요? 일반적으로 STP는 U/FTP를 말하고, UTP는 U/UTP를 말합니다. 다시 말해 TP 개별로 포일이 있으면 STP, 없으면 UTP로 구분합니다.

만일 STP의 케이블 차폐가 잘 되어 있는지 간단히 체크하고 싶다면 원거리 무전기로 테스트해 볼 수 있습니다. 장거리 통신용으로 사용되는 원거리 무전기는 매우 강력한 전자기파를 생성합니다. 실드가 약한 TP 케이블 근처에서 원거리 무전기 사용하면 다량의 CRC가 발생하는 것을 볼 수 있습니다.

3 TP 케이블의 성능 등급

광 케이블과 마찬가지로 TP 케이블 또한 성능 등급이 있으며 Cat5와 같이 Cat(category)란 단어 뒤에 숫자를 붙여 등급을 표기합니다. 등급이 높을수록 전송 속도와 거리가 길어지는데, 각 등급을 구별하기 쉽도록 표로 정리해 두었습니다.[1]

카테고리	타입	주파수(Mhz)	연도	1 Gbps	10 Gbps	25 Gbps	40 Gbps
Cat5e	UTP/STP	100	2001	100 m	*10~20 m	–	–
Cat6	UTP/STP	250	2002	100 m	55 m	–	–
Cat6a	UTP/STP	500	2008	100 m	100 m	–	–
Cat7	STP	600	2002	100 m	100 m	–	–
Cat8	STP	2000	2016	100 m	100 m	30 m	30 m

▶ 표 5.1 TP 카테고리

---

1 Cat1 – Cat4 그리고 (Cat5e가 아닌) 순수 Cat5 등급은 최대 100 Mbps까지만 지원되며 근래에 찾아보기 힘들 정도로 사용률이 낮아 여기에 정리하지 않았습니다.

주파수

각 TP 케이블별로 주파수가 다양한 것을 볼 수 있습니다. 이는 SMF, MMF 등급 (OS, OM)에서 알아본 것과 같은 맥락으로 케이블 기준을 정한 것입니다. 예를 들어, Cat6 케이블은 '10 Gbps용 케이블'이 아니라 250 Mhz 신호를 전송할 수 있는 최소 규격을 만족해야 합니다.

10 Gbps 이더넷 규격인 10GBase-T에서 요구하는 주파수는 156.25 Mhz이며 인코딩^{encoding} 기법으로 16-PAM$^{Pulse\ Amplitude\ Modulation}$을 사용합니다. 16-PAM을 사용한다는 것은 한 번에 총 16 bits를 전송할 수 있음을 말합니다. 156.25 Mhz * 16-PAM = 2.5 Gbps입니다. 즉, 10GBase-T의 경우 구리선 한 가닥에 2.5 Gbps의 데이터를 전송합니다.

> **Tip.** PAM은 ASK와 유사하게 진폭을 변조하는 기술이지만, ASK는 디지털용이고 PAM은 아날로그용입니다.

TP 케이블은 총 8 가닥으로 구성되어 있는데 이 중 4가닥은 송신용, 나머지 4가닥은 수신용으로 사용합니다. 이 중 송신용 4가닥을 활용하여 2.5 Gbps * 4 = 10 Gbps 대역폭을 만들게 됩니다.

Cat5e는 엄밀히 말하면 10 Gbps를 지원하지 못합니다. Cat5e의 '표준상' 최대 지원 속도는 2.5GBASE-T로, Cat5e가 만족하는 주파수가 100 Mh밖에 안 되기 때문입니다. 그러나 10GBase-T의 주파수 156.25 Mhz와 큰 차이가 나지 않습니다. 따라서 비록 표준상 지원하는 것은 아니지만 지원 주파수 차이가 크지 않기 때문에 짧은 거리라면 Cat5e 또한 10 Gbps를 전송할 수 있는 경우가 많습니다.

가장 대중적인 케이블 Cat5e, Cat6

이 책의 집필 시점을 기준으로 시장에서 가장 많이 사용되는 케이블은 Cat5e와 Cat6입니다. 서버 NIC의 최대 지원 속도로 10 Gbps가 대중적이기 때문입니다. 만일 25Gbps 이상의 서버 NIC가 대중화된다면 자연스럽게 Cat7 이상의 케이블 또한 많이 사용될 것입니다. 특히 퍼블릭 클라우드 업체나 클라우드 저장소 서비스 같은 경우에는 서버당 B/W 수요가 큰 덕분에 25 G-40 Gbps 인터페이스가 조금씩 대중화되는 추세입니다.

NIC의 대중화 요건은 사실 NIC 성능보단 CPU의 영향이 더 큽니다. NIC가 아무리 빠른 처리를 할 수 있다 하더라도 CPU가 그 속도를 따라가지 못한다면 비싼 NIC을 사용할 이유가 없기 때문입니다. 네트워크 장비로 비교한다면 ASIC은 1 G밖에 처리 못하는데 Optic은 10 G를 꽂은 격입니다. 25/40Gbps NIC이 시장에 나온 지 시일이 꽤 지났음에도 비교적 최근 대중화되기 시작한 배경이 바로 이것입니다.

자동 협상 모니터링

TP 케이블을 사용할 때 프로토콜의 최대 성능이 지원되지 않는 경우가 있습니다. 예를 들어, 스위치와 서버 모두 10 Gbps를 지원함에도 속도가 1 Gbps 잡혀 있는 경우입니다. 이는 케이블이 너무 길거나 케이블 불량 등으로 인해 UTP 전송 품질이 좋지 못하여 자동 협상$^{\text{Auto-Negotiation}}$ 과정에서 낮은 속도가 선택된 경우 등입니다.

초기 설치에는 정상 속도로 인식되었다가 사용 중에 속도가 낮아지는 경우도 있습니다. 따라서 네트워크 엔지니어는 주기적으로 스위치 포트를 감시하여 속도가 정상적으로 설정되어 있는지 체크해야 합니다. SNMP를 이용하면 간편하게 포트 속도를 수집할 수 있으므로 주기적으로 모니터링하는 것을 권장합니다(SNMP OID: ifHighSpeed, 1.3.6.1.2.1.31.1.1.1.15).

5.2 기타 케이블

1 DAC 케이블

DAC$^{\text{Direct Attach Copper}}$ 케이블은 다음 그림처럼 Optic과 케이블이 합쳐져 생산되는 케이블입니다. 내부 소재(매체)는 (빛을 이용하는 광 코어가 아니고) 전기를 사용하는 트위낵스 케이블 $^{\text{Twinax cable}}$(동축 케이블 일종)입니다.

▶ 그림 5.4 DAC 케이블

구리로 된 동축 케이블이기 때문에 보통 10 m 내외, 최대 100 m 정도 케이블 길이에 제한이 있습니다. 더불어 불량 발생 시 Optic 파트나 케이블 파트만 교체할 수 없고 DAC 케이블 전체를 교체해야 한다는 단점이 있습니다. 그러나 구축하기 쉽고 Optic + 광 케이블로 구성하는 것보다 약 5-10배 저렴하다는 장점이 있습니다.

2 플랫 케이블

플랫 UTP 케이블$^{\text{Flat ribbon UTP}}$은 케이블이 납작하여 마치 리본 가운데를 잘라 놓은 것처럼 얇습니다. 덕분에 일반 TP 케이블 보다 설치 및 관리가 조금 더 용이합니다.

▶ 그림 5.5 플랫 UTP 케이블

일반 UTP의 굵기는 0.5 mm 내외지만 플랫 UTP는 0.2 mm에 불과합니다. 플랫 케이블은 그만큼 공간을 적게 차지하기 때문에 유지 보수 및 케이블 설치(포설)에 유리합니다. 일반 UTP보다 제작 단가가 조금 더 높지만, 얇다는 장점 때문에 데이터 센터에서 사용되는 경우가 있습니다.

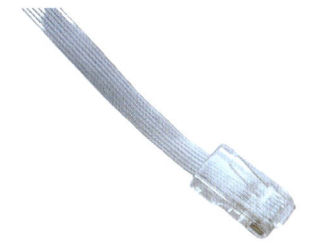

▶ 그림 5.6 플랫 리본 케이블(non-UTP)

헌데 그림처럼 TP 구조가 아닌, 즉 두 쌍의 구리선이 서로 꼬여 있지 않는 케이블들이 플랫 UTP로 판매되는 경우가 있습니다. 이들은 엄밀히 말해 TP가 아닌 플랫 리본 케이블$^{\text{Flat ribbon cable}}$입니다. TP 구조가 아니기 때문에 전자기파의 영향을 많이 받을 수 있으므로 안정적인 통신이 필요한 환경에서는 사용을 자제하는 것을 권장합니다.

나가며

우리는 방금 네트워크 엔지니어링에서 가장 난해한 필드 중 하나인 광 통신 영역의 여정을 마쳤습니다. 광 통신은 미지의 어둠이 가득하지만 사실 그 어떤 영역보다 밝게 빛나는 학문입니다. 우리가 살펴본 핵심 내용을 추려보면 다음과 같습니다.

Chapter 01 광 송수신기에서는 Optic이 교체가 가능한 이유와 DDM/DOM을 통한 관리 방안을 살펴보았습니다. 이어서 dBm 단위와 감쇠기 사용 방법, 핸들 색상 코드를 통한 구분법을 알아보았습니다. 종반부에는 MSA와 네이밍 방식, 물리적인 크기를 살펴보았습니다.

Chapter 02 빛에서는 전자기파의 역사를 시작으로 파동과 주파수에 따라 특성이 크게 달라지는 것을 알 수 있었습니다. 이후 광양자설과 이중 슬릿 실험을 서두로 양자역학을 심도 있게 살펴보았습니다. 그 과정에서 파동–입자 이중성뿐 아니라 에테르, QED에 이르기까지 양자영학의 기반이 되는 이론들을 알아보았습니다. 이를 토대로 빛의 속도가 네트워크 엔지니어링에 미치는 영향 및 싱글 모드와 멀티 모드 안에서 빛의 흐름을 파악했습니다. 종반부에는 광원과 레이저 안정성을 살펴보았습니다.

Chapter 03 광 케이블에서는 SMF와 MMF의 물리적인 차이점에 따른 광 파장 대역 특성, 감쇠 그리고 모달 대역폭 등을 살펴본 뒤 클래딩과 GI-MMF, SI-MMF를 알아보았습니다. 종반부에는 버퍼와 외피 그리고 다양한 종류의 커넥터를 살펴보았습니다.

Chapter 04 장거리 광 신호 기술에서는 해저 케이블 컴포넌트들을 살펴보고 장애 발생 유형과 이에 따른 케이블 구조 차이, 장애 복구 방안을 살펴보았습니다. 이후 WDM 컴포넌트와 다양한 종류의 광 증폭기 특성과 원리를 알아본 뒤 OTN과 FEC에 대해서 심도 있게 살펴보았습니다.

Chapter 05 전기 통신 케이블에서는 TP 케이블의 원리와 종류를 살펴본 뒤 DAC, 플랫 케이블을 살펴보는 것으로 PART 01을 종결하였습니다.

PART 2

TDM/이더넷

인터넷을 포함한 대부분의 네트워크는 **이더넷**Ethernet이 점령했다고 봐도 무방합니다. 대응 기술로 **TDM**Time Division Multiplexer, 즉 음성 통화 기반 기술들이 남아 있긴 하지만, 안타깝게도 네트워크 엔지니어가 접할 기회는 조금씩 줄어들고 있습니다. 이제는 일상생활 중 얼마나 많은 이더넷 기술이 사용되는지 가늠하기 어려울 정도죠. 그렇다면 이더넷의 대중화 비결은 무엇일까요? 또, 어디까지 발전해왔을까요?

PART 02에서는 TDM과 이더넷이 어떤 역사를 가지고 어떻게 발전해왔는지, 또 이들의 특징은 무엇인지 살펴볼 예정입니다. 이 두 기술의 발전 과정을 이해하고 나면 최근 표준들의 흐름을 이해하는 데 큰 도움을 얻을 수 있습니다.

CHAPTER 06
TDM

L2 프로토콜은 크게 두 가지로 나뉩니다. 첫째, 전화 통신 기반의 TDM 프로토콜(T1, E1, SONET/SDH 등)과 둘째, 데이터 통신 기반의 PSN 프로토콜(이더넷)입니다. 최근에는 이더넷 중심으로 네트워크가 재편되면서 TDM 기술은 점차 접하기 힘든 기술이 되었습니다. 심지어 4G(LTE) 이후 모바일 백홀도 이더넷 + IP/MPLS를 사용합니다.

높은 구축·유지 비용으로 현재는 TDM을 접할 기회가 줄어들었지만 통신 기술 발전에 지대한 영향을 미친 기술이며, 여전히 많은 곳에서 운영 중입니다. 이더넷을 기반으로 성장한 엔지니어에게 TDM은 진입 장벽이 높겠지만, 통신 기술의 발전 과정과 정교한 데이터(예: 패킷) 보호 기법을 이해할 수 있고 글로벌 네트워크 구축에 필수적인 만큼 깊이 있는 이해가 요구되는 기술입니다.

Roadmap

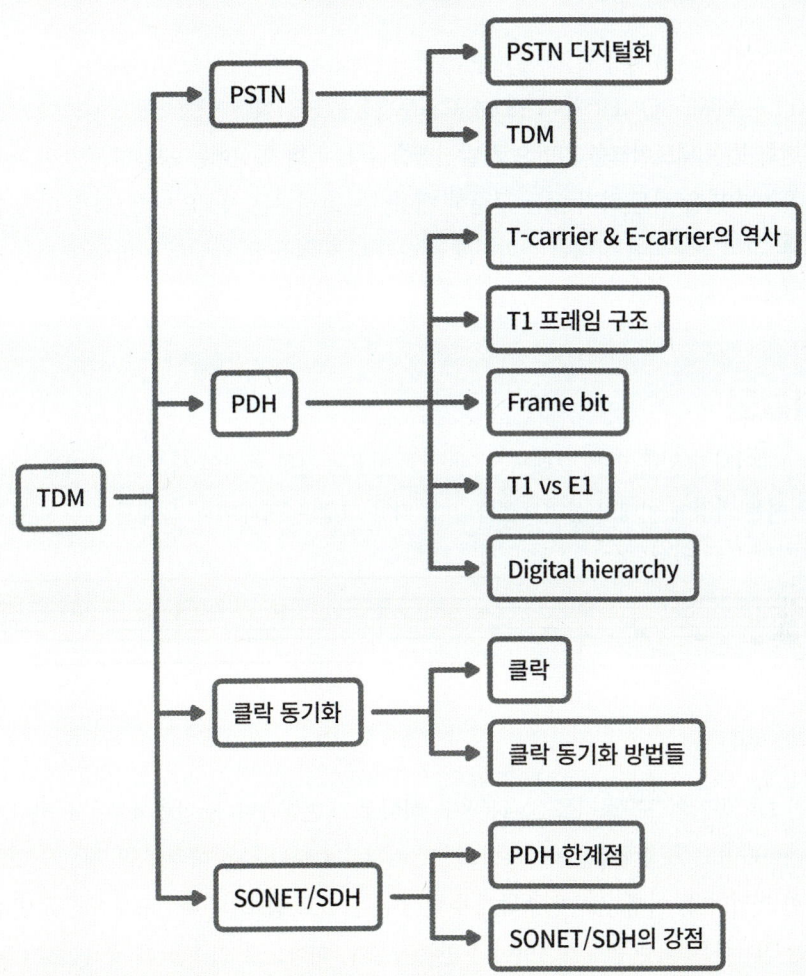

6.1 PSTN

PDH(E1/T1), ATM, SONET 등의 TDM 프로토콜들은 **PSTN**Public Switched Telephone Network이라 불리는 전화 통신 네트워크를 기반으로 발전했습니다. 전화 통신에는 굉장히 중요한 특징이 있습니다. 유저가 말을 하든 하지 않든 꾸준히 데이터는 흐른다는 사실입니다. 말을 하지 않을 때는 0이라는 값이 전달되어 상대편 스피커에 소리가 나지 않을 뿐 데이터는 항상 흐르고 있습니다.

1 디지털화

'(의미 있는)데이터가 있든 없든 트래픽은 계속 흐른다'는 전화 통신의 특성을, 음악을 디지털 신호로 변환하는 과정에 빗대어 살펴보겠습니다. 다음 그림은 '도레미파' 음계를 그린 악보입니다.

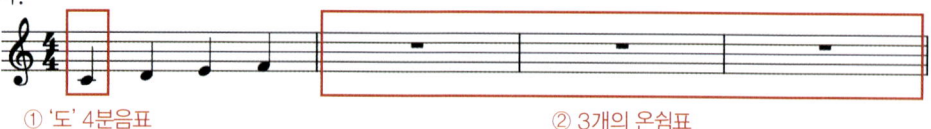

① '도' 4분음표　　　② 3개의 온쉼표

▶ 그림 6.1 악보 예시

악보를 보면 1초 동안의 '도' 소리를 ① 4분음표 하나로 표현했습니다. 만일 4분음표 하나가 1 byte짜리 데이터라고 가정한다면 1초 동안의 '도' 소리를 1 byte라는 아주 작은 정보로 **디지털화**Digitization한 것입니다. 이때 우리가 주목해야 할 부분은 바로 쉼표입니다. '도레미파'를 연주한 뒤 4초 동안 침묵하는 ② 온쉼표가 3번이나 반복됩니다. 피아노로 연주할 때 총 12초는 아무 연주를 하지 않는 '침묵의 시간'이지만 그렇다고 악보, 즉 데이터가 비어 있는 것은 아닙니다. '침묵하라는 데이터', 즉 쉼표가 존재합니다.

전화가 음성을 디지털 신호로 변환하는 과정도 별반 다르지 않습니다. 음성의 높낮이를 일정 간격으로 측정한 뒤 이를 디지털 데이터로 변환합니다. 이때 말을 하지 않는 그 순간에도 '쉼표'는 끊임없이 상대편에게 전달됩니다. 이처럼 소리를 디지털로 변환할 때는 2가지 중요한 요소가 있습니다. 샘플링 레이트와 양자화입니다.

샘플링 레이트

샘플링 레이트 Sampling rate는 소리를 데이터로 변환하는 주기Interval를 말합니다. 예를 들어 빠른 피아노곡을 연주하는 동안 그 음계를 1초에 한 번만 옮겨 적는다면 빠지는 음표가 많을 것입니다. 다시 말해 샘플링 레이트가 높을수록 소리를 데이터로 변환하는 주기가 짧아지고 이에 따라 음질도 좋아집니다.

양자화

양자화Quantization는 쉽게 말해, 계이름 범위입니다. 여러 음을 넘나들며 저음과 고음을 왔다갔다 하는데, 악보에 적을 수 있는 계이름 범위가 '가온 도(C4)'부터 '시(B4)'뿐이라면 옮겨 적은 악보가 원본과 많이 달라질 것입니다. 양자화는 범위가 넓을수록, 즉 기록할 수 있는 소리의 높낮이 범위가 클수록 그리고 샘플링 레이트는 주기가 짧을수록 원음에 가까워집니다.

다음은 샘플링 레이트와 양자화 간의 상관관계를 표현한 것입니다.

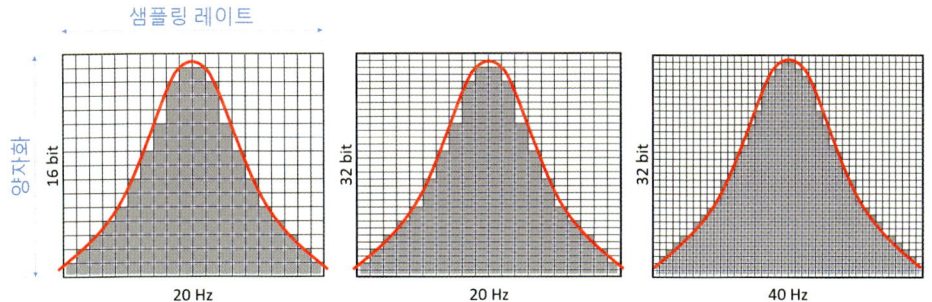

▶ 그림 6.2 샘플링 레이트와 양자화의 상관관계

유선 전화 64 Kbps 트래픽

전통적인 유선 전화는 64 Kbps라는 고정된 트래픽 볼륨을 사용합니다. 이를 조금 풀어 설명하면 1초에 8000번[1] 소리를 샘플링하고(샘플링 레이트) 이를 8 bits로 표현(양자화)합니다. 데이터 통신 관점으로 보면 1초에 8000번 8 bits(1 byte)짜리 데이터를 전송합니다. 즉, 8 bits * 8000 = 64 Kbps입니다.

시간 간격으로 이를 표현하면 0.125 ms(즉, 125 us) 간격으로 8 bits(1 byte)를 전송합니다. 이 정도 샘플링 레이트 · 양자화면 의사 소통에 큰 무리가 없습니다.

> **Tip.** 소리를 데이터로 변환하는 방식(코덱)은 여러 가지가 존재하고, 코덱에 따라 필요한 대역폭이 달라질 수 있습니다. 여기서 언급한 코덱은 ITU-T G.711(PCM)으로 가장 전통적이면서 대표적인 코덱입니다.

멀티플렉싱

만일 한 도시에 1000여 가구가 전화를 사용한다면 전화국을 중심으로 1000개의 구리 전화선이 각 가정으로 연결될 것입니다. 그리고 통화가 이뤄질 때마다 각 전화선에는 64 Kbps 트래픽이 흐를 것입니다. 전화 네트워크를 구축할 때 문제가 되는 것은 집과 전화국이 아니라 전화국에서 다른 전화국 사이입니다. 만약 도시 A와 B에 각각 1000여 가구가 있다면 도시 A와 B의 '전화국 사이'에는 몇 개의 회선을 연결해야 할까요?

장거리 통신 구간에서 회선의 개수는 비용과 직결되므로 회선 개수를 가능한 한 최소로 운영하는 것이 좋습니다. 만일 1000개의 구리선을 그대로 연결한다면 비용이 매우 크게 소모될 것입니다. 이러한 한계를 극복하기 위해 여러 하위 통신을 모아 하나의 회선(정확히는 매체)으로 전송하는 기술인 **멀티플렉싱**Multiplexing, 즉 다중화 기술이 발달합니다.

2 TDM

전화망에서 가장 많이 사용하는 멀티플렉싱 기술은 TDM입니다. TDM은 Time Division Multiplexing이라는 본딧말이 의미하듯이 시간을 나눠 다수의 데이터가 한 번에 섞여 전송(멀티플렉싱)합니다. 다음은 TDM 과정을 표현한 것입니다.

---

[1] 사람의 가청 주파수 대역은 최대 20 Khz지만 귀에서 특히 민감하게 듣는 대역은 4 KHz 주파수 영역입니다. 전화 통신에서는 이 4 Khz까지를 디지털 신호로 변환합니다. 이때 최대 주파수의 2배로 샘플링해야 신호를 완벽하게 보존할 수 있다는 나이퀴스트-섀년 샘플링 이론Nyquist-Shannon sampling theorem에 따라 가청 주파수 대역 4 Khz * 2 = 초당 8천 번을 샘플링합니다.

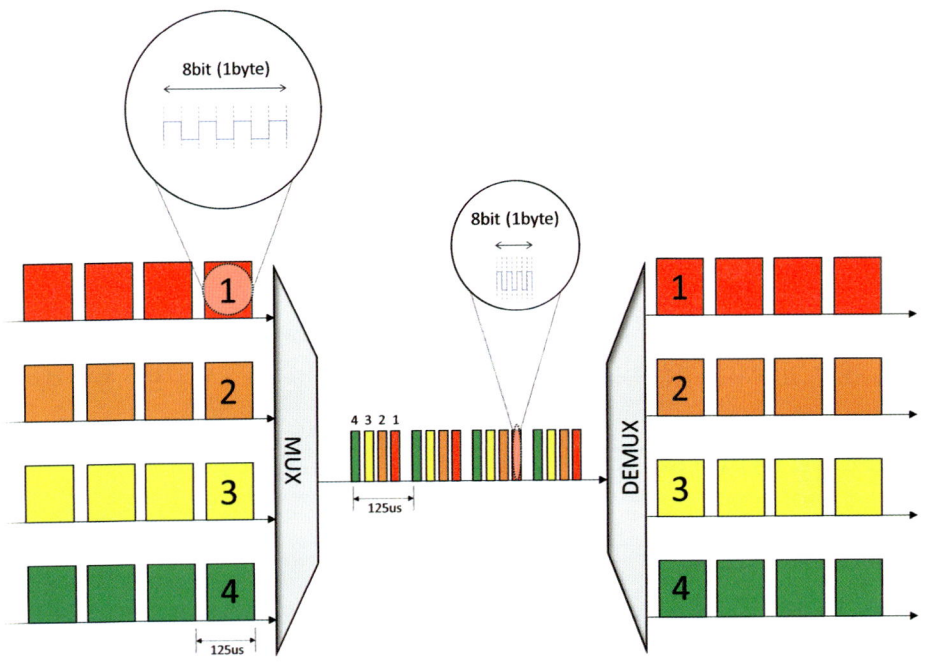

▶ 그림 6.3 TDM 과정

그림을 이해하기 쉽게 스펀지 공장에 비유해보겠습니다. 어떤 스펀지 공장에서 빨간색, 주황색, 노란색 그리고 초록색 라인별로 각 색상의 스펀지를 생산하고 있습니다. 생산 공장에서 만들어진 스펀지는 컨베이어 벨트를 통해 100 m 떨어진 포장 공장으로 이동해야 합니다. 그러나 100 m나 되는 거리에 컨베이어 벨트 4개를 연결하려면 비용이 너무 많이 듭니다. 그래서 포장 공장까지 단 하나의 컨베이어 벨트만 설치합니다. 대신 컨베이어 벨트로 보내기 전에 스펀지를 압축해서 4 종류의 스펀지가 하나의 컨베이어 벨트를 공유하도록 하면 컨베이어 벨트 설치 및 운영 비용을 절약할 수 있습니다.

다시 데이터로 설명하면 여러 종류의 원본 데이터가 **먹스**Mux라는 장비를 통해서 압축된 후 하나의 회선을 통해 나가게 됩니다. 이후 **디먹스**Demux라는 장비를 통해 다시 원래 데이터로 돌아옵니다. 이 과정에서 매우 중요한 룰이 하나 있습니다. 압축을 하고 다시 복원을 하였을 때 모든 데이터는 처음 그대로의 모습이어야 하며 절대 순서가 바뀌어서는 안 됩니다. 예를 들어, 100, 101, 102와 같이 순차적이었던 일련번호를 복원했을 때 뒤죽박죽이어서는 안 된다는 것이죠. 색이 뒤바뀌어서도 안 됩니다. 복원하는 과정에서 실수로 주황색 스펀지가 빨간색 컨베이어 벨트에 전달돼선 안 됩니다.

멀티플렉싱

스펀지처럼 데이터를 압축함으로써 전송 구간의 효율성을 높이는 작업을 네트워크 세계에서는 **멀티플렉싱**이라고 합니다. 여기서 데이터를 압축해주는 장치를 먹스, 반대로 복원해주는 장치를 디먹스라고 합니다. TDM은 마치 스펀지를 압축하듯 신호(전화 통화 데이터)를 압축합니다. 조금 더 정확히 표현하면 신호를 전송하는 시간(펄스)을 더 빠르게 만들어 전송 속도를 높입니다.

그림 6.3에서 원형으로 확대된 구간을 보면 8 bits(1 byte) 전송이 먹스 구간 이후에서 빨라졌음을 볼 수 있습니다. 전송 속도를 4배속으로 올리고 빨, 주, 노, 초 4개의 전화 통화 데이터(채널)를 순차적으로 번갈아가며 내보내는 것입니다. 만일 1000배로 압축할 수 있다면 1000여 가구가 사는 도시 A와 B의 전화국 사이에 단 하나의 회선만 있으면 됩니다.

TDM interval = 125 us

음성별로 8 bits가 전송되는 주기^{Interval}, 즉 125 us는 멀티플렉싱되기 전후 반드시 동일해야 합니다. 별것 아닌 것 같아도 이 주기는 매우 중요합니다. 마치 앞서 예시로 들었던 스펀지 공장에서 압축 전후에 모양이나 색깔, 일련번호가 바뀌면 안 되듯이 멀티플렉싱된 이후에 주기 또한 변경되어서는 안 됩니다. 즉, 원본이 125 us였는데 멀티플렉싱 이후 126 us가 되어서는 안 됩니다. 이렇게 전송 속도가 늘어나면 디먹스 이후, 즉 데이터를 복원하였을 때 마치 늘어난 테이프처럼 소리가 늘어질 것입니다.

TDM 대역폭 할당

전화 통신 세계에서 데이터가 항상 흐른다는 것은 장점이자 단점입니다. 사용자가 말을 하든 하지 않든, 즉 소리가 없을 때도 해당 음성의 데이터 영역(타임-슬롯$^{Time-slot}$)은 0처럼 의미 없는 값을 채워서라도 꾸준히 보냅니다. 효율성 측면에서는 비효율적이지만 항상 일정한 B/W를 제공받고자 할 때에는 도리어 강점이 됩니다.

전용선이 대표적인 예시입니다. 통신 사업자 ISP에게 일정 비용을 내고 제공받는 전용선은, 내가 데이터를 사용하지 않더라도 다른 회사가 그 회선을 이용해서는 안 됩니다. 즉, 내가 계약한 B/W만큼은 사용 여부와 무관하게 다른 이에게 공유되어서는 안 됩니다. 이처럼 TDM 기반 전송 기술은 완전히 독립된 데이터 영역, 즉 타임-슬롯을 제공하기 때문에 계약상 B/W를 완벽하게 보장받을 수 있다는 장점이 있습니다.

6.2 PDH

이제 본격적으로 TDM 기반 네트워크 프로토콜들을 만나는 여행을 떠나고자 합니다. 가장 먼저 살펴볼 기술은 **PDH**입니다. PDH는 Plesiochronous Digital Hierarchy의 약자로, 이름에 대한 자세한 해석은 이후 설명하고 이번 학습에서는 PDH의 기술적 특성을 중심으로 살펴볼 예정입니다.

PDH는 근래에 접하기 힘들 정도로 아주 오래된 초창기 TDM 기술로, 최신 프로토콜과 달리 구조가 매우 단순해서 약간은 허술하게 보일지도 모르겠습니다. 그러나 PDH를 살펴봄으로써 네트워크 기술이 어떤 방향성으로 발전해왔는지 이해할 수 있을 것입니다. 물론 이 책에서 언급하는 모든 기술적인 디테일을 완벽하게 이해할 필요는 없습니다. 우리의 목표는 초기 통신 프로토콜의 형태를 '대략' 이해하는 것입니다.

1 T-carrier & E-carrier

PDH 프로토콜은 세부적으로 2개의 프로토콜 T-carrier(T1부터 T5까지)와 E-carrier(E1부터 E4까지)로 나눌 수 있습니다.[2]

T-carrier & E-carrier의 역사

최초 T-carrier는 미국의 AT&T 벨 연구소에서 개발을 시작해 1962년 처음으로 상용 시스템이 설치되었습니다. 이후 ANSI T1.102-1987 및 T1.403-1989로 표준화되었습니다.

> **Tip.** T1.102-1987, T1.403-1989 등의 명칭에서 뒤 4자리 숫자는 정식 표준화된 연도를 의미합니다.

E-carrier는 1970년대에 CEPT(유럽우편전기통신주관청회의)에서 T-carrier를 기반으로 보다 유럽에 적합한 형태로 개발한 프로토콜입니다. 이후 약간의 수정을 거쳐 1988년 ITU-T

---

[2] T는 Transmission System으로, T1은 Transmission System 1을 의미하고, E는 European으로, E1은 European 1을 의미합니다.

G.703으로 공식 표준화됩니다(당시에는 ITU-T가 아닌 CCITT^{Consultative Committee for International Telegraphy and Telephony}였습니다.). 이러한 역사적 배경으로 E1을 CEPT-E1이라고 부르기도 합니다. 북미에서 개발된 T-carrier는 북미권과 일본**3**에서 주로 사용되었고 그 외 국가들은 주로 E-carrier를 채택했습니다.

T1 프레임 구조

그림을 통해 T-carrier 중 가장 간단한 T1 프레임 구조를 살펴보겠습니다.

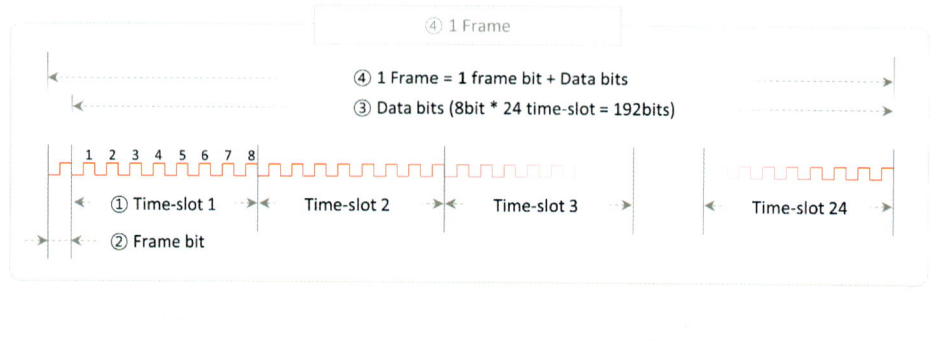

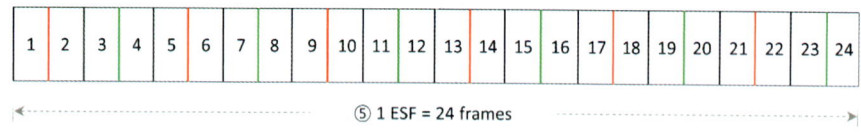

▶ 그림 6.4 T1 전송 방식

① 타임-슬롯(채널)은 앞서 '6.1 PSTN'의 '양자화'에서 살펴본 것과 같이 음성을 디지털 신호로 바꿀 때 가장 기본이 되는 8 bits 데이터입니다. 이 8 bits 타임-슬롯이 1초에 8000번 전송되면 8 bits * 8000 = 64 Kbps의 (PCM) 음성 데이터가 됩니다. T1은 ① 타임-슬롯만 전송하지 않습니다. 마치 IP 패킷에 헤더가 필요하듯 컨트롤 정보 또한 전송해야 하기 때문에 ⑤ ESF^{Extended SuperFrame}라는 단위를 반복하여 전송합니다.

ESF는 다음과 같이 구성됩니다. 먼저 ① 타임-슬롯 24개를 모아 ③ Data bits를 만듭니다. 이를 바꿔 말하면 총 24집의 전화 통화 데이터(타임-슬롯)가 모여 ③ Data bits가 됩니다.

---

3 일본은 T1 표준을 토대로 자체적인 전송 규격, J1를 만들었습니다만 J-carrier(J1 – J5)가 T-carrier(T1 – T5) 규격을 약간 변조한 것이기 때문에 T-carrier로 통합 분류되는 경향이 있습니다.

③ Data bits의 맨 앞에 ② 프레임 비트$^{Frame\ bit}$를 더하면 ④ 프레임이 되고, 이 프레임을 24개 모으면 ⑤ ESF가 됩니다.

프레임 비트

각 프레임의 가장 앞에 오는 ② 프레임 비트는 관리^{Maintenance} 역할을 수행합니다. ESF 안에 존재하는 24개의 프레임 비트는 다음과 같은 3가지 용도로 사용됩니다(그림 6.4에서 각 프레임 비트를 구분하기 쉽도록 초록색, 빨간색, 검은색 총 3가지 색으로 표기해 두었습니다.).

- **Framing Pattern · bit**(⑤ **ESF 그림의 초록색, FPS**$^{Framing\ Pattern\ Sequence}$) : ESF 내 4, 8, 12, 16, 20, 24번째 프레임 비트로, 001011이라는 패턴(데이터)으로 고정되어 있습니다. 수신 측에서는 4배수로 반복되는 이 프레임 비트를 보고 현재 ① 타임-슬롯이 몇 번째인지 구분합니다. 이 과정을 **프레임 동기화**$^{Framing\ Synchronization}$라고 합니다.
- **CRC**(⑤ **ESF 그림의 빨간색**) : 2, 6, 10, 14, 18, 22번째 프레임 비트를 모아서 CRC를 계산합니다.
- **FDL**$^{Facilities\ Data\ Link}$ (⑤ **ESF 그림의 검은색**) : 알람 혹은 성능 정보 등 컨트롤 메시지를 전달합니다.

T1 vs E1

E-carrier에서 T1에 대응하는 프로토콜은 E1인데, E1의 프레임 구조는 T1과 비슷한 듯 다릅니다. 가장 큰 차이는 하나의 프레임에 들어가는 타임-슬롯의 개수입니다. T1은 한 번에 24개의 타임-슬롯을 전송하지만, E1은 32개의 타임-슬롯을 전송합니다. 또한 E1은 프레임 비트라는 개념 없이 총 32개의 타임-슬롯을 연속으로 전송합니다. 대신, 첫 번째 타임-슬롯(time-slot 0 = TS0)과 16번째 타임-슬롯(time-slot 16 = TS16)을 (T1의 프레임 비트$^{Frame\ bit}$처럼) 제어용으로 사용합니다. 경우에 따라서는 TS0만 제어용으로 사용하기도 합니다. 다음 표는 T1과 E1을 간단히 비교한 것입니다.

	T1	E1
전체 대역폭	1.544 Mbps	2.048 Mbps
데이터 전송량	1.536 Mbps	30 채널 (ch): 1.920 Mbps 31 ch: 1.984 Mbps 32 ch: 2.048 Mbps
관리용 헤더 오버헤드	1 bit(프레임 비트) /192 bits ≈ 0.5% 오버헤드	TS0+TS16 = 16 bits /256 bits ≈ 6% 오버헤드 TS0 = 8 bits /256 bits ≈ 3% 오버헤드

▶ 표 6.1 T1과 E1의 차이

2 DH

T1, T2, T3와 같이 T-carrier와 E-carrier 뒷자리 숫자가 클수록 낮은 계위들을 모아 만들어진 높은 계위라는 의미입니다. 예를 들어, 다음 그림처럼 T1을 4개 모으면 전송 속도가 4배 더 높은 T2라는 프로토콜이 됩니다. 그리고 T2를 7개 모으면 T3라는 프로토콜이 됩니다. 이처럼 기존 프로토콜을 모아 더 높은 B/W 프로토콜을 만드는 형태를 DH$^{\text{Digital Hierarchy}}$라고 합니다.

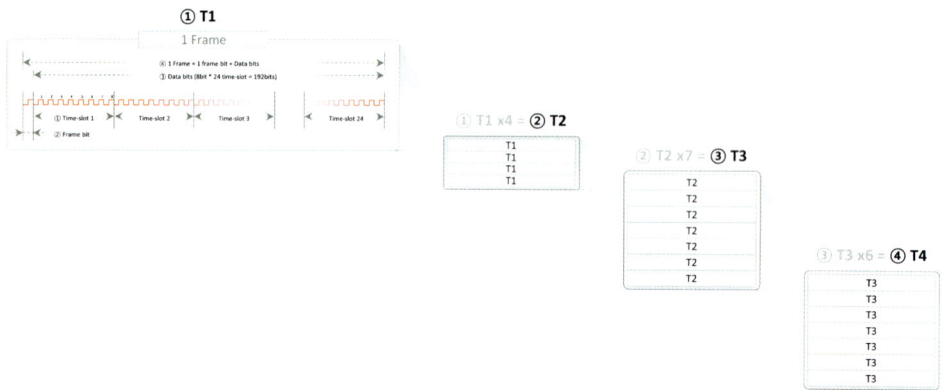

▶ 그림 6.5 T-carrier의 DH 구조

E-carrier의 DH 구조는 T-carrier와 세부적인 부분에서 약간 차이가 있으나 낮은 계위들을 모아서 더 높은 계위의 속도를 만든다는 점은 같습니다. T-carrier와 E-carrier는 PDH, 즉 Plesiochronous + DH 기술입니다.

DS

T-carrier, E-carrier를 DS$^{\text{Digital Signal}}$라는 명칭으로 구분 짓기도 합니다.

> **Tip.** 좀 더 정확히 말하자면 T-carrier는 AT&T가 최초 표준화하면서 붙인 이름이고, DS는 ANSI에서 이를 정식 표준화하면서 붙인 명칭입니다.

DS-n	T-carrier			E-carrier		
	T-n	타임-슬롯(채널)	대역폭	E-n	타임-슬롯(채널)	대역폭
DS-0	T0	1	64 Kbps	E0	1	64 kbps
DS-1	T1	24	1.544 Mbps	E1	32	2.048 Mbps
DS-2	T2	96 (T1 * 4)	6.312 Mbps	E2	128 (E1 *4)	8.448 Mbps
DS-3	T3	672 (T2 * 7)	44.736 Mbps	E3	512 (E2 * 4)	34.368 Mbps
DS-4	T4	4032 (T3 * 6)	274.176 Mbps	E4	2048 (E3 * 4)	139.264 Mbps
DS-5	T5	5760 (T1 * 240)	400.352 Mbps	E5	8,192	564.992 Mbps

▶ 표 6.2 T-carrier, E-carrier의 DS 종류

다만 DS-1이라고만 하면 T1을 지칭하는 것인지 E1 지칭하는 것인지 명확하지 않기 때문에 E-carrier의 DS-1E처럼 알파벳 E를 붙여 좀 더 명확하게 구분하기도 합니다. 참고로 표의 가장 마지막에 회색으로 표기한 E5 규격은 ITU-T에서 표준화한 것이 아닌, 벤더들이 자체적으로 개발한 규격입니다.

6.3 클락 동기화

모든 통신 장비는 클락을 동기화하는 과정, 즉 **클락 동기화**Clock Synchronization라는 과정을 거칩니다. 이번 학습에서는 클락과 여러 클락 동기화 방안에 대해 심도 있게 살펴보고자 합니다.

1 클락

클락은 데이터(예. 전기, 광 신호)를 읽는 주기Interval로, 데이터를 읽을 시점을 알려 주는 신호입니다. 음악을 연주할 때 틱-틱- 하고 정확한 박자를 알려 주는 메트로놈과 유사한 역할이라고 볼 수 있습니다. 통신 장비를 포함한 대부분의 전자기기들은 내부에 클락을 만들어 내는 장치, **발진기**Oscillator를 가지고 있습니다. 그런데 이 발진기는 태생적인 큰 문제를 하나 가지고 있습니다. 발진기들이 만들어 내는 클락은 아주 조금씩 차이가 있다는 점입니다.

대표적인 예로 자동차 방향 지시등이 있습니다. 만약 차량 두 대의 방향 지시등을 동시에 키면 하루 종일 켜 둬도 동시에 깜빡일까요? 하루가 아니라 1년, 10년 동안 켜 둔다면 그동안 한 번도 틀어지지 않고 똑같은 주기로 껐다 켜질 수 있을까요? 아닐 것입니다. 현실 세계의 모든 발진기는 아주 높은 정확도를 가지고 있다 하더라도 완벽하게 같을 수 없습니다. 따라서 전자 기기 내부에 있는 발진기의 클락이 다르더라도 서로의 클락을 조율해서 데이터를 보내고 해석할 수 있도록 도와주는 기술, 클락 동기화가 필요합니다.

발진기

통신 장비 내부에 주파수(클락)를 공급해 주는 발진기는 최대한 안정적으로 주파수(클락)를 생성할 수 있어야 합니다. 자연계에 이러한 주파수를 만들어 내는 물질이 있습니다. 바로 **수정**Crystal입니다. 수정은 인입 전압이 불안정해도 꽤 안정적인 주파수를 만들어 내는 물질입니다.

▶ 그림 6.6 16 Mhz 수정 발진기(출처: unsplash.com/@harrisonbroadbent)

수정을 아주 얇게 자른 것을 **수정편**Quartz crystal이라고 합니다. 이 수정편을 이용해서 일정한 주파수, 즉 클락을 만드는 장치를 **수정 발진기**Quartz crystal oscillator라고 합니다. 수정 발진기는 Crystal(Xtal)과 Oscillators의 약자를 딴 XO라는 별칭으로 주로 불립니다. 네트워크 장비뿐 아니라 여러분이 사용하는 수많은 전자기기 내부에 이 XO가 있습니다. 물론 XO 외에도 다양한 종류의 발진기가 있지만 XO가 안정적이면서 저렴하기 때문에 가장 대중적으로 사용됩니다.

> **Tip.** XO에 사용하는 수정은 순도와 가격 때문에 천연 수정보다 인공 수정을 주로 사용합니다.

XO의 유형

XO를 완벽한 조건에서 운영할 수 있다면 매우 안정적인 주파수(클락)를 생산할 것입니다. 그러나 장비를 운영하는 환경은 그렇지 못한 경우가 많습니다. 따라서 외부 조건 변화에도 안정적인 클락을 생산할 수 있도록 개량된 XO들이 존재합니다.

XO는 온도 변화에 민감해 온도에 따라 생성되는 주파수가 달라집니다. 따라서 외부 온도 변화에도 안정적인 클락을 생산할 수 있도록 OCXO^{Oven-Controlled Crystal Oscillator}, TCXO^{Temperature Compensated Crystal Oscillator}와 같은 개량된 XO를 사용합니다. 또, XO는 인입 전력 변화에 둔감한 편이지만 전력 변화로 인한 주파수(클락) 변화가 전혀 없는 것은 아닙니다. 따라서 공급 전력 변화에도 더욱 일정한 클락을 생산할 수 있도록 VCXO^{Voltage Controlled Crystal Oscillator} 등과 같은 개량 XO 또한 존재합니다.

당연하게도 개량된 XO들은 일반 XO(SPXO^{Simple Packaged XO})보다 단가가 높기 때문에 장비 단가도 높아집니다. 따라서 벤더들은 상황에 따라 적절한 XO를 선택합니다. 예를 들어, 일반 이더넷 장비는 SPXO를 사용하지만 SyncE을 지원하는 이더넷 장비들은 OCXO 혹은 TCXO 등을 사용합니다.

원자 발진기

현재 기술로 가장 오차가 작은 발진기는 **원자 발진기**Atomic oscillator입니다. 원자 발진기는 원자 혹은 분자의 고유 진동수가 극도로 일정하다는 점에 착안하여 만든 발진기입니다(보다 자세한 내용은 'A 2.1 윤초' 참조). 원자 발진기는 주로 수은Mercury, 루비듐Rubidium, 세슘Cesium, 스트론튬Strontium, 이터븀Ytterbium 원자 등을 활용합니다. 이들 또한 외부 환경(전기장, 온도, 빛, 중력, 자기장 등)의 영향을 받을 수 있기 때문에 이를 얼마나 잘 제어하느냐가 성능과 가격을 결정합니다.

최근 원자 발진기가 많이 대중화되었지만, XO와 비교한다면 여전히 가격이 높은 편이므로 네트워크 장비 내부에 원자 발진기를 사용한 경우는 드뭅니다. 이보다는 원자 발진기에서 만들어진 클락을 전달받아 동기화하는 경우(클락 동기화)가 더 대중적입니다.

GPS

원자 발진기에서 만들어진 클락을 전달받는 여러 방법 중 가장 간편하면서 대중적인 방법은 바로 **GPS**Global Positioning System입니다.

지구상에서 시간과 위치 정보가 가장 중요한 곳을 꼽으라면 어디일까요? 아마도 전쟁터일 것입니다. 잘못 전달되면 전쟁의 승패뿐 아니라 생명을 잃을 수 있기 때문입니다. 정확한 시간과 위치의 중요성을 깨달은 미국은 세계 어디서든 PNTPositioning, Navigation, Timing 정보를 받을 수 있는 시스템으로 GPS를 개발했습니다. 미국은 1978년 최초의 GPS 위성을 발사하고 GPS 위성 신호를 암호화하여 자신들만 이용했습니다. 그러던 와중 1983년 한국의 대한항공 비행기가 항법 장치 문제로 구소련 영공을 침범하여 소련 전투기의 오인 공격을 받고 그 자리에서 탑승객 전원이 사망하는 비극적인 사건이 발생합니다. 이 사건이 여러 계기 중 하나가 되어 미국은 민간에 GPS 신호를 개방하게 됩니다.

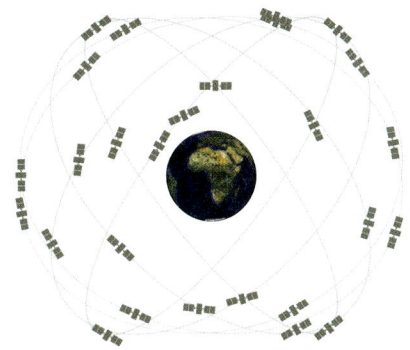

▶ 그림 6.7 GPS 인공 위성군 예시(출처: gps.gov/multimedia/images/constellation.jpg)

GPS를 정상적으로 운영하기 위해서는 24개 이상의 인공 위성이 필요합니다. 이 위성들은 서로 일정한 거리를 두고 지구를 공전하며 GPS 신호를 끊임없이 지상으로 보냅니다. 지상의 GPS 수신기는 도착한 (4개 이상) GPS 신호들의 시간 차이를 계산하여 자신의 위치와 현재 시각을 알게 됩니다.

GPS 수신기는 빛의 속도를 기반으로 신호를 분석하기 때문에 '정확한' 시간은 GPS 시스템의 생명과도 같습니다. 100만분의 1초라도 틀리면 현재 위치가 300 m 이상 잘못 표기될 수 있기 때문입니다. 오차를 최소화할 수 있도록 GPS 인공 위성에는 정확도가 매우 높은 원자 시계 Atomic clock 여러 개가 탑재되어 있고, 이 원자 시계에서 생성된 시간 정보를 GPS 신호로 전송합니다.

GPS의 장단점

GPS의 가장 큰 장점은 무료라는 점입니다. 큰 비용을 들여 원자 시계를 보유하지 않아도 '1000억분의 1초' 혹은 그 이하의 오차를 가진 GPS 신호를 누구든 무료로 이용할 수 있습니다. 덕분에 정확한 시간 정보를 알 수 있고, 이를 기반으로 매우 신뢰성 높은 클락을 만들 수 있습니다. 또, 지역적 한계를 극복한 덕분에 지상의 물리적 위치와 무관하게 전 세계 어디서든 매우 정확한 현재 시간과 클락을 받을 수 있다는 장점도 있습니다.

이처럼 GPS는 굉장히 매력적인 솔루션입니다. 태양을 바라보기만 해도 현재 시간을 알 수 있다면 얼마나 편할까요? 굳이 시계를 들고 다닐 필요가 없을 겁니다. 비슷하게 인공위성에서 보내는 GPS 신호를 잘 받아 해석하면 전 세계 모든 네트워크 장비가 안정적으로 클락을 동기화할 수 있습니다.

그러나 그만큼 불안 요소도 있습니다. 가능성은 낮지만 미국이 언제든 민간에 개방한 GPS 신호를 차단할 수 있습니다. 또, 건물 내부와 같이 차폐된 환경에서는 GPS 신호를 받을 수 없으며 GPS 신호가 회선을 통해 오는 것이 아니라 대기를 통해 전달되기 때문에 기상 조건에 따라 수신이 매우 불량할 수 있습니다. 즉, 기상 조건에 따라 클락을 받을 때도 있고 못 받을 때도 있기 때문에 100% GPS 신호에만 의존하기 어렵습니다.

최근 들어 세슘 원자 시계만큼 정확하지는 않지만, 이보다 저렴한 루비듐 원자 발진기를 자체 보유한 **GPS 클락 마스터**Clock master들이 존재합니다. 이들은 GPS 신호를 메인으로 사용하되 GPS 신호가 불안정한 환경에서는 자체 발진기를 이용하여 클락을 생성합니다.

GPSDO

GPS 신호를 받아 클락을 생성하고, 이를 네트워크 장비에 공급하는 장비를 흔히 GPS 클락 마스터 장비라고 합니다. 이 장비는 GPS 신호를 받아 주파수(클락)를 생성하는 **GPSDO**GPS Disciplined Oscillators(GPS 클락)를 내부에 가지고 있습니다. GPSDO는 GPS의 시간 신호를 받을 수 있을 때는 GPS 신호를 이용하여 클락을 생성하고, GPS 신호를 받을 수 없을 때는 내부 발진기를 이용하여 클락을 생성합니다.

이렇게 생성한 클락은 여러 경로를 통해 네트워크 장비로 전파됩니다. 라우터(혹은 전화 통신망에 설치되는 네트워크 장비들)은 GPS 클락 마스터가 생산한 클락을 받을 수 있게끔 별도의 GPS 클락 입력 단자가 존재합니다.

클락 지터

TDM 특성상 전송할 데이터가 없다면 비어 있는 데이터(예. 0000⋯)를 채워서라도 트래픽은 항상 흘러야 합니다. 따라서 송수신 장비 간 데이터(전기 신호)를 읽는 주기, 정확히 말해 **클락 사이클**Clock cycle이 달라지는 것에 특히 민감합니다. 다음 그림을 통해 클락 사이클에 대해 보다 자세히 살펴보겠습니다.

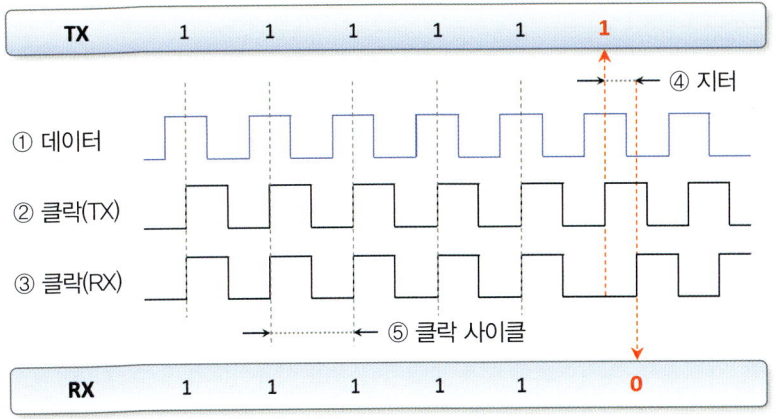

▶ 그림 6.8 클락 지터 예시

그림에서 ② 클락(TX)는 일정하지만 ③ 클락(RX)는 일시적인 딜레이(빨간색 선)가 발생했습니다. 이로 인해 ① 데이터를 읽을 시점이 틀어져 TX는 1로 보냈지만 RX는 0으로 해석하게 됩니다. 해당 시점 이후로 ③ 클락(RX)는 ② 클락(TX)와 완전히 달라질 것이고 결국 RX는 마치 답안지를 밀려 쓴 것처럼 데이터를 모두 잘못 해석할 것입니다.

이처럼 클락 패턴이 빨라지거나 느려지는 등의 현상을 ④ **클락 지터**Clock jitter 또는 **클락 변동**Clock wander이라고 합니다. 사실 정도의 차이가 있을 뿐 모든 발진기는 클락을 만들어 낼 때 외부 환경 등으로 인해 미세하게 흔들립니다. 현존하는 그 어떤 기술로도 절대 틀어지지 않는 완벽한 클락을 만들어 내는 방법은 존재하지 않습니다.

다시 말해 발진기들의 ⑤ 클락 사이클은 정도의 차이가 있을 뿐 언제든지 오차가 발생할 수 있습니다. 따라서 물리적으로 떨어져 있는 장비 간에 클락을 맞추기 위한 기술, 즉 클락 동기화가 필요합니다.

2 클락 동기화

통신 장비들이 클락을 전달받는 방법에는 다음 3가지가 있습니다.

- 자체 발진기 사용: 프리-런 모드
- 주기적으로 클락 신호 수신
- 데이터와 클락 신호를 같이 섞어 송수신

자체 발진기 사용: 프리-런 모드

프리-런Free-run 모드는 송수신 장비 간에 클락을 보내지 않고 장비 내부 발진기에서 생성된 클락을 사용하는 방식입니다. 일반적으로 프리-런 모드는 최후의 수단으로 사용합니다. 장비 내부 발진기 성능이 극히 좋은 경우라면 프리-런 모드도 문제가 없겠지만, 대부분의 경우 통신 오류 가능성이 높기 때문입니다.

프리-런 모드는 디자인, 설정 오류 혹은 일시적인 장애 등 운영 환경이 좋지 않을 때 일시적으로 동작하는 경우가 일반적입니다. 부득이하게 외부 클락(레퍼런스 클락 혹은 클락 소스Clock source)을 받지 못하는 기간 동안 일시적으로 내부 발진기 클락을 사용하다가 외부 클락이 공급되기 시작하면 다시 외부 클락을 사용합니다.

> **Tip.** 외부 클락 소스에 접근할 수 없어서 내부 발진기를 사용하는 프리-런 모드를 홀드오버Holdover라고도 합니다.

주기적인 클락 신호 수신

외부에서 받은 클락을 활용하여 자신의 클락을 맞추는 과정을 **클락 동기화**Clocking라고 하며 구현하는 방법으로 클락 정보를 주기적으로 전달받는 방식과 지속적으로 전달받는 방식이 있습니다. 주기적으로 클락 정보를 전달하는 방식은 패킷 등으로 클락 정보를 보냅니다. 예를 들어, 이더넷용 클락 동기화용 프로토콜인 IEEE1588(PTP)는 마스터 → 슬레이브로 클락 관련 패킷을 주기적으로 보냅니다.

이처럼 데이터 구간을 사용하여 클락용 신호(예. 패킷)를 보내면 그만큼 데이터 B/W 소모가 불가피하지만, 영향을 주지 않을 정도로 매우 소량만 보내는 경우가 일반적입니다. 사실 B/W 소모보다는 QoS 적용이 원활하지 않은 환경에서 클락 패킷 유실 혹은 지연이 더 크게 문제되는 편입니다.

데이터와 클락 신호를 같이 섞어 송수신

지속적으로 전달받는 방식으로 데이터와 클락을 한 번에 전송하는 방법이 있습니다. 다음 그림은 데이터와 클락을 함께 전송하는 라인 코드 예시인 **맨체스터 코드**Manchester code입니다.

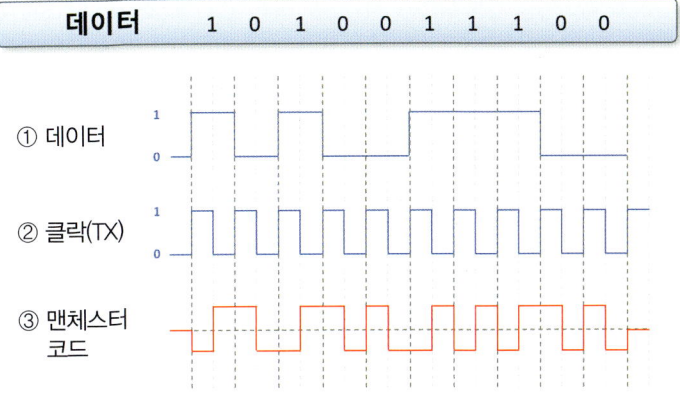

▶ 그림 6.9 맨체스터 코드 예시

① 데이터	0	0	1	1
② 클락	0	1	0	1
③ 맨체스터 코드	1	1	1	0

▶ 표 6.3 맨체스터 코드용 XOR 계산식

맨체스터 코드는 비용이 높습니다. 그림을 보면 ① 데이터에 비해 실제 전송되는 ③ 맨체스터 코드가 훨씬 촘촘해진 것을 볼 수 있습니다. 맨체스터 코드를 이용할 경우 100개의 데이터를 보낼 때 클락을 같이 섞어 보내기 위해 실제 전기 신호는 200번 전송됩니다. 이를 **라인-코딩 오버헤드**Line-coding overhead가 100%라고 표현합니다.

> **Tip.** 100개의 데이터를 보내는 데 10개의 클락 신호를 합쳐 총 110개의 신호를 보냈다면 라인-코딩 오버헤드는 10%가 됩니다.

10 Mbps 이더넷 표준인 10 BASE-T가 맨체스터 코드를 사용했습니다. 쉽게 말해 10 BASE-T에서는 10 Mbps의 데이터를 보내기 위해 10 Mbps의 데이터 + 10 Mbps 클락 = 총 20 Mbps(20 Mhz)로 통신해야 했습니다.

3 PLL

앞서 살펴본 것처럼 맨체스터 코드 방식은 비용(라인 코딩 오버헤드)이 무척 높습니다. 허나 큰 비용을 들이지 않고 데이터와 클락을 한 번에 송수신할 수 있는 방법이 있습니다. 바로

PLL[Phased Locked Loop]입니다. PLL에는 여러 종류가 있는데 가장 대표적인 세 종류는 다음과 같습니다.

- **PLL**: 아날로그 PLL이라고도 하며 가장 전통적인 구성으로 모든 컴포넌트가 아날로그로 되어 있습니다.
- **DPLL**[Digital PLL]: 위상 검출기가 디지털로 되어 있습니다.
- **ADPLL**[All Digital PLL]: 위상 검출기를 포함해 필터와 VCO까지 모두 디지털입니다.

다음 그림과 같이 전기 신호의 양(+)과 음(-)이 바뀌는 순간을 **제로 크로싱**[Zero crossing](부호 변환점)이라고 합니다. PLL은 이 제로 크로싱을 지켜봐서 클락의 주기를 파악하고 클락을 동기화합니다.

> **Tip.** 광 신호의 경우에는 광 신호 자체를 모니터링하는 것이 아니라 광 송수신기에서 전기로 변환된 신호를 모니터링합니다.

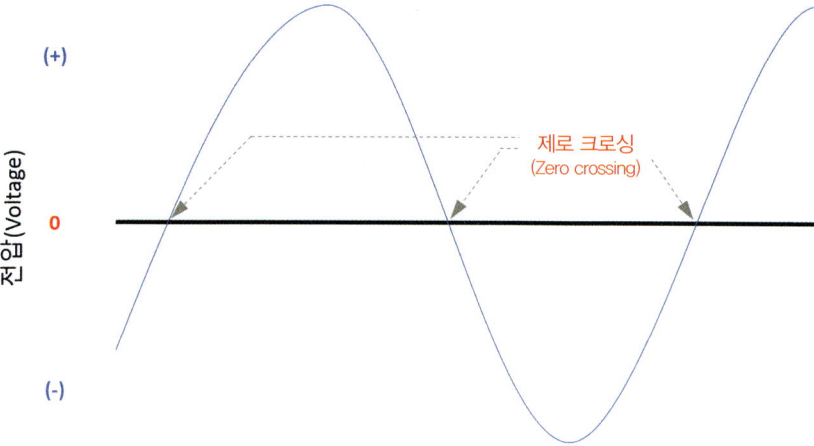

▶ 그림 6.10 제로 크로싱

꼭 제로 크로싱이 아니라 클락 펄스가 변경되는 순간, 쉽게 말해 0에서 1로 바뀌거나 1에서 0으로 바뀌는 순간을 모니터링할 수도 있습니다. 또한 전압이 피크되는[Voltage peak] 구간에서 클락을 추출할 수도 있습니다. 다만 감쇠의 영향을 받을 수 있기 때문에 보편적이지 않습니다.

PLL 주요 컴포넌트 및 동작 방식

PLL 신호가 들어오는 회선을 **라인 클락**[Line clock]이라고 합니다. 이때 라인 클락을 보내는 장비의 (소스[Source]) 클락을 **마스터 클락**[Master clock]이라 하고, 반대로 마스터 클락을 받아 동기화하는 클락을 **슬레이브 클락**Slave clock이라고 합니다. 다음 그림은 PLL의 3가지 메인 컴포넌트를 그려 둔 것입니다.

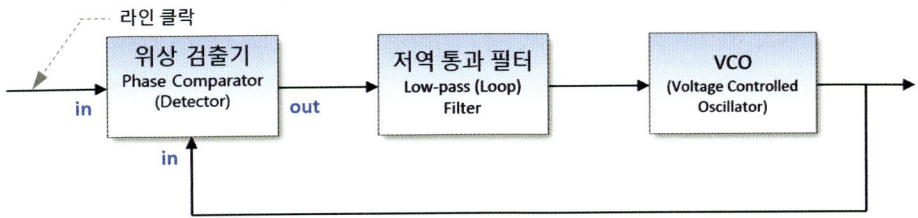

▶ 그림 6.11 PLL 구성도

- **위상 검출기**Phase comparator(detector) : 신호가 들어오는 라인 클락의 제로 크로싱을 모니터링하여 주기를 파악하고 이를 VCO에서 생성된 출력과 비교하여 그 차이만큼 DC 전력을 생산합니다.
- **저역 통과 필터**Low-pass(Loop) filter : 특정 주파수 이하 주파수만을 통과시킴으로써 노이즈를 없애 주는 필터입니다.
- **VCO**Voltage Controlled Oscillator : 위상 검출기에서 생성된 DC 전류가 VCO로 입력되면 클락 생성 주파수가 달라집니다. 예를 들어, 마스터 클락에 비해 슬레이브 클락이 더 빠르면 (위상 검출기가 생성한 펄스에 의해) 입력 전원이 낮춰지면서 슬레이브 클락이 느려지게 됩니다.

PLL의 위상 검출기는 입력 신호의 제로 크로싱과 내부 발진기Oscillator가 만들어 내는 클락의 차이만큼 DC 전력를 다르게 생산합니다. VCO는 그 변화량만큼 슬레이브 클락을 조정하여 마스터 클락에 맞추는 장치입니다.

PLL은 클락을 위해 별도 통신을 하지 않아도 받은 데이터 신호(라인)를 기반으로 클락을 동기화합니다. IEEE1588(PTP)처럼 별도 외부 통신이 필요하지 않으며 순수하게 장비 내부에서 제로 크로싱을 모니터링하여 독자적으로 클락을 동기화하는 장치입니다.

PLL은 저렴하면서도 대단히 효율적이기 때문에 매우 다양한 전자기기 내부에 들어 있습니다. 대부분의 네트워크 장비도 PLL을 사용하는데, TDM(PDH/SDH)뿐 아니라 이더넷도 PLL을 통해서 클락을 동기화합니다.

> **Tip.** PLL과 유사한 CDRClock and Data Recovery이라는 회로도 있습니다. CDR은 PLL에 비해 매우 높은 정확도로 클락을 추출하여 데이터를 읽는 기술입니다.

6.4 SONET/SDH

PDH와 클락 동기화를 알아보았으니 이제는 TDM 기술의 끝판왕이라고 할 수 있는 SONET/SDH에 대해 살펴볼 준비가 된 것 같습니다. 먼저 간략한 역사부터 살펴보겠습니다.

AT&T 벨AT&T Bell에서 T-carrier를 개발했고 ITU-T에서 T-carrier를 기반으로 E-carrier를 표준화한 것처럼 SONET과 SDH도 각기 표준화한 기관이 다릅니다. **SONET**Synchronous Optical NETworking은 1980년대부터 미국의 벨코어Bell Communications Research에서 개발되기 시작하여 1988년 ANSI T1.105 및 T1.106 그리고 1994년 텔코디아Telcordia[4] GR-253-CORE 등으로 표준화되었습니다. **SDH**Synchronous Digital Hierarchy는 1988년 유럽의 ITU-T G.707을 시작으로 G.708, G.709와 같은 관련 표준이 발표되었습니다. T-carrier, E-carrier와 유사한 역사적 배경으로 SONET은 북미권에서, 그 외 지역에서는 SDH가 주로 사용되었습니다.

SONET과 SDH는 세세한 부분은 조금씩 다르지만 핵심적인 부분은 동일한 포맷을 가지고 있어 매우 유사할 뿐 아니라 호환 또한 가능합니다. 따라서 업계에서는 사실상 같은 표준으로 취급하는 경향이 강합니다. 이에 많은 문헌에서 SONET과 SDH를 구분하지 않고 SONET/SDH라고 표기합니다. 이 책 또한 특수한 경우를 제외하고 SONET/SDH로 통합 표기할 예정입니다.

1 PDH의 한계점

SONET과 SDH는 PDH의 단점들을 보강하여 탄생한 프로토콜입니다. 이를 보다 잘 이해할 수 있도록 이번 학습에서 PDH의 한계점에 대해 살펴보고 SONET/SDH는 이를 어떻게 극복하였는지 알아보고자 합니다.

---

[4] 벨 커뮤니케이션즈는 미국을 기반으로 성장한 회사로 벨코어Bellcore라고도 불렸으며 현재는 텔코디아Telcordia, 아이커넥티브Iconectiv순으로 이름이 바뀌었습니다. 벨코어는 여러 네트워크 표준을 만들었으며 NEBS를 주관하는 회사로 잘 알려져 있습니다. 참고로 벨코어와 T-carrier을 만든 AT&T 벨 연구소 모두 설립 배경에 AT&T가 직간접적으로 연관되어 있으나, 두 회사 간에 직접적인 관련은 없습니다.

거의 같은 시간(유사 동기)

PDH는 Plesiochronous(유사동기식) + DH입니다. Plesiochronous는 plēsios(거의 같은) chronos(시간)이라는 그리스어 합성어로, 클락을 완전히 동기화하는 것은 아니지만 거의 동기화한 것처럼 동작한다는 의미입니다. 어렵죠? 이를 이해하기 위해서는 먼저 **시간 동기 네트워크**Synchronous network에 대해서 이해해야 합니다

> **Tip.** 시간 동기 네트워크는 동기망, 동기식 통신망 또는 동기 네트워크라고 불리기도 합니다.

시간 동기 네트워크는 네트워크에 있는 모든 네트워크 장비가 하나의 통일된 마스터 클락에 맞춰 다 같이 움직이는 네트워크입니다. 만일 네트워크에 장비 100대가 있다면 그 모든 장비가 하나의 마스터 클락을 전파받고 이 마스터 클락에 동기화해야 합니다. 예를 들어, 모바일 통신망 LTE **모바일 백홀**Mobile BackHaul(MBH)은 클락에 민감해서 전국에 흩어진 장비들의 클락이 한 몸처럼 동기화될 수 있어야 합니다.

바로 앞서 살펴본 PLL에서 PDH도 PLL을 사용하여 클락을 동기화할 수 있다고 했습니다. 그럼 PDH도 시간 동기 네트워크라고 볼 수 있지 않을까요? 그렇지 않습니다. PDH는 서로 이웃하는 장비끼리만 클락을 맞춥니다. 즉, 포트 단위로 서로 통신하는 장비 간에 클락이 동기화될 뿐 전체 네트워크의 모든 장비가 '통일된' 마스터 클락에 맞춰서 동작하는 것이 아닙니다. 따라서 동기화를 하기는 하지만 완전히 동기화하지 않는다는 의미로 '거의 같은 시간(Plesiochronous)'이라고 표현합니다. 이것이 PDH의 첫 번째 한계점입니다.

비트 스터핑, 펄스 스터핑, justification

T1은 24개 음성 채널(타임-슬롯)을 모아서 1.544 Mbps를 제공합니다. 이 T1을 4개 모으면 T2가 됩니다. 즉, T2에는 T1(24ch) * 4 = 총 96개 채널의 신호(데이터)가 모입니다. 헌데 이때 문제가 발생합니다. T2 먹스에 총 96개 채널의 신호가 항상 칼 같이 정확하게 도착할까요? 96개 가정 집에 놓인 전화기가 음성을 전기 신호로 변환할 텐데 각 가정에 놓인 전화기 클락이 완벽하게 일치해서 T2 먹스까지 칼 같은 클락으로 데이터가 전달될까요? 아닙니다. PDH는 시간 동기 네트워크가 아니기 때문입니다.

PDH에서 많은 채널 신호(데이터)를 모으다 보면 어떤 신호는 조금 **빠르고** 어떤 신호는 조금 느립니다. 이처럼 먹스까지 도달하는 데이터 속도가 약간씩 다른데, 어떻게 멀티플렉싱해서 하나의 회선으로 내보낼 수 있을까요? 예를 들어, 100 bps의 속도를 가진 10개의 채널을 먹스로

묶어서 1000 bps로 전송한다고 가정해보겠습니다. 10개 채널 중 어떤 채널은 99 bps로 도달하고, 또 어떤 채널은 101 bps로 도달합니다. 해당 프로토콜에서 허용하는 최대 편차가 95–105 bps라면 먹스로 묶어서 내보내는 최종 속도를 105 bps * 10 = 1050 bps로 하면 어떨까요?

그럼 105 bps로 오는 채널은 그대로 멀티플렉싱하면 됩니다. 만일 이보다 낮은 속도로 오는 채널이 있다면 중간중간 무의미한 신호(스터핑 비트$^{Stuffing\ bit}$)를 넣어서 105 bps로 만듭니다. 덕분에 각 채널의 속도 차이가 있을지라도 먹스하여 하나의 회선으로 내보낼 수 있게 됩니다.

이와 같은 과정을 **비트 스터핑**$^{Bit\ stuffing}$, **펄스 스터핑**$^{Pulse\ stuffing}$ 혹은 **Justification**이라고 합니다. 각기 다른 속도로 오는 데이터를 한 번에 모아 보내기 위해서 중간중간 일부러 0과 같은 불필요한 스터핑^{Stuffing} 신호를 넣음으로써 모든 채널의 속도를 균등하게 만드는 것입니다. 물론 약간의 로직이 더해집니다. ① 지금 보내는 채널 신호(데이터)의 비트 스터핑 삽입 여부를 알려 주고 ② 비트 스터핑이 들어갔다면 어느 부분에 스터핑 신호를 넣은 것인지 알려 줘야 합니다.

앞서 '6.2 PDH'의 '2. DH'에서 살펴봤던 표 6.2를 자세히 보면 DS-2는 DS-1을 4개 합한 것보다 136 Kbps 더 빠릅니다(1.544 * 4 = 6.176Mbps, 6.176Mbps + 0.136Mbps = 6.312 Mbps). 비트 스터핑 로직을 위해 T2로 모을 때 T1 프레임 4개를 모으고 그 뒤에 17 bit씩 더 붙이기 때문입니다. 그 상위 속도(DS-3, DS-4)도 마찬가지로 비트 스터핑으로 인해 하위 채널의 본래 속도보다 조금씩 더 높은 속도로 표준화되었습니다.

비록 비트 스터핑 덕분에 속도 편차가 있는 하위 데이터를 하나로 모을 수 있지만, 비트 스터핑은 로직을 복잡하게 하며 비트 스터핑만큼 B/W를 희생하는 구조입니다. 그럼에도 PDH의 경우 하위 데이터의 통신 속도가 균일하지 못하기 때문에 불가피하게 비트 스터핑을 사용해야 했습니다.

디멀티플렉싱

PDH의 DH 과정은 내용물을 마치 박스로 겹겹이 감싸는 형태입니다. 예를 들어, 32개의 채널을 묶어 T1이라는 박스를 하나 만들고, 그 박스 위에 송장을 붙입니다. 그 다음에 T1 박스 4개를 모은 뒤 T2라는 새로운 박스에 넣고 다시 송장을 붙입니다. 이렇게 단계가 올라갈수록 기존 내용물을 새로운 박스에 담는 과정을 반복합니다.

이와 같은 멀티플렉싱 과정은 PDH의 주요 약점 중 하나입니다. 예를 들어, T4에서 한 채널(타임-슬롯)의 데이터를 복원(디멀티플렉싱)하려면 T4에서 T3를 복원하고, 다시 T3에서 T2를 복원하고, T2에서 T1을 복원한 뒤 비로소 T1에서 해당 채널을 복원합니다. 즉, PDH의 단계가 높아질수록 원본 데이터를 복원하기 위한 프로세싱 비용이 정비례하여 커집니다.

호환성 이슈

T-carrier와 E-carrier는 서로 호환되지 않습니다. 따라서 T-carrier를 사용하는 북미, 일본 국가들과 E-carrier를 사용하는 다른 국가들이 서로 통신할 때 호환성 문제가 발생할 수밖에 없었습니다. 심지어 복원(디멀티플렉싱) 과정마저 복잡하니 서로 통신(통화)하기 위해서 과도한 투자가 불가피했습니다.

지금까지 살펴본 것처럼 PDH는 여러 한계점을 가지고 있었습니다. 때문에 T5와 E4 규격을 마지막으로 더 이상 PDH를 발전시키지 않고 대신 SONET/SDH라는 새로운 프로토콜 표준을 만들게 되었습니다.

2 SONET/SDH의 강점

SONET/SDH는 기존 PDH 기술과 달리 다음과 같은 강점들을 가지고 있습니다.

- 대역폭
- 호환성
- OAM
- 시간 동기 네트워크
- APS
- 멀티플렉싱

대역폭

SONET/SDH는 PDH 이후에 표준화되었기 때문에 지원되는 대역폭이 훨씬 높습니다. PDH의 가장 높은 속도가 500 Mbps 남짓인 반면 SONET/SDH는 (OC-1/STM-0) 155 Mbps를 시작으로 다음 표와 같이 최대 약 40 Gbps 속도를 제공합니다.[5]

---

[5] 2025년 4월 기준 79.626 Gbps(≈ 80 G)를 지원하는 OC-1536(STM-512)과 159.252 Gbps(≈ 160 G)를 지원하는 OC-3072(STM-1024)는 공식 표준화되지 못했으며 기약이 없는 상태입니다.

SONET	SDH	페이로드(Mbps)	대역폭(Mbps) / ≈	
OC-1 / STS-1	STM-0	50.11	51.84 ≈	51 M
OC-3 / STS-3	STM-1	150.33	155.52 ≈	155 M
OC-12 / STS-12	STM-4	601.34	622.08 ≈	622 M
OC-24 / STS-24	–	1202.68	1244.16 ≈	1.2 G
OC-48 / STS-48	STM-16	2405.37	2488.32 ≈	2.5 G
OC-192 / STS-192	STM-64	9621.50	9953.28 ≈	10 G
OC-768 / STS-768	STM-256	38486.01	39813.12 ≈	40 G

▶ 표 6.4 SONET/SDH의 속도

참고로 표에서 SONET의 상세 규격으로 OC와 STS가 있습니다. STS는 Synchronous Transport Signal의 약자로, 전기를 이용한 SONET 표준이고, OC는 Optical Carrier의 약자로, 광 통신 SONET 표준입니다. 즉, 매체에 따라 명칭이 다르게 표기된 것입니다.

호환성

표 6.4에서 볼 수 있듯이 SONET과 SDH는 서로 매칭되는 등급에서 동일한 대역폭을 제공합니다. 이는 우연이 아닙니다. SONET과 SDH는 엄밀히 말하자면 다른 프로토콜입니다. 구체적으로, 멀티플렉싱 과정과 내부 오버헤드, 쉽게 말해 헤더가 약간 다릅니다. 그러나 그림 6.12처럼 한눈에 보아도 동일 등급인 SONET STS-1과 SDH STM-0 프레임 구조가 매우 유사하다는 것을 볼 수 있습니다.

PDH 프로토콜(T-carrier와 E-carrier)은 대역폭뿐 아니라 프레임 구조까지 완전히 달라 서로 호환되지 못했습니다. SONET/SDH는 동일한 실수를 하지 않도록 표준화 개발 초기부터 (비록 디테일한 부분들은 다소 차이가 나지만) 서로 호환되도록 설계되었습니다. 덕분에 세부 포맷 사이즈, 특히 데이터 영역 사이즈가 완벽하게 동일하여 손쉽게 호환이 가능합니다. 마치 트럭 운전석 구조가 달라도 컨테이너 사이즈 및 구조가 동일하다면 컨테이너를 바꾸는 것이 가능하듯이 SONET/SDH도 간단한 프로세싱을 거쳐 데이터 호환이 가능합니다. 덕분에 네트워크 벤더들이 장비를 만들 때 두 프로토콜 모두 지원하는 모듈(ASIC)을 어렵지 않게 만들 수 있습니다.

SONET/SDH 프레임 구조, 대역폭

이번에는 SONET(STS-1) 및 SDH(STM-0) 프레임 구조에 대해 조금 깊이 있게 살펴보고자 합니다. 다음 그림에서 위에 있는 SONET(STS-1) 프레임은 총 몇 bytes일까요? SONET/SDH에서는 프레임을 행^{Column}과 열^{Row}로 구분하는데, STS-1 프레임의 전체 크기는 가로로 총 90행, 즉 90 bytes이고 세로로 9열, 즉 90 bytes * 9 rows = 810 bytes입니다(이러한 구조를 Bytes Matrix라고 부릅니다.). 그렇다면 실제 회선으로 전송^{Serialization}할 때 행과 열은 어떤 형태로 전송될까요?

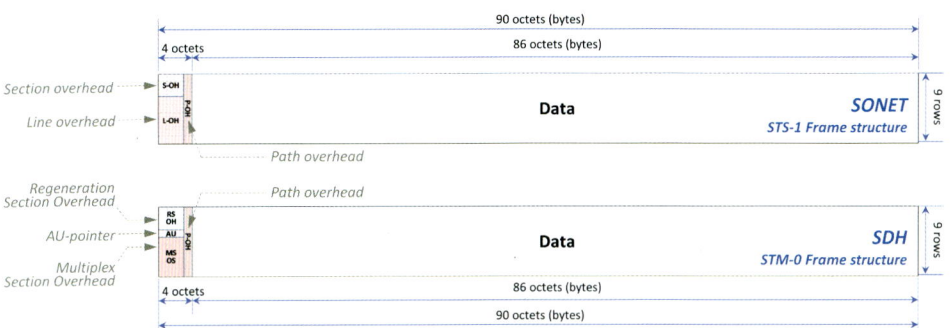

▶ 그림 6.12 SONET(STS-1) 및 SDH(STM-0) 프레임 구조 비교

가장 좌측 상단부터 우측으로 1열을 보냅니다(좌 → 우). 가장 위 첫 번째 열을 전송했다면 그 아래 두 번째 열을 전송합니다. 그림상 STS-1은 총 9개의 열을 가지고 있으므로 이 과정을 총 9번 거치면 비로소 하나의 프레임 전송이 끝납니다.

> **NOTE SONET/SDH 대역폭 계산**
>
> 하나의 STS-1 프레임은 810 bytes입니다(동일한 B/W인 SDH STM-0도 프레임 크기가 같습니다.). 그리고 이 프레임을 초당 8000번 보냅니다. 따라서 SONET STS-1의 대역폭은 810 bytes * 8000 frames/sec * 8 (bytes to bits 변환) = 51.84 Mbps가 됩니다.
>
> 8000번이라는 숫자가 왠지 낯익지 않은가요? 네, 그렇습니다. 전화 통신의 125 us를 맞추기 위해 모든 SONET/SDH 프레임의 전송 속도는 (B/W와 관계없이) 언제나 초당 8000번 전송될 수 있도록 설계되어 있습니다.

OAM

SONET/SDH는 매우 완성도 높은 OAM을 지원합니다. OAM이란, 각각 Operations(운영), Administration(관리), Maintenance(유지 보수)를 의미합니다. 이 세 단어의 의미가 매우 광범위하다 보니 모호하게 해석되기도 하는데, IETF에서 발행한 문서 **RFC 6291**[6]에서는 다음과 같이 정의하였습니다.

- **Operation(운영 활동)**: 네트워크 모니터링 및 이슈 분석처럼 네트워크(및 해당 네트워크를 이용하는 서비스)의 정상 동작을 밑받침해주는 활동들입니다. 관련된 이슈들은 실제 유저에게 영향이 미치기 전에 감지되어야 합니다.
- **Administration(관리 활동)**: 네트워크 리소스 및 사용 현황을 추적하는 것입니다. 네트워크 및 네트워킹 리소스 및 대한 적절한 부기[7]가 필요할 수도 있습니다.
- **Maintenance(유지 보수 활동)**: 장비 교체 시기, 라우터 OS 패치 혹은 신규 스위치 설치처럼 수리 및 업그레이드에 초점을 맞춘 활동입니다. 장비 설정 및 파라미터 최적화와 같이 네트워크를 보다 효과적으로 운영될 수 있도록 해주는 교정, 예방 조치 등도 이에 포함됩니다.

한 마디로 정리하자면 OAM은 네트워크 장비 상태 및 이상 모니터링 그리고 원격 접속 등을 통하여 네트워크 및 관련 서비스가 안정적으로 운영되도록 지원해주는 모든 기능을 총칭하는 용어입니다.

OAM의 장단점

프로토콜에 OAM 기능이 많은 경우와 적은 경우 장단점이 있습니다. OAM 기능이 많으면 프로세싱 비용이 높기 때문에, 쉽게 말해 ASIC을 만들기 어렵기 때문에 장비 단가가 상승하고 OAM 제공을 위한 B/W(오버헤드)가 소모됩니다. 반면 실시간으로 이슈 감지를 할 수 있고 어떤 이슈가 발생했는지 구체적으로 알 수 있기 때문에 손쉽게 장애 처리를 할 수 있습니다.

이더넷처럼 OAM 기능이 약한 프로토콜의 경우 자체적으로 이슈 발생 여부를 알려 주지 않기 때문에 장애 감지와 조치가 어렵습니다. 따라서 이슈 발생 시 운영자가 상세 분석^{Drill down}하여 해결해야 하며 운영자의 능력에 따라 이슈 처리 속도가 크게 달라집니다. 반면 프로세싱 비용이 낮기 때문에, 쉽게 말해 ASIC을 만들기 쉬워져 장비 단가가 낮아집니다.

---

6 RFC 6291(2011), Guidelines for the Use of the "OAM" Acronym in the IETF, Section 3. Recommendations on the Use of the "OAM" Acronym
7 부기(簿記, bookkeeping): 사업에서 발생한 지출과 매출을 기록하는 장부

OAM 섹션

SDH에서는 보다 면밀한 감시를 위해 그림 6.13과 같이 네트워크 구간을 **섹션**Section이라는 개념으로 구분하고, 각 섹션별로 나누어 OAM을 수행합니다.

- **POH**Path section : 가장 큰 범위입니다. PTE[8] 사이 엔드 투 엔드 전체 구간입니다.
- **MSOH**Multiplex section : SONET/SDH도 T-carrier, E-carrier처럼 멀티플렉싱을 합니다. 이에 따라 WDM의 ROADM과 유사하게 SONET/SDH 구간 중간(혹은 경로 끝)에서 전체 혹은 일부 채널을 빼거나 넣는 장치, 즉 ADMAdd/Drop Multiplexer이 필요합니다. 그림 6.13에서 ADM은 양 끝단의 PTE에 2개, 경로 중간에 1개 있습니다. 멀티플렉스 섹션은 PTE, ADM 등으로 인해 멀티플렉싱이 변경되는 구간을 모니터링합니다.
- **RSOH**Regenerator section : 전기뿐 아니라 빛 또한 전송 거리가 멀어지면 신호가 약해지며, 일정 수준 이하로 낮아지면 신호 해석이 불가능 해집니다. 따라서 일정 간격으로 재생기(REG)를 두어 신호를 다시 복원합니다. SONET/SDH 프로토콜은 장거리 전송용으로 많이 사용되었기 때문에 재생기가 많이 사용됩니다. 재생기는 단순 증폭기가 아니라 광 신호를 전기 신호로 바꿨다가 다시 광 신호로 바꾸는데, 이때 오류 체크 및 재생기 섹션 관련 모니터링을 수행합니다.

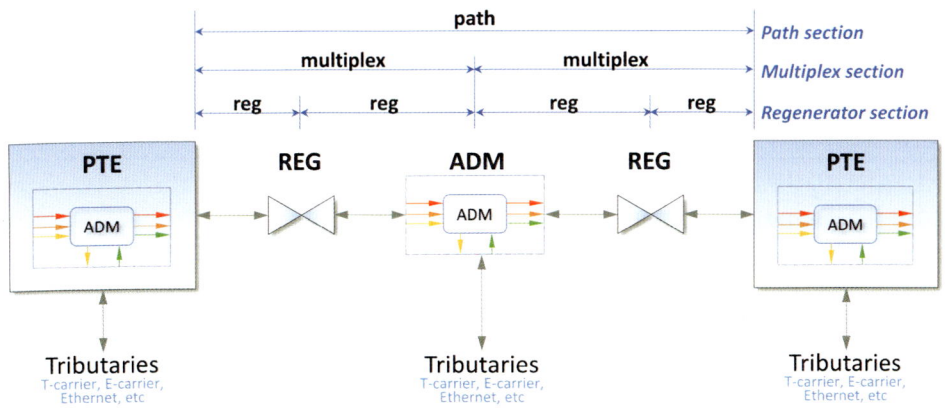

▶ 그림 6.13 SDH의 OAM 섹션

Path 섹션 감시를 위해 사용하는 헤더, 즉 OHOverhead를 짧게 POHPath Section Overhead라고 합니다. 멀티플렉스 섹션용 오버헤드는 MSOH, 재생기 섹션용 오버헤드는 RSOH라고 합니다(그림 6.12의 SDH 프레임 구조 참고).

---

[8] PTE는 Path Terminal Equipment의 약자로, Path가 완전히 끝나는 (양 끝) 장비를 말합니다.

OAM 오버헤드 사이즈

SONET/SDH와 같은 TDM 기반 기술은 OAM 기능이 강력합니다. 그림 6.12를 보면 STS-1, STM-0의 오버헤드는 전체 프레임 사이즈 810 bytes 중 9열 * 4행 = 36 bytes로, 약 4%라는 작지 않은 용량입니다. 이처럼 작지 않은 공간을 오버헤드 용도로 사용하는 것은 TDM 기술이 '전화 통화'를 전제로 개발되었기 때문입니다. 전화 통화는 항상 실시간으로 전송되어야 하기 때문에 재전송을 하지 않도록 네트워크 안정성을 높이는 노력을 많이 합니다.

STM-0 오버헤드

다음 그림은 그림 6.12의 SMT-0 프레임에서 POH를 제외한 오버헤드를 자세히 그린 것입니다.

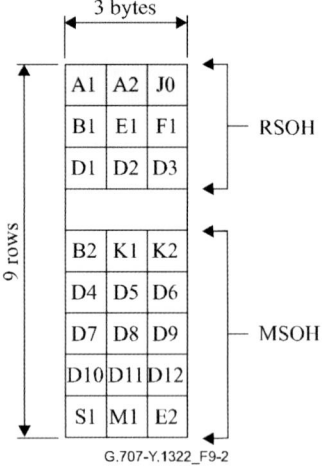

▶ 그림 6.14 STM-0 SOH(출처: International Telecommunication Union, ITU-T Recommendation, G.707/Y.1322, 01/2007 Figure 9-2)

다음 그림에서 STM-1은 STM-0의 3배의 B/W를 제공하는데, 오버헤드도 딱 3배로 커졌습니다. SONET/SDH는 통신 속도가 빨라지면 오버헤드를 STM-0의 배수만큼 늘리고 그 뒤에 데이터 부분, 즉 SPE$^{Synchronous\ Payload\ Envelope}$도 그 배수만큼 늘리는 구조를 가지고 있습니다.

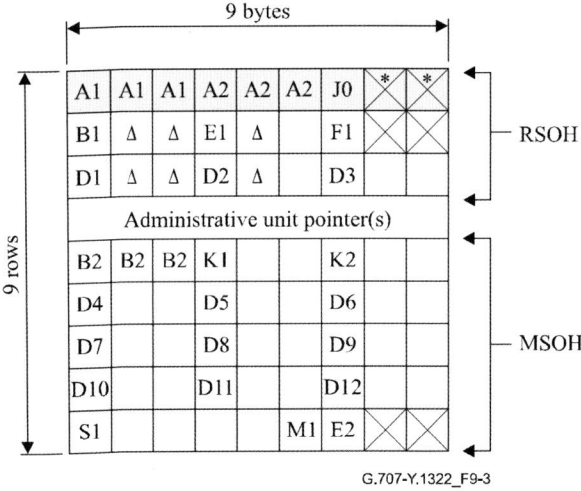

▶ 그림 6.15 STM-1 SOH[9]

단, 그림 6.12에서 SOH와 SPE(데이터) 사이에 있는 POH 칼럼은 Path 섹션을 감시하는 오버헤드이므로 STM 속도에 비례하여 열이 늘어나지 않고 단 한 번, 즉 한 열만 붙게 됩니다.

STM-0 오버헤드 종류

그림 6.14에서 볼 수 있는 알파벳 + 숫자로 구성된 모든 오버헤드는 각각의 기능이 있으며 각 사이즈는 1 byte입니다. SDH에서 지원되는 전체 OAM 기능은 ITU-T Recommendation, O.181, 05/2002[10]의 Annex A <Criteria for detecting anomalies and defects>를 통해 자세히 확인할 수 있는데 LOS[Loss of Signal], OOF[Out of Frame], LOF[Loss of Frame] 등을 포함하여 총 30여 가지 항목을 제공합니다.

그림의 오버헤드들이 하나 하나가 각각의 기능을 가지고 있으니 얼마나 많은 항목을 감시할 수 있는지 대략 짐작해 볼 수 있을 듯합니다(단, 그림에 표기된 오버헤드가 모두 OAM 용도로 사용되는 것은 아닙니다.).

---

[9] 출처: International Telecommunication Union, ITU-T Recommendation, G.707/Y.1322, 01/2007 Figure 9-3
[10] ITU-T, 05/2002, O.181, Equipment to assess error performance on STM-N interfaces, O.181

시간 동기 네트워크

SONET/SDH는 시간 동기 네트워크를 구성할 수 있습니다. 다시 말해 네트워크에 있는 모든 SONET/SDH 장비 클락이 하나의 마스터 클락에 동기화될 수 있습니다. 이때 클락을 효과적으로 전파할 수 있는 계층 구조 모델이 필요합니다.

스트라텀

가장 완벽한 시간 동기 네트워크는 모든 네트워크 장비가 원자 발진기와 같이 높은 정확도를 제공하는 장비, 즉 **PRC**^{Primary Reference Clock}에 직접 연결된 구조입니다. 이 구조는 PRC로부터 1:1로 직접 클락 신호를 제공받기 때문에 신뢰도가 매우 높습니다. 그러나 모든 네트워크 장비를 PRC에 직접 연결하는 것은 불가능합니다. 예를 들어, 글로벌 통신 사업자의 뉴욕 PRC에 미국, 한국, 영국의 네트워크 장비들을 1:1로 연결하려면 상상 이상의 투자가 필요할지도 모릅니다.

모든 장비를 PRC에 1:1로 연결할 수 없기 때문에 시간 동기 네트워크는 **동기화 체인**^{Synchronization chain} 모델을 이용합니다. 마치 회사 내부에서 중요 메시지를 사장 → 팀장 → 직원 형태로 전파하듯이 네트워크 중간 중간에 '팀장'급 장비를 두어서 클락을 계층 구조로 전파합니다.

게임 참가자 모두가 귀를 막고 일렬로 서서 한 명씩 다음 사람에게 제시어를 전달하는 '고요 속의 외침'이라는 게임을 하다 보면 제시어가 사람을 지날 때마다 조금씩 달라지는 것을 볼 수 있습니다. 클락 또한 각 노드를 지날 때마다 부정확해질 수 있습니다. 따라서 가급적 전달 경로를 짧게 하고 가능하다면 사장으로부터 직접, 안 된다면 팀장, 마지막 수단으로 바로 옆 동료로부터 신호를 전달받는 구조를 만들어야 합니다. 이러한 배경으로 동기화 체인에서 가장 중요한 것은 전파되는 클락의 '레벨'입니다. 클락 레벨이 높다는 것은 클락의 신뢰도가 높다는 것을 의미합니다.

SONET/SDH는 오버헤드를 통해 클락 정확도^{Accuracy}와 레벨^{Quality level}을 전파합니다. 만일 동시에 여러 레벨의 클락을 받는다면 이 정보를 활용하여 보다 높은 정확도의 클락을 선택합니다.

다음은 SDH, SONET, SyncE에서 클락의 레벨별 기준 품질과 정확도, 즉 스트라텀^{Stratum}(계층)을 보기 쉽게 모아 둔 그림입니다.

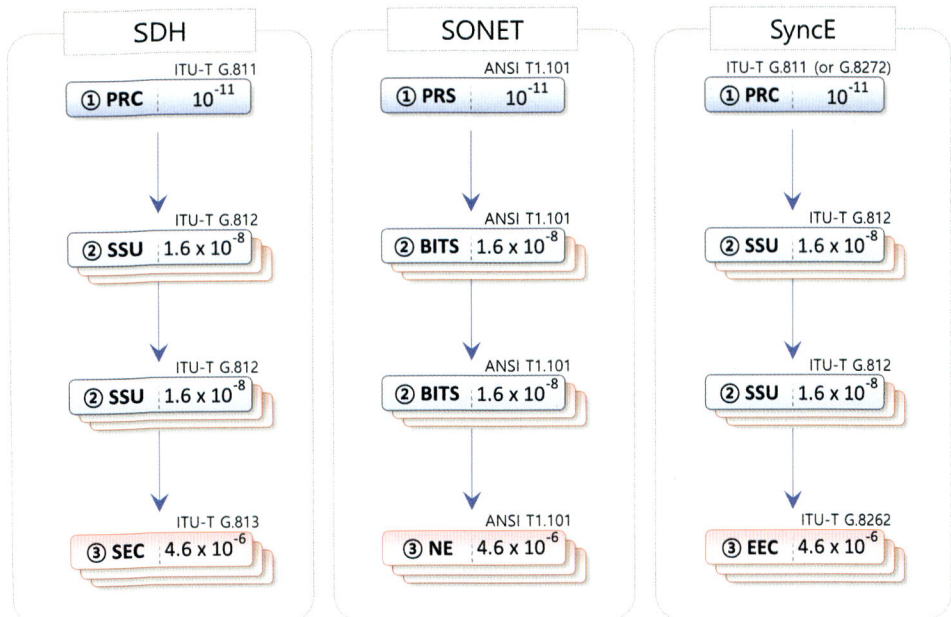

▶ 그림 6.16 SONET/SDH, SyncE 스트라텀

그림에는 ① 최상위 클락, ② 중간 레벨 클락 그리고 ③ 하위 클락까지 총 3개의 클락 레벨Clock level이 있습니다. ① PRC/PRS는 원자 발진기급의 뛰어난 클락 정확도를 가진 장비입니다. 그리고 ② SSU/BITS는 ① PRC 만큼은 아니더라도 ③ SEC/EEC/NE보다는 높은 정확도를 갖춘 장비입니다. ① PRC의 클락을 ② SSU/BITS가 받아 ③ SEC/EEC/NE에게 전달하는 것이 가장 이상적입니다. 그러나 장애 등으로 ① PRC의 클락을 받을 수 없다면 ② SSU/BITS가 자체 보유한 발진기의 클락을 전파하게 됩니다.

다음 그림은 클락이 PRC로부터 SSU를 거쳐 SEC로 전파되는 샘플 네트워크입니다(참고로 그림의 SSU-A는 SSU-B에 비해 조금 더 품질이 좋은 SSU를 말합니다.[11]).

---

[11] 엄밀히 말하면 SSU-A는 ITU-T G.781에 따라 primary level SSU, 즉 ITU-T G.812의 type I 혹은 V를 말하고, SSU-B는 secondary level SSU, 즉 ITU-T G.812의 type VI를 말합니다.

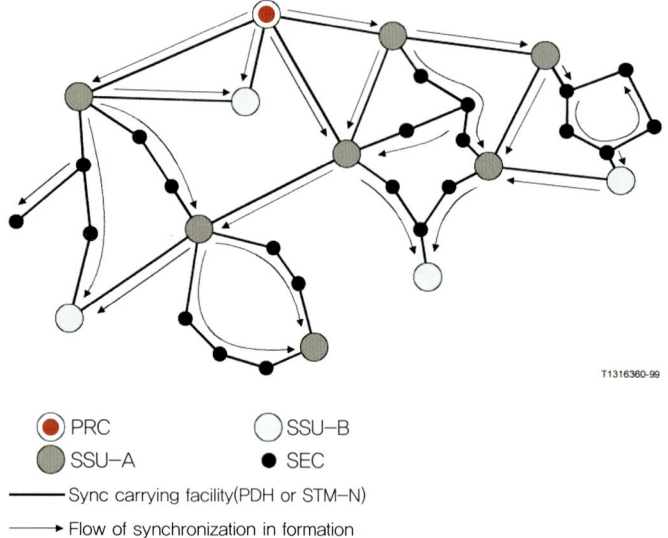

- ● PRC
- ● SSU-A
- ○ SSU-B
- ● SEC
- ─── Sync carrying facility(PDH or STM-N)
- ──→ Flow of synchronization in formation

▶ 그림 6.17 PRC로부터 SSU를 거쳐 SEC로 전파되는 클락 샘플 네트워크[12]

동기화 체인은 무한대로 확장될 수 없습니다. 전파 경로가 많아지면 클락이 부정확해지기 때문입니다. 따라서 SONET/SDH, SyncE 모두 유사한 개수 제한이 있습니다. 구체적으로 하나의 ① PRC 밑에 최대 10개의 ② SSU/BITS와 최대 60개의 ③ SEC/EEC/NE가 연결될 수 있습니다.

참고로 ② SSU/BITS → ③ SEC/EEC/NE → ③ → ③ → ③ … → ② SSU/BITS처럼, ② SSU/BITS 사이에 ③ SEC/EEC/NE가 끼어 있는 동기화 체인 구성도 허용되지만 2개의 ② SSU/BITS 사이에 끼어 있는 ③ SEC/EEC/NE은 최대 20개까지만 허용됩니다.[13]

PPM

앞서 살펴본 ① PRC, ② SSU/BITS 그리고 ③ SEC/EEC/NE를 구분 짓는 여러 조건이 있지만 그중 가장 대표적인 차이는 발진기의 정확도, 다시 말해 **클락 오차율**Clock tolerance입니다. 자체 보유한 발진기의 정확도와 오차율은 주로 **ppm**이라는 단위로 표기합니다. ppm은 parts per million의 약자로, 백만 번 진동하는 동안 오차가 얼마나 발생하는지 알려 주는 단위입니다.

---

12 출처: International Telecommunication Union, ITU-T Recommendation, G.803, 03/2000, Figure III.1a/G.803
13 ITU-T G.803(03/2000), 〈8.2.4 Synchronization network reference chain〉, ITU-T G.8261(08/2019), 〈12.2.1 Recommendations for reference timing signals distribution over synchronous Ethernet〉 참조

예를 들어, 1 Mhz(1000000 hz) 발진기의 오차율이 ±100 ppm이라면 발진기가 999900 - 1000100 hz 사이에서 동작할 수 있다는 것을 의미합니다.

만일 1 Mhz ± 100 ppm 발진기로 손목시계를 만든다면 이러한 오차가 누적되어 하루에 (24 h * 60 m * 60 s = 86400s) 86400 s * 0.0001(100 ppm) = 8.64, 즉 하루에 최대 8.64초의 오차가 발생할 수 있습니다.

네트워크 장비가 외부로부터 클락을 전혀 받을 수 없는 환경(예. 장애)이라면 결국 자체 보유한 발진기에 의존해야 합니다. 이처럼 자체 발진기에 의존하는 것을 프리-런 모드라고 합니다. ③ SEC/EEC/NE의 경우 프리-런 모드에서 허용 오차가 4.6 ppm입니다(±4.6 ppm 오차 발진기로 시계를 만들면 하루에 최대 0.4초의 오차가 발생할 수 있습니다.).

💡Tip. 참고로 이더넷 장비의 기본 오차 허용률은 ± 100 ppm입니다. SyncE 기능이 있는 이더넷 장비의 경우 오차 허용률이 (③ SEC/EEC/NE와 동일한) ± 4.6 ppm으로 크게 줄어듭니다.

ppm보다 높은 등급의 수치로 ppb$^{Parts\ per\ billion}$라는 단위가 있습니다. 그림 6.16에서 ① PRC의 오차율은 ±0.01 ppb인데 이는 1년에 최대 0.3 ms의 오차를 허용하는 정도입니다.

SSM

SONET/SDH 그리고 SyncE는 PLL을 이용하여 클락을 복구합니다. PLL은 클락을 복구할 수 있지만, 클락 정확도에 관한 정보는 모릅니다. 다시 말해 지금 클락을 보내주는 옆 장비가 ① PRC인지 아니면 ③ SEC/EEC/NE인지 알 수 없습니다. 따라서 별도 경로를 통해 클락 레벨 (정확도) 정보를 전달해주어야 합니다.

SDH의 경우 그림 6.14의 S1 오버헤드를 이용하여 클락 퀄리티 정보를 전달합니다. 예를 들어, S1의 bits가 '0010'이라면 해당 클락은 ① PRC가 만든 것임을 말합니다. '0100'이라면 ② SSU(엄밀히 말하면 SSU-A) 클락이라는 것을 의미입니다(이 S1 bits를 SSMB$^{Synchronization\ Status\ Message\ Byte}$라고 부르기도 합니다.).

스크램블링

수신 측에서 PLL을 이용하여 클락 동기화를 시도하는데 우연히도 SPE에 기록되어 있는 데이터가 00000000 혹은 11111111처럼 0 또는 1만 지속적으로 반복된다면 어떨까요? 이 경우 제로 크로싱이 일어나지 않으므로 클락을 복구하기 어려우며 심각할 경우에는 클락 지터 등으로 데이터 손상이 발생할 수 있습니다. 이러한 현상을 방지하기 위해서 비교적 간단한 알고리즘으로 데이터에 0이나 1이 연속 발생하지 않도록 해주는 기술, 즉 **스크램블링**Scrambling이 있습니다.

SONET/SDH의 스크램블은 데이터를 127 bits씩 잘라 $1 + X^6 + X^7$이라는 수식에 넣은 뒤 그 결과물을 전송합니다. 비교적 간단한 수학 공식을 통해 너무 많은 0이나 1이 반복되지 않도록 해줍니다. 당연하게도 서로 이웃하는 장비끼리는 스크램블을 같이 활성화Enable하거나 비활성화Disable해야 합니다. 한 쪽만 활성화하고 반대쪽은 비활성화해서는 안 됩니다.

참고로 스크램블을 사용하더라도 그림 6.14에서 section overhead(SOH)의 첫 번째 열, 즉 A1, A2 그리고 J0는 스크램블하지 않습니다. A1과 A2는 0xf628이라는 충분히 복잡한 데이터(bit로는 1111 0110 0010 1000)로 구성되어 있으며 마치 이더넷의 프리엠블처럼 프레임 시작 지점을 알리는 오버헤드이기 때문입니다. 만일 A1, A2에 0xf628 외의 값이 있다면 프레임 시작 지점을 찾을 수 없다는 OOF^{Out of Frame alignment} 알람이 발생합니다.

> **NOTE** **SONET/SDH는 왜 SPE(데이터) 사이 사이에 오버헤드가 있을까?**
>
> 그림 6.12와 같이 SONET/SDH의 오버헤드와 SPE(데이터) 영역은 9개의 행으로 구성되어 있으며 각 행의 SPE 사이즈는 86 bytes로 다소 작게 설계되어 있습니다. 굳이 9개의 행으로 잘라서 전송하는 이유가 무엇일까요? 이더넷처럼 헤더(오버헤드)를 한 번에 쭉 전송하고, 이후 데이터를 전송하면 안 될까요?
>
> 스크램블을 사용하지 않는 환경에서 SPE 영역이 0 혹은 1로만 채워져 있다면 PLL 클락을 복구할 때 어려움을 겪을 것입니다. 그러나 (SPE와 달리) 오버헤드는 0 혹은 1이 반복되지 않을 확률이 매우 높습니다. 따라서 SPE 전송 사이 사이에 오버헤드를 넣으면 0 혹은 1이 과하게 반복되는 것을 막을 수 있습니다. 이를 **인터리빙**Interleaving이라고 합니다.
>
> SONET/SDH는 데이터를 멀티플렉싱할 때도 인터리빙합니다. 예를 들어, 'A1 A2 A3', 'B1 B2 B3', 'C1 C2 C3'를 멀티플렉싱해서 하나의 프레임으로 전송할 때는 'A1 B1 C1', 'A2 B2 C2', 'A3 B3 C3'순으로 전송합니다. 인터리빙을 했음에도 불구하고 (86 bytes짜리) 하나의 SPE 행이 0 혹은 1로만 채워지는 경우에는 클락 복구가 원활하지 못할 것입니다. SONET/SDH는 이러한 환경에서도 송수신 장비의 클락이 크게 틀어지지 않도록 최하위 클락(③ SEC/NE)의 발진기 허용 오차율을 4.6 ppm으로 다소 엄격하게 표준화했습니다.

이더넷은 다릅니다. 이더넷은 음성 데이터가 아닌 데이터 통신을 위해 탄생하였습니다. 따라서 TDM처럼 데이터를 끊임없이 전송하지 않아도 됩니다. 또한 데이터에 손실이 있더라도 재전송이 가능하므로 발진기 허용 오차율을 다소 느슨하게 100 ppm으로 표준화했습니다(SyncE 제외).

그렇다고 클락 동기화를 가볍게 여기는 것은 아닙니다. IP 패킷 분할 과정을 통해 한 번에 전송하는 패킷 사이즈를 제한하고 패킷 전송 직전에 프리엠블을 보냄으로써 클락이 틀어지는 것을 방지하고 있습니다.

APS

SONET/SDH는 **APS**Automatic Protection Switching라는 페일오버 기능을 제공합니다. APS는 서비스 용도로 사용되는 운영Working(active) 회선(라인) 외에 별도의 보호Protection(backup) 회선을 만들어 두고 운영 구간에 문제가 발생하면 트래픽을 자동으로 '매우 빠르게' 보호 회선으로 넘겨주는 기능입니다.

일반적으로 50 ms(0.05 초)라는 매우 짧은 시간 내에 페일오버하여 서비스 중단 시간을 최소화할 수 있습니다. 전화 통화를 하는데 50 ms라는 매우 짧은 시간 동안 말이 끊겼다고 이를 사람 귀로 알아챌 수 있을까요? 그만큼 서비스 안정성을 극대화해주는 기능입니다.

APS는 여러 종류의 보호 방식Protection scheme을 지원하는데, 방식별로 장단점이 명확합니다. 이들의 특징부터 정리하면 다음과 같습니다.

- **리니어 보호**Linear protection : (두 노드가 직접 연결되어 있는) 포인트 투 포인트 토폴로지에서 회선 보호
  - **1+1 방식**: 트래픽을 복제하여 운영, 보호 회선으로 전송합니다.
  - **1:1, 1:n 방식**: 운영 회선에만 트래픽을 전송하다 문제가 발생하면 그때 보호 회선으로 트래픽을 보내기 시작합니다.
- **링 보호**Ring protection : 링 토폴로지에서 회선 보호
  - **UPSR**: (포인트 투 포인트 구조의 1+1 scheme처럼) 운영 및 보호 회선에 모두 트래픽을 복제하여 전송합니다.
  - **BLSR**: 양방향 링 토폴로지를 보호하기 위한 기술입니다. 광 코어 2개만 사용해서 논리적으로 보호 구간을 만드는 2F-BLSR과 광 코어 4개를 사용해서 물리적인 보호 구간을 만드는 4F-BLSR이 있습니다.

APS 방식들을 앞서 언급한 순서대로 살펴보도록 하겠습니다.

리니어 보호

가장 먼저 살펴볼 APS 보호 방식은 **리니어 보호** 방식입니다. 포인트 투 포인트 토폴로지에서 이웃하는 두 장비, 다시 말해 두 노드 사이 회선을 보호하는 방식으로 1+1, 1:1, 1:n 방식이 있습니다.

1+1 방식

1+1 APS는 다음 그림과 같이 APS 중 가장 이해하기 쉬운 방식입니다.

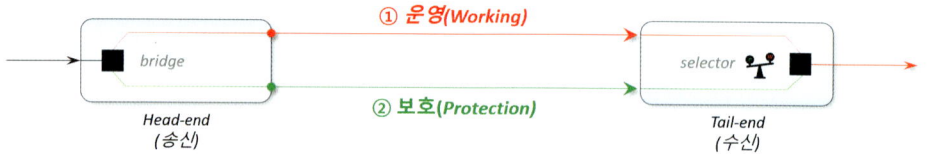

▶ 그림 6.18 리니어 보호 | 1+1 보호 방식

1+1 APS에서는 head-end(송신 측)와 tail-end(수신 측) 사이에 ① 운영 회선과 ② 보호 회선을 구성합니다(쉽게 말해 운영은 액티브^{Active} 회선을, 보호는 스탠바이^{Standby} 회선입니다.). 1+1 APS에서 head-end는 운영^{Working}및 보호^{Protection} 회선에 '동일한' 트래픽을 전송합니다. 즉, 트래픽을 복제(정확한 용어로는 브릿지)하여 2개의 회선으로 같이 보냅니다.

트래픽을 받은 tail-end는 ① 운영과 ② 보호 회선 중(셀렉터가 BER$^{Bit\ Error\ Rate}$ 등을 비교하여) 품질이 더 좋은 쪽 트래픽을 스스로 선택해서 받아들입니다. ① 운영 및 ② 보호 회선 중 한 회선에 문제가 생기더라도 순수하게 tail-end 내부적으로 페일오버되므로 매우 빠르게 페일오버할 수 있습니다.

1+1 APS는 서비스 안정성이 중요한 구간에서 유용하지만 경제성이 뛰어나다고 보기는 어렵습니다. 운영, 보호 회선에 트래픽이 항상 흐르므로 보호 회선을 다른 용도로 사용할 수 없기 때문입니다. 더불어 tail-end 장비에 운영과 보호 회선의 품질을 비교할 수 있는 로직(셀렉터)이 들어가면서 장비 단가에 영향을 줄 수 있습니다.

1+1, 단방향과 양방향 모드

1+1 APS는 단방향^{Unidirectional}과 양방향^{Bidirectional} 모드를 모두 지원합니다. 앞서 살펴보았던 그림 6.18은 단방향 모드로만 회선이 구성되어 있었습니다. 즉, 트래픽이 한 방향으로만 흐르는

모습입니다. 양방향 모드에는 다음 그림과 같이 Tx와 Rx용 ①, ② 운영과 ③, ④ 보호 회선이 별도로 구성됩니다.

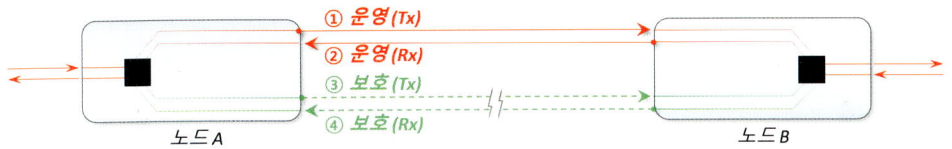

▶ 그림 6.19 양방향 트래픽 환경

단방향 환경의 경우 head-end와 tail-end 간에 APS 관련 정보 교환이 필요하지 않습니다. tail-end에서 조용히 2개의 회선을 비교하여 더 좋은 품질의 회선을 선택하면 되기 때문입니다. 더욱이 tail-end에서 페일오버가 일어나더라도 트래픽을 복제(브릿지)해서 보내는 head-end 동작이 달라지지 않습니다.

반면 양방향 환경에서는 tail-end 측에 페일오버가 일어나는 경우 head-end 측으로 페일오버가 발생하였다는 APS 신호를 보내고, 이 신호를 받은 head-end는 자신도 페일오버하여 ③ 혹은 ④ 보호 쪽의 트래픽을 받아들입니다. 덕분에 head-end와 tail-end 모두 동일 구간 회선으로 트래픽을 주고받게 됩니다.

왜 이렇게 하는 걸까요? 앞서 그림에서 보호 회선(③, ④)이 운영 회선(①, ②)보다 10배 이상 거리가 길다고 가정해보겠습니다. Rx 회선만 페일오버가 발생해서 Tx는 ①을, Rx는 ④ 회선을 쓴다면 Tx는 빠르지만 Rx는 느리게 받는 현상이 발생할 것입니다. 이와 같은 비동기 라우팅은 애플리케이션 동작에 악영향을 유발할 수 있습니다. 이를 방지하기 위해 tail-end는 페일오버가 일어날 때 head-end에게 APS 신호를 보냅니다.

💡 Tip. tail-end에서 head-end로 전달되는 신호는 그림 6.14의 K1, K2 오버헤드를 사용합니다. 이때 문제가 발생한 운영 회선으로는 신호가 전달되지 않을 수 있으므로 보호 회선을 통해 전달됩니다. 참고로 K1, K2의 bit 값은 리니어와 링Linear/Ring 환경에 따라 차이가 있습니다.

이쯤에서 tail-end와 head-end라는 용어를 조금 더 정확히 알아볼 필요가 있습니다. tail-end는 회선 품질 불량을 감지하고, 트래픽을 운영 회선에서 보호 회선으로 넘기는(스위칭) 송신 측 노드입니다. head-end는 그 반대편 수신 측 노드를 말합니다.

1:1과 1:n

다음 그림은 1:1 혹은 1:n APS 보호 방식입니다. 이 APS 보호 방식에서는 보호 회선에 트래픽이 흐르지 않습니다.

▶ 그림 6.20 1:1 APS 예시

tail-end에서 ① 운영 회선에 문제가 감지될 때 그때 비로소 head-end 측에 트래픽을 ② 보호 회선으로 보내 달라고 요청하게 됩니다. 즉, 페일오버가 발생하지 않으면 ② 보호 회선이 비어 있게 됩니다. 이 효과를 극대화한 것이 다음 그림과 같은 1:n 보호 방식입니다. 여러 개의 운영 회선 ①, ②, ③에 하나의 보호 회선 ④을 두는 구성입니다.

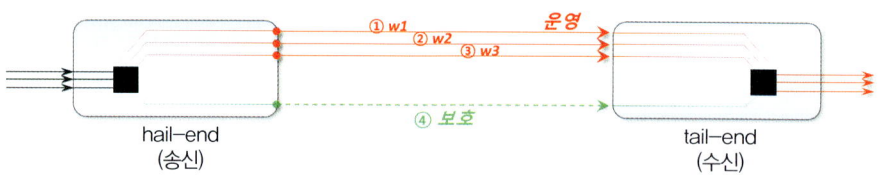

▶ 그림 6.21 1:n APS 예시

물리적으로 서로 다른 회선인 ①, ②, ③에 동시에 장애가 발생할 가능성이 낮으므로 장애가 발생하는 순간 해당 회선만 보호 회선 ④를 사용합니다. 만일 둘 이상의 운영 회선에서 문제가 발생할 경우 관리자가 지정한 우선순위에 따라 ④ 보호 회선을 이용하게 될 회선이 선택됩니다.

1+1 APS는 운영과 보호, 두 회선 모두 트래픽이 흐르고 있기 때문에 (tail-end H/W 성능에 따라 편차가 있지만) 일반적으로 10 ms 이내라는 매우 빠른 시간 내에 페일오버가 가능합니다. 그러나 1:1은 tail-end → head-end로 APS 신호를 보낸 뒤에 페일오버가 발생하므로 1+1 APS 만큼 빠르지는 못하지만, 그럼에도 50 ms이내 페일오버를 할 수 있는 편입니다(거리, 구성 환경에 따라 다를 수 있습니다.).

링 토폴로지

SONET/SDH는 **링 토폴로지**Ring topology를 지원합니다. 링 토폴로지는 미국의 주State처럼 지리적으로 매우 넓은 영역에 광 케이블을 연결할 때 경제적입니다. 모든 노드를 메시Full-mesh로 연결하는 것보다 훨씬 저렴하게 연결할 수 있기 때문입니다.

링 토폴로지는 단방향과 양방향으로 구성할 수 있습니다. 단방향은 다음 그림의 (a)처럼 하나의 광 코어만 이용하는 구조로, 트래픽이 항상 한쪽 방향으로만 흐릅니다.

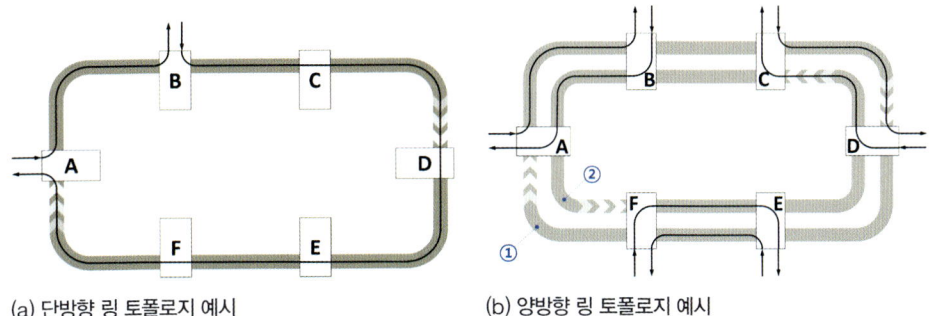

(a) 단방향 링 토폴로지 예시   (b) 양방향 링 토폴로지 예시

▶ 그림 6.22 단방향/양방향 토폴로지 예시

(a)에서 A, B 두 노드 간 통신이 전체 광 코어를 점유하고 있습니다(화살표 검은색 선: A → B 그리고 B → C → D → E → F → A). 만일 A부터 F까지 6개의 노드가 모두 조금씩 통신하고 싶다면 ADM이 필요합니다.

(b)의 양방향 링 토폴로지는 2개의 광 코어를 이용합니다. 2개의 광 코어 중 하나는 시계 방향으로 또 다른 하나는 반시계 방향으로 트래픽이 흐릅니다. ① 바깥쪽 광 코어는 시계 방향으로, ② 안쪽 광 코어는 반시계 방향으로 트래픽이 흐르고 있습니다.

(b)에서는 전체 6개의 노드가 모두 바로 옆 노드와 서로 통신을 하고 있습니다. 덕분에 광 코어 2개만 이용한 링 구조에서, 총 3쌍의 노드(A-B, C-D, E-F)가 동시에 통신할 수 있습니다. 이처럼 링 구조의 일부를 쪼개서 여러 노드가 동시 사용하는 것을 공간 재사용Spatial reuse이라고 합니다. 다만 매번 공간 재사용이 가능한 것은 아닙니다. 만일 A와 F 노드가 전체 대역폭을 사용한다면 ① 바깥 광 코어는 A → B → C → D → E → F의 트래픽이 점유하고 ② 안쪽 광 코어는 A → F 트래픽이 점유하면서 중간 경로에 있는 다른 노드 간 통신이 어려워집니다.

UPSR(SNCP)

SDH의 **SNCP**SubNetwork Connection Protection(SONET 용어로는 UPSRUnidirectional Path Switched Ring)는 다음 그림과 같은 단방향 링 토폴로지를 보호하는 기술 중 하나입니다. UPSR은 포인트 투 포인트 구조의 1+1 APS가 링 토폴로지에 적용된 것이라 볼 수 있습니다. 2개의 광 코어를 이용하여 하나는 운영 회선으로, 다른 하나는 보호 회선으로 활용합니다.

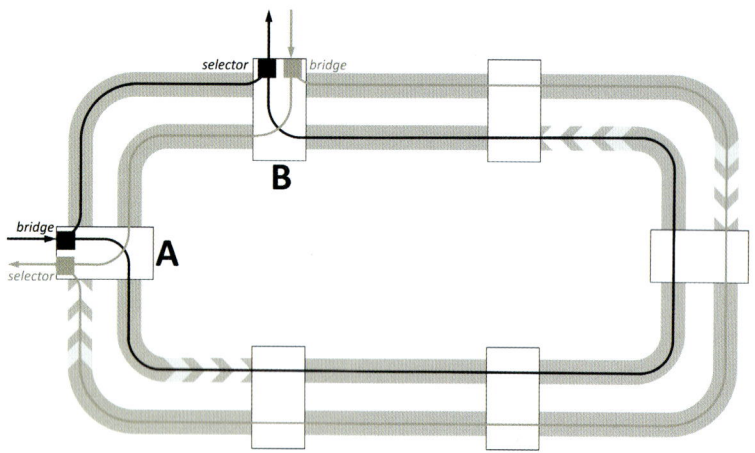

▶ 그림 6.23 UPSR

그림처럼 head-end는 트래픽을 보낼 때 복제(브릿지)하여 보냅니다. tail-end는 품질이 더 좋은 트래픽을 스스로 선택(셀렉터)하여 받아들입니다. (1+1 APS에서 살펴본 것과 동일하게) tail-end에서 고품질의 신호를 자동 선택하기 때문에 페일오버가 일어날 때 APS 신호를 전송하지 않습니다.

BLSR(MS-SPRing)

SONET의 **BLSR**Bidirectional Line Switched Ring(SDH 용어로는 MS-SPRingMultiplexed Section Shared Protection Ring)은 다음 그림과 같은 양방향 링 토폴로지를 보호하기 위한 기술 중 하나입니다. 이 기술은 구현 방식이 다소 복잡한데, 구체적으로 4F(4Fiber)-BLSR과 2F(2Fiber)-BLSR로 나눌 수 있습니다.

먼저 **4F-BLSR**은 다음 그림과 같이 ①, ②, ③, ④ 총 4개의 광 코어를 이용합니다. 다음 그림의 회색 광 코어 ①, ③은 운영 회선으로, 녹색 광 코어 ②, ④는 보호 회선으로 사용됩니다.

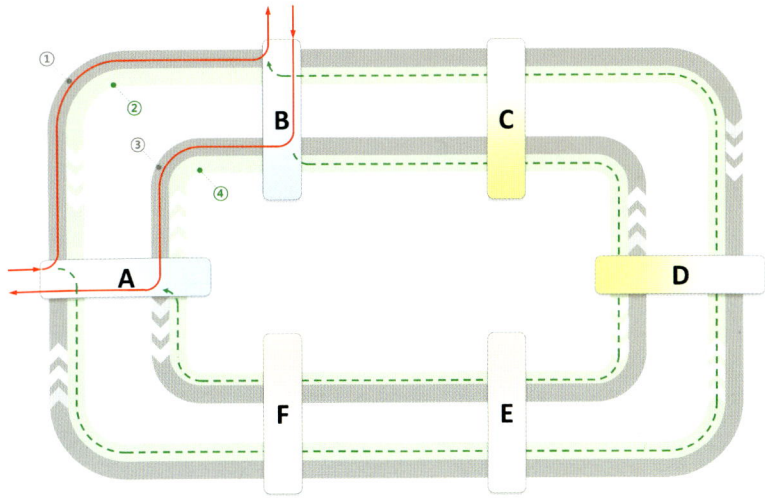

▶ 그림 6.24 4F-BLSR

장애가 없을 경우 A ↔ B 노드 간 통신은 운영 회선인 ①, ③의 빨간색 구간을 이용합니다. 만일 장애가 발생하면 ②, ④ 보호 회선의 녹색 경로를 이용합니다. 만일 공간 재사용을 구성했을 때 장애가 난다면 어떻게 할까요? 즉, A ↔ B, C ↔ D 그리고 E ↔ F가 서로 통신 중인 상황에서 A ↔ B 구간 사이에 장애가 발생된다면 C ↔ D 혹은 E ↔ F 통신에 영향을 줄까요?

아닙니다. 녹색선 ②, ④는 장애 시에만 사용되는 보호 회선입니다. 따라서 A ↔ B 구간에 장애가 발생하면 해당 트래픽만 녹색선 ②, ④의 녹색 점선 경로를 이용하고 나머지 노드들은 ①, ③ 운영 회선으로 통신을 합니다.

> **NOTE** 링 브릿지(루프백)
>
> 링 토폴로지에서는 링 브릿지$^{\text{Ring bridge}}$(루프백^{Loopback})라는 특수 기능이 필요할 때가 있습니다.

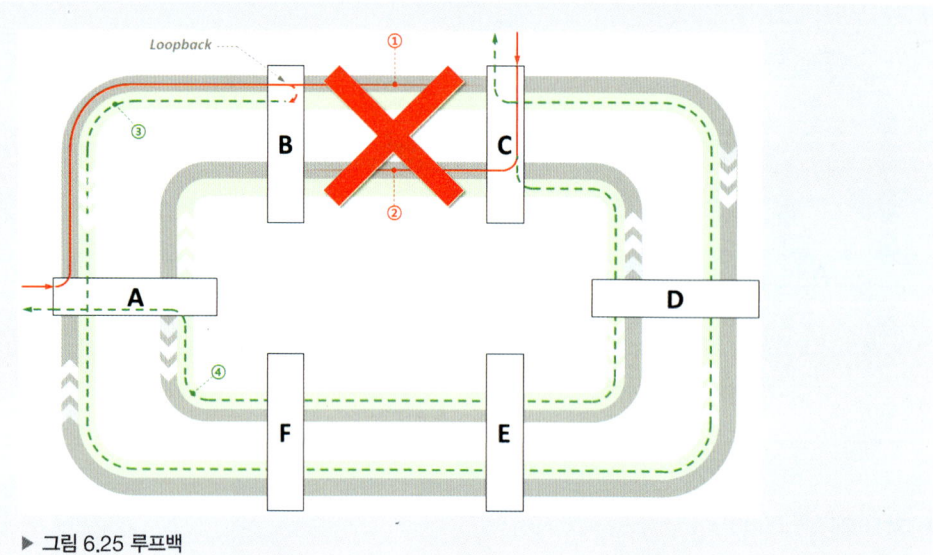

▶ 그림 6.25 루프백

그림처럼 A ↔ C가 서로 통신을 하고 있었는데 B ↔ C 사이의 운영뿐 아니라 보호 회선마저 완전히 끊겼다고 가정해보겠습니다. 장애 전에 C → A로 가는 트래픽은 운영 회선의 ② C → B → A 경로를 이용했지만, 노드 C가 장애를 감지하는 순간 보호 회선의 (초록색 점선) ④ C → D → E → F 경로로 페일오버할 것입니다. 이때 A → C로 가는 트래픽이 문제입니다. B – C 구간에 장애가 났으므로 노드 A는 (노드 C와 달리) 장애 사실을 직접 알 수 없습니다. 물론 B가 A로 장애가 발생되었다는 사실을 전파해주고, 노드 A가 A → B로 보내던 트래픽을 A → F로 페일오버할 수 있겠지만, 이 경우 페일오버 시간이 많이 소비됩니다. 따라서 노드 B는 자신이 받은 트래픽을 그대로 복제하여 보호 구간으로 넘겨줍니다. 즉, 트래픽 경로가 ③ A → B (루프백) → A → F → E → D → C 경로를 이용하게 됩니다. 덕분에 50 ms 이내 페일오버를 지원할 수 있습니다.

이처럼 받은 트래픽을 그대로 복제하여 되돌려 주는 기능을 루프백이라고 합니다. 트래픽을 복제, 즉 브릿지하기 때문에 링 브릿지라 불리기도 합니다.

2F-BLSR은 4F-BLSR과 비슷한 듯 다릅니다. 다음 그림은 2F-BLSR의 예시로, 4F-BLSR과 달리 바깥쪽과 안쪽의 굵은 선, 총 2개의 광 코어를 사용합니다. 바깥쪽 회선은 시계 방향으로, 안쪽 회선은 반시계 방향으로 트래픽이 흐릅니다.

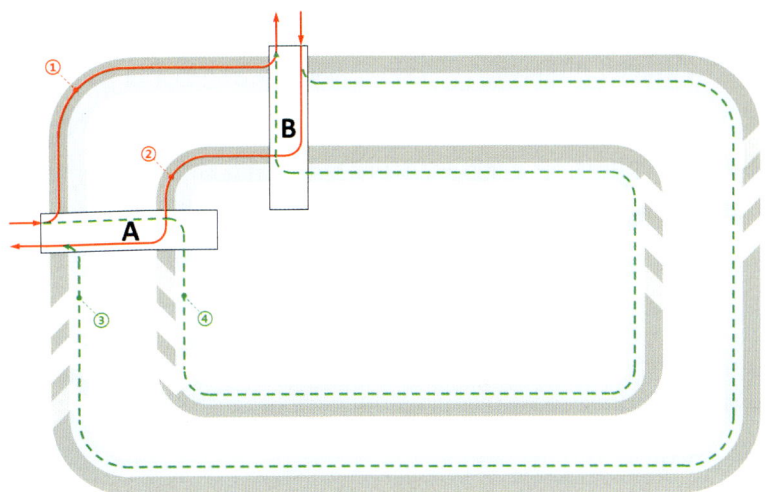

▶ 그림 6.26 2F-BLSR

2F-BLSR은 보호를 위해 회선 절반의 B/W를 비워 둡니다. 그림상 회색은 운영 트래픽이 흐르는 대역폭(B/W) 절반을, 하늘색은 보호를 위해 비워 두는 나머지 대역폭(B/W) 절반을 시각화한 것입니다. 2F-BLSR은 운영 회선에 문제가 생기면 비워 두었던 절반의 대역폭(하늘색)을 사용하여 페일오버합니다. 예를 들어, STM-4라면 트리뷰터리^{Tributary} 1-2번은 운영용으로 사용하고, 3-4번은 보호용으로 비워 두는 형태입니다.

이 그림에서 노드 A, B가 ①, ② 빨간색 경로로 통신 중이었으나 장애가 발생했다고 가정해보겠습니다. 그 순간 안쪽 회선(반시계 방향)의 ③, ④ 녹색 점선 경로를 이용하여 트래픽을 전송합니다. 다시 말해 장애가 발생하는 순간 회선을 역이용하여 트래픽을 받던 회선으로는 트래픽을 내보내고 트래픽을 내보내던 회선으로 트래픽을 받게 됩니다.

멀티플렉싱

마지막으로 멀티플렉싱에 대해 살펴보겠습니다. SONET/SDH의 멀티플렉싱 방식$^{Multiplexing\ scheme}$(멀티플렉싱 스테이지)은 그림 6.27과 같이 매우 복잡한 단계를 거칩니다. 그럼에도 PDH와 비교했을 때 (포인터 덕분에) 디멀티플렉싱^{Demultiplexing} 과정이 매우 단순합니다.

멀티플렉싱 방식

보다 효과적인 이해를 위해 E1 데이터를 SMT-1으로 옮겨 담는 9단계를 살펴보고자 합니다.

SONET/SDH에서는 가장 작은 데이터 단위를 **트리뷰터리**Tributary(종속 신호)라고 하는데, 우리가 살펴볼 E1 트리뷰터리는 먼저 컨테이너Container라는 구조체에 넣습니다. 구체적으로 헤더를 포함한 모든 원본 데이터를 컨테이너 중 비교적 크기가 작은 C12 컨테이너에 넣습니다. C12는 136 bytes크기의 컨테이너로, 총 4개의 E1 트리뷰터리를 담을 수 있습니다. 하나의 E1 프레임은 8 bits * 32 ch(타임-슬롯) = 256 bits, 즉 32 bytes입니다. 32 bytes E1 프레임 4개를 모아 C12에 넣으면 136 bytes 중에서 128 bytes 공간이 소모되고 8 bytes가 남게 됩니다. 남은 8 bytes는 스터핑 비트로 채웁니다.

> **Tip.** 컨테이너에 담을 데이터가 PDH이기 때문에 스터핑 비트를 사용하는 것입니다. PDH의 경우 개별 하위 데이터(signal)들의 클락이 모두 동기화되어 있지 않기 때문에 스터핑 비트를 사용해야 합니다.

컨테이너는 그 어떠한 오버헤드도 붙지 않은 순수 데이터 영역입니다. 여기에 데이터를 안전하게 보호하기 위한 4 bytes짜리 POH를 붙이면 VC$^{Virtual\ Container}$가 됩니다.

NOTE 멀티프레임(VC-2, VC-12, VC-11)

다음 그림에서 VC-2, VC-12, VC-11은 멀티프레임Multiframe입니다. 멀티프레임은 총 4개의 컨테이너를 묶어서 하나의 가상 컨테이너로 취급합니다. 다시 말해 4개의 컨테이너에 각기 다른 오버헤드(V5, J2, N2, K4)가 삽입됩니다. 구체적인 예시로 C-12를 살펴보면 다음 순서로 POH가 삽입됩니다.

- ① 34 bytes C-12 + 1 byte POH(V5 => error checking, signal label and path status)
- ② 34 bytes C-12 + 1 byte POH(J2 => Path trace)
- ③ 34 bytes C-12 + 1 byte POH(N2 => Network operator byte)
- ④ 34 bytes C-12 + 1 byte POH(K4 => Extended signal label)

즉, 각 C-12는 34 bytes지만, 이들에게 1 byte POH를 4번 붙인 140 bytes ① + ② + ③ + ④를 하나의 가상 컨테이너, VC-12로 취급합니다. 다음 그림상의 회색 /4는 이와 같은 멀티프레임을 가리킵니다.

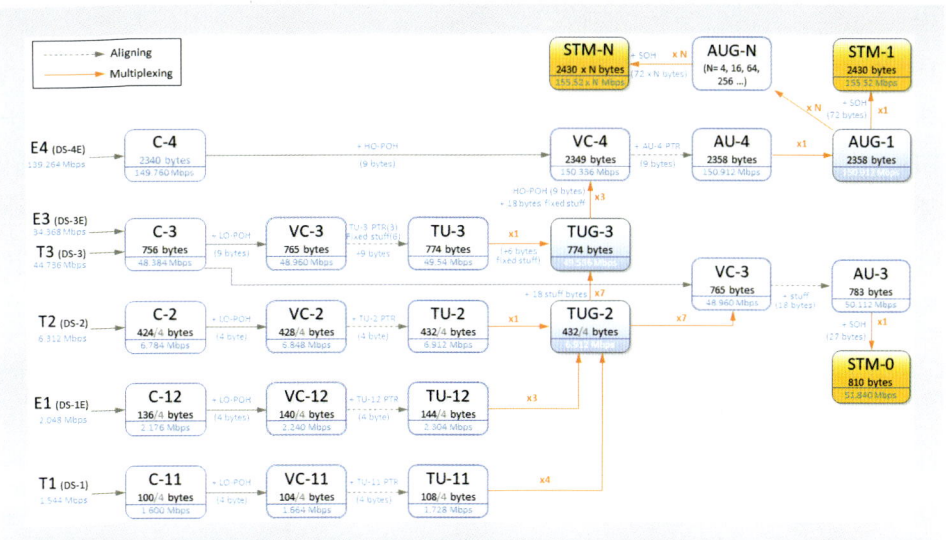

▶ 그림 6.27 SDH 멀티플렉싱 구조(출처: ITU-T G.707/Y.1322, 01/2007 Figure 6-1, Table 6-1, Table H.1 및 본문 등을 통해 제작)

포인터

앞서 '디멀티플렉싱'에서 살펴본 것과 같이 PDH의 경우 가장 작은 단위, 즉 채널^{Channel}(타임-슬롯)의 멀티플렉싱과 디멀티플렉싱 과정이 효율적이지 못했습니다. SONET/SDH에서는 이를 **포인터**^{Pointer}로 극복합니다. SONET/SDH의 컨테이너 안에는 데이터의 시작과 끝이 정해져 있지 않습니다. 다시 말해 어느 위치에나 데이터를 기록할 수 있습니다.

PDH의 경우 데이터 영역이 지정되어 있었습니다. 따라서 데이터가 빠르게 오거나 늦게 올 경우 이를 버퍼에 두었다가 지정된 위치에 기록해야 했습니다. 그러나 SONET/SDH는 데이터가 오는 대로 기록하고 대신 포인터를 이용하여 어느 위치에 기록하였는지 알려 줍니다.

컨테이너용으로 사용되는 포인터는 TU-PTR$^{Tributary\ Unit-Pointer}$이라고 합니다. VC-12에 TU-PTR을 붙이면 144 bytes 크기의 TU 12가 됩니다(136 bytes C12 + 4 bytes LO-POH + 4 bytes TU-PTR = 144 bytes TU12).

TU

TU^{Tributary Unit}는 SDH가 다루는 가장 작은 단위의 구조체입니다. 택배로 비유하자면 택배 상자(예. 컨테이너) 안에 내용물(예. 트리뷰터리)과 완충제(예. POH)를 넣고 송장(예. TU-PTR)까지 붙인 상태가 바로 TU라고 볼 수 있습니다. 배송 과정에서 굳이 박스를 열어서 내용물을 다른 박스로 옮기지 않듯이 TU는 SDH에서 가장 작은 데이터 처리 단위(엔티티)가 됩니다. TU를 열어서 그 내용물을 확인하는 것은 최종 목적지에 도착해서 실제 내용물을 복원할 때, 즉 디멀티플렉싱할 때입니다.

그 다음 과정은 **TUG**^{Tributary Unit Group}로, TU를 차곡차곡 쌓아(멀티플렉싱) 더 큰 단위로 만드는 과정입니다. TU12를 3개 모으면 TUG-2가 되고, TUG-2를 7개 모으면 TUG-3가 됩니다. 그리고 이 TUG-3를 3개 모은 뒤 POH, 정확하게는 HO-POH^{Higher Order Path OverHead}를 붙이면 VC-4가 됩니다. 결과적으로 VC-4에는 총 63개의 TU12가 담깁니다. 이를 식으로 표현하면 TU12 * 3 (TUG-2) * 7 (TUG-3) * 3 + HO-POH = VC-4. 즉, 63 (3 * 7 * 3) TU12 = VC-4와 같습니다.

AU

VC-4에 AU-PTR^{Administrative Unit-Pointer}을 붙이면 AU-4가 됩니다. TUG-3에 HO-POH를 붙여 VC-4로 만드는 이유와 VC-4에 AU-PTR을 붙여 AU-4를 만드는 이유, 다시 말해 포인터를 사용하는 이유는 모두 동일합니다. 두 포인터 모두 프레임 내에서 데이터 시작점을 가리키기 위해 사용됩니다.

TU12를 모아서 TUG를 만들듯 AU를 모아 AUG라는 단위로 만들고 여기에 최종적으로 앞서 'OAM'에서 살펴보았던 RSOH와 MSOH 등의 SOH^{Section OverHead}를 붙이면 비로소 실제 회선에 전송되는 SMT-1이라는 단위가 됩니다.

지금까지 살펴본 E1의 멀티플렉싱 과정을 정리하면 다음과 같습니다.

- E1(x4) → C12 → VC-12 → TU12(x3) → TUG-2(x7) → TUG-3(x3) → VC-4 → AU4 → AUG → SMT-1

그러나 이와 같은 멀티플렉싱 과정은 고정되어 있지 않습니다. 다음과 같은 경로 또한 가능합니다.

- E1(x4) → C12 → VC-12 → TU12(x3) → TUG-2(x7) → VC-3 → AU3 → SMT-0

그림 6.27을 자세히 보면 멀티플렉싱이 한 가지 방식으로 고정되어 있지 않고 다양한 형태로 구성할 수 있는 것을 볼 수 있습니다. 이를 **멀티플렉싱 루트**Multiplexing route 혹은 **멀티플렉싱 패스**Multiplexing path라고 합니다.

SONET/SDH 네트워크를 구성할 때는 어떤 멀티플렉싱 루트를 사용할지 미리 정해야 하며 동일한 네트워크 안의 장비들은 반드시 같은 멀티플렉싱 루트 및 디멀티플렉싱 루트를 따라야 합니다.

디멀티플렉싱

SONET/SDH는 매우 복잡한 멀티플렉싱 과정을 거치기 때문에 되려 PDH보다 멀티플렉싱과 디멀티플렉싱 과정이 더 비효율적인 것처럼 보이지만 사실은 그렇지 않습니다. PDH는 내용물을 여러 박스로 겹겹이 감싸는 형태입니다. 그래서 가장 안쪽의 내용물을 꺼내려면 가장 바깥쪽 박스부터 순서대로 풀어헤쳐야 합니다. 반면 SONET/SDH의 멀티플렉싱 과정은 커다랗고 투명한 정리함의 각 구역별로 다양한 크기의 상자들을 딱 맞아떨어지게 넣는 형태입니다. 더불어 포인터 덕분에 정리함 위에서 내려다보면 원하는 내용물이 어디에 있는지 손쉽게 찾을 수 있습니다.

이러한 멀티플렉싱 과정을 거치면서 **코어 네트워크**Core network와 **에지 네트워크**Edge network에서 다루는 단위, 즉 엔트리가 달라질 수 있습니다. 예를 들어, C12, V-12, TUG까지는 주로 에지 네트워크 장비가 다루고, VC-4 이상은 코어 네트워크 장비가 다룰 가능성이 높아집니다. 따라서 이에 특화된 장비를 분류하면 구축 비용을 낮출 수 있을 것입니다. 다만 SONET/SDH 기술이 매우 오래된 기술이고 최근 SONET/SDH를 지원하는 네트워크 장비는 전체 엔트리(예, C12 및 AU4 등)를 모두 다룰 수 있는 경우가 많기 때문에 이로 인한 이점을 가지기는 어렵습니다.

> **Tip.** TUG-3c처럼 맨 마지막 글자에 c가 붙는 것은 디멀티플렉싱이 불가능하다는 뜻입니다. 즉, 여러 내용물을 모아 둔 것이 아니라 하나의 트리뷰터리로 구성되어 있다는 것을 의미합니다.

> **NOTE** **Higher order & Lower order POH**
>
> 그림 6.27을 보면 LO-POHLower Order Path OverHead와 HO-POHHigher Order Path OverHead가 있습니다. Lower Order와 Higher Order는 무엇이 다른 걸까요? 예를 들어, E1이 C12

→ VC-12가 될 때는 Lower-Order POH가 붙고, TUG-3 → VC-4가 될 때는 Higher-Order POH가 붙습니다. 반면 E4를 담은 C4가 바로 VC-4가 될 때는 Higher-Order POH 하나만 붙습니다. 이에 관해 1999년 배포된 ITU-T G.780(06/1999), 〈Vocabulary of terms for synchronous digital hierarchy (SDH) networks and equipment〉에서는 다음과 같이 기술했습니다.

> 2.58 Higher Order (HO) path: In an SDH network, the higher order path layers provide a server network for the lower order (LO) path layers. The comparative terms "lower" and "higher" refer only to the two participants in such a client/server relationship. VC-1/2 paths may be described as "lower order" in relation to VC-3 and VC-4, while the VC-3 path may be described as "lower order" in relation to VC-4.
>
> 2.58 Higher Order Path: SDH 네트워크에서 Higher order 계층은 Lower order 계층에 서버 네트워크를 제공합니다. 여기서 lower와 higher라는 비교 용어는 이러한 클라이언트/서버 관계의 상대적인 관계를 나타낼 뿐입니다. 예를 들어, VC-1/2 경로는 VC-3 및 VC-4에 비해 "lower order"라고 할 수 있으며 VC-3 경로는 VC-4에 비해 "lower order"라고 할 수 있습니다.

정리하면 Lower order 혹은 Higher order라는 표현은 절대적인 기준이 아닌 상대적인 기준입니다. 예를 들어, VC-1/2는 VC-3, VC-4에 비해 Lower order입니다. 2010년 개정된 같은 표준 G.780/Y.1351(07/2010)에서는 이를 더 명확하게 구분했습니다.

> 3.2.146 virtual container-n (VC-n): … Two types of virtual containers have been identified:
> - Lower order virtual container-n: VC-n (n = 11, 12, 2, 3)
>   This element comprises a single container-n (n = 11, 12, 2, 3) plus the lower order virtual container POH appropriate to that level.
> - Higher order virtual container-n: VC-n (n = 3, 4)
>   This element comprises either a single container-n (n = 3, 4) or an assembly of tributary unit groups (TUG-2s or TUG-3s), together with a virtual container POH appropriate to that level.
>
> 3.2.146 가상 컨테이너-n (VC-n): … 2가지 유형의 가상 컨테이너가 정의되었습니다.
> - Lower Order Virtual Container-n: VC-n (n = 11, 12, 2, 3)
>   가상 컨테이너 POH가 붙은 컨테이너-n (n = 11, 12, 2, 3)
> - Higher Order Virtual Container-n: VC-n (n = 3, 4)
> - 가상 컨테이너 POH가 붙은 컨테이너-n (n = 11, 12, 2, 3) 또는 가상 컨테이너 POH가 붙은 트리뷰터리 그룹(TUG-2s or TUG-3s)

즉, VC-n(n = 11, 12, 2, 3)은 Lower order이고, VC-n (n = 3, 4)는 Higher order입니다. 단, VC-3는 Lower일 수도 있고 Higher일 수도 있는데 이에 대해선 다음과 같이 부연 설명하고 있습니다.

> 3.2.95 SDH higher-order path layer networks: ⋯
> NOTE – The VC-3 is considered to be a higher-order path if it is supported directly by an AU-3 in a multiplex section layer network: It is considered to be a lower-order path if it is supported by a TU-3 in a VC-4 layer network.

VC-3가 바로 AU-3에 들어가면 Higher지만, TU-3를 거쳐 VC-4에 들어갈 경우에는 Lower가 됩니다.

TDM 기반의 안정적인 네트워크 운영을 위해 SONET/SDH는 매우 섬세하고 많은 기능을 가지고 있습니다. 개인적으로 "지나칠 정도로 아름답고 완벽했다."라고 표현하고 싶을 정도입니다. 그러나 모든 아름다움이 그러하듯 유지에는 많은 비용을 필요로 합니다. SONET/SDH도 예외가 아닙니다. 높은 CAPEX, OPEX 비용은 결국 그 왕좌를 이더넷에게 내어 주는 계기가 됩니다.

CHAPTER 07
이더넷

이더넷은 네트워크 엔지니어에게 매우 친숙한 프로토콜일 것입니다. 앞서 살펴본 TDM 기술에 비하면 이더넷은 프레임 구조 및 설계가 단순하여 진입 장벽이 낮은 편입니다. 허나 최근 이더넷의 발전 과정을 살펴보면 꼭 그렇다고 보긴 어렵습니다. TDM을 돋보이게 했던 여러 기술이 이더넷에 흡수되기 시작했기 때문입니다. 시간의 흐름에 따라 이더넷도 진화한다고 볼 수 있습니다.

Chapter 07에서는 TDM과 이더넷의 특성을 비교·분석한 뒤 최신 이더넷 기술 및 동향에 대해 살펴보겠습니다. 참고로 이 책에서는 이더넷의 경쟁 상대였던 토큰 링을 비롯한 유사 기술들은 엔지니어가 마주할 가능성도 낮고 관련 문헌이 비교적 많이 공개되어 있으므로 살펴보지 않을 예정입니다.

Roadmap

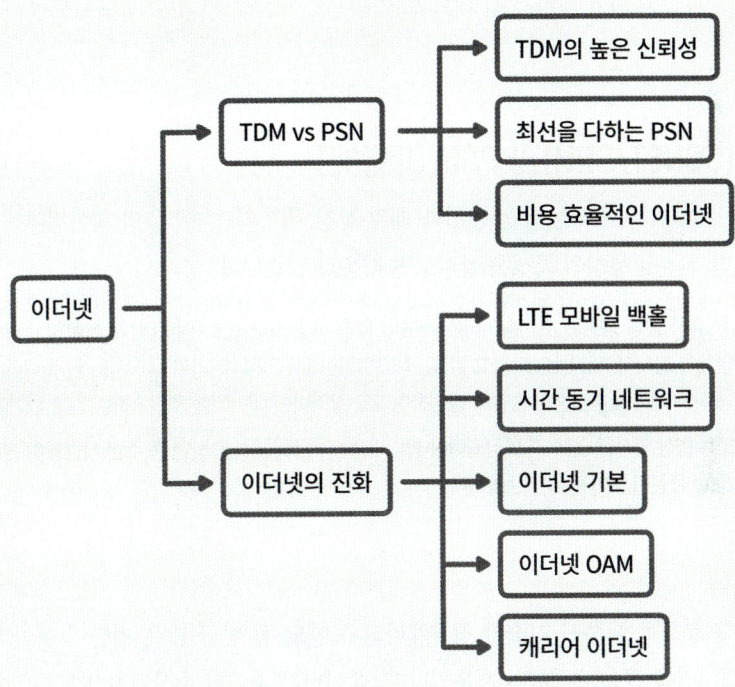

7.1 이더넷

이더넷Ethernet은 어떻게 네트워크 세계에서 메인 스트림이 되었을까요? 조금 더 정확히 말해서 왜 TDM 기술은 도태되고 패킷 통신 네트워크Packet Switched Network(PSN) 프로토콜이 대세가 되었을까요?

1 TDM(SONET/SDH)과 PSN(이더넷)

그 배경을 이해하기 위해서는 음성 통신과 패킷 통신 네트워크, 이 둘의 차이점부터 살펴보아야 합니다. 먼저 음성 통신의 특성을 살펴보면 다음과 같습니다.

- **재전송이 없다**: 음성 통신은 재전송이라는 개념이 없습니다. 소리 신호(데이터)가 정확히 순서대로 반대편까지 도달해야 합니다. 내가 1234라고 말했는데, 반대편에서 3241이라고 들어서는 안 됩니다. 즉, 전송 품질이 안 좋아서 차라리 중간중간 손실이 발생하더라도 잃어버린 데이터를 재전송하는 일은 없어야 합니다.
- **B/W 보장**: 항상 일정한 B/W가 보장되어야 합니다. 내가 전화 통화를 하던 중 주변 사람들이 전화를 시작했다고 내 통화 품질이 낮아져서는 안 됩니다.

TDM 신뢰성

TDM 기반 프로토콜은 통신 기술의 집약체라고 보아도 될 만큼 많은 기술이 녹아 있습니다. 음성 통화 데이터를 전송해야 했기 때문입니다. 데이터가 최대한 손상되지 않도록 노력하고 이슈가 발생했을 땐 어떤 이슈가 발생했는지 즉각적으로 알려 주기 위해 노력합니다. 다시 말해 신뢰성Reliability이 높습니다. 여러 종류의 모니터링을 수행하고 이상 유무를 관리용 메시지(오버헤드)로 이웃 장비들에게 공유합니다. 덕분에 네트워크 안정성은 높일 수 있지만 대가가 따르기 마련입니다. SONET/SDH 장비들은 수많은 오버헤드를 처리할 수 있어야 합니다. 때문에 장비 구입 및 운영 비용, 다시 말해 CAPEX와 OPEX가 높습니다.

최선을 다하는 PSN

반면 이더넷(음성 통신이 아닌 패킷 통신 네트워크)은 극단적일 정도로 효율성에 포커싱하여 개발되었습니다. 패킷 통신 네트워크는 특별히 QoS가 적용되지 않는 이상 TDM처럼 독립적인 B/W를 보장하지 않습니다. 만약 병목 현상Bottleneck등으로 전송 오류가 발생하더라도 구체적인 이유나 폐기된 패킷이 무엇인지 알 수 없으며 패킷이 순서대로 전송되도록 보장하지도 않습니다. 이슈가 발생하면 이를 복구하는 일은 IP와 같은 상위 프로토콜이 알아서 할 일입니다. 즉, 이더넷에서는 통신 오류를 엔드 투 엔드 장비(예. 클라이언트와 서버)가 알아서 처리하도록 떠넘깁니다.

이더넷의 메인 아이디어는 다음과 같습니다. "최선을 다해 데이터를 전송하지만 패킷은 언제든 손실될 수 있습니다. 만일 패킷 손실이 발생하더라도 그건 제가 책임질 수 없어요. 스스로 알아서 복구해주세요." 즉, 이더넷은 그저 최선을 다해 패킷을 전송할 뿐 보장이라는 개념이 없습니다. 신뢰성이 낮은 것이죠. 이리 무책임할 수가…! 헌데 잘 생각해보면 패킷 통신 네트워크라는 게 그렇습니다.

유저가 어떤 웹 페이지를 0.1초 만에 접속하든, 아니면 재전송으로 2초 만에 접속하든 대부분의 경우 그리 큰 문제가 아닙니다. 반면 전화 통화는 1초, 2초라도 끊기면 매우 불편함을 느낍니다. 따라서 음성 통신용 TDM 프로토콜의 신뢰성은 높지만, 패킷 통신 프로토콜은 그렇지 않습니다.

비용 효율적인 이더넷

이더넷 프로토콜이 이렇게 무책임해도 되는 걸까요? 네, 됩니다. 패킷 통신용 프로토콜은 음성 통신만큼 민감한 데이터를 전송하기 위해 만들어진 것이 아니며 더욱이 '재전송'이 허용되기 때문입니다.

재전송 없이 최대한 완벽하게 데이터를 엔드 투 엔드로 전송하기 위해서는 중간 경로에 있는 네트워크 장비들이 아주 많은 일을 해야 합니다. 클락과 B/W를 잘 지켜야 하고, 전송 데이터 순서가 바뀌지 않도록 항상 눈에 불을 키고 잘 봐야 합니다. 바꿔 말하면 네트워크 장비를 만들기 어렵다는 뜻이고, 이는 장비 단가가 높아진다는 것을 의미합니다.

패킷 통신 네트워크는 엄격하게 데이터를 보호하지 않습니다. 데이터가 잘 전송되도록 최선을 다하긴 하지만 손상이 발생하면 엔드 투 엔드 장비가 그들의 리소스를 사용하여 알아서 해결하도록 합니다. 덕분에 네트워크 장비 로직이 단순해지고 TDM 장비에 비해 단가를 눈에 띄게 낮출 수 있습니다.

정리하자면 이더넷은 신뢰성 관리를 엔드 투 엔드 장비로 대부분 전가하는 덕분에 가격 대비 효율성이 뛰어난 네트워크를 구축할 수 있습니다.

이더넷의 성장

엔드 투 엔드 장비의 리소스(예. CPU)를 이용하여 효율성을 높이고 장비 단가는 낮추는 것이 PSN의 발전 방향입니다. 이를 토대로 이더넷은 폭발적으로 성장합니다.

이더넷의 보급률이 급격하게 증가함에 따라 H/W 장비들의 성숙도가 높아지게 되었고, 기술의 상향 평준화가 이루어지기 시작했습니다. 팔리는 장비가 많으니 시장이 커지고 가격은 낮아지지만, 되려 장비들의 완성도는 높아지는 선순환 구조가 만들어진 것입니다.

이더넷은 엄청난 식성으로 네트워크 세상을 지배하게 되었습니다. 그리고 기존에 TDM 기술이 차지했던 영역까지도 넘보게 됩니다. 그 과정에서 자연스럽게 TDM을 위해 탄생한 기술들(예. 클락 동기화, OAM)이 이더넷 영역에서도 표준화되기 시작합니다.

7.2 이더넷의 진화

이더넷의 태생적인 약점들을 보완하기 위해 다양한 프로토콜이 탄생합니다. 우리가 첫 번째로 살펴볼 기술은 **클락 동기화**Clocking입니다. 사실 이더넷 환경에서 클락 동기화는 그리 관심을 받는 기술이 아닙니다. 웹 사이트를 접속할 때 전국에 흩어져 있는 스위치 혹은 PC 100대의 클락이 정확히 일치해야 할 필요가 있을까요? 매우 특수한 환경이 아니라면 필요하지 않을 것입니다.

기본적으로 이더넷은 PDH와 유사하게 피어Peer와 장비끼리만 클락을 동기화합니다. 이는 PC에서 웹 서버까지 10개의 네트워크 홉이 있다면 각 홉별로 클락이 미세하게 다를 수 있다는 것을 의미입니다. 홉별로 패킷 전달 속도가 미세하게 빨라졌다가 느려진다 하더라도 패킷 통신에 미치는 영향은 미미합니다. 그러나 이더넷이 음성(무선) 통신 네트워크에서 사용되면서 이야기가 달라집니다.

이번 학습에서는 무선 통신 네트워크의 구조를 살펴보고 이더넷용 클락 동기화 프로토콜들을 살펴보고자 합니다.

1 이더넷 클락 동기화

2G 및 3G 모바일 네트워크, 즉 핸드폰 통신은 TDM 기술들을 사용했습니다. 허나 4G(LTE)부터는 모바일 백홀, 즉 코어 통신 네트워크용 프로토콜로 이더넷 기반 IP/MPLS 네트워크를 채택합니다. 이는 매우 혁신적인 변화라고 할 수 있습니다. 모바일 네트워크용 프로토콜로 음성 통신을 위해 발전해온 TDM을 포기하고 패킷 통신 네트워크를 위해 만들어진 이더넷을 선택한 것입니다. 그만큼 이더넷의 경제성과 신뢰성이 입증되었다고 볼 수 있을 것입니다.

그러나 이더넷에는 태생적 한계가 있습니다. 바로 클락 동기화입니다. 모바일 네트워크에서는 UE(단말기)의 핸드오버$^{\text{Hand-over}}$, 즉 이동 중 기지국이 바뀔 때마다 채널을 변경하는 과정이 끊임없이 발생합니다. 때문에 클락 동기화가 필수적입니다. 이를 제대로 이해하기 위해서는 모바일 네트워크에 대한 간략한 배경지식이 필요합니다.

2 LTE 모바일 백홀(MBH)

모바일 네트워크는 세대(1G-5G)별로 컴포넌트, 구조 및 명칭이 조금씩 다릅니다. 진입 장벽도 무척 높아서 깊이 파고들면 책 한 권으로 부족할 정도입니다. 따라서 이 책에서는 4G(LTE) 통신망, 그중에서도 필수적인 부분에 대해서만 간략히 살펴보고자 합니다.

RAN

모바일 네트워크 세계에서 핸드폰과 같은 모바일 통신 장비를 UE$^{\text{User Equipment}}$(단말기)라고 표현합니다. LTE UE는 eNodeB, 쉽게 말해 eNB와 전파 통신을 합니다. 다시 말해 UE와 eNodeB는 공기 중의 전자기파로 통신하는데 이 통신 영역을 RAN$^{\text{Radio Access Network}}$ 구간이라고 말합니다.

> **Tip.** eNodeB는 Evolved-UTRAN Node B의 약자로, 흔히 더 짧게 eNB라고 쓰입니다. 참고로 eNodeB는 4G(LTE)에서 사용하는 명칭이며 2G(GSM)에서는 BS$^{\text{Base Station}}$(기지국)라고 불렸습니다. 모바일 통신용 전파 탑을 BS(기지국)라고 통칭해서 부르지만 엄밀히 말하면 BS와 eNodeB는 세부적인 기술과 컴포넌트가 다릅니다.

모바일 백홀의 주요 컴포넌트

모바일 백홀은 eNB와 4G(LTE) 코어 컴포넌트를 연결해주는 유선 네트워크를 말합니다. 다음 그림은 LTE(4G)에서 사용되는 코어 컴포넌트들입니다. 기존 3G까지는 코어 컴포넌트들을 연결해주는 유선 네트워크, 즉 모바일 백홀용 프로토콜로 SONET/SDH와 같은 TDM 기술을 사용했습니다. 허나 LTE부터 이더넷 기반의 IP/MPLS로 변경되었습니다. 먼저 LTE 코어 컴포넌트들을 간략히 살펴보겠습니다.

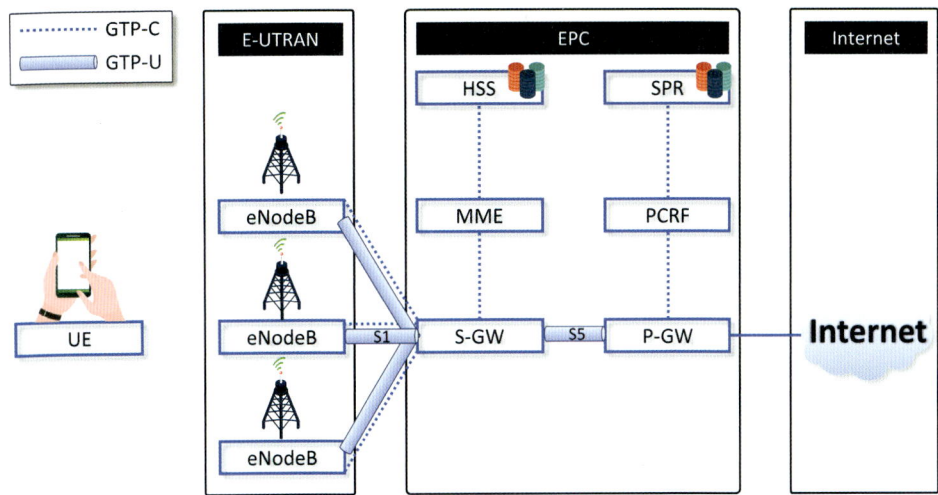

▶ 그림 7.1 모바일 백홀의 주요 컴포넌트

아키텍처	명칭	역할
E-UTRAN	eNB	eNB는 전자기파로 UE와 통신을 하고 그 데이터를 유선망으로 보내고 받는 역할. 다시 말해 무선과 유선 네트워크 사이의 게이트웨이 역할을 수행합니다. eNB 중에서도 무선 전파통신을 담당하는 기기를 RU$^{Radio\ Unit}$라 하고, RU의 디지털 데이터를 패킷으로 변환하는 장비를 DU$^{Digital\ Unit}$라고 합니다.
EPC Evolved Packet Core	S-GW Service gateway	핸드오버를 담당합니다. UE가 지역 이동을 하면 기존 eNB에서 다른 eNB로 넘어가야 합니다. 이때 전화나 데이터가 끊어지지 않고 잘 넘어가도록 해줍니다.
	P-GW Packet Data Network Gateway	LTE 네트워크를 타고 온 데이터가 PDN(IP 네트워크)으로 넘어갈 때 거치는 게이트웨이입니다. P-GW는 UE의 통화, 트래픽 양을 파악하고 적절한 정책 등을 적용합니다. 그 밖에도 UE에 IP를 할당하는 등 여러 중요한 역할을 수행합니다.
	PCRF Policy and Charging Rule Function	어떤 UE가 얼마만큼의 데이터를 쓸 수 있는지 파악하고, 그 이상 사용하면 추가 요금을 받을지 아니면 속도 제한을 걸지 등을 판단하여 P-GW에게 지시합니다.

▶ 표 7.1 모바일 백홀의주요 컴포넌트(1/2)

앞서 언급한 EPC(S-GW, P-GW, PCRF) 정도만 알아도 모바일 네트워크를 이해하는 데 부족하지 않지만 그 외의 다른 코어 컴포넌트들도 가볍게 훑어보면 좋을 듯하여 다음 표도 함께 준비했습니다.

아키텍처	명칭	역할
EPC	MME Mobility Management Entity	UE에서 올라오는 IP 패킷이 그대로 모바일 백홀을 돌아다니는 건 아닙니다. UDP 기반 GTP 터널이라는 패킷 안에 담겨 모바일 백홀을 돌아다닙니다. 이를 베어러Bearer라고 하며 MME는 이 베어러를 관리합니다. 그 밖에 UE를 인증하고 관리하는 등 UE 관련 정보를 많이 보유하고 있습니다.
	HSS Home Subscriber Server	인증 정보 및 사용 가능한 대역폭 등의 정보가 있는 DB로, UE가 네트워크에 처음 접속할 때 관련 정보를 MME로 전달합니다.
	SPR Subscriber Profile Repository	PCRF가 활용하는 정보가 저장된 DB입니다.

▶ 표 7.2 모바일 백홀의 주요 컴포넌트(2/2)

핸드오버 및 GTP 터널링

빠른 속도로 이동하는 차 또는 기차에서도 전화나 인터넷이 끊김 없이 안정적인 것은 사실 굉장한 일입니다. 개별 eNB들의 전자기파가 도달 거리는 한정되어 있을 수밖에 없습니다. 따라서 UE가 지리적인 이동을 하면 다른 eNB와 통신해야 합니다. eNB를 옮겨가는 과정을 **핸드오버**Handover라고 하는데, 이 핸드오버가 매우 매끄럽게 잘되기 때문에 이동 중에도 안정적으로 전화와 데이터 통신을 할 수 있는 것입니다.

그림 7.1을 다시 보면 eNB에서 S-GW로 터널(S1)이 있고 S-GW와 P-GW에도 터널(S5)이 있음을 볼 수 있습니다. 여기서 사용된 터널은 IP/UDP 기반의 GTP라는 프로토콜입니다. LTE 모바일 네트워크에서는 GTP 터널을 사용하며 핸드오버가 이뤄질 때 이 GTP 터널을 옮기는 작업을 수행합니다.

왜 GTP 터널을 사용할까요? eNB 핸드오버가 일어나도 UE의 IP가 바뀌면 안 되기 때문입니다. 여러분이 핸드폰을 들고 지역을 이동할 때마다, 다시 말해 통신하는 eNB가 바뀔 때마다 UE의 IP가 변경되면 어떨까요? 웹이나 애플리케이션들을 그 사실을 알 수 없으니 자동으로 로그아웃되고 다시 로그인해야 할 것입니다. 당연히 동영상도 끊기도 처음부터 재생해야 합니다. 차량 등의 이동 수단으로 움직이면 수없이 eNB가 바뀔 텐데 이처럼 IP가 변경되면 안 될 것입니다. 따라서 UE의 IP 헤더를 그대로 보전하고자 모바일 네트워크는 GTP 터널을 사용합니다.

GTP-C & GTP-U

그림 7.1에서 컴포넌트 간의 연결선을 보면 점선도 있고 eNB에서 S-GW를 거쳐 P-GW까지 이어지는 굵은 터널(S1, S5)도 보입니다. 이 2개의 선 모두 GTP 프로토콜을 사용합니다만 점선은 GTP-C(Control)고, 굵은 터널은 GTP-U(User)입니다. 모두 UDP를 이용하는 GTP 프로토콜이지만 UDP 포트도 다르고 GTP 헤더 구조도 조금 다릅니다. 약자로 추정할 수 있듯이 GTP-U는 UE에서 올라오는 트래픽이 P-GW까지 갈 수 있도록 해주는 터널입니다. 반면 GTP-C는 LTE 컴포넌트 간에 서로 관리용 메시지를 주고받는 터널입니다.

GTP-U 중에서 S1(eNB - SGW)과 S5(SGW - PGW)는 뭐가 다를까요? S1과 S5 모두 GTP-U 프로토콜을 사용하는 것은 동일하지만 S-GW를 기점으로 S1과 S5 터널이 나뉩니다. 만일 UE가 물리적인 이동을 해서 eNB A → B로 넘어가야 한다면 eNB A에 있던 S1 터널을 S-GW에서 eNB B로 틀어주는 핸드오버가 일어납니다(세부 과정은 매우 복잡합니다.).

이러한 핸드오버 과정이 잘 되려면 무엇이 필요할까요? 네, 맞습니다. 각 eNB 간 클락이 칼같이 잘 맞아야 합니다. 아무리 GTP 터널을 잘 변경하였다 하더라도, eNB A와 eNB B 그리고 UE 간에 클락이 틀어져 있다면 핸드오버가 일어나는 시점마다 전화 음성이 끊기거나 데이터 손실이 발생할 것입니다. 예를 들어, eNB A와 UE는 90 bps로 통신했는데, eNB B는 100 bps로 통신하려 한다면 클락을 다시 맞추는 동안 또는 지속적으로 데이터 손실이 발생합니다. 이제 모바일 네트워크에서 왜 클락 동기화가 중요한 요소인지 이해될 것입니다.

3 시간 동기 네트워크

이더넷은 기본적으로 비동기Asynchronous 네트워크입니다. 이를 시간 동기 네트워크로 만들어 주는 3가지 표준이 있습니다. 해당 표준들을 다음 순서대로 살펴보도록 하겠습니다.

- NTP
- SyncE
- PTP

NTP

NTP는 1985년, RFC 958로 표준화된 매우 오래된 프로토콜입니다. 따라서 NTP는 UDP 기반으로 시간을 맞추며 주로 (서버, 네트워크) OS의 시간을 맞추는 용도로 사용합니다. NTP

는 OS 레벨에서 S/W 기반 데몬Daemon으로 동작하는 경우가 많습니다. 다시 말해 별도 H/W로 클락을 복구하는 것이 아니라 S/W 기반으로 시간을 동기화합니다. S/W 기반 클락 복구는 정밀한 시간을 맞출 수 없다는 한계가 있지만, 일반적인 OS 시간을 맞출 때는 문제가 없습니다. PC 간에 50 ms 정도의 시간 차이가 있다고 해서 큰 이슈를 일으키는 건 아니기 때문입니다.

고가의 음악 장비들을 흔히 Hi-Fi 시스템이라고 합니다. PC로 음악을 듣는 것과 수 천만 원짜리 CD/DVD 플레이어로 듣는 것은 어떤 차이가 있을까요? PC의 OS는 오직 음악만 재생하는 시스템이 아닙니다. 음악을 재생하면서 동시에 인터넷 브라우저를 위해 CPU 리소스를 사용하기도 합니다. 따라서 엄격하고 정밀한 주기로 음악을 재생하기 어렵습니다. 매우 짧은 시간 동안 CPU를 들여다보면 음악 재생에 사용할 타이밍에 브라우저 혹은 다른 용도로 CPU 자원을 사용하기도 합니다. 음악은 정확한 클락에 맞춰 재생해야 원음에 가깝게 재생됩니다. 그래서 고가의 CD/DVD 플레이어에는 오직 음악을 위해 H/W가 설계되어 있을 뿐 아니라 OCXO와 같은 고성능 발진기가 들어가 있기도 합니다. 심지어 원자 시계 발진기가 들어간 경우도 있습니다.

네트워크 장비가 클락을 동기화할 때도 똑같습니다. S/W 기반으로는 미세한 클락 오차가 빈번하게 발생하기 때문에 S/W 기반으로는 완벽한 시간 동기 네트워크를 구성할 수 없습니다. 이로 인해 NTP도 RFC 5905[1] (NTPv4)부터 H/W 기반 NTP 클락 동기화를 지원하기 시작했습니다. 허나 클락 동기화 장비 중 H/W 기반 NTP 장비는 흔치 않습니다. 이더넷 네트워크의 클락 동기화를 지원하는 프로토콜들이 이미 둘이나 존재하기 때문입니다.

SyncE

SyncE^{Synchronous Ethernet}는 2006년 ITU-T G.8261로 최초 표준화되었으며 일반 이더넷과 비교하여 다음 2가지 특징이 있습니다.

- 발진기 성능 향상
- 시간 동기 네트워크

첫째, SyncE 장비는 일반 이더넷 장비보다 높은 성능의 발진기를 장착해야 합니다. 일반 이더넷의 자체 발진기 정확도는 100 ppm이었으나 SyncE는 이를 4.6 ppm으로 낮췄습니다.

---

[1] RFC 5905(2010), Network Time Protocol Version 4: Protocol and Algorithms Specification

기존 이더넷의 허용 오차$^{\text{Clock tolerance}}$ 100 ppm으로 시계를 만들면 하루에 최대 8.64초가 틀어질 수 있습니다. 그러나 SyncE의 기준인 4.6 ppm의 오차를 가진 시계는 하루에 최대 0.4초의 오차가 발생할 수 있습니다. 이는 일반적인 XO가 아닌 OCXO 혹은 TCXO처럼 더 좋은 발진기를 써야 한다는 것을 의미합니다.

둘째, 시간 동기 네트워크를 구성할 수 있습니다. 사실 일반 이더넷도 PLL을 통해서 클락을 복구합니다. 그러나 마치 PDH처럼 바로 옆 장비 클락을 복구하여 신호를 해석할 뿐 클락의 퀄리티를 체크하거나 전체 이더넷 장비가 신뢰성 높은 하나의 마스터 클락에 동기화되지 않습니다.

SyncE의 경우 ESMC라는 패킷을 통해 클락 퀄리티 레벨$^{\text{Clock quality level}}$을 전파하고, 전체 네트워크 노드가 높은 정확도의 단일(마스터) 클락 소스$^{\text{Clock source}}$에 동기화할 수 있습니다. 다만 SyncE는 PLL(혹은 DPLL$^{\text{Digital Phase Locked Loop}}$)을 통해서 클락을 동기화하는 구조이므로 네트워크에 있는 모든 장비가 빠짐없이 SyncE를 지원해야 합니다. 만일 동기화 체인을 구성할 때 중간 경로 장비가 SyncE를 지원하지 않는다면 해당 장비로 인해 클락이 잘못 전파될 수 있습니다.

허나 통신 사업자처럼 대규모 장비를 운영한다면 하루아침에 모든 이더넷 장비를 SyncE 지원 장비로 교체하는 것은 불가능할 것입니다. 따라서 SyncE는 SONET/SDH의 클락과 호환될 수 있게 표준화되었습니다. 즉, 이웃하는 SONET/SDH에서 전달받은 클락을 SyncE용으로 사용할 수 있습니다. 덕분에 엔드 투 엔드 SyncE 망을 구축하지 않더라도 SONET/SDH 망의 클락을 활용하여 SyncE 네트워크를 구성할 수 있습니다.

앞서 그림 6.14에 SDH SOH를 보면 좌측 하단에 S1이라고 쓰인 1 byte크기의 헤더를 볼 수 있습니다. 이 S1을 **SSM**$^{\text{Synchronization Status Message}}$이라고도 하며 현재 전송되는 클락의 QL$^{\text{Quality Level}}$을 알려 주는 헤더입니다. SDH 장비는 이 SSM 메시지를 통해 현재 받고 있는 클락이 어느 레벨의 스트라텀에 해당하는지 알 수 있습니다.

SyncE에도 동일한 기능을 하는 프로토콜이 있습니다. 바로 **ESMC**$^{\text{Ethernet Synchronization Messaging Channel}}$입니다. 다음은 ESMC 패킷 예시입니다.

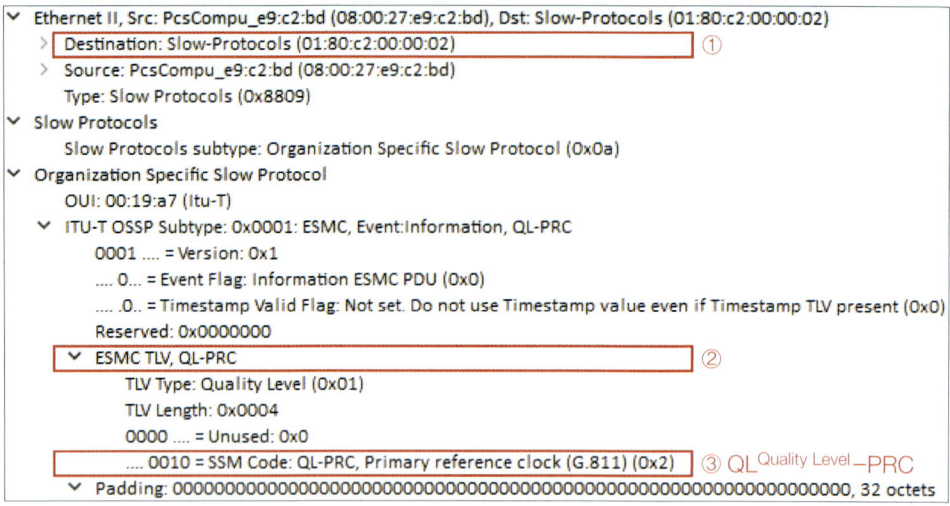

▶ 그림 7.2 ESMC 패킷 예시

ESMC 패킷 예시에서 ② ESMC TLV 필드 값을 보면 해당 클락의 레벨이 (G.811에서 지정한) ③ PRC 레벨이라는 것을 알 수 있습니다. ESMC는 QL을 전달하기 위한 프로토콜임을 잊어서는 안 됩니다. 클락은 PLL(혹은 DPLL)을 통해 전기 신호 레벨에서 복구됩니다.

> **Tip.** 참고로 ESMC 패킷은 ethertype 0x8809를 사용하는 ① Slow 프로토콜 기반으로 동작합니다. Slow 프로토콜은 멀티캐스트 MAC 주소(01:80:c2:00:00:02)를 사용하며 프레임을 초당 최대 10개, 쉽게 말해 10 pps 이하로 보냅니다. 네트워크 엔지니어가 많이 다루는 LACP도 이 프로토콜을 이용하는데, 관련 표준은 IEEE 802.3 Annex 57A.2의 'aSlowProtocolFrameLimit'에서 찾을 수 있습니다.

PTP

또 다른 이더넷 클락 동기화 프로토콜 **PTP**Precision Time Protocol는 IEEE 1588을 통해 표준화되었습니다. PTP는 다음과 같이 뒤쪽에 연도를 붙여 버전을 구분하며 현재까지 표준화된 버전은 총 3개입니다.

- IEEE 1588-2002(PTP v1)
- IEEE 1588-2008(PTP v2)
- IEEE 1588-2019(PTP v2.1)

SyncE와 IEEE 1588 이 두 프로토콜은 근본적인 목적도 동작 방식도 다소 다릅니다. SyncE는 순수하게 클락 동기화를 위한 프로토콜로, '2020년 02월 22일 11:59분'과 같은 현재 시간,

즉 ToD^{Time of Day} 정보는 전달하지 않습니다. 반면 PTP는 NTP처럼 ToD 정보를 전달하기 위한 프로토콜로, 시간 정보가 담겨 있는 타임스탬프 패킷을 주기적으로 전달합니다. 따라서 NTP 및 PTP를 클락 동기화가 아닌 시간 동기화 프로토콜로 구분하여 부르기도 합니다. 여기서 2가지 질문이 떠오릅니다.

첫째, NTP와 PTP는 무엇이 다를까요? NTP가 주로 이용하는 S/W 기반 동기화는 밀리세컨드 단위의 정확성을 제공합니다. 반면 PTP는 일반적으로 H/W 기반으로 구현되며 나노세컨드를 넘어 피코세컨드 단위까지의 정확성을 제공합니다.

둘째, PTP로는 클락 동기화를 못하는 걸까요? 아닙니다. 가능합니다. 클락을 동기화한다는 것은 결국 발진기의 지터를 막는다는 의미입니다. PTP를 통해서 망 내의 모든 네트워크 장비에게 "바로 지금이 00:00:00 분이야."라고 정확하게 전달할 수 있다면 시간 동기 네트워크를 구성할 수 있습니다.

주파수 VS 페이즈

좀 더 정확히 말하자면 SyncE는 **주파수 동기화**^{Frequency synchronization}를 제공합니다. 다음 그림 (a)에서 검은색 막대는 신호가 전송되는 주기(마루)를 표현한 것입니다. 신호 주기가 좁을수록 '주파수가 높다'고 표현하고 반대로 주기가 큰 경우 '주파수가 낮다'고 표현합니다.

그림 (a)를 자세히 보면 신호의 주기, 즉 주파수는 같습니다. 그러나 동시점에 신호 발생이 일어나지 않습니다. 다시 말해 시차가 있습니다. 이를 **페이즈**^{Phase}(위상)가 다르다'고 표현합니다. 페이즈가 일치할 경우 그림 (b)처럼 두 신호의 마루가 같은 시간에 똑같이 발생합니다.

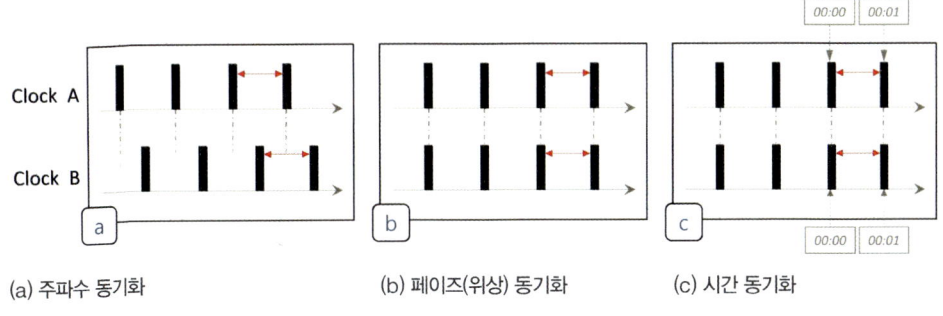

(a) 주파수 동기화   (b) 페이즈(위상) 동기화   (c) 시간 동기화

▶ 그림 7.3 주파수 · 페이즈 · 시간 동기화

군인들의 행진을 보면 발걸음이 칼 같이 일치하는 것을 볼 수 있습니다. 각 행렬의 리더는 군인들의 발 순서가 일치하도록 "왼발", "오른발"하고 구령을 불러 주기도 합니다. 헌데 만일 행렬이 너무 길어서 리더의 목소리가 행렬 뒤쪽으로 갈수록 늦게 도달하면 어떻게 될까요? 음속은 초당 대략 340 m/s입니다. 다시 말해 150 m쯤 뒤에 있는 군인에게는 리더의 구령 소리가 0.5초 뒤에, 300 m쯤 뒤에 있는 군인에게는 1초 뒤에 도달하게 됩니다. 리더 한 명의 구령에 의존하다 보면 결국 음속 전파 속도에 따라 마치 지네가 기어가듯 행진하는 것처럼 보일 것입니다. 이 문제는 비교적 간단한 방법으로 해결할 수 있습니다. 여러 명의 리더가 각자 시계를 정확하게 맞춘 뒤 행렬 중간중간에 위치하는 것입니다. 그리고 정확히 00분 00초가 되면 모든 리더들이 다같이 "왼발", "오른발" 구령을 부르는 것입니다.

이때 구령을 통해 발을 내딛는 간격이 같도록 해주는 것이 주파수 동기화입니다. 그리고 모든 군인이 정확히 동시에 왼발부터 출발하도록 리더들의 시간을 일치시키는 것이 **페이즈 동기화**^{Phase sync}입니다.

그림 (c) 시간 동기화를 주목할 필요가 있습니다. 시간을 동기화한다는 것은 주파수 동기화와 페이즈(위상)가 동기화된다는 것을 의미합니다. PTP는 ToD, 즉 시간을 동기화하는 프로토콜입니다. 따라서 PTP는 주파수 동기화 및 페이즈 동기화를 제공할 수 있습니다. 반면 SyncE는 주파수 동기화만 제공합니다. 그렇다면 PTP가 더 좋은 프로토콜일까요? SyncE는 신호가 전송될 때마다, 정확히는 제로 크로싱이 일어날 때마다 클락 복구가 일어납니다. 반면 PTP는 (프로파일^{Profile}마다 다르지만) 초당 수십여 개의 패킷을 보내는 것이 전부입니다. 즉, PTP 패킷이 오지 않는 시간 동안은 네트워크 장비 자체 발진기 클락에 의존해야 합니다.

결론적으로 주파수 동기화 측면에서 보면 PTP보다 SyncE의 안정성 및 정확성이 뛰어납니다. 사실 일반적인 네트워크에서는 주파수만 동기화되어도 통신하는 데 큰 문제가 없습니다. 그럼 왜 PTP가 필요할까요?

FDD VS TDD

모바일 네트워크의 RAN 구간에서 UE와 eNB가 통신하는 방법으로 FDD와 TDD 2가지 방식이 있습니다. FDD는 다음 그림처럼 무선 주파수 대역 두 개를 완전히 분리합니다. 두 주파수 대역 중 하나는 UE → eNB, 즉 업링크^{Uplink}용으로 사용하고, 다른 주파수 대역은 eNB → UE, 즉 다운링크^{Downlink}용으로 사용합니다.

▶ 그림 7.4 FDD

다음 그림은 TDD 방식을 표현한 것입니다. TDD는 하나의 주파수 안에서 서로 시간을 정해서 어떤 때는 업링크 트래픽을 보내고 또 다른 때는 다운링크 트래픽을 보냅니다. 즉, 하나의 주파수를 최대한 효율적으로 사용하는 전송 방법입니다.

▶ 그림 7.5 TDD

바로 이때 페이즈 동기화가 매우 중요합니다. 00초에는 업링크용으로, 01초에는 다운링크용으로 사용하기로 합의했는데 서로 시간이 달라서 같은 시간대에 서로 신호를 보내려고 하면 안되기 때문입니다.

LTE의 경우 FDD와 TDD를 선택할 수 있었으나 대부분 이동 통신 사업자는 초당 전송량이 더 큰 FDD를 선호했습니다. 그러나 5G의 고주파 대역High frequency band(일반적으로 24 Ghz 이상 대역(mmWave)부터는 TDD가 기본 듀플렉스 모드Default duplex mode가 되었습니다. 다시 말해 PTP가 필요하게 되었습니다.

그러나 전체 네트워크 망을 PTP에만 의존하기는 어렵습니다. 앞서 언급하였듯이 SyncE의 주파수 동기화 기능이 뛰어나기 때문입니다. 따라서 SyncE와 PTP를 같이 사용하는 하이브리드 모드가 존재합니다. 주파수 동기화는 SyncE를 이용하고 페이즈 동기화는 PTP를 이용하는 방식입니다. 결과적으로 SyncE와 PTP는 서로 경쟁 관계 보다는 상호 보완 관계에 있다고 볼 수 있습니다.

유니캐스트 PTP와 PDV

PTP는 NTP처럼 IP/UDP 패킷을 이용하는데, IEEE 1588-2002 버전까지는 멀티캐스트만 지원했습니다. 다시 말해 SyncE처럼 바로 옆 장비끼리 IP/UDP 패킷을 주고받는 모델이었습니다. 허나 IEEE 1588-2008 버전부터 **유니캐스트**Unicast 모드를 지원하기 시작했습니다. 유니캐스트 모델을 사용하면 NTP처럼 서버, 클라이언트 간 직접 패킷 통신이 가능합니다. 덕분에 중간 노드 장비가 PTP를 지원하지 않아도 PTP 패킷을 엔드 투 엔드로 전달할 수 있습니다.

그러나 많은 네트워크 홉을 건너 패킷을 전송하다 보면 경로 중간의 장비 이슈 혹은 QoS 등으로 인해 지연이 불규칙적으로 발생할 수 있습니다. 지리적으로 멀어지고, 많은 네트워크 장비를 거칠수록 더욱 불안정해질 것입니다. 따라서 유니캐스트 PTP 적용이 옳은지는 관리자의 적절한 판단이 필요합니다. 이때 **PDV**Packet Delay Variation라는 단위로 지연 변화량, 쉽게 말해 불안정성을 표현할 수 있습니다. 값이 클수록 PTP 패킷 전달 시간이 일정하지 못하고 들쭉날쭉하다는 의미입니다.

프로파일

PTP는 프로파일Profile을 통해서 필요에 따라 다양한 세부 표준을 만들 수 있습니다. 이는 PTP 프로토콜에 유연성을 준 부분입니다. PTP 프로파일을 통해 PTP 패킷을 얼마나 자주 보낼지, 멀티캐스트만 쓸지 아니면 유니캐스트도 쓸지 등 각종 옵션을 정할 수 있습니다.

PTP는 프로파일로 별도 세부 규격을 따로 정할 수 있기 때문에 여러 산업 시스템에서 각자 환경에 맞게 튜닝할 수 있습니다. 예를 들어 공장(예. 로봇), 이동 수단(예. 비행기 혹은 차량) 내부 통신, 방송 그리고 각종 금융, 항공 우주 분야 등에서 원하는 PTP 규격이 조금씩 다를 수 있습니다.

어떤 분야에서는 멀티캐스트만 사용함으로써 높은 수준의 클락 동기화와 안정성을 갖고 싶어 할 것이고, 또 어떤 분야에서는 멀티캐스팅 PTP를 강제하면 투자비가 너무 많이 들어가므로 유니캐스팅을 허용함으로써 효율성에 포커싱할 수도 있습니다. 또 PTP 패킷이 자주 오가기를 원할 수도 있고 그 반대일 수도 있습니다. 각 산업별 표준화 단체들은 PTP 프로파일을 알맞게 튜닝하여 표준화한 뒤 관련 시스템이 해당 프로파일을 따르도록 하면 됩니다. 산업별로 PTP와 유사한 프로토콜을 굳이 새로 만들지 않더라도 PTP 프로파일만 새롭게 정의하여 사용할 수 있는 것입니다.

많은 산업군에서 PTP가 채택되면 PTP 관련 칩셋을 생산하는 업체들도 대량 생산이 가능해집니다. 덕분에 칩셋의 단가는 낮아지고 퀄리티는 높아지는 경제의 선순환 구조가 만들어질 것입니다.

4 프리엠블과 Auto-Negotiation

이번에는 SyncE 혹은 PTP를 사용하지 않는 일반 이더넷 환경에서는 어떻게 클락을 동기화하는지 그 과정을 심도 있게 살펴보겠습니다.

이더넷은 TDM과 달리 전송할 트래픽이 없으면 아무런 프레임을 전송하지 않습니다. 만일 전송할 트래픽이 없어서 오랜 시간 동안 통신하지 않았다면 송수신 장비 간 클락이 많이 틀어지지 않을까요? 그렇지 않습니다. 이더넷에는 이를 방지할 수 있는 2가지 요소, **프리엠블**Preamble과 **클락 펄스**Clock pulse가 있기 때문입니다.

프리엠블

모든 이더넷 패킷은 프레임을 전송하기 전에 프리엠블 + SFD라는 것을 먼저 보냅니다. 다음 그림은 이더넷 프레임의 구조입니다.

7 bytes	1 byte	6 bytes	6 bytes	2 bytes	64-1500 bytes (up to 9000 bytes /w jumbo frame)	4 bytes
Preamble	SFD	Dst MAC	Src MAC	Type	Data	FCS

▶ 그림 7.6 리모트 폴트 예시

맨 앞(좌측)에 있는 프리엠블은 1010 ⋯ 10이 연속적으로 반복되는 총 7 bytes 신호입니다. 7 bits가 아니고 7 bytes나 되기 때문에 이더넷 프레임(+ SyncE) 수신 장비의 PLL이 안정적으로 클락을 복구할 수 있습니다. 설령 송수신 장비 간 클락이 틀어져 있더라도 다시 클락을 동기화하기에 부족하지 않을 정도입니다.[2]

프리엠블 다음에 오는 SFD^{Start Frame Delimiter}는 '10101011'이라는 고정 bit로, "프리엠블 영역은 끝났고 곧 데이터 영역이 시작됩니다."라는 의도로 전송됩니다.

---

[2] IEEE 802.3(2015), 〈4.2.5 Preamble generation〉 참조

Auto-Negotiation: 클락 펄스

이더넷에는 트래픽이 없는 순간에도 항상 16 ms 간격으로 흐르는 전기 신호Electronic code가 있습니다. 바로 클락 동기화와 Auto-Negotiation(AN 또는 ANEG)을 위해 전송되는 FLPFast Link Pulse라는 신호입니다.

FLP는 다음 그림과 같이 총 17개의 ① 클락 펄스와 16개의 ② 데이터 펄스Data pulse로 구성되어 있습니다. 이 중 ① 클락 펄스 신호 덕분에 데이터 전송이 오랫동안 없는 상황에서도 송수신 장비 간 클락이 크게 틀어지지 않을 수 있습니다.

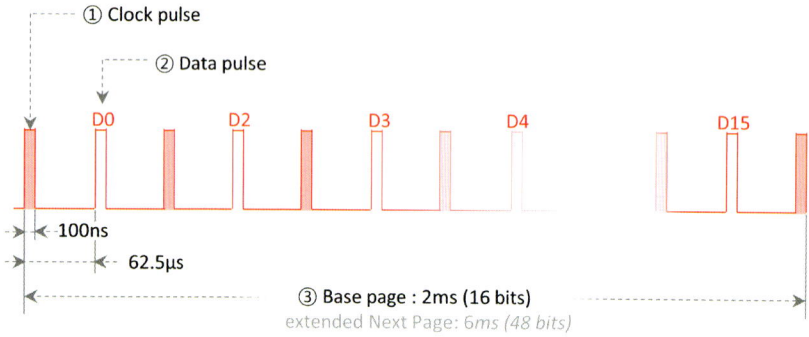

▶ 그림 7.7 FLP

Auto-Negotiation: 데이터 펄스

클락 동기화와 직접적인 관련은 없지만, 언급된 김에 상용 네트워크Production network에서 빈번히 사용되는 FLP의 Auto-Negotiation을 함께 살펴보겠습니다.

FLP의 16개(16 bits) ② 데이터 펄스는 Auto-Negotiation 및 기타 정보를 담고 있습니다. 이 16 bits를 따로 모아 ③ Base page(LCWLink Code Word)라고 부릅니다.

> **Tip.** 10BASE-T의 경우 각 펄스 간격을 FLP처럼 62.5 μs가 아닌 16 ms 간격으로 보내는 NLPNormal Link Pulse를 사용했습니다. FLP의 ③ Base page 전송 간격을 16 ms로 정한 것은 NLP의 전송 간격과 일치시켜 기존 기술과 호환Backward compatibility하기 위함입니다.

다음 그림은 ② 데이터 펄스, 16 bits만 따로 모아 그린 것입니다. 위쪽의 D0부터 D15는 데이터 펄스 비트Data pulse bit의 순번을 나타냅니다.

D0	D1	D2	D3	D4	D5	D6	D7	D8	D9	D10	D11	D12	D13	D14	D15
S0	S1	S2	S3	S4	A0	A1	A2	A3	A4	A5	A6	A7	RF	Ack	NP

← Sector Field → ← Technology Ability Field →

▶ 그림 7.8 Base page(출처: IEEE 802.3-2018, Figure 28-7—Base Page encoding Adapted and reprinted with permission from IEEE. Copyright IEEE 2018. All rights reserved.)

그림에서 Sector 필드(앞부분 5 bits, 검은색 S0 - S4)는 어떤 섹터 정보인지 (802.3 이더넷 혹은 현재는 해체되어 역사 속에 남은 802.9 isoEthernet인지) 알려 줍니다. 이어지는 Technology Ability 필드(그 다음 8 bits, 검은색 A0 - A7)는 Auto-Negotiation용 필드 (A0 - A4)와 PAUSE 신호(A5 - A6) 필드 그리고 Reserved(A7)로 구성되어 있습니다.

Auto-Negotiation을 지원하는 장비는 A0부터 A4까지 총 5 bits 필드에 자신이 지원할 수 있는 이더넷 프로토콜을 기록하여 상대편에게 전달합니다. 이 5개의 필드로 표현 가능한 프로토콜 리스트는 다음과 같습니다.

- **A0 bit**: 10BASE-T
- **A1 bit**: 10BASE-T full duplex
- **A2 bit**: 100BASE-TX
- **A3 bit**: 100BASE-TX full duplex
- **A4 bit**: 100BASE-T4

예를 들어, Technology Ability 필드의 A0 필드(bit)가 1로 설정되어 있다면 10BASE-T를 지원한다는 뜻입니다.

Technology Ability 필드 뒤에 이어지는 3개의 필드 중 RF$^{Remote\ Fault}$는 상대편에게 당신의 신호가 이상하다고 알려 주는 신호입니다. Ack는 Acknowledge를 뜻하고, NP$^{Next\ Page}$는 해당 ③ Base page 뒤에 다른 종류의 추가 page, 즉 'Message page/Unformatted page'가 올 것이라는 뜻입니다.

자세히 보면 1 Gbps 이상의 이더넷은 Technology Ability 필드 리스트에 없습니다. 1 Gbps 이상의 이더넷을 지원한다면 그림 7.8의 A7, 즉 D12 필드를 1로 세팅하여 Extended Next Page를 전송합니다. Extended Next Page 안에 Unformatted page field(32 bits)

중³ 14-26번째(U14 – U26) Code Field를 이용하여 (1 Gbps 이상) 이더넷 프로토콜 지원 여부(~ 40GBASE-T)를 전달할 수 있습니다.⁴

IEEE 802.3-2018 기준 Extended Next Page 필드별 상세 설명은 다음 목차에서 찾을 수 있습니다.

- **1000BASE-T**: 40.5.1.2 1000BASE-T Auto-Negotiation page use
- **10GBASE-T**: 55.6.1.2 10GBASE-T Auto-Negotiation page use
- **25G/40GBASE-T**: 113.6.1.2 25G/40GBASE-T Auto-Negotiation page use

> **NOTE Next Page와 Extended Next Page**
>
> Next Page는 Next Page(이하 NP, 총 16 bits)와 Extended Next Page(이하 XNP, 총 48 bits) 두 종류가 있습니다. NP는 그림 7.8에서 본 base page의 NP bit, 즉 D15를 1로 세팅합니다. 반면 ANEG가 사용하는 XNP는 base page의 D12 bit를 1로 세팅합니다(IEEE 802.3(2018), ⟨28.2.1.2.3 Extended Next Page⟩ 및 ⟨28.2.3.4 Next Page function⟩ 참조).
>
> 인코딩에 따라 NP 필드 구성이 달라질 수 있습니다. 16 bits라는 사이즈는 동일하지만 NP 내의 Message Page(MP) bit가 1이면 Message Page(MP, IEEE 802.3(2018)의 Figure 28-11 참조)이고, 0이면 Unformatted Page(UP, Figure 28-12 참조)입니다.
>
> XNP 또한 48 bits라는 크기는 동일하지만 내부 Message Page(MP) bit가 1이면 Extended Message Page(Figure 28-13 참조)고, 0이면 Extended Unformatted Page(IEEE 802.3(2018), Figure 28-14 참조)입니다.

RF

RF[Remote Fault] 신호는 네트워크 세계에서 매우 중요한 역할을 담당합니다. 다음 그림은 스위치 A와 B를 광 케이블로 연결한 예시입니다.

---

3 Message Code Field에 대한 자세한 내용은 IEEE 802.3(2018)의 ⟨Table 28C-1—Message code field values⟩에서 확인할 수 있습니다.
4 IEEE 802.3-2018, Table 113-19—25G/40GBASE-T Base and Next Pages bit assignments 참조

▶ 그림 7.9 이더넷 프레임 구조

A 장비에 ② Rx 광 케이블은 정상 연결하고 B 장비에 ① Tx 광 케이블은 연결하지 않았다면 포트가 업될 수 있을까요? 다시 말해 A는 정상적으로 광 신호를 받을 수 있으나 B는 아무런 광 신호를 받을 수 없는 one-way 상태에서 두 장비의 포트는 업, 다운 중 어떤 상태가 될까요?

A 장비는 광 신호를 받고 있고 B 장비는 못 받고 있습니다. 따라서 A 포트는 업, B 포트는 다운될 것입니다. 그러나 이처럼 서로 맞닿아 있는 두 피어 장비 간의 포트 상태가 서로 다르면 비동기 라우팅을 만들 수 있기 때문에 이러한 현상은 최대한 피해야 합니다. 즉, B까지 ① Tx 신호가 정상적으로 전달될 때 비로소 A, B 장비의 포트가 같이 업되는 것이 이상적입니다. 이러한 환경을 만들기 위해서는 ① Tx 신호가 B에게 잘 도착했는지, A가 알 수 있어야 합니다. 다시 말해 B가 ① Tx 신호를 못 받고 있다고 A에게 알려줄 수 있다면 A가 포트를 다운 상태로 유지할 수 있을 것입니다.

RF 필드가 바로 이러한 역할을 수행합니다. 상대편으로부터 광 신호를 못 받는 등의 장애 상황으로 내 포트가 다운일 때 이를 상대편에게 알려 주고자 RF 신호를 보냅니다. Auto-Negotiation 기능이 활성화되어 있으면 RF 신호를 주고받게 되므로 앞서 그림과 같은 상황에서 A가 포트를 다운시킬 수 있습니다.

광 통신에서 리모트 폴트, LFS

앞서 살펴본 바와 같이 전기 통신 이더넷 프로토콜들은 상대방이 어떤 프로토콜을 지원하는지 확인하기 위해 base page를 통해 Auto-Negotiation을 수행합니다. 그러나 광 통신은 Auto-Negotiation을 하지 않습니다. 이는 2가지 이유 때문입니다.

첫째, 광 통신은 전기 통신과 달리 파장이 다르면 애초에 신호 해석이 불가능합니다. 예를 들어, A는 850 nm 파장을 이용하고, B는 1550 nm 파장을 이용한다면 완전히 다른 대역의 파장을 이용하므로 서로의 base page를 해석할 수 없습니다. 설령 동일한 속도와 파장을 사용하더라도 SX와 LX처럼 서로 지원 가능한 최대 거리가 다르면 여전히 통신이 불가능할 수 있습니다.

둘째, 하나의 광원이 다양한 종류의 속도 및 파장을 지원할 수 없습니다. 예외적으로 2개 이상의 광원이 들어간 Optic이 존재하고 이들 중 일부는 자동으로 상대편과 동일한 속도로 설정되기도 합니다. 허나 이는 Auto-Negotiation을 사용하는 것이 아니라 CDR(Clock and Data Recovery라는 뜻으로, 쉽게 말하면 고가의 PLL)을 통해서 클락과 데이터 전송 속도$^{Data\ rate}$를 자동으로 감지하기 때문입니다.

> **Tip.** 공식 명칭은 아니지만 Optic 자체적으로 상대편 속도를 감지하는 기술을 자동 데이터 속도 감지$^{Auto\ data\ rate\ detection}$라고 합니다.

그렇다면 base page을 사용하지 않는 광 통신 이더넷 프로토콜에서는 어떻게 리모트 폴트$^{Remote\ fault}$ 신호를 전달할까요? 1000BASE-X[5]는 다음 그림과 같이 16 bits(D0 - D15)로 구성된 Configuration ordered set(/C/ ordered) 중에서 예약^{Reserve}되지 않은 8 bits를 사용합니다.

D0	D1	D2	D3	D4	D5	D6	D7	D8	D9	D10	D11	D12	D13	D14	D15
rsvd	rsvd	rsvd	rsvd	rsvd	FD	HD	PS1	PS2	rsvd	rsvd	rsvd	RF1	RF2	Ack	NP
←		Reserved		→					←	Reserved	→				

▶ 그림 7.10 Configuration ordered set[6]

그림 가운데에 위치한 **FD**는 Full-Duplex를 의미하고 **HD**는 Half-Duplex를 의미합니다. **PS1**과 **PS2**는 각각 Symmetric Pause와 Asymmetric pause를 의미합니다. 그리고 **RF1**과 **RF2**가 리모트 폴트용 필드입니다.

- **D5 bit**: FD(Full-Duplex)
- **D6 bit**: HD(Half-Duplex)
- **D7 bit**: PS1 - Symmetric Pause
- **D8 bit**: PS2 - Asymmetric pause
- **D12, D13 bits**: RF1, RF2 - remote fault[7]
- **D14, D15 bits**: ACK and NP

---

5 1000BASE-SX, 1000BASE-EX, 1000BASE-ZX 등
6 출처: IEEE 802.3-2018, Figure 37-2—Config_Reg Base Page encording Adapted and reprinted with permission from IEEE. Copyright IEEE 2018. All rights reserved
7 RF1과 RF2는 총 2 bits로써, 다음과 같이 해석합니다. 00 = No error, 01 = Offline, 10 = Link failure, 11 = Auto Negotiation Error. (IEEE 802.3-2018 기준, '37.2.1.5 Remote fault'의 'Table 37-3—Remote Fault encoding' 참조)

> **NOTE** **Configuration ordered set은 어떻게 전송될 수 있을까?**

1000BASE-X는 데이터를 전송할 때 다량의 0 혹은 1이 반복 전송되는 것을 막기 위해 8b/10b 라인 코드$^{\text{Line code}}$(선로 부호, 인코딩)를 사용합니다. 실제 과정은 보다 복잡하지만 간단하게 설명하면, 전송할 데이터를 8 bits 단위로 자르고 스크램블링 과정을 거쳐서 10 bits로 만듭니다. 데이터 통신을 하는 경우 유저 데이터가 전송될 때도 있을 것이고 관리용 정보(예. configuration ordered set)를 전송해야 할 때도 있습니다. 1000BASE-X는 이 둘을 어떻게 구분할 수 있을까요?

에러가 아닌 이상 스크램블링 과정에서 나올 수 없는 특별한 bit 패턴을 사용하여 (일반 데이터가 아닌) 관리용 정보가 전송됨을 알립니다. 예를 들어, /K28.5 (101 11100) /D21.5 (101 10101) 혹은 D2.2(010 00010)가 오면 그 뒤에 configuration ordered set(/C/ ordered set or Config_Reg)가 전송됨을 알려 줍니다

> **NOTE** **10 GE 이상의 이더넷 ordered set**

10 GE 이상의 이더넷은 1000BASE-X 이하의 이더넷 프로토콜과 많은 부분이 다릅니다. 10 GE 이상의 이더넷은 1000BASE-X처럼 configuration ordered set 안에 리모트 폴트 정보를 전송하는 것이 아니라 리모트, 로컬 폴트 신호만 전송하는 LFS$^{\text{Link Fault Signaling}}$라는 독립적인 신호 체계를 사용합니다. 이를 위해 표준에서는 LFS 전용 PHY 레이어(RS$^{\text{Reconciliation Sublayer}}$)를 만들었습니다.

10 GE 이상의 이더넷은 주로 64b/66b 라인 코드 인코딩$^{\text{Line code encoding}}$을 사용합니다. 64b/66b 라인 코드 인코딩은 전송할 데이터를 64 bits 단위로 자른 뒤 스크램블링 과정, 즉 $G(x)=1+x^{39}+x^{58}$을 거칩니다. 이후 맨 앞에 2 bits 동기화 헤더$^{\text{Synchronization header}}$(sync 헤더)를 붙여 다음 그림과 같은 66 bits로 만듭니다.

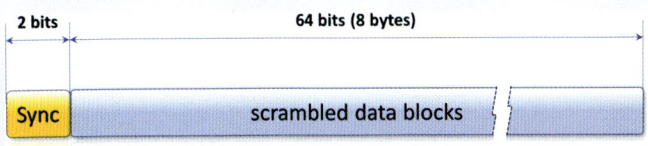

▶ 그림 7.11 10 GE 이상 이더넷의 동기화 헤더 붙이는 과정

맨 앞에 붙는 동기화 헤더는 01 혹은 10이 될 수 있는데, 01이라면 그 뒤에 오는 64 bits가 데이터 블록Data block이라는 것을 의미합니다. 반면 10이라면 이더넷 관리용 정보가 실려 있음을 의미합니다.

관리용 블록Control block은 여러 종류의 관리용 정보를 전달할 수 있습니다. 8-bit block type field가 그 뒤에 담긴 관리용 정보 종류를 알려 줍니다.[8]

> **Tip.** 블록 타입 값은 이더넷 프로토콜별로 다를 수 있습니다.

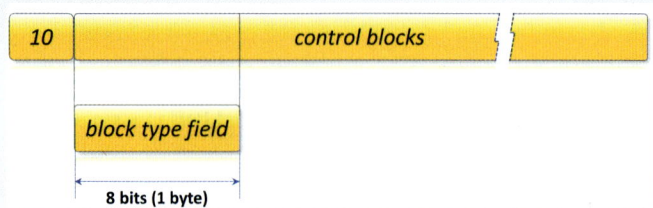

▶ 그림 7.12 관리용 정보를 전달하는 관리용 블록

블록 타입 뒤에 올 수 있는 관리용 정보들은 길이가 다양하며 그 예시로, Start character (denoted /S/), Terminate character(denoted /T/), Sequence ordered set (denoted /Q/) 혹은 7-bit control code 등이 있습니다. 그중에서 Sequence ordered set으로 LFS 정보를 전송합니다.

> **Tip.** 10 GE의 경우 Sequence ordered set이 4 bytes지만, 40 GE 및 100 GE는 8 bytes입니다.[9]

> **Tip.** 40GBASE-KR4 (backplane, K) 혹은 40GBASE-CR4 (Twinaxial copper, DACDirect Attach Copper용 프로토콜) 등은 모두 전기 통신용 이더넷 프로토콜입니다.

7 이더넷 OAM

지금까지는 우리는 이더넷의 클락 동기화에 관해서 살펴보았습니다. 지금부터는 이더넷 또 다른 약점 중 하나인 OAM을 극복하기 위한 프로토콜들에 대해서 살펴보도록 하겠습니다.

'6.4 SONET/SDH'의 'OAM 섹션'에서 살펴보았던 것처럼 SONET/SDH는 오버헤드를 활용

---

[8] IEEE 802.3(2018) 기준, Figure 49-7—64B/66B block formats, Figure 82-5—64B/66B block formats, 82.2.3.3 Block structure 참조
[9] IEEE 802.3(2018) Table 46-5—Sequence ordered sets 및 Table 81-5—Sequence ordered sets 참조

해서 이상 발생 시 구체적인 사유를 즉각 알 수 있습니다. 반면 이더넷 프레임 헤더는 그 구조가 대단히 단순하며 기본적으로 OAM 관련 기능을 제공하지 않습니다. 그러나 이더넷이 크게 대중화되면서 이더넷 OAM 필요성이 대두되었고 결과적으로 다음과 같은 3가지 OAM 프로토콜이 표준화되었습니다.

- IEEE 802.3ah-2004 (이더넷 LFM$^{\text{Link Fault Management}}$)
- IEEE 802.1ag-2007 (CFM$^{\text{Connectivity Fault Management}}$)
- ITU-T Y.1731

이 프로토콜들 모두 기존 이더넷 헤더를 바꾸지 않습니다. 대신 별도의 이더넷 OAM 프레임을 주기적으로 주고받으며 이상 여부를 감지하게 됩니다. 프로토콜별 기능 차이가 조금씩 있지만 결국 궁극적인 목표는 동일합니다.

- **장애 관리**$^{\text{Fault management}}$: 링크 다운 모니터링 등 서비스 중단 모니터링
- **성능 관리**$^{\text{Performance management}}$: 손실률 모니터링, 레이턴시 불안정 등 품질 저하 모니터링

IEEE 802.3ah(이더넷 LFM)

아파트와 같은 밀집 주거 지역에서 효과적으로 FTTH$^{\text{Fiber To The Home}}$ 네트워크를 구성하기 위해 통신 사업자들은 **PON**$^{\text{Passive Optical Network}}$이라는 기술을 주로 활용합니다. PON은 마치 BiDi Optic처럼 하나의 광 케이블에 2개의 파장(일반적으로 1310, 1490 nm)을 이용하여 하나는 다운스트림^{Downstream}용, 또 다른 하나는 업스트림^{Upstream}용으로 사용하는 기술입니다. 덕분에 아파트 한 건물당 단 하나의 광 코어로 해당 건물의 모든(혹은 일부) 가정이 인터넷 통신을 할 수 있습니다.

각 세대별 B/W는 어떻게 분배할까요? 가장 전통적이면서 가장 공평하게 B/W를 나누는 방식은 역시 TDM입니다. ITU-T에서 표준화한 PON(예. APON, BPON)들은 주로 TDM 기술을 사용합니다. 이들을 보통 **TDM-PON**이라고 부릅니다.

EPON

TDM-PON은 구축 및 운영 비용이 높기 때문에 IEEE에서는 이더넷 기반의 **EPON**$^{\text{Ethernet Passive Optical Network}}$을 표준화합니다. EPON은 2004년에 IEEE 802.3ah로 최초 표준화되었는데, 유저가 가장 처음 접하는 네트워크라는 뜻으로 EFM$^{\text{Ethernet in the First Mile}}$이라고도 불립니다.

그리고 동일 표준(IEEE 802.3ah Clause 57)에서 EFM 구간을 위한 OAM도 같이 표준화했으며 이를 이더넷 LFM^{Link Fault Management} 혹은 EFM-OAM이라고 합니다.

다음 그림은 이더넷 LFM 프레임 중 하나입니다.

```
> Ethernet II, Src: 50:00:00:03:00:03 (50:00:00:03:00:03), Dst: Slow-Protocols (01:80:c2:00:00:02)
> Slow Protocols
∨ OAM Protocol
    > Flags: 0x0050, Local Stable, Remote Stable
      OAMPDU code: Information (0x00)
    ∨ Type: Local Information TLV (0x01)
        TLV Length: 16
        TLV Version: 0x01
        TLV Revision: 1
      > OAM DTE States: 0x02, Parser Action: Discarding non-OAMPDUs
      > OAM Configuration: 0x09, OAM Mode, Link Events support
        Max OAMPDU Size: 1500 bytes
        Organizationally Unique Identifier: 00:90:69
        Vendor Specific Information: 00000000
    ∨ Type: Remote Information TLV (0x02)
        TLV Length: 16
        TLV Version: 0x01
        TLV Revision: 1
      > OAM DTE States: 0x05, Parser Action: Loopback non-OAMPDUs to the lower sublayer, Multiplexer Action
      > OAM Configuration: 0x0d, OAM Mode, Loopback support, Link Events support
        Max OAMPDU Size: 1500 bytes
        Organizationally Unique Identifier: 00:90:69
        Vendor Specific Information: 00000000
```

▶ 그림 7.13 IEEE 802.1ah(이더넷 LFM) 예시

Tip. 이더넷 LFM 프레임도 ESMC처럼 Slow 프로토콜을 사용합니다.

이더넷 LFM은 뒤이어 살펴볼 OAM에 비해 비교적 간단한 구조를 가지고 있으며 직접 연결된 장비 구간에서만 활성화됩니다. 예를 들어, A → B → C순으로 연결된 네트워크에서, A ↔ B 혹은 B ↔ C 사이에는 이더넷 LFM을 설정할 수 있지만 (B 장비를 거쳐서) A ↔ C 구간을 모니터링할 수 없습니다.

이더넷 LFM은 '링크 장애 관리'라는 이름에서 짐작할 수 있듯이 주로 장애 관련된 모니터링만 지원합니다. 레이턴시 불안정과 같은 성능 관리는 지원하지 않습니다. 다만 OAM 관련 패킷을 제외한 모든 패킷을 그대로 되돌려주는 **원격 루프백**^{Remote loopback}을 지원하기 때문에 관리자가 직접 원격 루프백을 설정하여 성능 관리를 수행할 수 있긴 합니다.

802.3ah는 2004년에 최초로 표준화되어 이후 2008, 2012, 2015, 2018년에 개정되었습니다. 다른 IEEE 표준이 그러하듯 IEEE 802.3ah는 표준명 뒤에 개정 연도를 표기하여 구분합니다. 예를 들어, 2018년에 개정된 IEEE 802.3ah는 IEEE 802.3ah-2018라고 표기합니다.

IEEE 802.1ag(이더넷 CFM)

IEEE는 2007년 새로운 이더넷 OAM 기술을 802.1ag로 표준화했으며 이를 **이더넷 CFM**Connectivity Fault Management이라고 합니다. CFM은 장애 관리뿐 아니라 성능 관리도 제공하며 다중 이더넷 홉Hop을 모니터링할 수 있습니다. 다시 말해 A → B → C순으로 연결된 네트워크에서 B를 거친 A ↔ C 구간을 별도 모니터링할 수 있습니다. 이러한 **다중 홉**Multiple hop 모니터링을 위해 CFM은 마치 SONET/SDH가 OAM 섹션을 구분한 것처럼 모니터링 구간을 다음과 같이 구분합니다.

- MD^{Maintenance Domain}
- MA^{Maintenance Association}
- MEP^{Maintenance association End Point}

MD, MA, MEP

원활한 이해를 위해 CFM 네트워크 토폴로지를 살펴보겠습니다.

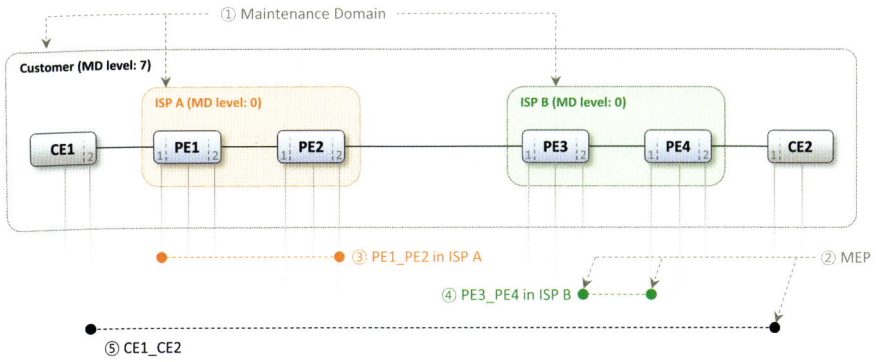

▶ 그림 7.14 이더넷 CFM 예시

① Maintenance Domain(이하 MD)은 가장 큰 범주의 모니터링 영역을 지정합니다. 모든 MD는 0~7 사이에 레벨을 지정해야 하는데, 크면 클수록 작은 MD 구간을 포함하여 모니터링할 수 있습니다. 그림을 보면 ISP A와 ISP B 그리고 Customer MD가 있습니다. ISP A와 ISP B는 레벨 0 MD로, 해당 MD를 벗어나는 영역을 모니터링할 수 없습니다. 그러나 Customer MD는 레벨 7로, ISP A와 ISP B구간을 포함한 전체 구간, 즉 CE1 ↔ CE2 구간을 모니터링 할 수 있습니다.

MA는 MD 내에서 실제 모니터링 구간입니다. 예를 들어, 앞서 그림에서 ③ PE1_PE2 MA는 ISP A의 PE1-PE2 구간을 모니터링합니다. ④ PE3_PE4 MA는 ISP B의 PE3 - P4사이를, ⑤ CE1_CE2 MA는 CE1-CE2 구간을 감시합니다.

이 중 ⑤ CE1_CE2는 CE1-CE2 사이의 ISP A와 ISP B 구간까지 모니터링합니다. 즉, CE1과 CE2가 모니터링의 엔드포인트^{Endpoint}가 됩니다. 이때 CE1과 CE2를 ② MEP라 하고, 중간 경로 장비(예. PE1, PE2…)를 MIP$^{Maintenance\ Domain\ Intermediate\ Point}$라고 합니다.

MEP 업·다운 방향 설정

각 MEP에서 인터페이스를 설정할 때는 업 또는 다운 중 한 방향을 정해야 합니다. 업은 장비 내부를 거쳐 모니터링한다는 의미입니다. 예를 들어, 앞서 그림에서 PE(PE1-PE4)들은 모두 2개의 인터페이스, 즉 인터페이스 1과 2를 가지고 있습니다. 그림의 ③ PE1_PE2 모니터링 구간은 PE1의 인터페이스 1부터 PE2의 인터페이스 2까지입니다. PE1의 인터페이스 1(정확히는 해당 인터페이스를 관리하는 ASIC)에서 생성된 모니터링 메시지가 장비 내부를 거쳐 (PE2쪽) 인터페이스 2에게 전송됩니다. 이처럼 장비 내부를 거쳐 다른 인터페이스로 내보내는 방향을 **업 방향**(혹은 UP MEP)이라고 합니다.

반면 ④ PE3_PE4는 서로 직접 연결되어 있는 인터페이스 구간, 즉 PE3 인터페이스 2-PE4 인터페이스 1 구간만 모니터링합니다. 이처럼 장비 내부를 거치지 않는 경우는 **다운 방향**(혹은 DOWN MEP)이라고 합니다.

ITU-T Y.1731

ITU-T는 새로운 이더넷 OAM 표준, Y.1731로 표준화하면서 IEEE 802.1ag(이더넷 CFM) 프로젝트와 함께 협력합니다. 그러나 미처 세부 조율을 끝내지 못한 상태로 2006년, Y.1731을 처음 공개했고 이후 IEEE와 조율을 끝마친 2008년, 개정된 Y.1731 표준을 공개했습니다.[10]

Y.1731은 IEEE 802.1ag(이더넷 CFM) 기술들을 채택했을 뿐 아니라 호환도 가능하도록 설계되었습니다. (최초) IEEE 802.1ag는 장애 관리 기능만 제공했지만, Y.1731은 성능 관리를 포함한 보다 다양한 기능을 제공합니다. 이러한 배경으로 Y.1731을 이더넷 CFM의 확장(추가) 표준으로 여기는 편입니다.

---

[10] ITU-T Y.1731(05/2006), itu.int/rec/T-REC-Y.1731-200605-S/en
ITU-T Y.1731(02/2008), itu.int/rec/T-REC-Y.1731-200802-S/en, 각각의 Introduction 참조

OpCode

802.1ag/Y.1731(이하 CFM)은 모니터링 기능별로 다양한 형태의 프레임을 사용합니다. 다음 그림의 ① OpCode로 어떤 프레임이 사용되는지 알 수 있습니다. 몇 가지 대표적인 CFM 메시지를 다음 순서대로 살펴보면서 각각의 OAM 기능들을 살펴보고자 합니다.

- Ethernet Continuity Check(ETH-CC, OpCode 1)
- Ethernet LoopBack(ETH-LB, OpCode 2,3)
- Ethernet LinkTrace(ETH-LT, OpCode 4,5)
- Ethernet Loss Measurement(ETH-LM, OpCode 42, 43)
- Ethernet Delay Measurement(ETH-DM, OpCode 45, 46 and 47)

Ethernet Continuity Check(ETH-CC, OpCode 1)

가장 먼저 살펴볼 CFM 메시지는 **ETH-CC**(Continuity Check)입니다. ETH-CC는 쉽게 말해 이더넷 BFD라고 볼 수 있습니다. ETH-CC는 다음 그림과 같은 CFM CCM(쉽게 말해, heart-beat) 메시지를 주기적으로 주고받으며 LOC$^{Loss\ Of\ Continuity}$가 발생하는지 모니터링합니다. 모니터링 중 이상이 발생하면 즉각 알람을 발생시킵니다.

```
> Ethernet II, Src: 50:00:00:05:00:02 (50:00:00:05:00:02), Dst: OAM-Multicast-DA-Class-1_00 (01:80:c2:00:00:30)
∨ CFM EOAM 802.1ag/ITU Protocol, Type Continuity Check Message (CCM)
     000. .... = CFM MD Level: 0
     ...0 0000 = CFM Version: 0
     CFM OpCode: Continuity Check Message (CCM) (1)    ① OpCode 1 : CCM
  ∨ CFM CCM PDU
     > Flags: 0x04
       First TLV Offset: 70
       Sequence Number: 0
       ...0 0000 1100 1000 = Maintenance Association End Point Identifier: 200
     ∨ Maintenance Association Identifier (MEG ID)
         MD Name Format: Character String (4)
         MD Name Length: 7
         MD Name (String): private
         Short MA Name (MEG ID) Format: Character String (2)
         Short MA Name (MEG ID) Length: 10
         Short MA Name: private-ma
         Zero-Padding
     > Defined by ITU-T Y.1731
∨ CFM TLVs
  > TLV: End TLV (t=0,l=0)
```

▶ 그림 7.15 Ethernet CFM: Continuity Check Message (CCM) sample

Ethernet LoopBack(ETH-LB, OpCode 2,3)

ETH-LB는 쉽게 말해, 이더넷 핑입니다. 상대편에게 LBM^{LoopBack Message} 메시지를 보내고, LBR^{LoopBack Reply} 메시지가 잘 되돌아오는지 봅니다. ETH-CC는 장비가 알아서 주기적으로 보내지만 ETH-LB는 일반적으로 관리자 명령에 따라 단발성으로 보낸다는 차이점이 있습니다.

Ethernet Link Trace(ETH-LT, OpCode 4,5)

ETH-LT는 쉽게 말해 이더넷에서 동작하는 트레이스라우트^{Traceroute}와 유사한 기능을 수행합니다. 목적지를 향해 LTM^{LinkTrace Message} 메시지를 보내면 경로 중간 장비들이 LTR^{LinkTrace Reply} 메시지로 응답합니다. 덕분에 해당 목적지까지 어떤 이더넷 장비(쉽게 말해 L2 스위치)들이 존재하는지, 또 그들의 MAC과 포트 이름은 무엇인지 알 수 있습니다.

지금까지 살펴본 CFM 메시지들은 주로 802.1ag에서 표준화된 메시지들로, 주로 장애 관리용입니다. 반면 이후 살펴볼 CFM 메시지들은 Y.1731를 통해 표준화된 메시지들로, 주로 성능 관리용입니다.

Ethernet Loss Measurement(ETH-LM, OpCode 42, 43)

ETH-LM^{Loss Measurement}은 특정 주기(기본 100 ms, 즉 10 frames/s)로 CCM 혹은 LMM 프레임을 보내며 누적 손실 발생량(counter 값)과 FLR^{Frame Loss Ratio}을 제공합니다. ETH-LM은 2개의 구성안, Dual-ended LM^{Loss Measurement} 과 Single-ended 구성이 있습니다. Dual-ended LM을 설정하면 두 MEP간 그림 7.15와 같은 CCM 메시지[11]를 서로 주고받으며 손실 발생 여부를 파악합니다. 반면 MEP A → B로 Single-ended LM을 설정한다면 A → B로 LMM^{Loss Measurement Message}(OpCode 43)을 보내고, B는 그 응답으로 LMR^{Loss Measurement Reply}(OpCode 42)을 돌려보냅니다.

---

[11] 그림 7.15의 'Defined by ITU-T Y.1731' 밑 TxFCf, RxFCb 그리고 TxFCb 필드 사용

이때 손실량은 가까운 쪽(근단)^Near-end과 먼 쪽(원단)^Far-end 손실로 표기하는데 가까운 쪽 손실은 **인그레스 손실**^Ingress loss, 다시 말해 패킷을 받을 때 발생하는 손실이고, 먼 쪽 손실은 **이그레스 손실**^Egress loss, 다시 말해 상대편에게 보낸 패킷의 손실을 의미합니다. 그리고 이 누적 값을 기반으로 near-end/far-end SES^Severely Errored Seconds를 제공합니다.[12]

Ethernet Delay Measurement(ETH-DM, OpCode 45, 46 and 47)

ETH-DM은 이더넷 구간에서 딜레이, 즉 레이턴시를 측정합니다. ETH-DM은 편도^One-way 및 왕복^Round-trip 여부에 따라 사용되는 메시지와 계산법이 다릅니다. 예를 들어, MEP A/B 사이의 딜레이를 측정한다고 가정해보겠습니다.

A → B 편도 레이턴시^One-way latency의 경우 다음 그림의 ② TxTimeStampf 필드에 현재 시각을 기록한 DMM^Delay Measurement Message 좀 더 정확히는 1DM^One-way Delay Measurement 메시지를 A → B로 보냅니다.

메시지를 받은 B는 별도 응답 메시지를 보내지 않고 해당 메시지에 찍혀 있는 ② TxTimeStampf 시간과 현재 자신의 시간을 비교하여 레이턴시를 측정합니다. 따라서 1DM(one-way DM)의 경우 A, B 두 장비 간 시간이 동기화되어 있어야 정확한 딜레이 측정이 가능합니다.

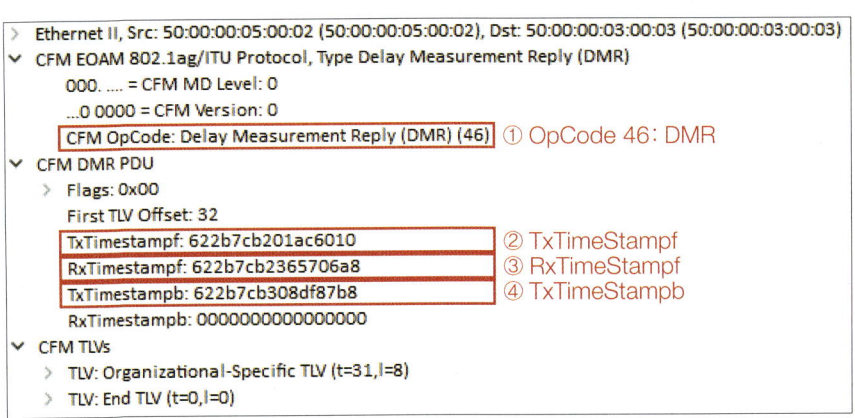

▶ 그림 7.16 이더넷 CFM: Continuity Check Message (CCM) sample

---

12 ITU-T Recommendation, G.821(12/2002), 〈4.2.1.2 severely errored second (SES)〉 설명과 같이 Loss of Signal(LOS) 혹은 Alarm Indication Signal(AIS)이 감지되거나 1초 동안 $1*10-3$ 이상의 에러가 발생한 경우를 말합니다.

반면 왕복으로 설정하면 A → B로 현재 시각을 적은 DMM 메시지를 보내고, B는 A에게 DMM 메시지 내용을 그대로 복사한 DMR$^{\text{Delay Measurement Reply}}$ 메시지를 응답 패킷으로 보냅니다(DMM과 DMR은 OpCode만 다를 뿐 PDU 내용은 동일합니다.).

DMR을 받은 A는 자신이 메시지를 보냈던 시각과 현재 시각을 비교하여 딜레이를 측정합니다. 이때 측정된 딜레이는 A → B까지 갔다가 B → A로 돌아오는 모든 시간이 합쳐진 값입니다. 즉, **RTT**$^{\text{Round Trip Time}}$입니다.

A, B 두 장비 간 시간이 동기화되어 있다면 A → B 구간의 딜레이와 B → A 구간의 딜레이를 각각 따로 측정할 수 있습니다. 이 경우 B → A로 DMR 메시지를 돌려보낼 때 ③ RxTimeStampf(DMM 메시지를 받은 시각)과 ④ TxTimeStampb(DMR 메시지를 보내는 시각)를 추가로 보내게 됩니다. 이를 통해 A는 A → B 구간과 B → A 구간, 각각의 딜레이를 측정할 수 있습니다.

FEC

세 번째로 알아볼 이더넷 기술은 **FEC**$^{\text{Forward Error Correction}}$입니다. FEC를 이용하면 통신 품질이 향상된다는 것은 누구나 알지만 그 비용이 적지 않기 때문에 적극적으로 도입되지 못하였습니다. 그러나 최근 안정성 제공 및 장거리 전송 등을 위해 이더넷 프로토콜에도 FEC가 적용되고 있습니다.

100 GE 프로토콜

100 GE 프로토콜들은 10 Gbps * 10개 혹은 25 Gbps * 4개를 묶어서 100 GE로 동작합니다. 10 Gbps 10개를 묶어 100 GE 성능을 만드는 방식을 흔히 1세대 100 GE 이더넷이라 하고, 25 GE 4개를 묶는 방식을 2세대 100 GE 이더넷라고 합니다.

프로토콜 이름으로 각 세대를 손쉽게 추정할 수 있습니다. 프로토콜 명칭의 뒤쪽 숫자로 몇 개의 회선(또는 파장)을 묶은 것인지 알 수 있기 때문입니다. 예를 들어 100 GBASE-SR**10**이면 10 Gbps **10**개를 묶었음을, 100GBASE-SR**4**면 25 Gbps **4**개를 묶었음을 말해줍니다.

2세대 100 GE 이더넷은 802.3-2015의 Clause 91을 통해 RS-FEC가 적용되도록 표준화되었습니다. 다시 말해 802.3-2015를 따르는 100 GBASE-R Optic들(예. 100 GBASE-SR4, 100 GBASE-LR4)은 RS-FEC를 지원할 수 있어야 합니다. 단, 실제 적용 여부는 관리자가 CLI 등으로 제어할 수 있는 편입니다.

10, 25, 50 GE 프로토콜

100 GE 미만 이더넷 PHY 칩에서는 802.3-2015의 Clause 74에 따라 FC-FEC(Fire Code FEC, 즉, BASE-R FEC 또는 KR-FEC)를 지원할 수도 있습니다. 다시 말해 10 G, 25GBASE-R과 50GBASE-R Optic들(예. 25GBASE-SR)도 FEC를 옵션으로 제공할 수 있습니다.

캐리어 이더넷

각종 네트워크 문서 등에서 **캐리어 이더넷**Carrier Ethernet과 **메트로 이더넷**Metro Ethernet이라는 용어를 접할 수 있습니다. 이번 학습에서는 이 용어를 살펴보도록 하겠습니다. 최초 이더넷은 비교적 좁은 범위, 즉 LAN 환경에 적합하게 개발되었습니다. 반면 캐리어 이더넷과 메트로 이더넷은 장거리 전송이 가능한 이더넷을 말하는데, MEF Metro Ethernet Forum라는 단체에서 만든 개념으로, 다음과 같은 3가지 구현 방식이 있습니다.

- Ethernet over SDH/SONET(EoS)
- Ethernet over MPLS(EoMPLS)
- Ethernet over Carrier Ethernet Transport(CET)

Ethernet over SDH/SONET(EoS)

EoS는 SONET/SDH라는 매우 안정적인 L2 네트워크 프로토콜 위에 이더넷 데이터를 넣어 전송하는 방식입니다. 전송 프로토콜로 SONET/SDH를 이용하기 때문에 매우 안정적이지만, 비용이 높다는 단점이 있습니다. 주로 둘 이상의 (고객사) 이더넷 네트워크를 SONET/SDH 코어 망을 통해 연결할 때 검토하는 모델입니다.

Ethernet over MPLS(EoMPLS)

EoMPLS는 MPLS 네트워크로 이더넷 네트워크를 연결해주는 방안입니다. 일반적으로 통신 사업자들이 운영하는 MPLS는 RSVP-TE 등의 프로토콜을 이용하여 안정적으로 운영됩니다. 따라서 이러한 MPLS 터널을 이용하여 장거리 이더넷 서비스를 제공하는 방안입니다.

이더넷 네트워크를 MPLS 터널로 연결해준다고 끝이 아니라 이더넷은 L2 프로토콜이므로 터널 내에서 ARP 등을 위한 멀티캐스트, 브로드캐스트 통신이 가능해야 합니다. 즉, 이에 특화된 MPLS 프로토콜이 필요합니다. 이를 위해 포인트 투 포인트 LAN, 다시 말해 2개의 LAN을 1:1

로 서로 연결해주는 VPWS$^{\text{Virtual Private Wire Service}}$와 셋 이상의 LAN을 연결하는 VPLS$^{\text{Virtual Private LAN Service}}$ 프로토콜이 표준화되었습니다.

Ethernet over Carrier Ethernet Transport(CET)

앞서 두 기술은 다른 프로토콜에 의존하여 장거리 이더넷 서비스를 구현했습니다. 반면 **CET**는 순수 이더넷을 이용하는 기술입니다. 이를 구현하기 위해서는 수많은 고객사별 이더넷 네트워크를 구분하고 연결해줄 수 있어야 합니다. 쉽게 말해, 일종의 이더넷 기반 **터널링**^{Tunneling}이 필요합니다. 이를 위해 2008년 통신 사업자용으로 이더넷 헤더를 대폭 확장시킨 IEEE 802.1ah PBB$^{\text{Provider Backbone Bridge}}$가, 2009년 802.1Qay PBB-TE$^{\text{Traffic Engineering}}$가 표준화되었습니다.

캐리어 이더넷은 구축 및 유지 보수 비용이 저렴한 순수 이더넷 네트워크로 장거리 통신이 가능하도록 하는 것이 목표입니다. 그러나 세상이 All-IP 네트워크로 점차 변화하되면서 순수 이더넷 트래픽을 요구하는 경우가 줄었습니다. 물론 SDN 환경에서는 순수 이더넷 패킷들이 L3 네트워크를 통해 연결되어야 하지만, SDN에 특화된 프로토콜(예. VXLAN) 등이 그 자리를 차지하면서 캐리어, 메트로 이더넷은 접하기 힘든 실정입니다. 다만 그 발전 과정에서 이더넷 OAM 프로토콜 등에 큰 영향을 주었습니다.

WANphy과 LANphy

10 GE 이더넷프로토콜 중 10GBASE-W, 즉 **WANphy**(WAN PHY 프레이밍 모드 $^{\text{Framing mode}}$) 기술을 이용하는 이더넷 프로토콜이 있습니다. 언뜻 이름만 보았을 땐 WAN용으로 OAM 기능이 강화된 이더넷처럼 보이기도 합니다. 그러나 실제로는 SONET/SDH의 프레임에 이더넷 프레임을 넣은 EoS 기술입니다.

WANphy에서 이더넷 프레임은 SONET 페이로드^{Payload}에 그대로 들어갑니다. 보다 구체적으로 SONET STS-192c/SDH VC-4-64c의 SPE$^{\text{Synchronous Payload Envelope}}$ 영역(그림 6.12 데이터 부분)에 이더넷 프레임을 넣습니다.

WANphy를 이용하면 SONET/SDH의 오버헤드를 대부분 이용할 수 있어서 분명 이더넷 통신임에도 불구하고 SONET/SDH 기술로 모니터링 및 장애 처리를 할 수 있습니다. 또한 이더넷 장비에서 SONET/SDH 장비의 인터페이스로 바로 연결할 수도 있습니다.

> **Tip.** 클락 동기화나 APS처럼 복잡한 기능 등은 지원하지 않습니다.

WANphy 기술이 표준화될 당시에는 코어 네트워크가 SONET/SDH로 구축된 경우가 많았습니다. 코어 네트워크는 기존 SONET/SDH를 그대로 사용하고 에지 네트워크는 이더넷 장비로 새롭게 구축하고자 할 때 특히 유용했습니다. 그러나 최근에는 코어 네트워크도 이더넷 장비로 구축되는 사례가 많아지면서 찾아보기 힘든 기술이 되었습니다. 구체적으로 WANphy를 지원하는 10GBASE-W 프로토콜은 10GBASE-SW(~400 m), 10GBASE-LW(~10 Km) 그리고 10GBASE-EW(~40 Km) 등이 있습니다.

참고로 WANphy 기술을 사용하지 않는 일반 이더넷 프로토콜은 LANphy라고 합니다.

나가며

이더넷과 IP는 네트워크의 핵심 통신 기술로, 빛과 소금 같은 역할을 합니다. 이더넷 프로토콜은 일상적으로 접하다 보면 진입 장벽이 낮다고 가볍게 여기기 쉽지만 최신 트렌드에서는 완전히 다른 경향이 나타나고 있습니다. 이에 PART 02에서는 이더넷의 핵심 개념부터 세부 요소까지 면밀하게 살펴보았습니다.

6.1 PSTN에서는 음성을 디지털로 변환하는 과정을 통해 음성 통신의 가장 핵심적인 주기, 즉 '1초에 8000번'의 비밀을 알아보았습니다. 또한 음성 통신 멀티플렉싱의 가장 기초가 되는 TDM 기술을 엿보았습니다.

6.2 PDH에서는 T-carrier와 E-carrier의 역사를 시작으로 이들의 구조, 차이점 그리고 특징을 알아보고 DS 체계까지 학습하며 PDH 시스템에 대한 이해를 한층 깊이 있게 다질 수 있었습니다.

6.3 클락 동기화에서는 네트워크 세상에서 클락이 왜 중요한지 검토하고 클락을 전파할 수 있는 주요 3가지 모델을 알아보았습니다. 이어서 GPS 안정성 비결과 장점을 살펴본 뒤 PLL의 클락 복구 과정을 자세히 다룬 것이 핵심이었습니다.

6.4 SONET/SDH에서는 TDM 기술의 꽃인 SONET/SDH 기술을 깊이 있게 알아보았습니다. OAM와 스타라텀, APS 그리고 멀티플렉싱에 이르기까지 뿌리부터 잘 설계된 네트워크 프로토콜은 어떤 구조적인 특징을 가지고 있는지 심도 있게 살펴보았습니다. 이러한 기초 지식은 네트워크 세상을 바라보는 눈을 크게 넓혀줄 것입니다.

7.1 이더넷에서는 도대체 어떻게 이더넷이 네트워크 세상을 지배하게 되었는지 그 근본적인 비결을 TDM과 비교하며 탐구했습니다.

7.2 이더넷의 진화에서는 SONET/SDH만큼 뛰어난 안정성을 제공하기 위해 이더넷 환경에 표준화된 클락 동기화 프로토콜, OAM 그리고 FEC 등을 살펴봄으로써 PART 02를 마무리하였습니다.

PART

03

L3 프로토콜

이번 파트에서는 라우팅 프로토콜과 VPN 기술들 그리고 기타 L3 프로토콜들에 대해 살펴보고자 합니다. 이 책에서는 'OSPF 타입별 특성'처럼 널리 알려진 라우팅 프로토콜에 관한 설명 등은 하지 않습니다. 대신 실 망Production network에서 각종 문제를 야기시킬 수 있는 파라미터들과 이를 완화할 수 있는 옵션들을 살펴볼 예정입니다.

더불어 비교적 진입 장벽이 높은 프로토콜, 멀티캐스트와 MPLS를 이론 중심으로 상세하게 살펴보고 마지막으로 IP 네트워크의 두 말썽꾸러기 IP 패킷 분할Fragmentation과 ARP에 대해서도 살펴볼 예정입니다.

CHAPTER 08
라우팅 프로토콜

Chapter 08에서는 네트워크 라우팅 프로토콜에 대해 살펴보고자 합니다. 라우팅 프로토콜은 관련 서적이나 자료가 매우 많기 때문에 이 책에서는 네트워크 엔지니어가 혼동하기 쉬운 기술 위주로 살펴볼 예정입니다. 챕터 마지막에는 멀티캐스트 프로토콜에 대해 심도 있게 살펴보고자 합니다.

Roadmap

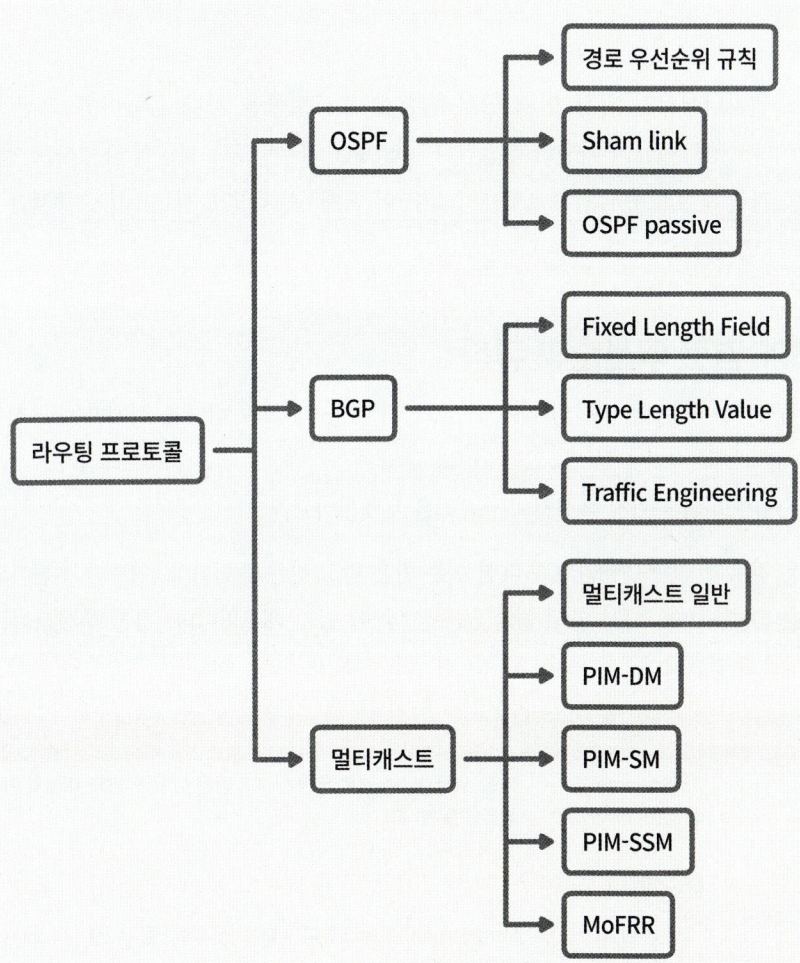

8.1 OSPF

네트워크 엔지니어로서 가장 먼저 공부해야 할 프로토콜을 하나 꼽는다면 그건 아마도 **OSPF**Open Shortest Path First가 아닐까 싶습니다. OSPF는 라우팅 프로토콜의 대명사로 언급되며 또 그만큼 관련 자료가 풍부한 프로토콜입니다. 이 책에서는 OSPF 관련 2가지 주제만 간략히 살펴보고자 합니다.

1 OSPF 경로 우선순위 규칙

동일한 목적지로 가는 둘 이상의 라우트(패스)가 있을 때 그중 하나를 선택하는 규칙을 **경로 우선순위 규칙**Path preference rule 또는 **경로 선택 규칙**Path selection rule 혹은 **타이브레이커**Tiebreaker라고 합니다. OSPF의 경우 가장 우선시되는 규칙은 무엇일까요?

최소 비용 경로Cost(metric) path라고 한다면 이는 반은 맞고 반은 틀립니다. 이보다 우선시되는 기준인 **경로 유형**Path type, 다시 말해 **영역 유형**Area type이 있기 때문입니다. 가장 우선시되는 경로 유형은 다음과 같습니다.

우선순위	경로 유형	설명
①	intra-area (Inside area) O LSA 타입 1, 2	가장 우선시되는 경로 유형입니다. 같은 OSPF 영역 내에서 만들어진 경로를 뜻합니다.
②	inter-area O IA LSA 타입 3	intra-area 라우트가 없다면 다른 영역에서 온 라우트, 즉 inter-area 경로가 선택됩니다.

▶ 표 8.1 OSPF 경로 우선순위 규칙(1/3)

가장 첫 번째 우선순위 경로 유형은 **intra**-area입니다. 동일한 목적지에 대해 inter-area 경로의 비용이 아무리 작더라도, intra-area 경로가 있다면 최우선으로 선택됩니다. 그 다음이

inter-area 경로입니다. 그리고 intra-area(O)와 inter-area(O IA)는 재분배^{Redistribution}한 경로들, 즉 external path에 비해 우선시됩니다. 다시 말해 external path의 비용이 아무리 작아도 앞서 두 경로의 우선순위가 더 높습니다. 다음은 OSPF 경로 우선순위 규칙을 더 쉽게 이해하기 위한 그림입니다.

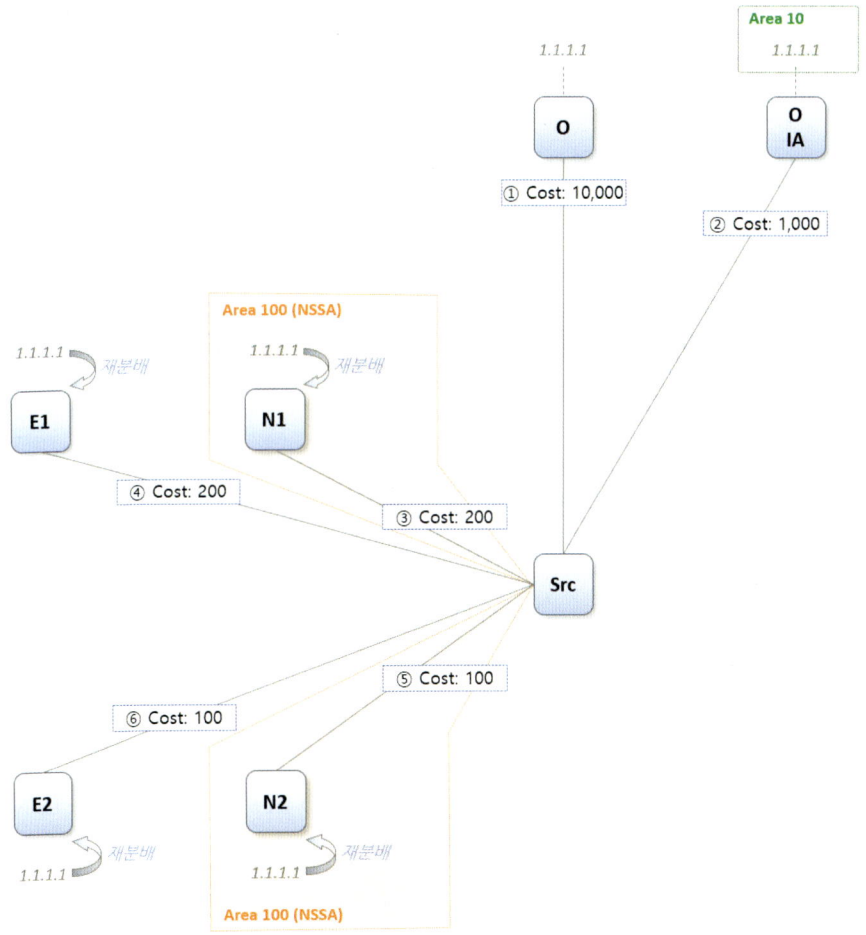

▶ 그림 8.1 OSPF 경로 선택 예시 토폴로지

그림을 보면 중심 Src 라우터는 O, O IA, E1, N1, E2, N2 이렇게 총 6개의 라우터로 OSPF 네이버십^{Neighborship}을 맺고 있습니다. 6개의 라우터들은 동일하게 1.1.1.1/32 라우트를 자신의 이름과 동일한 LSA 타입으로 Src 라우터에게 전파합니다. 이때 Src 라우터는 어떤 순서대로 최적 경로$^{Best\ path}$를 선택하게 될까요?

비용만 본다면 가장 작은 경로부터 높은 순으로 ⑥ 또는 ⑤ → ④ 또는 ③ → ② → ① 순서대로 선택되어야 할 것입니다. 그러나 실상은 ①(O) → ②(O IA) → ③(O N1) → ④(O E1) → ⑤(O N2) → ⑥(O E2)순입니다. 경로 우선순위 규칙에서 비용이 절대 기준이 아니기 때문입니다. 비용보다 LSA 경로 유형이 더 높은 결정 기준입니다.

①(O) → ②(O IA), 즉 intra-area와 inter-area 외에 external path, 즉 LSA 타입 5와 7이 있습니다. 이들은 선택 순서가 다소 복잡한데 이를 정리하면 다음과 같습니다.

우선순위	경로 유형		설명
③	external type 1	NSSA O N1 LSA 타입 7	재분배된 라우트 중 NSSA 내부에서 전파된 E1 LSA가 세 번째 순위입니다. NSSA는 stub area이지만 재분배된 경로를 허용하기 위해 특별히 고안된 area를 말합니다.
④		O E1 LSA 타입 5	재분배된 라우트 중 E1으로 전파된 LSA가 네 번째 순위입니다. E1 경로는 ASBR에서 재분배될 때 정해진 비용, 다시 말해 seed 비용에 (링크를 지날 때마다) link 비용이 더해집니다. 따라서 여러 홉을 지날수록 각 홉의 비용이 더해집니다. 참고로 Src 라우터에서 ASBR까지의 비용을 forward metric이라고 합니다.
⑤	external type 2	NSSA O N2 LSA 타입 7	재분배된 라우트 중 NSSA 내부에서 전파된 E2 LSA는 다섯 번째 순위입니다. E2는 ASBR에서 재분배될 때 지정된 비용, 즉 seed 비용이 홉을 지나도 더해지지 않습니다. 즉, 링크를 지나가도 비용 값이 변경되지 않습니다.
⑥		O E2 LSA 타입 5	재분배된 라우트 중 E2로 전파된 LSA가 최하위, 여섯 번째 순위입니다.

▶ 표 8.2 OSPF 경로 우선순위 규칙: AS external paths - as per RFC 3101(2/3)

두 표에서 다룬 내용을 정리하면 경로 우선순위 규칙은 O → O IA → O N1 → E1 → O N2 → O E2순입니다. 여기서 다소 혼란스러운 영역이 발생합니다. 바로 E1와 N1 그리고 E2와 N2입니다. 타입 5(E1/N1)는 타입 7(E2/N2)보다 우선순위가 높습니다. 그림 8.1에서 볼 수 있듯이 E1(혹은 N1)의 비용이 E2(혹은 N2)보다 크더라도 E1이 선택됩니다. 이처럼 LSA 타입이 다른 경우에는 순서가 명확합니다.

E1과 N1은 동일한 LSA 타입, 즉 타입 5입니다. 때문에 서로의 비용을 비교해서 더 작은 쪽이 우선시됩니다. 그렇다면 비용마저 동일한 경우는 어떻게 될까요? 오래된 RFC 1587에서는 비용이 동일한 경우 N1보다 E1을 그리고 N2보다 E2를 우선 선택하도록 했습니다. 즉, (최우선)

E1 → N1 → E2 → N2(최하위) 순서입니다. 그러나 개정된 RFC 3101에서는 이 순서가 바뀌었습니다. E1보다 N1을 그리고 E2보다 N2를 우선 선택하도록 바뀌었습니다. 즉, (최우선) N1 → E1 → N2 → E2(최하위) 순서입니다.

개정 전의 RFC를 따르는 오래된 네트워크 장비는 E1 → N1 → E2 → N2순으로 라우트를 선택하고 최근 장비라면 N1 → E1 → N2 → E2순으로 선택합니다. 구형 장비와 신형 장비가 뒤섞여 있는 네트워크 세계에서는 이로 인해 예상치 못한 이슈가 발생할 수 있습니다. 혼란을 방지하기 위해 일부 벤더는 신형 장비에서 기존 RFC 1587 룰을 따르는 RFC1583Compatibility 옵션을 제공하기도 합니다.

만일 경로 타입이 같다면 다음 표와 같이 비로소 비용을 비교하게 됩니다.

우선순위	경로 타입	설명
⑦	비용	앞서 조건에 부합되지 않는 경우 다시 말해 LSA 타입이 같은 경우 비용(metric)을 비교합니다. 다시 한번 강조하지만 LSA 타입이 다른 경우는 비용 비교 대상이 아닙니다.
⑧	ECMP 또는 LSA 전파 시간	비용까지 동일하다면 ECMP로 패킷을 보냅니다. ECMP가 비활성화되어 있거나 최대 ECMP 개수를 초과하는 경우 LSA 타입별로 RFC 표준이 다릅니다. LSA 타입 5, 7의 경우 RFC 3101, 2.5 (6)번 (e)에 따라 가장 높은 라우터 ID를 선택합니다. 그러나 그 외 LSA 타입은 명시되어 있지 않습니다. 실제 구현은 벤더에 따라 다를 수 있는데 일반적으로는 가장 오래된 LSA나 가장 낮은 라우터 ID를 선택하는 편입니다.

▶ 표 8.3 OSPF 경로 우선순위 규칙: 비용(3/3)

> **NOTE 경로 우선순위 규칙을 위한 OSPF RFC**
>
> OSPF 경로 우선순위 규칙 관련 내용은 RFC 곳곳에 흩어져 있습니다. 그중 주요 요소만 살펴보면 다음과 같습니다.
>
> - RFC 2328의 〈16.2. Calculating the inter-area routes〉에서는 다음과 같이 intra-area가 항상 우선시된다고 기술하고 있습니다.
>
>   (6) intra-area paths are always preferred(intra-area 경로가 항상 우선 선택됩니다.)
>
> - RFC 2328의 〈11. The Routing Table Structure〉의 'Path-type'에서는 다음과 같이 기술하고 있습니다.

There are four possible types of paths used to route traffic to the destination, listed here in decreasing order of preference: intra-area, inter-area, type 1 external or type 2 external.
(목적지로 트래픽을 라우팅하기 위해 사용하는 경로 타입은 총 4가지가 있으며, 선호도에 따라 내림차순으로 나열하면 다음과 같습니다. intra-area → inter-area → type 1 external → type 2 external.)

다시 말해 O → O IA → 타입 1 external (N1, E1) → 타입 2 external(N2, E2)순으로 우선순위가 진행됨을 말해 주고 있습니다. 〈16.4. Calculating AS external routes〉의 (6)번 섹션에서 이를 더 명확하게 기술하고 있습니다.

(a) Intra-area and inter-area paths are always preferred over AS external paths.
(intra-area 경로와 inter-area 경로는 항상 AS external 경로보다 우선 선택됩니다.)
(b) Type 1 external paths are always preferred over type 2 external paths.
(타입 1 external 경로는 항상 타입 2 external 경로보다 우선 선택됩니다.)

E1 vs N1 관련 표준을 살펴보면 RFC 1587 〈3.5 Calculating Type-7 AS External Routes〉의 (5)번 섹션에서 다음과 같이 기술하고 있습니다.

Otherwise, compare the cost of this new AS external path to the ones present in the table. Note that type-5 and type-7 routes are directly comparable.
(그렇지 않은 경우 테이블에 있는 기존 AS external 경로와 이 새로운 경로의 비용을 비교합니다. 참고로 타입 5와 타입 7 경로는 직접 비교할 수 있습니다.)

타입 5(E1/E2)와 타입 7(N1/N2)은 직접 비용 비교가 가능하다고 적혀 있습니다. 타입이 같은 경우 즉 E1 vs N1 그리고 E2 vs N2끼리 서로 비교가 가능하다는 것입니다. 타입이 다른 경우라면 (예. E1 vs N2) 비용을 비교하지 않습니다. 그리고 문제의 타입 5와 7의 비교에 대해서는 다음과 같이 기술하고 있습니다.

When a type-5 LSA and a type-7 LSA are found to have the same type and an equal distance, the following priorities apply (listed from highest to lowest) for breaking the tie.
(LSA 타입 5와 7이 동일한 타입이며 거리가 같은 경우, 동률을 해소하기 위해 다음 우선순위가 적용됩니다(높은 순서부터 낮은 순서로 나열).

a. Any type 5 LSA. (모든 타입 5 LSA)

b. A type-7 LSA with the P-bit set and the forwarding address non-zero. (P-bit가 설정되고 포워딩 주소가 0이 아닌 타입 7 LSA)

c. Any other type-7 LSA. (그 외 모든 타입 7 LSA)

RFC 1587에서는 동일 목적지에 대한 타입 5와 7 LSA가 비용까지 동일한 경우라면 타입 7 (N1/N2)보다 타입 5(E1/E2)가 우선 선택된다고 적혀 있습니다. 그러나 RFC 3101의 〈2.5 Calculating Type-7 AS External Routes〉의 (6)번 (e) 섹션에서 다음과 같이 순서가 바뀌었습니다.

(e) If the current LSA is functionally the same as an installed LSA (same destination, cost and non-zero forwarding address) then apply the following priorities in deciding which LSA is preferred.

(e) 현재 LSA가 기존 LSA와 동일한 경우(목적지, 비용, 포워딩 주소가 0이 아닌 경우 동일) 다음 우선순위를 적용하여 어떤 LSA를 선택할지 결정합니다.

1. A Type-7 LSA with the P-bit set.(P-bit가 설정된 타입 7 LSA)

2. A Type-5 LSA.(타입 5 LSA)

3. The LSA with the higher router ID. (라우터 ID가 더 높은 LSA)

동일 목적지에 대한 타입 5와 7 LSA의 비용이 동일하다면 RFC 1587과 반대로 타입 5(E1/E2)보다 타입 7(N1/N2)이 우선 선택됩니다.

2 Sham link

살펴본 것과 같이 OSPF 경로 우선순위 규칙에서 최우선시되는 경로 유형은 intra-area입니다. 이 룰은 MPLS VPN에 백업 링크를 구성할 때 특히 유의해야 합니다. 다음 그림과 같이 MPLS를 주회선으로 두고 MPLS 네트워크에 장애가 생겼을 때를 대비하여 백업 링크를 구성하는 순간 모든 트래픽이 백업 링크로 몰릴 수 있기 때문입니다.

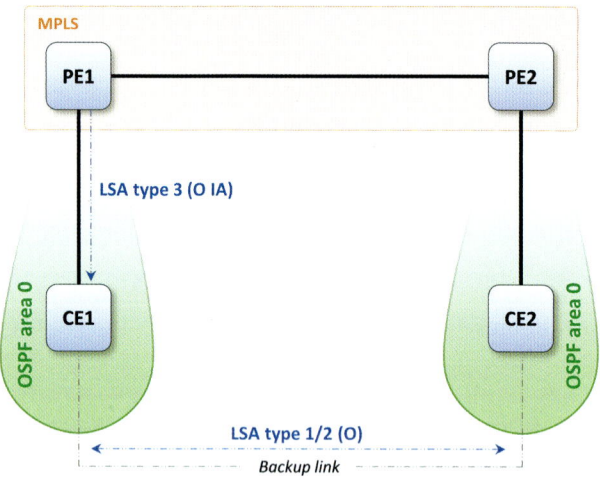

▶ 그림 8.2 MPLS VPN 예시 토폴로지

이 그림에서 CE1, CE2 라우터는 MPLS VPN을 통해 서로 연동되어 있습니다. MPLS VPN에서 CE2 라우트는 CE2 → PE2 → PE1 → CE1 경로로 CE1에게 전파됩니다. 이때 한 가지 유의할 점이 있습니다. CE1, 2가 설령 같은 area(예. area 0)로 설정되어 있다 하더라도 PE를 통해서 LSA를 전파받을 때는 intra-area(LSA 타입 1, 2)가 아닌 inter-area(LSA 타입 3)로 전파받게 됩니다. 예를 들어, 앞서 그림의 CE2에서 PE2로 **intra**-area 경로(LSA)를 광고했다 하더라도, 반대편 PE1이 CE1으로 경로(LSA)를 광고할 때는 **inter**-area로 변경되어 전파됩니다. 왜 그럴까요?

RFC 4577, OSPF as the Provider/Customer Edge Protocol for BGP/MPLS IP Virtual Private Networks (VPNs)의 〈4.1.4. PEs and OSPF Area 0〉에서 다음과 같이 기술되어 있습니다.

> PEs can thus be considered OSPF "area 0 routers", they can be considered part of the "OSPF backbone". Thus, they are allowed to distribute inter-area routes to the CE via Type 3 LSAs.
>
> (PE 라우터는 OSPF "영역 0 라우터"로 간주될 수 있으며, "OSPF 백본"의 일부로 간주될 수 있습니다. 이로 인해, PE 라우터는 CE에게 Type 3의 inter-area 경로로 전달할 수 있습니다.)

즉, MPLS PE 라우터 자체가 OSPF back-bone(area 0) 라우터로 동작하기 때문에 PE → CE 라우터로 전파되는 OSPF LSA는 intra-area(LSA 타입 1, 2)가 아닌 inter-area(LSA 타입 3)로 전파할 수 있다는 것입니다.

물론 LSA 타입이 변경된다 하더라도 평상시에 큰 문제가 되지 않습니다. 그러나 백업 링크를 구성하는 순간 심각한 장애를 맞이할 수 있습니다. 그림 8.2의 CE를 기준으로 위쪽에 위치한 'MPLS VPN' 구간은 inter-area 경로입니다.

반면 아래쪽에 구성된 백업 링크Backup link 구간은 MPLS VPN 없이 순수하게 OSPF 네이버십이 맺어지기 때문에 intra-area 경로가 됩니다. 앞서 살펴본 바와 같이 intra-area 경로는 비용과 관계없이 inter-area 경로보다 항상 우선시됩니다. 예를 들어, MPLS VPN 구간이 10 Gbps 이상이고, 백업 링크가 10 Mbps밖에 안 된다고 하더라도 OSPF 경로 우선순위 규칙에 의해 항상 백업 링크 구간이 우선시됩니다.

이러한 구성에서 MPLS VPN 구간이 우선 선택하도록 하려면 sham-link를 사용하면 됩니다. Sham-link를 적용하면 inter-area(LSA 타입 3)로 전파 받은 LSA를 강제로 intra-area로 변환하게 됩니다. 즉, CE 라우터가 연결된 PE 라우터들에 sham-link를 설정하면 PE → CE 로 전파하는 LSA를 inter-area LSA가 아닌 intra-area LSA로 보내줍니다.

정리하자면 그림 8.2와 같이 백업 링크를 만들더라도 sham-link를 이용하면 해당 백업 링크로 서비스 트래픽이 몰리는 현상을 막을 수 있습니다.

3 OSPF passive

트래픽이 흐르고 있는 회선에 OSPF passive를 설정하면 패킷 로스가 발생할까요, 발생하지 않을까요? 이 부분에 대해서는 '15.2 ASIC'에서 보다 깊게 살펴볼 예정입니다만 결론부터 말하자면 패킷 로스가 없어야 합니다.

OSPF passive는 해당 링크에 존재하던 모든 OSPF 네이버십을 즉시 끊고 OSPF hello 패킷을 더 이상 보내지 말라는 설정입니다. 즉, 해당 링크를 OSPF 라우팅에서 제외시키라는 설정입니다. 따라서 OSPF 네이버십이 업되어 있는 링크에 OSPF passive를 설정하면 그 즉시 해당 링크의 OSPF가 다운됨과 동시에 해당 링크를 우회하는 라우팅 재계산을 수행합니다.

이때 착각하기 쉬운 부분이, 라우팅이 재계산되는 바로 그 순간에 패킷 로스가 발생한다고 생각하는 것입니다. 이러한 혼란은 **컨트롤 플레인**Control plane과 **데이터 플레인**Data plane을 명확히 구분하면 자연스럽게 해소될 수 있습니다. 보다 쉬운 이해를 위해 출근길에 자동차 내비게이션을 이용하는 상황에 비유해보겠습니다. 내비게이션에 목적지를 입력하자 일부 구간에서 공사 예정이라는 알림을 보게 되었습니다. 이때 내비게이션은 '라우팅 프로토콜', 차량은 '패킷', 도로는 '링크' 그리고 공사 정보는 'OSPF passive'에 비유할 수 있을 것입니다.

만일 공사를 위해 안내 표지판을 설치하는 순간 차를 타고 공사 구간을 통과한다면 어떻게 될까요? 실제 공사가 시작된 것이 아니라면 무사히 구간을 통과할 수 있을 것입니다. 여기서 핵심은 공사 정보와 실제 공사 중인 상태를 구분 짓는 것입니다. 즉, 공사 안내 표지판을 수백 개 세웠더라도 실제 공사가 진행된 것이 아니라면 차량이 통과하는 데 문제가 없습니다. OSPF passive를 설정했다는 것은 해당 구간을 라우팅에서 제외시키라는 '공사 정보'를 세팅한 것입니다. 패킷들을 더 이상 해당 구간에 보내지 말라는 요청에 불과합니다. 물리적인 링크를 다운시켜야 비로소 공사가 시작된 것입니다. 즉, OSPF passive를 설정했더라도 링크를 다운시키지 않는 이상 해당 링크를 통과한 패킷들은 정상적으로 포워딩 처리가 되어야 합니다.

OSPF passive 명령을 포함한 절대 다수의 라우팅 관련 정보는 네트워크 장비의 컨트롤 플레인에서 처리됩니다. 컨트롤 플레인은 공사 정보 표지판을 세우기도 하고, 새로운 경로를 제공하는 역할을 수행합니다. 그러나 실제 패킷이 움직이는 '도로'는 데이터 플레인입니다.

데이터 플레인에 직접적인 변경(예. 링크 다운) 등이 발생하지 않는다면 패킷 로스가 발생하지 않아야 합니다. 다만 라우팅 정보 업데이트에 따라 데이터 플레인의 메모리(예. TCAM) 업데이트가 발생하는데, 이때 패킷 로스가 발생할 수도 있습니다. 대부분의 네트워크 장비들은 이 순간에도 패킷 로스가 발생하지 않도록 설계되어 있습니다(이에 대한 자세한 내용은 '14.1 네트워크 장비 아키텍처'에서 살펴보겠습니다.).

8.2 BGP

BGP는 AS$^{\text{Autonomous System}}$, 쉽게 말해 관리 영역(사업자)이 다를 때 주로 사용하는 프로토콜입니다. 프로토콜 자체 페일오버가 현저히 느림에도 불구하고 근래에는 IGP용으로 사용하기도 하며 VPN, SDN과 같은 최신 기술 영역에 빠지지 않고 등장하는 프로토콜이기도 합니다. BGP를 이처럼 강력하게 만드는 원동력은 무엇일까요?

1 FLF

다음 그림처럼 OSPF LSA는 고정된 필드 포맷을 가지고 있습니다. 이와 같이 필드 포맷이 명확히 고정되어 있는 형태를 **FLF**$^{\text{Fixed Length Field}}$라고 합니다. 이러한 구조는 데이터 처리와 성능에서 유리한 반면 유연성은 낮습니다.

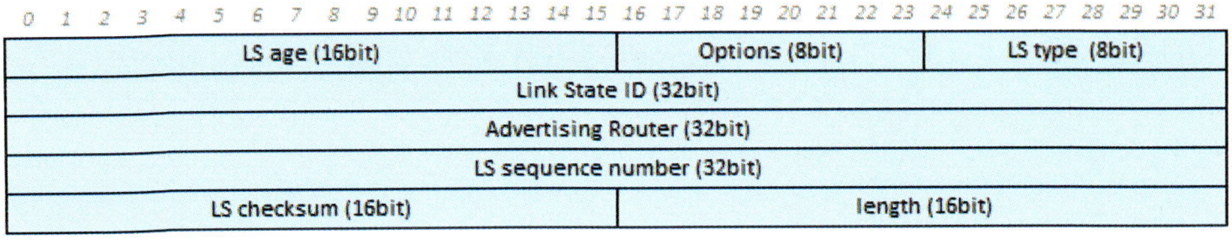

0 1 2 3 4 5 6 7 8 9 10 11 12 13 14 15	16 17 18 19 20 21 22 23	24 25 26 27 28 29 30 31
LS age (16bit)	Options (8bit)	LS type (8bit)
Link State ID (32bit)		
Advertising Router (32bit)		
LS sequence number (32bit)		
LS checksum (16bit)	length (16bit)	

▶ 그림 8.3 OSPF LSA 헤더 포맷

예를 들어, 그림 우측 상단에 위치한 LS$^{\text{Link State}}$ 유형 필드는 8 bits로 고정되어 있습니다. 8 bits로 표현할 수 있는 10진법 숫자는 0-255(256가지)까지지만, RFC 5250 기준 현재까지 사용된 LSA 타입은 고작 0-11까지(12가지)뿐입니다. 즉, 4 bits로 충분히 커버할 수 있으나 필드가 8 bits로 고정되어 있기 때문에 나머지 4 bits는 사용되지 않습니다. LS type 필드가 필요 이상으로 큰 것입니다.

반대의 경우도 있습니다. 예를 들어, Advertising Router에는 LSA를 만든 router ID가 들어가는데, 일반적으로 IPv4 루프백^{Loopback} 주소(32 bits)를 사용합니다. 만일 IPv6 루프백 주소

(128 bits)를 사용하고 싶다면 어떻게 해야 할까요? 헤더 크기 32 bits를 넘으니 신규 표준을 만들어 Advertising Router 필드의 크기를 128 bits로 늘리는 수밖에 없습니다.

FLF를 사용하면 일부 필드가 불필요하게 낭비되기도 하고, 기존 필드보다 큰 데이터를 수용하기 위해서 새로운 표준을 만들어야 하는 등 유연성이 낮습니다. 그럼에도 불구하고 여러 TDM 프로토콜과 라우팅 프로토콜은 FLF를 채택합니다. 그 이유는 H/W 및 S/W 구현에서 유리하기 때문입니다. FLF는 용도에 따라 구역을 정해서 여러 물건을 정리할 수 있는 서랍 정리함과 유사합니다. 규격을 벗어나는 도구를 담을 수는 없지만 눈 감고도 어떤 아이템이 어디 있는지 쉽게 찾을 수 있게 됩니다.

H/W 혹은 S/W에서 FLF를 처리하는 과정도 유사합니다. 필드의 크기가 정확히 규격화되어 있기 때문에 메모리 데이터를 처리하는 과정이 수월합니다. 더욱이 프로토콜 표준에 따라 필드 길이^{Length}를 프로그램에 하드 코딩할 수 있습니다. 만일 필드 길이가 가변적이라면 데이터 크기를 먼저 분석한 뒤에 데이터를 읽어 들여야 합니다. FLF에서는 이러한 2차 프로세싱이 불필요하기 때문에 성능에 유리합니다.

2 TLV

TLV는 Type Length Value의 약자로, FLF에 반대되는 개념입니다. 필드의 크기가 고정되어 있지 않고 타입에 따라 다양하기 때문에 Length 필드를 통해 크기를 지정하는 형태입니다.

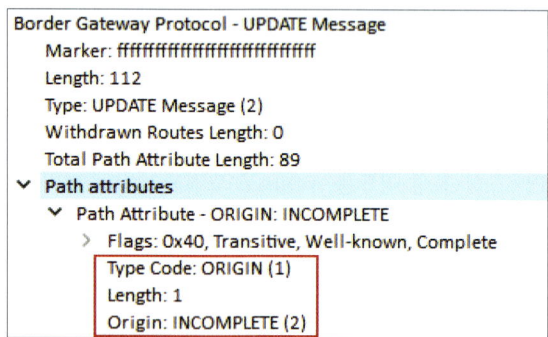

▶ 그림 8.4 BGP TLV 필드

BGP의 Path attributes는 그림의 박스처럼 Type, Length 그리고 Value(예. Origin)를 순차적으로 사용합니다. 특히 Length 필드를 눈여겨보아야 합니다. Length 필드는 뒤에 오는

Value 필드의 길이를 알려 줍니다(예. 1 bit 또는 2 bits). 다시 말해 FLF와 달리 Value 값의 크기가 Length 필드 값에 따라 자유자재로 변할 수 있습니다. 덕분에 불필요한 공간 낭비도 없고 Value의 크기 제한도 없어집니다.

TLV의 강점을 극대화한 것이 흔히 MP-BGP라고 불리는 RFC 4760, Multiprotocol Extensions for BGP-4입니다. 다음은 MP-BGP의 UPDATE 메시지를 캡처한 것입니다.

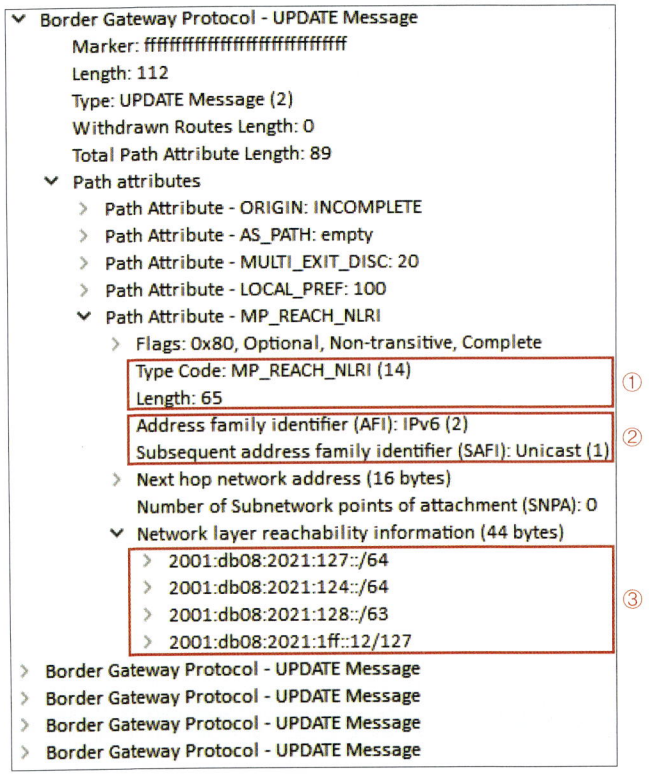

▶ 그림 8.5 MP-BGP UPDATE Message

그림에서 ① Type Code: MP_REACH_NRLI는 해당 BGP가 MP-BGP 메시지라는 것을 알려 줍니다. 여기서 Length: 65를 계산하면 NLRI$^{\text{Network Layer Reachability Information}}$의 크기를 알 수 있습니다.[1]

---

[1] Type code (1byte), AFI (2 bytes), SAFI (1 byte), Next hop network address (16 bytes), SNPA (1 byte)는 그 크기가 고정되어 있습니다. 이 헤더들을 Length:65에서 제외하면 65 − 1(type) − 2(AFI) − 1(SAFI) − 16(next-hop) − 1(SNPA) = 44 bytes입니다. 따라서 Path Attribute에 포함된 NLRI는 (SNPA 필드 끝 지점부터) 44 bytes라는 것을 알 수 있게 됩니다.

참고로 ② AFI: IPv6(2), SAFI: Unicast(1)은 해당 Path Attribute에 포함된 NLRI가 IPv6 + 유니캐스트라는 것을 알려 주고 있습니다.[2] 마지막으로 ③에는 해당 BGP 메시지를 통해 전파하려는 프리픽스 정보가 적혀 있습니다.

이와 같이 BGP는 TLV를 이용하기 때문에 전파하는 데이터(예. 프리픽스) 크기에 제한이 없습니다. 따라서 IPv4, IPv6, 각종 VPN 라우트, 그 밖에 수많은 정보를 BGP로 전파할 수 있습니다. 바로 이것이 BGP가 사랑받는 원동력입니다.

3 TE

BGP의 또 다른 강점은 TE$^{Traffic-Engineering}$입니다. Traffic Engineering이라는 단어만 보면 뭔가 어려워 보입니다만 실상은 정적^{Static} 라우팅을 사용하지 않고 운영자가 패킷을 보내고 싶은 곳으로 보내고, 또 받고 싶은 곳으로 받는 것을 말합니다. 쉽게 말해 '운영자 의도대로' A 경로로 패킷을 보내고 B 경로로 받는 것을 말합니다.

OSPF와 같은 IGP들은 패킷을 가장 '짧은' 경로로 보내는 것이 목적입니다. 즉, IGP 라우팅 프로토콜에서는 TE가 매우 어렵습니다. TE가 주요 목적이 아니기 때문입니다. OSPF-TE라는 프로토콜이 있지만, 해당 프로토콜은 MPLS-TE를 지원하기 위해 개발된 확장 기능 중 하나입니다. 다시 말해 OSPF에서 TE가 가능해지도록 개발된 것이 아니라 MPLS-TE를 지원하기 위해 개발된 프로토콜 중 하나입니다. IGP는 태생적으로 알아서 최적(최단) 경로를 찾으며 IGP 데이터베이스(예. OSPF LSDB)의 수정을 허용하지 않는 편입니다.

> **Tip.** 단, OSPF의 경우 LSA type 3(Summary LSA)에 한해 필터링이 가능합니다.

정리하자면 IGP는 가급적 운영자 개입을 최소화하고 자동으로 라우팅 계산을 하려고 합니다. 운영자가 제어할 수 있는 범위는 일반적으로 링크별 비용(Metric)을 조정하는 정도만 허용하는 편입니다.

> **Tip.** IGP용 파라미터들이 제법 있지만 운영자 의도대로 경로를 조정하기 위해 사용되는 파라미터들이 아니라, LSA hold-time처럼 라우팅 프로토콜 최적화 용도가 대부분입니다.

---

[2] 참고로 IPv6 (MPLS) L3VPN 유니캐스트는 〈AFI:2, SAFI:128〉입니다. SAFI 128 = MPLS-labeled VPN address. [RFC4364], [RFC8277]

반면 BGP는 LP^{Local Preference}, MED^{Multi Exit Discriminator} 그리고 AS prepending 과 같이 TE를 가능하게 해주는 속성값^{Attribute}들이 존재합니다. 이들을 사용한다고 해서 RSVP-TE 혹은 세그먼트 라우팅 MPLS(SR-MPLS)와 같은 완벽한 TE가 되는 것은 아니지만, IGP에 비하면 제어 가능한 범위가 훨씬 넓습니다.

BGP의 TE는 BGP 프로토콜 자체의 TE보다 MP-BGP EVPN처럼 다른 프로토콜과 함께 사용할 때 그 진가가 발휘됩니다. 이는 바로 앞서 'TLV'에서 살펴본 것처럼 BGP가 TLV 구조의 헤더를 가지고 있기 때문에 새로운 종류의 데이터를 전송하기에 매우 적합하기 때문입니다. 구체적으로 TLV 구조 덕분에 BGP의 AFI^{Address Family Identifier}와 SAFI^{Subsequent Address Family Identifier}를 새롭게 지정하면 그 어떠한 데이터도 전송할 수 있게 됩니다. BGP가 MPLS-TE부터 SDN 프로토콜 영역까지 매우 방대한 영역에서 사용되는 이유가 바로 여기에 있습니다.

더 나아가 BGP로 ACL 정보를 전파하는 Flowspec처럼 라우팅 정보 외에 구성^{Configuration} 정보까지도 전파할 수 있습니다. BGP로 전파할 수 없는 정보는 사실상 없다고 보아야 할 것입니다.

4 ORIGIN

모든 BGP 라우트에는 ORIGIN 값이 같이 전달됩니다. 헌데 ORIGIN에 대한 RFC 표준이 다소 모호해서 예상치 못한 이슈를 만들어 내기도 합니다. 이에 관해 간략히 알아보고자 합니다.

다음 예시 커맨드와 같이 BGP로 받아온 라우트를 확인하면 빨간색 글자처럼 해당 라우트가 만들어진 방법, 즉 ORIGIN이 표기됩니다. 예시에서는 10.1.2.0/24와 10.1.3.0/24라는 두 개의 라우트 모두 (I), 즉 IGP로부터 만들어졌다는 것을 확인할 수 있습니다.

```
BGP 라우트 확인

ethan@router> show received bgp routes from neighbor 10.1.1.1

Prefix              Next hop            AS path
10.1.2.0/24         10.1.1.1            100 I
10.1.3.0/24         10.1.1.1            100 I
```

그럼 왜 ORIGIN 표준이 모호하다고 했을까요? RFC 4271의 <4.3. UPDATE Message Format>의 'a) ORIGIN (Type Code 1):'에서는 다음과 같이 ORIGIN을 규정하고 있습니다.

값	의미	설명
0	IGP	동일 AS 내 IGP에서 만들어진 라우트를 말합니다. • Network Layer Reachability Information is interior to the originating AS
1	EGP	RFC 904의 EGP(eBGP 아님)로부터 만들어진 라우트를 말합니다. • Network Layer Reachability Information learned via the EGP protocol [RFC 904]
2	INCOMPLETE	기타 다른 정보를 토대로 만들어진 라우트를 말합니다. • Network Layer Reachability Information learned by some other means

▶ 표 8.4 BGP ORIGIN

보다시피 ORIGIN에 대한 설명이 상세하진 않습니다. 예를 들어, OSPF의 intra-area(LSA 타입 1, 2) 혹은 inter-area(LSA 타입 3)가 아닌 다른 라우팅 정보를 재분배한 경우(LSA 타입 5, 7)라면 ORIGIN을 IGP라고 봐야 할까요, INCOMPLETE라고 봐야 할까요?

재분배시켰다는 것은 OSPF도 다른 프로토콜(예. 정적 라우팅, RIP 또는 BGP)에서 가져온 정보라는 것을 의미입니다. 그러나 OSPF는 최초 라우트 정보에 대한 ORIGIN 정보를 전파하지 않습니다. 따라서 초기 프로토콜이 정적이었는지, RIP였는지 알 수 없습니다. 이러한 OSPF의 재분배(LSA 타입 5, 7) 라우트는 BGP ORIGIN이 IGP가 되어야 할까요, INCOMPLETE가 되어야 할까요? 혼란스러운 부분입니다.

어떤 벤더는 재분배를 했더라도 결국은 'OSPF라는 IGP'에서 가져온 것이니 IGP라고 표기합니다. 그러나 또 다른 벤더는 정확한 초기 프로토콜을 알 수 없으니 INCOMPLETE라고 표기하는 것이 맞다고 판단합니다. 결국 동일한 라우트에 대해 어떤 벤더 장비가 BGP로 전파하는지에 따라 ORIGIN 정보가 다르게 설정됩니다.

이처럼 ORIGIN 정보에 차이가 있어도 일반적으로 라우팅에 지대한 영향을 미치진 않습니다. 그러나 여러 라우터가 동일 라우트에 대해 동시에 광고를 하고 있다면, 다시 말해 **타이브레이킹** Tie-breaking이 필요한 순간이라면 큰 영향을 미칠 수 있습니다. 벤더별로 약간씩 차이가 있을 수 있으나 일반적으로 BGP 경로 우선순위 규칙은 다음 순서로 진행됩니다.

① (Highest)Local Preference

② Locally originated

③ (Shortest)AS

④ (Lowest)ORIGIN

⑤ 기타

> **Tip.** RFC 4271(2006) 'A Border Gateway Protocol 4 (BGP-4)'의 9.1.2.2. Breaking Ties (Phase 2) 참조

대략 네 번째 순서로 ORIGIN이 타이브레이킹 정보로 활용됩니다. 이때 ORIGIN은 IGP → EGP → INCOMPLETE순으로 우선시됩니다.

전체적인 BGP 경로 우선순위 규칙에서 ORIGIN 순서가 낮지 않기 때문에 이로 인해 OSPF 재분배 라우트를 IGP로 해석한 벤더 장비로만 트래픽이 몰릴 가능성이 있습니다. 이를 방지하고 싶다면 BGP 라우트를 생성할 때 강제로 ORIGIN을 변경하거나 라우터들이 라우트를 전파 받을 때 강제로 ORIGIN을 업데이트하여 전체 네트워크에서 통일성을 갖도록 하는 것이 좋습니다.

이처럼 표준에서 아주 명확히 정의되지 않은 영역을 **그레이 존**$^{Gray\ zone}$이라고 합니다. 때로는 이러한 그레이 존이 호환성에 문제를 야기하기도 합니다(이에 대한 더 자세한 내용은 'A1 국제 표준화 단체'의 'RFC'에서 다룹니다.).

8.3 멀티캐스트

멀티캐스트Multicast는 어딘가 복잡하게 보이고 다루기 힘들 것 같지만 차분히 들여다보면 결코 어렵지 않은 프로토콜입니다.

저는 가끔 야구장을 방문합니다. 여느 때와 마찬가지로 야구장을 방문한 어느 날 재미있는 현상 하나가 눈에 띄었습니다. 경기장 관객들이 맨눈으로 야구 경기를 보는 동시에 스마트폰으로 생중계 영상을 시청하고 있었습니다. 눈앞의 경기를 보기도 바쁠 텐데, 스마트폰으로 영상을 본다는 점이 다소 이채롭게 느껴졌습니다. 그 이유를 물으니 경기장이 워낙 넓어서 맨눈으로는 선수들의 움직임을 디테일하게 보기 힘들지만, 중계 방송에서는 주요 장면들을 슬로 모션으로 볼 수 있기 때문이라고 합니다.

야구장처럼 매우 한정적인 공간에서 특정 시간대만 트래픽이 급증하는 현상은 무선 통신 사업자에게 큰 부담을 줍니다. 특히 유니캐스트 동영상은 큰 부담을 주므로 멀티캐스트가 그 대안이 될 수 있습니다. 야구장에서 1000명이 동시에 모바일로 영상을 시청한다고 가정했을 때 유니캐스트와 멀티캐스트의 트래픽 볼륨 차이가 얼마나 날까요? 이를 정확히 계산하기 위해서는 먼저 동영상 하나당 트래픽 볼륨을 알아야 할 것입니다.

코덱에 따라 차이가 크지만 근래 대중적으로 사용되는 H.254 인코딩 기준, 동영상 해상도별 트래픽 볼륨은 대략 다음과 같습니다.

유형	SD	HD	FHD	UHD
Resolution	480p (720 x 480)	720p (1280 x 720)	1080p (1920 x 1080)	2160p (4096 x2160)
Bps	~ 2 Mbps	~ 4 Mbps	~ 6 Mbps	~ 34 Mbps

▶ 표 8.5 H.264 VBR 대역폭

💡 **Tip.** 근래 동영상들은 대부분 VBRVariable Bit Rate로 인코딩합니다. 즉, 동영상에 움직임이 많으면 트래픽 볼륨이 커지지만 사진처럼 움직임이 거의 없는 장면에서는 트래픽을 절약할 수 있습니다. 반대로 동영상 움직임과 무관하게 일정한 트래픽이 흐르는 인코딩은 CBRConstant Bit Rate이라고 합니다.

야구장에서 1000명이 모바일로 동일한 FHD 방송을 시청한다면 동영상 미디어 서버에서 야구장까지 무려 6 Mbps * 1000 = 6 Gbps의 트래픽이 흘러야 합니다. 만일 경기장까지 10 Gbps 회선 하나로 구성되어 있다면, 해당 회선에 6 Mbps만 흘러도 될 트래픽이 6 Gbps나 흐르면서 과부하를 주는 것입니다. 이를 멀티캐스트로 서비스한다면 동영상 미디어 서버에서 야구장까지 고작 6 Mbps만 흘러도 될 것입니다. 이러한 트래픽 볼륨 차이를 시각적으로 표현하면 다음과 같습니다.

 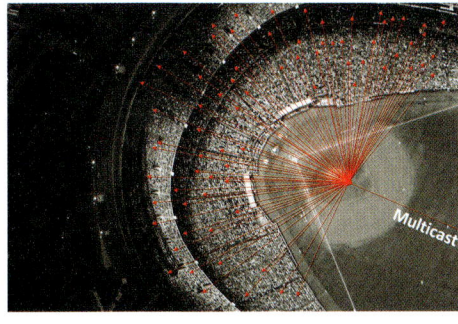

(a) 유니캐스트 예시   (b) 멀티캐스트 예시

▶ 그림 8.6 유니캐스트와 멀티캐스트 예시

아쉽게도 초기 LTE는 멀티캐스트를 지원하지 못했습니다. 그래서 경기장에 모바일 기기로 동영상을 시청하는 사람 수가 급격히 늘어나면 네트워크 인프라에 큰 부하를 주었습니다. 이후 AMT^{Automatic Multicast Tunneling}/eMBMS^{evolved Multimedia Broadcast Multicast Service} 등 프로토콜들이 추가 개발되면서 LTE 환경에서도 멀티캐스트를 지원할 수 있게 되었습니다.

1 브로드캐스트 vs 멀티캐스트

<u>브로드캐스트</u>^{Broadcast}와 멀티캐스트의 다른 점은 무엇일까요? 브로드캐스트는 상대가 관심이 있든 없든 일단 트래픽을 모두에게 전송합니다. 반면 멀티캐스트는 관심이 있는 대상에게만 트래픽을 보냅니다. 이것이 멀티캐스트의 핵심입니다.

멀티캐스트를 달리 표현하면 필터링된 <u>브로드캐스트</u>라고 할 수 있습니다. <u>브로드캐스트</u> 방식의 TV와 라디오는 시청자가 보든 보지 않든 끊임없이 공기 중에 전파를 보냅니다. 반면 멀티캐스트로 서비스하는 IPTV는 유저가 채널을 볼 때 비로소 해당 채널의 트래픽이 흐릅니다. 어떤 유저가 FDH 채널 100개를 제공하는 IPTV 서비스에 가입했더라도 유저에게 100개 채널의 트래픽이 항상 흐르는 것이 아니라 시청하는 한 채널의 트래픽만 흐릅니다.

2 멀티캐스트 용어 및 컴포넌트

멀티캐스트는 유니캐스트와 다른 프로토콜 및 용어들을 사용합니다. 다음 그림을 통해 멀티캐스트에서 사용되는 용어 및 각종 컴포넌트를 살펴보도록 하겠습니다(참고로 다음 그림은 이번 장에서 자주 언급됩니다.).

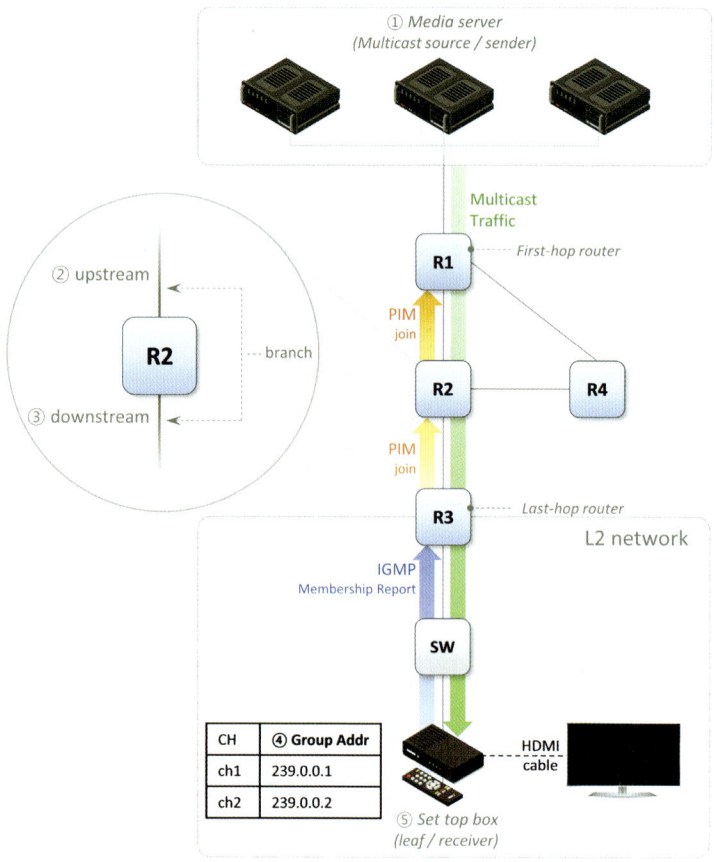

▶ 그림 8.7 멀티캐스트 컴포넌트

그림에서 볼 수 있는 컴포넌트 ① ~ ⑦의 상세 설명은 다음과 같습니다.

멀티캐스트 소스와 리시버

멀티캐스트 소스 Multicast source는 멀티캐스트 트래픽을 만들어 내는 장치를 말하고 **리시버**Receiver는 소스가 만들어 낸 멀티캐스트 트래픽을 받고자 하는 장비를 말합니다. 그림 8.7에서 소스는 동영상 미디어 변환Transcoding과 IP 패킷 변환Packetizing을 담당하는 ① 미디어 서버Media server고, 리시버는 전달받은 IP 패킷을 영상으로 복원해주는 ⑤ (IPTV) 셋톱 박스입니다.

첫 번째-홉 라우터 & 마지막-홉 라우터

소스와 가장 가까운 라우터는 첫 번째-홉 라우터, 즉 **FHR**First-hop router, ⑤ 리시버와 가장 가까운 라우터는 마지막-홉 라우터, 즉 **LHR**Last-hop router이라고 합니다. 이들은 멀티캐스트 네트워크에서 매우 중요한 역할을 수행하는데, 보다 원활한 이해를 위해 멀티캐스트 트래픽이 소스에서 리시버까지 전달되는 과정을 개괄적으로 살펴보면 다음과 같습니다.

가장 먼저 리시버가 IGMP(IPv6에서는 MLD) 프로토콜을 통해 자신이 받고 싶은 멀티캐스트 IP(그룹Group) 주소를 라우터에게 전달합니다. 예를 들어, IPTV 셋톱 박스가 "239.0.0.1(예. IPTV 채널 1번) 트래픽을 받고 싶어요!"라고 IGMP 패킷을 전송합니다. 앞서 그림 8.7에서 리시버와 가장 가까운 R3 라우터가 이 IGMP 패킷을 받아서 리시버가 요청한 멀티캐스트 트래픽을 당겨 옵니다. 이처럼 IGMP 메시지를 받아 멀티캐스트 트래픽을 당겨오는 라우터를 LHR라고 합니다.

소스로부터 직접 멀티캐스트 트래픽을 받는 라우터는 FHR이라고 합니다. 앞서 그림 8.7에서는 R1이 첫 번째-홉 라우터, 즉 FHR입니다. 소스 장비는 IGMP와 같은 멀티캐스트용 프로토콜을 사용하지 않습니다. 예를 들어, IP가 192.168.0.100인 소스 장비가 239.0.0.1 멀티캐스트 트래픽을 보낸다면 그저 src IP가 192.168.0.100이고, dst IP가 239.0.0.1인 패킷, 쉽게 말해 192.168.0.100 → 239.0.0.1인 IP 패킷을 네트워크로 내보낼 뿐입니다.

첫 번째-홉 라우터는 소스의 멀티캐스트 패킷을 받아서 소스 정보(IP)를 멀티캐스트 네트워크에 전파합니다. 해당 정보 교환은 멀티캐스트 라우팅 프로토콜, 즉 PIM이 담당합니다.

멀티캐스트 그룹 주소 & 업 스트림 & 다운스트림

그림 8.7의 셋톱 박스 좌측에 TV 채널별 ④ 멀티캐스트 그룹 주소가 있습니다. 예를 들어, 유저가 리모컨으로 채널 1번을 누르면 셋톱 박스는 IGMP로 239.0.0.1 트래픽을 요청합니다. 채널 2번을 누르면 셋톱 박스는 IGMP로 239.0.0.2 트래픽을 요청합니다. 이처럼 리시버가 받고자 하는 멀티캐스트 IP 주소를 **멀티캐스트 그룹 주소**라고 합니다.

특정 멀티캐스트 라우터를 기준으로 소스 쪽으로 가는 인터페이스를 ② **업스트림**Upstream 혹은 IIFIncoming InterFace라고 합니다. 업스트림과 반대로 리시버 쪽으로 가는 인터페이스를 ③ **다운스**

트림Downstream이라고 합니다. 즉, 멀티캐스트 라우터는 업스트림에서 받은 트래픽을 다운스트림으로 보냅니다.

3 멀티캐스트 라우팅 프로토콜

소스에서 리시버까지 멀티캐스트 트래픽을 보내려면 멀티캐스트 라우팅이 있어야 합니다. 예를 들어, 소스가 192.168.0.100이고 리시버가 203.0.113.100이라면 이 둘 사이 멀티캐스트 트래픽이 흘러갈 라우팅 경로를 만들어야 합니다. 멀티캐스트 라우팅 프로토콜은 이 경로를 만들고 관리하는 프로토콜입니다.

근래 멀티캐스팅 라우팅 프로토콜은 PIM^{Protocol-Independent Multicast}으로 통일되었다고 봐도 무방합니다. PIM 외에 DVMRP^{Distance Vector Multicast Routing Protocol}라는 프로토콜과 OSPF의 확장 프로토콜인 MOSPF^{Multicast Open Shortest Path First} 등이 있었으나 근래에는 거의 사용되지 않습니다.

사실 DVMRP와 MOSPF, 이 두 프로토콜은 운영 환경에 제약이 있는데 DVMRP는 기존 IGP가 아닌 자체 라우팅 프로토콜을 써야 했고, MOSPF는 무조건 OSPF를 써야 했습니다. 반면 PIM은 라우팅 프로토콜로 OSPF를 쓰든 IS-IS를 쓰든, 심지어 RIP를 써도 괜찮습니다. 직접 라우팅 정보를 수집하는 것이 아니라 라우팅 프로토콜들이 모아 온 정보, 즉 RIB를 활용하기 때문입니다. PIM의 본딧말, Protocol Independent Multicast의 의미가 L3 라우팅 프로토콜과 무관하게 동작하는 멀티캐스트 라우팅 프로토콜이라는 뜻입니다.

멀티캐스트 트리

멀티캐스트 라우팅 프로토콜은 총 3가지 핵심 요소들을 관리해야 합니다.

- 멀티캐스트 트래픽을 보내는 멀티캐스트 소스(예. 미디어 서버)
- 이 트래픽을 받고 싶어하는 리시버(예. 셋톱 박스)
- 멀티캐스트 소스와 리시버를 연결해 주는 멀티캐스트 라우팅 테이블

이를 달리 표현하면 멀티캐스트 라우팅 프로토콜은 누가 멀티캐스트 트래픽을 보내는지 알아내고, 또 누가 받고 싶어하는지를 알아내서 이들을 연결해주는 멀티캐스트 라우팅 테이블을 만듭니다.

> **Tip.** 멀티캐스트 라우팅 테이블을 짧게는 mroute라고 하며 트리 구조라는 특징을 따 멀티캐스트 트리 혹은 mtree라고도 부릅니다.

멀티캐스트 라우팅을 위해서는 두 종류의 프로토콜, 즉 PIM과 IGMP가 필요합니다. 이 두 프로토콜은 헤더 구조가 비교적 간단한 편으로, 바로 이어지는 절에서 구체적으로 살펴보도록 하겠습니다.

4 IGMP

IGMPInternet Group Management Protocol는 리시버가 특정 멀티캐스트 트래픽을 받고 싶거나 반대로 그만 받고 싶을 때 이를 마지막-홉 라우터에게 알리는 프로토콜입니다.

IGMPv2 Membership Report

다음 그림과 같은 IGMP Type: Membership Report 패킷은 리시버가 특정 멀티캐스트 트래픽을 받고 싶을 때 사용하는 패킷으로, 리시버가 받고 싶은 멀티캐스트 IP를 ③ Multicast Address 필드에 기록합니다.

```
Ethernet II, Src: NexoComm_00:01:00 (00:50:00:00:01:00), Dst: IPv4mcast_01 (01:00:5e:00:00:01)  ①
Internet Protocol Version 4, Src: 192.168.1.10, Dst: 239.0.0.1   ②
Internet Group Management Protocol
    [IGMP Version: 2]
    Type: Membership Report (0x16)
    Max Resp Time: 0.0 sec (0x00)
    Checksum: 0xfafd [correct]
    [Checksum Status: Good]
    Multicast Address: 239.0.0.1    ③
```

▶ 그림 8.8 IGMPv2 Membership Report

IGMPv2 헤더에서 IP 헤더의 ② Dst IP와 IGMP 헤더의 ③ Multicast Address가 동일한 것을 볼 수 있습니다. 즉, IGMPv2를 사용하는 리시버는 받고 싶은 멀티캐스트 그룹 주소를 IP 헤더의 Dst IP로 설정해서 전송해야 합니다(IGMPv3는 Multicast Address와 무관하게 IP 헤더의 Dst IP가 224.0.0.22로 고정되어 있습니다.)

더불어 ① Dst MAC 또한 Dst IP를 멀티캐스트 MAC 주소로 변환한 것입니다. 따라서 계측기 등을 이용하여 IGMPv2 패킷을 생성할 때 ①, ②, ③의 주소를 모두 같게 설정해야 합니다. 일부 라우터의 경우 이 모든 정보가 서로 일치하지 않으면 이상 패킷으로 간주하여 IGMP 패킷을 조용히 폐기하기도 합니다.

> **Tip.** 멀티캐스트 주소를 MAC 주소로 변환하는 과정을 Multicast IP Address to MAC address mapping (conversion)이라고 하는데 01:00:5e라는 MAC 주소 프리픽스 뒤 24 bits에 IP를 잘라 넣는 형태입니다.

IGMPv2 Leave Group

리시버가 받고 있던 멀티캐스트 트래픽을 받고 싶지 않을 때는(예. IPTV 채널을 변경했을 경우) IGMP Type: Leave Group 메시지를 보냅니다. 이 메시지를 받은 마지막-홉 라우터는 해당 멀티캐스트 MAC 주소로 IGMP 메시지(IGMP Type: Membership Query)를 보내서 리시버가 하나라도 남아 있는지 체크합니다. 만일 리시버가 하나도 남지 않았다면 마지막-홉 라우터 또한 멀티캐스트 트래픽을 받을 이유가 없습니다. 이 경우 업스트림 라우터에게 PIM prune 메시지를 보냅니다.

5 PIM

지금까지 살펴본 IGMP는 리시버와 마지막-홉 라우터가 사용하는 프로토콜입니다. PIM 또한 멀티캐스트 트래픽을 받거나 거부할 때 사용한다는 점은 동일하지만 멀티캐스트 라우터끼리 사용하는 프로토콜이라는 차이점이 있습니다. 더불어 PIM에는 중요한 역할이 하나 더 있습니다. 바로 멀티캐스트 소스 정보 전파입니다. 이에 관해서는 이후 상세히 알아보고 우선 PIM 패킷 구조 먼저 살펴보겠습니다.

PIM join 메시지

멀티캐스트 라우터가 멀티캐스트 트래픽을 요청할 땐 PIM join 메시지를 이용합니다. 다음 그림은 앞서 그림 8.8의 IGMP Type: Membership Report를 받은 라우터가 업스트림 라우터로 보낸 PIM join 메시지입니다. 메시지 내용을 보면 리시버가 요청했던 멀티캐스트 그룹 주소인 239.0.0.1 트래픽을 보내 달라는 의미로 ① Group 0: 필드에 239.0.0.1/32가 적혀 있는 것을 볼 수 있습니다.

```
Ethernet II, Src: 50:00:00:03:00:03 (50:00:00:03:00:03), Dst: IPv4mcast_0d (01:00:5e:00:00:0d)
Internet Protocol Version 4, Src: 10.1.12.1, Dst: 224.0.0.13
Protocol Independent Multicast
    0010 .... = Version: 2
    .... 0011 = Type: Join/Prune (3)
    Reserved byte(s): 00
    Checksum: 0x0d34 [correct]
    [Checksum Status: Good]
  ∨ PIM Options
    > Upstream-neighbor: 10.1.12.2
      Reserved byte(s): 00
      Num Groups: 1
      Holdtime: 210
    ∨ Group 0
      > Group 0: 239.0.0.1/32      ① 239.0.0.1/32 멀티캐스트 트래픽 요청
        Num Joins: 1
        > IP address: 192.168.2.10/32 (S)
        Num Prunes: 0
```

▶ 그림 8.9 PIMv2 Join/Prune (in PIM-SSM network /w SSM-map)

멀티캐스트 트래픽 플로우 오버뷰

IGMP, PIM 처리 과정을 정리하면 먼저 멀티캐스트 트래픽 요청 과정이 진행됩니다. 구체적으로 리시버가 L2 네트워크에서 IGMP Membership Report 메시지로 받고 싶은 멀티캐스트 그룹 IP를 적어 보냅니다. 해당 메시지를 받은 마지막-홉 라우터는 멀티캐스트 소스 혹은 RP 쪽으로 PIM join 메시지를 보냅니다. 이 PIM join 메시지는 홉-바이-홉$^{\text{Hop-by-hop}}$으로 첫 번째-홉 라우터까지 전달됩니다.

이어서 멀티캐스트 트래픽 플러딩^{Flooding}(첫 번째-홉 → 마지막-홉 라우터)이 진행됩니다. 첫 번째-홉 라우터는 PIM join을 보냈던 다운스트림 라우터 쪽으로 멀티캐스트 트래픽을 보내기 시작합니다. 멀티캐스트 트래픽은 다시 홉-바이-홉으로 전달되며 마지막-홉 라우터까지 전달됩니다.

끝으로 **마지막-홉 라우터가 리시버에게 멀티캐스트 트래픽**을 보냅니다. 이 과정을 그림 8.7에 대입하면 다음과 같습니다. 셋톱 박스가 IPTV 채널 1번, 즉 223.0.0.1 트래픽을 요청하는 IGMP 패킷을 전송합니다. 이를 받은 마지막-홉 라우터, R3는 R2에게 PIM join 메시지를 보냅니다. R2는 다시 R1에게 PIM join 메시지를 보냅니다. PIM join 메시지를 받은 R1은 멀티캐스트 소스의 트래픽을 R2에게 보내고, R2는 다시 R3에게 전달합니다. 마지막으로 R3는 받은 멀티캐스트 트래픽을 셋톱 박스에게 전달합니다.

6 PIM 모드

멀티캐스트 네트워크를 구성하려면 PIM 모드를 깊게 이해하고 있어야 합니다. 모드에 따라 추가로 필요한 프로토콜(예. MSDP), 페일오버 시간 그리고 망의 복잡도가 판이하게 달라지기 때문입니다. 이번 학습에서는 PIM-DM, PIM-SM, PIM-SSM까지 3가지 PIM 모드에 대해 심도 있게 살펴보겠습니다.

PIM-DM

PIM-DM$^{\text{Dense Mode}}$은 가장 단순한 모드로, flood-and-prune 동작을 반복합니다. PIM-DM의 동작 방식은 매우 간단합니다. 주기적으로 전체 네트워크에 멀티캐스트 트래픽을 전부 뿌려 보고(Flood), 가지치기(Prune)를 하는 것입니다. 쉽게 말해, "일단 받아보고 받기 싫으면 손들어 주세요. 손들면 안 보낼게요."와 같은 방식으로 동작합니다.

PIM-DM 프로시저

플러드되는 멀티캐스트 트래픽을 받고 싶지 않은 하위(다운스트림) 라우터는 PIM Message(type 3) Join/Prune 메시지를 prune으로 세팅하여 보냅니다. 해당 멀티캐스트 트래픽을 받지 않겠다는 뜻입니다. 이 메시지를 받은 상위 업스트림 라우터는 해당 라우터에게 멀티캐스트 트래픽 전송을 중단합니다.

그렇다고 영영 보내지 않는 것은 아닙니다. PIM prune 메시지에 적혀 있던 대기 시간^{Holdtime}만큼 대기한 뒤(일반적으로 210초) 다시 멀티캐스트 트래픽을 플러딩합니다. 이렇게 **주기적인 가지치기**$^{\text{Flood and prune cycle}}$가 무한 반복됩니다.

참고로 PIM 라우터 밑에 멀티캐스트 트래픽을 받고 싶은 새로운 리시버가 생겼다면 꼭 다음 주기까지 기다리지 않아도 됩니다. 새로운 리시버가 생긴 라우터는 PIM Graft 메시지로 멀티캐스트 트래픽을 즉각 요청할 수 있습니다.

State Refresh

가지치기 주기마다 멀티캐스트 트래픽이 플러딩되면 불필요한 B/W 고갈이 발생할 수 있습니다. 이는 매우 비효율적이기 때문에 State Refresh 메시지(SRM)[3]를 이용하여 트래픽을 아낄 수 있습니다.

---

[3] RFC 3973(2005), '(PIM-DM): Protocol Specification (Revised)'의 'State Refresh Messages' 참조

State Refresh 메시지는 실제 멀티캐스트 트래픽을 플러드하는 대신 PIM State Refresh 메시지만 플러드합니다. 구체적으로 첫 번째-홉 라우터가 State Refresh 메시지를 최초 생성하면 이 메시지가 홉-바이-홉으로 전파되면서 PIM prune 대기 시간을 최초 값으로 리셋합니다. 즉, 가지치기 주기가 반복되는 것을 방지합니다.

실제 멀티캐스트 트래픽이 플러딩되지 않는다면 네트워크에 새롭게 추가된 PIM 라우터는 멀티캐스트 트래픽을 어떻게 감지할 수 있을까요? State Refresh 메시지에는 현재 멀티캐스팅되고 있는 소스와 그룹 주소가 적혀 있습니다. 따라서 최초 플러딩을 받지 못했더라도 State Refresh 메시지를 보고 어떤 멀티캐스트 트래픽이 있는지 알게 됩니다. 만일 특정 멀티캐스트 트래픽을 받고 싶다면 PIM Graft 메시지를 보내면 됩니다. 기존 PIM-DM 플러딩 방식이 "일단 읽어 보세요."하고 책부터 건네는 방식이었다면 State Refresh 메시지는 책 제목만 플러딩하는 방식이라고 볼 수 있습니다.

참고로 State Refresh은 벤더에 따라 지원되지 않기도 합니다. 설령 지원된다 하더라도 기본으로 비활성화된 경우가 많으므로 별도 활성화가 필요합니다.

이처럼 PIM-DM은 매우 간단한 동작 방식을 가지고 있으나 주기적으로 멀티캐스트 트래픽이 흐르는 구조입니다. 따라서 테스트 망처럼 아주 간단하게 멀티캐스트 네트워크를 만들거나 이따금씩 전체 네트워크에 멀티캐스트 트래픽이 흘러도 충분히 괜찮은 네트워크(예. 공장 등) 등에서 제한적으로 사용되는 편입니다.

ASM(PIM-SM)과 SSM(PIM-SSM)

기본적으로 PIM-DM은 대부분의 노드가 멀티캐스트 트래픽을 받을 것이라고 가정합니다. 그래서 "일단 한번 다 받아보고, 받기 싫은 기기만 손들어 주세요."라는 방식으로 동작합니다. 반면 **PIM-SM**과 **PIM-SSM**은 네트워크 내에 많은 노드가 멀티캐스트 트래픽을 받고 싶지 않을 것이라고 가정하고 "받고 싶은 기기만 손 들어주세요. 손을 들면 그때 멀티캐스트 트래픽을 보낼게요."라는 방식으로 동작합니다.

PIM-SM 혹은 PIM-SSM으로 멀티캐스트 네트워크를 구축할 때는 누구나 언제든지 원하면 멀티캐스트 소스가 될 수 있는 네트워크를 만들 것인지, 아니면 멀티캐스트 그룹별로 멀티캐스트 소스 IP가 지정된 네트워크를 만들 것인지 결정해야 합니다.

전자, 즉 누구나 소스가 될 수 있는 네트워크를 ASM^{Any Source Multicast} 네트워크라고 합니다. ASM에서는 리시버가 굳이 소스 IP를 몰라도 됩니다. 멀티캐스트 소스가 트래픽을 보내기 시작하면 그때 PIM을 통해 자동으로 감지하기 때문입니다. 후자, 즉 그룹별로 멀티캐스트 소스 IP가 지정되어 있는 네트워크를 SSM^{Source Specific Multicast} 네트워크라고 합니다. SSM 네트워크에서는 리시버가 멀티캐스트 그룹별 소스 IP를 알고 있어야 합니다. IPTV 셋톱 박스라면 ch1 트래픽을 요청할 때 소스를 콕 집어서(예. 멀티캐스트 그룹 IP=239.0.0.1, 소스 IP=192.168.2.10) 요청해야 합니다.

SSM 네트워크에서는 PIM을 통해 소스 정보를 전파하지 않습니다. 따라서 이를 전파할 수 있는 별도의 시스템이 구성되어 있어야 합니다. 예를 들어 유니캐스트 통신 등으로 관리 서버에서 IPTV 셋톱 박스에게 채널별 멀티캐스트 소스 IP를 미리 전달해 두어야 합니다.

> **Tip.** ASM을 라우팅 기호로 표기하면 (*,G)입니다. *은 누구나 멀티캐스트 소스가 될 수 있음을 말하는 기호입니다. 반면 소스 정보를 알고 있는 경우에는 'Source, Group'의 약자를 사용해 (S,G)라고 표기합니다.

PIM-SM

PIM-SM[4]과 PIM-SSM은 PIM-DM에 비해 동작 방식이 복잡합니다. 특히 PIM-SM이 꽤 복잡한 편인데, 이 때문에 멀티캐스트 프로토콜이 어렵다는 평을 받기도 합니다. 따라서 이번 학습에서는 PIM-SM을 최대한 쉽고 자세하게 살펴보고자 합니다.

PIM-SM 네트워크에서는 누구나 멀티캐스트 소스가 될 수 있고 리시버가 될 수 있습니다. 이러한 환경 때문에 PIM-SM은 RP^{Rendezvous Point}라는 특수한 라우터를 필요로 합니다. RP는 쉽게 말해 '만남의 광장'입니다. 소스에서 보내는 트래픽과 리시버 요청 모두 RP로 보내집니다. 조금 더 구체적으로 첫 번째-홉 라우터는 RP에게 멀티캐스트 트래픽을 보내고, 마지막-홉 라우터는 RP를 향해 PIM join을 보냅니다. 그리고 RP가 이 둘을 이어줍니다. 이 세부 과정을 총 세 단계의 페이즈^{Phase}로 나누면 다음과 같습니다.

PIM-SM 페이즈 1(레지스터-캡슐화)과 페이즈 2(레지스터-중지)

멀티캐스트 소스로부터 트래픽을 받은 첫 번째-홉 라우터는, 해당 소스 정보를 RP에게 알려주기 위해 PIM Type: Register 메시지를 보냅니다. 그런데 이 메시지가 매우 특이한 구조를

---

[4] RFC 2362(1998), 〈Protocol Independent Multicast-Sparse Mode (PIM-SM): Protocol Specification〉 (참고로 최초 RFC 2362는 Category: Experimental로 등재되었고 이후 RFC 4601에서 Revised되어 정식 표준화됨)

가지고 있습니다. 이 PIM Type: Register 메시지 '위에' 원본(Native) 멀티캐스트 패킷이 캡슐화되어 있습니다.

그리고 PIM 레지스터Register 패킷은 멀티캐스트가 아니라 유니캐스트 패킷 형태로 RP에게 전달됩니다. 즉, 첫 번째-홉 라우터에서 RP로 유니캐스트 터널(정확히는 레지스터-터널Register-Tunnel)이 생성됩니다.[5] 이 과정을 **레지스터-캡슐화**Register-encapsulation라고 합니다. 보다 쉬운 이해를 위해 패킷 예시를 살펴보겠습니다.

다음은 PIM 레지스터 패킷 예시입니다. ② PIM Type: Register header 위에 (캡슐화된) 원본 UDP 멀티캐스트 패킷, 즉 ③ 캡슐화된 원본 멀티캐스트 패킷을 볼 수 있습니다. 이 패킷의 ① IP 헤더 안에 Dst IP를 보면 멀티캐스트 주소가 아니라 유니캐스트 주소로 RP에게 전달되고 있습니다. 왜 이렇게 복잡한 과정을 거치는 걸까요?

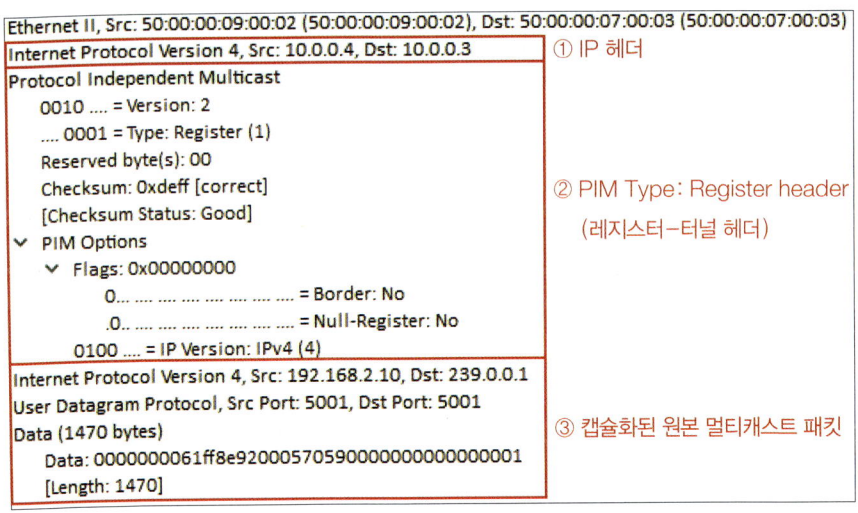

▶ 그림 8.10 PIM 레지스터 메시지 안에 캡슐화된 원본 멀티캐스트 패킷

레지스터-캡슐화를 이용하면 멀티캐스트 트래픽을 리시버로 즉각 보낼 수 있기 때문입니다. 만일 멀티캐스트 트래픽을 캡슐화하지 않고 RP로 PIM 레지스터 메시지만 덩그러니 보내면 RP는 그때부터 소스 쪽으로 PIM join 메시지를 보내야 합니다.

PIM join 메시지는 홉-바이-홉으로 전파되어야 하고 순수 CPU 작업이기 때문에 네트워크

---

[5] RFC 4601(2006), 〈Protocol Independent Multicast – Sparse Mode (PIM-SM): Protocol Specification (Revised)〉의 '3. PIM-SM Protocol Overview' 및 '4.4.1. Sending Register Messages from the DR' 항 참조

장비 CPU에서 처리되는 동안 딜레이가 발생할 수밖에 없습니다. 만일 소스부터 RP까지 10개의 장비가 있다면 순차적으로 각 장비에서 CPU 처리가 끝나야 비로소 RP가 멀티캐스트 트래픽을 받을 수 있습니다. 그러나 레지스터-캡슐화를 이용하면 PIM 레지스터 메시지 위에 원본 멀티캐스트 패킷이 실려 있기 때문에 RP가 PIM join 메시지를 소스 쪽으로 보내지 않아도 그 즉시 멀티캐스트 패킷을 리시버에게 내려 보낼 수 있습니다.

물론 레지스터-캡슐화 상태를 무한정 유지하는 것은 아닙니다. 최초 레지스터-터널 패킷을 받자마자 RP는 멀티캐스트 소스 쪽으로 PIM join 메시지를 보냅니다. RP가 보낸 PIM join 메시지를 첫 번째-홉 라우터가 받으면 (레지스터-터널 패킷과 별개로) PIM join 경로로도 멀티캐스트 트래픽을 보내게 됩니다.

이후 RP가 PIM join 경로(RFC 표준에서는 Native forwarding이라고 표현)로 패킷을 받기 시작하면 RP는 첫 번째-홉 라우터에게 레지스터-터널 패킷을 그만 보내라는 의미로 PIM Type: Register-Stop 메시지를 보냅니다. 이후 첫 번째-홉 라우터가 레지스터-터널 패킷 전송을 멈추면 RP는 순수 PIM join 경로로만 트래픽을 받게 될 것입니다.

레지스터-캡슐화가 장점만 있는 것은 아닙니다. 레지스터-캡슐화는 Native forwarding 경로가 만들어지기까지 보통 수십 ms에서 수초 이내의 비교적 짧은 시간 동안 임시로 사용됩니다. 그러나 그 짧은 시간 동안 다음과 같은 이슈들이 발생하게 됩니다.

① **H/W 리소스 사용**: 레지스터-캡슐화 패킷의 캡슐화, 디캡슐화^{Decapsulation} 용도로 별도의 H/W 리소스가 필요합니다. 따라서 첫 번째 홉 라우터 및 RP 라우터는 리소스 일부를 예약해 두어야 합니다. 만일 라우터 자체적으로 이를 지원하지 않는다면 별도 H/W를 장착해야 할 수도 있습니다.

② **MTU로 인한 IP 패킷 분할(단편화)**: 터널 헤더(PIM 헤더)로 인해 IP 패킷 분할이 발생할 수 있습니다. 예를 들어, 그림 8.10에서 ③ 캡슐화된 원본 멀티캐스트 패킷 사이즈가 이미 max-MTU(예. 1500 bytes)라면 ② PIM Type: Register header가 붙으면서 MTU를 넘게 됩니다. 패킷 사이즈가 MTU를 넘으면 IP 패킷 분할이 발생합니다. 심지어 패킷에 DF^{Don't Fragment bit}가 설정되어 있다면 패킷은 조용히 폐기됩니다. 이러한 IP 패킷 분할을 방지하기 위해선 첫 번째-홉 라우터부터 RP까지 MTU가 상향 조정되어야 합니다.

③ **'PIM Type: Register' 플러딩**: 그림 8.10과 같은 레지스터-캡슐화 패킷은 원본 멀티캐스트 패킷이 발생할 때마다 만들어집니다. 예를 들어, 멀티캐스트 소스로부터 10개의 멀티캐스트 패킷이 만들어졌다면 총 10개의 레지스터-캡슐화 패킷이 만들어져서 RP에게 보내집니다.

따라서 RP는 총 10번의 PIM Type: Register 메시지를 받아야 하며 모든 패킷은 RP의 컨트롤 플레인 CPU에서 처리됩니다. 물론 Native forwarding 경로가 만들어지자마자 PIM Type: Register-Stop 메시지를 보내겠지만 이 메시지를 첫 번째-홉 라우터가 처리하기 전까지 레지스터-터널 패킷이 지속되어야 합니다. 이처럼 순간적이긴 하지만 레지스터-터널 패킷으로 인해 RP의 CPU 사용률이 높아질 수 있습니다.

PIM-SM 페이즈 3: Shortest-Path Tree

PIM-SM의 가장 마지막 단계는 SPT$^{\text{Shortest-Path Tree}}$ 구성입니다. RP를 통해 내려오는 경로를 RPT$^{\text{RP Tree}}$라고 하는데 SPT는 RP를 이용하지 않고, 최단 거리로 트래픽이 흐르는 경로를 말합니다. 이 과정을 구체적으로 살펴보겠습니다.

최초 IGMP 메시지를 전달받은 마지막-홉 라우터는 RP를 향해 PIM join 메시지를 보내고, 이 메시지는 홉-바이-홉으로 RP에 도달하게 됩니다. RP는 마지막-홉 라우터가 보낸 PIM join 메시지를 보고, 마지막-홉 라우터(리시버) 쪽으로 트래픽을 내려 보내기 시작합니다. 즉, RP가 중계자가 되어 멀티캐스트 소스 트래픽을 리시버에게 전달합니다. 이처럼 멀티캐스트 트래픽이 RP를 경유하여 리시버로 내려가는 경로를 RPT라고 합니다.

RPT는 최적 경로가 아닐 수 있습니다. 예를 들어, 그림 8.7에서 R4가 RP라면 RPT를 이용한 멀티캐스트 트래픽은 R1 → R4 → R2 → R3 경로를 이용하게 됩니다. 반면 최적 경로, SPT는 R1 → R2 → R3가 될 것입니다.

멀티캐스트 트래픽을 받은 라우터들은 멀티캐스트 트래픽의 src IP를 보고 자신의 라우팅 테이블을 이용하여 RP를 경유하는 RPT가 최적 경로인지 아니면 더 짧은 경로, 즉 SPT가 있는지 알 수 있습니다. 만일 SPT가 존재한다면 해당 경로로 PIM join 메시지를 올려 보냅니다.

이후 SPT를 통해 트래픽을 받기 시작하면 RP를 경유하는 기존 경로로는 PIM prune 메시지를 보내 트래픽 전송 중단을 요청합니다. 이와 같은 과정을 통해 PIM-SM은 경로 최적화 작업을 수행합니다.

RP 구성안

PIM-SM에서는 RP가 생명입니다. RP를 통해야만 멀티캐스트 트래픽을 받을 수 있으므로 RP의 안정성이 곧 멀티캐스트 네트워크의 안정성입니다. 구체적으로 RP를 구성하는 방법은 크게 정적Static RP와 동적Dynamic RP(예. BSR)가 있습니다.

정적 RP

정적 RP는 관리자가 모든 멀티캐스트 라우터에 직접 RP 정보를 입력하는 방식입니다. 예를 들어, 그림 8.7에서 R4를 RP로 설정한다면 관리자가 R1부터 R4까지 모든 멀티캐스트 라우터에 들어가서 RP로 R4를 설정해야 합니다.

정적 RP는 설정하기 번거로울 뿐 아니라 페일오버를 지원하지 않습니다. 설정된 RP의 IP가 접근 불가능하다고 해서 자동으로 다른 RP를 찾아가지 않기 때문에 치명적인 장애가 발생할 수 있습니다. 따라서 정적 RP를 구성할 때는 Anycast RP(둘 이상의 RP의 IP를 일부러 동일하게 설정한 RP)를 반드시 검토하여야 합니다. Anycast RP를 사용하면 각 멀티캐스트 라우터들은 여러 RP 중 가장 가까운 RP를 찾아가게 됩니다.

Anycast RP는 빠른 페일오버가 가능합니다. 별도의 PIM 페일오버가 필요하지 않아 IGP 페일오버 시간 = RP 페일오버 시간이기 때문입니다. Anycast RP를 구성할 때는 **MSDP**Multicast Source Discovery Protocol 또한 같이 검토하여야 합니다. 그림 8.7에서 R3와 R4를 Anycast RP로 구성하였다고 가정해보겠습니다. Anycast RP에서 각 PIM 라우터는 가장 가까운 RP를 찾아가므로 ⑤ 리시버의 PIM join은 가장 가까운 RP인 R3에서 끝나게 됩니다. 반면 첫 번째-홉 라우터, R1이 보낸 PIM 레지스터 메시지는 가까운 R4로 가게 됩니다. 즉, R4가 습득한 ① 소스 정보가 R3로 전달되지 못합니다. R3는 R4가 받은 소스 정보를 언젠가 받을 수 있기를 희망하며 무한정 대기하게 됩니다.

이러한 구성에서 소스 정보를 R4 → R3로 전달해줄 수 있는 프로토콜이 MSDP입니다. MSDP를 이용하면 R3가 소스 정보를 알 수 있게 됩니다. 덕분에 R3가 소스를 향해서 PIM join 메시지를 보낼 수 있습니다.

동적 RP

동적 RP는 라우터들이 동적 프로토콜을 이용하여 RP 정보를 교환하는 방식입니다. 대표적인 동적 RP 프로토콜로 Auto-RP와 **BSR**$^{\text{BootStrap Router}}$이 있습니다.

이 중 표준 프로토콜인 BSR은 PIM의 메시지 타입 중 BSR 메시지(Type: 4, Bootstrap)를 이용하여 RP의 정보(RP 우선순위와 IP 등)를 전파합니다. RP 우선순위는 숫자가 크면 클수록 더 높은 우선권을 갖는데, 우선권이 가장 높은 RP가 접근 불가능^{Unreachable}해지면 자동으로 두 번째 우선순위 RP로 페일오버를 수행합니다.

BSR의 페일오버는 네트워크 장비의 데이터 플레인이 아닌 컨트롤 플레인에서 이루어집니다. 즉, 네트워크 장비의 CPU에서 현재 이용 중인 RP가 IGP 업데이트를 통해 접근 불가능해지는 것을 감지한 뒤 PIM join 페일오버가 시작되므로 수초 내외(네트워크 구성에 따라 수십 초 이상)의 서비스 중단이 불가피합니다.

정리하자면 BSR은 Anycast RP에 비해 설정이 간편하고 자동으로 페일오버를 수행하지만, IGP 페일오버 + PIM 페일오버가 합쳐져서 총 페일오버 시간이 길다는 단점이 있습니다.

PIM-SSM

PIM-SM의 여러 제약 사항은 결국 RP 때문에 발생합니다. 이를 극복하기 위해 RP를 없앤 PIM 모드, **PIM-SSM**$^{\text{Source Specific Multicast}}$이 표준화되었습니다.[6]

PIM-SSM 네트워크에서는 RP, 다시 말해 '만남의 광장'이 없습니다. 때문에 PIM 라우터들이 소스를 추적할 수 없습니다. 대신 리시버가 PIM 라우터들에게 소스를 알려 주어야 합니다. 즉, 다음 그림의 IGMPv3와 같이 최초 리시버가 멀티캐스트 트래픽을 요청할 때 멀티캐스트 소스를 알려 주어야 합니다.

---

[6] RFC 4607(2006), 〈Source-Specific Multicast for IP〉

```
Ethernet II, Src: PcsCompu_e9:c2:bd (08:00:27:e9:c2:bd), Dst: IPv4mcast_16 (01:00:5e:00:00:16)
Internet Protocol Version 4, Src: 192.168.56.102, Dst: 224.0.0.22
Internet Group Management Protocol
    [IGMP Version: 3]
    Type: Membership Report (0x22)
    Reserved: 00
    Checksum: 0x7292 [correct]
    [Checksum Status: Good]
    Reserved: 0000
    Num Group Records: 2
  ∨ Group Record : 239.0.0.1  Allow New Sources
        Record Type: Allow New Sources (5)
        Aux Data Len: 0
        Num Src: 1
        Multicast Address: 239.0.0.1
        Source Address: 192.168.2.10
  › Group Record : 239.0.0.1  Change To Include Mode
```

▶ 그림 8.11 IGMPv3 Membership Report

IGMPv3 패킷을 받으면 마지막-홉 라우터가 자연스럽게 소스 IP를 알 수 있습니다. 따라서 RP가 필요하지 않습니다. 덕분에 RP를 관리하기 위한 복잡한 과정이 필요 없으며 장애로 인한 페일오버 시간 또한 Anycast RP와 동일하게 IGP 페일오버 시간만큼 걸립니다.

물론 PIM-SSM이 장점만 있는 것은 아닙니다. 멀티캐스트 라우터들의 부담은 현저하게 낮아지는 대신 (멀티캐스트 소스 정보를 같이 전달해야 하므로) 리시버들이 똑똑해져야 합니다. IPTV 셋톱 박스의 경우 IGMPv3로 특정 채널을 요청할 때 채널의 멀티캐스트 그룹 주소뿐 아니라 해당 그룹의 소스 IP도 같이 전달해야 합니다. 그러나 실제 IPTV 네트워크에서는 채널 변경 등으로 멀티캐스트 그룹별 소스 IP가 수시로 변경되기도 합니다. 따라서 IPTV 관리 서버가 셋톱 박스들에게 채널별 그룹 주소 + 소스 정보를 수시로 전달해야 합니다.

만일 구형 셋톱 박스가 IGMPv3를 지원할 수 없다면 신형 셋톱 박스로 교체하여야 합니다. 교체 비용이 높다면 PIM-SSM 네트워크 구성에 걸림돌이 될 수 있는데, IGMPv2 SSM-Mapping을 대안으로 검토해볼 수 있습니다.

IGMPv2 SSM-Mapping

IGMPv2 SSM-Mapping은 마지막-홉 라우터가 소스 정보를 강제 설정하는 기능입니다. 이를 위하여 미리 마지막-홉 라우터에 IGMPv2 그룹별로 소스 정보를 설정해야 합니다. 예를 들어, 239.0.0.1의 소스 = 192.168.2.10 이라고 매핑Mapping 정보를 라우터에 미리 설정해야 합니다. 이후 IGMPv2만 지원하는 리시버가 239.0.0.1 트래픽을 요청하면 해당 매핑 정보를 이용해서 소스로 PIM join 메시지를 보내게 됩니다. 즉, IGMPv2 SSM-Mapping을 이용하면 IGMPv3를 지원하지 못하는 리시버가 있더라도 PIM-SSM 네트워크를 구성할 수 있습니다.

다만 관리자가 개별 마지막-홉 라우터의 IGMPv2 SSM-Mapping 정보를 설정 및 관리해야 하는 번거로움이 있습니다. 특히 멀티캐스트 그룹 혹은 소스 정보가 빈번히 변경되는 네트워크, 쉽게 말해 IPTV 채널이 새롭게 만들어지거나 없어지는 환경이라면 그때마다 관련된 모든 마지막-홉 라우터의 SSM-Mapping 설정을 업데이트해야 합니다.

기타 멀티캐스트 관련 기술

MoFRR

PIM-SM의 Anycast RP 또는 PIM-SSM 네트워크에서는 멀티캐스트 페일오버 시간 = IGP 페일오버 시간입니다. 따라서 만일 IP LFA와 같이 50 ms 이내 페일오버가 가능한 기술이 네트워크에 적용되어 있다면 멀티캐스트 트래픽 또한 50 ms 이내로 페일오버가 가능합니다. 그러나 환경상 LFA 적용이 어렵다면 **MoFRR**Multicast-Only Fast Re-Route을 검토해볼 수 있습니다.[7]

MoFRR의 콘셉트는 매우 간단합니다. 액티브Active 경로 외에 스탠바이Standby 경로로도 미리 PIM join을 하여 각기 다른 경로의 업스트림으로부터 멀티캐스트 트래픽을 이중으로 받습니다. 단, 스탠바이 경로로 들어오는 멀티캐스트 트래픽은 다운스트림으로 보내지 않고 장비 내부적으로 폐기합니다. 이후 액티브 구간 트래픽에 이상이 감지되는 즉시 스탠바이 경로의 트래픽을 다운스트림으로 보냅니다. 이때 MoFRR의 절체는 데이터 플레인(ASIC)에서 이루어지기 때문에 50 ms 이내 페일오버를 지원할 수 있습니다.

잽 타임

IPTV를 시청해보았다면 일반 공중파 방송에 비해 채널 변경이 비교적 느린 것을 경험했을 것입니다. 공중파 방송의 방송 신호(데이터)는 공기 중에 항상 전파되고 있습니다. 만일 공중파 채널이 10개라면 시청자가 보든 안 보든 항상 10개 채널의 신호가 공기 중에 흐르고 있어 채널 변경이 매우 빠릅니다. 반면 IPTV는 채널을 돌리는 순간 셋톱 박스가 상위 라우터로 요청 신호(IGMP or MLD)를 보냅니다. 예를 들어 "5번 채널을 볼 테니 5번 채널 트래픽 보내주세요."라고 IGMP 메시지를 보냅니다.

---

[7] RFC 7431(2015), 〈Multicast-Only Fast Reroute〉

만일 마지막-홉 라우터가 해당 채널을 받고 있었다면 다시 말해 해당 라우터 밑에 연결된 또 다른 누군가가 이미 5번 채널을 보고 있었다면 마지막-홉 라우터가 그 즉시 멀티캐스트 트래픽을 전달해줄 수 있습니다. 그러나 아무도 보지 않는 채널이었다면 첫 번째-홉 라우터(혹은 RP)까지 PIM join 메시지가 전달되고 나서야 트래픽을 전달해줄 수 있습니다.

리시버가 멀티캐스트 트래픽을 요청한 뒤 동영상이 재생될 때까지 전체 시간을 **잽 타임**Zap time 이라고 합니다. 공중파와 달리 IPTV에서는 모든 방송 트래픽이 브로드캐스팅되는 것이 아니기 때문에 잽 타임이 더 오래 걸릴 수밖에 없습니다. 잽 타임 최소화를 위해 마지막-홉 라우터에서 혹은 상위 주요 구간 라우터에서 **PIM 스태틱 조인**Static join을 하기도 합니다. PIM 스태틱 조인은 멀티캐스트 그룹 트래픽을 요청한 리시버가 있든 없든 특정 멀티캐스트 그룹에 정적으로 조인하여 항상 멀티캐스트 그룹 트래픽이 흐르도록 하는 기술입니다. PIM 스태틱 조인을 한 라우터는 다운스트림 라우터가 PIM join/prune 메시지를 보내도 업스트림 쪽 변화가 없습니다. 다시 말해 다운스트림 라우터의 변화 때문에 업스트림 라우터로 PIM join/prune 메시지를 보낼 일이 없어집니다.

PIM 스태틱 조인은 잽 타임을 줄여줄 뿐 아니라 리시버의 요청에 따라 빈번하게 변경되는 멀티캐스트 라우팅 정보 업데이트를 최소화함으로써 예기치 못한 장애까지 막아 주는 효과가 있습니다. 따라서 주요 IPTV 사업자들이 적극적으로 검토 및 적용하는 옵션 중 하나입니다.

> **Tip.** 사실 IPTV의 잽 타임의 대부분은 네트워크 장비가 아니라 셋톱 박스 내에서 방송 화면 복호화를 위한 패킷 버퍼링 때문에 소비되는 경우가 많습니다.

CHAPTER 09
MPLS

MPLS는 표준화가 활발히 진행된 프로토콜로, 아직까지도 관련 표준들이 만들어지고 있습니다. 그만큼 배워야 할 것도 많고, 완벽히 설명하려면 책 한 권으로도 부족할 정도입니다. 따라서 이 책에서는 순수 이론을 중심으로 최대한 핵심만 간추려 MPLS를 설명하고자 합니다. MPLS는 진입 장벽이 매우 높은 기술처럼 보입니다. 거짓은 아니지만, 오해로 시작되는 경우도 적지 않습니다. 이 챕터에서는 MPLS 기술들을 최대한 쉽고, 깔끔하게 설명하는 것이 목표입니다. 다만 MPLS 영역이 다소 넓은 편이기 때문에 마음의 여유를 갖고 편히 페이지를 넘기길 바랍니다.

Roadmap

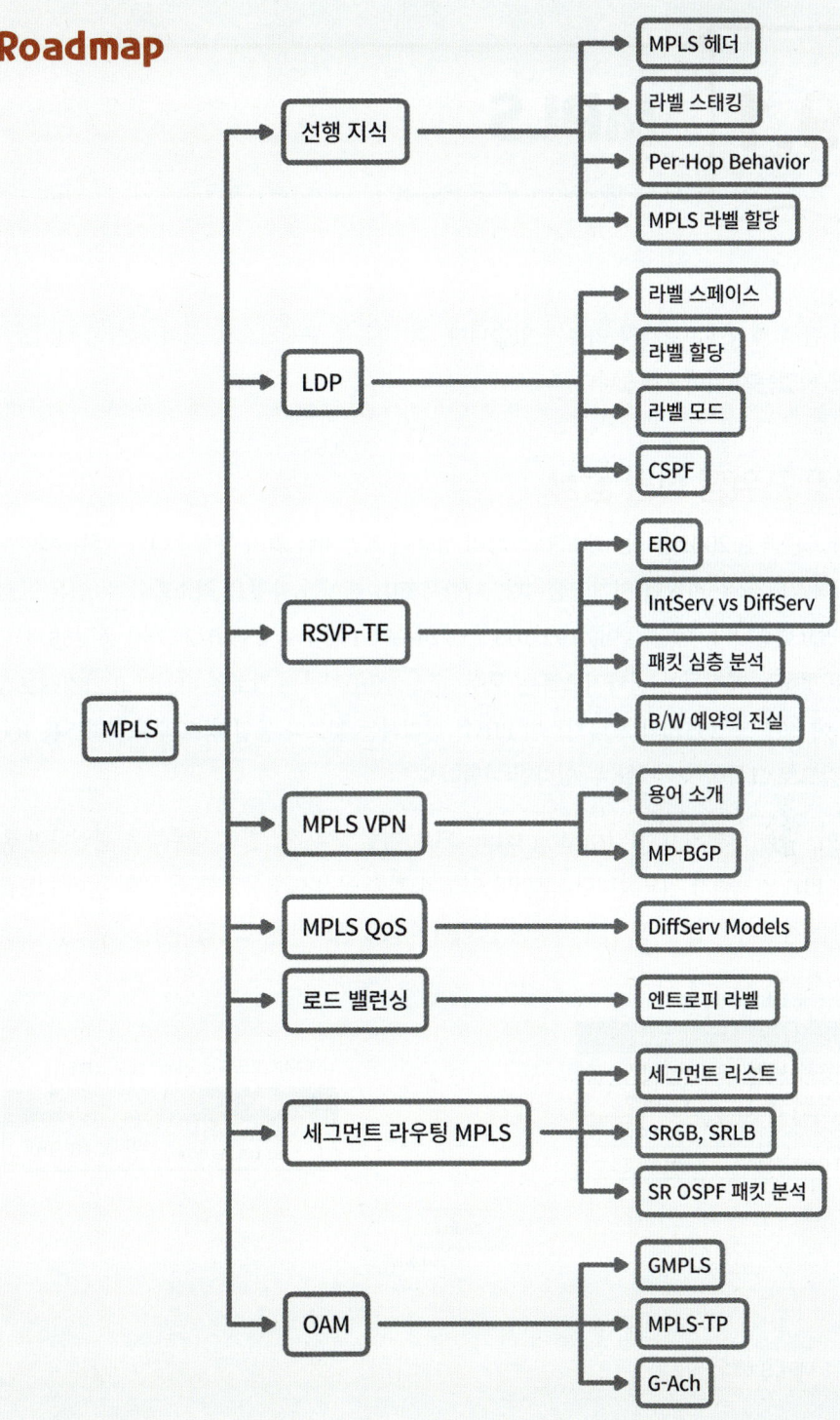

9.1 MPLS

MPLS의 탄생 배경에는 2가지 이유가 있습니다. 각 이유를 구체적으로 살펴보며 왜 MPLS가 탄생하게 되었는지 알아보겠습니다.

1 패킷 포워딩 성능 향상

MPLS가 표준화된 2001년에는 네트워크 장비 성능이 지금처럼 좋지 못했습니다. 성능 제약도 심했고, 가격도 매우 비쌌던 시기였습니다. 따라서 FIB 테이블 용량을 최소화할 수 있는 프로토콜이 필요했습니다. 예를 들어, 192.168.1.0/24부터 192.168.255.0/24까지 총 255개 프리픽스로 향하는 패킷들이 '결과적으로는' 모두 포트 0/0/0이라는 경로로 나간다고 가정해보겠습니다. 이 경우 총 255개의 프리픽스별 FIB를 관리하는 것보다 동일 경로의 프리픽스를 100이라는 값으로 그룹화Grouping할 수 있다면 어떨까요?

예를 들어, 다음 그림의 ① IP routing table(FIB)처럼 프리픽스별로 라우팅을 관리하면 총 255개의 FIB 엔트리가 필요합니다. 그러나 이들의 최종 목적지가 동일할 때 ②와 같이 FIB를 100이라는 하나의 라벨Label로 그룹화하면 단 하나의 FIB 엔트리만 소모됩니다.

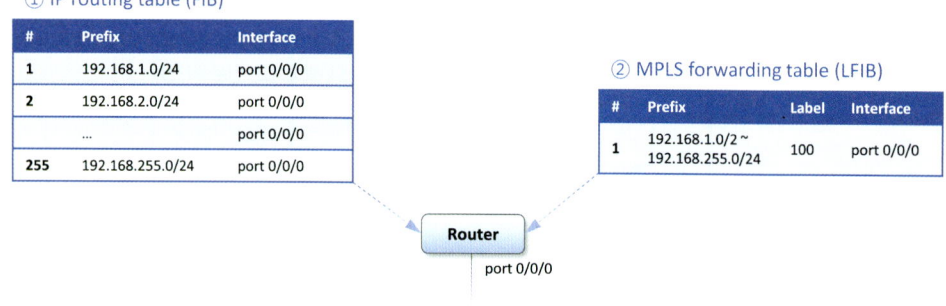

▶ 그림 9.1 MPLS 헤더

MPLS는 그룹화된 주소(라벨)로 전체 네트워크 FIB 용량을 줄일 수 있습니다. 더욱이 MPLS 라벨은 그 크기가 IPv4(32 bits) 혹은 IPv6(128 bits) 주소보다 더 작은 20 bits에 불과하기 때문에 패킷 포워딩 성능에도 유리합니다. 이것이 MPLS가 탄생하게 된 첫 번째 이유입니다.

그러나 근래 네트워크 장비 성능은 (RFC 3031로) MPLS가 표준화되었던 2001년과 비교할 수 없을 정도로 급격히 발전했습니다. 따라서 이 책을 쓰고 있는 시점을 기준으로 MPLS를 쓰든 순수 IP 네트워크를 쓰든 네트워크 장비의 성능 차이는 사실상 없다고 볼 수 있습니다. 근래 MPLS는 대부분 포워딩 성능 향상이 아니라 VPN(터널링, 스태킹^{Stacking}) 용도로 사용됩니다.

2 VPN, 터널링 서비스

MPLS는 VPN 기능을 제공합니다. 그러나 암호화 기능은 제공하지 않기 때문에 IPsec VPN이나 SSL/TLS VPN보다는 GRE에 더 가깝다고 볼 수 있습니다. 물론 MPLS는 GRE와 아주 큰 차이점이 하나 있습니다. 바로 성능 감소가 극히 작다는 점입니다.

GRE는 캡슐화와 디캡슐화 과정에서 사용되는 B/W만큼 네트워크 장비 성능이 감소됩니다. 예를 들어, 10 GE GRE 터널을 사용하려면 GRE 전용 H/W를 장착하거나 아니면 10 GE만큼의 IP 라우팅 성능이 줄어들게 됩니다. 반면 MPLS는 성능 감소가 없다고 봐도 무방할 만큼 작습니다. 다시 말해 MPLS를 사용하여 VPN 네트워크를 구축한다면 이미 존재하는 라우터와 스위치 외에 추가 투자가 필요하지 않습니다.

이러한 배경으로 통신 사업자들이 고객용 VPN 네트워크를 구축할 때 다른 프로토콜보다 MPLS를 우선시하는 편입니다. VPN 터널링 서비스를 구성을 위해 비싼 방화벽을 사지 않아도 되고 GRE처럼 별도 모듈을 장착해야 하거나 장비 성능 감소가 발생하지 않기 때문입니다. 이것이 MPLS가 지금까지도 사랑받는 핵심 비결입니다.

9.2 MPLS 핵심 개념

이제 MPLS 기술에 대해 본격적으로 살펴보고자 합니다. 먼저 MPLS를 이해하기 위해 알아 두어야 하는 핵심 지식들부터 살펴보겠습니다.

MPLS 프로토콜은 기존 IP 네트워크와 다른 용어들을 사용합니다. MPLS용으로 태어난 용어들이 매우 많지만, 그중에서도 꼭 알아 두어야 하는 핵심 단어 3가지를 손꼽으라면 다음과 같습니다.

- **LSR**Label Switching Router : MPLS가 활성화된 라우터를 말합니다.
- **LSP**Label Switched Path : (MPLS 네트워크에서 엔드 투 엔드)MPLS 라우트를 말합니다.
- **FEC**Forwarding Equivalence Class : 쉽게 말해 MPLS용 FIB 테이블을 말합니다. 좀 더 정확히 말하면 그림 9.1의 ②와 같이 그룹화된 동일 목적지를 말합니다.

1 MPLS 헤더

MPLS 헤더는 다음 그림과 같이 32 bits(4 bytes)로 고정되어 있으며 총 4개 필드로 구성되어 있습니다. 진입 장벽이 높아 보이는 MPLS 치고는 초라하게 보일 정도로 단순한 구조를 가지고 있습니다.

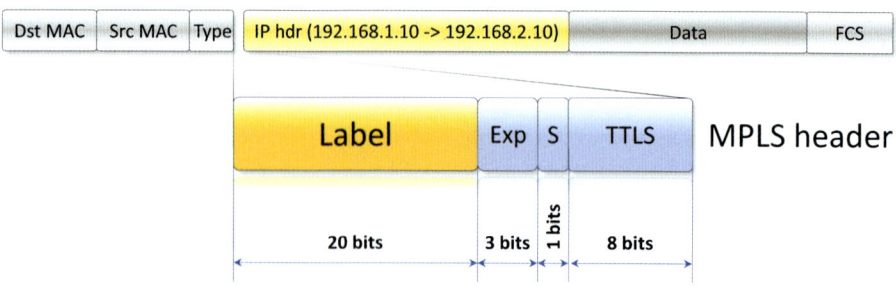

▶ 그림 9.2 MPLS 헤더

MPLS 헤더의 각 필드별 설명은 다음과 같습니다.

- **라벨**Label: MPLS에서 사용하는 주소 체계로, 네트워크 장비들은 이 라벨 값을 보고 패킷을 어디로 보낼지 알게 됩니다.
- **EXP**Experimental: RFC 3032(2001년) 표준화 당시에는 용도가 정해지지 않아서 Experimental 필드라는 이름이 붙었습니다만 추후 QoS용으로 사용할 수 있도록 표준화되었습니다.[1]
- **Bottom of Stack**: 하나의 MPLS 패킷에 둘 이상의 MPLS 헤더를 쌓아서(스택) 여러 개 넣을 수 있습니다(바로 이어지는 '2. 라벨 스태킹'의 그림 9.3 참조). MPLS는 최하위 헤더를 S 비트로 표기합니다. 이는 남은 MPLS 헤더 여부를 알려 주는 비트이기도 한데, 값이 1이면 해당 MPLS 헤더가 가장 밑부분(최하위) MPLS 헤더며 더 이상 남은 MPLS 헤더가 없다는 뜻입니다.
- **TTL**Time To Live: 패킷 루핑Looping을 방지하기 위한 필드로, 해당 MPLS 패킷이 얼마나 많은 네트워크 노드를 지나갈 수 있는지 알려 주는 값입니다.

MPLS 헤더는 그림과 같이 L2 헤더와 L3 헤더 사이에 들어갑니다. L2 헤더와 L3 헤더 사이에 넣기 때문에 MPLS를 'Layer 2.5 프로토콜'이라고 표현하기도 합니다. 또한 마치 심Shim(나무와 나무 사이 이음새에 박는 쐐기)처럼 넣는다고 해서 MPLS shim 헤더라고도 부릅니다. MPLS 헤더 자체는 앞서 살펴본 그림 9.2처럼 매우 간단한 구조를 가지고 있습니다. 그렇다면 무엇이 MPLS를 어렵게 만드는 것일까요?

결론부터 말하자면 관리용Control 메시지 체계가 복잡합니다. MPLS 헤더를 택배 송장에 비유한다면 송장 구조는 대단히 단순하지만, 주소 체계를 관리하고 택배를 전달하는 그 과정이 복잡하다고 볼 수 있습니다.

2 라벨 스태킹

MPLS의 라벨 주소는 20 bits로, 사용 가능한 최대 라벨 개수는 2^{20} = 1048576, 약, 100만 개가량입니다. 무척 커 보이지만 IPv4 32 bits 주소가 약 43억 개라는 것을 감안한다면 턱없이 작은 숫자에 불과합니다. 전 세계 장비들을 연결하려면 100만 개보다 훨씬 더 큰 숫자가 필요합니다.

MPLS는 이를 2가지 방식으로 극복합니다. 바로 이어지는 절에서 살펴볼 PHB 그리고 **라벨 스태킹**Label stacking입니다. 라벨 스태킹은 말 그대로 하나의 패킷에 둘 이상의 MPLS 헤더(라벨)를 마치 쌓듯이 여러 개 넣는 것을 말합니다. 마치 택배 박스 위에 송장을 여러 개 덧붙이는 것과

---

[1] RFC 3270(2002), 〈Multi-Protocol Label Switching (MPLS) Support of Differentiated Services〉

유사합니다. 해외 배송에 비유하자면 맨 위 송장은 이 택배가 어느 국가로 가는지 알려 줍니다. 해당 국가에 도착해서 맨 위 송장을 뜯어내면 그 다음 송장에는 어느 주(州state)로 보내야 하는지가 적혀 있습니다. 해당 주에 도착해서 두 번째 송장까지 뜯어내면 가장 맨 밑 송장에는 도로명 주소와 같은 남은 주소 정보가 적혀 있습니다.

비록 각 송장에 적을 수 있는 정보는 한정적이지만 여러 개의 송장을 이용하면 전 세계 어디라도 택배를 보낼 수 있습니다. 송장 개수에 제약이 없다면 우주 어느 곳이라도 보낼 수 있을 것입니다.

다음 그림은 실제 라벨 스태킹된 MPLS 패킷입니다. ① MPLS 헤더 아래에 또 다른 ② MPLS 헤더가 있는 것을 볼 수 있습니다. 원래는 ② MPLS 헤더 하나만 있었지만, 그 위에 ① MPLS 헤더가 추가되면서 다음과 같은 모습을 띠게 된 것입니다.

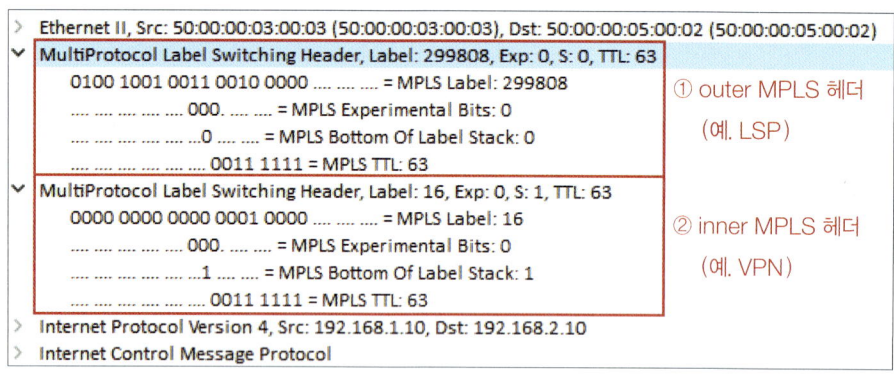

▶ 그림 9.3 MPLS L3 VPN 패킷 – ICMP

② MPLS 헤더를 자세히 보면 MPLS Bottom Of Lable Stack, 즉 S(Bottom of Label Stack) 비트가 1로 설정된 것을 볼 수 있습니다. 이 S(Bottom of Label Stack) 비트 덕분에 ② MPLS 헤더가 가장 맨 처음 붙여진 최하위 MPLS 헤더라는 것을 알 수 있습니다.

라벨 스태킹은 매우 중요한 역할을 수행합니다. 단순히 라벨 20 bits에 확장성을 제공하는 것뿐 아니라 관리 영역을 나눠 주기도 합니다. 앞선 예시와 같이 맨 위 송장이 국가 정보만 갖고 있다면 국가 간 배송을 담당하는 부서 혹은 시스템은 오직 첫 번째 송장만 보면 됩니다. 택배를 국제선 비행기에 실을 때 두 번째, 세 번째 송장 정보는 전혀 필요치 않습니다. 목표 국가에 도착한 뒤 국내 배송 팀에 인계될 때 비로소 첫 번째 송장을 떼고, 두 번째 송장 정보를 확인합니다. 그림 9.3의 ① MPLS 헤더가 국가 간 배송을 위한 정보라면 국가 간 패킷을 전송하는 네트워크 장비는 오직 ① MPLS 헤더만 보면 됩니다. 그 밑에 상세 주소 정보를 보유한 ② MPLS 헤더의 존재 여부는 중요하지 않고 볼 이유도 없습니다.

라벨 스태킹을 많이 하면 할수록 관리 영역을 세분화할 수 있습니다. 단, 무엇이든 과하면 좋지 않은 법입니다. MPLS 헤더를 여러 개 사용하면 한 번에 여러 라벨을 확인해야 하는 장비들의 성능에 부정적 영향을 미칠 수 있으며 MPLS 패킷 내에서 유저 데이터 영역(그림 9.3에서는 ICMP 데이터 영역)이 줄어듭니다. 더 나아가 이로 인한 IP 패킷 분할 이슈도 발생할 수 있습니다. 이를 방지하기 위해 MPLS VPN 서비스를 제공하는 ISP들은 MPLS 네트워크 MTU를 인터넷 MTU 사이즈인 1500 bytes 보다 훨씬 큰 값으로 설정하기도 합니다.

MPLS 터널링

MPLS는 라벨 스태킹 기술을 이용해서 터널링 기술을 제공합니다. 이 터널링 기술의 눈에 띄는 차별점은 크게 3가지가 있습니다. 첫째, MPLS 헤더는 표준상 라벨 스태킹에 제한이 없습니다. 둘째, MPLS 헤더는 IP 헤더보다 더 아래, 즉 Layer 2에 있습니다. 셋째, MPLS 헤더는 앞서 살펴본 그림 9.2와 같이 구조가 단순하고 매우 작습니다. 이러한 3가지 차별점이 어우러져 MPLS 라우터들의 리소스 부담을 크게 낮춰줍니다.

근래 라우터 기준, MPLS 헤더가 5개나 스태킹된 패킷을 처리하더라도 장비 성능은 거의 줄지 않습니다. MPLS 헤더 자체가 워낙 작을 뿐 아니라 (일반적으로) 5개의 MPLS 헤더 중 가장 위에 있는 헤더, 즉 최상위 헤더(그림 9.3의 ①)만 처리하면 되기 때문입니다. 이러한 MPLS 특성을 한 줄로 표현하자면 'MPLS = 성능 감소가 극히 작은 Layer 2.5 터널링 서비스'라고 표현할 수 있을 것입니다.

> **Tip.** MPLS 표준상에는 라벨 스태킹 제한이 없긴 하지만, 실제 네트워크 장비에는 있습니다. MPLS 헤더를 처리할 때 리소스 소모가 매우 작긴 하지만, 0은 아니기 때문입니다. MPLS 헤더가 지나치게 많으면 결국 성능에 영향을 미치게 됩니다. 따라서 장비에 따라 최대 라벨 스태킹 값을 제한하는 경우가 많습니다(일반적으로 3~8개).

3 PHB

MPLS 네트워크의 라우터, LSR들은 모두 **PHB**Per-Hop Behavior로 동작합니다. PHB가 뭘까요? 대표적인 예시로 QoS가 있습니다. 어떤 통신 사업자가 VoIP 트래픽을 100 Mbps까지는 PQPriority Queue로, 나머지 트래픽은 Best-effort로 처리하기로 결정했습니다. 이러한 QoS 설정을 사업자 네트워크의 모든 라우터에 한 번에 설정할 방법이 있을까요? 즉, QoS 정보를

OSPF 등으로 전체 네트워크 장비에 전파하는 방법이 없을까요?

네, 없습니다. 모든 라우터에 QoS 설정을 개별적으로 하나하나 적용해 주어야 합니다(intServ 제외. intServ에 대해서는 '5. RSVP-TE'의 'IntServ vs DiffServ'에서 좀 더 깊이 있게 살펴볼 예정입니다.). ACL도 그렇습니다. ACL 룰이 같든 다르든 모든 라우터에 직접 들어가서 각각 설정해야 합니다(Flowspec - BGP 기반 ACL advertising 및 원격 설정 등 제외). 이와 같은 방식을 PHB라고 합니다. PHB를 풀어 쓰면 '홉(예. 노드, 라우터)별로 개별 동작한다'는 의미입니다.

MPLS도 PHB로 동작합니다. MPLS LSR(MPLS 라우터)들이 글로벌하게 서로 통신한다거나 정보를 교환하지 않습니다. 오직 이웃 장비(인터페이스가 직접 연결된 LSR) 혹은 운영자가 지정한 장비(예. Targeted LDP 혹은 remote LDP)끼리만 라벨 정보를 교환합니다. 이에 관해서는 '로컬 바인딩, 리모트 바인딩'에서 보다 자세히 살펴보도록 하겠습니다.

9.3 MPLS 라벨 할당

지금까지 살펴본 것과 같이 MPLS 헤더는 송장에 불과합니다. 결국 MPLS의 핵심은 라벨 관리 방법입니다. 이번에는 라벨을 관리하고 전파Propagation하는 방안 및 관련 프로토콜들을 살펴볼 예정입니다.

1 라벨 작업

MPLS 네트워크에서 MPLS 헤더는 새롭게 붙거나(push), 떼거나(pop), 아니면 라벨 값이 바뀝니다(swap). 결과적으로 모든 MPLS 헤더는 네트워크 장비를 지날 때마다 다음 셋 중 하나의 작업Operation으로 처리됩니다.

- **push(MPLS 헤더 추가)**: 새로운 MPLS 헤더가 붙습니다.
- **pop(MPLS 헤더 삭제)**: 기존 MPLS 헤더를 제거합니다. MPLS 헤더는 항상 LIFO Last In, First Out로 동작합니다. 그림 9.3을 예로 보면 ②번 헤더가 먼저 push된 이후에 ①번 MPLS 헤더가 push됩니다. 그러나 pop 과정은 반대로 ①번 헤더가 먼저 pop되고, 이후 ②번 헤더가 pop됩니다.
- **swap(MPLS 라벨 교체)**: 네트워크 장비를 지나면서 기존 라벨이 다른 라벨로 바뀝니다. 마치 L3 네트워크 구간을 지날 때마다 패킷의 src, dst MAC 주소가 바뀌는 것과 유사합니다.

MPLS 패킷을 받았을 때 MPLS LSR은 앞서 3가지 라벨 작업 중 하나를 수행해야 합니다.

각 LSR의 MPLS 라우팅 테이블(LFIB)에는 라벨별로 어떤 작업을 해야 하는지 정해져 있습니다. 예를 들어, label 100 = pop이나, label 200 = swap to 300과 같은 작업이 LFIB에 정해져 있습니다.

> **Tip.** 인그레스 라벨 값이 100이었는데, 이그레스 라벨 값이 100이어도 LSR 내부적으로는 교체 작업이 발생합니다. 그저 우연히 인그레스, 이그레스 라벨 값이 겹쳤을 뿐 인그레스 라벨을 제거하고 새로운 이그레스 라벨을 붙이는 과정은 그대로 진행됩니다.

2 정적 LSP

별도의 프로토콜 도움 없이 가장 단순하게 MPLS 경로, 즉 MPLS LSP^{Label Switched Path}를 만들고 싶다면 정적 LSP를 설정하면 됩니다. 정적 LSP로 네트워크를 구성하면 마치 IP 네트워크에서 정적 IP 라우팅을 설정하듯이 어떤 라벨을 받았을 때 어떤 라벨 작업을 해야 하는지 운영자가 직접 관련 LSR에 설정합니다.

다음 그림을 통해 정적 LSP 구성안을 보다 구체적으로 살펴보겠습니다. 참고로 이 그림은 비단 정적 LSP뿐 아니라 이후에도 자주 언급되므로 눈여겨보기 바랍니다.

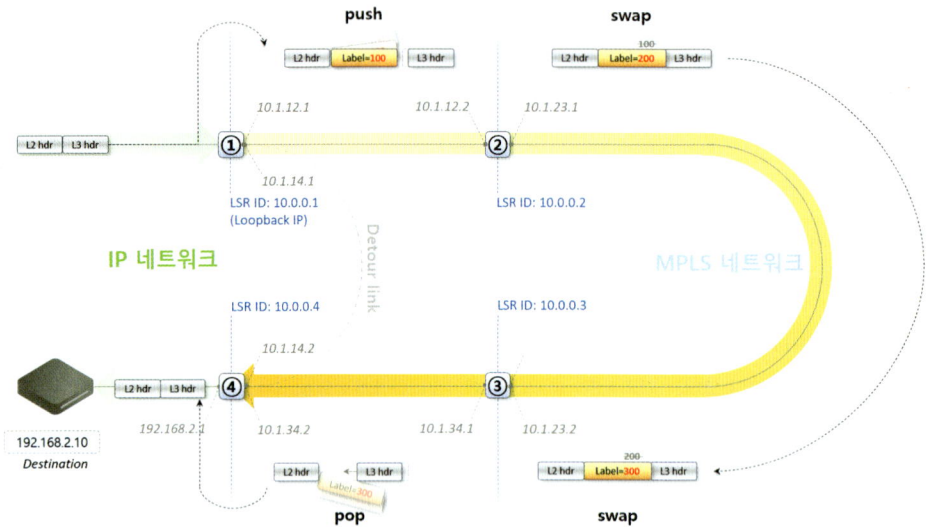

▶ 그림 9.4 4-MPLS LSRs

이 그림에서 MPLS 네트워크는 ①부터 ④까지 총 4대의 LSR로 구성되어 있으며 목적지가 192.168.2.10인 IP 패킷이 (노란색) MPLS 네트워크에 통과하면서 (MPLS 헤더) push, swap, pop 등의 라벨 작업을 거친 뒤 다시 IP 패킷이 되는 과정이 그려져 있습니다.

흐름을 더 깊이 살펴보겠습니다. ① LSR이 192.168.2.10으로 가는 IP 패킷을 받아 MPLS 헤더를 삽입(push)하는 것으로 MPLS 패킷 여행이 시작됩니다. 이후 ②, ③ LSR을 거쳐 ④ LSR에 도달했을 때 MPLS 헤더가 제거(pop)되며 다시 순수 IP 패킷으로 바뀝니다. ④ LSR에서 순수 IP 패킷으로 변환이 완료되면 그때부터는 IP 라우팅 테이블을 이용하여 최종 목적지, 192.168.2.10을 찾아가게 됩니다. 이 과정을 MPLS 용어로 다시 구성하면 다음과 같습니다.

정적 LSP 프로시저

①번 LSR은 10.1.1.1로 가는 IP 패킷을 받아 label = 100 MPLS 헤더를 push합니다.

②번 LSR은 label = 100인 MPLS 패킷을 받아 label = 200으로 교체해서 ③ LSR에게 보냅니다.

③번 LSR은 label = 200인 MPLS 패킷을 받아 label = 300으로 교체하여 ④ LSR에게 보냅니다.

④번 LSR은 label = 300 MPLS 패킷을 받아 pop, 즉 MPLS 헤더를 제거하여 최초 원본 IP 패킷으로 바꿉니다.

다음은 앞서 구성을 네트워크 장비 설정으로 변환한 것입니다.

```
정적 LSP 구성

① set mpls static-LSP receive-ip-dst 10.1.1.1/32, then push 100, then next-hop
   192.168.12.2
② set mpls static-LSP receive-label 100, then swap-to 200, then next-hop
   192.168.23.2
③ set mpls static-LSP receive-label 200, then swap-to 300, then next-hop
   192.168.34.2
④ set mpls static-LSP receive-label 300, then pop
```

이와 같은 정적 LSP 커맨드로 어렵지 않게 MPLS 네트워크를 구축할 수 있습니다. 이 설정에서 ①-③ 장비의 넥스트-홉Next-hop이 인터페이스가 아닌 IP가 사용되는 게 다소 의아할 수 있습니다. 이는 포인트 투 멀티포인트Point-to-multipoint 네트워크를 고려한 것입니다. 예를 들어, 하나의 인터페이스에 이웃 장비가 192.168.12.2도 있고 192.168.12.3도 있다면 이 중 어느 장비에게 MPLS 패킷을 보내야 하는지 알 수 없습니다. 다시 말해 하나의 물리적인 인터페이스에 여러 LSR이 같이 연결되어 있을 수 있기 때문에 넥스트-홉은 이 중 한 장비를 지정하기 위한 것입니다.

여기서 swap 동작은 꼭 필요한 걸까요? 굳이 100이란 라벨을 200으로, 200이란 라벨을 300으로 바꾸는 과정이 대체 왜 필요할까요? 그냥 100이라는 라벨을 계속 쓰면 안 될까요? 이에 관해서는 '4. LDP'의 '로컬 바인딩, 리모트 바인딩'에서 보다 자세히 살펴보도록 하겠습니다.

PHP

앞서 MPLS 네트워크에서 ④ LSR은 2가지 작업을 해야 합니다. MPLS 헤더를 떼어내고 (pop), 순수 IP 패킷으로 변환한 뒤 IP 라우팅 테이블을 **룩-업**Look-up해야 합니다. 즉, 패킷은 하나지만, MPLS 헤더 라벨 값을 보고 떼어낸 뒤(LFIB 룩-업), IP 라우팅 테이블을 룩-업하는 작업(FIB 룩-업)이 연달아 이루어져야 합니다. 이와 같은 동작을 라우팅 작업이 두 번 이뤄진다고 해서 **더블 룩-업**Double look-up이라고 합니다.

만일 ③ LSR에서 미리 pop을 해서 보내주면 어떨까요? 어차피 ③ LSR은 swap을 하든, pop을 하든 사실상 성능 차이가 없습니다. 더욱이 ④ LSR이 할 일은 (push나 swap이 아닌) pop밖에 없기 때문에 ③ LSR이 먼저 pop해서 보내주면 ④ LSR이 두 번 일할 것을 한 번으로 줄일 수 있습니다. 즉, ③ LSR이 미리 pop해주면 ④ LSR은 IP 라우팅 테이블만 한 번 룩-업하면 됩니다.

이처럼 MPLS 네트워크에서 이그레스 LSR, 다시 말해 LER^{Label Edge Router} 장비의 부담을 줄여주기 위해서 LER 바로 앞에 존재하는 LSR(Penultimate hop router)이 미리 pop해주는 기술을 **PHP**Penultimate Hop Popping라고 합니다.

근래 장비 기준으로는 LSR에서 더블 룩-업이 발생하더라도 성능에 큰 영향을 주진 않습니다. 장비별로 다소 차이가 있을 수 있겠지만 일반적으로는 무시할 수 있을 정도로 미미합니다. 다만 ③ LSR은 어차피 swap이나 pop 둘 중 하나의 프로세싱을 해야 합니다. 이때 swap 대신 pop을 해서 보내주면 미미할지라도 ④ LSR의 리소스를 아낄 수 있습니다. 누이 좋고 매부 좋은 상황입니다. 따라서 굳이 PHP를 사용하지 않을 이유가 없습니다. 이러한 배경으로 대부분의 벤더에서는 PHP를 기본으로 활성화하고 있습니다(단, MPLS EXP 필드를 이용한 QoS 정책을 사용하는 경우는 얘기가 다릅니다. 이에 관해서는 '4. LDP'의 '암묵적 Null, 명시적 Null (UHP)'에서 자세히 살펴보겠습니다.).

3 MPLS 시그널링 프로토콜

정적 LSP를 이용하면 손쉽게 MPLS 네트워크를 구축할 수 있지만 관리가 어렵고, 장애 가능성도 높습니다. 때문에 **MPLS 시그널링**Signaling 프로토콜을 이용해서 동적 LSP를 구성하는 경우가 일반적입니다. MPLS 시그널링 프로토콜을 이용하면 관리자의 라벨 설정이 없어도 자동으로 라벨이 할당되고 LSR 간 관련 정보를 교환합니다. MPLS 헤더가 송장이라면 MPLS 시그널링 프로토콜은 자동으로 주소 체계를 만들고, 실제 택배를 전달해주는 자동화 시스템이라고 볼 수 있습니다.

대표적인 MPLS 시그널링 프로토콜로 LDP와 RSVP-TE가 있습니다. LDP는 마치 OSPF

와 유사합니다. 몇 가지 최소 설정만 입력해도 자동으로 라벨 정보를 교환합니다. 이에 반해 RSVP-TE는 BGP와 유사합니다. 전문 엔지니어의 섬세한 관리를 필요로 하기 때문입니다. 이어서 LDP와 RSVP-TE에 관해 심도 있게 살펴보도록 하겠습니다.

4 LDP

LDP^{Label Distribution Protocol}는 인터페이스만 지정해주면 알아서 프리픽스별 라벨을 자동 할당하고 해당 정보를 이웃들과 주고받습니다. 이러한 편리성 때문에 데이터 센터 내부 통신처럼 별다른 제약 사항(예. B/W 등)이 없는 환경 또는 별도 관리가 필요 없는 환경 등에서 주로 이용됩니다.

LDP는 패킷 구조가 비교적 단순한 편입니다. 다음은 10.0.0.4/32 = label 3 이라고 전파하는 LDP 패킷을 캡처한 것입니다. 그림에서 ① FEC 필드에 프리픽스 정보 그리고 ② Label 필드에 해당 프리픽스에 할당^{Binding}된 라벨 값이 적혀 있습니다.

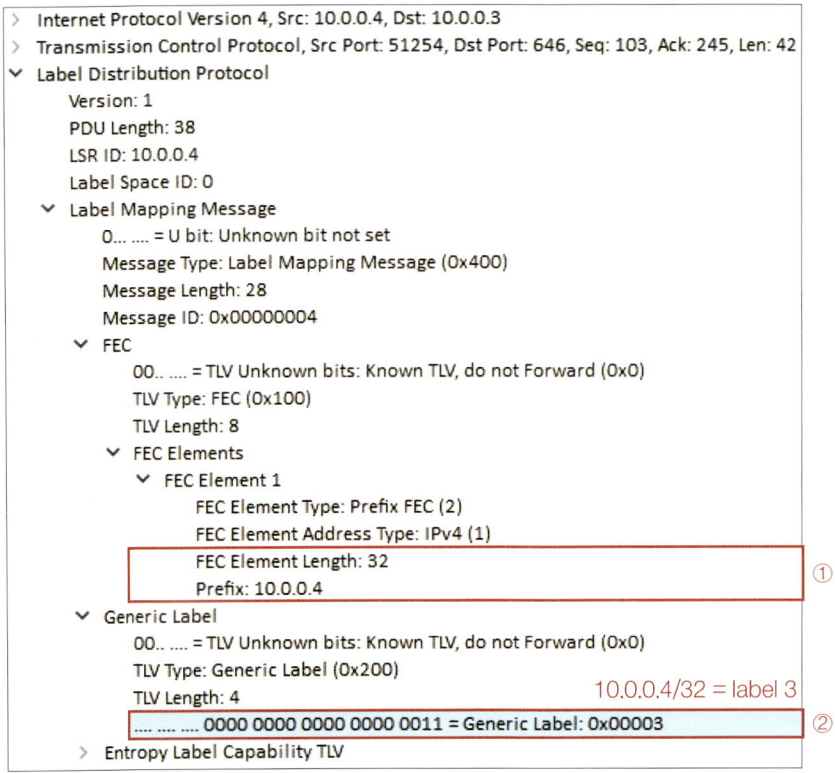

▶ 그림 9.5 암묵적 NULL 라벨(3) 바인딩 - LDP

라벨 스페이스

그림 9.5에서 ② 10.0.0.4/32 = label 3은 어떤 과정을 통해 정해졌을까요? 그 과정을 이해하기 위해 다음 그림을 살펴보겠습니다.

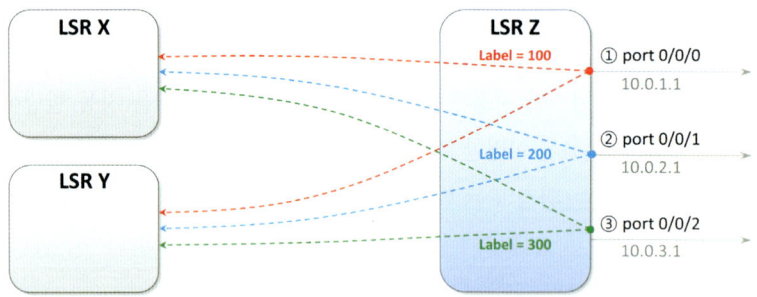

▶ 그림 9.6 라벨 전파 과정 - LDP

그림에서 LSR Z는 LSR X와 Y에게 라벨을 전파하고 있습니다. 구체적으로 LSR Z는 ① 포트 0/0/0이 이그레스 인터페이스Egress interface인 프리픽스들의 MPLS 라벨을 100으로 전파(빨간색 실선)하고 있습니다. 예를 들어, 10.0.1.0/24 그리고 10.0.11.0/24 둘 다 이그레스 포트가 ① 포트 0/0/0이라면 두 프리픽스의 label = 100이라고 LSR X와 Y에게 전파합니다. 그리고 자신의 MPLS 라우팅 테이블, 다시 말해 LFIB에 label 100 = 포트 0/0/0이라고 기록합니다.

이후 LSR Z가 LSR X 혹은 Y로부터 라벨이 100인 MPLS 패킷을 받으면 LFIB만 확인하고 바로 포트 0/0/0으로 내보냅니다. LFIB가 완성된 이후에는 원본 IP 패킷의 목적지가 10.0.1.0/24인지 아니면 10.0.11.0/24인지 중요하지 않기 때문에 로드 밸런싱을 위한 DPI Deep Packet Inspection와 같은 특수한 이유가 없다면 원본 IP 패킷(명확히는 MPLS 패킷의 페이로드 영역)을 확인하지 않습니다. LSR Z는 그저 label 100 = 포트 0/0/0이라고 기록된 LFIB를 보고 패킷 포워딩을 합니다.

이런 형태로 라벨을 관리하면 IP 라우팅 테이블 엔트리Entry(프리픽스)가 수백, 수천 개라 하더라도 결국 LSR Z가 관리해야 하는 LFIB 엔트리는 인터페이스 개수대로 라벨 100, 200, 300 이렇게 3개로 끝입니다. 덕분에 관리하는 라우팅 테이블 개수가 극적으로 줄어듭니다.

Per-interface vs per-platform

그림 9.6처럼 인터페이스 단위로 라벨을 할당하는 형태를 **per interface 라벨 스페이스**Label space라고 합니다. 상반되는 개념으로 **per platform 라벨 스페이스**(platform-wide 라벨 스페이스)가 있습니다. per platform 라벨 스페이스는 말 그대로 인터페이스별로 라벨을 각각 따로 쓰는 게 아니라 LSR 장비당 단 하나의 라벨만 사용하는 형태입니다.

예를 들어, 그림 9.6에서 per platform 라벨 스페이스를 사용하면 Z가 X, Y에게 자신에게 보낼 모든 MPLS 패킷을 label = 100으로 보내 달라고 요청합니다. 이상하죠? LSR Z는 인터페이스가 3개나 있는데 모든 MPLS 패킷의 라벨이 100으로 도착한다면 패킷을 구분할 수 있을까요? 먼저 MPLS 헤더를 pop한 뒤 내부 IP 패킷 헤더를 보고 IP 라우팅 테이블을 체크해야 할 것입니다. 이는 매우 비효율입니다.

per platform 라벨 스페이스는 주로 이그레스 인터페이스가 하나밖에 없는 독특한 환경에서 사용하며 이더넷 환경에서는 일반적으로 사용하지 않습니다. 따라서 이더넷 환경의 MPLS 라우터들은 per interface 라벨 스페이스 방식을 강제 채택하는 편이며 커맨드 등으로 라벨 스페이스 모드를 변경할 수 없습니다.

예약 라벨

특별한 용도로 사용하는 라벨들이 있습니다. MPLS 시그널링 프로토콜들은 이 특수 라벨을 사용해서는 안 됩니다. 구체적으로 MPLS 라벨 중 0부터 15까지는 특수 용도로 할당되어 있습니다. 이 들을 **예약 라벨**Reserved label이라고 합니다. 네트워크 장비들은 이 범위를 벗어나는 16부터 마지막 1048575 라벨까지 별도 제한 없이 사용 가능합니다. 다만 장비 내부적으로 라벨 대역이 분리된 경우가 일반적입니다. 예를 들어, 정적 LSP 라벨용으로 어떤 벤더는 32-1023을 쓰고 또 다른 벤더는 1000000 -1048575를 사용하기도 합니다.

언뜻 보기에 정적 LSP 대역이 벤더 간에 통일되어야 할 것처럼 보입니다. 그러나 MPLS는 PHB로 동작하기 때문에 라벨 범위가 다르더라도 통신에 전혀 문제가 없습니다. 그럼에도 불구하고 관리성을 높이고 싶다면 전체 MPLS 장비의 라벨 영역을 통일하는 것이 좋습니다.

> **NOTE** **Extended Special-Purpose MPLS Label Values**

IANA가 제공하는 Reserved Labels 페이지[2]의 Extended Special-Purpose MPLS Label Values 항목에는 사실상 0-1048575까지 모든 라벨이 예약용 혹은 특수용으로 할당된 것으로 표기되어 있습니다. 이로 인해 작은 혼동이 생길 수 있습니다.

Extended Special-Purpose MPLS Label은 초기 MPLS RFC의 예약 라벨이 0-15로 너무 작게 설정되어서 예약 라벨을 조금 넓히고자 한 노력의 산물입니다. 초기 RFC 3032에서 지정된 예약 라벨은 0-15로 고작 16개입니다. MPLS 수요가 폭발적으로 늘어났기 때문에 예약 라벨을 확대하고 싶어도 표준화된 이후에 이 범위를 조정하는 것은 매우 어렵습니다. 만일 신규 표준으로 예약 라벨 범위를 강제로 늘린다면 신규 표준을 따르는 장비와 기존 표준을 따르는 장비 간에 충돌이 발생하여 대규모 장애가 발생할 수 있습니다.

그런데 다행스럽게도 MPLS는 라벨 스태킹이 가능합니다. Extended Special-Purpose MPLS Label은 라벨 스태킹을 활용합니다. 라벨 스태킹으로 첫 번째 라벨을 15로 설정하고 두 번째 라벨을 (일반 서비스용 라벨이 아니라) Extended Special-Purpose MPLS Label로 활용합니다.

다시 말해 앞서 그림 9.3의 ①번 MPLS label = 15라면 ②번 헤더의 라벨은 Extended Special-Purpose MPLS Label이라는 것을 의미합니다. 덕분에 기존 표준의 예약 라벨을 침해하지 않고 특수 용도 라벨 범위를 늘릴 수 있게 되었습니다.

암묵적 NULL, 명시적 NULL(UHP)

앞서 살펴본 그림 9.5의 ①, ② 필드 정보를 조합하면 10.0.0.4/32에 대해 label = 3이 할당된 것을 볼 수 있습니다. 여기서 라벨 3은 매우 독특하면서 중요한 의미를 갖습니다. 예약 라벨 중에서 특히 라벨 0, 2, 3은 네트워크 엔지니어가 깊이 살펴볼 필요가 있습니다.

- 라벨 0: IPv4 명시적 NULL 라벨
- 라벨 2: IPv6 명시적 NULL 라벨
- 라벨 3: 암묵적 NULL 라벨

---

[2] iana.org/assignments/mpls-label-values/mpls-label-values.xhtml

암묵적 NULL과 명시적 NULL에 대해 좀 더 자세히 살펴보겠습니다. 먼저 **암묵적**^Implicit **NULL**
은 어떤 프리픽스(좀 더 정확히는 FEC)에 대해 라벨 3을 전파하면 해당 프리픽스향 MPLS 패킷은 PHP 해달라는 의미입니다. 예를 들어, 그림 9.5에서 10.0.0.4/32향 패킷의 라벨을 3으로 보냈습니다. 그럼 이 LDP 패킷을 받은 LSR은 PHP 처리하여 패킷을 보내야 합니다. 즉, 라벨 3을 보내면 "나에게 패킷을 보낼 때 가장 위(예를 들어, 그림 9.3의 ①) MPLS 헤더를 떼고(PHP) 보내주세요."라고 요청하는 것입니다.

PHP는 LER 바로 앞(penultimate) 장비에서 이루어져야 합니다. 따라서 암묵적 NULL, 즉 label = 3은 LER에서 바로 앞 경로(업스트림) LSR에게 보내집니다. 그림 9.4를 기준으로 본다면 ④ LSR(정확히 말하면 LER)이 ③ LSR에게 "192.168.2.10/32로 보내는 패킷은 PHP 해 주세요."라고 암묵적 NULL 라벨을 보낼 수 있습니다.

명시적^Explicit **Null**, 즉 라벨 0은 이웃 LSR에게 PHP를 하지 말라는 의미입니다. 구체적으로 MPLS 헤더를 pop하지 말고 라벨을 0으로 swap해서 보내 달라는 요청입니다. 예를 들어, LER이 192.168.2.10/32 = label 0으로 전파하면 192.168.2.10/32로 향하는 MPLS 패킷을 LER로 보낼 때 라벨을 0으로 설정하여 보내줍니다. 명시적 Null을 이용하는 이유는 QoS 때문입니다. MPLS EXP 필드(그림 9.2 참조)를 QoS 용도로 활용할 수 있습니다(이에 대한 자세한 내용은 '9.5 MPLS 기술들'의 'MPLS DiffServ 모델들'에서 자세히 다루겠습니다.).

헌데 만일 MPLS 헤더가 PHP되어 사라진다면 QoS 정보가 담겨 있는 EXP 필드도 없어지므로 QoS 정책을 적용할 수가 없게 됩니다. 명시적 NULL은 이러한 상황을 방지하기 위해 MPLS 헤더를 미리 pop하지 말고 0으로 swap해서 보내 달라고 요청하는 라벨입니다.

왜 하필 라벨 값으로 0을 사용할까요? 1000이나 2000과 같은 일반 라벨을 사용해도 되지 않을까요? LER에 MPLS 패킷이 도달하면 최상위 MPLS 헤더는 pop해야 합니다. 라벨 값으로 1000을 쓰든 2000을 쓰든 아니면 0을 쓰든 결국 라벨 작업은 pop 작업으로 고정되어 있는 것입니다. 그러므로 굳이 0이 아닌 다른 라벨을 사용해서 불필요하게 LFIB 리소스를 소모할 필요가 없기 때문에 0을 사용합니다.

이와 같이 이웃 LSR에게 명시적 Null 라벨(IPv4: 라벨 0, IPv6: 라벨 2)을 보내서 LER이 최상위 MPLS 헤더를 직접 pop하는 동작을 **UHP**^Ultimate Hop Popping라고 합니다.

로컬 바인딩, 리모트 바인딩

MPLS 네트워크에서 서로 이웃하는 라우터가 같은 라벨 값을 중복해서 사용할 수 있을까요? 네, 가능합니다. 이웃하는 LSR 모두 라벨 100이라는 값을 사용할 수 있습니다. 그럼 라벨 충돌이 일어나는 것 아닐까요? LDP가 이런 충돌을 막아 주어야 하는 것 아닐까요? 이에 대한 해답을 찾기 위해서 **로컬 바인딩**Local binding 라벨과 **리모트 바인딩**Remote binding 라벨의 개념을 나눠 이해해야 합니다.

로컬 바인딩은 '내가 할당해서' 이웃 LSR에게 전파(통보)한 라벨입니다. 반대로 리모트 바인딩은 '이웃 LSR이 할당해서' 나에게 전파한 라벨입니다. 다음 그림을 보며 이 두 방식의 차이점을 살펴보겠습니다.

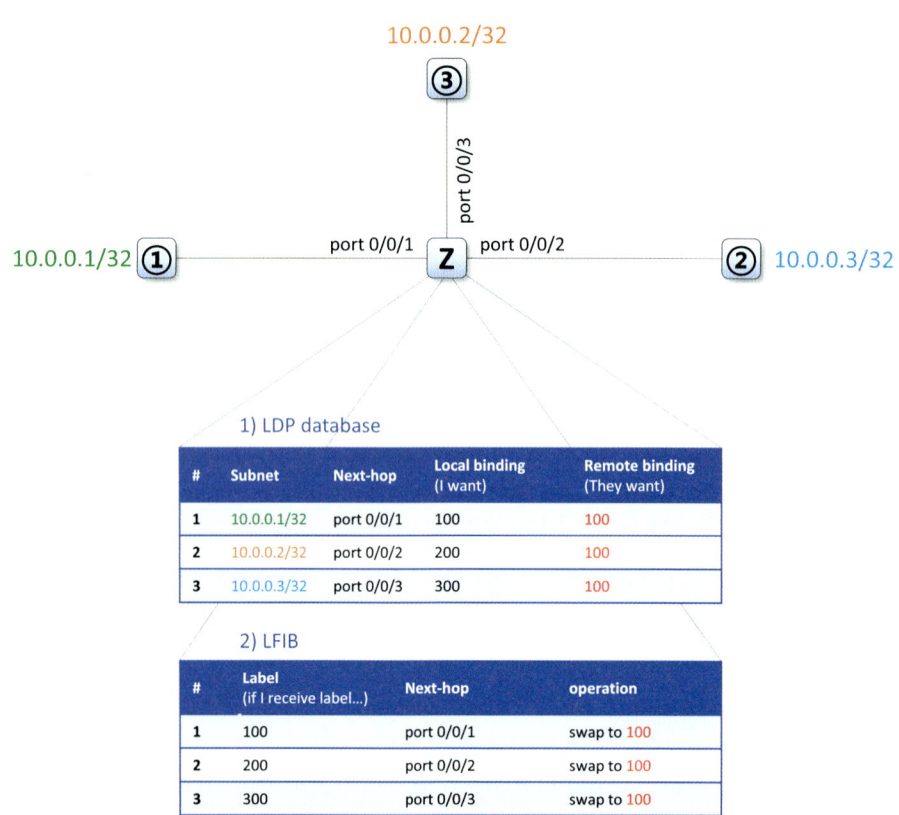

▶ 그림 9.7 로컬 바인딩 vs 리모트 바인딩

로컬 바인딩

그림 9.7의 두 테이블 중 위쪽 LDP database 테이블을 먼저 살펴보겠습니다. #1번 엔트리를 보면 10.0.0.1/32 패킷의 로컬 바인딩 값은 100입니다. 이는 LSR Z가 다른 LSR에게 "나에게 10.0.0.1/32로 가는 MPLS 패킷을 보내려면 label = 100으로 보내 주세요."라고 LDP를 통해 요청한 것입니다. 요청에 따라 ②, ③ LSR이 10.0.0.1/32로 가는 MPLS 패킷을 보내려면 MPLS 패킷의 가장 위 MPLS 헤더, 즉 최상위 라벨을 100으로 설정하여 Z에게 보내야 합니다. 결론적으로 로컬 바인딩은 프리픽스(정확히는 FEC)별로 '내가 다른 LSR에게' 전파한 라벨입니다.

리모트 바인딩

반대로 리모트 바인딩은 '다른 LSR이 나에게' 전파한 라벨 값입니다. 다시 그림 9.7의 LDP database 테이블을 보면 10.0.0.1/32의 다음-홉은 포트 0/0/1, 즉 ①번 LSR이고 리모트 바인딩 값은 100입니다. 이는 ①번 LSR이 이미 기존에 LSR Z에게 "10.0.0.1/32 = label 100"이라고 요청했던 것입니다. 따라서 LSR Z가 10.0.0.1/32 MPLS 패킷을 ①번 LSR에게 보내려면 ①번 LSR이 요청한 라벨 100으로 최상위 라벨을 swap하여 보내야 합니다.

#1번 엔트리를 전체적으로 해석하면 LSR Z가 label = 100 패킷을 받으면 포트 0/0/1로 내보내는데, 내보낼 때 기존 로컬 바인딩 값이었던 최상위 라벨 값 100을 떼고 (①번 LSR이 요청했던) label = 100을 붙여 내보내야 한다는 것을 의미합니다.

라벨 중복

①번 LSR과 LSR Z는 둘 다 100이란 라벨 값을 동일하게 사용하였습니다. 이렇게 라벨을 중복 사용해도 패킷 포워딩에 문제가 없을까요? 네, 로컬 바인딩 값과 리모트 바인딩 값은 중복되어도 전혀 문제가 없습니다. LSR Z가 라벨 100을 받으면 라벨 100으로 바꾼 뒤 패킷을 ①번 LSR로 전송합니다. 사람의 눈으로는 라벨 값이 바뀐 것 같지 않지만, 실제 장비 내부적으론 라벨 100을 떼고 다시 라벨 100 붙이는 교체 과정이 발생한 것입니다. 다시 말해 로컬 바인딩 정보는 '장비 내부'에서만 의미가 있습니다. 이를 Locally significant라고 표현하기도 합니다.

엔트리 #2, #3에서 볼 수 있듯이 LSR ②, ③ 마저도 ①번 LSR과 동일한 리모트[Remote] 라벨 값, 100을 사용하고 있습니다. 리모트 라벨은 상대편에게 패킷을 보내기 직전 교체해서 보내줄 값이며, 해당 MPLS 패킷을 받을 장비(예. LSR ①-③)에게 의미가 있습니다. 중간 경로의 라우터(예. LSR Z) 입장에서는 큰 의미가 없습니다. 따라서 여러 LSR이 동일하게 100이라는 라벨 값을 쓰더라도 괜찮습니다.

당연한 이야기지만 로컬 바인딩 라벨은 중복되면 안 됩니다. 로컬 바인딩은 패킷을 구분하기 위해 '내가 정한' 라벨 값입니다. 앞서 그림 9.7에서 LDP database 테이블의 #1, #2, #3의 로컬 바인딩 라벨(검은색)은 각각 100, 200, 300으로 다르게 할당되었습니다. 이와 같이 로컬 바인딩 라벨은 인터페이스별로(좀 더 정확히는 FEC별로) 중복되지 않고 다르게 할당되어야 합니다. 이러한 맥락으로 로컬 바인딩 라벨을 **인풋 라벨**Input label, 리모트 바인딩 라벨을 **아웃풋 라벨**Output label이라고 부르기도 합니다.

LDP database 정보를 조합하여 만들어 낸 결과물이 그림 9.7 하단의 LFIB 테이블입니다. LFIB 테이블은 보다 직관적인데, #1 엔트리를 해석하면 label = 100 패킷을 받으면 포트 0/0/1로 내보내고, 내보낼 때 최상위 MPLS 헤더의 라벨을 100으로 바꿔(swap) 내보내야 한다는 뜻입니다.

PHB를 사용하는 이유

MPLS 라벨은 MPLS 네트워크에서 글로벌하게 유일Globally unique하지 않습니다(단, 세그먼트 라우팅 MPLS(SR-MPLS) 제외). 서로 '마주하는' 이웃 LSR끼리 자신의 라벨 정보를 상대편에게 '통보'할 뿐입니다. 왜 라벨을 전체 네트워크에서 유일하게 만들지 않을까요? 다시 말해 왜 MPLS는 라벨을 PHB로 관리할까요?

첫째, 라벨을 유일하게 만들려면 먼저 라벨 사이즈, 즉 MPLS 라벨 20 bits를 더 크게 만들어야 합니다. 우리는 IPv4 주소 32 bits도 턱없이 부족한 세상에 살고 있습니다. 라벨을 유일하게 만들기에 MPLS 라벨 20 bits는 너무 작은 숫자입니다.

둘째, 모든 LSR이 서로 라벨 정보를 공유해야 하는데 이를 공유하고 관리하기 위한 리소스 비용이 큽니다. MPLS 세상에서는 오직 내 옆의 LSR의 라벨만 알면 될 뿐 그 너머 네트워크의 라벨은 알지도 못하고 알 필요도 없다는 구조적 특성 덕분에 라벨 정보를 관리하기 위한 리소스가 매우 낮습니다.

MPLS 트레이스라우트

MPLS 네트워크는 글로벌하게 라벨을 관리하지 않기 때문에 전체 경로 확인이 쉽지 않은 편입니다. 이로 인해 장애 등이 발생했을 때 원인 파악에 어려움을 겪기도 합니다. 운영자가 홉별로 라벨 값을 하나하나 확인하며 전체 FEC 경로를 확인해야 하는 경우도 있습니다.

이러한 경우 네트워크 장비에서 MPLS용 트레이스라우트를 실행하면 전체 경로를 보다 쉽게 파악할 수 있습니다.

```
MPLS 트레이스라우트 예시(그림 9.4의 R1에서 R4까지의 경로 추적)

ethan@R1> traceroute mpls ldp 10.0.0.4
+-----------+--------+----------+--------------+----------+----------------+
| TTL (Hop) | Label  | Protocol | Previous-Hop | Next-Hop |     Status     |
+===========+========+==========+==============+==========+================+
| 1         | 300224 | LDP      | (null)       | 10.1.12.2| Success        |
+-----------+--------+----------+--------------+----------+----------------+
| 2         | 300224 | LDP      | 10.1.12.2    | 10.1.23.2| Success        |
+-----------+--------+----------+--------------+----------+----------------+
| 3         | 3      | LDP      | 10.1.23.2    | 10.1.34.2| Last hop (LER) |
+-----------+--------+----------+--------------+----------+----------------+
```

라벨 전파 및 관리

LDP는 대부분의 프로세싱을 알아서 처리하기 때문에 관리자가 관여할 부분이 많지 않습니다. 그래서 일부 관리자는 LDP에 대해 전혀 신경 쓰지 않기도 합니다. 그러나 사실 LDP는 MPLS 라벨을 전파 및 관리하는 모드가 여럿 존재하며 이에 따라 페일오버 시간과 리소스 사용률 차이가 크게 납니다. 이번에는 이러한 모드들을 자세히 살펴보고자 합니다.

LDP가 라벨을 전파·관리하는 3가지 모드를 간단하게 살펴보면 다음과 같습니다.

> ① 라벨을 언제 전파할지 선택하는 '라벨 광고 규칙'
> ② 누가 최초 라벨을 만들지 결정하는 '전파 제어 모드'
> ③ 최적 경로가 아닌 LSR로부터 받은 라벨은 어떻게 처리할지 결정하는 '라벨 유지 모드'

이 3가지 모드를 나열된 순서대로 살펴보겠습니다.

① 라벨 광고 규칙

라벨이 전파되는 시기는 **라벨 광고 규칙**^{Label advertisement discipline}에 따라 달라집니다.

- **DOD**^{Downstream On Demand} : src → dst로 라벨 요청을 받으면 그때 비로소 라벨이 전파됩니다.
- **DU**^{Downstream Unsolicited} : 누군가 묻지 않더라도 자신의 라벨을 자동으로 아래로 전파합니다.

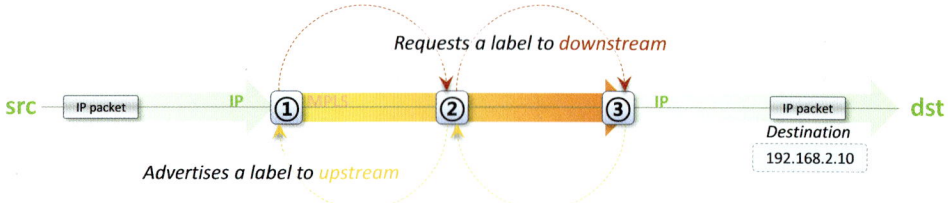

▶ 그림 9.8 DOD

DOD를 사용하면 출발지(src)에 더 가까운 LSR(업스트림)에서 목적지(dst)에 더 가까운 LSR(다운스트림)로 라벨 요청을 보냅니다. 그리고 그 응답으로 다운스트림에서 업스트림으로 라벨이 전파됩니다.

> **Tip.** 물이 상류(Upstream)에서 하류(Downstream)로 흐른다는 것을 떠올리면 해당 용어를 보다 기억하기 쉽습니다.

DOD는 라벨 요청이 발생할 때, 다시 말해 **실제 통신이 발생했을 때** 비로소 라벨이 전파되기 때문에 장비 간 주고받는 MPLS 시그널링 프로토콜(LDP) 패킷 양이 적고, LFIB도 최소한으로 관리할 수 있습니다. 반면 최초 통신이 발생할 때 비로소 시그널링 메시지가 전달되므로 딜레이가 불가피합니다. 이러한 배경으로 대형 MPLS 망의 LFIB 리소스가 넉넉하지 않은 에지 장비들이 주로 채택하는 모드입니다.

반면 DU는 요청이 없어도 다운스트림 LSR에서 업스트림 LSR로 라벨을 전파합니다. 이로 인해 초기 LDP 프로세싱 비용이 크고 LFIB 엔트리가 많아진다는 단점이 있지만, 첫 통신일지라도 딜레이가 발생하지 않고 장애 시 페일오버가 빠르다는 장점이 있습니다. 일반적으로 코어 망 라우터들의 경우 기본적으로 DU로 동작하고, 원한다면 커맨드로 DOD 방식으로 변경할 수 있는 편입니다.

다음 그림과 같이 LDP Initialization 메시지의 Session Label Advertisement Discipline이 0이면 해당 LSR의 라벨 광고 규칙이 DU라는 의미입니다. 반대로 이 값이 1이면 DOD로 동작한다는 의미입니다. 만일 나는 0(DU)인데, 상대편은 1(DOD)이라면 ATM이나 Frame Relay 환경이 아닌 이상 DU로 동작해야 합니다. 다시 말해 이더넷 환경에는 양쪽 장비 모두 DOD로 설정했을 경우에만 DOD로 동작합니다.[3]

---

3 RFC 3036(2001), 〈LDP Specification〉의 '3.5.3. Initialization Message' 섹션의 'A, Label Advertisement Discipline' 참조

```
∨ Initialization Message
     0... .... = U bit: Unknown bit not set
     Message Type: Initialization Message (0x200)
     Message Length: 38
     Message ID: 0x00000001
  ∨ Common Session Parameters
        00.. .... = TLV Unknown bits: Known TLV, do not Forward (0x0)
        TLV Type: Common Session Parameters (0x500)
        TLV Length: 14
     ∨ Parameters
           Session Protocol Version: 1
           Session KeepAlive Time: 30
           0... .... = Session Label Advertisement Discipline: Downstream Unsolicited proposed
           .0.. .... = Session Loop Detection: Loop Detection Disabled
           Session Path Vector Limit: 0
           Session Max PDU Length: 4096
           Session Receiver LSR Identifier: 10.0.0.3
           Session Receiver Label Space Identifier: 0
```

▶ 그림 9.9 LDP Initialization 메시지

② 전파 제어

전파 제어 Distribution control 모드는 LER까지 요청Request이 전달되고 난 후에 라벨을 만들지, 아니면 LSR들이 알아서 라우팅 테이블에 존재하는 라벨을 스스로 만들어 전파할지 결정합니다.

- **순차적 제어**Ordered control : 이그레스 LER에서 라벨을 생성하여 업스트림 쪽으로 순서대로 라벨 전파가 이뤄집니다.
- **독립형 제어**Independent control : 자신이 LER이 아니더라도 라우팅에 있는 모든 프리픽스에 대해 라벨을 생성합니다.

그림 9.8에서 LSR ①은 ②에게 라벨 요청을 보냅니다. 이때 ②는 요청을 받은 즉시 ①로 라벨을 전파해야 할까요, ③에게 라벨 요청을 보내고 그 응답을 받은 뒤에 비로소 ①에게 라벨을 전파해야 할까요?

순차적 제어는 후자의 방식, 즉 ③에게 라벨 요청을 보내고 응답을 받아야 비로소 ①에게 라벨을 전파합니다. 반면 독립형 제어는 라벨 요청을 받고서 ③의 응답 여부와 무관하게 바로 ①에게 라벨을 전파합니다. 별것 아닌 것 같아도 독립형 제어 모드는 MPLS 네트워크에서 장애 요소가 될 수도 있습니다.

순차적 제어 모드에서, 라벨을 최초 생성할 수 있는 장비는 관련 네트워크(FEC)가 직접 연결된 LER뿐입니다. 다른 LSR들은 LER이 생성한 라벨을 받아야 비로소 다른 LSR에게 전파할 수

있습니다. 따라서 경로 중간에 LSR이 많다면 라벨 요청이 완전히 전파되기까지 시간이 소모되어 최초 MPLS 통신에 딜레이가 발생할 수 있습니다.

반면 독립형 제어 모드에서는 내 라우팅 테이블에 관련 엔트리가 있을 경우 바로 라벨을 만들어 이웃 LSR에게 전파합니다. 이때 만일 LER이 관련 라벨을 미처 생성하지 못했다면 패킷 드랍(폐기)이 발생할 수 있습니다. 예를 들어, 그림 9.8에서 ③ LER이 192.168.2.10에 대한 라벨을 만들어 보내기 전인데, 독립형 제어 모드를 사용하는 ② LSR이 ① LSR로 192.168.2.10에 대한 라벨을 만들어 보냈다고 가정해보겠습니다.

① LSR은 아무런 의심 없이 ② LSR로부터 받은 라벨을 사용하여 192.168.2.10으로 가는 MPLS 패킷을 ②에게 보냈습니다. 그러나 정작 ②는 ③ LER로부터 라벨을 받지 못해서 LFIB를 완성하지 못하였으니 어떤 라벨을 써서 ③에게 보내야 하는지 알 수 없습니다. 이로 인해 결국 패킷 드랍이 발생할 것입니다. 따라서 독립형 제어 모드를 사용하는 환경에서는 모든 라벨이 빠짐없이 잘 전파되고 있는지 관리상 주의를 기울여야 합니다.

참고로 초기 MPLS 표준인 RFC 3031 〈Multiprotocol Label Switching Architecture〉에서는 전파 제어 모드를 다음과 같이 표현하고 있습니다(RFC 5036, 〈LDP Specification〉의 'Appendix A' 참조).

라벨 광고 규칙	전파 제어	RFC 3031
DU	+ 독립형 제어	= PushUnconditional
DU	+ 순차적 제어	= PushConditional
DOD	+ 독립형 제어	= PulledUnconditional
DOD	+ 순차적 제어	= PulledConditional

▶ 표 9.1 RFC 3031에서 라벨 광고 규칙 + 전파 제어

> **NOTE** **IGP 동기화**
>
> 독립형 제어에서 살펴본 것처럼 MPLS 네트워크에서는 라벨 전파가 완전히 끝나지 않았을 때 MPLS 통신이 시작되면 장애가 발생할 수 있습니다. LDP보다 IGP가 먼저 업되는 경우도 여기에 포함됩니다.

두 LSR 사이에 2개의 회선 ①과 ②가 있다고 가정해보겠습니다. 회선 ①의 비용은 10, ②는 20으로 설정하여 A/S$^{Active/Standby}$ 구조를 만들었습니다. 이때 회선 ①이 다운되면 MPLS 트래픽은 회선 ②로 페일오버될 것입니다. 이후 기존 회선 ①이 복구될 때 해당 회선에 LDP보다 IGP가 먼저 살면 장애가 발생할 수 있습니다.

LDP는 (OSPF의 LSDB와 같이) 전체 네트워크의 경로를 자체적으로 수집하지 않고 전적으로 IGP에 의존합니다. 회선 ①이 복구되면서 IGP가 먼저 복구되면 IGP의 최적 경로는 ①로 바뀌게 됩니다. 그러나 회선 ①에는 아직 LDP가 업되지 않았기 때문에 MPLS 패킷을 보낼 수가 없습니다. 즉, IGP의 최적 경로는 ①로 변경되었으나 LDP를 통해 갈 수 있는 MPLS 경로는 ②밖에 없습니다.

IGP와 LDP 정보 간의 불일치^{Mismatch}, 즉 비동기화^{Desynchronization}가 발생한 것입니다. 이러한 경우 LSR은 최적 경로인 ①로 MPLS 패킷을 보내려 합니다. 그러나 ①로는 아직 라벨 전파가 이루어지지 않았기 때문에 패킷 드랍이 발생합니다.

이러한 장애를 막기 위해 **IGP 동기화**^{Synchronization} 기능을 이용할 수 있습니다. 이 기능의 동작 방식은 매우 간단합니다. LDP가 완전히 동기화될 때까지 해당 회선의 IGP 비용을 최댓값(Max)으로 전파합니다. LDP 정보가 완전히 만들어지기 전에 해당 구간으로 MPLS 패킷들이 오가지 못하도록 하는 것입니다.

다만 이 옵션을 적용할 때 `IGP synchronization interface all` 등의 명령처럼 모든 인터페이스에 적용하는 것은 주의가 필요합니다. LDP가 설정되지 않은 인터페이스의 IGP 비용까지 최댓값으로 전파될 수 있기 때문입니다.

③ 라벨 유지 모드

라벨 유지 모드$^{Label\ retention\ mode}$는 넥스트-홉이 아닌, 다시 말해 최적 경로(LSP)가 아닌 LSR로부터 라벨을 전파받았을 때 어떻게 처리할지를 결정합니다.

- **전체 라벨 유지 모드**$^{Liberal\ label\ retention\ mode}$: 장비 내부적으로 최적 경로가 아니더라도 모든 라벨 정보를 기록합니다.
- **보수적인 라벨 유지 모드**$^{Conservative\ label\ retention\ mode}$: 최적 경로의 라벨만 기록합니다.

라벨 유지 모드는 장비의 리소스 사용량을 결정합니다. 보수적인 라벨 유지 모드를 사용할 경우 최적 경로에 놓여 있는 LSR의 라벨 매핑 정보만 기록하기 때문에 리소스를 절약할 수 있습니다. 그러나 장애가 발생하면 우회 경로의 LSR로부터 새롭게 라벨 전파를 받아야 하기 때문에 페일오버가 오래 걸립니다. 때문에 DOD와 함께 리소스가 넉넉하지 않은 에지 장비에서 주로 쓰입니다.

전체 라벨 유지 모드는 최적 경로가 아니더라도 라벨을 내부적으로 기록하기 때문에 리소스를 많이 사용하긴 하지만 장애가 발생했을 때 라벨을 새롭게 받지 않아도 되기 때문에 페일오버가 빠릅니다. 따라서 코어 망 장비에서 주로 채택하는 편입니다.

일반적으로 라벨 유지 모드는 라벨 광고 규칙과 달리 네트워크 장비 OS 레벨에 하드 코딩되어 변경이 불가한 경우가 많습니다. 다시 말해 벤더별로 그리고 장비별로 라벨 유지 모드가 고정되어 있으며 커맨드로 변경이 불가능한 경우가 많습니다.

CSPF

MPLS는 **CSPF**^{Constrained Shortest Path First}를 이용합니다. CSPF는 쉽게 말해 SPF^{Shortest Path First} 경로 중에서 조건에 맞지 않는 경로들을 제외시키는 알고리즘입니다. 대표적인 TE 제약 사항^{Traffic Engineering Constrain} 중 하나는 B/W입니다. 예를 들어, RSVP-TE로 엔드 투 엔드 10 Gbps 경로를 예약하려고 한다면 최초 경로 계산을 할 때부터 1 Gbps 인터페이스는 제외시켜야 할 것입니다. 이때 CSPF를 이용하면 조건에 부합하지 않는 경로들을 먼저 제외한 뒤 SPF 계산을 수행할 수 있습니다.

대표적인 IGP 프로토콜 중 하나인 OSPF가 CSPF 알고리즘을 지원합니다. 단, 초기 OSPFv2 표준(RFC 2328)에서는 (인터페이스별 B/W 정보와 같은) TE 정보를 수집하거나 전파하지 않았습니다. 추후 CSPF를 지원하기 위해 별도 RFC가 표준화되었습니다.[4]

이처럼 TE 정보를 수집할 수 있는 OSPF를 OSPF-TE라고 부릅니다. 관련 정보는 LSA 타입 10으로 전파되는데, 이때 전파되는 대표적인 정보들은 다음과 같습니다.

---

4 RFC 3630(2003), 〈Traffic Engineering (TE) Extensions to OSPF Version 2〉

RFC 3630(2003) 〈Traffic Engineering(TE) Extensions to OSPF Version 2〉
2.4. LSA payload details
...

2.4.2. Link TLV
The following sub-TLVs of the Link TLV are defined:
 1 – Link type (1 octet)
 2 – Link ID (4 octets)
 3 – Local interface IP address (4 octets)
 4 – Remote interface IP address (4 octets)
 5 – Traffic engineering metric (4 octets)
 6 – Maximum bandwidth (4 octets)
 7 – Maximum reservable bandwidth (4 octets)
 8 – Unreserved bandwidth (32 octets)
 9 – Administrative group (4 octets)

대부분 네트워크 장비에서 IGP의 TE 기능은 기본적으로 비활성화되어 있습니다. TE 기능을 활성화시키면 그때부터 IGP는 TE 관련 정보를 주고받으며 TED$^{Traffic\ Engineering\ Database}$를 만들게 됩니다. 이렇게 수집한 TED를 기반으로 CSPF 알고리즘이 TE 경로를 계산하게 됩니다.

구체적으로 특정 인터페이스의 최대 B/W는 얼마이고 그중에서 예약된 B/W를 제외한 예약 가능한 B/W는 얼마인지 등의 정보들이 IGP를 통해 실시간으로 공유됩니다. 덕분에 RSVP-TE로 경로를 동적으로 만들 때 수백만 가지 경로에 RESV 메시지를 보내지 않고도 최적 경로를 미리 계산할 수 있습니다.

5 RSVP-TE

LDP를 이용하면 최소한의 설정으로 손쉽게 MPLS 망을 구성할 수 있습니다. 반면 RSVP-TE$^{Resource\ ReserVation\ Protocol\ -\ Traffic\ Engineering}$는 매우 설정할 것이 많고, 복잡한 프로토콜입니다. 그런데 왜 RSVP-TE를 사용할까요? 대표적인 3가지 이유는 다음과 같습니다.

① FRR$^{Fast\ ReRoute}$(빠른 경로 전환)
② B/W 예약
③ TE$^{Traffic\ Engineering}$

① FRR은 경로 중에 어떤 회선 혹은 장비가 다운될 때 50 ms 이내로 페일오버를 수행하는 기술입니다. 오래전에는 RSVP-TE만 FRR을 지원할 수 있었습니다. 그러나 근래에는 LDP도 IP LFA를 통해 FRR을 지원하기 때문에 더 이상 RSVP-TE만의 전유물이라고 보긴 어렵습니다.

② RSVP는 per-flow B/W를 예약할 수 있습니다. 다시 말해 TCP 플로우별로 B/W를 예약할 수 있습니다. RSVP-TE는 이 개념을 MPLS까지 확장했습니다. RSVP-TE는 MPLS LSP 터널별로 B/W를 예약할 수 있습니다.[5] 이는 RSVP-TE의 핵심 기능으로, 이후 보다 자세하게 살펴보겠습니다.

③ TE는 MPLS LSP 터널 경로를 최단 경로Shortest path가 아니라 관리자가 원하는 경로로 지정할 수 있는 기술을 말합니다. 글로벌 MPLS 네트워크의 경우 최단 경로 ≠ 최적 경로입니다. 즉, 최단 경로가 최적 경로가 아닐 수 있습니다. 목적지를 일부러 길게 돌아가는 경로가 필요할 수도 있습니다.

예를 들어 국제 회선은 주로 해저 케이블을 이용하여 MPLS 네트워크를 구성하는데, 해저 케이블 혹은 로컬 ISP에 따라 요금이 다릅니다. 따라서 고객이 저가 서비스를 이용한다면 해당 고객 트래픽은 요금이 낮은 구간을 이용하도록 구성하는 것이 유리할 것입니다. LDP의 경우 이처럼 최단 구간이 아니라 요금이 낮은 구간을 우선시하도록 설정하기가 매우 어렵습니다. 그러나 RSVP-TE는 얼마든지 운영자 의도대로 MPLS 터널 경로를 강제 구성할 수 있습니다.

ERO

ERO Explicit Route Object는 RSVP-TE에서 경로를 '강제 지정'하는 옵션을 말합니다. 다음 커맨드는 (그림 9.4 토폴로지의) R1에서 R4까지 가는 LSP를 ERO로 설정한 것입니다. Explicit Route Object라는 본딧말 그대로 ERO는 LDP처럼 프로토콜이 자동으로 경로를 만들도록 두지 않고 관리자가 개입하여 LSP를 정적으로 구성해주는 옵션입니다.

> **Tip.** Explicit을 직역하면 '명시적'이란 뜻을 가지고 있습니다. 따라서 Explicit route를 직역하면 '명시적 경로'입니다. 이 단어를 약간 의역해서 쉽게 바꾼다면 '지정 경로' 혹은 '지정된 경로' 정도 등으로 해석할 수 있습니다.

---

[5] LDP와 달리 RSVP는 MPLS를 위해 만들어진 MPLS 전용 프로토콜이 아닙니다. RSVP라는 프로토콜은 MPLS보다 4년 더 빠른 1997년에 RFC 2205로 표준화되었습니다. 그리고 2001년에 MPLS를 지원할 수 있도록 새로운 RSVP-TE 표준, RFC 3209, 〈RSVP-TE: Extensions to RSVP for LSP Tunnels〉가 표준화되었습니다.

```
MPLS RSVP ERO(그림 9.4 토폴로지 기반)

ethan@R1> set MPLS LSP-define "R1-R2-R3-R4" strict-hop through 10.0.0.2, 10.0.0.3,
10.0.0.4
ethan@R1> set MPLS LSP-define "R1-R4" strict-hop through 10.1.14.2
ethan@R1> set MPLS RSVP-tunnel to 10.0.0.4 primary-LSP "R1-R2-R3-R4" secondary-LSP
"R1-R4"
```

이 설정에서 녹색 LSP는 R1 → R2 → R3 → R4, 총 4개의 홉을 거쳐 R4에 도달합니다. 반면 주황색 LSP는 R1 → R4로 직결된 경로를 이용합니다. 이를 해석하면 녹색 LSP(R1 → R2 → R3 → R4)를 primary 경로로 사용하다가 장애 상황이 발생했을 땐 secondary 경로로 주황색 LSP(R1 → R4)를 사용하라는 의미입니다.

strict-hop vs loose-hop

ERO를 설정할 때 지정해야 할 필수 옵션이 바로 strict-hop과 loose-hop입니다. ERO를 strict-hop으로 설정하면 지정된 경로 그대로 LSP를 만들어야 합니다. 만일 strict-hop으로 지정했는데 장애, B/W 부족, 라우팅 오류 등 여러 사유로 LSP를 만들 수 없다면 우회 경로를 찾지 않고 LSP 생성을 포기합니다.

반면 loose-hop은 '경유' 경로를 지정할 뿐입니다. 지정한 경유 경로만 거친다면 그 다음 경로 선택은 라우터가 알아서 결정합니다. 예를 들어, loose-hop으로 10.0.0.2만 지정했다면 10.0.0.2 이후 경로는 라우터가 스스로 결정합니다(일반적으로 IGP가 수집한 TED 정보를 기반으로 최단 경로가 선택됩니다.).

RSVP-TE에서 꼭 ERO를 사용해야 하는 것은 아닙니다. ERO를 사용하지 않으면 LDP와 동일하게 IGP가 수집한 TED 정보, 다시 말해 CSPF를 이용하여 동적으로 LSP를 구성하게 됩니다.

IntServ vs DiffServ

RSVP-TE에 대해 본격적으로 알아보기 전에 **IntServ**[Integrated Services]와 **DiffServ**[Differentiated Services]에 대해 얘기하지 않을 수 없을 듯합니다. 네트워크 엔지니어라면 DiffServ QoS 모델이 많이 익숙할 것입니다. DiffServ 모델을 이용하면 IP, TCP/UDP 헤더 또는 DSCP 필드 등을 기반으로, 패킷을 보통 8개 내외 정도의 큐[Queue](클래스[Class])로 분류[Classification]합니다. 그리고 스케줄링Scheduling을 이용하여 각 큐별 B/W 우선 처리를 다르게 합니다. 이때 DiffServ는 네트워크의 모든 라우터가 개별적으로 분류 및 스케줄링을 설정하는 방식, 즉 PHB 방식으로 동작합니다.

구체적인 DiffServ 모델 예시를 살펴보면, Q0부터 Q2까지 총 3개의 큐를 사용하는데 0번 큐(이하 Q0)에는 음성 통화 관련 패킷을 넣으며 다른 패킷보다 항상 우선 처리될 수 있도록 합니다. Q1에는 IPTV 패킷을 넣고 '무조건' 최소 1 Gbps는 보장되도록 설계합니다. 마지막 Q2에는 그 외 일반 패킷들을 넣은 뒤 Q0와 Q1 패킷을 처리하고 남은 B/W 용량을 가져갈 수 있도록 설계합니다. 이처럼 DiffServ 모델은 패킷을 클래스(큐)별로 나눠 처리하기 때문에 **per-class 모델**이라고도 합니다.

반면 IntServ는 RSVP를 이용하여 통신을 시작하기 전에 미리 사용할 B/W를 예약합니다. 예를 들어, FTP 통신을 하기 전에 100 Mbps B/W를 미리 예약해서 해당 FTP 통신이 항상 100 Mbps라는 B/W를 일정하게 제공받을 수 있도록 해줍니다. 트래픽 플로우별로 B/W를 예약하기 때문에 **per-flow 모델**이라고도 합니다.

RSVP 프로토콜을 사용하여 B/W를 예약하는 IntServ QoS 모델은 통신을 시작하기 전에 B/W를 예약하기 때문에 이론적으로 매우 이상적인 모델입니다. 그러나 실제 인터넷 환경에서는 적합하지 않습니다. RSVP는 복잡하고 무거운 프로토콜입니다. 다시 말해 프로세싱 비용이 큽니다. 인터넷에서는 TCP/UDP 플로우가 셀 수 없을 만큼 많습니다. 그 수많은 플로우별로 RSVP 패킷을 주고받으며 RSVP 세션을 만들고 유지한다는 것은 사실상 불가능합니다. 더욱이 엔드 유저End-user가 B/W 예약을 불필요할 정도로 과하게 잡을 수도 있습니다. 대부분의 유저들은 자신의 애플리케이션(예. 브라우저, 게임 등)이 원활하게 동작할 수 있도록 과한 B/W를 예약할 것이기 때문입니다.

이러한 제약 사항들로 RSVP를 이용한 IntServ QoS 모델은 RSVP-TE와 같이 네트워크 운영자가 직접 B/W를 관리할 수 있는 매우 제한적인 환경에서만 사용되는 편입니다.

RSVP PATH & RESV 메시지

지금까지 RSVP-TE를 이해하기 위한 배경지식들을 살펴보았습니다. 지금부터는 RSVP-TE의 프로토콜에 대해 심도 있게 살펴보고자 합니다. 첫 번째로 RSVP-TE에서 가장 중요한 2가지 메시지, RSVP PATH와 RESV RESerVation 메시지에 대해 살펴보고자 합니다.

RSVP PATH, RESV 메시지의 목적

RSVP PATH 메시지는 경로상의 라우터들에게 "혹시 1 Gbps 트래픽을 예약할 수 있을까요?"라고 묻는 메시지입니다. 그리고 **RSVP RESV** 메시지는 쉽게 말해, OK 메시지입니다. 만일 대역폭을 허락할 수 없다면 src 쪽으로 RSVP ResvErr 메시지를 보내게 됩니다. RSVP PATH 메시지는 src부터 dst까지 중간 경로상의 모든 라우터가 받게 됩니다. 중간 경로상의 모든 라우터가 RSVP RESV 메시지로 응답을 해줘야 비로소 RSVP 경로(RSVP 세션 또는 RSVP 터널)가 만들어집니다. 쉽게 말해, 경로상의 모든 라우터가 B/W를 예약할 수 있다고 허락할 때만 RSVP 경로가 만들어집니다.

RSVP-TE도 기본적인 RSVP 동작과 크게 다르지 않습니다. 실제 데이터 패킷을 보내기 전에 LSP의 B/W 예약을 위해 RSVP PATH 메시지를 보내고 문제가 없다면 경로 중간의 라우터들이 RSVP RESV 메시지를 보냅니다. 경로 중간의 라우터들은 해당 RSVP 세션에 관련된 정보를 자체적으로 기록합니다. 다시 말해 MPLS 라벨별로 각각 얼마큼의 B/W를 예약했는지 내부적으로 기록해 둡니다. 패킷은 이렇게 만들어진 LSP 경로를 통해서만 흐릅니다. RSVP-TE로 LSP를 구성했다면 인그레스 LER부터 목적지까지 경로가 미리 정해져 있는 것입니다.

이렇게 한 번 만들어진 LSP는 장애 발생, B/W 증가 등을 위한 경로 변경^{Reroute} 또는 더 높은 priority, 즉 더 중요한 LSP에게 경로를 빼앗기는 등의 특별한 사유가 없다면 계속 유지되어야 합니다.

RSVP의 라벨 전파 및 관리 방안

그림을 통해 RSVP-TE가 LSP 터널을 만드는 과정을 살펴보겠습니다.

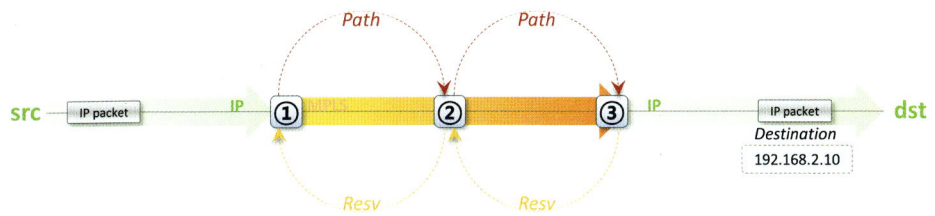

▶ 그림 9.10 RSVP PATH & RESV

src가 연결되어 있는 ① 인그레스 LER에서 다운스트림, 즉 dst가 연결되어 있는 ③ 이그레스 LER 쪽으로 홉-바이-홉 RSVP PATH 메시지가 전파됩니다. 이 RSVP PATH 메시지에는

"B/W(예. 100 Mbps) 예약할 수 있을까요?"라는 내용이 담겨 있습니다.

중간 경로의 라우터가 어떤 이유로 요청을 받아들일 수 없다면 즉각 ResvErr 메시지를 보냅니다. 문제없이 B/W를 예약해줄 수 있다면 그 다음 홉에게 RSVP PATH 메시지를 전달합니다.

RSVP PATH 메시지가 마침내 이그레스 LER까지 도달하고, 이그레스 LER도 문제없이 B/W를 예약할 수 있다면 RSVP PATH 메시지가 전달되었던 경로의 역방향으로 RSVP RESV 메시지가 전파됩니다. 이 RSVP RESV 메시지에는 "B/W 예약이 완료되었습니다."라는 내용이 담겨 있습니다.

그림 9.10을 기반으로 살펴보면 RSVP PATH 메시지는 ① → ② → ③순으로 전달됩니다. B/W 예약에 문제가 없다면 역방향 ③ → ② → ①순으로 RSVP RESV 메시지가 전달됩니다. 이 그림이 왠지 익숙하지 않나요? 그림 9.8에서 살펴본 DOD와 매우 유사합니다. 앞서 그림으로 유추할 수 있듯이 RSVP-TE는 LDP 라벨 전파·관리 모드로 비교했을 때 라벨 광고 규칙 중에서 DOD 모드를, 전파 제어 중에서는 순차적 제어 모드 그리고 라벨 유지 모드 중에서는 보수적인 라벨 유지 모드를 사용합니다.

RSVP PATH 메시지 분석

이번에는 RSVP PATH/RESV 메시지가 어떻게 구성되어 있는지 패킷 캡처를 바탕으로 심층 분석하고자 합니다. 먼저 RSVP PATH 메시지를 살펴보고 이후 RSVP RESV 메시지를 살펴보겠습니다.

RSVP 헤더는 상대적으로 크고 복잡한 편이지만, 이 책에서는 매우 디테일한 부분까지 살펴볼 예정입니다. 어떤 프로토콜이든 그 헤더를 잘 분석하면 그 동작을 이해하는 데 매우 큰 도움이 되기 때문입니다.

```
> Internet Protocol Version 4, Src: 10.1.12.1, Dst: 10.1.12.2
∨ Resource ReserVation Protocol (RSVP): BUNDLE Message.
    > RSVP Header. BUNDLE Message.
    ∨ Resource ReserVation Protocol (RSVP): PATH Message. SESSION: IPv4-LSP, Destination 10.0.0.4,
        > RSVP Header. PATH Message.
        > MESSAGE-ID: 161 (Ack Desired)
        > SESSION: IPv4-LSP, Destination 10.0.0.4, Short Call ID 0, Tunnel ID 7341, Ext ID a000001.    ①
        > HOP: IPv4, 10.1.12.1
        > TIME VALUES: 30000 ms                                                                        ②
        ∨ EXPLICIT ROUTE: IPv4 10.1.12.2, IPv4 10.1.23.2, IPv4 10.1.34.2
              Length: 28
              Object class: EXPLICIT ROUTE object (20)
              C-Type: 1                                                                                ③
            > IPv4 Subobject - 10.1.12.2, Strict
            > IPv4 Subobject - 10.1.23.2, Strict
            > IPv4 Subobject - 10.1.34.2, Strict
        > LABEL REQUEST: Basic: L3PID: IPv4 (0x0800)
        > SESSION ATTRIBUTE: SetupPrio 7, HoldPrio 0, Label Recording, SE Style, [to_R4]               ④
        > FAST_REROUTE: One-to-One Backup,
        > SENDER TEMPLATE: IPv4-LSP, Tunnel Source: 10.0.0.1, Short Call ID: 0, LSP ID: 7.             ⑤
        > SENDER TSPEC: IntServ, Token Bucket, 12500000 bytes/sec.                                     ⑥
        > ADSPEC
        > RECORD ROUTE: IPv4 10.1.12.1                                                                 ⑦
```

▶ 그림 9.11 RSVP PATH 패킷 예시

RSVP PATH 메시지의 ① SESSION 필드부터 ⑦ RECORD ROUTE 필드까지 순서대로 차근차근 살펴보겠습니다.

① SESSION 필드

SESSION 필드에는 RSVP PATH 메시지로 생성하려는 RSVP 세션(RSVP 터널) 정보가 담겨 있습니다. RSVP PATH 메시지를 받은 라우터들은 SESSION 필드에 있는 3가지 정보 (Destination + Tunnel ID + Ext ID)를 조합하여 각 RSVP 세션 (RSVP 터널)을 구분합니다.

그림 9.11의 ① SESSION 필드 내용을 순차적으로 살펴보면 가장 먼저 IPv4 LSP라는 description을 볼 수 있습니다. 이를 통해 IPv6가 아닌 IPv4 LSP 터널용 SESSION임을 알 수 있습니다. 이어지는 Destination 항목은 말 그대로 이 RSVP 세션의 최종 목적지입니다. 그 뒤에 있는 Short Call ID는 일반적으로 사용되는 필드는 아니고 GMPLS에서 사용되는 필드입니다.[6]

---

[6] RFC 4974(2007), 〈Generalized MPLS (GMPLS) RSVP–TE Signaling Extensions in Support of Calls〉 참조

이후 Tunnel ID와 Ext ID^{Extended tunnel ID}가 적혀 있습니다. Tunnel ID(2 bytes)는 인그레스 LER이 자동 생성하는데 '자신이 생성한' 다른 RSVP 터널(RSVP 세션)들과 중복되지 않도록 자체적으로 생성합니다. 그러나 다른 LER이 동일한 Tunnel ID를 사용하는 것은 아닌지 중복 검사를 하는 것은 아니기 때문에 전체 MPLS 네트워크에서 유일한 것은 아닙니다. 예를 들어, 라우터 A와 B, 둘 다 100이라는 값을 Tunnel ID로 중복하여 사용할 수 있습니다.

따라서 MPLS 네트워크에서 SESSION이 완전히 유일해지도록 Ext ID를 사용합니다. Ext ID는 4 bytes로, 일반적으로 라우터의 루프백^{Loopback}(IPv4) IP를 사용합니다. 그림 9.11의 Ext ID는 "a000001"입니다. 이는 (IPv4) "10.0.0.1" = (integer) "167772161" = (hex) "0a 00 00 01"입니다.

Tunnel ID는 LER에서 유일하고 Ext ID는 MPLS 네트워크에서 유일하므로 이 둘을 합치면 글로벌하게 유일^{Globally unique}한 Tunnel ID가 됩니다.

② TIME VALUES & BUNDLE 메시지

RSVP 프로토콜은 세션이 만들어진 이후에 주기적으로 PATH 메시지를 보내야만 합니다. 그래야 세션 경로의 라우터들이 세션에 이상이 없다고 판단하고 해당 세션을 유지합니다. RSVP-TE 또한 LSP가 만들어졌다면 주기적으로 PATH 메시지를 보내야 합니다.

그림 9.11의 ② TIME VALUE에서 PATH 메시지를 보내야 하는 주기(30000 ms = 30 s)를 확인할 수 있습니다. 이 주기를 **갱신 시간**^{Refresh time}이라고 하는데, 일정 시간 동안 PATH 메시지를 받지 못한 LSR은 ResvTear 메시지를 발송하여 해당 RSVP 세션을 닫게 됩니다.

> **Tip.** RFC 2205(1997) 〈Resource ReSerVation Protocol (RSVP)〉의 '3.7 Time Parameters'에서는 refresh time을 30초 그리고 keep(K) 권장 값을 3으로 정했습니다. 즉, 30초 간격으로 3번 연속 PATH 메시지를 받지 못하면 LSP가 다운됩니다. 그러나 최근 표준 RFC 8370(2018) 〈Techniques to Improve the Scalability of RSVP-TE Deployments〉의 '3. Refresh-Interval Independent RSVP (RI-RSVP)'에서는 갱신 시간을 기존에 비해 대폭(40배) 늘어난 20분을 권장하고 있습니다.

이와 같이 주기적으로 메시지를 보내 세션을 유지하는 콘셉트를 **Soft state**라고 합니다. 반대로 **Hard state**는 한 번 세션이 수립되면 명확히 종료^{Teardown} 메시지를 받기 전까지 세션을 유지합니다. Hard state 프로토콜의 경우 극도로 안정적인 망에서만 사용 가능하기 때문에 일반적으로 Soft state 프로토콜이 보편적입니다.

RSVP의 경우 헤더가 크고 복잡하기 때문에 프로세싱 비용이 높게 듭니다. 더욱이 네트워크 코어 망에 있는 LSR이라면 수많은 RSVP-TE LSP가 지나갈 수 있고, 이로 인해 버거울 정도로 많은 RSVP 메시지들이 지나갈 수 있습니다. 이로 인한 부담을 낮추고자 하는 여러 방안들이 고안되었습니다. 예를 들어, BUNDLE 메시지는 여러 RSVP 메시지를 모아 하나의 패킷으로 전송합니다.[7] 그림 9.11에서도 맨 위에서부터 세 번째 필드에 "(RSVP): BUNDLE Message"라는 문구를 볼 수 있습니다.

RSVP 메시지 크기는 종류 및 내용에 따라 편차가 크지만 일반적으로 100-300 bytes 정도로 BUNDLE 메시지를 이용하면 한 번에 10개 이상의 RSVP 메시지를 보낼 수도 있습니다.

③ EXPLICIT ROUTE object(ERO)와 ⑦ RECORD ROUTE(RR) 필드

③ EXPLICIT ROUTE object(이하 ERO)는 앞서 'ERO'에서 살펴본 것과 같이 해당 RSVP 패킷이 '앞으로' 지나갈 경로를 지정해 둔 것입니다. 반면 ⑦ RECORD ROUTE(이하 RR)는 해당 PATH 메시지가 '지나온' 경로를 기록해 둔 것입니다. REVP PATH 메시지를 받은 이그레스 LER은 PATH 메시지 안에 RR 정보를 보고, PATH 메시지가 지나온 경로를 알 수 있습니다. 덕분에 이그레스 LER은 PATH 메시지가 온 경로 그대로 RESV 메시지를 돌려보낼 수 있습니다.

그림 9.11에서 ③ ERO는 10.1.12.2 → 10.1.23.2 → 10.1.34.2입니다. RSVP 패킷이 ERO 대로 전송되었다면 이그레스 LER이 받은 RSVP PATH 메시지의 ERO와 RR 정보는 어떻게 구성될까요?

ERO 필드에는 10.1.34.2(자기 자신)만 남아 있고 ⑦ RR은 다음과 같이 기록됩니다.

```
∨ RECORD ROUTE: IPv4 10.1.34.1, IPv4 10.1.23.1, IPv4 10.1.12.1
    Length: 28
    Object class: RECORD ROUTE object (21)
    C-Type: 1
  > IPv4 Subobject - 10.1.34.1
  > IPv4 Subobject - 10.1.23.1
  > IPv4 Subobject - 10.1.12.1
```

▶ 그림 9.12 RSVP PATH RR 예시

---

[7] RFC 2961(2001) 〈RSVP Refresh Overhead Reduction Extensions〉 In '3. RSVP Bundle Message', "A Bundle message is used to aggregate multiple RSVP messages within a single PDU."

RR을 해석하면 밑에서부터 10.1.12.1 → 10.1.23.1 → 10.1.34.1을 거쳐 마지막 이그레스 LER(10.1.34.2)에 도착했다는 것을 알 수 있습니다. 헌데 자세히 보면 그림 9.11의 ③ ERO 와 그림 9.12에서 RR의 IP가 약간 다릅니다(그림 9.4 토폴로지 기준). ERO 필드에는 직접 연결된 인터페이스를 통해 패킷을 전달받을 상대편 IP를 기록하지만, RR에는 로컬 IP, 다시 말해 패킷을 내보낸 이그레스 인터페이스 IP를 기록하기 때문입니다.

참고로 ③ ERO를 자세히 보면 Object Class와 C-Type(Class Type)이 보입니다. Object Class와 C-Type은 ERO 필드 외에도 여러 RSVP 필드에서 사용되는데 BGP의 TLV와 유사하게 C-Type 바로 뒤에 이어지는 데이터가 어떤 데이터인지 알려 주는 역할을 합니다.[8]

④ SESSION_ATTRIBUTE 필드

SESSION_ATTRIBUTE 필드에는 LSP 터널의 Priority 및 Reservation Style에 관한 정보들이 들어 있습니다.

SESSION_ATTRIBUTE의 **Priority**는 Setup Priority와 Holding Priority 2가지 종류가 있습니다. 이때 각 Priority는 0-7까지 지정할 수 있습니다. 7은 가장 낮은 Priority, 0은 가장 높은 Priority를 의미합니다.

- **Setup Priority**: 경로상에 이미 만들어진 다른 세션이 있을 경우 기존 세션들을 밀어내고 해당 세션을 먼저 만드는 Priority입니다(preempt 동작). 다른 LSP 경로를 빼앗는 '공격' 우선순위입니다.
- **Holding Priority**: 한 번 만들어진 이후에 다른 신규 세션들에게 리소스를 빼앗기지 않는 우선순위입니다. '방어' 우선순위입니다.

그림 9.11과 같이 Setup Priority는 7인데, Holding Priority가 0이라면 세션을 만드는 Setup Priority가 낮기 때문에 기존 LSP를 종료시키면서까지 만들진 못합니다. 그러나 Holding Priority는 높기 때문에 한 번 LSP 터널이 만들어지면 다른 신규 세션들에게 자리를 내어 주지 않는, 즉 방어력이 높은 LSP 터널이 됩니다.

SE Style은 Reservation Style을 말합니다. RSVP 표준, RFC 2205에서 총 3가지의 Reservation Style을 정의했습니다.

---

[8] Object Class: 20 + C-Type: 1은 해당 필드가 ERO 정보를 담고 있다는 것을 의미합니다. 또 다른 예로 ① SESSION의 Object Class는 1입니다. 이 경우 C-Type = 1이라면 IPv4/UDP를 의미하고, C-Type = 2라면 IPv6/UDP를 의미합니다. 만일 IPv4-LSP(LSP_TUNNEL_IPv4)라면 C-Type = 7입니다.

- **FF**^{Fixed Filter} : 각 RSVP sender별로 B/W를 예약하여 사용합니다.
- **WF**^{Wildcard Filter} : 동일 목적지로 향하는 모든 RSPV sender가 하나의 B/W를 공유합니다.
- **SE**^{Shared Explicit} : 동일 목적지로 향하는 '일부 특정' RSVP sender가 B/W를 공유합니다.

RSVP-TE에서는 3가지 style 중 FF와 SE style을 잘 살펴보아야 합니다. 'ERO'에서 사용되었던 ERO 설정을 다시 살펴보겠습니다.

```
MPLS RSVP ERO (그림 9.4 토폴로지 기반)

ethan@R1> set MPLS LSP-define "R1-R2-R3-R4" strict-hop through 10.0.0.2, 10.0.0.3,
10.0.0.4
ethan@R1> set MPLS LSP-define "R1-R4" strict-hop through 10.1.14.2
ethan@R1> set MPLS RSVP-tunnel to 10.0.0.4 primary-LSP "R1-R2-R3-R4" secondary-LSP
"R1-R4"
```

이 커맨드에서는 가장 마지막 라인을 유심히 살펴볼 필요가 있습니다. 터널의 목적지, 10.0.0.4로 가는 RSVP 터널의 primary-LSP로 R1-R2-R3-R4 LSP를 이용하고 secondary-LSP로 R1-R4 LSP를 사용하라고 지정했습니다. 평상시에는 primary-LSP를 이용하다가 장애가 발생하면 secondary-LSP를 사용하라는 매우 대중적인 RSVP-TE 구성 중 하나입니다.

이때 primary-LSP와 secondary-LSP를 FF style을 사용하여 만들면 두 LSP 모두 각각 B/W를 예약해야 합니다. 예를 들어, 5 Gbps B/W를 필요로 한다면 primary-LSP용 5 Gbps 그리고 secondary-LSP용 5 Gbps를 각각 예약해야 합니다. 반면 SE style을 사용한다면 합쳐서 5 Gbps만 예약됩니다.

SE style은 **MBB**^{Make-Before-Break} 동작이 일어날 때 중요한 영향을 미칩니다. 사용 중인 RSVP 터널에 대역폭 증설^{Bandwidth-increase}을 하게 되면 기존 path의 속성값^{Attribute}을 업데이트하는 것이 아니라 새로운 LSP 터널을 하나 만들고 신규 터널로 트래픽을 옮기는 과정, 즉 경로 변경^{Reroute} 과정을 거치게 됩니다. 기존 터널을 종료한 후 새로운 터널을 만들어야 하기 때문에 이 과정에서 불가피하게 패킷 로스가 발생하게 됩니다. 그 대안으로 MBB라는 옵션을 사용할 수 있습니다.

MBB를 이용하면 터널 경로 변경이 필요할 때 primary-LSP를 바로 종료하면서 secondary

-LSP를 구성하는 것이 아니라 B/W를 늘려 둔 secondary-LSP를 미리 만든 뒤 경로를 변경합니다. 덕분에 경로 변경 과정에서 발생하는 패킷 로스를 방지할 수 있습니다.

그러나 이 MBB를 이용할 때 FF style을 사용하면 묘한 문제가 발생할 수 있습니다. FF style은 primary, secondary LSP의 B/W를 모두 별개로 예약하기 때문에 일부 구간에서 secondary-LSP를 만들지 못하는 경우가 발생할 수 있습니다. 예를 들어, 현재 5 Gbps의 B/W를 6 Gbps로 1 Gbps만 증설하고자 합니다. 그런데 하필 primary-LSP와 secondary-LSP 둘 다 경유해야 하는 10 Gbps 인터페이스가 하나 있다고 가정해보겠습니다. FF style을 사용한다면 secondary-LSP를 만들 수 있을까요? 아니요. 만들 수 없습니다. 인터페이스는 10 Gbps인데 기존에 있던 primary-LSP(5 Gbps)에 추가로 secondary-LSP(6 Gbps)를 예약하면 11 Gbps가 되므로 물리 인터페이스의 용량을 초과하기 때문입니다.

이러한 경우 SE style을 사용하면 문제를 해결할 수 있습니다. SE style을 사용하면 여러 LSP가 하나의 B/W를 공유합니다. 즉, 5 Gbps(primary-LSP) + 6 Gbps(secondary-LSP) 각각 따로 필요한 게 아니라, 두 primary, secondary LSP가 서로 6 Gbps B/W를 공유한다고 보고, 해당 RSVP 세션용으로 오직 6 Gbps만 예약하게 됩니다. MBB 모든 과정이 끝나면 결국 6 Gbps(secondary-LSP)만 남고, 5 Gbps(primary-LSP)는 종료될 것이기 때문에 MBB 옵션에 가장 적합한 Reservation Style이 SE style입니다.

그런데 그림 9.11에서는 secondary-LSP에 관한 정보가 보이지 않습니다. 중간 경로에 있는 LSP들은 그림 RSVP PATH 메시지의 어떤 부분을 보고 B/W를 공유하는 primary-LSP와 secondary-LSP를 알 수 있을까요? 이때 이용되는 정보가 바로 ① SESSION 필드에 담겨 있는 3가지 정보(Destination + Tunnel ID + Ext ID)입니다. primary, secondary-LSP의 경우 위 ① SESSION 필드 3가지 정보는 동일하지만 ⑤ SENDER TEMPLATE의 LSP ID가 다릅니다. 이 정보를 이용하여 중간 경로상의 LSR들이 B/W를 공유하는 SE style LSP를 구분할 수 있습니다.

MBB와 SE style에 대한 보다 자세한 내용은 RFC 3209 및 다음 RFC를 참조할 수 있습니다.

RFC 4090, RSVP-TE: Extensions to RSVP for LSP Tunnels
4.3. SESSION_ATTRIBUTE Flags
...

SE Style desired: 0x04
This flag indicates that the tunnel ingress node may choose to reroute this tunnel without tearing it down. A tunnel egress node SHOULD use the SE Style when responding with a Resv message. When requesting fast reroute, the head-end LSR SHOULD set this flag; this is not necessary for the path-specific method of the one-to-one backup method.

SE style: 0x04
이 플래그는 터널 시작 노드가 터널을 종료하지 않고 재라우팅할 수 있음을 나타냅니다. 터널의 이그레스 노드가 Resv 메시지로 응답할 때 SE Style로 응답해야 합니다. 빠른 재라우팅(fast reroute)을 요청할 때, 헤드 엔드 LSR은 이 플래그를 설정해야 합니다. 그러나 일대일 백업 방식의 경로(method-specific)에서는 필요 없습니다.

참고로 ④ SESSION_ATTRIBUTE 필드 가장 뒷부분에 [to_R4]는 관리자가 인그레스 LER에 설정한 터널 이름입니다.

⑤ SENDER TEMPLATE 필드

⑤ SENDER TEMPLATE은 RSVP sender에 관한 정보를 담고 있습니다. C-Type 값을 통해 해당 RSVP 세션의 sender가 어떤 프로토콜을 사용하는지 알 수 있습니다. 예를 들어, 순수 IPv4 sender는 C-Type 값이 1이고, 순수 IPv6 sender는 2, 그리고 우리가 지금 살펴보고 있는 LSP 터널 IPv4용이라면 C-Type 값이 7입니다.

RSVP-TE가 아닌 순수 IPv4용 RSVP의 ⑤ SENDER TEMPLATE에는 해당 RSVP 세션 src의 IP 및 UDP/TCP 포트 정보가 기록되어 있습니다. 그러나 우리가 살펴보고 있는 RSVP-TE에서는 터널 소스, 즉 인그레스 LER 주소 그리고 LSP ID 등이 기록되어 있습니다.

① SESSION 에는 Destination 정보가 있고 ⑤ SENDER TEMPLATE은 sender(src) 정보가 있습니다. 따라서 두 필드의 정보를 조합하면 해당 RSVP 세션이 어느 src에서 어느 dst로 가는지 알 수 있습니다.

⑥ SENDER TSPEC(traffic specification)

⑥ SENDER TSPEC 필드에서는 트래픽 예약에 관련된 내용이 담겨 있습니다. 다시 말해 예약하고 싶은 B/W가 얼마인지 적혀 있습니다. 그림 9.11의 ⑥ SENDER TSPEC 필드 description을 보면 (RSVP를 이용한) IntServ QoS 모델이라는 것을 볼 수 있습니다.

그 뒷부분의 "Token Bucket, 12500000 bytes/sec."는 토큰 버킷 알고리즘으로 예약하고 싶은 터널 B/W가 12500000 bytes/sec = 12.5 MBps (megabytes per second) = 100 Mbps (megabits per second)라는 것을 말합니다.

RSVP-TE를 사용한다고 해서 꼭 B/W를 지정해야 하는 것은 아닙니다. 별도로 B/W를 지정하지 않으면 토큰 버킷 속도$^{Token\ bucket\ rate}$가 0, 즉 0 bytes/sec으로 전송됩니다. B/W를 별도로 예약하지 않겠다는 뜻입니다.

RSVP-TE B/W 예약의 진실

RSVP-TE를 이용하여 B/W를 예약할 때 다소 놀라운 사실이 한 가지 있습니다. RSVP-TE는 예약이 중복되지 않도록 스케줄링만 해줄 뿐 예약치 이상의 트래픽이 발생하더라도 이를 조정하지 않는다는 점입니다. 다시 한번 강조하지만 RSVP-TE는 말 그대로 B/W를 '예약'하는 기능만 제공할 뿐입니다. 즉, 10 Gbps 인터페이스에 10 Gbps 이상의 RSVP 세션이 예약되지 않도록 관리할 뿐 해당 B/W만큼 트래픽을 보장해주는 것이 아닙니다.

예를 들어, 하나의 10 Gbps 인터페이스에 LSP A와 B가 각각 5 Gbps를 예약했다고 가정해 보겠습니다. 두 LSP 모두 5 Gbps까지만 트래픽을 보내야 다른 LSP의 B/W를 침해하지 않을 것입니다. 만일 LSP A가 순간적으로 8 Gbps의 트래픽을 보낸다면 LSP B는 2 Gbps밖에 사용하지 못할 것입니다. 그렇다면 RSVP-TE는 LSP A가 예약했던 5 Gbps만 사용하도록 트래픽을 제한할까요? 그렇지 않습니다.

RSVP-TE는 예약 B/W와 관계없이 모든 트래픽을 받아줍니다. 더 나아가 오버서브스크립션^{Oversubscription} 또한 허용됩니다. 예를 들어, 10 Gbps 인터페이스에 20 Gbps를 예약할 수도 있습니다. 그럼 대체 그림 9.11 ⑥ SENDER TSPEC의 "Token Bucket, 12500000 bytes/sec."는 무엇을 의미했던 것일까요? 이는 그저 12.5 MBps 트래픽을 '보장'해달라는 것이 아니라 그만큼 '예약'해달라는 의미입니다.

Token bucket, Rate & Burst 그리고 Peak

다음은 그림 9.11의 ⑥ SENDER TSPEC 필드를 확장한 것입니다. 다음 그림에서 핵심이 되는 ⓐ Token bucket, ⓑ Rate & Burst 그리고 ⓒ Peak를 살펴보겠습니다.

```
∨ SENDER TSPEC: IntServ, Token Bucket, 12500000 bytes/sec.
    Length: 36
    Object class: SENDER TSPEC object (12)
    C-Type: Integrated Services (2)
    0000 .... = Message format version: 0
    Data length: 7 words, not including header
    Service header: Traffic specification (1)
    Data length: 6 words, not including header
  ∨ Parameter: Token bucket (127) Rate=12500000 Burst=12500000 Peak=inf m=20 M=1500
       Parameter flags: 0x00        ⓐ                              ⓑ              ⓒ
       Parameter length: 5 words, not including header
       Token bucket rate: 1.25e+07
       Token bucket size: 1.25e+07
       Peak data rate: inf
       Minimum policed unit [m]: 20
       Maximum packet size [M]: 1500
```

▶ 그림 9.13 RSVP PATH SENDER TSPEC 예시

ⓐ Token bucket(127)은 RFC 2215[9]에서 정의된 것과 같이 peak rate [p], minimum policed unit [m] 그리고 a maximum packet size [M]으로 구성된 simple token bucket filter를 사용한다는 의미입니다.[10] ⓑ (Token bucket) Rate와 Burst 값은 앞서 ⓑ SENDER TSPEC에서 설명한 바와 같이 예약하고 싶은 B/W를 의미하며 그 값으로 12.5 MBps(100 Mbps)를 볼 수 있습니다. 그 다음이 중요한데 ⓒ Peak=inf, 즉 Peak data rate가 infinity(inf)입니다. Peak rate가 무제한이기 때문에 이는 사실상 트래픽 제어를 원하지 않는다는 뜻입니다.

왜 제한하지 않을까요? 결론부터 말하자면 **트래픽 제한**Traffic rate-limit은 전체 MPLS 네트워크 중 인그레스 LER에서 단 한 번 이뤄지는 것이 가장 이상적이기 때문입니다. 주요 네트워크로 패킷이 들어오는 '그 입구'에서 적절한 트래픽 제한이 이뤄진다면 굳이 다른 네트워크 장비에서 트래픽 제한을 위한 리소스를 소모할 필요가 없습니다. 이에 관해서는 RFC 2212의 'Policing' 에서 다음과 같이 상세히 서술되어 있습니다.

---

9 RFC 2215(1997) 〈General Characterization Parameters for Integrated Service Network Elements〉, '3.6. TOKEN_BUCKET_TSPEC'

10 RFC 2210, 〈The Use of RSVP with IETF Integrated Services〉의 '3.1. RSVP SENDER_TSPEC Object'에 기술된 바와 같이 RSVP SENDER TSPEC 중 service number (service header) = 1, Parameter ID = 127인 경우 TOKEN_BUCKET_TSPEC을 의미합니다.

RFC 2212(1997) 〈Specification of Guaranteed Quality of Service〉

Policing

There are two forms of policing in guaranteed service. One form is simple policing (hereafter just called policing to be consistent with other documents), in which arriving traffic is compared against a TSpec. The other form is reshaping, where an attempt is made to restore (possibly distorted) traffic's shape to conform to the TSpec, and the fact that traffic is in violation of the TSpec is discovered because the reshaping fails (the reshaping buffer overflows).

Policing is done at the edge of the network. Reshaping is done at all heterogeneous source branch points and at all source merge points. A heterogeneous source branch point is a spot where the multicast distribution tree from a source branch to multiple distinct paths, and the TSpec's of the reservations on the various outgoing links are not all the same. Reshaping need only be done if the TSpec on the outgoing link is "less than" (in the sense described in the Ordering section) the TSpec reserved on the immediately upstream link. A source merge point is where the distribution paths or trees from two different sources (sharing the same reservation) merge. It is the responsibility of the invoker of the service (a setup protocol, local configuration tool, or similar mechanism) to identify points where policing is required. Reshaping may be done at other points as well as those described above. **Policing MUST not be done except at the edge of the network.**

폴리싱

서비스 보장(Guaranteed Service)을 위한 2가지 형태의 폴리싱이 있습니다. 첫 번째는 단순 폴리싱 Simple policing(이하 폴리싱)으로 트래픽을 직접 TSpec^{Traffic Specification}과 비교합니다. 두 번째는, 리셰이핑 Reshaping으로, (왜곡된)트래픽 모양을 TSpec에 맞게 복원하려고 시도하다가 실패(버퍼 오버플로)하여 감지됩니다.

폴리싱은 꼭 네트워크 에지에서 수행되어야 하는 반면 리셰이핑은 각종 이기종 소스 브랜치 포인트^{Heterogeneous source branch point}와 소스 병합 포인트^{Source merge point}에서 수행됩니다. 이기종 소스 분기 지점은 멀티캐스트 트리가 여러 다른 경로로 분기되는 지점이며, 아웃고잉^{Outgoing} 링크별 TSpec이 다를 수 있습니다. 이때 링크의 TSpec이 업스트림보다 작을 때만 리셰이핑이 수행됩니다. 소스 병합 포인트는 서로 다른 두 소스(동일 예약 공유)의 전파 경로(트리)가 합쳐지는 구간입니다. 폴리싱 필요 지점 식별은 서비스 요청자(설정 프로토콜, 로컬 설정 툴 또는 이와 유사한 메커니즘)의 책임입니다. 리셰이핑은 앞서 기술하지 않은 곳에서도 수행될 수 있지만 폴리싱은 반드시 네트워크의 에지에서만 수행되어야 합니다.

이 내용을 축약하자면 "폴리싱(트래픽 제어)은 네트워크의 에지(RSVP-TE 네트워크에서는 인그레스 LER)에서 한 차례 이뤄져야 하고, 그 외 지점에는 적용되면 안 된다."는 것입니다. 단, 여러 소스에서 오는 트래픽들이 중간 경로에서 합쳐져 예약한 용량을 초과하는 경우에는 다시 한번 **리셰이핑**Reshaping을 해줘야 합니다. 이러한 리셰이핑 작업은 RSVP-TE LSP가 아닌 일반 IP 네트워크에서는 매우 빈번하게 발생합니다.

IP 네트워크는 일반 도로와 같습니다. RSVP-TE처럼 지정된 터널을 따라 패킷이 움직이는 것이 아니라 예측하기 어려운 다양한 경로로 트래픽이 모이기도 하고 또 흩어지기도 합니다. 따라서 과도하게 트래픽이 몰리는 구간에선 트래픽 제한, 즉 리셰이핑이 필요합니다. 그러나 RSVP-TE로 만든 LSP는 터널입니다. 따라서 차량(패킷)이 한 번 들어가면 반대편 출구까지 모두 동일한 경로를 이용할 수밖에 없습니다.

예외적으로 RSVP-TE 네트워크에서 여러 src(sender, 다수의 인그레스 LER)에서 출발한 LSP 터널이 경로 중간에서 합쳐질 수 있을까요? 다시 말해 터널을 완전히 통과한 뒤 차량(패킷)이 뒤섞이는 것이 아니고 터널 자체가 경로 중간에서 합쳐질 수 있을까요? 또는 인그레스는 여러 개인데 이그레스는 하나인 LSP를 만들 수 있을까요? 아니요, 없습니다. 이러한 종류의 RSVP-TE 터널 네트워크를 필요로 하는 경우가 드물기 때문에 공식 표준화된 적이 없습니다.

> **Tip.** 여러 MPLS 표준에서 언급되는 병합 지점Merge point 등은 주로 터널 자체가 합쳐지는 것이 아니라 두 터널 각각의 트래픽이 엔드포인트, 다시 말해 이그레스 LER에서 트래픽이 합쳐진 뒤 새로운 터널로 들어가는 구조를 말합니다. 예시로 MP2PMultipoint-to-point LSP가 있습니다.

정리하면 인그레스 LER에서 요구한 B/W만큼만 트래픽을 딱 잘라서 폴리싱, 셰이핑 과정을 거친 다음 전송한다면 이론적으로 중간 RSVP-TE 경로상에서 병목 현상이 발생할 가능성이 없습니다(단, 여기서는 non-RSVP 트래픽 등은 고려하지 않습니다.). 따라서 중간 노드(LSR)에서 굳이 리소스를 소모해가며 폴리싱이나 셰이핑 등을 하지 않아도 되는 것입니다.

인그레스 LER 폴리싱

RSVP-TE에서 B/W를 지정하면 RSVP 예약 과정을 통해 비교적 안정적인 네트워크를 구성할 수 있을 것입니다. 그러나 B/W가 '보장되는' RSVP-TE 네트워크를 구성하고 싶다면 앞서 살펴본 바와 같이 인그레스 LER에서 일반Native IP 패킷을 받을 때 폴리싱 혹은 셰이핑을 수행하여 자신이 예약한 B/W만큼만 전송할 수 있도록 제한해야 합니다.

만일 모든 인그레스 LER이 RSVP-TE로 예약한 만큼의 B/W만 허용한다면 완벽한 MPLS-TE 망을 구성할 수 있을 것입니다. MPLS VPN 네트워크라면 CECustomer Edge 라우터와 연결된 PEProvider Edge 라우터의 인터페이스에서 예약하는 B/W 만큼(예. 1 Gbps) 인그레스 폴리서policer를 적용하면 됩니다. 그러나 인그레스 LER(예. MPLS VPN의 PE 라우터)에 인터페이스가 많고, 개별로 예약하고자 하는 B/W가 매우 다양하다면 폴리서 설정 작업이 매우 번거로울 수 있습니다. 이에 따라 일부 벤더는 RSVP-TE에서 예약하는 B/W만큼 자동으로 인그레스 인터페이스 방향에 폴리서를 적용해 주는 기능(예. MPLS 자동 폴리싱Auto-policing) 등을 지원하기도 합니다.

RSVP RESV 메시지 분석

지금까지 RSVP PATH 메시지에 대해 살펴보았습니다. 이번에는 RSVP RESV 메시지를 살펴보겠습니다. RSVP RESV 메시지는 RSVP PATH가 요청한 내용을 받아들여 리소스를 예약(RESV)하겠다는 의미의 메시지이기 때문에 REVP PATH 메시지를 잘 이해했다면 RESV 메시지 해석은 쉬운 편입니다. 다음 그림은 RSVP RESV 메시지로, 그림 9.11의 RSVP PATH 메시지에 대한 응답입니다.

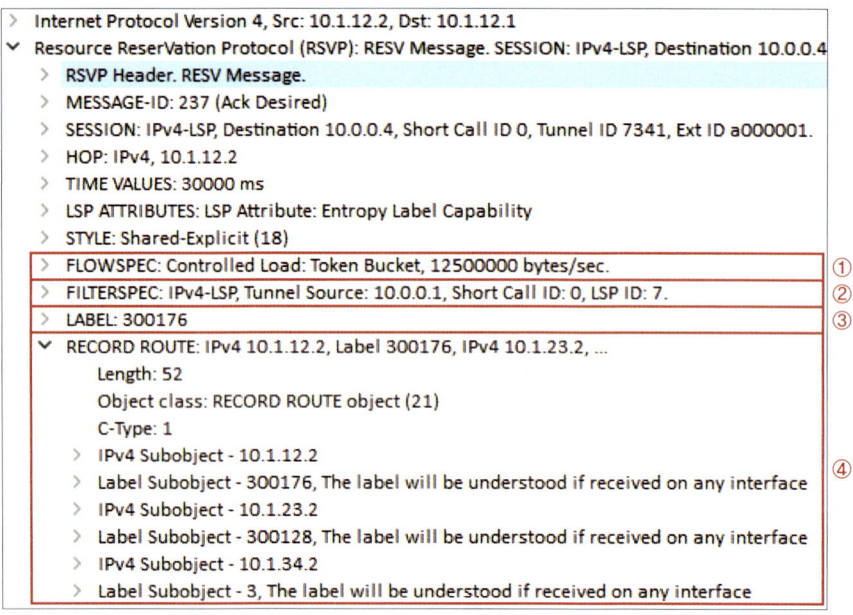

▶ 그림 9.14 RSVP RESV 패킷 예시

① FLOWSPEC은 RSVP PATH 메시지의 'SENDER TSPEC(traffic specification)'에서 살펴본 것과 동일합니다. ② FILTERSPEC은 해당 RSVP 세션에 매칭되는 패킷 조건들을 적어 둔 필드로, 패킷 분류기Packet classifier라고 할 수 있습니다. 그림 9.14는 그림 9.11 메

시지에 대한 응답이기 때문에 그림 9.11의 ⑤ SENDER TEMPLATE 내용이 그림 9.14의 ② FILTERSPEC에 그대로 들어가 있는 것을 볼 수 있습니다.

RSVP RESV 메시지와 RSVP PATH 메시지를 비교했을 때 눈에 띄게 달라진 필드는 ③ LABEL과 ④ RECORD ROUTE(이하 RR, RRO - RECORD ROUTE object)입니다. ④ RR에는 RSVP RESV 메시지가 지나온 경로가 적혀 있습니다. 구체적으로 살펴보면 10.1.34.2(그림 9.4 기준, R4) → 10.1.23.2(R3) → 10.1.12.2(R2)를 거친 뒤 IP 헤더에 적힌 Dst인 10.1.12.1(R1)로 보내진 것을 볼 수 있습니다.

가장 마지막으로 RSVP RESV 메시지를 받을 10.1.12.1 LSR(인그레스 LER)에게 제일 중요한 건 바로 이웃한 R2의 ③ LABEL입니다. 앞서 그림에서 바로 옆 이웃, R2의 라벨은 300176입니다. 10.1.12.1(R1) LSR이 R2에게 MPLS 라벨 300176으로 패킷을 전송하면 R4까지 마치 데이지 체인$^{Daisy\ chain}$처럼 라벨이 교체되며 전송될 것입니다. 앞서 그림의 ④ RR 정보의 라벨을 분석하면 R2 이후에는 300176 → 300128 → 3(암묵적 NULL) 순서로 라벨이 사용될 것임을 알 수 있습니다.

RSVP RSEV 메시지가 최종적으로 sender(src, 인그레스 LER)에게 전달되면 정상적으로 RSVP-TE LSP가 오픈될 것입니다. RSVP-TE LSP가 오픈되면 라우터들은 그림 9.14의 ① - ④와 같은 RSVP RESV 메시지의 주요 정보를 RSB$^{Reservation\ State\ Block}$라는 내부 공간(메모리)에 저장하여 해당 LSP의 특성을 기록해 둡니다. 참고로 RSVP PATH 메시지는 PSB$^{Path\ State\ Block}$라는 곳에 저장합니다.

9.4 MPLS VPN

MPLS 프로토콜을 이용한 VPN을 **MPLS VPN**이라고 하는데 TDM에 비해 구성 및 관리가 용이합니다. 때문에 글로벌 회선 서비스 사업자들에게 매우 사랑받는 프로토콜 중 하나입니다. 이번 학습에서는 MPLS VPN을 구성하는 각종 기술들에 대해 살펴보겠습니다.

앞서 살펴본 LDP와 RSVP, 즉 MPLS 시그널링 프로토콜은 '사업자(들) 라우터'를 서로 연결해주는 프로토콜입니다. MPLS VPN에서는 사업자 라우터 밑에 연결된 '고객사 간의 라우팅 정보'를 연결해줄 프로토콜이 필요합니다.

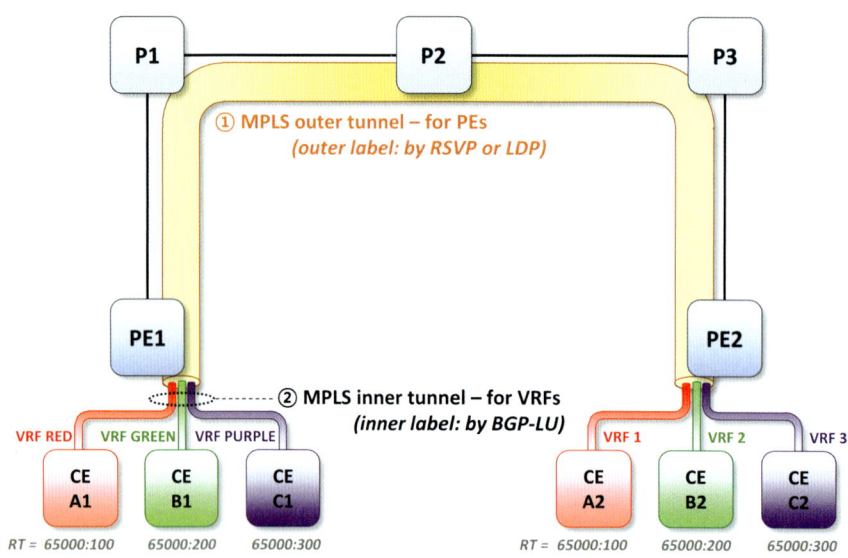

▶ 그림 9.15 MPLS VPN 터널

그림에서 ① MPLS 바깥쪽 터널Outer tunnel(주황색 터널)은 LDP나 RSVP를 이용해 통신 사업자 라우터 사이를 연결한 터널입니다. 이에 반해 ② MPLS 안쪽 터널Inner tunnel(빨간색, 초록색, 남색 터널)은 그 밑에 연결된 고객사 라우터들 사이의 터널입니다. 이처럼 MPLS VPN은 일반적으로 MPLS 라벨 2개를 스태킹해서 터널-인-터널^{Tunnel in tunnel} 형태로 구성합니다. 터널 안에 터널을 만들기 때문에 계층 구조의 MPLS라고 부르기도 합니다.

MPLS VPN에 대해 자세히 알아보기 전에 먼저 용어를 정리할 필요가 있습니다. MPLS VPN에서는 각 컴포넌트를 보다 명확히 구분할 수 있도록 라벨을 하나 사용하는 일반 MPLS 용어(예. LSR/LER)와 다른 용어들로 라우터를 구분합니다.

MPLS VPN 네트워크에서는 포지션에 따라 라우터를 달리 부르는데 P[Provider]와 PE[Provider Edge]는 통신 사업자(예. ISP) 내에 있는 라우터를 말하고 CE[Customer Edge]는 고객 라우터를 말합니다. 이들의 정확한 의미는 다음과 같습니다.

- **CE 라우터**: MPLS VPN 서비스를 받는 고객사 라우터를 말합니다.
- **PE 라우터**: LER과 유사합니다. CE와 맞닿아 있는 라우터를 말합니다.
- **P 라우터**: LSR과 유사합니다. 즉, P 라우터는 CE와 맞닿아 있지 않은 MPLS 라우터, 다시 말해 터널의 끝이 아닌 경로 중간의 MPLS 라우터를 말합니다.

MPLS CE 라우터

CE 라우터는 고객사의 네트워크 라우터를 말합니다. 일반적으로 OSPF나 BGP와 같은 동적 라우팅 프로토콜을 이용하여 PE 라우터와 네이버십을 맺습니다. 이를 통해 자신의 라우팅 정보를 PE에게 전달하거나 반대로 다른 CE의 라우팅 정보를 PE를 통해 받습니다.

MPLS P 라우터

P 라우터는 순수하게 각 PE를 연결해주는 역할만 수행합니다. 즉, 그림 9.15에서 (주황색 터널) ① MPLS 바깥쪽 터널용 MPLS 라벨 정보만 습득하고 포워딩해주면 됩니다.

PE의 경우 VRF(자세한 내용은 이후 'VRF'에서 살펴볼 예정)별 각 라우팅 테이블을 구분·관리해야 할 뿐 아니라 CE의 라우팅 테이블 엔트리로 인한 리소스 소모가 매우 큽니다. 예를 들어, PE1 밑에 1000개의 CE가 연결되어 있다면 이들의 라우팅 테이블을 모두 개별적으로 관리하고 실시간으로 업데이트해야 합니다.

P 라우터는 이와 비교할 수 없을 만큼 간단한 작업만 수행합니다. PE에 비하면 매우 소량의 (MPLS 라우터용) MPLS 라벨 정보만 관리하기 때문에 그만큼 MPLS VPN 네트워크에서 가장 장애가 없는 장비이기도 합니다. 예를 들어, 그림 9.15에서 P1은 P2, P3 그리고 PE1, PE2의 라벨만 습득하면 끝입니다.

PE1과 PE2 밑에 수백, 수천 개의 CE 라우터가 연결되어 있더라도 P 라우터와는 전혀 관련이 없습니다. P 라우터는 각 MPLS 라우터를 연결하는 ① MPLS 바깥쪽 터널만 담당하기 때문입니다. 이때 ① MPLS 바깥쪽 터널을 위한 MPLS 시그널링 프로토콜로 앞서 살펴본 LDP나 RSVP가 주로 이용됩니다.

MPLS PE 라우터

PE 라우터는 MPLS VPN의 핵심 컴포넌트로, 가장 많은 작업을 수행합니다. PE는 자신과 직접 연결된 CE 라우터의 라우팅 정보를 다른 PE 라우터에게 전달하고, 또 반대로 다른 PE 라우터로부터 전달받은 다른 CE 라우터 라우팅 정보를 자신에게 연결된 CE 라우터에게 전달해 줍니다.

예를 들어, 그림 9.15에서 PE1은 CE A1에게서 받은 라우팅 정보를 PE2로 전달합니다. 그리고 반대로 PE2로부터 받은 CE A2 정보를 CE A1에게 전달합니다. 이때 눈여겨보아야 할 것이 있습니다. PE1과 PE2는 전달받은 라우팅 정보가 어느 CE용 정보인지 어떻게 구분할까요? PE1 밑에는 CE A1, B1, C1이 연결되어 있습니다. 어떤 라우팅 정보를 PE2로부터 받았을 때 이 정보가 A1용인지 B1용인지 아니면 C1용인지 어떻게 구별할까요?

VRF

하나의 PE 밑에는 서로 관련 없는 다양한 고객사의 CE가 연결될 수 있습니다. 따라서 이들의 네트워크를 논리적으로 분리하는 작업이 필요합니다. 이때 사용되는 기술이 바로 **VRF**^{Virtual Routing and Forwarding}입니다.

VRF는 논리적 혹은 물리적 인터페이스 단위로 설정하며 VRF를 사용하면 마치 VLAN으로 L2 영역을 분할하듯이 각 인터페이스 간 L3 영역을 완전히 분리합니다. 따라서 그림 9.15에서 CE A1, B1, C1의 트래픽을 완전히 구분하여 처리할 수 있습니다. 만일 하나의 라우터에 100개의 VRF를 구성한다면 한 라우터 안에 완전하게 분리된 100개의 라우팅 프로토콜, RIB 과 FIB가 존재하게 됩니다.

VRF로 나뉜 네트워크는 L3 공간이 완전히 분리되기 때문에 VRF 간 통신이 불가능합니다. 굳이 통신이 필요하다면 VRF 간에 물리 회선을 연결하거나 강제로 라우팅 테이블이 섞이도록 하는 라우트 리킹^{Route leaking} 등의 기술을 이용해야 합니다.

MP-BGP(BGP-LU)

그림 9.15에서 PE1은 자신에게 연결된 CE A1, B1, C1에서 받은 라우팅 정보를 PE2에게 전달해줘야 합니다. 그리고 이 라우팅 정보를 받은 PE2는 '같은 영역의' VRF에 있는 CE 라우터에게 전달해주어야 합니다. 쉽게 말해, 같은 색 CE들끼리 라우팅 정보를 서로 주고받을 수 있어야 합니다.

PE1과 CE A1이 VRF 'RED' 안에서 OSPF로 네이버십을 맺고 있다고 가정해보겠습니다. CE A1에서 받은 OSPF 라우팅 정보, 즉 LSDB를 전달받은 PE1은 LSDB에 'RED' 태그(Route Target)를 붙여서 PE2에게 전달합니다. 이후 PE2는 해당 태그를 보고 동일한 'RED' VRF에 속해 있는 CE A2에게 전달해줍니다.

PE1과 PE2는 어떤 프로토콜로 CE의 라우팅 정보(예. LSDB)를 서로에게 전달할까요? 라우팅 프로토콜 중 가장 유연하고 다양한 정보를 전달할 수 있는 프로토콜, 바로 MP-BGP를 이용합니다. 앞서 '8.2 BGP'에서 살펴봤듯이 MP-BGP는 IP뿐 아니라 다양한 형태의 라우팅 정보, 즉 **NLRI**^{Network Layer Reachability Information}를 전송할 수 있도록 설계된 프로토콜입니다. BGP-LU^{Labeled Unicast}는 그중에서도 Labeled VPN 정보, 즉 VRF 내의 라우팅 정보를 다른 라우터에게 전달할 수 있도록 설계된 MP-BGP를 말합니다.[11] 다음 그림은 MP-BGP(BGP-LU) 메시지 샘플로, BGP-LU UPDATE 패킷입니다. ②와 ③ 필드를 통해 MP-BGP 중에서도 VPN 정보를 전달하는 BGP-LU라는 것을 알 수 있습니다.

조금 더 구체적으로 살펴보면 ② Type Code: MP_REACH_NRLI는 해당 BGP 메시지가 여러 종류의 라우팅 정보(예. IPv6, IPX, L3VPN 등)를 전달할 수 있는 MP-BGP라는 것을 말하고 있습니다. ③ Subsequent Address Family Identifier(SAFI): Labeled VPN Unicast는 해당 BGP 메시지가 VPN 라우팅 정보를 가지고 있는 BGP-LU임을 알려 줍니다.

---

[11] RFC 3107(2001), 〈Carrying Label Information in BGP-4〉

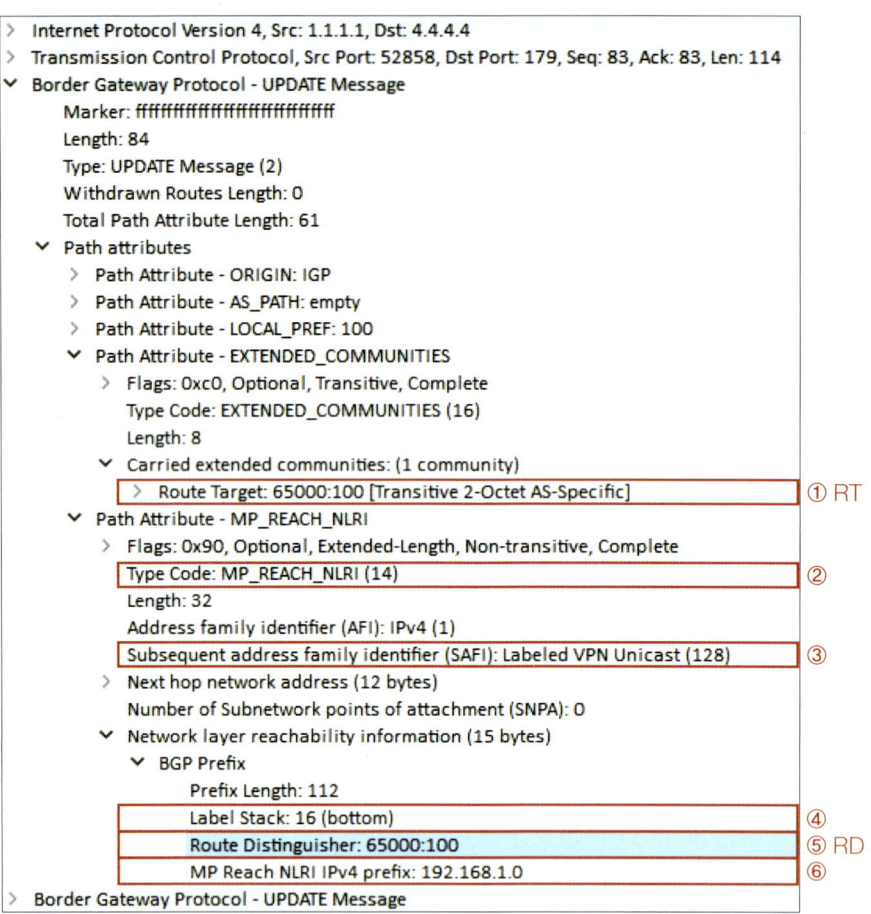

▶ 그림 9.16 MP-BGP (BGP-LU) UPDATE 메시지 예시

RD & RT(BGP-LU UPDATE 메시지)

BGP-LU로 VPN 정보를 전달할 때 가장 핵심이 되는 두 필드는 ① RT$^{\text{Route Target}}$와, ⑤ RD$^{\text{Route Distinguisher}}$입니다. RT는 해당 BGP UPDATE 메시지가 어느 VRF용 정보인지 구분해 주는 태그(BGP 커뮤니티)고, RD는 CE의 프리픽스가 겹치더라도 이들을 구별할 수 있도록 해주는 주소 체계입니다.

Route Target

그림 9.15와 같이 PE1과 PE2 밑에 각각 3개의 고객사가 연결되어 있고, 고객사별로 완전히 독립된 MPLS VPN 서비스를 제공한다고 가정해보겠습니다. 3개의 고객사가 모두

192.168.1.0/24라는 동일한 프리픽스를 사용한다면 당연히 충돌이 발생할 것입니다. 앞서 살펴보았듯이 이를 방지하기 위해서 총 3개의 VRF를 만들어야 합니다.

VRF를 만들 때는 이름이 필요합니다. PE1은 VRF 이름을 각각 RED, GREEN, PURPLE이라고 색으로 이름을 지었습니다. PE2에도 이름을 지어 주려는데, 아뿔싸. PE2 라우터는 VRF 이름으로 숫자만 사용합니다. 어쩔 수 없이 VRF 1, 2, 3이라고 지었습니다. PE1의 VRF RED와 PE2의 VRF 1이 서로 라우팅 정보를 교환해야 합니다.

VRF 이름이 다른데 어떻게 서로의 라우팅 정보를 교환하도록 할 수 있을까요? 해답은 간단합니다. 그림 9.16의 ① RT를 동일하게 설정하면 됩니다. PE1의 VRF RED의 RT가 65000:100이고 PE2의 VRF 1의 RT 또한 65000:100이라면 같은 RT를 사용하므로 BGP-LU를 통해 CE로부터 받은 라우팅 정보를 서로 교환할 수 있습니다.

참고로 ① RT는 데이터 영역이 총 6 bytes인 BGP Extended Communities[12] 로, BGP-LU를 사용하는 장비들은 다음 3가지 RT 형식 중 하나로 통일해야 합니다.

- **Two-Octet AS Specific Extended Community**: (2 bytes) AS + (4 bytes) number
- **IPv4 Address Specific Extended Community**: (4 bytes) IPv4 + (2 bytes) number
- **4-Octet AS Specific Extended Community**: (4 bytes) AS + (2 bytes) number[13]

그림 9.15의 토폴로지를 살펴보면 각 VRF 아래에 회색 글자로 Two-Octet AS Specific Extended Community, 즉 65000:100, 65000:200, 65000:300을 사용하고 있습니다.

RT 값이 같으면 같은 VRF?

RT 값이 같을 경우 '같은 성격의' VRF로 간주하는 것이 일반적입니다. 즉, 65000:100이라는 RT 값이 일치하는 경우에 서로 라우팅 정보를 교환하는 것이 일반적입니다. 그러나 관리자가 다르게 설정할 수도 있습니다. 예를 들어, 그림 9.15의 VRF RED 안에 CE A1로부터 받은 라우팅 정보를 PE2로 광고할 때 RT 값, 정확하게는 내보내는Export RT 값은 65000:100을 사용하고 반대로 받아들이는Import RT 값은 65000:200 혹은 65000:300을 설정할 수도 있습니다.

이렇게 설정하면 CE A1 정보가 PE1 → PE2로 전파될 때 내보내는 RT 값이 65000:100이라고 전파됩니다. PE2에서 RT 65000:100을 CE A2로 보내도록 설정되어 있다면 결과적으로

---

12 RFC 4360(2006), 〈BGP Extended Communities Attribute〉 참조
13 RFC 5668(2009), 〈4-Octet AS Specific BGP Extended Community〉 참조

CE A1 → CE A2로 라우팅 정보가 전달될 것입니다. 반면 받아들이는 RT 값은 65000:300으로 설정했고, PE2는 CE C2 라우팅 정보를 65000:300으로 보냈다면 결과적으로 CE C2 → CE A1으로 라우팅 정보가 전달될 것입니다.

Route Distinguisher

그렇다면 RD는 무슨 용도일까요? RD는 Route Distinguisher의 약자로, 프리픽스를 구분하는 용도라는 것은 대략 짐작할 수 있을 것입니다. 일반적으로 다음과 같이 RT와 RD 값을 동일하게 설정합니다.

```
VRF 내 RT 및 RD 선언

ethan@LER> set VRF "RED" interface port-0/0/0
ethan@LER> set VRF "RED" route-target 65000:100
ethan@LER> set VRF "RED" route-distinguisher 65000:100
```

그림 9.16에서도 ① RT 값과 ⑤ RD 값이 동일한 것을 볼 수 있습니다. 그러나 RT와 RD 값이 꼭 같아야 하는 것은 아닙니다. 다음 그림을 통해 더 자세히 살펴보겠습니다.

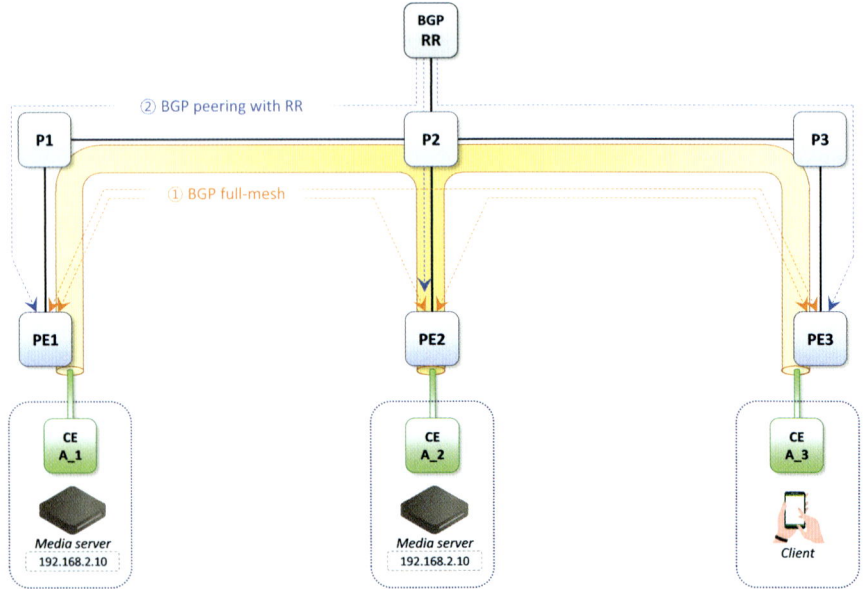

▶ 그림 9.17 RD 예시 토폴로지

ISP의 PE1, PE2, PE3 라우터 밑에는 각 지역별 오피스, CE A_1, CE A_2, CE A_3가 연결되어 있습니다. CE A_1과 CE A_2 라우터 밑에는 동영상 서비스 서버$^{\text{Media server}}$가 존재하며 Anycast를 위해서 192.168.2.10이라는 IP를 동일하게 사용한다고 가정해보겠습니다.

고객사는 CE A_3 라우터 밑에 존재하는 오피스 내부 클라이언트들이 Anycast 형태로 어떤 때는 CE A_1로, 또 어떤 때는 CE A_2로 패킷이 (5-tuple ECMP 기반의) 로드 밸런싱$^{\text{Load-balancing}}$되길 바랍니다.

PE1, PE2, PE3 간의 BGP-LU가 ① **BGP full-mesh(주황색 실선)** 구조였을 때는 문제가 없었습니다. CE A_3 라우터에서 CE A_1과 CE A_2로 가는 각각의 라우트가 모두 보였기 때문입니다. 그러나 MPLS 서비스 사업자가 BGP RR$^{\text{Route Reflector}}$을 도입하자 문제가 생겼습니다.

사실 소규모 MPLS 망을 운영할 때는 ① BGP full-mesh 구조로 운영해도 큰 문제가 없었습니다. 그러나 점차 MPLS 네트워크가 커지면 모든 PE끼리 1:1 네이버십을 맺어야 하는 ① full-mesh 구조는 관리하기가 어려워집니다. 이를 극복하기 위해 MPLS 사업자가 ② **BGP peering with RR(파란색 실선)** 을 도입했습니다. 이제 모든 PE는 오직 BGP RR과 1:1 BGP 네이버십을 맺으며 이 RR을 통해 다른 PE들의 BGP 정보를 받을 수 있게 됩니다.

그림 9.17에서 PE1과 PE2는 동일한 동영상 서비스 서버 프리픽스, 즉 192.168.2.10을 광고합니다. 그럼 BGP RR은 PE1과 PE2에서 올라온 2개의 '동일한' 프리픽스 모두 PE3에게 광고할까요? 결론부터 말하자면 PE1과 PE2의 RD가 '같으면' 하나만, '다르면' 둘 다 광고합니다.

그림 9.16에서 프리픽스, 좀 더 정확히는 NLRI는 192.168.1.0이 아니라 ⑤ RD와 ⑥ IPv4 프리픽스가 같이 합쳐져 65000:100:192.168.1.0입니다. RD는 쉽게 말해, IP 프리픽스 앞에 붙이는 'extended' 프리픽스라고 할 수 있습니다.

물론 BGP UPDATE 메시지에서 콜론(:)으로 보기 좋게 구분되어 있는 것은 아닙니다. 실제 메시지 내부에 65000:100:192.168.1.0이라는 값은 hex로 00 00 fd e8 00 00 00 64 c0 a8 01과 같이 콜론 없이 나열됩니다. 참고로 맨 앞의 00 00은 RD 타입(포맷) 필드입니다.

> **NOTE** **BGP 메시지에서 IPv4 프리픽스 길이는 왜 24 bits까지만 유효할까?**
>
> IPv4 주소 192.168.1.0은 4자리, 즉 4 bytes(32 bits)인데 hex 값으로는 c0 a8 01 총 3 bytes만 표기된 것을 볼 수 있습니다. 이는 오타가 아닙니다. 그림 9.16의 ④번 박스 윗칸의 Prefix Length 값이 112 (bits = 14 bytes)입니다. 여기서 Prefix Length는 RFC 3107 에서 "The Length field indicates the length in bits of the address prefix plus the label(s)."와 같이 서술된 것처럼 3개 필드, Label Stack, RD, IPv4 프리픽스를 모두 합한 값입니다. ④ Label Stack은 3 bytes, RD는 8 bytes입니다. 이들을 Prefix Length에서 제외하면 14 bytes − 3 bytes(Label stack) − 8 bytes(RD) = 3 bytes, 다시 말해 24 bits 입니다. 즉, IPv4 중 오직 앞의 24 bits까지만 프리픽스로 유효하므로 뒷부분 8 bits는 0으로 간주하고, 처음부터 BGP 메시지에 포함하지 않은 것입니다.

본래 IPv4 프리픽스 길이는 32 bits지만, RD(검은색+주황색+파란색) 64 bits(8 bytes)를 앞에 붙여서 총 길이는 96 bits가 됩니다. 이제 RR은 IPv4 주소 32 bits가 아니라, 96 bits 프리픽스(RD + IPv4 프리픽스)를 기준으로 중복 여부를 판단합니다. 따라서 IPv4 프리픽스가 같더라도 RD 값이 다르면 다른 프리픽스로 취급합니다.

그림 9.17에서 PE1과 PE2의 RD 값이 다르다면 ② BGP peering with RR 구조에서도 Anycast 로드 밸런싱에 문제가 없습니다.

RD 타입(포맷)

앞서 살펴본 00 00 fd e8 00 00 00 64 c0 a8 01에서 RD가 사용하는 8 bytes 중 맨 앞 2 bytes, 즉 검은색 부분은 RD 타입을 구분하는 데 사용합니다. 나머지 6 bytes(주황색 + 파란색, Administrator subfield + Assigned Number subfield) 부분이 RD 실제 데이터, 즉 Value용으로 사용됩니다.

RD 타입은 총 3가지가 있으며 RFC 4364, <BGP/MPLS IP Virtual Private Networks (VPNs)>의 '4.2. Encoding of Route Distinguishers'에서 확인할 수 있습니다.

RD 타입	Administrator subfield	Assigned Number subfield	예시
0	2 bytes	4 bytes	ASN(BGP, 2 bytes) + number(4 bytes)
1	4 bytes	2 bytes	IPv4(4 bytes) + number(2 bytes)
2	4 bytes	2 bytes	4 bytes ASN(BGP) + number(2 bytes)

▶ 표 9.2 Encoding of Route Distinguishers

운영자는 이 3가지 RD 타입 중에 하나를 택해야 하며 서로 통신하는 PE끼리는 같은 RD 타입을 사용해야 합니다. 특히 BGP RR을 사용한다면 망 내의 모든 PE에 동일한 RD 타입 사용을 권장합니다.

MPLS 내부 라벨

CE A1과 CE A2 간에 라우팅 정보가 아닌 실제 데이터 패킷을 전달할 때 그 MPLS 패킷은 어떻게 생겼을까요? 다음은 MPLS VPN 패킷 구조를 그린 것입니다.

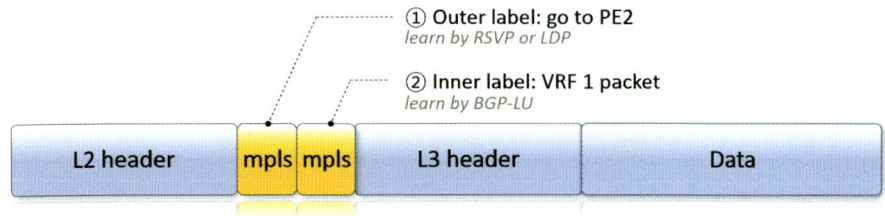

▶ 그림 9.18 MPLS VPN 패킷 예시

이 그림에서 ① 외부Outer 라벨(라벨 스태킹 그림 9.3의 ①과 동일)은 PE2를 찾아가기 위해 사용되는 라벨입니다. 반면 ② 내부Inner 라벨(그림 9.3의 ②와 동일)은 MPLS 패킷의 데이터, 쉽게 말해 원본 IP 패킷이 어느 VRF로 가야 하는 패킷인지 알려 주는 라벨입니다.

① 외부 라벨은 우리가 앞서 살펴본 MPLS 시그널링 프로토콜, LDP나 RSVP로 전파된 PE의 (일반적으로 루프백) 라벨 주소입니다. 반면 ② 내부 라벨 값은 BGP-LU를 통해 전파된 VRF 값입니다.

그림 9.15의 CE A1과 CE A2가 BGP-LU로 서로의 라우팅 정보를 교환했다고 가정해보겠습니다. PE2 → PE1로 전달된 BGP-LU UPDATE 메시지가 그림 9.16이라면 ① RT 값: 65000:100 + ⑥ IPv4 prefix: 192.168.1.0/24[14] = ④ label: 16입니다.

65000:100 RT 값에 매칭되는 VRF, 쉽게 말해 VRF RED에서 192.168.1.0/24로 가는 패킷, 즉 CE A1 → CE A2로 패킷을 보낼 때 (내부) MPLS 라벨을 16으로 보내 달라는 의미입니다.

정리하면 PE1이 CE A1로부터 192.168.1.0/24로 가는 패킷을 받으면 ① 외부 라벨에는 PE2로 가는 라벨을 넣고 ② 내부 라벨은 VRF의 라벨, 즉 16을 적어서 MPLS 패킷을 보냅니다. 그럼 이 패킷은 PE1 → PE2로 전달될 것입니다. 그리고 PE2는 ② 내부 라벨을 보고 해당 패킷을 어느 VRF로 보내야 하는지 알게 됩니다.

실제 네트워크에서는 중간 경로에 있던 P3 라우터에서 PHP 처리가 될 것입니다. 따라서 최종적으로 ① 외부 라벨이 제거된 후 ② 내부 라벨만 남아서 PE2에 전달될 것입니다. PE2는 VRF별로 각기 다른 라벨을 전파했을 것이므로 ② 내부 라벨을 보자마자 해당 MPLS 패킷이 어느 VRF용 패킷인지 바로 알 수 있습니다.

그렇다면 여기서 깜짝 질문입니다. PE1과 PE2가 서로 MPLS VPN 통신을 합니다. PE1의 RT와 RD는 모두 65000:100입니다. 이때 PE2의 RT는 65000:100이고, RD가 65000:200이라면 정상적으로 MPLS VPN 통신이 될까요?

네, 문제없이 통신이 됩니다. RT는 BGP로 전달되는 라우팅 정보를 어느 VRF용으로 사용할지 결정하는 데 사용합니다. 반면 RD는 프리픽스 구분자로 사용합니다. 다시 말해 RD는 프리픽스의 중복을 방지하기 위해 사용합니다.

더 나아가 BGP RR을 사용하는 환경에서 하나의 프리픽스 메시지만 전파되지 않도록 각 PE의 VRF별로 RD 값을 다르게 설정할 수 있습니다. 예를 들어, 총 PE 총 10대의 RT는 동일한 65000:100이라는 값을 사용하되 RD는 PE1 = 65000:1, PE2 = 65000:2, PE3 = 65000:3 … 등으로 겹치지 않도록 설정할 수 있습니다.

이러한 구성은 Anycast 로드 밸런싱을 가능하게 해주고 각 PE가 다른 PE들의 모든 라우팅 정보를 미리 받아 둘 수 있으므로 보다 빠른 페일오버에 도움을 줍니다.

---

14 ⑥ 필드에서 /24라는 프리픽스 값을 찾기 어려울 텐데, 앞선 RD 섹션의 NOTE에 그 계산 과정을 적어 두었습니다.

9.5 MPLS 기술들

지금까지 MPLS의 핵심 기술들에 대해서 살펴보았습니다. 이번 학습에서는 한발 더 나아가 MPLS를 우아하게 만드는 각종 기술들을 살펴보고자 합니다.

1 MPLS DiffServ 모델들

RSVP-TE는 B/W를 '예약'할 뿐 '보장'하진 않습니다. 그런데 음성 트래픽처럼 B/W를 꼭 보장해야 하는 경우에는 어떻게 해야 할까요? 더 근본적으로 왜 RSVP-TE 터널별 '트래픽 제한'이 어려운 것일까요?

RSVP-TE를 이용한 IntServ 네트워크에서 LSR들은 심할 경우 수천만 가지 혹은 그 이상의 per-microflow state(예. PSB[Path State Block], RSB[Reservation State Block])를 관리해야 합니다. 다시 말해 LSP별로 보장해야 할 B/W와 QoS 스케줄링이 수천만 가지 조합이 될 수도 있는 것입니다. 네트워크 장비가 이처럼 많은 큐[Queue]를 관리하는 것은 사실상 불가능합니다.

반면 DiffServ는 모든 트래픽 플로우를 최대 64개(DSCP 6 bits)로 구분합니다. 덕분에 네트워크 장비가 QoS로 관리해야 할 트래픽 플로우가 현저하게 작습니다. 실제 네트워크에서는 이러한 DiffServ 모델이 훨씬 현실적이기 때문에 자연스럽게 대중적인 QoS 기술로 활용되고 있습니다.

MPLS가 대중화되면서 RSVP-TE 환경에도 QoS가 필요해집니다. 그러나 방금 살펴본 이유로 LSP 터널별로 각각 QoS를 적용하는 IntServ 모델은 현실적으로 구현이 어렵습니다. 따라서 RSVP-TE를 사용하지만 정작 QoS는 DiffServ 모델을 이용하는 방식들이 표준화되었습니다.

E-LSP vs L-LSP(RFC 3270)

MPLS에서 QoS 지원을 위해 RFC 3270, 〈Multi-Protocol Label Switching(MPLS)

Support of Differentiated Services〉는 2가지 타입의 LSP를 제안했습니다.

- E-LSP(EXP-Inferred-PSC PHB Scheduling Class LSP)
- L-LSP(Label-Only-Inferred-PSC PHB Scheduling Class LSP)

먼저 **E-LSP**는 MPLS의 EXP(EXPerimental) 필드에 DSCP 값을 넣는 콘셉트입니다. 여기서 문제가 한 가지 있는데, IP 헤더의 DSCP는 6 bits지만, MPLS EXP는 3 bits에 불과합니다. 즉, DSCP는 총 64개의 값을 표현할 수 있으나 EXP는 8개의 값밖에 표현하지 못합니다. 이로 인해 DSCP 값을 그대로 보전할 수 없기 때문에 DSCP 값들을 어느 EXP 값으로 바꿀지 정한 매핑Mapping 테이블이 필요합니다.

벤더 자체적으로 기본 매핑 테이블을 만들어 두는 편이지만, 관리자가 직접 변경할 수도 있습니다. 일반적으로 DSCP 0-7 = EXP 0, DSCP 8-15 = EXP 1과 같이 8의 배수 단위로 DSCP 값을 나누는 매핑 테이블이 대중적입니다. DSCP to EXP 매핑 테이블이 완성되었다면 각 EXP 값별로 어떤 QoS 스케줄링을 적용할지 LSR들에게 PHB 형태로 설정합니다. 쉽게 말해 E-LSP는 IP 헤더의 DSCP 대신 MPLS 헤더의 EXP 필드를 이용하여 QoS를 적용하는 것입니다. E-LSP는 매우 직관적이기 때문에 관리가 용이하며 실 망에서 자주 사용하는 편입니다.

반면 L-LSP는 EXP 필드를 이용하지 않고 라벨을 이용하여 트래픽을 구분 짓는 방식입니다. 예를 들어, 라벨 1001이라면 DSCP 1, 라벨 1002라면 DSCP 2, 라벨 1003이라면 DSCP 3과 같이 구분합니다. 즉, DSCP 값별로 라벨을 나눠 사용하는 콘셉트입니다.

라벨(20 bits)은 EXP 필드(3 bits)보다 크기가 훨씬 여유롭게 때문에 E-LSP와 달리 DSCP 값 표현에 제한이 없습니다. 그러나 직관적이지 못하며 관리가 까다로울 뿐 아니라 패킷 포워딩용으로 사용될 라벨이 QoS 용도로 소모된다는 단점이 있습니다. 따라서 L-LSP를 지원하는 벤더는 매우 드문 편입니다.

DiffServ-Aware TE(DS-TE)

MPLS 네트워크에서 보다 발전된 형태의 QoS를 지원하기 위해 DiffServ-Aware TE(이하, DS-TE)가 표준화되었습니다. DS-TE[15]에서는 몇 가지 새로운 개념과 용어가 만들어졌습니다.

---
[15] RFC 3564(2003), 〈Requirements for Support of Differentiated Services-aware MPLS Traffic Engineering〉
RFC 4124(2005), 〈Protocol Extensions for Support of Diffserv-aware MPLS Traffic Engineering〉

CT(CLASSTYPE)

CT(CLASSTYPE)는 해당 LSP 터널에 실리는 트래픽의 중요도를 말합니다. DS-TE 표준에서는 MPLS EXP필드를 사용하지 않고 RSVP PATH 메시지 안에 다음과 같은 CT(CLASSTYPE)라는 필드를 새롭게 만들었습니다. DS-TE를 지원하는 라우터들은 이 CT 필드로 해당 LSP 터널의 중요도를 전파합니다.

```
> SESSION ATTRIBUTE: SetupPrio 2, HoldPrio 2, Label Recording, [to_R4]
v CLASSTYPE: CT 1
    Length: 8
    Object class: CLASSTYPE object (66)
    C-type: 1
    CT: 1
> SENDER TEMPLATE: IPv4-LSP, Tunnel Source: 10.0.0.1, Short Call ID: 0, LSP ID: 1.
> SENDER TSPEC: IntServ, Token Bucket, 1250000 bytes/sec.
```

▶ 그림 9.19 RSVP PATH CLASSTYPE 예시

CT를 쉽게 설명하자면 MPLS용 DSCP(혹은 CoS) 값이라고 볼 수 있으며, 0~7까지 총 8개를 사용할 수 있습니다. CT 값 자체로는 priority가 없습니다. 다시 말해 (이후 소개할 BC 모델과 설정에 따라 다를 수 있지만) CT 1이라고 해서 CT 0보다 더 높은 priority가 아닙니다. 말 그대로 CLASSTYPE, 즉 트래픽 종류를 구분하기 위한 구분자일 뿐입니다.

TE-Class(Traffic Engineering Class)

TE-Class는 앞서 살펴본 CT와 priority(RSVP setup/hold priority)의 조합을 말하는데, DS-TE에서 매우 중요한 역할을 합니다. 각 LSR은 설정한 TE-Class에 매칭되는 LSP, 좀 더 정확히 말하자면 RSVP PATH 메시지만 허용해야 합니다. 예를 들어, 어떤 LSR에 TE-Class 0 = CT0 + priority 0이라는 단 하나의 TE-Class만 설정했습니다. 이 경우 해당 LSR은 CT 및 setup/hold priority가 모두 0인 LSP만 허용하고 그 외는 허용하지 않습니다. 즉, 지정한 TE-Class(CT + setup/hold priority)에 매칭된 LSP만 허용합니다.

해당 LSR에 추가로 TE-Class 1 = CT 0 + priority 1를 추가 설정했다고 가정해보겠습니다. 그럼 CT는 0이고 setup priority와 hold priority가 모두 0 혹은 1이거나 setup = 1, hold = 0인 LSP들만 허용됩니다(setup:hold가 0:0 또는 1:1 또는 1:0인 경우만 허용).

> 💡 Tip. Setup priority가 hold보다 더 우선시될 수 없기 때문에 setup = 0, hold = 1은 존재할 수 없습니다.

CT가 0-7까지 총 8개, setup/hold priority 또한 0-7까지 총 8개를 지원하므로 이 둘을 합치면 총 64개 조합을 만들 수 있습니다. 그러나 LSR당 TE-Class(CT + setup/hold priority)는 최대 8개까지만 만들 수 있습니다. 즉, 하나의 LSR이 모든 TE-Class를 허용할 수 없으므로 LSR 특성에 따라 허용할 TE-Class를 선택해야 합니다. 예를 들어, 성능이 낮은 네트워크 장비는 중요도가 낮은 LSP만 통과하도록 하고, 성능이 높은 장비는 중요도가 높은 LSP만 통과하도록 구성할 수 있을 것입니다.

물론 TE-Class가 아니더라도 ERO를 이용하면 동일한 효과를 낼 수 있지만 ERO는 관리 비용이 많이 드므로 TE-Class가 보완해줄 수 있습니다. 단, TE-Class는 페일오버 등이 발생할 때 의도치 않게 장애를 유발할 수 있기 때문에 이 또한 세심한 관리가 필요합니다.

BC, 대역폭 제한

BCBandwidth Constraints는 CT별 대역폭 제한 정책을 말합니다. BC 모델에 따라 대역폭 제한 정책이 달라지는데 대표적인 2가지 BC 모델로 MAM과 RDM이 있습니다.

MAM, BC mode ID = 1

CT0 = BC0(예. Best Effort), CT1 = BC1(예. Premium Data), CT2 = BC2(예. Voice) 처럼 하나의 CT가 하나의 BC에 할당되는 매우 직관적인 모델입니다. 각 BC는 주어진 용량을 초과할 수 없으며 서로 B/W를 공유하지도 않습니다. 예를 들어, BC0용으로 1 Gbps가 할당되면 딱 1 Gbps만 사용 가능하며 다른 BC, 즉 BC1 혹은 BC2의 B/W가 남더라도 사용할 수 없습니다. **MAM**Maximum Allocation Model[16]은 매우 직관적이지만 B/W가 남더라도 서로 공유할 수 없기 때문에 유연성은 낮은 모델입니다.

RDM, BC mode ID = 0

상용 네트워크에서 '적절한' 대역폭 제한 값을 찾는다는 것은 결코 쉽지 않습니다. 따라서 MAM보다 유연한 모델이 필요하다면 RDM을 검토할 수 있습니다. **RDM**[17]은 MAM보다 동작 방식이 약간 복잡한데, 쉬운 이해를 위해 CT2(예. Voice), CT1(예. Premium Data) 그리고 CT0(예. best effort)이 있다고 가정해보겠습니다. RDM 에서는 다음과 같이 BC 설정이

---

[16] RFC 4125(2005), 〈Maximum Allocation Bandwidth Constraints Model for Diffserv-aware MPLS Traffic Engineering〉
[17] RFC 4127(2005), 〈Russian Dolls Bandwidth Constraints Model for Diffserv-aware MPLS Traffic Engineering〉

가능합니다.

- CT2 → **BC2**: 최대 60%까지 트래픽 보장
- CT1 + CT2 → **BC1**: 최대 80%까지 트래픽 보장
- CT0 + CT1 + CT2 → **BC0**: 최대 100%까지 트래픽 보장

CT1(예. Premium Data)의 트래픽이 없다면 CT2(예. Voice)는 최대 트래픽 80%를 사용할 수 있습니다(BC1 규칙). CT2(예. Voice)가 60%의 트래픽을 사용하고 있다면 CT1(예. Premium Data)은 최대 20% 트래픽만 사용할 수 있습니다(BC1 + BC2 규칙). CT2 (예. Voice) 트래픽이 전혀 없다면 CT1(예. Premium Data)은 최대 80% 트래픽을 사용할 수 있습니다(BC1 규칙). 결국 **BC2 (60%) < BC1 (80%) < BC0 (100%)** 구조입니다. 즉, BC0이 BC1을 포함하고, BC1은 BC2를 포함하고 있습니다. 이러한 모습이 마치 인형 안에 같은 모양의 인형이 겹겹이 있는 러시아의 전통 인형과 비슷하여 RDM^{Russian Dolls Model}이라고 불립니다.

DS-TE

MPLS VPN 사업자가 적절한 TE-Class와 BC 모델을 사용하여 DS-TE 네트워크를 구축한다면 고객사별로 차별화된 상품(LSP)을 제공할 수 있을 것입니다. 예를 들어, 음성 관련 서비스를 운영하는 고객에게는 최단 경로 + 최상 B/W로 구성된 LSP를 제공할 수 있습니다. 반면 best-effort 종류의 서비스를 제공받고 싶어하는 고객에게는 우회 경로를 이용해서 레이턴시는 다소 높지만, 보다 경제적인 가격으로 LSP를 제공할 수 있을 것입니다.

이때 한 가지 유의할 점이 있습니다. BC 모델은 LSP별로 동작하지 않는다는 것입니다. CT의 대역폭 제한은 같은 CT 값을 가진 모든 LSP 트래픽의 총합입니다. 예를 들어, 어떤 LSR이 BC 모델 중 MAM을 사용해서 CT0 = BC0(80%), CT1 = BC1(20%)이라고 설정했다면 해당 LSR을 지나가는 CT0 트래픽들은 80% B/W 제한을 적용받습니다. 수많은 CT0 LSP들이 지나간다면 그 모든 LSP가 80%의 B/W를 함께 공유하는 것입니다. 만일 각 LSP의 트래픽을 보장하고 싶다면 앞서 살펴본 것처럼 인그레스 LER 폴리싱을 적용해야 합니다.

HQoS

인그레스 LER 폴리싱을 적용하지 않고 LSP별로 QoS를 모두 따로 적용하고 싶다면 이는 일반 QoS 영역이 아니라 **HQoS**^{Hierarchical Quality of Service} 영역입니다.

순수 IP 통신도 기본적으로 IP별로 각기 다른 QoS 룰이 적용되지 않습니다. 예를 들어, 특정 라우터에 VoIP 트래픽 1 Gbps를 보장하도록 설정하면 해당 라우터 하단에 연결된 10명의 유저가 VoIP 트래픽용 B/W, 1 Gbps B/W를 같이 공유하는 구조입니다.

특정 유저 홀로 1 Gbps VoIP 트래픽을 모두 다 써버리면 다른 유저의 VoIP 트래픽은 보장받을 수 없습니다. 이때 HQoS를 적용하면 유저별로 각각 100 Mbps B/W를 보장하고, 100Mbps 한도 내에서 개인별로 VoIP용 트래픽 10 Mbps를 보장해주는 QoS 룰을 적용할 수 있습니다. 즉, HQoS를 이용하면 종류에 따라(예. per-IP, per-VLAN 등) 독립적인(계층적인) QoS 룰을 적용할 수 있습니다.

Per-MPLS LSP 터널 QoS 또한 HQoS를 사용한다면 구현이 불가능한 것은 아니지만 아쉽게도 현 시점에서 활발하게 논의되는 주제는 아닙니다. 프로세싱 비용이 매우 높을 뿐 아니라 인그레스 LER 폴리싱에서 검토한 바와 같이 LSP 터널 내의 QoS는 LER 혹은 그 전에 결정되는 것이 가장 이상적이기 때문입니다.

만일 오버스크립션Oversubscription 환경, 시그널링 프로토콜로 LDP 사용, 페일오버 등 여러 사유로 인그레스 LER 폴리싱을 적용하더라도 DS-TE 기반으로 완벽한 MPLS QoS 네트워크를 구성하기 힘들다면 앞서 살펴본 MPLS DiffServ 모델이 보안책이 될 수 있을 것입니다.

2 RSVP-TE 로드 밸런싱: 엔트로피 라벨

이번에는 MPLS(LDP 또는 RSVP-TE) VPN의 취약점, 로드 밸런싱Load-balancing에 대해 살펴보겠습니다.

앞서 그림 9.15에서 PE1 밑에 수백 개의 CE가 연결되어 있고 이들로부터 수백만 개의 TCP 플로우를 받는더라도 모든 PE1 → PE2 MPLS 패킷의 최상위 라벨은 동일합니다. 이들의 목적지 VRF와 각각의 TCP 플로우가 다르더라도 최상위 라벨은 모두 똑같기 때문에 중간 경로에 있는 P 라우터 입장에서는 결국 하나의 MPLS 플로우로 보이게 됩니다. 이로 인해 PE1 → PE2 사이에 수백 개의 로드 밸런싱 경로가 있더라도 이 중 한 경로만 사용됩니다.

플로우 기반 로드 밸런싱

TCP/IP 네트워크에서 가장 강력한 로드 밸런싱 전제 조건은 5 tuple(src IP, src port, dst IP, dst 포트, 프로토콜)입니다. 즉, 로드 밸런싱이 이뤄지더라도 하나의 TCP/IP 플로우는 항상 같은 경로를 이용해야 합니다. 만일 하나의 TCP 플로우 패킷이 여러 경로로 분리된다면 패킷이 최초 순번과 다른 순서로 목적지에 도착하는 순서 뒤바뀜$^{Out-of-order}$ 현상이 발생할 수 있습니다. 이러한 순서 뒤바뀜 현상은 여러 종류의 악영향을 미치므로 반드시 막아야 합니다.

원본 패킷의 플로우

MPLS VPN의 경우 MPLS 헤더만으로는 내부 원본 패킷, 즉 VPN 패킷의 플로우를 알 수 없습니다. 순서 뒤바뀜 현상을 막으려면 내부 원본 패킷의 플로우를 기반으로 로드 밸런싱을 해야 하는데 MPLS 구조상 내부 원본 패킷의 헤더를 살펴보기 어렵다는 점이 큰 장애물입니다.

어떤 MPLS 패킷은 2개의 라벨이 스택되어 있고, 또 다른 MPLS 패킷은 8개의 라벨이 스택되어 있을 수도 있습니다. 원본 패킷 헤더를 보려면 몇 개의 라벨이 스택되었든 전체 MPLS 헤더를 한 번에 모두 처리해야 비로소 그 안에 있는 원본 패킷의 헤더를 볼 수 있습니다. 이러한 작업은 프로세싱 비용이 매우 높게 들어가므로 성능에 커다란 악영향을 미칩니다.

DPI 로드 밸런싱

순서 뒤바뀜 현상을 일으키지 않으면서 패킷 포워딩 성능에 영향을 주지 않고자 DPI$^{Deep\ Packet\ Inspection}$를 이용하기도 합니다. DPI 장치는 패킷 내부 분석 전문 장치로, 성능 감소와 순서 뒤바뀜 걱정 없이 MPLS 패킷을 로드 밸런싱할 수 있습니다.

그러나 DPI는 매우 비싼 장치입니다. 라우터의 경우 DPI 모듈을 설치해야만 DPI가 지원되는 경우가 일반적인데, 그 모듈이 매우 비싸서 대중화되긴 어렵습니다. 이러한 제약 사항을 극복하고자 나온 표준이 RFC 6790(2012) 〈The Use of Entropy Labels in MPLS Forwarding〉입니다.

3 ELI & EL

다음 그림에서 ① Label은 반대편 PE를 찾아가기 위한 외부 라벨이고 ④ Label은 BGP-LU를 통해서 알게 된 VRF용 내부 라벨입니다(그림 9.18 추가 참조). 다음 그림에서 우리가 집중해서 보아야 할 라벨은 ② ELI$^{Entropy\ Label\ Indicator}$(Label = 7)와 ③ EL$^{Entropy\ Label}$입니다.

① > MultiProtocol Label Switching Header, Label: 300032, Exp: 0, S: 0, TTL: 255
② > MultiProtocol Label Switching Header, Label: 7 (Entropy Label Indicator (ELI)), Exp: 0, S: 0, TTL: 255
③ > MultiProtocol Label Switching Header, Label: 648184, Exp: 0, S: 0, TTL: 0
④ > MultiProtocol Label Switching Header, Label: 16, Exp: 0, S: 1, TTL: 255
> Internet Protocol Version 4, Src: 116.2.18.106, Dst: 192.168.2.10
> **Internet Control Message Protocol**

▶ 그림 9.20 MPLS EL

'예약 라벨'에서 살펴본 것처럼 라벨 0-15는 특수 용도로 할당되었고, 이 중에서 라벨 7은 ② ELI 용도로 할당되었습니다. ② ELI는 일반 패킷 포워딩용으로 사용되는 라벨이 아닙니다. ② ELI는 바로 그 다음에 오는 MPLS 헤더(③ 라벨)가 로드 밸런싱용으로 사용되는 EL이라는 것을 알려 주는 일종의 안내판 라벨입니다.

EL 생성 과정

EL을 활성화하면 PE가 MPLS 패킷을 만들 때 5 tuple을 기반으로 해시^{Hash} 계산을 하고 그 결괏값을 ③ 레벨에 넣습니다. 예를 들어, 다음과 같이 해시 결괏값을 ③ EL label에 넣습니다.

- (TCP)10.1.1.1:100 → 10.1.2.2:200 = EL label 100
- (TCP)10.1.3.3:300 → 10.1.4.4:400 = EL label 200

그리고 그 앞에 ② ELI를 넣어서 해당 MPLS 패킷은 EL을 사용하는 패킷이라는 것을 알 수 있게 합니다. 동일한 TCP 플로우라면 같은 EL을 가지고 있을 것이고 다른 플로우라면 다른 값을 가질 것입니다. 덕분에 중간 경로의 P들은 굳이 DPI를 사용하지 않더라도 ③ EL의 라벨 값을 보고 원본 패킷이 같은 플로우인지 아닌지를 알 수 있게 됩니다.

구체적으로 EL 로드 밸런싱을 지원하는 P 라우터들은 ② ELI 헤더가 Label = 7인지를 살펴봅니다. 만일 7이라면 그 다음 ③ EL을 기반으로 순서가 뒤바뀔 걱정 없이 로드 밸런싱을 수행합니다.

LDP 로드 밸런싱

LDP는 로드 밸런싱을 할 수 있을까요? LDP의 경우 라벨 유지 모드가 중요합니다. 만일 ECMP로 이웃 LSR이 다수라면 각 이웃 LSR별로 라벨을 받게 될 것입니다. 헌데 라벨 유지 모드가 '보수적인 라벨 유지 모드'라면 이 중 최적 경로 하나만 선택하고 기록합니다. 반면 '전체 라벨 유지 모드'라면 다수의 라벨을 모두 기록하므로 MPLS 패킷을 로드 밸런싱할 수 있습니다. 물론 이때도 결국 문제되는 것은 플로우 기반 로드 밸런싱입니다.

인그레스 LER, 즉 PE에 ECMP 경로가 있다면 원본 패킷을 MPLS 패킷으로 변환할 때 원본 패킷의 플로우를 알 수 있으므로 플로우 기반 로드 밸런싱이 가능합니다. 그러나 중간 P 라우터들은 원본 패킷의 내용을 보아야만 플로우 기반 로드 밸런싱이 가능합니다.

결과적으로 LDP로 구성된 MPLS 네트워크에서도 P 라우터가 플로우 기반 로드 밸런싱을 하려면 EL 혹은 DPI를 사용해야 합니다.

엔트로피의 의미

엔트로피Entropy는 물리학 이론 중 하나로, 쉽게 말해 분자처럼 작은 알갱이(입자)들이 무질서해지려는 성질을 말합니다. 우주의 입자들은 모두 엔트로피 성질을 가지고 있습니다. 방안의 공기 또한 마찬가지인데, 만일 공기(산소)가 무질서하지 않고 어느 한 지점에 모여 있으려고 한다면 한쪽에만 공기가 몰려 있어 해당 지점에서 벗어나면 숨쉬기가 어려워질 것입니다. 그러나 공기는 방안 전체에 무질서하게 퍼져 있으려는 엔트로피 성질을 가지고 있는 덕분에 방안 어느 곳에 있든 숨 쉬는 데 문제가 없습니다. 이처럼 우주의 모든 물질이 고르게 분포되려는 성질을 엔트로피라고 합니다.

엔트로피를 대표하는 두 단어는 무질서Disorder와 무작위성Randomness입니다. MPLS에서는 경로를 그만큼 고르게 분배해줄 수 있다는 의미로 엔트로피 라벨이라는 용어가 사용되었습니다.

4 세그먼트 라우팅 MPLS(SR-MPLS)

세그먼트 라우팅 Segment Routing(이하 SR 또는 SPRING Source Packet Routing in Networking)은 LDP, RSVP와 같은 기존 MPLS 시그널링 프로토콜 대신 순수하게 IGP만을 이용해 라우터 간 MPLS 라벨을 교환하는 기술입니다(좀 더 정확히는 SR-MPLS라고 표현합니다.). SR을 지원하기 위해서는 기존 IGP에 추가 extension이 필요합니다.[18][19]

SR은 순수하게 IGP를 이용하기 때문에 설정이 매우 간편합니다. SR이 사용할 MPLS 라벨 대역(SRGB)을 지정하고, SR IGP를 활성화하면 끝입니다. 그럼 라우터끼리 알아서 MPLS 라벨을 교환합니다. 복잡한 설정 없이 IGP만으로 MPLS 라벨 정보가 자동 공유되기 때문에 관리사 입장에서는 매우 편리한 프로토콜입니다.

---

[18] RFC 8665(2019), 〈OSPF Extensions for Segment Routing〉
[19] RFC 8667(2019), 〈IS-IS Extensions for Segment Routing〉

SR의 특장점

SR은 PHB가 아닌 소스 라우팅 모드로 동작한다는 특징이 있습니다. 즉, PHB로 동작하지 않으며 소스 라우팅을 지원합니다. 소스 라우팅은 패킷을 생성하는 장비에서 패킷이 앞으로 지나갈 경로를 마음대로 정할 수 있는 기술입니다. 중간 경로에 있는 라우터들은 패킷에 기록되어 있는 정보를 읽고 패킷 전달을 할 뿐, 이 패킷이 어디서부터 어디로 가는지 알 필요가 없습니다.

언뜻 듣기에는 RSVP-TE와 유사한 듯합니다. 그러나 RSVP-TE는 패킷을 보내기 전에 LSP 터널을 만들어야 하고, 패킷들은 정해진 터널을 벗어날 수 없습니다. SR은 터널을 미리 만드는 것이 아니라 패킷을 만들 때 패킷 헤더를 스태킹하여 경로를 적어 둡니다. 중간 경로의 라우터들이 이 헤더의 정보대로 포워딩하기 때문에 터널을 만들지 않아도 됩니다. 더불어 패킷 헤더 정보로 포워딩하기 때문에 '지정된' 경로라는 것이 없습니다. 원한다면 100만 개의 패킷을 보낼 때 모두 다른 경로를 이용하여 보낼 수도 있습니다. 즉, **소스 라우팅**이란 소스 장비가 패킷을 '만들 때' 지정한 경로 그대로 패킷이 전달되는 기술을 말합니다.

SR IPv6(SRv6)

SRv6는 MPLS 헤더를 이용하지 않고 순수 IPv6 헤더를 사용하여 MPLS 같은 네트워크를 만들 수 있습니다. 별도 프로토콜을 사용하지 않고도 순수 IPv6 헤더만으로 VPN 환경을 만들 수 있기 때문에 SRv6는 매우 매력적인 솔루션으로 다가옵니다.

사실 IP 헤더를 이용한 소스 라우팅은 새로운 개념이 아닙니다. 보안적인 이유로 잘 사용되지 않는 편이지만 IPv4도 소스 라우팅을 지원합니다. IPv4 헤더 중에 LSRR[Loose Source and Record Route], SSRR[Strict Source and Record Route] 옵션을 이용해서 소스 라우팅이 가능합니다.

SRv6는 IPv4의 LSRR, SSRR을 보다 확장한 개념이라고 볼 수 있습니다. 물론 차이점도 있습니다. IPv4의 LSRR, SSRR은 마치 ERO처럼 패킷이 지나갈 경로를 지정할 뿐 IGP가 수집한 정보와 연동되지는 않습니다. 반면 SRv6는 IGP로 수집한 정보 기반으로 라우팅을 결정할 수 있다는 점에서 차이점이 큽니다.

더불어 IPv4처럼 IPv4 헤더 안에 옵션으로 경로를 적지 않습니다. 대신 MPLS의 라벨 스태킹처럼 여러 개의 IPv6 헤더(좀 더 정확히는 IPv6 SRH[Segment Routing Header])를 쌓아 해당 패킷의 경로를 기록합니다.

SRv6 패킷 포워딩

IPv6 헤더 안에 있는 Next Header라는 필드는 마치 IPv4 헤더의 프로토콜 필드처럼 해당 헤더 다음에 오는 데이터가 TCP인지 UDP인지 아니면 그 외의 프로토콜인지를 알려 줍니다. SRv6에서는 IPv6 헤더의 Next Header에 '라우팅 Header for IPv6', 다시 말해 또 다시 IPv6 헤더가 온다고 알려 줍니다.

중간 경로의 IPv6 라우터는 가장 첫 번째 IPv6 헤더의 주소를 보고 자신에게 온 것인지, 아니면 다른 라우터로 보내야 하는지 체크합니다. 만일 첫 번째 IPv6 헤더가 자신에게 온 것이라면 마치 택배 박스를 뜯고 그 안에 택배 박스 주소를 살펴보듯이 첫 번째 IPv6 헤더를 제거하고, 두 번째 IPv6 헤더의 dst 주소로 패킷을 포워딩합니다. 이러한 과정이 반복되며 패킷은 최종 목적지에 도달합니다.

그러나 SRv6는 퍼포먼스 측면에서 간과하기 힘든 문제가 있는데, 바로 IPv6 헤더 사이즈가 최소 40 bytes라는 점입니다. MPLS 헤더 사이즈는 4 bytes이므로 MPLS 헤더에 비해 최소 10배 이상이 큽니다. 패킷 사이즈에 따라 SRH 오버로드가 달라지지만, 심한 경우 20% 이상의 B/W가 SRH, 즉 IPv6 헤더용으로 소모될 수 있습니다. 따라서 SRH 헤더 사이즈를 줄이기 위한 RFC가 있으나 현재는 Experimental 상태입니다.[20]

고유 라벨

'로컬 바인딩, 리모트 바인딩'에서 살펴본 것과 같이 기본적인 MPLS의 라벨은 로컬 라우터에서만 의미가 있습니다. 예를 들어, R1과 R2가 100이라는 동일한 라벨 값을 가지고 있더라도 각자 의미하는 바가 다릅니다. 그러나 SR에서는 **글로벌 고유 라벨**Globally unique label이라는 개념이 사용됩니다. 즉, 라벨 100이라고 하면 전체 네트워크에서 특정 라우터의 특정 인터페이스 하나를 가리킬 수 있습니다.

SR 동작 방식

이번 학습에서는 구체적인 SR 동작 방식을 살펴보고자 합니다. SR을 이용한 MPLS 네트워크를 정확하게는 **SR-MPLS**라고 합니다. 이 책에서는 SRv6가 아닌 SR-MPLS를 중심으로 핵심 용어들을 살펴보겠습니다.

---

[20] RFC 9631 (2024), 〈The IPv6 Compact Routing Header (CRH)〉

SID

RSVP-TE는 ERO를 통해 터널이 만들어질 경로를 지정합니다. 마치 ERO에 IP 리스트를 기록하는 것처럼 SR에서는 SID$^{\text{Segment IDentifier}}$라는 개념을 통해 패킷이 지나갈 경로를 지정합니다. 다만 ERO와 달리 SR에서는 지나갈 경로를 홉 바이 홉으로 모두 기록하지 않아도 됩니다. 실제 라우팅에 사용되는 SID 종류는 **Prefix-SID**와 **Adj-SID**로 나눌 수 있습니다. 다음 그림을 통해 각 SID의 개념들을 살펴보도록 하겠습니다.

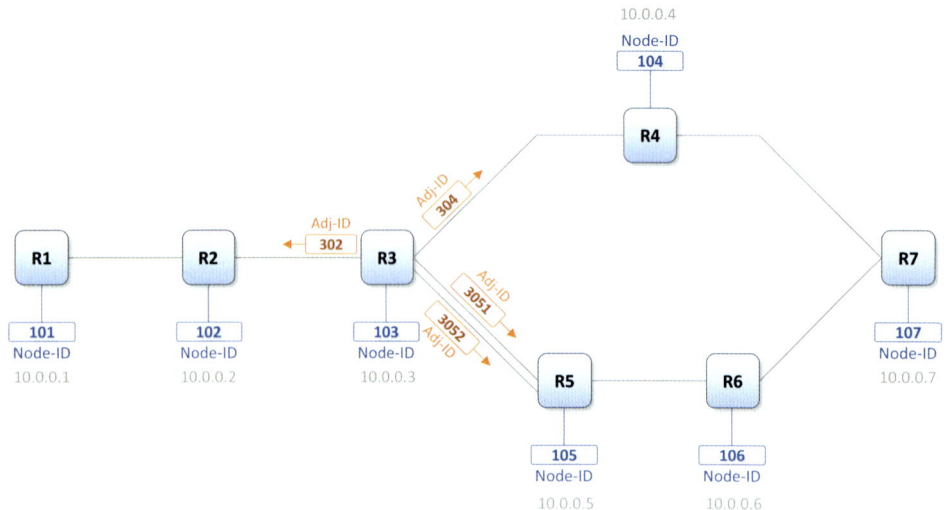

▶ 그림 9.21 SR SID 예시

Prefix-SID & Node-SID

Prefix-SID는 쉽게 말해 IP 주소(프리픽스)에 매칭되는 라벨 값입니다. 그중에서 각 노드당 하나씩 할당되는 대표 ID를 **Node-SID**라고 합니다.

그림 9.21의 R1부터 R7까지 루프백 주소는 순서대로 10.0.0.1 – 10.0.0.7입니다. 그리고 이들의 Node-SID, 즉 노드를 대표하는 SID는 101부터 107입니다. R1 → R7까지 최단 경로로 보내고 싶다면 107이라는 MPLS 라벨을 붙여서 보내면 됩니다. 순수 IP 네트워크 환경에서 dst IP를 10.0.0.7로 설정하여 보내면 IGP가 계산한 최단 경로로 패킷이 전달됩니다. 이와 유사하게 SR-MPLS에서 107이라는 MPLS 라벨을 붙여 보내면 최단 경로로 R7까지 MPLS 패킷이 전달됩니다.

만일 RSVP-TE의 ERO처럼 특정 경로를 지정해서 보내고 싶다면 여러 개의 Node-SID를 스태킹할 수 있습니다. 예를 들어, R1 → R2 → R3 → R5 → R6 → R7 경로로 패킷을 보내고 싶다면 MPLS 라벨을 102, 103, 105, 106, 107순으로 스태킹하면 됩니다.

Node-SID는 OSPF의 router-ID와 유사합니다. OSPF에서 그러하듯 Node-SID는 SR 네트워크에서 각 라우터를 구분하기 위한 구분자로 사용되며 일반적으로 루프백 인터페이스를 사용합니다. 관리자가 인터페이스를 직접 지정할 수 있지만, 지정하지 않을 경우에는 라우터가 자동으로 루프백 인터페이스를 사용합니다.

Node-SID는 글로벌하게 유일한 라벨입니다. 모든 SR 노드는 Node-SID를 가지고 있어야 하며 Anycast-SID가 아닌 이상 중복되어서는 안 됩니다. 이를 '글로벌하게 의미가 있다$^{\text{Globally significant}}$'고 표현합니다.

Adj-SID

Adj-SID(Adjacency Segment ID)는 그림 9.21의 주황색 파트와 같이 바로 옆 adjacency, 쉽게 말해 바로 옆 네트워크 장비로 패킷을 보낼 때 사용하는 SID입니다. R3를 기준으로 302는 R2로, 304는 R4로, 3051과 3052는 R5로 보내는 데 사용되는 Adj-SID 라벨이라는 것을 알 수 있습니다.

Adj-SID도 글로벌하게 만들 수 있지만 일반적으로는 라우터 로컬에서만 의미$^{\text{Local significant}}$가 있습니다. 302라는 라벨을 R3, R4, R7에서도 같이 쓸 수 있습니다. 즉, 전체 네트워크에서 여러 번 중복 사용할 수 있습니다. 이는 LDP/RSVP-TE를 사용했을 때 기본 MPLS 라벨 동작 방식과 동일합니다.

RSVP-TE의 ERO처럼 Node-SID를 스태킹해도 소스 라우팅을 할 수 있는데 왜 굳이 Adj-SID가 필요할까요? 크게 라벨 리소스 보호와 TE, 이 2가지 이유 때문입니다.

MPLS 라벨은 크기가 작기 때문에 리소스 보호가 필요합니다. 앞서 '9.2 MPLS 핵심 개념'의 '라벨 스태킹'에서 살펴본 것처럼 MPLS 라벨은 20 bits로, 최대 100만 개 정도의 라벨을 사용할 수 있습니다. 이 모든 라벨을 글로벌하게 만든다면 전체 네트워크에서 MPLS 네트워크에 참여할 수 있는 최대 인터페이스 개수가 100만 개로 제한됩니다. ISP처럼 거대한 네트워크를 운영하는 경우 각종 물리적·논리적 인터페이스의 총합이 100만 개를 가뿐히 넘어설 수 있습니다. 따라서 로컬에서만 의미 있는 라벨을 사용하는 Adj-SID가 필요합니다.

Adj SID가 필요한 두 번째 이유는 더 강력한 TE를 지원하기 위해서입니다. 그림 9.21에서 R1 → R7으로 패킷을 보낼 때 최단 경로를 이용하고 싶다면 (라벨 스태킹을 할 필요도 없이) R7의 Node-ID, 107이 적힌 MPLS 헤더 하나만 사용하면 됩니다. 그럼 마치 LDP가 SPF 알고리즘을 이용하여 최단 경로를 찾아가듯이 가장 짧은 홉인 R1 → R2 → R3 → R4 → R7 경로를 이용하게 됩니다. 그러나 R5와 R6를 거쳐가는 경로, 즉 R1 → R2 → R3 → R5 → R6 → R7 경로, 그중에서도 R3와 R5의 인터페이스 중 하단의 인터페이스를 이용하고 싶다고 가정해보겠습니다. 이 경우 MPLS 라벨 스태킹을 해서, 패킷의 첫 번째 MPLS 헤더에는 R3의 Node-ID인 103을 넣고, 두 번째 MPLS 헤더에는 R3에서 R5로 가는 아래쪽 인터페이스의 Adj-ID인 3052를 넣습니다. 그럼 R3는 이 Adj-SID를 보고 R3 → R5로 가는 2개 인터페이스 중 아래쪽에 있는 인터페이스로 패킷을 보내게 됩니다.

이처럼 Adj-SID를 이용하면 더 강력한 TE, 즉 SRTE[Segment Routing Traffic Engineering]를 지원할 수 있습니다. 참고로 Adj-SID를 SNL이라고 표현하기도 하는데, 이는 Segment node N의 link L을 이용한다는 의미입니다(다음 RFC 참조).

RFC 8402(2018) 〈Segment Routing Architecture〉

3.4. IGP-Adjacency Segment (Adj-SID)

...

A packet injected anywhere within the SR domain with a segment list {SN, SNL} where SN is the Node-SID of node N and SNL is an Adj-SID attached by node N to its adjacency over link L will be forwarded along the shortest path to N and then be switched by N, without any IP shortest-path consideration, towards link L. If the Adj-SID identifies a set of adjacencies, then the node N load-balances the traffic among the various members of the set.

3.4. IGP-Adjacency Segment(Adj-SID)

SR(Segment Routing) 도메인 내 어디에서든 세그먼트 리스트{SN, SNL} 패킷이 들어왔을 때 SN은 노드 N의 Node-SID이며, SNL은 노드 N에서 이웃에게 갈 수 있는 링크 L에 할당된 Adj-SID 를 의미합니다. 해당 패킷은 노드 N까지 최단 경로로 전달된 후 노드 N에 의해 IP 최단 경로 고려 없이 링크 L을 향해 스위칭됩니다. Adj-SID가 다수의 링크 집합일 경우 노드 N은 트래픽을 로드 밸런싱합니다.

세그먼트 리스트

실제 라벨 스태킹된 패킷을 전송하는 과정을 보다 쉽게 이해하기 위해 그림을 준비하였습니다.

다음 그림의 인터페이스는 모두 1 Gbps로 동일하고, 해당 네트워크에 SR-MPLS 외의 다른 프로토콜 혹은 패킷이 없다고 가정하겠습니다.

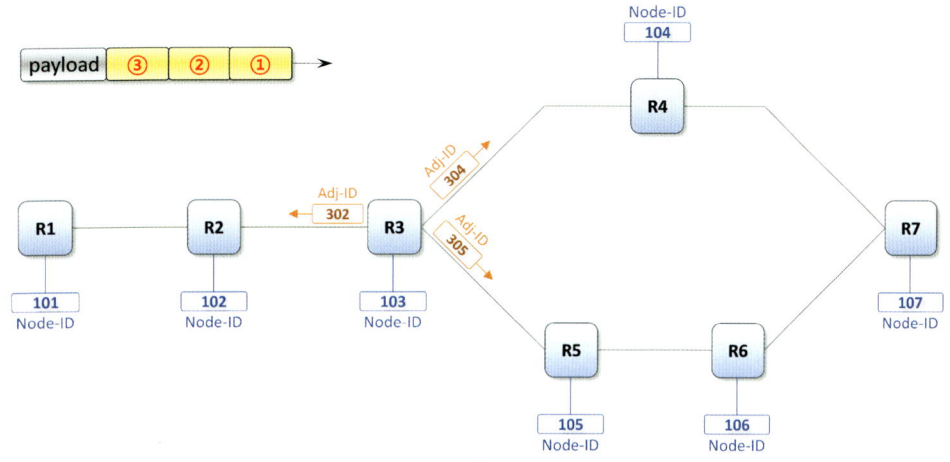

▶ 그림 9.22 SR 소스 라우팅 예시

그림에서 R1은 R7에게 MPLS 패킷을 보내려 합니다. 이때 R1은 매우 다양한 형태의 MPLS 라벨 스태킹을 할 수 있지만, 이 예시에서는 최대 3개의 라벨 스태킹이 이뤄질 것이라 가정하고 그림 좌측 상단의 패킷 ①, ②, ③에 들어갈 수 있는 라벨 후보들을 살펴보겠습니다.

SPF/CSPF 기반 라우팅, ①만 사용

앞서 살펴보았듯이 단순 SPF(혹은 CSPF) 기반의 최단 경로로 패킷을 보내고 싶다면 Node-SID 하나만 사용해도 됩니다. 이 경우 MPLS 헤더는 단 하나, 빨간색 ① 라벨만 사용되며 라벨 ①에 R7의 Node-SID인 107만 기록(PUSH)해서 보냅니다.

이 패킷을 받은 네트워크 내의 다른 라우터(LSR)들은 IGP 정보 기반 SPF, CSPF 알고리즘으로 최단 경로를 계산합니다. 예를 들어, 패킷을 받은 R2는 Node-SID 107로 가는 최단 경로가 R3임을 알고 있으므로 R3에게 전달합니다.

이 과정에서 일반(Native) MPLS에서 이뤄지는 라벨 교체^{Swap}는 필요하지 않습니다. 일반 MPLS 라벨은 각 라우터 로컬에서만 의미가 있기$^{Local\ significant}$ 때문에 각 홉을 지날 때마다 MPLS 라벨이 바뀌는 라벨 교체 작업^{Operation}이 필요합니다.

그러나 SR에서 Node-SID는 글로벌한 의미가 있습니다. 즉, 107이라는 라벨이 바뀌지 않습니다. 따라서 받은 MPLS 라벨 변경 없이 그대로 다음 라우터에게 전달합니다. SR에서 이와 같은 작업을 **CONTINUE**라고 합니다.

R2 다음으로 패킷을 받은 R3는 R4 → R7 그리고 R5 → R6 → R7 경로 중에 최단 경로인 R4 → R7을 선택하여 R4로 보냅니다. 이때 R3는 R2와 마찬가지로 CONTINUE 동작으로 받은 라벨 107을 그대로 전달합니다.

마지막으로 R4는 PHP를 수행하게 될 것입니다. 따라서 최상위 라벨을 제거하는 동작, SR 용어로는 NEXT를 통해 ① 107 라벨을 제거한 뒤 R7에게 보냅니다.

Adj-SID & 세그먼트 라우팅 TE, ①, ②, ③ 모두 사용

최단 경로가 항상 정답은 아닙니다. R1 → R2 → R3 → R4 → R7 경로가 아니라 R1 → R2 → R3 → R5 → R6 → R7 경로가 필요할 때도 있습니다. 이 경우 그림 9.22의 주황색 ①, ②, ③ 라벨에 순차적으로 ① 103, ② 305, ③ 107이라는 라벨이 사용될 것입니다.

맨 앞의 ① 103은 R3로 패킷을 보내기 위한 라벨입니다. 해당 MPLS 패킷은 최단 경로인, R1 → R2 → R3 경로를 이용하여 R3에게 전달될 것입니다. R3는 패킷을 받은 뒤 자신의 Node-ID 헤더인 ① 103 라벨 헤더를 제거합니다. 이처럼 최상위 라벨을 제거하는 작업을 SR에서는 NEXT 동작이라고 합니다.

그 다음 헤더 라벨은 ② 305입니다. 이 라벨은 R3에서 R5로 가는 Adj-SID입니다. R3는 R5에게 보내면서 ② 305 라벨 헤더를 제거한 뒤 전달합니다. 이제 남은 라벨은 ③ 107뿐입니다. ③ 107은 R7의 Node-ID이므로 R5에서 R7으로 가는 최단 경로인 R5 → R6 → R7을 통해 패킷이 전송될 것입니다.

글로벌 Adj-SID

Adj-SID는 '일반적으로' 라우터 로컬에서만 의미가 있습니다. 이는 앞서 살펴보았듯이 라벨 리소스를 보호하기 위함입니다. 물론 Adj-SID를 글로벌하게 만들 수도 있습니다. 글로벌 Adj-SID를 이용하면 세그먼트 리스트를 줄일 수 있기 때문입니다.

이 예시에서 R1 → R2 → R3 → R5 → R6 → R7 경로를 만들기 위해서 ① 103, ② 305, ③ 107이라는 세그먼트 리스트를 사용했습니다. 이러한 세그먼트 리스트를 RFC 표기법으로 적으면 {103, 305, 107}입니다.

R3에서 R5로 가는 인터페이스 라벨인 305를 글로벌하게 만들면 305가 R3의 라벨이라는 것을 모든 라우터가 알게 됩니다. 덕분에 R3의 Node-ID인 103을 굳이 사용하지 않아도 되므로 세그먼트 리스트를 {305, 107}로 줄일 수 있습니다.

이와 같이 글로벌 SID(글로벌 Adj-SID)를 이용하면 세그먼트 리스트를 줄일 수 있기 때문에 네트워크에서 매우 빈번하게 사용되는 인터페이스(예. 인터넷 G/W 인터페이스)라면 글로벌 Adj-SID를 사용을 권장합니다.

병렬 Adj-SID

혹시 그림 9.21과 그림 9.22에 다른 점이 하나 보이시나요? 그림 9.21에서는 R3와 R5 사이의 인터페이스가 2개인데, 그림 9.22에서는 하나입니다. R3와 R5 사이에 사실은 그림 9.21처럼 인터페이스 2개가 있다고 가정해보겠습니다. 이때 패킷이 로드 밸런싱되기를 원한다면 그림 9.21처럼 각각의 개별 인터페이스용 라벨, 즉 3051, 3052가 아닌, 두 인터페이스를 모두 지칭하는 305라는 병렬 Adj-SID(Adj-Set SID라고도 불리기도 함)를 사용할 수 있습니다. 쉽게 말해, 병렬 Adj-SID는 여러 인터페이스를 하나로 묶은 라벨입니다.

> **NOTE** **병렬 Adj-SID와 Adj-Set SID**
>
> 엄밀히 말하면 병렬 Adj-SID와 Adj-Set SID는 다른 개념입니다. 병렬 Adj-SID는 두 라우터 간에 연결된 둘 이상의 링크를 하나의 SID로 묶는 데 사용합니다. 반면 Adj-Set SID는 두 라우터 사이뿐 아니라 수많은 다른 라우터에 연결된 링크도 하나의 SID로 묶을 수 있습니다. 예를 들어, 병렬 Adj-SID는 라우터 A와 B 사이의 링크들을 하나의 SID로 묶을 수 있지만, Adj-Set SID는 라우터 A에서 E까지 연결된 5개의 링크를 하나의 SID로 묶을 수 있습니다.

병렬 Adj-SID를 사용하면 Weighted ECMP를 구현할 수도 있습니다. 예를 들어, 100 Gbps와 10 Gbps 인터페이스를 하나의 병렬 Adj-SID로 묶고 이 두 인터페이스에 트래픽을 10:1로 보낼 수 있습니다.

R3와 R5 사이에 그림 9.21처럼 2개의 인터페이스, 포트 0/0/1과 포트 0/0/2가 있다고 가정해보겠습니다. 두 포트를 병렬 Adj-SID(Adj-Set SID)로 설정하면 두 포트의 Adj-SID는

동일한 SID 값(예. 305)으로 전파됩니다. 비록 SID는 동일하지만 각각의 인터페이스는 넥스트-홉 IP를 통해서 구별할 수 있습니다.

이후 살펴볼 'Adj-SID'에 실제 패킷 캡처가 있습니다. 그림 9.25에서 ⑦ SID 필드 바로 위 ⑥ Weight 필드가 회선별 ECMP weight 값을 전파하는 필드입니다. 이 weight 값으로 트래픽 비율Ratio을 정합니다. 예를 들어, A와 B 경로의 weight가 각각 2와 1 이라면 2:1 비율로 트래픽이 분배됩니다.[21] 이와 같이 비용이 다른 인터페이스들을 묶어 만든 멀티패스Multipath를 UCMPUnequal-Cost MultiPath 혹은 UELBUnEqual Load Balance라고 합니다.

지금까지 살펴본 것처럼 SR-MPLS를 이용하면 패킷을 만드는 소스 라우터 마음대로 세그먼트 리스트를 작성할 수 있습니다. SPF나 CSPF를 이용할 수도 있고, 그 밖의 알고리즘을 사용하거나 RSVP-TE ERO처럼 관리자가 수동으로 지정할 수도 있습니다. 어떤 경로를 어떻게 정할지는 순수하게 소스 장비가 정합니다. 이 과정에서 RSVP-TE처럼 터널을 미리 만들어야 하는 것이 아니기 때문에 네트워크 변동 사항을 실시간으로 라우팅에 반영할 수도 있습니다. 이것이 SR에서 말하는 소스 라우팅입니다.

SRGB & SRLB

SR 네트워크에서는 라벨을 보고, 해당 라벨이 글로벌 용도인지 로컬 용도인지 알 수 있습니다. 글로벌한 라벨은 **SRGB**Segment Routing Global Block 대역 안에서 지정되기 때문입니다. 예를 들어, 그림 9.22에서 모든 라우터의 SRGB가 100-199라고 가정한다면 글로벌 SID는 무조건 100-199 대역 내에서 만들어야 합니다. 다시 말해 SRGB는 전체 MPLS 라벨 중에서 SR, 그중에서도 글로벌 SID 용도로 사용되는 MPLS 라벨 대역입니다.

이와 유사하게 **SRLB**Segment Routing Local Block는 SR 네트워크에서 local SID 용도로 사용할 수 있는 MPLS 라벨 대역을 말합니다.

SRGB와 SRLB의 중요한 특징 중 하나는 범위가 표준으로 정해지지 않았다는 점입니다. 즉, 어떤 라우터는 SRGB가 100-199, 또 어떤 라우터는 200-299일 수도 있습니다. 더욱이 벤더별로 장비에 기본적으로 설정되어 있는 SRGB 대역이 조금씩 다릅니다. 같은 SR 네트워크 내의 라우터라 할지라도 꼭 같은 SRGB 대역을 사용하지 않아도 됩니다. 그러나 관리가 무척

---

[21] RFC 8402(2018) 〈Segment Routing Architecture〉의 3.4.1. Parallel Adjacencies, RFC 8665(2019), 〈OSPF Extensions for Segment Routing〉의 '6.1. Adj-SID Sub-TLV' 섹션 참조

까다로워집니다. SR이 SRGB 대역 내의 라벨 값을 전달할 때 일반적으로 인덱스 값만 전달하기 때문입니다. 예를 들어, 그림 9.22에서 R1의 SRGB 대역이 100-199일 때 자신의 Node-SID, 101을 다른 라우터들에게 전파하는 과정을 살펴보겠습니다.

R1은 자신의 Node-SID, 101 라벨을 그대로 전파하지 않습니다. 대신 1이라는 인덱스 값을 전파합니다. 이 인덱스 값을 받은 다른 라우터들은 R1의 SRGB 시작 값인 100에 인덱스 값, 1을 자동으로 더해서 Node-SID를 계산합니다. 즉, SRGB 시작 값 (100) + Node-SID 인덱스 값 (1) = 101 형태로 전파가 이루어집니다.

실제 관리자가 SR 장비에 설정할 때도 101이라는 라벨 값이 아니라 인덱스 값 1을 설정해야 하는 경우도 있습니다.

SRGB 대역 불일치

만일 SRGB 대역이 라우터 간에 일치하지 않으면 어떻게 될까요? 그림 9.22의 R1의 SRGB는 100-149, R2의 SRGB는 150-199, R3의 SRGB는 200-249라고 가정해보겠습니다. 관리자가 R1의 인덱스 값으로 1, R2용으로는 2, R3용으로는 3으로 설정했습니다. 결국 R1, R2, R3의 Node-SID는 그들의 SRGB 시작 값에 더해 다음과 같이 설정됩니다.

- R1 : (100 + 1 =) **101**
- R2 : (150 + 2 =) **152**
- R3 : (200 + 3 =) **203**

이처럼 SR 네트워크에 있는 라우터들의 SRGB를 다르게 설정하면 SR 네트워크를 관리할 때 의도치 않게 혼란을 가져올 수 있습니다. 따라서 같은 SR 네트워크에 있는 라우터들의 SRGB는 모두 동일하게 설정하는 것을 강력히 권장합니다.

SRGB와 달리 SRLB는 어차피 각 라우터 로컬에서만 의미가 있기 때문에 전체 라우터가 모두 동일한 대역을 가지고 있을 필요는 없습니다. 그럼에도 모두 동일한 대역으로 설정한다면 직관적으로 라벨을 확인할 수 있기 때문에 관리성이 높아질 것입니다.

참고로 Node-SID, Adj-SID 등은 모두 기본적으로 자동 할당$^{\text{Dynamic SID assignment}}$됩니다. 다시 말해, 관리자가 어떤 인덱스 값을 설정할지 수동 지정하지 않으면 라우터가 알아서 SRGB와 SRLB 중에서 비어 있는 라벨을 자동 할당합니다. 물론 글로벌 SID는 관리자가 매뉴얼하게 직접 설정하는 편이 보다 관리하기 좋습니다.

SR OSPF 패킷 분석

이번 학습에서는 OSPF 패킷으로 SR 관련 정보들이 전파되는 과정을 살펴보고자 합니다. 구체적으로 LSA 타입 10으로 전파되는 SRGB, Node-SID 그리고 Adj-SID 등에 대해서 살펴볼 예정입니다. 이번에 다룰 내용은 다소 지루할 수 있는 패킷 분석 관련 내용이므로 관심이 있다면 꼼꼼히 살펴보고, 그렇지 않다면 간단하게 훑어보거나 추후 필요할 때 다시 찾아보는 것을 권장합니다.

SRGB

다음 그림은 SR 라우터가 자신의 SRGB 대역을 전파하는 LSA 타입 10 패킷입니다.

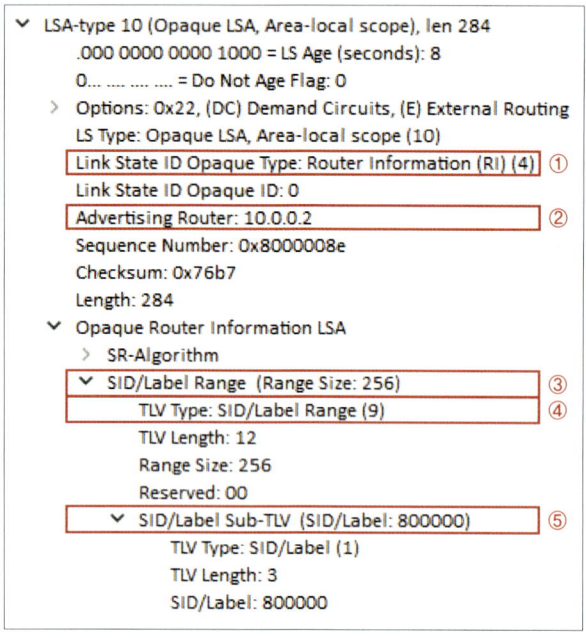

▶ 그림 9.23 SRGB 패킷

①과 ② 필드 정보를 조합하면 해당 LSA 패킷이 10.0.0.2 라우터 정보(RI)를 담고 있다는 것을 알 수 있습니다. 그리고 ④ TLV Type: SID/Label Range (9)를 통해 구체적으로 SRGB 정보를 담고 있음을 알 수 있습니다(TLV Type 값이 9면 SRGB이고, 14면 SRLB입니다.). 그리고 ③과 ⑤ 필드를 통해 10.0.0.2 라우터의 SRGB는 (SID/Label: 800000) 800000부터 시작해서 (Range Size: 256) 총 256개, 즉 800000 – 800255임을 알 수 있습니다.

참고로 하나의 LSA 패킷에 여러 개의 ③ SID/Lable Range가 있을 수 있는데, 이 경우 LSA 패킷을 받는 장비는 각각의 대역을 모두 합쳐야 합니다. 예를 들어, 첫 번째 ③ SID/Label Range가 800000 – 800255고, 두 번째 ③ SID/Label Range가 800255 – 800511이라면 이 둘을 합친 800000 – 800511이 전체 SRGB 대역이 됩니다.

Prefix-SID(Node-SID)

Node-SID를 전파하는 LSA 패킷을 살펴보겠습니다.

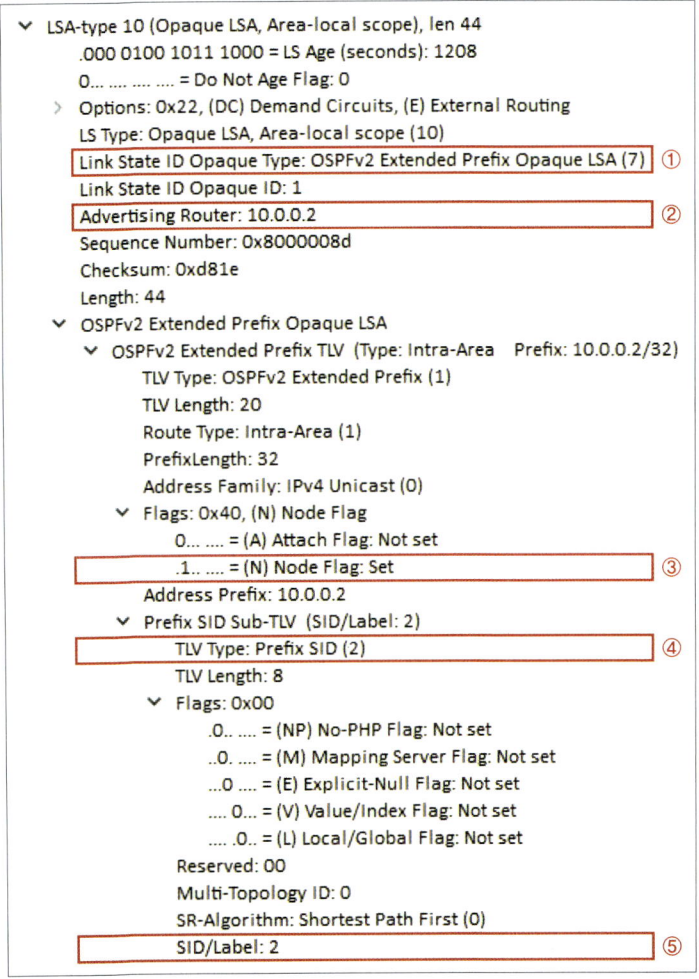

▶ 그림 9.24 Node-SID 패킷

①과 ②를 통해 10.0.0.2 라우터의 프리픽스 정보를 담고 있다는 것을 알 수 있습니다. 그리고 ④를 통해 Prefix SID, 그중에서도 ③ (N) Node Flag가 'set'되어 있는 Node-SID 정보를 담고 있다는 것을 알 수 있습니다. ①~④ 정보를 종합하면 라우터 10.0.0.2의 Node-SID가 ⑤ SID/Label: 2, 즉 2라는 것을 알 수 있습니다. 여기서 2는 Node-SID의 인덱스 값입니다.

앞서 살펴보았듯이 Node-SID 라벨은 SRGB 시작 값에 인덱스 값을 더해야 합니다. 만일 라우터 10.0.0.2의 SRGB가 800000 - 800511이라면 Node-SID 라벨은 SRGB의 시작 값인 800000에 SID 인덱스 값 2를 더해서 800002가 됩니다.

참고로 ④ TLV Type: Prefix SID (2) 아래에 총 5개의 Flags(NP, M, E, V, L)를 볼 수 있는데 각 flag별 설명은 다음 RFC에서 확인할 수 있습니다.

RFC 8665(2019), 〈OSPF Extensions for Segment Routing〉

5. Prefix-SID Sub-TLV

...

NP-Flag: No-PHP (Penultimate Hop Popping) Flag. If set, then the penultimate hop MUST NOT pop the Prefix-SID before delivering packets to the node that advertised the Prefix-SID.

M-Flag: Mapping Server Flag. If set, the SID was advertised by an SR Mapping Server as described in [RFC8661].

E-Flag: Explicit Null Flag. If set, any upstream neighbor of the Prefix-SID originator MUST replace the Prefix-SID with the Explicit NULL label (0 for IPv4) before forwarding the packet.

V-Flag: Value/Index Flag. If set, then the Prefix-SID carries an absolute value. If not set, then the Prefix-SID carries an index.

L-Flag: Local/Global Flag. If set, then the value/index carried by the Prefix-SID has local significance. If not set, then the value/index carried by this sub-TLV has global significance.

Other bits: Reserved. These MUST be zero when sent and are ignored when received.

NP-Flag: No-PHP (Penultimate Hop Popping) 플래그
설정된 경우 패킷을 전달하기 전에 마지막 이전 홉이 Prefix-SID를 제거해서는 안 됩니다.

M-Flag: Mapping Server 플래그
설정된 경우 이 SID는 RFC 8661에 표준화된 SR Mapping Server에 의해 광고된 것입니다.

E-Flag: Explicit Null 플래그
설정된 경우 모든 업스트림 이웃이 패킷을 보낼 때 Prefix-SID를 명시적 NULL 라벨(IPv4의 경우 0)로 바꿔 보내야 합니다.

V-Flag: Value/Index 플래그
설정된 경우 Prefix-SID는 절댓값입니다. 설정되지 않은 경우 인덱스 값입니다.

L-Flag: Local/Global 플래그
설정된 경우 Prefix-SID가 포함하는 값과 인덱스는 로컬에서만 의미를 가집니다. 설정되지 않은 경우 글로벌하게 의미가 있습니다.

기타 비트: 예약됨
전송 시 반드시 0이어야 하며 무시됩니다.

Adj-SID

마지막으로 Adj-SID를 전파하는 LSA 패킷을 살펴보겠습니다.

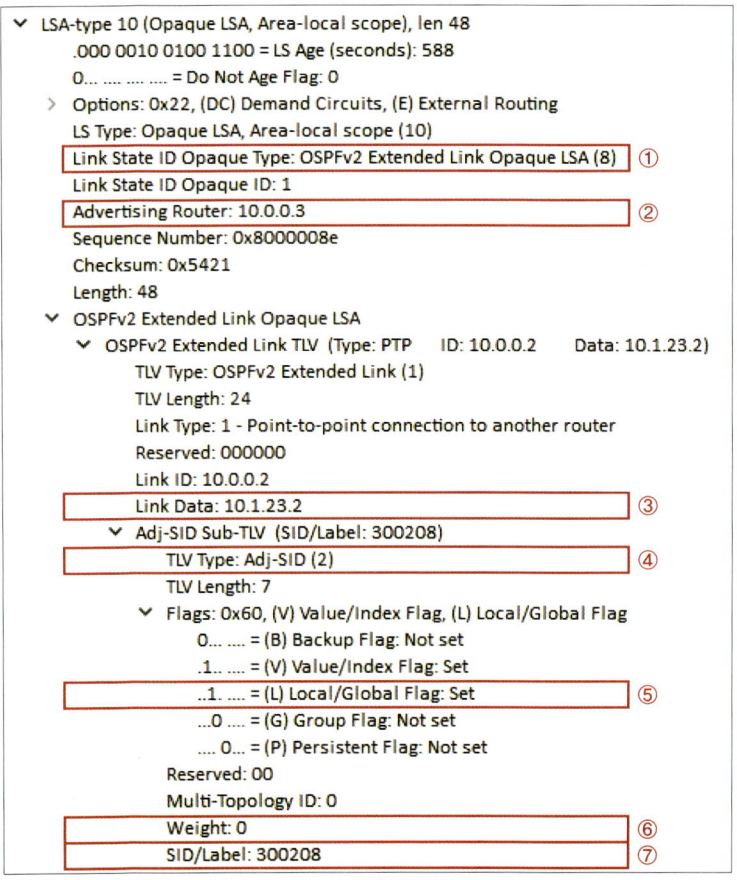

▶ 그림 9.25 Adj-SID 패킷

①과 ②는 10.0.0.3 라우터의 Link(링크) 정보를 담고 있다는 것을 알려 줍니다. 더불어 ④ Adj-SID를 통해 해당 패킷이 Adj-SID 정보를 담고 있다는 것을 알 수 있는데, 해당 Adj-SID는 ⑤ (L) Local/Global Flag가 set되어 있으므로 글로벌 SID가 아닌 SRLB 대역에 속한다는 것을 알 수 있습니다.

LSA에서 눈여겨볼 필드들은 ② 해당 LSA를 전파하는 라우터 ③ 넥스트-홉 IP, ⑦ SID입니다. 종합해서 해석하면 ② 10.0.0.3 라우터에서 ③ 10.1.23.2 (IP를 가진) 라우터로 연결된 인터페이스의 ④ Adj-SID의 라벨이 ⑦ 300208이며 해당 인터페이스의 (Unequal-Cost MultiPath용) ⑥ weight는 0이라는 내용입니다.

SR의 Anycast-SID

이제 SR 패킷 분석은 마무리하고 마지막으로 SR의 Anycast-SID를 살펴보려고 합니다. 앞서 살펴보았던 병렬 Adj-SID는 '하나'의 장비에서 동일한 SID를 둘 이상의 인터페이스에 사용하는 것을 말합니다. 반면 Anycast-SID는 '둘 이상'의 라우터가 '일부러' 동일한 SID를 사용하는 것을 말합니다. 다음은 Anycast-SID를 살펴보기 위한 그림으로, R4와 R5의 Node-ID가 동일하게 110인 것을 볼 수 있습니다.

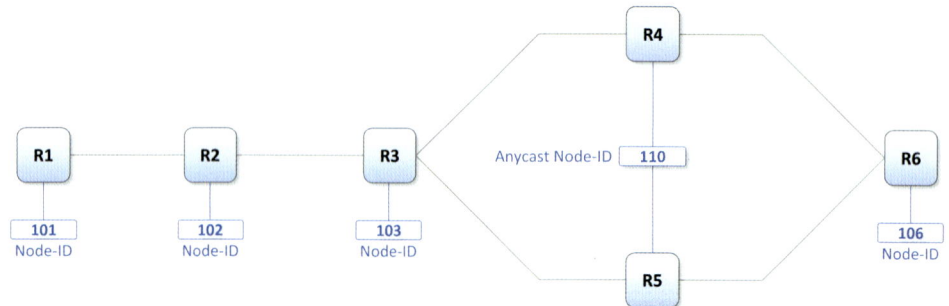

▶ 그림 9.26 Anycast SID

R1 → R6로 MPLS 패킷을 보낸다면 {102, 103, 110, 106} 외에 다른 세그먼트 리스트가 있을 수 없습니다. R3를 기준으로 R4와 R5 경로가 나뉘는데, R4와 R5 둘 다 110이라는 동일한 SID를 가지고 있기 때문입니다. 덕분에 R3에서 R4와 R5로 로드 밸런싱할 수 있습니다.

더 나아가 Anycast-SID는 로드 밸런싱 외에 **리던던시**Redundancy 기능도 제공합니다. 예를 들어, R4가 다운되더라도 같은 SID를 가진 R5 경로가 존재하므로 세그먼트 리스트에 변화가 생기지 않습니다. 물론 R4는 IGP 업데이트 이후 라우팅 경로에서 제외되겠지만 소스 라우팅, 다시 말해 세그먼트 리스트 자체에는 변화가 생기지 않습니다.

SR 로드 밸런싱

Anycast-SID를 사용한다고 해서 완벽한 로드 밸런싱이 이뤄지는 것은 아닙니다. 앞서 '9.5 MPLS 기술들'의 '2. RSVP-TE 로드 밸런싱: 엔트로피 라벨'에서 살펴본 것처럼 상위 계층 Upper-layer 프로토콜(예. TCP/IP) 해시 값이 있어야 per-flow 로드 밸런싱을 할 수 있기 때문입니다. Anycast-SID는 다양한 경로를 이용할 수 있는 환경을 만들어 준 것일 뿐 per-flow 로드 밸런싱을 하려면 DPI와 같이 상위 계층의 해시 값을 계산할 수 있는 솔루션이 필요합니다. 이를 위해 SR에서도 EL을 지원하는 프로토콜이 표준화되었습니다.[22]

그러나 SR 환경에서는 EL 사용이 RSVP-TE처럼 간단하지 않습니다. RSVP-TE로 MPLS VPN 망을 구성했다면 MPLS 패킷의 최상위 라벨만 교체되면서 PE-to-PE 통신이 이뤄집니다. 반면 SR에서는 세그먼트 리스트에 따라 MPLS 라벨 스태킹 개수가 달라지기 때문에 ELI/EL 헤더 위치가 매우 중요합니다.

ERLD

SR에서 EL을 사용하기 위해서는 라우터가 한 번에 읽어 들일 수 있는 라벨 개수가 중요합니다. 구체적으로 한 번에 최대 몇 개의 MPLS 스태킹 라벨을 읽어 들여서 그중에 포함된 ELI/EL 헤더를 검색하여 처리할 수 있는지가 중요합니다. 이 능력치를 ELRD Entropy Readable Label Depth라고 합니다.

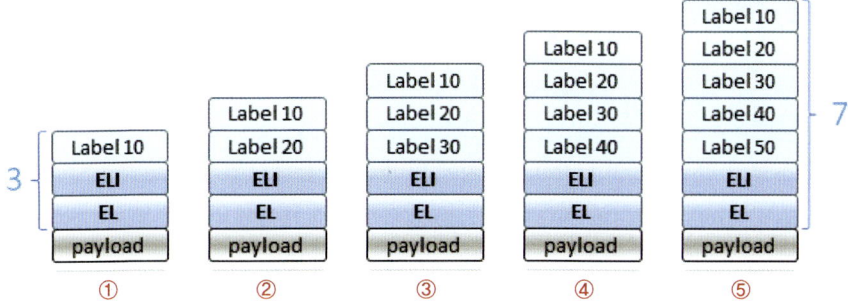

▶ 그림 9.27 ELRD

어떤 라우터의 ELRD 값이 4라고 가정해보겠습니다. 해당 라우터는 한 번에 4개의 MPLS 헤더까지 읽어 들일 수 있으므로 그림의 ① 혹은 ② 패킷을 받았을 때 정상적으로 ELI/EL 헤더를 처리할 수 있습니다.

---

22 RFC 8662(2019) 〈Entropy Label for Source Packet Routing in Networking (SPRING) Tunnels〉

그러나 ③ 패킷부터는 MPLS 스태킹 라벨의 개수가 5개 이상이 되므로 해당 라우터의 ELRD 능력치 4를 벗어나게 됩니다. 즉, 이 라우터는 패킷 ③, ④, ⑤를 받았을 때 ELI/EL을 기반으로 로드 밸런싱할 수 없습니다. 다시 말해 한 번에 MPLS 헤더를 읽어 들이는 능력의 한계로 인해 ELI/EL 헤더를 볼 수 없는 것입니다.

앞서 그림 9.26에서 R2, R3 사이가 둘 이상의 인터페이스로 구성되어 있다고 가정해보겠습니다. 이 구간에서도 로드 밸런싱을 하려면 ELI/EL 헤더가 필요합니다. 이때 각 라우터들의 ELRD 능력치가 중요합니다. 만일 해당 네트워크에 존재하는 모든 라우터의 ELRD 능력치가 10이라면 ELI/EL을 가장 끝에 넣으면 됩니다. 즉, 세그먼트 리스트를 {102, 103, 106, ELI, EL}과 같이 만들면 R2와 R3를 포함한 모든 라우터가 ELI/EL 값을 읽는 데 문제가 없습니다.

그러나 R2의 ELRD 능력치가 3에 불과하다고 가정해보겠습니다. 이 경우 R2는 그림 9.27의 ① 패킷처럼 최대 3개 MPLS 스택 안에 ELI/EL이 존재해야 이를 읽을 수 있습니다. 따라서 R1은 패킷을 만들 때 세그먼트 리스트를 {102, ELI, EL, 103, 106, ELI, EL}과 같이 만들어야 합니다.

> **Tip.** R1이 최초 세그먼트 리스트를 만들 때 한 번에 7개의 MPLS 헤더를 쌓아서 패킷을 만들어야 합니다. 이처럼 라우터가 한 번에 만들 수 있는 세그먼트 리스트 개수를 MSD^{Maximum SID Depth}라고 합니다.

R2가 패킷을 받으면 {102, ELI, EL, 103, 106, ELI, EL} 중에서 자신의 Node-SID인 102를 pop(SR 용어로는 NEXT)합니다. 이후 ELI 헤더가 최상위 라벨이 되므로 로드 밸런싱에 사용한 뒤 ELI/EL 헤더 또한 pop해야 합니다. 따라서 R3가 받게 되는 세그먼트 리스트는 {103, 106, ELI, EL}이 될 것입니다. R3는 최하위 라벨에 남아 있는 ELI/EL 헤더 정보를 이용하여 R4와 R5에 로드 밸런싱할 것입니다.

이처럼 경로상에 놓인 라우터들의 ELRD 능력치에 따라 ELI/EL 헤더를 넣을 위치가 달라지기 때문에 라우터들의 ELRD 능력치가 중요합니다. 이를 원활하게 지원할 수 있도록 SR 라우터들의 ELI/EL 지원 여부, ELC^{Entropy Label Capability} 및 ELRD 정보를 IGP로 전파하기 위한 확장 기능^{Extension}이 표준화되었습니다.[23]

'단순하게 ELI/EL을 MPLS 최상위 헤더에 넣으면 안 되나?'라는 생각이 들 수 있습니다. 예를 들어, 그림 9.26 토폴로지에서 세그먼트 리스트를 {ELI, EL, 102, 103, …}과 같이 만들고

---

[23] FC 9098(2021), 〈ignaling Entropy Label Capability and Entropy Readable Label Depth Using IS-IS〉, 〈Signaling Entropy Label Capability and Entropy Readable Label Depth Using OSPF〉

ELI/EL 헤더를 계속 재사용한다면 굳이 ERLD와 같은 복잡한 개념이 필요치 않을 듯합니다. 옵션은 이미 RFC 8662에서 다룬 옵션 중에 하나인데, 이 경우 기존 네트워크 장비의 대규모 로직 수정이 불가피하여 채택되지 못하였습니다. 해당 RFC에서는 이외에 검토된 여러 옵션과 이들이 채택되지 못한 사유들이 적혀 있습니다. Entropy Label for SR은 로직이 복잡할 뿐 아니라 정식 표준으로 등재된 지 오래되지 않았으므로 대중화될 수 있을지 조금 더 지켜볼 필요가 있습니다.

SDN

지금까지 살펴보았듯이 SR은 완벽한 구조의 소스 라우팅을 제공합니다. 이 SR과 궁합이 잘 맞는 기술이 있습니다. 바로 **SDN**^{Software-Defined Networking}입니다. SR은 소스 라우팅 아키텍처를 지원하기 때문에 어떤 패킷을 어떤 경로로 보낼지 순수하게 소스 라우터, 더 정확히는 소스 라우터의 컨트롤 플레인에서 정하게 됩니다. 이 컨트롤 플레인의 계산을 외부(off-box) 컨트롤 플레인, 즉 SDN 컨트롤러에서 수행하면 더 다양한 조건으로, 더 빠르고 손쉽게 그리고 실시간으로 소스 라우팅 경로를 계산할 수 있습니다.

PCC, PCEP, PCE

대부분의 네트워크 벤더들은 자체적인 NMS를 제공합니다. 이들은 단순 모니터링을 넘어서 프로비저닝^{Provisioning}까지 지원하기도 합니다. 벤더 NMS 솔루션들은 2가지 큰 단점이 있는데, 지원 범위가 제각각이며 독자적인 프로토콜을 사용하기 때문에 해당 벤더 제품만 지원되는 경우가 많다는 것입니다. 즉, 벤더 A의 NMS는 벤더 A의 제품들만 제어할 수 있습니다. 대형 네트워크는 단일 벤더 장비로 구성하기 어렵기 때문에 어찌 보면 당연하게 보일지도 모르겠지만 SDN 컨트롤러로서는 매우 큰 제약 사항입니다.

이를 극복하기 위해 SDN 컨트롤러와 라우터 사이 통신 프로토콜로, PCE-Based Architecture가 표준화되었습니다. 해당 표준에서는 PCC, PCEP, PCE라는 용어가 새롭게 등장합니다.

- **PCE**^{Path Computation Element} : SDN 컨트롤러를 말합니다.
- **PCC**^{Path Computation Client} : PCE에게 라우팅을 문의하고 그 응답에 따라 경로를 설정하는 (라우터와 같은) 네트워크 장비를 말합니다.
- **PCEP**^{Path Computation Element Protocol} : PCE와 PCC 간에 최적 경로 계산 요청 및 응답을 위한 통신 프로토콜입니다.

SR 대역폭 관리

SR 프로토콜 자체로는 RSVP-TE처럼 B/W를 예약할 수 없습니다. 이때 SDN 컨트롤러 + PCEP가 대안이 될 수 있습니다. SDN 컨트롤러가 어떻게 B/W를 관리할지는 제어 모델에 따라 달라질 수 있습니다.

가장 단순한 모델은 전체 인터페이스의 B/W를 실시간으로 모니터링하면서 특정 경로에 B/W가 높아지는 것이 감지되면 B/W 보호가 필요한 LSP를 다른 경로로 변경하는 모델이 있습니다. 이외에 PCE를 통해 DS-TE$^{DiffServ-Aware\ TE}$를 지원하는 표준[24]도 있으므로 해당 표준을 지원하는 PCE를 사용하는 것도 한 가지 방법입니다.

만일 RSVP-TE와 같은 B/W 예약 모델을 원한다면 다음과 같은 시나리오도 가능합니다. PCC(예. 라우터)는 PCE(SDN 컨트롤러)에게 PCEP의 BANDWIDTH Object 필드를 이용해 자신이 사용하고 싶은 B/W를 전달합니다. PCE는 전체 경로별 B/W를 모니터링하고 그 결과를 토대로 요청 B/W가 가능한 최적의 경로를 PCC에게 전달해 줍니다. 그리고 SDN 컨트롤러 내부에 장비의 인터페이스별 B/W 예약 상태를 자체 DB(예. TED$^{Traffic\ Engineering\ Database}$)에 기록합니다(RSVP의 RSB, PSB를 라우터 내부가 아닌 PCE 내부 DB에 기록한다고 볼 수 있습니다.). 이와 같은 B/W 예약 DB를 이용하면 어떤 회선에 얼마나 B/W를 할당했는지 알 수 있을 것입니다.

이 과정을 통해 RSVP-TE와 같은 B/W 예약 기능을 제공할 수 있으며 이때 인그레스 LER 폴리싱이 필요할 것입니다.

SR 폴리싱

폴리싱^{Policing}을 적용하는 데는 여러 방법이 있는데 Flowspec - BGP 기반 ACL advertising도 그중 하나입니다. FlowSpec을 이용한다면 SDN 컨트롤러가 직접 모든 LER과 FlowSpec 네이버십을 맺고 traffic-rate 메시지를 보내 예약한 B/W 이상을 사용하지 못하도록 제한할 수 있습니다. 이와 별개로 PCEP extension을 통해 PCEP 자체에서 FlowSpec을 지원하는 표준도 최근 발표되었습니다.[25]

---

[24] RFC 5455(2009), 〈Diffserv-Aware Class-Type Object for the Path Computation Element Communication Protocol〉
[25] RFC 9168(2022), 〈Path Computation Element Communication Protocol (PCEP) Extension for Flow Specification〉

MPLS OAM

지금까지 우리는 MPLS부터 SR까지 긴 여정을 거쳐 왔습니다. 마지막으로 **MPLS OAM**에 대해 살펴보며 MPLS를 마무리하고자 합니다.

MPLS 헤더는 이더넷 헤더보다 더 간단한 구조를 가지고 있으며 OAM 관련 기능들이 없습니다. 이러한 한계점을 극복하고자 MPLS 아키텍처를 강화하는 여러 기술이 표준화되었습니다.

GMPLS

1990년대 후반 'MPLS 관련 기술들로 L1 기술(예. WDM)을 제어할 수 없을까?'하는 논의가 있었고 그 결과 **MPλS**^{MPLambdaS}라는 프로토콜이 최초 제안되었습니다. 이후 시간이 흘러 MPLS용 프로토콜(MPLS 컨트롤)로 L1과 L2 기술을 통합 관리할 수 있는 아키텍처, **GMPLS**$^{Generalized\ MPLS}$가 탄생합니다.[26]

GMPLS는 MPLS 관련 기술들로 L2 기술뿐 아니라 L1 기술도 제어하는 것이 목표입니다. 구체적으로 MPLS를 위해 개발된 프로토콜, 즉 LDP, RSVP-TE 및 OSPF-TE와 같은 라우팅 프로토콜로 L1 기술들을 제어할 수 있도록 다양한 extension들이 표준화되었으며[27] LMP$^{Link\ Management\ Protocol}$라는 신규 프로토콜도 표준화되었습니다.[28] 이후 GMPLS는 MPLS-TP 표준에 큰 영향을 미치게 됩니다.

MPLS-TP

MPLS-TP$^{Transport\ Profile}$는 MPLS 아키텍처 안정성을 높이고자 만들어진 프로토콜입니다. 처음엔 ITU-T가 홀로 T-MPLS$^{Transport\ MPLS}$라는 이름으로 표준화 작업을 시작했는데, 이후 IETF와 함께 작업하여 MPLS-TP라는 프로토콜이 표준화됩니다.[29]

MPLS-TP는 전송^{Transport} 네트워크(예. WDM)와 유사한 수준의 MPLS 네트워크를 만드는 것이 목표입니다. 여기서 TP는 전송 네트워크와 유사한 MPLS 네트워크를 만들기 위한 'MPLS 프로파일'을 말합니다.

---

26 RFC 3945(2004), 〈Generalized Multi-Protocol Label Switching (GMPLS) Architecture〉
27 RFC 3473(2003), 〈Generalized Multi-Protocol Label Switching (GMPLS) Signaling RSVP-TE Extensions〉
RFC 4203(2005), 〈OSPF Extensions in Support of Generalized Multi-Protocol Label Switching (GMPLS)〉
RFC 5307(2008), 〈IS-IS Extensions in Support of Generalized Multi-Protocol Label Switching (GMPLS)〉
28 RFC 4204(2005), 〈Link Management Protocol (LMP)〉
29 RFC 5921(2010), 〈A Framework for MPLS in Transport Networks〉

MPLS-TP는 이를 위해 기존 기능 몇 가지를 제한하고, 새로운 기능들을 추가했습니다. 예를 들어 PHB 및 ECMP와 같은 기능은 제한하고 경로 보호$^{Path\ protection}$, 양방향^{Bidirectional} LSP 등의 기능을 추가했습니다. 이 중에서 눈여겨볼 부분은 MPLS OAM 관련 기술들입니다. MPLS-TP는 MPLS에 OAM 기능을 만들기 위해 MPLS 헤더 바로 위에 새롭게 MPLS-TP 전용 계층(G-Ach)을 표준화했습니다.

MPLS OAM

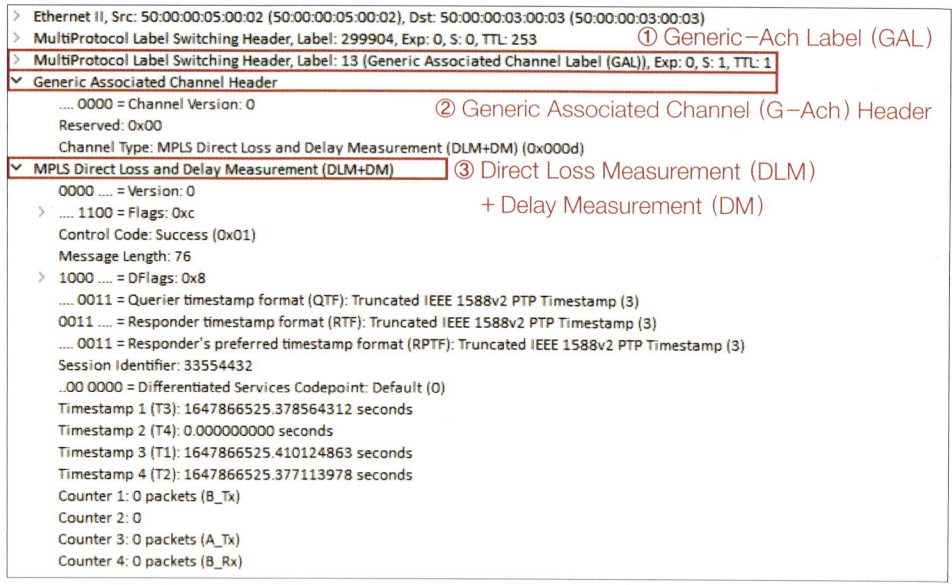

▶ 그림 9.28 MPLS GAL OAM(RFC 6374[30] 참조)

이 그림은 **G-Ach**$^{Generic\ Associated\ Channel}$가 존재하는 MPLS OAM 패킷 샘플입니다. ① Generic-Ach Label(GAL)은 MPLS의 Reserved Labels 중 label = 13을 가진 MPLS 헤더입니다. ① GAL은 MPLS label = 13이라는 특수 라벨을 사용해서 그 바로 위에 ② Generic Associated Channel(G-Ach) 헤더가 있다는 것을 가리키는 역할을 합니다.

② Generic Associated Channel(G-Ach) 헤더에서는 어떤 OAM 메시지가 실려 있는지 Channel Type 필드로 알려 줍니다. 앞서 그림에서 Channel Type은 0x000d로, ③ Direct

---

30 RFC 6374(2011), 〈Packet Loss and Delay Measurement for MPLS Networks〉

Loss Measurement(DLM) + Delay Measurement(DM) 메시지가 실려 있다는 것을 알려 주고 있습니다.

③ DLM + DM 메시지 안에서 성능 관리를 위한 수많은 필드를 볼 수 있습니다. 그중에서 딜레이 측정을 위한 (다른 OAM 프로토콜에서도 많이 볼 수 있는) 타임스탬프 필드들도 보입니다.

MPLS 라우터들은 주기적으로 해당 ③ DLM + DM 메시지를 서로 주고받으면서 혹시 손실이나 딜레이가 증가하는 것은 아닌지 모니터링합니다. 이와 같이 G-Arch 헤더를 이용하면 별도 다른 프로토콜 도움 없이, 순수 MPLS 패킷으로 OAM 기능을 처리할 수 있습니다.

MPLS-TP 컨트롤 플레인

MPLS-TP의 컨트롤 플레인은 GMPLS 컨트롤 플레인을 토대로[31] 내부 컨트롤 플레인In-band control뿐 아니라 장비 외부 컨트롤 플레인Out-of-band control에서도 장비를 제어할 수 있도록 설계되었습니다.

장비 외부 컨트롤의 최종 목표는 하나의 NMS를 통해 전송 장비들과 MPLS 장비를 통합 운영하는 것입니다. 즉, 하나의 NMS에서 WDM 파장도 제어하고, MPLS LSP 셋업도 할 수 있는 아키텍처를 만든 것입니다. MPLS 네트워크는 CLI(혹은 전용 S/W)로 관리되는 경향이 강하지만, WDM 네트워크는 주로 NMS에서 관리되는 경향이 강합니다. 기존까지는 이러한 두 네트워크 영역이 분리되어 WDM, MPLS 엔지니어가 각자의 영역에서 관리했습니다. 그러나 GMPLS, MPLS-TP 기술 덕분에 단일 NMS로 WDM과 MPLS 네트워크를 통합 관리할 수 있는 기술적인 기반이 만들어진 것입니다.

단, 통합 NMS에 대한 니즈가 크지 않고 MPLS-TP가 크게 대중화되지 못했으며 근래에는 대안 기술(예. SDN)들이 많아졌기 때문에 네트워크 시장에서 통합 NMS를 찾아보기는 어려운 편입니다.

---

[31] RFC 6373(2011), 〈MPLS Transport Profile (MPLS-TP) Control Plane Framework〉의 '1.2. Basic Approach': 4) The MPLS-TP LSP control plane builds on the GMPLS control plane as defined by the IETF for transport LSPs.

CHAPTER 10
전용선 및 VPN 기술

지리적으로 멀리 떨어진 네트워크를 연결하기 위해서는 회선이 필요합니다. 가장 좋은 방안은 물리적인 전용선을 이용하는 것이지만 투자금, 이용료가 상당히 높기 때문에 다른 대안 기술들이 필요합니다. 이번 챕터에서는 지리적으로 떨어져 있는 네트워크를 연결하는 기술들, 즉 전용선과 더불어 세 종류의 VPN 기술 GRE, IPsec 그리고 SSL VPN에 대해 알아보겠습니다.

관리자가 VPN을 운영하면서도 VPN 동작 방식, 특성, SSL/TLS와 IPsec의 차이점을 잘 알지 못하기도 합니다. 이번 챕터에서는 이러한 VPN과 더불어 수많은 터널링 프로토콜을 괴롭히는 악역, IP 패킷 분할도 심도 있게 살펴보겠습니다.

Roadmap

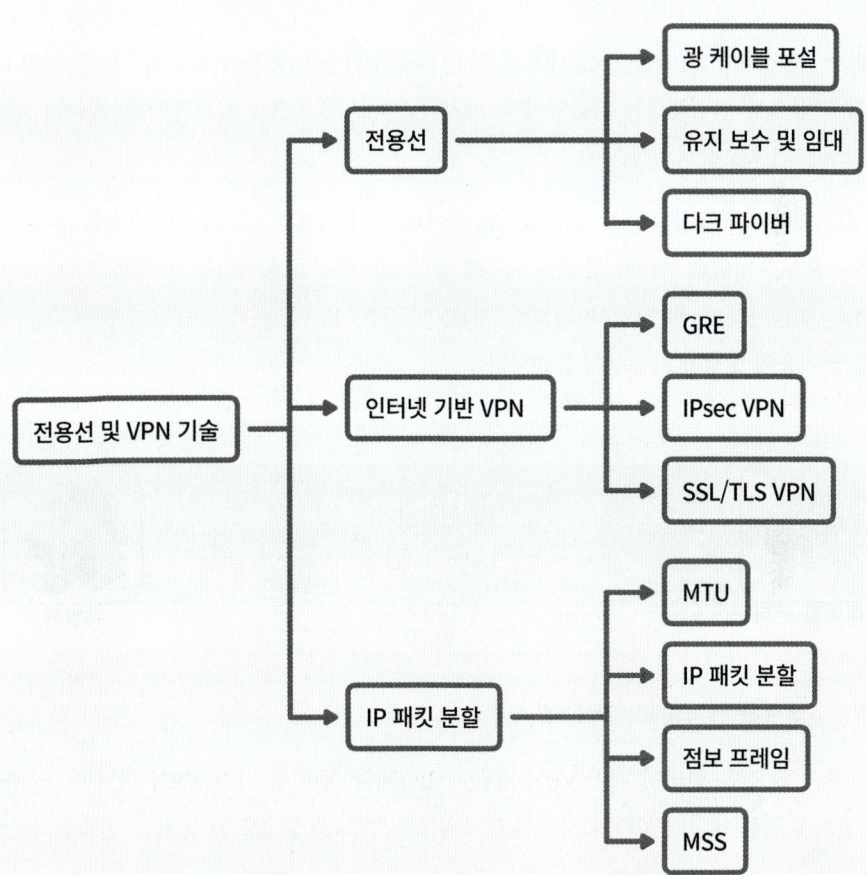

10.1 VPN

VPN^{Virtual Private Network}(가상 사설 네트워크)은 프로토콜을 이용하여 물리적으로 분리된 네트워크를 '가상으로' 연결해주는 기술입니다. 예시를 통해 지리적으로 멀리 떨어진 데이터 센터와 사무실 네트워크를 살펴보겠습니다.

사무실의 개발자가 물리적으로 멀리 떨어진 데이터 센터 서버의 '사설 IP'에 접속할 수 있는 가장 좋은 방법은 데이터 센터와 사무실 사이에 물리적인 회선을 설치하는 ① **전용선**^{Private circuit}을 구성하는 것입니다. 극히 안정적이지만 SOHO^{Small Office Home Office}가 감당하기 힘든 수준의 설치·운영 비용이 발생할 가능성이 높습니다.

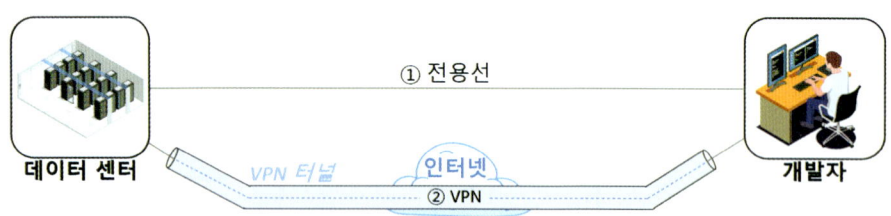

▶ 그림 10.1 원격 서버에 연결하는 2가지 방법

대안으로 ②와 같은 인터넷 기반 VPN 기술이 있습니다. 인터넷 기반 'VPN 터널'을 만들어서 멀리 떨어져 있는 데이터 센터와 사무실 네트워크를 '마치 직접 연결된 것처럼' 연결할 수 있습니다.

이와 같은 인터넷 기반 VPN은 인터넷 회선을 이용하기 때문에 설치·운영 비용이 매우 저렴하여 대중적으로 크게 사랑받는 기술입니다. 그러나 인터넷은 보안에 취약하여 회사 기밀 정보가 노출될 위험이 높기 때문에 각종 암호화 알고리즘으로 모든 통신 데이터를 암호화하는 것이 일반적입니다.

10.2 전용선

물리적으로 분리되어 있는 네트워크를 가장 완벽하게 연결하는 방법은 엔드 투 엔드 간 전용선 Leased line, private circuit을 구성(혹은 임대)하는 것입니다. 예를 들어, 샌프란시스코 데이터 센터에서 로스앤젤레스 사무실까지 전용선이 필요하다면 약 600 km 구간에 걸쳐 땅 밑에 광 케이블을 설치하는 것입니다.

1 광 케이블 포설

광 케이블 포설(설치)Laying과 운영은 매우 많은 비용을 필요로 합니다. 여유 자금이 많은 회사라면 광 케이블을 직접 포설하겠지만, 일반 기업들에게는 쉽지 않습니다. 설치 구간이 황무지라면 그나마 포설 비용이 낮은 편입니다. 굴삭기 등을 동원하여 땅을 파고, 광 케이블을 포설한 뒤 다음과 같은 안내문을 설치하면 됩니다. 이 안내문은 누군가가 공사할 때 땅 밑에 광 케이블이 있다는 것을 알려 주어 광 케이블 손상을 방지합니다.

▶ 그림 10.2 광 케이블 포설 경고문(출처: WIKIMEDIA COMMONS)

그럼에도 각종 공사로 인한 단선$^{Cable\ cut}$이 빈번히 발생합니다. 안내문을 전 구간에 빼곡히 세우기도 어렵고, 케이블을 보호하기 위한 관로^{Conduit}, 광 케이블 외피 등을 아무리 단단하게 해도 공사 장비들에게는 국수 면발보다도 약한 존재이기 때문입니다.

황무지가 아닌 도로와 건물이 빼곡한 도심에선 어떻게 광 케이블을 포설할 수 있을까요? 도심에는 광 케이블을 포설하기 매우 좋은 공간이 있습니다. 바로 지하철입니다. 지하철은 굴삭기 등을 이용해 지반 공사를 새롭게 할 필요가 없고, 주요 도심지와 연결되어 있을 뿐 아니라 온습도가 일정하게 유지되는 편이기 때문에 광 케이블 포설 장소로 매우 적합합니다.

지하철을 타고 움직일 때 물끄러미 밖을 바라보면 다양한 굵기의 선들이 춤을 추듯 늘어져 있는 것을 볼 수 있을 것입니다. 주로 급전선^{Feeder} 혹은 광 케이블입니다. 참고로 이때 사용되는 광 케이블은 최대한 많은 광 코어를 담을 수 있는 루스 튜브 케이블을 주로 사용합니다. 지하철 구간을 빠져나온 광 케이블은 통신사 장비를 통해서 주요 건물의 MDF$^{Main\ Distribution\ Frame}$(집중 구내 통신실)로 이어집니다. 만일 최종 목적지가 일반 건물이 아닌 데이터 센터라면 MDF가 아니라 진입실$^{Entrance\ room}$ 혹은 중앙 배선 구역$^{Main\ distribution\ area}$까지 연결됩니다.

> **Tip.** 데이터 센터는 내부 케이블링이 매우 복잡합니다. 참고로 ANSI/TIA-942, ⟨Telecommunications Infrastructure Standard for Data Centers⟩에서 좋은 가이드라인을 제공합니다.

2 광 케이블 유지 보수 및 임대

광 케이블 포설은 끝이 아닙니다. 시작입니다. 광 케이블이 땅 밖으로 노출되거나 지상에 가깝게 포설된 경우 항상 단선의 위험에 노출되어 있습니다. 단선은 회선 사업자에게 매우 비일비재한 일입니다. 일반적으로 광 케이블 손상이 감지되면 **OTDR**$^{Optical\ Time\ Domain\ Reflectometer}$을 이용하여 손상된 광 케이블 위치를 파악합니다. OTDR은 매우 미세하지만 단선된 부위가 마치 거울과 같은 역할을 해서 되돌아오는 광 신호를 감지함으로써 광 속도를 바탕으로 손상 구간까지의 거리를 계산합니다. OTDR 덕분에 단선 구간이 추정되면 복구 팀이 의심 지역으로 이동한 뒤 복구를 진행합니다.

이와 같이 장거리 광 케이블 포설 및 운영은 전문 관리 인력을 항상 필요로 하기 때문에 많은 비용이 발생합니다. 따라서 기업이 직접 광 케이블을 포설·운영하기보다는 통신 사업자로부터 임대^{Leased}하는 경우가 많습니다. 통신 사업자로부터 전용선을 임대하는 방법은 다음과 같이 3가지가 있습니다.

첫째, 회선 사업자가 엔드 투 엔드 모든 회선과 전송 장비를 책임지고, 연결해주는 형태입니다. 회선 사업자가 광 케이블뿐 아니라 WDM과 같은 전송 장비까지 도맡아 운영해주므로 탁월한 보안성과 안정성 그리고 완벽하게 트래픽을 보장받을 수 있습니다. 고객은 전송망에 관해 신경 쓸 게 없습니다. 주로 보안이나 서비스에 민감한 많은 기업이 선호하는 방식입니다. 그러나 임대 비용뿐만 아니라 거리에 따라 비용이 기하급수적으로 증가합니다. 높은 비용에도 불구하고 이러한 형태로 임대하는 경우는 돈, 즉 과금, 결재, 금융과 관련된 기업인 경우가 많습니다. 국가에 따라 금융 관련 통신은 법률로 전용선을 강제하기도 합니다(즉, VPN 사용 금지).

둘째, MPLS VPN을 임대하는 방식입니다. 대부분의 국제 전용선이 여기에 속합니다. 국제 구간의 경우 광 케이블 설치 비용이 천문학적으로 많이 들기 때문에 주로 하나의 광 케이블(정확히는 광 파장)을 MPLS로 분할하여 제공합니다.[1] 각 고객사의 트래픽은 MPLS를 통해 논리적으로 완벽하게 분리합니다. 덕분에 회선 사업자는 구축 및 운영 비용을 줄일 수 있고, 고객은 저렴한 비용으로 국제 전용선 서비스를 제공받을 수 있습니다.

셋째, 순수하게 광 케이블만 제공받는 방식입니다. 통신 사업자는 광 케이블만 임대해 주고, 이 외에 (WDM 포함) 엔드 투 엔드 모든 네트워크 장비는 고객이 직접 운영하는 형태입니다. 3가지 방식 중 가장 저렴한 임대 방식으로, 이러한 광 케이블을 **다크 파이버**Dark fiber라고 부릅니다. 만일 연결하고자 하는 엔드 투 엔드 구간이 80 km 이내라면 ZR Optic 등을 이용하여 저렴하게 구성할 수 있을 것입니다. 그러나 그 이상의 거리, 확장성(예. Tbps 이상 필요) 또는 안정성이 중요하다면 WDM을 검토해야 할 것입니다.

다크 파이버 - 선로 이중화

다크 파이버의 안정성을 높이고 싶다면 둘 이상의 다크 파이버를 임대하여 네트워크를 구성하는 것이 좋습니다. 구체적으로 2가지 방안이 있습니다.

① **한 통신 사업자에게 다중 경로의 다크 파이버 임대**: 예를 들어, 샌프란시스코에서 로스앤젤레스까지 다크 파이버 회선을 임대할 때 한 회선은 동쪽으로 크게 돌고, 다른 한 회선은 서쪽으로 크게 도는 경우를 가정해보겠습니다. 이때 두 다크 파이버 회선 경로가 서로 겹치는 Overlap 구간이 없는지, 특히 출발지나 목적지 인근 구간이 겹치지 않는지, 데이터 센터로 들어오는 마지막 구간Last mile 이 완전히 동일해서 이중화된 다크 파이버가 동시에 단선될 가능

---

[1] 트래픽 보장을 위해 LDP 기반 MPLS보다는 RSVP 기반 MPLS로 구성하는 경우가 일반적입니다.

성은 없는지 주의 깊게 살펴야 합니다. 모든 회선 사업자는 유지 보수를 위해 자체적인 매설 지도Fiber optic cable map를 보유하고 있습니다. 이 매설 지도를 이용하면 회선의 중첩 구간을 쉽게 확인할 수 있습니다(단, 회사 기밀로 매설 지도의 공개를 거부할 수 있습니다.).

② **다중 사업자에게 다중 경로의 다크 파이버 임대**: 둘 이상의 다른 사업자로부터 다중 경로의 다크 파이버를 임대하면 선로 구간이 겹칠 확률이 확연히 낮아집니다. 허나 마찬가지로 마지막 구간에서 혹시 서로 동일한 구간을 이용하지는 않는지 주의할 필요가 있습니다. 예를 들어, 데이터 센터로 광 케이블이 들어오는 진입실(혹은 중앙 배선 구역) A와 B가 있는데, 두 회선 사업자가 동일 진입실(혹은 구간)을 이용하는 것은 아닌지 살펴보아야 합니다.

다크 파이버 프로토콜 페일오버

선로를 이중화하였다면 그 다음은 어떤 프로토콜을 이용하여 회선을 페일오버할 것인지 검토해야 합니다. 대표적으로 L3 프로토콜 페일오버와 WDM을 직접 운영하는 2가지 방법이 있습니다.

① **L3 프로토콜 페일오버**: 정적 라우팅 + BFD 또는 OSPF와 같은 동적 라우팅에 의존하는 방식입니다. 이 방식은 구성하기 편리하다는 장점이 있습니다. 그러나 페일오버가 오래 걸릴 수 있으므로 Fast Reroute(FRR, 빠른 경로 변경) 등을 이용하여 50 ms 이내로 페일오버될 수 있는 구성을 권장합니다.

② **WDM 운영**: WDM과 같은 전송 장비를 고객이 직접 운영하는 방식입니다. 전송 장비의 구축·운영 비용, 전송 장비를 다룰 수 있는 엔지니어가 필요하기 때문에 높은 관리 비용이 발생합니다. 그러나 앞서 '4.2 WDM'에서 알아본 바와 같이 매우 안정적인 네트워크를 운영할 수 있을 뿐 아니라 B/W가 수십, 수백 배 늘어납니다. WDM 장비를 직접 운영하더라도 투자 수익률인 ROI Return On Investment를 넘길 수 있을 정도로 대용량 B/W가 필요한 기업들에게 유리한 운영 형태입니다.

10.3 인터넷 기반 VPN

전용선은 보안성과 안정성이 뛰어나지만 높은 임대 비용이 발생하기 때문에 저렴한 인터넷을 이용한 VPN이 대안이 되기도 합니다. 그러나 보안에 취약하고 안정성이 보장되지 않기 때문에 갑자기 품질이 나빠질 수 있습니다. 또, 인터넷은 전형적인 공인 네트워크로, 별도 프로토콜의 도움이 있어야 '가상 사설' 네트워크를 만들 수 있습니다.

인터넷 통신의 단점은 다음과 같이 3가지로 정리할 수 있습니다.

> ① **공인 네트워크**: 수많은 노드가 사용하는 공용 네트워크로, 공인 IP 통신만 가능합니다.
> ② **보안성**: 전용선을 해킹하려면 해커가 회선 사업자 네트워크에 직접 침투해야 합니다. 반면 인터넷은 수많은 위협이 존재합니다. 내가 전송하는 데이터가 나도 모르게 비허가^{Unauthorized} 대상에게 전달될 수 있습니다.
> ③ **안정성**: 회선 사업자들이 정성스럽게 관리해주는 전용선과 달리 인터넷은 예고되지 않은 단절이 발생할 수 있으며 그 원인 또한 공개되지 않을 가능성이 높습니다.

인터넷 VPN을 사용할 경우 ③ 안정성은 극복할 수 없지만 ① 공인 네트워크와 ② 보안성은 극복할 수 있습니다. 이를 위해서는 VPN 전용 프로토콜(예. IPsec or SSL/TLS)을 지원하는 특수 프로그램 혹은 장비가 필요합니다.

이러한 프로그램 혹은 장비를 이용하면 공인 네트워크를 마치 사설 네트워크처럼 사용할 수 있고, 모든 송수신 패킷을 암호화하여 보안성을 높일 수 있습니다. 이번에는 VPN 프로토콜의 동작 방식과 각 암호화 프로토콜별 특성을 알아보겠습니다.

> 💡 **Tip.** 단, 어떤 암호화 프로토콜을 채택하여 얼만큼 보안성을 높일지는 운영자의 선택입니다.

1 GRE

GRE$^{Generic\ Routing\ Encapsulation}$ 프로토콜은 암호화 기능을 제공하지 않기 때문에 VPN 기술로 분류하지 않는 경향이 강합니다. 그래서 GRE VPN이라 하지 않고, GRE 터널^{Tunnel}이라고 불립니다. 다만 기술적으로 말하면 GRE도 가상 사설 네트워크$^{Virtual\ Private\ Network}$를 제공할 수 있고 구조가 단순하여 비교적 이해하기 쉽기 때문에 가볍게 살펴보고자 합니다.

터널링 기술

GRE를 포함한 모든 터널링 기술(예. VPN, MPLS)은 L2 또는 L3 패킷 앞에 강제로 새로운 터널(혹은 딜리버리) 헤더를 끼워 넣습니다. 이 터널 헤더 덕분에 원본 패킷은 자신이 VPN 터널을 통과했는지도 모른 채로 마치 순간이동처럼 멀리 떨어진 사설 네트워크로 '짠'하고 이동하게 됩니다.

보다 쉬운 이해를 위해 그림으로 살펴보겠습니다. 다음 그림에서 개발자는 샌프란시스코 사무실 PC 192.168.1.10에서 로스앤젤레스 데이터 센터 서버 192.168.2.10으로 접속하려 합니다. 인터넷은 공인 통신만 가능하므로 GRE 터널로 사무실 라우터(198.51.100.1)와 데이터 센터 라우터(203.0.113.1)를 연결했습니다.

▶ 그림 10.3 GRE 터널 구성 예시

개발자 PC의 원본 패킷(192.168.1.10 → 192.168.2.10)이 ① 사무실 GRE 라우터 (198.51.100.1)에 도달했을 때 원본 패킷에 커다란 변화가 생깁니다. 다음 그림의 ③처럼 원본 IP 헤더 앞에 새로운 IP 헤더와 GRE 헤더가 삽입되어 ④처럼 변하게 됩니다.

이제 패킷은 원본 경로(192.168.1.10 → 192.168.2.10)와 무관하게 ① 사무실 GRE 라우터에서 ② 데이터 센터의 GRE 라우터(198.51.100.1 → 203.0.113.1)로 가는 패킷이 됩니다.

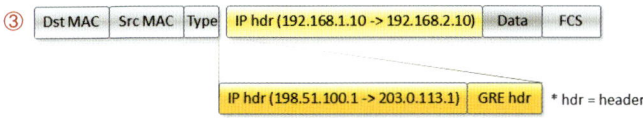

▶ 그림 10.4 GRE 터널

이처럼 새로운 경로로 패킷을 이동시키는 신규 IP 헤더를 **터널 헤더** 혹은 **딜리버리 헤더**Delivery header라고 합니다. 말 그대로, 원본 패킷을 다른 경로로 이동시키는 헤더입니다.

패킷이 ② 데이터 센터 GRE 라우터(203.0.113.1)에 도착하면 GRE 라우터는 딜리버리 헤더와 GRE 헤더를 제거하고 다시 원본 패킷으로 바꿉니다. 덕분에 ③과 같은 원본(192.168.1.10 → 192.168.2.10) 패킷으로 복원되어 데이터 센터 안에 서버를 찾아가게 됩니다.

딜리버리와 GRE 헤더를 붙이고 빼는 모든 과정은 ①, ② GRE 라우터들이 자동으로 수행하기 때문에 원본 패킷은 GRE 라우터의 존재 자체를 알기 어렵습니다. 이 과정에서 네트워크 엔지니어가 꼭 살펴보아야 하는 것이 바로 **MTU**입니다. 딜리버리 헤더(20 bytes)와 GRE 헤더(4 bytes)가 원본 패킷에 삽입되면 기존 IP 헤더에 추가로 24 bytes의 공간이 필요합니다. 원본 패킷이 일반적인 인터넷 MTU 사이즈, 즉 1500 bytes보다 충분히 작다면 문제없습니다. 다시 말해 딜리버리 + GRE 헤더가 새롭게 삽입되어도 전체 패킷 사이즈가 1500 bytes 미만이라면 문제가 없습니다.

허나 원본 패킷이 1500 bytes라면 딜리버리 헤더(20 bytes)와 GRE 헤더(4 bytes)가 들어갈 공간이 없기 때문에 뒤로 밀린 뒷부분 데이터, 24 bytes를 별도 패킷으로 나눠 전송해야 합니다. 즉, **IP 패킷 분할**이 발생합니다. IP 패킷 분할은 아주 다양한 이슈를 일으키는 악동입니다. 따라서 최대한 IP 패킷 분할이 발생하지 않도록 중간 경로의 MTU를 높이거나 MSS 등으로 원본 패킷 사이즈를 제한하는 방법 등을 고려해야 합니다(관련 내용은 '10.4 IP 패킷 분할'에서 보다 자세히 살펴보겠습니다.).

GRE 사용 사례: 스크러빙 센터

GRE는 VPN 기능을 제공하지만 암호화는 제공하지 않기 때문에 VPN 용도로 사용되는 경우는 드뭅니다. 그렇다면 언제, 왜 사용할까요? 일반적으로 스위치, 라우터들은 별도 장비나 모듈 추가 없이도 GRE를 지원할 수 있습니다. 비록 성능 감소는 발생하지만 별도 모듈 따위는 필요하지 않기 때문에 암호화 기능은 필요 없고 패킷을 어디론가 이동시킬 때 GRE를 주로 애용합니다.

대표적인 사용 사례로 스크러빙 센터Scrubbing center가 있습니다. 스크러빙 센터는 고객 인프라로 향하는 DoS · DDoS 트래픽이나 해킹 위협 등이 감지될 때 자동으로 패킷을 보안 장비로 보내서 비정상 트래픽은 제거하고 정상적인 트래픽은 걸러 주는 보안 인프라입니다.

모든 서비스 트래픽이 스크러빙 센터를 거쳐가도록 하는 구성(Inline)은 극히 비효율적입니다. 불필요하게 보안 장비들의 성능이 고갈되기 때문입니다. 따라서 특정 고객사로 공격이 있을 때 관련 서비스 트래픽만 보내 주어야 효율적으로 운영할 수 있습니다. 이러한 경우 GRE가 적합합니다. 별도 장비를 구매하지 않고 스위치를 이용해서 패킷들을 스크러빙 센터로 이동시킬 수 있기 때문입니다.

2 IPsec VPN

서비스 망에서 주로 사용되는 암호화 VPN 프로토콜로 IPsec과 SSL/TLS가 있습니다. 이 두 프로토콜은 유사한 듯하지만 깊이 들여다보면 동작 방식에 제법 큰 차이가 있습니다.

이 책에서는 암호화 알고리즘의 수학적 아름다움까지 다루진 않을 것입니다. 그 대신 어떤 암호화 알고리즘이 더 강력한 알고리즘인지, 또 어떤 기준으로 암호화 알고리즘을 선택해야 하는지 개괄적으로 살펴보고자 합니다.

IPsec과 SSL/TLS는 쉽게 말해 GRE와 같은 터널링 기술에 암호화 기능을 얹은 것입니다. 패킷이 VPN 터널 장비를 통과하는 순간 '자동으로 암호화'되기 때문에 누군가 패킷을 훔쳐보더라도 그 원본 데이터를 알 수 없도록 해줍니다.

대표적인 사용 사례는 편의점입니다. 편의점의 경우 이벤트나 가격 정보, 매출 파악, 재고 관리 등을 위해 본사 서버들과 빈번히 통신해야 합니다. 전국에 흩어진 수천, 수만 개의 편의점을 본사와 전용선으로 연결한다면 매우 높은 전용선 임대료가 발생할 것이므로 현실적이지 않습니다. 암호화하지 않은 인터넷 통신도 좋은 선택이 아닙니다. 영업에 지대한 영향을 미치는 정보 또는 결제 정보가 인터넷에 노출돼서는 안 되기 때문입니다. 이때 인터넷 기반 IPsec VPN이 훌륭한 대안 솔루션이 됩니다. SSL/TLS VPN에 앞서 IPsec VPN 먼저 살펴보도록 하겠습니다.

IPsec 프로토콜 파라미터

IPsec 프로토콜은 초기 셋업 과정이 까다로운 프로토콜입니다. 핵심 파라미터들부터 살펴보겠습니다. 가장 먼저 IPsec 암호화 방식으로 AH와 ESP 중 하나를 선택해야 합니다. 선택에 따라 암호화 범위가 달라집니다.

- **AH**^{Authentication Header} : 무결성^{Integrity}만 지원합니다. 쉽게 말해, 엔드 투 엔드 IPsec 장비들만 알 수 있는 CRC 정보를 패킷에 넣어서 누가 그 내용을 수정했는지 알 수 있게 해줍니다. 패킷 데이터, 즉 페이로드는 암호화하지 않으므로 누군가 패킷을 훔쳐보면 페이로드 내용을 볼 수 있습니다.
- **ESP**^{Encapsulating Security Payload} : 패킷을 암호화하여 기밀성^{Confidentiality}을 제공합니다. 패킷 전체가 암호화되기 때문에 훔쳐보더라도 원본 페이로드를 알 수 없습니다. 암호화 알고리즘에 따라 AH와 같은 무결성을 동시 지원하기도 합니다.

둘 중 ESP가 보안에 더 우수하기 때문에 ESP를 주로 사용하는 편입니다. 원한다면 AH + ESP 두 프로토콜을 함께 사용할 수 있지만 ESP만으로 무결성와 기밀성을 모두 제공할 수 있으며[2] AH + ESP를 함께 사용할 경우 처리 성능이 낮아지므로 대중적이진 않습니다.

AH와 ESP 프로토콜 모두 전송 모드 및 터널 모드를 각각 지원합니다. 두 모드의 차이는 쉽게 말해 터널링 기술에서 살펴본 딜리버리 헤더 삽입 여부입니다. 전송 모드의 경우 딜리버리 헤더를 삽입하지 않습니다. 즉, 원본 src → dst IP 헤더를 그대로 사용합니다. 원본 IP 헤더는 그대로 두고, IP 헤더 이후의 (L4 헤더를 포함한) 데이터만 암호화합니다.

전송 모드로 IPsec 장비를 구성하는 방법은 2가지입니다. 첫째, 경로 중간에 위치한 VPN 장비(예. 방화벽)를 통과하는 순간 암호화하는 방법. 둘째, 엔드-호스트^{End-host} 장비에 IPsec 전용 프로그램(예. strongSwan)을 설치하여 엔드-호스트에서 직접 암호화하는 방법이 있습니다.

---

2 무결성을 지원하는 ESP 암호화 프로토콜의 경우 Integrity Check Value(ICV) 결괏값을 ESP 패킷의 가장 뒷부분, 즉 Authentication Data 필드에 넣습니다. 더불어 알고리즘 이름을 통해 ICV 지원 여부 및 ICV 사이즈를 추정할 수도 있습니다. 예를 들어, aes256ccm160이란 알고리즘은 ICV를 지원하는 '256 bit AES-CCM with 128 bit(16 bytes) ICV'를 말합니다. 더 자세한 내용은 RFC 2406(1998), 〈IP Encapsulating Security Payload (ESP)〉의 '2.7 Authentication Data'를 참고할 수 있습니다.

터널 모드의 경우 딜리버리 헤더가 삽입됩니다. 이때 원본 src → dst IP 헤더도 함께 암호화되기 때문에 패킷을 훔쳐보더라도 원본 엔드-호스트 정보를 알 수 없어 보안성이 더욱 높아집니다. 터널 모드에서 모든 암호화 및 복호화는 IPsec 터널 장비(딜리버리 헤더의 src, dst 장비, 예. 방화벽)에서 자동으로 이루어집니다. 때문에 원본 src, dst 장비, 다시 말해 엔드-호스트는 IPsec 장비 존재 여부도 알기 어렵습니다.

셋업 절차

IPsec 터널을 만들려면 IPsec 장비 간에 암호화 알고리즘이 협상되어야 합니다. IPsec은 IKE$^{\text{Internet Key Exchange}}$라는 프로토콜을 통해 이러한 암호화 알고리즘 협상 과정을 수행합니다. 2024년 기준 IKE는 IKEv1(RFC 2409)과 IKEv2(RFC 5996)라는 2가지 버전이 있습니다.

authentication

IKE 프로토콜이 진행되면 가장 먼저 authentication 체크가 진행됩니다. authentication 체크란, 상대방이 진짜 내가 통신하려는 상대가 맞는지 확인하는 절차를 뜻합니다. 예를 들어, 중간자 공격$^{\text{Man in the middle}}$은 통신하려는 상대인 것처럼 속이고 패킷을 공격자가 가로채는 공격입니다. 이러한 공격에 노출되지 않으려면 상대방이 확실히 내가 통신하려는 대상이 맞는지 authentication(인증)하여야 합니다.

IKE는 여러 방식으로 authentication을 하는데, 가장 대중적면서 이해하기 쉬운 방식은 PSK$^{\text{Pre-Shared Key}}$입니다. PSK는 미리 설정한 공유 키$^{\text{Shared key}}$, 쉽게 말해 p/w로 서로를 인증합니다. 물론 인터넷에 공유 키를 그대로 노출하는 것은 아니고, 공유 키를 기반으로 한 해시 값 등을 이용하여 상대방을 인증합니다. 당연하게도 공유 키는 길면 길수록 안전합니다. 일반적으로 32 bits이상의 긴 문자열을 권고하는데 사람이 직접 만들기 어려울 땐 리눅스의 `openssl rand -base64 64` 커맨드 등을 이용하면 손쉽게 생성할 수 있습니다. PSK 이외의 authentication 방식으로, RSA 전자 서명$^{\text{Digital signature}}$ 등이 있습니다.

첫 번째 관문인 authentication을 통과했다면 그 후 협상되는 주요 파라미터들은 다음과 같습니다.

- **암호화**^{Encryption} **알고리즘**: 데이터(페이로드) 암호화용 알고리즘
- **무결성**^{Integrity} **알고리즘**: 누군가 의도적으로 패킷 내용을 변경했는지 확인할 수 있는 무결성 알고리즘. 무결성 알고리즘이 src IP도 같이 계산한다면 패킷이 전송되는 도중에 src IP가 바뀌지 않았다는 증거가 되므로

authentication을 제공하는 효과가 있습니다.

- **디피-헬먼 알고리즘**^{Diffie Hellman Group} : 암호화용 키, 즉 비밀 키^{Secret key}를 서로 교환하기 위해 사용되는 알고리즘

암호화 알고리즘 종류와 비밀 키

2024년 기준 IKEv2에서 지원하는 암호화 알고리즘 ID는 35가지이고, 무결성 알고리즘 ID는 14가지입니다. 각 알고리즘별 특성이 있지만 일반적으로 암호화용 키, 즉 비밀 키의 크기가 크면 클수록 더 높은 보안성을 제공합니다. 흔히 알고리즘 뒤에 붙는 세 자리 숫자가 비밀 키의 크기를 말합니다. 예를 들어, AES128이라면 128 bits 비밀 키를 사용하는 AES 암호화 알고리즘을 말합니다.

> **Tip.** IANA에서는 IKEv1[3]과 IKEv2[4]가 각각 지원하는 알고리즘 리스트를 공개하고 있습니다. 다만 strongSwan의 WIKI 페이지에 보다 자세하게 정리되어 있으니 참고하는 것이 좋습니다. [5] [6]

AES128보다 비밀 키 크기가 큰 AES256은 더 강력한 보안성을 제공합니다. 그러나 비밀 키 크기가 크면 클수록 암호화·복호화에 높은 성능이 필요합니다. 쉽게 말해, 비밀 키가 클수록 ASIC 또는 CPU의 리소스 소모가 큽니다.

양단 IPsec 장비 간 알고리즘 및 각종 파라미터는 보안 레벨에 핵심적인 역할을 하기 때문에 신중히 선택해야 하며 정확히 매칭되어야 합니다. 암호학에 대한 열정이 뛰어난 것이 아니라면 각 알고리즘의 동작 방식까지 알 필요는 없습니다. 그러나 어떤 알고리즘이 강력한지 또 성능은 얼마나 필요한지 등은 개괄적으로 알아야 합니다.

암호화 알고리즘의 선택

IPsec 장비로 주로 방화벽 장비를 활용하는데, 데이터시트^{Datasheet}에서 몇몇 대표적인 알고리즘 성능을 공개하기도 합니다. 그러나 다양한 알고리즘별, 또 패킷 사이즈별 성능까진 표기하지 않습니다. 따라서 IPsec 장비를 도입하려면 채택하려는 알고리즘 그리고 실제 서비스 패킷 특성을 반영한 성능 테스트를 권장합니다. 계측기가 있다면 쉽겠지만, 만일 없다면 iperf 혹은 ab와 같은 테스트 툴을 이용하는 것도 대안이 될 수 있습니다.

---

[3] https://www.iana.org/assignments/ipsec-registry/ipsec-registry.xhtml
[4] https://www.iana.org/assignments/ikev2-parameters/ikev2-parameters.xhtml
[5] https://wiki.strongswan.org/projects/strongswan/wiki/IKEv1CipherSuites, IKEv1 Cipher Suites
[6] https://wiki.strongswan.org/projects/strongswan/wiki/IKEv2CipherSuites, IKEv2 Cipher Suites

> **NOTE**　**IPsec의 대칭 암호화 알고리즘**

IPsec용 데이터(페이로드) 암호화 알고리즘은 **대칭**^{Symmetric} **암호화 알고리즘**(예. AES)을 사용합니다. 대칭 암호화 알고리즘은 암호화·복호화에 동일한 암호화용 키, 즉 비밀 키$^{Secret\ key}$(대칭키$^{Symmetric-key}$)를 사용하는 기술입니다.

반면 **비대칭**^{Asymmetric} **암호화 알고리즘**(예. RSA)은 데이터를 암호화할 때는 공개 키$^{Public\ key}$를, 복호화할 때는 개인 키$^{Private\ key}$를 사용합니다. 이 알고리즘은 상대편 장비에게 공개 키를 보내 암호화하고, 암호화된 패킷을 받아서 자신만이 아는 개인(비밀) 키로 복호화합니다. 덕분에 도청 위험을 감수하면서 비밀 키를 상대편 장비에게 전달하지 않으므로 보안성이 높습니다.

그러나 IPsec의 Encryption 알고리즘(IKEv2 기준: 3DES, AES, Blowfish, Camellia, CAST, ChaCha 등)은 모두 대칭 암호화 알고리즘들을 채택합니다. 그 이유는 간단합니다. 대칭 방식이 비대칭 방식에 비해 속도가 월등히 빠르기 때문입니다. 즉, 리소스 소모가 적습니다.

이 두 암호화 방식의 성능 차이를 간단히 비교하기는 어렵습니다. 구체적으로 암호화 알고리즘 종류(AES vs RSA 또는 Blowfish vs ECC)뿐 아니라 키 길이, 또 암호화할 데이터 사이즈, 병렬 처리 등에 따라 성능 편차가 크게 발생하기 때문입니다. 그러나 '일반적으로' 대칭 방식이 비대칭 방식에 비해 10배 혹은 그 이상 빠른 것으로 알려져 있습니다. 따라서 IPsec VPN과 같이 초당 수백만 혹은 그 이상의 패킷을 암호화·복호화해야 하는 경우 대칭 암호화 방식을 채택할 수밖에 없습니다. 비대칭 방식은 전자 서명처럼 암호화·복호화할 전체 데이터 용량이 크지 않으면서 보안성을 극대화하고 싶은 환경에서 주로 선호합니다.

> **NOTE**　**암호화 프로토콜에 왜 디피-헬먼 알고리즘이 필요한가?**

대칭 암호화 방식에서 누군가 비밀 키를 훔쳐간다면 암호화된 데이터를 원본으로 복호화할 수 있습니다. 때문에 비밀 키 관리가 매우 중요합니다. 이 중요한 비밀 키를 인터넷으로 그냥 보내기엔 불안 요소가 너무 많습니다. 이때 사용되는 암호화 기술이 디피-헬먼 알고리즘$^{Diffie\ Hellman\ algorithm}$(이하 DH)입니다. DH를 이용하면 양단 간에 비밀 키를 인터넷에 노출하지 않고 안전하게 교환할 수 있습니다. 그 마술 같은 과정을 살펴보면 다음과 같습니다.

비밀 키로 서버 A는 50을, 서버 B는 100을 사용한다고 가정해보겠습니다. 서버 A는 50이라는 비밀 키에 비교적 간단한 수학 연산 과정을 통해 아예 다른 값, 이를 테면 9라는 값을 서버 B에게 보냅니다. 이후 서버 B도 자신의 비밀 키에 동일한 수학 연산 과정을 거쳐서 서버 A에게 13이라는 값을 보냅니다. 즉, 서버 A와 B가 서로 '수학 연산 후' 비밀 키 값을 교환합니다.

이후 상대편으로부터 받은 값에 다시 한번 동일한 연산 과정을 거치면 두 서버 모두 16이라는 완전히 새로운 비밀 키 값을 가지게 됩니다. 그리고 이렇게 생성된 16이라는 비밀 키 값으로 암호화 · 복호화를 수행합니다.

> **NOTE** **DH 키 교환 연산 과정**
>
> DH 키 교환에는 여러 변종이 있으나 여기서는 나머지를 구하는 mod를 이용하는 공식을 살펴보겠습니다.
>
> $$g^x \bmod p$$
>
> 먼저 group 파라미터인 g(public base)와 p(public modulus) 값을 결정해야 합니다. 여기에서는 g = 3, p = 17을 사용하겠습니다. A와 B 장비 각각의 비밀 키는 A=50, B=100으로 정하겠습니다. 각각의 비밀 키 값을 앞서 공식에 넣어 중간 키 값을 만듭니다.
>
> - A: $g^x \bmod p = 3^{50} \bmod 17 = 9$
> - B: $g^x \bmod p = 3^{100} \bmod 17 = 13$
>
> A와 B는 중간 키 값, 즉 9와 13을 서로 교환합니다. 이후 각각의 중간 키 값에 다시 한번 동일한 공식을 적용하면 A와 B가 공통적으로 사용할 새로운 비밀 키 값, 16이 만들어집니다.
>
> - A: $b^a \bmod p = 13^{50} \bmod 17 = 16$
> - B: $a^b \bmod p = 9^{100} \bmod 17 = 16$
>
> DH는 이와 같은 과정을 통해 원본 비밀 키를 노출하지 않고도 서버 A와 B가 새로운 공통 비밀 키를 갖도록 해줍니다. 그 과정에서 중간 키 값이 노출되긴 하지만, 중간 키 값으로는 원본 키 값이나 새롭게 사용할 비밀 키 값을 수학적으로 추정하기 힘듭니다. 이것이 DH의 핵심입니다.

이 예시의 두 서버는 결론적으로 16이라는 완전히 새로운 비밀 키를 사용합니다. 해커가 중간 키 값이었던 9와 13이라는 값을 보았더라도 g와 p라는 변수 덕분에 이 두 숫자만으로는 원본 키 값과 신규 비밀 키 값을 수학적으로 추산하기 어렵습니다.[7]

관리자가 IPsec 장비에 직접 group 파라미터들을 지정하는 것은 아닙니다. mod 계산을 이용하는 MODP$^{\text{Modular Exponential}}$의 group 파라미터들은 디피-헬먼 'Group'으로 미리 지정되어 있으며 엔드 투 엔드 IPsec 장비는 서로 동일한 Diffie-Hellman Group을 지원해야 합니다(RFC 2409, RFC 3526, RFC 5114 참조).

참고로 DH는 mod 계산이 아닌 Elliptic Curve Group을 이용하는 EC2N 및 ECP등의 알고리즘도 지원합니다.[8]

ISAKMP Security Associations(SAs)

이번에는 IKE 프로토콜 중 하나인 ISAKMP$^{\text{Internet Security Association and Key Management Protocol}}$에서 암호화 알고리즘을 선택하는 과정을 살펴보고자 합니다.

다음과 같이 ISAKMP는 UDP 500번 포트로 통신하며 ① Security Association(SA) 필드에 자신이 지원 가능한 암호화 알고리즘을 적어 보냅니다. 구체적으로 ① SA필드 아래 ② Payload: Proposal의 ③ Payload: Transform 필드에 자신이 지원할 수 있는 authentication, 암호화, 무결성 알고리즘 리스트를 적어서 상대편 IPsec 장비로 보냅니다.

---

[7] DH의 group 파라미터, 즉 g와 p를 설정하는 과정은 RFC 2631 〈Diffie-Hellman Key Agreement Method〉의 '2.2.1. Group Parameter Generation'에서 확인할 수 있습니다.

[8] 각 DH group별 알고리즘, 연관 RFC 등은 Internet Key Exchange(IKE) Attributes(iana.org/assignments/ipsec-registry/ipsec-registry.xhtml)의 'Group Description(Value 4)'에서 확인할 수 있습니다.

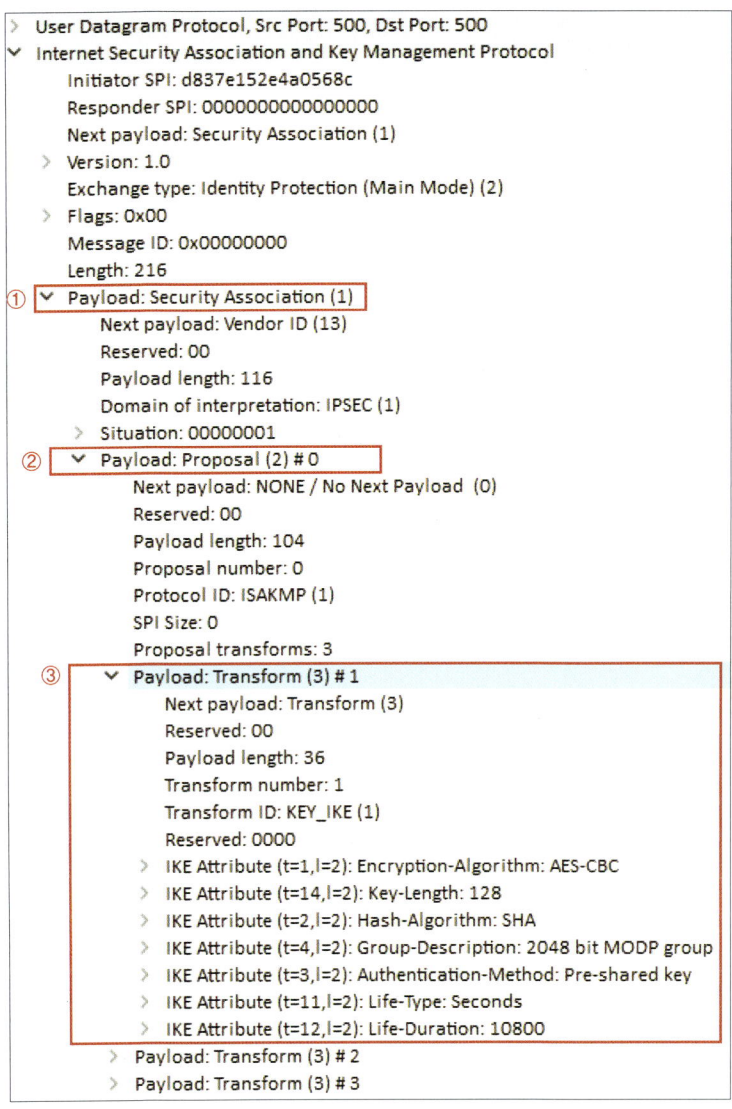

▶ 그림 10.5 ISAKMPv1 Security Association(SA) proposal

ISAKMP를 시작하는 쪽, initiator는 둘 이상의 proposal 리스트를 보낼 수 있으며 선호도가 높은 proposal부터 낮은 순으로 구성해야 합니다. 이 패킷을 받은 상대편, responder는 여러 proposal 중 자신의 보안 정책Security policy에 가장 맞는 proposal을 선정해 응답 패킷으로 보냅니다. 이러한 proposal negotiation과 관련된 RFC는 다음과 같습니다.

RFC 2408(1998), 〈ISAKMP〉 '2.4 Identifying Security Associations'

Once the initiator sends a proposal containing more than one proposal (which are sent in decreasing preference order), the initiator relinquishes control to the responder. Once the responder is controlling the SA establishment, the responder can make its policy take precedence over the initiator within the context of the multiple options offered by the initiator. This is accomplished by selecting the proposal best suited for the responder's local security policy and returning this selection to the initiator.

Initiator가 하나 이상의 proposal을 (선호도가 높은 순서대로) 전송하면, 제어권은 responder에게 넘어갑니다. responder는 initiator가 제공한 여러 옵션 중에서 취사 선택할 수 있습니다. Responder의 보안 정책에 가장 적합한 proposal을 선택한 뒤 initiator에게 회신합니다.

RFC 4306(2005), 〈Internet Key Exchange(IKEv2) Protocol〉

2.7. Cryptographic Algorithm Negotiation

… An SA payload consists of one or more proposals. Each proposal includes one or more protocols (usually one).

3.3. Security Association Payload
… An SA payload MAY contain multiple proposals. If there is more than one, they MUST be ordered from most preferred to least preferred.

3.3.6. Attribute Negotiation
… If there are multiple proposals, the responder MUST choose a single proposal number and return all of the Proposal substructures with that Proposal number.

2.7. 암호화 알고리즘 협상
SA 페이로드는 하나 이상의 proposal로 구성될 수 있습니다. 각 proposal은 하나 이상의 프로토콜(일반적으로 하나)을 포함합니다.

3.3. SA 페이로드
SA 페이로드는 여러 proposal을 포함할 수 있습니다(MAY). 만약 여러 proposal이 있다면, 반드시 가장 선호하는 순서부터 덜 선호하는 순서로 정렬되어야 합니다(MUST).

3.3.6. 속성 협상
여러 proposal이 있는 경우, responder는 반드시 단일 proposal을 선택하고, 해당 proposal 번호와 관련된 모든 proposal 하위 구조를 회신해야 합니다(MUST).

암호화 협상 과정이 끝나면 IPsec VPN 장비는 모든 유저 데이터를 IP 헤더 바로 위에 ESP 포맷으로 암호화하여 상대편 IPsec 장비에게 전송하기 시작합니다(다음 그림 참조). 이처럼 암호화된 패킷은 해커가 훔쳐봐도 원본 패킷 내용을 알 수 없게 됩니다.

```
> Internet Protocol Version 4, Src: 192.168.56.102, Dst: 192.168.56.103
∨ Encapsulating Security Payload
    ESP SPI: 0xc89e0ac3 (3365800643)
    ESP Sequence: 4
```

▶ 그림 10.6 ESP 터널 모드 예시

IPsec은 암호화 알고리즘 협상 과정이 다소 복잡한 편입니다. 그 과정이 어렵게 보인다면 암호화 알고리즘 파라미터가 엔드 투 엔드 IPsec 두 장비 간 정확히 일치해야 한다는 점만 기억해도 충분할 것입니다. 협상 과정을 정상적으로 거쳐서 IPsec 터널이 열리면 IPsec 장비는 자신을 통과하는 패킷들을 자동으로 암호화하기 시작합니다.

IPsec 안정성

IPsec 패킷 재전송

만일 IPsec 통신 중에 네트워크 불안정으로 암호화된 필드, 즉 ESP에 손상이 발생한다면 패킷을 버려야 합니다. 이때 재전송 처리는 누가할까요? 손상된 패킷을 받은 반대편 IPsec 터널 장비가 재전송을 요청할까요?

아닙니다. IPsec은 말 그대로 터널이고, 그 터널로 TCP가 다니든 UDP가 다니든 개의치 않습니다. 터널 전송 중에 패킷이 손실되더라도 원본 프로토콜이 알아서 재전송하여 복구해야 합니다. IPsec 뿐 아니라 대부분 터널링 프로토콜이 그렇습니다. 그렇다면 터널 장비가 자체적으로 재전송하는 건 불가능한 일일까요?

재전송을 하려면 보냈던 데이터를 모두 기억하고 있어야 합니다. 그러나 모든 데이터를 저장하려면 매우 큰 메모리가 필요합니다. 예를 들어 10 Gbps 트래픽을 처리하는 IPsec 장비라면 초당 1.25 GB 데이터를 기록할 수 있어야 합니다. 10초면 12 GB 메모리가 필요합니다. 1분의 트래픽을 저장하려면 무려 72 GB 메모리가 필요합니다. 언제 올지도 모를 재전송 요청 처리를 위해 그 많은 데이터를 기록하고 지우고 재활용하면서 관리하기에는 필요한 리소스가 극단적으로 큽니다. 비용에 비해 효율성이 극히 낮은 것입니다. 따라서 대부분 터널링 장비들은 재전송을 지원하지 않습니다.

만일 인터넷 구간의 안정성을 보다 높이고 싶다면 전체 인터넷 구간을 단일 인터넷 사업자로 선택하는 대안이 있습니다. IPsec 장비 사이에 다수의 인터넷 사업자가 있을 경우 사업자 간 통신 이슈로 인해 VPN 품질 저하가 발생하기도 하기 때문입니다.

IPsec 페일오버

IPsec 터널은 인터넷 네트워크를 이용하기 때문에 언제든 갑작스럽게 불안정해질 수 있습니다. 그럼 장애 감지는 어떻게 할 수 있을까요? 관련 표준 RFC 3706, <A Traffic-Based Method of Detecting Dead Internet Key Exchange (IKE) Peers>에서는 keepalive, heartbeat, DPD$^{Dead\ Peer\ Detection}$ 3가지 모니터링 방안을 제시합니다.

keepalive와 heartbeat는 양단 간에 정해진 주기로 HELLO 패킷을 보내서 터널의 이상 여부를 감지합니다. 두 방식의 차이를 살펴보면 keepalive는 HELLO 패킷을 보내고 ACK를 받으면 터널이 정상이라고 판단합니다. 반면 heartbeat는 ACK와 상관없이 양단 간에 정해진 주기에 따라 지속적으로 HELLO 패킷을 전송하며 상대편 HELLO가 누락되지 않는지 모니터링합니다. 즉, keepalive는 내가 보낸 패킷에 반응이 있는지를 살펴봅니다(양방향^{Bidirectional} 방식). 반면 heartbeat는 상대편의 HELLO 패킷이 끊김 없이 들어오는지를 모니터링합니다(단방향^{Unidirectional} 방식).

단, RFC 3706에서는 keepalive와 heartbeat의 패킷 혹은 포맷을 구체적으로 지정하지 않았습니다. 실제 구현은 벤더에게 위임한 것으로, 이 두 방식을 구현한 벤더도 있고 아닌 벤더도 있습니다. 구현한 벤더는 일반적으로 ICMP(ping)를 많이 이용합니다. 즉, IPsec 터널로 암호화된 ICMP를 보낸 뒤 상대편 IPsec 장비가 이에 대한 응답을 보내는지 모니터링합니다.

마지막 방식인 DPD는 IKE NOTIFY(R-U-THERE/R-U-THERE-ACK) 메시지를 이용해 IPsec 터널이 통신 가능한지 체크합니다. 이때 한 가지 특이한 점은 RFC 3706의 제목에서 유추할 수 있듯이 IKE NOTIFY 메시지를 주기마다 무조건 보내는 것이 아니라는 점입니다. 대신 트래픽이 너무 작아 터널에 이상이 있다 판단될 때 NOTIFY 메시지를 보냅니다. 보다 효율적으로 리소스를 관리하는 것입니다. 그럼 DPD와 같은 터널 모니터링 기능은 항상 켜 둬야 할까요? 최종 판단은 운영자가 환경에 따라 결정해야 합니다. 인터넷 환경이 좋지 못한 곳이라면 DPD로 인해 IPsec 터널이 끊임없이 업과 다운을 반복하게 됩니다. 한 번 끊어진 IPsec 터널은 IKE를 통한 셋업 과정을 또 다시 거칠 때 딜레이가 발생합니다. 따라서 터널 이상이 발생하더라도 우회 경로가 없는 환경이라면 터널 모니터링 기술들을 활성화하지 않는 것이 나을 수 있습니다. 단, 터널 이상을 즉각적으로 알 수 없기 때문에 운영자의 최종 판단이 필요합니다.

IPsec 터널 이중화

IPsec 터널의 이중화는 장비와 터널이라는 2가지 관점에서 접근할 수 있습니다.

① **장비 이중화**: VPN 터널 장비를 A/S$^{Active/Standby}$로 구성하여 터널을 보호하는 방식입니다. IPsec 장비로 주로 활용하는 방화벽 장비의 경우 자체적인 장비 이중화를 제공합니다. 이 경우 액티브, 스탠바이 두 장비가 IPsec 터널과 관련된 정보를 서로 실시간으로 공유합니다. 액티브 장비에 이상이 생긴다면 벤더 자체적인 페일오버 기술로 서비스 영향을 최소화합니다.

② **터널 이중화**: VPN 터널 장비 사이에 둘 이상의 IPsec 터널을 만들고 액티브 터널 이상 발생시 페일오버하는 방식입니다. 다음 그림처럼 장비 사이에 IPsec 터널을 둘 이상 만들고 각 터널에 OSPF와 같은 동적 라우팅 프로토콜을 활성화합니다.

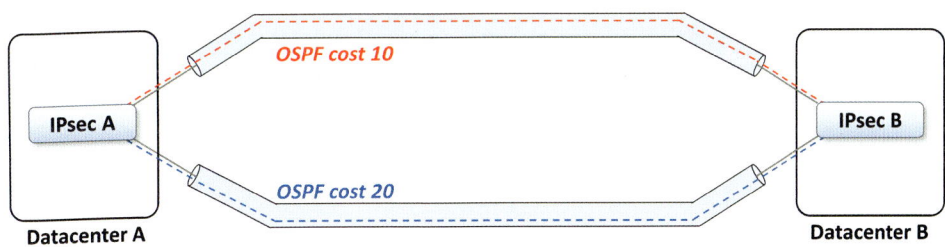

▶ 그림 10.7 IPsec 이중화

만일 한쪽 터널이 다운되면 라우팅 프로토콜이 이를 감지하고 자동으로 라우팅 절체를 수행합니다. 앞서 그림처럼 비용을 조정하여 터널을 A/S 구조로 운영할 수도 있고 ECMP 구조도 가능합니다. 이때 각 터널별로 인터넷 회선 제공 업체(ISP)를 달리한다면 조금 더 안정성을 높일 수 있을 것입니다.

3 SSL/TLS VPN

두 번째로 살펴볼 VPN 프로토콜은 사촌지간이라고 볼 수 SSL과 TLS입니다. 사실 SSL은 표준화된 지 오래되어서 근래에는 대부분 TLS만 사용됩니다. VPN 장비도 예외가 아닙니다. 제품명은 SSL VPN이지만 실제 사용하는 암호화 프로토콜은 TLS일 가능성이 매우 높습니다. 이 둘의 역사부터 살펴보겠습니다.

SSL/TLS의 역사

SSL^{Secure Sockets Layer} 프로토콜은 이제는 역사 속으로 사라진 웹 브라우저 넷스케이프 내비게이터^{Netscape Navigator}의 개발사인 넷스케이프에서 개발되었습니다. 1995년, SSL v2.0이 최초로 공식 배포되었고 1996년[9], 마지막 공식 버전인 SSL v3.0이 배포되었습니다. 이후 1999년, IETF에서 SSL v3.0을 기반으로 TLS^{Transport Layer Security}라는 새로운 프로토콜(v1.0)을 만들었습니다. SSL v3.0과 TLS v1.0은 기술적인 차이가 크진 않았지만 서로 호환되진 않았습니다.

2014년, SSL v3.0에서 POODLE[10]이라는 치명적인 보안 결함이 발견되면서 SSL 프로토콜 사용을 권장하지 않기 시작했고 근래 웹 브라우저들은 SSL을 기본으로 비활성화하고 있습니다.[11] TLS 역시 꾸준히 버전을 업그레이드하여 TLS v1.0(1999년), TLS v1.1(2006년), TLS v1.2(2008년) 그리고 TLS v1.3(2018년)이 배포되었습니다. 이 중에서 TLS v1.0과 v1.1은 보안 취약점^{Security vulnerabilities}들이 누적되면서 SSL과 마찬가지로 현재는 권장하고 있지 않습니다. 결국 근래 웹 브라우저들은 TLS v1.2와 TLS v1.3만 활성화하는 편입니다.

지금까지도 TLS보다는 SSL이라는 이름이 더 대중적으로 쓰이지만 실제로는 TLS 프로토콜을 이용하고 있는 경우가 대다수입니다. 즉, 엄밀하게 따지자면 SSL VPN보다는 TLS VPN이 옳은 표현이지만, 시장에서 SSL이라는 이름이 더 보편적으로 사용되므로 이 책에서도 SSL VPN이라고 칭하겠습니다.

SSL/TLS VPN

SSL/TLS 프로토콜은 웹 브라우저용으로 개발된 프로토콜이므로 인터넷 발전과 더불어 짧은 시간에 대중적인 프로토콜이 될 수 있었습니다. SSL/TLS VPN은 이러한 대중성을 적극 활용한 기술입니다. SSL 프로토콜을 지원하는 웹 브라우저만 있다면 다른 암호화 프로그램을 설치하지 않아도 SSL VPN을 즉시 사용할 수 있습니다. 예를 들어, 직원이 집에서 웹 브라우저를 열고 ID/PW만 입력해도 사내 사설 IP 서비스(예. 메일)에 접근할 수 있습니다.

---

[9] RFC 6101, 〈The Secure Sockets Layer (SSL) Protocol Version 3.0〉이 2011년에 등재되어서 혼란을 줄 수 있는데, SSL v3.0이 '공식 표준 문서'로 등록된 적이 없어 문서 관리 차원에서 등록된 RFC입니다. 참고로 RFC 카테고리는 Historic입니다.
[10] https://www.openssl.org/~bodo/ssl-poodle.pdf, This POODLE Bites: Exploiting The SSL 3.0 Fallback
[11] 크롬은 39 버전부터, 파이어폭스는 34 버전부터, 익스플로러는 11(on April 14, 2015) 버전부터 비활성화되었습니다.

SSL VPN은 크게 2가지 모드로 구성할 수 있습니다.

- VPN (웹) 포털 모드
- 터널링 모드

각 모드에 대해 좀 더 자세히 살펴보겠습니다.

VPN (웹) 포털 모드

웹 브라우저를 이용해서 내부 사설 콘텐츠에 접근하는 방식을 VPN (웹) 포털 모드라고 합니다. 다음은 SSL/TLS VPN (웹) 포털을 통해 유저가 내부 네트워크와 인트라넷 서버에 접근하는 과정을 나타낸 그림입니다.

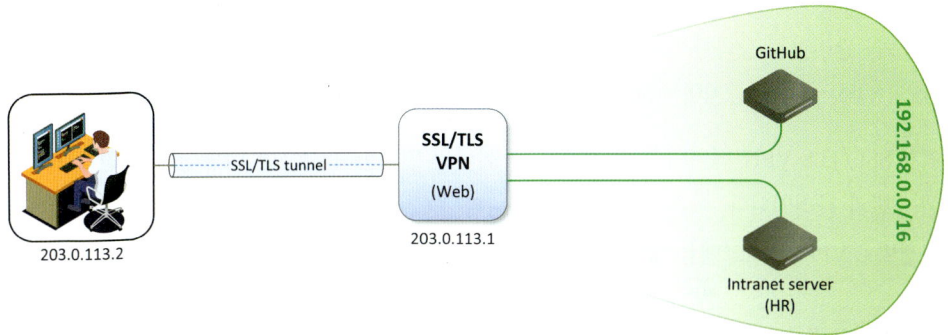

▶ 그림 10.8 SSL/TLS VPN (웹) 포털 예시

먼저 웹 브라우저에 ① SSL/TLS VPN 장비 URL을 입력합니다. ID/PW 인증을 정상적으로 마치고 내부 사설 도메인을 입력하면 ① SSL/TLS VPN 장비가 프록시^{Proxy}(대리 서버)로서 사설망에 대신 접속합니다. 그리고 사내 서버로부터 받은 각종 응답^{Response}을 암호화하여 유저에게 보내줍니다.

이러한 VPN 포털은 접근성은 좋지만 오직 웹 콘텐츠, 즉 HTTP만 접근할 수 있다는 태생적 한계가 있습니다. 예를 들어, 사내 서버에 SSH 혹은 FTP 접속을 할 수 없습니다.

SSL/TLS VPN 터널링 & VPN 클라이언트

SSL/TLS VPN을 터널링으로 구성하면 원본 IP 헤더 앞에 터널(딜리버리) 헤더가 삽입됩니다. 덕분에 사내 서버와 (IPsec처럼) IP 레벨 통신이 가능하면서 사내 서버로 직접 SSH/FTP 접근도 할 수 있게 됩니다. 터널(딜리버리) 헤더 삽입, 다시 말해 IP 헤더 수정은 웹 브라우저가 아닌 OS 영역에서만 할 수 있는 일입니다. 따라서 OS에 SSL/TLS 전용 애플리케이션을 별도 설치해야 합니다.

초창기에는 ActiveX를 주로 사용했었는데 .exe 같은 별도 파일을 다운로드하거나 설치하지 않아도 웹 브라우저에서 바로 실행되는 간편함 때문이었습니다. 그러나 다른 프로그램들(예. 백신)과 호환성 문제를 일으키기도 하고 기능 제약도 컸으며 더 나아가 보안 취약점 및 성능 이슈 등으로 인해 점차 퇴보하게 됩니다.

이러한 한계점들을 극복하고 더 다양한 OS를 지원하며 강력한 OS 제어권을 갖기 위해 설치 형태의 SSL/TLS VPN 전용 클라이언트 프로그램인 Standalone VPN이 개발되었습니다. Standalone VPN을 사용하면 각종 복잡하고 어려운 SSL/TLS 파라미터 설정은 모두 숨기고, 유저는 프로그램에 ID/PW만 입력하면 간편하게 SSL/TLS VPN을 사용할 수 있습니다. 더불어 VPN 관리자는 강력한 OS 제어권을 가질 수 있게 됩니다. 예를 들어, 백신이 설치되지 않은 OS의 VPN 사용을 금지하는 것 등이 가능해집니다.

이제 SSL/TLS VPN 벤더의 주요 경쟁력 중 하나는 편리하고 강력한 VPN 클라이언트 프로그램 개발과 관리입니다. 이는 매우 고된 일입니다. PC, 스마트폰, 태블릿 등 수많은 OS 종류와 버전별로 VPN 프로그램을 개발하고 관리해야 하기 때문입니다.

SSL/TLS Hello

IPsec도 마찬가지지만 SSL/TLS의 보안 레벨은 결국 어떤 암호화 알고리즘을 사용하는지가 결정합니다. SSL/TLS의 암호화 알고리즘 협상 과정은 IPsec과 유사한 듯하면서 다릅니다.

SSL/TLS는 Client/Server Hello 메시지를 통해서 암호화 파라미터들을 협상합니다. 다음은 크롬 94 버전의 Client Hello 메시지 중 일부입니다. 박스에 웹 브라우저(클라이언트)가 지원하는 Cipher Suites 리스트가 선호도순으로 나열되어 있습니다. 참고로 클라이언트의 Cipher Suite 리스트 및 선호도, 리스트 변경 허용 여부는 웹 브라우저 종류와 버전에 따라 달라질 수 있습니다.

```
Transmission Control Protocol, Src Port: 6365, Dst Port: 443, Seq: 1, Ack: 1, Len: 517
Transport Layer Security
    TLSv1.2 Record Layer: Handshake Protocol: Client Hello
        Content Type: Handshake (22)
        Version: TLS 1.0 (0x0301)
        Length: 512
        Handshake Protocol: Client Hello
            Handshake Type: Client Hello (1)
            Length: 508
            Version: TLS 1.2 (0x0303)
            Random: 23711dad2101b13f676117f871f18436883d6af1e6e311d8...
            Session ID Length: 32
            Session ID: a239e2a82ec92b9b845053e161227624506115176b0f423c...
            Cipher Suites Length: 32
            Cipher Suites (16 suites)
                Cipher Suite: Reserved (GREASE) (0xbaba)
              ① Cipher Suite: TLS_AES_128_GCM_SHA256 (0x1301)
                Cipher Suite: TLS_AES_256_GCM_SHA384 (0x1302)
                Cipher Suite: TLS_CHACHA20_POLY1305_SHA256 (0x1303)
                Cipher Suite: TLS_ECDHE_ECDSA_WITH_AES_128_GCM_SHA256 (0xc02b)
                Cipher Suite: TLS_ECDHE_RSA_WITH_AES_128_GCM_SHA256 (0xc02f)
                Cipher Suite: TLS_ECDHE_ECDSA_WITH_AES_256_GCM_SHA384 (0xc02c)
                Cipher Suite: TLS_ECDHE_RSA_WITH_AES_256_GCM_SHA384 (0xc030)
                Cipher Suite: TLS_ECDHE_ECDSA_WITH_CHACHA20_POLY1305_SHA256 (0xcca9)
                Cipher Suite: TLS_ECDHE_RSA_WITH_CHACHA20_POLY1305_SHA256 (0xcca8)
                Cipher Suite: TLS_ECDHE_RSA_WITH_AES_128_CBC_SHA (0xc013)
                Cipher Suite: TLS_ECDHE_RSA_WITH_AES_256_CBC_SHA (0xc014)
                Cipher Suite: TLS_RSA_WITH_AES_128_GCM_SHA256 (0x009c)
                Cipher Suite: TLS_RSA_WITH_AES_256_GCM_SHA384 (0x009d)
                Cipher Suite: TLS_RSA_WITH_AES_128_CBC_SHA (0x002f)
              ② Cipher Suite: TLS_RSA_WITH_AES_256_CBC_SHA (0x0035)
            Compression Methods Length: 1
            Compression Methods (1 method)
            Extensions Length: 403
```

▶ 그림 10.9 크롬 94 버전에서 TLSv1.2 Client Hello

가장 선호하는 Cipher Suite는 가장 위쪽에 적힌 ① TLS_AES_128_GCM_SHA256이며 선호도가 가장 낮은 것은 가장 밑에 적힌 ② TLS_RSA_WITH_AES_256_CBC_SHA입니다. 웹 브라우저의 Client Hello 메시지를 TLS 서버가 받으면 메시지 내의 Cipher Suite를 선호도순, 즉 위에서 아래로 살펴보면서 자신도 지원 가능한지 검토합니다. 지원 가능한 Cipher Suite를 발견하면 다음과 같은 Server Hello 메시지 안에 해당 Cipher Suite를 적어 보냅니다.

```
✓ Transport Layer Security
    ✓ TLSv1.2 Record Layer: Handshake Protocol: Server Hello
        Content Type: Handshake (22)
        Version: TLS 1.2 (0x0303)
        Length: 96
        ✓ Handshake Protocol: Server Hello
            Handshake Type: Server Hello (2)
            Length: 92
            Version: TLS 1.2 (0x0303)
          > Random: 925f2bfad4a4b182f987f882d7276b93c17087fb606453c3...
            Session ID Length: 32
            Session ID: a239e2a82ec92b9b845053e1612276245061151176b0f423c...
            Cipher Suite: TLS_ECDHE_RSA_WITH_AES_128_GCM_SHA256 (0xc02f)
            Compression Method: null (0)
            Extensions Length: 20
          > Extension: renegotiation_info (len=5)
          > Extension: application_layer_protocol_negotiation (len=11)
```

▶ 그림 10.10 TLSv1.2 Server Hello

cipher suite 선호도 제어

결국 Cipher Suite의 선호도는 클라이언트 쪽(예. 웹 브라우저)에 결정권이 있습니다. 헌데 클라이언트가 리소스 보호 등을 위해서 약한 암호화 알고리즘을 선호할 수도 있을 것입니다. 서버 관리자로서 이러한 상황이 우려된다면 클라이언트의 선호도를 무시하고 서버가 Cipher Suite 선호도를 결정하도록 조정할 수 있습니다.

다음은 아파치Apache 웹 서버에서 Cipher Suite 선호도를 조정하는 설정입니다.

```
아파치 웹 서버 SSL Cipher Suite 튜닝 (예. /etc/apache2/mods-available/ssl.conf 파일)

SSLHonorCipherOrder on
SSLCipherSuite HIGH:MEDIUM:!aNULL:!MD5
```

이 예시에서 **SSLHonorCipherOrder**는 클라이언트의 선호도를 무시하라는 설정입니다. 이 설정이 활성화On되어 있으면 웹 서버는 클라이언트 측 선호도를 무시하고 **SSLCipherSuite** 설정 순서대로 Cipher Suite를 결정합니다. **SSLCipherSuite** 설정에 마치 그림 10.9와 같이 암호화 알고리즘을 일일이 나열할 수도 있으나 이 예시에서는 alias, 쉽게 말해 알고리즘 그룹 레벨을 사용했습니다.

각 알고리즘 그룹 레벨은 콜론(:)으로 구분되며 왼쪽에 위치할수록 선호도가 높은 그룹입니다. 이 예시에서는 `HIGH:MEDIUM:!aNULL:!MD5`로 설정되어 있습니다. 즉, 선호도가 HIGH → MEDIUM → !aNULL → !MD5순입니다.

① **HIGH**: 보안성이 높은 HIGH 레벨의 알고리즘 그룹입니다. 이 그룹에 속한 전체 알고리즘 리스트는 (리눅스에서) `openssl ciphers 'HIGH'` 커맨드로 확인할 수 있습니다.

② **MEDIUM**: HIGH 레벨에 매칭되는 알고리즘이 없다면 MEDIUM 레벨의 알고리즘(`openssl ciphers 'MEDIUM'`)이 선택됩니다.

③ **!aNULL**: 만일 그 마저도 매칭되는 알고리즘이 없다면 !aNULL, 즉 Null authentication이 아닌 알고리즘 중 하나가 선택됩니다.

④ **!MD5**: 마지막으로 !MD5 즉, MD5 해싱이 아닌 알고리즘 중 하나를 선택하게 됩니다.

> **NOTE TLS의 Cipher Suite 해석**
>
> 그림 10.9의 TLS_ECDHE_RSA_WITH_AES_128_GCM_SHA256처럼 TLS의 Cipher Suite는 기다란 문자열 구조를 띠고 있습니다. 이 Cipher Suite를 풀어 보면 다음과 같습니다.
>
> - **TLS**: 암호화 프로토콜
> - **ECDHE**: 키 교환Key exchange 알고리즘(타원 곡선 디피-헬먼Elliptic curve Diffie-Hellman, 디피-헬먼 알고리즘 중 하나)
> - **RSA**: authentication 알고리즘
> - **AES_128_GCM**: 데이터(페이로드) 암호화 알고리즘(AES 128bit Galois/Counter Mode)
> - **SHA256**: Message Authentication Code(MAC) 알고리즘, 즉 무결성 검증용 알고리즘

이후 암호화 과정은 IPsec과 유사합니다. 먼저 비대칭 알고리즘으로 암호 채널을 만들기 위한 주요 파라미터들을 교환하고 키 교환 알고리즘(예. DH)을 통해 받은 비밀 키로 패킷 데이터를 암호화합니다.

4 IPsec vs SSL/TLS VPN

다음은 지금까지 살펴본 IPsec과 SSL/TLS VPN 두 프로토콜의 차이점을 정리한 것입니다.

	IPsec VPN	SSL/TLS VPN
주요 구성	site-to-site	원격 접속
접속 방법	전용 프로그램	웹, Java applet, 전용 프로그램
편의성/접근성	보통	우수
성능	약간 우세	보통
보안성	암호화 알고리즘에 의존	암호화 알고리즘에 의존 (단, 웹 브라우저가 선호도 선택)
장비	방화벽	SSL/TLS 전용 장비

▶ 표 10.1 IPsec vs SSL/TLS

순서대로 각 차이점을 보다 자세히 살펴보겠습니다.

주요 구성

IPsec VPN은 자신을 지나가는 패킷들을 자동으로 암호화할 수 있습니다. 서버나 클라이언트에 특별한 설정 혹은 프로그램이 필요하지 않다는 장점 덕분에 데이터 센터 서버들 ↔ 데이터 센터 서버들(site-to-site), 즉 N:N 통신용으로 많이 활용합니다.

반면 SSL/TLS VPN은 원격 접속$^{Remote\ access}$ (예. 재택 근무 직원의 사내 시스템 접속) 용도, 즉 1:N (하나의 클라이언트 → 다수의 사내 시스템) 통신용으로 주로 사용합니다.

편의성/접근성

만일 IPsec VPN을 site-to-site 통신이 아닌 원격 접속 용도로 활용하고자 한다면 반드시 클라이언트에 IPsec 전용 프로그램을 설치해야 하며 셋업 절차가 복잡한 편이라 전문적인 지식이 필요합니다.

반면 SSL/TLS VPN은 (웹) 포털만 사용할 경우 웹 브라우저 외에 별도 프로그램이 필요하지 않습니다. 만일 서버에 SSH 접속 등을 하려면 전용 클라이언트 프로그램을 설치해야 하지만 이 또한 SSL/TLS VPN 장비를 통해 어렵지 않게 다운로드받을 수 있고, 대부분의 설정이 관리자에 의해 가려져 있기 때문에 복잡하지 않습니다.

성능

SSL/TLS는 TCP 기반으로 동작하는 프로토콜입니다. 덕분에 TCP 재전송과 같은 TCP의 장점을 그대로 가져갈 수 있지만, TCP 헤더로 인한 오버헤드 및 초기 3-way handshake에서 발생하는 딜레이로 인한 성능 감소가 발생합니다.

IPsec은 그림 10.6처럼 IP 헤더 바로 위에 존재하기 때문에 TCP로 인한 성능 감소가 발생하지 않으므로 SSL/TLS 보다 성능상 약간 우세합니다. 성능에 민감하다면 IPsec이 더 나은 선택입니다.[12] 이로 인해 재미있는 현상이 벌어지기도 하는데, SSL/TLS VPN 장비임에도 실제 유저 데이터는 IPsec 프로토콜로 암호화하기도 합니다.

일반 유저가 IPsec을 사용하기 힘든 이유는 복잡하고 어려운 각종 파라미터, 정확히 말해 ISAKMP Security Association(SA) proposal을 IPsec 프로그램에 직접 입력해야 하기 때문입니다. 그러나 SSL/TLS VPN을 이용하면 이 과정이 사뭇 쉬워집니다. 클라이언트 프로그램이 SSL/TLS 채널을 통해 각종 IPsec 파라미터 정보를 유저 모르게 알아서 다운로드받을 수 있기 때문입니다.

구체적으로 IPsec 제어용 SSL/TLS 터널을 하나 열고, 이 터널로 관리자가 설정해 둔 각종 파라미터 정보를 클라이언트 프로그램에게 전송합니다. 이렇게 받은 정보를 기반으로 IPsec 터널을 오픈하고, IPsec으로 실제 유저 트래픽을 암호화합니다. 모든 과정이 유저 모르게 자동으로 이뤄질 수 있습니다.

유저는 SSL/TLS VPN 사용하고 있으니 패킷 암호화도 당연히 SSL/TLS 프로토콜을 사용한다고 생각하겠지만 관리자 설정에 따라 실제로는 IPsec을 사용할 수도 있습니다.

보안성

IPsec과 SSL/TLS은 암호화 알고리즘 선택 과정과 VPN 모드(전송 또는 터널링)를 관리하는 프로토콜입니다. 실제 데이터를 암호화하는 것은 암호화 알고리즘의 몫입니다. 두 프로토콜 모두 각종 암호화 알고리즘이 엔드 투 엔드 장비 간에 완벽히 일치해야 한다는 점은 동일합니다. 그러나 IPsec은 일반적으로 교환하는 SA proposal 개수가 많지 않습니다. 관리자가 미리 각종 파라미터를 양쪽 VPN 장비에 동일하게 설정(혹은 협의)해 두는 편이기 때문입니다.

---

[12] 통신 환경이나 세부 암호화 프로토콜에 따라 편차가 심하지만 일반적으로 IPsec이 SSL/TLS 보다 약 2-4% 정도 성능이 더 좋은 것으로 알려져 있습니다.

반면 SSL/TLS는 웹 브라우저의 호환성을 염두하고 개발되었기 때문에 클라이언트(예. 웹 브라우저)와 서버(예. 아파치 웹 서버)가 주고받는 Cipher Suite 리스트 수가 많습니다. 상대적으로 취약한 암호화 알고리즘이 선택되더라도 웹 페이지가 표시되지 못하는 상황은 방지하는 것입니다.

다시 말해 SSL/TLS의 경우 보안도 중요하지만 그보다는 일단 통신이 되는 것에 우선순위가 더 높습니다. 만일 보안성을 최우선 순위로 두면 구 버전 웹 브라우저를 사용하는 유저들이 HTTPS(HTTP + SSL/TLS) 페이지에 접근하지 못하는 경우가 매우 빈번하게 발생할 것입니다. 이러한 배경으로 Cipher Suite의 선호도 결정권 또한 기본적으로는 클라이언트 측에 있으며 클라이언트 설정에 따라 보안성이 약한 알고리즘이 선택될 수 있습니다.

정리하면 IPsec은 '의도한' 암호화 알고리즘대로 데이터를 보호하는 것에 중점을 두고, SSL/TLS는 클라이언트에게 높은 자유도를 주고 암호화를 '하는 것에' 목적을 두고 있습니다.

주요 활용 장비

이렇게 비슷한 듯 다른 IPsec과 SSL/TLS는 활용하는 장비도 다릅니다. IPsec은 주로 site-to-site VPN 용도로 많이 사용하기 때문에 유저 인증이나 접근 제어보다는 대용량의 패킷 암호화/복호화 처리 용량에 중점을 두고 있습니다. 이러한 패킷 처리에 방화벽의 반도체 프로세서, 즉 ASIC이 최적화되어 있기 때문에 방화벽 장비를 많이 활용하는 편입니다. 스위치, 라우터에 암호화 처리용 별도 H/W(예. crypto/decrypto accelerator)를 장착하여 IPsec VPN 장비로 활용하기도 합니다.

반면 SSL/TLS VPN 장비는 암호화 성능보다는 원격 접속Remote access 용도로 주로 활용하기 때문에 수많은 유저의 동시 접속을 잘 처리할 수 있어야 하고, 유저를 조밀하게 제어할 수 있어야 합니다. 예를 들어, 임시직 직원은 일부 서버만 접속할 수 있도록 제한하고, 인프라 부서 직원은 모든 서버에 접속할 수 있도록 제어할 수 있어야 합니다. SSL/TLS VPN 전용 장비들이 이러한 **역할 기반 접근 제어**Role base access control에 최적화되어 있습니다.

10.4 IP 패킷 분할

IP 네트워크에서 두 악동을 꼽으라면 주저없이 **IP 패킷 분할**IP fragmentation (단편화)과 **ARP**를 꼽을 것입니다. 이들은 IP 통신에서 빠질 수 없는 필수 프로토콜이지만, 다양한 장애 유형을 유발하며 때로는 장애 원인 분석조차 어렵습니다. 이러한 장애를 처리하려면 이 두 프로토콜의 특성을 완벽하게 이해해야 합니다.

1 IP 패킷 분할

먼저 큰 패킷을 여러 개의 작은 패킷으로 분할하여 전송하는 IP 패킷 분할부터 살펴보겠습니다. IP 패킷 분할은 다양한 종류의 악영향을 일으킵니다. 크게 직접적인 영향인 통신 불가(예. VPN 과 HTTPS 패킷 드랍)와 간접적인 영향인 네트워크 효율성 저하(예. 서버 CPU 상승) 등이 있습니다.

먼저 IP 패킷 분할을 유발시키는 원인인 **MTU**Maximum Transmission Unit부터 살펴보겠습니다.

MTU

MTU는 이웃 장비로 한 번에 보낼 수 있는 최대 데이터(패킷) 사이즈를 말합니다. MTU라는 게 왜 필요할까요?

데이터 통신은 항상 손상 위험에 노출되어 있습니다. 그런데 통신 세계에서는 데이터가 1 bit만 손상되더라도 전체 데이터를 버린 뒤 재전송하는 것이 일반적입니다. 만일 수많은 계란을 10톤 트럭 한 대로 옮기다 사고가 나면 큰 손해가 발생할 것입니다. 그러나 1톤 트럭 10대로 차근차근 나누어 운반하면 사고를 당해도 그 손해가 많이 줄어들 것입니다. 추가 운송 비용이 발생할지라도 물건을 여러 번 나누어 전달하면 안정성이 크게 높아지는 것입니다.

데이터 통신도 마찬가지로 한 번에 많은 양의 데이터를 보내면 각종 헤더를 여러 번 붙이지 않아도 되기 때문에 효율성은 높아지지만, 이슈가 발생했을 때 손실량이 큽니다. 즉, 안정성이 낮아집니다. 반대로 여러 번에 나눠 보내면 효율성은 낮아지지만 안정성은 높아집니다. 따라서 효율성과 안정성의 중간 지점을 찾는 것이 중요합니다. 네트워크 세계에서는 MTU 값으로 효율성과 안정성의 중간값을 정합니다.

인터넷 MTU 사이즈

네트워크 표준 단체들은 '적절한'(IP 통신용) MTU 사이즈로 얼마를 정했을까요? 먼저 IETF는 다음과 같이 RFC 894를 통해 최솟값으로 46 octets(bytes)을, 최댓값으로는 1500 octets(bytes)을 지정했습니다.

> **RFC 894(1984), 〈A Standard for the Transmission of IP Datagrams over Ethernet Networks〉**
>
> The minimum length of the data field of a packet sent over an Ethernet is 46 octets…
> …thus the maximum length of an IP datagram sent over an Ethernet is 1500 octets.
>
> 이더넷을 통해 전송되는 패킷의 데이터 필드 최소 크기는 46 octets입니다…
> …따라서 이더넷을 통해 전송되는 IP 데이터그램의 최대 크기는 1500 octets입니다.

IEEE는 802.3-2005, '4A.4.2 Allowable implementations'에서 minFrameSize를 64 bytes로, maxUntaggedFrame Size는 1518 bytes로 지정했습니다.[13] 즉, 최소 MTU: 64 bytes, 최대 MTU: 1518 bytes로 정했습니다. 이때 IEEE 표준의 MTU는 이더넷 헤더 18 bytes를 합친 것이므로 이를 제외하면 '패킷 데이터'의 최소 MTU는 46 bytes, 최대 MTU는 1500 bytes로, 결국 RFC 894와 동일합니다.

그런데 네트워크 표준 단체에서는 MTU 범위만 정했을 뿐 특정 MTU 값을 직접적으로 권장한 적은 없습니다. RFC 791처럼 '가능하다면' 576 bytes 이상의 패킷을 보내라고 느슨하게 권고했을 뿐입니다.

---

[13] 최신 IEEE 802.3 표준들에서는 '4.4.2 MAC parameters' 혹은 '4A.4.2 MAC parameters'에서 minFrameSize, maxBasicFrameSize라는 용어로 찾아볼 수 있습니다.

> **RFC 791(1981), 〈INTERNET PROTOCOL〉 '3.1. nternet Header Format'**
>
> …It is recommended that hosts only send datagrams larger than 576 octets if they have assurance that the destination is prepared to accept the larger datagrams…
>
> …수신 측에서 큰 데이터그램을 받을 수 있다고 확신할 때에만 576 octets보다 큰 데이터그램 전송을 권장합니다…

근래 네트워크 장비는 안정성과 성능이 뛰어나므로 ISP를 포함한 절대 다수 인터넷 장비들은 MTU 값으로 표준상 최댓값인 1500 bytes로 설정하는 편입니다. 결론적으로 인터넷 = MTU 1500 bytes가 사실상 표준입니다.

최근 네트워크 장비의 뛰어난 성능과 안정성을 생각한다면 최대 MTU 값을 1500 bytes보다 크게 높일 수 있을 것입니다. 그러나 아쉽게도 쉬운 일은 아닙니다. 새로운 표준 MTU 값을 만들더라도 전 세계 모든 ISP가 충실히 반영한다는 보장이 없기 때문입니다. 또한 엔드-호스트(예. PC)의 MTU 값이 ISP의 MTU 값보다 크면 이후 살펴볼 DF bit로 인해 큰 혼란이 일어날 가능성도 있습니다. 따라서 최대 MTU 값을 1500 bytes보다 높이려는 적극적인 움직임은 없습니다.[14]

단, 다음과 같이 IPv6 표준에서는 '최소 MTU 사이즈'를 46 bytes에서 크게 늘어난 1280 bytes로 정했습니다. 이는 전보다 좋아진 네트워크 환경을 현실적으로 반영한 것입니다.

> **RFC 2460(1998), 〈Internet Protocol, Version 6 (IPv6)〉 '5. Packet Size Issues'**
>
> IPv6 requires that every link in the internet have an MTU of 1280 octets or greater…
>
> IPv6를 사용하려면 인터넷 모든 링크가 1280 octets 이상 MTU를 지원해야 합니다…

IP 패킷 분할

IP 패킷 분할은 MTU가 작아지는 네트워크 구간, 쉽게 말해 통로가 좁아지는 구간에서 발생합니다. 그림을 통해 패킷 분할 과정을 간략히 살펴보겠습니다.

---
[14] 이와 별개로 일부 ISP들은 MPLS와 같은 각종 터널링 프로토콜이 원활하게 통신될 수 있도록 망 '내부' MTU는 1500 bytes 보다 크게 설정하기도 합니다.

▶ 그림 10.11 IP 패킷 분할 발생 예시

먼저 스위치 A의 포트 1은 MTU가 3000 bytes지만 포트 2의 MTU는 1500 bytes입니다. 한 번에 보낼 수 있는 패킷 사이즈가 작아지기 때문에 포트 1에서 받은 3000 bytes 패킷을 스위치 B에 그대로 전송할 수 없습니다. 3000 bytes 패킷을 2개의 1500 bytes 패킷으로 나눠 전송해야만 합니다. 패킷 데이터를 2개 혹은 그 이상의 IP 상자로 나누어 담는 IP 패킷 분할이 발생하는 것입니다.

모든 네트워크 구간의 MTU가 동일하다면 IP 패킷 분할은 발생하지 않습니다. 그러나 MTU가 단 1 byte라도 줄어드는 구간이 있다면 언제든지 IP 패킷 분할이 발생할 수 있습니다.

> **Tip.** MTU는 나가는, 즉 이그레스 패킷에 대해서만 효과가 있을 뿐 받는(인그레스) 패킷에는 영향을 주지 않습니다. 받는 패킷의 최대 사이즈는 MRU Maximum Receive Unit라는 값으로 제어하는데 일반적으로 MTU 값과 동일합니다. 장비에 따라 MTU 값과 MRU 값을 다르게 설정할 수도 있습니다.

IP 패킷 분할 헤더

IP 패킷 분할이 발생하면 IP 헤더 안에 Fragmentation 관련 정보를 적어야 합니다. 그래야 각각 쪼개진 패킷들이 원본 데이터의 어느 파트를 싣고 있는지 알 수 있기 때문입니다. 이를 위해 IP 헤더 안에는 다음처럼 패킷 분할 필드, 즉 Flags 필드(3 bits)와 Fragment offset 필드(13 bits)가 있습니다.

```
✓ Internet Protocol Version 4, Src: 192.168.56.102, Dst: 192.168.56.103
    0100 .... = Version: 4
    .... 0101 = Header Length: 20 bytes (5)
  > Differentiated Services Field: 0x00 (DSCP: CS0, ECN: Not-ECT)
    Total Length: 1500
    Identification: 0xd699 (54937)
  ✓ Flags: 0x20b9, More fragments
        0... .... .... = Reserved bit: Not set
        .0.. .... .... = Don't fragment: Not set
        ..1. .... .... = More fragments: Set
    Fragment offset: 1480
    Time to live: 64
    Protocol: ICMP (1)
    Header checksum: 0x8bb0 [correct]
    [Header checksum status: Good]
    [Calculated Checksum: 0x8bb0]
    Source: 192.168.56.102
    Destination: 192.168.56.103
    Reassembled IPv4 in frame: 3
  > Data (1480 bytes)
```

▶ 그림 10.12 IP 패킷 분할 헤더 예시

각 필드의 요소들을 보다 자세히 살펴보겠습니다.

Flags 필드

① **reserved** : 말 그대로 예약된 Flag로, 현재 사용하지 않습니다.

② **DF**$^{Don't\ fragment}$ (분할 금지) : DF Flag가 1로 설정되어 있다면 IP 패킷 분할을 해야 할 경우 분할하지 말고 해당 패킷을 강제 폐기하라는 의미입니다. 네트워크 엔지니어가 가장 주목해야 하는 필드입니다. 이 필드에 대해서는 이후 살펴볼 'VLAN 태깅, DF 그리고 HTTPS'에서 더 자세하게 다룰 예정입니다.

③ **More fragment** : 해당 패킷 뒤에 또 다른 fragment 패킷이 남아 있는지 알려 줍니다. 뒤에 올 fragment 패킷이 남아 있다면 해당 값은 1입니다. 값이 0이라면 해당 패킷이 가장 마지막 fragment 패킷이라는 의미입니다.

Fragment offset 필드

이어지는 Fragment offset(13 bits) 필드는 fragmentation 패킷이 싣고 있는 페이로드가 원본 데이터의 어느 위치(offset)였는지 알려 주는 필드입니다. 그림 10.12처럼 offset이 1480 이라면 원본 데이터의 1480 bytes 위치(offset)부터 시작하는 데이터를 싣고 왔다는 의미입니다.

네트워크 관점에서 fragmentation은 최대한 발생하지 않는 것이 좋습니다. 다음과 같은 부작용들이 있기 때문입니다.

먼저 IP 상위 계층 정보 확인이 불가하다는 부작용이 있습니다. IP 패킷 분할이 발생하면 가장 마지막 fragmentation 패킷에만 Layer 4 헤더 정보를 넣습니다. 나머지 패킷에는 TCP, UDP와 같은 Layer 4 헤더 정보를 넣지 않습니다. 예를 들어, 한 패킷을 10개로 나눴다면 마지막 fragmentation 패킷에만 TCP 헤더가 들어갑니다. 똑같은 TCP 헤더를 앞선 9개의 fragmentation 패킷들에 복사해서 붙여 넣지 않는 것입니다. TCP나 UDP와 같은 '상위 프로토콜 헤더' 또한 하나의 데이터로 취급하기 때문입니다. 별것 아닌 것 같지만, 보안적인 측면에서는 꽤 위협이 됩니다.

마지막 분할 패킷이 아닌 분할 패킷들을 보아서는 어떤 Layer 4 정보를 담고 있는지(예. TCP 또는 UDP) 알 수 없으며 그저 분할된 패킷 중 일부라는 사실만을 알 수 있습니다. 따라서 단순 ACL(정확하게 stateless firewall 등)로는 분할 패킷들을 필터링할 수 없습니다. Stateful 보안 장비(예. 방화벽)처럼 모든 패킷을 완벽하게 살펴보아야 하는 장비들은 모든 분할 패킷을 원본으로 재조합하고 패킷 통과 여부를 판단한 뒤 다시 분할하는 매우 번잡한 과정을 거칩니다.

> **Tip.** 단순 ACL은 전체 패킷을 추적하지 않으므로 중간 fragment 패킷들만 보고 어떤 Layer 4 데이터를 싣고 있는지 알 수 없습니다. 즉, TCP port 80처럼 Layer 4 정보 등을 이용하여 중간 fragment 패킷들을 필터링할 수 없습니다. 장비에 따라 more fragment flag 값이 1이거나 Fragment offset 값이 0보다 큰 패킷들을 필터링할 수 있으나, 이는 Layer 4 정보를 무시하고 모든 중간 fragment 패킷을 필터링하는 결과를 낳을 수 있습니다.

두 번째 부작용은 리소스 소모입니다. IP 패킷을 자르고 다시 합칠 때 리소스 소모, 즉 오버헤드가 발생합니다. 이때 발생하는 오버헤드는 2가지 종류가 있습니다. 첫 번째는 네트워크 B/W 손실, 두 번째는 패킷을 쪼개거나 합치는 과정의 오버헤드입니다. 먼저 네트워크 장비들은 패킷 분할 과정을 ASIC에서 처리하기 때문에 장비 성능에 거의 영향을 주지 않습니다. 그러나 패킷을 여러 개로 나누고, 별개의 패킷으로 만들면서 새로운 IP 헤더를 붙여야 하기 때문에 불가피하게 B/W 손실이 발생합니다.

또, 리눅스 서버처럼 분할 패킷을 CPU에서 처리하는 장비들은 패킷을 쪼개거나 합칠 때 리소스가 소모됩니다. 이를 악용해서 다량의 분할 패킷으로 보안 장비나 서버의 리소스를 고갈시키는 공격(예. 티어 드롭 공격$^{\text{Tear drop attack}}$)들이 있습니다. 최근에는 보안 기술이 좋아지면서 이러한 공격들의 영향도는 많이 줄어든 편입니다.

IP 분할 패킷 필터링

데이터 센터를 운영 중이라면 인터넷과 연결된 최상단 라우터에서 분할된 IP 패킷들의 ACL 필터링을 검토해볼 수 있을 것입니다. '엔터프라이즈 네트워크'에서 VPN과 같은 터널링 프로토콜을 제외한다면 분할된 IP 패킷을 받을 가능성이 현저히 낮기 때문입니다.

엔터프라이즈 네트워크 환경이라면 인터넷으로부터 들어오는 분할 패킷은 공격용 패킷인 경우가 많습니다. 따라서 이들을 차단한다면 내부 인프라를 보다 안전하게 보호할 수 있습니다. 단, 필터링을 적용하기 전에 반드시 보안 장비 또는 미러링Mirroring, 샘플링Sampling 등으로 서비스용 IP 패킷 분할이 없는지 면밀히 확인해야 합니다.

IP 패킷 분할 발생 시 유의 사항
VLAN 태깅, DF 그리고 HTTPS

VLAN 태깅 Tagging, **DF** 그리고 **HTTPS** 이 3가지 기술은 서로 관련성이 없어 보이지만 매우 강력한 연결고리가 있습니다. 어떤 인터페이스를 802.1Q tagged(cisco 용어로는 trunk) 인터페이스로 설정했습니다. 이 경우 나가는 모든 패킷에 4 bytes 크기의 VLAN 태깅 헤더를 추가로 붙여야 합니다. 1500 bytes 패킷의 경우 VLAN 태깅 헤더 + 4 bytes를 붙여서 1504 bytes가 됩니다. 스위치 장비들의 경우 VLAN 태깅 설정을 하는 순간 별도 커맨드가 없어도 자동으로 관련 인터페이스 MTU를 + 4 bytes하는 경우가 일반적입니다.

그러나 라우터들은 자동으로 늘려 주지 않습니다. 즉, 라우터에 VLAN 태깅 설정을 했다면 별도로 MTU 값 + 4 bytes를 설정해야 하는 경우가 대부분입니다. 헌데 만일 실수로 MTU를 늘리지 않았다면 어떤 일이 발생할까요? 1500 byte짜리 패킷에 + 4 bytes VLAN 태깅 헤더를 붙이면 1504 bytes가 되는데, 이는 일반적인 MTU 값인 1500 bytes를 넘으므로 IP 패킷 분할이 발생하게 될 것입니다. 이때 HTTP와 HTTPS 패킷이 서로 다르게 처리됩니다. 일반적으로 HTTP 패킷은 DF flag 값이 0입니다. 덕분에 HTTP 패킷은 분할된 뒤 목적지에 도달합니다. 반면 HTTPS 패킷은 DF flag가 설정이 된 경우가 많습니다. 이로 인해 HTTPS 패킷들은 분할되지 못하고 폐기됩니다. 결론적으로 MTU가 적절하게 조정되지 않은 VLAN tagged 인터페이스를 통과할 때 HTTP 패킷은 통과되고 HTTPS 패킷은 폐기되는 묘한 현상을 볼 수 있습니다.

> 💡 **Tip.** HTTPS 패킷은 DF flag가 설정이 된 경우가 많은 이유는 이후 '실 망에서의 PMTUD'에서 살펴보겠습니다.

PMTD

가장 아름다운 네트워크는 IP 패킷 분할이 발생하지 않는 네트워크입니다. 경로 중간에 MTU가 작아지는 구간이 존재해서 IP 패킷 분할이 발생할 수밖에 없는 환경이라도, 만일 엔드-호스트(예. 서버)가 MTU 사이즈 이하로만 패킷을 전송한다면 분할은 발생하지 않을 것입니다. 그런 방법은 없을까요?

다음과 같이 RFC 1191 표준에 따라 MTU가 작아지는 구간에서 DF bit(flag)가 설정된 패킷을 받으면 네트워크 장비는 패킷을 폐기하고 패킷을 보냈던 src 호스트에게 ICMP type 3: 'Destination Unreachable', code 4: 'Fragmentation required, and DF set' 메시지를 보내야 합니다(IPv6에서는 ICMPv6 PTBPacket Too Big 메시지 전송).

> **RFC 1191, Path MTU Discovery, '4. Router specification'**
>
> When a router is unable to forward a datagram because it exceeds the MTU of the next-hop network and its Don't Fragment bit is set, the router is required to return an ICMP Destination Unreachable message to the source of the datagram, with the Code indicating "fragmentation needed and DF set"…
>
> MTU를 초과했으나 해당 데이터그램의 "분할 금지(Don't Fragment)" 비트가 설정되어 있어서 전달할 수 없는 경우, 라우터는 데이터그램의 출발지에게 ICMP 목적지 도달 불가(Destination Unreachable) 메시지를 반환해야 하며, 해당 메시지에는 "분할이 필요하나 DF가 설정됨(fragmentation needed and DF set)" 코드가 있어야 합니다…

패킷을 보낸 src 호스트는 해당 ICMP 메시지를 분석해서 문제의 MTU 값을 알게 됩니다. 이후 같은 목적지로 패킷을 보낼 때 MTU 값을 넘지 않도록 패킷 사이즈를 줄여 전송합니다.

PMTUDPath MTU Discovery는 엔드 투 엔드 MTU를 체크해서 혹시나 MTU가 작아지는 구간이 있다면 그에 맞춰 MTU를 낮추는 기술입니다. 원리는 비교적 간단합니다. DF bit가 설정된 패킷을 dst로 보내고 fragmentation required, and DF set ICMP 메시지가 되돌아오면 그 메시지를 분석해서 해당 dst로 가는 MTU 값을 적절히 낮춥니다.

다음 그림은 네트워크 장비가 패킷을 폐기하면서 보낸 ICMP 메시지 샘플입니다. ICMP 메시지를 통해 자신의 MTU 값 ① 1400을 알려 줍니다. 패킷을 보냈던 src 장비는 이 ICMP 패킷을 보고 해당 dst로 보내는 패킷 사이즈(MTU 값)를 1400 이하로 낮추게 됩니다.

```
Internet Protocol Version 4, Src: 192.168.1.1, Dst: 192.168.1.10
Internet Control Message Protocol
    Type: 3 (Destination unreachable)
    Code: 4 (Fragmentation needed)
    Checksum: 0x56b4 [correct]
    [Checksum Status: Good]
    Unused: 0000
①  MTU of next hop: 1400
```

▶ 그림 10.13 fragmentation required ICMP 예시

리눅스에서 PMTUD 테스트

리눅스 환경에서는 ping 커맨드로 손쉽게 PMTUD를 테스트해볼 수 있습니다. 다음 ping 커맨드의 -M do 옵션은 ICMP 패킷에 DF bit를 설정하라는 명령입니다. -c는 count의 약자로 ping을 몇 번 보낼지 지정하고, -s는 size의 약자로 1472 bytes의 ICMP data 패킷을 전송하라는 옵션입니다.

```
리눅스에서 ping 커맨드로 MTU 1500 bytes 패킷 전송

ethan@ubuntu:~# ping -c 1 -M do -s 1472 192.168.2.10
PING 192.168.2.10 (192.168.2.10) 1472(1500) bytes of data.
From 192.168.1.1 icmp_seq=1 Frag needed and DF set (mtu = 1300)
```

만일 해당 서버의 MTU가 1500 bytes라면 IP 헤더 20 bytes + ICMP 헤더 8 bytes를 제외하고 ICMP data 부분에 들어갈 수 있는 최대 사이즈는 1472 bytes입니다. 1500 - 20 - 8 = 1472입니다. 따라서 이 커맨드는 IP 헤더까지 합쳐 1500 bytes 사이즈의 ICMP 패킷을 보내라는 커맨드입니다.

> **Tip.** ping -s 992 192.168.2.10과 같이 보내면 1000 bytes from 192.168.2.10이라고 응답을 받게 될 것입니다. 여기서 1000 bytes는 ICMP 헤더(8 bytes)가 합쳐진 값입니다.

앞서 예시에서는 192.168.2.10으로 1500 bytes ping 패킷을 보냈으나 fragmentation required ICMP 메시지를 받습니다. 'From 192.168.1.1 icmp_seq=1 Frag needed and DF set (mtu = 1300)'를 해석하면 경로 중간에 있는 192.168.1.1의 MTU가 1300 bytes여서 패킷 분할을 해야 하지만, DF bit가 있어서 패킷을 폐기했다는 뜻입니다.

이 ICMP 메시지를 받은 src 장비의 OS는 해당 목적지에 대한 MTU를 1300 bytes로 기록하고, 다음 패킷부터는 MTU 사이즈 이하로 패킷을 보냅니다. 중간에 MTU가 작아지는 구간이 있다면 ping뿐 아니라 (DF bit가 설정된) TCP 패킷도 fragmentation required ICMP 메시지를 받습니다. 다음은 그 과정을 캡처한 TCP 플로우입니다.

```
No. Protocol  Time      Length  Info
 1  TLSv1.2   0.000000    1374  Server Hello, Certificate, Server Key Exchange, Server Hello Done
 2  ICMP      0.008031      70  Destination unreachable (Fragmentation needed)
 3  TCP       0.008053    1014  [TCP Retransmission] 443 → 43830 [ACK] Seq=1 Ack=1 Win=235 Len=948 TSval=2391714 TSecr=2391788
 4  TCP       0.008095     426  [TCP Retransmission] 443 → 43830 [PSH, ACK] Seq=949 Ack=1 Win=235 Len=360 TSval=2391714 TSecr=2391788
```

▶ 그림 10.14 웹 트래픽(TCP 패킷)이 fragmentation required ICMP를 받고 패킷을 분할한 예시

각 패킷을 자세히 설명하면 다음과 같습니다.

- **패킷 No.1**: DF bit가 설정된 1374 bytes TCP 패킷을 전송
- **패킷 No.2**: 경로 중간에 MTU 이슈가 발생되어 fragmentation required ICMP 메시지를 받게 됨
- **패킷 No.3과 No.4**: 이후 src 장비가 1374 bytes 사이즈 패킷을 두 번에 나눠 전송

리눅스에서 PMTUD 테스트

리눅스 OS에서 목적지별 저장된 PMTUD 값을 알고 싶다면 ip route라는 커맨드를 이용하면 됩니다. 간략한 테스트 과정은 다음과 같습니다.

```
리눅스에서 PMTUD 테스트

Before PMTUD test
ethan@ubuntu:~# ip route get 192.168.2.10
192.168.2.10 via 192.168.1.1 dev eth0  src 192.168.1.10
    Cache

PMTUD test
ethan@ubuntu:~# ping -c 1 -M do -s 1472 192.168.2.10
PING 192.168.2.10 (192.168.2.10) 1472(1500) bytes of data.
From 192.168.102.2 icmp_seq=1 Frag needed and DF set (mtu = 1300)

After PMTUD test
ethan@ubuntu:~# ip route get 192.168.2.10
192.168.2.10 via 192.168.1.1 dev eth0  src 192.168.1.10
    cache  expires 600sec mtu 1300
```

PMTUD는 목적지별로 MTU 값을 따로 관리합니다. 이처럼 PMTUD를 이용하면 목적지별로 분할이 발생하지 않는 최대 패킷 사이즈를 감지할 수 있으므로 통신 효율성을 극대화할 수 있습니다.

```
목적지(192.168.102.2, 192.168.2.10)에 따라 MTU 값이 각기 다름

ethan@ubuntu:~# ip route get 192.168.102.2
192.168.102.2 via 192.168.1.1 dev eth0  src 192.168.1.10
    cache   expires 600sec mtu 1400

ethan@ubuntu:~# ip route get 192.168.2.10
192.168.2.10 via 192.168.1.1 dev eth0  src 192.168.1.10
    cache   expires 600sec mtu 1300
```

실 망에서의 PMTUD

그러나 실 망에서는 PMTUD가 예상대로 동작하지 않는 경우가 매우 빈번합니다. ICMP 프로토콜은 IP 네트워크에서 정찰병이자 경찰관 역할을 하는 강력한 프로토콜입니다. 이를 악용한 스머프, 티어 드롭과 같은 ICMP 공격 기법들이 존재하며 ping(ICMP echo)으로 인프라를 스캐닝할 수도 있습니다. 때문에 많은 보안·네트워크 담당자들이 ICMP를 차단하거나 네트워크 장비에서 fragmentation required, and DF set ICMP(Destination unreachable) 메시지를 생성하지 못하도록 제한하는 경우가 많습니다.

> **Tip.** 네트워크 장비에는 'no ip unreachables'와 같이 ICMP type 3 메시지 생성을 막는 커맨드들이 있습니다.

src 호스트는 fragmentation required ICMP 패킷을 받아야 MTU 이슈가 있다는 것을 알 수 있습니다. 그러나 필터링 등으로 인해 ICMP 패킷을 못 받으면 src 호스트는 아무것도 모른 채 응답을 기다리게 됩니다. 이러한 현상을 **ICMP 블랙홀**이라고 합니다.

> **NOTE HTTPS는 왜 DF bit를 설정하는가?**
>
> HTTPS 혹은 SSH와 같은 암호화 통신용 패킷은 DF bit가 설정되어 있습니다. 이 DF bit는 누가 설정하는 걸까요? 아파치나 NGINX와 같은 (웹 서버) 애플리케이션? 아니면 리눅스 커널?

애플리케이션들이 애용하는 암호화 라이브러리, 즉 OpenSSL library에서 설정됩니다. OpenSSL 1.1.1의 소스 코드 'bss_dgram.c' 파일을 보면 볼드체 글자와 같이 PMTUDISC, 즉 path MTU discovery가 설정되어 있는 것을 확인할 수 있습니다. 특히 소스 코드 455번 라인의 코멘트로 코드들이 DF bit를 설정한다는 것을 친절하게 알려 주고 있습니다.

```
455        /* (Linux)kernel sets DF bit on outgoing IP packets */
456        case BIO_CTRL_DGRAM_MTU_DISCOVER:
               …
465            case AF_INET:
466                sockopt_val = IP_PMTUDISC_DO;
467                if ((ret = setsockopt(b->num, IPPROTO_IP, IP_MTU_DISCOVER,
468                                &sockopt_val, sizeof(sockopt_val))) < 0)
469                    perror("setsockopt");
470                break;
```

OpenSSL은 왜 PMTUD를 사용할까요? 이에 대한 명확한 문서가 있는 것은 아니지만, 사실 이상적이라면 PMTUD로 통신 효율성을 극대화할 수 있기 때문일 것입니다. 다만 현실 세계에서는 ICMP가 필터링되는 경우가 많기 때문에 현실과 이상 사이에 괴리가 있을 뿐입니다.

그렇다면 이처럼 ICMP 메시지가 필터링되는 실 망 환경에서는 어떻게 대응할 수 있을까요?

PLPMTUD

PMTUD의 한계를 극복하기 위한 표준이 있습니다. RFC 4821로 표준화된 **PLPMTUD**Packetization Layer Path MTU Discovery입니다. 이 RFC에서는 ICMP가 필터링되어 정상적인 PMTUD 프로세스가 진행되지 못하는 경우에도 MTU 이슈를 감지할 방법들을 제안하고 있습니다.

이 RFC도 기존 PMTUD 방식과 유사하게 DF bit를 설정한 패킷을 보냅니다. 그러나 ICMP 패킷이 오기를 기다리지 않고 다른 방식으로 MTU로 인한 손실을 감지합니다(RFC 4821의 '6.1. Mechanism to Detect Loss'에서 이를 보다 구체적으로 설명하고 있습니다.).

1. **Explicit loss detection(명시적 손실 감지)**: 만일 DF bit가 설정된 패킷을 받았을 때 MTU 이슈가 있다면 src 측으로 'ICMP 대신 다른 신호'를 보내는 방안입니다. RFC에서는 그 예시로 Selective Acknowledgment (SACK) scoreboard [RFC 3517]와 ACK Vector [RFC 4340]를 들었습니다. 이 방식은 src가 MTU로 인한 패킷 로스를 즉각적으로 알 수 있지만 실현 가능성이 미지수입니다. 인터넷의 모든 네트워크 장비가 지원해야 하지만 관련 비용이 너무 높기 때문입니다.

2. **타임아웃**Timeout : DF bit가 설정된 탐색Probe 패킷을 보내 놓고 기다리는 방식입니다. 만일 응답이 없으면 계속 패킷 사이즈를 줄이며 응답이 올 때까지 반복합니다. 경로상 네트워크 장비들의 별도 지원이 없어도 되기 때문에 실현 가능성이 높으나 MTU 이슈가 아닌 다른 이유(예. 병목 현상)로 테스트 패킷이 폐기된 것인지 확신할 수 없습니다. 즉, MTU 이슈가 없음에도 MTU 사이즈가 줄어들 가능성이 있습니다.

리눅스는 두 번째, 타임아웃 방식을 채택 및 구현하였으며 다음 커맨드로 PLPMTUD 기능을 활성화할 수 있습니다.

리눅스에서 PLPMTUD 활성화

echo 2 > /proc/sys/net/ipv4/tcp_mtu_probing

---

echo 다음에 들어갈 수 있는 숫자는 0부터 2까지 총 3가지며 다음과 같은 의미를 갖고 있습니다.

- **0 = Disabled**: PLPMTUD 기능을 끕니다. OS 기본값입니다.
- **1 = Disabled by default, enabled when an ICMP black hole detected**: 기본적으로 동작하지 않지만 DF 설정된 패킷을 보냈을 때 아무런 응답이 되돌아오지 않는 ICMP 블랙홀 현상이 감지되면 그때 활성화됩니다.
- **2 = Always enabled, use initial MSS of tcp_base_mss**: 항상 사용합니다. 패킷의 응답을 정상적으로 받지 못할 경우 tcp_base_mss 값으로 확 줄인 뒤 조금씩 늘리며 적절한 MSS 값을 찾아갑니다.

2번 값에서 사용되는 tcp_base_mss 기본값은 512 bytes입니다. 해당 값은 다음 커맨드로 변경할 수 있습니다.

리눅스에서 1024 bytes를 tcp_base_mss 값으로 설정

echo 1024 > /proc/sys/net/ipv4/tcp_base_mss

점보 프레임

스토리지 네트워크와 같이 특수한 경우에는 패킷의 효율성을 높이기 위해 MTU 값을 크게 올리기도 합니다. MTU 값을 9000 bytes 이상으로 설정하기도 하는데, 이를 흔히 **점보 프레임**Jumbo frame이라고 부릅니다. 예를 들어, 다음 예시처럼 리눅스에서 특정 인터페이스의 MTU를

점보 프레임으로 강제 지정하면 해당 인터페이스에서 내보내는 모든 패킷을 9000 bytes MTU에 맞춰 내보내게 됩니다.

```
eth0 인터페이스의 MTU를 9000 bytes로 설정

ethan@ubuntu:~# ifconfig eth0 mtu 9000
```

점보 프레임은 스토리지 용도로 특히 많이 사용하는데, 특정 인터페이스를 오직 스토리지 통신 용도로만 사용한다면 문제가 없을 것입니다. 그러나 동일 인터페이스로 인터넷 HTTPS 통신을 한다면 문제가 발생할 가능성이 높습니다. 인터넷의 MTU는 1500 bytes인데 서버가 HTTPS 패킷을 9000 bytes로 내보내면 경로 중간에서 IP 패킷 분할이 발생해야 합니다. 그러나 HTTPS 패킷은 DF bit가 설정되어 있으므로 IP 패킷 분할이 발생하지 못할 것입니다. 네트워크 장비가 이를 ICMP 패킷으로 알려 줘야 하는데 그 과정에 문제가 있다면 ICMP 블랙홀 현상이 발생합니다.

이러한 배경으로, 리눅스 서버에 점보 프레임을 설정할 때는 인터페이스 전체 MTU를 통으로 변경할 것이 아니라 다음과 같이 목적지별로 점보 프레임 MTU를 설정하는 것을 권장합니다.

```
특정 목적지에 대한 MTU를 9000 bytes로 설정

ethan@ubuntu:~# ip route add 192.168.2.0/24 via 192.168.1.1 mtu 9000
OR
ethan@ubuntu:~# ip route replace 192.168.2.0/24 via 192.168.1.1 mtu 9000

        Check MTU
ethan@ubuntu:~# ip route get 192.168.2.0/24
192.168.2.0 via 192.168.1.1 dev eth0  src 192.168.1.10
    cache  mtu 9000
```

2 MSS

이처럼 복잡한 IP 패킷 분할 이슈를 완화시킬 방법으로 **MSS**Maximum Segment Size가 있습니다. MSS는 TCP 헤더 옵션 중 하나로, 한 번에 받을 수 있는 TCP 데이터(페이로드) 사이즈를 상대편에게 통보하는 옵션입니다. 이 메시지를 받은 상대편은 패킷의 TCP 데이터(페이로드) 사

이즈가 해당 값 이상이 되지 않도록 'TCP 레벨에서' 데이터를 잘라 보냅니다.

MTU가 트럭 사이즈를 제한한다면 MSS는 짐의 크기를 제한하는 파라미터라고 볼 수 있습니다. 예를 들어, 한 번에 보내는 짐의 최대 크기를 100 kg으로 제한해버리면 중간 네트워크 경로 트럭 용량이 10톤이든 1톤이든 굳이 짐을 나눠 실을 필요가 없는 것과 같은 맥락입니다. 다음 그림은 MTU 및 MSS가 제한하는 각각의 범위를 그림으로 표현한 것입니다.

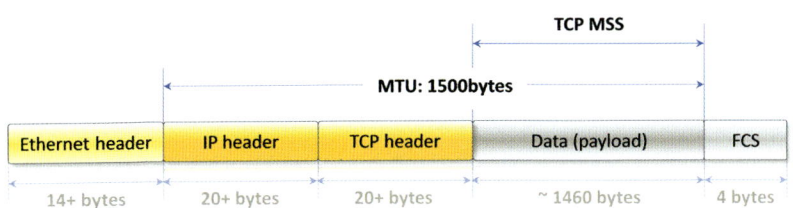

▶ 그림 10.15 MTU, MSS 헤더 예시

MSS 동작 예시

다음 그림처럼 라우터 B와 C 사이 구간의 MTU가 1400 bytes로 설정되어 있다고 가정해보겠습니다. 이때 클라이언트와 서버가 DF bit를 설정한 1500 bytes 패킷을 주고받는다면 빨간색 구간에서 폐기되고 말 것입니다. 물론 이때 PMTUD가 정상 동작하여 ICMP 메시지가 통보된다면 서로 통신할 때 MTU를 1400 bytes로 줄여 통신하지만, 이 과정에 문제가 있다면 ICMP 블랙홀이 발생할 것입니다.

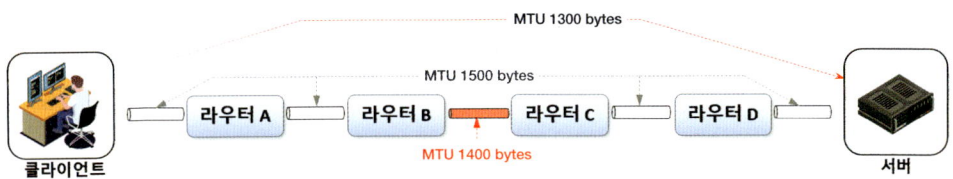

▶ 그림 10.16 MTU, MSS 망 예시

클라이언트의 인터페이스 MTU만 1400 bytes로 줄이면 어떨까요? 클라이언트 → 서버로 가는 패킷은 라우터 B와 C 구간을 정상 통과할 것입니다. 그러나 반대로 서버 → 클라이언트로 오는 1500 bytes 패킷은 해당 구간에서 폐기될 것입니다. 서버의 MTU는 여전히 1500 bytes이기 때문입니다.

이때 MSS를 유용하게 사용할 수 있습니다. 클라이언트 → 서버로 MSS를 1300 bytes로 통보하면 서버가 패킷을 보낼 때 TCP 데이터 사이즈를 1300 bytes에 맞춰 줄이고, 덕분에 문제의 MTU 구간을 무사히 통과할 수 있게 됩니다. MTU와 MSS를 조합하면 서버의 MTU 값을 조정하지 않아도 통신이 가능해집니다. 정리하자면 MTU는 내가 내보낼 패킷 사이즈를, MSS는 역으로 내가 받을 패킷 사이즈를 제한하는 파라미터입니다.

- MTU = 내가 '보낼 수 있는' 최대 IP 패킷 사이즈를 제한
- MSS = 내가 '받을 수 있는' 최대 TCP 데이터(페이로드) 사이즈를 제한

그렇다면 인터넷에서 적절한 MSS 값은 얼마일까요? 이에 대한 표준이나 권고 사항이 있는 것은 아닙니다. 다만 매우 낮게 설정하면 MTU 이슈는 회피할 수 있지만, 통신 효율성이 낮아집니다. 따라서 MTU에 영향을 줄 수 있는 헤더 추가(예. VLAN 태깅) 등을 감안하여 1400-1460 bytes 정도가 가장 이상적입니다. IPv6의 경우 기본 헤더 사이즈가 40 bytes이기 때문에 1380-1440 bytes 정도가 적합합니다.

MSS 계산법

MSS 값은 어떻게 정해질까요? 별도 설정이 없다면 해당 목적지 MTU 값에서 40 bytes를 뺍니다. 여기서 40 bytes는 최소(fixed) IP 헤더 20 bytes와 최소(fixed) TCP 헤더 20 bytes를 합친 값입니다. 예를 들어, 해당 목적지의 MTU가 1500 bytes라면 MSS = MTU(1500) - IP 헤더(20 bytes) - TCP 헤더(20 bytes) = 1460 bytes입니다.

TCP/IP 헤더는 추가 옵션 필드들이 존재할 경우 최대 60 bytes까지 커질 수 있습니다. 그러나 내가 현재 사용하고 있는 TCP/IP 헤더가 20 bytes보다 크더라도 이를 기반으로 MSS를 계산해서는 안 됩니다. TCP/IP 헤더 사이즈는 꾸준히 변할 수 있기 때문입니다.

다음은 관련 내용이 적혀 있는 RFC 6691을 발췌한 것입니다.

> **RFC 6691(2012), 〈TCP Options and Maximum Segment Size (MSS)〉 '2. The Short Statement'**
>
> When calculating the value to put in the TCP MSS option, the MTU value SHOULD be decreased by only the size of the fixed IP and TCP headers and SHOULD NOT be decreased to account for any possible IP or TCP options …
>
> The size of the fixed TCP header is 20 bytes [RFC793], the size of the fixed IPv4 header is 20 bytes [RFC791], and the size of the fixed IPv6 header is 40 bytes [RFC2460] …

> TCP MSS 옵션 값을 계산할 때, MTU 값에서 고정된(최소) IP와 TCP 헤더 크기만큼만 빼며 IP/TCP 헤더 옵션을 고려해선 안 됩니다. …
>
> 고정된(최소) TCP 헤더의 크기는 20바이트입니다 [RFC793], 고정된(최소) IPv4 헤더의 크기는 20바이트입니다 [RFC791], 그리고 고정된(최소) IPv6 헤더의 크기는 40바이트입니다 [RFC2460]…

만일 상대편에게 자동 계산된 MSS 값이 아닌 강제로 다른 MSS 값을 통보하고 싶다면 `ip tables` 혹은 `ip route` 커맨드를 이용할 수 있습니다.

```
리눅스에서 특정 목적지에 대한 mss값을 1400 bytes로 조정

ethan@ubuntu:~# ip route add 192.168.2.0/24 dev eth0 advmss 1400
```

> **NOTE** **TCP/IP 헤더가 20 bytes보다 커서 MSS 사이즈를 넘는다면?**
>
> TCP/IP 헤더가 20 bytes보다 커서 MSS 값을 침범해야 한다면 어떻게 처리할까요? 예를 들어, B → A로 1460 bytes(MTU 1500 bytes – IP 헤더 20 bytes – TCP 헤더 20 bytes) MSS를 통보했습니다. 이후 A가 B에게 패킷을 보내려고 합니다. 해당 패킷의 TCP 페이로드는 MSS 값과 동일한 1460 bytes인데, TCP 헤더의 크기가 28 bytes라면 어떻게 해야 할까요? 즉, IP 헤더(20 bytes) + TCP 헤더(28 bytes) + TCP 페이로드(1460 bytes) = 1508 bytes가 되어 MTU 값인 1500 bytes를 8 bytes 넘어서면 이를 어떻게 처리해야 할까요?
>
> MSS 값을 지키기 위해서 패킷을 분할한 뒤 2개의 패킷으로 보내야 할까요? 아니면 TCP 페이로드 사이즈를 줄이고, 남은 페이로드는 다음 TCP 패킷에 보내야 할까요?
>
> 네트워크 통신의 악동 IP 패킷 분할이 발생하지 않도록 TCP 페이로드 사이즈를 줄인 뒤 다음 TCP 패킷에 보내야 합니다. 관련 내용은 RFC 6691(2012), 〈TCP Options and Maximum Segment Size (MSS)〉의 '4. Clarification from the TCP Large Windows Mailing List'에 정리되어 있습니다.[15]

---

[15] RFC 6691는 MSS에 관련하여 잘못 기술된 이전 RFC들에 대해서 규명하는 RFC이므로 관심이 있다면 참고하는 것이 좋습니다.

방금 살펴본 예시에서 B는 A에게 MSS 값으로 1460 bytes를 보냈습니다. 이후 A가 TCP 옵션 헤더를 추가로 사용했습니다. B가 MSS를 최초 제안할 때 앞으로 A가 TCP 옵션을 사용할지 알 수 있었을까요? 아니요, 알 수 없습니다. MSS를 통보할 때 상대편이 얼마나 많은 TCP/IP 옵션을 사용할지 짐작할 수 없습니다. 그러므로 MSS 값을 계산할 때 상대편이 사용할 TCP/IP 옵션을 감안하지 않고 MTU 값에서 최소(fixed) IP 헤더 20 bytes와 최소(fixed) TCP 헤더 20 bytes만 빼서 보내야 합니다.

MSS 참고 자료

MSS는 협상되지 않는다

MSS는 TCP 3-way handshake가 이뤄질 때 처음으로 상대편에게 전달됩니다. 헌데 MSS는 협상 과정이 없습니다. 즉, 상대편에게 통보할 뿐입니다. 예를 들어, 그림 10.16에서 서버는 클라이언트에게, 클라이언트는 서버에게 각자의 MSS 사이즈를 통보하는 걸로 끝입니다. 이 그림에서 클라이언트는 서버에게 1300 bytes를 통보했고, 반대로 서버는 클라이언트에게 1350 bytes를 통보했다고 가정해보겠습니다. 이후 클라이언트와 서버가 1300 bytes와 1350 bytes 중 더 작은 값인 1300 bytes를 사용하자고 협상하지 않습니다.

협상을 하지 않는다는 점이 다소 의아할 수도 있겠지만, 조금만 생각해보면 충분히 이해할 수 있습니다. MSS는 내가 상대편으로부터 한 번에 받을 수 있는 TCP 페이로드의 최댓값입니다. 예를 들어, 서버는 버퍼가 충분해서 한 번에 1460 bytes를 받을 수 있는데 클라이언트는 버퍼가 너무 작아서 한 번에 10 bytes밖에 못 받는다면 어떨까요? 굳이 서로 10 bytes만 보내야 할까요? 아닙니다. 이럴 경우 통신 효율성을 크게 해칠 수 있습니다. 따라서 엔드-호스트들 간에 MSS는 협상되지 않습니다.

💡 **Tip.** MSS가 협상되는 것처럼 기술된 문서들이 제법 있지만, 이는 사실이 아닙니다. 그 어떠한 RFC에서도 MSS 값이 협상되어야 한다고 기술되어 있지 않습니다. 리눅스 커널 또한 엔드-투-엔드 호스트가 서로 다른 MSS 값을 가질 수 있도록 설계되어 있습니다.

MSS 클램핑

대규모 서버를 운영하는 환경에서 전체 서버들의 MSS를 줄이고자 한다면 모든 서버에 하나하나 설정을 입력해야 합니다. 그러나 **MSS 클램핑**Clamping을 이용하면 네트워크 장비에서 간편하게 바꿀 수 있습니다.

MSS 클램핑은 네트워크 장비가 들어오고 나가는 모든 패킷의 TCP MSS 값을 자동으로 바꾸는 기능입니다. 다만 (벤더별로 차이가 있겠으나) 장비에 설정된 MSS 값보다 작은 MSS 패킷은 손대지 않는 것이 일반적입니다. 예를 들어, MSS 클램핑이 1460 bytes로 설정되어 있는데 지나가는 패킷의 MSS가 1000 bytes로 설정되어 있다면 변경하지 않는 편입니다.

참고로 방화벽들은 세부 조건(특정 IP 혹은 TCP 포트) 단위로 MSS 클램핑을 적용할 수 있지만 라우터는 인터페이스 단위로 적용 가능한 경우가 일반적입니다. 단, 일반 스위치, 라우터 L3 장비에 MSS 클램핑을 적용한다면 주의가 필요합니다. 패킷의 L4 헤더 정보까지 살펴보면서 스위치, 라우터 성능 저하가 크게 발생할 수 있기 때문입니다. 성능 관련 테스트를 진행해야 합니다.

TCP 윈도우 사이즈

MSS와 혼동하기 쉬운 TCP 옵션으로 TCP 윈도우 옵션이 있습니다. TCP는 패킷을 보낸 뒤 상대편이 잘 받았다는 신호(ACK)를 항상 기다립니다. 기다려도 응답이 없으면 패킷을 못 받은 것으로 간주하고 다시 패킷을 보냅니다. 이때 TCP 윈도우는 응답(ACK)을 기다리지 않고 전송 가능한 데이터 양입니다.

예를 들어, 클라이언트가 서버에게 TCP 윈도우 사이즈를 10000 bytes로 통보했다고 가정해 보겠습니다. 이후 서버 → 클라이언트로 패킷을 전송할 때 10000 bytes까지는 클라이언트의 ACK를 기다리지 않고 패킷을 연속으로 보냅니다. 10000 bytes 전송이 완료되면 비로소 클라이언트의 ACK를 기다리고, ACK를 받으면 비로소 남은 데이터를 다시 전송하기 시작합니다.

> **NOTE** **TCP 윈도우와 B/W의 관계**
>
> TCP 윈도우 값은 트래픽 전송량, 즉 B/W에 직접적인 영향을 줍니다. 예를 들어, TCP 윈도우 값이 10 K인데 클라이언트 · 서버 간에 RTT가 1초 걸리는 네트워크가 있다고 가정해보겠습니다. TCP 윈도우 값이 10 K이므로 클라이언트에서 서버로 10 KB를 전송한 뒤 ACK를 기다려야 합니다. 허나 이 ACK는 1초 뒤에나 도착할 것입니다. 상대편의 ACK를 기다리느라 1초에 고작 10 Kbytes를 전송할 수밖에 없습니다. 따라서 이 TCP 플로우의 B/W는 최대 10 KBps, 즉 80 Kbps(10 Kbytes * 8 bits)입니다.

RTT가 긴 네트워크는 TCP 윈도우로 인해 트래픽 B/W가 매우 낮아집니다. 이처럼 성능이 극단적으로 낮아지는 네트워크 환경을 RFC 1072에서는 **LFN**Long Fat Network이라 표현합니다 (LFN 발음이 코끼리(Elephan(t))와 비슷하다는 고급 유머도 곁들였습니다.).

최초 TCP 표준인 RFC 793에는 치명적인 문제가 하나 있었는데, TCP 윈도우 사이즈 필드 크기가 2 bytes밖에 되지 않는다는 것입니다. 2 bytes(16 bits)로 표현할 수 있는 TCP 윈도우의 최댓값은 고작 65535 bytes($2^{16 \, bits} = 65536 \, 0 - 65535$)입니다. 다시 말해 인터페이스가 1 Gbps 혹은 10 Gbps라도 RTT가 1초나 걸린다면 실제 B/W는 고작 65 KBps밖에 안 됩니다. 이와 같은 한계를 극복하고자 RFC 1072에서 **윈도우 스케일링**Window scaling 옵션이라는 해결안을 제시했습니다.

윈도우 스케일링을 사용하는 경우 TCP 윈도우 값에 윈도우 스케일링의 값을 2의 거듭제곱으로 곱합니다. 이를 공식으로 정리하면 다음과 같습니다.

$$\text{window size value} * 2^{\text{window scale(shift count)}}$$

예를 들어, TCP 윈도우 크기(win)가 229고 윈도우 스케일(ws)이 7이라면 다음과 같이 29312 bytes가 됩니다.

$$229 * 2^7 = 29312 \text{ bytes}$$

즉, 윈도우 스케일링 옵션을 사용하면 TCP 윈도우 값을 최대 약 1 GB까지 높일 수 있습니다.

TCP 윈도우 크기도 MSS처럼 협상하지 않습니다. 서로에게 자신이 가능한 값을 보낼 뿐입니다. 단, 윈도우 크기가 아니라 윈도우 스케일링은 다릅니다. TCP 윈도우와 달리 윈도우 스케일링 옵션은 협상되어야 합니다. 최초 TCP RFC 793부터 있었던 옵션이 아니고, RFC 1072에서 만들어진 추가 옵션이기 때문에 2개의 엔드-호스트가 모두 윈도우 스케일링 옵션을 지원해야만 사용 가능합니다.

참고로 (하나의 TCP 플로우) 통신 중에 윈도우 크기는 끊임없이 변경될 수 있으며 자신이 더 이상 데이터를 받지 못할 경우에는 TCP 윈도우 값을 0으로 보내 통신을 일시 중지시키는 **TCP 제로 윈도우**Zero window가 발생하기도 합니다.

CHAPTER 11

기타 L3 프로토콜

라우팅 프로토콜과 직접적인 연관이 있는 것은 아니지만, 큰 규모의 네트워크를 운영하기 위해서는 필수적으로 알아야 할 프로토콜이 바로 DNS입니다. Chapter 11에서는 DNS를 먼저 살펴본 뒤 ARP와 분극 현상 이슈도 함께 살펴보도록 하겠습니다.

Roadmap

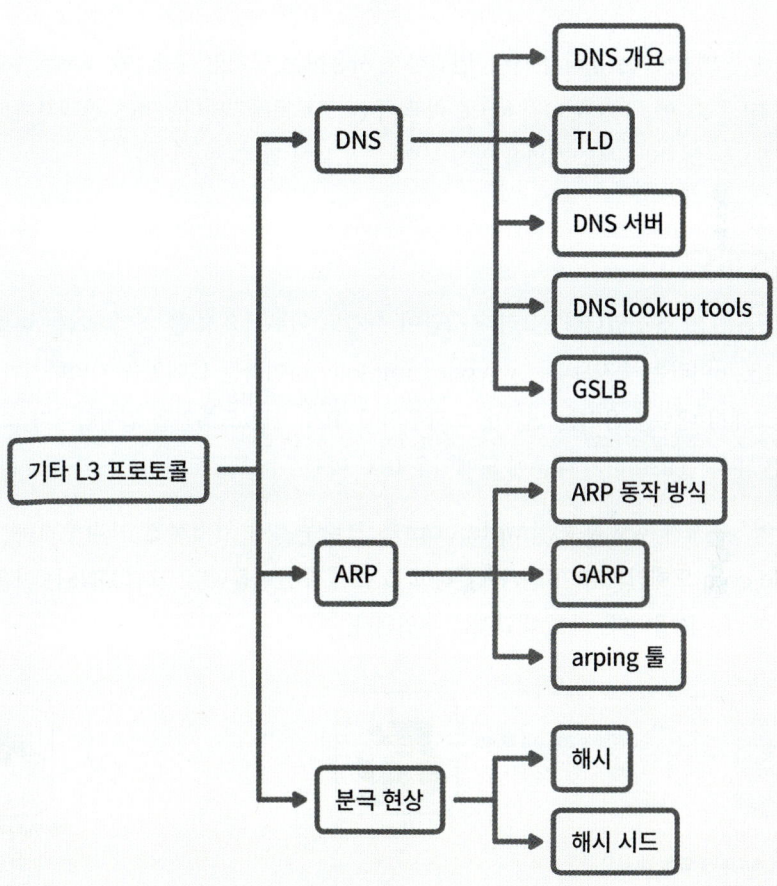

11.1 DNS

DNS^{Domain Name System}는 우리가 매우 빈번하게 사용하는 도메인 주소(예. www.example.com)를 IP 주소(예. 203.0.113.46)로 바꿔 주는 프로토콜입니다. DNS 관리자가 아니라면 깊게 알 필요는 없지만, 주요 개념을 알아 두면 큰 도움이 될 수 있습니다.

1 DNS 개요

인터넷 통신은 IP 통신입니다. 그러나 사람이 숫자로 이루어진 IP를 기억하기는 어렵습니다. 203.0.113.46이라는 숫자보다는 www.example.com이라는 도메인을 기억하기가 훨씬 쉽습니다. 그래서 대부분 유저는 인터넷 브라우저에 IP가 아닌 도메인을 입력합니다. 하지만 실제 패킷은 IP를 필요로 하기 때문에 도메인을 IP로 바꿔주는 프로토콜, DNS가 필요합니다.

예를 들어, 유저가 www.example.com를 브라우저에 입력하면 브라우저는 "www.example.com 도메인의 IP가 뭔가요?"라고 DNS에게 물어봅니다. 그럼 DNS는 다음 그림처럼 "203.0.113.46입니다."라고 대답해줄 것입니다.

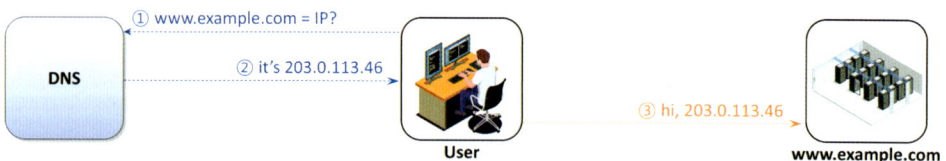

▶ 그림 11.1 DNS 역할 예시

더 나아가 DNS는 IT 인프라 장비 교체^{Renew} 혹은 페일오버를 손쉽게 해줍니다. 예를 들어, 어떤 주식 앱이 주식 관련 정보를 가져오려면 stock.example.com에 접속해야 하는데, 이 도메인 IP를 203.0.113.46 → 203.0.113.77로 바꿔야 한다고 가정해보겠습니다. 만일 주식 프로그램(앱) 코드에 IP가 기록되어 있다면 IP를 변경할 때마다 내부 코드도 함께 변경해야 합니다. 즉, IP를 변경할 때마다 프로그램 코드를 수정하고 다시 배포하는 매우 번거로운 과정을 거쳐야 합니다.

> **Tip.** 이와 같이 프로그램(앱) 내부 코드에 도메인 대신 IP가 기록되어 있는 형태를 '하드 코딩된 IP(hard coded IP)'라고 합니다.

그러나 도메인이 있으면 프로그램 코드를 수정할 필요가 없습니다. DNS 서버가 새로운 IP를 알려 주면 되기 때문입니다. 이 예시의 경우 DNS 서버에게 stock.example.com의 IP를 물어봤을 때 203.0.113.46이 아닌 203.0.113.77로 응답을 해주면 됩니다. 이처럼 DNS는 인터넷 통신에 도움을 주는 이로운 존재입니다.

2 DNS의 계층적 구조

네트워크 엔지니어가 실수로 DNS 통신을 차단하면 그 영향이 곧바로 나타나는 것이 아니라 걷잡을 수 없이 장애가 커진 뒤에야 감지되는 경우가 많습니다. 이러한 현상이 발생하는 원인을 이해하려면 DNS 체계를 알아야 합니다.

다음 예시와 같이 도메인 주소는 마침표(.)로 문자열(정확히는 라벨) 레벨을 구분합니다. 뒤쪽에 있는 문자열일수록 레벨이 높습니다. 예를 들어, 미국 → 캘리포니아 → 샌프란시스코순으로 구역이 좁아지는 것처럼 다음 도메인 주소는 ③ com → ② example → ① www순으로 문자열(label) 레벨이 낮아집니다.

```
        www  .  example  .  com  .
         ①         ②         ④
```

레벨이 중요한 이유는 ① – ③ 영역별로 담당 DNS 서버가 다르기 때문입니다. 보다 쉬운 이해를 위해 다음 그림에서 각 영역별 DNS 서버 색을 다르게 표현했습니다.

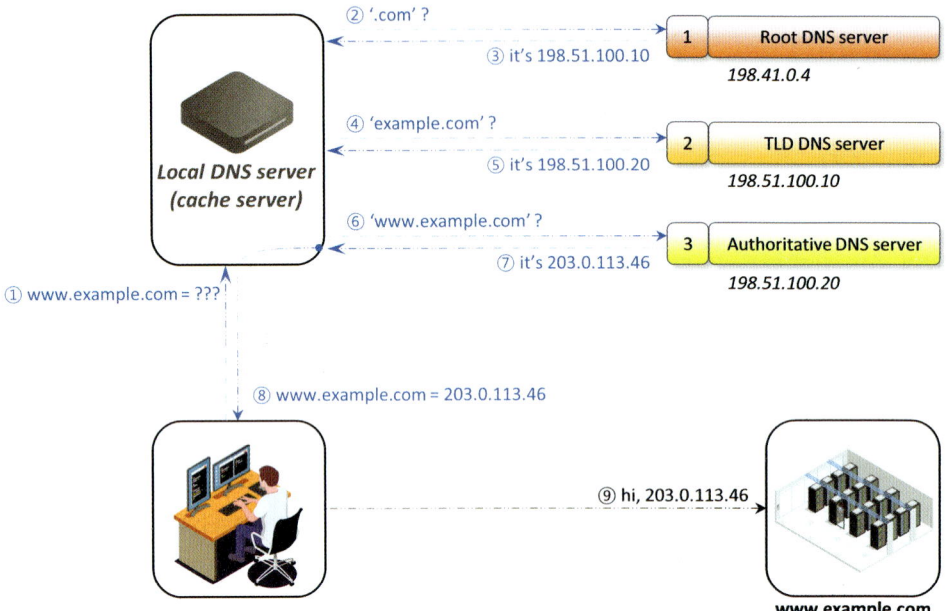

▶ 그림 11.2 DNS 계층

다음은 그림에서 파란색으로 표시한 숫자들의 상세 설명입니다.

① 유저가 로컬Local DNS 서버에 www.example.com 도메인의 IP를 알려 달라고 DNS 쿼리(질의)를 보냅니다(로컬 DNS 서버는 그림의 ②, ④, ⑥과 같이 여러 차례 반복해서 쿼리를 보내며, DNS 캐시 서버라고도 불립니다. 보다 자세한 내용은 이후 '5. 로컬 DNS 서버'에서 살펴보겠습니다.)

② DNS 캐시에 www.example.com이 없을 경우, 다시 말해 최근 누군가 문의한 적이 없을 경우 로컬 DNS 서버는 가장 먼저 루트Root DNS 서버에게 '.com'을 담당하는 DNS 서버 IP를 알려 달라고 문의합니다.

③ 루트 DNS 서버(빨간색)는 그 응답으로 '.com' 담당(TLD) DNS 서버 IP가 198.51.100.10이라고 알려 줍니다.

④ 로컬 DNS 서버는 '.com'을 담당하는 (TLD) DNS 서버, 198.51.100.10에게 'example.com' DNS 서버의 IP를 알려 달라고 문의합니다.

⑤ TLD DNS 서버(주황색)는 'example.com'을 담당하는 DNS 서버가 198.51.100.20이라고 알려 줍니다.

⑥ 로컬 DNS 서버는 'example.com'을 담당하는 (Authoritative) DNS 서버, 198.51.100.20에게 'www.example.com'의 IP 주소를 문의합니다.

⑦ 198.51.100.20(Authoritative) DNS 서버(노란색)는 'www.example.com' IP가 203.0.113.46이라고 알려 줍니다.

⑧ 로컬 DNS 서버는 최종적으로 유저에게 www.example.com의 IP가 203.0.113.46이라고 알려 줍니다.

⑨ 유저는 www.example.com의 IP 주소인 203.0.113.46으로 패킷을 보냅니다.

3 TLD

'.com'처럼 도메인 네임의 가장 우측에 있는 라벨을 TLD^{Top-Level Domain}라고 합니다. '.com'과 같은 상업용 TLD(gTLD)와 '.kr' 혹은 '.uk'와 같은 국가용 TLD(ccTLD)가 대표적인 예시입니다. 이외에도 여러 종류의 TLD가 있습니다만 가장 대표적인 이 둘을 간략히 살펴보겠습니다.

gTLD(generic TLD)

.com .net .org 등과 같이 눈에 익숙한 TLD로, 대부분 open TLD입니다. 다시 말해 신청할 때 특별한 요구 조건이 없습니다. 이 도메인의 신규 등록 및 운영은 베리사인Verisign과 같은 도메인 레지스트리Domain registry에서 담당합니다.

ccTLD(country code TLD)

.kr .us .de 등과 같은 국가 도메인입니다. ISO 3166-1로 표준화된 두 글자 국가 코드를 활용하며 IANA^{Internet Assigned Numbers Authority}에서 총괄합니다. ccTLD는 closed TLD입니다. 다시 말해 정해진 양식에 맞춰 요청해야 하며 심사를 통과해야 할당받을 수 있습니다.

4 루트 DNS 서버

그림 11.2의 우측 상단에서 루트 DNS 서버를 볼 수 있습니다. '.com'이나 '.org'를 담당하는 TLD DNS 서버를 찾기 위한 최상위 DNS 서버입니다.

모든 DNS 쿼리는 루트 DNS에서 시작되기 때문에 루트 DNS는 매우 중요한 서버입니다. 그런데 루트 DNS의 IP 주소(그림 11.2에서는 198.41.0.4)는 어떻게 알 수 있을까요? 로컬 DNS 서버도 서비스를 막 시작했다면 루트 DNS 서버의 IP부터 알아야 DNS 쿼리를 시작할 수 있지 않을까요?

정답은 DNS 루트 힌트(힌트 파일)에 있습니다. DNS 서버를 설치하면 다음과 같은 힌트 파일Hint file이 함께 설치됩니다. 해당 힌트 파일 내부에 루트 DNS 서버 IP가 기록되어 있습니다.

DNS 루트 힌트 파일

```
ethan@ubuntu:~$ cat /etc/bind/db.root
…
; formerly NS.INTERNIC.NET
;
.                       3600000     NS      A.ROOT-SERVERS.NET.
A.ROOT-SERVERS.NET.     3600000     A       198.41.0.4
A.ROOT-SERVERS.NET.     3600000     AAAA    2001:503:ba3e::2:30
;
; FORMERLY NS1.ISI.EDU
;
.                       3600000     NS      B.ROOT-SERVERS.NET.
B.ROOT-SERVERS.NET.     3600000     A       192.228.79.201
B.ROOT-SERVERS.NET.     3600000     AAAA    2001:500:84::b
…
```

루트 DNS의 IP 주소는 영구적이지 않기 때문에 IANA는 이들의 주소를 웹에 공개해 두었습니다.[1] 즉, DNS 루트 힌트 파일은 IANA에서 공개한 루트 DNS의 IP를 기록한 파일입니다.

루트 DNS 서버 대수

루트 DNS는 다음과 같이 알파벳 a부터 m까지 총 13개가 있습니다.

- **a**.root-servers.net, **b**.root-servers.net, … **m**.root-servers.net

그러나 총 13대의 서버로 운영되는 것은 아닙니다. 사실 루트 DNS의 IP는 Anycast IP입니다. Anycast는 같은 IP를 의도적으로 네트워크로 전파시킴으로써 홉이 가장 짧은 서버를 선택하도록 유도하는 네트워크 기술입니다.

루트 DNS의 도메인 및 IP는 고작 13개지만 2025년 4월을 기점으로 전 세계에 각종 미러 DNS를 포함하여 1500대가 넘는 루트 DNS 서버들을 운영하고 있습니다.[2]

> 💡 Tip. 참고로 루트 DNS를 관리하는 단체는 IANA의 상위 조직인 ICANN Internet Corporation for Assigned Names and Numbers입니다.

---

1 https://www.iana.org/domains/root/servers
2 https://root-servers.org

> **NOTE** 왜 루트 DNS 도메인은 26개가 아닌 13개일까?

알파벳은 A부터 Z까지 쓸 수 있는데 루트 DNS 서버는 M까지, 그중 13개만 사용하고 있습니다. 왜 Z까지 쓰지 않을까요? 결론부터 말하자면 DNS(UDP) 패킷의 IP 패킷 분할을 막기 위해서입니다.

DNS 패킷은 RFC 1035의 '2.3.4. Size limits'에 따라 한 패킷당 최대 사이즈가 512 bytes로 제한되어 있습니다. 왜 하필 512 byte일까요? 그 이유에 대한 힌트는 RFC 791의 '3.1. Internet Header Format'의 다음 구문에서 찾을 수 있습니다.

… The number 576 is selected to allow a reasonable sized data block to be transmitted in addition to the required header information. For example, this size allows a data block of 512 octets plus 64 header octets to fit in a datagram. The maximal internet header is 60 octets, and a typical internet header is 20 octets, allowing a margin for headers of higher level protocols. …

… 576 정도면 필수 헤더를 포함해 적당한 크기의 데이터를 전송할 수 있는 사이즈입니다. 이 정도 크기면 64 octets 헤더와 함께 512 octets 데이터를 전송할 수 있습니다. 최대 인터넷 헤더 크기는 60 octets이지만, 일반적인 크기는 20 octets이므로, 상위 레벨 데이터를 넣기에 부족하지 않을 것입니다.. …

'인터넷 MTU 사이즈'에서 살펴본 것처럼 RFC 791에서 권장한 최소 MTU 사이즈는 576 bytes입니다. 여기서 다소 여유롭게 대략 64 bytes 정도(최대 IP 헤더 사이즈: 60 bytes + 기타 헤더)의 IP/UDP 헤더 공간을 빼면 데이터 영역으로 512 bytes가 남게 됩니다. 따라서 UDP 패킷 내에 DNS 데이터가 512 bytes를 넘지 않으면 IP 패킷 분할 가능성이 매우 낮습니다. 이러한 배경으로 RFC 1035에서 UDP 기반 DNS 패킷 사이즈를 512 bytes로 제한한 것으로 추정됩니다.

참고로 DNS 루트 서버에 직접 루트 서버의 주소를 문의하면 총 13개의 DNS 레코드를 받지만, a부터 m까지 전체 루트 DNS IP를 받지는 못합니다. 인터넷이 IPv4로만 운영되던 시절에는 전체 DNS 서버가 나왔지만, 현재는 IPv6 루트 DNS(레코드 타입 = AAAA)도 함께 응답하기 때문입니다. 즉, 현재는 IPv4 루트 DNS와 IPv6 루트 DNS를 합쳐 총 512 bytes 내에서 응답합니다.

> **NOTE** 왜 DNS는 UDP로 주로 서비스될까?
>
> DNS는 UDP뿐 아니라 TCP도 함께 지원합니다. 그런데 왜 UDP 패킷을 주로 사용할까요? 인터넷 세상에서 DNS 쿼리와 응답은 매우 빈번하게 발생합니다. 그러나 TCP의 3-way handshake는 지연을 유발하고, 이는 매우 빈번하게 발생하는 DNS 패킷 통신에 큰 영향을 미칠 수 있습니다. 따라서 (zone transfer 등이 아닌 일반적인) DNS 통신의 경우 UDP가 TCP보다 적합하다고 볼 수 있습니다.

5 로컬 DNS 서버

그림 11.2에서 www.example.com이라는 주소를 알아내려고 총 3번에 걸쳐 루트, TLD, Authoritative DNS 서버에게 쿼리를 보내야 했습니다. 만일 모든 PC가 이 3번의 과정을 항상 거쳐야 한다면 레이턴시 증가 및 DNS 서버 리소스 소모를 유발할 것입니다. 이를 보완하기 위해 유저와 DNS 서버 사이에 로컬(캐시^{Cache}) DNS를 두는 경우가 일반적입니다.

로컬(캐시) DNS는 유저의 DNS 쿼리를 받아 유저 대신 복잡한 DNS 서버 쿼리 과정을 반복하고 결괏값만 유저에게 알려 줍니다. 더불어 결괏값을 일정 시간 동안 자체적인 DB에 캐시(저장)합니다. 이후 다른 유저가 같은 도메인 주소를 물어보면 자신의 캐시 DB에 있던 IP 정보를 바로 알려 줍니다.

단, 결괏값을 무한정 저장(캐시)하진 않습니다. Authoritative DNS 서버가 알려준 TTL$^{Time\ To\ Live}$값 만큼만 저장합니다. 예를 들어, Authoritative DNS 서버에게 "www.example.com의 IP 주소가 뭐예요?"라고 물었을 때 "203.0.113.46입니다. 대신 5분(300초) 뒤에는 다시 한번 체크해주세요(TTL = 300s)."라고 응답했다면 로컬 DNS는 www.example.com의 IP 정보를 5분 동안만 저장(캐시)합니다.

DNS 쿼리의 시작

인터넷에는 수많은 로컬(캐시) DNS가 있지만, 스스로 DNS 정보를 자동으로 수집하진 않습니다. 유저가 www.example.com 도메인 정보를 물어봤는데 자신의 캐시 DB에 www.example.com 도메인 정보가 없을 때 비로소 루트 DNS부터 시작하는 DNS 쿼리를 진행합니다. 그러나 전 세계 모든 사람이 동시에 www.example.com의 IP를 물어보진 않을 것입니다. 인터넷의 수많은 로컬 DNS에게 최초 www.example.com 쿼리가 들어온 시간 또한 다양할 것입니다. 그러므로 전 세계 로컬 DNS는 각기 다른 TTL 타이머를 갖게 될 것입니다. 바로 이 점이 네트워크 엔지니어가 필터링 작업을 할 때 매우 유의해야 하는 부분입니다.

www.example.com 도메인을 담당하고 있는 Authoritative DNS 트래픽을 ACL로 잘못 차단하면 어떻게 될까요? 필터링을 적용하고 1초 뒤에 TTL이 만료^{Expire}되는 로컬 DNS는 거의 바로 장애를 경험할 것입니다. 그러나 TTL 만료가 3분 남은 로컬 DNS는 3분 뒤에, TTL이 10분 남은 로컬 DNS는 10분 뒤에 장애를 경험하게 될 것입니다.

이와 같이 전 세계 로컬 DNS의 TTL이 다양하기 때문에 Authoritative DNS 장애가 즉시 전면 장애로 이어지진 않습니다. 대신 가랑비에 옷 젖듯이 천천히 장애 영향이 퍼지는 편입니다. 예를 들어, Authoritative DNS의 TTL이 30분이라면 30분에 걸쳐 서비스 트래픽이 서서히 빠지는 현상을 볼 수 있을 것입니다.

이처럼 DNS 장애는 다른 네트워크 장애와 달리 트래픽 패턴으로 장애 여부를 감지하기 어렵기에 한참 심각해진 뒤에야 알 수 있는 경우가 많습니다. 그러나 몇 가지 툴을 다룰 줄 알면 DNS 관련 작업 직후 이상 여부를 바로 알 수 있습니다.

6 DNS lookup tools

윈도우 OS에는 기본 DNS lookup 툴로 nslookup 커맨드가 포함되어 있습니다. 이 커맨드를 사용하면 DNS 서버의 정상 동작 여부를 바로 알 수 있습니다.

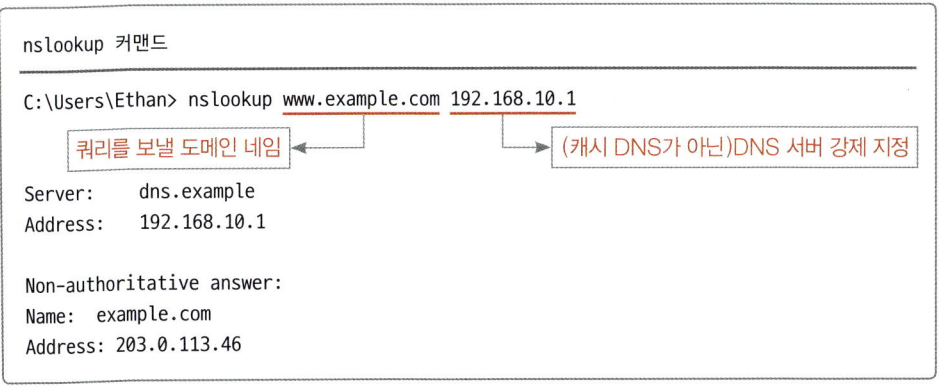

이 예시에서 nslookup의 첫 번째 옵션에 알고자 하는 도메인 네임(www.example.com)을 적고, 두 번째 옵션에 Authoritative DNS 서버(192.168.10.1)를 강제 지정했습니다. 따라서 nslookup은 OS에 설정된 로컬 캐시 DNS 서버가 아닌 지정한 192.168.10.1 Authoritative DNS 서버에게 직접 www.example.com의 IP를 문의하게 됩니다.

이 예시 커맨드의 핵심은 DNS 서버를 지정한다는 점입니다. 작업으로 인해 영향을 받을 수 있는 DNS를 직접 지정하면 해당 DNS가 정상적인 응답을 할 수 있는지 곧바로 알 수 있습니다. 만일 이상이 있다면 "DNS request timed out."과 같은 에러 메시지를 만나게 될 것입니다. 트래픽이 TTL로 서서히 빠지기 전에 커맨드 한 줄로 DNS 이상 여부를 즉각 확인할 수 있는 것입니다.

만일 테스트 환경이 리눅스라면 다음과 같이 host라는 커맨드를 이용할 수 있습니다. nslookup과 사용법이 동일한데, 결과도 유사한 것도 볼 수 있습니다.

---

nslookup 커맨드

```
ethan@ubuntu:~$ host www.example.com 192.168.10.1
Using domain server:
Name: dns.example
Address: 192.168.10.1#53
Aliases:

www.example.com has address 203.0.113.46
```

7 GSLB

여러 국가에 데이터 센터 혹은 퍼블릭 클라우드를 운영 중이라면 각 나라의 유저 요청이 지연이 적고 가장 가까운 데이터 센터에서 처리되길 바랄 것입니다. 이를 DNS 서버로 해결할 수 있을까요? BIND^Berkeley Internet Name Domain와 같은 DNS 서버 프로그램은 라운드 로빈(RR) 형태로 DNS 요청을 로드 밸런싱할 수 있습니다. 허나 이는 효과적인 방법이 아닙니다.

예를 들어, 뉴욕, 마드리드, 서울에 각각 데이터 센터를 운영 중인 사업자가 있다고 가정해보겠습니다. 뉴욕에 있는 유저 3명이 DNS 요청을 보냈는데, 첫 번째 유저는 뉴욕 서버, 나머지 두 유저는 각각 마드리드와 서울 서버의 IP를 DNS 응답으로 받았습니다. 이 경우 두 번째와 세 번째 유저는 뉴욕에서 매우 동떨어진 마드리드, 서울 서버와 통신하여 속도가 매우 느릴 것입니다. 이러한 한계를 극복하고자 개발된 장비가 **GSLB**^{Global Server Load Balancing}입니다. GSLB는 src IP의 지리적 위치, 즉 IP 위치 정보^{Geolocation}를 보고 가장 가까운 서버 IP를 알려 줄 수 있으며 각종 로드 밸런싱 기술들 또한 지원합니다(각종 로드 밸런싱 기술에 대한 자세한 내용은 '12.2 SLB 알고리즘과 토폴로지'의 'SLB 알고리즘'에서 살펴보겠습니다.). 즉, GSLB는 DNS 전용 로드 밸런서라고 볼 수 있으며 일반적으로 SLB 장비들이 GSLB 기능을 함께 제공하는 경우가 많습니다.

CDN

일부 기업은 고유하고 정교한 기술을 바탕으로 DNS 로드 밸런서를 직접 개발합니다. 바로 **CDN**^{Content Delivery Network} 업체들입니다. CDN은 이미지나 동영상과 같은 대용량 데이터를 유저에게 전달해주는 것에 특화된 업체입니다. 예를 들어, 신생 의류 쇼핑몰 사이트가 제품 이미지를 대량 저장할 수 있는 인프라 시스템을 직접 구축한다면 높은 비용이 발생할 것입니다. CDN 업체들은 이를 대신 전달해주고 건별로 수수료를 받습니다. CDN을 통해 콘텐츠를 관리하는 방법은 여러 가지가 있지만, 간단한 예시는 다음과 같습니다.

① CDN 웹 페이지(예. cdn.example.com)에 이미지를 업로드합니다.
② 업로드 후 생성된 URL을 복사합니다.
   예. cdn.example.com/user_abc/bg5Fs29FgefVGStq.jpg
③ 복사한 URL을 HTML image 태그에 삽입합니다.
   예. 〈img src="cdn.example.com/user_abc/bg5Fs29FgefVGStq.jpg" alt="CDN image"〉
④ 유저가 웹 페이지에 접속해 콘텐츠를 다운받을 때 수십 KB 내외의 HTML 코드는 웹 페이지에서 받지만 그보다 훨씬 큰 콘텐츠는 CDN 인프라를 통해 받게 됩니다.

CDN 기업은 더 빠르고 안정적인 콘텐츠 전송을 위해 서버를 여러 지역에 분산 배치하는 경향이 있습니다. 유저가 콘텐츠를 요청하면 GSLB와 유사한 기능을 가진 독자적인 알고리즘을 사용하여 가장 빠르게 콘텐츠를 전달할 수 있는 서버로 유도합니다.

초기 투자 자금이 여유롭지 못하다면 CDN이 적절한 대안이 될 수 있습니다. 다만 CDN 업체별로 금액 차이가 크고 누적 이용 금액이 결코 저렴하지 않다는 점은 유의할 필요가 있습니다.

11.2 ARP

ARP^{Address Resolution Protocol}는 IP 통신에 꼭 필요하지만, 여러 가지 부수적인 이슈를 만들어 내는 프로토콜입니다. 네트워크 엔지니어라면 매우 심도 있게 이해해야 하는 프로토콜 중 하나입니다.

1 ARP의 역할

ARP는 MAC 주소와 IP 주소를 연결하는 고리 역할을 합니다. 예를 들어 스페인의 가우디 성당 위치를 위도와 경도로 표현하면 41.403389, 2.174028입니다. 그러나 누가 가우디 성당의 위치를 위도와 경도로 이야기할까요? 이 보다는 Carrer de la Marina, 253, 08013 Barcelona, Spain이라는 주소로 표현하는 것이 보다 보편적일 것입니다. 위도와 경도는 불변하는 위치를 나타내는 지표지만 사람이 기억하거나 소통하기에는 어렵습니다. 반면 주소는 기억하기 쉽고 소통도 용이하지만, 국가의 정책이나 역사적인 사건으로 인해 변경될 수 있습니다.

MAC 주소는 한 번 설정되면 변경되지 않아 마치 위도와 경도 같습니다. 반면 IP 주소는 MAC 주소에 비해 기억하기 쉽지만, 언제든지 변경될 수 있어서 마치 주소 같습니다. ARP는 이러한 두 정보를 서로 이어주는 프로토콜입니다. ARP 프로토콜은 요청^{Request}과 응답^{Reply}이라는 매우 간단한 방식으로 동작합니다. 각 과정을 자세히 살펴보겠습니다.

ARP request

192.168.56.103 IP의 MAC 주소를 묻고 있는 다음 그림의 ARP request 패킷으로 그 과정을 살펴보겠습니다.

② Sender MAC/IP 필드에는 ARP request 패킷을 보낸 sender 정보가 담겨 있습니다.
③ Target MAC/IP에는 ② Sender MAC/IP가 알고 싶어 하는 IP/MAC 정보가 있습니다. sender 장비는 target 장비의 IP는 알지만 MAC은 모르기 때문에 ③ 안의 Target MAC

address가 00:00:00:00:00:00으로 비어 있습니다.

ARP request(① OpcodeOperation Code: request) 패킷은 특정 IP에 대한 MAC 정보를 알고 싶을 때 사용합니다. 상대편의 MAC 정보를 모르기 때문에 이더넷 헤더 목적지 MAC이 ff:ff:ff:ff:ff:ff로 설정된 것을 볼 수 있습니다(브로드캐스팅).

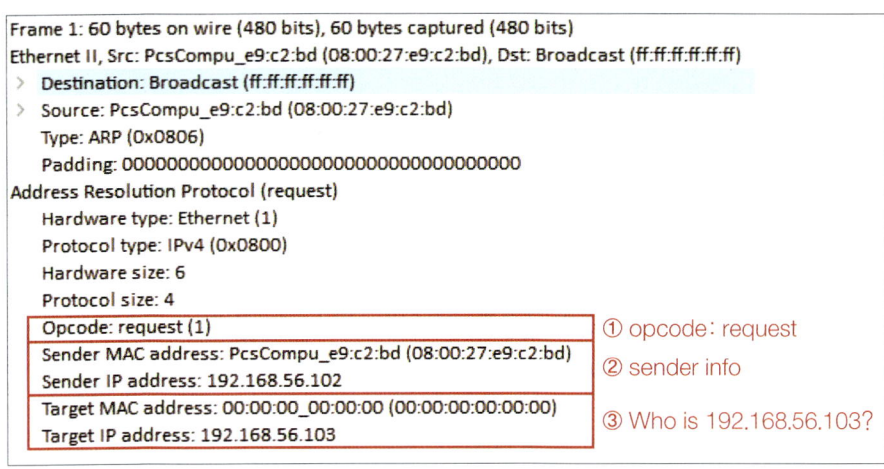

▶ 그림 11.3 ARP request 패킷

ARP reply

그림 11.3 패킷을 받은 target 장비는 다음과 같은 ① Opcode: reply 패킷으로 응답합니다.

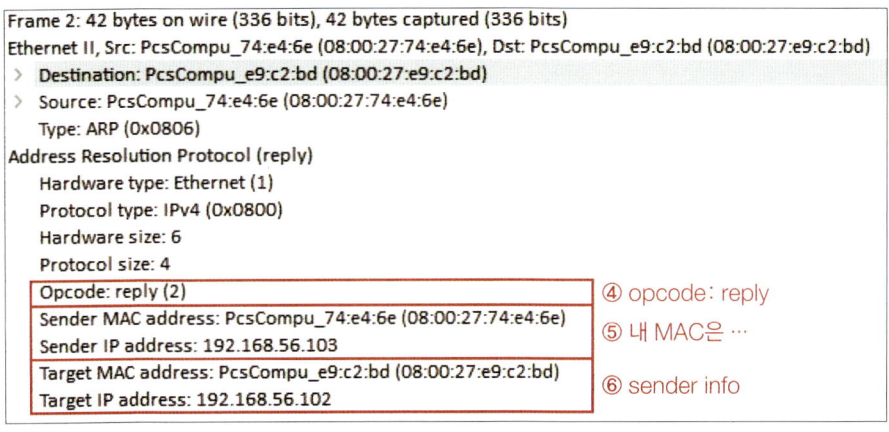

▶ 그림 11.4 ARP reply 패킷

ARP request 패킷(그림 11.3)으로 문의했던 MAC 주소가 APR reply 패킷(그림 11.4)의 ⑤ Sender MAC/IP 필드에 적혀 있습니다. ARP reply 패킷을 받은 장비는 ⑤ Sender MAC/IP 필드를 해석하여 궁금했던 MAC 주소를 알게 됩니다.

그림 11.4의 ⑥ Target MAC/IP 필드는 최초 ARP request 패킷의 ② Sender MAC/IP 정보를 그대로 옮겨 적습니다. 이때 최초 sender의 MAC 주소는 ② Sender MAC/IP 정보로 알 수 있었기 때문에 ARP reply 패킷은 ARP request를 보낸 sender에게 유니캐스트로 보내집니다(그림 11.4 목적지 MAC 참조).

ARP 취약점

ARP는 여러 형태의 장애를 유발할 수 있는데, 이는 주로 검증 절차가 없기 때문에 발생합니다. 예를 들어, 그림 11.3(ARP request)에서 192.168.56.103의 MAC을 물어봤는데, 실제 192.168.56.103이 아닌 다른 장비가 엉뚱한 reply를 주더라도 ARP request sender는 이게 정상 응답인지 아닌지 구분할 수 없습니다. 즉, ARP 프로토콜 구조상 누구든 대신 응답할 수 있으며 변조 또한 가능합니다.

G/W IP 충돌이 대표적인 ARP 장애 예시입니다. 예를 들어, 192.168.0.0/24의 G/W가 192.168.0.1인데 실수로 서버 IP를 192.168.0.1로 설정하면 실제 G/W 대신 서버가 ARP reply를 하게 됩니다. 이로 인해 G/W로 가야 할 패킷들이 해당 서버로 몰리면서 외부 L3 통신 패킷들이 손실됩니다. 애석하게도 ARP는 프로토콜 특성상 이러한 종류의 장애를 막을 방법이 없기 때문에 작업 시 유의하여야 합니다.

2 GARP

GARP(Gratuitous Address Resolution Protocol)에서 Gratuitous의 사전적인 의미는 '쓸데없는' 정도로 해석되는데, 이보다는 '자발적인', '절차에 따르지 않은' 정도로 의역하면 보다 받아들이기 쉽습니다(심지어 GARP를 Unsolicited(자발적인) ARP라고 부르기도 합니다). GARP는 VRRP의 페일오버 시에 사용되는 프로토콜로 잘 알려져 있습니다. 사실 네트워크 장비뿐 아니라 수많은 (서버) 애플리케이션도 GARP를 이용하여 페일오버합니다. 데이터 센터 내의 IPv4 페일오버 기술 중 절반가량이 GARP를 사용한다고 봐도 될 정도로 그 영향력이 막강합니다. 이번 학습에서 GARP가 어떻게 동작하는지, 유의 사항은 무엇인지 살펴보도록 하겠습니다.

GARP 패킷 해석

다음 그림은 GARP 패킷 샘플입니다. 조금 특이한 점이 보이시나요? ⑦ Sender IP와 ⑧ Target IP가 동일합니다. 즉, 내가 내 IP를 문의하는 ARP 패킷이 GARP 패킷입니다. 사람으로 비유하자면 낯선 이를 붙잡고 "내 이름이 뭐예요?"라고 묻는 것입니다. 그만큼 특이합니다.

```
Frame 1: 60 bytes on wire (480 bits), 60 bytes captured (480 bits)
Ethernet II, Src: PcsCompu_e9:c2:bc (08:00:27:e9:c2:bc), Dst: Broadcast (ff:ff:ff:ff:ff:ff)
Address Resolution Protocol (reply/gratuitous ARP)
    Hardware type: Ethernet (1)
    Protocol type: IPv4 (0x0800)
    Hardware size: 6
    Protocol size: 4
    Opcode: reply (2)
    [Is gratuitous: True]
    Sender MAC address: PcsCompu_e9:c2:bc (08:00:27:e9:c2:bc)
⑦   Sender IP address: 192.168.56.102
    Target MAC address: Broadcast (ff:ff:ff:ff:ff:ff)
⑧   Target IP address: 192.168.56.102
```

▶ 그림 11.5 GARP 패킷

이런 이상한(?) ARP 패킷을 왜 사용하는 것일까요? ARP request는 표준 RFC를 따라 브로드캐스트로 보내지만 ARP reply는 유니캐스트로 보냅니다.[3] 따라서 최초 ARP request sender가 아닌 다른 노드들은 유니캐스트로 전달되는 ARP reply 패킷을 볼 수 없습니다. 헌데 표준상 나에게 온 ARP request 패킷이 아니더라도 브로드캐스팅받은 ARP 패킷의 ② Sender IP 주소가 내 ARP 테이블에 '이미 존재한다면' MAC 정보를 업데이트해야 합니다.[4]

GARP는 바로 이점을 이용해서 다른 노드들의 ARP 테이블에 기록된 MAC 정보를 강제로 변경하거나 ARP 만료 시간^{Aging} 타이머를 초기화할 때 주로 사용합니다.

---

[3] RFC 826(1982), 〈An Ethernet Address Resolution Protocol〉의 Packet Reception 항목 참조. ARP request는 상대 주소를 모르기 때문에 브로드캐스트로 보내지만, reply를 보낼 때는 request sender 필드로 상대 주소를 알 수 있으므로 유니캐스트 패킷으로 보냅니다.

[4] RFC 826(1982), 〈An Ethernet Address Resolution Protocol〉의 Packet Reception의 Merge_flag := false (*assignment operator로, 파이썬의 walrus operator와 유사) 아래 항 참조
If the pair ⟨protocol type, sender protocol address⟩ is already in my translation table, update the sender hardware address…

> **NOTE** RFC 826의 'Packet Reception' 슈도 코드 해석

ARP 패킷을 받은 장비들이 따라야 하는 절차는 ARP 표준인 RFC 826의 'Packet Reception' 항목에 기록되어 있습니다. 보다 쉬운 해석을 위해 다음과 같이 현대적인 슈도 코드로 재작성하였습니다.

```
1   IF I have same 'hardware type' THEN           // 예. Ethernet, Chaos, Frame Relay, ATM...
2       IF I have same 'hardware length(size)' THEN // Ethernet MAC is 6 bytes
3           SET Merge_flag to false
4           IF <protocol type, sender protocol address> pair is in my ARP table THEN
                // protocol type = MPLS, IPv4, IPv6... following the IEEE 802 standard
                // sender protocol address = 예. IPv4 address
                // In short, If I have the sender IP address already in my ARP table
5               UPDATE the sender's (new) hardware address field to my ARP table
6               SET Merge_flag to true // entry updated
7           IF I am the target protocol address THEN
8               IF Merge_flag is false THEN // new entry
9                   add <protocol type, sender protocol address, sender hardware address> to my ARP table
                // 예. Ethernet, 192.0.2.1, 00:00:5E:00:53:00
10              IF ARP opcode is request THEN
11                  SWAP hardware and protocol fields
12                  PUT the local hardware and protocol addresses in the sender fields.
13                  SET opcode to reply
14                  SEND the packet to the requestor
```

GARP는 이 코드 중 5번 라인을 이용하는 프로토콜입니다.

GARP 패킷 포맷

GARP를 보내는 장비는 업데이트하려는 IP/MAC 정보를 ⑦ Sender IP/MAC에 기록하고 ⑧ Target IP는 자신의 IP로 설정합니다(그림 11.5 참조). Target MAC은 일반적으로 RFC 3927과 같이 00:00:00:00:00:00 혹은 애플리케이션에 따라 ff:ff:ff:ff:ff:ff가 사용됩니다. 허나 RFC 구문과 같이 대부분의 경우 어차피 무시될 필드이기 때문에 어떠한 값이 적혀 있더라도 큰 의미는 없습니다.[5]

---

[5] RFC 3927, Dynamic Configuration of IPv4 Link-Local Addresses. The target hardware address field is ignored and SHOULD be set to all zeroes.

GARP는 누군가의 요청으로 보내는 것이 아니라 자발적으로 생성해서 내보내는 ARP 패킷입니다. 따라서 Opcode(그림 11.3 및 그림 11.4의 ①, ④ 참조)로 request보다는 reply가 더 적절해보입니다. 그러나 사실 Opcode 또한 중요하지 않습니다. GARP 패킷의 Opcode와 무관하게 sender의 IP를 내 ARP 테이블에 가지고 있다면 MAC 정보를 업데이트해야 합니다. 그러므로 애플리케이션에 따라 GARP의 Opcode가 request인 경우도 있고 reply인 경우도 있습니다.

> **Tip.** 앞서 NOTE에서 다룬 'Packet Reception' 슈도 코드를 보면 GARP 업데이트는 5번 라인에서 확인하지만, opcode는 10번 라인까지 가서야 확인합니다.

GARP 사용 용도

네트워크 영역에서 GARP는 주로 2가지 이유로 사용합니다. IP 충돌 감지 그리고 MAC 정보 업데이트입니다.

먼저 첫 번째, IP 충돌 감지 동작 방식은 간단합니다. 네트워크로 "(사용하려는)IP의 MAC이 뭐예요?"라고 GARP request 패킷을 보냅니다. 그런데 누군가 응답한다면 누군가가 해당 IP를 이미 사용하고 있다는 것을 알 수 있습니다.[6]

두 번째, MAC 정보 업데이트는 VRRP와 같은 이중화 프로토콜에서 페일오버할 때 주로 사용합니다. 그림으로 보다 자세히 살펴보도록 하겠습니다.

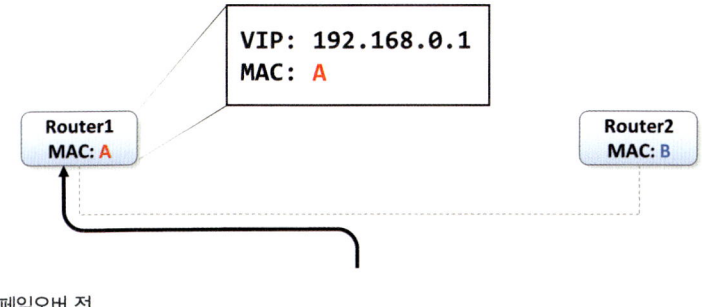

페일오버 전

---

[6] 자세한 ARP 포맷은 RFC 5227(2008), 〈IPv4 Address Conflict Detectio〉n의 '1.1. Conventions and Terminology Used in This Document' 항목 참조. Sender MAC: MAC, Sender IP: 0.0.0.0, Target MAC: 00:00:00:00:00:0, Target IP: 자신의 IP로 설정

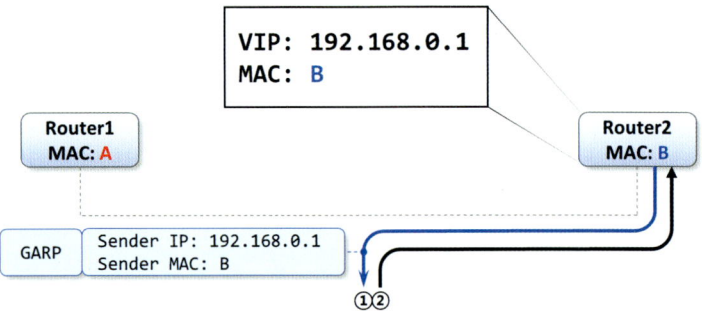

GARP를 이용한 페일오버 후

▶ 그림 11.6 페일오버 전후

그림에서 라우터1과 라우터2는 이중화를 위해 192.168.0.1이라는 VIP$^{Virtual\ IP}$를 생성합니다. 그리고 ARP request로 192.168.0.1의 MAC 주소를 물어보면 액티브로 동작하는 라우터의 MAC을 회신합니다.

페일 오버 전, 라우터1이 192.168.0.1 IP의 현재 소유자^{Owner}입니다. 해당 네트워크, 쉽게 말해 같은 VLAN 내의 다른 노드들은 192.168.0.1의 MAC을 라우터1의 MAC, 'A'로 알고 있습니다. 따라서 192.168.0.1로 향하는 모든 트래픽은 라우터1에게 전송됩니다.

라우터2가 라우터1의 이상 동작을 감지하거나 운영자의 명령에 따라 페일오버가 발생합니다. 페일오버를 위해 라우터2가 할 일은 단 하나입니다. GARP 패킷, ① **Sender IP: 192.168.0.1, Sender MAC: (자신의 MAC)** 'B'를 브로드캐스팅하는 것입니다. ② 이 GARP 패킷을 받은 노드들은 192.168.0.1의 MAC을 B로 업데이트합니다. 이후 192.168.0.1로 가는 모든 패킷은 자연스럽게 MAC B, 즉 라우터2에게 전송됩니다.

GARP 사용 예시

이처럼 GARP는 간단한 메커니즘으로 장비 이중화를 가능하게 해줍니다. GARP를 사용하는 몇 가지 대표적인 페일오버 솔루션은 다음과 같습니다.

- 네트워크 장비의 VRRP$^{Virtual\ Router\ Redundancy\ Protocol}$
- SLB의 VIP 페일오버
- MySQL의 MMM$^{Master-Master\ Replication\ Manager}$

참고로 실제 장애가 아니라 유지 보수 등을 위하여 커맨드로 GARP 페일오버를 실행하면 매우 작은 패킷 로스가 발생합니다. 이는 '8.1 OSPF'의 '3. OSPF passive'에서 살펴본 것과 같은 맥락입니다. 즉, GARP는 컨트롤 플레인에서 발생하는 작업으로, GARP가 발생하는 그 순간에도 데이터 플레인은 정상적으로 전송이 가능하기 때문입니다.

단, 다른 네트워크 노드들(예. 서버)이 GARP 패킷을 받아서 자신의 ARP 테이블을 업데이트하는 아주 짧은 순간에 패킷 로스가 발생할 수도 있는데 이때 발생하는 로스 양은 일반적으로 50 ms 미만으로, 미량입니다.

3 arping

리눅스에서는 arping이라는 프로그램으로 ARP와 GARP 패킷을 생성하거나 GARP 페일오버를 구현할 수 있습니다. 매우 유용한 툴이지만 몇 가지 주의 사항이 있습니다.

- 강력한 네트워크 장애를 만들 수 있는 위험한 커맨드이므로 충분히 숙지한 이후 사용하여야 합니다.
- arping 버전 및 리눅스 환경에 따라 옵션이 다를 수 있으므로 사용 전에 `man arping` 커맨드를 이용하여 프로그램의 옵션을 미리 확인하는 것이 좋습니다.

arping 커맨드를 이용해 GARP 패킷을 생성하는 예시는 다음과 같습니다.

```
arping 커맨드를 이용한 GARP 패킷 생성

ethan@ubuntu:~$ sudo arping -q -U -P -c 1 -I enp0s8 192.168.56.102 -s
aa:aa:aa:aa:aa:aa
```

이 커맨드에서 사용한 옵션별 상세 설명은 다음과 같습니다.

arping 옵션	설명
-q (quiet)	ARP 패킷을 몇 개 보냈고, reply는 얼마나 받았는지 리포트하지 말 것
-U	Unsolicited ARP, 즉 Sender와 Target IP가 동일한 GARP 패킷 생성
-P	Opcode를 request가 아닌 reply로 ARP 패킷 생성
-c 1	ARP 패킷을 1회 전송
-I enp0s8	ARP 패킷을 내보낼 인터페이스(예. enp0s8) 지정
192.168.56.102	ARP의 Sender/Target IP
-s aa:aa:aa:aa:aa:aa	Sender 필드의 MAC 주소

▶ 표 11.1 arping 옵션 설명

이 커맨드를 실행한 후 다른 서버의 ARP 테이블을 확인하면 다음과 같이 192.168.56.102의 MAC이 08:00:27:e9:c2:bd에서 aa:aa:aa:aa:aa:aa로 변경된 것을 확인할 수 있습니다.

```
같은 네트워크 내의 다른 서버 ARP 테이블 확인

== before
[ethan@centos7 ~]$ arp | grep 192.168.56.102
192.168.56.102          ether   08:00:27:e9:c2:bd   C           enp0s8

== after
[ethan@centos7 ~]$ arp | grep 192.168.56.102
192.168.56.102          ether   aa:aa:aa:aa:aa:aa   C           enp0s8
```

만일 동일 네트워크에 존재하는 어떤 서버가 192.168.56.102와 통신한 적이 없다면 좀 더 정확히 말해 해당 서버의 ARP 테이블에 192.168.56.102 엔트리가 기존에 없었다면 arping 커맨드로 GARP 패킷을 보내도 ARP 엔트리가 생성되지 않습니다. 이는 RFC 표준을 따르는 기본 동작입니다.

기존에 통신한 적이 없는 GARP 정보까지 굳이 업데이트하고 싶다면 `sysctl` 명령으로 kernel 파라미터를 임시 수정할 수 있습니다(재부팅 시 초기화).

```
첫 번째 GARP 패킷 학습

ethan@ubuntu:~$ sudo sysctl -w net.ipv4.conf.all.arp_accept=1
net.ipv4.conf.all.arp_accept = 1
```

Arp 스푸핑

arping을 이용하면 자신이 보유하지 않은 IP의 GARP 패킷도 생성할 수 있습니다.

```
arping 커맨드로 보유하지 않은 IP의 GARP 패킷 생성

ethan@ubuntu:~$ sudo arping -q -U -P -I enp0s8 -s aa:bb:cc:00:11:22 -S 1.1.1.1 1.1.1.2
```

이 커맨드에서 사용된 옵션 중 핵심은 -S(대문자 S)입니다. 해당 옵션은 GARP 패킷의 sender IP를 수정하는 옵션입니다. -s 옵션 혹은 -p(소문자 p, Turn on promiscious mode) 옵션과 함께 자신이 보유하지 않은 IP를 강제로 내보낼 때 사용됩니다.

커맨드 뒷부분 -S 1.1.1.1 1.1.1.2에서 앞부분 -S 1.1.1.1은 GARP 패킷의 Sender IP 필드를, 그 뒤에 1.1.1.2는 Target IP 필드를 지정하는 명령입니다. 이 커맨드를 실행한 후 다른 서버의 ARP 테이블을 확인하면 다음과 같이 1.1.1.1 ARP 엔트리가 생성된 것을 볼 수 있습니다.

동일 네트워크 내의 다른 서버 ARP 테이블 확인

```
[ethan@centos7 ~]$ arp | grep 1.1.1.
1.1.1.1                  ether    aa:bb:cc:00:11:22    C            enp0s8
```

4 프록시 ARP

대형 인프라를 운영하다 보면 종종 서버의 IP 프리픽스를 잘못 설정하기도 합니다. 예를 들어, 1.1.1.10/24로 설정해야 하는데 1.1.1.10/20으로 잘못 설정하는 경우 등이 있습니다. 만약 프리픽스가 올바르다면 ping을 1.1.15.1로 보냈을 때 라우터에게 전달되었을 것입니다. 허나 1.1.1.10/20으로 잘못 설정하면 서버는 1.1.1.1부터 1.1.15.255까지 같은 L2 도메인에 있다고 착각하고 직접 1.1.15.1에게 ARP request를 보낼 것입니다. 당연히 ARP reply를 받을 수 없으므로 결과적으로 통신이 안 되어야 합니다.

헌데 이러한 경우를 대비하여 라우터가 친절하게 대신 ARP reply를 보내 주는 기능, 즉 **프록시 ARP**라는 것이 있습니다. 이 기능을 활성화시키면 라우터가 대신 ARP reply 응답을 보내면서 Sender에게 라우터 MAC을 알려 줍니다. "내가 1.1.15.1이니까 나한테 패킷을 보내 주세요."라고 속이는 것이죠. 그럼 서버는 1.1.15.1로 가는 패킷을 라우터에게 보내고 그 이후 과정은 라우터가 알아서 처리합니다.

유용한 기능 같지만 그렇지 않습니다. 프록시 ARP는 순수 컨트롤 플레인에서 일어나는 작업으로, CPU 영향을 많이 받습니다. CPU가 바빠서 순간적으로 ARP(에이징 타이머$^{\text{Aiging timer}}$) 갱신 주기라도 놓치면 그 순간 서버는 통신이 불가능합니다. 개발자 혹은 서버 엔지니어는 갑자기 서버 통신이 잘 안 되었다고 클레임을 걸지만, 네트워크 엔지니어가 아무리 살펴봐도 이상이 없어 보입니다. 실제로도 그렇죠. 서버에 프리픽스를 잘못 설정한 것이니까요.

만일 서버 프리픽스를 1.1.1.10/0으로 잘못 설정하면 서버는 0.0.0.0부터 255.255.255.255까지 대략 4억 개의 IP가 같은 L2 도메인에 있다고 착각합니다. 그리고 통신하려는 모든 대상에게 ARP를 보낼 것입니다. 이때 전체 IPv4 주소로 ping이라도 보내면 프록시 ARP가 활성화된 라우터는 그 모든 ARP request에 응답하려 할 것입니다. 이는 컨트롤 플레인 CPU 사용률에 커다란 악영향을 줄 것입니다.

이러한 배경으로 가급적 프록시 ARP를 비활성화하는 것을 권장하지만, 비활성화할 때도 주의가 필요합니다. 서버의 프리픽스 설정 오류를 모르다가 프록시 ARP를 비활성화한 순간부터 통신이 안 될 수 있기 때문입니다. 일정 시간 동안 ARP 패킷을 캡처 및 분석하면 프록시 ARP 사용 여부를 파악할 수 있을 것입니다.

오래된 네트워크 장비 OS의 경우 프록시 ARP가 기본으로 활성화된 경우가 있어서 의도치 않게 크고 작은 장애를 일으키기도 했습니다. 그러나 근래 네트워크 장비들은 대부분 비활성화되어 있는 편입니다.

11.3 분극 현상

어느 날 지인이 특이한 네트워크 현상을 토로했습니다. 여러 인터페이스를 ECMP로 설정했는데 그중 정확히 절반만 사용되고 나머지 절반에는 트래픽이 전혀 흐르지 않는다는 것이었습니다. 혹시 상·하단 장비가 동일한 벤더와 동일한 플랫폼인지 물었더니 그렇다고 합니다. 빙고. 이러한 현상을 **분극**Polarization 分極 **현상**이라고 합니다. 보다 쉬운 이해를 위해 다음 그림을 살펴보겠습니다.

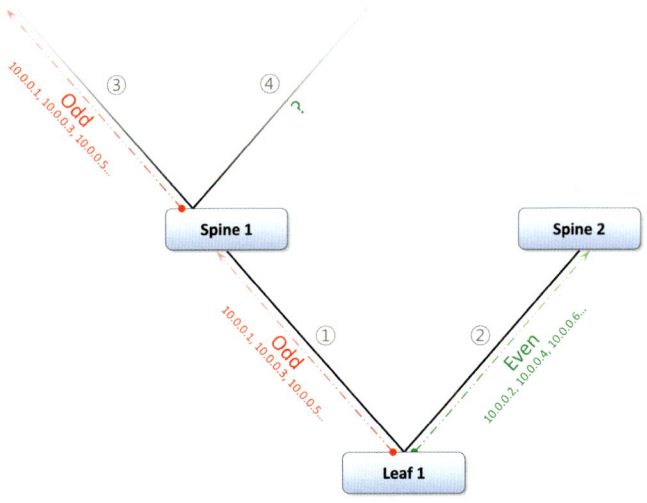

▶ 그림 11.7 분극 현상 예시

가장 아래 위치한 Leaf 1 스위치에는 ①, ② 총 2개의 업링크가 ECMP(혹은 LAG^{Link Aggregation Group})로 구성되어 있습니다. 그리고 상단의 Spine 1 스위치도 ECMP로 구성된 업링크 ③, ④가 있습니다.

1 패킷 로드 밸런싱: 해시

Leaf 1 스위치에 패킷이 도달하면 ①, ② 중 어느 회선으로 보내야 할까요? 패킷을 완전히 랜덤하게 보내거나 라운드 로빈 형태로 보내면 'RSVP-TE 로드 밸런싱: 엔트로피 라벨'에서 살펴본 것처럼 순서 뒤바뀜 현상이 발생할 수 있습니다. 따라서 모든 네트워크와 보안 장비들은 동일한 플로우 패킷들을 똑같은 로드 밸런싱 경로로 보내도록 설계되어 있습니다.

이를 위해선 일관성 있는 수학 공식이 필요합니다. 주로 애용하는 것이 **해시**(해시 함수 또는 해시 알고리즘)입니다. 해시를 이용하면 패킷의 각종 헤더 정보를 조합하여 다수의 이그레스 인터페이스 중 하나를 일관성 있게 선택합니다.

가장 단순한 형태의 해시 중 하나는 홀짝 함수입니다. 그림 11.7처럼 패킷의 목적지 IP가 홀수면 ① 경로로, 짝수면 ② 경로로 보내는 것입니다. Leaf 1 스위치와 Spine 1, 2 스위치 모두 홀짝 해시를 사용하며 ①, ③으로는 홀수 패킷을, ③, ④로는 짝수 패킷을 보낸다고 가정해보겠습니다.

Leaf 1 스위치는 ① 경로로 목적지 IP가 홀수인 패킷들만 보낼 것입니다. Spine 1 스위치는 Leaf 1로부터 홀수 패킷들만 받았을 것이므로 모든 패킷들을 ③ 인터페이스로만 보낼 것입니다. 결국 Spine 1 스위치 업링크 중 ③만 사용되고 ④는 사용되지 않게 될 것입니다.

2 해시 시드

분극 현상은 이웃 장비가 동일한 해시를 사용하기 때문에 패킷이 고르게 분배되지 못하고, 한쪽으로 치우치는 현상입니다. 만일 이웃 장비가 다른 벤더라면 다른 해시를 사용할 가능성이 매우 높기 때문에 고르게 분배될 확률이 높습니다. 허나 동일한 벤더와 플랫폼으로 네트워크를 구성해서 똑같은 해시를 사용한다면 분극 현상이 발생할 것입니다.

잘 설계된 OS에서는 **해시 시드**^{Hash seed}라는 것을 이용하여 분극 현상 이슈를 회피합니다. 해시 시드는 해시 내에 변경이 가능한 변수를 두어 똑같은 해시 함수라도 매번 그 결과가 달라지도록 해줍니다.

> **Tip.** 암호학에서는 암호화된 결과물이 매번 달라질 수 있도록 "솔트^{Salt}(소금)를 친다."라고 표현하기도 합니다.

예를 들어, 다음 예시와 같이 원본 숫자(IP)를 변수로 먼저 나눈 뒤 그 결괏값으로 홀짝을 구분하는 방법이 있습니다.

```
해시 시드 예시

10/1 = 10(짝수)
10/2 = 5(홀수)
10/5 = 2(짝수)
```

이 예시의 원본 값은 모두 10입니다. 10은 짝수입니다. 허나 원본 숫자를 빨간색 변수로 한번 나눈 값으로 홀짝을 구분하면 다양한 결괏값을 얻을 수 있습니다. 다시 말해 빨간색 변수, 즉 '나누는 값'에 따라 홀수가 출력되기도 하고 짝수가 출력되기도 합니다. 이러한 변수 값을 해시 시드라고 합니다.

네트워크 장비는 다양한 인자를 해시 시드로 활용할 수 있습니다. 일반적으로 system(섀시) MAC 혹은 시리얼 넘버 등을 이용하며 별도 설정하지 않더라도 부팅하는 과정에서 자동 세팅되도록 설계된 경우가 일반적입니다. 관리자가 수동으로 변경할 수 있는 장비도 있습니다.

3 네트워크 장비 해시 함수

네트워크 장비 중에 홀짝처럼 단순한 해시 함수를 쓰는 경우는 없습니다. 대부분 이보다 훨씬 더 복잡하고 정교한 알고리즘들을 사용합니다. 근래 네트워크 장비의 로드 밸런싱이 훌륭하기 때문에 대부분의 고객 입장에서는 굳이 해시 알고리즘을 알 필요가 없으며 네트워크 벤더들도 자사의 해시 알고리즘을 기밀로 관리하여 공개하지 않는 편입니다.

다만 인터페이스 B/W가 여유롭지 않은데 개별 트래픽 플로우가 매우 큰 경우와 같이 특이한 케이스라면 관리자가 직접 로드 밸런싱을 조율하기를 원하는 경우가 있습니다. 예를 들어, 1 Gbps 두 회선이 ECMP로 구성되어 있는데, 하나의 FTP 플로우에서 발생하는 트래픽이 900 Mbps인 경우 등입니다.

오래된 장비라면 해시 알고리즘이 비교적 쉽고 단순해서 NDA[Non-Disclosure Agreement](기밀 유지 협약)하에 고객에게 오픈되는 경우도 있습니다. 그러나 근래에는 이 마저도 오픈되지 않는 편입니다.

나가며

라우팅 프로토콜은 네트워크 엔지니어가 가장 많이 다루게 되는 영역으로, 관련 서적이나 사료가 풍부합니다. 그러나 의외로 순수 이론만 깊게 설명한 문서는 드문 편입니다. 이 책에서는 많은 페이지를 할애하여 어렵고 난해한 이론들을 속속들이 파헤쳐 보았습니다.

Chapter 8.1 OSPF와 **8.2 BGP**에서는 OSPF와 BGP의 비교적 널리 알려지지 않은 기술적 특성을 중심으로 살펴보았습니다.

Chapter 8.3 멀티캐스트에서는 IGMP 및 PIM의 각종 모드(PIM-DM, PIM-SM, PIM-SSM)와 패킷 분석, 장단점, 특징 분석 그리고 구축 시 유의 사항까지 부족함 없이 꼼꼼히 살펴봤습니다.

Chapter 9 MPLS는 이 책의 단일 주제 중 가장 많은 페이지를 소요해 CLI 구문을 최대한 배제하고 순수 이론 엑기스만 추출하여 설명하였습니다. 그 노력의 산물로 MPLS 역사와 핵심 개념, 시그널링 프로토콜, MPLS VPN 및 관련 기술들까지 면밀하게 들여다보았습니다. 이후 MPLS 안정성을 뒷받침해주는 기술들, MPLS QoS와 MPLS OAM을 살펴보았을 뿐 아니라 MPLS를 풍요롭게 해주는 최신 기술들, 엔트로피 라벨과 SR-MPLS까지 살펴보았습니다.

Chapter 10.1 VPN과 **10.2 전용선** 그리고 **10.3 인터넷 기반 VPN**에서는 대중적으로 많이 사용되는 VPN 기술, IPsec과 SSL/TLS의 셋업 과정 및 알고리즘을 살펴보고 이 둘의 차이점과 특성 또한 살펴보았습니다.

Chapter 10.4 IP 패킷 분할에서는 IP 네트워크의 말괄량이, 패킷 분할의 발생 원인과 대응 방안을 섬세하게 살펴보았습니다.

Chapter 11.1 DNS에서는 모르고 장애가 발생하면 무서운 DNS의 기술적 특성들을 인프라 엔지니어에게 필요한 만큼의 깊이로 살펴보았습니다.

Chapter 11.2 ARP에는 IP 네트워크 두번째 말괄량이, ARP의 구조적 특성과 패킷 분석, GARP 및 arping 활용 예시 등을 살펴보았습니다.

Chapter 11.3 분극 현상에서는 트래픽 제약을 유발할 수 있는 분극 현상을 살펴보며 PART 03을 마무리하였습니다.

PART 04

서버 로드 밸런서, SLB

SLB 전문 엔지니어들은 희소성이 높은 SLB 장비 위주로만 다루고 스위치 및 라우터 관련 엔지니어들은 L4 이상 영역을 잘 다루지 않습니다. 그러나 최근 클라우드 컴퓨팅이 대중화되면서 이 두 영역을 넘나드는 멀티 엔지니어의 필요성이 급부상하고 있습니다. 이에 따라 PART 04에서는 SLB를 중심으로 기본적인 L4 기술들의 핵심을 살펴본 뒤 치명적인 장애를 일으킬 수 있는 각종 이슈도 깊이 다룰 예정입니다.

CHAPTER 12
로드 밸런서

Chapter 12에서는 대규모 인터넷 서비스를 든든히 받쳐 주는 숨은 그림자, 로드 밸런서를 심도 있게 알아보고자 합니다. 로드 밸런서는 유저 패킷을 수십 혹은 수백 대의 서버에 고르게 분배해주는 역할을 담당합니다. 언뜻 듣기엔 단순한 역할 같지만 제대로 운영하기 위해선 동작 특성 및 TCP 프로토콜을 깊게 이해하고 있어야 합니다.

이번 Chapter에서는 로드 밸런서의 기본적인 내용부터 살펴볼 텐데 구체적으로 로드 밸런싱 기초 용어, 로드 밸런싱 알고리즘 그리고 물리적인 구성 방식과 그에 따른 장단점, 유의 사항 등을 살펴볼 예정입니다.

Roadmap

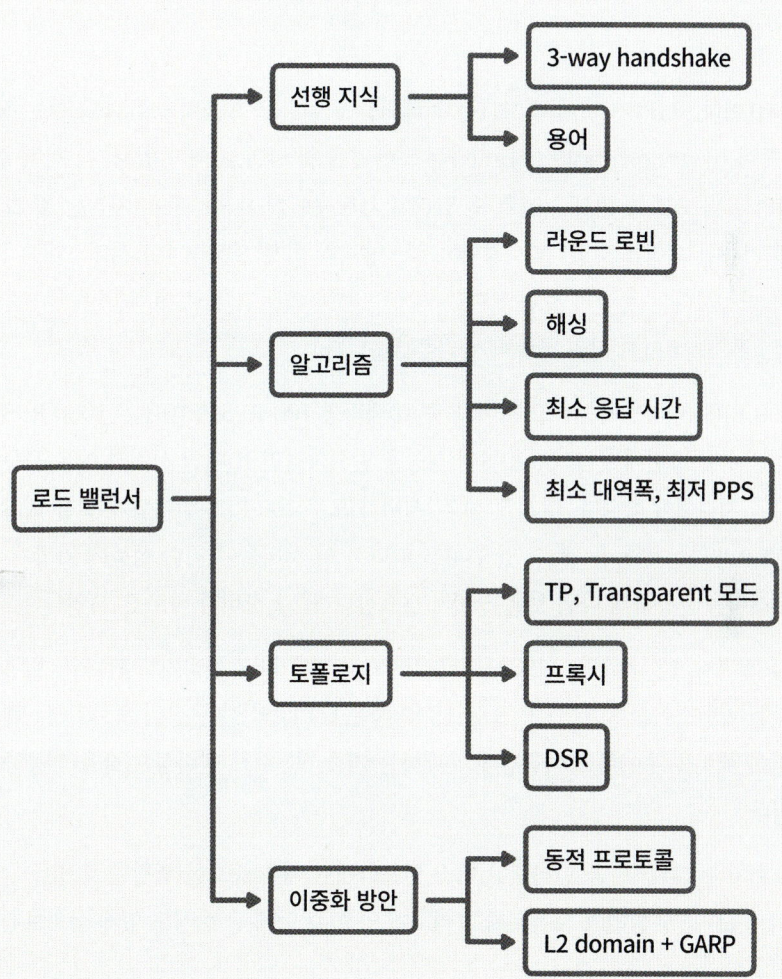

12.1 로드 밸런서의 역할

로드 밸런서(이하 SLB$^{Server\ Load\ Balancer}$)는 트래픽을 균등하고 효율적으로 나눠 주는 장비입니다. 예를 들어, www.example.com이라는 도메인에 웹 서버 10대가 있고, 각 서버 1대가 초당 100명의 유저 요청을 동시 처리할 수 있다고 가정해보겠습니다. 동시 처리는 말 그대로 동시에 처리 가능한 요청을 말합니다. 정확하지는 않지만 쉽게 설명하자면 서버 1대당 100명이 동시 접속 가능하다는 뜻이며 보통 RPS$^{Request\ Per\ Second}$라는 지표로 표현합니다(RPS에 대한 자세한 설명은 '13.1 SLB 심층 학습'에서 다루겠습니다).

서버당 100 RPS 처리가 가능하고 서버가 총 10대라면 100 RPS * 10대 = 1000 RPS 처리가 가능해야 합니다. 그런데 총 1000 RPS의 성능을 발휘하려면 10대의 서버가 매우 균등하게 트래픽을 나눠 처리해야 합니다. 다시 말해 각 서버가 모두 100 RPS에 가깝게 일을 해야 비로소 총합 1000 RPS라는 성능을 낼 수 있습니다. 따라서 이 서버들이 최대 성능에 가깝게 일할 수 있도록 트래픽을 균등하게 나눠 보낼 장비가 필요합니다. 그 장비가 바로 **SLB**입니다.

SLB는 L4 스위치, L7 스위치, ADC$^{Application\ Delivery\ Controller}$라고 불리기도 합니다. 비록 이름은 조금씩 다를지라도 이들 모두 TCP(또는 UDP 혹은 HTTP와 같은 상위 프로토콜) 헤더 정보를 이용하여 패킷을 우아하고 아름답게 분배하는 기술, 즉 로드 밸런싱 기술을 제공하는 장비를 말합니다.

SLB는 스위치나 라우터만큼 인터넷 서비스 인프라에서 매우 중요한 역할을 수행합니다. 이번 학습에서는 SLB 구성 방안과 토폴로지 그리고 운영 이슈 등에 관해 심도 있게 살펴보겠습니다.

1 3-way handshake

SLB에 대해 본격적으로 알아보기 전에 **3-way handshake**부터 간략히 살펴보고자 합니다. 3-way handshake는 TCP 세션^{Session}을 만들기 위한 사전 작업입니다. 3-way handshake 과정을 통해 클라이언트와 서버는 서로가 '정상적으로' 존재하는 IP인지 확인하고, 또 성능 향상을 위해 지원할 수 있는 TCP 옵션들을 서로 확인합니다. 다음 그림은 198.51.100.1 IP를 가진 핸드폰이 203.0.113.1 http/web(TCP 80 포트) 서버로 접속하는 3-way handshake 과정을 나타낸 것입니다.

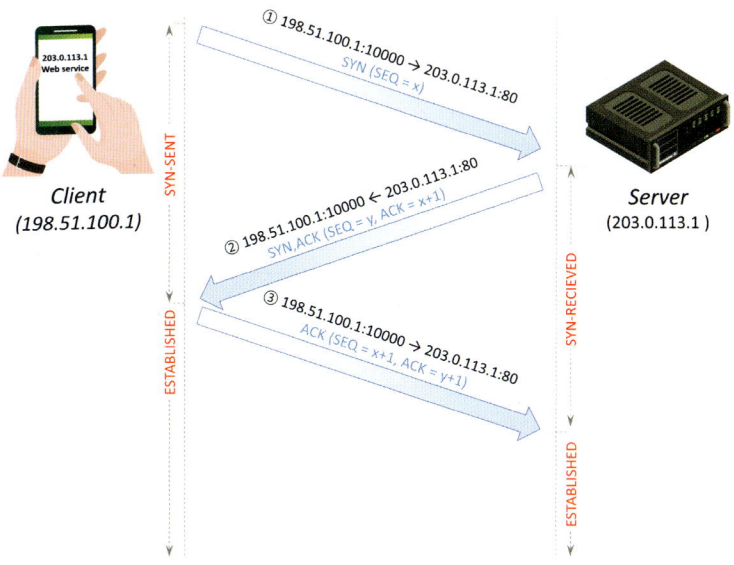

▶ 그림 12.1 3-way handshake

그림처럼 3-way handshake는 총 3단계로 구분되며 각 단계별 세부 설명은 다음과 같습니다.

① 클라이언트에서 서버로 TCP SYN 패킷을 보냅니다. 서버에게 "TCP 통신하고 싶어요."라고 알리는 것이죠.

② SYN 패킷을 받은 서버는 SYN-ACK 패킷으로 응답합니다. "OK!"라고 응답하는 것입니다.

③ 서버의 SYN-ACK를 받은 클라이언트는 방금 보낸 SYN-ACK를 잘 받았단 의미로 마지막 ACK를 보냅니다.

> 💡Tip. 그림에서 SYN-SENT, SYN-RECEIVED와 같이 세로 점선으로 표기된 'socket status'를 눈여겨보기 바랍니다. PART 04에서는 비중 있게 다루지 않지만, 보안과 매우 밀접한 연관이 있기 때문에 이후 'Chapter 21 보안과 공격'에서 심도 있게 다시 다룰 예정입니다.

2 SLB 터미놀로지

대형 병원에는 접수 창구가 있습니다. 예약 환자가 아니라면 접수 창구에서 가장 적합한 진료실을 검색하여 해당 진료실로 안내합니다. 마치 SLB가 패킷을 받았을 때 가장 적합한 서버를 검색하고 해당 서버에 패킷을 전달하는 것과 유사합니다. 그러나 환자가 접수 창구를 거치지 않고 곧바로 진료실로 들어가면 병원에서는 환자를 제대로 관리할 수 없을 것입니다. 마찬가지로 패킷이 SLB를 거치지 않는다면 SLB가 로드 밸런싱할 수 없습니다. 즉, SLB가 서버들보다 '먼저' 패킷을 받아야 합니다.

패킷의 dst IP가 서버의 진짜 IP라면 패킷은 SLB를 거치지 않고 바로 서버를 찾아갈 것입니다. 따라서 패킷이 SLB에게 먼저 갈 수 있도록 SLB는 가상 IP, 즉 Virtual IP를 가지고 있습니다. SLB가 Virtual IP로 패킷을 받으면 적절한 알고리즘을 사용하여 서버들에게 패킷을 로드 밸런싱합니다.

SLB 세계에서는 바로 앞서 언급한 Virtual IP를 뜻하는 **VIP**$^{Virtual\ IP}$, 진짜 IP를 뜻하는 **RIP**$^{Real\ IP}$와 같은 용어들을 매우 빈번하게 사용합니다. 다음 그림을 통해서 관련 용어들을 보다 자세히 살펴보겠습니다.

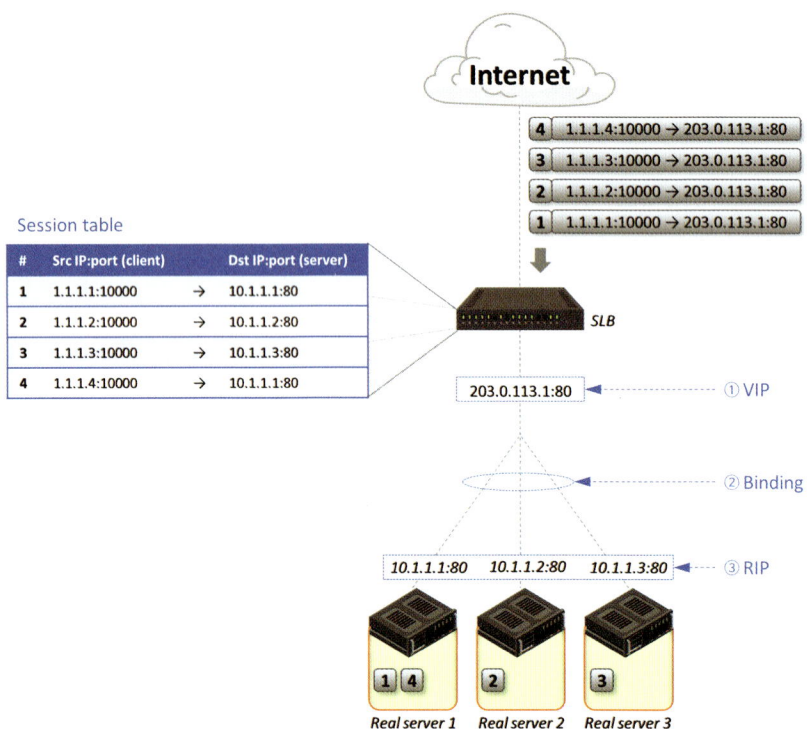

▶ 그림 12.2 SLB 컴포넌트들

이 그림은 SLB가 보유한 가상 IP, 203.0.113.1의 TCP 80 포트에 들어온 4개의 1.1.1.n 패킷이 총 3개의 진짜Real 서버로 로드 밸런싱되는 것을 나타냅니다. 그림의 ① VIP, ② 바인딩, ③ RIP의 의미는 다음과 같습니다.

- ① **VIP**Virtual IP : 각 실Real 서버들을 대표하는 IP로, SLB가 소유한 IP입니다. 클라이언트들은 VIP로 패킷을 보내고 이 VIP를 소유한 SLB가 로드 밸런싱 작업을 수행합니다.
- ② **바인딩**Binding : 여러 서버가 하나의 VIP에서 로드 밸런싱되도록 묶는 것을 뜻합니다(그림 참조).
- ③ **RIP**Real IP : 실 서버들이 소유한 IP입니다.

참고로 VIP가 아닌 RIP로 직접 접속할 수 있도록 구성된 경우도 제법 많습니다. 예를 들어, 앞서 그림에서 VIP인 http://203.0.113.1:80으로 접속할 수도 있고, RIP인 (실 서버 1의 IP) http://10.1.1.1:80으로도 접속할 수 있는 경우입니다. 이는 병원에서 접수 창고를 거치지 않고 바로 진료실로 들어가는 것처럼 SLB의 관리 영역을 벗어나는 상황입니다. 이처럼 RIP로 직접 접속하면 SLB가 로드 밸런싱할 수 없습니다.

플로우, 5 tuple 그리고 세션

src IP, src port, dst IP, dst port 그리고 프로토콜(TCP, UDP 등 Layer 4)까지 총 5가지 요소를 합쳐서 **5 tuple**이라고 합니다. 동일 세션(플로우) 패킷이라는 것은 5 tuple이 같은 패킷들을 말합니다.[1]

세션 테이블

세션 테이블 Session table은 앞서 그림에서 특히 주목해야 할 컴포넌트로, 쉽게 말해 로드 밸런싱 DB입니다. SLB는 패킷이 어떤 VIP로 들어왔는지, 그 패킷을 어느 실 서버로 보냈는지 항상 기억하고 있어야 합니다. 예를 들어, 레고 블록 트럭을 같은 목적지로 보내야 각각의 레고 조립을 완성할 수 있다고 가정해보겠습니다. 트럭 1-5번은 실 서버 1로 갔는데, 뜬금없이 트럭 6번만 실 서버 2로 갔다면 실 서버 1도, 실 서버 2도 레고를 조립할 수 없을 것입니다. 특히 실 서버 2는 자신에게 오기로 했던 트럭(패킷)을 받은 것이 아니므로(즉, 3-way handshake하지 않은) 해당 트럭(패킷)을 폐기 처분합니다. 이는 실 서버 1과 2에게 모두 불행입니다. SLB 용어로 이 과정을 정리해서 표현하면 "동일 플로우, 즉 같은 세션의 패킷들은 반드시 첫 번째 SYN 패킷이 갔던 실 서버로 가야 한다."라고 할 수 있습니다.

---

[1] 플로우 혹은 세션이 Layer 4 통신의 최소 엔트리(항목, 구분자)가 됩니다.

SLB가 로드 밸런싱하여 첫 번째 SYN 패킷을 실 서버 1로 보냈다면 이후 세션이 끊어지기 전까지 동일 플로우 패킷은 실 서버 1로만 보내야 합니다. 이를 위해 SLB는 플로우별로 패킷을 어느 실 서버로 보냈는지 항상 기억하고 있어야 합니다. 이 정보를 저장하는 공간(메모리)이 바로 세션 테이블입니다.

SLB는 '새로운 SYN 패킷'을 받을 때 새로운 세션 테이블 엔트리를 생성합니다. 이 과정을 순서대로 정리하면 다음과 같습니다.

① 세션 테이블에 존재하지 않는 새로운 SYN 패킷을 받았을 때
② SLB는 (적절한 로드 밸런싱 알고리즘을 통해) 실 서버에게 패킷을 보내면서
③ 관련 정보를 세션 테이블에 기록합니다.

최초 SYN이 아닌 패킷들은 새롭게 로드 밸런싱을 하지 않고 세션 테이블을 확인하여 기존에 패킷을 보냈던 실 서버에게 보냅니다. 만일 SYN 패킷이 아닌데 세션 테이블에서 그 정보를 찾을 수가 없다면 정상적인 패킷이 아니라고 간주하고 과감히 폐기합니다.

> **Tip.** 예외적으로 src IP로 해시 계산 후 곧바로 실 서버에게 보내는 특수 설정 등(예. persistent LB)은 세션 테이블을 만들지 않기도 합니다.

멀티 바인딩

멀티 바인딩 Multi binding은 실 서버가 둘 이상의 VIP에 바인딩되어 있는 것을 말합니다. 이는 같은 서비스지만 VIP A와 B 각각에 QoS 룰을 다르게 하는 적용하거나 SLB 장비를 새로운 장비로 교체하는 과정 등 매우 특수한 경우에 사용합니다.

예를 들어, SLB A 장비에 VIP 192.168.10.1이 바인딩되어 있다고 가정해보겠습니다. 새로운 SLB B 장비를 도입하면서 SLB A에 있던 모든 VIP를 서비스 중단 없이 SLB B 장비로 옮기고 싶습니다. 이 경우 SLB A의 VIP 192.168.10.1에 바인딩되어 있는 실 서버들을 그대로 SLB B 장비의 VIP 192.168.20.1로 멀티 바인딩하면 됩니다. 이렇게 구성하면 클라이언트가 192.168.10.1로 접속을 하든 192.168.20.1로 접속을 하든 결국 동일한 실 서버들에게 전달됩니다.

이와 같은 구성을 만든 후 DNS에서 도메인 주소를 기존 192.168.10.1에서 192.168.20.1로 변경하면 자연스럽게 모든 트래픽이 192.168.20.1로 보내질 것입니다. 추후 192.168.10.1 트래픽이 모두 사라진 것이 확인되면 SLB A를 서비스에서 제외하면 됩니다.

12.2 SLB 알고리즘과 토폴로지

본격적으로 SLB를 살펴보기 위한 첫 단추로 로드 밸런싱 알고리즘을 알아보겠습니다.

1 SLB 알고리즘

로드 밸런싱 알고리즘은 SLB 벤더별로 다양하지만 거의 대부분 공통적으로 지원하는 알고리즘들이 있습니다.

- 라운드 로빈 Round-Robin
- 해싱 Hashing
- 최소 연결 Least connection
- 최소 응답 시간 Fastest response
- 최소 대역폭 방식 Least bandwidth
- 최저 PPS(초당 패킷 수) Lowest pps

각 알고리즘을 순서대로 살펴보겠습니다.

라운드 로빈(RR)

라운드 로빈(이하 RR)은 가장 단순하면서도 대표적인 방식으로, SYN 패킷이 들어오는 순서대로 서버에게 넘깁니다. 다음 그림에서 1, 2, 3, 4번 패킷이 SLB로 들어왔는데 1, 2, 3번 패킷은 순서대로 1, 2, 3번 서버에 보내고 4번 패킷은 다시 서버 1로 보낸 것을 볼 수 있습니다.

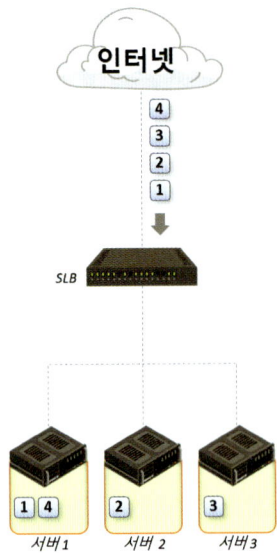

▶ 그림 12.3 라운드 로빈(RR)

RR은 서버들의 스펙이 거의 동일할 때 가장 큰 효과를 볼 수 있습니다. 서버 간 성능이 다르면 처리 성능 차이만큼 비효율적인 방식일 수 있지만 유사한 스펙의 서버들로 하나의 VIP를 구성하는 것이 매우 일반적이기 때문에 특수한 케이스가 아니라면 가장 권장하는 방식이기도 합니다. 다만 RR 알고리즘의 구현 방식은 벤더별로 약간씩 차이가 있습니다.

패킷이 들어온 순서대로 칼 같이 하나씩 분배하는 장비가 있는 반면 어떤 장비는 시간대별로 RR을 처리하기도 합니다. 예를 들어, 1 ms – 2 ms시간대에 들어온 패킷들은 서버 1로 보내고, 2 ms – 3 ms 시간대에 들어온 패킷들은 서버 2로 보내는 식으로 구현하기도 합니다.

> **NOTE 라운드 로빈의 어원**
>
> 라운드 로빈Round-robin이라는 단어의 어원은 프랑스어 Ruban rond에서 왔다는 설이 가장 유력합니다. Ruban rond은 프랑스에서 어떤 일을 함께 하기 위해 모인 사람들의 뜻을 왕이나 고위 공무원에게 전달할 때 사용한 문서를 뜻합니다. 이때 주동자를 알지 못하도록 이름을 둥글게 빙 둘러썼다고 합니다. 라운드 로빈은 Ruban rond처럼 순서대로 한 번씩 돌아가며 선택되는 모습을 빗댄 것으로 추정됩니다. 참고로 한국에는 이와 유사한 문서로 사발통문沙鉢通文이라는 것이 있습니다.

해시

해시 로드 밸런싱은 패킷의 src IP, port 그리고 dst IP, port 또는 프로토콜 헤더 등을 수학 계산식에 넣어 그 결괏값으로 실 서버를 선택하는 방식입니다. 다음은 아주 간단한 예시로, src IP가 홀수로 끝나면 서버 1로, 짝수로 끝나면 서버 2로 보냅니다.

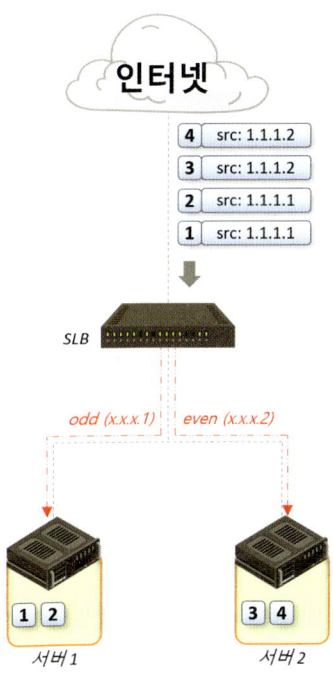

▶ 그림 12.4 해싱

로드 밸런싱 알고리즘으로 해시를 이용하려면 활용할 프로토콜 헤더를 먼저 정해야 합니다. 매우 다양한 TCP/IP 필드(예. src IP + dst IP + SSL 세션 ID)를 조합할 수 있지만, 실제 서비스에서는 src IP 정보 하나만 활용하는 경우가 많습니다. 즉, src IP 정보 하나만으로 패킷을 받을 실 서버가 정해지는 경우가 많은데, 그 이유는 대부분 인증^{Authentication} 때문입니다. 예를 들어, 첫 번째 TCP 세션이 서버 1로 보내졌고 유저가 ID/PW를 입력해서 인증을 완료했습니다. 이후 두 번째 TCP 세션은 서버 2로 연결되었는데, 서버 1의 인증 정보가 서버 2에 공유되지 않았다면 유저는 다시 ID/PW를 입력해야 할 것입니다.

HTTP 인증

수많은 HTTP 서비스가 SLB를 이용합니다. 과할 경우엔 하나의 VIP에 수백 대 이상의 실 서버가 바인딩되어 있기도 합니다. 그럼에도 인증 이슈를 경험해본 적은 아마도 없을 것입니다. 서버들이 HTTP 인증 정보를 서로 공유하기 때문입니다. 다음은 HTTP 인증 정보가 처리, 저장, 공유되는 구조를 간략히 표현한 그림입니다.

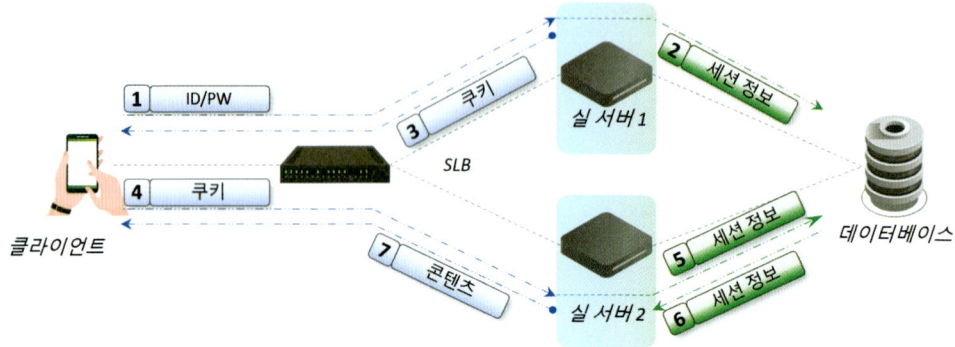

▶ 그림 12.5 HTTP 쿠키, 세션

슬쩍 보기에는 복잡해보이지만 순서대로 훑어가면 어렵지 않습니다.

① SLB를 통해 최초 클라이언트 세션이 실 서버 1로 연결되고, 유저가 ID/PW를 입력합니다.
② 유저가 입력한 ID/PW가 맞으면 실 서버 1은 '세션 정보'와 '세션 ID'를 데이터베이스에 저장합니다.
③ 실 서버 1은 '세션 ID' 등이 포함된 HTTP 쿠키를 클라이언트에게 보냅니다.
④ 클라이언트가 두 번째 요청을 보낼 땐 ③에서 받은 쿠키를 HTTP 헤더에 넣어 보냅니다.
⑤ 이번에는 SLB를 통해 실 서버 2로 연결됩니다. 실 서버 2는 클라이언트의 쿠키에 적힌 '세션 ID'가 데이터 베이스에 존재하는지 확인합니다.
⑥ 데이터베이스는 '세션 ID'를 검색하여 ②에서 저장한 '세션 정보'를 실 서버 2에게 전달합니다.
⑦ 실 서버 2는 '세션 정보'를 분석하여 정상적인 로그인 정보인지 확인한 뒤 정보를 보냅니다.

일반적으로 HTTP(웹) 서버들은 데이터베이스(redis, MySQL, NFS 등)를 통해 클라이언트가 로그인한 정보, 다시 말해 세션 정보를 서로 공유합니다. 덕분에 TCP 세션이 여러 서버로 로드 밸런싱되더라도 매번 ID/PW를 다시 입력하지 않아도 됩니다.

소스 IP 기반 해싱

HTTP가 아닌 다른 프로토콜을 사용하는데, 인증 정보를 공유할 수 있는 메커니즘이 없다면 서로 세션 정보를 공유할 수 없을 것입니다. 이때 src IP 기반 해시가 대안이 될 수 있습니다. 순수하게 src IP만으로 해시를 하면 같은 src는 항상 같은 실 서버로 연결됩니다. 덕분에 서버끼리 인증 정보를 공유하지 않아도 됩니다. 그러나 해시 알고리즘은 아름답게 로드 밸런싱할 수 없습니다. 예를 들어, SLB로 접속하는 src IP가 10개 내외로 아주 적다면 트래픽이 전부 한 서버로만 몰릴 수 있습니다.

NAT 뒤에 수많은 유저가 하나의 src IP를 공유하는 환경이라면 수만 명이 동일한 src IP로 처리되어 하나의 실 서버로 몰릴 수도 있습니다. 즉, 로드 밸런싱 편차^{Deviation}가 큽니다. 따라서 해시는 특수하거나 제한적인 환경에서만 사용하는 것을 권장합니다.

> 💡 Tip. 해시 알고리즘은 SLB 벤더에 따라 다양하게 불립니다. 헤더 정보에 따라 실 서버가 강제 지정되기 때문에 Sticky, Permanent 또는 Persistence라고도 불립니다.

최소 연결

최소 연결은 현재 가장 적은 연결을 가지고 있는 실 서버로 새로운 세션을 보내는 방식입니다.

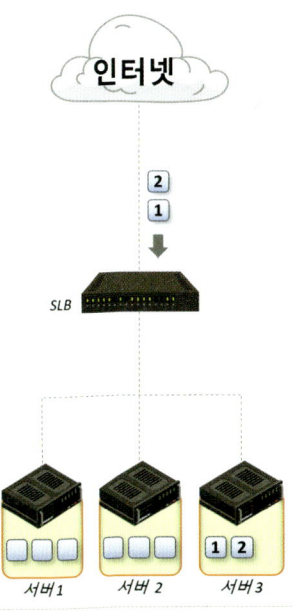

▶ 그림 12.6 최소 연결

그림에서 서버 1과 2는 이미 세션을 세 개씩 처리하고 있지만, 서버 3은 처리 중인 세션이 하나도 없습니다. 따라서 SLB는 새로 들어온 세션을 가장 적은 세션을 처리 중인 서버 3에게 보냅니다. 즉, 최소 연결은 세션 테이블을 살펴보고 세션 처리 개수가 가장 적은 실 서버에게 신규 세션을 보내는 방식입니다.

최소 응답 시간

최소 응답 시간은 말 그대로 응답 처리가 가장 **빠른** 서버에게 신규 세션을 보내는 방식입니다.

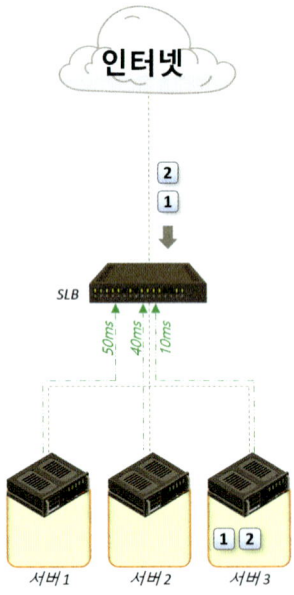

▶ 그림 12.7 최소 응답 시간

최소 연결 정보처럼 세션 처리 속도 또한 실시간으로 끊임없이 업데이트됩니다. 예를 들어, 어떤 때는 서버 3이 세션 처리가 제일 빨랐지만, 또 어떤 때는 서버 1이 가장 빠를 수도 있습니다. SLB는 서버별 응답 속도를 끊임없이 업데이트하면서 신규 세션을 어느 실 서버로 보낼지 결정합니다.

최소 대역폭과 최소 pps

최소 대역폭과 **최소 pps**는 앞서 살펴본 최소 연결, 최소 응답 시간과 유사한 맥락의 알고리즘입니다. 어느 서버의 대역폭 혹은 pps가 가장 낮은지 지속적으로 살펴보면서 가장 작은 용량을 처리 중인 서버에게 신규 세션을 보내는 방식입니다.

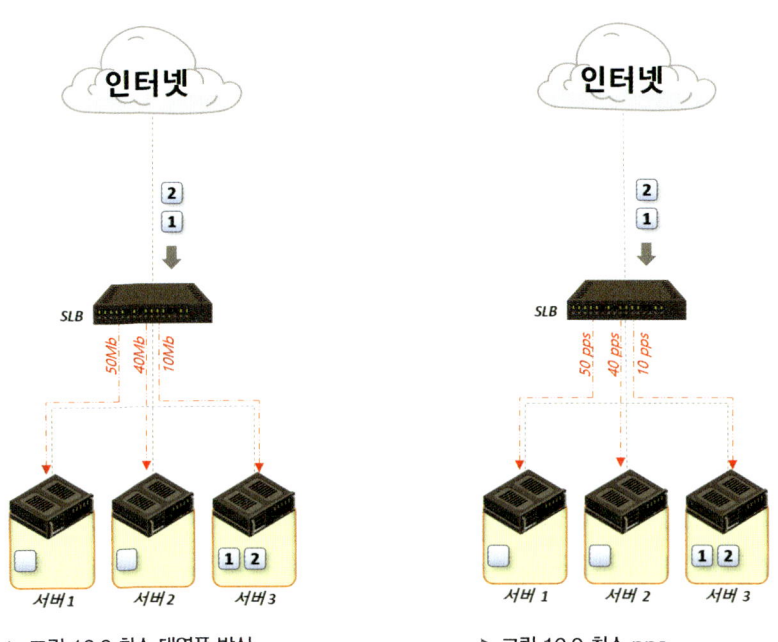

▶ 그림 12.8 최소 대역폭 방식   ▶ 그림 12.9 최소 pps

최소 연결, 최소 응답 시간 그리고 최소 대역폭과 최소 pps는 각각 모니터링하는 리소스가 다를 뿐 가장 적은 리소스를 처리 중인 서버로 신규 세션을 보낸다는 점이 동일합니다.

SLB 리소스 모니터링의 한계

최소 연결, 최소 응답 시간, 최소 대역폭 그리고 최소 pps와 같은 리소스 기반 알고리즘들은 잘 사용하면 이상적인 로드 밸런싱이 가능하지만 실제로는 관리가 쉽지 않습니다. 그 이유는 다음 2가지 때문입니다.

첫째, **실시간 리소스 모니터링**의 한계입니다. 이 알고리즘들이 들여다보는 리소스는 각기 다르지만, 핵심은 리소스 모니터링 기술입니다. 다시 말해 얼마나 완벽하게 그리고 얼마나 빠르게 리소스 변화를 업데이트할 수 있느냐가 핵심입니다. 예를 들어, 리소스 사용량 업데이트가 10

초에 한 번 이뤄지는지, 1초에 한 번 이뤄지는지 혹은 패킷 하나의 변화도 실시간으로 업데이트하는지가 매우 중요합니다. 끊임없이 패킷이 요동치는 실 망 네트워크에서는 1초 안에도 서버들의 리소스 사용량이 매우 급격하게 변할 수 있기 때문입니다(이에 대한 자세한 내용은 '16.2 QoS'에서 살펴보겠습니다.).

실시간 모니터링은 너무 많은 모니터링 리소스 소모를 유발하기 때문에 일정 간격을 두고 업데이트하는 경우가 일반적입니다. 따라서 서비스 트래픽 변동이 크다면 실제 흐름과 모니터링 값에 차이가 날 수 있습니다.

둘째, **계단식 장애**Cascading failure (도미노 현상) 때문입니다. 계단식 장애란 실시간 리소스 모니터링의 한계나 서비스의 급격한 변동성으로 특정 서버에 과도한 트래픽이 몰리면서 발생하는 재앙입니다. 간단한 예를 들자면, SLB가 하나의 실 서버에게 순간적으로 능력치 이상의 과도한 요청을 보내서 서버가 심각한 서비스 불가Out-of-service 상태, 쉽게 말해 **행**Hang 상태가 됩니다. SLB는 행 상태가 된 서버를 로드 밸런싱에서 제외합니다. 이후 또 다른 희생양에게 과도한 요청을 보냅니다. 이 과정이 반복되면서 전체 서버가 순차적으로 서비스 불가 상태로 빠지는 현상, 즉 계단식 장애 현상이 발생합니다.

구체적인 예시로 살펴보겠습니다. 10대의 서버가 초당 100개의 요청을 처리할 수 있고, SLB는 각 서버의 정확한 처리 용량을 모른다고 가정해보겠습니다. 어느 순간 SLB는 리소스 소모율이 가장 낮은 서버 1에게 500개의 요청을 한 번에 몰아 보냅니다. 순간적으로 너무 많은 요청을 받은 서버 1은 처리 지연Lagging이 발생하거나 심각할 경우 행 상태에 빠지게 됩니다. SLB는 1번 서버의 서비스 불가 상태를 감지하고 LB$^{Load-Balancing}$ 풀^{Pool}에서 제외합니다. 9개로 줄어든 LB 풀에서 다음 희생양으로 서버 2가 선택됩니다. 서버 1과 유사하게 순간적으로 과도한 요청을 받은 서버 2 또한 서비스 불가 상태가 됩니다. 이 과정이 반복되면서 전체 서버가 하나씩 서비스 불가 상태로 빠지는 것입니다.

리소스 소모량 가늠하기

단순하게 '한 서버로 과하지 않게 보내면 되는 것 아닌가?'라고 생각할 수도 있을 것입니다. 그러나 이는 무척 어려운 일입니다. SLB 입장에서 어떤 요청을 얼마나 보내도 괜찮은지 알 수 없기 때문입니다. 다시 말해 요청별 리소스 소모율을 전혀 알 수 없기 때문입니다. 예를 들어, '지난 10년간 한국인들의 몸무게 평균'이라는 요청은 각 연도별 한국인들의 몸무게를 모두 찾아내야 비로소 평균을 구할 수 있기 때문에 매우 큰 리소스 소모를 유발할 것입니다. 반면 '22 – 10

= ?'처럼 매우 간략한 산수 계산은 비교할 수 없이 작은 리소스로 해결될 것입니다.

단 하나의 요청이더라도 내용에 따라 리소스 소모율에 현격히 차이가 납니다. 그러나 요청 내용을 해석할 수 없는 SLB 입장에서 리소스 소모율을 예측한다는 것은 불가능한 일입니다. 따라서 SLB 엔지니어가 서비스를 깊이 이해할 수 있는 환경이 아니라면 순간적으로 트래픽이 과도하게 몰릴 수 있는 리소스 모니터링 기반 로드 밸런싱은 조심스럽게 선택해야 합니다.

2 SLB 토폴로지

지금까지 우리는 SLB가 실 서버를 선정하는 기준, 즉 로드 밸런싱 알고리즘들에 대해 살펴보았습니다. 이번 학습부터는 **SLB 토폴로지**Topology 및 로드 밸런싱을 위한 **패킷 수정**Manipulation 과정을 살펴보고자 합니다. 이번 학습에서 살펴볼 토폴로지는 TP 모드, 프록시, DSR, L2DSR, L3DSR까지 총 5가지며 각 토폴로지마다 장단점이 존재합니다. 하나씩 그림을 통해 자세히 살펴보도록 하겠습니다.

> **Tip.** 대부분의 네트워크 인프라는 한 번 구성이 완료되면 이후 변경이 어렵습니다. 더욱이 SLB는 서비스 밀접도가 높아서 특히 어려운 편입니다. 따라서 실 망에 SLB를 구축하려면 각 토폴로지별 특성을 완벽히 이해한 뒤에 구성하는 것이 좋습니다.

TP 모드

다음 그림 좌측의 **TP 모드**Transparent mode(브릿지 모드Bridge mode) 구성은 빨간색 점선으로 표시한 것처럼 라우터와 L2 스위치 사이에 SLB를 놓는 구성입니다(방화벽의 인라인 모드와 동일). 이 토폴로지에서는 라우터와 L2 스위치 사이를 오가는 모든 패킷이 자연스럽게 SLB를 통과하기 때문에 별다른 어려움 없이 SLB가 로드 밸런싱 대상 패킷을 모니터링하고 패킷 헤더를 바꿀 수 있습니다.

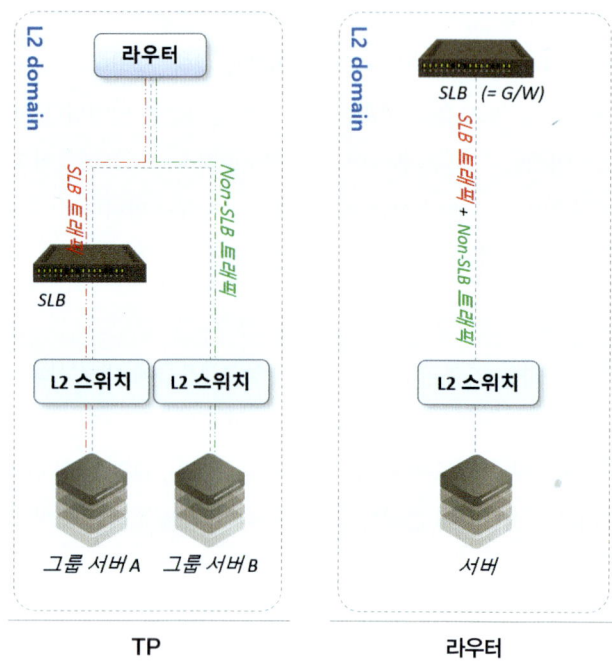

▶ 그림 12.10 SLB 토폴로지: TP와 라우터

TP 모드는 SLB뿐 아니라 각종 보안 장비도 범용적으로 사용하는 구조입니다. L2 경로 중간에 몰래(?) 들어가 있기 때문에 상하단 장비들은 존재조차 알기 어렵습니다. 이처럼 투명하게 보이지 않는다는 의미로 Transparent(투명한) 모드라고 불립니다.

TP 로드 밸런싱

TP 모드의 로드 밸런싱 과정을 그림을 통해 순서대로 살펴보겠습니다.

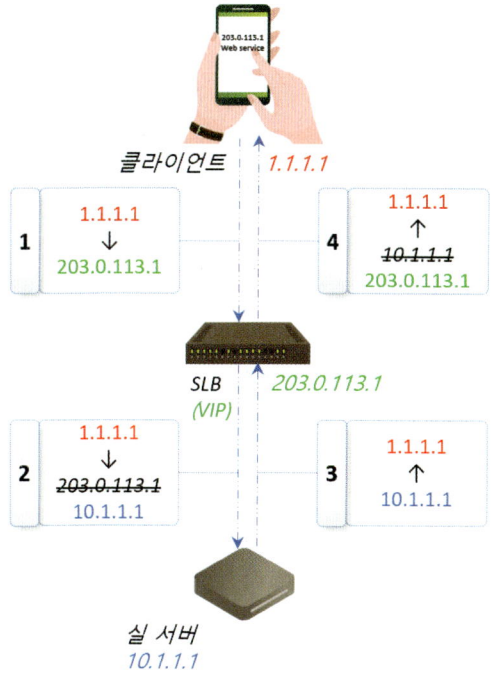

▶ 그림 12.11 로드 밸런싱 과정

① (SLB 소유의) VIP로 클라이언트 패킷이 들어옵니다(1.1.1.1 → 203.0.113.1).

② '경로 중간에서' 패킷을 받은 SLB는 패킷의 목적지 MAC/IP를 적절한 실 서버의 것으로 바꿔서 로드 밸런싱합니다. 이때 src IP는 변경되지 않습니다(1.1.1.1 → 10.1.1.1).

③ 패킷을 받은 실 서버가 응답 패킷을 보냅니다(10.1.1.1 → 1.1.1.1).

④ '경로 중간에서' 응답 패킷을 받은 SLB는 세션 테이블을 살펴봐서 자기가 보냈던 패킷임을 확인하고, 소스 IP를 RIP가 아닌 VIP로 원상 복구합니다(10.1.1.1 → 1.1.1.1을 203.0.113.1 → 1.1.1.1로).

이와 같이 클라이언트나 실 서버 모르게 패킷을 가로채서 헤더 일부를 수정함으로써 로드 밸런싱합니다. L2 경로 사이에 존재하기 때문에 상하단 네트워크 장비에 특별한 설정이 필요 없습니다. 실 서버에도 특별한 설정이 필요 없고, NAT처럼 복잡한 IP 변환 과정 또한 필요하지 않습니다. TP 모드는 매우 편리한 구조이지만 다음과 같은 2가지 제약 사항이 존재합니다(세부 구성에 따라 다소 다를 수 있습니다.).

TP 모드의 단점 ① 성능 고갈

TP 모드는 로드 밸런싱이 필요치 않은 패킷들도 SLB를 거쳐가야 하기 때문에 일반적으로 권장하지 않는 편입니다. SLB는 B/W당 단가가 매우 높은 장비입니다. 동일한 B/W 성능을 가진 스위치나 라우터에 비해 수십, 수백 배 더 비쌉니다. 이런 고가의 SLB 장비에 로드 밸런싱이 필요하지 않은 패킷들이 지나가면 쓸데없이 장비의 성능을 고갈시킵니다. 예를 들어, 실 서버 100대가 존재하는데 고작 10대만 로드 밸런싱이 필요한 환경이라면 무려 90%에 달하는 트래픽이 불필요하게 SLB를 지나갈 것입니다. 이로 인해 예측하기 어려운 서비스 장애가 발생할 수도 있습니다. 로드 밸런싱이 필요하지 않은 서버 간에 발생한 10 Gbps 트래픽이 SLB 성능을 고갈시키며 서비스 장애를 유발시킬지도 모릅니다.

방화벽도 TP 모드를 많이 사용하지만, 방화벽의 TP 모드는 SLB TP 모드와 다릅니다. 방화벽은 지나가는 모든 트래픽을 감시해야 보안에 빈틈이 생기지 않습니다. 즉, 반드시 지나가는 모든 패킷을 모니터링해야 합니다. 하지만 SLB는 로드 밸런싱이 필요한 트래픽들만 처리하는 것이 옳습니다. 그럼에도 TP 모드 특성상 전체 트래픽을 모니터링할 수밖에 없고, 이로 인해 불필요한 성능 고갈이 발생하는 구조입니다.

TP 모드의 단점 ② 로컬 서브넷 통신 시 NAT 사용 필수

TP 모드의 두 번째 단점은 로컬 로드 밸런싱, 다시 말해 같은 서브넷Subnet에서 발생하는 통신에 매우 불리한 구조라는 점입니다. 다음 그림의 서버 A는 192.168.1.1이라는 VIP로 TCP 연결을 시도했지만 공교롭게도 해당 VIP에 바인딩된 실 서버 B가 같은 서브넷에 있는 경우입니다.

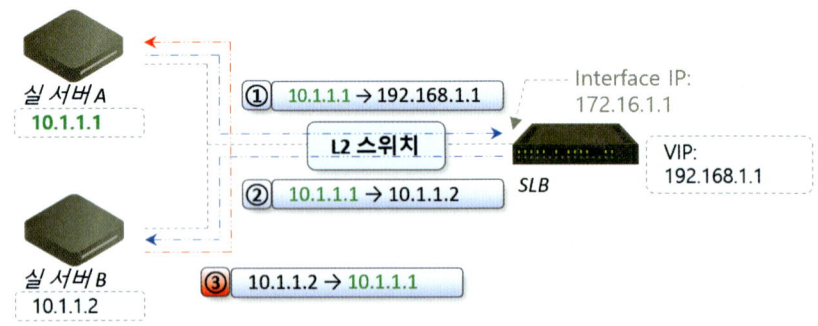

▶ 그림 12.12 로컬 로드 밸런싱 예시

그림에서 ① 서버 A가 SLB의 VIP로 패킷을 보내고 ② SLB가 서버 B로 로드 밸런싱 패킷을 보낸 과정까지는 일반적인 TP 로드 밸런싱 과정과 동일합니다(파란색 점선). 문제는 ③ 서버 B가 응답을 줄 때 발생합니다(빨간색 점선). SLB가 로드 밸런싱을 수행하면서 src IP는 변경하지 않고, dst IP만 실 서버 IP로 바꾸었기 때문에 ② 패킷의 src IP는 서버 A고, dst IP는 서버 B입니다. src IP가 VIP가 아닌 서버 A라는 점에 주목해야 합니다. 서버 A와 B 모두 같은 서브넷에 존재하므로 서버 B는 ③번 응답 패킷을 A에게 직접 보낼 것입니다.

서버 A 입장에서 TCP 연결을 했던 ① dst IP는 VIP(192.168.1.1)였으므로 자신이 시도한 적 없었던 ③ 응답 패킷을 받은 것입니다. 결국 서버 A는 ③번 패킷을 폐기하고 통신은 단절될 것입니다.

이를 극복하기 위해서 SLB를 서버 A와 B 사이에 두거나 NAT(정확히는 SNAT$^{\text{Source Network Address Translation}}$)를 해야 합니다. 예를 들어, ② 패킷의 src IP를 SLB의 인터페이스 IP인 172.16.1.1로 바꿔야 합니다. 다시 말해 ② 패킷을 10.1.1.1 → 10.1.1.2가 아닌 ~~10.1.1.1~~ 172.16.1.1 → 10.1.1.2로 변경해서 서버 A가 아닌 SLB에서 TCP 세션이 시작되는 것처럼 조작해야 합니다. 그럼 서버 B의 응답 패킷이 SLB로 돌아올 수 있게 됩니다.

이 과정이 단순해 보이나요? 아니죠, 복잡합니다. 이외의 다른 방안으로 SLB를 단순 L2 스위치용으로 사용하는 방안이 있지만 L2 스위치로 사용하기엔 SLB 단가가 터무니없이 높기 때문에 현실적인 방안은 아닙니다. 이처럼 TP 모드는 주변 네트워크 장비나 서버에 특별한 설정이 필요하지 않다는 장점이 있지만, 성능과 로컬 서브넷 통신에 취약한 구조입니다.

라우터 모드

이번에는 TP 모드와 유사한 듯 다른 **라우터 모드**를 살펴보겠습니다. 라우터 모드에서 SLB는 그림 12.10의 우측과 같이 로드 밸런서 역할뿐 아니라 L3 G/W(라우터) 역할도 함께 수행합니다. 즉, SLB = L3 G/W이기 때문에 서브넷(예. VLAN)을 벗어나는 트래픽은 모두 SLB로 보냅니다. 이 과정에서 로드 밸런싱이 필요한 패킷들을 모니터링하며 필요한 경우 IP 헤더를 수정하기도 합니다(구체적인 로드 밸런싱 과정은 앞서 살펴본 것과 동일하기 때문에 별도로 살펴보지 않겠습니다.).

라우터 모드의 장단점은 TP 모드와 유사합니다. 장점은 L3 G/W(라우터)가 따로 필요 없으므로 네트워크 구조가 간단합니다. 또, 주변 네트워크 장비나 서버에 특별한 설정이 필요하지 않습니다. 그러나 TP 모드에서 자세하게 언급했던 것처럼 로드 밸런싱이 필요하지 않은 단순 L3 트래픽도 SLB로 보내기 때문에 SLB 리소스 고갈이 발생할 수 있습니다. 더불어 TP 모드와 동일하게 로컬 서브넷 내부에서 로드 밸런싱이 이뤄지는 경우 SNAT 설정이 필요합니다.

TP 모드와 라우터 모드 둘 다 트래픽이 오가는 경로 중간에 SLB를 두는 구조입니다. 이러한 모드를 통틀어 **인라인 모드**Inline mode라고도 합니다. SLB의 인라인 모드는 망을 단순하게 만들어 주지만, 필요치 않은 트래픽이 SLB를 통과한다는 치명적인 단점이 있습니다. 따라서 초창기에는 많이 사용했었지만, 근래에는 비교적 찾아보기 힘든 구조입니다.

프록시

근래에 채택되는 SLB 토폴로지는 **프록시** 혹은 **DSR 모드** 둘 중 하나라고 봐도 과언이 아닐 것입니다. 다음 그림은 프록시와 DSR 세부 구성 방안입니다.

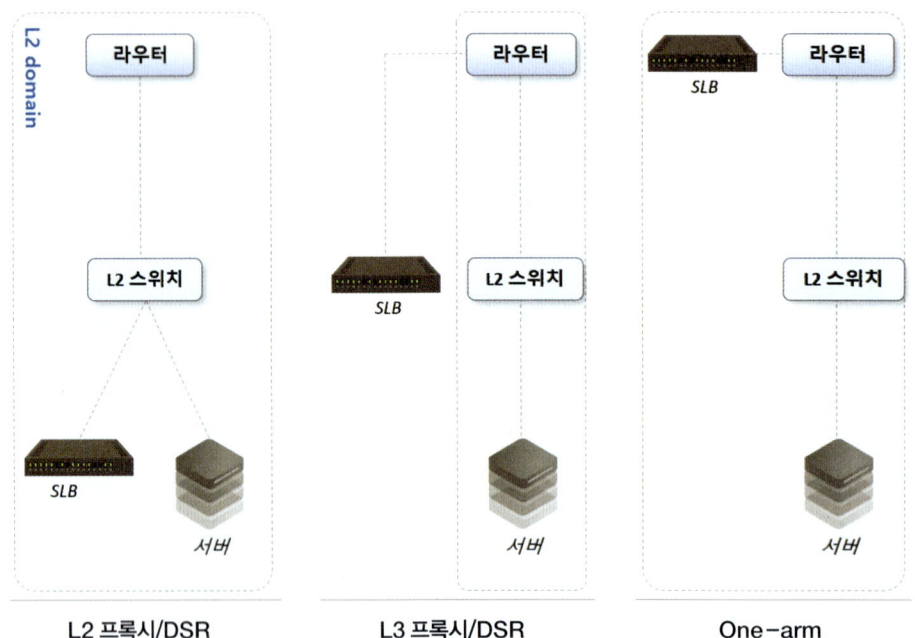

▶ 그림 12.13 SLB 토폴로지

먼저 프록시 모드는 SLB 토폴로지 중 가장 인기가 많은 모드입니다. 이 프록시 모드에 대해 정확히 이해하기 위해서는 TCP 세션 처리, 그중에서도 TCP 세션 종료를 이해해야 합니다.

TCP 세션 종료

프록시 모드의 SLB가 새로운 SYN 패킷을 받으면 해당 패킷을 그대로 실 서버로 보내지 않고 먼저 클라이언트와 3-way handshake를 완료합니다. 말 그대로 프록시, 즉 대리인처럼 실 서버를 대신하여 TCP 세션을 완성합니다. 이와 같은 동작을 **TCP 세션 종료**Termination라고 표현합니다.

보다 상세히 살펴보면 SLB가 클라이언트의 SYN을 받아 해당 세션은 SYN-RECEIVED 상태가 되고, SLB는 클라이언트에게 SYN/ACK를 보냅니다. 마지막으로 클라이언트로부터 ACK를 받으면 ESTABLISHED 상태가 됩니다(그림 12.1 참조). SLB는 자신과 클라이언트 사이 TCP 세션이 만들어진 '이후에' 실 서버와 3-way handshake를 진행합니다(그림 12.14 참조). SLB가 TCP 세션 종료를 하는 이유는 크게 **서버 리소스 보호**와 **서버 리소스 극대화**를 위해서입니다.

TCP 세션 종료의 장점

고의적으로 SYN 패킷을 대량으로 보내서 실 서버에 SYN-RECEIVED 상태가 쌓이도록 하는 공격을 **SYN 플러딩**(퍼붓기) 공격이라 하는데, 이러한 공격들을 TCP 세션 종료 기능으로 차단할 수 있습니다. 적지 않은 DoS 공격들은 가짜 src IP, 즉 IP 스푸핑을 사용하기 때문에 정상적으로 3-way handshake를 완료할 수 없습니다. TCP 세션 종료를 하면 SLB가 먼저 TCP 세션을 맺으므로 IP 스푸핑을 사용한 공격이 아닌 정상 클라이언트 여부를 미리 알 수 있게 됩니다. 덕분에 실 서버가 보안 공격에 노출되지 않게 됩니다('21.2 DDoS 공격'에서 보다 자세히 살펴볼 예정입니다.).

좀 더 나아가 일부 SLB 장비들은 클라이언트 쪽 세션이 ESTABLISHED되었다고 바로 서버 쪽 TCP 세션을 맺는 것이 아니라 클라이언트에서 데이터(예. HTTP 요청 패킷)가 올 때 비로소 서버 쪽 TCP 세션을 오픈하는 기능을 별도 제공하기도 합니다. 이를 통해 서버 쪽 TCP 세션의 오픈 시간을 최소화할 수 있습니다. 다음은 이를 그림으로 표현한 것입니다.

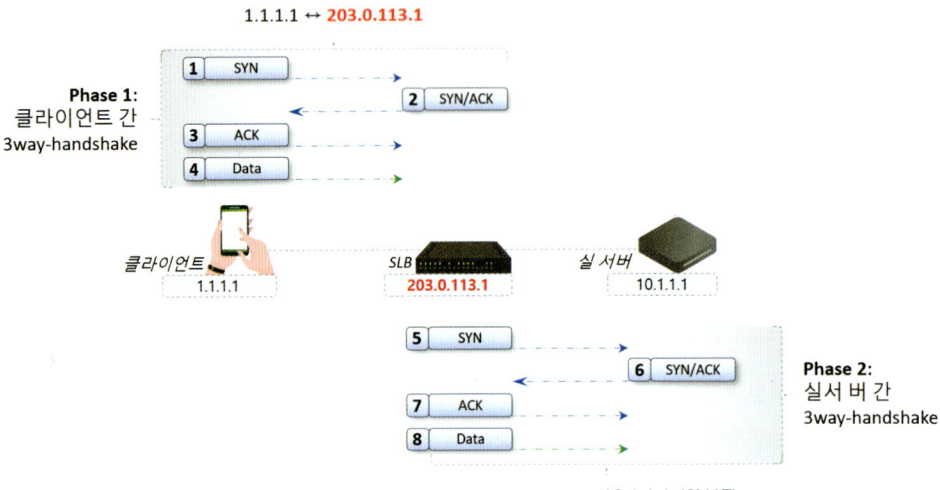

▶ 그림 12.14 TCP 세션 종료

이 그림에서 phase 1은 클라이언트와 SLB 간 3-way handshake가 진행되는 과정이고, phase 2는 SLB와 서버 간 3-way handshake가 진행되는 과정입니다. 클라이언트로부터 (4번) 데이터(예. HTTP 요청 패킷)를 받고 난 뒤 SLB가 비로소 실 서버로 (5번) SYN 패킷을 보내는 것을 볼 수 있습니다.

TCP 세션 종료를 하는 또 다른 이유는 서버 리소스 극대화라고 언급했습니다. 3-way handshake는 TCP 세션을 오픈하기 위한 사전 필수 작업입니다. 만일 클라이언트가 지리적으로 멀리 떨어져 있다면 패킷 레이턴시가 높을 것이고 이로 인해 TCP 3-way handshake 시간도 오래 걸릴 것입니다. 실 서버는 항상 바쁩니다. 1초에도 수많은 요청을 처리해야 하는데 TCP 세션을 맺고 끊는 데 시간이 오래 걸리면 그만큼 처리가 늦어지고 리소스도 불필요하게 소모될 것입니다.

반면 SLB와 실 서버는 지리적으로 매우 가까운 위치, 다시 말해 레이턴시가 매우 짧은 구간에 있는 경우(예. 데이터 센터 내부)가 많습니다. 따라서 레이턴시가 높은 클라이언트와 3-way handshake는 SLB가 대신 처리하고 정상 오픈되었을 때 비로소 가까운 실 서버와 3-way handshake를 빠르게 완료하면 서버 리소스를 최대한 효율적으로 사용할 수 있게 됩니다.

TCP 세션 종료의 단점

TCP 세션 종료가 장점만 있는 것은 아닙니다. src IP 추출, SLB 성능 감소, TCP 세션 오픈 지연 등의 단점도 있습니다.

하나씩 자세히 살펴보자면, 첫째 src IP 추출 문제가 있습니다. TCP 세션 종료가 일어나면 클라이언트와 서버는 서로 직접 통신할 수 없고 오직 SLB를 통해서만 통신이 이뤄집니다. 이 과정에서 클라이언트의 src IP가 SLB의 IP로 바뀝니다. 쉽게 말해, NAT 처리됩니다. 이로 인해 실 서버에서 클라이언트 IP를 추출하는 것이 매우 어려워집니다.

> **Tip.** TCP 세션 종료는 부가적인 기능 제공을 위해 클라이언트와 서버 사이에 서로 다른 TCP 세션을 맺습니다. 단순히 주소만 변환하는 NAT와는 목적도 다르고 지원할 수 있는 기술의 격차(예. SSL 오프로딩)도 크기 때문에 엄밀하게 따지자면 NAT와 TCP 세션 종료는 같은 기술이 아닙니다.

둘째, 클라이언트나 실 서버 입장에서는 하나의 TCP 세션이 오픈된 것이지만 SLB 내부적으로는 클라이언트 쪽 TCP 세션과 서버 쪽 TCP 세션 2개가 오픈됩니다. SLB 세션 테이블에서 이 2개의 세션이 별개로 취급되므로 SLB 세션 테이블이 2배로 소모됩니다. 셋째, 그림 12.14의 Phase 1과 Phase 2처럼 하나의 TCP 세션이 두 번에 나눠 오픈되므로 작은 지연이 발생합니다.

TCP 세션 종료는 이와 같은 단점 또한 존재하기 때문에 사용 여부에는 운영자의 적절한 판단이 필요합니다.

커넥션 큐잉

쇼핑 서비스는 티케팅이나 깜짝 할인 시즌 등의 이벤트 기간 동안 평상시 대비 수십~수백 배의 유저가 몰리면서 서비스가 중단되기도 합니다. 유저 트래픽 폭주로 인프라 장비들의 응답이 늦어지면 더 많은 TCP SYN 패킷들이 들어옵니다. 유저의 애플리케이션(예. 인터넷 브라우저)에서 TCP SYN 재전송 동작을 하기도 하고, 유저들이 다급한 마음에 새로 고침 버튼을 연속으로 누르기 때문입니다. 이러한 클라이언트 측 행위가 결국 더 많은 TCP SYN 패킷을 유발하고 인프라에 큰 부담을 줍니다. 이러한 상황에서 검토해볼 수 있는 기술로 **커넥션 큐잉**Connection queuing이 있습니다(벤더별로 해당 기능을 부르는 용어가 다를 수 있습니다.).

이 기능을 활성화하면 실 서버별 처리 가능 용량을 설정해 두고 그 이상의 트래픽이 들어오면 바로 실 서버로 전달하는 것이 아니라 해당 커넥션을 큐Queue에 넣어 둡니다. 그리고 서버 측 리소스에 여유가 생기면 그때 비로소 큐에서 빼서 서버로 보냅니다. 다시 말해 서버에 순간적으로 과도한 요청이 들어가지 않게끔 TCP 레벨에서 **흐름 제어**^{Flow control}을 수행하는 것입니다.

웹 서비스에서는 이보다 발전된 형태를 보이기도 합니다. 예를 들어, 자바스크립트^{Javascript} 응답으로 클라이언트에게 "현재 대기 인원은 1000명이며 30초 뒤 자동 접속됩니다."라고 알려주어서 차분한 대기를 유도합니다. 유저에게 순번과 예상 접속 시간을 알려줌으로써 과도한 재접속을 막고, 접속 순서대로 순차 처리를 유도하는 것입니다. 이와 같은 feature-rich 기능들을 사용하기 위해선 SLB를 필히 프록시 모드로 구성해야 하는 경우가 많습니다. 마치 댐과 같이 강의 중간 경로에서 흐름을 제어할 수 있어야 홍수를 막을 수 있는 것처럼 SLB가 프록시 모드로 TCP 세션 종료를 해야 클라이언트 ↔ SLB, SLB ↔ 실 서버 세션별로 제어권을 가질 수 있기 때문입니다.

DSR

DSR은 선택과 집중을 한 모드로, 커넥션 큐잉과 같은 feature-rich 기능들은 필요 없고 로드 밸런싱 성능만 극대화하고 싶을 때 사용합니다. DSR 모드의 핵심은 클라이언트에서 서버로 가는 요청만 SLB를 통하고, 반대로 서버에서 클라이언트로 보내는 응답은 SLB를 통하지 않도록 함으로써 SLB의 부담을 최소화하는 것입니다. DSR의 본딧말, Direct Server Return 그대로 서버의 응답이 SLB를 거치지 않고 클라이언트에게 바로 보내집니다.

DSR 모드의 특징

DSR 모드의 SLB는 클라이언트 패킷을 받으면 TCP 세션 종료를 하지 않고, 세션 테이블에 정보를 기록한 즉시 실 서버에게 보냅니다. TCP 세션 종료가 일어나지 않기 때문에 양쪽 TCP 세션을 별도 관리하지 않아도 되므로 여기서 일차적으로 성능이 증가합니다. 또, 서버의 응답이 SLB를 거치지 않습니다. 일반적인 인터넷 서비스의 경우 클라이언트 → 서버(요청) 데이터가 클까요? 반대로 서버 → 클라이언트(응답) 데이터가 클까요? 대부분 응답 데이터가 훨씬 큽니다.

검색 엔진이나 쇼핑몰 사이트에서 단순히 클릭을 하거나 검색어만 입력했을 뿐인데 수많은 글과 이미지가 로딩되는 것을 본 적이 있을 것입니다. 즉, 클라이언트가 서버로 전달하는 요청 데이터에 비해 서버가 클라이언트에게 전달하는 응답 데이터가 수십 배, 수천 배 혹은 그 이상으로 큰 경우도 많습니다.

DSR 모드에서는 역방향(서버 → 클라이언트 응답) 데이터가 SLB를 경유하지 않기 때문에 그만큼 SLB 성능이 극대화됩니다. 환경에 따라 다르지만 프록시 모드에 비해 약 10배 이상 성능이 향상되기도 합니다. 쉽게 말해 DSR 모드 SLB 1대가 프록시 모드의 SLB 장비 10대 성능을 낼 수 있는 것입니다.

이러한 높은 경제성 덕분에 순수 SLB 역할만 원하는 환경에서는 DSR이 큰 인기를 얻게 됩니다. 더불어 DSR은 프록시와 다르게 TCP 세션 종료가 발생하지 않기 때문에 패킷의 src IP, 즉 클라이언트 IP가 그대로 실 서버로 전달됩니다. 덕분에 웹 서비스 환경에서 DSR을 특히 많이 사용합니다.

DSR은 다음 3가지 방식으로 구현할 수 있습니다.

- L2 DSR
- L3 DSR – ip 터널링
- L3 DSR – DSCP

이 3가지 방식 모두 패킷이 SLB를 거치지 않고 실 서버로 바로 온 것처럼 서버를 '속이는' 방식들입니다. 좀 더 구체적으로 VIP와 동일한 IP를 실 서버 내부의 루프백 인터페이스에 할당한 뒤 3가지 모드별 특화된 방법으로 실 서버에게 패킷을 전달합니다. 이 패킷을 받은 실 서버 입장에서 '(SLB를 거치지 않고)나에게 직접 온 패킷이네.'라고 착각하게 만드는 것이 DSR의 주요 아이디어입니다. 글로만 설명하면 다소 어렵기 때문에 그림과 함께 살펴보겠습니다.

DSR 구현 ① L2 DSR

가장 먼저 살펴볼 **L2 DSR**은 dst MAC을 변경하는 방법으로 실 서버를 속입니다. 이때 SLB와 실 서버는 L2 통신을 해야 하므로 반드시 같은 L2 영역에 있어야 합니다.

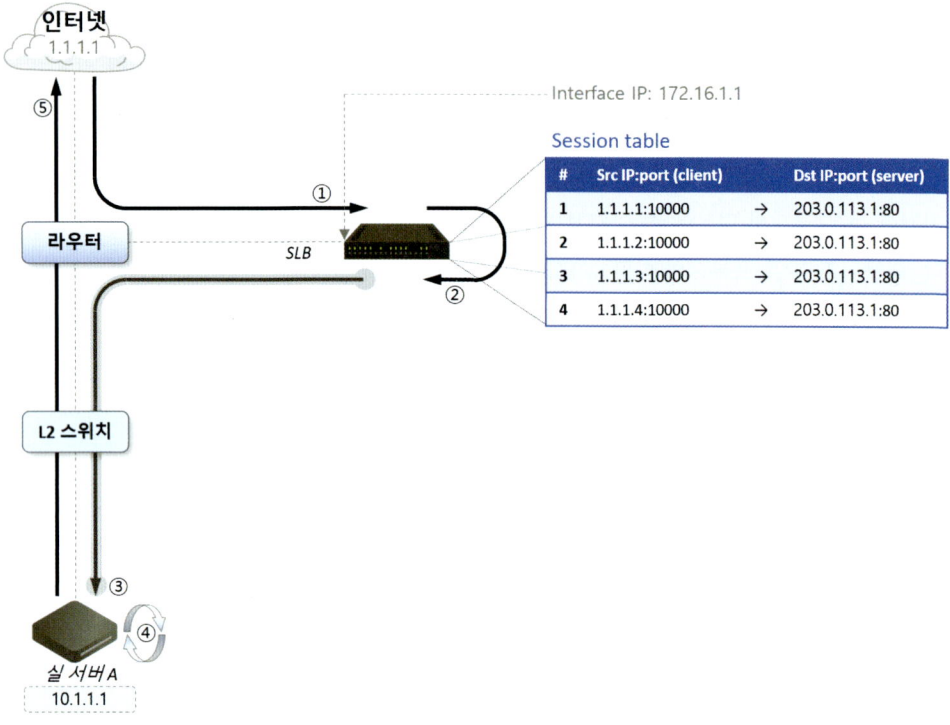

▶ 그림 12.15 DSR 패킷 플로우

패킷 전달 과정을 앞서 그림 순서대로 살펴보겠습니다.

① dst IP가 VIP인 패킷이 SLB로 들어옵니다(1.1.1.1 → 203.0.113.1).
② SLB가 로드 밸런싱할 실 서버를 선택하고, 관련 정보를 세션 테이블에 기록합니다.
③ SLB에서 실 서버로 패킷을 보낼 때 (IP 헤더는 건들지 않고) L2 헤더의 dst MAC 주소만 실 서버로 바꿔 보냅니다.
④ 패킷을 받은 실 서버는 패킷의 dst IP(203.0.113.1)가 자신의 루프백 인터페이스 IP에 매칭되므로 자신에게 온 패킷이라고 생각하고 받아들입니다.
⑤ 실 서버가 클라이언트에게 직접 응답 패킷을 보냅니다. 요청 패킷의 src와 dst IP를 바꿔 전송합니다(즉, 203.0.113.1 → 1.1.1.1).

L2 DSR의 핵심은 SLB가 패킷을 받은 뒤 dst MAC 주소를 실 서버의 것으로 변경한다는 점입니다. 패킷 자체에 SLB를 거쳐 온 흔적이 남지 않으므로 패킷을 받은 실 서버는 패킷이 SLB를 거쳐 온 사실조차 알지 못합니다. 이후 실 서버가 클라이언트에게 직접 응답 패킷을 보내면서 패킷 플로우Packet flow가 마무리됩니다.

L2 DSR을 포함한 모든 DSR의 패킷 플로우는 그림 12.15와 동일합니다. 각 모드별로 ③, ④번의 처리 과정이 다를 뿐입니다.

실 서버의 VIP 인터페이스

DSR의 중요한 전제 조건으로 실 서버의 인터페이스 중에 VIP 주소가 할당되어 있어야 합니다. 만일 자신의 MAC 주소로 온 패킷을 받았는데, 보유한 인터페이스 중에 dst IP와 매칭되는 IP가 없다면 자신에게 온 패킷이 아니므로 폐기될 것입니다. 이를 방지하기 위해 루프백 인터페이스에 VIP를 설정하여 패킷이 폐기되지 않도록 합니다.

다음은 루프백 인터페이스에 203.0.113.1이라는 VIP를 설정한 예시입니다.

```
VIP 203.0.113.1에 바인딩된 실 서버 루프백 설정 예시(RHEL 기반)

[root@localhost ~]# cat /etc/sysconfig/network-scripts/ifcfg-lo:0
DEVICE=lo:0
IPADDR=203.0.113.1
NETMASK=255.255.255.255
NETWORK=203.0.113.1
BROADCAST=203.0.113.1
ONBOOT=yes
NAME=loopback:0
```

L2 DSR의 한계

L2 DSR은 SLB와 실 서버가 같은 L2 영역에 있어야 한다는 큰 제약 사항이 있습니다. 언뜻 보기엔 큰 문제가 아닌 것 같지만 생각보다 골치 아픈 확장성 이슈를 발생시킵니다.

SLB가 L2 DSR 모드로 동작한다면 실 서버와 동일한 VLAN에 있어야 하는데, 상용 환경에서는 VLAN이 둘 이상인 경우가 흔합니다. 이 경우 SLB를 어떻게 여러 VLAN에 연결할 수 있을까요? 대표적인 3가지 방안은 다음과 같습니다.

① 각 VLAN마다 별도의 SLB를 구축
② SLB 인터페이스의 VLAN을 각각 다르게 구성
③ 스위치와 SLB 간 태깅Tagging(trunk) 인터페이스 설정

이 3가지 구성 중 무엇을 선택하든 다음 2가지 이슈 중 하나를 마주하게 됩니다.

첫 번째 이슈는 확장성의 제약입니다. ①의 경우 각 VLAN별로 SLB를 구매해야 하니 투자 금액이 매우 커질 것이고 ②에서 VLAN은 10개인데 SLB의 인터페이스가 8개밖에 안 되는 경우 SLB 리소스 사용률과 관계없이 SLB를 증설해야 합니다. 즉, SLB 성능은 5%도 사용되지 않는데 인터페이스가 부족해서 증설해야 하는 경우가 발생할 수 있습니다. 따라서 Configuration만으로 제약 없이 VLAN을 만들 수 있는 ③ 구성이 채택되는 경우가 많습니다. 그렇다고 만능 해법은 아닙니다.

두 번째 이슈는 SLB 사용률(효율)의 불균형입니다. 10개의 SLB와 10개의 G/W를 ③ 태깅으로 연결해서 ①, ② 구성의 한계를 극복했다고 가정해보겠습니다. 이제는 간단한 설정으로 VLAN을 추가하거나 뺄 수 있게 되었습니다. 그럼에도 G/W별 트래픽 불균형은 막을 수 없습니다. 예를 들어, G/W 1번 밑에 있는 서비스는 SLB 리소스를 너무 많이 사용해서 SLB가 꾸준히 증설되는 반면, 나머지 G/W 2-10번 밑의 서비스는 사용률이 매우 저조할 수 있습니다. G/W 2-10번 밑에 있는 서비스는 단 하나의 SLB로도 충분히 커버할 수 있지만, L2 DSR의 한계 때문에 부득이 여러 대의 SLB를 구매·운영할 수도 있습니다.

이처럼 L2 DSR은 확장성의 한계로 인해 과도한 SLB 투자가 발생할 수 있습니다.

DSR 구현 ② L3 DSR

L2 DSR의 한계를 극복하고자 나온 기술이 **L3 DSR**입니다. L3 DSR 모드에서 SLB와 실 서버는 L2 영역 제한이 없습니다. 즉, 서로 IP 통신만 가능하면 SLB를 어디든 두고 로드 밸런싱할 수 있습니다. 예를 들어, SLB는 뉴욕에 두고 실 서버는 프랑스에 둘 수도 있습니다. 확장성의 제약이 없는 것입니다.

여러 SLB를 한 곳에 모아 둔 SLB 풀을 구성하고 리소스 사용률이 높아지면 그때 비로소 SLB를 증설하는 **Scale-out 구조**로 운영할 수도 있습니다. 이러한 L3 DSR은 IP 터널 혹은 DSCP를 이용하여 구성할 수 있습니다.

L3 DSR - IP 터널링

여러 IP 터널 프로토콜이 존재하지만 일반적으로 GRE(RFC 2784) 혹은 IP-in-IP 터널링(RFC 1853, IPIP)을 사용하여 L3 DSR를 구성합니다. 둘 중 어느 것을 사용하더라도 무방하지만 실 서버 OS가 중요합니다.

리눅스는 2가지 터널 모두 지원하는 반면 윈도우는 버전에 따라 둘 중 하나만 지원하거나 둘 다 지원하지 않습니다. 그나마 GRE를 지원할 가능성이 높으며 IP 터널은 3rd party 애플리케이션으로만 지원되는 편입니다.

L3 DSR – IP 터널링 프로세스

IP 터널을 이용하는 경우 '10.3 인터넷 기반 VPN'의 'GRE'에서 살펴본 그림 10.4와 같이 원본 IP 헤더 앞에 새로운 터널링 헤더를 넣습니다(캡슐화). 그림 12.15 순서로 살펴보면 다음과 같습니다.

① dst IP가 VIP인 패킷이 SLB로 들어옵니다(1.1.1.1 → 203.0.113.1).
② SLB는 로드 밸런싱할 실 서버를 선택하고, 관련 정보를 세션 테이블에 기록합니다.
③ SLB가 실 서버로 패킷을 보낼 때 터널링(outer IP) 헤더를 새롭게 넣습니다(172.16.1.1 → 10.1.1.1).
④ 실 서버가 터널링 헤더를 제거하고(디캡슐화) ① 원본 패킷으로 복원합니다.

이후 패킷에 대한 응답을 보내는 과정은 L2 DSR과 동일합니다. 자신의 루프백 인터페이스에 VIP가 있고, 원본 패킷 ①이 1.1.1.1 → 203.0.113.1로 왔으므로 이에 대한 응답은 203.0.113.1 → 1.1.1.1로 보냅니다. 즉, SLB를 거치지 않고 클라이언트에게 직접 응답 패킷을 보냅니다. L2 DSR의 경우 서버 엔지니어가 VIP와 동일한 IP로 루프백 인터페이스를 설정하면 끝이었지만 L3 DSR 터널링 모드의 경우 터널링 관련 설정도 해주어야 합니다.

다음은 리눅스에서 L3 DSR용 IP 터널을 설정하고 관련 OS 튜닝을 하는 커맨드 예시입니다.

```
L3 DSR용 IP 터널(IP-in-IP) 설정 예시

# Load the IPIP kernel module
[ethan@localhost ~]# modprobe ipip

# Create an IPIP tunnel connection
[ethan@localhost ~]# nmcli connection add type ip-tunnel ip-tunnel.mode ipip ifname
DSR_IPIP con-name DSR_CONNECTION remote 172.16.1.1 local 10.1.1.1

# Enable the connection
[ethan@localhost ~]# nmcli connection up DSR_CONNECTION
```

```
L3 DSR용 커널 파라미터 변경 예시

# Enable IP forwarding to allow the server to forward packets between interfaces
sudo sysctl net.ipv4.conf.all.forwarding=1
```

모든 터널링 프로토콜이 그러하듯 IP 터널링을 사용하면 터널링 헤더로 인한 오버헤드가 발생합니다. GRE는 24 bytes, IP-in-IP의 경우 20 bytes의 오버헤드가 발생합니다. 이 터널 헤더만큼 MTU를 낮춰야 문제가 발생하지 않습니다.

MTU가 줄어든다는 것은 그만큼 통신 효율성이 떨어진다는 것을 의미하며 서버 엔지니어가 할 일이 더 늘어난다는 것을 의미합니다. 즉, 터널 기반 L3 DSR은 루프백 설정 + 터널링 설정 + MTU 조정 등이 필요합니다.

L3 DSR 구현 ③ DSCP

마지막으로 살펴볼 DSR 기술은 **DSCP**Differentiated Services Code Point를 이용하는 것으로, DSCP는 IP 헤더 필드 중 QoS를 위해 사용하는 6 bits 크기의 필드입니다. DSCP 필드를 DSR용으로 사용하는 것은, 쉽게 말해 DSCP QoS를 사용하지 않겠다는 의미입니다.

데이터 센터 안에서는 QoS를 잘 사용하지 않습니다. QoS는 병목 현상이 발생하는 환경에서 패킷(서비스)별 우선순위를 정하는 기술로, 데이터 센터에서는 패킷별 우선순위를 정하기도 어렵고 병목 현상이 발생하기 전에 회선을 충분히 증설하기 때문입니다.

DSCP L3 DSR 프로세스

SLB와 실 서버가 특정 DSCP = VIP라고 서로 약속하는 것이 주요 아이디어입니다. 예를 들어, SLB에서 IP 헤더의 DSCP를 1로 전송하면 실 서버가 이를 받자마자 dst IP를 203.0.113.1로 변경합니다. 그림 12.15 순서로 이 과정을 살펴보면 다음과 같습니다.

① dst IP가 VIP인 패킷이 SLB로 들어옵니다(1.1.1.1 → 203.0.113.1).
② SLB는 로드 밸런싱할 실 서버를 선택하고, 그 정보를 세션 테이블에 기록합니다.
③ SLB에서 실 서버로 패킷을 보낼 때 DSCP를 1로 설정하여 실 서버에게 전송합니다(1.1.1.1 → 10.1.1.1 /w DSCP 1).
④ DSCP 1이 설정된 패킷을 받은 실 서버는 dst IP를 203.0.113.1로 즉각 변경합니다(1.1.1.1 → 203.0.113.1). 이후 해당 패킷은 203.0.113.1로 온 패킷으로 간주합니다.

DSCP L3 DSR은 ④ 과정에서 패킷에 DSCP 1이 있으면 무조건 기존 dst IP를 10.1.1.1에서 203.0.113.1로 변경하는 것이 핵심입니다.

리눅스에서는 DSCP 값으로 dst IP를 변경하기 위해서 다음과 같이 iptables를 이용합니다.[2]

```
DSCP 기반 L3 DSR 설정(CentOS 기반)

[root@localhost ~]# iptables -t mangle -A INPUT -m dscp --dscp 1 -j DADDR \
--set-daddr=203.0.113.1
```

참고로 명령어에서 -t 옵션으로 mangle 테이블을 지정하고 있는데, 이 테이블은 IP 헤더 수정 권한을 가진 특수 테이블입니다.

DSCP 기반 L3 DSR의 한계

DSCP를 이용한 L3 DSR 방식은 터널링 오버헤드가 없는 대신 3가지 한계점이 있습니다. 첫째, 윈도우는 IP 헤더 수정을 공식 지원하지 않습니다. 즉, 윈도우 OS에서는 L3 DSR을 사용하기 어렵습니다. 둘째, 원론적인 부분이지만 DSCP 필드는 6 bits라서 SLB와 실 서버 간 '약속'을 최대 64개까지만 만들 수 있습니다. 즉, 하나의 실 서버당 최대 64개의 VIP를 생성할 수 있습니다. 물론 하나의 실 서버에 VIP를 64개나 만들 가능성은 매우 낮은 편입니다. 셋째, iptables 사용 시 멀티 코어 CPU 중 단 하나의 코어만 부하가 높아질 수 있습니다.

결론적으로 DSCP 기반 L3 DSR의 경우 윈도우에서 지원이 안 된다는 점이 치명적일 뿐 다른 제약 사항들은 실 망에서 크게 이슈가 되지 않습니다. 다만 DSCP 기반 L3 DSR이 비교적 최근[3]에 개발되었고 보급률이 높지 않아서 벤더에 따라 DSCP 기반 L3 DSR 기능의 완성도가 다소 낮은 경우가 있습니다. 예를 들어, 헬스 체크Health check 패킷에 DSCP 값을 보내지 못하는 기능 제약 등이 있을 수 있습니다.

---

[2] 기본 iptables에 야후가 개발한 extension을 필요로 합니다(https://github.com/yahoo/l3dsr 참조).

[3] L3DSR - Overcoming Layer 2 Limitations of Direct Server Return Load Balancing, (2011), Jan Schaumann, Yahoo, https://archive.nanog.org/meetings/nanog51/presentations/Monday/NANOG51.Talk45.nanog51-Schaumann.pdf

> **NOTE** 리눅스 서버의 멀티 코어 패킷 처리

리눅스에서 iptables가 실행되면 수많은 코어 중 하나의 코어에 패킷 처리가 집중될 수 있습니다. 이를 극복하기 위해선 2가지 기능이 필요합니다. 첫째, NIC가 싱글 큐$^{Single\ queue}$가 아닌 멀티 큐$^{Multi\ queue}$를 지원해야 하며 둘째, 리눅스 서버에서 RSS$^{Receive\ Side\ Scaling}$라는 기능이 지원되어야 합니다.

다행히 최신 서버는 이 2가지 모두 지원합니다. 덕분에 서버에 40개의 코어가 있다면 다량의 커넥션이 맺어졌을 때 40여 개의 코어 사용률이 균일하게 오를 수 있습니다. 그러나 DSR를 위해 iptables를 사용할 때는 고려해야 할 것이 2가지 더 있습니다.

① RSS의 경우 가장 대중적으로 사용하는 알고리즘은 독일 수학자 오토 퇴플리츠$^{Otto\ Toeplitz}$ 이름을 딴 **퇴플리츠 해시**입니다. 이 알고리즘은 5 tuple을 기반으로 해시 계산을 하기 때문에 패킷이 per-packet이 아닌 per-flow 형태로 각 코어에 분산됩니다. 이와 같은 환경에서 어떤 한 커넥션이 과하게 많은 트래픽을 유발한다면 다시 말해 어떤 src IP:port → dst IP:port로 다량의 트래픽이 발생하면 특정 코어 하나만 사용률이 높아질 수 있습니다.

② DSCP 기반 DSR을 사용하면 dst IP:port가 고정되어 있습니다. DSCP 기반 DSR 패킷의 헤더는 client IP:src port → [real server IP]:[VIP port] 입니다. 여기서 [real server IP]:[VIP port]는 고정되어 바뀌지 않습니다. 해시 함수에 5 tuple의 전체 요소를 사용하지 못하기 때문에 불균형이 발생할 수 있습니다.

다행인 것은 L3 DSR의 프로세싱 소모량이 높지 않기 때문에 코어 하나로 모든 L3 DSR 처리가 몰리더라도 서버 리소스에 큰 영향을 주지 않는 편입니다. 물론 실무에서는 이에 대한 적극적인 모니터링이 필요합니다.

지금까지 알아본 DSR 종류별 장단점을 표로 정리하면 다음과 같습니다.

DSR 모드	장점	단점
L2 DSR	구성이 간편 패킷 오버헤드가 없음	확장성의 한계 SLB 간 성능 불균형 발생
L3 DSR - 터널링	L2 구성 한계가 없음	터널링 오버헤드 발생 서버에 다량의 설정 필요 (루프백 + MTU + 터널링)
L3 DSR - DSCP	L2 구성 한계가 없음 터널링 오버헤드가 없음	윈도우 미지원 최대 64개의 DSCP만 사용 가능 특정 코어의 사용률이 높아질 수 있음

▶ 표 12.1 DSR 기술 장단점 비교

마지막으로 프록시와 DSR의 장단점을 표로 정리하면 다음과 같습니다.

기능	프록시	DSR
클라이언트 세션당 SLB 내부 세션 수	2 세션(클라이언트 쪽/서버 쪽 각각)	1 세션
성능	-	프록시 모드 대비 2-10배
클라이언트 IP 추출	특수 헤더(예. XFF) 추출 필요	src IP 그대로 추출 가능
특수 기능 지원 (예. 커넥션 큐잉)	지원 가능	지원 불가
TLS 오프로딩	지원 가능	지원 불가

▶ 표 12.2 프록시 vs DSR

DSR의 태생적 한계

DSR 모드는 태생적인 한계가 있습니다. 실 서버 내부에 여러 애플리케이션이 서로의 VIP에 접속하면 패킷이 SLB까지 가지 못하고 서버 내부에서 처리되고 맙니다. 언뜻 생각하면 패킷의 dst IP = VIP이므로 패킷이 SLB에게 갈 것이라 생각하겠지만 실제 패킷은 서버 밖으로 나가지 못합니다. 앞서 DSR 구현에서 다룬 '실 서버의 VIP 인터페이스'에서 살펴본 것처럼 서버 내부의 인터페이스에 VIP가 있기 때문입니다. 그림을 통해 보다 자세히 설명하겠습니다.

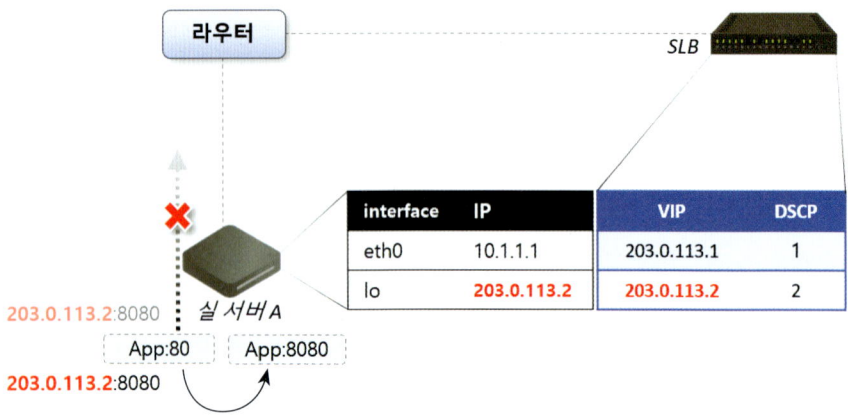

▶ 그림 12.16 DSR 제한

그림에서 실 서버 A의 애플리케이션 X, Y는 포트 80과 8080을 사용 중이고 lo(루프백) 인터페이스에는 VIP 203.0.113.2가 설정되어 있습니다. 애플리케이션 X는 SLB를 통해 로드 밸런싱이 될 것을 기대하며 Y의 VIP인 203.0.113.2:8080에 연결합니다. 통신은 되지만, 실제 패킷이 SLB를 다녀온 것은 아닙니다. Y의 VIP인 203.0.113.2가 lo 인터페이스에 설정되어 있으므로 서버 내부에서 처리가 끝나고 맙니다.

패킷이 SLB로 가지 않고 실 서버 내부에서 처리되더라도 당장은 문제가 없을지도 모릅니다. 그러나 2가지 잠재적인 이슈가 있습니다. 첫째, 실 서버 내부에서 발생하는 요청이 다른 실 서버들에게 가지 못하므로 실 서버들 사이에 리소스 불균형이 발생할 수 있습니다. 다시 말해 패킷이 균등하게 로드 밸런싱되지 못합니다.

둘째, 장애 발생 시 페일오버되지 못합니다. SLB는 주기적으로 헬스 체크를 해서 애플리케이션에 문제가 생기면 로드 밸런싱 풀에서 제외합니다. 그러나 앞서 그림과 같은 환경에서는 애플리케이션 Y에 장애가 발생하더라도 다른 실 서버로 패킷을 보내지 못합니다. 이와 같은 DSR의 태생적 한계를 극복하기 위해선 서로 통신이 필요한 애플리케이션들은 같은 서버 안에 두지 않게끔 구성해야 합니다.

SLB의 라우팅 전파 및 페일오버

지금까지 우리는 여러 형태의 SLB 구성 방안을 살펴보았습니다. 이번에는 SLB VIP 광고 및 SLB 페일오버 방안을 살펴보고자 합니다. 물리적인 토폴로지 관점에서 SLB를 구성하는 방안은 크게 2가지가 있습니다.

① 하나의 논리적인 공간(예. VLAN)에 SLB 장비들을 모아 두는 SLB 풀 구조
② One-arm 구조 ('프록시'에서 살펴본 그림 12.13에서 가장 오른쪽 구성 참조)

One-arm 구조는 프록시나 DSR과 같은 논리적인 패킷 흐름을 말하는 것이 아니라 SLB를 G/W 바로 옆에 두는 물리적인 구조를 말합니다. 그림 12.15처럼 전체적인 토폴로지가 마치 사람이 한 팔을 들고 있는 것처럼 보여서 비유적으로 One-arm 구조라고 합니다.

> **Tip.** 양팔을 벌린 것처럼 장비를 양 옆에 놓는 것은 Two-arm 모드라고 부릅니다. 반면 One-arm은 장비를 왼쪽 혹은 오른쪽 팔, 한 쪽에만 두는 모드입니다. 실무에서 이 둘을 명확하게 구분하는 경우는 드물고, 일반적으로 (Two-arm 모드를 포함하여) One-arm 모드로 통칭합니다.

하나의 논리적인 공간(예. VLAN)에 SLB를 모아 두는 ① 방식은 네트워크 장비가 라우팅 및 페일오버를 모두 대신해줄 수 있으므로 구성이 복잡하지 않은 편입니다. 그러나 ② One-arm 모드에서 SLB VIP 대역^{Routes}을 어떻게 전파시킬지를 깊게 고민해야 합니다. 대표적인 방안들을 살펴보겠습니다.

동적 프로토콜을 이용한 라우팅 광고

가장 이상적인 구성은 SLB가 OSPF 같은 동적 라우팅 프로토콜로 집적 VIP 대역을 광고하는 것입니다. 이러한 구성에서는 스탠바이^{Standby} 장비의 네이버십에 주목해야 합니다. SLB 및 방화벽 같은 세션 기반 장비들은 듀얼 액티브$^{\text{Dual-active}}$가 아닌 A/S$^{\text{Active/Standby}}$ 구조만 지원하는 편입니다. 이 A/S 구조에서는 스탠바이 장비로 OSPF 패킷이 들어오면 잘못 들어온 것으로 간주하고 조용히 폐기하기 때문에 스탠바이는 G/W와 OSPF를 맺을 수 없습니다. 따라서 액티브 장비만 OSPF 네이버십을 맺고 있다가, 액티브에 문제가 생기면 그때 스탠바이가 새로운 액티브 장비가 되면서 OSPF 네이버십을 새롭게 맺게 됩니다. 이 방법은 페일오버 시간이 많이 소모됩니다.

SLB 벤더에 따라 스탠바이 장비도 OSPF 네이버십을 맺을 수 있는 별도 기능을 제공하기도 합니다. 스탠바이 장비가 미리 OSPF 네이버십을 맺으면 빠른 페일오버가 가능합니다. 평소에 트래픽이 스탠바이 장비로 들어오면 안 되므로 다음 그림과 같이 스탠바이 장비 비용을 높여서 광고합니다(예를 들어 + 10 정도로). 이후 기존 액티브 장비 네이버십이 다시 업되면 (OSPF 비용이 낮으므로) 트래픽이 자동으로 원상 복귀됩니다.

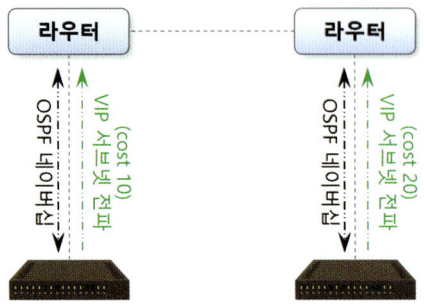

▶ 그림 12.17 Two-arm OSPF

동적 라우팅 프로토콜을 사용하면 VIP 대역 광고 및 페일오버가 자동 지원되므로 매우 이상적입니다. 그러나 SLB 장비가 안정적으로 동적 라우팅을 제공하지 못하는 경우가 있습니다. SLB 장비 자체가 L3 라우팅에 특화된 장비가 아니기 때문에 L3 라우팅 프로토콜을 완벽하게 지원하지 못하거나 안정성 이슈가 종종 발생하기도 합니다. 그래서 궁여지책으로 다른 구성을 이용해야 하는 경우가 발생합니다.

> **NOTE** **세션 기반 장비들은 어째서 듀얼 액티브 구조가 대중적이지 않을까?**
>
> 세션 기반 장비들은 듀얼 액티브, 즉 A/A를 제공하는 경우가 매우 드뭅니다. 왜 그럴까요?
>
> 세션 기반 장비들은 액티브 장비 A에 장애가 발생했을 때 스탠바이 장비 S가 장비 A의 TCP 세션을 그대로 이어받을 수 있게끔 설계되어 있습니다. 그렇지 않다면 TCP 세션을 새롭게 맺어야 하므로 장애 영향이 큽니다. 이를 가능하게 하려면 장비 A에서 처리되는 TCP 세션 정보(예. TCP 시퀀스 번호 Sequence number)가 끊임없이 A → S로 전달되어야 합니다. 이 과정을 흔히 **세션-싱크** Session-sync라고 합니다. 벤더별로 차이가 있지만, 보통 2가지 방식으로 구현합니다.
>
> **1. 패킷 헤더 정보만 전달**
>
> 액티브 장비 A가 패킷을 처리하면서 패킷 헤더 정보만 스탠바이 장비 S에게 알려 줍니다. 구체적으로 장비 A의 CPU(혹은 ASIC)가 내부 메모리에 세션 정보를 업데이트하면서 패킷 헤더 정보만 (벤더 자체적인 프로토콜로) S에게 전달합니다. 인터링크 Interlink로 보내지는 데이터는 작지만 프로세싱 과정이 복잡하고 업데이트 전파 과정이 느린 편입니다.

2. 미러링

액티브 장비 A가 패킷을 받자마자 S에게 그대로 전달합니다. 쉽게 말해, A → S로 미러링을 합니다. 이후 A와 S가 각자 패킷 프로세싱을 합니다. 스탠바이 장비 S도 액티브와 동일한 트래픽을 받기 때문에 A → S로 패킷 헤더 정보를 따로 보낼 필요가 없습니다. 이 방식은 전파 과정이 빠르고 단순하지만, 인터링크 B/W 소모가 높습니다.

둘 중 어느 방식을 쓰더라도 듀얼 액티브 구조를 지원하려면 양방향 세션-싱크가 이뤄져야 합니다. 세션 기반 장비들은 수백 만 혹은 그 이상의 패킷들을 나노 세컨드 단위로 처리하므로 양방향 세션-싱크를 하려면 패킷이 오갈 때마다 실시간으로 서로에게 업데이트해야 합니다. 즉, 프로세싱 비용이 매우 높습니다.

일반적인 경우라면 트래픽은 장비 A 혹은 장비 S 쪽으로만 흐를 것입니다. 그러나 만일 어떤 플로우가 A/S 장비를 마치 핑퐁하듯이 오간다면 A ↔ S 장비 사이에 쉴 새 없이 정보 업데이트가 이뤄져야 합니다. 단 한 번이라도 놓쳤을 때 페일오버가 발생한다면 불완전한 TCP 세션 정보로 인해 해당 트래픽은 폐기될 것입니다.

A/A 구조에서 세션 정보를 양방향 싱크하는 것은 무척이나 어려운 일입니다. 비단 네트워크 영역에 한정된 이야기가 아닙니다. DB도 유사하게 Dual master replication, 쉽게 말해 네트워크 장비와 같은 A/A 구조를 만들려고 꾸준히 노력해 왔습니다. 허나 현재의 기술로 손실이 전혀 없는 dual master replication 구축은 불가능에 가깝습니다. 효율을 극단적으로 포기하거나 아니면 정보 손실이 발생할 수도 있다는 점을 감내해야만 합니다.

정적 라우팅

동적 라우팅 프로토콜을 제외하고 가장 간단한 구성은 다음 그림처럼 VIP 대역에 대해서 **정적** Static **라우팅**을 설정하는 것입니다.

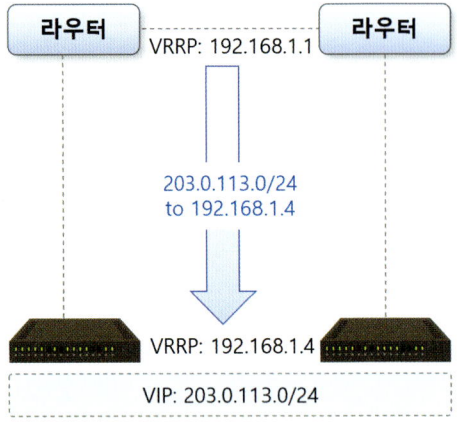

▶ 그림 12.18 정적 라우팅 + VRRP

구체적으로 G/W에서 SLB가 보유한 VIP 대역(예. 203.0.113.0/24)의 넥스트-홉을 SLB 의 VRRP IP로 지정합니다. VRRP ownership은 트래픽을 받을 액티브 SLB 장비입니다. 즉, VRRP owner = SLB 액티브 장비입니다. 만일 SLB 페일오버가 발생하면 스탠바이였던 SLB 가 GARP를 브로드캐스팅해서 VRRP ownership을 변경합니다.

L2 domain + GARP

또 다른 구성 방식으로 SLB의 VIP와 G/W를 같은 L2 domain에 두는 방법도 있습니다. 즉, G/W 라우터와 SLB VIP가 같은 VLAN 안에 있는 것이죠. 라우터가 ARP 요청을 보내면 SLB 가 ARP로 응답합니다.

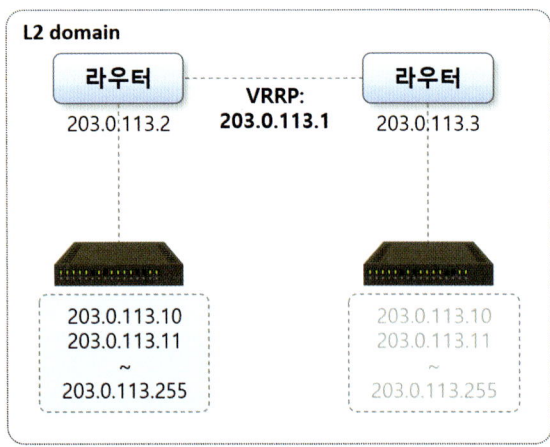

▶ 그림 12.19 L2 도메인 + VRRP

이 구성에서 G/W 라우터는 하단에 SLB가 있는 것이 아니라 VIP 개수만큼 서버가 있다고 착각하게 됩니다. 별도 라우팅 설정이 필요하지 않다는 것이 장점이지만, 페일오버에 매우 주의를 기울여야 하는 구성입니다.

SLB에 페일오버가 발생하면 스탠바이 SLB는 VIP마다 GARP를 보내서 ARP와 MAC 정보가 업데이트되도록 합니다. 이때 핵심은 GARP입니다. 만일 VIP가 1000개 있다면 페일오버가 일어나는 순간 1000개의 GARP 패킷이 브로드캐스팅될 것입니다. 이는 ARP 스톰 공격에 준하는 수준입니다. 이와 같이 극히 짧은 시간 내에 너무 많은 GARP 패킷이 브로드캐스팅되면 이 중 일부가 정상적으로 처리되지 못하는 현상이 발생할 수 있습니다.

GARP는 네트워크 장비 컨트롤 플레인, 쉽게 말해 CPU에서 처리됩니다('14.1 네트워크 장비 아키텍처' 참고). CPU는 초당 처리 성능에 한계가 있으므로 처리하지 못할 정도로 많은 데이터가 순간적으로 밀려오면 이들을 버퍼에 쌓아 두고 순차 처리합니다.

극단적으로 GARP 패킷이 많으면 이 버퍼까지 도달하지 못하는 경우가 발생합니다. 예를 들어, 데이터 플레인에서 컨트롤 플레인으로 GARP 정보를 보내는 구간(bus)의 대역폭이 충분하지 못하거나 컨트롤 플레인을 보호하기 위한 Rate-limit 방어 메커니즘 또는 그 외의 여러 원인으로 발생할 수 있습니다.

라우터에서 GARP 업데이트가 정상적으로 완료되지 못하면 해당 VIP는 강제로 ARP가 삭제되거나 ARP 타임아웃이 될 때까지 통신이 이루어질 수 없습니다. 장시간 동안 장애가 발생하는 것입니다.

정적 라우팅에서 GARP 이슈

그림 12.18처럼 정적 라우팅으로 구성하였다고 해도 방심해서는 안 됩니다. VRRP 프로토콜도 페일오버가 이뤄질 때 GARP를 사용합니다. 물론 VRRP용 GARP는 일반적으로 문제가 발생하지 않을 정도로 소량이며, 보통 SLB의 인터페이스 개수 또는 그보다 약간 많은 수준입니다. 그러나 일부 SLB 장비들은 페일오버가 일어날 때 VIP들의 GARP도 '같이' 브로드캐스팅하기도 합니다. 보내지 않아도 될 정보를 굳이 보내는 것입니다.

이로 인해 라우터가 정작 중요한 VRRP의 GARP 업데이트를 놓쳐서 심각한 장애가 발생하기도 합니다. 이러한 장애를 완화시키려면 라우터 CPU가 충분히 빠르거나 SLB가 GARP를 천천히 브로드캐스팅해야 합니다.

말은 쉽지만, 현실적으로는 어려운 일입니다. 다양한 종류의 라우터와 SLB가 수많은 조합을 만들 수 있기 때문에 CPU 처리가 얼마나 빠르면 되는지 또는 얼마나 느리게 GARP 브로드캐스트를 보내야 하는지 조율하기 어렵기 때문입니다.

GARP의 역할은 간단합니다. 예를 들어, 203.0.113.1이라는 VIP의 MAC이 A였다면 페일오버하면서 B로 바뀌었다고 알려 줍니다. 이 정보를 듣고 라우터는 MAC A가 아닌 MAC B에게 패킷을 보냅니다('11.2 ARP'의 '2. GARP' 참조). 그러나 GARP를 이용한 페일오버는 업데이트 IP 개수가 많을수록 문제가 발생할 확률 또한 선형적으로 증가합니다. 특히 VRRP의 GARP 업데이트가 방해받는다면 모든 VIP 트래픽이 단절될 수도 있습니다. 이러한 문제를 근본적으로 해결할 수 있는 방법으로 **가상 MAC**(vMAC)이라는 기술이 있습니다.

가상 MAC은 SLB A와 S 장비 모두 Z라는 MAC을 사용하는 기술입니다. 말 그대로 가상의 MAC을 만든 뒤 두 장비가 함께 공유합니다. 다만 자신이 액티브일 때만 외부로 패킷을 보내거나 받습니다. 스탠바이 장비는 패킷을 받더라도 폐기합니다.

ARP 대신 MAC으로 페일오버하면 유리한 점이 많습니다. GARP를 포함한 모든 ARP 패킷들은 컨트롤 플레인에서 처리되어야 하기 때문에 정보 업데이트 과정이 매우 느립니다. 반면 MAC 정보는 데이터 플레인(ASIC)에서 갱신되므로 ARP와 비교할 수 없을 정도로 업데이트가 빠릅니다. 또한 GARP처럼 한 번 (혹은 수 회) 보내고 끝내는 것이 아니라 이더넷 패킷이 지나갈 때마다 업데이트가 발생하기 때문에 GARP와 달리 업데이트 손실이 발생할 확률이 극히 낮습니다. 따라서 SLB 장비를 구성할 때는 해당 SLB 장비가 가상 MAC을 지원하는지 확인하고 만일 지원된다면 VRRP 대신 가상 MAC을 사용하는 것을 권장합니다.

CHAPTER 13
SLB 운영 관리

SLB를 직접 운영하기 위해서는 동작 특성과 TCP 프로토콜에 대한 심층적인 이해가 필요합니다. 개발자들은 SLB에 관한 많은 부분을 궁금해하며, 또 이슈가 발생하였을 때 해답을 듣기 위해 여러 질문을 던집니다. 이러한 질문에 적절히 대답하기 위해서는 SLB가 세션을 다루는 방식을 이해해야 하며 패킷이 어떻게 서버까지 도달하는지 머릿속에 그릴 수 있어야 합니다.

더불어 SLB 성능은 환경에 따라 격차가 크기 때문에 어떤 기준으로 성능을 측정하는지 또 성능에 영향을 미치는 요인들은 무엇인지 알고 있어야 합니다. Chapter 13에서는 피와 살이 될 SLB 운영 팁들을 알아보고자 합니다.

Roadmap

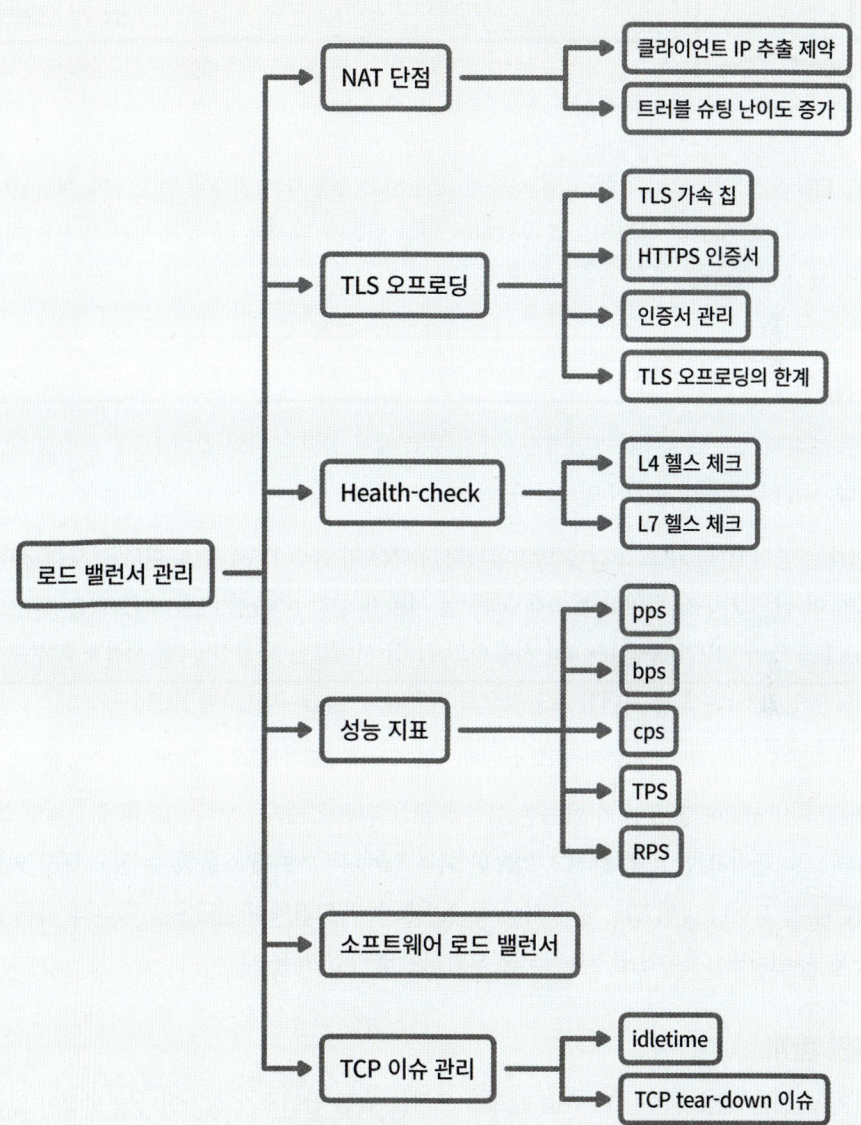

13.1 SLB 심층 학습

NAT, TLS 오프로딩 그리고 헬스 체크 등에 따라 SLB 성능과 서비스의 안정성이 결정됩니다. 이번 학습에서는 SLB를 안정적으로 운영하기 위한 팁들을 알아본 뒤 SLB 성능 측정용 지표들을 살펴보고자 합니다.

1 NAT

SLB를 프록시 모드로 운영하려면 'TCP 세션 종료'에서 살펴본 바와 같이 **NAT** 처리를 해줘야 합니다. NAT는 2가지 장점이 있습니다.

첫 번째는 공인 IPv4 주소 고갈을 방지합니다. IANA의 공인 IPv4 주소 할당은 오래 전에 끝났으며 이제는 그 수가 턱없이 부족해 모든 실 서버가 공인 IPv4를 가질 수는 없습니다. 그러나 NAT를 쓰면 VIP만 공인 IPv4를 사용하고 각 실 서버들은 사설 IPv4를 사용하도록 구성함으로써 공인 IPv4 주소를 최대한 효율적으로 사용할 수 있습니다(그림 12.11 참조).

> **Tip.** DSR도 VIP만 공인 IPv4를 사용하고, 실 서버는 사설 IPv4를 할당하여 동일한 효과를 얻을 수 있습니다.

두 번째는 실 서버에 공인 IP가 없다면 인터넷 보안 위협으로부터 보다 안전하게 보호할 수 있습니다. 서버들이 공인 IP를 가지고 있으면 외부 스캐닝Scanning에 노출될 수 있고 해킹 위협이 존재합니다. 그러나 공인 VIP 밑에 사설 실 서버를 두면 SLB에 바인딩된 포트 외의 다른 포트로는 외부(인터넷) 접속이 불가능하므로 보안성이 높아집니다.

NAT의 한계

반면 NAT에는 클라이언트 IP 추출 한계와 트러블 슈팅 난이도가 증가한다는 단점이 있습니다. 각 단점을 자세히 살펴보겠습니다.

첫째, 클라이언트 IP 추출 한계

NAT가 진행되면 모든 클라이언트 src IP가 SLB의 IP로 바뀌기 때문에 IP 헤더에서는 클라이언트 IP의 흔적을 찾을 수 없게 됩니다. 헌데 서비스 분석용으로 클라이언트 IP가 꼭 필요한 경우가 많습니다. 이러한 경우 특수한 방법을 이용하여 실 서버에게 클라이언트 IP를 전달해야 합니다.

만일 SLB에 바인딩된 프로토콜이 HTTP라면 비교적 손쉽게 클라이언트 IP를 전달해줄 수 있습니다. 정식 표준은 아니지만 사실상 표준으로 널리 사용되는 XFF$^{X-Forward-For}$라는 HTTP 헤더가 있습니다.[1] SLB는 이 XFF 헤더에 클라이언트 IP를 적어 보내고 패킷을 받은 아파치나 NGINX 등의 웹 서버 애플리케이션들은 XFF에 적힌 클라이언트 IP를 추출하여 로그로 남길 수 있습니다.

문제는 HTTPS입니다. HTTPS는 Layer 4 헤더 위의 모든 데이터를 암호화합니다('10.3 인터넷 기반 VPN'의 '3. SSL/TLS VPN' 참조). 이때 HTTP 헤더까지도 암호화되기 때문에 경로 중간에 있는 SLB가 XFF 헤더에 클라이언트 IP를 넣으려면 필히 **TLS 오프로딩**$^{TLS\ offloading}$ 기능을 통해 TLS 복호화를 먼저 진행해야 합니다. 이후 XFF 필드에 클라이언트 IP를 적은 뒤 평문$^{Plain\ text}$ HTTP 형태로 실 서버에게 전송해야 합니다.

단순히 클라이언트 IP를 확인하고 싶을 뿐인데 꽤 복잡한 과정을 거치면서 많은 리소스가 소모됩니다. 더욱이 HTTP 프로토콜도 아니고 XFF와 유사한 기능의 필드마저 없다면 SLB가 클라이언트 IP 정보를 보내 줄 수 없습니다. 즉, NAT를 하면 클라이언트 IP를 추출하기 매우 어렵습니다.

둘째, 트러블 슈팅 난이도 증가

네트워크 엔지니어로서 NAT 사용을 꺼려하는 가장 큰 이유는 **트러블 슈팅**$^{Trouble-shooting}$ 난이도 증가 때문입니다. NAT를 거치면서 src/dst IP뿐 아니라 포트도 바뀔 가능성이 높습니다. 이때 이슈가 발생해서 패킷을 분석해야 한다면 SLB의 세션 테이블을 기반으로 NAT 전과 후 세션을 하나씩 비교해가며 추적해야 합니다.

---

[1] XFF와 별개로 RFC 7239(2014), 〈Forwarded HTTP Extension〉에서 Forwarded라는 신규 HTTP 헤더가 제정되기도 했습니다.

NAT 이전 플로우(서버 쪽)	세션 테이블(SLB)	NAT 이후 플로우 (클라이언트 쪽)
1.1.1.1:3081 → 203.0.113.1:80	from client: 1.1.1.1:3081 → 203.0.113.1:80	
**	to server: 172.16.1.1:2468 → 10.1.1.1:80	172.16.1.1:2468 → 10.1.1.1:80

▶ 표 13.1 NAT 세션 테이블 예시

이 표는 NAT가 이뤄졌을 경우 트러블 슈팅이 얼마나 어려운지 보여 주기 위한 예시입니다. NAT를 통해 클라이언트 IP, **1.1.1.1**은 **172.16.1.1**로 바뀌었고 서버 IP, **203.0.113.1**은 **10.1.1.1**로 바뀌었습니다. 클라이언트와 서버 IP뿐만 아니라 src 포트까지 다른, 완전히 다른 별개의 세션이 되었습니다.

트러블 슈팅을 위해 클라이언트와 서버에서 각각 패킷 캡처를 했더라도 SLB 세션 테이블 정보 없이는 도대체 어느 클라이언트와 서버가 서로 통신한 것인지 알 수 없습니다. 정확한 트러블 슈팅을 위해서는 클라이언트, 서버, SLB에서 동시에 패킷 캡처가 이뤄져야 하고 SLB의 세션 테이블을 통해 각 플로우를 비교해야만 합니다. 이처럼 NAT는 패킷 분석 및 트러블 슈팅에 큰 걸림돌이 됩니다.

> **NOTE** **DDoS 공격의 최후의 선택지, DNS RR**
>
> NAT를 사용할 때 참고할 만한 내용이 하나 있습니다. 만일 그림 12.11처럼 VIP만 공인 IPv4를 사용하고 실 서버들은 사설 IPv4를 사용하면 DNS RR을 사용할 수 없습니다.
>
> 대용량 DDoS 공격이 들어오면 전문 DDoS 방어 장비를 이용한 필터링이 가장 이상적입니다. 이 과정이 원활하지 않아서 공격 패킷들이 SLB로 들어오면 SLB 리소스가 고갈되어 다운되기도 합니다. SLB가 다운되는 것은 서비스가 완전히 다운되는 것과 마찬가지이기 때문에 최후의 방법으로 DNS RR을 고려할 수 있습니다.
>
> DNS RR은 실 서버의 공인 IP를 DNS로 직접 전파시키는 기술입니다. 일반적인 환경에서는 DNS 레코드로 VIP가 설정되어 있습니다. 즉, www.example.com = SLB VIP로 설정되어 있습니다. 그러나 DNS RR을 동작시키면 'www.example.com = 실 서버들의 공인 IP들'

이 됩니다. 따라서 서버 100대가 있다면 100개의 실 서버 공인 IP가 인터넷에 그대로 노출됩니다.

이때 공격 패킷들도 실 서버로 들어와서 이들을 다운시키겠지만, 서버 대수가 충분히 많다면 DDoS 공격이 여러 서버로 분산되면서 일부 서버는 정상 동작할 수 있을지도 모릅니다. DNS RR은 그 일말의 가능성에 서비스의 운명을 거는 것입니다. 쉽게 말해, DDoS 공격 상황에서 DNS RR은 최후의 선택지라고 볼 수 있습니다.

DNS RR을 위해서는 NAT를 사용해서도 안 되고 서버들이 평상시에도 공인 IP를 가지고 있어야 합니다. 득보다는 실이 클 수 있기 때문에 DNS RR만을 위해 인프라를 디자인하는 것은 권장하지 않으므로 참고만 하는 것이 좋습니다.

2 TLS 오프로딩

앞서 살펴본 것처럼 SSL/TLS^{Transport Layer Security}는 암호화 프로토콜입니다. SSL/TLS 암호화가 안 된 평문 HTTP 패킷은 내용을 손쉽게 훔쳐볼 수 있습니다. 보안에 크게 신경 쓰지 않았던 2000년대 초반에는 HTTP가 매우 대중적이었습니다. 덕분에 기숙사 같은 공용 네트워크에서 이더리얼^{Ethereal}(와이어샤크의 기존 버전)로 패킷을 캡처하면 누군가의 ID/PW를 쉽게 훔쳐볼 수 있었습니다. 이와 같은 보안 위협을 막기 위해 근래 대부분의 웹사이트 업체들은 TLS(HTTPS)를 사용합니다.

TLS 암호화 프로토콜은 다음 그림과 같이 TCP, 즉 L4 Layer 바로 위에 존재합니다.[2] 때문에 패킷을 암호화하면 상위 프로토콜(예. HTTP 또는 FTP) 헤더 또한 암호화됩니다.

---

[2] UDP 기반 TLS는 DTLS^{Datagram Transport Layer Security}로 표준화되었습니다. RFC #4347(2006), #6347(2012), #9147(2022)

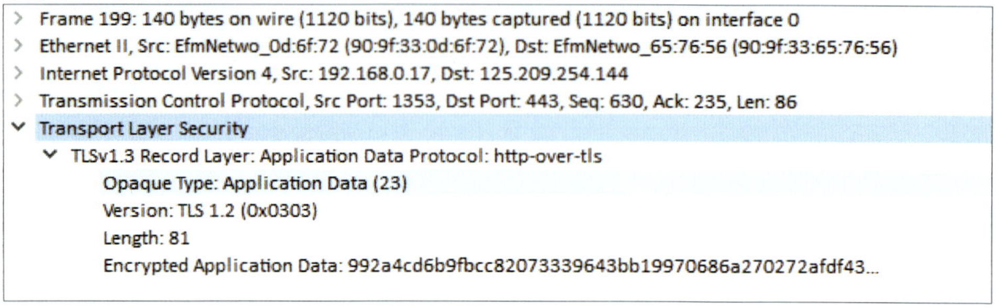

```
> Frame 199: 140 bytes on wire (1120 bits), 140 bytes captured (1120 bits) on interface 0
> Ethernet II, Src: EfmNetwo_0d:6f:72 (90:9f:33:0d:6f:72), Dst: EfmNetwo_65:76:56 (90:9f:33:65:76:56)
> Internet Protocol Version 4, Src: 192.168.0.17, Dst: 125.209.254.144
> Transmission Control Protocol, Src Port: 1353, Dst Port: 443, Seq: 630, Ack: 235, Len: 86
∨ Transport Layer Security
    ∨ TLSv1.3 Record Layer: Application Data Protocol: http-over-tls
          Opaque Type: Application Data (23)
          Version: TLS 1.2 (0x0303)
          Length: 81
          Encrypted Application Data: 992a4cd6b9fbcc82073339643bb19970686a270272afdf43…
```

▶ 그림 13.1 TLS 프로토콜

TLS 가속 칩

2000년대 초반에는 왜 TLS가 대중적이지 않았을까요? TLS(SSL) 암호화·복호화에 CPU 리소스가 많이 소모되었기 때문입니다. 그러나 세월이 흐르면서 컴퓨팅 성능이 좋아졌고 최적화 기술들 덕분에 자연스럽게 TLS가 대중화되었습니다. 이제는 웹 서버에 TLS 기능을 켜도 성능 감소가 거의 없다고 말할 수 있을 정도입니다.[3] 그럼에도 웹 서버 대신 SLB에서 TLS를 대신 처리해주는 기술, **TLS/SSL 오프로딩**(TLS/SSL 터미네이션 프록시, TLS/SSL acceleration)이 사용되기도 합니다. 인증서 관리를 중앙화할 수 있고 보안 모니터링이 가능하기 때문입니다.

TLS 오프로딩을 적용한 SLB는 TCP 세션을 종료해서 클라이언트와는 TLS 통신을, 서버와는 평문 통신을 합니다. 즉, 클라이언트 ↔ SLB 사이 구간은 TLS 통신을 하고 SLB ↔ 실 서버 구간은 TLS가 아닌 순수 HTTP로 통신합니다.

TLS로 암호화된 데이터는 보안 장비도 볼 수 없기 때문에 보안 위협을 모니터링하기 위해서 TLS 오프로딩을 한 뒤 SLB ↔ 실 서버 구간, 즉 평문 통신 구간을 모니터링하기도 합니다.

HTTPS 인증서

모든 HTTPS 웹사이트는 인증서를 가지고 있습니다. 이 인증서는 소정의 비용을 지불하고 Symantec, Sectigo, GeoTrust, GlobalSign 등의 인증 기관인 CA[Certificate Authority]로부터 서명받은 인증서, 즉 **CA 서명 인증서**[CA signed certificate]와 인증 기관을 통하지 않고 간단한 커맨드

---

[3] Coarfa, Cristian & Druschel, Peter & Wallach, Dan. (2002). Performance Analysis of TLS Web Servers. ACM Transactions on Computer Systems. 24. 10.1145/1124153.1124155. 및 https://istlsfastyet.com 참조

로 개인 등이 직접 생성한 인증서, 즉 **셀프 서명 인증서**Self-signed certificate[4] 두 종류로 나눌 수 있습니다.

웹 브라우저는 내부에 저장된 CA 정보를 활용하여 CA 서명 인증서를 구별하고 검증할 수 있습니다. 검증된 CA 서명 인증서를 가지고 있다면 신뢰할 수 있는 사업자가 사이트를 운영한다는 의미입니다. 반면 셀프 서명 인증서를 사용한다면 누군가 임의로 서명한 인증서이므로 믿을 만한 상대인지 알 수 없습니다. 이러한 경우 웹 브라우저들은 다음과 같은 접속 경고 문구를 띄웁니다.

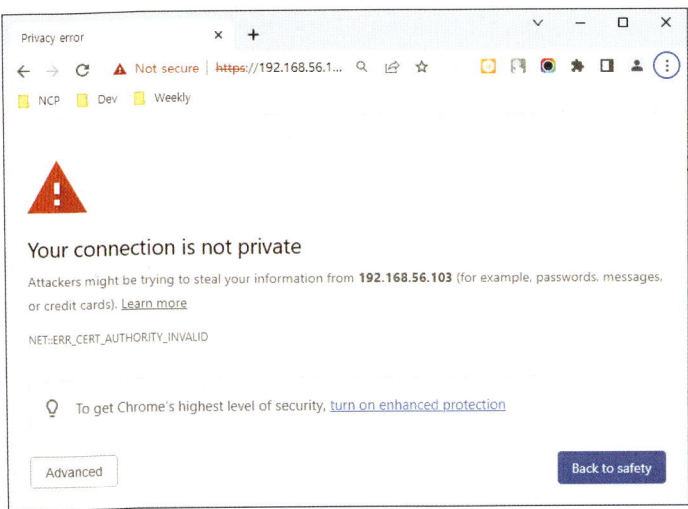

▶ 그림 13.2 크롬 브라우저에서 셀프 서명 인증서 사이트 접속 시 나타나는 경고 문구

인증서 관리

개발자들이 TLS 오프로딩을 원하는 경우도 있는데, 일반적으로 이는 인증서 관리 부담 때문입니다. 주요 인터넷 서비스를 운영한다면 CA에서 인증서를 발급받아 시스템에 업로드해야 합니다. 그런데 CA 인증서는 수명Lifespan이 있어서 일정 주기로 갱신을 해야 합니다. 만일 이 갱신 일자를 놓친다면 대형 장애로 이어질 가능성이 매우 높습니다. 예를 들어 일반 유저가 어떤 사이트에 접속했는데 경고 문구가 보인다면 접속하지 않으려 할 것입니다. 서버 간 통신의 경우에도 인증서 만료에 관한 예외 처리가 없다면 통신이 차단될 수 있습니다. 인증서 관리 업무에 익숙하지 않은 개발자나 관리자라면 이러한 관리 프로세스가 부담스러울 수밖에 없습니다.

---

[4] 일반적이진 않지만 CA 서명 인증서를 '공인 인증서', 셀프 서명 인증서를 '사설 인증서'라 부르기도 합니다.

더욱이 이전에는 인증서 수명이 27개월(825일)이었으나 2020년 9월 1일 이후에는 13개월(398일)로 갱신 주기가 짧아졌습니다. 인증서 관리 부담이 커진 것입니다. 인증서 만료 장애를 막으려면 누군가는 개별 인증서들의 만료 일자Expiration date를 빈틈없이 관리해야 합니다. 그러나 TLS 오프로딩을 하게 되면 이러한 부담을 개발자 혹은 시스템 관리자가 짊어지지 않아도 됩니다.

물론 인증서 관리 업무가 사라지는 것은 아닙니다. TLS 오프로딩을 하면 실 서버 대신 SLB에서 인증서를 관리하게 됩니다. 즉, SLB 운영자가 인증서의 발급, 갱신을 대신 관리하게 됩니다.

TLS 오프로딩의 한계

로드 밸런싱 성능에 영향을 주지 않고 TLS 오프로딩을 지원하려면 SLB 내부에 TLS 하드웨어, 즉 **TLS 가속 칩**TLS acceleration chip이 필요합니다. 다시 말해 TLS 오프로딩은 TLS 가속 칩 성능에 의존하게 됩니다.

그렇다면 SLB 1대가 최대 몇 대의 실 서버를 커버할 수 있을까요? TLS 가속 칩 그리고 실 서버별로 성능 차가 크기 때문에 이를 단적으로 말하기는 어렵지만, '일반적으로' SLB 1대가 웹 서버 약 100대 정도의 TLS 처리를 대신할 수 있습니다(환경마다 편차가 있습니다.).

당연하겠지만 TLS 오프로딩을 많이 사용할수록 TLS 전용 칩의 사용률도 선형적으로 증가합니다. 극단적인 경우 웹 서버와 SLB 로드 밸런싱 리소스는 거의 사용되지 않는데, TLS 전용 칩 성능 저하가 발생하기도 합니다. 이러한 경우 순전히 TLS 전용 칩의 성능 한계 때문에 SLB를 추가 구매해야 합니다.

결국 큰 서비스를 운영하는 환경에서 TLS 오프로딩은 실 서버와 SLB 구매·운영 비용 경쟁으로 귀결됩니다. TLS 오프로딩을 통해 실 서버 성능을 아끼고 인증서 관리 리소스를 SLB로 옮길 것인지, 아니면 TLS 오프로딩을 포기하고 실 서버를 증설하는 것이 나은지 판단해야 할 것입니다.

3 헬스 체크(H/C)

SLB는 실 서버 상태를 주기적으로 체크합니다. 이 과정을 **헬스 체크**(이하 H/C)라고 합니다. 여러 형태의 H/C가 있지만, L4 H/C와 L7 H/C가 가장 대중적입니다.

L4 H/C

L4 H/C는 특정 L4 포트가 살아 있는지 주기적으로 체크합니다. 예를 들어, TCP 서비스라면 TCP 3-way handshake를 정상적으로 맺는지 확인합니다. UDP를 제공하는 서비스라면 UDP 패킷을 보내고 어떤 응답이라도 돌아오면 정상으로 간주합니다. 이때 꼭 서비스 포트를 모니터링해야 하는 것은 아닙니다. 예를 들어, 실제 웹 서비스는 80 포트로 제공하지만 8080 포트를 모니터링할 수도 있습니다. 원한다면 80 포트와 8080 포트를 동시에 모니터링할 수도 있습니다. 이처럼 H/C 포트와 서비스 포트를 달리 모니터링하는 것은 보통 **무장애 중단**Graceful shutdown 때문입니다.

무장애 중단

장애 혹은 애플리케이션 배포 등을 위해 LB 풀에서 잠시 실 서버를 제외시켜야 할 때가 있습니다. 이때 실 서버의 서비스 및 H/C 모니터링 포트를 동일하게 80 포트로 설정했다면 개발자가 80 포트를 다운시키는 순간 H/C가 실패하면서 동시에 서비스도 중단됩니다.

실 서버 서비스에 문제가 생겼다고 해서 바로 LB 풀에서 제외되진 않습니다. 서버에 '일시적인' 리소스 고갈이 있을 수 있으므로 H/C를 한 번 실패했다고 즉각 로드 밸런싱에서 제외시키지는 않는 것입니다. 보통 2-3회가량 연속으로 실패해야 비로소 서비스에서 제외합니다.

H/C 주기가 5초라면 서버 포트가 다운되고 3번 연속 실패해야 LB 풀에서 제외될 텐데 이 경우 약 15초 정도의 딜레이가 발생합니다. 이 시간 동안 실 서버의 80 포트는 다운되어 서비스가 중단되었지만 SLB는 계속 해당 실 서버로 트래픽을 보낼 것입니다. 길다면 길고, 짧다면 짧은 시간 동안 해당 실 서버에게 보내진 패킷들은 폐기됩니다. 이러한 패킷 손실을 방지하고 싶다면 서비스 포트와 H/C 포트를 달리하면 됩니다. 예를 들어, 80 포트로 서비스를 하고, H/C는 8080 포트를 모니터링한다고 가정해보겠습니다. 개발자가 8080 포트를 다운시키면 약 15초 이후에 LB 풀에서 제외될 것입니다.

그동안 실 서버의 80 포트는 정상적으로 서비스를 제공합니다. 15초 이후 H/C가 다운되면 SLB는 80 포트로 신규 패킷을 보내지 않는 대신 기존에 연결되었던 세션들이 닫히기를 조용히 기다립니다. 다시 말해 80 포트 서비스 트래픽이 자연스럽게 빠질 때까지 기다립니다. 이러한 과정을 통해 패킷 손실을 막을 수 있게 됩니다.

SLB 엔지니어가 커맨드로 실 서버를 바인딩에서 제외시킬 때도 동일한 효과를 얻을 수 있습니다. SLB 장비에 실 서버 바인딩 해제 명령Unbinding을 내리더라도 현재 맺은 세션을 일방적으로 끊어버리진 않습니다. 대신 해당 서버에 신규 세션을 보내지 않고 기존 세션들이 닫히기를 조용히 기다립니다.

다만 실 망에서는 유지 보수 작업이 매우 빈번하기 때문에 SLB 엔지니어가 모든 작업에 직접 참여해 바인딩 해제 명령을 내리기는 현실적으로 쉽지 않습니다. 따라서 무장애 중단이 필요한 서비스라면 서비스 포트와 H/C 포트를 달리하는 것을 권장합니다.

L7 H/C

L7 H/C는 L4 H/C보다 지능적인 모니터링을 수행합니다. 단순히 포트 업, 다운 상태만 모니터링하는 것이 아니라 특정 URL이 접속 가능한지 아니면 특정 ID/PW를 입력했을 때 로그인이 가능한지 등 보다 우아한 방법으로 H/C를 수행합니다.

가장 대표적인 L7 H/C는 URL 모니터링입니다. URL 모니터링은 주기적으로 특정 웹 서버의 URL(예. http://real_server_ip:80/healthcheck.html)에 접근 가능한지 모니터링합니다. 그 응답으로 HTTP 상태 코드 값 200 OK가 돌아오면 정상으로 간주하고, 302 혹은 404 같은 에러 코드가 돌아오면 문제가 있는 것으로 간주합니다.

이 밖에도 여러 형태의 L7 H/C가 있습니다. FTP ID/PW를 입력하여 로그인한 다음 특정 파일을 정상적으로 다운로드받을 수 있는지 모니터링하거나 SQL 데이터베이스에 접속하여 특정 명령어를 보낸 뒤 원하는 문자열이 나오는지 모니터링할 수 있습니다. 혹은 VoIP용 프로토콜 SIP 메시지를 보내서 OK 응답이 오는지도 모니터링할 수 있습니다.

L7 H/C를 이용하면 포트는 살아 있는데 정작 애플리케이션이 정상 처리가 안 되는 애플리케이션 행 상태도 감지할 수 있습니다. 더 나아가 무장애 중단을 원하는 경우 L4 H/C처럼 복잡하게 구성하지 않아도 됩니다. 예를 들어, URL 모니터링에서 healthcheck.html 파일 이름을 healthcheck.down 등으로 바꿈으로써 손쉽게 로드 밸런싱에서 제외시킬 수 있습니다. 포트가 다운된 것이 아니기 때문에 서비스가 받는 영향은 없습니다. H/C가 실패된 후 SLB는 실 서버를 LB 풀에서 제외시키고 기존 세션들이 닫히기를 기다립니다.

TLS(SSL) Cipher suite

참고로 SLB에서 TLS(SSL) 포트를 H/C할 때 주의할 것이 하나 있습니다. 바로 **Cipher Suites**입니다. 앞서 '10.3 전용선 및 VPN 기술'의 'SSL/TLS Hello'에서 살펴본 것처럼 TLS(SSL) 클라이언트와 서버는 다음처럼 서로 지원 가능한 Cipher Suites를 교환합니다.

```
> Transmission Control Protocol, Src Port: 1353, Dst Port: 443, Seq: 1, Ack: 1, Len: 565
∨ Transport Layer Security
    ∨ TLSv1.3 Record Layer: Handshake Protocol: Client Hello
        Content Type: Handshake (22)
        Version: TLS 1.0 (0x0301)
        Length: 560
        ∨ Handshake Protocol: Client Hello
            Handshake Type: Client Hello (1)
            Length: 556
            Version: TLS 1.2 (0x0303)
            Random: bfd7da21865132ea82e7007ea8e7f044c3881fa9adb23240...
            Session ID Length: 32
            Session ID: 1f00306334a2344cad111eb4332c65d27847e1d20ba4aa7f...
            Cipher Suites Length: 34
            ∨ Cipher Suites (17 suites)
                Cipher Suite: Reserved (GREASE) (0x1a1a)
                Cipher Suite: TLS_AES_128_GCM_SHA256 (0x1301)
                Cipher Suite: TLS_AES_256_GCM_SHA384 (0x1302)
                Cipher Suite: TLS_CHACHA20_POLY1305_SHA256 (0x1303)
                Cipher Suite: TLS_ECDHE_ECDSA_WITH_AES_128_GCM_SHA256 (0xc02b)
                Cipher Suite: TLS_ECDHE_RSA_WITH_AES_128_GCM_SHA256 (0xc02f)
                Cipher Suite: TLS_ECDHE_ECDSA_WITH_AES_256_GCM_SHA384 (0xc02c)
                Cipher Suite: TLS_ECDHE_RSA_WITH_AES_256_GCM_SHA384 (0xc030)
                Cipher Suite: TLS_ECDHE_ECDSA_WITH_CHACHA20_POLY1305_SHA256 (0xcca9)
```

▶ 그림 13.3 TLS Client Hello패킷

드물지만 클라이언트와 서버의 Cipher Suite 리스트 중 하나도 일치하지 않는 경우가 있습니다. SLB 혹은 실 서버에서 지원 가능한 Cipher Suites가 충분히 많지 않은 경우 등입니다.

NGINX 웹 서버의 경우 다음과 같은 에러 로그를 볼 수 있습니다.

```
Cipher Suite mismatch error log

      debug logging disabled
gnutls_handshake() failed: Handshake failed

      debug logging enabled (error_log   /var/log/nginx/error.log debug;)
SSL_do_handshake() failed (SSL: error:1408A0C1:SSL routines:ssl3_get_client_
hello:no shared cipher) while SSL handshaking
```

일반 서버에서 curl 등으로 접속하면 잘되는데 SLB의 H/C만 실패하는 경우라면 대부분 Cipher Suites 이슈입니다.

4 세션 기반 장비들의 성능 지표

SLB와 같은 세션 기반 장비들은 bps나 pps 외에 다양한 성능 지표를 사용합니다. L3 네트워크 장비의 성능 지표는 비교적 단순합니다. 가장 대중적인 L3 장비 성능 지표는 128 bytes 기준 full wire speed(line-rate)를 지원할 수 있는 포트 개수입니다. 쉽게 말해, 100 GE full wire speed를 지원하는 포트 개수로 L3 장비의 성능을 평가하곤 합니다.

그러나 SLB 혹은 방화벽과 같은 세션 기반 장비는 성능 지표가 매우 다릅니다. 세션 기반 장비들도 full wire speed로 평가할 수 있다면 간단하겠지만, 아쉽게 그 정도 성능이 나오지 않습니다. 2023년 기준, L3 섀시^{Chassis}급 장비 1대가 최대 300 Tbps 정도의 성능을 제공합니다. 그러나 세션 기반 장비들은 이제 3 Tbps를 향해 가고 있습니다. 수치로 본다면 1/100 수준입니다. 생각해보면 이는 지극히 당연한 현상입니다.

L3 장비들은 신호등처럼 패킷 목적지를 확인하고 보내면 끝입니다. 그러나 세션 기반 장비들은 마치 검문소에서 차량 수하물을 검사하는 것처럼 패킷 내부까지 세밀하게 들여다봅니다. L3 장비와 비교할 수 없을 만큼 리소스가 많이 들 뿐 아니라 들여다보는 범위에 따라 성능 차이도 크게 발생합니다.

세션 기반 장비들은 L3 장비보다 복잡한 성능 지표로 분석해야 하기 때문에 이번 학습에서는 각종 네트워크 장비용으로 사용하는 성능 지표들을 상세히 살펴보겠습니다. 먼저 L3 장비 성능 지표로 주로 사용되는 pps와 bps부터 살펴보겠습니다.

pps

pps$^{Packets\ per\ second}$는 네트워크 엔지니어가 많이 접하는 성능 측정 단위 중 하나입니다. 말 그대로 초당 처리 가능한 패킷 수입니다. pps로 성능을 측정할 땐 패킷 사이즈가 중요합니다. 사이즈에 따라 성능 차이가 매우 크게 발생하기 때문입니다. 보다 정확히 말하면 패킷 안에 담겨 있는 데이터 페이로드$^{Data\ payload}$의 크기는 중요하지 않고, 초당 얼마나 많은 IP 헤더를 처리할 수 있냐가 핵심입니다. 신호등으로 비유하면 신호를 빠르게 점멸하는 속도가 성능이 됩니다.

예를 들어, 1500 bytes 패킷들로 10 Gbps를 가득 채우면 1520 bytes(interframe gap 12 bytes + 프리엠블^{Preamble} 8 bytes + 1500 bytes 패킷) * 8 bits * **약 820 Kpps** = 10 Gbps가 됩니다. 반면 64 bytes 패킷으로 10 Gbps를 가득 채우면 84 bytes(interframe gap 12 bytes + 프리엠블 8 bytes + 64 bytes 패킷) * 8 bits * **약 14.8 Mpps** = 10 Gbps입니다. 1500 bytes의 0.82 Mpps(= 820 Kpps)와 64 bytes의 14.8 Mpps는 무려 18배 차이입니다. 쉽게 말해 네트워크 장비가 1500 bytes 패킷을 처리할 때보다 64 bytes 패킷을 처리할 때 18배 더 빠르게 일해야 합니다.

bps

bps$^{\text{Bits per second}}$는 네트워크 엔지니어에게 가장 친근한 지표일 것입니다. bps는 실시간으로 트래픽 전송량을 표기할 때 주로 사용합니다. 그러나 '일반적으로' bps는 장비 성능 지표로 활용하지 않습니다. 예를 들어, 패킷이 차량이라고 가정하면 pps는 1초에 지나간 차량 대수를 의미하지만, bps는 1초 동안 지나간 차량 길이의 총합입니다. 즉, bps는 인터페이스 하나에서 1초 동안 내보낸 모든 bit의 총량일 뿐 초당 얼마나 많은 패킷이 처리된 것인지, 네트워크 장비가 얼마나 열심히 일했는지 알 수 없습니다.

10 GE 인터페이스에 트래픽이 가득 찼어도 전송된 패킷들이 1500 bytes 패킷들이었는지 64 bytes 패킷들이었는지 알 수 없습니다. 이러한 연유로 bps는 성능 지표로 적합하지 않습니다.

참고로 bps는 **bits** per second를, Bps는 **bytes** per second를 말합니다. 네트워크 세계에서는 주로 bps라고 표기하지만, 그 밖에 IT 인프라(서버, 스토리지 등등) 세계에서는 주로 Bps라고 표기합니다. 따라서 개발자 혹은 서버 담당자와 Bps 또는 bps 단위로 커뮤니케이션을 할 때 주의해야 합니다. 많은 리눅스 커맨드에서 속도를 Bps 단위로 취급하기 때문입니다. 네트워크 엔지니어가 트래픽 볼륨을 100 Mbps로 제한해 달라고 요청했으나 서버, 개발 담당자는 100 MBps, 즉 800 Mbps로 제한하는 경우가 자주 발생합니다.

프리엠블 + IFG

동일한 볼륨의 트래픽을 전송하는데 장비별로 bps 수치를 다르게 표기하는 경우가 있습니다. 예를 들어, 10 GE 인터페이스에 트래픽을 가득 채워 보냈는데 NMS 그래프상으로는 9 Gbps가량만 표기되고 1 Gbps 정도 여유가 있는 것처럼 보이기도 합니다. 이는 **프리엠블** 및 **IFG**$^{\text{InterFrame Gap}}$ 합산 여부에 따라 bps 수치가 달라지는 현상입니다.

bps를 계산할 때 장비에 따라 각 패킷의 8 bytes 프리엠블과 12 bytes IFG를 포함할 수도 있고, 포함하지 않을 수도 있습니다. 이 프리엠블과 IFG가 bps에 제법 큰 영향을 줍니다. 예를 들어, 64 bytes 패킷을 하나 전송할 때 실제 인터페이스로 내보내는 패킷 사이즈는 + 8 bytes 프리엠블 + 12 bytes IFG = 84 bytes입니다. 무려 30%에 가까운 20 bytes짜리 오버헤드가 붙는 것입니다.

스위치들은 일반적으로 bps를 계산할 때 프리엠블과 IFG를 포함하는 반면 라우터를 포함하지 않는 경향이 있습니다. 예를 들어, 10 Gbps 인터페이스에 64 bytes 패킷을 가득 채워 전송하면 스위치는 10 Gbps로 보이고 라우터는 7.62 Gbps 정도만 전송하는 것처럼 보입니다. 이는 네트워크 운영자에게 무척 괴로운 일입니다. pps 수치로 프리엠블과 IFG를 추산한 뒤 프리엠블과 IFG가 포함된 bps를 대략 가늠할 수 있지만 계산 과정도 번잡하고 정확하지도 않습니다. 일부 라우터는 명령을 통해 프리엠블과 IFG를 포함시킬 수도 있습니다. 장비 성능 저하가 없다면 가급적 적용해 둘 만한 옵션입니다.

CPS & CC

세션 기반 장비용으로 주로 이용하는 성능 지표는 **CPS**Connections per second와 **CC**Concurrent Connection입니다. CPS는 초당 3-way handshake 처리 속도, 다시 말해 초당 만들 수 있는 TCP 세션 개수를 말하며 더 대중적으로 활용됩니다. 반면 CC는 장비가 관리 가능한 최대 세션 개수를 말합니다. 다르게 표현하면 장비의 세션 테이블 크기로, 쉽게 말해 메모리 크기를 말합니다. 예를 들어, 어떤 SLB가 1M cps와 100M CC를 지원한다면 해당 장비는 초당 1 백만Million 개의 TCP 세션을 만들 수 있고 최대 1억 개의 세션을 저장 및 관리할 수 있다는 것을 의미합니다.

데이터시트 성능

L3 장비들은 **데이터시트**Datasheet의 성능과 실제 장비의 성능 차이가 크지 않은 편입니다. 그러나 SLB는 크게 차이가 나는 경우들이 있는데, 이는 다음 2가지 이유 때문입니다.

첫째, 다양한 테스트 방법론의 차이입니다. 일반적으로 데이터시트상 수치는 벤더가 테스트를 진행할 때 가장 유리한 환경에서 진행되는 경우가 많습니다. 세션 기반 장비들은 패킷 사이즈 외에도 DSR, 프록시 등과 같은 네트워크 구성 또는 독자적인Proprietary 기능 사용 여부에 따라 성능 차이가 크게 발생합니다. SLB 벤더는 최적의 환경에서 측정된 최고 성능을 데이터시트에 싣는 편입니다.

둘째, 실 망 환경과 계측기를 이용한 테스트 환경의 차이입니다. 계측기를 이용한 테스트 과정은 공장처럼 모든 과정이 매우 정형화되어 있습니다. SLB와 계측기를 직접 연결한 경우 SYN → SYN/ACK → ACK의 과정이 제로 레이턴시에 가까울 만큼 지연이 없습니다. 이후 TCP FIN을 받아 세션을 제거하는 시간도 매우 짧으므로 최적의 성능이 나옵니다.

반면 실 망에서 트래픽 흐름은 매우 불안정합니다. 유저의 접속 환경에 따라 레이턴시가 크게 변하기도 하고 때때로 패킷 로스가 발생하기도 합니다. 원활한 요청은 순식간에 처리되지만 불안정한 요청은 서버에 부담을 줍니다. 이는 데이터시트와 실 망 장비 간 성능 차이로 이어지며 때때로는 그 차이가 크게 발생하기도 합니다.

데이터시트상의 수치만으로는 실 망에서 SLB 성능을 예상하기 어렵습니다. 그러나 이미 운영 중인 장비라면 이를 직관적으로 알 방법이 있습니다. 대부분의 SLB 장비들은 패킷 포워딩 프로세서의 사용률을 제공합니다. 이 패킷 프로세서 사용률 100% = SLB의 최대 성능이라고 봐도 무방합니다. 따라서 실 망에서는 패킷 프로세스 사용률을 성능 지표로 활용하는 것이 가장 옳은 방법이며 안정적인 운영을 위해서는 이를 실시간으로 감시해야 합니다.

TPS

TPSTransaction Per Second는 **DBMS**DataBase Management System 분야에서 주로 사용하는 성능 지표입니다. TPS를 사용하려면 어떤 트랜잭션Transaction을 측정할 것인지 먼저 정해야 합니다. 대표적인 트랜잭션 측정 대상으로 Disk, 웹 페이지 또는 DB 처리 속도 등이 있습니다.

- **Disk**: 초당 I/O 블록 처리 횟수
- **웹 페이지**: 초당 유저에게 전달 가능한 웹 페이지 개수
- **DB 처리 속도**: 초당 처리 가능한 쿼리Query 수

> **Tip.** 쿼리는 QPSQueries Per Second라는 더 직관적인 수치가 있습니다. 오라클 DBMS에서는 TPS를 보다 좁게, 초당 처리되는 COMMIT과 ROLLBACK 개수로 봅니다.

이게 끝이 아닙니다. 쿼리는 구문Syntax에 따라 연산량이 크게 달라집니다. 예를 들어, 웹 페이지에 입력한 ID/PW가 맞는지 확인하는 쿼리는 순식간에 처리하는 반면 '지난 10년간 한 달 단위 평균 강우량'을 검색한다면 매우 큰 연산을 필요로 합니다. 쿼리 구문에 따라 TPS 수치가 크게 달라지는 것입니다. 이러한 맥락에서 TPS는 주로 성능 측정 지표보다는 현재 부하 상태를 모니터링하는 용도로 활용합니다. DBMS의 경우 CPU, 메모리, I/O 외에 DB의 TPS 등을 복합적으로 모니터링하여 시스템 이상 여부를 판단합니다.

TPS를 굳이 SLB 성능 지표로 활용하고 싶다면 SLB가 서버로 하나의 TCP 세션을 열고 GET 요청을 얼마나 많이 보낼 수 있는지 측정하는 용도로 볼 수 있습니다만 이는 바로 이어서 살펴볼 RPS라는 개념으로 측정하는 것이 보다 옳을 것입니다.

참고로 1 TPS = 1 cps가 아닙니다. '지난 10년간 한 달 단위 평균 강우량'을 검색한다면 메인 시스템에서 얼마나 많은 서브 시스템을 호출할지 모릅니다. 1 TPS(지난 10년간 한 달 단위 평균 강우량) = 100 cps가 될 수도 있습니다. 이러한 배경으로 SLB나 방화벽과 같은 세션 장비에서는 TPS 개념을 잘 사용하진 않습니다. 다만 개발자들은 TPS 단위를 자주 사용하는 편이기 때문에 참고하면 좋을 듯합니다.

RPS

RPS^{Request Per Second}(혹은 R/S)는 TPS에 비해 직관적인 성능 지표입니다. RPS는 초당 처리 가능한 요청을 말하며 일반적으로 GET 요청을 의미합니다. 예를 들어, 웹 서버가 다수의 인터넷 브라우저에서 GET 요청을 받았을 때 초당 얼마나 많은 요청을 처리할 수 있는지를 RPS라는 단위로 표시합니다.

물론 여기에도 변수가 있습니다. 응답으로 보내 줄 페이지가 얼마나 큰지 또 얼마나 많은 프로세싱이 필요한지에 따라 연산량이 가변적입니다. 어떤 웹 페이지는 고작 1 KB에 불과하지만 어떤 웹 페이지는 100 KB가 될 수 있고, 10 MB를 넘는 페이지들도 있습니다. 더욱이 페이지 사이즈가 문제가 아닐 수도 있습니다. 페이지에 나오는 결괏값이 '지난 10년간 한 달 단위 평균 강우량'처럼 복잡한 연산을 필요로 한다면 웹 페이지 응답을 만들기까지 오랜 시간이 걸릴 수 밖에 없습니다.

TPS처럼 RPS도 변수가 성능에 미치는 영향이 크기 때문에 성능 지표로 활용하려면 정확한 기준이 필요합니다. 예를 들어, 쿼리는 'abc', 페이지는 10 KB처럼 고정된 기준이 필요합니다. 이와 같은 RPS와 TPS는 서비스 오픈 전에 스트레스 툴^{Stress tool} 혹은 ab(Apache Bench) 등을 이용하여 '현 구성' 시스템의 최대 성능을 확인하고자 할 때 많이 사용합니다.

5 소프트웨어 로드 밸런서

소규모 사업장에서는 전용 H/W에 전용 S/W가 설치된 SLB 어플라이언스^{Appliance}의 높은 비용이 부담될 수 있습니다. 이 경우 소프트웨어 로드 밸런서가 대안이 될 수 있습니다. 특히 최근에는 클라우드 인프라 대중화와 발맞춰 많이 사용하는 추세입니다.

소프트웨어 로드 밸런서는 장점이 많지만 설치 및 유지 보수가 복잡한 편이기 때문에 직접 운영하려면 신중한 검토가 필요합니다. 이번 학습에는 소프트웨어 로드 밸런서에 대해 간략하게 알아보고자 합니다.

HAProxy

HAProxy는 대표적인 소프트웨어 로드 밸런서로, 리눅스 서비를 SLB로 활용할 수 있습니다. 초기에는 고가의 상용 SLB 대안으로 선택되었으나 현재는 클라우드 인프라의 필수 요소로 자리 잡고 있습니다. 근래 대부분의 CSP(Cloud Service Provider)는 HAProxy 또는 이와 유사한 소프트웨어 로드 밸런서를 이용하여 로드 밸런싱 서비스를 제공합니다.

장비 성능은 H/W 기반 전용 SLB 장비가 압도적이겠지만, HAProxy는 **Scale-out**이라는 큰 장점을 갖고 있습니다. **Scale-up**은 장비 성능을 향상시키려고 CPU 또는 ASIC을 고성능 칩으로 교체하거나 추가하는 것을 말합니다. 반면 Scale-out은 분산 처리 환경에서 장비의 수를 늘려서 처리 용량을 높이는 것입니다. Scale-up이 비행기 1대 크기를 키워서 화물 용량을 늘리는 것이라면 Scale-out은 작은 비행기를 여러 대 만들어 화물 용량을 늘리는 형태입니다. 실제로 Scale-out 구조에서는 고객의 트래픽이 증가할 때마다 그에 비례하여 더 많은 HAProxy VM이 새롭게 가동됩니다.

Scale-up은 물리적인 교체가 이뤄져야 하기 때문에 비용이 비싸고 교체 과정이 복잡할 뿐 아니라 준비 기간이 많이 소모됩니다. 그러나 Scale-out은 여분의 서버만 있다면 매우 손쉽게 진행할 수 있기 때문에 클라우드 인프라에 적합합니다.

클라우드 인프라에서 고객 리소스를 모니터링하며 특정 사용량을 넘었을 때 자동으로 Scale-out하는 것을 **오토 스케일링**(Auto-scaling)이라고 합니다. 이 오토 스케일링을 얼마나 빠르고 안정적으로 할 수 있는지가 클라우드 서비스 업체, 즉 CSP의 주요 경쟁력 중 하나입니다.

참고로 HAProxy는 SLB 역할만 수행합니다. 다수의 HAProxy들이 병렬 처리(또는 이중화와 같은 고가용성(Highly available))를 하려면 또 다른 솔루션의 도움이 필요하며 오픈 소스 중에는 Pacemaker, corosync 등을 주로 사용합니다.

HAProxy VM의 제약 사항

오토 스케일링을 사용하면 자동으로 Scale-out해주기 때문에 클라우드 서비스 고객은 SLB를 신경 쓰지 않게 됩니다. 이상적으로는 말이죠. 현실적인 문제가 하나 남는데 HAProxy VM이 부팅돼서 실제 서비스에 투입될 때까지 보통 5-10분 정도가 필요하다는 점입니다.

트래픽이 급격히 증가할 때 고객 입장에서 5-10분의 준비 시간이 아쉬울 수 있습니다. 특히 돈과 관련된 서비스일수록 민감한 문제입니다. 예를 들어, 주가가 폭등하거나 폭락하는데 증권사 장애로 5-10 분 동안 거래를 할 수 없다면 큰 손해가 발생할 수 있을 것입니다. 이에 대응할 수 있는 3가지 옵션이 있습니다.

첫째, CSP에게 미리 이벤트 일정과 예상 트래픽 볼륨을 통보하고 관련 인프라 준비를 요청하는 방법입니다. 다시 말해 특정 시간대의 HAProxy VM을 충분히 많이 준비해 두는 방법입니다.

둘째, 고성능의 SLB 전용 장비를 구축하는 것입니다. 미리 예측할 수 있는 이벤트도 있겠지만, 전혀 예상할 수 없는 경우도 있습니다. 예를 들어, 증권 거래, 뉴스, 자연 재해 관련 서비스 혹은 사이버 공격에 노출되는 서비스들입니다. 이러한 종류의 서비스들은 평상시 대비 10배 혹은 그 이상의 트래픽이 갑작스럽게 들어오기도 합니다. 이처럼 트래픽 변동성이 큰 서비스들은 VM 형태의 SLB로 커버하기 어려울 수 있습니다. VM 부팅 시간이 소모되는 이유도 있지만, 고용량 트래픽이 유발되어 CSP의 여분 자원이 고갈될 수도 있습니다. 일부 CSP들은 이러한 이벤트에 대응하기 위해 H/W 기반 상용 장비, 즉 SLB 어플라이언스를 제공하기도 합니다.

마지막 셋째, HAProxy를 VM 기반이 아닌 컨테이너로 만드는 방법이 있습니다. 설정에 따라 차이가 크지만 컨테이너는 부팅 속도가 수 초밖에 안 되는 편입니다. 덕분에 서비스 트래픽이 급증할 때 VM보다 빠르게 대응할 수 있습니다.

> **Tip.** NGINX도 upstream이라는 모듈을 이용하여 HAProxy와 유사하게 SLB 기능을 제공하며 실 서비스에서 많이 사용하고 있습니다.

13.2 이슈 관리

SLB 엔지니어는 크고 작은 이슈를 마주하게 됩니다. 그중 몇 가지 이슈는 TCP 프로토콜을 매우 심도 있게 알아야 해결할 수 있습니다.

1 idle timeout

방화벽이나 SLB와 같은 세션 기반 장비들을 운영하다 보면 **idle timeout** 이슈를 자주 마주하게 됩니다. 세션 기반 장비들은 관리하는 세션이 많아질수록 장비 부담이 커집니다. 반대로 세션이 작아질수록 세션 테이블 공간이 줄어 그만큼 안정적으로 장비를 운영할 수 있습니다. 따라서 세션을 최대한 작게 유지하려고 노력합니다.

불안정한 환경으로 실제 통신은 끊겼으나 세션 테이블에 정보는 남아 있는 세션들, 이른바 데드 피어^{Dead peer}(좀비 세션)들은 불필요하게 세션 테이블의 공간을 차지하며 장비에 부담을 줍니다. 이와 같은 데드 피어들이 세션 테이블을 잠식하지 않도록 세션 기반 장비들은 (TCP 표준과 무관한) 자체적인 통신 중단^{Inactivity} 타이머를 세션마다 달아 놓습니다. 이는 일종의 시한폭탄입니다. 이 타이머는 패킷이 지나갈 때마다 초기화되는데, 만일 타이머가 0이 될 때까지 해당 세션 트래픽이 전혀 없다면 쓸모 없는 세션이라 판단하고 해당 세션 정보를 강제로 지웁니다. 이 시간을 유휴 시간^{Idle time}이라 합니다. 다시 말해 유휴 시간이 0이 되면(idle timeout) 해당 세션 정보는 지워집니다. 유휴 시간의 값은 벤더별로 다양하지만 보통 2분에서 30분 사이입니다.

Batch job

진짜 데드 피어 세션이 제거된 케이스는 괜찮습니다. 그러나 정상적인 통신임에도 불구하고 유휴 시간이 만료될 때까지 아무런 패킷이 없다가 한참 후에 다시 흐르는 경우도 있습니다. 대용량 로그를 압축하는 **Batch job**이 대표적인 예시 중 하나입니다.

대부분의 웹 서비스 업체들은 마케팅 분석 및 보안 사고 대응을 위해 유저 접속 로그를 상세히 기록하는 경향이 있습니다. 헌데 로그의 양이 예상보다 크기 때문에 일정 주기로 로그를 압축하고, 로그 보관용 서버로 옮기기도 합니다.

일주일 주기로 서버 A가 서버 B에 접속하여 압축 명령(예. zip)을 보낸 뒤 압축된 파일을 가져간다고 가정해보겠습니다. 압축 대상 파일이 매우 커서 압축 명령을 보내고 최소 1시간은 기다려야 끝나는데, 중간 경로에 있는 세션 기반 장비의 idle timer가 고작 30분이라면 어떻게 될까요? 1시간 뒤 압축이 끝났다고 서버 B → A로 완료 신호를 보냈을 때쯤 세션은 이미 유휴 시간이 지나서 지워졌을 것입니다. 결국 서로 통신이 불가하여 작업이 중단되거나 원상 복구될 것입니다.

유휴 시간 만료 시에 RST 전송

idle timeout의 부작용이 하나 더 있습니다. 자신의 세션 테이블 정보를 지울 때 장비 리소스를 보호하기 위해 그 사실을 클라이언트와 서버로 알리지 않는 경우가 있습니다. 미미하긴 하지만 클라이언트와 서버 쪽에 RST 패킷을 보낼 때 리소스가 소모됩니다. 특히 DDoS 공격 등의 상황에서는 다량의 장비 리소스가 소모될 수도 있으므로 세션을 조용히 지우기도 합니다. 즉, 조용히 자신의 내부 세션 테이블을 정리하고 그 사실을 아무에게도 알리지 않습니다. 이러한 사실을 알 리 없는 클라이언트와 서버가 뒤늦게 통신하려고 하지만, 경로 중간에 있는 세션 기반 장비는 해당 세션 정보를 이미 지워버렸으니 "누구지? 모르는 세션인데…"하고 통신을 막아버립니다.

이러한 현상을 방지하고자 세션을 클리어할 때 클라이언트 또는 서버에게 TCP RST 패킷을 보내주는 별도 옵션이 있습니다. 벤더별로 부르는 명칭이 다양하지만 **RST packets on idle timeout**이라고 하면 보통 통용됩니다. 이 설정을 적용하면 세션을 클리어하면서 클라이언트 또는 서버 쪽으로 RST 패킷을 보내 해당 세션에 문제가 발생했음을 알려 줍니다. 덕분에 클라이언트 및 서버가 해당 세션 정보를 빠르게 제거할 수 있습니다. 이 기능은 벤더에 따라 기본으로 적용된 경우도 있고 별도 명령으로 지정해야 하는 경우도 있습니다.

keepalive

Batch job처럼 태생적으로 유휴 시간이 긴 세션들을 보호할 수 있는 방법은 2가지가 있습니다. 첫째, SLB나 방화벽의 idle-timer를 조정하는 방법입니다. 오랜 시간이 소모되는 작업이라면 idle-timer를 그보다 길게 설정해서 해당 세션이 클리어되지 않도록 하는 방법입니다. 아주 간단한 해결책이지만, 실제 문제가 있는 데드 피어 혹은 공격 또한 바뀐 timer만큼 오랫동안 클리어되지 못하고 세션 테이블을 소모하게 됩니다.

둘째, **TCP keepalive**라는 기능이 있습니다. TCP keepalive의 주요 아이디어는 간단합니다. 클라이언트와 서버가 TCP 세션을 맺은 뒤 일정 간격으로 의미 없는 ACK 패킷을 서로 주거니 받거니 하는 것입니다. 덕분에 세션 기반 장비들은 두 장비가 끊임없이 통신하고 있다고 착각하게 됩니다.

리눅스의 TCP keepalive 커널 파라미터 설정은 다음과 같습니다.

```
리눅스에서 TCP keepalive 설정

ethan@ubuntu:~$ sudo sysctl -a | grep tcp_keepalive
net.ipv4.tcp_keepalive_time = 7200
net.ipv4.tcp_keepalive_intvl = 75
net.ipv4.tcp_keepalive_probes = 9
```

이 파라미터를 해석하면 TCP 세션에 2시간(7200초) 동안 아무런 통신이 없으면 75초 간격으로 keepalive 패킷을 보내고, 9번 연속 상대로부터 ACK를 받지 못한다면 세션을 클리어하라는 의미입니다.

TCP keepalive가 매우 이상적인 기능이긴 하지만 한 가지 제약 사항이 있습니다. 커널 파라미터를 설정했다고 해서 TCP keepalive가 자동 실행되는 것이 아니라, 실행하는 프로그램 내부적으로 TCP keepalive 함수를 호출해야만 동작합니다. 좀 더 구체적으로, 프로그램 내부 코드에서 소켓을 오픈할 때 setsockopt(SO_KEEPALIVE)처럼 함수를 호출해 TCP keepalive를 활성화해야 합니다.

대표적인 웹 서버 애플리케이션 중 하나인 NGINX의 경우 해당 옵션을 포함하고 있고 so_keepalive라는 설정으로 활성화, 비활성화, 튜닝이 가능합니다.

> **Tip.** 리눅스 옵션 중에 SO_라는 프리픽스로 시작하는 옵션이 많은데, 이는 Socket Option의 약자입니다.

그러나 이렇게 TCP keepalive를 지원할 수 있도록 설계된 프로그램은 드문 편이며 지원되지 않는 프로그램에 keepalive 기능을 넣고 컴파일 및 배포하는 것도 쉬운 일이 아닙니다. 이를 극복하기 위해 libkeepalive라는 라이브러리가 개발되었습니다. 특정 프로그램을 시작하기 전에 LD_PRELOAD라는 명령어로 이 라이브러리를 불러들이면 원본 프로그램을 수정하지 않아도 TCP keepalive가 자동 실행됩니다. 만일 개별 프로그램마다 설정하기 번거롭다면 /etc/ld.so.preload 설정에 넣어서 해당 OS에서 실행되는 모든 프로그램에 자동 적용할 수 있습니다.

2 TCP 세션 종료 관련 이슈들

SLB를 운영하다 보면 TCP 세션을 닫는 과정에서 여러 이슈들을 마주할 수 있습니다. 이 이슈들을 제대로 이해하기 위해서는 TCP 프로토콜에 대한 깊은 지식이 필요합니다. 이번 학습에서는 가장 많이 접하는 TIME-WAIT 이슈를 중점적으로 살펴보고자 합니다.

TIME-WAIT 상태란?

다음은 TCP 세션이 닫히는 과정, 즉 TCP 세션 종료(4-way handshake) 과정을 나타낸 그림으로, 이번 학습에서 여러 번 언급되는 중요한 내용이니 자세히 살펴보기 바랍니다.

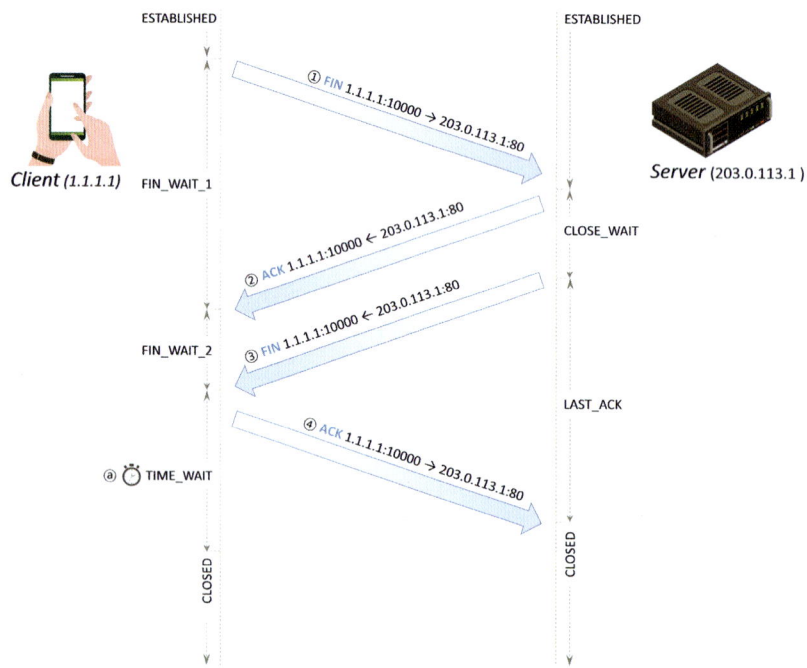

▶ 그림 13.4 TCP 세션 종료(4-way handshake)

ⓐ **TIME-WAIT**는 마지막 ③ FIN을 받고 난 후 해당 세션[5] 정보를 메모리에서 삭제하는 단계, 즉 CLOSED 상태로 넘어가기 전 강제 대기하는 시간입니다. 헌데 이 대기 시간이 1분이나 되며 여러 부수적인 이슈들을 일으키기 때문에 불필요한 단계로 받아들여지는 경우가 종종 있습니다. 그러나 TIME-WAIT는 TCP 세션이 안정적으로 종료될 수 있도록 돕는 매우 중요한 역할을 수행합니다. 만일 TIME-WAIT 단계가 없거나 너무 짧다면 어떤 현상들이 일어날까요?

데이터 손실

먼저 데이터 손실이 발생할 수 있습니다. 서버가 최종 ACK, 즉 ④ ACK 패킷을 받지 못하면 클라이언트에게 ④ ACK를 제대로 못 받았으니 다시 보내 달란 의미로 ③ FIN을 반복하여 보냅니다. 이때 만일 클라이언트가 TIME-WAIT 상태가 아닌 CLOSED 상태라면 OS에서 세션에 대한 모든 정보를 지워버린 상태입니다. 이 경우 클라이언트는 ③ FIN에 대한 응답으로 ④ ACK가 아닌 RST를 보냅니다. 아무런 TCP 세션 정보가 없는 상태에서 누군가(서버)로부터 ③ FIN 패킷을 받았다면 RST 패킷으로 응답하는 게 지극히 자연스러운 현상입니다.

그러나 RST는 정상적으로 세션을 닫지 못했으므로 세션을 강제 종료하고, 관련된 모든 데이터를 삭제하라는 매우 극단적인 명령입니다. RST 패킷을 받은 서버는 지금까지 해당 세션을 통해 주고받은 모든 데이터를 폐기하고 세션을 종료하게 될 것입니다. 즉, TIME-WAIT 단계가 없는 상황에서 ④ ACK 패킷이 유실된다면 지금까지 주고받은 모든 데이터가 애플리케이션에 전달되지 못하고 OS 레벨에서 삭제될 수 있습니다.

LAST-ACK 상태 유지

TIME-WAIT 시간이 지나치게 짧은 경우도 문제가 될 수 있습니다. 클라이언트에서 서버로 보낸 ④ ACK 패킷이 유실되면 서버는 LAST-ACK 상태에 머무르게 됩니다. 이후 RTO^{Retransmission TimeOut} 시간까지 대기한 뒤 ③ FIN을 재전송합니다. 그래도 ④ ACK 패킷을 받지 못한다면 다음 커널 파라미터 설정과 같이 최대 15회 ③ FIN 패킷을 재전송하거나 표준[6]에 따라 최소 100초 이상 대기합니다.

---

[5] 리눅스 커널에서는 세션보다는 소켓이라는 용어를 사용합니다. 굳이 따지자면 소켓은 OSI 7계층 중 세션 계층에서 엔드 포인트끼리의 연결을 말하며 세션은 응용 계층에서 엔드 포인트끼리의 연결을 가리키는 편입니다. 이 책에서는 문서의 통일성을 위해 '소켓' 대신 '세션'으로 통일하고자 합니다.

[6] RFC 1122, 4.2.3.5 TCP Connection Failures: The value of R1 SHOULD correspond to at least 3 retransmissions, at the current RTO. The value of R2 SHOULD correspond to at least 100 seconds.

> **Tip.** 세션이 정상적으로 맺어진 상태에서 응답을 못 받았을 때 재전송하는 횟수는 tcp_retries2 값으로 조정할 수 있습니다. 참고로 tcp_retries1은 세션을 열 때, 즉 3-way handshake를 할 때 응답을 못 받았을 경우 재전송하는 횟수입니다.

```
Maximal number of retransmissions in established state: tcp_retries2

ethan@ubuntu:~$ sudo sysctl -a | grep net.ipv4.tcp_retries2
net.ipv4.tcp_retries2 = 15
```

이와 같이 LAST-ACK 상태가 꽤나 길게 유지되기 때문에 클라이언트가 빠르게 CLOSED 상태로 빠져나가버렸다면 ④ ACK 대신 RST가 전송될 수 있습니다. 즉, TIME-WAIT 시간이 지나치게 짧은 것도 옳지 않습니다.

서버가 ④ ACK 패킷을 받지 못해 LAST-ACK 상태고, TIME-WAIT 타이머가 지나치게 짧아서 클라이언트는 CLOSED 상태로 들어가 세션 정보를 삭제한 상황을 가정해보겠습니다. 이때 클라이언트가 신규 세션을 열겠다고 동일한 포트를 써서 SYN을 보낸다면 어떻게 될까요? 서버는 LAST-ACK 상태에 있는데 뜬금없이 SYN 패킷을 받게 되므로 RST를 보낼 것입니다. RST 패킷에는 해당 포트가 LAST-ACK 상태에 있다는 정보 등이 담겨 있지 않기 때문에 클라이언트는 원인은 모르겠지만 서버에 문제가 있다고 판단하고 해당 포트를 사용하지 않게 됩니다.

이처럼 TIME-WAIT는 없어서도 안 되고, 너무 짧아도 안 됩니다. 적절한 TIME-WAIT는 TCP 세션이 안정적으로 CLOSE될 수 있도록 도와주는 매우 중요한 역할을 수행합니다. 다만 현실적으로 서버의 LAST-ACK 상태가 오래 지속될 확률은 낮습니다. 서버에서 클라이언트로 ③ FIN 패킷을 재전송했는데, 클라이언트 세션 테이블은 이미 지워진 상태라면, 즉 CLOSED 상태라면 비록 데이터를 잃을 순 있어도 RST를 보낼 것이므로 서버 측 세션이 LAST-ACK 상태로 남아 있을 가능성은 낮습니다.

TIME-WAIT 타이머

그럼 TIME-WAIT 상태는 얼마나 유지되는 것이 가장 좋을까요? RFC 793 표준에서 TIME-WAIT는 2 * MSL$^{\text{Maximum Segment Lifetime}}$을 기다려야 한다고 명시하고 있습니다.

RFC 793(1981), 〈TRANSMISSION CONTROL PROTOCOL〉 'TIME-WAIT STATE'

TIME-WAIT STATE

The only thing that can arrive in this state is a retransmission of the remote FIN. Acknowledge it, and restart the 2 MSL timeout.

이 상태에서 받을 수 있는 것은 상대편의 FIN 재전송뿐입니다. ACK를 보내고 2 MSL 타이머를 시작합니다.

그러나 MSL 시간은 명확히 지정하지 않고 다음과 같이 "임의로 2분으로 정한다."정도로 여지를 남겨 두었습니다.

RFC 793(1981), 〈TRANSMISSION CONTROL PROTOCOL〉, 'GLOSSARY'

MSL

Maximum Segment Lifetime, the time a TCP segment can exist in the internetwork system. Arbitrarily defined to be 2 minutes.

Maximum Segment Lifetime은 TCP 세그먼트의 최대 유효 시간입니다. 임의로 2분으로 정의합니다.

리눅스 커널에서는 다음 코드와 같이 TIME-WAIT 값을 60초(1분)로 하드 코딩해 두었습니다. 이 값은 커맨드로 변경할 수 있는 값이 아니며 굳이 바꾸고 싶다면 코드 수정 후 커널을 다시 컴파일해야 합니다.[7]

```
tcp.h, 'include/net/tcp.h', (linux-6.14 kernel)⁸

127     #define TCP_TIMEWAIT_LEN (60*HZ) /* how long to wait to destroy TIME-WAIT
128                                      * state, about 60 seconds */
리눅스 커널에서 Hz는 쉽게 말해, 1Hz = 1초입니다.
```

---

7 많은 문서에서 /proc/sys/net/ipv4/tcp_fin_timeout의 값을 변경하면 TIME-WAIT 시간을 변경할 수 있다고 말합니다. 그러나 tcp_fin_timeout은 TIME-WAIT가 아니라 FIN_WAIT_2의 시간을 조정하는 파라미터입니다.

8 https://git.kernel.org/pub/scm/linux/kernel/git/stable/linux.git/tree/include/net/tcp.h?h=v6.14.3

또 다른 대안으로 nf_conntrack(혹은 ip_conntrack)이란 iptables 모듈이 있습니다. 이 모듈을 이용하면 리눅스에 들어오는 모든 세션 상태를 추적하고 변경할 수 있으며 tcp_timeout_time_wait 시간도 강제로 변경할 수 있습니다.

그러나 nf_conntrack은 CPU 상승, concurrent connection 성능 저하, conntrack 테이블 사이즈 오버플로우Overflow로 인한 신규 세션 생성 불가 등등의 여러 가지 부수적인 문제점을 안고 있습니다. 따라서 매우 신중한 검토가 필요하며 일반적인 환경에서는 권장하지 않는 편입니다.

대량의 1:1 TCP 통신

통신이 끝난 TCP 세션에서 혹시나 상대편이 ④ ACK를 못 받고 다시 ③ FIN을 보내진 않을까 해서 TIME-WAIT 상태로 대기하는 시간이 1분입니다. 길어 보이기도 하고, 짧아 보이기도 하는 이 1분으로 인해 서버에 TIME-WAIT 세션이 가득 차면서 통신 불가 상태가 되는 이슈가 발생하기도 합니다.

서버 A에서 서버 B의 80 포트로 1:1 TCP 통신을 한다고 가정해보겠습니다. 이때 서버 A의 애플리케이션은 소스 포트로 최대 몇 개의 TCP 포트를 사용할 수 있을까요? 리눅스에서 사용 가능한 TCP 소스(로컬) 포트 범위는 다음 커널 파라미터로 확인하고 변경할 수 있는데, 일반적으로 32768 - 60999가 기본값입니다(약 3만 개).

```
리눅스 로컬(소스) TCP/UDP 포트

ethan@ubuntu:~$ sudo sysctl -a | grep net.ipv4.ip_local_port_range
net.ipv4.ip_local_port_range = 32768 60999
```

흔한 경우는 아니지만 TCP 세션이 매우 빠르게 고갈되는 경우가 있습니다. 세션을 맺고, 매우 짧은 요청과 응답을 마친 뒤 곧바로 세션을 닫도록 설계된 경우입니다. 이러한 애플리케이션의 경우 세션 양이 많아지면 엄청난 수의 세션이 순식간에 열렸다가 닫히는 과정이 반복됩니다.

예를 들어, 서버 A가 30000-40000까지 총 1만 개의 TCP 포트를 사용할 수 있다고 가정해보겠습니다. 서버 A와 서버 B가 1:1로 통신하는데 초당 1000여 개의 TCP 포트를 순식간에 열었다가 닫는다면 결국 10초 만에 서버 A의 모든 소스 포트를 전부 사용하게 될 것입니다. 그런데 한 세션당 TIME-WAIT 타이머가 1분이나 되다 보니 10초 만에 1만 개의 세션이 모두 TIME-WAIT 상태로 대기하게 될 것입니다. 이로 인해 서버는 더 이상의 TCP 포트를 열지 못하고 통신 불가 상태에 빠져들게 됩니다. TIME-WAIT 타이머가 끝나는 1분 뒤에 통신이 다시 가능해지겠지만, 그로부터 다시 10초 뒤에 또 사용 가능한 모든 세션이 TIME-WAIT 상태에 있는 상황을 반복하게 될 것입니다.

SLB에서 프록시 모드를 사용하는 경우도 문제입니다. OS는 5 tuple 정보를 기반으로 TCP 커넥션 테이블을 만들게 되는데, 프록시 모드를 사용하면 실제 클라이언트들은 1000개의 다양한 IP를 가지고 있더라도 결국 서버는 SLB의 NAT IP, 즉 하나의 IP와 통신하게 됩니다. 결과적으로 서버와 SLB NAT IP 둘 사이 TCP 커넥션이 매우 많은 경우 또한 TIME-WAIT 세션이 다량 발생하여 포트가 단숨에 고갈될 수 있습니다.

넓은 시각으로 이 과정을 보면 다소 불합리하게 보일 수 있습니다. IDC 내부 통신처럼 매우 안정적인 네트워크 환경임에도 혹시나 ACK가 유실될지도 몰라 대기하느라 가용 가능한 모든 세션이 TIME-WAIT 상태에 빠져서 정상적인 통신이 안 되는 이런 과정이 비효율적으로 보일 수도 있습니다. 허나 앞서 언급했듯이 TIME-WAIT 상태는 반드시 필요하며 TCP 프로토콜은 상대가 안정적인 환경에 있는지 아닌지 구분하기 어렵기 때문에 TIME-WAIT 1분이 과하다고 보기는 어렵습니다. 그렇다면 이 이슈를 해소할 수 있는 방법은 무엇이 있을까요?

RFC 1122

이 예시와 같은 TIME-WAIT 상태 포트라도 무조건 신규 세션용으로 재활용하지 못하는 것은 아닙니다. RFC 1122에서는 다음 조건에 부합하는 SYN 패킷을 받으면 곧바로 새롭게 열 수도 있다고 규정하고 있습니다.

> **RFC 1122, 〈4.2.2.13 Closing a Connection〉**
>
> However, it MAY accept a new SYN from the remote TCP to reopen the connection directly from TIME-WAIT state, if it:
>
> (1) assigns its initial sequence number for the new connection to be larger than the largest sequence number it used on the previous connection incarnation, and
>
> (2) returns to TIME-WAIT state if the SYN turns out to be an old duplicate.

> 새롭게 받은 SYN 패킷이 다음 조건을 충족할 경우 TIME-WAIT 상태의 포트를 곧바로 재활용할 수 있습니다.
>
> (1) 새롭게 받은 SYN 패킷의 시퀀스 번호가 이전 세션의 가장 마지막 시퀀스 번호보다 클 때
>
> (2) 단, 해당 SYN이 기존 세션의 패킷으로 판명되면 다시 TIME-WAIT 상태로 돌아갑니다.

즉, TCP 헤더에 있는 **ISN**^{Initial Sequence Number}이 기존 세션에서 마지막으로 사용했던 시퀀스 번호보다 높으면 TIME-WAIT 상태의 세션을 새로운 세션으로 쓸 수 있습니다. 예를 들어, 서버 A:10000 → B:80 세션이 TIME-WAIT 상태인데, 서버 B가 해당 세션을 재활용하고 싶어서 SYN을 보냈고, 그 SYN의 ISN이 기존 시퀀스 번호보다 크면 재활용할 수 있습니다.

그러나 한 가지 문제가 있습니다. 인터넷 통신 초창기에는 이 ISN이 순차 증가되도록 설계되었습니다. 즉, 당시에는 RFC 1122가 유효했지만 순차 증가되는 시퀀스 번호를 추정해서 통신을 가로채거나 악영향을 주는 공격들이 알려지면서 MD5를 통해 ISN을 랜덤하게 생성하기도 합니다.[9] TCP 통신 초창기면 모를까 이제는 ISN 값이 랜덤하게 생성될 수 있으므로 TIME-WAIT 세션이 재활용될 수도 있고 안 될 수도 있는 것입니다.

다행히 TIME-WAIT 상태를 빠르게 처리하기 위한 다른 옵션도 존재합니다. 이 옵션들에 대해 살펴보기 전에 배경지식으로 알아야 할 TCP 옵션이 하나 있습니다. 바로 TCP 타임스탬프입니다.

TCP 타임스탬프

TCP 타임스탬프^{TCP Timestamp}는 RFC 1323에서 표준화된 TCP 옵션 필드로, 주로 RTT, 좀 더 정확히 **RTTM**^{Round Trip Time Measurement} 용도로 사용됩니다. 클라이언트와 서버 모두 이 필드를 지원해야 사용할 수 있지만, 근래 대부분의 장비는 이 타임스탬프 기능을 기본적으로 지원하는 편입니다. 이후 tcp_tw_reuse와 tcp_tw_recycle이라는 옵션을 살펴볼 텐데, 두 옵션 모두 TCP 타임스탬프를 필요로 합니다.

RTT 측정

---

[9] 〈RFC 6528, (2012), Defending against Sequence Number Attacks〉 (출처: rfc-editor.org/rfc/rfc6528)

TCP 타임스탬프를 이용한 RTT 측정 방법을 살펴보겠습니다. 타임스탬프는 **TSval**^{Timestamp value}과 **TSecr**^{Timestamp echo reply}이라는 2개의 필드를 이용합니다.

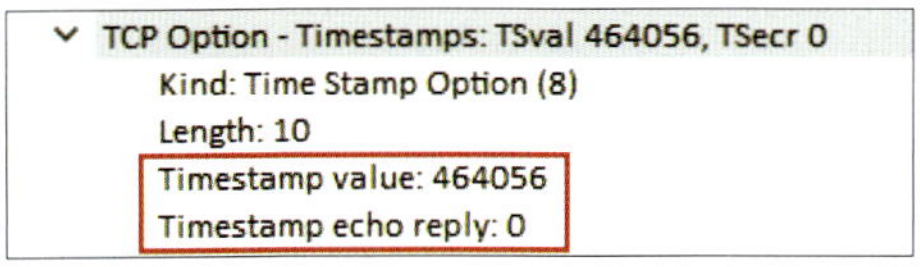

```
∨ TCP Option - Timestamps: TSval 464056, TSecr 0
    Kind: Time Stamp Option (8)
    Length: 10
    Timestamp value: 464056
    Timestamp echo reply: 0
```

▶ 그림 13.5 TCP 타임스탬프 필드

TSval는 A → B로 패킷을 보낼 때 써넣은 '현재 시간' 값입니다. 패킷을 받은 B는 TSval 값을 별도 프로세싱 없이 그대로 TSecr에 넣어 A에게 돌려줍니다. A는 돌려받은 TSecr 값과 현재 시간을 비교하여 RTT를 계산합니다. 예를 들어, A → B로 TSval에 현재 시간 0:10을 적어 보냈습니다. 응답 패킷의 TSecr 값은 0:10 그대로지만, 현재 시간이 0:12초라면 B에게 패킷이 갔다 오는 데 대략 2초가 소모된 것을 알 수 있습니다.

TS 값

RFC 표준에서는 이 TS^{TimeStamp}값이 구체적으로 **에포크**^{Epoch} 등을 사용해야 한다고 지정하지 않고 실제 시간에 대략적으로 비례해야 한다고만 규정했습니다.[10] 즉, 실제 시간 흐름과 유사하게 값이 증가하기만 하면 되므로 대부분의 시스템은 TS 값으로 업타임^{Uptime} 값을 사용하는 경우가 많습니다.

> 💡 **Tip.** 에포크는 Unix time이라고도 불리며 1970년 1월 1일 정각으로부터 지난 시간을 초 단위로 표현한 타임스탬프입니다.

이렇듯 유익한 의도로 설계된 타임스탬프는 그 자체로는 큰 정보를 보유하지 않은 듯하지만, 예상외로 해커들에게 인프라 구성 정보를 많이 노출할 수도 있습니다. 예를 들어, 해커가 여러 서버의 TS 값을 분석해보았더니 업타임이 비슷하고, 모두 약 3년 전쯤 부팅이 되었다면 그 사이에 공개된 치명적인 보안 취약점 패치가 안 되어 있을 확률이 높다는 것을 추정할 수 있습니다.

이 밖에 타임스탬프를 분석하여 인프라 구조를 파악하는 여러 방법이 존재합니다. 이를 막기 위해 리눅스 커널 4.10부터는 초기 TS 값으로 단순 업타임 대신 랜덤 값을 사용하고 있습니다.

---

10 RFC 1323(1992), 〈TCP Extensions for High Performance〉, '3.3 The RTTM Mechanism' 항: Its values must be at least approximately proportional to real time, in order to measure actual RTT.

tcp_tw_reuse

TIME-WAIT 세션을 해소하기 위해 가장 권장하는 방식으로 **tcp_tw_reuse** 옵션이 있습니다. 이 옵션을 리눅스 매뉴얼에서는 다음과 같이 설명하고 있습니다.

> Allow to reuse TIME_WAIT sockets for new connections when it is safe from protocol viewpoint.
>
> 프로토콜 관점에서 안전할 때 TIME_WAIT 상태의 소켓을 신규 세션용으로 재사용할 수 있습니다.

이 파라미터의 동작을 구체적으로 살펴보면 다음과 같습니다.

① 같은 5 tuple(src IP + port, dst IP + port 그리고 프로토콜) 통신에 대해서
② 현재 시간 값이 최종 타임스탬프 값보다 클 때

실제 커널 코드를 살펴보겠습니다. 다음과 같이 tcp_tw_reuse 옵션이 활성화되면 현재 시각이 TIME-WAIT 세션의 최종 타임스탬프 값보다 더 클 때, 다시 말해 TIME-WAIT 세션의 최종 타임스탬프 값이 지금보다 과거일 때 해당 세션을 reuse하도록 설계되어 있습니다.

tcp_ipv4.c, 'net/ipv4/tcp_ipv4.c' (as of linux-6.9. kernel)[11] [12]

```
154     if (tcptw->tw_ts_recent_stamp &&
155         (!twp || (reuse && time_after32(ktime_get_seconds(),
156                                         tcptw->tw_ts_recent_stamp)))) {
```

여기서 타임스탬프는 받은 패킷이 혹시 재전송 등으로 인해 뒤늦게 온 기존 세션 패킷인지 아니면 새로운 세션을 열기 위해 온 패킷인지 구분하기 위한 구분자로 사용됩니다.

왜 하필 타임스탬프일까요? 쉽게 접근한다면 한 세션에서 누적 증가하는 시퀀스 번호를 구분자로 사용할 수 있을 것 같습니다. 허나 이 또한 앞서 살펴보았듯이 ISN이 랜덤하게 생성될 수

---

[11] https://git.kernel.org/pub/scm/linux/kernel/git/stable/linux.git/tree/net/ipv4/tcp_ipv4.c?h=linux-6.9.y
[12] https://git.kernel.org/pub/scm/linux/kernel/git/stable/linux.git/tree/include/linux/time.h?h=linux-6.9.y의 76번 라인 설명, 'time_after32(a, b) returns true if the time @a is after time @b.'처럼 time_after32는 a와 b 인자를 받아 a가 b보다 최신이면 TRUE를 반환합니다. 최신 커널(v6.14)에서는 tcp_tw_reuse_delay 값으로 기본 1초 이상 지난 TIME_WAIT 세션을 재활용합니다. https://www.kernel.org/doc/html/v6.14/networking/ip-sysctl.html

도 있기 때문에 구분자로 활용하기 어렵습니다. 예를 들어, 기존 세션에서 마지막 시퀀스 번호가 1000이라고 가정해보겠습니다. 상대편이 신규 세션을 열기 위해 보낸 SYN 패킷에 사용된 ISN 값이 하필 800이라면 서버 입장에서 이 패킷이 기존 세션용 패킷이 재전송 등으로 인해 뒤늦게 온 것인지 아니면 신규 세션을 위해 사용된 패킷인지 정확히 구분할 수 없습니다. 그러나 타임스탬프는 세션별로 가장 마지막에 사용된 타임스탬프 값을 기록해 두어 받은 패킷이 ③번 FIN 패킷 이전에 생성된 것인지 이후에 생성된 것인지 구분할 수 있습니다.

그러나 tcp_tw_reuse의 한 가지 큰 제약 사항은 나가는 세션, 다시 말해 SYN을 누군가에게 보내는 경우에만 사용할 수 있다는 것입니다. 들어오는 세션, 다시 말해 상대편으로부터 SYN을 받는 경우에는 사용할 수 없기 때문에 서버가 다른 서버(혹은 VIP)와 대량으로 통신을 시도하는 경우에 유용합니다. 예를 들어, 서버 A와 B가 다량의 1:1 통신을 한다고 가정해보겠습니다. 서버 A가 먼저 SYN을 보내서 세션을 시작하고, 짧은 요청을 보낸 다음 마지막으로 FIN을 보내고 세션을 종료하려고 합니다. 이후 서버 A와 B 사이에 TCP 세션 종료 과정이 진행될 것입니다.

그림 13.4와 같이 FIN을 먼저 보낸 서버 A에는 TIME-WAIT 상태의 세션이 가득 찰 것입니다. 이에 반해 서버 B는 TCP 세션 종료 과정이 잘 이루어졌다면 해당 세션들을 빠른 시간 내에 CLOSED 상태로 정상 회수할 것입니다. 결과적으로 서버 A의 가용 가능한 포트는 TIME-WAIT로 고갈되었지만, 서버 B는 포트들이 바로바로 회수되면서 새로운 포트를 여는 데 전혀 문제가 없는 상태일 것입니다.

이러한 상황에서 서버 A에 tcp_tw_reuse 옵션을 활성화하면 서버 A는 TIME-WAIT 상태의 세션들을 곧바로 새로운 세션용으로 재활용하면서 서버 B로 새로운 SYN 패킷을 보낼 수 있게 됩니다. 즉, tcp_tw_reuse 기능은 어떤 두 IP가 서로 다량의 TCP 세션을 열고 닫으며 세션을 open한 장비에서 FIN도 먼저 보내 TIME-WAIT 세션이 쌓이는 환경에서 유용합니다.

> **NOTE** **Randomized TCP 타임스탬프**
>
> 앞서 리눅스 커널 4.10부터는 타임스탬프 값이 랜덤하게 생성된다고 언급했습니다. 그럼 '타임스탬프에 의존하는 tcp_tw_reuse도 사용하지 못하는 것 아닌가?'라고 생각할 수 있습니다. 그러나 타임스탬프 관련 패치에서 동일 세션에 한해서는 순차 증가된다고 설명하고 있습

니다.[13]

> Re-use of ISN generator also means timestamps are still monotonically increasing for same connection quadruple, i.e. PAWS will still work.
>
> ISN 생성기 재사용 시 동일 4-튜플의 타임스탬프는 단순 증가하므로 PAWS는 계속 정상 작동합니다.

리눅스에서 tcp_tw_reuse 기능을 활성화하는 방법은 다음과 같습니다.

```
Enable tcp_tw_reuse
echo 1 > /proc/sys/net/ipv4/tcp_tw_reuse
```

참고로 리눅스 커널 4.18보다 낮은 버전에서는 tcp_tw_reuse 옵션이 default disable이었으나 4.18부터 루프백 통신, 즉 로컬 서버 내부 통신은 기본적으로 tcp_tw_reuse를 사용하도록 변경되었습니다(value: integer 2).

tcp_tw_recycle

또 다른 옵션인 **tcp_tw_recycle**은 tcp_tw_reuse와 유사합니다. 그러나 tcp_tw_recycle은 tcp_tw_reuse와 달리 매우 신중하게 활성화시켜야 합니다. tcp_tw_recycle의 동작 과정은 다음과 같습니다.

① TIME-WAIT 시간을 1분이 아닌 최종 RTO 값으로 짧게 변경합니다(RTO에 대한 자세한 내용은 이후 살펴봅니다.).
② 현재 시간 값이 최종 타임 스탬프 값보다 클 때 신규 세션용으로 재활용할 수 있습니다.

tcp_tw_reuse와 크게 다른 점이 있다면 tcp_tw_recycle은 나가는 세션뿐 아니라 들어오는 세션도 재활용할 수 있다는 점입니다. 언뜻 보기엔 좋아 보이지만 여기에는 함정이 있습니다. tcp_tw_recycle은 NAT 뒤에 수많은 클라이언트가 하나의 IP를 공유하는 환경에서 심각한 문제를 유발할 수 있습니다. 서버는 특정 IP와 1:1로 통신하고 있지만, 실제 그 IP 뒤에는 수많

---

[13] https://git.kernel.org/pub/scm/linux/kernel/git/torvalds/linux.git/commit/?id=95a22caee396cef0bb2ca8fafdd82966a49367bb

은 클라이언트들이 숨겨져 있는 환경입니다.

앞서 '6.3 클락 동기화'에서 살펴본 것처럼 여러 장비의 클락을 완벽히 일치시키려면 매우 큰 노력과 비용이 필요합니다. 현실적으로 NAT 뒤에 있는 수많은 장비(예. 개인 PC)들의 클락을 완벽하게 일치시키기는 어렵습니다. 따라서 그들의 TCP 타임스탬프에 오차가 존재하여 어떤 장비(클라이언트)의 시간은 조금 빠르고, 또 어떤 장비의 시간은 조금 느릴 가능성이 매우 높습니다.

tcp_tw_recycle은 TIME-WAIT 세션별로 기록된 타임스탬프 값을 절대 구분자로 활용하기 때문에 새로운 SYN 패킷의 타임스탬프 값이 현재 시간 값보다 더 작으면 이전에 생성된 패킷이라고 판단하고 해당 패킷을 조용히 버립니다$^{Silently\ dropped}$.

서버에서 패킷이 조용히 버려졌기 때문에 클라이언트는 그 어떠한 응답도 받을 수 없으며 TCP 재전송 과정이 완전히 끝날 때까지 기다리는 수밖에 없습니다(클라이언트의 initial RTO 값이 1초라면 3번의 재전송 과정을 통해 1 → 2 → 4초, 총 7초간 응답을 기다리게 됩니다.). 최소한 RST라도 보내 주도록 설계되었다면 좋았겠지만, 이러한 상황을 알 리 없는 클라이언트는 그저 멍하니 기다리다가 결국 세션을 열 수 없다고 판단합니다.

다수의 NAT 유저가 tcp_tw_recycle을 사용하는 웹 서버에 접속했는데, 하필 내 타임스탬프가 작다면 아무것도 모른 채 열리지 않는 브라우저 화면을 멍하게 바라볼 수도 있는 것입니다. 이것이 바로 tcp_tw_recycle 옵션을 설정하였을 때 NAT를 사용하는 유저가 겪을 수 있는 비극적인 역효과입니다. 따라서 tcp_tw_recycle 기능은 TIME-WAIT 세션이 발생하는 대상이 NAT를 사용하지 않고 명확히 1:1로 통신하는 경우에만 제한적으로 검토해야 합니다. 더욱이 리눅스에서 타임스탬프를 랜덤하게 생성하도록 변경되면서 커널 4.12 버전부터는 tcp_tw_recycle 기능이 지원되지 않습니다.

RTO

RTO는 패킷을 보내고 응답이 없을 경우 얼마나 기다렸다 재시도해야 하는지 알려 주는 재전송 타이머입니다. 헌데 이 값은 고정적이지 않고 OS에 의해 동적으로 자동 계산되고 세션별로 시시각각 변합니다. IP 통신이 안정적이지 못하기 때문입니다. 예를 들어, Wi-Fi와 같은 모바일 통신의 경우 클라이언트의 물리적 위치에 따라 통신 품질이 급격하게 변합니다. 서버 입장에서 어떤 때는 0.01초 만에 응답이 오기도 하고 어떤 때는 수십 배 늦게 응답이 오기도 합니다. 변화가 매우 크다 보니 RTT$^{\text{Round-Trip Time}}$ 값에 따라 RTO, 쉽게 말해 재전송 타이머도 동적으로 업데이트되는 것입니다.

RFC 6298에서 RTT를 전혀 측정하지 않은 상태에서 RTO 값(initial RTO)은 1초로 지정하였습니다. 리눅스 커널도 다음과 같이 1초로 하드 코딩되어 있습니다.

```
tcp.h, 'include/net/tcp.h', (as of linux-6.9. kernel)14

150     #define TCP_TIMEOUT_INIT ((unsigned)(1*HZ))   /* RFC6298 2.1 initial RTO value */
```

만일 SYN을 보냈는데 응답을 받지 못한다면 RTO 값을 1 → 2 → 4순으로 2배씩 증가시킵니다.[15] 다만 RTO 값이 무한정 작아지거나 커질 수는 없습니다. 리눅스 커널에서는 다음과 같이 '최소' RTO 값을 0.2초, 최대 RTO 값은 120초로 제한하고 있습니다.[16]

```
tcp.h, 'include/net/tcp.h', (as of linux-6.9. kernel)

144     #define TCP_RTO_MAX    ((unsigned)(120*HZ))
145     #define TCP_RTO_MIN    ((unsigned)(HZ/5))
```

동적으로 계산된 TCP 세션별 RTO 값이 궁금하다면 ss 커맨드로 확인할 수 있습니다(단위: ms).

```
예시) RTO per session

ethan@ubuntu:~$ ss --info --options --numeric sport = :8000
tcp    ESTAB   0    0    203.0.113.1:8000    1.1.1.1:32919
         sack cubic wscale:8,7 rto:212 rtt:8.427/14.156 ato:40 mss:1460 cwnd:10 send 13.9Mbps rcv_space:29200
```

---

[14] https://git.kernel.org/pub/scm/linux/kernel/git/stable/linux.git/tree/include/net/tcp.h?h=linux-6.9.y

[15] RFC 6298(2011), 〈Computing TCP's Retransmission Timer〉의 '5. Managing the RTO Timer'의 (5.5) 항 'back off the timer' 참조

[16] RFC 6298의 〈2. The Basic Algorithm〉의 "(2.5) A maximum value MAY be placed on RTO provided it is at least 60 seconds."에 따라 최대 RTO 값을 60초 이상으로 정할 수 있습니다.

> **NOTE** **RTO 계산 과정**

동적으로 RTO를 계산하는 과정은 꽤 복잡합니다. RFC 6298에 기술된 RTO 계산 과정을 여기에 정리하였습니다. 먼저 2가지 변수에 대해 알 필요가 있습니다.

- **SRTT**$^{\text{Smoothed Round-Round Trip Time}}$: RTT의 평균(최근 RTT 값에 더 비중을 준 평균)
- **RTTVAR**$^{\text{Round-Trip Time VARiation}}$: RTT 편차

RFC 6298의 RTO 계산 과정을 풀어 쓰면 다음과 같습니다.

첫 번째 RTT 값을 받았을 때

```
SRTT    = (방금 측정된) RTT
RTTVAR  = (방금 측정된) RTT / 2
RTO     = SRTT + max (G, 4 * RTTVAR)
```

예를 들어, 최초 측정된 RTT가 1초라면 SRTT = 1, RTTVAR = 0.5가 됩니다. RTO는 1(SRTT) + max(G, 4 * 0.5) = 1 + 2 = 3초가 됩니다. 여기서 G라는 변수는 클락 정밀도$^{\text{Clock granularity}}$를 말하는데, 쉽게 말하면 RTO 최솟값을 말합니다. 이는 4 * RTTVAR 값이 0 ms에 가까울 정도로 너무 작아지는 것을 방지하기 위한 장치입니다. 따라서 max (G, 4 * RTTVAR)라는 수식은 4 * RTTVAR 값과 G 변수(리눅스에서는 TCP_RTO_MIN: 200ms) 중 높은 값을 선택하라는 의미입니다.

RTT 값이 누적되기 시작하면 다음 계산식을 따릅니다. RFC 6298에서는 alpha 값으로 1/8(0.125) 그리고 beta 값으로 1/4(0.25)을 지정하였습니다. R'은 가장 최근에 측정된 RTT 값을 말합니다.

```
RTTVAR = (1 - beta) * RTTVAR + beta * |SRTT - R'|
       = (1 - 0.25) * RTTVAR + 0.25 * |SRTT - R'|
       = 0.75 * RTTVAR + 0.25 * (SRTT - R')의 자연수

SRTT   = (1 - alpha) * SRTT + alpha * R'
       = (1 - 0.125) * SRTT + 0.125 * R'
       = 0.875 * SRTT + 0.125 * R'
```

```
RTO     = SRTT + max (G, 4 * RTTVAR)
```

예를 들어, SRTT = 1, RTTVAR = 0.5로 RTO = 3이었는데, 최근 RTT가 2초로 측정되었다면

```
RTTVAR = 0.75 * RTTVAR + 0.25 * (SRTT - R')의 자연수
       = 0.75 * 0.5 + 0.25 * (1 - 2)의 자연수
       v= 0.375 + 0.25 * 1 = 0.625


SRTT   = 0.875 * SRTT + 0.125 * R'
       = 0.875 * 1 + 0.125 * 2
       = 0.875 + 0.25 = 1.125


RTO    = 1.125 + max(G, 4 * 0.625) = 1.125 + 2.5 = 3.625
```

즉, 첫 번째 RTT가 1초였다면 RTO는 3초가 되고, 이후 두 번째 RTT가 2초가 되면 RTO는 3.6초가량이 됩니다. 이후 RTT가 줄곧 2초라면 RTO 값은 다음과 같이 계산됩니다(ms 단위).

```
#01 RTT: 1000 -> SRTT: 1000, RTTVAR: 500, RTO: 3000
#02 RTT: 2000 -> SRTT: 1125, RTTVAR: 625, RTO: 3625
#03 RTT: 2000 -> SRTT: 1234, RTTVAR: 687, RTO: 3984
#04 RTT: 2000 -> SRTT: 1330, RTTVAR: 707, RTO: 4158
#05 RTT: 2000 -> SRTT: 1413, RTTVAR: 697, RTO: 4204
```

RTT 값이 계속 2초를 유지하면 RTO 값은 서서히 줄어들어 30번째 이후에는 2.1초 내외가 됩니다.

```
#30 RTT: 2000 -> SRTT: 1979, RTTVAR: 41, RTO: 2179
```

커넥션 풀링

다량의 TIME-WAIT를 만들지 않는 근본적인 해소 방법 중 **커넥션 풀링**Connection pooling을 이용하는 방법이 있습니다. 이는 애플리케이션 디자인에 관한 것인데 매번 짧게 TCP 세션을 열고 요청을 보낸 뒤 닫는 과정을 반복하는 것이 아니라 하나의 TCP 세션을 연 뒤에 해당 세션으로

다수의 요청과 응답을 주고받는 것입니다. 다시 말해 애플리케이션에서 한 번 오픈한 TCP 세션을 최대한 닫지 않고 끊임없이 사용하는 것이죠. HTTP에서는 이러한 기능을 **HTTP 지속적 연결**HTTP keep-alive/HTTP persistent connection이라고 합니다. 가장 근본적인 처방약이지만, 개발 비용이 다소 발생할 수 있습니다.

다량의 1:1 통신의 경우 처음부터 커넥션 풀링으로 설계되었다면 하는 아쉬움이 남지만, 개발 당시에 향후 확장성까지 고려한다는 것이 쉽지 않으며 인프라 엔지니어도 TIME-WAIT 이슈를 잘 모르는 경우가 있기 때문에 애플리케이션 기획 단계에서 커넥션 풀링을 검토하는 경우는 드뭅니다.

Active close & Passive close

그림 13.4에서 살펴보았듯이 결국 FIN을 시작한 장비가 TIME-WAIT 상태에 빠지게 됩니다. 상대편에게 먼저 FIN을 보내기 위해 애플리케이션은 OS의 close() 함수를 호출합니다. 이처럼 먼저 세션을 끊는Tear-down 행위를 **Active close**라고 합니다. 반대로 상대편으로부터 FIN을 받아서 세션을 닫는 행위는 **Passive close**라고 합니다.

클라이언트, 서버 모델에서 어느 쪽이 Active close를 수행해야 할까요? 서버가? 클라이언트가? 이에 대한 표준 규칙은 없습니다. 일반적으로 애플리케이션을 설계할 당시에 어느 쪽이든 '더 이상 세션을 유지할 필요가 없다'고 판단하는 쪽에서 먼저 FIN을 보내게끔 설계됩니다.

클라이언트가 서버로 어떤 데이터를 요청했을 때 서버만 데이터의 사이즈나 개수를 알고 있다면 서버가 Active close하게 될 것입니다. 데이터 전송이 모두 끝난 시점을 서버만 알 수 있기 때문입니다. 반면 클라이언트가 받을 데이터양을 알고 있거나 서버가 데이터를 전송하기 전에 데이터 사이즈와 개수를 미리 클라이언트에게 전달한다면 클라이언트 또한 데이터 전송 완료 시점을 알 수 있게 될 것입니다. 이 경우라면 클라이언트도 Active close를 수행할 수 있게 됩니다.

서버가 1:1 환경이 아니라 n:1 통신을 하고 있다면 가급적 클라이언트가 Active close를 하도록 설계하는 것이 좋습니다. 수많은 클라이언트를 상대해야 하는 서버에는 그만큼 많은 TIME-WAIT 세션들이 누적될 수 있기 때문입니다. 더 나아가 OS에서 관리 가능한 최대 TIME-WAIT 세션 수에도 제한이 있습니다.

```
Maximal number of timewait sockets
```
```
ethan@ubuntu:~$ sudo sysctl -a | grep net.ipv4.tcp_max_tw_buckets
net.ipv4.tcp_max_tw_buckets = 16384
```

TIME-WAIT 세션 수가 tcp_max_tw_buckets 값을 넘게 되면 리눅스의 경우 kernel: TCP: time wait bucket table overflown이란 커널 로그를 생성합니다.

해당 값을 상회하는 TIME-WAIT 세션들은 2 * MSL 기간 동안 보존되지 못하고 즉시 삭제됩니다. 이러한 상황에서 LAST_ACK 상태에 있는 상대편이 ④ 최종 ACK 패킷을 못 받는다면 주고받은 모든 데이터가 파기될 수도 있습니다. 따라서 서버가 n:1 통신을 하는 구조라면 가급적 클라이언트에서 Active close해주는 것이 좋습니다.

> **NOTE 커넥션 풀링의 제약 사항**
>
> 커넥션 풀링을 사용하면 개발자가 배포하기 힘들다는 단점이 있습니다. 한 번 맺은 세션은 반영구적으로 사용하므로 서비스에 영향을 주지 않고 포트를 다운하기 어렵게 됩니다. 로스 없이 우아하게 종료하기 힘드므로 애플리케이션을 내리는 순간 해당 서버와 맺어진 커넥션들은 즉각 폐기되며 클라이언트는 데이터 손실을 겪게 될 것입니다. 따라서 하나의 커넥션이 너무 오랫동안 활용되지 않도록 애플리케이션 레벨에서 max 값으로 제한하는 것이 좋습니다.
>
> 예를 들어, HTTP keepalive의 경우 Keep-Alive: timeout=5, max=1000이라는 옵션을 통해서 한 세션당 최대 사용 가능한 요청 또는 idle timeout 시간을 정할 수 있습니다. 이를 통해 하나의 세션이 너무 오랫동안 활용되는 것을 막을 수 있습니다.
>
> 커넥션 풀링 기반의 애플리케이션을 개발한다면 이러한 제약 사항을 함께 고려하여 한 세션당 사용할 수 있는 최대 요청$^{\text{Max request}}$ 값 제한을 권장합니다.

나가며

SLB는 대규모 인프라를 운영하기 위한 핵심 자산 중 하나로, 구성이나 터널링 기법에 따라 성능이 수십 배 이상 높아질 수 있습니다. 더구나 단가가 높은 장비이므로 모드별 장단점과 구성 방식에 따른 리소스 사용률을 명확히 파악하고 있어야 합니다. 또한 SLB는 개발자들과 밀접하게 맞닿은 장비로, 운영자는 수많은 질문과 이슈 해소를 담당해야 합니다. PART 04에서는 실무 운영에 핵심을 두어 피와 살이 될 내용들을 살펴보았습니다.

Chapter 12.1 로드 밸런서의 역할에서는 SLB가 어떤 장비인지, 또 IT 인프라에서 어떤 역할을 담당하는지 간략하게 살펴보았습니다.

Chapter 12.2 SLB 알고리즘과 토폴로지에서는 SLB 알고리즘별 특성과 장단점, 권장 알고리즘과 리소스 모니터링 기법의 한계를 함께 살펴보았습니다. 또한 성능에 중점을 두고 SLB 토폴로지들을 살펴보았습니다. 뒤쪽 파트에서는 높은 성능을 제공하는 DSR 모드의 패킷 플로우, 한계점 그리고 DSR 모드별 차이점 등을 살펴보았습니다. 이번 학습 과정을 통해 SLB를 구축 및 운영할 수 있는 비옥한 배양토가 만들어졌을 것입니다.

Chapter 13.1 SLB 심층 학습에서는 SLB를 보다 깊게 파헤치며 NAT 모드의 단점, TLS 오프로딩, 헬스 체크 및 성능 지표 등을 순차적으로 살펴보았습니다. 특히 성능 지표에서는 SLB뿐 아니라 라우터, 스위치 및 각종 IT 인프라에서 사용되는 주요 성능 지표들까지 함께 살펴보았습니다.

Chapter 13.2 이슈 관리에서는 TCP 프로토콜을 매우 깊게 살펴보았습니다. 특히 TCP TIME-WAIT가 많은 이슈를 발생시킴에도 왜 필요한지, 관련 이슈에는 어떻게 대응할 수 있는지 알아보았습니다. 더 나아가 각 대응 방법들의 한계는 무엇이며 리눅스 커널에서는 어떻게 처리되는지 코드 레벨까지 훑어보았습니다.

PART
05

네트워크 하드웨어

네트워크 장비는 OS, ASIC, 패브릭이라는 3가지 컴포넌트로 이루어져 있습니다. 여러 종류의 네트워크 장애를 이해하려면 이 3가지 컴포넌트별 특성과 설계 방식을 이해해야 할 때가 많습니다. 이들을 컴퓨터 엔지니어링 관점에서 설명한 좋은 문헌이 많지만 심도가 깊거나 넓은 배경지식을 필요로 하여 제법 어려운 경우가 많습니다. PART 05에서는 방대한 지식 중에서 실무에 도움이 될 만한 핵심만 추려 내어 최대한 쉽게 다루고자 합니다.

CHAPTER 14
섀시

하나 이상의 라인카드를 넣거나 뺄 수 있도록 설계된 네트워크 장비를 **섀시**Chassis 장비라고 합니다. 섀시 장비는 단일 ASIC으로 구성되는(예. 1RU) 장비들과 달리 설계할 때 고민할 부분이 많습니다. 여러 CPU가 병렬 처리되는 컴퓨터라면 성능 최적화를 위해서 멀티프로세서 스케쥴링 알고리즘 Multiprocessor scheduling algorithm 혹은 프로세서 선호도Processor affinity 등을 고려해야 합니다. 더불어 CPU 간 정보가 원활히 공유될 수 있도록 컨텍스트 스위칭Context switching 및 프로세서 간 통신Inter-processor communication 또한 고려해야 합니다. 이와 유사하게 섀시 장비는 라인카드들, 좀 더 정확하게 ASIC들이 어떻게 패킷을 주고받을지 심도 있게 고민하고 설계해야 최적의 성능을 발휘할 수 있습니다. Chapter 14에서는 그 해답을 찾기 위해 현대 네트워크 장비들의 주요 컴포넌트들을 살펴보고, 어떤 아키텍처로 서로를 연결하는지 살펴보도록 하겠습니다.

Roadmap

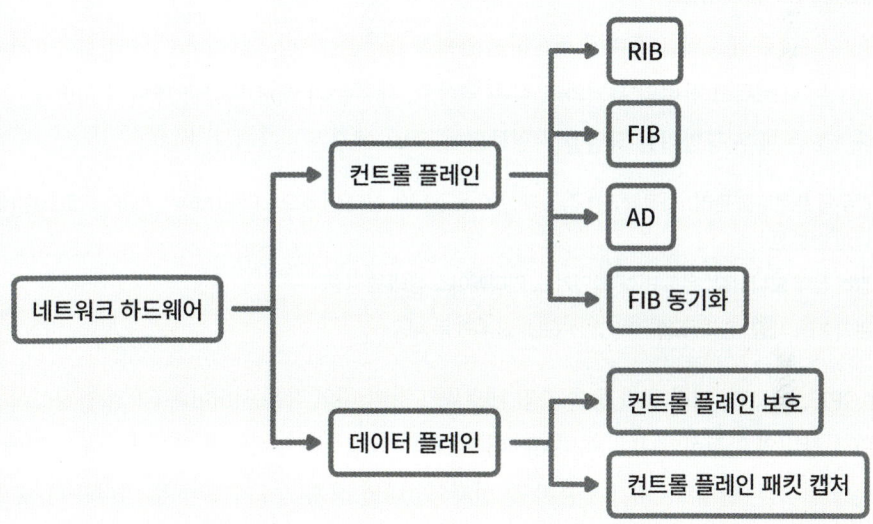

14.1 네트워크 장비 아키텍처

현대 네트워크 장비는 컨트롤 플레인과 데이터 플레인 두 영역으로 나뉘어 있습니다.

1 컨트롤 플레인

관리자가 SSH로 네트워크 장비에 접속하면 **컨트롤 플레인**Control Plane (이하 CP)에 접속하게 됩니다. CP는 네트워크 장비의 두뇌와도 같은 역할로, 대부분의 계산 작업과 매니저 역할을 수행합니다. CP는 매우 광범위한 작업을 지원하는데, 주요 예시는 다음과 같습니다.

- **라우팅 프로토콜 관리**: 최적(최단) 경로 계산, 이웃 장비의 상태 변화 모니터링(MAC, ARP, 프로토콜 네이버십 변경 등)
- **장비 상태 모니터링**: 온도 변화, 라인카드, 인터페이스 상태 변경 등
- **관리 기능 제공**: 관리용 셸Shell(CLI), GUI 및 API 등 제공

CP는 CPU, 메모리, 저장 공간 등을 가진 네트워크 장비 내의 작은 서버이며 CP의 안정성이 곧 네트워크 장비의 안정성입니다. 특히 CP 내부 OS의 안정성이 부족하면 심각하고 잦은 장애를 경험하게 됩니다. 반대로 OS가 충분히 잘 설계되었다면 장애 빈도가 드물 뿐 아니라 H/W 장애가 발생했을 때 영향도 크게 줄여 줍니다. 초창기에는 안정성 극대화를 위해 특수 목적 CPU를 쓰기도 했지만, 근래에는 범용 CPU (예: Intel 계열) 사용률이 압도적으로 높습니다.

> **Tip.** CP는 벤더에 따라 supSUPervisor Engine, Supervisor, RPRoute Processor, RERouting Engine, CPMControl Processor Module, MMManagement Module 등 다양한 명칭으로 불립니다.

RIB, FIB

CP의 핵심 업무는 라우팅 계산입니다. 구체적으로 패킷이 들어오면 받을지 말지, 내보낸다면 어디로 보낼지 등을 판단하는 '패킷 포워딩용 데이터베이스'를 만드는 것이 핵심 임무입니다. 이 과정에서 네트워크 엔지니어에게 익숙한 RIBRouting Information Base와 FIBForwarding Information Base라는 2개의 데이터베이스가 생산됩니다.

다음 그림은 RIB와 FIB의 생산 과정 그리고 장비 내부 컴포넌트들의 상호 연결을 보여 주는 네트워크 장비 아키텍처입니다.

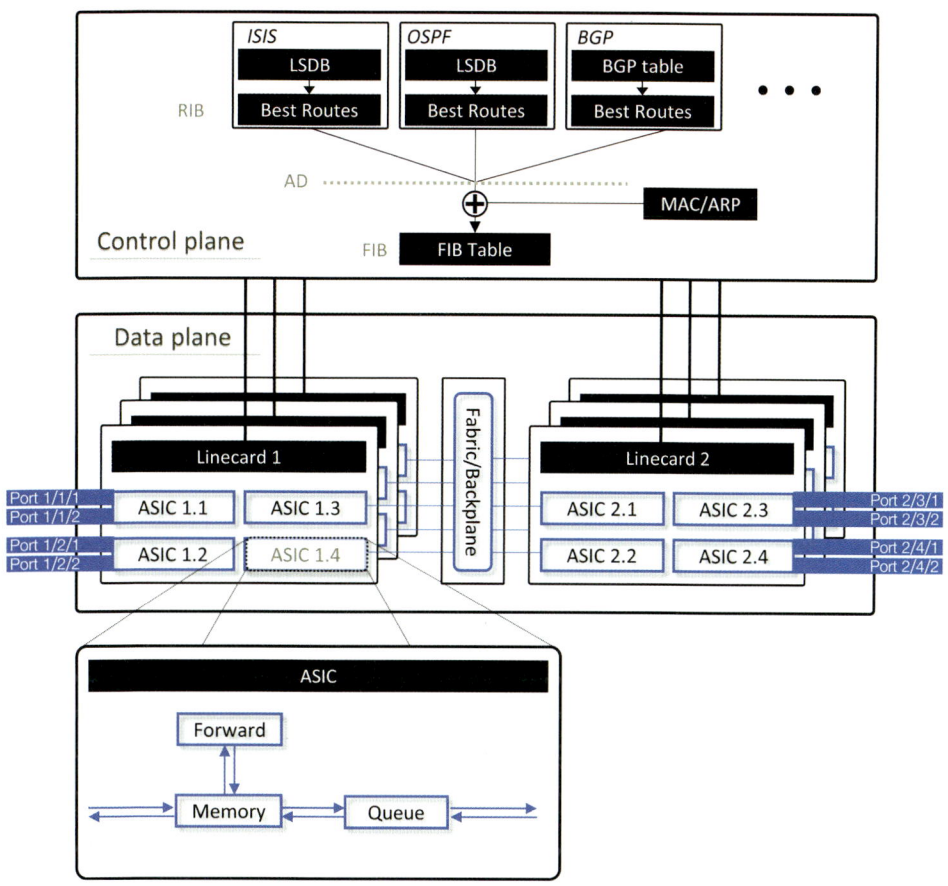

▶ 그림 14.1 전형적인 네트워크 섀시 장비 아키텍처

RIB

OSPF는 LSDB$^{\text{Link-State DataBase}}$라는 OSPF 전용 DB를 가지고 있습니다. LSDB는 어떠한 계산도 이뤄지지 않은, 즉 가공되지 않은 로우 DB$^{\text{Raw DB}}$로, OSPF는 스스로 생산한 라우팅 정보와 OSPF 이웃을 통해 알게 된 모든 정보를 이 LSDB에 저장합니다. 이후 OSPF 프로세스는 LSDB 데이터를 분석하여 최적 경로를 계산합니다. 비단 OSPF뿐 아니라 모든 라우팅 프로토콜은 LSDB와 같은 자체 DB를 보유하고 있으며 유사한 과정으로 최적 경로를 찾아냅니다.

그렇게 만들어진 프로토콜 최적 경로 정보를 CP의 특정 공간에 저장해 두는데 이것이 바로 **RIB**입니다(그림 14.1의 'Control plane' 박스 참조).

FIB

RIB는 라우팅 프로토콜별로 존재합니다. 즉, OSPF에도, ISIS에도, BGP도 RIB가 있습니다. 각 프로토콜별 RIB를 서로 경쟁시킨 후 최종 승자의 라우팅은 **FIB**에 저장합니다. 예를 들어, 다음과 같이 203.0.113.0/24로 가는 경로를 OSPF도, ISIS도 알고 있을 때 OSPF는 A 경로로 가야 한다고 말하고, ISIS는 B 경로로 가야 한다고 말하는 상황을 가정해보겠습니다. 두 라우팅 모두 목적지에 갈 수 있지만 서로 생각하는 최적 경로가 다를 뿐입니다. 둘 중 어느 프로토콜의 라우팅을 최종 선택해야 할까요?

```
203.0.113.0/24 라우팅 예시

router # show route 203.0.113.0/24

203.0.113.0/24  > [OSPF/AD.150] metric 20, next-hop 10.0.1.1 to port A (*selected)
-               > [ISIS/AD.160] metric 10, next-hop 10.0.1.2 to port B
```

이는 **AD**$^{\text{Administrative Distance}}$ 값에 따라 결정됩니다. AD는 각 라우팅 프로토콜에 대한 우선순위를 설정하는 값으로, 라우팅 프로토콜들이 서로 경쟁한다면 그들의 AD 값을 비교하여 결정합니다. 그렇게 결정된 라우팅에 MAC, ARP 정보를 더하여 나온 최종 결과물이 **FIB 테이블**입니다.

벤더별로 기본 AD 값에 차이가 있지만 대부분 대동소이합니다. 헌데 특정 네트워크 장비의 AD 값을 크게 바꾸면 **L3 루프**가 발생할 수 있으므로 주의해야 합니다. 예를 들어, 라우터 A는 203.0.113.0/24의 경로로 OSPF RIB를 선택하여 라우터 B에게 패킷을 보냈습니다. 헌데 라우터 B는 OSPF 대신 ISIS RIB를 선택하면서 패킷을 다시 라우터 A로 돌려보낼 수 있습니다. 이러한 경우 패킷은 TTL 값이 0이 될 때까지 라우터 A와 B 사이를 핑퐁듯 오가며 L3 루프에 빠지게 됩니다.

FIB 동기화

FIB 테이블이 최종 완성되면 CP는 섀시 내 모든 ASIC에게 FIB 테이블을 전파하고 ASIC들은 이를 기반으로 패킷을 포워딩합니다. 이때 CP 및 장비 내 모든 ASIC은 '동일한' FIB 테이블을 가지고 있어야 합니다. 이를 **FIB 동기화**라고 합니다. 너무나 당연한 것처럼 보이지만 말처럼 쉽지 않습니다. 라우팅 테이블은 끊임없이 변하며 때로는 수천, 수만 건의 데이터가 한 번에 바뀌기도 합니다. 라우팅 변경 양과 빈도가 높은 환경에서 OS 완성도가 낮은 장비는 결국 FIB 동기화 문제를 일으킵니다. 이러한 FIB 동기화 문제를 OS에서 스스로 감지하거나 복구하지 못하면 심각한 장애로 이어집니다.

ASIC들의 FIB 정보가 완벽히 일치하지 못하는 에러, 즉 **FIB 동기화 에러**는 네트워크 엔지니어에게 끔찍한 장애를 선물합니다. 원인을 전혀 파악할 수 없는, 다시 말해 로그도 없고 커맨드로는 정상으로 보이나 실제 패킷은 정상 처리되지 못하는 현상을 겪게 됩니다(이런 현상을 행Hang 혹은 프리징Freezing이라고도 합니다.). 관리자가 강제로 ARP 테이블을 삭제Clear하거나 라인카드 또는 섀시를 재부팅해야 비로소 정상화되기도 합니다.

원인 파악보다 서비스 생존이 중요한 환경에서 FIB 동기화 에러가 의심된다면 추후 원인 분석용 (디버깅)로그 등을 수집한 뒤 최대한 빨리 ARP 삭제 또는 인터페이스 셧다운Interface shutdown으로 페일오버 등을 수행해야 합니다.

2 데이터 플레인

데이터 플레인 Data plane(이하 DP)은 패킷 포워딩을 담당하는 컴포넌트들을 통칭하는 용어입니다. DP의 수행 업무 대부분이 ASIC에서 처리되고, 핵심 컴포넌트 또한 ASIC이기 때문에 DP = ASIC이라고 보는 경향이 있습니다. 그러나 엄밀히 말하자면 ASIC은 DP의 일부분입니다. DP가 더 큰 개념이죠. 그림 14.1에서도 볼 수 있듯이 ASIC이 모여 라인카드가 되고 모든 라인카드가 합쳐져 DP가 됩니다.

라인카드는 하나 이상의 ASIC을 보유하고 있습니다. 이들은 ASIC이 정상 동작할 수 있도록 전력과 패브릭 경로를 제공할 뿐 아니라 온도 점검과 같은 상태 체크도 수행합니다. ASIC이 엔진이라면 라인카드는 엔진을 품고 있는 자동차고, DP는 이러한 자동차들과 도로를 모두 포함한 개념이라고 볼 수 있습니다.

크게 보았을 때 CP가 네트워크 장비의 두뇌라면 DP는 다리라고 볼 수 있습니다. 즉, 패킷 처리 속도는 DP의 성능에 달려 있습니다. 두뇌 역할을 하는 CP는 작은 서버로, 더 좋은 성능을 내고 싶으면 더 높은 성능의 범용 CPU와 메모리를 넣으면 됩니다. 반면 DP 성능을 높이려면 보다 고사양의 ASIC을 채택하거나, 병렬 처리를 위해 더 많은 ASIC을 넣어야 합니다.

컨트롤 패킷

CP와 DP는 완벽하게 분리된 개념이며 대부분의 포워딩 패킷들은 DP에서만 처리되고 끝납니다. 그러나 OSPF 패킷이나 ARP처럼 라우팅에 관여된 패킷이라면 필히 CP로 보내져야 합니다. 포트 다운과 같은 장비 내부 이벤트는 DP에서 직접 패킷을 만들어 CP에게 알리기도 합니다. DP에서 CP로 정보가 전달되는 내부 경로를 흔히 **버스**(Internal)Bus라고 하며 이 버스를 통해 장비 내부 컴포넌트들이 서로 연결됩니다. 따라서 이 구간에서 정체가 발생하지 않아야 네트워크 장비의 생존성이 높아집니다. 참고로 버스에서 사용되는 프로토콜로 벤더 독자적인 프로토콜을 사용하기도 하지만 일반적으로 IP 프로토콜을 사용하는 편입니다.

> **Tip.** 버스는 이후 살펴볼 '백플레인'과는 다른 개념입니다. 백플레인은 ASIC과 ASIC 사이에 패킷을 주고받기 위한 경로, 쉽게 말해 서비스용 도로입니다. 반면 버스는 DP와 CP 혹은 DP 간에 컨트롤 정보가 오가는 경로, 즉 관리용 도로입니다. 단, 장비에 따라 하나의 버스를 같이 공유하도록 설계된 경우도 있습니다.

컨트롤 플레인 보호

인간의 뇌를 보호하는 매우 중요한 관문으로, 혈뇌장벽Blood-Brain Barrier(BBB)이란 곳이 있습니다. 혈뇌장벽은 뇌에 공급되는 혈관의 경계선에서 필요한 영양분은 통과시키고 세균, 바이러스 혹은 그 외에 독성 물질은 막는 매우 중요한 역할을 수행합니다. 네트워크 장비에도 이와 유사한 필터링 기능이 있습니다. 벤더별로 부르는 명칭이 다양한데 **컨트롤 플레인 폴리싱**Control Plane Policing(CoPP), **컨트롤 플레인 DDoS 프로텍션**Control Plane DDoS protection 혹은 **컨트롤 프로세싱 모듈 필터**Control processing module filter 등으로 불립니다. 혈뇌장벽과 유사하게 라우팅 패킷을 가장한 공격 패킷 또는 이웃 장비 오동작 등으로 생성된 패킷들로부터 CP를 보호합니다.

이 필터는 일반적으로 CP에서 받을 때가 아니라 DP에서 CP로 패킷을 보낼 때 동작합니다. 그래야 과다한 트래픽이 발생했을 때 버스 내부의 병목 현상 발생을 막을 수 있기 때문입니다. 이러한 보호 메커니즘이 완벽할수록 DP와 CP 간 통신을 더욱 안전하게 보호할 수 있으며 병목 현상으로 인한 FIB 동기화 이슈도 막을 수 있습니다.

컨트롤 플레인 패킷 캡처

원인을 알 수 없는 이유로 CP 내부 CPU 사용률이 급상승하거나 이상 동작이 발생하기도 합니다. 이러한 경우 패킷을 캡처하면 원인 분석에 큰 도움이 됩니다. 대부분의 네트워크 장비는 DP에서 CP로 보내는 패킷을 캡처할 수 있으며 캡처된 내용을 CLI로 확인하거나 pcap 파일로 저장할 수 있습니다. 쉽게 말해, CP에서 tcpdump 명령어를 제공한다고 볼 수 있으며 심지어 tcpdump 명령어를 그대로 사용하는 경우도 있습니다.

단, DP에서 CP로 보내는 다량의 컨트롤 패킷을 한 번에 캡처한다면 CP 리소스에 악영향을 줄 수 있습니다. 따라서 다음과 같이 각종 필터링 구문^{Syntax}(예. 포트) 등을 지정하는 것이 안전합니다.

패킷 캡처 CLI 예시

Router$ packet capture interface port 0/0/0

컨트롤 패킷 캡처 기능은 CP로 올라오는 패킷을 캡처하는 기능으로, 처음부터 CP로 보내지 않는 패킷은 캡처할 수 없습니다. 즉, 컨트롤 패킷이 아닌 일반 포워딩 패킷은 캡처할 수 없습니다. 물론 이러한 기능을 못 만드는 것이 아니라 리소스에 큰 악영향을 미칠 수 있기 때문에 대부분의 벤더에서 제공하지 않을 뿐입니다. 부득이 필요한 경우라면 미러링을 해야 합니다.

> 💡 **Tip.** 이는 L2, L3 스위치 혹은 라우터 등에 해당하는 내용으로, ASIC 대신 CPU를 사용하는 SLB나 방화벽 등에서는 포워딩 패킷 캡처 기능을 구현하기 매우 용이합니다. 설령 ASIC을 사용하는 장비라도 패킷 캡처를 위한 별도 로직을 보유하고 있다면 서비스에 영향을 미치지 않고 다량의 포워딩 패킷 캡처 기능을 구현할 수 있습니다.

지금까지 살펴본 CP와 DP의 역할을 다시 한번 정리하면 다음과 같습니다.

- **CP**: 네트워크 장비의 두뇌라고 볼 수 있습니다. 라우팅을 계산하고, 장비 모니터링 및 라인카드들을 관리하는 중추적인 역할을 수행합니다.
- **DP**: 네트워크 장비의 엔진이라고 볼 수 있습니다. 컨트롤 플레인에서 보낸 FIB 정보를 기반으로 패킷을 처리(예. 포워딩)하는 역할을 수행합니다.

CHAPTER 15
네트워크 장비 3대 요소

네트워크 장비를 운영하다 보면 다양한 종류의 장애를 경험하게 되는데, 이를 해결하는 과정에서 자연스럽게 내부 아키텍처에 대한 이해가 필요합니다. 그러나 벤더마다 디자인 철학과 장비 개발 방식이 다를 뿐 아니라 아키텍처를 공개하지 않는 경우가 많아 관련 문서를 접하기 쉽지 않습니다.

이에 따라 Chapter 15에서는 앞서 살펴본 네트워크 장비 아키텍처를 토대로 네트워크 장비의 3대 핵심 요소인 OS, ASIC, 패브릭의 역사와 각각의 장단점을 깊이 있게 탐구하고자 합니다.

Roadmap

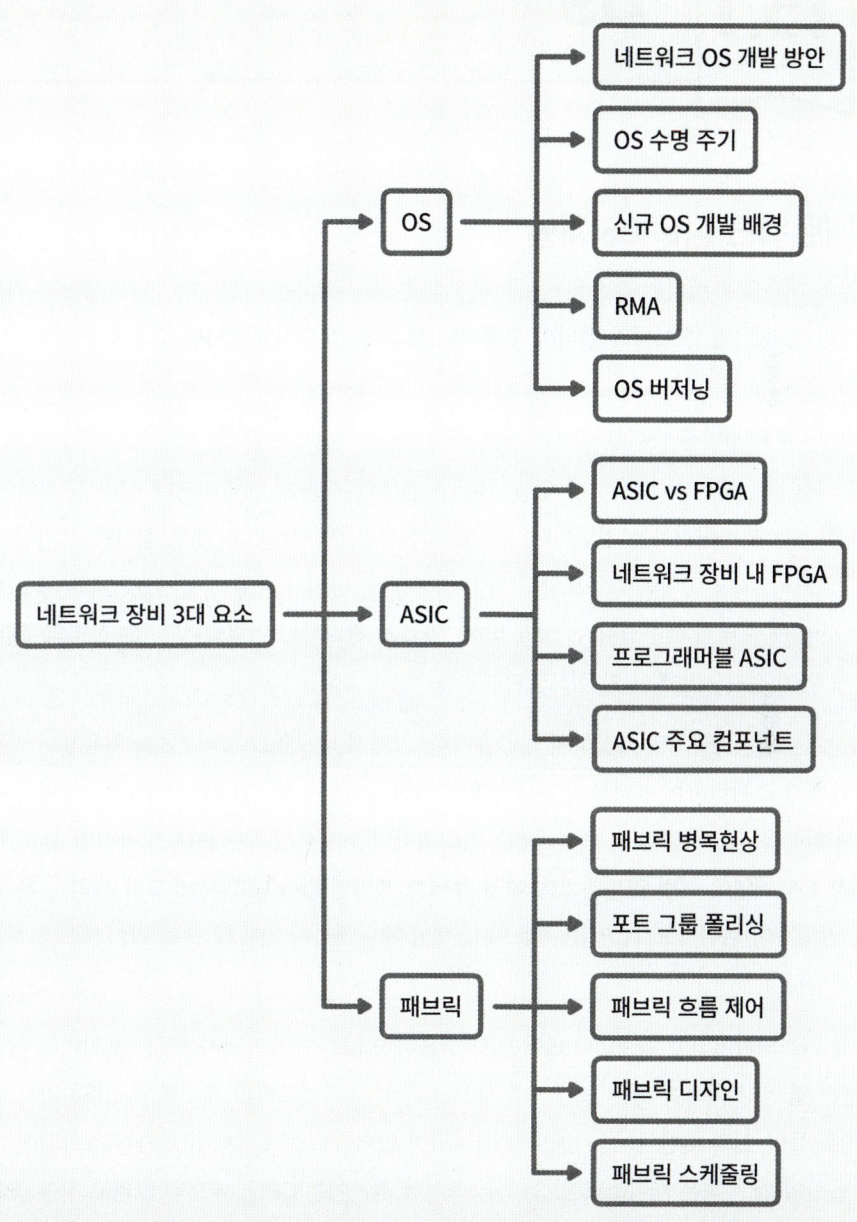

15.1 OS

1 네트워크 장비 OS 개발

대부분의 네트워크 벤더는 장비용 OS를 직접 만들고 관리하는 편입니다. 장비 성능과 기능에 직접적인 영향을 줄 뿐 아니라 벤더의 경쟁력이 될 수도 있기 때문입니다.

> **Tip.** OS 없이 순수 장비만 판매하는 white-box 스위치, 라우터도 있습니다. 이 경우 유저가 직접 개발한 OS 또는 오픈 소스 OS를 설치해야 합니다.

OS를 만들 때는 2가지 선택지가 있습니다. 처음부터 새롭게 개발하거나 이미 공개되어 있는 OS를 커스터마이징하는 것입니다. OS를 처음부터 만드는 길은 매우 험난하고 거칩니다. CPU, 메모리, 저장 장치와 소프트웨어 사이 정보 교환 방법과 파일 저장, 패킷 처리 등 고민해야 할 것이 매우 많기 때문입니다. 쉽게 말해, 만들고 관리하기 어렵습니다. 수 천명의 전문 인력이 수 년에 걸쳐 개발해야 할 정도입니다.

IT 초창기 OS는 지금처럼 복잡하지 않았습니다. 그래서 네트워크 장비 OS를 처음부터 끝까지 직접 개발하고 관리하는 벤더들이 제법 많았습니다. 그러나 최근엔 OS가 관리할 영역이 매우 방대해져서 유닉스와 리눅스, 즉 *nix를 커스터마이징하는 경우가 보다 일반적입니다. *nix는 세부 OS 계열이 여럿 있는데 그중에서 유닉스 계열인 FreeBSD 선호도가 특히 높은 편입니다. 안정성이 뛰어나고 TCP/IP 성능이 좋으며 재판매까지 가능한 프리 라이선스를 제공하기 때문입니다.

*nix를 커스터마이징할 때 원본 OS에서 꼭 필요하지 않은 애플리케이션들은 제거하는 편입니다. 성능 및 용량 최적화 또는 보안 사유 등으로 툴이나 라이브러리 개수를 최소화하기도 합니다. 예를 들어, ls와 같은 필수 커맨드가 설치되어 있더라도 프로그램 코드가 최소화되어 지원되는 옵션이 매우 적은 케이스도 있습니다. 그러나 최근에는 CPU, 메모리 그리고 저장 공간에 많은 여유가 생기면서 다양한 툴과 파이썬과 같은 컴퓨터 언어까지 포함되어 자동화에 큰 도움이 되기도 합니다.

2 OS 수명 주기

장비 OS는 매우 중요한 요소이기 때문에 체계적으로 개발 및 관리해야 합니다.

OS 버전 관리

OS 관리 방법을 이해하려면 S/W 수명 주기부터 이해할 필요가 있습니다. OS와 같은 S/W는 한 번 정식 배포된 후 일정 기간 동안(일반적으로 수 년) 패치됩니다. 네트워크 벤더들은 OS를 배포할 때마다 향후 유지 보수 일정도 같이 공개하는 편입니다. 벤더별로 차이가 있지만 짧게는 2년, 길게는 5~7년 정도 유지 보수 기간을 제공합니다.

유지 보수 기간 중 OS에서 이슈가 발생하면 벤더에게 이슈 확인 요청, 다시 말해 **케이스 오픈** Case-open을 합니다. 만일 버그가 발견되면 버그 수정과 같은 유지 보수 작업을 진행합니다. 그러나 유지 보수 기간이 끝나면 케이스 오픈이 불가능합니다. 소프트웨어 엔지니어링에서는 이러한 S/W의 생명 주기 Life cycle를 **SDLC** Software Development Life Cycle라고 합니다. 다음은 SDLC 과정을 간략히 그린 다이어그램입니다.

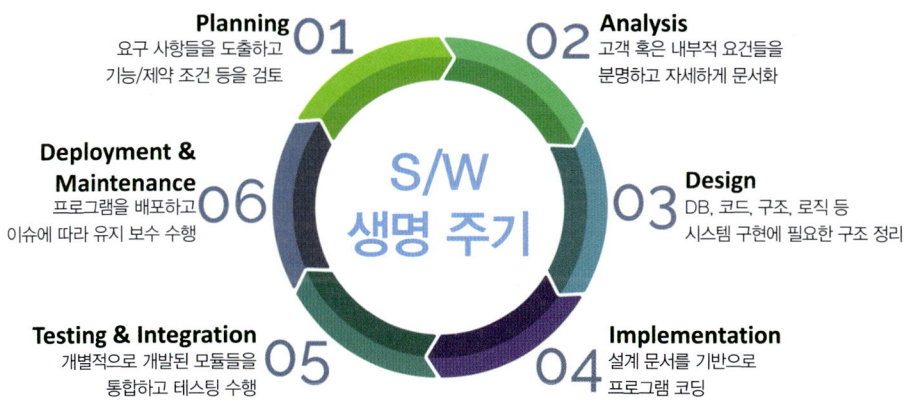

▶ 그림 15.1 소프트웨어 개발 라이프 사이클 다이어그램

소프트웨어는 끊임없이 SDLC와 같은 생명 주기를 돌며 관리됩니다. 네트워크 장비 OS 또한 끊임없이 개선에 개선을 거듭합니다. 그러나 좁게 보면 배포된 OS는 언젠가는 마이너 패치가 중단되면서 그 수명이 끝납니다. 예를 들어, 윈도우도 '윈도우'라는 이름은 계속 사용하지만 좁게 보면 XP, 7, 10 등과 같은 메이저 버전이 존재하고, 각 버전의 생명이 다하면 더 이상 패치가 진행되지 않습니다. 다음은 메이저 버전 OS의 생명 주기를 따로 정리한 것입니다.

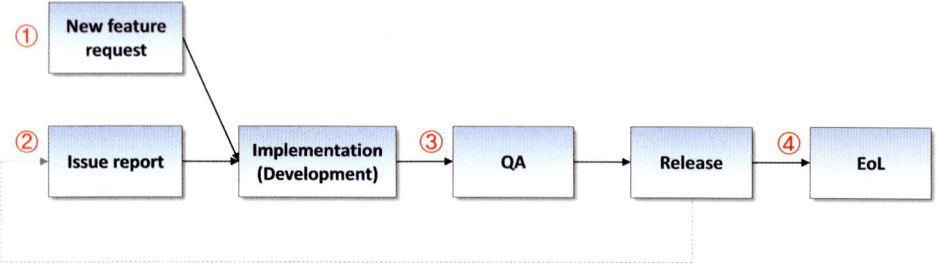

▶ 그림 15.2 네트워크 OS 개발 사이클

이 과정에서 눈여겨볼 만한 단계를 순서대로 살펴보겠습니다.

OS의 탄생

벤더는 신규 기능 추가와 이슈 리포트라는 2가지 이유로 새로운 메이저 OS를 개발합니다.

① 신규 기능 추가

고객 요청 또는 벤더 자체적인 판단에 따라 신규 기능을 추가하는데, 고객 요청은 다음 중 하나의 명칭을 사용하는 편입니다.

- Enhancement Request(ER)
- Feature Suggestion
- Feature Request(FR)

고객이 신규 기능을 요청 New feature request 하면 앞서 명칭에 관리 번호를 부여합니다. 예를 들어, FR이라는 명칭을 사용하는 벤더라면 FR-2948처럼 관리 번호를 부여합니다. 이후 벤더는 이 기능을 얼마나 빨리 구현할지 내부적으로 검토합니다. 가장 강력한 동기는 돈, 즉 사업성입니다. 이보다 벤더를 빠르게 움직이는 동기는 없습니다. 고객 요청 없이 벤더가 자발적으로 OS 개발을 하는 경우라면 시장성이 영향을 미칩니다. 예를 들어, 새로운 표준이 나왔는데 관련 시장성이 크다면 빠른 시장 선점에 사활을 걸고 개발하기도 합니다.

애석하게도 이 두 동기에 포함되지 않고 순수하게 특정 고객사만을 위한 기능이라면, 다시 말해 사업성도 낮고 시장성도 낮다면 언제 개발될지 가늠하기 힘듭니다.

벤더별로 개발 기간이 워낙 천차만별이지만 대형 벤더의 경우 구현 가능성이 높은 기능일지라도 1-2년의 검토·개발·QA 그리고 배포 과정을 거칩니다. 헌데 구현 가능성이 낮다면 관리 번호만 부여되고 실제로는 구현되지 않을 가능성도 큽니다.

② 이슈 리포트

두 번째로 벤더가 새로운 OS를 만드는 이유는 버그(혹은 이슈), 즉 OS에 어떤 문제점이 발견된 경우입니다. 구체적으로 살펴보자면, 먼저 이슈 발생 시 고객사는 벤더 파트너사를 통하여 케이스 오픈을 진행합니다. 벤더 TAC$^{Technical\ Assistance\ Center}$는 해당 이슈를 추적해서 OS 코드상 문제가 발견될 경우 개발자에게 버그 이슈를 리포팅합니다. 이후 개발자는 심각도에 따라 적절한 레벨을 부여하고 레벨이 높은 순서대로 버그 패치^{Patch}를 진행합니다. 이 과정을 지칭하는 명칭은 Problem Report(PR), Emergency Reporting(ER) 등 벤더마다 다릅니다.

버그는 장비의 신뢰성에 직접적인 영향을 주기 때문에 매우 빠르게 패치가 진행되고 배포됩니다. 예를 들어, 특수한 ID/PW만 입력하면 바로 관리자 권한을 획득할 수 있는 버그처럼 심각성이 높으면 바로 다음 배포에 패치가 반영됩니다. 단, 모든 버그가 패치되는 것은 아닙니다. 예를 들어, 시스템에 영향을 주지 않는 로그(단순 시스템 로그$^{Cosmetic\ log}$)와 같이 서비스에 영향을 주지 않는다면 벤더의 판단에 따라 굳이 패치가 진행되지 않기도 합니다.

제로-데이 이슈$^{Zero-day\ issue}$라는 것도 있습니다. 쉽게 말해 태생이 그렇게 설계된 경우입니다. 예를 들어, 전원 스위치를 10초 내에 여러 번 켰다 껐을 때 장비가 1분 동안 부팅되지 않는 이슈가 있다고 가정해보겠습니다. 이 현상이 서비스에 큰 영향을 미친다고 볼 수 있을까요? 애매합니다. 실 망^{Production} 네트워크 환경에서 발생할 확률도 희박하고 설령 발생하더라도 1분 늦게 부팅되는 것이 큰 문제를 야기한다고 보기도 어렵습니다. 더욱이 이 이슈의 근본적인 해결을 위해서 H/W 교체가 필요하다면 비용도 많이 소모될 것이므로 이러한 경우 벤더에서는 굳이 패치를 하지 않을 수도 있습니다.

③ QA

기능 추가 혹은 버그 패치된 신규 OS를 최초 버전 그대로 고객들에게 배포할까요? 아닙니다. 벤더 자체 내부 테스트를 먼저 거친 후 공개하는 것이 일반적입니다. 신규 소프트웨어에 숨겨진 이슈가 없는지 자체적으로 테스트하는 과정을 QA$^{Quality\ Assurance}$라고 합니다. QA 과정에서는 기능이 설계대로 잘 동작하는지, 또 다른 버그가 있지는 않은지 등을 검토합니다.

이 QA 과정은 자동화될 수 있는 부분이 많습니다. 예를 들어, OSPF 네이버십이 업다운될 때마다 메모리가 줄어드는 메모리 누수$^{Memory\ leak}$ 버그가 있다고 가정해보겠습니다. 이런 버그는 스크립트 스스로 네이버십을 수차례 업다운해보면서 메모리가 줄어드는지 모니터링할 수 있습니다. 즉, 사람이 테스트해보지 않더라도 스크립트로 버그 픽스를 확인할 수 있습니다.

이러한 QA 자동화가 잘된 벤더일수록 OS 안정성이 뛰어납니다. 벤더별로 편차가 크지만, 자동화가 잘된 벤더의 QA 스크립트 시나리오는 수만 개 이상으로 알려져 있습니다. 즉, 하나의 OS가 나오기 전에 최소 수만 가지의 QA 시나리오를 거치는 것입니다.

④ EoL

OS가 배포되면 언젠가는 해당 OS 지원이 중단됩니다. OS의 생명이 다하는 순간이죠. 이 순간을 일반적으로 EoL End Of Life이라고 합니다. 이 또한 벤더별로 부르는 명칭이 매우 다양합니다. 다음 표는 관련 용어들을 정리한 것입니다. 표를 살펴볼 때 주의할 점은 벤더별로 약어 정의가 조금씩 다르다는 것입니다. 예를 들어, A 벤더는 EoS를 OS 패치 중단 시기라 말하고, B 벤더는 모든 기술 지원(S/W 및 H/W)을 중단하는 시점이라고 말합니다. 따라서 표는 참고로 하고 정확한 정의는 개별 벤더에 문의해야 합니다.

약자	본딧말	설명
-	Announcement Date Notification Date	홈페이지 등에서 향후 일정을 공표한 날입니다.
EoS LOD	End of Sales Last Order Date	제품을 주문할 수 있는 마지막 날입니다.
LSD LCS	Last Ship Date Last Customer Ship	마지막 제품을 출고하는 날입니다. 다시 말해 제품이 마지막 고객에게 발송되는 날입니다.
EoSE EoSM	End of Software Engineering End of Software Maintenance	버그 픽스를 중단하는 날입니다. 해당 일자 이후로 새로운 마이너/패치 배포를 중단합니다.
EoVS	End of Vulnerability Support	EoSE 날짜 이후로 OS 생명이 끝나지만, 보안 관련 픽스는 조금 더 길게 제공하는 경우가 있습니다. 그 기한마저 끝나는 날입니다.
EoHE	End of Hardware Engineering	불량 H/W 교체(RMA Return Material Authorization)는 해주지만, H/W 개선을 위한 노력이나 H/W 이슈 분석 등의 서비스는 중단하는 날입니다.
LRD	Last Renewal Date	여러 이유로 OS 업그레이드가 어려운 일부 고객들의 경우 벤더와 별도로 Extended support를 계약하는 경우가 있습니다. 즉, EoSE 이후 별도 비용을 지불하고 OS 유지 보수 지원을 연장할 수 있는데 이러한 특수 계약 기간마저 모두 끝나는 기간입니다(유지 보수 연장을 위해 지불하는 비용은 높은 편입니다.).
EoS	End of Support	모든 지원이 완전히 끝나는 시점입니다. OS는 물론 H/W RMA도 불가합니다.

▶ 표 15.1 네트워크 장비 패치 중단 관련 약어들

현재 운영 중인 장비에 OS EoL$^{\text{End Of Life}}$이 도래하면 장비의 H/W 고장 등은 처리가 되지만 OS에서 발견되는 이슈나 버그 분석 등은 지원되지 않습니다. 케이스 오픈을 시도해도 "해당 OS가 EoL되어 더 이상 분석이 지원되지 않습니다."라는 답변을 받게 될 것입니다. 따라서 네트워크 관리자라면 EoL 기한이 도래하기 전에 미리 OS를 업그레이드하여 버전을 관리해야 합니다.

RMA

RMA$^{\text{Return Material Authorization}}$는 H/W 불량이 발견된 경우 새로운 H/W로 교체하는 과정을 말합니다. 장비 로그 혹은 자체 진단 등으로 H/W 이상을 명확히 알 수 있다면 논쟁의 여지없이 벤더가 제품을 교환해줍니다. 벤더 생산 공장에서 H/W 이상을 밝혀낼 수 있는 경우도 마찬가지입니다.

시스템 행(프리즈)

네트워크 엔지니어가 맞이하는 가장 끔찍한 순간은 로그나 각종 커맨드로는 아주 깔끔해 보이는데 원인 불명으로 패킷 포워딩이 오동작을 하는 경우입니다. 아무런 단서가 없는데 트래픽은 급감하고 서비스는 무너지기 때문입니다. 이는 2가지 형태로 대응할 수 있습니다.

첫째, MAC/ARP 등을 삭제하여 해소할 수 있는 경우입니다. 이는 주로 FIB 동기화와 관련된 이슈로, 궁극적으로는 OS 개선을 통해 해소할 수 있습니다. 둘째, 그 어떠한 커맨드로도 현상이 완화되지 않고 라인카드 혹은 섀시를 재부팅해야만 정상화되는 경우입니다. 일반적으로 H/W 이슈, 예를 들어 알파 입자로 인한 메모리 손상 등이 발생했음에도 OS가 스스로 감지하거나 조치하지 못해서 발생합니다.

후자의 경우 문제가 더욱 심각한데, 로그 등의 기타 단서가 전혀 없으므로 원인 파악을 못할 뿐 아니라 향후에도 재발할 가능성이 높기 때문입니다. 심각한 경우에는 섀시를 포함한 모든 컴포넌트를 교체해야 비로소 유사 장애가 없어지기도 합니다.

RMA 비용

원인 불명의 장애가 발생해도 벤더가 컴포넌트까지 교체해주는 경우는 드문 편인데, 이는 비용 때문입니다. 벤더의 RMA 교체 장비는 항공편으로 전달하는 경우가 많습니다. 1RU 스위치라면 재정적인 부담이 낮겠지만, 섀시 장비라면 제품 생산 비용과 운송비가 결코 적지 않습니다.

정확한 금액은 벤더별로, 또 장비별로 천차만별이지만 라우터의 경우 라인카드 하나에 천 만원 혹은 그 이상의 비용이 소모되는 것으로 알려져 있습니다.

원인 불명 상황에서 고객의 강력한 클레임으로 어쩔 수 없이 전체 컴포넌트를 교체해주었다고 가정해보겠습니다. 추후에 밝혀진 원인이 해당 벤더 이슈가 아니었다면 벤더는 결과적으로 수천 만 원의 무의미한 비용을 소모한 것입니다. 장애 원인이 명확하지 못할 경우 벤더 입장에서는 고민이 깊을 수밖에 없습니다. 이러한 배경으로 원인 불명의 장애일 경우 전문 인력을 투입해 자신들의 문제가 맞다는 확신이 설 때까지 RMA를 꺼리는 경향이 있습니다.

RMA 컴포넌트

RMA 교체 장비는 대부분 새제품이 아닙니다. 다른 고객사의 불량 제품을 받아서 불량 파트를 고친 제품들입니다. 쉽게 말해 리퍼[Refurbished]입니다. 새 제품이 아니어서 꺼려하는 일부 고객도 있습니다만, 제대로 고쳤다면 사실 새 제품과 리퍼에는 차이가 없습니다. 동일한 공장에서 생산되기 때문입니다.

그렇다면 원인 불명으로 RMA된 컴포넌트는 어떻게 처리될까요? 먼저 생산 공장으로 보내집니다. 그리고 고객이 원한다면 전문 H/W 분석 팀에서 H/W FA[Fault Analysis]를 진행합니다. 이때 이슈가 발견되는 경우도 있지만, 원인을 못 찾는 경우도 있습니다. H/W FA에서 별다른 이상을 찾지 못할 때 리포트에는 다음 3가지 용어 중 하나가 사용됩니다.

- NTF[No Trouble Found]
- NFF[No Fault Found]
- NDF[No Defect Found]

이슈가 확인되지 않은 H/W는 폐기할까요? 그렇지 않습니다. 생산을 위해 투입한 비용, 즉 원가가 결코 적지 않기 때문입니다. 따라서 H/W 팀이 재검토하고, 다시 RMA 물량으로 활용되어 다른 고객에게 보내집니다. 이러한 이유로 어떤 고객은 RMA로 받게 될 제품의 이슈 기록[Issue history]을 요청한 뒤 NTF, NFF, NDF 이력이 있는 장비는 수령을 거부하는 경우도 있습니다. 다양한 상황을 종합적으로 고려하여 관리자의 신중하고 현명한 판단이 필요합니다.

OS 버저닝

OS 수명이 끝나는 시점부터 케이스 오픈은 불가능합니다. 벤더가 OS 이슈를 더 이상 추적하지 않는 것이죠. 고객 입장에서는 문제가 있더라도 원인 분석이 불가능해지기 때문에 이 시점이 도래하기 전에 OS 업그레이드를 해야 합니다. 헌데 새로운 OS 버전을 잘못 선정할 경우 수많은 버그와 함께 악몽이 시작되기도 합니다. 그렇다면 좋은 OS는 어떻게 선정할 수 있을까요?

어떤 벤더들은 권장 OS 버전을 홈페이지에 공시하기도 합니다. 그러나 권장 버전을 공시하지 않는 경우도 있고, 권장 OS가 매우 최신 버전이라 선택하기 부담스러운 경우도 있습니다. 이때 OS 버전과 배포일을 찾아보면 비교적 안정적인 버전을 유추해볼 수 있습니다. OS뿐 아니라 모든 소프트웨어에는 버전을 정하는 일종의 법칙이 있습니다. 이를 **버저닝**Versioning이라고 합니다. 다음은 매년 상반기, 하반기 두 번 메이저 버전을 내는 가상의 벤더사를 활용한 예시입니다.

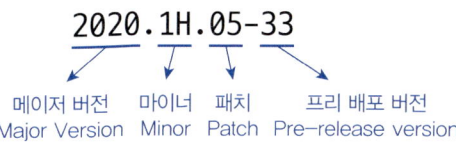

▶ 그림 15.3 버저닝 예시

맨 앞에 오는 숫자는 **메이저**Major 버전을 의미합니다. 앞서 살펴보았듯이 일반적으로 아주 의미 있는 새로운 기능을 넣을 때 메이저 버전이 바뀝니다. 신규 기능이 들어간다는 것은 그만큼 알려지지 않은 버그들이 잠재되어 있을 수 있다는 것을 암시합니다. 신규 기능을 사용하지 않더라도 이와 무관하게 코드상 이슈로 버그가 발현될 수 있습니다. 따라서 매우 최근에 배포된 메이저 버전이라면 다소 보수적으로 선택할 필요가 있습니다.

안정적인 OS를 선택할 때 메이저 버전보다 중요한 것은 뒷부분의 **마이너**Minor와 **패치**Patch 버전입니다. 일반적으로 마이너 버전은 메이저만큼 아주 큰 기능 변경은 아니고, 소소한 기능 변경 등이 있을 때 숫자가 높아집니다. 이어서 패치 버전이 있습니다. 안정적인 OS를 선택하려면 패치 버전이 가장 중요합니다. 일반적으로 패치 버전이 높을수록 더 안정적입니다.

패치 버전만 올라갈 경우에는 신규 기능은 추가하지 않는 편입니다(물론 이는 순수하게 벤더의 결정입니다.). 이 예시의 패치 버전은 05이므로 최초 배포 이후 5번 정도 패치된 것을 짐작해볼 수 있습니다. 경험상 벤더를 막론하고 대략 3번 정도의 패치 배포를 거치면 비교적 안정적인 편이었습니다. 단, 패치를 할 때마다 버전의 숫자를 1씩 올릴지 아니면 벤더의 규칙에 따라 랜덤하게 올릴지는 벤더의 권한입니다. 따라서 숫자만 보고 판단하는 것보다 벤더가 관련 패치 버전을 공식적으로 몇 번 배포했는지 확인해볼 필요가 있습니다.

마지막으로 **프리 배포 버전**Pre-release version은 벤더 개발 팀 내부에서 높이는 숫자입니다. 예시에는 대략 33번의 내부 패치가 있었음을 짐작할 수 있습니다. 1-32번까지의 패치는 홈페이지에서 공개하지 않습니다. 그저 개발 팀이 내부적으로 구분하기 위해 붙여 둔 숫자입니다.

배포일Release date도 놓쳐서는 안 됩니다. 배포일은 홈페이지 등에서 정식 배포된 일자입니다. 개인적으로 배포일이 최소 3개월 이상이 지난 OS를 선택하는 편입니다. 실 환경에서 운영되면서 치명적인 버그들이 발견되었을 경우 그 사이에 알려졌을 가능성이 높기 때문입니다.

15.2 ASIC

2017년은 비트코인의 해였다고 해도 과언이 아닐 듯합니다. 1년 만에 무려 20배가 폭등했습니다. 만약 2017년 초에 1억 원을 투자했다면 2017년 말에는 20억이 되는 실로 어마어마한 폭등 장이었습니다. 비트코인에는 채굴이라는 독특한 개념이 있습니다. 약 10분 간격으로 채굴을 가장 먼저 한 이에게 1 BTC(2017년 피크 기준 약 2천만 원)를 상금으로 제공합니다. 사실 채굴은 블록체인 해시 값의 특정 숫자 값^{Nonce}을 맞히는 수학 계산에 불과합니다. 계산을 빨리해서 숫자만 맞히면 목돈이 생긴다니 당연히 경쟁이 치열해질 수밖에 없었죠.

큰 수익이 되지 않던 비트코인 초창기 시절에는 일반 컴퓨터 CPU를 이용해 채굴을 했습니다. 그러나 수익률이 높아지고 경쟁이 치열해지면서 더 빠른 계산을 위해 GPU가 투입되었습니다. 이후 더욱 경쟁이 심화되면서 ASIC이 개발되기에 이릅니다. ASIC이란 무엇일까요? 일반 컴퓨터는 문서 편집도 해야 하고, 영화도 볼 수 있어야 하고, 게임도 할 수 있어야 합니다. CPU는 이러한 목적에 맞게 개발되었습니다. 허나 비트코인 채굴에 사용하는 프로세서는 문서도, 영화도, 게임도 필요 없습니다. 그저 빠른 해시 계산 기능만 필요합니다. 이렇듯 선택과 집중 전략으로 특수 목적에 최적화한 반도체 칩을 ASIC$^{Application-specific\ Integrated\ Circuits}$이라고 합니다.

> **Tip.** ASIC과 유사한 개념으로 ASSP$^{Application\ Specific\ Standard\ Product}$가 있습니다. 엄밀하게 말하자면 ASIC은 특정 기업만을 위해 설계된 반도체고, ASSP는 비용은 낮추고 범용성은 높여서 다양한 용도로 재설계가 가능한 특수 반도체입니다.

매우 초창기에는 네트워크 장비도 CPU를 사용해 패킷 포워딩을 하고자 했습니다. 헌데 인터넷 트래픽이 폭발적으로 성장하면서 CPU만으로는 도저히 성능을 따라갈 수 없게 되었습니다. 자연스럽게 네트워크 장비용 ASIC이 개발되었으며 근래 네트워크 장비들은 패킷 포워딩 용도로 ASIC을 주로 사용합니다.

최근에는 L4 이상의 장비, 예를 들어 방화벽이나 SLB에서는 ASIC이 아닌 CPU를 채택하는 경우도 많아지고 있습니다. 여기에는 2가지 이유가 있는데, CPU가 매우 고성능으로 발전되었고 L4 이상의 장비는 패킷별 혹은 세션별로 복잡한 연산이 필요하기 때문입니다. CPU 기술의 상향 평준화로 인해 막대한 예산을 투자하여 ASIC을 개발하는 것보다 범용 CPU를 최대한 최적화하여 사용하는 게 장기적으로 더 이득인 경우들이 발생했습니다.

물론 ASIC 시장이 쇠퇴의 길을 걷고 있는 것은 결코 아닙니다. L2, L3 장비들은 여전히 ASIC을 사용합니다. 엄청난 트래픽 볼륨을 처리하기 위해서는 ASIC을 대체할 만한 반도체가 없습니다. 장비 대수로 본다면 CPU 기반 네트워크 장비들은 일부고, ASIC 기반 네트워크 장비가 비교할 수 없을 만큼 더 많습니다. 이번 챕터에서는 바로 이 ASIC에 관해 보다 심도 있게 알아보고자 합니다.

1 ASIC vs FPGA

네트워크 업계에서 종종 ASIC과 혼용되는 용어가 있습니다. 바로 **FPGA**Field Programmable Gate Array입니다. FPGA와 ASIC 이 둘은 같은 반도체일까요? 결론부터 말하면 다른 반도체입니다. FPGA와 ASIC 모두 특수 목적으로 사용되는 프로세서지만, 가장 큰 차이점은 **형상 재구성**Reconfigurable 혹은 재형상 여부입니다.

일반적인 반도체는 한 번 생산Fabrication이 완료된 이후에는 회로 변경이 불가합니다. 허나 FPGA는 가능합니다. 단순하게 비교하자면 ASIC은 CD처럼 생산된 이후 데이터를 변경할 수 없고 FPGA는 USB 메모리처럼 데이터를 다시 쓸 수 있습니다.

보다 쉬운 이해를 위해 차를 만드는 공장에 비유해보겠습니다. FPGA 공장과 ASIC 공장에서 각각 차를 만듭니다. FPGA 공장에서 생산되는 차는 ASIC 공장에서 생산되는 차량보다 수십, 수백 배 비쌉니다. 하지만 수작업으로 차를 만들고 한 번 구입하면 평생 튜닝을 보장합니다. 차를 타다가 새로운 도안을 보내 주면 언제든 이에 맞게 디자인이나 성능을 조정할 수 있습니다. 단, 수많은 고객을 상대해야 하기 때문에 튜닝 가능한 항목에 제한이 있습니다. 엔진의 모양은 내 마음대로지만, 엔진이 들어갈 엔진 룸의 크기는 정해져 있습니다. 승용차 트렁크 공간을 트럭처럼 길게 늘리고 싶어도 이처럼 대중적이지 못한 변경은 받아 주기 어렵습니다.

반면 ASIC 공장은 대량 생산을 전문적으로 하는 공장입니다. 엔진과 뼈대, 범퍼 등 각종 부품 생산 장비들과 로봇 등을 구입하느라 초기 투자비가 매우 높으며 정해진 도안을 바꿀 때도 많은 비용이 들어갑니다. 대신 공장에서 차가 나오기 시작하면 FPGA 공장에 비해 훨씬 저렴하게 대량 생산할 수 있습니다. 더불어 디자인이나 성능의 제약도 없습니다. 제조사가 처음부터 끝까지 설계하므로 무엇이든 제조사 마음대로 할 수 있어 효율성이 좋아집니다. 예를 들어, 엔진 룸 사이즈를 엔진에 꼭 맞게 설계하여 불필요한 공간 소모는 줄고 공간 효율성과 활용률은 높입니다.

대부분의 차량 업체들은 ASIC 공장에서 대량 생산하기 전에 FPGA 공장에서 여러 대의 콘셉트 카를 생산해본 뒤 최종안을 정합니다. 최종안이 정해지면 그때 도안에 맞게 ASIC 공장을 만듭니다.

ASIC and FPGA

이와 같이 FPGA는 프로토타이핑^{Prototyping} 단계에서 많이 사용됩니다. 개별(per-unit) 단가로 비교하면 일반적으로 FPGA가 수십 배 비쌉니다. 그러나 ASIC은 초기 투자 금액이 수십-수천 억으로 매우 높기 때문에 FPGA를 소량 구매하여 설계를 검증하고 이후 ASIC으로 대량 생산하는 편입니다.

물론 최종 생산 방식은 순수하게 벤더가 결정합니다. FPGA를 상용 제품용으로 사용할 수도 있고 대량 생산을 통한 이익 극대화를 위해 ASIC을 사용할 수도 있습니다. 이 두 반도체의 특성을 정리하면 다음 표와 같습니다.

		FPGA	ASIC
형상 재구성 Reconfiguration		가능	불가
크기		(일반적으로)ASIC의 2-4배	-
개당 단가	개별 구매 비용	ASIC의 수십 배-수백 배	-
	대량 생산 비용	비교적 높음	매우 낮음
초기 개발비 (NRE$^{Non-Recurring\ Engineering}$)		낮음	매우 높음
개발 기간		빠름	오래 걸림(통상 6-18개월)
성능		보통	높음

▶ 표 15.2 FPGA vs ASIC

만일 네트워크 벤더가 FPGA를 사용하고자 한다면 일반적으로 FPGA 전문 생산업체로부터 구매하여 프로그래밍합니다. 즉, 이미 존재하는 기성품을 구매하는 것이기 때문에 ASIC보다 빠르게 개발을 진행할 수 있습니다. 더욱이 형상 재구성도 가능하므로 혹여나 잘못된 부분이 있더라도 향후 수정이 가능합니다.

다만 하나하나 모든 걸 직접 설계하는 ASIC에 비해 성능, 전력 소모량 등이 높을 수밖에 없고 내부 구조가 고정되어 있다는 제약 사항도 있습니다. 구체적으로 메모리 사이즈와 버스 사이즈가 고정되어 있고 프로그래밍을 할 수 있는 공간도 지정되어 있습니다. 재구성을 위한 내부 로직 사이즈도 큰 편입니다.

이에 반해 (full-custom)ASIC은 모든 걸 내 마음대로 할 수 있습니다. CPU 사이즈, 메모리 사이즈도 원하는 대로 설계할 수 있고, 로직도 FPGA에 비해 작습니다. 동일한 기능을 제공할 경우 일반적으로 ASIC이 FPGA보다 약 2-4배 작고 전력 소모량도 낮습니다(물론 설계 능력에 따라 ASIC보다 FPGA가 더 좋을 수도 있습니다.).

네트워크 장비용 FPGA 혹은 ASIC

그럼 네트워크 장비들은 FPGA를 쓸까요? ASIC을 쓸까요? 네트워크 벤더별로, 또 장비별로 차이가 있습니다. 스위치와 라우터 영역을 각각 나눠 볼 수 있는데, 스위치는 주로 ASIC을 쓰고 라우터는 ASIC + FPGA를 쓰는 편입니다. 생산된 지 오래된 스위치는 GRE, MPLS 혹은 VXLAN과 같은 터널링 프로토콜을 지원하지 못하는 경우가 많습니다. 새로운 L2, L3 프로토콜 헤더를 처리하려면 ASIC 구조를 변경해야 하는데, 판매 이후에 ASIC 구조(로직) 변경이 불가능하기 때문입니다.

반면 라우터는 ASIC + FPGA를 사용하며 OS 업그레이드를 통해 기존에 지원하지 못했던 프로토콜을 지원하기도 합니다(그 비결에 대한 구체적인 내용은 이어지는 '프로그래머블 ASIC' 에서 살펴보겠습니다.). 용도에 따라 FPGA를 선택하는 경우도 있습니다. 섀시 장비의 패브릭 칩이나 컨트롤 플레인 칩 같은 경우입니다.

일반적으로 라인카드당 패킷 포워딩 칩이 1-8개 정도 들어가는데, 섀시 전체로 보았을 때 100개에 가까운 칩을 사용하기도 합니다. 더욱이 벤더들은 투자 수익률[ROI] 극대화를 위해 한 번 개발된 패킷 포워딩 ASIC을 최대한 여러 플랫폼에 사용합니다. 이런 경우 대량 생산이 이득입니다. 반면 각 라인카드를 연결해주는 패브릭 칩이나 컨트롤 플레인에서 사용하는 칩들은 다음과 같은 이유로 FPGA를 채택하는 경우가 많습니다.

- **규모의 한계**: 패브릭 칩이나 컨트롤 플레인용 칩은 한 장비당 10개 이상 사용하기 어렵습니다. 동일한 벤더의 유사 제품군일지라도 크기나 성능에 따라 각기 다른 성능의 칩들이 필요할 수 있습니다. 즉, 규모의 경제가 만들어지기 어려운 구조입니다.
- **최적화 불필요**: 패킷 포워딩 칩에 비해 기능이 단순한 편이라 ASIC으로 생산할 만큼 고도의 최적화가 필요하지 않은 편입니다.

프로그래머블 ASIC

네트워크 분야에서는 지속적으로 새로운 표준들이 등장합니다. 만일 라우터용으로 재구성이 불가능한 단순 ASIC을 사용했다면 신규 프로토콜이 등장했을 때 새로운 라우터를 구입해야 할 것입니다. 그러나 라우터는 고가의 장비이므로 보다 유연한 방안이 필요합니다.

대부분의 라우터들은 ASIC이지만 그 기능을 변경할 수 있는, 다시 말해 형상 재구성이 가능한 ASIC을 사용합니다. 네트워크 벤더들은 이를 **프로그래머블 ASIC**Programmable ASIC이란 마케팅 언어로 표현합니다. 상세한 칩셋 구조는 외부에 공개하지 않습니다만 그 구조를 추정해볼 수 있는 반도체가 있습니다. 바로 **스트럭처드 ASIC**Structured ASIC이라는 반도체입니다(유사하게 프로그래머블 ASSP(pASSP)도 있습니다.).

스트럭처드 ASIC은 ASIC 내부에 재구성이 가능한 일부 공간을 남겨 두는 반도체입니다. 기본적으로 ASIC의 뼈대를 가지고 있으나 일부 공간은 FPGA와 같은 재구성 가능 공간으로 할당합니다. 라우터는 해당 공간을 활용하여 신규 표준을 지원할 수 있습니다. 예를 들어, 이더넷/IP처럼 대중적이거나 표준화가 오래된 프로토콜은 ASIC에 프로그래밍해 두고 추후 새로운 프로토콜이 나오면 재구성 가능 공간을 활용해 신규 기능을 프로그래밍합니다.

네트워크 장비 ASIC 구조

앞서 'Chapter 14 섀시'의 '1. 컨트롤 플레인'에서 살펴본 그림 14.1과 같이 라인카드 ASIC은 메모리, 포워딩 그리고 큐잉라는 3가지 컴포넌트로 구성됩니다(벤더별로 각 컴포넌트를 부르는 이름이 다양하며 추가적인 컴포넌트가 존재하기도 합니다.).

이번에는 이 3가지 핵심 컴포넌트의 기능을 알아보고자 합니다.

- **메모리**Memory: 패킷을 받았을 때 전체 패킷(body)을 저장하고, 패킷 일부(헤더)를 포워딩으로 전송합니다.
- **포워딩**Forwarding: 패킷 헤더를 분석하는 곳으로, 패킷과 관련된 대부분의 처리가 이뤄집니다.
- **큐잉**Queuing: 혼잡한 상황에 패킷 로스가 발생하지 않도록 패킷을 잠시 저장해 두는 곳입니다.

일반적으로 패킷이 들어오면 **메모리 → 포워딩 → 큐잉**순으로 처리됩니다. 세 컴포넌트들은 SRAM, RLDRAM, CAM 그리고 TCAM/HMC와 같은 다양한 종류의 메모리를 사용하는데, 메모리 기술의 발전에 따라 선택의 폭이 넓어지고 있습니다.

메모리와 셀 분할

컴퓨터가 어떤 명령을 처리할 때는 **워드**Word라는 최소 데이터 단위를 사용합니다. 예를 들어, 64 bits CPU는 워드가 64 bits(8 bytes)입니다. 프로세서가 한 번에 최소 64 bits 단위로 데이터를 처리한다는 의미입니다. 유사하게 네트워크 장비 내부에서는 패킷을 **셀**Cell이라는 단위로 나눠 처리하며 이를 **셀 분할**Cellification이라고 합니다. 참고로 셀은 보통 64 bytes 혹은 128 bytes로, CPU의 워드 단위보다 큽니다.

> 💡 **Tip.** '셀'은 표준 용어가 아닙니다. 조금 더 고급스럽게 패킷 세그먼테이션Packet segmentation이라고 표현하기도 하지만, 이 용어는 패킷 분할Fragmentation처럼 전송 과정에서 패킷을 나누는 것을 의미할 수도 있기 때문에 다소 혼란의 여지가 있습니다. 또 다른 표현으로 비트 슬라이싱Bit-slicing이라는 용어도 있습니다.

네트워크 장비의 셀 크기는 64 bytes인데 128 bytes 패킷을 받았다면 장비 내부에서 두 개의 64 bytes 셀로 나눠 깔끔하게 저장하고 처리할 수 있을 것입니다. 그런데 129 bytes 패킷이 들어오면 어떨까요? 부득이 3개의 셀로 나누게 될 것입니다. 첫 번째, 두 번째 셀은 각 64 bytes를 가득 채우고 마지막 세 번째 셀은 64 bytes 중 고작 1 byte만 실제 데이터로 쓰인 뒤 나머지 63 bytes는 비어 있게 될 것입니다. 이처럼 셀에 빈 공간이 있으면 성능에 악영향을 줍니다.

예를 들어, 어떤 물건을 셀이라는 박스에 담아 컨베이어 벨트로 옮긴다고 가정해보겠습니다. 셀 박스 A는 가득 차 있지만, 셀 박스 B에는 1/100만 담아 보낸다면 시간당 운송량은 그만큼 줄어들게 됩니다. 항상 모든 셀 박스를 가득 채워 보내야 비로소 운송량이 최대치가 될 것입니다. 네트워크 장비도 마찬가지입니다.

셀 비용

이러한 현상은 셀의 1 byte만 데이터용으로 쓰는 경우에도 적용됩니다. 앞서 예시처럼 셀 크기는 64 bytes인데 129 bytes 패킷이 들어오면 부득이 3개의 셀을 쓰고 맨 마지막 셀의 63 bytes는 비어 있습니다. 그 비어 있는 63 bytes만큼 시간당 처리 용량, 즉 성능이 감소합니다.

어떤 네트워크 장비는 계측기로 128 bytes 패킷을 보냈을 땐 성능이 100%지만, 단 1 byte가 더 큰 129 bytes 패킷으로 테스트하면 성능이 70-90%밖에 안 나오기도 합니다. 셀의 빈 공간으로 성능이 감소했기 때문입니다. 이처럼 셀을 사용함으로써 발생하는 성능 감소를 흔히 **셀 비용**Cell tax이라고 표현합니다.

그렇다면 대체 왜 셀을 사용하는 것일까요? 언뜻 보기에는 셀을 사용하는 것이 비효율적으로 보이지만, 사실 다양한 데이터 사이즈를 자르지 않고 그대로 처리하는 것이 도리어 비효율적입니다. 예를 들어, 택배를 보낼 물건을 상자 없이 뽁뽁이로만 감싸 보낸다면 배송 차량을 빈틈없이 가득 채울 수 있을지는 몰라도, 물품 모양이 제각각이기 때문에 차에 싣고 내릴 때 더 많은 시간이 소요됩니다. 따라서 물품을 규격화된 박스에 담아 보내는 것이 보다 효율적입니다.

마찬가지 맥락으로 셀이라는 최소 단위로 통신하면 패킷을 메모리에서 읽어올 때도, 프로세서로 보낼 때도, 외부로 내보낼 때도 셀이라는 고정된 단위를 사용함으로써 다양한 반도체들이 통신할 때 효율성이 높아집니다. 즉, 비록 셀 비용이 생길지라도 지정된 크기로 잘라 처리하는 것이 훨씬 효율적입니다.

패킷을 패브릭을 통해 다른 ASIC으로 보낼 때도 셀 단위로 나눠 보내는 것이 효과적입니다. 다음 그림처럼 패브릭 플레인Fabric plane 하나만 써서 패킷을 보낼 때보다 셀로 나눈 뒤 여러 패브릭 플레인에 나눠 전송하면 더 빠르게 패킷을 전송할 수 있습니다. 쉽게 비유하자면, 10칸짜리 기차를 하나의 기찻길로 보낼 때 10초가 걸린다면, 각 칸을 10개로 분해해 10개의 기찻길로 동시에 보내면 단 1초가 걸리는 것과 동일한 효과입니다.

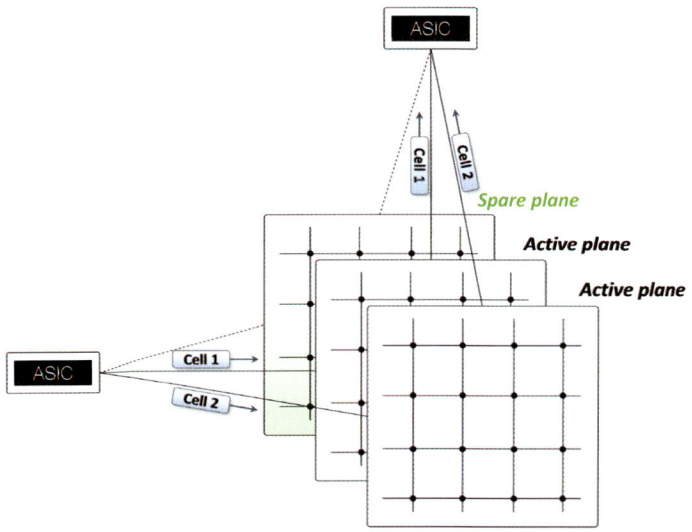

▶ 그림 15.4 다수의 패브릭 플레인으로 셀 전송

패브릭 플레인을 여러 개 만들어 병렬로 전송하면 네트워크 장비 내부에서 패킷이 전송되는 시간, 즉 장비 내부 레이턴시가 줄어듭니다. 따라서 근래 대부분의 네트워크 장비는 셀을 나눠 다수 패브릭 플레인에 병렬 전송하는 디자인을 채택하고 있습니다.

참고로 구형 장비는 물리 포트 속도의 배수^{Multiple}로 패브릭 전송 속도를 빠르게 설계한 speedup이라는 기술을 사용하기도 합니다. 공항이나 지하철에서 볼 수 있는 무빙 워크처럼 패브릭 내에서 패킷 이동 속도를 빠르게 함으로써 레이턴시를 낮추는 방식입니다.

포워딩

패킷을 메모리에 셀 단위로 저장했다면 그 다음 할 일은 해당 패킷을 어디로 보낼지 결정하는 것입니다. 이를 위해 패킷 L2-L4 헤더(예를 들어, 이더넷/IP/TCP) 정보를 **포워딩 칩**^{Forwarding} ^{chip}으로 보냅니다. 포워딩 칩에서는 패킷 포워딩과 관련된 대부분이 결정됩니다. 라우팅 외에 ACL, 폴리싱^{Policing} 같은 주요 프로세싱 또한 포워딩 칩에서 처리됩니다.

포워딩 칩의 메모리, **TCAM**$^{Ternary\ Content-Addressable\ Memory}$ (혹은 RLDRAM, 최근에는 HMC$^{Hybrid\ Memory\ Cube}$ 등등)에는 FIB 정보가 저장되어 있습니다. 해당 FIB 정보와 전달받은 L2-L4 헤더 정보를 비교해서 패킷을 어디로 내보낼지 결정합니다.

FIB 업데이트

네트워크 장비의 경우 FIB 정보가 끊임없이 업데이트될 수 있습니다. 그렇다면 포워딩 칩 내부 TCAM에 FIB 정보를 업데이트할 동안 패킷 처리는 어떻게 해야 할까요? 잠시 멈추면 될까요?

앞서 '14.1 네트워크 장비 아키텍처'의 'FIB 동기화'에서 언급했듯이 FIB 정보는 빈번히 업데이트될 수 있습니다. 그렇다고 그때마다 패킷 포워딩을 중단하면 안 될 것입니다. 그럼 어떻게 패킷 포워딩에 영향을 주지 않고 FIB 정보를 업데이트할 수 있을까요? 해답은 **이중화**입니다.

둘 이상의 TCAM(혹은 포워딩 칩)을 준비합니다. 예를 들어 왼쪽, 오른쪽 TCAM이 있다고 가정해보겠습니다. 업데이트가 발생하면 왼쪽 TCAM 업데이트를 시작하고, 오른쪽 TCAM의 기존 정보를 이용하여 패킷 포워딩을 계속합니다. 왼쪽 TCAM의 업데이트가 완료되면 그때부터 왼쪽 TCAM의 새로운 정보를 사용하여 포워딩하기 시작합니다. 이후 나머지 오른쪽 TCAM 업데이트를 진행합니다. 이와 같은 방식으로 라우팅 정보가 업데이트되는 동안에도 패킷 포워딩을 멈추지 않고 계속할 수 있습니다.

큐잉

마지막 ASIC 컴포넌트로 **큐잉 칩**Queuing Chip이 있습니다. 큐잉 칩은 병목 현상 발생 시 패킷 로스가 발생하지 않도록 패킷을 **버퍼**Buffer에 임시 저장하는 역할을 합니다. 여기서 버퍼는 큐잉 칩이 사용하는 메모리를 말합니다.

깔때기에 물을 붓는 상황에 비유하자면, 물을 한 번에 많이 부으면 잠시 고이는 것을 볼 수 있습니다. 넘칠 때까지 더 붓지 않는다면 약간의 시간이 흐른 뒤 자연스럽게 출구로 흐를 것입니다. 깔때기 몸통이 물을 잠시 담는 임시 보관소 역할을 하는 덕분입니다. 버퍼는 깔때기 몸통처럼 정체 상황에서 패킷을 잠시 담아 두는 칩입니다.

트래픽이 너무 많아서 버퍼 용량마저 넘치면 큐잉 칩은 수많은 패킷 중 어떤 패킷을 살릴지 고민합니다. 일반적으로 패킷 헤더 정보를 이용하여 우선순위를 나누지만 IP별로 개별 QoS 룰을 적용하는 **HQoS**Hierarchical Quality of Service 등과 같은 매우 복잡한 과정을 거쳐 패킷을 분류하기도 합니다. 네트워크 장비 안에서는 중요 패킷을 보호하기 위한 수많은 메커니즘이 존재합니다. 이들의 동작 방식을 이해하려면 큐잉 칩을 깊게 이해해야 합니다(큐잉 칩에 관해 이어서 자세히 살펴보도록 하겠습니다.).

15.3 패브릭

네트워크 장비의 핵심 컴포넌트인 **패브릭**Fabric(백플레인Backplane)은 장비 내부 ASIC들을 서로 연결해줍니다. 때로는 그 역할을 간과해 구리 선 정도로 취급하기도 하는데, 설계 방식과 정의에 따라 단순 구리 선이 될 수도 있고 이보다 훨씬 복잡한 구조체가 될 수도 있습니다.

> **Tip.** 이 책에서는 패브릭용 큐잉 칩을 포함한 ASIC 연결용 컴포넌트 일체를 '패브릭'으로 정의합니다.

1 패브릭 병목 현상

어느 날 다급한 전화를 받고 급히 고객사를 방문한 적이 있습니다. 다른 벤더 장비에서 이해하기 어려운 장애가 발생해서 긴급 점검 중이라고 했습니다. 장애 현상을 해결하기 앞서 상황을 정리해보니 다음과 같았습니다.

① 대형 데이터 센터를 운영 중
② 입주 고객사 A를 타깃으로 한 DDoS 공격 발생
③ 공격 대상이 된 A 고객의 장애 경험
④ 같은 라인카드에 연결되어 있던 다른 무관한 고객들도 장애 경험

이 문제의 핵심은 같은 라인카드에 연결되어 있긴 하지만 다른 포트에 연결된 서비스가 함께 장애를 겪었다는 것입니다. 이 기이한 현상은 네트워크 장비의 특정 인터페이스로 트래픽이 과하게 몰려서 장비 내부의 공용 리소스(예. ASIC, 패브릭 등)가 고갈되어 발생하는 것입니다.

다음 그림을 보면 여러 **인그레스 포트**Ingress port를 통해 들어온 빨간색 트래픽들이 **이그레스 포트** Egress port인 10/3/1로 몰리는 것을 볼 수 있습니다. 이로 인해 **패브릭/백플레인 → ASIC 10.3** 구간에 ① 병목 현상이 발생했습니다.

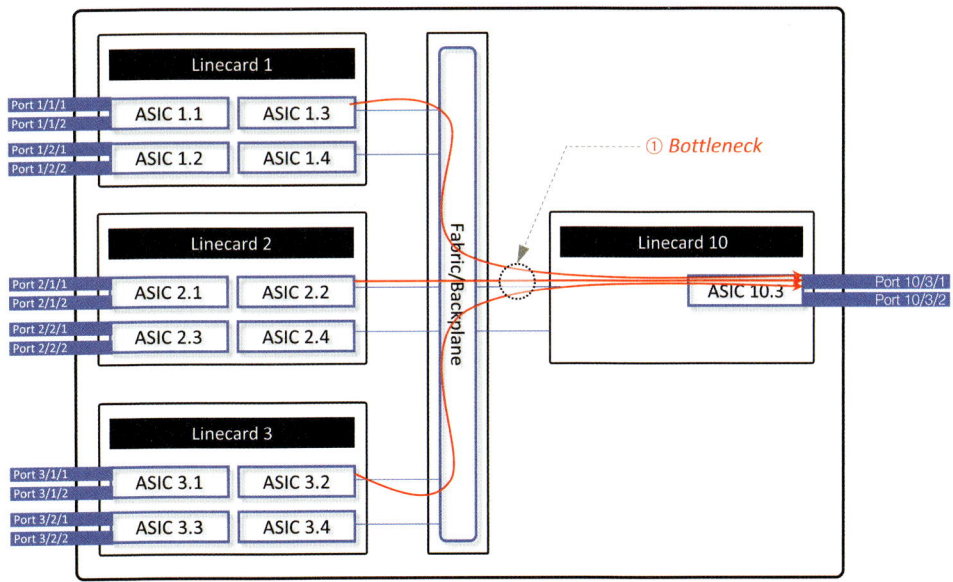

▶ 그림 15.5 패브릭 드랍 예시

ASIC 10.3은 포트 10/3/1뿐 아니라 포트 10/3/2도 담당하고 있습니다. 만일 ASIC 10.3의 최대 성능이 20 GE밖에 안 되는데 트래픽이 100 GE가량 몰려왔다면 ASIC 성능 한계로 해당 ASIC에 연결된 모든 포트가 장애를 경험하게 될 것입니다. 그러나 이에 앞서 **패브릭 → ASIC 10.3**의 ① 병목 현상이 더 큰 문제입니다.

적어도 ASIC 10.3까지는 패킷이 전달되어야 ASIC에서 패킷을 포트 10/3/1로 보낼지, 포트 10/3/2로 보낼지 판단할 수 있는데, 패브릭 구간에서 병목 현상이 발생하면 ASIC에 도달하기 전 패브릭에서 폐기됩니다.

예를 들어, 운전을 하다 보면 고속도로 4차로 출구에 1–3차로 차량들이 끼어들면서 1–3차로도 같이 서행하는 현상을 볼 수 있습니다. 근본적인 해결 방안은 나가려는 모든 차량이 4차로에만 대기하도록 유도하는 것입니다. 그럼 수많은 차량이 출구에 몰려도 1–3차로 통행은 전혀 영향을 받지 않게 될 것입니다.

유사한 맥락으로 이와 같은 패브릭 이슈를 해결하기 위해서는 이그레스 포트별로 트래픽을 구분하고 그에 따라 별도로 제어할 수 있어야 합니다. 구체적인 방안들을 이어서 살펴보겠습니다.

폴리싱

패브릭 병목 현상을 막는 아주 단순한 접근법으로, 개별 구간(IP 혹은 서비스 단위)별 **폴리싱**이 있습니다. 앞서 예시를 살펴본다면 포트 10/3/1을 향하는 DDoS 패킷들을 패브릭으로 내보내기 전 인그레스 ASIC에서 미리 폴리싱으로 제한하는 것입니다. 그러나 결론부터 말하자면 결코 좋은 방법은 아닙니다.

폴리싱 적용 시 패킷을 받는 인그레스 포트가 하나라면 수월하지만, 다수라면 이 포트들을 전부 묶어서 제한할 수 있어야 합니다. 예를 들어, 그림 15.5에서 3개의 인그레스 포트 1/1/1, 2/1/1, 3/1/1에서 이그레스 포트 10/3/1로 향하는 DDoS 트래픽을 1 Gbps로 제한한다고 가정해보겠습니다. 이 경우 인그레스 포트 1/1/1 + 2/1/1 + 3/1/1의 합산 트래픽을 1 Gbps로 제한해야 합니다. 즉, 네트워크 장비가 1/1/1과 2/1/1 그리고 3/1/1로 들어온 패킷 중에서 10/3/1로 보내야 하는 트래픽 볼륨을 실시간으로 합친 뒤 이 총합이 1 Gbps를 '넘을 경우에만' 폴리싱을 적용해야 합니다.

'실시간'이란 어느 정도로 짧은 시간을 말할까요? 벤더가 설계하기 나름이겠지만 최소 100 ms 이내는 되어야 적어도 실시간으로 폴리싱한다고 말할 수 있을 것입니다. 만일 인그레스 포트가 총 10개라면 10개의 ASIC이 포트 10/3/1로 보낼 트래픽 볼륨을 최소 100 ms 간격으로 서로 공유하고 이를 토대로 폴리싱 볼륨을 스스로 결정해야 합니다.

포트 그룹 폴리싱

벤더별로 다수의 포트를 묶어서 폴리싱하는 기능을 가리키는 다양한 용어가 있지만 이 책에서는 **포트 그룹 폴리싱**Port-group policing이라고 하겠습니다.

다음 커맨드 예시처럼 여러 ACL 룰 중 **rule1> 10.1.1.1 → 1.1.1.1:80**에 매칭되는 트래픽을 1 Gbps로 제한한다고 가정해보겠습니다. 이때 패킷이 들어올 수 있는 경로가 다양해서 인그레스 ASIC이 10개라면 **10.1.1.1 → 1.1.1.1:80** ACL 룰에 매칭되는 볼륨이 실시간으로 10개의 ASIC 간에 공유되어야 합니다.

```
패킷 캡처 CLI 예시

Router$ show policing rule example_1
rule1> if match 10.1.1.1 → 1.1.1.1:80 then policing 1Gbps
rule2 …
```

만일 **폴리싱 룰**Policing rule이 100개라면 ASIC 간에 100개 룰별 트래픽 볼륨이 실시간으로 공유되고, 폴리싱할 트래픽 양도 매 순간 동적으로 계산되어야 합니다. 결국, 폴리싱 룰 개수와 복잡도에 따라 ASIC들의 통신량 또한 급격히 늘어나 하드웨어 구현이 어렵습니다.

이러한 배경으로 인그레스 ASIC에서 포트 그룹 폴리싱을 지원하지 않거나, 지원하더라도 제약 사항이 있는 경우가 많습니다. 물론 인그레스 포트별로 개별 ACL을 룰을 만들어 제한할 수는 있습니다. 예를 들어, 1–10 포트에 각자 10.1.1.1 → 1.1.1.1:80 트래픽을 100 Mbps로 제한하여 총합 1 Gbps가 되도록 제한할 수 있지만 DDoS 공격 상황이 아닌 경우에도 한 인그레스 포트당 최대 100 Mbps밖에 처리하지 못하게 되므로 그다지 현실적이진 못합니다. 이 밖에도 패브릭 병목 현상 대응 방안으로 폴리싱이 부적절한 이유들은 다음과 같습니다.

① **적절한 트래픽 볼륨 파악이 어려움**: 서비스 관점에서 '적절한' 트래픽 볼륨이 얼마인지 알기 어렵고 서비스 대상에 따라 요구되는 트래픽 볼륨이 다른 경우도 많습니다. 쉽게 말해, '얼마만큼의' 트래픽을 폴리싱으로 제한해야 할지 결정하기 어렵습니다.

② **유지 보수 및 관리의 어려움**: 기존 관리자가 설정해 두고 신규 관리자에게 그 내용을 전달하지 않는 경우 등이 대표적인 예시입니다. 폴리싱처럼 특별한 구성이 많으면 네트워크 복잡성을 증가시켜 의도치 않은 장애 포인트가 됩니다.

패브릭 흐름 제어

패브릭 병목 현상 이슈의 근본적인 대안으로 **패브릭 흐름 제어**Flow control가 있습니다. 방식은 간단합니다. 인그레스 ASIC에서 이그레스 ASIC에게 패킷을 보내기 전에 패킷을 보내도 되는지 미리 확인하는 것입니다. 예를 들어, 그림 15.5처럼 포트 10/3/1을 향하는 DDoS 트래픽이 있다면, 패킷을 보내야 하는 ASIC들(인그레스 ASIC)이 ASIC 10.3(이그레스 ASIC)으로 패킷을 보내기 전에 미리 허락을 구하는 방식입니다. 만일 허락을 끝까지 받지 못하면 인그레스 ASIC에서 패킷을 폐기하여 패브릭 병목 현상을 미연에 방지합니다. 결과적으로 이그레스 → 인그레스 ASIC 방향으로 흐름 제어가 이루어지는 구조로, 간단하지만 효과적입니다.

흐름 제어 범위

패브릭 흐름 제어를 구현할 땐 ① **문의 단위**Request와 ② **QoS**를 섬세하게 살펴보아야 합니다. QoS에 대한 자세한 내용은 이후 천천히 살펴보고, 먼저 ① 문의 단위부터 살펴보겠습니다. 문의 단위는 크게 ASIC, 포트 단위로 구분할 수 있습니다.

- **ASIC일 경우**: 이그레스 ASIC에게 패킷을 받을 수 있는지만 묻습니다.
- **포트일 경우**: 이그레스 ASIC에게 포트를 지정해서(예. 포트 10/3/1) 패킷을 받을 수 있는지 묻습니다.

ASIC 단위로 문의를 할 경우 이그레스 ASIC은 자신이 보유한 포트 중에 어떤 포트로 내보낼 패킷인지 알 수 없습니다. 그림 15.5의 경우 패킷을 받기 전까지 해당 패킷이 포트 10/3/1로 내보낼 패킷인지, 포트 10/3/2로 내보낼 패킷인지 알 수 없습니다. 이처럼 ASIC 단위로 문의할 경우 병목 현상은 막을 수 있겠지만 이그레스 ASIC에 함께 연결된 다른 포트의 희생을 막을 수는 없습니다.

이 과정을 흰색과 검은색 박스를 옮기는 2개의 컨베이어 벨트에 비유해 보겠습니다. 작업자는 초당 10개의 박스(패킷)를 처리할 수 있습니다. 흰색 박스는 왼쪽 컨베이어, 검은색 박스는 오른쪽 컨베이어 벨트로 보내야 합니다. 각 벨트는 초당 5개씩, 합쳐서 1초에 10개의 박스를 보낼 수 있습니다.

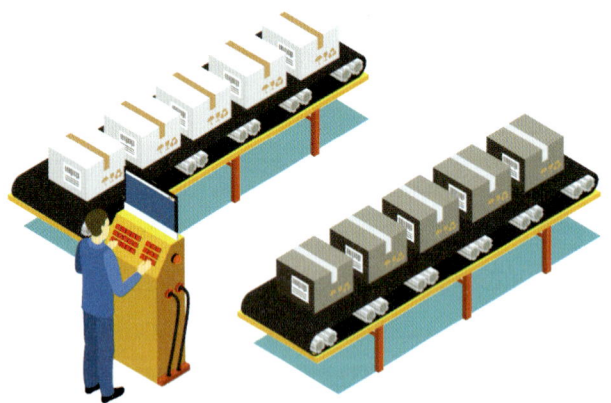

▶ 그림 15.6 초당 흰색 5개, 검은색 5개 총 10 박스 처리가 가능한 컨베이어 벨트

문의 단위가 ASIC일 경우 건너편 동료는 색 구분 없이 "지금 박스 받을 수 있어?"라고 묻습니다. 즉, 박스 색은 알려 주지 않기 때문에 박스를 받고 나서야 비로소 색을 알 수 있습니다. 헌데 받은 박스가 전부 흰색이라면 흰색 컨베이어 벨트로 초당 5개의 박스만 보낼 수 있을 것입니다. 검은색 박스는 아예 받지도 못했으므로 그 동안 오른쪽 컨베이어 벨트는 놀게 됩니다.

반면 문의 단위가 포트라면 컨베이어 작업자(ASIC)끼리 박스 색을 공유할 수 있으므로 "지금 흰색 박스 받을 수 있어?"라고 묻습니다. 이 경우 처리하지 못할 색의 박스는 애초부터 받지 않습니다. 덕분에 검은색 컨베이어 벨트가 불필요하게 비는 현상을 막을 수 있습니다.

즉, 당연히 허락 대상 단위는 구체적일수록 좋으므로 ASIC보다 포트 단위로 더 자세하게 통신하는 것이 좋습니다. 다만 그만큼 장비를 설계하고 제작하는 비용이 높아집니다. 벤더는 이를 고려하여 포트 단위로 흐름 제어를 할지 아니면 ASIC 단위로 흐름 제어를 할지 결정합니다.

QoS

패브릭 흐름 제어를 설계할 땐 QoS 또한 깊이 고려해야 합니다. 패브릭 내부에서 패킷 중요도를 구분하지 않고 흐름 제어를 한다면 병목 상황에서 중요한 패킷들이 보호될 수 없습니다. 이를 방지하려면 ASIC끼리 주고받는 흐름 제어 메시지가 "지금 1등급 흰색 박스 받을 수 있어?"와 같이 구체적이어야 합니다. 네트워크 장비의 QoS 아키텍처도 이에 걸맞게 설계되어야 합니다.

CIOQ

인그레스 ASIC에는 문의를 전송한 후 이그레스 ASIC으로부터 허락^{Grant}을 받을 때까지 일시적으로 패킷을 저장할 수 있는 작은 버퍼가 필요합니다. 이와 별개로 반대편 이그레스 ASIC에는 이그레스 포트로 패킷을 내보낼 때 발생하는 병목 현상을 대비하여 대용량 버퍼를 두는 구조가 많습니다. 이처럼 인그레스와 이그레스 ASIC 양쪽 모두 버퍼가 있는 아키텍처를 **CIOQ**$^{Combined\ Input\ and\ Output\ Queued}$라고 하며 가장 대중적인 네트워크 장비 아키텍처 중 하나입니다.

VOQ

CIOQ의 빠질 수 없는 단짝 친구로 **VOQ**$^{Virtual\ Output\ Queueing}$가 있습니다. VOQ는 쉽게 말해 인그레스 ASIC에서 완전히 혹은 일부 QoS 처리를 대신하는 아키텍처입니다. 그림 15.5에서 포트 1/1/1, 좀 더 정확히는 ASIC 1.1이 포트 10/3/1로 보낼 패킷을 받았다고 가정해보겠습니다. VOQ 아키텍처일 경우 인그레스 ASIC 1.1에서 이그레스 ASIC으로 패킷을 보내기 전에 패킷을 미리 중요도순으로 분류하고 따로 저장하는 QoS 작업(정확히는 분류^{Classification})을 진행합니다. 언뜻 듣기엔 간단해보이지만 실제로는 복잡하고 설계 난이도가 높습니다.

다음 그림은 패킷이 4개의 A−D 포트로 들어와서 4개의 포트 W−Z로 나가는 VOQ 예시를 표현한 것입니다. 각 인그레스 ASIC에 존재하는 P1−P4는 이그레스 포트에 매핑되는 QoS 클래스들입니다. 예를 들어, 가장 좌측 상단에 있는 인그레스 ASIC.A 안에 이그레스 포트 W−Z별 QoS 클래스, P1−P4가 각각 별도로 관리되고 있습니다.

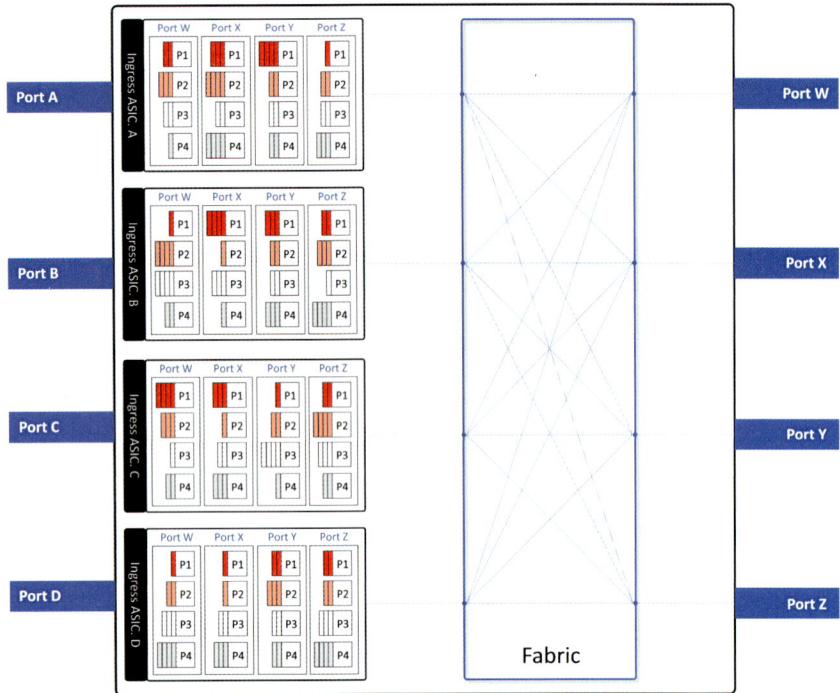

▶ 그림 15.7 VOQ 예시

그림처럼 VOQ는 인그레스에서 가상의 **이그레스 큐**^{Egress queue}를 만들어 이그레스 ASIC 대신 QoS를 처리합니다. 그래서 VOQ의 본딧말이 Virtual Output Queueing입니다.

VOQ 아키텍처에서도 문의^{Request}와 허락^{Grant} 메커니즘이 적용됩니다. 인그레스 ASIC에서 미리 이그레스 포트에 대한 QoS 프로세싱을 하고 실제 패킷을 보내기 전에 이그레스 ASIC에게 "지금 포트 Z용 1등급(P1) 패킷 보내도 돼?"라고 묻습니다. 이그레스 ASIC은 이그레스 포트가 비어 있는지 확인하고 허락합니다. 허락을 받으면 인그레스 ASIC은 패브릭을 통해 이그레스 ASIC에게 패킷을 보냅니다. 즉, 최종 결정 권한은 여전히 이그레스 ASIC에 있지만 QoS 처리는 인그레스 ASIC에서 이루어지는 구조입니다.

VOQ를 쓴다고 해서 CIOQ 방식에 비해 인그레스 ASIC의 버퍼 사이즈가 대량으로 커져야 하는 것은 아닙니다. 인그레스 ASIC에서 클래스에 따라 분류하는 과정이 추가되는 것뿐이므로 데이터가 세분화되고 이들을 구분할 수 있는 작은 정보가 추가될 뿐입니다. 그러나 ASIC 개수가 수백 개 이상이라면 그만큼 인그레스 ASIC에서 관리해야 할 클래스가 급격히 많아지고 이에 따라 관련 정보 또한 많아질 수 있습니다. 이 경우 대용량 메모리가 필요합니다.

CIOQ와 VOQ 흐름 제어

근래 네트워크 장비들은 다음 3가지 패브릭 흐름 제어 중 하나를 선택하는 편입니다.

- **CIOQ**: 인그레스 ASIC에서 패킷 중요도를 구분하지 않고 흐름 제어
- **CIOQ + VOQ**: 인그레스 ASIC에서 패킷 클래스별로 흐름 제어. 실제 QoS는 이그레스 ASIC에서 처리
- **완전한 엔드 투 엔드 VOQ**$^{VOQ-only\ mode}$: 인그레스 ASIC에서 모든 QoS가 완료되며 이그레스 ASIC은 허락 후 받은 패킷을 별도 프로세싱 없이 이그레스 포트로 전송

아주 오래된 네트워크 장비의 패브릭 구조는 CIOQ 형태가 많습니다. 이러한 경우 패브릭 흐름 제어를 하더라도 패킷의 클래스가 구분되지 않기 때문에 패브릭 병목 현상 이슈는 피할 수 있을지 몰라도 중요 패킷을 보호할 수는 없습니다. 따라서 근래 네트워크 장비는 대부분 CIOQ + VOQ 혹은 완전한 엔드 투 엔드 VOQ 구조로 설계합니다. CIOQ + VOQ에서 패킷이 처리되는 과정을 훑어보면 다음과 같습니다.

CIOQ + VOQ에서 패킷이 처리되는 과정

① 인그레스 ASIC에서 각 패킷을 클래스별로 분류합니다.
② 인그레스 → 이그레스 ASIC에게 (QoS 룰에 따른 우선순위별로) "지금 포트 Z용 1등급(P1) 패킷 보내도 돼?"라고 묻습니다.
③ 이그레스 ASIC이 허락 메시지를 보내면 인그레스 ASIC은 패브릭을 통해 패킷을 보냅니다.
④ 인그레스 ASIC들에게서 패킷을 받은 이그레스 ASIC은 해당 패킷을 메모리에 저장합니다. 이후 차례대로 이그레스 포트로 내보내는데(Serialization), 병목 현상이 발생하면 QoS를 수행합니다.

CIOQ + VOQ 구조에서 인그레스 ASIC은 패킷을 받는 즉시 메모리에 저장하고 QoS 작업을 합니다. 패킷이 패브릭을 통해 이그레스 ASIC에 도착했을 때도 동일한 과정을 거칩니다. 다시 말해 버퍼링도 두 번, QoS도 두 번 수행되기 때문에 레이턴시가 늘어납니다.

반면 엔드 투 엔드(E2E) VOQ는 앞서 과정 중 ④가 생략됩니다. 즉, 인그레스 ASIC에서 패브릭으로 패킷을 내보내는 순간 그대로 이그레스 ASIC을 거쳐 바로 이그레스 포트로 전송됩니다. 버퍼링을 한 번밖에 하지 않으므로 CIOQ 방식에 비해 레이턴시가 작습니다.

E2E VOQ 제약 사항

그렇다면 모든 네트워크 장비를 E2E VOQ 방식으로 설계하지 않는 이유가 무엇일까요? 왜 지금도 CIOQ + VOQ 구조의 장비가 존재하는 것일까요? E2E VOQ에 다음과 같이 2가지 제약 사항이 존재하기 때문입니다.

첫째, **고난도 설계**입니다. CIOQ + VOQ 구조에서는 '이그레스' ASIC이 주요 QoS 처리를 담당합니다. 덕분에 (feature-rich) 기능들을 설계하고 운용하는 데 부담이 없습니다. 예를 들어, 포트 그룹 폴리싱 등을 고려하지 않아도 됩니다.

반면 E2E VOQ 구조에서 이그레스 ASIC은 문의, 허락에만 관여하며 인그레스 ASIC으로부터 받은 패킷을 그대로 이그레스 포트로 내보냅니다. QoS 및 폴리싱이 여러 인그레스 ASIC에서 분산 처리되기 때문에 어떤 정보가 필요하다면 여러 인그레스 ASIC들로부터 모아야 합니다. 예를 들어, 운영자가 '포트 Z로 내보낼 패킷 중 P1 큐에서 대기 중인 패킷 개수'를 CLI 혹은 SNMP로 확인한다고 가정해보겠습니다. CIOQ + VOQ 방식에서는 이그레스 ASIC에서 단 한 번 처리하면 끝납니다.

E2E VOQ 방식이라면 전체 인그레스 ASIC에 각각 문의하고 그 값들의 총합을 표기하는 등 추가 리소스 소모가 불가피합니다. 이처럼 장비 내부 ASIC이 많아지면 인그레스 ASIC과 이그레스 ASIC 사이 복잡도가 급격하게 증가합니다. 이는 설계 난이도 및 성능에 부정적인 영향을 미치고, 결정적으로 장비 단가를 높입니다. 이를 식으로 나타내면 다음과 같습니다.

$$\left(\frac{N(N-1)}{2}\right)$$

▶ 식 15.1 장비 내부 ASIC의 수에 따른 인그레스 ASIC과 이그레스 ASIC 사이 복잡도

둘째, **HQoS 미지원**입니다. E2E VOQ는 IP별로 각각 별도의 QoS를 적용하는 HQoS 구현이 매우 어렵습니다. 일반 QoS는 모든 패킷을 단순히 8개 내외의 priority로 구분합니다. 반면 HQoS는 IP별 최대 B/W를 별도 관리하고, IP별로 priority를 따로 관리합니다. 예를 들어, 192.168.0.10 IP는 최대 100 Mbps까지 트래픽을 보장하고, 그중 10%는 VoIP용으로, 40%는 IPTV로, 나머지 50%는 best-effort로 처리할 수 있습니다.

그림 15.7을 보면 인그레스 ASIC.A의 포트 W용 큐는 P1-P4까지 단 4개로 구분되어 있습니다. 헌데 포트 W로 향하는 IP가 총 1000이고 각 IP별로 P1-P4를 구분하고자 한다면 무려 4000여 개의 큐가 필요합니다. E2E VOQ + HQoS에서는 이러한 세분화 작업이 전체 인그레스 ASIC에서 모두 이뤄져야 하며 문의, 허락 메시지도 그만큼 세분화되어야 합니다. 즉, 시스템 부하가 극적으로 늘어납니다. 때문에 E2E VOQ 모델에서는 복잡한 형태의 프로세싱이 필요한 QoS 기술들은 지원하지 않는 편입니다.

2 패브릭 스케줄링

우리가 살펴본 문의/허락 메시지는 대표적인 **패브릭 스케줄링**Fabric scheduling 중 하나입니다. 패브릭 스케줄링은 n:n으로 구성된 ASIC 통신 구조에서 패브릭이 최대한 많이 사용될 수 있도록 도와주는 교통 경찰 역할을 하는 메커니즘입니다. 이러한 패브릭 스케줄링을 통해 인그레스 → 이그레스 ASIC으로 보낼 패킷을 정합니다.

크로스바

패브릭 스케줄링 과정을 보다 명확히 이해하기 위해서는 네트워크 장비 패브릭의 물리적 구조를 알아볼 필요가 있습니다. 여러 패브릭 구조가 있지만, 가장 안정적이면서 혼잡이 없게끔 장비 내부의 ASIC들을 연결하는 방법은 바로 **풀 메시**Full-mesh 구조입니다. 쉽게 말해, 모든 ASIC을 개별 선들로 거미줄처럼 연결하는 것입니다.

그러나 풀 메시 구조는 확장성에 매우 취약합니다. 쉽게 말해 장비를 만들 때 비용이 너무 많이 듭니다. 따라서 네트워크 벤더사들은 섀시형 장비를 만들 때 경제적이면서도 효율적인 패브릭 구조를 택합니다. 여러 패브릭 구조 중에 가장 전통적이면서 대표적인 구조는 **크로스바**Crossbar 입니다. 다음 그림은 크로스바의 예시로, 총 4개의 인풋과 4개의 아웃풋이 연결되는 4x4 크기의 크로스바를 나타냈습니다.

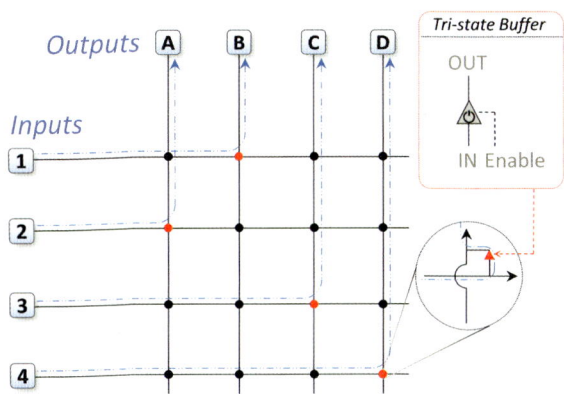

▶ 그림 15.8 4x4 크로스바

회선이 중첩된 검은색 혹은 빨간색 부분을 **크로스 포인트**Crosspoint라고 합니다. 크로스 포인트에는 3-상태 버퍼Tri-state buffer라는 반도체가 있는데, 이 반도체의 Enable이란 파트를 이용하여 전기가 흐르도록 회선을 열기도 하고 반대로 닫기도 합니다. 마치 격자 구조의 수로에서 수로문을 열고 닫아서 물의 흐름을 제어하는 것처럼 크로스바는 전기 신호로 패킷, 좀 더 정확히는 셀 전송 경로를 제어합니다.

근래 대부분 크로스바는 하나의 칩에 구현합니다. 즉, 모든 ASIC이 하나의 작은 칩으로 연결되고, 해당 칩 내부가 크로스바 구조로 되어 있습니다. 이 칩을 흔히 **패브릭 칩**Fabric chip이라고 부릅니다.

참고로 실제 네트워크 장비 내의 패브릭은 '메모리와 셀 분할'의 그림 15.4에서 살펴보았던 것처럼 동시에 여러 셀을 다수의 패브릭으로 전송하는 형태가 일반적입니다.

멀티 스테이징 패브릭 네트워크

3-상태 버퍼처럼 전기 신호를 조정할 수 있는 컴포넌트들을 통틀어 **스위치**Switch라고 합니다. 크로스바는 사용하는 스위치 개수가 많은데, 패브릭 칩 내부 스위치를 여러 스테이징으로 나눠 스위치 개수를 줄일 수도 있습니다. 다음은 8x8 연결을 위한 3 스테이징 오메가 네트워크를 나타낸 그림입니다.

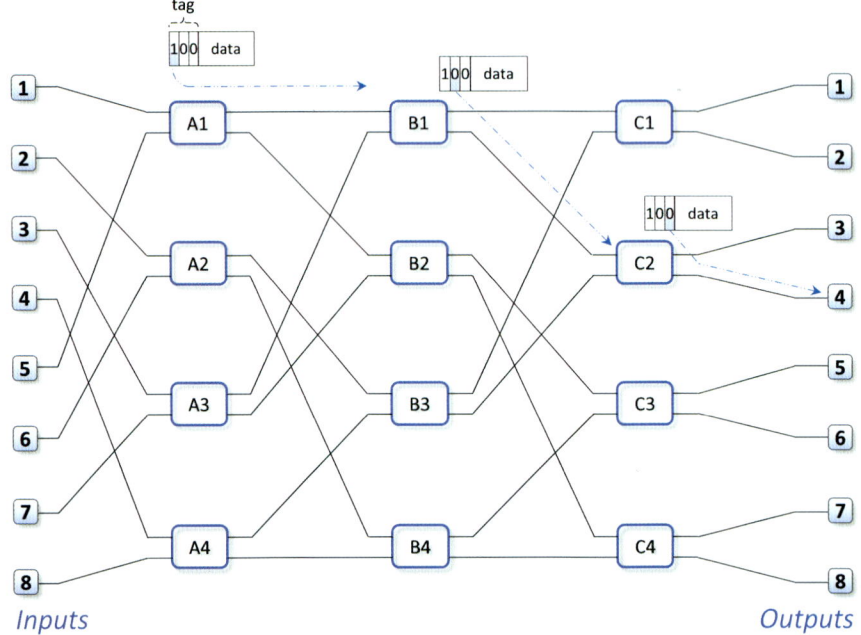

▶ 그림 15.9 8x8 3 스테이지 오메가 네트워크

A1-A4, B1-B4, C1-C4까지 총 12개의 스위치는 그림 정면을 기준으로 위쪽 혹은 아래쪽으로 신호를 보낼 수 있습니다. 이를 통해 8개의 input 모두 8개의 output에게 신호를 전송할 수 있습니다.[1]

8x8 패브릭을 그림 15.8처럼 **멀티 스테이징**Multi-staging이 없는 **싱글 스테이징**Single staging 패브릭으로 구현하면 총 8 x 8 = 64개의 스위치가 필요합니다. 반면 그림 15.9처럼 오메가 네트워크는 A1-4, B1-4, C1-4까지 고작 12개의 스위치만 필요합니다. 즉, 싱글 스테이징은 input/output의 개수가 많아질수록 스위치 개수 또한 급격히 많아지지만(n2) 멀티 스테이징의 경우 훨씬 적은 스위치만으로 input/output을 연결할 수 있습니다.

오메가 네트워크의 또 다른 특징으로 **셀프 라우팅**Self-routing이 있습니다. 앞서 그림 15.9의 input 1번에서 100이라는 라우팅 태그를 달고 데이터를 전송하면 첫 번째 스위치, A1에서는 100에서 가장 좌측 1을 보고 위 B1과 아래 B2 중 위에 있는 B1에게 데이터를 전송합니다.

여기서 1은 (그림 기준)데이터를 위쪽으로 보내라는 뜻이고, 반대로 0은 아래쪽으로 보내라는 뜻입니다. B1 스위치는 두 번째 태그인 0을 보고 C1과 C2 중 아래에 있는 C2로 데이터를 전송합니다. 마지막으로 C2 스위치는 가장 마지막 태그 0을 보고 output 4번에게 전송합니다.

멀티 스테이징 네트워크에 장점만 있는 것은 아닙니다. 그림 15.8과 같은 싱글 스테이징의 경우 output이 서로 겹치지 않는 이상적인 환경이라면 모든 input이 모든 output으로 1:1 데이터 전송이 가능합니다. 그러나 멀티 스테이징은 충돌 지점이 존재합니다. 예를 들어, 그림 15.9의 input 1과 input 5는 A1이라는 공통 스위치를 사용하기 때문에 동 시간대에는 둘 중 하나만 전송이 가능합니다.

MINs

멀티 스테이징 네트워크를 통틀어 **MINs**Multistage Interconnection Networks라고 부릅니다. MINs에는 오메가 네트워크 외에 스위치를 구성하는 방식에 따라 **클로스**Clos 및 **베네시 네트워크**Beneš network 등이 있습니다.[2]

MINs 구조는 크게 2가지 형태로 나눌 수 있습니다.

---

[1] 3-스테이징 네트워크에 사용하는 스위치는 크로스바와 같은 3-상태 버퍼가 아니라 여러 갈래로 신호를 전송할 수 있는 반얀 스위치 Banyan switch 등을 사용합니다.

[2] Clos는 최초 공식화한 벨 연구소의 연구원 Charles Clos의 이름을, Beneš는 수학자 Václav Edvard Beneš의 이름을 따왔습니다.

- 모든 input이 모든 output으로 1:1 데이터 전송을 할 수는 없지만 스위치 개수를 최소화할 수 있는 차단 네트워크Blocking network 구조(예. 오메가 네트워크).
- 스위치를 차단 네트워크 구조보다는 더 많이 쓰고 싱글 스테이징보다는 적게 사용해서 이론적으로는 모든 input이 모든 output으로 1:1 데이터 전송을 할 수 있는 비차단 네트워크Non-blocking network 구조(예. 베네시 네트워크).

MINs는 회로 구조를 단순하게 하며 설계 및 제작 비용을 최소화하지만 전송 효율Utilization이 낮아진다는 단점이 있습니다. 더불어 스테이징이 많으면 많을수록 거쳐가는 스위치 또한 많아지면서 레이턴시가 증가하게 됩니다.

PIM

그림 15.8과 같은 싱글 스테이징일지라도 모든 input 1-4번이 '동시에' 하나의 output으로 데이터를 전송할 수는 없습니다. 즉, 싱글 스테이징이라도 어느 순서로 패킷을 보낼지 정해야 할 때가 있습니다. 패브릭 스케줄링이 필요한 시점입니다.

지금까지 살펴본 문의, 허락 메시지는 **PIM**Parallel Iterative Matching이라는 명칭으로 논문을 통해 최초로 소개되었습니다.[3] PIM은 다음과 같은 문의, 허락 메시징 과정을 거칩니다.

PIM의 문의, 허락 메시징 과정

① **문의**Request: 여러 input(인그레스 ASIC)이 여러 output(이그레스 ASIC)에게 동시에, 즉 병렬로 문의 메시지를 보냅니다.

② **허락**Grant: 문의 메시지를 받은 output들은 다른 output들과 상의하지 않고 독자적으로 허락합니다(만일 둘 이상의 input으로부터 문의 메시지를 받았다면 이 중 하나를 '랜덤하게' 선택합니다.).

③ **선택**Accept: 허락 메시지를 받은 input은 output에게 데이터를 전송합니다(만일 한 input이 둘 이상의 output으로부터 허가 메시지를 받았다면 이 중 하나를 '랜덤하게' 선택합니다.)

④ Input에 전송하지 못한 데이터가 남아 있다면 ① → ③ 과정을 반복 시행합니다.

이때 문의, 허락 과정이 랜덤하게 수행되는 ②, ③ 과정을 특히 주목해야 합니다. PIM의 성능은 결국 문의·허락 과정이 얼마나 랜덤하게 수행되는지에 달려 있습니다. '랜덤하게' 전송할 수 있기 때문에 여러 번 반복되고 나서야 전송이 허가된다면 높은 레이턴시를 겪을 수 있고 심각할 경우 QoS가 보장되지 않을 수도 있습니다.

---

[3] High-speed switch scheduling for local-area networks, ACM Transactions on Computer Systems, 01 Nov. 1993, Thomas E. Anderson

언뜻 보기에 '완결성이 다소 낮지 않나?'라고 생각할 수 있습니다. 그러나 해당 논문은 최대 4번 정도 반복 과정을 거치면 대부분의 데이터가 전송 가능하다고 언급합니다.[4] PIM의 본뜻 말, Parallel Iterative Matching은 문의 메시지를 병렬Parallel로 보내고 이 과정을 반복Iterative한다는 의미입니다.

iSLIP

iSLIP은 쉽게 말해 PIM에 RRM$^{Round-Robin\ Matching}$을 더한 것입니다.[5] 즉, PIM처럼 '랜덤'하게 문의하거나 허락하는 것이 아니라 라운드 로빈(RR) 룰을 따라 문의와 허락을 수행합니다. PIM과 ① 문의 과정은 동일하지만 ②, ③ 과정이 다릅니다. ② 과정에서 문의 메시지를 받았을 때 현재 RRM 값과 동일할 경우 바로 허락합니다. 예를 들어, 다음 그림의 Arbiter 1은 input 1과 4로부터 문의 메시지를 받았는데 라운드 로빈 테이블이 마침 1을 가리키고 있습니다. 따라서 input 1에게 허락 메시지를 보냅니다.

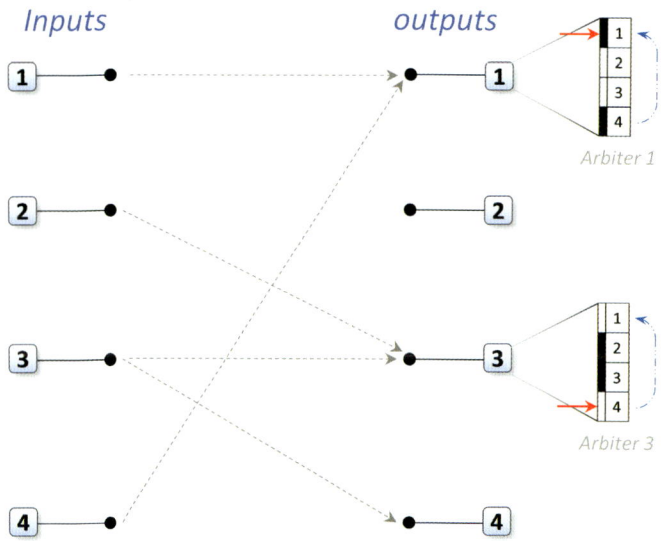

▶ 그림 15.10 iSLIP 예시

---

4 참고로 해당 논문은 1993년에 발표되어 이후 여러 논문과 연구에 영향을 주었습니다.
5 The iSLIP Scheduling Algorithm for Input-Queued Switches, IEEE/ACM TRANSACTIONS ON NETWORKING, APRIL 1999. Nick McKeown

반면 Arbiter 3은 input 2와 3에서 문의 메시지를 받았으나 현재 라운드 로빈 포인터가 4를 가리키고 있습니다. 따라서 라운드 로빈 테이블을 한 번 돌려 1로 초기화한 뒤 가장 가까운 숫자인 2를 선택하여 허락 메시지를 보냅니다. 이처럼 포인터와 가장 가까운 문의를 **최우선 순위**The highest priority라고 표현합니다.

iSLIP에서는 문의 메시지가 허락되지 않았을 때도 그 사실을 input에게 알려 줍니다. 예를 들어, 앞서 그림에서 output 1은 input 1에게 허락되었음을 알려 주고, input 4에게는 허락되지 않았음을 알려 줍니다.

이렇게 한 번 허락 메시지를 보낸 이후에는 라운드 로빈 포인터 숫자를 올립니다(Updating pointer). 이를 통해 방금 처리된 문의 메시지는 포인터에서 가장 먼, **최하위 순위**The lowest priority가 됩니다. 이러한 과정을 반복하여 라운드 로빈 테이블을 돌리면 모든 input이 한 번씩 공평하게 처리될 수 있습니다.

앞서 살펴본 그림은 간소화를 위해 input 측에 arbiter를 그리지 않았으나 모든 input에도 arbiter가 존재합니다. 이 input arbiter는 output arbiter와 똑같이 라운드 로빈 룰에 따라 허락 메시지를 받아들입니다. 예를 들어, input 3은 허락 메시지를 output 3과 4로부터 동시에 받을 수 있습니다. 이 경우 어느 허락 메시지를 먼저 처리할지 arbiter를 이용하여 결정합니다. 그리고 허락 과정과 동일하게 각 output에게 허락 메시지를 받아들였는지 그 여부를 알려 줍니다. 예를 들어, input 3이 output 3의 허락 메시지를 선택했다면 output 3에게는 허락 메시지를 받아들였다고, 다시 말해 데이터를 전송할 것이라고 알려 주고, output 4에게는 보내준 허락 메시지를 받아들이지 않았다고 알려 줍니다.

비동기화

패브릭 스케줄링에서 가장 경계해야 할 것은 바로 동기화입니다. 그림 15.10처럼 4개의 input과 4개의 output이 통신한다고 가정해보겠습니다. 이때 전체 input 1-4가 여러 output으로 문의 메시지를 보냈는데 공교롭게도 모든 output이 input 1의 문의 메시지만 허락했다고 가정해보겠습니다.

결국 전체 패브릭을 input 1이 홀로 점유하게 되고 input 2-4는 데이터를 전송할 기회를 잃게 됩니다. 즉, input 2-4는 굶주림Starvation을 겪게 됩니다. 그러나 정작 input 1도 한 번에 하나의 output에게만 전송할 수 있습니다. 결론적으로, 패브릭 스케줄링 한계로 인해 패브릭의

25%만 사용되고 나머지 75%는 놀게 됩니다. 이를 바꿔 말하면 허락 메시지가 하나의 input으로 지나치게 편향되는 동기화가 발생한 것입니다. 이러한 현상을 막기 위해 허락 메시지를 비동기화해주어야 합니다.

PIM의 경우 문의를 랜덤하게 허락함으로써 비동기화되도록 노력합니다. 그러나 이는 말 그대로 운에 맡기는 형태입니다. 이따금씩 특정 input으로 모든 허락 메시지가 몰리는 것을 막을 순 없습니다. 모든 output이 자신들끼리 허락 정보를 공유할 수 있다면 아름답겠지만, 이는 리소스 비용이 지나치게 많이 발생합니다. RRM은 초기 포인터가 어떻게 설정되어 있느냐에 따라 동기화 발생 여부가 달라질 수 있습니다. 따라서 iSLIP은 ② Grant와 ③ Accept 과정에 추가 절차를 넣어 비동기화되도록 합니다.

iSLIP은 단순히 output이 허락 메시지를 보냈다고, 혹은 input이 허락 메시지를 받았다고 바로 포인터 숫자를 올리지 않습니다. 그 대신 (마치 TCP의 3-way handshake처럼) **문의 → 허락 → 선택** 과정이 서로 모두 정상적으로 완료된 경우, 다시 말해 input → output으로 데이터 전송이 이뤄지기로 한 경우에만 해당 input과 output의 arbiter 포인터를 올립니다.[6] iSLIP은 로직이 간단하여 H/W 구현이 쉽고 효율도 높은 편이기 때문에 상용 네트워크 장비에서 사용되기도 했습니다. 근래 네트워크 벤더들은 자체적으로 iSLIP을 보다 발전시켜서 패브릭 스케줄링으로 채택하기도 합니다.

참고로 한 번의 문의 → 허락 → 선택 과정을 SLIP이라고 합니다.[7] iSLIP은 이 SLIP을 여러 차례 반복Iterative한다는 의미입니다.

---

[6] iSLIP의 비동기화 세부 과정은 다소 복잡한데 〈iSLIP Scheduling Algorithm〉의 Fig. 9에 상세히 기술되어 있습니다.
[7] N. McKeown, Scheduling algorithms for Input-Queued Switches, Ph.D. Thesis, University of California at Berkley, 1995. 참조

CHAPTER 16
QoS

QoS는 크게 패킷을 분류하는 과정과 분류된 패킷을 룰에 따라 우선 처리하는 스케줄링으로 나눌 수 있습니다. 이러한 QoS에 대한 깊은 이해가 없으면 실무에서 자주 발생하는 병목 현상의 원인 파악조차 쉽지 않습니다. 특히 ms 단위의 아주 짧은 시간에 발생하는 마이크로-버스트 현상은 고객사 클레임의 단골 주제이기도 합니다. 이에 따라 Chapter 16에서는 큐잉 칩이 담당하고 있는 QoS 과정을 세밀하게 분석하고, 버퍼 구조 및 마이크로-버스트 대응 방법 등을 깊이 있게 살펴보겠습니다.

Roadmap

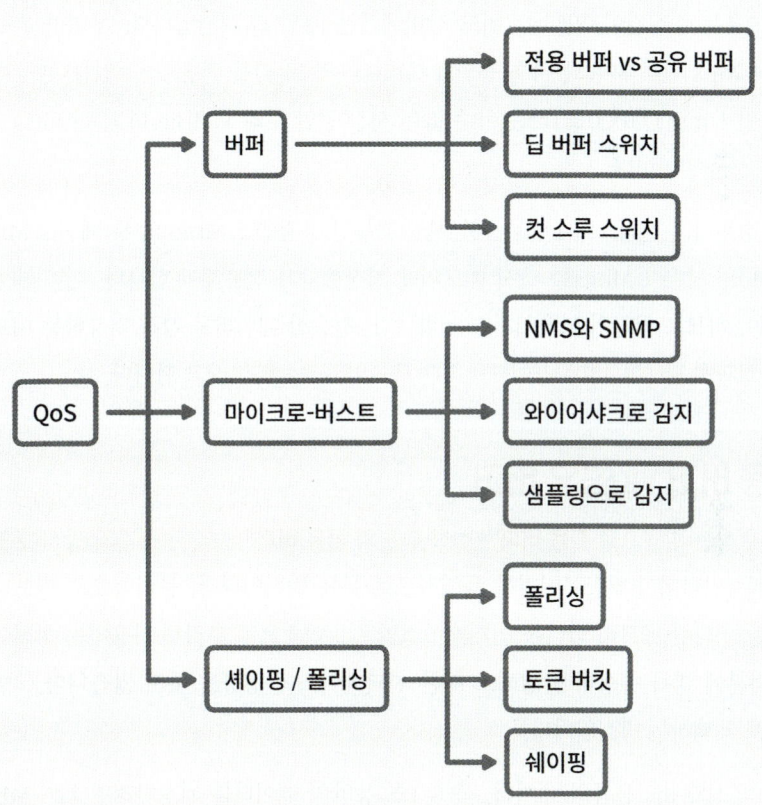

16.1 버퍼

사람에게 1초는 순식간이지만 네트워크 장비에게는 매우 긴 시간입니다. 우리가 손쉽게 접할 수 있는 1 Gbps 인터페이스는 1초 동안 1 Gbits(1억 bits)를 전송할 수 있습니다. 이를 다르게 표현하면 1 ms(1/1000초)라는 아주 짧은 시간 동안 무려 1 Mbits(1백 만 bits)를 전송할 수 있다는 것을 말합니다.

네트워크 장비가 순간적으로 1 ms 동안 처리 가능한 용량인 1 Mbits의 두 배인 2 Mbits를 전송해야 한다면 남은 1 Mbits를 잠시 메모리에 저장했다가 전송해야 합니다. 이때 데이터를 잠시 큐잉해야 하므로 약간의 딜레이가 발생합니다. 전송할 데이터를 잠시 저장하는 메모리를 버퍼, 좀 더 정확히 **딜레이-버퍼**Delay-buffer 혹은 **큐-버퍼**Queue-buffer라고 합니다.

1 전용 버퍼 vs 공유 버퍼

버퍼를 구현하는 방법으로 **전용 버퍼**Dedicated buffer와 **공유 버퍼**Shared buffer 2가지 방식이 있습니다. 전용 버퍼는 인터페이스별로 버퍼를 독립적으로 두는 방식입니다. 물리적으로 별도 메모리를 두기보다는 커다란 메모리 하나를 인터페이스별로 논리적으로 분리해 사용하는 방식이 일반적입니다. 덕분에 병목 현상이 발생해도 다른 인터페이스에 영향을 주지 않습니다. 라우터에서 일반적으로 채택하는 방식입니다.

10 Gbps의 100 ms 볼륨의 데이터, 즉 0.1초 동안의 데이터를 저장하려면 125 MB 크기의 메모리가 필요합니다(10 Gbps x 0.1s = 1 Gbits, 이를 byte로 환산하면 1 Gbits/8 = 125 MB). 따라서 전용 버퍼로 100 ms 데이터를 큐잉, 쉽게 말해 잠시 저장하려면 10 Gbps 인터페이스별로 125 MB 크기의 메모리가 할당되어야 합니다.

공유 버퍼는 하나의 버퍼를 여러 인터페이스가 공유하는 방식으로, 스위치에서 일반적으로 채택하는 방식입니다. 필요할 때만 공용 버퍼 풀을 쓰고 반납하기 때문에 효율성 측면에서 본다면 전용 방식보다 더 효율적입니다. 허나 인터페이스에 혼잡이 발생할 경우 다른 인터페이스에 영향을 줄 수 있습니다.

공유 버퍼 방식의 경우 공용 버퍼 풀 자체가 작게 설계된 경우가 많습니다. 스위치의 데이터시트Datasheet를 살펴보면 10 MB 남짓한 버퍼를 전체 인터페이스들이 공유하는 경우가 적지 않습니다. 전용 방식에 비해 훨씬 작은 버퍼를 가지고 있는 것이죠. 따라서 스위치 장비군에서 버퍼 부족으로 인한 폐기Discard는 어느 정도 예상할 수 있는 일입니다.

더욱이 (버퍼) 메모리를 순수하게 딜레이-버퍼로 활용하지 않는 경우도 있습니다. 예를 들어, CPU와 ASIC 혹은 ASIC과 ASIC 간 통신에서 병목 현상 발생 시 해당 메모리를 사용할 수도 있습니다. 이 경우 이그레스 인터페이스가 사용할 수 있는 딜레이-버퍼 공간이 더 줄어듭니다.

안타깝게도 이러한 사실이 공개되지 않기도 합니다. 예를 들어, 장비 데이터시트에는 10 MB 버퍼가 있다고는 하지만, 실제 트래픽을 저장하는 버퍼 사이즈는 명확히 얼마인지 표기되지 않는 경우가 있습니다. 정확히 알고 싶다면 직접 벤더로 문의해야 합니다.

> **Tip.** 벤더별로 딜레이-버퍼를 지칭하는 명칭이 상이합니다. 보통 트래픽Traffic, 딜레이Delay, 큐Queue 버퍼 등으로 불립니다.

온 칩 메모리 vs 오프 칩 메모리

패킷을 잠시 저장하는 용도로 사용되는 버퍼, 즉 메모리는 크게 2가지 형태로, **온 칩 메모리**On-chip memory 그리고 **오프 칩 메모리**Off-chip memory로 나눌 수 있습니다.

온 칩 메모리는 ASIC 내부에 메모리가 포함된 구조를 말합니다. 하나의 반도체 안에 프로세싱을 위한 로직, 메모리, 자체적인 S/W 등이 포함된 사실상 하나의 작은 컴퓨터 구조를 **SoC**Systems on a Chip라고 합니다. 쉽게 말해서 ASIC + 온 칩 메모리 + S/W = SoC입니다.

SoC는 하나의 반도체 안에서 대부분의 프로세싱을 끝낼 수 있으므로 시스템 전체 크기와 전력이 줄어들고 처리 속도가 빠릅니다. 네트워크 장비 ASIC 관점으로 보면 개수가 제한되어 있는 I/O pin을 외부 (오프 칩) 메모리 통신용이 아닌 순수 패킷 처리용으로 사용할 수 있기 때문에 성능이 일반적으로 수 배 이상 높아집니다.

반면 오프 칩 메모리는 ASIC 외부에 메모리가 별도로 있는 구조를 말합니다. 따라서 패킷을 큐잉하려면 필수적으로 칩셋 외부 메모리와 통신해야 하기 때문에 속도 및 성능에 부정적인 영향을 받게 됩니다. 그렇다면 고민할 필요도 없이 패킷 버퍼용으로 온 칩 메모리를 쓰면 되지 않을까요?

온 칩 메모리 중 대표적인 예시로 CPU 캐시 메모리가 있습니다. 잘 알려진 바와 같이 캐시 메모리는 2가지 한계가 있습니다. 첫째, 캐시 메모리는 ASIC에서 사용할 수 있을 만큼 빠른 속도를 제공해야 하는데 여기에 적합한 메모리, SRAM은 매우 비쌉니다. 둘째, 메모리 크기가 일반적인 DRAM 등에 비하면 매우 작습니다.

스위치의 경우 별도 오프 칩 메모리를 놓으면 성능과 설계 복잡도에 영향을 미치기 때문에 SoC(ASIC) 내부에 있는 작은 온 칩 메모리를 버퍼용으로 사용하는 경향이 있습니다. 그러나 온 칩 메모리는 용량이 매우 작기 때문에 순간적인 병목 현상(예. 마이크로-버스트) 대응에 한계가 큽니다. 반면 라우터들의 경우 대용량의 오프 칩 메모리를 두어 버퍼를 충분히 제공하는 경향이 있습니다(일반적으로 인터페이스별로 50-100 ms의 버스트 트래픽을 감당할 수 있을 정도).

2 딥 버퍼 스위치

근래에는 병목으로 인한 패킷 드랍에 민감한 고객들을 위해 대용량 오프 칩 메모리를 제공하는 **딥 버퍼 스위치**Deep buffer switch들이 판매되고 있습니다. 이들의 대표적인 고객 중 하나는 금융권입니다. 금융권에서 왜 버퍼에 민감할까요? 돈과 직결되기 때문입니다.

정해진 알고리즘에 따라 컴퓨터가 자동으로 주식 거래를 하는 ATS Automated Trading System 등에서 특히 딥 버퍼 스위치 선호도가 높습니다. ATS는 초단타 매매 High Frequency Trading(HFT)를 합니다. 만일 10억 원치 주식을 팔기 위해 매도 명령을 보냈는데 패킷 하나가 유실되었고 이후 TCP 재전송에 의해 2초 뒤 재전송되어 거래가 되었으나 그 2초 동안 수천 만 원의 손해를 보았다면 어떨까요? 패킷 하나 유실로 인해 승용차 한 대 값이 사라질 수도 있습니다. 금융권에서는 이러한 패킷 유실 방지를 위해 딥 버퍼 스위치뿐 아니라 조금이라도 패킷을 빠르게 전송하기 위한 **컷 스루 스위치**Cut-through switch까지 투자를 아끼지 않는 편입니다.

3 컷 스루 스위치

일반적으로 스위치는 일단 패킷을 모두 받은 후에 포워딩 프로세스를 시작하는 **스토어 앤 포워드**Store-And-Forward(SAF) 방식을 채택하는 경우가 많습니다. 반면 컷 스루 스위치는 패킷의 헤더 부분만 받아지면 패킷 데이터 부분이 전부 받아지지 않아도 곧바로 포워딩 프로세스를 시작합니다.

다시 말해 컷 스루 스위치는 전체 1500 bytes 패킷의 헤더, 64 bytes가 들어오자마자 헤더 정보를 분석하여 어느 포트로 보낼지, ACL 정책은 통과할 수 있는지 등의 포워딩 프로세스를 즉시 진행합니다. 이후 패킷의 나머지 페이로드 데이터는 들어오는 족족 이그레스 포트로 전달됩니다. 이렇듯 패킷이 완전히 들어오는 것을 기다리지 않고 포워딩 프로세스를 시작하는 이유는 하나입니다. 속도, 정확히는 낮은 레이턴시 때문입니다.

스토어 앤 포워드 스위치가 잠시 멈추고 통행료를 내는 전통적인 톨게이트 구조라면 컷 스루 스위치는 멈추지 않고 통과해도 결제가 가능한 하이패스$^{\text{Hi-pass}}$라고 볼 수 있습니다. 톨게이트에서 차를 잠시 멈추느냐 아니냐가 정체에 큰 영향을 줄 수 있으며 엔드 투 엔드 이동 시간도 영향을 줍니다.

동일한 맥락으로 컷 스루 스위치는 패킷 헤더만 보고 그 즉시 포워딩을 시작함으로써 멈추지 않고 최대한 빨리 이동할 수 있도록 해줍니다. 그렇다면 컷 스루 스위치를 이용할 경우 얼마나 레이턴시가 좋아질까요?

장비별로 편차가 큽니다만 일반적으로 스토어 앤 포워드 스위치 레이턴시는 대략 수십 μs$^{\text{microsecond, 1/1000000초}}$ 정도입니다. 반면 컷 스루 스위치는 대략 수백 ns$^{\text{Nanosecond, 1/1000000000초}}$에서 수 μs 정도를 제공합니다. 쉽게 말해 컷 스루 스위치가 스토어 앤 포워드 스위치에 비해 약 10-20배 내외 정도 더 빠른 편입니다.

더욱이 스토어 앤 포워드 방식은 패킷 크기가 클수록 레이턴시도 늘어납니다. 패킷이 크면 클수록 메모리에 쓰고 읽는 시간이 오래 걸리기 때문입니다. 반면 컷 스루는 패킷 사이즈의 영향을 받지 않습니다. 어차피 패킷의 헤더만 보고 그 즉시 포워딩을 시작하기 때문입니다.

컷 스루 포워딩의 제약 사항

컷 스루 포워딩에는 기술적인 제약 사항들이 있습니다. 예를 들어, 인그레스와 이그레스 포트 속도가 동일해야 하거나(예. 10 GE) 이그레스 포트에 폴리싱 등이 없어야 합니다. 더불어 이그레스 포트에 병목 현상이 발생하여 큐잉한다면 패킷 데이터 영역을 저장해야 하므로 결국 스토어 앤 포워드 모드로 동작하게 됩니다. 따라서 대부분의 컷 스루 스위치는 패킷별로 컷 스루 가능 여부를 판단하여 컷 스루 포워딩 혹은 스토어 앤 포워드 중 하나를 자동 선택합니다.

CRC

컷 스루 스위치의 가장 치명적인 단점은 완전한 CRC(정확히는 FCS) 확인이 어렵다는 점입니다. CRC(FCS) 정보는 이더넷 패킷의 가장 뒷부분에 있으므로 패킷 데이터가 전부 도착해야 비로소 CRC 체크가 가능합니다. 그러나 컷 스루 스위치는 인그레스 포트로 패킷이 수신이 완료되기도 전에 이미 이그레스 포트 밖으로 패킷 전송이 시작되었을 수 있습니다. 다시 말해 CRC 에러가 있다고 판단했을 때 이미 늦을 수 있습니다.

결국 CRC 에러가 있더라도 컷 스루 스위치는 해당 패킷을 폐기하지 않습니다. 정확히 말하면 이그레스 포트 밖으로 전송을 시작했으므로 폐기할 수 없습니다. CRC 에러가 있는 그대로 패킷을 내보냅니다. 대신 이더넷 패킷 마지막 파트인 CRC 데이터 파트를 의도적으로 틀리게 기록하는 **스톰핑**Stomping을 할 수 있습니다.

> **NOTE 스톰핑이 과연 필요할까?**
>
> 이더넷 패킷 필드 중 FCS 필드(이더넷 CRC)가 커버하는 범위는 이더넷 헤더(src/dst MAC, Length/Type 필드) 및 MAC Client Data입니다. 간단히 말해 FCS 필드를 제외한 모든 이더넷 데이터를 바탕으로 FCS를 계산합니다(IEEE 802.3 Clause 3.2.9 표준 참조).
>
> 출발지에서 최초 패킷을 만들 때 처음으로 FCS가 계산되어 삽입되는데, 이후 스위치를 통과할 땐 FCS가 재계산될 수도 있고 아닐 수도 있습니다. 일반적으로 (L3 패킷 포워딩이 아닌) L2 패킷 포워딩을 하는 스위치는 FCS 필드를 재계산하지 않을 가능성이 높습니다. L2 통신의 경우 이더넷 헤더 데이터가 변경될 가능성이 낮기 때문입니다.
>
> 그렇다고 그 확률이 0인 것은 아닙니다. 예를 들어, 인그레스 포트는 untagged 포트였으나 이그레스 포트는 802.1q tagged 포트인 경우에는 이더넷 헤더가 변경되어야 하므로 FCS 재계산이 필요합니다.
>
> 이때 컷 스루 스위치가 FCS를 재계산하면서 스톰핑을 하지 않으면 골치 아픈 문제가 발생할 수 있습니다. 스톰핑하지 않으면 인그레스 포트로 들어올 때 CRC 에러가 있던 패킷이 FCS 재계산 과정을 거치면서 앞서 살펴본 컷 스루 스위치의 한계로 분명 에러가 있는 패킷임에도 정상적인 패킷으로 탈바꿈됩니다. 에러를 감지하기 위한 FCS 필드가 되려 에러를 숨기는 역할을 하는 꼴입니다.

단, 패킷이 TCP/IPv4 패킷이라면 IP 헤더 체크섬(IP 헤더 에러만 체크) + TCP 체크섬 (TCP 헤더 + 페이로드까지 에러 체크)도 있기 때문에 설령 이더넷의 FCS가 잘못된 정보를 가지고 있다 하더라도 엔드 호스트에서는 패킷이 폐기될 것입니다(참고로 IPv6에서는 IPv6 체크섬 헤더가 없습니다.). 그러나 스톰핑을 하지 않았다면 네트워크 장비를 지나갈 때는 CRC가 발생하지 않다가 엔드 호스트에 도달해서야 IP 혹은 TCP 헤더를 통해 패킷에 문제가 있다는 것이 밝혀지게 될 것입니다. 이 경우 네트워크 어느 구간에서 문제가 발생한 것인지 알 수 없습니다. 따라서 컷 스루 스위치에서 스톰핑 기능은 CRC 에러 패킷을 폐기하기 위해서가 아니라 네트워크 문제 구간을 모니터링하기 위해서 권장합니다.

만일 src와 dst 사이의 노드가 전부 컷 스루 스위치로만 구성되어 있다면 출발지에서 발생한 CRC 에러가 그대로 최종 호스트까지 전송될 것입니다. 마치 전염병처럼 스위치를 타고 옮겨 다니는 것이죠. 패킷이 목적지 호스트에 도착해서 CRC 체크를 할 때 비로소 해당 패킷은 폐기될 것입니다.

실 망에서 네트워크 CRC 에러는 얼마든지 발생할 수 있고, 다량의 CRC로 인해 서비스 품질이 심각하게 저하할 수도 있습니다. 따라서 컷 스루 스위치의 CRC 모니터링이 면밀하게 이루어 져야 합니다.

개인적으로는 (비록 CRC 에러가 난 패킷을 포워딩하더라도) 스위치 자체적으로 CRC 에러 발생 빈도수를 모니터링해서 임계치를 넘으면 자동으로 해당 포트를 스토어 앤 포워드로 바꾸는 기능이 지원되면 좋을 듯합니다. 더 나아가 BGP 댐프닝^{Dampening}처럼 에러 수준에 따라 스토어 앤 포워드 모드 변환 및 유지 시간을 달리하는 것도 좋은 방법일 듯합니다. 다만 이러한 기능을 실제 구현한 벤더가 있는지 명확하지 않으며 2024년 기준, 관련 표준 또한 아직 논의되지 않은 듯합니다.

Fast-forward, Fragment-Free

컷 스루 스위치는 세부적으로 **Fast-forward**, **Fragment-free** 두 종류로 나눌 수 있습니다. Fast-forward는 이더넷 헤더의 dst MAC 정보가 담긴, 가장 앞의 6 bytes만 도달하면 그 즉시 포워딩 프로세스를 시작합니다. 반면 Fragment-free는 이더넷의 충돌 감지$^{Collision\ detection}$ 처리를 위해 초기 64 bytes를 받은 이후에 포워딩 프로세스를 시작합니다.

Fragment-free가 64 bytes를 기다리는 이유는 이더넷의 반이중$^{\text{Half-duplex}}$ 모드에서 CSMA/CD$^{\text{Carrier-Sense Multiple Access with Collision Detection}}$ 충돌이 발생하는지 체크하기 위함입니다. 예를 들어, 반이중 모드에서 두 개의 이더넷 노드가 동시에 전송을 시작했다면 서로의 데이터가 섞이게 되므로 데이터를 모두 폐기해야 합니다.

Fragment-free는 이와 같은 충돌을 감지하기 위해서 64 bytes까지 기다림으로써 패킷의 일부 조각(Fragment)들만 전송되지 않도록 하는 기술입니다. 다만 근래 네트워크는 전이중$^{\text{Full-duplex}}$ 모드로 구성되는 경우가 절대 다수이기 때문에 실 망에서 큰 의미를 갖는 기술이라고 보기는 어렵습니다.

16.2 QoS

병목 현상으로 버퍼가 가득 차면 뒤늦게 도착한 패킷들은 폐기됩니다. 중요한 패킷들이 늦게 도착할 수 있기 때문에 이들을 보호할 방법이 필요합니다. ISP 네트워크에서는 보통 두 종류의 패킷을 중요하게 여기는 편입니다.

- 별도 요금이 청구되는 패킷(예. VoIP)
- 영상, 음성과 같이 손실 발생 시 복구가 매우 어려운 실시간 패킷

IPTV 서비스는 이 2가지 모두에 부합됩니다. 인터넷 요금 외에 별도 과금이 될 수 있으며 실시간 전송 서비스도 있습니다. 따라서 IPTV 관련 패킷들이 최상급 보호 대상인 경우가 많습니다. 이처럼 중요한 패킷들을 어떻게 보호할 수 있을까요?

정답은 QoS입니다. 병목 현상이 없어 보이는 환경에서도 QoS가 없다면 이들을 완벽하게 보호할 수 없습니다. 보이지 않는 위협이 있기 때문입니다. 중요도에 따라 패킷을 분류하고 우선순위에 따라 트래픽 처리를 달리하는 일련의 과정을 **QoS**^{Quality of Service}라고 합니다. 그 과정은 크게 **분류**^{Classification}와 **스케줄링**^{Scheduling}으로 나눌 수 있습니다.

분류는 중요도에 따라 패킷을 분류하는 과정입니다. 일반적으로 5 tuple[1]을 기반으로 분류하는데, 인그레이스 인터페이스와 같은 추가 정보로 분류할 수도 있습니다. 그 다음 스케줄링에서는 분류된 패킷들을 미리 정해 둔 기준에 따라 회선으로 내보냅니다.

1 마이크로-버스트

2012년 여름, 어떤 장비에 폐기 패킷이 누적된다는 연락을 받았습니다. 해당 고객은 특정 시간대에만 폐기가 발생하니 장비 문제라고 확신했습니다. 각종 자료를 살펴본 뒤 장비 문제가 아니며 병목 현상으로 발생하는 일반적인 현상이라고 설명했습니다. 고객은 증명을 원했기에 샘

---

[1] src IP, src port, dst IP, dst port, 프로토콜 총 5가지 요소

플링 정보 수집·분석 후 문제의 IP를 전달하면서 일단락된 적이 있습니다.

다음 'traffic' 그래프를 보면 트래픽이 단 한 번도 10 GE 인터페이스의 피크 수치까지 오른 적이 없습니다. 가장 트래픽이 많았던 때가 고작 1 Gbps 정도입니다. 해당 고객사 그래프도 다음 그림과 유사한 패턴을 보였기 때문에 언뜻 보기엔 병목 현상이 발생하지 않았던 것처럼 보입니다. 바로 여기에 함정이 숨겨져 있습니다. 과연 트래픽 그래프는 모든 걸 숨김 없이 다 보여 줄까요?

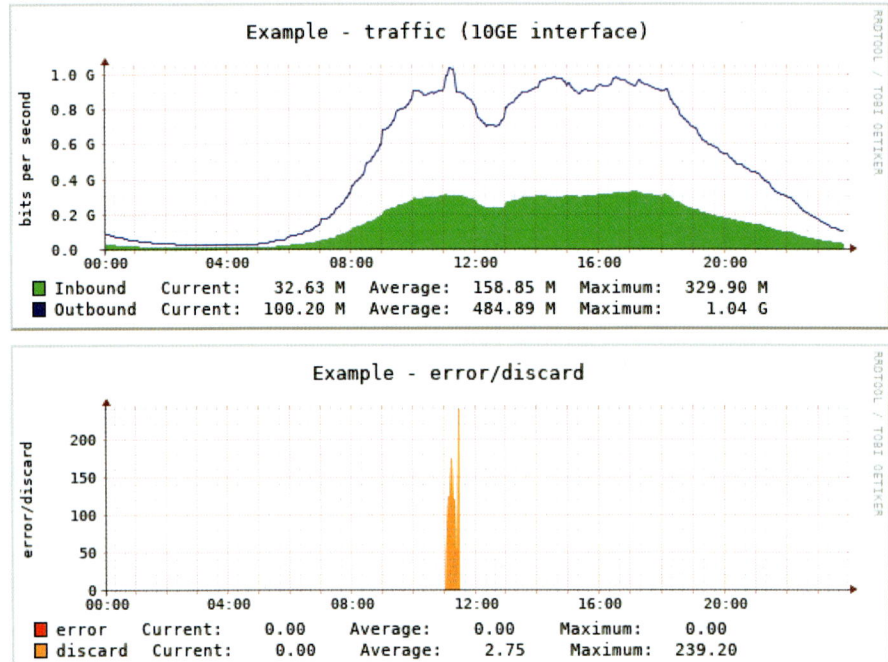

▶ 그림 16.1 NMS 그래프 예시(트래픽 & 디스카드)

그래프 'error/discard'를 보면 11:00경에 초당 약 100-200개의 폐기가 발생한 것을 볼 수 있습니다. 폐기는 트래픽 병목 현상이 발생했다는 증거, 다시 말해 결과물입니다. 달리 말하면 포트에 버퍼가 넘칠 정도의 트래픽이 발생했고 이때 폐기된 패킷들이 그래프로 그려진 것입니다.

다시 한번 'traffic' 그래프를 볼까요? 'traffic' 그래프에서는 해당 시점에 병목 현상이 전혀 없었던 듯합니다. 피크 트래픽이 10 GE 인터페이스의 고작 1/10 정도인 1 GE였으니까요. 트래픽 그래프는 저렇게 낮은데 패킷 폐기가 발생했으니 장비 이상이라고 짐작할 수도 있을 것입니다. 이러한 현상은 어떻게 해석해야 할까요?

> **NOTE** 쌍봉낙타 그래프
>
> 일반 소비자를 대상으로 하는 서비스(B2C) 트래픽은 앞서 살펴본 그래프와 유사한 패턴을 가지고 있습니다. 하루 중 새벽 4시경 트래픽이 가장 낮고 서서히 상승하다가 12-13시, 즉 점심 시간대에 한 번 낮아집니다. 그리고 16시부터 18시경 퇴근 시간대에 트래픽이 높아집니다.
>
> 이후 시간대는 서비스 유형에 따라 차이가 발생합니다. 쇼핑, 게임, TV 시청 등과 같이 여가 생활과 관련된 서비스라면 다시 상승하여 22시경에 가장 트래픽이 높습니다. 반면 여가와 관련이 없는 트래픽은 그래프처럼 저녁 식사 시간을 기점으로 서서히 줄어듭니다.
>
> 톨게이트 차량 통행량 또한 비슷하게 저녁 퇴근 시간대에 가장 높습니다. 이러한 그래프 모습이 쌍봉낙타와 유사해 **낙타 그래프**라 불리기도 합니다. 개인적으로는 낙타보다 『어린 왕자』에 나오는 '코끼리를 삼킨 보아 뱀'과 더 닮은 것 같습니다. :)

NMS 그래프 제대로 읽기

앞서 현상을 온전히 이해하려면 트래픽 그래프가 어떻게 그려지는지부터 이해해야 합니다. **NMS**Network Management System는 일반적으로 **SNMP**Simple Network Management Protocol를 이용하여 그래프 데이터를 수집합니다. 보통 분 단위로 그래프를 그리는데 관리자 설정에 따라 느슨하게는 5분, 타이트하게는 1분 단위로 그리는 편입니다.

SNMP로 정보를 수집할 때 알아 두어야 할 중요한 점은, 많은 종류의 데이터가 **누적값**(SNMP 용어로 counter)이라는 사실입니다. 보다 쉬운 이해를 위해 다음 그림을 살펴보겠습니다.

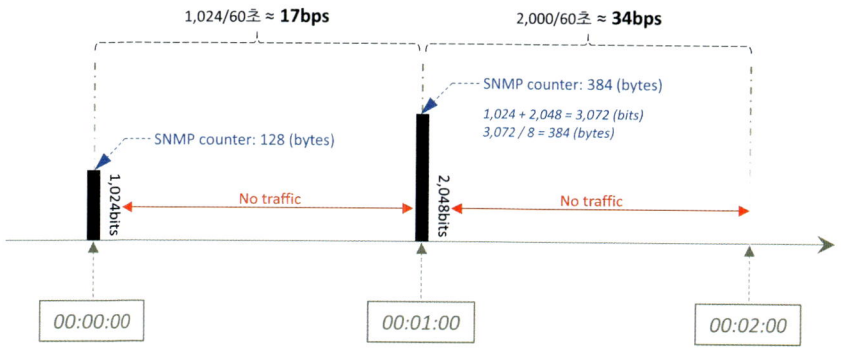

▶ 그림 16.2 SNMP 카운터 예시

그림상 장비는 00:00에 순간적으로 1024 bits를 전송했고 이후 01:00에 다시 한번 순간적으로 2048 bits를 전송했습니다. NMS는 그 누적값을 SNMP로 수집(SNMP 용어로 polling)합니다. 파란색 선은 수집(polling) 시점을 가리키는데 00:00에는 128 bytes(1024 bits), 01:00에는 384 bytes(3072 bits)라는 값을 수집했습니다. 앞서 언급하였듯이 이 값은 누적값이므로 01:00 시간대의 트래픽 볼륨을 계산하려면 최근 값(01:00)에서 그 이전 값(00:00)을 빼야 합니다. 즉, 384 bytes − 128 bytes = 256 bytes(2048 bits)가 됩니다.

이렇게 수집한 값을 어떻게 그래프로 그릴까요? 실제 트래픽은 00:00에 한 번, 01:00에 한 번 발생했지만 NMS는 1분 간격으로 SNMP를 통해 수집했습니다. 때문에 NMS는 트래픽 발생 시점이 00:00인지 00:01인지, 00:30인지 그것도 아니면 꾸준히 있었는지 전혀 알 수 없습니다.

따라서 NMS는 누적 트래픽 값을 수집 주기인 60초로 나눕니다. 00:00 – 01:00분 트래픽은 1024 bits / 60 ≈ 약 17 bps, 01:00 – 02:00분 트래픽은 2048 / 60 ≈ 약 34 bps가 됩니다. 즉, NMS 그래프는 현재 실시간 트래픽 양이 아닌 수집 주기에 따른(예. 1분) '평균값'을 보여주는 것입니다.

> **NOTE** **SNMP는 왜 bit가 아닌 byte로 통신할까?**
>
> 네트워크 장비는 트래픽 단위로 bit를 주로 사용하는데, 왜 SNMP로 수집한 데이터는 byte를 사용할까요? 이유는 간단합니다. byte로 표현하면 bit로 표현할 때보다 필요한 유닛의 크기(데이터 사이즈)가 작아지기 때문입니다. 예를 들어, 앞서 그래프에서 다룬 값인 384(bytes)를 2진법으로 표현하면 110000000 (9자리)입니다. 반면 같은 값인 3072(bits)를 2진법으로 표현하면 0110000000000(13자리)입니다. bytes로 표현하면 bits로 표현했을 때보다 4 자리나 작아집니다. 다시 말해 단위(bits → bytes)를 높일수록 서로 주고받는 데이터 크기가 줄어들어 통신량을 줄일 수 있습니다. 그러므로 컴퓨터 네트워킹에서는 bit보단 byte 단위를 사용하는 경우가 일반적입니다.
>
> SNMP MIB$^{\text{Management Information Base}}$ 중에 이그레스 트래픽 볼륨을 측정하는 MIB로 ifHCOutOctets가 있습니다. 이 MIB 이름 중간에 포함된 Octet(8)이라는 단어를 통해 해당 MIB에서 사용하는 단위가 bytes(8 bits)라는 것을 짐작할 수 있습니다.

> 참고로 ifHCOutOctets를 완전히 풀어 쓰면 interface High Count(32 bits단위 Counter32가 아닌 64 bits 단위 Counter64를 사용한다는 의미) Out(이그레스 방향) Octets(bytes 데이터)입니다.

네트워크 엔지니어라면 구형 네트워크 장비의 포트를 다운시키고 CLI에서 트래픽을 확인했을 때 곧바로 0이 되지 않고 서서히 0으로 줄어드는 것을 본 경험이 있을 것입니다. 그러나 실제 트래픽은 분명 포트가 다운됐을 시점에 끊겼을 것입니다. 이는 CLI의 트래픽 값 또한 누적값을 이용한 '평균값'을 보여 주기 때문입니다. 네트워크 장비가 자체적으로 관리하는 bps와 pps 같은 트래픽 값도 SNMP와 동일한 업데이트 주기가 있습니다. 구형 장비의 경우 이 주기가 30초 이상인데, 최신 장비는 2-3초 내외로 짧은 편입니다(만일 업데이트 주기가 30초라면 트래픽 값을 30초에 1번씩 '평균값'으로 값을 업데이트한다는 의미입니다.).

수집 주기가 짧을수록 실제 트래픽 흐름에 가까운 그래프를 그릴 수 있을 것입니다. 그렇다면 1초 단위로 그래프를 업데이트한다면 완벽한 그래프를 볼 수 있지 않을까요? 아닙니다. 병목 현상은 1 초보다 더 작은 단위에서 발생하는 경우도 많습니다.

1 Gbps 인터페이스는 1초 동안 무려 1 Gbit(10억 bits)를 보낼 수 있습니다. 네트워크 장비에게 1초는 너무 긴 시간이기 때문에 실 망 네트워크 트래픽에서는 ms 단위로 트래픽이 급증했다 사라지는 경우도 빈번합니다. 이를 1초 간격의 그래프를 그린다 하더라도 ms 단위의 그래프는 볼 수 없기 때문에 평균값의 함정에 빠지는 것은 결국 동일합니다. 이처럼 아주 짧은 순간에 병목이 발생하는 현상을 **마이크로-버스트**Micro-burst라고 합니다.

마이크로-버스트는 어떻게 탐지할 수 있을까요? 또, 마이크로-버스트를 유발하는 IP는 어떻게 찾을 수 있을까요? 마이크로-버스트를 전문적으로 분석할 수 있는 패킷 캡처 장비Packet capture appliance들이 있지만 매우 고가입니다. 그래서 별도 장비 없이 마이크로-버스트를 탐지하는 방법 2가지를 알아보고자 합니다.

① 미러링

첫째, 패킷 캡처 프로그램 **와이어샤크**Wireshark를 이용하는 방법입니다. 먼저 네트워크 장비에 미러링을 통해 마이크로-버스트 트래픽을 캡처하고 pcap 파일로 저장합니다. 이를 와이어샤크로 열고 [Statistics → I/O graphs]를 클릭하면 트래픽 그래프가 나옵니다. 다음 그림은 와이어샤크의 트래픽 그래프를 이용해서 마이크로-버스트를 찾는 과정을 캡처한 것입니다.

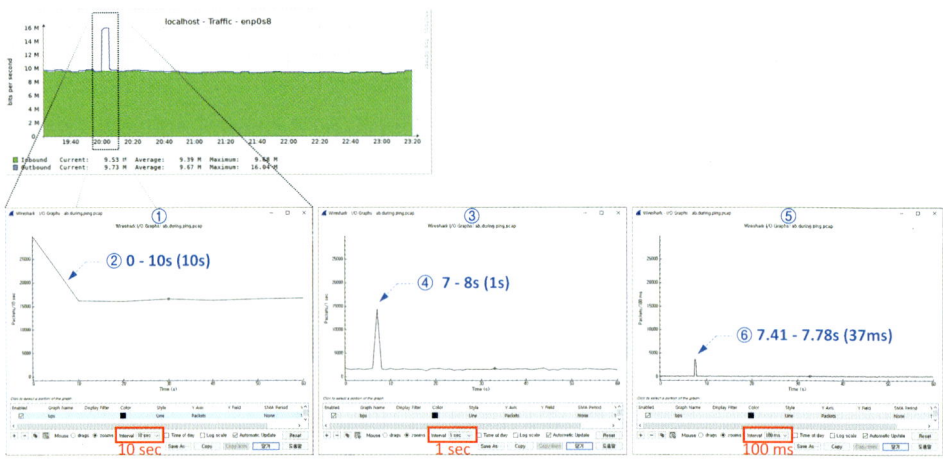

▶ 그림 16.3 와이어샤크를 이용한 마이크로-버스트 감지

그림의 가장 좌측 상단, NMS 그래프를 보면 5분 단위로 업데이트가 이루어지고 있습니다. 해당 NMS 그래프에는 평소 10 Mbps를 유지하던 트래픽이 20:00 - 20:05분 사이에 16 Mbps까지 치솟았던 것으로 보입니다(그래프의 파란색 실선). 평소 대비 6 Mbps 정도가 오른 것이니 큰 트래픽 변동이 있었다고 보기는 어렵습니다. 그래프 하단에 있는 3개의 윈도우 창은 NMS 그래프상에 트래픽이 치솟았던 1분간의 트래픽을 조금씩 확대하면서 와이어샤크의 I/O 그래프로 확인한 내용입니다.

①은 I/O 그래프의 간격을 10초로 설정한 그래프입니다. ②에서 화살표가 가리키는 시점을 보면 0-10초 사이, 약 10초 동안 약간의 트래픽 변동이 있던 것으로 보입니다. 가운데 ③은 간격을 1초로 설정한 모습입니다. ④에서 화살표가 가리키는 시점을 보면 7-8초 사이, 약 1초 동안 트래픽이 치솟았던 것이 보입니다.

간격을 100 ms로 설정한 ⑤를 보면 이야기가 완전히 달라집니다. 평소에는 낮고 잔잔하게(검은색 실선) 매우 일정한 트래픽이 있었는데 ⑥에서 화살표가 가리키는 시점을 보면 매우 짧게 37 ms 동안 트래픽이 치솟았음을 볼 수 있습니다. 해당 피크 트래픽은 평소 대비 약 15배 높은 수준으로, NMS 그래프에서 10 Mbps가량이 유지된 것과 비교했을 때 순간적으로 약 150 Mbps 수준의 트래픽이 발생했다고 볼 수 있습니다. 이는 네트워크 장비가 순간적으로 평소 대비 15배 많은 트래픽을 보낼 수 있어야 한다는 것을 의미합니다.

이와 같은 마이크로-버스트로 인터페이스 전송 용량을 넘겼다면 잠시 버퍼에 담아 두었다가 그 이후에 보내야 합니다. 그러나 버퍼가 매우 작은 장비라면 분이나 초 단위 그래프로는 전혀 파악할 수 없는 패킷 폐기가 발생할 것입니다. 이처럼 마이크로-버스트로 인한 병목 현상은 단순 NMS 그래프에서 찾아내기 어렵습니다.

만일 와이어샤크에서 폭주한 트래픽 플로우, 즉 범인을 찾고자 한다면 I/O 그래프에서 피크 지점을 클릭해 메인 패킷 분석 창을 이동합니다. 혹은 메뉴에서 [Statistics → Endpoints]를 이용하면 캡처된 플로우별 누적 패킷/Byte 값을 확인할 수 있는데, 여기서 가장 많은 트래픽을 사용한 플로우를 분석할 수도 있습니다.

와이어샤크는 매우 상세한 트래픽 변화를 볼 수 있기 때문에 적극 권장하지만, 패킷 수집 과정에서 한계가 발생할 수 있습니다. 예를 들어, 5 Gbps 트래픽을 노트북으로 미러링하면 노트북 CPU가 이를 정상 처리하지 못하고 멈춰버릴 수 있습니다.

② 샘플링

미러링 제약 사항 없이 마이크로-버스트를 탐지하는 또 다른 방안으로 **netflow**와 같은 샘플링 기술을 이용하는 방법이 있습니다. 샘플링은 2가지 장점이 있습니다. 첫 번째 장점은 샘플링 레이트 설정으로 정확도를 높이거나 낮출 수 있다는 것입니다. 예를 들어, 샘플링 레이트를 1000:1로 설정하면 1000개 중 하나의 패킷을 샘플링하여 L3, L4 헤더 정보를 추출합니다. 실제 트래픽의 1/1000만 수집하면 되므로 수집 서버 부담이 크게 줄어듭니다.

만일 정확도를 높이고 싶다면 샘플링 레이트를 1:1로 설정하면 됩니다. '1:1 샘플링이면 결국 미러링과 같은 것 아닌가?'라고 생각할 수 있습니다. 차이점이 있다면 샘플링에서는 L3, L4 헤더 정보만 수집하고 패킷의 페이로드는 수집하지 않습니다. 따라서 저장 및 처리되는 샘플링 패킷 사이즈가 훨씬 작습니다.

더욱이 샘플링은 패킷이 오가는 매 순간마다 샘플링 정보 패킷을 전송하지 않고 플로우별 누적 값을 계산해서 전달합니다. 예를 들어 1.1.1.1:4920 → 1.1.1.2:80이라는 플로우가 있다면 해당 플로우를 일정 기간 지켜보면서 지나간 누적 byte와 패킷 양을 합친 뒤 하나의 샘플링 정보 패킷으로 저장하여 전달합니다. 이처럼 샘플링은 미러링에 비해 수집 장비의 부담을 크게 낮춰줍니다.

샘플링의 두 번째 장점은 편리한 사용성입니다. NMS 그래프로는 트래픽 누적치만 알 수 있을 뿐 피크 시간대에 어떤 IP들이 서로 통신했는지 알 수 없습니다. 반면 샘플링은 (수집 및 분석 애플리케이션에 따라 약간씩 다를 수 있지만) 간단한 클릭 혹은 커맨드로 플로우 정보를 쉽고 간편하게 확인할 수 있습니다. 다음은 샘플링 분석 프로그램 중 하나인 nfsen-ng의 화면입니다.

▶ 그림 16.4 오픈 소스 샘플링 분석 프로그램 nfsen-ng(출처: github.com/mbolli/nfsen-ng)

2012년 여름 이벤트의 경우 고객이 샘플링 기능 사용을 꺼려했습니다. 트래픽 볼륨이 커서 손쉽게 미러링할 수 있는 환경도 아니었습니다. 따라서 다음 분석 그림과 같이 문제가 되는 인터페이스를 미러링하고 미러링 패킷을 임시 설치한 스위치로 보냈습니다. 그리고 임시 설치한 스위치에서 샘플링 기능을 켰습니다. 임시 설치한 스위치에서 생산된 샘플링 정보 패킷은 분석 서버로 전송했습니다.

이후 분석 프로그램으로 초 단위 그래프를 만든 뒤 마이크로-버스트 발생 시점을 어렵지 않게 찾아낼 수 있었습니다. 더 나아가 말썽을 일으키는 TCP/IP 플로우도 찾아내며 이슈를 마무리할 수 있었습니다.

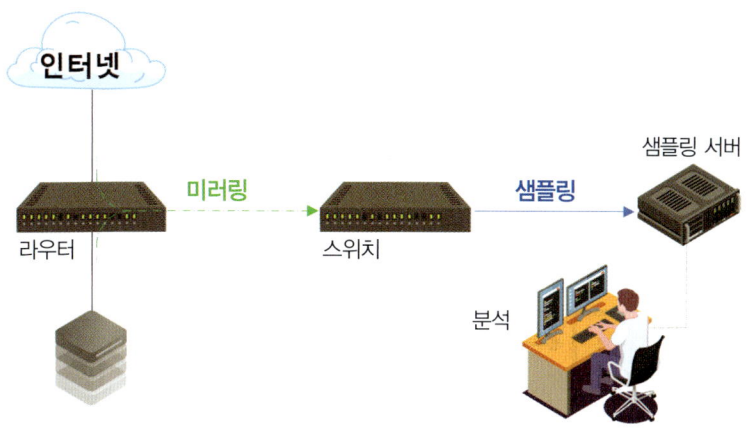

▶ 그림 16.5 샘플링이 원활하지 않은 장비용 샘플링 인프라 구성 방안

2 셰이핑/폴리싱

QoS의 마지막 학습으로 셰이핑과 폴리싱에 관해 간략히 살펴보고자 합니다.

폴리싱

폴리싱은 정해진 B/W까지만 트래픽을 허용하는 기술입니다. 예를 들어 1 G 인터페이스에 100 Mbps 폴리싱을 적용하면 100 Mbps까지의 트래픽만 허용하고 나머지 트래픽들은 폐기합니다.

폴리싱의 문제는 **폴리싱 주기**Policing interval에서 발생합니다. 네트워크 장비에게 1초는 너무 긴 시간이기 때문에 대부분의 네트워크 장비들은 폴리싱을 ms 단위로 제어합니다. 예를 들어, 100 Mbps 폴리싱을 적용한 장비의 폴리싱 주기가 0.1초라면, 0.1초 단위로는 10 Mbps까지만 허용한다는 것을 의미합니다. 구체적으로 네트워크 장비들은 **토큰 버킷 방식**으로 폴리싱을 구현하는 경우가 많습니다.

토큰 버킷 방식에서는 일정 간격으로 허용되는 B/W 양만큼 토큰(크레딧)이 채워집니다. 예를 들어, 100 Mbps 폴리싱을 적용한 장비의 폴리싱 주기가 0.1초라면 0.1초 단위로 10 Mbps 만큼의 토큰(크레딧)이 채워집니다. 이후 패킷을 내보낼 때마다 그 양만큼 토큰(크레딧)도 줄

입니다. 0.1초 안에 토큰(크레딧)이 모두 소모되면 그 이후 패킷은 모두 폐기합니다.[2, 3]

예를 들어, 어떤 장비에 1 Gbps 폴리싱을 적용했는데, 해당 장비의 폴리싱 주기가 10 ms라고 가정해보겠습니다. 해당 장비는 10 ms 동안 10 Mbps 이상의 트래픽은 허용하지 않을 것입니다. 만일 10 ms 동안 순간적으로 20 Mbps 트래픽이 들어온다면 뒤에 온 10 Mbps가량의 트래픽은 폐기됩니다.

셰이핑

토큰 버킷 방식도 나름 장점이 있지만 마이크로-버스트 이슈에 매우 취약할 수밖에 없다는 단점이 있습니다. 이에 대한 대안으로 **셰이핑**Shaping을 사용하면 변동성이 큰 트래픽, 즉 마이크로-버스트 형태의 트래픽 손실을 최소화할 수 있습니다. 셰이핑은 폴리싱처럼 동작하지만 마이크로-버스트 트래픽이 발생했을 때 그 즉시 패킷을 폐기하는 것이 아니라 잠시 버퍼에 넣어 둔 뒤 여유가 생길 때 패킷을 내보냅니다. 다음은 폴리싱과 셰이핑의 차이를 표현한 그림입니다.

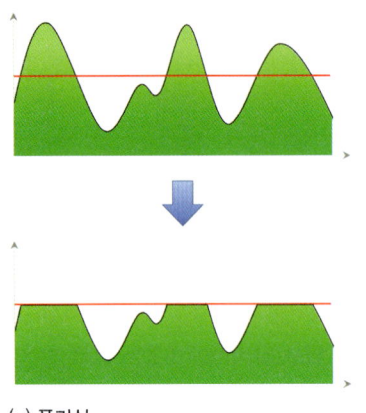
(a) 폴리싱

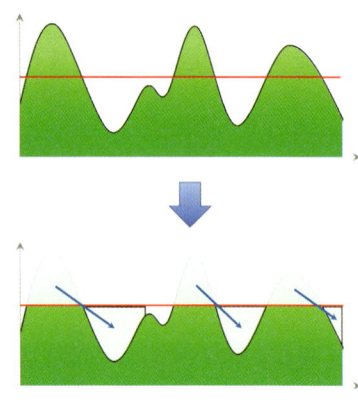
(b) 셰이핑

▶ 그림 16.6 폴리싱과 셰이핑의 차이

---

2 이 동작을 기본으로 패킷 중요도에 따라 드랍률을 달리하는 two rate Three Color Marker(trTCM)와 같은 알고리즘들도 있습니다.
3 이때 크레딧이 채워지는 시간 간격을 일반적으로 Tc(Token count), Committed time interval 혹은 Credit update frequency 라고 부릅니다. 이 값은 벤더별로, 장비별로 매우 다양합니다.

셰이핑을 사용하면 병목 현상 발생 시 버퍼 사용으로 인한 지연이 발생할 수 있지만, 일반적인 통신 환경이라면 패킷 로스로 인한 TCP 재전송 지연 영향도가 더 크기 때문에 셰이핑 사용을 권장합니다. 단, 셰이핑이 만병통치약은 아닙니다. 셰이핑을 효과적으로 적용하기 위해서는 트래픽 변동이 있어야 합니다. 마이크로-버스트가 없는 매우 일정한 트래픽이라면 폴리싱을 쓰든 셰이핑을 쓰든 효과는 동일합니다.

CHAPTER 17
스위치 vs 라우터

스위치와 라우터는 무엇이 다를까요? 그 정확한 답을 얻기 위해서는 네트워크 장비 설계에 대한 이야기를 빼놓을 수 없습니다. 특히 상용 칩과 자사 칩을 구분해야 하며 각각의 특성을 파악하는 것이 중요합니다. Chapter 17에서는 스위치와 라우터를 정확하게 구분할 수 있도록 두 장비의 ASIC과 OS 차이, 내부 컴포넌트 구성 그리고 FIB 차이점 등을 심층적으로 살펴볼 예정입니다.

Roadmap

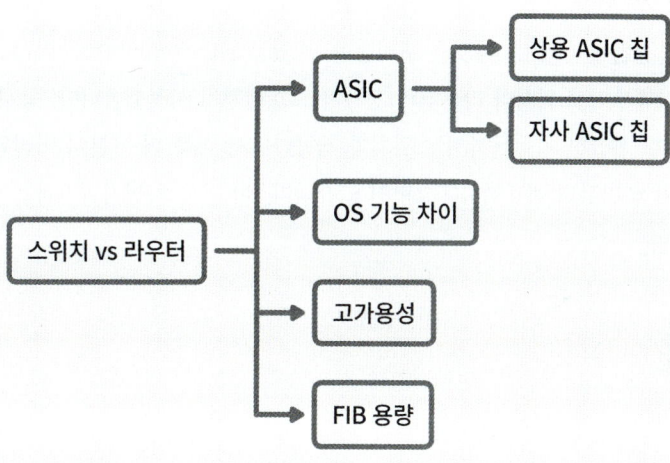

17.1 스위치와 라우터

아주 오래전에는 스위치와 라우터를 구분하기가 쉬웠습니다. 스위치는 순수 L2 장비로 목적지 MAC 정보로 패킷을 포워딩하는 장비였고, 라우터는 L3 장비로 IP와 같은 L3 정보를 기반으로 패킷을 포워딩하는 장비였습니다. **스위치 = L2(MAC), 라우터 = L3 패킷 포워딩(IP)**이라는 공식이 맞아떨어졌습니다.

허나 기술이 발전함에 따라 L3 패킷을 포워딩할 수 있는 **MLS**$^{\text{MultiLayer Switch}}$라는 스위치가 탄생하였습니다. 이때부터 스위치와 라우터의 경계가 모호해지기 시작했습니다. 특히 근래 들어 라우터만 지원하던 복잡한 기능들까지 스위치가 제공하면서 더욱 더 구분이 어려워졌습니다. 그럼 결국 스위치 = 라우터 아닐까요? 그렇진 않습니다. 이 둘의 차이점 4가지를 다음 순서대로 살펴보겠습니다.

- ASIC
- OS 기능
- 고가용성$^{\text{High availability}}$
- FIB 용량

1 ASIC

스위치와 라우터를 구분하는 첫 번째 방법은 자사 ASIC 칩$^{\text{Custom chip/silicon}}$ 사용 여부입니다. 자사 칩은 벤더가 H/W 엔지니어를 고용하여 직접 개발한 칩을 말합니다. 반대로 상용 칩$^{\text{Merchant chip/silicon}}$은 ASIC 전문 기업에서 생산된 ASIC을 말합니다. 상용 칩을 사용하는 벤더는 ASIC 전문 업체로부터 칩을 제공받고, 칩 이외의 컴포넌트(예. 패브릭, OS, 보드 등)를 설계·생산합니다. 쉽게 비유하자면 자사 칩은 차를 만들 때 엔진까지 직접 설계·생산하는 형태고, 상용 칩은 엔진은 타사에서 공급받고 나머지 파트를 자사에서 설계·생산하는 형태입니다.

네트워크 장비 ASIC은 높은 개발 비용이 소모됩니다. 매우 고성능의 프로세싱(패킷 처리)이 필요해서 설계가 까다롭기 때문입니다. 수천 억 이상의 금액이 개발 비용으로 투자되기도 하는데, 경쟁이 심한 스위치 시장에서는 이와 같은 대규모 투자 금액을 보전하기 쉽지 않습니다. 그러나 상용 칩을 사용하면 ASIC 개발 인력을 고용하거나 사업 실패에 따른 ASIC 개발 비용 리스크를 떠안지 않아도 됩니다. 때문에 스위치 시장에서 상용 칩 사용 비율이 매우 높은 편입니다.

상용 칩의 제약 사항

상용 칩을 전문적으로 생산하는 ASIC 업체는 다수 벤더에게 칩을 납품합니다. 따라서 최신 기술보다는 **스루풋**Throughput(초당 패킷 처리 총량)이 높고 범용적인 기술 위주로 칩을 설계합니다. 대중성을 갖추는 것입니다. 잘 팔려야 하기 때문에 말썽을 일으킬 만한 신규 기능을 넣는 것에 대해선 보수적으로 접근하는 경향이 있습니다.

또한 상용 칩을 쓰는 경우 **코너 케이스**Corner case, 즉 여러 변수와 환경이 조합되어 특정 상황에서만 발생하는 이슈를 해결하는 데 오래 걸리기도 합니다. 코너 케이스의 특성상 벤더와 ASIC 납품사가 서로에게 책임을 떠넘기는 경우도 있습니다.

이렇게 보면 상용 칩이 부정적으로 보이지만 결코 그렇지 않습니다. 되려 수많은 네트워크 벤더사가 사용하면 자사 칩을 직접 설계한 것보다 더 높은 안정성을 가질 수도 있습니다. 더불어 네트워크 장비 사업을 시작하는 신생 벤더에게는 개발 비용을 크게 낮춰 주는 효자 노릇을 톡톡히 하기도 합니다.

라우터의 ASIC

스위치와 달리 라우터는 자사 칩을 채택하는 비율이 압도적으로 높습니다. 혹자는 "상용 칩을 사용하는 라우터는 라우터가 아니다."라고 말할 정도입니다. 그 이유를 살펴보면 다음과 같습니다.

신규 기능 지원

상용 칩은 대중성이 중요하기 때문에 대중적인 기능 위주로 설계됩니다. 상용 칩 내부에 프로그래머블 ASIC과 같은 재구성 가능 공간이 있더라도 주류 기술이 아닌 '일부' 벤더가 요구하는 기능들은 구현하지 않을 확률이 높습니다. 다시 말해 신규 기능 지원에 대한 주도권을 네트워크 벤더사가 아닌 ASIC 칩셋 개발 회사가 쥐고 있는 것입니다. 따라서 벤더가 원하는 기능을 원하는 시기에 제공하지 못할 수 있습니다.

라우터 고객은 다른 경쟁사보다 빠르게 혁신적인 기능을 적용하길 원하는 편입니다. 라우터에 상용 칩을 사용하면 이러한 요구에 즉각 대응하기 어렵습니다. 더욱이 라우터는 매우 다양한 기능을 제공해야 하는데 상용 칩으로는 이러한 요구 사항에 모두 대응하기 어려울 수 있습니다.

이슈 분석 및 수익률

자사 칩을 사용하면 각종 이슈 분석에 유리합니다. 벤더가 직접 ASIC 개발 팀을 고용하고 있기 때문에 어떤 이슈가 발생했을 때 해당 이슈가 ASIC 이슈인지 아니면 S/W 이슈인지 분석하기 용이합니다.

더불어 자사 칩을 사용하면 장기적인 안정성 및 수익률을 높일 수 있습니다. 이는 차를 생산할 때 직접 제작한 자사 엔진을 사용한 경우와 타사 엔진을 사용한 경우로 비유할 수 있습니다. 직접 엔진을 만들면 초기 투자 비용이 높을 것입니다. 반면 타사 엔진을 사용하면 개발 비용이 적게 들어가는 대신 개당 단가가 높아서 장기적으로는 순수익률에 나쁜 영향을 미치게 됩니다. 또한 엔진을 자체 생산하면 타사 엔진을 사용하였을 때 발생하는 골치 아픈 악성 리스크를 회피할 수 있습니다. 예를 들어, 상용 칩에서 우주선 샤워 현상을 막기 위한 차폐 물질을 입히는 과정이 원활하지 않아 발생하는 비트 오류$^{Bit\ error}$ 등은 장기간 운영해보기 전까지는 미리 알기 어렵습니다. 마지막으로 칩 생산 업체의 갑작스러운 생산 중단 등의 리스크도 있습니다. 따라서 상용 칩을 사용한다면 체계적인 공급망 관리, SCM$^{Supply\ Chain\ Management}$이 필수입니다.

자사 칩을 개발한다고 해서 이 모든 이슈를 완벽하게 차단할 수 있는 것은 아닙니다. 그러나 문제가 발생하였을 때 상대적으로 원인을 파악하고 조치하기 쉽습니다. 따라서 라우터 벤더는 지금까지 살펴본 고객 요구 사항 대응, 안정적인 운영 및 신속한 이슈 대응 등을 위해 높은 개발 비용을 투자해서라도 자사 칩을 직접 개발하는 편입니다.

2 OS 기능

스위치와 라우터의 두 번째 차이점은 OS입니다. 네트워크 장비의 심장이 ASIC이라면 OS는 두뇌라고 할 수 있습니다. OS에 따라 안정성과 기능이 크게 달라지기 때문입니다. 스위치의 경우 기능보다는 성능에 초점을 맞추는 반면 라우터는 성능과 더불어 다양한 기능까지 제공해야 합니다. 예를 들어, 라우터의 경우 BFD를 정적^{Static} 라우팅, OSPF, BGP뿐 아니라 LDP 그리고 LACP까지 다양한 프로토콜에 적용할 수 있어야 합니다. 반면 스위치는 그만큼 다양한 프로토콜에 적용하지 못하는 경우가 많을 뿐 아니라 컨트롤 플레인의 CPU가 아닌 데이터 플레인 칩(예. ASIC)에서 지원하는 경우가 드뭅니다.

기능별 지원 수량도 다릅니다. 예를 들어, 스위치의 BFD 최대 지원 개수가 100개 내외라면 라우터는 수천 개 혹은 그 이상을 설정할 수 있도록 설계되어 있습니다. 또한 스위치가 BGP 프로토콜을 지원하는 경우도 드뭅니다. 지원하더라도 수많은 BGP 기능 중 일부만 지원하는 경우가 많습니다.

다만 근래 스위치에서 지원 가능한 프로토콜이 점점 많아지고 있는 것 또한 사실입니다. 그 배경에는 CPU 기술의 눈부신 발전이 있습니다. 라우팅 관련 기능은 순수하게 컨트롤 플레인에서 이루어지는 경우가 많은데, 스위치의 CPU 리소스 파워가 약했던 시절에는 안정성 및 리소스 제약으로 지원 종류와 폭이 좁았습니다. CPU 기술이 꾸준히 발전하면서 자연스럽게 컨트롤 플레인 리소스가 여유로워졌고, 덕분에 스위치도 라우터 못지 않은 다양한 기능을 제공하는 추세입니다.

3 고가용성

대량의 서버 전원을 끄고 무진동$^{Air\ suspension}$ 차량으로 데이터 센터를 옮기는 이전^{Migration} 프로젝트를 진행했을 때였습니다. 최대한 충격을 줄였음에도 이전한 서버 중 약 10~30%에서 전원이 켜지지 않는 현상이 발생했습니다. 분명 잘 운영되던 서버였는데 말이죠. 이는 수명이 다한 부품들에 전원이 차단되면서 그 기능이 완전히 상실되었기 때문입니다. 대표적인 예시로 다음 그림처럼 수명이 다한 커패시터^{Capacitor}(콘덴서)가 부풀어 오르는 현상이 있습니다.

▶ 그림 17.1 수명이 다해 부풀어 오른 커패시터(출처: blog.naver.com/sumanaki/221689051475)

일부 수명이 다한 전자 부품들은 전원이 흐르는 동안에는 정상적인 동작을 하지만, 전원이 차단되어 차갑게 식으면 내부 소자가 굳으면서 기능을 완전히 상실합니다. 이 때문에 서버의 전원이 완전히 꺼지고 일정 시간이 지나면 다시 켜지지 않는 현상이 발생하기도 합니다.

전자 제품 내부에 들어가는 수많은 부품마다 등급 차이가 있습니다. 더 좋고 비쌀수록 외부 환경에 강하고 수명도 깁니다. 라우터는 스위치에 비해 더 좋은 품질의 부품들을 사용하는 경향이 있습니다. 덕분에 같은 환경에서 운영해도 라우터가 더 안정적이고 오래 사용할 수 있는 편입니다.

다만 라우터에 얼마나 좋은 컴포넌트를 사용했는지 수치화하기가 어렵기 때문에 고객 입장에서 이러한 차이를 구분하기는 어렵습니다. 어떤 고객은 이를 직접 확인하고 싶어 벤더에게 설계도를 요구하는 경우도 있지만, 이는 영업권 및 지적재산권을 침해할 수 있기 때문에 조심스럽게 접근할 필요성이 있습니다.

4 FIB 용량

스위치와 라우터는 라우팅 테이블(FIB)의 개수에서도 차이를 보입니다. 이는 가장 간편하게 라우터와 스위치를 구분할 수 있는 스펙입니다. 결론부터 말하자면 스위치는 FIB 사이즈가 작고, 라우터는 큰 편입니다.

다음 그림을 보면 IPv4 BGP 라우팅 테이블은 1 M에 가까워지고 있습니다. IPv6 라우팅 테이블은 210 K가량인데, IPv4와 달리 기울기가 급하기 때문에 향후 크게 증가할 것으로 예상됩니다. 이 정도의 대량 라우팅을 처리하려면 스위치로는 힘들고 라우터가 필요합니다.

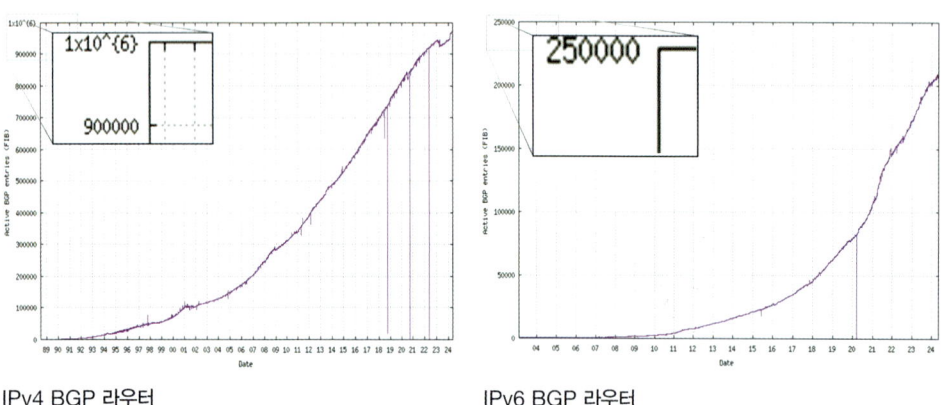

IPv4 BGP 라우터   IPv6 BGP 라우터

▶ 그림 17.2 IPv4 BGP 라우터와 IPv6 BGP 라우터[1]

---

[1] www.cidr-report.org, bgp.potaroo.net/as2.0/bgp-active.html, https://bgp.potaroo.net/v6/as2.0/index.html, as of May 11 2024

벤더별로, 또 장비별로 지원되는 FIB 엔트리 차이가 매우 커서 단정적으로 말할 수 없지만, 근래 스위치 계열 중 1RU 스위치는 대략 100 K 내외 FIB 사이즈를 지원하고 섀시급 스위치라면 최대 1 M 정도를 지원합니다. 반면 라우터 장비는 5 M 이상의 FIB를 지원하는 편입니다. 간단하게 말해서, 스위치라면 인터넷 BGP 라우팅을 전부 받아들이기 어렵습니다. 라우터가 있어야 비로소 모든 인터넷 BGP 라우팅을 받아들일 수 있습니다.

라우터는 ASIC의 메모리 용량 또한 큽니다. 네트워크 장비 내부에는 여러 종류의 메모리를 사용하는데, 패킷 프로세싱을 위한 온/오프 칩 메모리와 큐 버퍼 등이 대표적입니다. 메모리 종류에 무관하게 스위치는 용량이 작은 편이고 라우터는 큰 편입니다.

지금까지 살펴본 스위치와 라우터의 특성 차이 정리하면 다음과 같습니다.

	스위치	라우터
ASIC	(일반적으로)상용 칩	(일반적으로)자사 칩
지원하는 기능 수	적거나 보통	많음
컴포넌트 고가용성	보통	높음
FIB 용량	100 K 내외	5 M 이상

▶ 표 17.1 스위치 vs 라우터

마지막으로 스위치는 다양한 종류의 인터페이스 타입을 지원하지 못합니다. 예를 들어, 라우터는 ATM, SONET/SDH 등의 프로토콜을 지원하지만 스위치는 지원하지 못하는 편입니다. 다만 근래에는 IP 외의 프로토콜 사용률이 현저하게 낮아졌기 때문에 큰 의미가 있다고 보기는 어렵습니다.

though
CHAPTER

18

파워 유닛

네트워크 엔지니어가 파워 유닛에 관해 고민하는 경우는 드뭅니다. AC 타입은 콘센트로 안전하게 구성할 수 있고, DC는 위험하지만 관계 법령으로 전기 기술자만 구성·변경할 수 있도록 제한되는 편이기 때문입니다(국가별 상이). 그럼에도 전기 관련 기본 개념은 알아 두면 언젠가 큰 도움이 되기도 하므로 간략하게 살펴보고자 합니다.

Roadmap

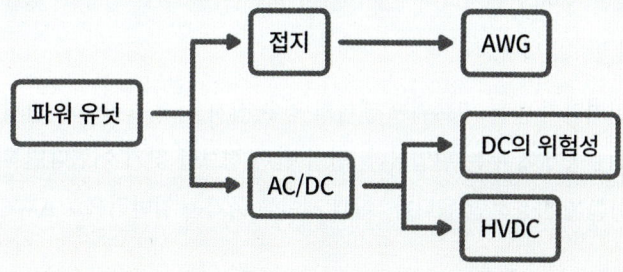

18.1 접지

전기 장치를 사용할 땐 **접지**Ground/Earth가 매우 중요합니다. 접지는 누전된 전기가 땅으로 흡수되도록 유도하여 장비 손상이나 감전을 막아 줍니다. 데이터 센터에 네트워크 장비를 설치할 때 이처럼 중요한 접지를 생략하기도 합니다.

한번은 이해하기 어려운 패킷 로스 이슈를 경험한 적이 있습니다. 해결책을 찾지 못한 채로 랙Rack에 손을 올렸을 때 미세한 전기 흐름을 느낄 수 있었습니다. 누전이 원인이었습니다. 만일 이 누전이 심했다면 장비나 엔지니어에게 심각한 피해를 줄 수도 있었을 것입니다. 이처럼 접지는 선택이 아닌 필수입니다.

접지 선을 직접 판매하지 않는 네트워크 벤더의 경우 접지용 러그 사양과 접지 케이블 굵기 등의 정보를 인터넷에 공개해 두는 편입니다. 만일 관련 정보를 찾기 어렵다면 파워 케이블과 같거나 더 굵은 케이블을 사용하면 됩니다. 이때 케이블 굵기는 일반적으로 AWG라는 단위를 사용합니다.

1 AWG

대부분의 전선들은 외피에 24 AWG와 같이 AWG 단위가 적혀 있습니다. **AWG**American Wire Gauge는 미국의 전선 규격으로, 전선이 얼마나 굵은지 표기하는 단위입니다. 매우 두꺼운 7/0(= 0000000) AWG는 지름이 16.54 mm이며 매우 얇은 40 AWG는 0.08 mm입니다. 즉, 숫자가 클수록 얇습니다.

전선은 굵으면 굵을수록 더 많은 전류를 전송할 수 있습니다. 전선에 허용량 이상의 전류를 보내면 내부에서 저항과 열이 발생하여 화재로 이어질 수 있습니다. 즉, 전선의 굵기가 전류 허용량을 결정하기 때문에 전선 외피에 AWG 단위를 명시해 두는 편입니다.

보통 대형 네트워크 장비에 들어가는 전원 케이블은 4-6 AWG(5.19-4.11 mm) 정도입니다. 어떤 네트워크 장비는 여러 종류의 전원 케이블 AWG 중 하나를 선택해야 하는 경우가 있습니다. 최대 전력에 영향을 줄 수 있으므로 확신이 서지 않는다면 가장 낮은(가장 두꺼운) AWG를 선택하면 됩니다.

> **Tip.** 참고로 UTP는 보통 23-24 AWG(0.57-0.51 mm)를 사용합니다.

18.2 AC/DC

전기학과 출신이 아니더라도 AC$^{Alternating\ Current}$와 DC$^{Direct\ Current}$는 한 번쯤 들어 본 적이 있을 것입니다. 대부분의 네트워크 장비는 AC/DC 둘 다 지원하지만, 어떤 장비는 AC만 또 어떤 장비는 DC만 지원하기도 합니다. AC와 DC는 무슨 차이가 있을까요?

DC(직류)는 토머스 에디슨$^{Thomas\ Alva\ Edison}$이 발명했고, AC(교류)는 에디슨 연구소의 연구원이었던 테슬라$^{Nikola\ Tesla}$가 개발했습니다. 개발 당시부터 어느 방식이 더 유리한가로 논쟁이 많았으나 결론적으로 우리 일상생활을 둘러보면 AC가 압도적으로 많이 쓰이고 있습니다. 그러나 효율성 측면에서 보면 DC가 더 유리합니다. AC를 입력으로 받는 IT 장비들은 내부에서 AC를 DC로 변환해야 하기 때문에 에너지 손실과 발열이 발생할 뿐만 아니라 장비 내부 구조가 복잡해집니다. 그럼에도 불구하고 DC 대신 AC를 쓰는 이유는 전송 효율 때문입니다.

전선에 전류가 지나갈 때 저항에 의한 손실이 발생합니다. 그런데 전압^{Voltage}이 높으면 손실에 강해집니다. 덕분에 전송 과정에서 손실량이 작아집니다. 쉽게 말해, 전압을 크게 높일수록 전기를 멀리 보낼 수 있습니다. DC는 전압을 증폭하거나 감소시키기 어려운 반면 AC는 상대적으로 이 과정이 간단하기 때문에 장거리 전송에 유리합니다. 덕분에 일상 생활에서는 주로 AC를 사용하고 있습니다.

1 DC의 위험성

네트워크 장비가 사용하는 DC 전압은 보통 -60v에서 -12v 내외로 그리 위협적이지 않은 숫자처럼 보입니다. 실제로도 그럴까요? DC를 사용할 땐 금속 파트가 노출된 전원 케이블, 즉 러그^{Lug}를 직접 연결해야 하는 경우가 많습니다. 이때 전압이 낮다고 절대 방심하면 안 됩니다.

어떤 네트워크 엔지니어가 -12v DC 전원 케이블 철거 작업을 하던 날이었습니다. DC 전원을 내리고 2인 1조로 사다리에 오른 뒤 케이블 러그의 너트를 풀기 위해 드라이버를 대는 순간 엄청난 굉음과 함께 뒤로 넘어가 버렸습니다. 정신을 차리고 보니 드라이버는 완전히 녹아서 러그와 한몸이 되어 있었습니다. 고작 -12v인데 말이죠. DC 전원이 차단된 줄 알았으나 그렇지 않았던 것입니다.

사실 전압은 중요하지 않습니다. 중요한 것은 **암페어**^{Ampere}입니다. 쉽게 비유하자면 전압은 '높이'고, 암페어는 '무게'라고 볼 수 있습니다. 10층 높이에서 빈 캔이 떨어지는 경우와 머리 위 1m에서 1톤의 쇳덩이가 떨어지는 경우 어느 쪽이 위협적일까요? 당연히 무게가 훨씬 많이 나가는 쇳덩이가 더 위협적입니다. 즉, 전압보다는 암페어가 훨씬 더 중요합니다.

한번은 고-암페어 DC 장비 러그를 직접 연결할 일이 있었습니다. 처음해보는 일이라 전기공학과 출신의 전문가 도움을 받았습니다. 전원이 내려갔는지 확인 후 최종 절차로 -와 + 케이블을 서로 직접 맞닿게 연결했습니다. 만일 전류가 흐르면 어떻게 되느냐 묻자 펑! 하고 터지면서 두 케이블이 붙어버릴 것이라고 합니다. 그럼 그렇게 테스트하면 안 되는 것 아니냐 여쭙자 희미하게 웃으며 "몸이 터지는 것보단 낫잖아요."라고 대답했습니다.

이처럼 DC 케이블 작업은 위험성 때문에 원칙적으로 전기 전문가가 진행해야 합니다. 허나 부득이하게 DC 케이블을 다룰 상황이 온다면 최대한 주의를 기울여야 할 것입니다.

> **NOTE** HVDC

발전소부터 장비까지 순수하게 DC로 전송할 수 있다면 AC 전송에 비해 효율성이 크게 향상될 수 있습니다. 특히 데이터 센터와 같이 대규모 전기·전자 장비를 사용하는 곳에서는 DC 수요가 큽니다.

장비 구조에 따라 천차만별이지만 AC를 DC로 변환할 때 일반적으로 5-20%의 에너지 손실이 발생합니다. 따라서 DC를 발전소에서부터 직접 공급하면 변환 과정의 손실을 줄이고 전력 효율을 높일 수 있습니다.

최근에는 DC 전송 기술이 점차 발달함에 따라 DC를 AC처럼 고전압으로 전송하는 기술, **HVDC**^{High-Voltage Direct Current}가 개발되고 있습니다. 그 가능성은 꾸준히 제기되고 있지만 아직 현실화는 더딘 편입니다. 앞으로 관심 있게 지켜볼 만한 주제입니다.

나가며

네트워크 벤더들은 독자적인 하드웨어 설계 및 개발 방식으로 장비를 제작하며 많은 부분이 베일에 싸여 있습니다. 그러나 엔지니어로서 동작의 특성이나 장애 원인을 온전히 이해하려면 장비 아키텍처에 대한 깊은 통찰이 필요합니다. 이에 **PART 05 네트워크 하드웨어**에서는 네트워크 장비 3대 핵심 컴포넌트뿐 아니라 QoS 관련 로직까지 깊이 있게 살펴보았습니다.

Chapter 15.1 OS에서는 장비의 안정성과 기능을 좌우하는 OS가 어떤 수명 주기를 가지고 유지 보수되는지 그리고 하드웨어 문제가 발생했을 경우 어떤 절차를 통해 RMA가 진행되는지 살펴보았습니다.

Chapter 15.2 ASIC에서는 장비의 성능을 결정하는 ASIC이란 무엇이고 FPGA와는 어떤 차이가 있는지 그리고 주로 어떤 내부 컴포넌트에서 활용되는지 살펴보았습니다. 아울러 네트워크 장비 내에서 패킷이 처리되는 기본 단위인 '셀'이 전체 시스템 성능에 미치는 영향을 심층적으로 분석했습니다.

Chapter 15.3 패브릭에서는 ASIC 간 데이터를 전송하는 통로, 패브릭을 살펴보았습니다. n:n ASIC 간 통신 효율을 극대화하기 위한 패브릭 스케줄링을 탐구했으며 이들을 물리적으로 연결해주는 다양한 패브릭 구조들(예. 크로스바, MINs)까지 함께 알아보았습니다.

Chapter 16.1 버퍼에서는 트래픽 버퍼의 역할과 최근 네트워크 장비에서 활용되는 다양한 버퍼 구조들을 살펴보았으며 마이크로-버스트 현상을 효과적으로 분석할 수 있는 방법론까지 검토하였습니다.

Chapter 16.2 QoS에서는 스위치와 라우터 간의 구조적 차이를 ASIC, OS, 주요 컴포넌트 그리고 FIB 측면에서 다각도로 비교 분석하였습니다.

Chapter 17.1 스위치와 라우터에서는 스위치와 라우터를 구분 지을 수 있는 ASIC(자사칩/상용칩), OS, 고가용성 그리고 FIB 용량 차이를 살펴보았습니다.

Chapter 18.1 접지에서는 접지의 필요성과 AWG 규격에 대해 살펴보았습니다.

Chapter 18.2 AC/DC에서는 AC와 DC의 차이점 그리고 DC의 위험성을 알아보며 Part 05의 여정을 마무리하였습니다.

PART 06
네트워크 관리

PART 06은 네트워크 장비를 운영할 때 필요한 여러 주제를 모은 파트입니다. 특히 장비 도입 과정과 성능 테스트 방안 그리고 운영 효율성에 중점을 두었습니다.

네트워크 장비는 초기 도입 비용이 큰 인프라로, 체계적인 도입 과정과 관리가 필요합니다. 이번 파트 전반부에서는 도입 프로세스와 환경 테스트 과정 그리고 안정적으로 네트워크 인프라를 운영하기 위한 보안 기술과 운영 효율성을 극대화할 수 있는 자동화 방안들을 살펴볼 예정입니다. 후반부에는 실시간으로 네트워크 이상을 모니터링할 수 있는 툴과 성능을 테스트해볼 수 있는 윈도우, 리눅스 툴들을 통해 네트워크 인프라를 견고하게 관리하는 방안들을 살펴보겠습니다.

CHAPTER 19
네트워크 장비 도입 과정

네트워크 장비는 단가가 높고 대규모 발주를 하는 경향이 있습니다. 그 도입 과정이 원활하지 못할 경우 커다란 손실을 입을 수도 있고 끊임없는 장애에 시달릴 수도 있을 뿐 아니라 책임을 감수해야 할 수도 있습니다. 따라서 이번 챕터에서는 적절한 네트워크 장비 도입 절차를 살펴보고, 그 과정에서 필요한 장비와 문서들을 상세히 알아보겠습니다.

장비 도입 단계에서 테스트는 기능·성능 및 환경 테스트로 나눌 수 있는데 기능·성능 테스트는 고객이 직접 참여할 수 있지만 환경 테스트는 공인 인증 테스트로 대체하는 편입니다. 네트워크 장비는 가혹한 외부 환경에 노출될 수 있고, 섀시 장비는 전력 소모량이 높기 때문에 네트워크 장비에 특화된 환경 및 전기 테스트 방법론이 필요합니다. 이를 위해 NEBS라는 평가 기준이 개발되었습니다. 이번 챕터의 후반부에는 NEBS에 관해 집중적으로 살펴보겠습니다.

Roadmap

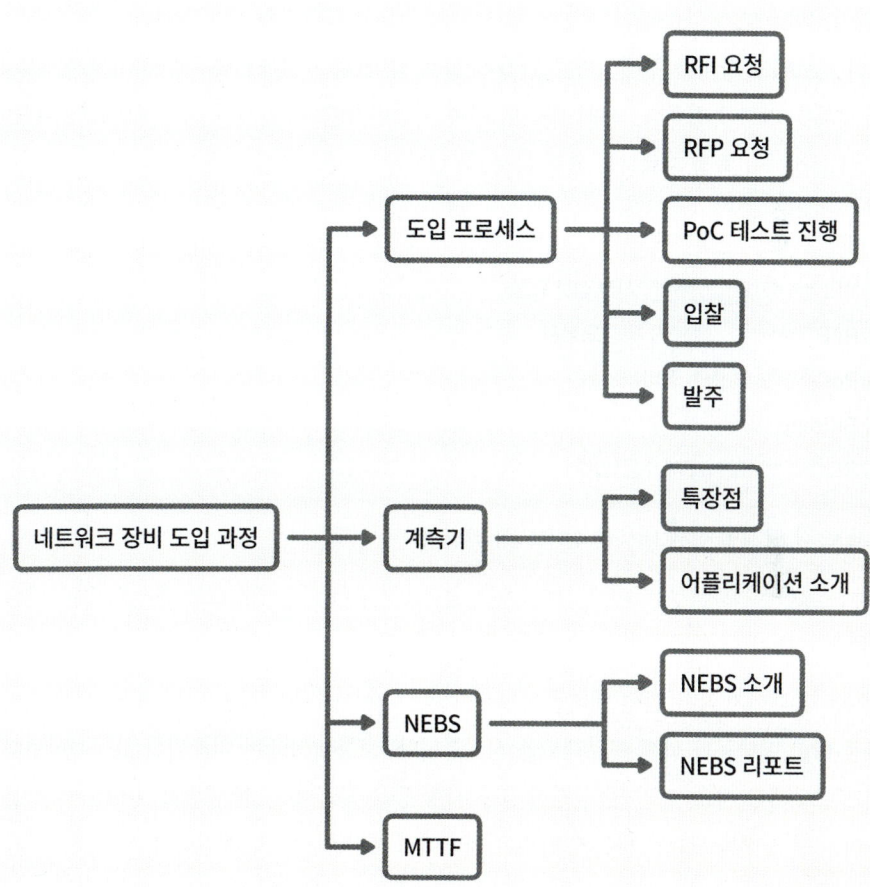

19.1 네트워크 장비 도입 프로세스

다량의 네트워크 장비를 구매하거나 단가가 높은 장비(예. 라우터)를 구매하고자 할 때는 적절한 절차를 거쳐야 합니다. 특히 대규모 구축 사업이라면 각 단계가 체계적으로 진행되어야 하며 이 과정에서 증적 자료(예. 관련 문서)를 남기는 것이 중요합니다.

일반적으로 장비 도입 프로세스는 다음 5단계를 거칩니다.

① **RFI** Request For Information : 사전 정보 요청
② **RFP** Request For Proposal : 제안 요청서
③ **PoC** Proof of concept : 장비 테스트
④ **Bidding** : 입찰
⑤ **PO** Purchase order : 구매 주문(발주)

순서대로 각 단계별 상세 내용을 살펴보겠습니다.

1. RFI

고객사는 홈페이지 혹은 관련 벤더들에게 **RFI** Request For Information (사전 정보 요청)를 공고하고, 의사를 밝힌 벤더들과 함께 프로젝트를 시작합니다. 보통 RFI에는 디테일한 요구사항보다 개괄적인 프로젝트 개요, 기간 및 굵직한 요구 사항 등을 적습니다. 쉽게 말해, 어떤 서비스를 할 것이며 어떤 장비를 필요로 하는지 알리고 벤더에게 제안을 받는 단계입니다.

벤더들은 RFI 정보를 바탕으로 제안 문서를 작성합니다. 정해진 포맷은 없지만 일반적으로 장비 소개, 특징, 제공 가능한 서비스 그리고 권장 구성 등이 실려 있습니다. 고객사 요청에 따라 프레젠테이션이 진행되기도 합니다.

2. RFP

RFI를 통과한 벤더들을 우선 협상 대상자로 선정하고 그 벤더들에게 **RFP**Request For Proposal(제안 요청서)를 요구합니다. 이 문서에는 프로젝트에서 요구하는 기술들이 디테일하게 나열되는데, 예를 들어 OSPF multiarea가 지원되는지, RFC3107이 지원되는지 등등이 기술되어 있습니다. RFI와 달리 RFP는 법적 구속력Legally binding이 있기 때문에 협력사는 지원 여부를 신중하게 체크한 뒤 공식 답변합니다. 특정 기술을 미지원할 경우 미지원 사유 또는 대체 기술, 지원 예정일 등을 같이 전달하기도 합니다.

3. PoC

그 다음 과정인 **PoC**Proof of Concept(장비 테스트)는 제안 내용들이 고객사 요구 사항에 만족하는지 테스트해보는 과정입니다. 단순한 기능 테스트는 협력사가 테스트 장비(계측기)를 구해서 국내 로컬에서 진행하는 경우가 많습니다. 허나 계측기 대여가 어렵거나 많은 장비를 필요로 한다면 벤더 본사에서 진행되기도 합니다. 대용량 계측기는 매우 고가여서 장비 파손 등을 우려하여 국세 배송을 하지 않는 경우도 있습니다. 이러한 경우 또한 벤더 본사에서 PoC를 진행하게 됩니다.

> 💡 **Tip.** 한국에서는 PoC보다 BMTBench Marking Test라는 용어를 많이 사용하지만 글로벌하게는 PoC가 대중적입니다.

4. Bidding

PoC를 완료하면 통과한 장비를 대상으로 **Bidding**(입찰) 절차를 진행합니다. 일반적으로 가장 낮은 가격에 입찰한 벤더, 즉 최저가 입찰자를 선정합니다. 1-2위 벤더의 가격 차이가 크지 않다면 벤더 이중화를 위해 두 벤더 모두 도입하는 경우도 많습니다.

앞서 모든 단계를 생략하고 고객이 직접 장비를 지정해서 구매하는 계약, 즉 수의 계약Direct contract도 있습니다. 수의 계약을 진행하는 이유는 여러 가지인데, 기존 장비의 단순 증설이거나 특정 벤더사의 특정 기능이 꼭 필요한 경우 등이 있습니다. 다만 수의 계약을 진행하면 가격 경쟁이 이뤄지지 않으므로 장비 단가가 높아질 수 있습니다.

5. PO

PO$^{\text{Purchase order}}$(구매 주문서)는 최종 선정된 장비를 구매하는 단계를 가리킵니다. 고객사가 협력사에게 PO를 보냄으로써 장비 도입 과정은 마무리됩니다. 이후 장비가 고객사에게 인도되기까지 평균 4-8주 정도의 시일이 소모됩니다.

> **NOTE 한국의 BMT**
>
> 한국의 장비 테스트 방식은 해외와 차이가 큽니다. 한국은 수백 가지에 달할 만큼 기능 테스트 범위가 굉장히 넓습니다. OSPF를 예로 들면 Network type, Fast Convergence, BFD 등의 여러 세부 항목 테스트를 다양하게 진행합니다. 해외 테스트 엔지니어의 말에 따르면 전 세계에서 이런 형태로 기능 테스트를 진행하는 국가는 단 두 곳이라고 합니다. 한국과 일본. 그럼 다른 나라들은 어떻게 테스트할까요?
>
> 대부분 국가는 PoC, 말 그대로 Proof of Concept, 즉 콘셉트를 증명하는 테스트를 진행합니다. 예를 들어, 신규 MPLS 백본 테스트라면 현재 서비스 망과 유사한 디자인으로 테스트 망을 구성하고, 필요한 기능과 성능을 테스트합니다. 즉, 고객사가 필요한 항목에 선택과 집중을 하는 경향이 강합니다. 물론 한국처럼 많은 기능 테스트를 하는 것이 틀렸다고 보기는 어렵습니다. 여러 기능 테스트를 통해서 장비 및 프로토콜 이해도를 높일 수 있다는 장점이 있습니다. 다만 제한된 시간 내에 진행되어야 하는 경우가 많기 때문에 테스트의 깊이는 다소 낮아질 수밖에 없습니다.
>
> 이와 같은 방식으로 테스트 방법론이 발전하게 된 배경에는 첫째, 계위 이동$^{\text{Re-designing}}$, 둘째 책임 소재라는 2가지 이유가 있는 것으로 추측됩니다.
>
> 첫째, 계위 이동이란 도입한 장비를 다른 포지션으로 이동하는 것을 말합니다. 예를 들어, 코어 라우터로 도입한 장비가 시간이 흘러 최신 장비에 비해 상대적으로 도태되었을 때 한 단계 아래 계층으로 포지션을 변경하는 것입니다. 계층(포지션)에 따라 지원 기능 차이가 있을 수 있는데 여러 계층으로 활용하려면 각 계층에 필요한 기능을 모두 지원해야 할 것입니다. 이에 따라 다양한 종류의 기능 테스트를 진행하게 된 것으로 보입니다.

둘째, 책임 소재입니다. 새롭게 도입한 장비가 이상 동작을 일으키면 암묵적으로 테스트를 감독한 엔지니어가 그 책임을 지는 것을 말합니다. 예를 들어, OSPF 다중 영역 인접Multi-area adjacency 버그가 발생했고, 해당 기능이 테스트 리스트에 있었다면 테스트를 진행한 엔지니어에게 그 책임을 묻는 것이죠. 이러한 상황이 반복되면 고객사 엔지니어는 테스트 항목에 대해 최대한 보수적으로 접근할 수밖에 없고 이는 테스트 항목 증가라는 결과물을 내놓게 됩니다. 이 배경을 이해하기 위해선 네트워크 장비 OS가 성숙하기 이전의 과거로 돌아가야 합니다. 당시에는 기본적인 기능들에서 다양한 버그가 발현되기도 했습니다. 그러나 근래에는 네트워크 장비 OS의 안정성이 많이 성숙한 만큼 이용하고자 하는 구성 및 포지션에 집중하여 테스트를 진행하고 장비 오동작에 대한 책임은 온전히 벤더가 짊어지는 것이 어떨까 싶습니다.

19.2 계측기

계측기는 네트워크 장비 테스트를 위해 특수 고안된 장비입니다. 윈도우, 리눅스에서 간단하게 네트워크 장비를 테스트할 수 있는 툴도 많이 있지만 계측기는 차원이 다릅니다(테스트 툴에 대한 자세한 내용은 '23.2 ping 및 B/W 테스트 툴'에서 살펴보겠습니다.). 현존하는 대부분의 프로토콜을 지원하며 매우 정확할 뿐 아니라 복잡한 테스트 토폴로지도 시뮬레이션할 수 있습니다. 그만큼 다루기 힘든 장비이기도 합니다. 단순하게 계측기 프로그램 설정이 어렵다는 의미를 넘어 수많은 네트워크 프로토콜에 관한 깊은 이해가 필요하기 때문입니다.

완성도 높은 네트워크 테스트를 하려면 계측기가 필수지만 포트당 단가와 렌트 비용이 높아 접하기 쉬운 장비는 아닙니다. 포트당 단가란, 포트 하나(예. 10 Gbps)당 구매 가격입니다. 제품별로 차이가 크지만 일반적으로 '스위치 < 라우터 < 보안 장비 < 계측기'순으로 높습니다. 이와 같은 고가의 계측기는 대형 고객사(예. 검색 엔진 회사, 게임사 등등)가 구매하는 경우도 있지만 수요가 가장 큰 곳은 스위치, 라우터, SLB 및 보안 장비 등을 생산하는 네트워크 장비 벤더들입니다. 이들은 제품 성능 테스트를 수행하거나 고객사에게 자사 제품 성능, 기능 시연 용도로 활용합니다.

1. 계측기의 특장점

계측기는 무엇이 특별할까요? 크게 3가지로 정리하면 다음과 같습니다.

① 패킷 고유 패턴 Packet signature

계측기는 패킷 하나하나에 개별 고유 패턴 Signature을 넣음으로써 패킷 손실은 기본이고 순서가 뒤바뀌는 re-ordering과 같은 현상을 오차 없이 정확하게 추적할 수 있습니다. 즉, 패킷을 초당 수조 개 이상 보내고, 하나라도 이상이 있는지 체크할 수 있으며 다양한 종류의 레이턴시를 추적합니다.

② 멀티 프로토콜 지원Multi-protocol support

다양한 종류의 프로토콜을 지원합니다. 계측기 내부적으로 수십, 수백 개의 장비가 라우팅 프로토콜(OSPF, BGP 등등) 네이버십을 맺은 것처럼 시뮬레이션할 수도 있습니다. 더불어 HTTP 테스트도 지원하는데, 수많은 유저가 다양한 브라우저를 사용하여 접속하는 듯 가상의 클라이언트를 만들어 낼 수 있습니다.

③ 다양한 방법론Methodology

다양한 방법론을 제공합니다. 단 1초 동안 100개의 패킷만 보낼 수도 있고 1시간 동안 패킷을 보내고 멈출 수도 있습니다. Src/dst TCP 포트를 순차적으로 올릴 수도 있고, 랜덤하게 만들 수도 있습니다. TCP 포트뿐 아니라 TCP/IP에 있는 대부분의 헤더 및 데이터를 수정할 수도 있습니다. 더불어 여러 플로우(스트림Stream)를 만들 수 있는데, 하나의 포트에 플로우를 뒤섞어 보낼 수도 있습니다.

계측기는 패킷 사이즈와 무관하게 모든 포트에서 full-wire speed를 제공하며 TCP/IP 패킷의 많은 부분을 변경할 수 있습니다. 달리 말하면 계측기는 아주 강력한 DoS 공격 툴로 사용할 수도 있습니다. 물론 역추적 가능성이 매우 높기 때문에 실제 공격용으로 사용할 가능성은 현저히 낮지만 그만큼 강력한 성능을 보유하고 있으므로 고립된 환경에서 테스트를 수행해야 합니다. 만일 계측기 트래픽이 실 망으로 잘못 들어간다면 대형 장애를 유발할 수 있습니다.

강력하지만 비싼 이 제품군은 애석하게도 생산 업체가 많지 않습니다. 여기서는 대표적인 계측기 벤더 중 하나인 익시아 계측기를 살펴보고자 합니다.

익시아

2017년 키사이트Keysight Technologies에 합병된 익시아xia는 여러 종류의 계측기를 생산해오고 있습니다. 다음 사진은 익시아의 100G 라인카드를 장착한 XGS2 섀시입니다.

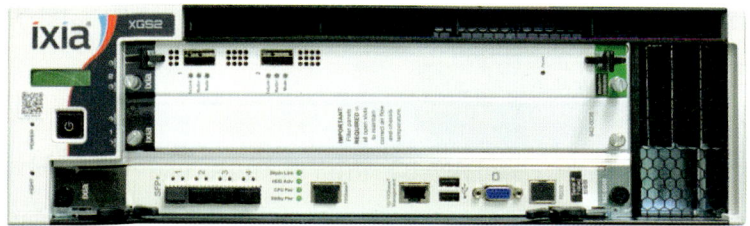

▶ 그림 19.1 익시아 XGS2(출처: ixiacom.com)

다음 그림은 가장 기본적인 네트워크 테스트 토폴로지입니다. 계측기가 트래픽을 ① 포트로 내보내고 DUT^{Device Under Test}(테스트 대상 장비)를 거쳐서 ② 포트로 받습니다. 계측기는 돌아온 패킷을 분석하여 패킷 손실, 레이턴시, 순서 뒤바뀜^{Out-of-order} 등 특이 사항을 확인하게 됩니다.

> **Tip.** 테스트 환경에서 테스트 장비를 DUT라는 용어로 표현하는 경우가 많습니다. 유사어로 EUT^{Equipment Under Tes}또는 UUT^{Unit Under Test} 등이 있습니다만 네트워크 장비 테스트에서는 DUT라는 용어를 가장 대중적으로 사용하는 편입니다.

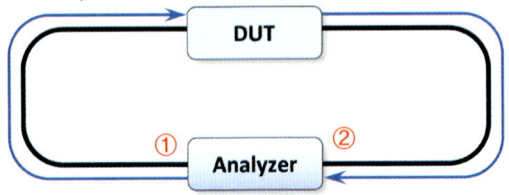

▶ 그림 19.2 가장 기본적인 네트워크 장비 테스트 토폴로지

2. 계측기 애플리케이션들

테스트를 진행할 때 계측기 애플리케이션 하나를 선택해야 합니다. 익시아가 제공하는 대표적인 계측기 애플리케이션은 다음과 같습니다.

① IxExplorer

가장 기본적인 기능을 제공합니다. 단순하게 패킷을 ① 포트로 보내고 ② 포트로 받으면서 레이턴시나 패킷 손실 등을 측정할 때 사용합니다. 이 애플리케이션의 대표적인 테스트 시나리오는 페일오버 테스트입니다. 앞서 그림 19.2와 같이 중간에 DUT를 놓고 회선을 절체 하거나 라우팅 절체 등을 수행했을 때 패킷 로스가 발생하는지, 발생한다면 얼마나 발생하는지 등을 체크할 때 자주 사용합니다. 트래픽을 보내고 받으며 이상 여부를 체크하는 비교적 간단한 역할만 수행하기 때문에 GUI가 단순하고 직관적입니다.

② IxNetwork

라우팅 프로토콜 테스트에 특화된 애플리케이션입니다. RIP부터 MPLS, PIM에 이르기까지 거의 대부분의 프로토콜을 지원합니다. 프로토콜별로 세부 파라미터 값을 수정할 수도 있습니다. OSPF를 예로 들면 hello interval, Area ID, MD5 등을 수정할 수 있습니다.

한 포트에 하나의 라우터가 있는 게 아니라 다수의 라우터가 있는 것처럼 시뮬레이션할 수도 있습니다. 더 나아가 그 라우터 뒤에 또 다른 라우터들이 연결되어 있는 것처럼 시뮬레이션할 수도 있습니다. 이처럼 유연성이 매우 높은 애플리케이션인 만큼 다루기 어렵습니다. 제대로 다루기 위해서는 계측기 특성뿐 아니라 프로토콜 표준을 정확히 파악하고 있어야 합니다.

③ IxLoad

Layer4 – Layer7 테스트에 특화된 애플리케이션입니다. 대표적인 예시로 SLB의 웹 성능 테스트가 있습니다. 기본적인 웹 성능 테스트 방식은 리눅스 툴, ab와 동일합니다. 3-way handshake를 맺고 HTTP GET 혹은 HEAD 요청을 보낸 뒤 정상적인 응답을 받으면 세션을 끊습니다. 테스트 종료 후 결과를 분석해서 초당 몇 개의 RPS를 처리할 수 있는지 알 수 있습니다. 만일 SLB 또는 방화벽의 주요 성능 지표인 CPS 수치를 테스트해보고 싶다면 3-way handshake 이후 HTTP 요청 등을 보내지 않고 바로 세션을 끊는 과정을 반복할 수 있습니다.

19.3 NEBS

NEBS(Network Equipment-Building System) 컴플라이언스 리포트(Compliance report)는 공인된 표준 기관에서 진행한 환경(예. 진동, 충격) 및 전기 테스트 리포트입니다. 특정 온도 및 전류 범위 안에서 장비가 잘 동작하는지 또는 의도치 않은 전력 불안정 등의 환경에서 장비가 보호될 수 있는지 등을 테스트합니다.

고객은 NEBS 리포트를 통해 데이터 센터처럼 안정적인 온습도를 공급받지 못하는 환경(예를 들어, 외부 기지국처럼 냉난방이 원활하지 못한 공간)에서도 네트워크 장비가 정상 동작할 수 있는지 알 수 있습니다. 표준 기관 대신 고객이 환경 테스트를 직접 수행하기 어려운 4가지 이유가 있습니다.

① **다양한 테스트 조건**: 고객이 허용 범위 이상의 테스트를 요구하거나 다양한 조건을 제안할 경우 100% 수용하기 어렵습니다. 어떤 고객은 장비 옆에 실제 모닥불을 피워 장비가 문제없이 동작하는지 보고 싶어 했습니다. 이처럼 과도하거나 표준화하기 어려운 요청 사안을 그대로 수용할 수는 없습니다.

② **엄격한 테스트 환경**: 벤더가 공표한 허용 수치 안에서 전력과 온도를 정확하고 일정하게 유지해줄 수 있는 테스트 장비들이 필요합니다. 즉, 통제된 환경에서 엄격한 절차에 따라 공인된 기기로 테스트해야 합니다.

③ **고비용 테스트**: −50~200°C의 온도 및 5~95%의 습도를 일정하게 유지할 수 있는 **환경 스트레스 챔버**(Environmental test chamber)는 매우 고가의 장비로, 대여 비용 또한 만만치 않습니다. 여기에 계측기 대여 비용까지 더해지면 환경 테스트마다 큰 비용이 소모됩니다.

④ **경제성**: 개별 고객들을 위해 동일한 환경 테스트를 매번 진행하는 것은 경제적이지 못합니다.

NEBS는 북미권 통신 사업자들의 환경 테스트 표준규격으로, 공인화된 절차 및 환경에서 테스트를 진행한 뒤 그 결과를 NEBS 리포트로 정리합니다. 본래 북미권 통신 사업자들이 적합한 장비를 선정하기 위해 시작되었지만, 현재는 전 세계적으로 인정되는 표준입니다.[1]

---

[1] 대안으로 ETSI(European Telecommunications Standards Institute)에서 표준화한 EN 300 386 등이 있습니다.

NEBS는 에릭슨[Ericsson]에 인수된 텔코디아[Telcordia]에서 주관하며 TCG[Telecommunications Carrier Group][2]와 협업하여 발전하고 있습니다. 개정이 이뤄지면 'issue 5'처럼 개정 번호가 붙고 테스트 요청자가 원할 경우 추가 테스트를 진행하기도 합니다. 참고로 NEBS 테스트 방법론은 텔코디아가 관리하지만 실제 테스트는 ISO/IEC 17025(Testing and calibration laboratories) 인증을 받은 외부 전문 테스트 기관, ITL[Independent Test Laboratory]에서 진행하는 경우가 많습니다.

NEBS에는 세부적으로 여러 GR[Generic Requirements], 즉 표준이 있지만 그중에서 GR-63-CORE과 GR-1089-CORE를 가장 많이 이용하는 편입니다. 이 2가지 표준을 좀 더 자세히 살펴보겠습니다.

1. GR-63-CORE

텔코디아 문서에서 GR-63-CORE를 다음과 같이 소개하고 있습니다.[3]

> 이 GR(공통 요구사항) 문서는 전화국(CO)[4] 혹은 환경이 제어되는 통신 장비실 등에서 사용되는 장비들의 최소 공간 및 환경 기준을 제시한다. 이 기준은 Telcordia-NIS[5]와 네트워크 업계 대표 업체들이 공동 개발하였다. 스위칭 및 운송 시스템, 케이블 분배 시스템[Cable Distribution System](CDS), 분배함[Distribution Frame](DF)과 중앙 분배함[Interconnecting Frame](IF), 전원 장치, 운영 지원 시스템 및 케이블 진입실[Cable Entrance Facilit](CEF)에 적용할 수 있는 기준이다. 이 요건들을 준수하면 네트워크를 견고하게 만들 수 있고 장비 설치를 단순화하며 장비 공간 계획, 엔지니어링 및 운영에 도움을 줄 수 있다.

2018년 01월에 개정된 「issue 5」의 다음 목차[6]로, GR-63-CORE에서는 진행하는 테스트 종류를 짐작할 수 있습니다.

1. Introduction(소개)
2. Facility and Space Planning Requirements(시설 및 공간 계획 요구사항)
3. Equipment Spatial Design Requirements for Frames and Chassis(프레임 및 섀시의 장비 공간 설계 요구사항)

---

2 NEBS를 위해 AT&T, 버라이즌 외 북미 통신사들이 만든 단체
3 https://telecom-info.njdepot.ericsson.net/site-cgi/ido/docs.cgi?ID=SEARCH&DOCUMENT=GR-63
4 CO[Central Office]. 가입자들의 선로가 모이는 곳으로 중앙국사 또는 전화국 등으로 불립니다.
5 Network Infrastructure Solutions의 약자이며 Ericsson의 부서명입니다.
6 GR-63-CORE Table of Contents, https://telecom-info.njdepot.ericsson.net/ido/AUX2/GR_63_TOC.i05.pdf

4. Network Equipment – Environmental Criteria(네트워크 장비 – 환경 기준)
5. Network Equipment – Environmental Test Methods(네트워크 장비 – 환경 시험 방법)

여기서 핵심 항목은 **4. Network Equipment – Environmental Criteria(네트워크 장비 – 환경 기준)**일 것입니다. 그 세부 항목은 다음과 같습니다.

4.1 Temperature, Humidity, and Altitude Criteria(온도, 습도, 고도 테스트)
4.2 Fire Resistance(내화성: 불에 얼마나 강한지 테스트)
4.3 Equipment Handling Criteria(장비 취급: 장비를 떨어트리는 등의 외부 충격 테스트)
4.4 Earthquake, Office Vibration, and Transportation Vibration(지진, 사무실에서 발생하는 진동, 그리고 장비 이동 과정에서 발생하는 진동 테스트)
4.5 Airborne Contaminants(공기 오염 물질: 먼지나 금속 물질 등으로 대기를 오염시킨 환경에서 장비가 정상 동작하는지, 팬 필터가 장착되어 오염원을 원활하게 차단할 수 있는지 테스트)
4.6 Acoustic Noise(FAN으로 인한 소음 크기 측정)
4.7 Illumination Criteria for Network Equipment(장비 표면 반사율이 높은지, 반짝이는 부분 등이 있는지 테스트)

GR-63-CORE에서는 온습도나 충격 등 외부 환경에 대한 테스트를 주로 진행합니다. 참고로 일반적인 네트워크 장비들은 온습도 조절이 되지 않는 극한 환경에서 운영될 수 없습니다. 척박한 환경에서 작동할 수 있도록 설계된 장비들이 따로 있으며 이들을 보통 '환경, 온도 설계 강화Environmentally/temperature hardened 제품'이라고 합니다. 제품을 아예 새롭게 만드는 경우도 있지만 일반적으로는 기존 출시된 장비에 팬 혹은 내부 소자들을 교체한 형태가 많습니다.

2. GR-1089-CORE

텔코디아 문서에서 GR-1089 CORE는 다음과 같이 소개하고 있습니다.[7]

통신 사업자는 통신 장비가 안전하고, 안정적으로 운영되는 데 필요한 전자기파 적합성(EMC Electromagnetic Compatibility) 및 전기 안전 기준 충족 여부를 GR-1089로 확인할 수 있다. 이 문서의 NEBS 표준은 전화국

---

7 https://telecom-info.njdepot.ericsson.net/site-cgi/ido/docs.cgi?ID=SEARCH&DOCUMENT=GR-1089

Central Office(CO), 외부 설비Outside Plant(OSP), 환경 조절형 보관고Controlled Environmental Vault(CEV), 전자 장비 함체Electronic Equipment Enclosur(EEE), 무선 애플리케이션, 캐비닛처럼 노출된 곳의 장비, 고객 시설 내 장비들을 커버할 수 있다.

통신 기기들은 특성 상 하나 이상의 전자기 에너지Electromagnetic energy에 노출될 수 있다. 본 NEBS 문서의 EMC 기준들은 낙뢰, 60-Hz 상용 전기 이상, 정전기 방전Electrostatic Discharge(ESD), Electrical Fast Transient (EFT), 전자기간섭Electromagnetic Interference(EMI), DC 전위차 발생 및 정상 상태의 유도 전력 환경 등으로 인한 장비 손상을 미연에 방지하기 위한 것이다. 인입 전력, 전기화학적 부식, 접지 및 DC 전원에 관한 안전 전압 레벨도 고려된다.

GR-1089-CORE 목차[8]를 통해 테스트 항목들을 간단히 살펴보겠습니다.

1. Introduction
소개말

2. System-Level Electrostatic Discharge (ESD) and Electrical Fast
다음 2가지 관련 테스트 수행
(1) ESD: 장비 표면에 의도적으로 정전기를 방출해서 서비스 영향이 있는지 테스트
(2) ETF: 과도 펄스 테스트 중 하나로 피크 전압, 빠른 전력 상승, 높은 반복 속도의 펄스 파형 등 고주파 에너지 충격에서도 전원부 등이 안정적으로 동작하는지 테스트

3. Electromagnetic Interference (EMI)
외부에서 발생된 전자기 에너지로 인해 서비스 영향을 받는지 혹은 반대로 장비로부터 기준치 이상의 전자기 에너지가 발생되는지 테스트

4. Lightning and Power Fault
외부 노출형(옥외용) 통신 회선을 가진 장비의 경우 낙뢰가 회선을 타고 들어와서 장비에 손상을 주는지 테스트. 통신 회선이 전력선에 노출되어 전원용 전력이 통신 회선에 들어왔을 경우 서비스 영향을 주는지 테스트.

5. Steady-State Power Induction
통신 회선 인근 전력(예. 전원선)에서 발생하는 전자기 에너지(전기파)가 서비스 영향을 주는지 테스트

6. DC Potential Difference
DC 전위차 테스트

---

[8] GR-1089-CORE Table of Contents. https://telecom-info.njdepot.ericsson.net/ido/AUX2/GR_1089_TOC.i07.pdf. 2022년 12월 issue 08로 개정됨

7. Electrical and Optical Safety Criteria
인가된 사람들만 전원 장치에 접근하도록 제한되어 있는지, 누설 전류Leakage current가 기준치 이하인지 등 전원 장치 안전성에 관한 테스트

8. Corrosion
외부 노출형(옥외용) 통신 회선을 가진 장비의 경우 통신 회선에 0 이하의 negative(-) 값 DC를 사용하여 부식을 방지하는지 등을 확인

9. Bonding and Grounding
장비의 접지가 기준치 내에서 잘 동작하는지 테스트

10. Criteria for DC Power Port of Telecommunications Load Equipment
운영 가능한 전압(undervoltage/overvoltage) 등 여러 종류의 전기 테스트 수행

이와 같이 GR-1089-CORE는 각종 전기 관련 테스트를 수행합니다. GR-1089-CORE는 라우터, 스위치 같은 IP 장비뿐 아니라 전화 네트워크(PSTN) 장비 또한 대상이므로 테스트 영역이 매우 넓습니다. 특히 전화 관련 장비들의 경우 외부 노출형(옥외용) 통신 회선이 직접 연결될 수 있기 때문에 이들을 위한 별도 테스트가 존재합니다. 대표적인 경우가 낙뢰 테스트입니다. 건물 외부에 노출된 통신 회선이 낙뢰에 맞으면 회선을 타고 30kA 이상의 전류가 장비로 들어올 수 있기 때문에 적절한 보호 장치가 있는지 살펴보아야 합니다.

IP 장비들의 GR-1089-CORE 리포트를 보면 적지 않은 항목이 NA 표기되어 있는데, 이는 근래 IP 장비들은 외부 노출형(옥외용) 통신 회선이 없기 때문입니다. 주로 광케이블을 사용하고, UTP를 외부로 노출하는 경우는 매우 드뭅니다. 모든 벤더는 장비를 디자인할 때 이 NEBS를 염두에 두고 디자인합니다. 만일 NEBS에 통과하지 못하면 네트워크 벤더사들의 최대 시장 중 하나인 북미권 영업에 큰 차질을 빚기 때문입니다.

NEBS와 신규 모듈

최신 라인카드를 구매한다면 해당 라인카드로 NEBS 테스트를 수행했는지 살펴볼 필요가 있습니다. 근래 장비들은 섀시는 지속적으로 활용하되 패브릭이나 라인카드를 업그레이드하는 경향이 있습니다. 따라서 벤더가 제출한 NEBS 리포트가 출시 당시 라인카드로 진행된 것인지 아니면 구입하려는 최신의 라인카드로 진행한 것인지 살펴보는 것이 좋습니다.

NEBS와 서드 파티 Optic

벤더에서 정식 판매하는 Optic이 아니고 고객이 별도 경로로 구매한 광 송수신기를 흔히 서드 파티[3rd party] Optic이라고 합니다. 대부분의 벤더들은 서드 파티 Optic으로 인해 발생한 이슈를 보증하지 않습니다. 그 근거 중 하나가 바로 NEBS입니다. NEBS 테스트를 할 때는 벤더 정품 Optic을 사용하여 전기 인증을 받습니다. 허나 서드 파티 Optic은 당연히 NEBS 테스트를 거치지 않았으니 이로 인해 전기적인 문제 등이 발생해도 벤더가 보증하지 않습니다.

19.4 MTTF

네트워크 벤더들은 제품별 평균 (무)고장 시간, 즉 **MTTF**$^{\text{Mean Time To Failure}}$를 제공합니다. MTTF는 고장이 발생하기까지 걸리는 평균 시간입니다. 그러나 이 수치는 벤더가 임의로 산정하며 그 산정 과정 또한 공개되지 않기 때문에 신뢰성이 높다고 말하기는 어렵습니다. MTTF 시간에 도달하지 않았으니 '이상이 없겠지?' 혹은 'MTTF 시간이 넘었으니 이제 장애가 나겠구나.'라고 판단할 수 없다는 것이죠. 따라서 장애를 예상하는 용도로 MTTF를 사용하기는 부적합합니다.

대신 감가상각을 계산하기 위한 하나의 지표로 활용할 수 있습니다. 경제학 용어로 감가상각이란 시간이 흐름에 따라 장비가 낡거나 수명이 다하여 가치가 줄어드는 것을 의미합니다. 쉽게 비유하자면 어떤 장비를 10년 동안 운영하고 폐기했다면 매년 10%씩 가치가 하락해서 10년째에는 0원이 됩니다.

새로운 장비를 도입했을 때 경영·회계 관련 부서에서 "이 장비를 몇 년 동안 운영할 수 있나요?"라고 물어본다면 사실 그건 아무도 모릅니다. 10년을 예상하고 구매했으나 20년을 쓸 수도 있고, 판매 중단(EoL)이 되면서 그보다 짧게 운영할지도 모릅니다. 이러한 경우 MTTF를 예상 운영 기간 추정치로 활용할 수 있습니다.

MTTF 외에 함께 사용되는 지표들은 다음과 같습니다.

- **MTTF**$^{\text{Mean Time To Failure}}$: 장비를 동작 시킨 이후 장애 발생까지 걸리는 시간
- **MTTD**$^{\text{Mean Time To Diagnostic}}$: 장애 분석 시간
- **MTTR**$^{\text{Mean Time To Repair}}$: 장애 복구 시간
- **MTBF**$^{\text{Mean Time Between Failure}}$: 장애 발생 후 분석 및 복구 그리고 정상 동작까지 걸린 전체 시간

이 지표들을 그림으로 표현하면 다음과 같습니다.

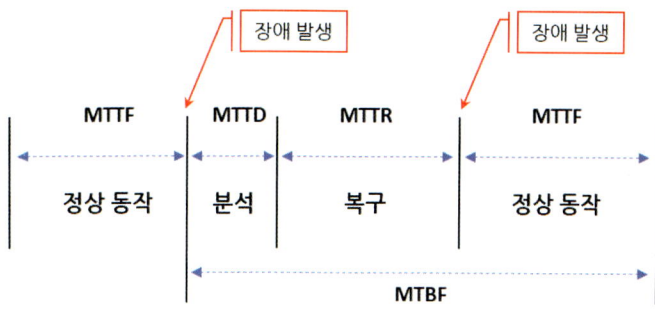

▶ 그림 19.3 장애 관련 지표

CHAPTER 20
생존성 향상 기술

네트워크는 모든 인프라의 기초인 인프라 중의 인프라입니다. 서비스 신뢰성에 커다란 영향을 미치는 만큼 안정성을 제1순위 요소로 꼽아도 지나치지 않습니다. 이에 안정성을 극대화하기 위한 여러 기술들이 개발되었습니다. 그중 일부는 장애 발생 여부조차 못 느낄 정도로 기술적인 완성도가 뛰어납니다.

Chapter 20에서는 장애로 인한 서비스 영향을 사전 차단하는 기술, 다시 말해 생존성을 극대화하는 기술(예. NSR)들의 특징과 한계점을 살펴볼 예정입니다. 아울러 링크 다운처럼 서비스 영향이 불가피한 장애 상황에서도 그 영향을 최소화해주는 기술(예. LFA)들을 함께 다루고자 합니다.

Roadmap

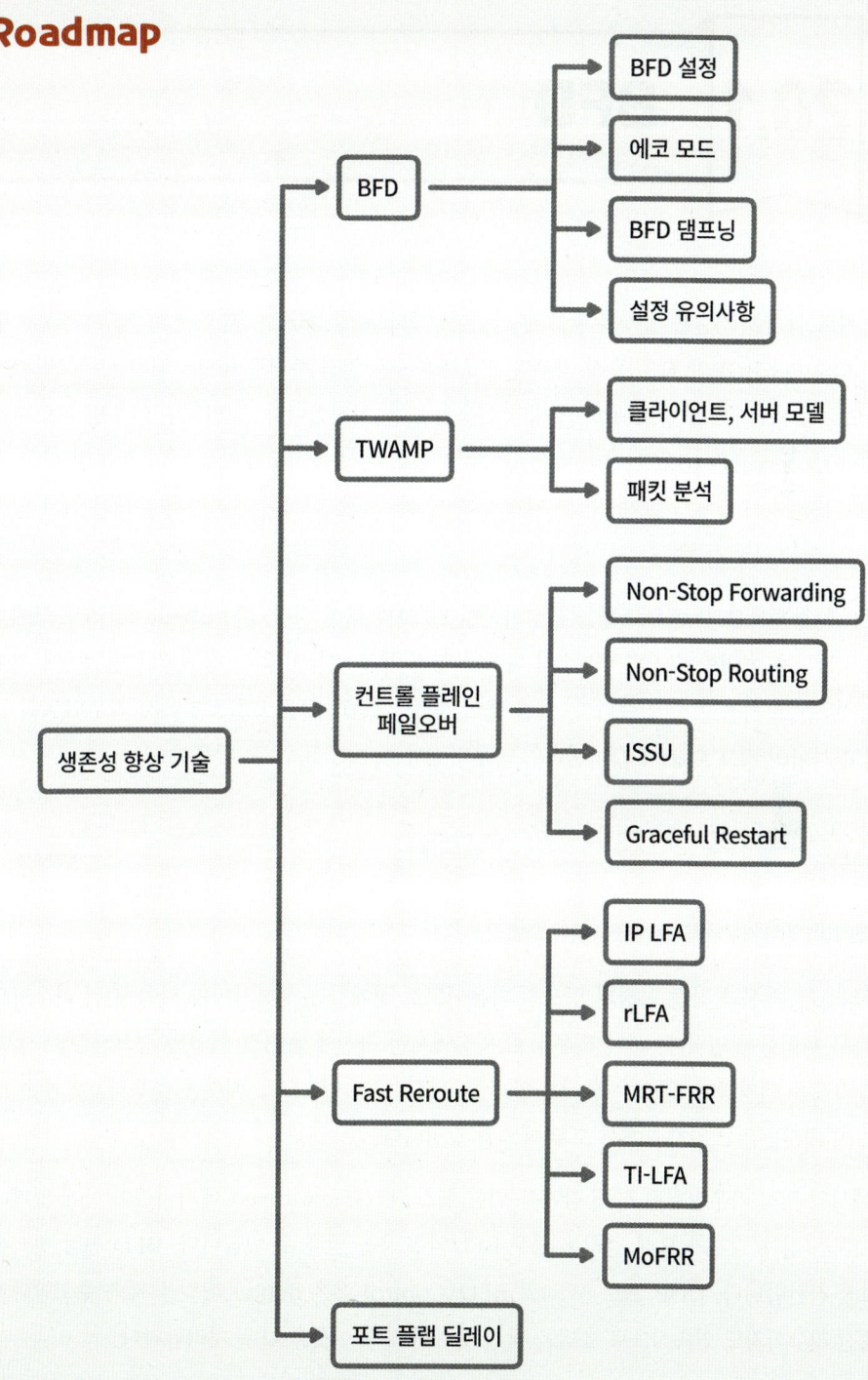

20.1 BFD

첫 번째로 살펴볼 기술은 장애를 빠르게 감지하는 프로토콜, **BFD**^{Bidirectional Forwarding Detection}입니다. OSPF나 BGP와 같은 동적 라우팅 프로토콜들은 일정 주기로 hello 패킷을 주고받다가 연속으로 hello 패킷을 받지 못하면 해당 이웃을 다운 처리합니다. 일반적인 라우팅 프로토콜의 hello interval은 10초 이상이며 연속으로 3-4회 이상 hello 패킷을 받지 못하면 다운 처리합니다. 따라서 실제 우회가 이뤄지기까지 최소 30-40초 이상이 걸린다는 문제를 안고 있습니다.

이러한 환경에서 BFD 프로토콜을 활성화하면 1초보다 짧은 시간, 즉 **sub-second**로 장애를 감지하고 다운 처리할 수 있습니다. 더 나아가 헬스 체크 기능이 없는 정적 라우팅 토폴로지에서 효과적으로 사용할 수 있습니다. 예를 들어, 다음 그림과 같은 토폴로지에서 라우터 A와 스위치 B 사이의 링크 A-B가 끊어진다면 라우터 C가 이 사실을 알 수 있을까요?

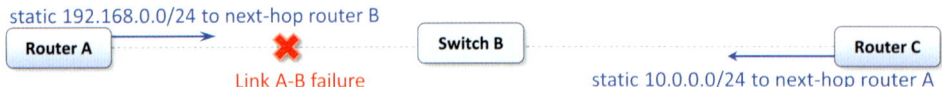

▶ 그림 20.1 정적 라우팅 구조에서 링크 장애 발생

라우터 A는 자신과 직접 연결된 링크의 다운이므로 장애가 발생하자마자 다음 순위 라우팅으로 즉시 우회할 것입니다. 허나 라우터 C 입장에서는 자신에게 직접 연결된 링크가 아니기 때문에 장애를 인지할 수 없으며 장애를 알려줄 프로토콜도 없으므로 패킷을 라우터A로 계속 보내고 이 패킷들은 스위치 B에서 모두 폐기될 것입니다.

이 예시의 정적 라우팅처럼 장애 감지를 위한 헬스 체크(Heartbeat) 메커니즘이 아예 없거나 BGP처럼 장애 감지가 오래 걸리는 경우 BFD의 도움을 받을 수 있습니다. BFD 동작 방식은 비교적 간단합니다. UDP 포트 3784로 BFD(Control 혹은 Echo) 패킷을 계속 주고받다가 정해진 횟수까지도 연속적으로 응답을 받지 못하면 해당 이웃을 다운 처리합니다.

1 BFD 구성과 에코 모드

BFD는 다음 예시처럼 각 라우팅 프로토콜별로 활성화해야 합니다.

```
BFD 활성화

set routing static 192.0.0.0/24 to 192.0.2.2 bfd interval 100ms    → static
set routing ospf interface 0/0/0 bfd interval 100ms                → OSPF
set routing pim interface 0/0/0 bfd interval 100ms                 → PIM
set routing bgp neighbor 192.0.2.2 bfd interval 100ms              → BGP
```

더불어 서로 마주하는 이웃 장비 모두 BFD를 활성화해야 합니다. 예를 들어, 그림 20.1에서 라우터 A와 C 사이에 BFD를 운영하고 싶다면 A, C 두 라우터 모두 BFD를 활성화해야 합니다.

정적 라우팅에 BFD를 활성화할 때도 마찬가지입니다. 예를 들어, 그림 20.1의 라우터 A가 라우터 C를 기본 게이트웨이로 지정한 뒤 BFD를 활성화했습니다. 이때 라우터 C → A로 정적 라우팅 + BFD를 설정하지 않으면 라우터 A의 BFD가 업되지 못합니다.

만일 C → A로 설정할 정적 라우팅이 없다면 대안으로 **BFD 에코 모드**Echo function를 사용할 수 있습니다. BFD 에코 모드는 받은 패킷을 그대로 돌려보내 주는 간단한 로직을 가지고 있습니다. 이 예시에서 라우터 C에 에코 모드를 설정하면 라우터 C는 라우터 A가 보낸 BFD 패킷을 어떠한 수정 없이 그대로 돌려보냅니다. 그럼 라우터 A는 패킷이 정상적으로 돌아온 것을 확인하고 상대편 장비가 살아 있다고 간주합니다. 굳이 번거롭게 C → A로 정적 라우팅을 설정하지 않아도 됩니다. 이 밖에 CPU 파워가 약한 스위치의 리소스 절약을 위해 BFD 에코 모드를 사용하기도 합니다.

2 BFD가 불지른 장애

일반적인 환경에서 BFD는 권장되는 프로토콜입니다. 그러나 BFD 프로세싱이 컨트롤 플레인 CPU에서 이뤄진다면 다소 조심스럽게 접근할 필요가 있습니다. 보다 쉬운 이해를 위해 최악의 시나리오를 살펴보겠습니다. 버그로 인해 어떤 스위치의 인터페이스가 끊임없이 업과 다운을 반복하고 있습니다. 이로 인해 쉴 틈 없이 라우팅 프로토콜 재계산이 발생하고 결국 CPU 고갈 상태에 이르게 되었습니다. 고갈 상태가 지속되면 BFD 패킷을 제시간에 보내지 못하게 되어 이웃 장비가 문제를 감지하고 해당 장비를 다운 처리한 뒤 우회 경로를 계산할 것입니다. 이게 끝이라면 좋을 텐데 장애 장비 CPU에 아주 조금 여유가 생기면 네이버십을 다시 맺으려 할 것입니다. 이때 IGP 라우팅 개수(예. LSDB)가 크다면 CPU 고갈 현상을 더욱 가속화할 것입니다.

이 상황에서 인터페이스 업다운이 지속된다면 BFD 패킷을 또 제때 보내지 못하고, 또 다시 라우팅이 다운되고 잠시 여유가 생기면 다시 IGP 네이버십을 맺으면서 이웃 장비의 CPU마저 고갈시킵니다. 결국 이 현상은 전체 네트워크에 전염병처럼 퍼져 나가 모든 네트워크 장비의 CPU를 고갈시키는 대형 장애로 이어집니다. 네트워크 장비 한 대의 인터페이스 업다운 반복이라는 작은 이벤트가 전체 네트워크 서비스를 중단시키는 무서운 역병으로 발전한 것입니다.

이처럼 CPU 파워가 약한 장비들로 구성된 네트워크에서 짧은 헬스 체크 주기를 사용하면 대형 장애가 발생할 수 있습니다. 대부분의 라우팅 프로토콜 헬스 체크 주기가 10초 이상으로 설계되는 이유가 바로 여기에 있습니다.

BFD처럼 짧은 주기로 패킷을 주고받는 프로토콜은 안정성에 주의해야 합니다. 네트워크 회복력을 높이기 위한 기술이 도리어 날카로운 칼날로 치명상을 주지 않도록 설계하여야 합니다. 이처럼 짧은 hello interval로 동작하는 프로토콜을 안정적으로 운영하고 싶다면 H/W(ASIC) 지원이 필수입니다.

3 H/W 기반 BFD

H/W 기반 BFD는 BFD 프로세싱을 컨트롤 플레인의 CPU가 아닌 데이터 플레인의 ASIC에서 처리하는 기술입니다. 벤더별로 구현 방법이 다를 수 있지만 일반적으로 포워딩 칩 내부의 CPU에서 처리하는 경우가 보편적이며 컨트롤 플레인과 완전히 독립적인 리소스로 BFD 관련 패킷을 프로세싱합니다. 덕분에 앞서 예시로 든 장애에서 자유로울 뿐 아니라 매우 정확한 주기로 BFD 패킷을 프로세싱할 수 있습니다.

단, 포워딩 칩 내부 CPU 리소스는 무한하지 않기 때문에 한 ASIC당 최대 설정 가능한 BFD 세션 개수에 제한이 있습니다. 장비별로 편차가 크지만 라우터의 경우 일반적으로 ASIC당 100-1000개 혹은 그 이상을 지원합니다.

부득이하게 H/W 기반 BFD를 사용할 수 없는 환경이라면 최대한 핵심 영역에서만 BFD를 사용하는 것을 권장합니다. 더불어 최근 장비들은 BFD뿐 아니라 ping으로 상대방을 감시할 수 있는 기능들을 제공하기도 하는데 컨트롤 플레인 CPU에서 처리되는 경우도 많으므로 설정에 유의해야 합니다.

4 BFD 댐프닝

앞서 소개했던 장애 상황을 회피할 수 있는 또 다른 방안으로 **BFD 댐프닝**Dampening이 있습니다. BFD가 최초 이상을 감지하고 이웃을 다운하기까지 전체 시간을 Detection time이라고 합니다. BFD 댐프닝은 짧은 시간 내에 BFD 업다운이 반복될 경우 Detection time을 자동으로 늘리는 기술입니다(BGP 댐프닝과 유사). 반복적인 인터페이스 업, 다운 등으로 인해 대형 장애가 유발될 수 있는 환경에서 검토해볼 만한 옵션입니다.

5 BFD 설정 유의 사항들

BFD를 운영할 때 몇 가지 유의 사항이 있습니다.

멀티홉 BFD + NSF or NSR

근래에는 중간 경로 장비가 BFD를 지원하지 않아도 엔드 투 엔드 장비 간 BFD를 설정할 수 있는 멀티홉 BFD 지원 장비가 늘고 있습니다. 멀티홉 BFD는 원격에 있는 장비와 BFD 세션을 맺기 때문에 악의적인 외부 공격이 들어올 가능성이 있습니다. 이 세션을 안전하게 보호하기 위해 BFD 인증Authentication을 적용할 수 있습니다. 쉽게 말해 세션을 암호화해서 서로를 인증하는 것이죠.

이때 일부 암호화 방식은 보안 강화를 위해 시퀀스 번호를 사용하기도 하는데 벤더에 따라 NSF, NSR 기술이 정상 동작하지 않을 수 있습니다. 이로 인해 컨트롤 플레인 페일오버 발생 시 BFD가 순간적으로 다운될 수 있다는 점에 유의해야 합니다.

LAG에서 BFD 설정(micro-BFD)

LAGLink Aggregation Group(IEEE 802.3ad, Cisco 용어로는 포트 채널)에 BFD를 활성화하면 멤버 인터페이스 중 한 곳에만 BFD 패킷이 오고갑니다. 예를 들어 8개의 링크를 묶어 만든 LAG에 BFD를 활성화하면 실제로는 그중 한 링크에만 BFD 패킷이 다닙니다. 즉, 8개 링크 중 한 링크만 감시됩니다. RFC 7130[1]은 각 멤버 인터페이스별로 BFD가 별도 동작할 수 있도록 해주는 표준입니다. 해당 RFC에서는 이러한 per-LAG-member-link BFD 동작 방식을 micro-BFD라고 부릅니다.

BFD strict 모드

그림 20.1에서 라우터 A와 C 사이에 OSPF + BFD를 설정했다고 가정해보겠습니다. 이때 중간 경로 스위치 B에서 실수로 BFD 세션, 즉 UDP 3784를 ACL로 필터링했습니다. 이때 OSPF 세션은 업될까요? 다운될까요? ACL이 적용된 직후에는 OSPF 네이버십이 다운되지만 결국에는 다시 업됩니다.

BFD 세션이 ACL로 인해 필터링되면 Detection time 이후 OSPF 세션은 다운됩니다. 이후 라우터 A와 C는 다시 OSPF hello를 주고받으면서 네이버십을 맺게 됩니다. 문제는 그 다음입니다. OSPF는 업 상태지만, BFD 패킷은 여전히 주고받을 수 없으므로 BFD 세션은 다운 상태에 머무르게 됩니다. BFD가 다운 상태인데, OSPF 세션이 업 상태로 유지될 수 있을까요? 네, 됩니다. OSPF와 BFD는 별도의 프로세스(예. 데몬)로 동작되는데, BFD 프로세스가 정상 동작하려면 최소 한 번 업되어야 합니다. 그러나 BFD 세션이 다운 상태에 머무르면 정상적으로 BFD 프로세스가 동작하지 않습니다. 적어도 한 번은 업되어야 정상 동작하기 시작합니다.

이러한 제약 사항을 극복하기 위해 최근 BFD strict 모드가 표준화되었습니다.[2, 3] 동작 방식은 비교적 간단합니다. BFD 세션이 먼저 업된 이후에 라우팅 프로토콜 네이버십을 맺기 시작합니다. 일반적인 BFD 모드와 반대입니다. 일반적인 BFD 모드에서는 라우팅 프로토콜이 업된 이후에 BFD 세션을 맺습니다.

일부 벤더들은 관련 RFC가 초안에 머무르고 있을 때부터 선제적으로 지원했습니다. 라우팅 프로토콜이 애매하게 업되는 것보단 다운 상태로 유지되길 원하는 환경에서 검토해볼 만한 옵션입니다. 단, BFD strict 모드는 엔드 투 엔드 BFD 장비 모두 지원해야 사용할 수 있습니다.

---

[1] RFC 7130(2014), Bidirectional Forwarding Detection (BFD) on Link Aggregation Group (LAG) Interfaces
[2] RFC 9355(2023), OSPF Bidirectional Forwarding Detection (BFD) Strict-Mode
[3] BGP BFD Strict-Mode draft, https://datatracker.ietf.org/doc/html/draft-ietf-idr-bgp-bfd-strict-mode

6 TWAMP

최근에는 장거리 네트워크 품질을 모니터링하는 기술이 풍부해졌습니다. 예를 들어, 실시간으로 구간별 레이턴시를 감시하면서 특이 사항이 발생하면 즉각 관리자에게 통보하거나 일정 시간 동안의 통계 리포트를 자동 생성하는 기술들이 있습니다. 이러한 기술들을 통틀어 **원격 측정**Telemetry 기술이라고 합니다. 이번 학습에서는 IP 원격 측정 기술 중 하나인 TWAMP에 대해 간략히 살펴보겠습니다.

클라이언트, 서버 모델

TWAMP^{Two-Way Active Measurement Protocol}는 2008년 RFC 5357로 표준화되었으며 성능 측정^{Performance measurement}을 지원하는 IP 원격 측정 프로토콜입니다. 전통적인 IP 성능 측정 프로토콜로 ICMP, 즉 ping이 있습니다. TWAMP는 쉽게 말해 ping을 클라이언트, 서버 모델로 발전시킨 프로토콜이라고 볼 수 있습니다.

그렇다면 TWAMP와 ping은 뭐가 다를까요? TWAMP는 IP DSCP 값이 다른 세션들을 동시에 측정할 수 있으며 외부 프로그램 혹은 어플라이언스^{Appliance} 등을 통해 이를 시각화할 수 있습니다. 또한 스케줄에 따라 레이턴시를 자동 체크해서 SLA^{Service Level Agreement} 증빙 자료로 활용할 수 있습니다. 단, 컨트롤 플레인(CPU)에서 타임스탬프를 관리하면 정확도가 떨어집니다. 따라서 높은 정확도로 성능 측정을 수행하기 위해서는 H/W 기반의 타임스탬프가 필수입니다.

다행히 많은 네트워크 장비가 H/W 기반 TWAMP를 지원하는 편이기 때문에 ping과 달리 높은 정확도의 레이턴시 측정이 가능합니다. TWAMP를 설정하기 위해서는 TWAMP 서버(Session-Reflector)와 클라이언트(Session-Sender)를 지정해야 합니다. 서버와 클라이언트 장비는 서로 간 TWAMP 패킷을 주고받을 수 있는지 사전 체크합니다. 문제가 없다면 정해진 스케줄에 따라 TWAMP UDP 패킷을 주고받으며 레이턴시를 측정합니다.

TWAMP packet

다음은 클라이언트 → 서버 TWAMP 패킷에 대한 서버 → 클라이언트 응답 패킷입니다.

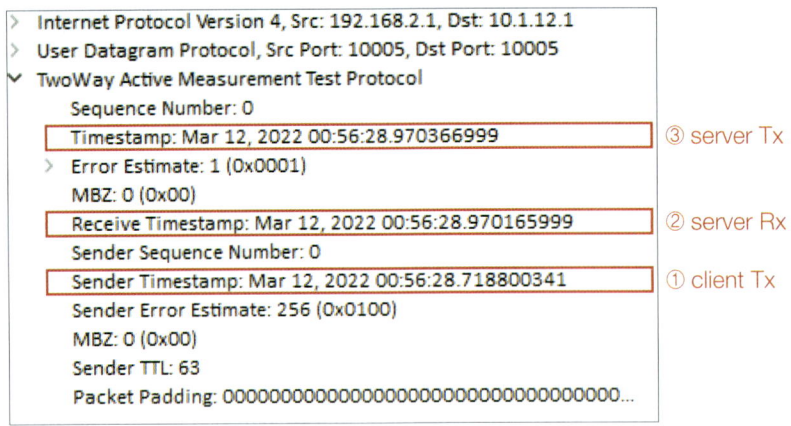

▶ 그림 20.2 TWAMP 테스트 패킷

그림에서 ①, ②, ③에 대한 설명은 다음과 같습니다.

① **client Tx**: 최초 클라이언트 → 서버로 TWAMP 패킷을 보낼 때 타임스탬프
② **server Rx**: 서버가 클라이언트로부터 패킷을 받자마자 기록한 타임스탬프
③ **server Tx**: 서버 → 클라이언트로 패킷을 내보낼 때 타임스탬프

클라이언트가 그림 20.2 응답 패킷을 받으면 ① 타임스탬프와 자신의 현재 시각을 비교하여 RTT를 알 수 있습니다. 더불어 ③ − ②를 하면 서버가 최초 패킷을 받고서 그 응답 패킷을 전송할 때까지 걸린 프로세싱 지연Processing delay을 알 수 있습니다.

편도 레이턴시

ping처럼 패킷이 목적지까지 갔다 되돌아온 전체 시간, 즉 **RTT**Round-Trip Time만 측정하고자 할 때는 서버와 클라이언트 간의 시간이 일치하지 않아도 됩니다. 그러나 편도 레이턴시, 다시 말해 클라이언트 → 서버 구간의 레이턴시와 그 응답으로 돌아온 패킷, 즉 서버 → 클라이언트 구간의 레이턴시를 따로 알고 싶다면 서버와 클라이언트 간 시간이 정확히 일치해야 합니다. 시간이 정확히 일치한다고 가정하면 ② − ① = 클라이언트에서 서버까지의 레이턴시, 클라이언트 현재 시각 − ③ = 서버에서 클라이언트까지의 레이턴시를 각각 알 수 있습니다.

20.2 컨트롤 플레인 페일오버

라우터와 같은 섀시급 장비들은 대부분 컨트롤 플레인이 이중화되어 있습니다. 덕분에 액티브 컨트롤 플레인 장애가 발생하더라도 스탠바이 컨트롤 플레인이 그 역할을 그대로 이어받아 서비스를 지속할 수 있습니다. 다만 패킷 손실을 없애거나 최소화하려면 약간의 도움이 필요합니다. 이번 학습에서는 컨트롤 플레인 페일오버 발생 시 그 영향을 최소화하는 기술들에 대해 살펴보고자 합니다.

1 NSF, NSR

컨트롤 플레인(이하 CP)은 MAC과 ARP와 같은 L2 정보뿐 아니라 OSPF, BGP와 같은 L3 라우팅 정보를 습득하여 라우팅 계산을 수행하는 핵심 컴포넌트입니다. 만일 액티브 CP에 장애가 발생했는데 액티브 CP와 스탠바이 CP 간에 정보 공유가 없었다면 스탠바이 CP는 액티브 CP가 습득했던 모든 L2, L3 정보를 처음부터 다시 학습해야 합니다.

원활한 이해를 위해 액티브 CP와 스탠바이 CP 그리고 라인카드와 ASIC 간의 연결을 보여 주는 그림을 살펴보겠습니다.

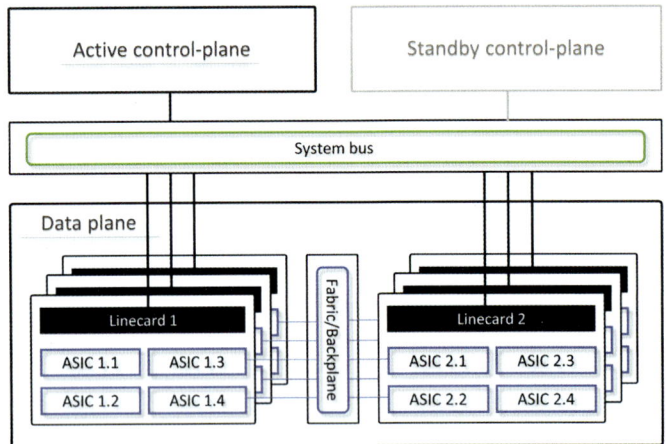

▶ 그림 20.3 네트워크 장비 시스템 아키텍처

그림에서 라인카드마다 ASIC이 존재하는 것을 볼 수 있는데 CP는 이 모든 ASIC이 동일한 포워딩 정보를 갖도록 해줍니다. 이 구성도에서 액티브 CP만 포워딩 정보를 가지고 있고, 스탠바이 CP는 그 어떠한 정보도 알지 못한다고 가정해보겠습니다.

액티브 → 스탠바이 CP로 페일오버가 되는 순간 스탠바이 CP는 L2, L3 정보를 전혀 가지고 있지 않으므로 모든 ASIC에게 포워딩 정보를 지우라고 명령합니다. 그리고 MAC, ARP를 포함한 모든 라우팅 정보를 처음부터 다시 습득하고, 이를 기반으로 재계산된 포워딩 정보를 ASIC들에게 보냅니다.

스탠바이 CP가 새롭게 L2, L3정보를 학습하는 시간은 수 초에서 수 분까지 걸리는데, 그동안 패킷 전송은 완전히 멈추게 됩니다. 이렇듯 CP 페일오버는 영향력이 크기 때문에 서비스 중단을 최소화하는 기술들이 존재합니다. 세부 구현 방식은 차이가 있지만 액티브 CP가 정보를 습득할 때 그 정보를 실시간으로 스탠바이 CP로 전파하는 것이 메인 아이디어입니다. 구체적으로 NFS와 NSR이라는 기술이 있습니다.[4]

NSF

NSF^{Non-Stop Forwarding}는 CP 간 L2 정보를 동기화하는 기술입니다. CP 간 정보 동기화는 실시간 동기^{Real-time synchronization}가 기본입니다. 즉, L2 관련 업데이트가 발생할 때마다 그 즉시 액

---

4 NSF, NSR이라는 용어는 표준화된 용어가 아닙니다. A 벤더에서는 NSF라고 하는 기술이, B 벤더에서는 NSR이라는 기술을 지칭하는 경우도 있습니다. 다만 보편적으로 NSF는 L2를, NSR은 L3를 담당하는 기술을 일컫는 말입니다.

티브 CP에서 스탠바이 CP로 알려 줍니다. 예를 들어 192.0.2.100의 ARP 정보가 변경되었다면 그 즉시 스탠바이 CP에게 알려 줍니다. 벤더별로 차이가 있지만 NSF를 통해 MAC, ARP 및 STP 상태 정보 등이 실시간으로 전파됩니다.

NSF를 적용한 상태에서 CP 페일오버가 발생하면 스탠바이 CP는 ASIC들에게 포워딩 정보를 잠시 유지Hold하라는 명령을 내립니다. 즉, 모든 ASIC들에게 L2, L3 정보를 버리지 말고 CP 페일오버가 완료될 때까지 그대로 사용하라고 지시합니다. 스탠바이 CP는 그동안 업데이트된 포워딩 정보를 학습합니다. L3 라우팅 프로토콜의 경우 페일오버 과정에서 누락된 정보를 이웃 라우터에게서 다시 받을 수 있습니다(stateful). 그러나 GARP와 같은 일부 L2 프로토콜들은 특정 시점에(예. 브로드캐스팅될 때) 학습하지 못하면 그 이후에 관련 정보를 알 수 없습니다(stateless). 따라서 CP 페일오버가 진행되는 사이에 업데이트된 일부 포워딩 정보가 누락될 수도 있습니다. 그럼에도 불구하고 정보를 처음부터 완전히 새롭게 수집하는 것보단 패킷 손실이 작을 것입니다.

이처럼 CP 간 L2 관련 정보를 동기화하는 기술을 NSF라고 합니다. 어떤 벤더는 L2 정보 동기화 기술과 ASIC에게 보내는 홀드 명령까지 합쳐 NSF라 하고, 또 어떤 벤더는 이 둘을 구분하여 부르기도 합니다.

NSR

L3 라우팅 정보 동기화 기술은 **NSR**Non-Stop Routing이라고 합니다. NSR을 활성화하면 OSPF, BGP와 같은 L3 라우팅 프로토콜에서 업데이트가 발생할 때 그 정보를 액티브 → 스탠바이 CP로 바로 알려 줍니다. 큰 개념은 NSF와 유사합니다.

NSF, NSR 구현

NSF와 NSR의 개념이 어렵진 않기 때문에 별로 대단한 기술이 아닌 것 같지만 실제 구현은 매우 어렵고 프로그래머 입장에서는 고민해야 할 것이 많은 기술입니다. 단순히 라우팅 프로토콜 정보만 동기화 한다고 끝이 아니기 때문입니다.

BGP는 TCP 위에서 동작합니다. 따라서 BGP 정보를 동기화하기 위해서는 BGP와 더불어 TCP 정보도 동기화하고 있어야 합니다. BGP 업데이트가 발생할 때마다 새로운 TCP 세션을 맺는 것이 아니라 TCP 세션을 하나 맺고 재사용하기 때문입니다. 따라서 벤더 프로그래머는 TCP 패킷이 오갈 때마다 syn, ack sequence number와 같은 TCP 세션 정보들도 모두 동기화할 수 있도록 설계해야 합니다. 그래야 액티브 → 스탠바이 CP로 페일오버될 때 TCP 세션이 끊어지지 않습니다. syn, ack sequence number 값이 틀어지면 TCP 세션이 끊기고 결국 라우팅 정보를 처음부터 다시 업데이트해야 합니다. 이처럼 라우팅 프로토콜만 동기화되도록 설계한다고 끝이 아니라 그 아래 프로토콜 또한 동기화되도록 설계해야 하므로 NSF, NSR은 구현이 쉽지 않습니다.

높은 구현 난이도 때문에 벤더별로 지원 범위에 차이가 발생하기도 합니다. 예를 들어, 어떤 벤더는 NSR로 OSPF만 지원하고, BGP는 지원하지 못할 수 있습니다. 이 경우 페일오버가 발생하면 OSPF 네이버십은 유지되지만, BGP 네이버십은 끊어지게 됩니다. 더 구체적으로 보면 일반 OSPF는 지원하지만 OSPF 다중 영역 인접Multiarea adjacency은 지원하지 못할 수도 있습니다.

ISSU(NSSU)

ISSUIn-Service Software Upgrade 혹은 **NSSU**NonStop Software Upgrade는 NSF + NSR 기술을 기반으로 무중단 OS 업그레이드를 지원하는 기술입니다. 이 기술을 이용하여 OS 업그레이드를 진행하면 스탠바이 CP를 먼저 업그레이드합니다. 스탠바이 CP의 OS 업그레이드가 완료되면 NSF + NSR을 통해 모든 포워딩 정보를 동기화하고 CP 페일오버를 합니다. 그럼 OS 업그레이드가 완료된 스탠바이 CP가 자연스럽게 액티브되면서 서비스에 영향을 주지 않고 OS 업그레이드를 완료할 수 있게 됩니다.

개념은 참 좋지만 NSF + NSR 미지원 프로토콜이 있다면 CP 페일오버가 일어날 때 네이버십이 끊어집니다. 또한 신규 OS 버전의 변경 사항이 크면 신규 OS 버전 CP와 구 OS 버전 CP 간 동기화가 어려울 수 있습니다.

이러한 상황을 미리 알 수 있도록 네트워크 벤더들은 OS 버전에 따른 ISSU 혹은 NSSU지원 범위를 홈페이지에 공시하므로 작업 전에 미리 확인하는 것이 좋습니다. 개인적으로 ISSU와 NSSU는 오동작이 발생할 경우 되려 심각한 장애를 유발할 수도 있으므로 권장하지 않습니다.

NSF, NSR의 기술 구현은 비록 어렵더라도 장비에서 활성화시키는 건 커맨드 한두 줄 정도로 매우 짧기 때문에 네트워크 엔지니어가 크게 어려워할 부분이 없습니다. 이웃 장비와 연동이나 호환성이 필요 없으며 장비가 단독으로 자체 동작하는 개념이기 때문에 엔지니어들의 선호도가 높은 기술이기도 합니다. 반면 GR은 다소 까다로운 기술입니다.

2 GR

GR^{Graceful Restart}은 CP 페일오버가 발생할 때 장비가 자체적으로 해결하는 것이 아니라 이웃 장비들에게 "지금 CP 페일오버 중이니 네이버십을 끊지 말고 잠시 기다려 주세요!"라고 통보하는 기술입니다. 이 통보를 받은 이웃은 그때부터 일정 시간(RestartInterval) 동안 타이머를 켜고 기다립니다. 타이머가 끝나기 전에 완료 메시지를 받았고 그 사이 라우팅 변경이 있으면 업데이트 내용을 보내 줍니다. 타이머가 종료될 때까지 완료 메시지를 받지 못하면 문제가 있는 것으로 판단하고 네이버십을 끊어버립니다.

GR 유의 사항

GR 헬퍼 모드라는 게 있습니다. 이 모드가 활성화된 CP는 자신의 페일오버 상황에서 GR 시그널을 보내지 않습니다. 대신 상대편의 GR 시그널을 듣고 요청대로 기다려 줍니다. 주로 자신은 NSF, NSR을 사용하고 싶은데 이웃 장비가 GR밖에 지원하지 못하는 경우에 사용합니다.

NSF, NSR이 나을까요? GR이 나을까요? 결론부터 말하면 NSF, NSR이 월등히 낫습니다. 예를 들어, 네트워크 장비 A, B 모두 GR을 활성화했을 때, A의 GR은 완성도가 높아서 버그가 없으나 B의 완성도는 낮을 경우 B의 오동작이 A에게 영향을 미칠 수 있습니다. 가령 B가 GR 신호를 보내지 않아야 하는 환경에서 뜬금없이 GR 신호를 보내는 경우 등입니다.

B 장비의 심각한 장애로 OSPF 프로세스가 정상 동작하지 못한다고 가정해보겠습니다. 일반적인 경우라면 dead-interval 이후 OSPF 네이버십이 다운될 것입니다(PTP 환경에서, 일반적으로 40초). 이때 B가 뜬금없이 GR 신호를 보냈다면 어떻게 될까요? GR 신호를 받은 A는 GR 타이머(RestartInterval)가 끝날 때까지 B가 살아 있다고 간주하고, 그동안 OSPF 네이버십을 유지합니다.

RFC[5] 표준에서는 대기(RestartInterval) 타이머 값을 120초로 권장하고 있으며, 일반적인 네트워크 장비들의 기본값은 120-180초가량입니다. 40초면 끝났을 장애가 그만큼 길어지게 됩니다. 따라서 NSF, NSR 기술의 완성도가 좋다면 굳이 GR을 쓰지 않는 것이 좋습니다.

참고로 GR은 마치 BFD처럼 라우팅 프로토콜별로 따로 설정해야 합니다. OSPF, BGP, LDP 그리고 IS-IS를 쓴다면 모든 프로토콜별로 GR을 설정해야 합니다.

---

5 RFC 3623, (2003), Graceful OSPF Restart

20.3 Fast Reroute

'APS'에서 살펴보았던 것처럼 SONET은 장애가 발생했을 때 50 ms 미만으로 페일오버가 가능합니다. MPLS 또한 MPLS FRR[Fast ReRoute]이라는 기술을 통해 50 ms 안으로 페일오버가 가능합니다. 순수 IP 네트워크에서는 IP FRR[Fast ReRoute]을 활용할 수 있습니다. 다음 그림은 IP 네트워크 장비에서 일반적인 포트 페일오버 과정을 그린 것입니다.

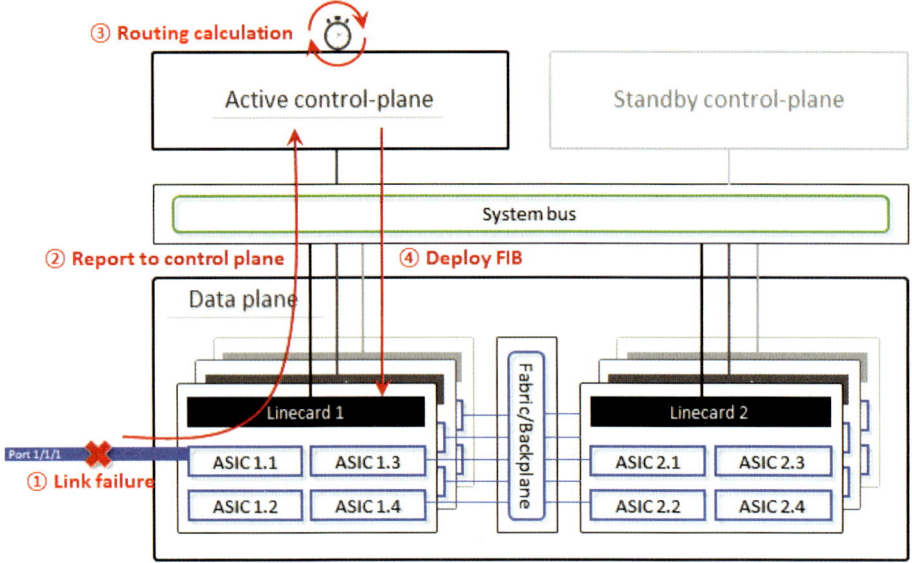

▶ 그림 20.4 네트워크 장비 시스템 아키텍처

가장 먼저 ASIC이 ① 포트 다운을 인지하고 이를 ② 컨트롤 플레인에게 보고합니다. 컨트롤 플레인은 ③ 해당 포트를 우회하는 라우팅을 계산한 다음 ④ 계산 완료된 FIB를 전체 ASIC에게 전파합니다.

이 모든 과정이 끝나야 비로소 장애 포트를 우회하게 되는데 특히 ③번 과정에서 딜레이가 많이 발생합니다. ③번 라우팅 재계산 과정에서만 수 초 이상이 걸리기도 하며 50 ms 이내 페일오버를 가능하게 하는데 가장 큰 장애물이 됩니다. 그렇다고 ②, ④ 과정도 무시할 만큼 짧지는 않습니다.

FRR 기술들의 핵심은 특정 포트가 다운되었을 때 사용될 우회 경로를 '미리 계산'해서 ASIC들에게 '미리 전파'하는 것입니다. 예를 들어, 10.1.1.0/24가 목적지인 패킷들이 주 경로$^{\text{Primary path}}$로 포트 1/1/1을 이용하고 있다고 가정해보겠습니다. 컨트롤 플레인은 포트 1/1/1이 다운되었을 경우를 자체적으로 시뮬레이션해봅니다. 계산 결과 10.1.1.0/24가 목적지인 패킷은 포트 1/1/1이 다운되었을 때 포트 2/1/1을 우회 경로$^{\text{Secondary path}}$로 사용하면 된다는 것이 확인됩니다. 이제 컨트롤 플레인은 데이터 플레인 내의 ASIC들에게 이렇게 명령을 내립니다. "만일 포트 1/1/1이 다운되면 목적지가 10.1.1.0/24인 패킷은 그 즉시 포트 2/1/1을 이용하도록." 이후 포트 1/1/1 다운이 발생하면 ASIC들은 고민할 것도 없이 패킷을 포트 2/1/1로 보냅니다. 덕분에 50 ms 미만의 페일오버가 가능해집니다. 컨트롤 플레인에게 상황을 보고하고 그 다음 명령을 기다리지 않아도 되는 것입니다.

1 IP LFA

방금 기본적인 FRR 개념을 살펴보았습니다. 이제 **IP LFA**$^{\text{Loop Free Alternate FRR}}$을 보다 심도 있게 살펴보고자 합니다. IP LFA를 적용하기 특히 좋은 구간은 LAG 혹은 ECMP로 구성한 네트워크입니다. 여러 포트 중 하나가 다운되면 해당 포트만 제외하고 다른 포트를 이용하면 되기 때문에 루프 걱정 없이 손쉽게 우회 경로를 계산할 수 있습니다. 특히 데이터 센터 네트워크에서는 장비 간 물리적 거리가 짧아 LAG와 ECMP를 쉽게 구성할 수 있으므로 IP LFA 적용에 유리합니다.

> **NOTE ECMP를 위한 넥스트 홉 그룹과 IP LFA FRR**
>
> 벤더의 FIB 구현 방식에 따라 ECMP 네트워크에서 FRR을 적용하지 못할 수 있습니다. 예를 들어, ECMP의 이그레스 인터페이스 정보를 각각 개별 엔트리가 아닌 하나의 그룹으로 관리하는 경우 등입니다.
>
> 10.0.0.0/24의 이그레스 포트가 포트 1, 2, 3일 때 FIB 정보를 개별 엔트리로 관리하면 10.0.0.0/24 = 포트 1, 2 and 3라고 기록할 것입니다. 이 경우 포트 하나가 다운될 때를 시뮬레이션하기 쉽습니다.

반면 통일된 명칭은 없으나 흔히 **넥스트 홉 그룹**Next hop group으로 불리는 방식에서는 동일 이그레스 포트를 사용하는 프리픽스들을 하나의 그룹으로 관리합니다. 예를 들어 10.0.0.0/24와 10.0.1.0/24 = 그룹 A이고, 그룹 A의 ECMP = 포트 1, 2 and 3 형태로 관리합니다.

ECMP에 특화된 FIB 구조로, 포트 하나가 다운될 경우 그룹 A에서 관련 정보를 한 번에 수정하면 됩니다. 안정성과 확장성이 좋을 뿐 아니라 충분히 잘 설계되어 있다면 IP LFA FRR 만큼 빠르기도 합니다. 그러나 로직이 복잡합니다. 일부 벤더에서는 로직의 복잡도 및 충분히 짧은 페일오버 시간 등을 이유로 ECMP용 IP LFA FRR을 지원하지 않기도 합니다. 만일 정확한 정보가 필요하다면 벤더로 문의가 필요합니다.

넥스트 홉 그룹의 실제 구현은 벤더별로 차이가 있겠지만 The Linux Kernel documentation의 「Resilient Next-hop Groups (docs.kernel.org/networking/nexthop-group-resilient.html)」를 참조하면 기본 아이디어를 알 수 있을 것입니다.

예시와 함께 알고리즘을 간단히 살펴보겠습니다. 먼저 그룹 A용으로 1024개의 해시 버킷Hash bucket을 만든 뒤 1번 넥스트 홉에는 0-511 버킷을 매핑하고, 2번 넥스트 홉에는 512-1023 버킷을 매핑합니다(이때 weighted ECMP를 적용하고 있다면 적절하게 버킷 매핑Bucket mapping을 수정합니다.).

패킷이 들어오면 5 tuple 정보를 이용하여 1024 중 하나의 해시 값이 나오도록 계산한 뒤 이에 매핑된 넥스트 홉을 선택합니다. 이후 넥스트 홉이 늘어나거나 줄어들면 이에 맞게 버킷 매핑을 조정해서 로드 밸런싱합니다.

마이크로 루프

IP LFA FRR은 RSVP-TE와 세부적인 내용에 다소 차이가 있지만, 장애 발생을 시뮬레이션해서 우회 경로를 ASIC에 미리 전파해 둔다는 메인 아이디어는 동일합니다.

헌데 이름이 왜 IP LFALoop Free Alternate일까요? 장거리 네트워크는 풀 메시Full-mesh 구조로 연결하기 어렵습니다. 장비 간 거리가 멀어서 비용이 기하급수적으로 상승할 수 있기 때문입니다. 따라서 다음과 같이 링 구조 네트워크를 채택하는 경우가 많습니다. 바로 이러한 링 구조에서 루프 이슈가 발생할 수 있습니다.

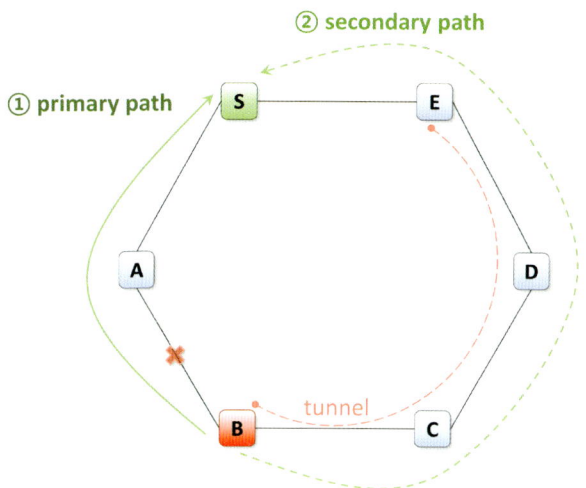

▶ 그림 20.5 FRR 샘플 네트워크

빨간색 노드 B는 초록색 노드 S로 가는 패킷을 FRR로 보호하고자 합니다. 장애가 없는 평상 시에는 가장 짧은 구간인 B → A → S, 즉 시계 방향 ① primary path를 이용할 것입니다. 만 일 그림처럼 B – A 사이 링크에 장애가 발생하면 반시계 방향 B → C → D → E → S 구간, 즉 ② secondary path를 사용하게 될 것입니다. FRR이 적용되어 있다면 노드 B는 50 ms 이 내로 A로 보내던 패킷을 C 쪽으로 페일오버(detour)할 것입니다. 문제는 노드 C에서 발생합 니다.

노드 C에서 S까지 가는 경로는 시계 방향 C → B → A → S와 반시계 방향 C → D → E → S, 두 경로가 있으며 이 두 경로는 홉이 동일합니다. 즉, ECMP입니다. 다만 여기서는 쉬운 이해 를 위해 노드 C가 B → A → S, 즉 시계 방향을 primary path로 설정하여 해당 구간으로만 패 킷을 보낸다고 가정하겠습니다.

B – A 링크가 다운되자마자 노드 B는 모든 패킷을 50 ms 이내로 노드 C에게 보냈습니다. 헌 데 노드 C는 링크 B – A가 다운된 것을 알고 있을까요? 아니요, 알 수 없습니다. 노드 B로부 터 아직 OSPF 업데이트(LSU) 패킷을 받지 못했기 때문입니다.

FRR 덕분에 노드 B는 컨트롤 플레인 도움 없이 패킷을 노드 C에게 보냈지만, 노드 B의 컨트 롤 플레인은 이웃들에게 전파할 OSPF 업데이트 패킷을 한참 만들어 내는 중입니다. 이 업데이 트 패킷이 도착하기 전까지 다이렉트 링크가 다운된 A와 B를 제외한 다른 모든 노드는 B – A 링크가 다운된 줄 모르고 있습니다.

노드 C도 그렇습니다. 결과적으로 FRR 덕분에 노드 B는 노드 C에게 패킷을 보냈으나 정작 노드 C는 기존 primary path대로 패킷을 노드 B에게 다시 보냅니다. 노드 B는 노드 S로 보낼 패킷이 들어왔으니 다시 노드 C에게 보냅니다. 이렇게 노드 B와 C 사이에 L3 루프가 발생하게 됩니다. OSPF 업데이트 패킷이 전파될 때까지 말이죠. 일반적이라면 수 초 내외로 OSPF 업데이트(LSU) 패킷이 전파될 것입니다.

이처럼 짧은 시간 동안 발생하는 L3 루프를 **마이크로 루프**Micro-loop라고 합니다. 마이크로 루프가 발생하면 결국 해당 패킷들은 모두 폐기될 것이므로 FRR을 사용하는 의미가 없어집니다. 정확하게 말하면 장애 상황을 더욱 악화시킬 뿐입니다.

2 rLFA

IP LFA는 메트릭Metric(비용) 계산을 통해 마이크로 루프가 발생할 여지가 있는 구간들을 우회 경로에서 제외시켜 버립니다. 예를 들어, 앞서 그림 20.5에서 마이크로 루프가 발생할 수 있는 ② secondary path는 FRR로 커버하지 않습니다. 그러나 IP LFA FRR이라는 훌륭한 기능을 선뜻 포기하기엔 아쉽습니다. 그래서 LFA의 커버리지를 높일 수 있는 몇 가지 방안이 제시되었습니다. 가장 대표적인 방안은 **rLFA**Remote LFA입니다.

세부적인 동작은 다소 복잡하지만 메인 아이디어는 **터널링**입니다. 그림 20.5를 보면 노드 B에서 노드 E로 **복구 터널**Repair tunnel이 설정된 것을 볼 수 있습니다. B − A 링크가 다운될 때 노드 B는 이 복구 터널을 이용하여 패킷을 노드 E에게 보냅니다. 노드 B가 보내는 패킷의 최종 목적지는 노드 S지만, 장애가 발생하면 원본 IP 헤더 앞에 노드 B → E로 보내는 tunneled 헤더가 삽입됩니다. 이후 터널 패킷이 노드 E에 도착하면 tunneled 헤더를 벗겨 내고 최종 목적지, 노드 S로 가는 원본 헤더를 복원합니다. 정리하자면 rLFA는 다른 노드를 한번 '거쳐' 최종 목적지까지 보내는 방식으로 커버지리를 넓힙니다.

GRE 터널

rLFA 터널 프로토콜로 여러 선택지가 있는데, 그중 GRE을 이용한 페일오버 과정을 살펴보겠습니다.

노드 B와 노드 E는 secondary path용 GRE 터널을 생성해 둡니다. 이 터널은 평상시에 사용하지 않습니다. 오직 노드 B의 페일오버가 완료될 때까지, 다시 말해 LSDB가 전파되어 새로운 우회 경로로 전환이 완료될 때까지만 사용됩니다.

B - A링크가 다운되면 노드 B는 노드 S로 보낼 패킷을 GRE 패킷으로 캡슐화하며 이 패킷의 엔드포인트는 노드 E가 됩니다. 이 GRE 패킷의 outer IP 헤더 src IP는 노드 B고 dst IP는 노드 E 입니다. 즉, B → E입니다. 해당 패킷을 전달받은 노드 C에서 노드 E로 가는 최단 경로는 C → D → E 뿐입니다.

GRE 안에 담긴 inner 원본 IP 헤더는 B → S로 가는 패킷이지만 GRE 중간 노드인 C, D는 outer IP 헤더만 보기 때문에 해당 패킷이 B → E로 향하는 패킷으로만 보일 뿐입니다. 패킷이 노드 E에 도착하면 GRE 디캡슐화를 통해 원본 IP 헤더가 복구되며 패킷 src/dst IP가 B → S로 바뀝니다.

이처럼 복구 터널을 이용하면 FRR이 동작할 때 마이크로 루프 걱정 없이 패킷을 저 먼 곳의 노드로 안전하게 보낼 수 있습니다. 패킷이 복구 터널의 엔드포인트에 도착하면 원본 헤더를 복원한 뒤 최종 목적지로 보냅니다. 이러한 과정을 통해 rLFA는 마이크로 루프 이슈로부터 자유로워집니다.

터널 엔드포인트 선정

터널의 엔드포인트는 임의로 선택하지 않습니다. RFC 7490, Remote Loop-Free Alternate(LFA) Fast Reroute(FRR)에서 그 선택 과정을 상세히 설명하고 있으며 여기서 간단하게 살펴보겠습니다.

rLFA는 최대한 많은 노드를 커버할 수 있는 엔드포인트를 선택합니다. 다시 말해 노드 B 기준으로 C, D, E와 모두 터널링을 하나씩 맺는 것이 아니라 B - E 사이에 하나의 터널을 만들고 해당 터널로 최대한 많은 노드를 커버하고자 합니다. 실제 복구 터널 엔드포인트를 선정하는 과정은 P-space와 Q-space를 선정하는 것부터 시작합니다.

- (B-A 링크용) B 노드의 P-space: 노드 C, D, E

P-space는 장애 구간을 사용하지 않고 마이크로 루프 걱정 없이 갈 수 있는 노드들입니다. 노드 B의 P-Space는 B - A 링크를 경유하지 않으며 마이크로 루프 걱정 없이 갈 수 있는 노드 C, D, E가 됩니다. 참고로 **Extended P-Space**는 바로 옆 노드들의 P-space까지 합친 공간을 말합니다.

- (B-A 링크용) A 노드의 Q-space: 노드 S, E

Q-space는 장애 구간을 경유하지 않고 마이크로 루프 걱정 없이 장애 이웃에게 갈 수 있는 노드들입니다. 예를 들어, B – A 링크가 다운될 경우 마이크로 루프 걱정 없이 해당 링크의 이웃 노드, 즉 노드 A에게 갈 수 있는 S와 E가 A노드의 Q-space가 됩니다.

- (B-A 링크용) PQ-node (B 노드의 P-space ∩ A 노드의 Q-space): 노드 E

P-space와 Q-space에 모두 포함된 노드들, 다시 말해 교집합이 되는 노드들을 **PQ-node**라고 하며 이들을 복구 터널 엔드포인트로 선정하게 됩니다. 그림 20.5에서 B – A 링크 장애 발생 시 노드 B의 PQ-node는 노드 E 뿐입니다. 따라서 노드 B는 노드 E를 복구 터널 엔드포인트로 선정합니다.

참고로 터널은 단방향^{Unidirectional}입니다. 예를 들어, 그림 20.5의 노드 B가 노드 E와 맺은 터널은 B에서 S로 패킷을 보낼 때 사용됩니다. 복구 터널 엔드포인트 선정 과정에서 역방향 경로는 고려 대상이 아닙니다.

> 💡 **Tip.** RFC 7490에서는 순수 IP 네트워크용 터널 프로토콜로 IP-in-IP와 GRE를 제시하고 있습니다.

LDP 기반 MPLS 환경에서는 기존 MPLS패킷에 라벨을 하나 더 넣어서 비교적 손쉽게 터널링을 구현할 수 있습니다. 덕분에 IP-in-IP나 GRE와 달리 encap/decap을 위한 별도 리소스를 소모하지 않습니다. 단, 신규 터널을 만들기 위해서 엔드포인트와 targeted LDP 세션을 맺어야 합니다.

3 MRT-FRR

rLFA를 쓰면 커버리지가 많이 늘어나긴 하지만 그렇다고 모든 토폴로지를 커버할 수 있는 것은 아닙니다. FRR 커버리지를 최대로 늘릴 수 있는 기술이 있습니다. MRT$^{Maximally\ Redundant\ Trees\ FRR}$[6]입니다. MRT는 개념이 다소 어렵기 때문에 간소하게 살펴보겠습니다.

sub-optimal STP

OSPF 같은 IGP는 네트워크상의 모든 라우팅 정보를 수집하여 **SPT**$^{Shortest\ Path\ Tree}$를 만듭니다. 그렇게 생성된 SPT를 이용하여 특정 목적지까지 최단 경로를 계산합니다. MRT는 SPT를

---

[6] RFC 7812, An Architecture for IP/LDP Fast Reroute Using Maximally Redundant Trees (MRT-FRR)

논리적으로 가위질합니다. 예를 들어, 다음 그림에서 검은색 SPT를 논리적으로 가위질해서 MRT-Red와 MRT-Blue 2개의 sub-optimal STP를 만듭니다.

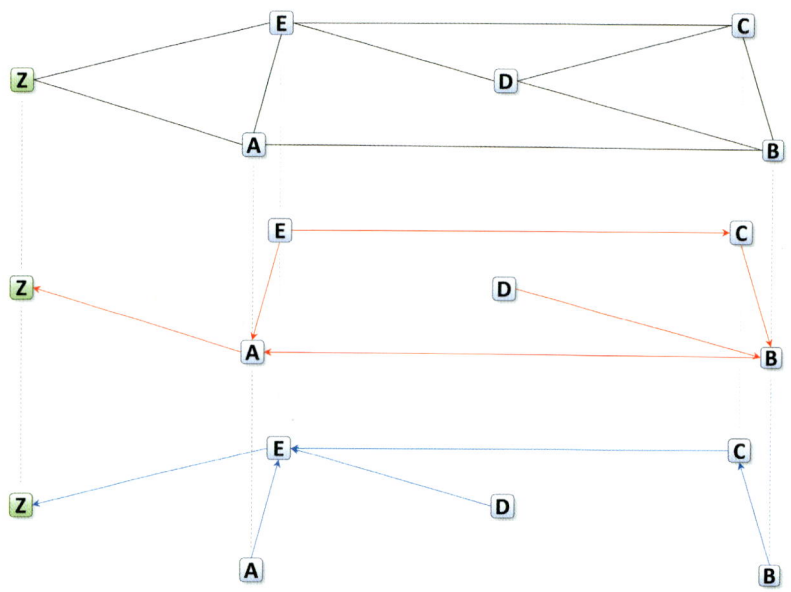

▶ 그림 20.6 MRT FRR

다음은 그림 20.6을 평면화한 것입니다.

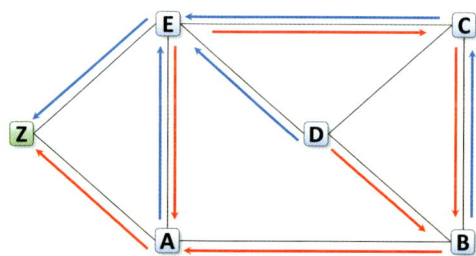

▶ 그림 20.7 Maximally Redundant Trees FRR

라우터 Z에 패킷을 보낼 때 평상시 MRT 노드들은 검은색 SPT의 최단 경로를 선택합니다. 허나 장애가 발생하면 장애 영향을 받지 않는 MRT를 선택해서 패킷을 보냅니다. 예를 들어, D-B 경로가 다운된다면 해당 구간을 이용하는 MRT-Red는 사용할 수 없습니다. 따라서 노드 D는 MRT-Blue를 사용하여 패킷을 보냅니다.

장애 상황에서 패킷을 전송할 때는 상대편에게 어떤 색의 MRT를 이용한 것인지 알려 줘야 합니다. 나는 MRT-Blue를 이용하여 노드 E에게 전송했는데, 노드 E는 MRT-Red를 이용한다면 루프가 발생할 수도 있을 것입니다. 쉽게 말해, 패킷에 Red 혹은 Blue로 표시되어 있어야 다른 노드들도 동일한 sub-optimal SPT 경로를 이용할 것입니다. 그 정보는 어디다 넣어야 할까요?

터널링

MRT도 rLFA와 유사하게 터널링을 사용합니다. 터널의 엔드포인트를 정하는 과정도 유사합니다. 다만 차이점이 있다면 MRT의 경우 Red 또는 Blue SPT용 터널 엔드포인트를 각각 선정합니다. 덕분에 터널의 엔드포인트를 쉽게 구분할 수 있는 방법이 있습니다.

라우터에 Red와 Blue STP용으로 서로 다른 루프백 IP를 설정해 두면 패킷이 들어온 루프백 IP에 따라 어떤 MRT를 이용하여 보낸 것인지 알 수 있습니다(참고로 MPLS LDP의 경우엔 rLFA와 동일하게 targeted LDP를 사용하여 터널 2개를 만듭니다.).

터널은 장애가 일어났을 때 새로운 STP가 만들어지기 전까지만 이용합니다. 변경된 토폴로지에 따른 IGP 계산이 끝나고, 새로운 STP 계산 및 전파가 완료되어 우회 경로까지 만들어지면 더 이상 터널 트래픽을 사용하지 않습니다.

관리 이슈

MRT는 개념도 어렵고 관리도 쉽지 않습니다. 원본 SPT를 **DFS**[Depth First Search]라는 알고리즘을 사용하여 Red, Blue SPT로 나눕니다. 이렇게 만들어진 토폴로지를 네트워크 관리자가 그림 20.6 혹은 그림 20.7처럼 머릿속으로 시각화할 수 있을까요? 많이 어려울 것입니다. 더 나아가 IGP의 영역[Area]이 여러 개로 나뉘어 있다면 각 영역에 따라 MRT도 별도로 관리됩니다.

MRT는 커버리지가 매우 넓다는 강력한 장점이 있지만, 복잡도가 높고 지원하는 네트워크 장비 또한 드문 편어서 대중화가 쉽지 않습니다.

4 TI-LFA

MRT의 단점을 극복할 수 있는 기술로 **TI-LFA**[Topology-Independent Loop-Free Alternate]가 표준화 중

입니다.[7] TI-LFA는 세그먼트 라우팅(이하 SR) 프로토콜을 이용하여 FRR을 수행합니다. rLFA에서는 모든 노드를 커버할 수 있는 터널 엔드포인트, 즉 완벽한 PQ-node를 찾지 못할 수도 있습니다. 다시 말해 커버리지가 100%에 도달하지 못할 수 있습니다.

허나 SR에서는 얘기가 달라집니다. P-space와 Q-space는 찾을 수 있는데 교집합이 되는 PQ-node를 찾을 수 없다면 두 노드 사이를 Adj-SID로 강제 라우팅할 수 있습니다. SR의 Adj-SID를 이용하면 직접 연결된$^{Directly\ connected}$ 인터페이스를 강제 지정할 수 있기 때문에 마이크로 루프를 걱정하지 않아도 됩니다. 따라서 SR을 이용한 TI-LFA는 이론적으로 100% 커버리지가 가능합니다. 물론 대규모 망에서는 이러한 TI-LFA 계산이 복잡할 수 있는데 이때는 off-box 솔루션, 즉 SDN 컨트롤러가 보안책이 될 수 있을 것입니다.

5 MoFRR

지금까지 살펴본 FRR 기술들은 모두 유니캐스트 트래픽을 보호해주는 기술들입니다. 멀티캐스트 트래픽을 FRR로 보호하려면 유니캐스트와 다른 방식으로 접근해야 합니다.

멀티캐스트는 PIM 요청을 보낸 경로로 트래픽을 받기 때문에 페일오버가 일어나면 PIM 요청을 처음부터 다시 보내야 합니다. 업스트림과 다운스트림 라우터 모두 PIM 요청을 컨트롤 플레인에서 처리하므로 페일오버가 수 초 이상 지속되기도 합니다. 즉, PIM 요청을 처음부터 다시 보내야 하는 제약 사항 때문에 50 ms이내 빠른 절체가 불가능합니다. 따라서 멀티캐스트에 특화된 FRR 기술, **MoFRR**$^{Multicast-Only\ Fast\ Reroute}$이 필요합니다.

핵심 아이디어는 비교적 간단합니다. 둘 이상의 업스트림에게 PIM join 메시지를 '미리' 보내 동일한 트래픽을 둘 이상 받고 있다가 한쪽에 장애가 발생하면 다른 한쪽 트래픽을 사용하는 구조입니다. 예를 들어, 포트 1/1/1과 포트 1/1/2가 있다면 두 인터페이스에 모두 PIM join 메시지를 올려 보내 동일한 멀티캐스트 트래픽을 동시에 받습니다.

이 중 하나를 선택하여 다운스트림으로 내려 보냅니다. 만일 액티브 멀티캐스트 쪽 트래픽에 이상이 감지되면 'ASIC 레벨에서' 스탠바이 멀티캐스트 트래픽으로 페일오버를 합니다. 덕분에 50 ms 이내의 페일오버를 할 수 있게 됩니다.

---

[7] Topology Independent Fast Reroute using Segment Routing, https://datatracker.ietf.org/doc/draft-ietf-rtgwg-segment-routing-ti-lfa

유니캐스트 트래픽을 FRR로 보호하는 것도 중요하지만 멀티캐스트는 특히 중요합니다. 영향력이 크기 때문입니다. IPTV처럼 멀티캐스트를 사용하는 서비스는 재전송이라는 개념이 희박합니다. 따라서 포트(혹은 노드) 다운이 발생하면 수 초 이상 혹은 수십 초 이상 페일오버가 지속되고, 이때 발생한 패킷 로스는 복구되지 않습니다. 그 장애 기간 동안 수많은 유저의 IPTV 화면은 멈춰 있습니다. 단순 포트 다운 이벤트가 서비스에 큰 영향을 미치는 것입니다.

장애 발생 시 MoFRR로 멀티캐스트 트래픽을 50 ms 이내에 페일오버하면 사람의 눈으로는 장애를 알아채기 어렵습니다. 즉, 서비스 영향도가 급격히 낮아집니다. 따라서 멀티캐스트 서비스를 운영하는 환경에서 MoFRR은 PIM 스태틱 조인Static join과 함께 권장되는 기술입니다.

20.4 포트(링크) 플랩 딜레이

포트(링크)[8]가 업 → 다운되거나 반대로 다운 → 업되어 포트 상태가 변하는 것을 **캐리어 전환**Carrier transition[9]이라고 합니다. 여러 이유로 짧은 시간 내에 캐리어 전환이 연속 발생하는 경우가 있습니다. 즉, 업 → 다운 → 업 → 다운이 반복되는 경우가 있습니다. 새 날갯짓처럼 업다운 상태가 빠르게 반복된다는 의미에서 이를 **포트(링크) 플랩**Flap이라고 표현합니다.

1 라우팅 재계산 딜레이

일반적인 경우라면 포트 상태가 변경될 때마다 그 즉시 라우팅을 재계산하여 우회 경로를 찾는 것이 좋습니다. 그러나 포트 플랩은 예외입니다. 장애 영향도가 도리어 커지기 때문입니다. 장비 및 토폴로지에 따라 편차가 크지만 포트 다운으로 라우팅 재계산이 시작되면 수 초 정도 소모될 수 있습니다. 헌데 100 ms 만에 포트가 다운되었다가 업되는 경우는 어떨까요? 실질적인 다운 시간은 100 ms밖에 안 되는데 라우팅 재계산 때문에 도리어 수 초 동안 패킷 드랍이 발생할 수 있습니다. 예를 들어, 포트 A가 다운되면 ASIC은 해당 포트로 전송하던 패킷들을 어디로 보내야 할지 몰라서 폐기할 것입니다. 컨트롤 플레인이 우회 경로를 계산하여 포트 B로 전송하라는 명령을 보내야 패킷을 내보낼 수 있습니다. IP FRR이 적용되어 있어서 페일오버를 50 ms 이내에 끝내도 우회 경로 이용에 따른 레이턴시 증가 혹은 불필요한 컨트롤 플레인 리소스 소모 등은 피하기 어렵습니다.

전송 장비를 사용하는 구간에서 포트 플랩 현상을 자주 겪게 됩니다. 'APS'에서 살펴보았듯이 SONET 혹은 전송 장비는 50 ms 이내의 페일오버가 가능합니다. 네트워크 장비가 이 50 ms에 민감하게 반응해서 포트 다운 이벤트가 발생할 때마다 라우팅을 재계산하면 수 초 간의 패킷 드랍이 발생할 수 있습니다. 이처럼 짧은 시간 동안의 포트 변화는 차라리 아무 대응도 하지

---

8 포트 플랩(Port flap), 링크 플랩(link flap) 둘 다 범용적으로 사용되기에 모두 표기했습니다.
9 네트워크 장비에서 show [interface|port|link] 커맨드 등의 output에서 볼 수 있는 carrier transition이라는 값은 부팅 이후 현재까지 port 상태가 변경된 누적 횟수입니다.

않는 것이 더 유리합니다.

네트워크 장비에서는 캐리어 전환이 발생해도 이를 일정 시간 동안 무시하는 기술이 있습니다. 포트(링크) 플랩 딜레이입니다. 일반적으로 다음과 같은 커맨드를 통해 적용하는데, `100 ms down`은 100 ms 이내의 인터페이스 업 → 다운은 무시하라는 의미이고 `10 ms up`은 10 ms 이내의 다운 → 업은 무시하라는 의미입니다.

포트 플랩 딜레이 커맨드 예시
```
set port 0/0/0 port-flap-delay 100ms down 10ms up
```

여기서 '무시하라'는 것은 컨트롤 플레인에게 알리지 말라는 뜻입니다. 포트 플랩 이벤트를 일부러 일정 시간 동안 보고하지 않아서 수 초 이상 패킷 드랍을 발생시킬 수 있는 '라우팅 재계산'을 막는 것이 핵심 아이디어입니다.

2 포트(링크) 플랩 딜레이 구현

포트(링크) 플랩 딜레이는 벤더에 따라 구현 방식이 다를 수 있습니다. ASIC에서 딜레이할 수도 있고, 컨트롤 플레인에서 딜레이할 수도 있습니다. 다음 그림은 포트 플랩 딜레이가 적용될 수 있는 두 구간을 그린 것입니다. ① ASIC 딜레이는 ASIC에서 지정된 시간만큼 컨트롤 플레인으로 보고를 딜레이하는 방식입니다. 포트 다운 혹은 업 이벤트가 발생하면 타이머를 켜고 타이머가 끝나기 전에 기존 상태로 돌아가면 해당 이벤트를 보고하지 않습니다.

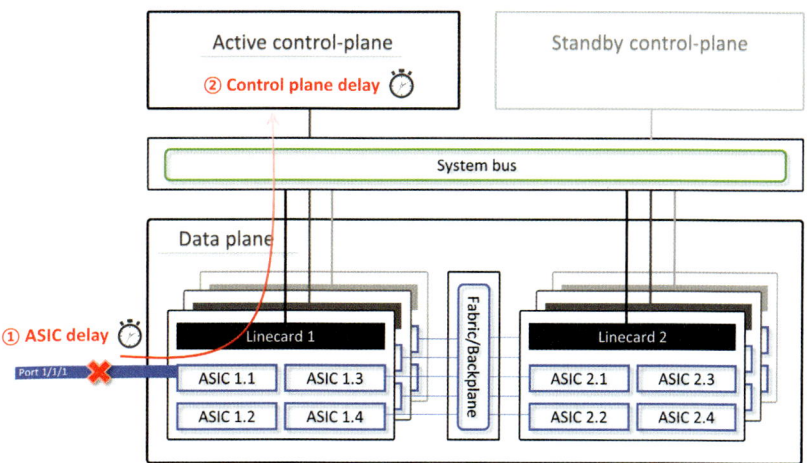

▶ 그림 20.8 링크 플랩 딜레이

반면 ② 컨트롤 플레인 딜레이는 ASIC의 보고를 받은 컨트롤 플레인이 지정된 시간만큼 라우팅 재계산을 미루는 방식입니다. 다운되었던 포트가 지정된 시간 내에 다시 업되지 않는지 지켜보고 타이머가 끝나면 그때 비로소 라우팅 재계산을 수행합니다.

3 포트(링크) 플랩 딜레이 명칭

포트(링크) 플랩 딜레이 기술은 RFC 등으로 표준화되지 않았기 때문에 벤더들이 자체 구현하며 불리는 명칭이 다양합니다. ① ASIC 딜레이는 보통 디바운스 타이머$^{Debounce\ timer}$, 링크-디바운스$^{Link-debounce}$, 홀드-타임$^{Hold-time}$ 등으로 불립니다. ② 컨트롤 플레인 딜레이는 캐리어 딜레이 등으로 불립니다.

벤더에 따라 2가지 방식 모두 적용 가능한 경우도 있고 둘 중 하나만 제공하는 경우도 있습니다. ①, ② 기능을 모두 제공하는 벤더의 경우 의도치 않게 타이머가 두 군데에서 중복 적용되지 않게끔 주의해야 합니다.

> **NOTE** 디바운스의 어원
>
> 앞서 언급한 '디바운스'라는 용어는 짧은 이벤트를 무시하는 기술을 말합니다. 전자 공학에서 on/off 스위치를 한 번 눌렀음에도 여러 번 눌린 것으로 잘못 입력되는 현상을 바운스Bounce(채터링Chattering)라고 합니다. 디바운스는 이를 단 한 번만 입력되도록 교정하는 기술을 말합니다.
>
> 디바운스와 비슷하지만 다른 용어로 **댐프닝**Dampening이란 용어가 있습니다(예. BGP 댐프닝과 BFD 댐프닝). 디바운스와 댐프닝 모두 플래핑Flapping을 막기 위해 사용된다는 점은 동일하지만, 댐프닝은 발생할 때마다 페널티 시간이 적용된다는 점이 다릅니다. 예를 들어, 1번 발생하면 3초 동안 대기, 2번 발생하면 6초 동안 대기하는 등 짧은 기간에 이벤트가 발생할 때마다 대기 시간이 늘어납니다.

CHAPTER

21

보안과 공격

DoS·DDoS 공격이 발생하면 가장 먼저 영향을 받는 영역이 SLB, 방화벽, 라우터 등 네트워크 엔지니어의 관리 영역으로 신속한 대응 능력이 무엇보다 중요합니다. 그러나 보안 분야는 매우 광범위한 전문 지식을 필요로 해서 두터운 책 한 권으로도 모두 알기 어렵습니다.

이 책에서는 네트워크 엔지니어로서 알아야 할 핵심 보안 기술에 초점을 두고자 합니다. 구체적으로 DoS·DDoS 공격 유형과 특징, 완화 기법 등을 살펴볼 예정입니다.

Roadmap

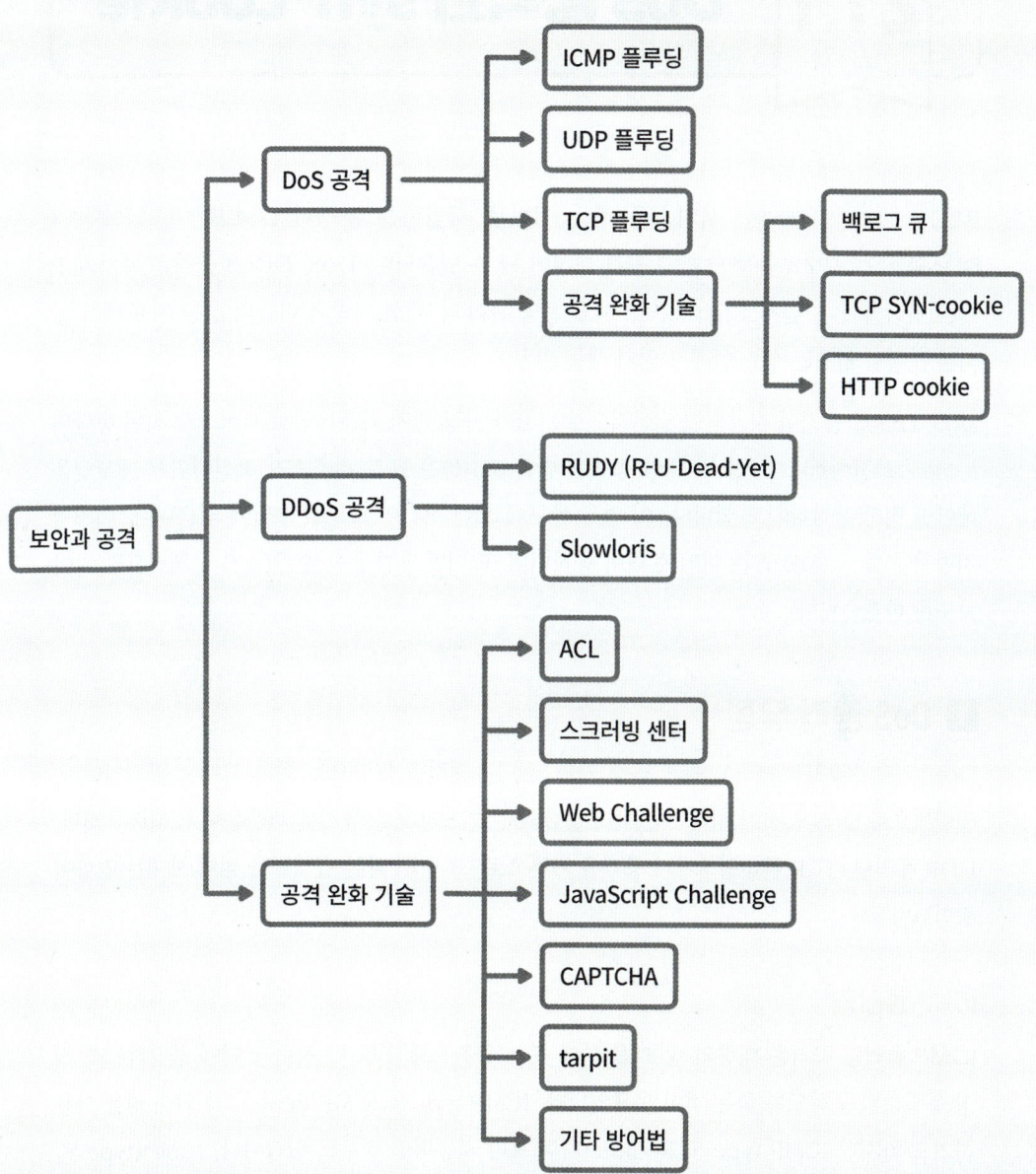

21.1 DoS 공격과 syn-cookie

B2C^{Business-to-Consumer} 서비스를 하는 인터넷 사업자는 누구나 **DoS**^{Denial Of Service}와 **DDoS**^{Distributed Denial Of Service attack} 공격 대상이 될 수 있습니다. DoS, DDoS 공격은 특히 SLB에 치명적입니다. 앞서 'Chapter 13 SLB 운영 관리'의 '세션 기반 장비들의 성능 지표'에서 살펴본 것처럼 SLB는 성능 한계가 많기 때문입니다.

DoS, DDoS 공격이 시작되면 일반적으로 SLB가 가장 먼저 다운되면서 서비스가 전면 중단되는 형태로 진행됩니다. 한 번 대량 공격을 받은 SLB들은 내부 리소스가 소진되면서 재부팅을 해야만 정상 동작하기도 합니다. 이 경우 복구에 오랜 시간이 소모될 수밖에 없습니다. 이처럼 치명적인 DoS, DDoS는 어떤 형태의 공격이며 또 어떻게 대응할 수 있는지 구체적으로 알아보도록 하겠습니다.

1 DoS 공격 유형

DoS는 **IP 스푸핑**^{IP spoofing}, 쉽게 말해 가짜 src IP 패킷을 대량으로 쏟아 보내는 공격입니다. 일반적으로 DoS 공격이 시작되면 여러 종류의 공격 트래픽을 동시에 퍼붓는데 ICMP 플러딩, UDP 플러딩, TCP 플러딩 3가지 공격을 기본으로, 그 밖의 다른 공격들을 섞어 보내는 경향이 강합니다.

ICMP 플러딩

ICMP 플러딩 공격은 대량의 핑^{Ping}을 쏟아 붓는 공격으로, SLB나 서버가 이에 응답하느라 정상 동작하지 못하도록 하는 것이 목표입니다. ICMP type 8(ICMP Echo), 즉 단순 핑을 사용하기도 하지만 ICMP type 5, Redirect처럼 보다 지능적인 경우도 있습니다. ICMP(type 5) redirect공격은 단 몇 개의 패킷만으로도 서버들의 G/W를 변경할 수 있으며 네트워크를 완전 중단시킬 수 있습니다. 이외에 src IP와 dst IP를 모두 내부 브로드캐스트 IP로 속여 보내 트래픽을 급증하게 만드는 **스머프 공격**Smurf attack뿐 아니라 ICMP 트래픽으로 인터넷 업링크를 가득 채우는 B/W 공격 등을 시도하기도 합니다.

사실 네트워크에 치명상을 줄 수 있는 ICMP 공격 패턴은 너무나도 다양합니다. 따라서 보안에 다소 신경을 쓴 인프라는 최상단 라우터에서 인터넷 ICMP를 필터링하여 ICMP 공격만으로는 네트워크에 치명상을 주지 못하게 합니다. ICMP 패킷을 최대한 강력하게 통제하고 싶다면 ACL 필터를 이용하여 외부에서 내부로 들어오는 ACL 필터는 ping 응답을 위한 echo reply 및 트레이스라우트를 위한 type 11, code 0 (time exceeded)만 허용 하고 내부에서 외부로 나가는 ACL 필터에는 나가는 ICMP echo정도만 허용하는 것을 권장합니다.

> **Tip.** 참고로 'hping을 이용한 방화벽 구간의 UDP 트레이스라우트'에서 살펴볼 것처럼 트레이스라우트는 OS에 따라 ICMP echo 혹은 UDP 패킷을 주로 사용합니다.

UDP 플러딩

두 번째로 살펴볼 UDP 플러딩 공격은 IP/UDP 스푸핑 트래픽을 많이 보내는 공격입니다. 특히 UDP 80 포트를 대상으로 UDP 플러딩 패킷을 보내는 경우가 많습니다. UDP 80이 HTTP 서비스용 UDP well-known 포트이기 때문입니다. 비록 실제 UDP 80 포트 기반으로 웹 관련 서비스를 제공하는 경우는 드물지만(HTTP/3, QUIC 제외) 이러한 웹 서버에 영향을 미치기를 바라며 트래픽을 보냅니다. 사실 웹 서버보다는 보안 장비/SLB 등 세션 기반 장비들이 IP 스푸핑 세션만큼 세션 테이블을 만들다가 치명적인 영향을 받을 수 있습니다.

공격자가 공격 대상을 면밀히 분석한 경우라면 더욱 강력한 영향을 미치기도 합니다. 예를 들어, VoIP나 실시간 방송 혹은 DNS 등의 UDP 서비스를 면밀히 분석한 뒤 관련 서버들을 타깃으로 UDP 플러딩 공격을 한다면 서비스에 치명상을 줄 수 있습니다. TCP와 달리 UDP 프로토콜 특성상 IP 스푸핑을 걸러내기 어렵기 때문입니다.

서비스 영향을 최소화하려면 애플리케이션을 개발할 때 UDP 패킷 내에 인증 정보를 넣어서 통신하도록 설계해야 합니다. 그 인증 정보를 통하여 정상적인 서비스 트래픽인지 공격 트래픽인지 애플리케이션 레벨에서 구분할 수 있어야 합니다. 다만 DNS와 같이 인증을 적용하기 어렵거나 불특정 다수를 위해 고안된 서비스라면 최악의 경우 per-IP rate-limit을 검토해야 할 수도 있습니다.

TCP 플러딩

TCP 플러딩은 지금껏 소개한 플러딩 공격 중에 가장 대중적이고 강력한 공격입니다. 그중에서도 대량의 TCP SYN 패킷을 보내는 **SYN 플러딩 공격**이 대표적입니다. IP 스푸핑으로 3-way handshake를 시도하면 어떻게 될까요? '3-way handshake'의 그림 12.1에서 볼 수 있듯이 서버가 SYN을 받으면 답장으로 SYN-ACK를 보낸 뒤 클라이언트의 ACK를 기다립니다 (SYN_RECEIVED 상태).

> **Tip.** SYN_RECEIVED 상태를 Half-open 상태 또는 태생기 상태Embryonic connection라고도 합니다.

그러나 공격자가 IP 스푸핑, 즉 가짜 src IP를 사용했다면 클라이언트 ACK는 영영 받을 수 없습니다. 따라서 서버의 TCP 세션은 SYN_RECEIVED 상태에 머무르게 될 것입니다. 만약 운이 좋다면 src IP의 진짜 주인이 SYN-ACK를 받아 RST 패킷을 보내줄 것입니다. 이 경우 서버의 해당 세션은 빠르게 삭제됩니다.

리눅스 서버에서 netstat 명령으로 확인해봤을 때 다음과 같이 SYN_RECV (SYN_RECEIVED) 상태가 비정상적으로 많다면 이러한 DoS 공격이 있다는 것을 추정해 볼 수 있습니다.

```
netstat check - SYN_RECEIVED

ethan@ubuntu:~$ sudo netstat -anp | grep SYN_RECV
tcp6       0      0 192.168.56.103:80       242.154.216.248:3600    SYN_RECV    -
tcp6       0      0 192.168.56.103:80       243.157.177.180:3379    SYN_RECV    -
tcp6       0      0 192.168.56.103:80       251.235.62.91:3388      SYN_RECV    -
...
ethan@ubuntu:~$ sudo netstat -anp | grep SYN_RECV | wc -l
5314 (← 하나의 서버 안에 총 5314개의 SYN_RECV 세션이 존재)
```

2 DoS 공격 완화 방법들

백로그 큐

리눅스 서버는 3-way handshake가 완료되지 못한 TCP 세션, 다시 말해 SYN_RECEIVED 상태의 세션 정보를 **백로그 큐**Backlog queue라는 곳에 담아 둡니다. 이 곳에 정보를 저장할 땐 5 tuple 정보와 더불어 TCP 타임스탬프, mss 및 TCP 옵션 값도 같이 저장합니다.

SYN 플러딩 공격으로 서버의 백로그 큐 사이즈가 넘치면 서버는 더 이상 새로운 TCP 세션을 받을 수 없게 됩니다. 이때 서버의 다른 리소스(CPU, 메모리 등)들은 거의 사용하지 않더라도 새로운 TCP 세션을 열지 못하여 서비스 장애를 겪게 됩니다.

리눅스에 설정된 백로그 큐 사이즈는 다음 커맨드를 통해 확인할 수 있습니다.

```
백로그 큐 사이즈 확인

ethan@ubuntu:~$ sudo sysctl -a | grep tcp_max_syn_backlog
net.ipv4.tcp_max_syn_backlog = 8096
```

이 예시 서버는 최대 8096 개의 SYN_RECEIVED 세션을 열 수 있습니다. DoS 공격을 조금이라도 완화시키기 위해 시스템 엔지니어들은 백로그 큐 사이즈를 미리 올려 두기도 합니다만 이는 임시방편일 뿐입니다.

스푸핑된 SYN 패킷의 백로그 큐 유지 시간

IP 스푸핑으로 SYN 플러딩 공격을 하면 '가짜' src IP이기 때문에 당연히 상대편으로부터 응답을 받을 수 없습니다. 그렇다면 SYN 플러딩 공격으로 인해 만들어진 백로그 큐 세션은 얼마 동안 살아 있을까요?

'RTO'에서 살펴보았듯이 RFC 6298의 initial RTO 값은 1초입니다. 더불어 리눅스에서는 SYN-ACK를 받지 못했을 때 5번까지 재시도하는 편입니다(다음 tcp_synack_retries 값 참조).

```
SYN-ACK 재시도 횟수 확인

ethan@ubuntu:~$ sudo sysctl -a | grep tcp_synack_retries
net.ipv4.tcp_synack_retries = 5
```

tcp_synack_retries 값이 5라면 최초 SYN-ACK을 보내고 1초 뒤부터 재전송을 시도하며 총 5번 재시도합니다. 재시도할 때마다 RTO 값은 이전 값의 2배로 증가합니다.[1]

---

[1] 이처럼 대기 시간을 2배씩 늘려가는 방식을 exponential backoff라고 합니다.

증가된 RTO 값, 즉 누적 시간을 순서대로 살펴보면 (+1s)1 → (+2s)3 → (+4s)7 → (+8s)15 → (+16s)31입니다. 최초 SYN-ACK을 보낸 시점으로부터 31초 뒤에 최종 SYN-ACK를 보내고 또 그 응답을 (RTO) 32초 동안 기다리게 됩니다. 결과적으로 총 63초가 지나야 비로소 관련 세션 정보를 백로그 큐에서 지웁니다.[2]

SYN-cookie

SYN 플러딩 공격을 막기 위한 가장 대중적인 방어법은 **SYN-cookie**입니다.

HTTP cookie

SYN-cookie를 보다 쉽게 이해하기 위해 **HTTP cookie**를 먼저 살펴보겠습니다. HTTP는 stateless 프로토콜입니다. 다시 말해 클라이언트와 서버 간 맺은 세션을 재활용하지 않습니다.[3] 대신 각 페이지를 열 때마다 '새로운' TCP 세션을 열고 닫으면서 정보를 주고받습니다. 이와 같은 stateless 구조라 하더라도 모든 이에게 동일 정보를 제공한다면 문제가 없습니다(예. 뉴스 페이지). 그러나 로그인한 유저들에게 각기 다른 정보를 제공한다면 이야기가 다릅니다. Stateless 프로토콜인 HTTP는 매번 새로운 TCP 세션을 사용하므로 해당 유저가 '기존에' 인증을 받았었는지 알 수 있어야 합니다(그렇지 않으면 새로운 TCP 세션을 맺을 때마다 다시 ID/PW를 입력해야 할 것입니다.).

앞서 'HTTP 인증'에서 살펴본 것처럼 HTTP는 쿠키를 통해 세션 ID를 주고받습니다. 예를 들어, 유저 A가 인증을 통과했다면 서버는 클라이언트(예. 브라우저)에게 "당신의 세션 ID는 a01입니다."라고 알려 줍니다. 이후 클라이언트는 접속할 때마다 ID/PW 대신 쿠키에 "내 세션 ID는 a01입니다."라고 전달하고 서버는 해당 세션 ID가 기존에 정상 인증을 받았는지 체크합니다. 물론 세션 ID로 'a01'처럼 간단한 문자열을 사용한다면 해커가 손쉽게 유추할 수 있기 때문에 실제로는 매우 길고 난해하며 복잡한 문자열을 사용하는 것이 일반적입니다.

> **Tip.** 세션 ID를 중간에서 가로채는 보안 공격을 HTTP 세션 하이재킹Session hijacking이라고 합니다.

---

[2] Linux kernel documentation의 tcp_synack_retries에서 'the final timeout for a passive TCP connection will happen after 63 seconds.' 참조 https://www.kernel.org/doc/Documentation/networking/ip-sysctl.txt

[3] HTTP keep-alive(HTTP persistent connection or HTTP connection reuse)를 사용하더라도 state 정보(예. 로그인 정보)가 HTTP 헤더에 담겨 있는 것은 아닙니다. state 정보는 쿠키 등을 이용하여 별도로 유지해야 합니다.

> **NOTE** 왜 HTTP는 stateless 프로토콜일까?

HTTP가 stateless 프로토콜인 가장 큰 이유는 성능 최적화 때문입니다. stateful 방식은 고객이 상담실에 들어가서 1:1로 상담원과 대화를 나누는 것과 같습니다. 상담실에 들어갈 때 한 번 신원을 파악한 뒤 줄곧 그 자리에 앉아서 자신의 용무가 모두 끝날 때까지 상담원의 시간을 점유합니다.

반면 stateless 방식은 처음 건물에 입장할 때 번호표(세션 ID)를 받고 매번 용무가 생길 때마다 줄을 서서 처리하는 방식입니다.

stateful 프로토콜

stateful 환경에서 상담원과 고객이 쉴 틈 없이 업무를 처리한다면 전혀 문제가 없습니다. 그러나 고객이 다른 누군가와 통화를 하거나 화장실에 다녀오는 등 자리를 비운다면 상담원은 그동안 놀게 됩니다.

대표적인 stateful 프로토콜로 **FTP**가 있습니다. FTP는 TCP 세션 하나를 열어 ID/PW를 인증하고, 해당 세션으로 파일도 주고받습니다. 이처럼 FTP가 stateful 프로토콜인 것은 서버와 클라이언트 간 커맨드(대화)는 작지만 서로 주고받는 파일이 크기 때문입니다. 간단히 말해 쉴 틈이 별로 없기 때문입니다.

stateless 프로토콜

반면 불특정 다수를 대상으로 작은 데이터를 주고받는 웹 서비스는 다릅니다. 어떤 웹 서버에 접속한 사람이 브라우저를 닫을 때까지 끊임없이 리소스를 요청한다는 건 사실상 불가능합니다. 사람이 웹 페이지 하나를 보는 데 수 초에서 수 분이 소모되기도 합니다.

100개의 HTTP 세션을 동시 처리할 수 있는 웹 서버를 stateful 방식으로 운영한다면 HTTP 100개 세션이 들어왔을 때부터 더 이상 세션은 받을 수 없게 됩니다. 반면 이를 stateless 방식으로 운영하고, 각 HTTP 세션을 10 ms 만에 처리할 수 있다면 1초 동안 무려 1만 개의 HTTP 세션을 동시 처리할 수 있게 됩니다. 이처럼 한 유저의 요청이 쉴 틈 없이 발생하는 환경이 아니라면 stateless로 운영하는 것이 유리합니다.

TCP SYN cookie

HTTP cookie와 비슷한 개념을 TCP 프로토콜 레벨에 적용한 것이 **TCP SYN cookie**입니다. TCP SYN cookie를 사용하면 서버가 SYN-ACK 패킷을 보낼 때 필수 정보만 추출해서 시퀀스 넘버(ISN)에 욱여넣고 백로그 큐에는 아무런 정보도 남기지 않습니다. 이후 클라이언트로부터 ACK 값을 받았을 때 시퀀스 번호 값을 추출·분석하여 자신이 보냈던 SYN-cookie가 맞는지 확인합니다. 맞으면 정상 유저이니 곧바로 TCP 커넥션이 완료되고, 맞지 않다면 공격 패킷으로 간주하고 받아들이지 않습니다. 만일 IP 스푸핑이었다면, 다시 말해 실제 존재하지 않거나 조작된 IP였다면 영영 응답을 받지 못할 것입니다. 뭐 어떻습니까? 백로그 큐에 저장한 것도 아닌데 서버도 영영 잊어버리면 그만입니다.

TCP SYN Cookie의 한계점

TCP SYN cookie가 완전한 해결책이었다면 모든 세션 장비에 기본적으로 탑재되었을 것입니다. 그러나 TCP SYN Cookie는 커다란 한계점이 있습니다. 다음 그림에서 보는 것과 같이 TCP 시퀀스 번호의 크기는 IPv4 IP 주소와 같은 크기인 4 bytes(32 bits)에 불과합니다.

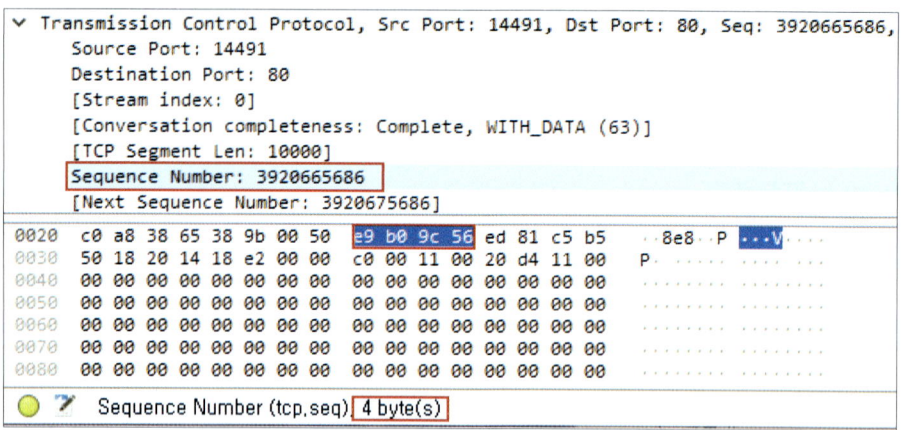

▶ 그림 21.1 TCP 시퀀스 번호 필드

4 bytes 필드에는 담을 수 있는 정보가 그리 많지 않습니다. 백로그 큐에 저장되는 데이터 양에 비해 턱없이 작죠. 여기에 실릴 수 있는 정보는 다음과 같습니다.

- 타임스탬프(5 bits)
- MSS(3 bits)
- Src/dst IP 및 포트를 토대로 계산한 해시 값(24 bits)

정상적으로 백로그 큐를 사용하면 SACK^{Selective acknowledgment}나 윈도우 스케일링^{Windos scaling} 등 성능에 이로운 영향을 줄 수 있는 각종 TCP 옵션들을 사용할 수 있습니다. 허나 TCP SYN cookie를 사용하면 이러한 부가적인 TCP 옵션들을 사용할 수 없습니다.[4] 많은 시스템이 이러한 제약 사항으로 TCP SYN cookie가 활성화되어 있어도 항상 동작하는 것이 아니라 백로그 큐 용량을 넘어설 때 비로소 동작하는 편입니다.

SLB/방화벽의 TCP SYN Cookie

리눅스 서버뿐 아니라 SLB 장비나 방화벽에서도 SYN cookie 기능을 제공하는 경우가 많지만 특정 dst IP에 대한 SYN 유입량이 임계치를 넘으면 동작하는 편입니다. 그러나 임계치 관리가 까다롭다는 문제가 있습니다. 갑자기 이벤트성으로 실제 유저 트래픽이 들어오기도 하고, 알게 모르게 서비스 트래픽이 조금씩 늘다가 어느 날 갑자기 임계치를 넘는 경우 등이 발생합니다. 그렇다고 또 임계치를 너무 높게 잡으면 공격이 일어나도 TCP SYN cookie가 동작하지 않습니다.

이러한 임계치 모니터링 한계를 극복하기 위해 DoS·DDoS 방어 솔루션들은 트래픽 패턴을 학습합니다. 짧게는 일주일, 길게는 몇 달 동안 트래픽 패턴을 추적하면서 '무슨 요일, 어느 시간대에는 트래픽이 얼마나 들어왔었구나.'라고 기억합니다. 이후 트래픽이 자연 증가하면 '이 시간대에 이 정도 트래픽 늘어난 건 별일 아니네.'라고 판단할 수 있게 됩니다. 더불어 이벤트 형태의 트래픽은 어느 선까지는 정상이라고 판단할 것인지 자체 룰을 만듭니다. 이후 학습된 임계치를 넘을 때 비로소 TCP SYN cookie와 같은 방어 체계를 동작시킵니다.

지금까지 IP 스푸핑을 기반으로 한 DoS 플러딩 공격을 알아봤습니다. DoS 공격은 IP 스푸핑을 하기 때문에 한 대의 PC에서 src IP를 랜덤하게 만들어 대량 공격할 수 있습니다. 허나 역추적의 위험이 있고 SYN-cookie 등의 방어 수단으로 공격이 차단되기도 합니다. 그래서 공격자들은 좀 더 지능적인 방법, 즉 DDoS 공격을 고안했습니다.

---

[4] 2008년경에 TCP 타임스탬프 헤더를 활용하여 일부 TCP 옵션을 추가 제공할 수 있도록 패치되었습니다. Improving syncookies(https://lwn.net/Articles/277146 및 https://lore.kernel.org/all/1206922182-2214-1-git-send-email-fw@strlen.de/) 참조

21.2 DDoS 공격

DoS와 달리 **DDoS**Distributed Denial Of Service attack는 IP 스푸핑이 아닌 실제 존재하는 컴퓨터들이 실제 IP로 공격하는 방식으로, 파급력이 훨씬 큽니다. 이들 대부분은 바이러스에 걸린 좀비 컴퓨터(봇넷Botnet)이며 유저도 모르게 특정 사이트를 공격하는데 동참합니다. 공격자들은 C&CCommand&Control 서버를 통해서 좀비 컴퓨터들을 관리합니다(C&C 서버도 대부분 해킹당한 서버입니다.). C&C 서버로부터 명령을 받기 전까지 좀비 컴퓨터들은 아무런 보안 공격을 하지 않다가 C&C 서버로부터 명령을 받으면 일사불란하게 공격을 수행합니다.

네트워크 보안의 기본은 실제 유저 세션과 공격용 세션을 구분하는 것에서 시작합니다. 그러나 DDoS 공격용 컴퓨터들은 모두 실존하는 컴퓨터들이고 자신의 IP를 활용하기 때문에 실제 유저 트래픽과 이들을 구분 짓는 것이 매우 어렵습니다.

1 DDoS 공격 유형

DDoS 공격은 다양한 형태의 공격을 동시에 퍼붓는 경향이 강합니다. 구체적으로 DoS 공격, 즉 IP 스푸핑을 기반으로 한 TCP, UDP, ICMP 플러딩 공격을 하면서 동시에 **HTTP플러드**HTTP flood와 같은 세션 기반 DDoS 공격을 합니다. 이는 대용량 HTTP 명령(예. GET)을 대량 반복 요청하는 공격입니다. 단순 HTTP GET 공격뿐 아니라, RUDYR-U-Dead-Yet 나 Slowloris처럼 지능적인 공격을 하기도 합니다.

RUDY(R-U-Dead-Yet)

RUDY 공격은 HTTP의 Content-Length 헤더 취약점을 활용합니다. Content-Length 헤더는 내가 보낼 메시지의 크기가 몇 byte인지 상대편에게 알려 주는 헤더입니다. RUDY 공격에서는 이 헤더를 사용해 "10000 bytes를 보낼 테니 기다려 주세요."라고 알린 뒤 한 글자, 또 잊을 만하면 한 글자씩 보내는 공격입니다. HTTP 서버는 하염없이 전송 완료를 기다리느라 다음 요청을 처리하지 못합니다. 이처럼 RUDY 공격은 의도적인 딜레이를 일으켜서 리소스를 빼앗는 공격입니다.

Slowloris 공격

Slowloris 공격도 RUDY 공격과 유사합니다. 정상적인 HTTP 헤더라면 맨 마지막에 CRLF$^{Carriage\ Return\ Line\ Feed}$가 있어야 합니다. 쉽게 말해 개행 문자, 즉 줄바꿈입니다. 문장을 끝내면 [Enter] 키를 눌러 다음 문장으로 넘어가듯이 HTTP 헤더도 엔터 표시가 있어야 헤더 메시지가 끝난 것으로 간주합니다. 글자로 CRLF는 "\r\n\r\n"라고 표기하고 ASCII 로는 "0D 0A 0D 0A"라고 표기합니다. Slowloris 공격은 일부러 이 문자를 보내지 않는 공격입니다. 그럼 서버는 CRLF를 멍하니 기다리게 됩니다.

이 공격을 당한 서버는 얼만큼 기다리다 세션을 끊을까요? 즉, 타임아웃^{Timeout}이 얼마나 될까요? 웹 서버 애플리케이션마다 다르지만 기본값으로 20-60초 내외입니다(아파치^{Apache}의 경우 RequestReadTimeout). 다시 말해, 수십ms 안에 처리가 되었어야 할 HTTP 세션이 최소 20초 이상 유지되는 것입니다. 예를 들어, 100 Rps를 처리할 수 있는 아파치 서버에 100개의 Slowloris 공격 세션이 들어오면 해당 서버는 20-60초 동안 신규 세션을 열 수 없게 됩니다. 공격 세션들이 타임아웃될 때까지 CPU나 메모리는 거의 사용하지 않지만 서비스는 장애를 맞이하게 됩니다.

DoS·DDoS 공격 패턴

지금까지 살펴본 것처럼 DoS와 DDoS 공격은 주로 2가지 패턴을 사용합니다.

- 첫째, 대량의 공격 트래픽 전송
- 둘째, 세션을 맺은 뒤 해당 세션이 정상적으로 닫히지 못하도록 의도적인 딜레이를 만들어 리소스를 빼앗는 형태

그 밖에 여러 프로토콜 취약점을 이용하지만, 이 2가지 패턴을 크게 벗어나진 않습니다.

2 DoS·DDoS 공격 완화

그럼 DDoS 공격은 어떻게 막을 수 있을까요? 여러 방안이 있지만 모두 쉽지 않습니다. 가장 근본적인 해결법은 좀비 컴퓨터를 수집 및 샘플링한 뒤, C&C 서버를 역추적하여 해킹당한

C&C 서버를 정상화하는 것입니다. 그러나 외국, 특히 공조가 어려운 제3국가에 C&C 서버가 있다면 IP를 찾아내도 직접적인 조치를 취하기 어려운 경우가 많습니다.

국가적인 차원에서 C&C 서버를 차단하는 방법도 있습니다. 비록 해외 C&C서버 → 해외 좀비 컴퓨터 접근 차단은 어렵지만, 해외 C&C 서버 → 국내 좀비 컴퓨터는 국내 통신 사업자들 도움을 받아 차단할 수 있습니다. 다만 국가적인 이벤트 혹은 대형 고객사가 아닌 이상 통신 사업자들의 직접적인 도움을 받기 어려울 수 있습니다.

또 다른 방안으로 좀비 컴퓨터(바이러스) 치료가 있습니다. 그러나 이를 위해서는 좀비 컴퓨터 유저들이 이상을 감지하고 조치를 취해야 합니다. 그러나 좀비 바이러스는 유저가 컴퓨터 이상을 느끼지 못하는 선에서 리소스를 탈취합니다. 컴퓨터 내부 리소스(예. CPU) 혹은 트래픽 리소스를 과하게 사용하면 유저가 이상을 감지하고 백신 프로그램 등으로 바이러스를 제거하기 때문입니다.

살펴본 방어 전략을 실행하기 어렵다면 자체적인 방어 시스템을 구축하여야 합니다.

3 ACL

IDS 장비는 RUDY, Slowloris 외에 수많은 공격 패턴을 인지할 수 있으므로 이를 보유하고 있다면 좀비 컴퓨터들의 IP를 어렵지 않게 추려낼 수 있습니다. 만일 IDS가 없다면 개별 서버 로그 혹은 netstat, ss, tcpdump 등의 리눅스 커맨드로 공격자 IP를 추출할 수 있겠지만 시간 소모가 심할 뿐 아니라 오탐 False positive detection 의 가능성도 높습니다. 따라서 적극적으로 DoS·DDoS 공격을 방어하려면 IDS 등의 보안 장비를 구축·이용하는 것을 강력 권장합니다.

IDS를 이용하여 공격자들(좀비 컴퓨터)의 IP를 추출하였다고 가정해보겠습니다. 공격자IP 추출은 끝이 아니라 시작입니다. 만일 공격자 IP가 10만 개라면 이를 어떻게 차단해야 할까요? 네트워크 장비 ACL? 개별 서버들의 iptables? 사실 네트워크 장비의 ACL로 막는 건 한계가 큽니다. 노후화된 라우터 혹은 스위치는 ACL 엔트리 개수가 작을 뿐 아니라 다량의 ACL을 업데이트할 때 컨트롤 플레인 CPU가 과도하게 소모되는 경향이 있습니다. 더 나아가 다량의 ACL 엔트리를 입력할 경우 포워딩 성능이 감소하기도 합니다(그럼에도 불구하고 ACL로 공격자를 차단하겠다면 필터링 자동화를 구축·운영하는 것을 권장합니다.).

다른 방안으로 리눅스 서버들의 iptables을 이용하여 공격자 IP를 차단할 수도 있지만, 10만 개나 되는 공격자 IP를 iptables 엔트리에 담아 배포하는 것부터 어렵습니다. 또한 '12.2 SLB 알고리즘과 토폴로지'에서 살펴본 것처럼 CPU 코어 일부만 사용률이 높아질 수 있습니다.

마지막으로 NAT를 사용하는 인프라의 경우 최대 수십만 명이 하나의 공인 IP를 사용할 수 있습니다. 만일 NAT IP로 공격한 것이 감지되어 해당 IP를 차단했다면 수만 명의 유저가 동시에 차단될 수 있습니다. 이처럼 단순 ACL을 이용한 공격 차단은 한계가 많기 때문에 보다 근본적인 DoS·DDoS 해결책이 필요합니다.

스크러빙 센터

가장 안정적인 DoS·DDoS 차단법은 보안 공격 방어 시스템들을 모아둔 **스크러빙 센터**Scrubbing center(트래픽 정화 센터)를 구축하는 것입니다. 스크러빙 센터는 악의적인 트래픽 제거를 위해 다양한 보안 솔루션을 갖춘 인프라입니다. 이곳에서는 실시간으로 서비스 트래픽을 모니터링하다가 DoS·DDoS 공격 등이 감지되면 BGP over GRE 등의 기술을 이용하여 관련 트래픽을 스스로 끌어온 뒤 공격 트래픽은 필터링하고 정상 트래픽만 내보냅니다.

스크러빙 센터는 매우 안정적인 DoS·DDoS 방어 시스템이지만 구축·관리 비용이 높습니다. 따라서 소규모 사업자의 경우 일정 금액을 지불하고 대형 사업자(예. ISP)의 서비스를 제공받는 편입니다.

라우트 인젝션

공격 트래픽을 필터링하는 것은 보안 장비의 역할이지만, 이들에게 트래픽을 전달하는 것은 결국 네트워크 장비의 역할입니다. 이 과정에서 전체 서비스 트래픽이 아닌 공격 대상의 서비스 트래픽만 끌어와야 보안 장비 리소스를 최대한 보호할 수 있습니다. 이처럼 특정 트래픽을 제3의 목적지(예. 스크러빙 센터)로 유도하는 기술을 **라우트 인젝션**Route injection이라고 하는데 트래픽 엔지니어링이 가능한 BGP를 주로 활용합니다.

그림으로 보다 자세히 살펴보겠습니다. 다음 그림에서는 라우트 인젝션으로 보호 대상 서비스 Victim's service 트래픽, 203.0.113.1을 스크러빙 센터까지 끌어오는 여정을 그렸습니다. 스크러빙 센터에서는 공격 트래픽을 필터링하고 정상 트래픽은 내려보내고 있습니다.

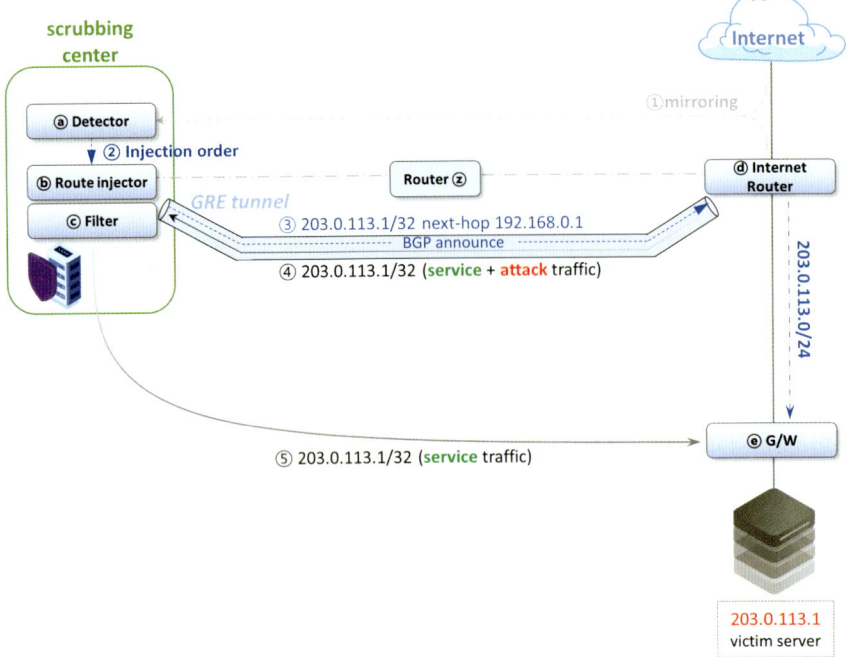

▶ 그림 21.2 라우트 인젝션

그림속 각 단계를 자세히 살펴보면 다음과 같습니다.

① ⓐ detector가 서비스 트래픽을 미러링(혹은 샘플링)하며 실시간 모니터링합니다.

② 203.0.113.1을 목적지로 하는 공격이 탐지되자 ⓐ detector는 ⓑ route injector에게 203.0.113.1 트래픽을 끌어오라고 BGP로 명령합니다.

③ ⓑ route injector는 ⓓ internet router에게 203.0.113.1/32의 다음-홉을 ⓒ filter의 IP, 192.168.0.1로 (GRE 터널을 통해) 광고합니다.

④ 본래 ⓓ internet router는 하단 ⓔ G/W 스위치에게 203.0.113.0/24 대역 트래픽을 보내고 있었지만 longest match rule에 따라 (GRE 터널을 통해) ⓒ filter에게 트래픽을 전송합니다.

⑤ ⓒ filter는 공격 트래픽을 걸러내고 정상적인 서비스 트래픽만 ⓔ G/W 스위치에게 내려 보냅니다.

ⓑ route injector와 ⓒ filter 그리고 ⓓ internet router는 GRE 터널을 이용하여 서로 통신합니다. 왜 굳이 GRE를 사용했을까요? 결론부터 말하자면 Router ⓩ 때문입니다.

만일 GRE를 사용하지 않는다면 BGP 블랙홀을 막기 위해 ⓑ route injector와 ⓓ internet router 사이에 모든 라우터가 BGP 네이버십을 맺고 있어야 합니다. 만일 router ⓩ가 수십 대 존재한다면 그 모든 라우터가 서로 BGP 네이버십을 맺어야 합니다. 더욱이 감시 및 보호해야 할 ⓓ internet router가 10대라면 이 라우터들의 중간 경로 라우터들도 모두 BGP를 설정하고 운영해야 합니다. 이로 인한 관리 + 운영 리소스가 크게 높아집니다.

그러나 GRE 터널을 사용하면 스크러빙 센터로 끌려 가는 패킷의 outer tunneled (delivery) 헤더가 ⓓ internet router → ⓒ filter IP 주소로 보이게 됩니다. 덕분에 스크러빙 센터 내부 시설 IP를 인터넷 네트워크에 노출하지 않아도 될 뿐 아니라 경로 중간 ⓩ 라우터들이 BGP를 활성화하지 않아도 됩니다.

> **Tip.** 터널링 프로토콜로 GRE 대신 IPsec이나 MPLS 등의 프로토콜을 사용해도 무방합니다.

DoS·DDoS 완화 기법

보안 공격 방어 시스템들은 어떻게 DoS·DDoS 트래픽을 필터링할까요? DDoS 좀비 컴퓨터들은 주로 통신 프로토콜의 취약점을 파고들어 공격합니다. 반대로 방어 시스템은 좀비 컴퓨터에 심어진 공격 코드의 허점을 노립니다.

인터넷 유저들이 사용하는 웹 브라우저는 수많은 개발자의 노력으로 만들어진 프로그램으로, 매우 정교하게 HTTP 표준을 따릅니다. 반면 DDoS 공격 코드들은 공격에만 특화되어 있기 때문에 로직이 단순한 경우가 많습니다. 달리 말하면 예외 처리가 잘 안 되는 경우가 많습니다. 이러한 한계점을 노리고 DDoS 방어 시스템은 공격 프로그램이 해석하기 어려운 응답을 보냅니다. 정상적으로 예외 처리를 했다면 웹 브라우저를 사용하는 실제 유저로 간주하고, 못한다면 공격 트래픽으로 간주합니다.

웹 챌린지

가장 대표적이고 직관적인 방어 방법은 HTTP 302 리다이렉션 코드 Redirection code입니다. HTTP 302 리다이렉션 코드는 현재 접속한 페이지가 아닌 다른 페이지로 이동하라는 HTTP (response status) 코드입니다. 예를 들어, www.example.com 페이지에 접속하면 302 리다이렉션 코드로 현재 서비스되는 URL은 "real-service.example.com입니다. 여기로 다시 접속하세요."라고 알려 줍니다.

일반 브라우저라면 이 기본적인 HTTP 상태 코드를 자연스럽게 해석하고 따릅니다. 그러나 공격 프로그램은 이를 해석하지 못하고 현재 서비스되고 있는 URL이 아닌 기존 URL, 즉 www.example.com에만 공격을 시도합니다. 덕분에 실제 서비스 인프라는 공격을 받지 않게 됩니다.

최근에는 HTTP 302 리다이렉션 방어법이 많이 알려지면서 이를 정상 처리할 수 있는 공격 툴들이 많아졌습니다.

자바스크립트 웹 챌린지

공격법 진화에 맞춰 방어 전략도 한 단계 업그레이드되어 간단한 HTTP 상태 코드가 아니라 자바스크립트Javascript(이하 JS)를 이용해 방어하는 형태로 발전하였습니다.

JS 페이지 리다이렉션 코드

```
<script>
document.addEventListener("DOMContentLoaded", function(){
  location.replace("https://real-www.example.com")
});
</script>
```

예시 코드는 HTTP 302 리다이렉션 코드와 동일한 효과를 가진 JS입니다. 최대 500여 개로 한정된 HTTP 코드와 달리 JS는 프로그래밍 언어이기 때문에 수많은 변수를 만들 수 있고 같은 동작을 수 천만 가지 방식으로 코딩할 수도 있습니다. 이 예시의 JS 페이지 리다이렉션 코드도 하나의 예시일 뿐 여러 방식(예. JQuery)으로 다르게 코딩할 수 있습니다. 이와 같은 JS를 정상적으로 해석하고 예외 처리를 할 수 있으려면 크롬의 V8과 같은 JS엔진이 필요합니다. 이는 공격 프로그램에게 큰 걸림돌이 됩니다.

지금까지 살펴본 방어 기법들은 웹 페이지 코드에 숨겨진 문제를 맞히는지 검사하는 방식입니다. 이들을 통틀어 **웹 챌린지**web challenge라고 합니다.

CAPTCHA

최근에는 웹 챌린지보다 발전된 형태의 DoS · DDoS 방어법이 사용되고 있습니다. 바로 **CAPTCHA**입니다. 수학자이자 과학자인 앨런 튜링Alan Turing은 1950년 한 논문을 통해 기계(인공지능, AIArtificial Intelligence)가 인간의 지능에 도달했는지를 테스트할 수 있는 방법을 제시했습니다. 테스트 방법은 간단합니다. 한 사람이 기계와 사람 각각과 글로 대화한 뒤 그 내용만으로 어느 쪽이 기계인지 구분하는 것입니다. 구분할 수 없다면 기계가 인간의 지능에 준하는 지능을 가진 것이라고 보았습니다. CAPTCHA의 본딧말 'Completely Automated Public

Turing test to tell Computers and Humans Apart'에서 'Turing test'가 바로 이 튜링이 제시한 테스트를 말합니다.

CAPTCHA를 이용한 방어법, 즉 CAPTCHA 챌린지는 인간만이 해결할 수 있을 법한 질문을 한 다음 그 응답에 따라 사람과 봇을 구분하는 방어법입니다. 초창기 CAPTCHA는 다음과 같이 문자를 맞히는 형태였습니다. 즉, 문자를 비틀거나 스크램블Scramble 등을 넣어서 컴퓨터가 해석하기 어려운 비정형Unstructured 문자들을 만들고 이를 해독하도록 했습니다.

NEtWork Enginee ring insight

▶ 그림 21.3 초창기 CAPTCHA

그러나 AI 기술이 점차 발달하면서 문자 기반 CAPTCHA도 통과할 수 있을 정도로 기술이 발전했습니다. 봇이 CAPTCHA를 해석할 수 있게 된 것입니다. 따라서 근래에는 보다 더 비정형적인 CAPTCHA를 사용합니다. 예를 들어, 다음 그림처럼 도로 교통 표지판이 있는 타일을 고르라는 질문 등을 합니다. 사람이라면 길가를 먼저 살핀 뒤 횡단보도 인근 노란색 도로 교통 표지판 타일을 선택하는 데 큰 어려움을 겪지 않습니다.

▶ 그림 21.4 최근 CAPTCHA 이미지(출처: unsplash.com/photos/s4OR-f4e08, unsplash.com, Annie Spratt)

허나 컴퓨터는 먼저 '도로 교통 표지판'이 무엇인지 이해해야 하며 그림의 수많은 간판, 표지판, 광고판 등을 분석해야 합니다. 즉, 단순 문자열 CAPTCHA에 비해 난이도가 급상승하게 됩니다. 또 다른 CAPTCHA 기법으로, 웹 페이지에서 유저가 클릭 및 입력했던 내용들을 분석하여 로봇이 아닌 사람에 가까운 행동 양식을 보였는지 등을 확인하기도 합니다.

그러나 최근 AI 기술이 급격하게 발전함에 따라 사람과 프로그램을 구분하기가 점점 더 어려워질 전망입니다. 이에 따른 새로운 방어 전략이 등장하게 될 것입니다.

tarpit

보다 적극적인 DDoS 방어법으로 **tarpit**이라는 방어 기법이 있습니다. tarpit은 미국의 보안 전문가인 톰 리스턴Tom Liston이 고안한 기법으로, 초기 아이디어는 공격자 컴퓨터와 3-way handshake를 맺고 세션 정보를 지운 뒤 모든 패킷에 응답하지 않는 것이었습니다. 서버로부터 ACK와 같은 패킷을 받지 못하면 좀비 컴퓨터는 TCP 재전송 동작을 합니다. 만일 좀비 컴퓨터 OS가 리눅스라면 응답을 받으려고 재시도를 하는데, 기본값이 `tcp_retries2` 설정 값에 따라 무려 15입니다. 즉, ACK를 받기 위해 15번 시도하고 나서야 비로소 공격자 컴퓨터는 세션을 삭제할 수 있습니다.

결과적으로 tarpit은 일부러 공격자 패킷에 응답을 주지 않아서 역으로 공격자 컴퓨터의 리소스를 고갈시키는 것입니다. 얼핏 보면 공격에 대한 복수 정도로 보일 수 있지만 궁극적으로는 좀비 컴퓨터 유저가 이상을 느끼고 공격 툴 제거를 유도하는 것이 목표입니다.

그러나 tarpit의 효용성에 관한 반론도 적지 않습니다. 좀비 컴퓨터의 세션을 모두 고갈시켜야 유저가 이상을 감지할 수 있을 텐데 그 수가 너무 크기 때문입니다. OS별로 차이가 있지만, OS 하나가 동시에 열 수 있는 세션 수는 대략 10000 개 내외입니다. 윈도우의 경우 MaxUserPort라는 registry로 오픈 가능한 세션 수를 제한하고, 오래된 윈도우 버전은 기본값이 5000 정도였습니다. 즉, 5000개의 세션을 모두 사용하면 컴퓨터는 더 이상 새로운 세션을 열 수 없게 됩니다. 쉽게 말해, 인터넷이 안 됩니다. 그럼 유저가 이상을 감지하고 바이러스 스캔 등의 조치를 취할 것입니다.

그러나 근래에는 이 수치가 10000 내외까지 증가하였으며 그 많은 숫자의 세션을 tarpit으로 모두 고갈시키기 어려울 가능성이 높습니다. tarpit를 사용하더라도 좀비 컴퓨터에 주는 영향이 미미할 수 있고 tarpit의 옵션이나 튜닝이 잘못되면 실제 공격 상황이 아님에도 서비스 장애가 발생할 수 있습니다. 이렇듯 tarpit에 대한 회의적인 시각도 존재하므로 관리자의 현명한 판단이 필요합니다.

기타 방어법

리눅스에서 tarpit을 사용하려면 iptables extension 중 xtables-addons을 설치하여야 합니다. 이 확장 기능에는 IP별 국가를 확인해주는 GeoIP 모듈이 포함되어 있습니다. 이 모듈을 이용하면 특정 국가에서 들어오는 트래픽을 허용하거나 차단할 수 있습니다. 예를 들어, 국내 IP만 허용하거나 특정 국가IP만 차단할 수 있습니다.

근래에는 평판[Reputation] 정보를 활용한 보안 기법도 있습니다. 평판 정보란 보안 전문 기업들이 전 세계 보안 장비에서 자체 수집한 정보로 만든 공격 패턴 DB입니다. 이 정보를 사용하면 어떤 IP가 공격용으로 사용되고 있는지, 최신 멀웨어[Malware]는 어떤 파일 시그니처[File signature]를 가지고 있는지 등을 알 수 있습니다. 정보가 실시간으로 업데이트된다는 큰 장점이 있으나 특정 보안 기업의 솔루션을 도입·구축해야 한다는 제약 사항도 있습니다.

CHAPTER 22
설정 관리

Chapter 22에서는 네트워크 장비 관리를 용이하게 해주는 2가지 주제를 살펴보고자 합니다. 첫 번째 주제는 필터링 자동화입니다. 특수 장비가 없더라도 네트워크 장비 ACL을 이용하면 IT 인프라를 적극적으로 보호할 수 있습니다. 덕분에 많은 곳에서 ACL을 이용하지만, 엔트리 개수가 많아질수록 관리가 어려워집니다. 따라서 필터링을 중앙 집중형으로 관리하는 방법에 대해 살펴보겠습니다. 두 번째 주제는 설정 자동화입니다. 근래 네트워크 장비는 다양한 형태의 자동화 기능을 제공하여 업무 효율성을 크게 높여 줍니다. 네트워크 장비 설정을 자동화해주는 프로토콜별 특징과 한계점을 알아보려고 합니다.

Roadmap

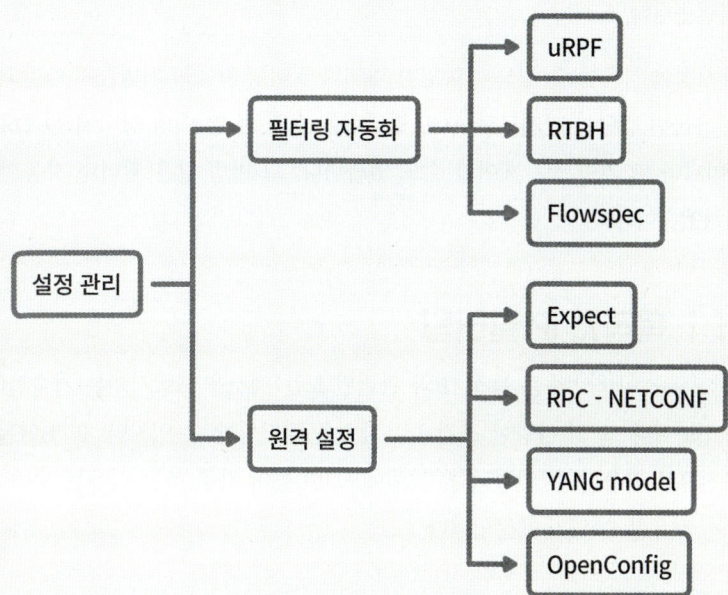

22.1 필터링 자동화

먼저 살펴볼 주제는 필터링 자동화Filtering automation입니다. ACL 필터링은 적은 리소스로도 극적인 보안 효과를 기대할 수 있지만 장비별로 개별 설정해야 하기 때문에 보안 공격 발생 시 신속한 대응이 어렵습니다.

이러한 제약 사항을 극복할 수 있도록 다양한 형태의 필터링 자동화 기법들이 개발되었습니다. 이들을 잘 활용하면 간단한 커맨드로 ACL 필터링을 수백, 수천 대의 장비에 신속하게 전파할 수 있을 뿐 아니라 웹 기반으로 제어할 수도 있습니다. 그 마법 같은 필터링 자동화 기법들을 살펴보도록 하겠습니다.

1 RTBH ┆ 목적지 IP 필터링

RTBH^{Remotely Triggered Black Hole}는 특정 IP와 관련된 모든 패킷을 드랍시키는 기술입니다. ACL의 경우 5 tuple이나 그 외 다양한 조건으로 패킷을 필터링할 수 있지만, RTBH는 src 혹은 dst IP만 조건으로 사용할 수 있습니다. 그럼에도 ISP들이 자주 쓰는 이유는 수백 수천 대의 라우터에 동시 적용할 수 있기 때문입니다.

uRPF

RTBH는 **uRPF**^{Unicast Reverse Path Forwarding}라는 기술을 활용합니다. 다음 그림은 uRPF가 사용되는 예시입니다. 그림에서 빨간색 패킷이 203.0.113.1:80을 향하고 있습니다. 헌데 잘 보면 해당 패킷의 src IP도 203.0.113.1입니다. 패킷의 src/dst IP가 동일할 수도 없고, 외부에서 들어오는 패킷인데 데이터 센터 내부의 IP를 src IP로 가지고 있을 수도 없습니다.

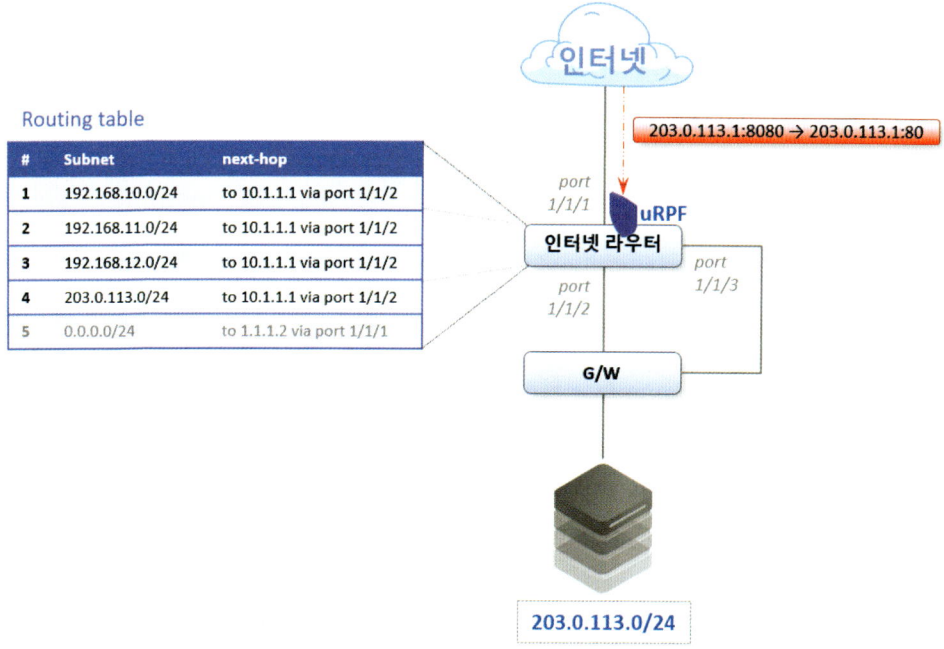

▶ 그림 22.1 uRPF

이와 같은 패킷은 LAND[Local Area Network Denial] 공격처럼 내부 인프라에 악영향을 주기 위한 공격용 패킷입니다. 이러한 이상[Malformed] 패킷을 필터링할 때 uRPF를 유용하게 사용할 수 있습니다.

> **NOTE** **LAND 공격이란?**
>
> LAND 공격이란 src IP를 내부 IP로 설정해 불필요한 세션을 만드는 공격입니다. 예를 들어, 공격 대상 서버의 IP가 192.168.0.1이라고 가정하면 패킷의 src와 dst가 동일하게 192.168.0.1:8080 (SYN)→ 192.168.0.1:80으로 만들어 보냅니다. 그럼 서버는 192.168.0.1: 80(SYN/ACK)→ 192.168.0.1:8080으로 응답 패킷을 보내며 내부에 불필요한 세션을 만듭니다. 또는 192.168.0.1(ping) → 192.168.0.1 패킷을 보내 서버 내부에서 TTL이 종료될 때까지 ping 루프가 반복되며 리소스를 고갈시키기도 합니다.

uRPF 동작 방식은 다음과 같습니다.

① 외부(인터넷) 인터페이스에서 들어오는 패킷의 src IP가
② 라우팅 테이블에 없는 서브넷일 경우 그리고 넥스트 홉 인터페이스가 다를 경우 해당 패킷을 드랍합니다.

일반적인 네트워크 장비는 목적지 기반 패킷 포워딩을 하기 때문에 패킷의 dst IP만 확인합니다. 반면 uRPF가 활성화된 ASIC은 src IP가 라우팅 테이블에 존재하는지, 올바른 경로에서 들어온 것인지 확인합니다. 그림 22.1을 다시 살펴보면서 구체적인 uRPF 동작 방식을 살펴보겠습니다.

그림을 보면 포트 1/1/1에 uRPF를 설정했습니다. src IP가 203.0.113.1인 패킷이 들어오면 인터넷 라우터는 자신의 라우팅 테이블(FIB)에 203.0.113.1 관련 대역이 있는지 확인합니다. 이후 과정은 2가지 모드로 나뉩니다.

① **Loose 모드**: 라우팅 테이블(FIB)을 보고 서브넷이 존재하면 허용. 없으면 드랍
② **Strict 모드**: 라우팅 테이블(FIB) + 넥스트 홉 인터페이스 정보를 조합하여 필터링

Loose 모드 uRPF

Loose모드 uRPF는 라우팅 테이블 존재 여부만 체크합니다. 예를 들어, 앞서 그림에서 203.0.113.1 → 203.0.113.1:80 공격 패킷이 들어왔을 때 라우팅 테이블에 203.0.113.0/24 서브넷 대역이 존재하면 해당 공격 패킷은 uRPF 룰을 통과해서 인프라 내부로 들어오게 됩니다. 이때 라우팅 테이블에 5번 엔트리와 같은 디폴트 라우팅Default routing, 0.0.0.0/0이 존재한다면 큰 문제가 됩니다. 모든 패킷이 디폴트 라우팅에 매칭될 것이기 때문에 결국 모든 패킷이 허용되기 때문입니다(벤더에 따라 디폴트 라우팅 체크 여부를 옵션으로 변경할 수도 있습니다.).

사실 Loose 모드 uRPF로는 src IP가 스푸핑된 패킷을 필터링하기 어렵습니다. 심지어 RFC에서도 권장하진 않는다고 언급할 정도입니다.[1] 그럼 대체 언제 쓰일까요? 일반적으로 둘 중 하나입니다. Martian IP처럼 인터넷에서 사용할 수 없는 이상한 IP를 차단하거나 아니면 다음 학습에서 알아볼 RTBH 용도입니다.

---

1 RFC 3704(2004), 〈Ingress Filtering for Multihomed Networks〉, 'section-4.1: ⋯ Therefore, the use of Loose RPF cannot be recommended', except as a way to measure whether "martian" or other unrouted addresses are being used.

> **Tip.** Martian IP는 사설 네트워크 대역(예. 10.0.0.0/8)처럼 공인 네트워크에서 사용할 수 없는 특수 예약(special-purpose) 대역을 가리키는 용어로 Bogon IP라고도 불립니다. 인터넷 초창기에는 IANA에서 아직 할당되지 않은 IP 대역들을 포함하기도 하였으나, 현재는 IPv4 할당이 완전히 끝났기 때문에 특수 예약된 대역만 의미합니다.

Strict 모드 uRPF

Strict 모드 uRPF를 사용했을 때 비로소 이상^{Malformed} 패킷을 완전히 차단할 수 있습니다. Strict 모드 uRPF는 라우팅 테이블 + 넥스트 홉 인터페이스 정보를 조합하여 필터링합니다. 라우팅 테이블 엔트리 #4에서 203.0.113.0/24 프리픽스 대역의 넥스트 홉은 포트 1/1/2입니다. 역으로 말해서 src IP가 203.0.113.0/24인 패킷은 포트 1/1/2에서 와야 합니다.

Strict 모드 uRPF는 패킷이 들어온 인그레스 인터페이스가 src IP의 넥스트 홉 인터페이스가 아닐 경우 드랍합니다. 쉽게 말해, 패킷이 나가는 곳과 들어오는 곳이 같아야 합니다. 예를 들어, 앞서 그림의 포트 1/1/1에 uRPF Strict 모드를 설정했다면 라우터는 src IP가 203.0.113.0/24 대역에 속하는 패킷들은 모두 포트 1/1/2에서 올 것이라고 기대하고 있습니다. 헌데 뜬금없이 src IP가 203.0.113.1인 패킷이 포트 1/1/1로 들어오면 드랍합니다.

Strict 모드 uRPF를 외부(인터넷) 경계 인터페이스(그림의 포트 1/1/1)가 아닌 내부 인터페이스에 적용할 땐 각별히 주의해야 합니다. 예를 들어, 포트 1/1/3에 strict 모드 uRPF를 적용했는데, src IP가 203.0.113.1인 패킷이 포트 1/1/3으로 들어오면 어떻게 될까요? 라우팅 테이블의 넥스트-홉 정보에는 포트 1/1/3이 없으므로 드랍될 것입니다. 즉, 패킷이 들어오는 인그레스 인터페이스와 나가는 이그레스 인터페이스가 다른 비대칭^{Asymmetric} 라우팅 환경에선 주의해서 사용해야 합니다.

RTBH

RTBH$^{Remotely\ Triggered\ Black\ Hole}$는 본뒷말 그대로 원격에서 조정하는 블랙홀 라우팅을 말합니다. 예를 들어, 100개의 라우터가 있다면 100개의 라우터에 한 번씩 순서대로 들어가서 필터링 설정을 하는 것이 아니라 중앙 라우터에 BGP 정책을 설정하면 모든 라우터에 필터링 룰이 자동 전파되는 기술입니다. RTBH는 구체적으로 목적지 기반$^{Destination-based}$ RTBH와 소스 기반$^{Source-based}$ RTBH로 나눌 수 있습니다.

목적지 기반 RTBH

먼저 살펴볼 **목적지 기반 RTBH**는 순수하게 BGP 만 이용하여 구성합니다. 다음 커맨드는 패킷을 필터링할 라우터(이하 RTBH listener)들에게 적용하는 BGP 정책[Policy]입니다. 정책 내용을 간단히 살펴보면 BGP community, 64500:666에 매칭되는 프리픽스는 드랍하라는 의미입니다.

```
목적지 기반 RTBH BGP 정책 for listener

routing policy RTBH_listener
    if destination-prefix match bgp community 64500:666
        then drop
```

필터링 룰을 전파할 중앙 라우터(이하 RTBH advertiser)의 BGP 정책도 단순합니다. 필터링할 프리픽스를 community 64500:666으로 설정하여 광고하면 끝입니다.

```
목적지 기반 RTBH BGP policy for advertiser

routing policy RTBH_advertiser
    prefix 203.0.113.0/24
        set bgp community 64500:666
        do not advertise to another (eBGP) routers[2]
```

이와 같이 광고하면 RTBH listener(필터링 라우터)는 64500:666이 세팅된 203.0.113.0/24 프리픽스를 전파받는 즉시 해당 프리픽스가 목적지인 패킷을 드랍합니다. 사실상 해당 dst IP의 서비스를 포기하는 극약 처방이라고 볼 수 있습니다.

목적지 기반 RTBH는 데이터 센터보다는 ISP에서 사용하는 경우가 많습니다. 전반적인 ISP 서비스에 영향을 줄 수 있을 정도로 특정 dst IP를 향하는 DoS·DDoS 공격 트래픽이 과도할 때 주로 사용합니다. 여기서 '공격 트래픽이 과도하다'는 것은 해당 dst IP는 이미 서비스 불가 상태라는 것을 의미합니다. 이미 서비스 불가 상태인데, 공격 트래픽이 수많은 에지 라우터를 거쳐 코어 라우터까지 몰릴 경우 다른 서비스들마저 영향을 받을 수 있습니다. 이러한 경우 RTBH를 통해 에지 라우터들에게 해당 dst IP로 가는 모든 트래픽을 과감하게 드랍하라고 명령을 내려 코어뿐 아니라 전체 네트워크의 생존성을 높일 수 있습니다.

---

2 해당 BGP 정책을 다른 라우터(혹은 다른 AS 라우터)로 전파하지 말라는 룰입니다. 혹시나 해당 BGP 정책이 다른 라우터로 전파되어 의도치 않은 동작을 일으키는 것을 막기 위한 안전 장치입니다.

소스 기반 RTBH

Loose 모드 uRPF는 src IP가 라우팅 테이블에 존재할 경우 허용합니다. 여기에 특별한 설정을 추가할 수 있습니다. 특정 프리픽스의 넥스트-홉을 디스카드^{Discard}(폐기, Cisco 용어로는 null0)로 설정하고 해당 프리픽스를 src IP로 설정한 패킷을 드랍하도록 설정할 수 있습니다 (벤더에 따라 이러한 동작이 기본인 경우도 있고, 별도 설정이 필요한 경우도 있습니다.). **소스 기반 RTBH**는 이를 이용합니다.

소스 기반 RTBH listener는 RTBH advertiser와 BGP 네이버십은 맺지만 BGP 정책은 필요치 않습니다. 대신 다음 예시와 같이 192.168.6.66을 드랍하라는 정적 라우팅을 미리 설정해 둡니다.

소스 기반 RTBH – listener

```
set uRPF loose-mode
set routing static 192.168.6.66/32 to drop
```

다음은 RTBH advertiser용 커맨드 예시로, src IP가 192.0.2.1/32인 패킷을 드랍하는 설정입니다. 목적지 기반 RTBH와 달리 community를 전달하지 않고 넥스트홉을 192.168.6.66으로 전파합니다.

소스 기반 RTBH – advertiser

```
routing policy RTBH
   prefix 192.0.2.1/32
      set next-hop 192.168.6.66
      do not advertise to another (eBGP) routers
```

이 BGP 광고를 받은 RTBH listener는 192.0.2.1의 넥스트-홉을 192.168.6.66으로 설정합니다. 그림 192.0.2.1 → 192.168.6.66 → 디스카드(폐기)되므로 결국 src IP가 192.0.2.1인 패킷을 드랍합니다.[3]

---

[3] 이론은 다소 복잡하지만, 구현은 쉽습니다. 원래 loose 모드 uRPF는 src IP exists in FIB? then permit or drop으로 프로그래밍하게 될 것입니다. Source-based RTBH 코드에서는 if src IP exists in FIB and next-hop is NOT discard? then permit or drop으로 설계하면 어렵지 않게 구현 가능합니다.

단, 벤더별로 소스 기반 RTBH 설정 법이 약간씩 다를 수 있습니다. 여기서 소개한 방식은 가장 일반적인 방식으로 디스카드 정적 라우팅을 먼저 설정한 뒤 디스카드될 프리픽스를 BGP로 전파했습니다. 그러나 목적지 기반 RTBH처럼 BGP community로 소스 기반 RTBH를 구현하는 경우도 있습니다.

2 Flowspec ¦ BGP 기반 ACL advertising

지금까지 살펴본 RTBH는 src 혹은 dst 'IP만' 필터링 조건으로 활용할 수 있습니다. 즉, IP 주소 외에 tcp/udp 포트 등을 사용하여 필터링할 수 없습니다. 이를 극복하고자 ACL 그대로 원격으로 보낼 수 있는 기술이 개발되었습니다. 바로 Flowspec입니다. Flowspec은 BGP 전용 필드를 이용해서 ACL 정보를 전파합니다. 보다 정확히 말해 **Flowspec** 전용 BGP NLRI^{Network Layer Reachability Information}을 이용하여 ACL 정보를 보냅니다.

설정 방법은 간단합니다. BGP Flowspec을 지원하는 장비끼리 BGP Flowspec 네이버십을 맺습니다. 이후 마치 ACL을 만들듯 Flowspec advertiser에 Flowspec 엔트리를 만들면 Flowspec listener들에게 엔트리가 자동 전파됩니다. 이들은 받은 BGP Flowspec NLRI를 해석하여 ACL을 적용합니다.

일반 ACL과 Flowspec은 무엇이 다를까요? 일반 ACL은 특정 인터페이스 단위로 설정이 가능합니다. 즉, 포트 0/0/0에 적용한 ACL과 포트 0/0/1에 적용한 ACL이 다를 수 있으며 포트 0/0/2에는 아예 ACL을 적용하지 않을 수도 있습니다. 그러나 Flowspec은 시스템 전체, 즉 글로벌하게 적용됩니다. 예를 들어, src IP 192.168.0.1을 차단하라는 룰을 만들면 모든 인터페이스에 해당 룰이 적용됩니다.

룰을 인터페이스별로 다르게 줄 수 있는 IETF 초안^{Draft}이 리뷰된 적 있으나 별다른 진전 없이 만료되었습니다.[4] 일부 벤더의 경우 이 초안을 독자적으로 해석해서 구현하기도 했습니다. 하지만 다른 벤더 장비와 호환성 문제가 발생할 수 있으므로 충분한 사전 검토가 필요합니다.

---

[4] https://datatracker.ietf.org/doc/draft-ietf-idr-flowspec-interfaceset, Applying BGP flowspec rules on a specific interface set

Flowspec 전파

Flowspec을 도입하기로 했다면 그 다음으로 Flowspec 전파^{Advertiser} 방안을 고민해야 할 것입니다. Flowspec은 BGP에 의존하기 때문에 BGP 세션이 끊기는 순간 전파받은 ACL 정보도 초기화됩니다. 따라서 중요 시스템이라면 이중화를 포함한 Flowspec 전파 방안을 면밀하게 검토해야 합니다. 단순하게는 사용 중인 코어급 라우터를 Flowspec advertiser로 활용할 수 있을 것입니다. 그러나 기존 BGP 정책 등과 섞이면서 운영 복잡도가 증가할 수 있습니다. 따라서 안정성과 운영성을 높이고 싶다면 별도 소용량 라우터 혹은 스위치 2대를 Flowspec advertiser 전용 장비로 활용할 수 있을 것입니다.

단, 네트워크 장비를 Flowspec 전파로 활용하면 자동화에 방해 요소가 될 수 있습니다. 대규모 인프라 조직의 경우 보안 팀과 네트워크 팀이 나뉘어 있는 경우가 많기 때문입니다.

네트워크 장비를 Flowspec 전파 용도로 활용하면 네트워크 팀에서 Flowspec 룰 변경을 담당할 것입니다. 이 경우 보안팀에서 DoS · DDoS 및 해킹 등을 감지하고 공격자 IP를 추출한 뒤 보안 팀 → 네트워크 팀에게 특정 src IP → dst IP:port 접근을 차단해 달라고 요청할 것입니다. 그 과정에서 불가피하게 커뮤니케이션 지연이 발생할 것입니다.

리눅스의 BGP시뮬레이터(데몬)인 quagga, BIRD, exaBGP 등을 활용하면 이러한 지연을 최소화할 수 있습니다. 이들은 리눅스 서버에서 동작하는 네트워크 프로토콜 시뮬레이터입니다. 이 시뮬레이터를 이용하면 리눅스 서버와 네트워크 장비 사이에 Flowspec BGP 네이버십을 맺을 수 있습니다.

이 소프트웨어들은 텍스트 파일이나 CLI를 통해 설정을 쉽게 변경할 수 있어서 개발자의 도움을 받으면 웹 기반으로도 Flowspec을 제어할 수 있습니다. 덕분에 보안 팀이 네트워크 팀에게 Flowspec 작업을 요청할 필요가 없어집니다.

22.2 원격 설정

최근 네트워크 장비들은 여러 종류의 자동화 및 원격 설정Remote configuration을 지원하고 있습니다. 여기서 원격 설정이란, 리눅스 서버 같은 원격 시스템에서 네트워크 장비 설정을 변경할 수 있는 능력을 말합니다. 이를 이용하면 ACL 자동화ACL automation뿐 아니라 네트워크 장비의 모든 설정을 원격에서 변경 및 관리할 수 있습니다. 이번 학습에서는 다양한 원격 설정 기법들을 살펴보고자 합니다.

Expect

Expect는 특정 문자열에 반응하여 정해진 명령을 자동 전송하는 TclTool Command Language 기반 스크립팅 언어입니다. Expect는 다음 예시처럼 직관적입니다. 구문을 살펴보면 SSH output 중에 'username:' 이라는 글자가 보이면 저장된 ID (MY_ID)를 전송하고 그 후에 'password:' 글자가 보이면 저장된 P/W (MY_PASSWORD)를 전송합니다. 즉, 위에서부터 다음 순서대로 커맨드가 실행됩니다.[5]

```
Expect 구문 예시 - 로그인

expect "username:"
send "MY_ID"

expect "password:"
send "MY_PASSWORD"
```

Expect는 구문이 직관적이고 심플하기 때문에 실무에서 자주 사용하지만, 태생적으로 극복하기 어려운 한계점이 있습니다. 첫째, 예외 처리가 어렵습니다. 예를 들어, 배너 업데이트 구문을 다음과 같이 작성하고 실행하면 장비에 접속하여 `switch-001`라는 프롬프트가 보일 때 배

---

[5] 예시의 이탤릭 단어들이 커맨드입니다. 대표적인 커맨드로 spawn, send, expect, interact 등이 있습니다.

너를 변경하는 커맨드를 입력할 것입니다.

예외 처리 예시 - 배너 업데이트

```
expect "switch-001 #"
send "set banner 'swtich_01'"
```

헌데 다음과 같은 구문 에러가 발생했다고 가정해보겠습니다.

예외 처리 예시 - 예외 처리 핸들링

```
switch-001 # set banner 'swtich_01'
                       ↑
WARNING: Syntax error. Invalid input detected at '↑' marker.
```

사람이라면 'swtich_01'이라는 부분에 어떤 문제가 있다는 것을 어렵지 않게 인지할 것입니다. 그러나 Expect는 이러한 문제를 감지할 수 없습니다. 그저 switch-001 #이라는 글자가 보여서 set banner 'swtich_01'이라는 명령을 보냈을 뿐입니다.

문제를 감지할 수 있도록 해주려면 특정 명령어를 입력한 뒤 그 결괏값이 정상인지 아닌지 이해할 수 있도록 프로그래밍해야 합니다. 예를 들어, output에서 "WARNING"이라는 문자와 "↑" 기호가 보이면 에러가 발생했다고 알 수 있게 해주어야 합니다.

> **Tip.** 컴퓨터가 output 문자열을 이해할 수 있도록 해석(분석)하는 과정을 파싱Parsing이라고 합니다.

둘째, 네트워크 장비 구문Syntax 종류가 많아도 너무 많습니다. 네트워크 장비의 구문은 벤더별로 다른 편입니다. 동일 벤더에서 생산된 장비더라도 플랫폼(예. 라우터/스위치)에 따라 구문이 다르기도 합니다. 심지어 OS 버전에 따라 구문이 달라지는 경우도 빈번합니다. 이 수많은 구문을 모두 예외 처리하는 것은 현실적으로 불가능합니다. 즉, Expect를 사용하면 예외 처리 과정이 대단히 번거롭습니다.

> **Tip.** 최근 다양한 자동화 프로토콜을 지원하는 소프트웨어 앤서블Ansible이 널리 사용되고 있습니다. 앤서블은 여러 자동화 기법을 지원하지만, 이러한 기법들을 지원하지 못하는 노후화 장비 정보를 수집할 때는 여전히 Expect와 유사한 파싱 과정을 통해 output을 해석해야 합니다. 구체적으로 paramiko library로 SSH 통신을 하고 그 output을 문자열 매칭 혹은 정규표현식 등으로 파싱합니다. Expect보다 고도화된 방식이긴 하지만 여전히 파싱 과정을 통해 에러 감지를 한다는 점은 동일합니다.

RPC - NETCONF

이러한 한계점을 극복하기 위해 네트워크 자동화용으로 RPC^{Remote Procedure Call}가 도입되었습니다. RPC는 소켓 프로그래밍과 같은 복잡한 코딩이 없어도 원격 함수 혹은 프로시저^{Procedure}를 쓸 수 있도록 해주는 프로세스 간 통신을 말합니다. RPC를 사용하면 간단한 코드 몇 줄로 로컬 함수를 호출하듯이 원격 함수를 호출할 수 있습니다. 대표적인 네트워크 RPC 프로토콜로 RFC 6241, NETCONF^{NETwork CONFiguration}가 있습니다. NETCONF는 통신을 암호화하기 위해 SSH 프로토콜을 사용하며 TCP 830 포트를 통해 데이터를 송수신합니다. 그리고 장비 간 명령을 주고받는 프로토콜, 즉 인코딩 프로토콜은 XML을 사용합니다.

NETCONF를 이용하면 예외 처리가 대단히 쉬워집니다. 다음과 같이 에러 발생 여부와 함께 구체적인 에러 타입(error type), 태그(tag), 심각도(severity) 그리고 메시지(message) 등을 체계적으로 알려 주는 덕분에 에러 파싱 과정이 매우 간편해집니다(04번 라인 rpc-error 섹션 참조).

```
NETCONF 예시 - MTU 값 에러2
01  <rpc-reply message-id="101"
02    xmlns="urn:ietf:params:xml:ns:netconf:base:1.0"
03    xmlns:xc="urn:ietf:params:xml:ns:netconf:base:1.0">
04    <rpc-error>
05      <error-type>application</error-type>
06      <error-tag>invalid-value</error-tag>
07      <error-severity>error</error-severity>
08      <error-path xmlns:t="http://example.com/schema/1.2/config">
09        /t:top/t:interface[t:name="Ethernet0/0"]/t:mtu
10      </error-path>
11      <error-message xml:lang="en">
12        MTU value 25000 is not within range 256..9192
13      </error-message>
14    </rpc-error>
15  </rpc-reply>
```

에러 처리뿐 아니라 장비에서 정보를 수집하는 과정 또한 체계적입니다. 다음 예시처럼 계층 구조의 NETCONF 명령으로 running configuration을 수집할 수 있습니다.

```
NETCONF 예시 - get running configuration
01  <rpc xmlns="urn:ietf:params:xml:ns:netconf:base:1.0">
02    <get-config>
03      <source>
04        <running/>
05      </source>
06    </get-config>
07  </rpc>
```

이 예시의 02번 라인에 get-config라는 명령이 있습니다. 그 아래 03-04번 라인에는 source 로 running(configuration)을 지정하고 있습니다. 정리해서 현재 running configuration 을 get하라는 RPC 명령입니다.

NETCONF ≠ 커맨드 구문

NETCONF를 처음 접하면 다양한 벤더의 네트워크 장비 설정을 매우 쉽게 관리할 수 있을 것 같은 착각이 듭니다. 물론 Expcct보다 한층 진보된 환경임은 분명하지만, 그렇다고 마냥 쉬운 것만은 아닙니다. NETCONF를 사용한다고 해서 장비들의 커맨드 구문이 통일되는 것은 아니 기 때문입니다.

NETCONF의 RFC 표준에서 get-config나 edit-config같은 예약어$^{\text{Reserved word}}$가 있긴 하지 만, 빈번히 사용하는 커맨드 10여 개만 표준화했을 뿐 그 외 커맨드들은 기존 CLI처럼 각 벤더 에 특화된 구조를 따라야 합니다.

'인코딩용으로 XML을 쓰면 커맨드 또한 통일되는 것 아닌가'하는 생각이 들 수도 있지만 그렇 지 않습니다. XML은 일상에서 우리가 쓰는 문자와 비슷합니다. 알파벳으로 한국어, 영어, 타 갈로그어를 포함한 전 세계 언어를 표현할 수 있지만 그렇다고 그들의 언어를 이해할 수 있는 것은 아닙니다.

동일한 맥락으로 XML은 문자에 불과하며 장비들에게 실제 명령을 내리는 구문이 '그들의 언 어'라고 볼 수 있습니다. NETCONF를 사용한다고 해서 구문, 즉 언어가 통일된 것은 아니므 로 여전히 장비별 구문을 따라야 합니다(일부 예약어 제외).

> **NOTE** **RESTCONF**

RFC 8040을 통해 RESTCONF라는 프로토콜이 표준화되었습니다. RESTCONF 또한 NETCONF처럼 네트워크 장비 자동화를 위해 개발된 프로토콜이지만, SSH + XML 기반의 NETCONF와 달리 HTTP 기반으로 동작합니다. 그래서 프로그래밍이 보다 용이하고 친숙한 편입니다. 예를 들어, eth1 인터페이스에 대한 정보를 요청하는 HTTP 요청은 다음과 같이 보낼 수 있습니다.

```
GET /restconf/data/example:interfaces/interface=eth1 HTTP/1.1
Host: example.com
Accept: application/yang-data+json
```

그 결과로 JSON 인코딩(혹은 XML 인코딩) 형식의 HTTP 응답을 받을 수 있습니다.

```
HTTP/1.1 200 OK
Date: Thu, 26 Jan 2017 20:56:30 GMT
Server: example-server
Content-Type: application/yang-data+json

{
  "example:interface" : [
    {
      "name" : "eth1",
      "mtu" : 1500,
      "status" : "up"
    }
  ]
}
```

NETCONF가 있는데 왜 굳이 RESTCONF를 만들었을까요? 더 쉽기 때문입니다. 개발자가 NETCONF로 프로그래밍하기 위해서는 네트워크 장비 이해부터 시작해서 XML, NETCONF 프로토콜까지 공부해야 합니다. 즉, 진입 장벽과 관리 비용이 높습니다.

반면 RESTCONF는 대부분의 개발자에게 친숙한 REST 원칙을 따릅니다.[6] 덕분에 진입 장벽과 개발·관리 비용을 낮춰 줍니다. 단, RESTCONF가 NETCONF를 대체하기 위해 개발된 프로토콜은 아닙니다. 개발자 및 유저에게 자동화 프로토콜 선택의 폭을 보다 넓혀 준 프로토콜이라고 볼 수 있습니다.

NETCONF 및 RESTCONF를 지원하는 장비는 비교적 최신 장비들입니다. 당연하겠지만, 이러한 최신 자동화 프로토콜을 지원하지 못하는 구세대 장비들은 여전히 output 문자열을 파싱해야 합니다.

YANG 모델

앞서 여러 번 언급된 바와 같이 네트워크 장비 구문 구조(schema)는 벤더별로, 장비별로, 심지어 OS 버전별로 다양합니다. 이때 YANG[7] 모델링 언어Modeling Language을 구문 지도로 활용하면 구조를 파악하는 데 큰 도움을 받을 수 있습니다.

네트워크 관리자라면 설정 구문 구조를 알아야 할 경우가 많습니다. 예를 들어, `set interfaces 0/0/0 speed 1G;`라는 커맨드를 입력했다면 이는 set → interfaces 0/0/0 → speed의 순서대로 하위 구문 계층에 접근한 것입니다. 만일 set → interfaces 계층에서 입력 가능한 다른 커맨드가 궁금하다면 CLI에서 ?(물음표)를 입력하면 알 수 있을 것입니다.

그러나 장비 커맨드가 너무 생소해서 대체 어디서 시작해야 하는지 알기 어려울 때가 있습니다. 일부 장비는 구문 구조가 체계적이지 못해서 파악하기 어렵기도 합니다.[8] 이러한 환경에서 전체 CLI 구문 구조를 알고 싶다면 모든 CLI 하위 계층에 한 번씩 들어 가서 ?(물음표)를 눌러야 할지도 모릅니다. 어떤 장비의 구문 구조와 개별 아이템별 특성(예를 들어, 숫자만 허용 혹은 글자수 제약 등)을 한눈에 볼 수 있다면 얼마나 편할까요? 이를 지원하기 위한 모델로 YANG Yet Another Next Generation이 표준화되었습니다.

---

[6] RESTCONF의 이름에서 REST는 다음과 같은 REST(REpresentational State Transfer) 원칙을 따른다는 의미입니다: Client-server architecture, Statelessness, Cacheability, Layered system, Uniform interface, Code on demand (optional).

[7] RFC 6020, (2010), YANG – A Data Modeling Language for the Network Configuration Protocol (NETCONF)

[8] CLI 구문(syntax) 구조를 만들 때 통일된 룰과 원칙을 따라야 하지만, 여러 개발 팀 혹은 개발자 사이 의견이 일치하지 않는 경우에 흔히 발생하는 현상입니다. 각 개별 개발 팀, 개발자(혹은 관련 부서)가 생각하는 구문을 선별 없이 허용하면 그 체계가 뒤틀리는 것은 시간 문제일 뿐입니다.

YANG 모델은 장비 설정 변경 및 관리에 특화된 모델링 언어로, NETCONF를 위해 개발되었습니다. 근래에는 그 독창성을 인정받아 RESTCONF 및 OpenConfig에서도 사용되고 있습니다.

YANG 모델 예시

총 80 라인의 example-if.yang 파일 예시를 통해 보다 자세히 YANG 모델을 살펴보겠습니다. 내용이 길기 때문에 3개의 파트로 나눠서 살펴보도록 하겠습니다.

```
YANG 모델 - 예시-if.yang - part1
01  module example-if {
02
03    namespace
04      "http://network_engineering.example.com/schema/interfaces";
05
06    prefix "if";
07
08    typedef ipv4-address {
09      type string {
10        pattern
11          '(([0-9]|[1-9][0-9]|1[0-9][0-9]|2[0-4][0-9]|25[0-5])\.){3}'
12          + '([0-9]|[1-9][0-9]|1[0-9][0-9]|2[0-4][0-9]|25[0-5])';
13      }
14      description
15        "IPv4 regex.";
16    }
17
18    typedef ipv4-prefix {
19      type string {
20        pattern
21          '^[0-9]$|^[1-2][0-9]$|^3[0-2]$';
22      }
23      description
24        "Prefix regex for IPv4.";
25    }
```

첫 번째 파트는 헤더 파트입니다. 여기서 눈 여겨 볼 부분은 **typedef**입니다. typedef는 입력 값에 대한 제약 사항, 쉽게 말해, 허용되는 값들을 미리 지정한 것입니다. 예를 들어, IPv4 주소: 999.999.999.999 또는 IPv4 prefix: /33은 잘못된 값입니다. 이러한 값이 입력되지 않도록 이 예시에서는 ipv4-address와 ipv4-prefix용으로 사용할 수 있는 문자열을 Regex 표준 형태로 지정하였습니다.[9]

YANG 모델에서 허용되는 문자열을 정의해 두면 향후 프로그램을 개발할 때 입력 값 체크 로직을 따로 만들지 않아도 됩니다. 더불어 엔지니어가 YANG 모델을 보고, 허용되는 값들을 미리 파악할 수도 있습니다. 예를 들어, BGP용 policy-map 이름에 허용되는 특수 문자, 최대 글자 수 등을 미리 알 수 있습니다.

```
YANG 모델 - 예시-if.yang - part2

26    container interfaces {
27      list interface {
28        key "name";
29        leaf name {
30          type string;
31          mandatory "true";
32          description
33            "Interface name";
34        }
35        leaf address {
36          type ipv4-address;     ①
37          mandatory "true";      ②
38          description            ③
39            "IP address";
40        }
41        leaf prefix {
42          type ipv4-prefix;
43          mandatory "true";
44          description
45            " Interface prefix";
46        }
47        leaf speed {
48          type enumeration {
49            enum 10m;
50            enum 100m;
51            enum auto;
52          }
53        }
54        leaf enabled {
```

9 참고로 입력 값이 올바른 지 체크하는 과정을 프로그래밍 언어에서는 input validation이라고 합니다.

```
55        type boolean;
56        default "false";
57        description
58          "Enable or disable the interface. Example value: true";
59      }
60    }
```

두 번째 예시 파트는 interfaces 레벨에서 입력 가능한 leaf들이 나열되어 있습니다. 이 예시에서 name, address, prefix, speed, enabled라는 leaf를 볼 수 있습니다. 각 leaf 하위 항목에는 type, mandatory, description 등의 statement가 있습니다.

① **type**: 허용되는 타입들을 지정합니다. 예를 들어, 문자(string), 숫자(int32) 혹은 typedef로 선언된 ipv4-address, ipv4-prefix 등을 허용 타입으로 지정할 수 있습니다.

② **mandatory**: 필수 여부입니다. mandatory 항목으로 지정된 leaf는 반드시 입력해야 합니다.

③ **description**: 코멘트 등을 적은 statement입니다.

마지막 세 번째 파트는 다음과 같습니다.

YANG 모델 - 예시-if.yang - part3

```
61    list interface-state {
62      config false;
63      key "name";
64      leaf name {
65        type string;
66        description
67          "Interface name";
68      }
69      leaf status {                ①
70        type enumeration {
71          enum up;
72          enum down;
73        }
74        mandatory "true";          ②
75        description
76          "Describes whether the interface is physically up or down";
77      }
78    }
79   }
80  }
```

세 번째 파트의 list interface-state 하단 leaf 들은 config false로 지정되어 있습니다. 설정은 불가능하고 오직 읽을 수만 있는 read-only 아이템으로, show 명령으로 볼 수 있는 정보를 가리킵니다. 예를 들어, ① leaf status는 interface status를 업이나 다운 중 하나로 알려 주는데, 네트워크 장비라면 반드시 지원해야 하는 ② mandatory leaf라는 것을 알 수 있습니다.

지금까지 살펴본 example-if.yang 파일을 사람이 보기 쉬운 트리 형태로 출력하면 다음과 같습니다.

```
YANG 모델 - 예시-if.yang - tree format
ethan@ubuntu:~/YANG$ pyang -f tree example-if.yang
module: example-if
  +--rw interfaces
     +--rw interface* [name]
     |  +--rw name        string
     |  +--rw address     ipv4-address
     |  +--rw prefix      ipv4-prefix
     |  +--rw speed?      enumeration
     |  +--rw enabled?    boolean
     +--ro interface-state* [name]
        +--ro name        string
        +--ro status      enumeration
```

각 노드 앞에 rw는 read-write, 즉 수정이 가능함을 말하고 ro는 read-only를 말합니다. 두 번째 파트에서 살펴보았던 interface leaf들은 모두 rw인 반면 세 번째 파트 interface-state leaf들은 ro로 선언되어 있는 것을 볼 수 있습니다.

speed, enabled처럼 ?가 붙은 같은 항목들은 optional이라는 것을 의미합니다. 마지막으로 * 표시는 해당 아이템에 하위 항목들이 존재한다는 의미입니다.[10] 이처럼 YANG 모델을 이용하면 구문 구조를 간편하게 파악할 수 있습니다.

메이저 네트워크 벤더들은 인터넷상에 장비 및 OS별 YANG 모델을 공개하고 있으므로 특정 장비의 구문 구조를 알고 싶을 때 도움을 받을 수 있습니다.[11]

---

[10] RFC 8340, (2018), YANG Tree Diagrams의 '2.6. Node Representation' 항 참조, https://www.rfc-editor.org/rfc/rfc8340

[11] https://github.com/YangModels/yang/tree/main/vendor

> 💡 **Tip.** YANG 모델은 표준화 단체가 여럿 있습니다. IETF가 가장 유명하지만 IEEE, ETSI, MEF, OpenDaylight 또는 벤더 독자적으로 YANG 모델을 만들기도 합니다. 대부분 큰 틀은 유사하지만 세부 구문이 약간씩 다를 수 있습니다.

OpenConfig

네트워크 장비 CLI 구문 구조는 장비별로 판이하게 달라서 불편한 경우가 많습니다. 신규 벤더 장비라면 CLI 구문을 새롭게 학습해야 하고 이 과정에서 큰 장애가 발생하기도 합니다.

이러한 불편함을 없애고자 대형 고객사들이 주축이 되어 벤더 중립적인^{Vendor-neutral} 장비 설정 프로토콜, OpenConfig가 개발되었습니다. 이름만 들으면 네트워크 장비 CLI가 통합될 것 같은 느낌이 들지만 CLI와 직접적인 관련은 없습니다. OpenConfig는 순수하게 자동화(SDN)를 염두하고 개발된 프로토콜입니다.

OpenConfig는 다음 예시처럼 YANG 모델을 채택했으며 표준화된 config들을 인터넷에 공개하고 있습니다.[12] 다음은 그중 BGP 관련 파트를 발췌한 것입니다.

```
OpenConfig 예시 - 표준화된 openconfig-bgp.yang 4

grouping bgp-common-neighbor-group-config {
    description
      "Neighbor level configuration items.";

    leaf peer-as {
      type oc-inet:as-number;
      description
        "AS number of the peer.";
    }

    leaf local-as {
      type oc-inet:as-number;
      description
        "The local autonomous system number that is to be used
        when establishing sessions with the remote peer or peer
        group, if this differs from the global BGP router
        autonomous system number.";
    }

    leaf peer-type {
```

---

12 https://github.com/openconfig/public/tree/master/release

```
        type oc-bgp-types:peer-type;
        description
          "Explicitly designate the peer or peer group as internal
          (iBGP) or external (eBGP).";
      }
```

BGP peer의 AS를 지정하는 네트워크 장비 커맨드는 벤더별로 remote-as, Remote-AS 혹은 peer-as 등으로 매우 다양합니다. 허나 이 예시처럼 OpenConfig는 peer-as라는 구문으로 통일했습니다. 또한 BGP type(iBGP or eBGP)을 설정하는 커맨드도 peer-type으로 통일하였습니다. OpenConfig는 벤더별로 각양 각색인 설정 구문을 하나로 통합합니다. 덕분에 OpenConfig만 지원한다면 개별 장비의 구문 구조를 몰라도 이들을 설정할 수 있습니다.

초기 OpenConfig는 BGP와 MPLS 등 라우팅 프로토콜 위주로 개발되었으나 현재는 LLDP 같은 L2 영역과 ACL, QoS까지 지원 범위를 확대하고 있습니다. 여기서 더 나아가 전송 영역까지 활발하게 표준화하고 있습니다.[13] 앞으로 핵심 SDN 프로토콜이 될 수 있을지 귀추가 주목됩니다.

On-box vs Off-box

BGP 시뮬레이터(예. exaBGP), NETCONF 혹은 RESTCONF 등은 모두 외부 시스템을 통해 네트워크 장비를 자동화하는 방식입니다. 이러한 방식을 **Off-box** 솔루션이라고 합니다. 반면 네트워크 장비 내부에서 자체적으로 자동화하는 방식은 **On-box** 솔루션이라고 합니다.

오래된 네트워크 장비의 경우 On-box에서 지원되는 프로그래밍(스크립트) 언어가 Tcl 등으로 제한적이어서 자동화 범위가 좁았습니다. 그러나 최신 장비들은 파이썬과 같은 고급 프로그래밍 언어High-level programming language를 탑재하는 경우가 많아지고 있습니다.

덕분에 기존과는 비교할 수 없을 정도로 프로그래밍 유연성이 높아졌고 On-box 솔루션 자체적으로 대부분의 자동화를 할 수 있게 되었습니다. 그럼에도 저는 다음과 같은 이유로 Off-box 솔루션을 선호합니다.

① **스크립트 언어의 제약**: 장비별로 지원 가능한 스크립트 언어가 제한적인 경우가 많습니다. 비록 최근에는 파이썬과 같은 고급 프로그래밍 언어를 탑재한 장비가 늘어났지만, 그렇지 못한

---

[13] https://github.com/openconfig/public/tree/master/release/models/optical-transport

경우도 여전히 많습니다. 어떤 벤더는 독자적인 언어를 개발하기도 합니다. 이러한 언어들은 진입 장벽이 높을 뿐 아니라 완성도가 높지 않아 기능 제약이 발생하기도 합니다. 반면 Off-box 솔루션은 프로그래머가 원하는 언어를 직접 선택할 수 있기 때문에 언어 제약으로부터 자유롭습니다.

② 컨트롤 플레인의 CPU 제약: 네트워크 장비의 CPU는 Off-box 시스템(서버)에 비해 성능이 낮은 경우가 많습니다. 따라서 On-box로 스크립트를 실행하면 라우팅 프로토콜 계산 같은 본연의 업무에 악영향을 줄 수 있습니다. 특히 오래된 장비나 저가 장비의 경우 성능이 크게 낮은 CPU를 사용하기도 합니다. 간단한 스크립트 정도는 문제없겠지만, 연산량이 많아지면 CPU에 부담을 줄 수 있습니다. 만일 자동화 스크립트로 인해 라우팅 프로토콜 계산에 필요한 컨트롤 플레인 CPU 리소스가 고갈된다면 장애가 발생할 것입니다.

③ 버그 가능성: 벤더 독자적인 언어를 사용하는 경우에 해당합니다. 독자적인 언어를 사용하는 프로그래머가 많지 않기 때문에 메모리 누수와 같은 버그가 내재되어 있을 수 있습니다. 오픈소스 소프트웨어라고 해서 버그가 없는 것은 아니지만, 활발하게 유지·관리하는 소프트웨어일수록 수많은 개발자와 다양한 유저 덕분에 완성도가 눈에 띄게 높아집니다. 반면 폐쇄적으로 한정된 유저들만 사용하는 프로그래밍 언어라면 예상치 못한 버그가 내재되어 있을 가능성이 높아집니다.

CHAPTER 23

커맨드 & 툴

Chapter 23에서는 IT 엔지니어로서 유용하게 사용할 수 있는 커맨드와 ping 및 B/W 테스트, 웹 서버 테스트 툴 등을 소개합니다.

Roadmap

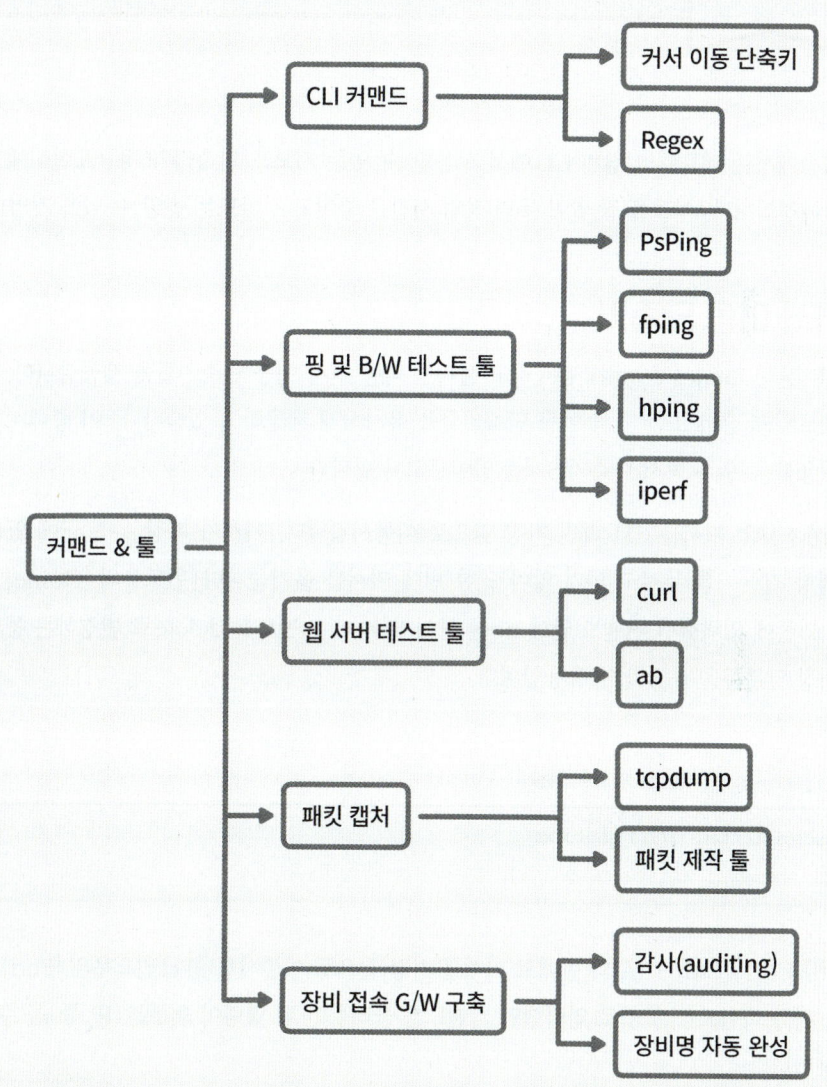

23.1 CLI 커맨드

이번 학습에서는 네트워크 장비 CLI에서 사용할 수 있는 키보드 단축키와 정규표현식에 대해 알아볼 예정입니다. 이들을 잘 알아 두면 작업 시간은 줄이고 정확도는 높일 수 있을 것입니다.

1 커서 이동 단축키

리눅스는 흔히 Emacs control key라고 불리는 각종 커서 이동 단축키들을 제공합니다. 대부분의 네트워크 장비 또한 커서 이동 단축키들을 유사하게 제공하고 있습니다. 이 중에서 유용하게 사용할 수 있는 커서 단축키 5개를 알아보고자 합니다.

① **[Ctrl] + [A]**: 커서를 CLI 라인 가장 앞으로 이동시킵니다. 커서가 가장 우측 끝에 있을 때 왼쪽 방향 키(←)를 누르고 있지 않아도 한 번에 커서를 옮겨줍니다(윈도우의 [Home] 키와 유사). 기존에 입력했던 커맨드 앞에 no를 붙이거나 set 커맨드를 delete로 변경하는 등 명령어의 가장 앞부분을 수정할 때 유용합니다.

```
[Ctrl] + [A]: 커서를 맨 앞으로 이동
....set interface 1/1/1 shutdown
```

② **[Ctrl] + [E]**: [Ctrl] + [A]와 반대로 커서를 가장 끝으로 이동시킵니다(윈도우의 [End] 키와 유사). 위쪽 화살표(↑) 키로 입력했던 커맨드를 불러들인 뒤 명령어 뒷부분(IP 등)을 수정할 때 유용합니다.

```
[Ctrl] + [E]: 커서를 맨 뒤로 이동
    set interface 1/1/1 ip 1.1.1.1....
```

③ **[Ctrl] + [W]**: 커서 앞의 한 '단어'를 삭제합니다. 단어를 한 번에 삭제해 주기 때문에 [Backspace] 혹은 [Delete] 키로 한 글자씩 지우는 것보다 빠르고 정확하게 커맨드 삭제가 가능합니다.

```
[Ctrl] + [W]: 커서 바로 앞 한 '단어' 삭제
set interface 1/1/1....shutdown
                    ↑
```

④ **[Ctrl] + [D]**: 2가지 기능을 가지고 있습니다. 첫 번째 기능은 delete입니다. 매우 오래된 시스템의 경우 키보드의 [Delete] 키로 글자를 삭제할 수 없는 경우가 있습니다. 이 경우 [Ctrl] + [D] 키가 [Delete] 키 역할을 대신 수행합니다. 두 번째 기능은 로그아웃 단축키입니다. 아무 커맨드가 입력되지 않은 상태, 다시 말해 CLI가 비어 있는 상태에서 [Ctrl] + [D]를 누르면 (마치 exit 커맨드처럼) 해당 장비를 로그아웃하는 기능을 제공합니다. exit나 quit와 같은 커맨드를 입력하지 않아도 되기 때문에 편리하지만 지원되지 않는 경우가 제법 있습니다.

⑤ **[Ctrl] + [R]**: [Ctrl] + [R] 키는 history 단축키입니다(Emacs에서는 incremental search backward라고 불립니다.). [Ctrl] + [R]을 누르면 프롬프트가 다음과 같이 (reverse-i-search)로 변경되는데, 이때 검색어(빨간색 글자)를 입력하면 가장 최근 입력했던 커맨드(녹색 글자)가 검색됩니다.

```
[Ctrl] + [R]: 커맨드 히스토리 검색
router#
(reverse-i-search)`show`: show port 1/1/1 optic information
```

[Enter] 키를 눌러 해당 커맨드를 바로 입력할 수도 있고, 좌우 화살표 키로 움직여서 수정할 수도 있습니다. 만일 이보다 전에 입력했던 커맨드 히스토리를 찾는다면 다시 한번 [Ctrl] + [R]을 눌러 가장 최신부터 오래된 순으로 검색할 수 있습니다.

앞서 4가지 커서 단축키는 보편적으로 지원하는 편이지만 [Ctrl] + [R] 단축키는 지원되지 않는 경우가 더 많습니다. 매우 유용하게 사용될 수 있음에도 지원되지 않는 경우가 많아 아쉬운 단축키입니다.

2 정규표현식

네트워크 엔지니어라면 다음 예시와 같이 show 커맨드를 입력한 다음에 grep, include 혹은 match 등의 필터링 커맨드(파란색)를 사용해본 경험이 있을 것입니다. 이때 입력하는 검색어 (녹색 글자)는 **정규표현식**[RegEx]입니다.

```
show interface | grep Up
```

정규표현식은 BGP AS 필터링에 사용하는 언어로 BGP를 운영하는 엔지니어라면 반드시 익혀야 합니다. 사실 정규표현식은 네트워크 장비뿐 아니라 매우 넓고 다양한 IT 영역에서 사용하는 필터링 언어입니다. 보다 쉬운 이해를 위해 간단한 예시부터 살펴보겠습니다.

예시 커맨드	설명
show interface brief | grep Up.*172	Up 문자 뒤에 172가 존재하는 라인 검색
show slb binding | grep 192.168.0.[123]	192.168.0.1, 192.168.0.2 및 192.168.0.3이 포함된 라인 검색

예시처럼 정규표현식은 검색어가 들어 있는 라인을 찾아 줍니다. 예를 들어 "grep abc"라고 입력하면 abc라는 문자가 들어 있는 라인만 추려서 보여 줍니다. 그렇다면 단순 문자 검색과 뭐가 다를까요? 단순 문자 검색은 말 그대로 문자만 검색 가능합니다. 그러나 정규표현식은 이보다 훨씬 복잡한 조건들을 줄 수 있습니다. 예를 들어, abc로 시작하거나 반대로 abc로 끝나는 라인만 검색할 수 있습니다. 더 나아가 특정 숫자 범위를 검색할 수도 있고, 여러 검색어 중 하나라도 매칭되는 라인들만 추려볼 수도 있습니다.

사실 정규표현식은 규칙이 매우 복잡하고 심오하기 때문에 심도 있게 알려면 끝없이 어려워집니다. 여기서는 보편적으로 많이 사용되는 몇 가지 문법들만 추려서 살펴보도록 하겠습니다.

정규표현식	예시	설명
.*	Up.*192.168.0.	.*은 무엇이든 스킵하란 의미입니다. 좀 더 정확하게는 숫자, 글자, 특수문자 혹은 공백 등이 있어도 또는 없어도 상관없다는 의미입니다. 예를 들어, Up192.168.0. 처럼 두 단어 사이에 그 어떤 문자가 없어도 매칭됩니다. Ex) a.*b라고 검색하면 ab, aaab, a123b, a!@b 등이 모두 매칭됩니다.
[123]	192.168.0.[123]	[ ] 괄호 사이에 있는 문자나 글자 중에 하나라도 있으면 매칭됩니다. 예를 들어, [123]이라고 하면 숫자 1, 2, 3 중 하나라도 있을 경우 매칭됩니다. 괄호 내 순서는 무관합니다. 즉, [123]이든 [321]이든 동일합니다.
[1-3]	192.168.0.[1-3]	앞의 예시처럼 [ ] 안에 숫자를 하나하나 전부 열거해도 되지만 연속되는 숫자라면 [1-3]처럼 마이너스(-) 표시로 간략하게 표기할 수 있습니다.
(192¦172)	(192¦172).0.0.1	괄호 안의 pipe(¦)로 분리된 단어 중 하나라도 매칭되면 검색됩니다. 왼쪽 예시는 192 혹은 172가 있는 경우 매칭됩니다.
^	^Physical	^는 각 라인의 시작을 말합니다. 따라서 ^Physical이라고 하면 공백 없이 Physical이라는 단어로 시작되는 라인이 매칭됩니다. 예. Physical interface 0/0/0
$	port 0/0/1$	$는 ^과 반대로 문장의 끝을 의미합니다. port 0/0/1$라면 공백 없이 port 0/0/1이라는 글자로 끝나는 라인이 검색됩니다. port 0/0/10 혹은 port 0/0/11과 같이 port 0/0/1 다음에 어떤 글자 (숫자 혹은 공백)가 있으면 매칭되지 않습니다.

▶ 표 23.1 정규표현식 기본 문법 예시

이 예시에서 살펴본 기본 문법을 토대로 실무에서 사용할 수 있는 몇 가지 예시를 살펴보면 다음과 같습니다.

정규표현식	설명
(^Interface¦Current Rx Power)	Interface로 시작하거나 혹은 Current Rx Power라는 단어가 포함된 라인만 매칭됩니다. 예를 들어, show interface 커맨드 output이 방대한 경우 그중 interface 이름과 Rx 광 레벨 값만 추려서 보고 싶을 때 예시와 같은 표현식을 이용할 수 있습니다.
192.168.(10¦20).1[12]$	(10¦20)은 '10' 혹은 '20'을 말합니다. 1[12]는 '11' 혹은 '12'를 말합니다. 따라서 여기에 매칭될 수 있는 IP는 다음과 같이 4가지입니다. 192.168.10.11 192.168.10.12 192.168.20.11 192.168.20.12 마지막에 붙은 $는 제시된 IP 중 하나로 문장이 끝나야 한다는 것을 의미합니다. 즉, 192.168.10.111처럼 맨 뒤에 어떤 글자(숫자 혹은 공백)가 있는 라인은 매칭되지 않습니다.

▶ 표 23.2 정규표현식 실무 사용 예시

기본 정규표현식

아주 강력한 필터링 언어인 정규표현식은 특이한 점이 하나 있습니다. OS 및 프로그래밍 언어에 따라 문법이 다를 수 있다는 점입니다. 네트워크 장비도 마찬가지입니다. 분명 A 벤더 장비에서 잘 동작하던 표현식이 B 벤더 장비에서는 잘 안 되기도 합니다. 이는 정규표현식의 표준이 많기 때문입니다. 최초 정규표현식은 1992년 POSIX[Portable Operating System Interface for Computer Environment]로 표준화되었습니다. 그러나 지원되는 문법이 적어서 근래에는 PCRE[Perl Compatible Regular Expressions] 표준을 보다 대중적으로 사용하고 있습니다. PCRE 표준을 채택했다고 해서 모두 같은 문법을 따르는 것은 아닙니다. 강제성이 없기 때문에 조금씩 변형된 경우가 매우 많으며 이로 인해 네트워크 장비마다 문법이 다를 수 있습니다.

3 이스케이핑

엔지니어의 편의성을 위해 네트워크 벤더들은 표준을 벗어난 독자적인 문법을 지원하기도 합니다. 대표적인 예시로 슬래시(/)의 이스케이핑 처리를 자동으로 해주는 경우가 있습니다. 네트워크 장비에서 슬래시는 프리픽스를 표현하는 용도로 매우 빈번히 사용합니다. 그러나 정규표현식 표준에서 슬래시는 검색 옵션을 지정할 때 사용하는 특수 문자입니다. 표준을 따를 경우 슬래시를 검색하려면 그 앞에 백슬래시(\)를 써야 합니다. 예를 들어, 192.168.0.0\/24로 검색해야 슬래시를 특수 문자가 아닌 일반 문자열로 인식합니다.

이와 같이 특수 문자를 일반 문자로 변환하는 과정을 **이스케이핑**[Escaping]이라고 합니다. 슬래시를 자동으로 이스케이핑하지 않는 시스템에서 show | grep 192.168.0.0/24라고만 입력하면 컴파일 에러가 발생합니다.

네트워크 장비에서 매번 이렇게 이스케이핑한다면 무척 번거로울 것입니다. 그래서 백슬래시 없이 슬래시만 입력해도 자동으로 슬래시를 이스케이핑해주는 네트워크 장비가 많습니다. 다시 말해 192.168.0.0/24만 입력해도 장비 내부적으로 192.168.0.0\/24가 입력된 것처럼 처리합니다.

어떤 네트워크 장비에서 슬래시를 입력했는데 예상대로 검색되지 않는다면 이는 자동으로 이스케이핑하지 않았기 때문입니다. 앞서 언급한 것처럼 "/" 대신 "\/"라고 입력하면 정상 동작할 것입니다.

유사한 맥락으로 어떤 네트워크 장비들은 편의를 위해 대소문자를 무시하기도 합니다. 본래 정규표현식은 별도 옵션(ignore case)을 지정하지 않으면 대소문자를 엄격히 구분합니다. 그러나 네트워크 장비에 따라 대소문자를 구분하지 않기도 합니다.

참고로 정규표현식에서는 마침표(.)를 주의해서 사용해야 합니다. 혹시 10.1.1.1을 찾고자 10.1.1.1을 검색했는데 10.101.1 혹은 10.191.1도 함께 검색되는 상황을 겪은 적 있으신가요? 이는 정규표현식 표준에서 마침표(.)가 '아무 글자 1자'로 취급되기 때문입니다. 다시 말해 숫자, 문자, 공백 등 어떤 것이든 한 글자만 있으면 매칭되는 것으로 간주합니다. 따라서 10.1.1.1을 검색하면 10.1**01**.1과 10.1**91**.1이 10.1.1.1과 함께 매칭되어 검색됩니다. 이 또한 \를 사용하여 10\.1\.1\.1로 이스케이핑하면 정확히 10.1.1.1만 추려낼 수 있습니다.

4 파이프라인

파이프라인^{Pipeline}은 pipe(|)를 이어 사용하는 기술(프로세싱)입니다. 다음 예시부터 살펴보겠습니다.

파이프라인 예시

```
show interface brief | grep Up | grep 1/1/1 | grep 10\.1\.1\
```

이 예시 커맨드는 가장 먼저 Up 문자가 포함된 라인들을 찾고, 그중 1/1/1을 포함한 라인들을 찾습니다. 마지막으로 10.1.1까지 포함한 라인들을 찾아냅니다.

정규표현식은 순서에 매우 민감합니다. 예를 들어, "Up.*1/1/1.*10\.1\.1\"를 검색하면 Up이라는 글자 뒤에 1.1.1이 있고, 그 뒤에 10.1.1이 있는 라인들만 검색됩니다. 그러나 이 예시처럼 파이프라인을 사용하면 순서에 상관없이 **Up**, **1/1/1** 그리고 **10.1.1**이라는 문자가 모두 포함된 라인들이 검색됩니다. 물론 정규표현식 구문으로도 (Up|1/1/1|10\.1\.1\)과 같이 만들 수 있지만 파이프라인을 이용하면 복잡하지 않고 직관적입니다.

참고로 리눅스 계열 시스템에서는 파이프라인을 기본적으로 제공하지만 네트워크 장비들은 지원하지 않는 경우도 많습니다.

23.2 ping 및 B/W 테스트 툴

이번 학습부터는 네트워크 작업 또는 관리 시 도움이 될 여러 테스트 툴을 살펴보고자 합니다. 각종 커맨드와 옵션을 연이어 설명하기 때문에 자칫 지루할 수 있습니다. 가급적 설명하는 툴들을 직접 다운로드받아 실습해보면 더 도움이 될 것입니다.

1 PsPing(윈도우)

윈도우에 기본 탑재된 ping은 좋은 툴이지만 기능이 단순합니다. 그 대안으로 마이크로소프트에서 무료로 제공하는 PsPing은 강력한 ping 툴로 윈도우를 이용하는 기기에서 TCP ping을 보낼 수 있는 툴입니다. 이 덕분에 세션 기반 네트워크 장비(예. SLB) 관련 작업을 할 때 서비스 이상을 즉각 감지할 수 있습니다.

마이크로소프트 공식 홈페이지에서는 간단한 PsPing 매뉴얼과 다운로드 링크를 제공합니다.[1] 다운로드 후 압축을 풀면 다른 여러 파일과 함께 psping.exe와 psping64.exe 파일이 있을 것입니다. 이 두 파일이 PsPing 프로그램이며 32 bit, 64 bit 버전 차이일 뿐 기능상 차이점은 없습니다. 실행을 위해 두 파일을 편리한 위치로 이동합니다(예시에서는 C:\PSTools 에 두었습니다.). 이후 실행 창 ([윈도우] + [R])에서 "cmd"를 입력하여 명령 프롬프트를 열고, cd 명령으로 파일 폴더(cd C:\PSTools)로 이동하면 모든 준비가 끝납니다.

기본 사용법

다음 예시는 기본적인 PsPing 사용법입니다. 정상적인 ping 응답을 받았을 경우 다음 예시처럼 `Reply from 192.168.56.101: 0.17ms`와 같은 output이 실시간으로 업데이트됩니다. 만일 정상 응답을 받지 못한다면 별도 output이 나오지 않고 화면 그대로 멈춥니다.

---

[1] docs.microsoft.com/en-us/sysinternals/downloads/psping

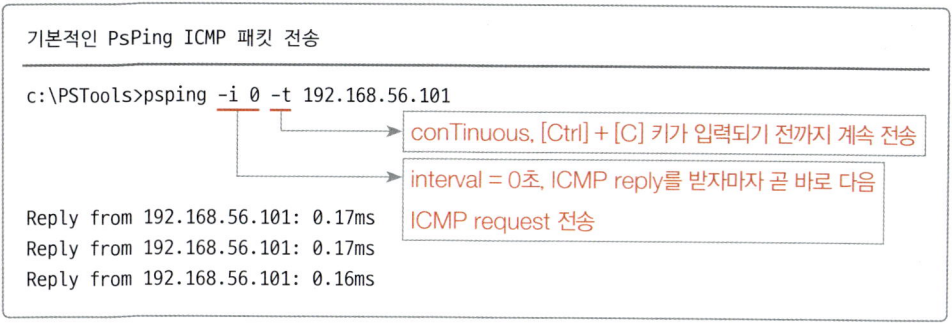

이 예시에서는 interval을 0으로 주었기 때문에 ICMP reply를 받는 즉시 다음 ICMP request를 보냅니다. 이 경우 목적지와 레이턴시가 짧으면 짧을수록 더 많은 ICMP 트래픽이 유발됩니다.

PsPing을 받는 상대 장비가 리눅스라면 다음 예시와 같이 ifstat라는 명령 혹은 iftop으로 수신 트래픽 볼륨을 볼 수 있습니다. 약 72 KBps로 표기되고 있는데, 이 KBps 단위를 Kbps로 환산하면 약 72 KBps * 8 bits = 580 Kbps가량이 송수신되고 있음을 알 수 있습니다.

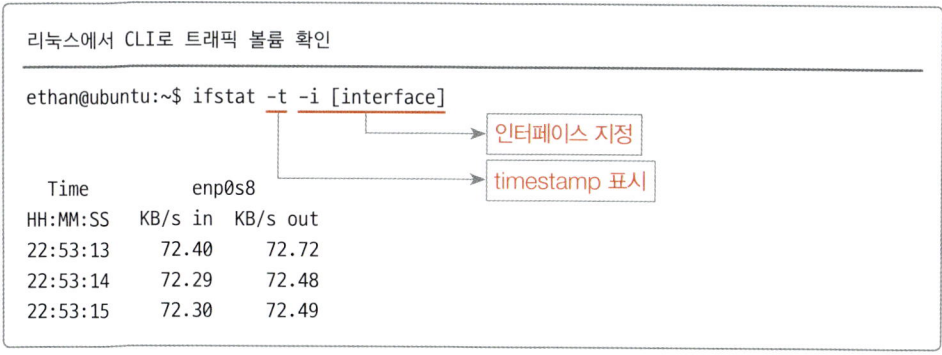

단, PsPing은 ICMP reply 응답 여부만 확인할 뿐 response type은 확인하지 않습니다. 윈도우 기본 ping은 TTL expired 에러 응답을 받았을 때 "TTL expired in transit"와 같은 에러 메시지를 보여 줍니다. 그러나 PsPing은 TTL expired된 ICMP(type 11, code 0)를 받더라도 정상 응답을 받은 것처럼 표기합니다. 이는 ICMP 패킷 응답 여부만 확인할 뿐 응답 패킷의 ICMP Type, Code 등을 확인하지 않기 때문입니다. 따라서 네트워크에 에러가 있음에도 혼동을 줄 가능성이 있으므로(v2.12 기준) 네트워크 작업 시에는 윈도우 기본 ping 프로그램을 동시 실행하는 등의 보완책이 필요합니다.

TCP Ping

PsPing으로 TCP ping을 실행하면 특정 TCP:port로 3-way handshake를 맺을 수 있는지 체크합니다. 덕분에 SLB, 방화벽 작업 등을 수행할 때 서비스 이상을 즉각 감지할 수 있습니다. 다음은 www.example.com:443으로 TCP ping을 보내는 커맨드 예시입니다.

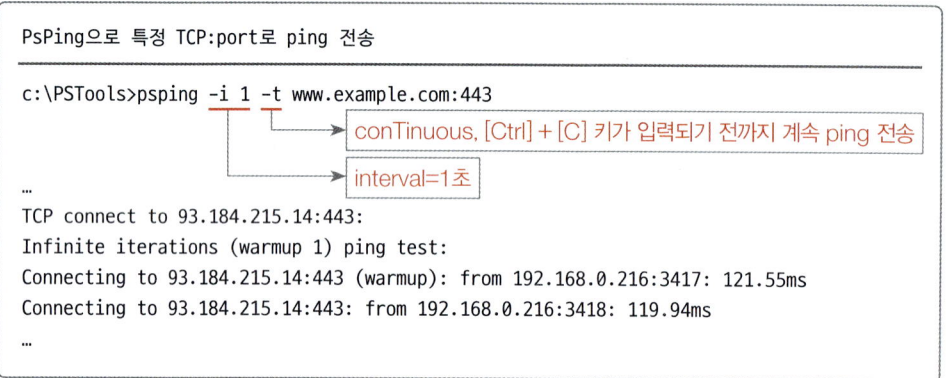

TCP B/W 테스트

PsPing은 TCP B/W 테스트를 지원합니다. 이 테스트를 실행하면 TCP 세션을 하나 열고 연속적인 PSH + ACK 패킷을 보내서 ACK 패킷이 되돌아오는지를 체크합니다. 테스트가 완료되면 RST 패킷을 보냅니다.

다음 예시에서 (빨간색) MBps 단위 결괏값을 볼 수 있습니다. Mbps로 변환하고 싶다면 8을 곱해야 합니다(237 MBps * 8 = 1896 Mbps).

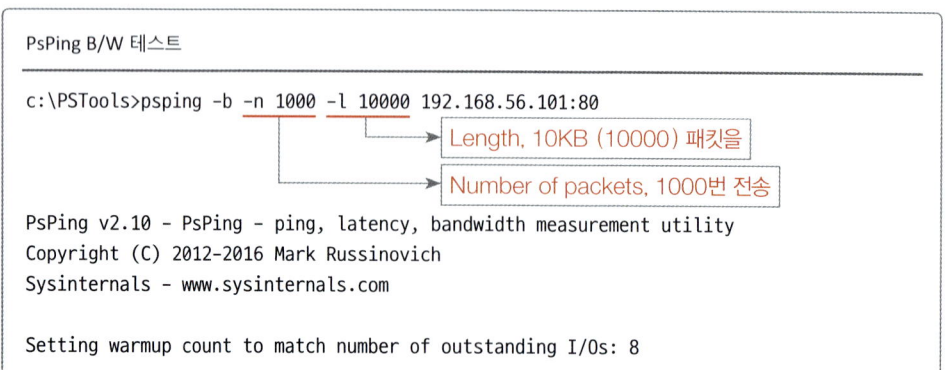

```
TCP bandwidth test connecting to 192.168.56.101:80: Connected
1008 iterations (8 warmup) sending 10000 bytes TCP bandwidth test: -135248100%

TCP sender bandwidth statistics:
Sent = 1000, Size = 10000, Total Bytes: 10070000,
  Minimum = 237.33 MB/s, Maximum = 237.33 MB/s, Average = 237.33 MB/s
```

PsPing의 TCP B/W 테스트는 3가지 주의점이 있습니다. 첫째, PsPing은 세션 하나로 B/W 테스트를 합니다. 여러 세션으로 테스트하는 것이 아니기 때문에 실제 환경과 성능 차이가 발생할 수 있습니다.

둘째, 예시에서 -l(length) 옵션이 예상과 다르게 동작할 수 있습니다. -l 옵션이 MTU보다 크면 문제가 없습니다. 만일 -l 10000이라고 옵션을 주었는데, MTU가 1000이라면 페이로드가 1000 bytes인 패킷을 총 10번에 나눠 보냅니다. 그러나 옵션 값이 MTU보다 작을 때 문제가 발생합니다(v2.12 기준). 예를 들어, MTU가 1500인 환경에서 -l 1000 옵션을 주었다면 첫 번째 패킷의 페이로드는 1000 bytes 그리고 두 번째는 1460 bytes, 마지막에는 540 bytes를 보냅니다.

비록 전체 페이로드의 평균이 1000 + 1460 + 540 = 3000 / 3 = 1000 bytes가 되긴 하지만 페이로드 크기가 일정하지 않기 때문에 테스트 결과에 부정적인 영향을 줄 수 있습니다. 더욱이 페이로드를 -l 100으로 지정하면 100, 700, 100, 600, 200 bytes와 같이 불규칙적인 페이로드 사이즈가 나타나기도 합니다. 이처럼 페이로드의 총합, 즉 Total Bytes는 틀리지 않지만, 테스트 패킷 사이즈가 불규칙하기 때문에 주의해야 합니다.

셋째, 웹(HTTP) 서버 B/W 테스트 용도로는 적절하지 않습니다. TCP B/W 테스트 툴들의 원론적인 제약 사항입니다. TCP B/W 툴은 HTTP 프로토콜을 해석할 수 없으므로 상대편 웹 서버로부터 HTTP 500 Error 등의 응답이 와도 정상 응답을 받은 것으로 간주합니다. TCP B/W는 말 그대로 TCP 레벨, 즉 Layer 4에서 B/W 테스트가 이뤄지므로 상위 프로토콜 테스트용으로는 부적절합니다.

2 fping(리눅스)

이번에는 리눅스 테스트 툴들을 살펴보겠습니다. 윈도우 툴과 달리 리눅스 ping 툴들은 다채롭고 강력합니다. 각 툴의 사용 방법은 판이하게 다르지만 몇 가지 옵션만 습득해도 네트워크 모니터링 방식을 크게 바꿔 줄 것입니다. 아울러 최신 윈도우는 WSL^{Windows Subsystem for Linux}을 통해 윈도우내 에서도 리눅스 툴들을 간편하게 실행할 수 있으니 윈도우 유저들에게도 큰 도움이 될 것입니다. 먼저 리눅스 툴 설치 법을 간략히 알아보고 강력한 리눅스 ping 툴, **fping**부터 살펴보겠습니다.

apt-get 설치 예시

먼저 리눅스에서 프로그램을 설치하는 방법부터 간략히 살펴보겠습니다. 예전에는 리눅스 프로그램 설치가 무척 어려웠습니다. 허나 최근에는 apt-get 또는 dnf 등과 같은 패키지 매니저들이 활발하게 운영되면서 커맨드 한 줄로 리눅스 프로그램을 손쉽게 설치할 수 있습니다.

```
apt-get을 이용한 리눅스 툴 자동 설치(Ubuntu 기반)

ethan@ubuntu:~$ sudo apt-get install fping      (← fping 프로그램 설치 명령)
Reading package lists... Done
Building dependency tree... Done
…
Unpacking fping (5.1-1) ...
Setting up fping (5.1-1) ...
Processing triggers for man-db (2.12.0-4build2) ...
```

여러 IP로 fping 보내기

fping은 여러 IP로 동시에 ping을 보낼 때 유용한 리눅스 ping 툴입니다. 예를 들어, 48 port 1 RU 스위치 작업을 한다면 fping을 이용하여 스위치 하단에 연결된 전체 노드(예. 서버)로 ping을 동시에 보낼 수 있습니다. 다음은 192.168.56.101 ~ 192.168.56.103에 ping을 보내는 예시입니다.

```
fping을 이용해 다량의 IP로 ping

ethan@ubuntu:~$ fping -A -c 1 -T 1 -s -g 192.168.56.101 192.168.56.103
192.168.56.101 : [0], 84 bytes, 0.02 ms (0.02 avg, 0% loss)   → ping 응답 레이턴시
192.168.56.103 : [0], 84 bytes, 1.85 ms (1.85 avg, 0% loss)   → ping 응답 레이턴시

192.168.56.101 : xmt/rcv/%loss = 1/1/0%, min/avg/max = 0.02/0.02/0.02
192.168.56.102 : xmt/rcv/%loss = 1/0/100%                     → ping 응답을 받지 못한 경우
```

```
192.168.56.103 : xmt/rcv/%loss = 1/1/0%, min/avg/max = 1.85/1.85/1.85
(아래 결과 리포트는 옵션 -s를 입력해야 표기됩니다.)
       3 targets
       2 alive
       1 unreachable
       0 unknown addresses

       1 timeouts (waiting for response)
       3 ICMP Echos sent
       2 ICMP Echo Replies received
       0 other ICMP received

 0.02 ms (min round trip time)
 0.93 ms (avg round trip time)
 1.85 ms (max round trip time)
        0.553 sec (elapsed real time)
```

fping 커맨드 예시에서 사용한 5개 옵션은 다음과 같습니다.

옵션	설명
-A	IP 대신 DNS 이름을 출력하지 않습니다. 이 옵션이 없을 경우 IP 대신 서버의 hostname이 출력됩니다. 그러나 DNS에서 hostname을 확인하느라 output이 늦어지는 경우도 있으므로 굳이 확인하지 않아도 된다면 끄는 것이 좋습니다.
-c 1	각 IP로 단 한 번의 ping만 보내고 종료합니다.
-T	ping을 보내고 최대 몇 초나 응답을 기다릴지 정하는 타임아웃 값입니다.
-s	fping이 전부 끝날 때 결과 리포트를 표기합니다(예시 참고).
-g	IP 그룹을 지정합니다. 이 옵션 뒤에 192.168.1.0/24처럼 프리픽스를 입력해도 되고, IP range를 지정할 수도 있습니다. 예를 들어 "192.168.1.0 192.168.1.255"라고 입력하면 192.168.1.0 – 192.168.1.255로 ping을 보냅니다.

▶ 표 23.3 fping 옵션 설명

네트워크 작업을 하는 동안 계속 fping을 보내고 싶다면 다음 2가지 커맨드를 이용할 수 있습니다.

```
1초 간격으로 fping을 실행시키는 2가지 커맨드

1) while true; do fping -a -A -c 1 -T 1 -g 192.168.0.1 192.168.0.10; sleep 1; clear; done
2) fping -s -l -Q 1 -g 192.168.0.1 192.168.0.10
```

커맨드별로 output이 표기되는 방식이 조금씩 다르니 보다 편리한 방식을 이용하길 바랍니다.

3 hping(리눅스)

hping은 TCP ping, SYN 플러딩, IP 스푸핑과 같은 강력한 기능을 지원하는 리눅스 ping 툴입니다. DoS·DDoS 외 각종 공격용으로 사용할 수 있기 때문에 각별한 주의가 필요한 툴이기도 합니다. hping은 버전 업을 거쳐 현재 hping3라는 커맨드로 사용 가능하며 fping과 마찬가지로 apt-get 또는 dnf 등을 통해 설치할 수 있습니다. 유사한 툴로 nping이 있지만 hping이 더 가볍고, fragment offset 값 변경 등 더 많은 옵션을 제공하기 때문에 개인적으로 hping을 선호하는 편입니다. hping은 옵션이 매우 방대하므로 여기서는 활용도가 높은 옵션들 위주로 살펴보겠습니다.

다음 예시는 hping을 이용해 TCP ping을 보내는 예시로, 기본적으로 [Ctrl] + [C]를 눌러 중단시키지 않으면 ping 패킷을 계속 보냅니다. 지정된 숫자만큼만 보내려면 -c 5와 같은 옵션을 별도 지정할 수 있습니다.

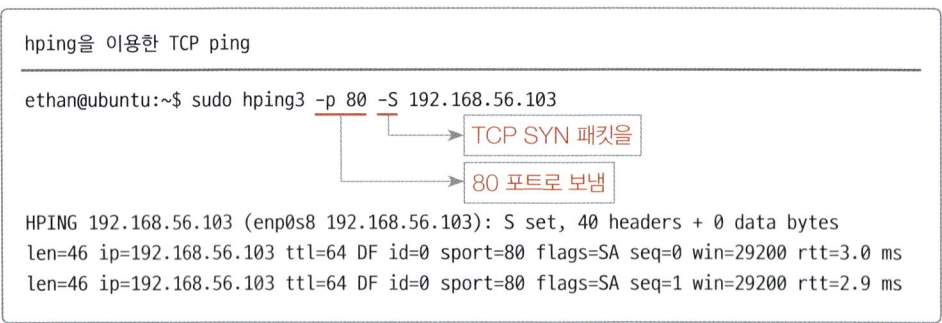

다음 예시는 hping으로 **포트 스캐닝**Port scanning을 하는 예시입니다. 대상 서버에 22(SSH) 및 80(HTTP) 포트가 열려 있는 것을 볼 수 있습니다. 단, 실 망 서버에 포트 스캐닝할 경우 보안 장비에 탐지되어 IP가 차단되거나 서비스에 악영향을 미칠 수 있으므로 주의해야 합니다.

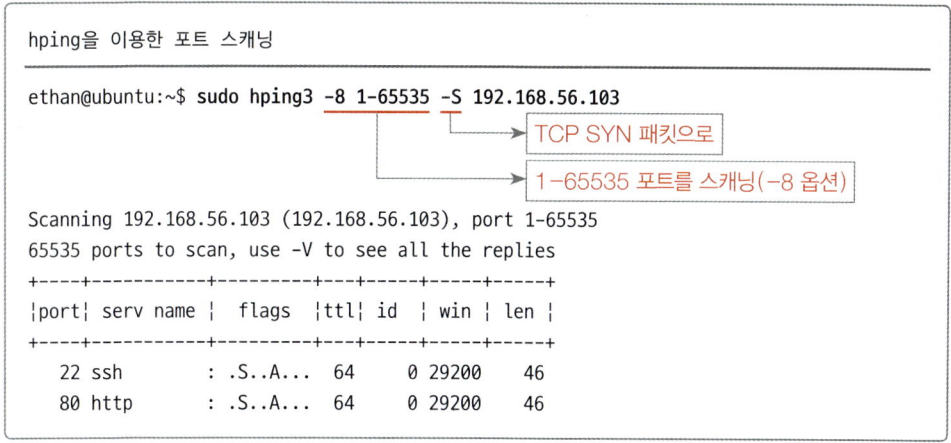

hping을 이용한 방화벽 구간의 UDP 트레이스라우트

리눅스는 기본적으로 **트레이스라우트**Traceroute라는 훌륭한 툴을 가지고 있습니다. 별도 옵션이 없으면 트레이스라우트는 탐색 패킷Probe의 TTL을 1부터 순차적으로 늘려 가며 목적지로 보냅니다(OS에 따라 ICMP 혹은 UDP 기반). 그리고 누군가 TTL에 반응하여 ICMP Time Exceeded(ICMP type 11, code 0, time to live exceeded in transit) 메시지를 보내면 그 src IP를 확인하여 각 홉을 알게 됩니다.

문제는 방화벽 넘어 목적지로 UDP 탐색 패킷을 보낼 때 발생합니다. -p 옵션으로 dst 포트를 지정했음에도 TCP와 달리 각 탐색 패킷을 보낼 때마다 UDP 포트를 하나씩 증가시키기 때문입니다. 예를 들어, dst 포트를 `-p 1000`으로 지정했을 때 첫 번째 탐색 패킷의 UDP 포트는 1000이지만 그 다음은 1001, 1002, 1003과 같이 증가됩니다. 이러한 동작에 대해 트레이스라우트 매뉴얼에서 다음과 같이 명시하고 있습니다.

> "For UDP tracing, …
> (the destination port number **will be incremented by each probe**)."

만일 방화벽에서 UDP 포트 1000만 오픈했다면 첫 번째 패킷을 제외한 나머지 UDP 패킷들은 필터링될 것입니다. 이 경우 hping을 사용할 수 있습니다. hping의 UDP 트레이스라우트는 dst 포트를 변화시키지 않습니다. 따라서 방화벽이 있더라도 다음 예시의 각 [ ] 안에 적합한 내용을 입력하면 정상적으로 UDP 트레이스라우트를 실행할 수 있습니다.

```
hping UDP 트레이스라우트

ethan@ubuntu:~$ sudo hping3 --traceroute -I [source interface] -a [source IP] --udp
[dst IP] -p [dst port] -V

using [source interface], addr: [source IP], MTU: 1500
HPING [dst IP] ([source interface] [dst IP]): udp mode set, 28 headers + 0 data bytes
hop=1 TTL 0 during transit from ip=192.168.0.1 name=UNKNOWN
hop=1 hoprtt=0.9 ms
hop=2 TTL 0 during transit from ip=192.168.207.225 name=UNKNOWN
hop=2 hoprtt=1.7 ms
hop=3 TTL 0 during transit from ip=192.168.207.181 name=UNKNOWN
hop=3 hoprtt=3.1 ms
hop=4 TTL 0 during transit from ip=192.168.101.99 name=UNKNOWN
hop=4 hoprtt=2.0 ms
hop=5 TTL 0 during transit from ip=192.168.7.57 name=UNKNOWN
hop=5 hoprtt=2.7 ms
```

4 iperf(윈도우/리눅스)

iperf는 서버 간 트래픽 처리 용량을 확인할 때 많이 사용합니다. 정확도가 높은 편이라 대중적으로 많이 사용하며 현재 iperf3까지 공개되었습니다. 계측기처럼 강력한 테스트 장비가 없을 때 iperf를 이용하면 윈도우/리눅스 서버 간 대용량 트래픽을 만들 수 있습니다. 스위치, 방화벽 또는 SLB와 같은 세션 기반 장비의 트래픽 처리 용량을 테스트할 수도 있습니다.

iperf는 송신용 그리고 수신용 서버, 총 2대가 필요합니다. 다음은 수신 서버를 세팅하는 커맨드입니다.

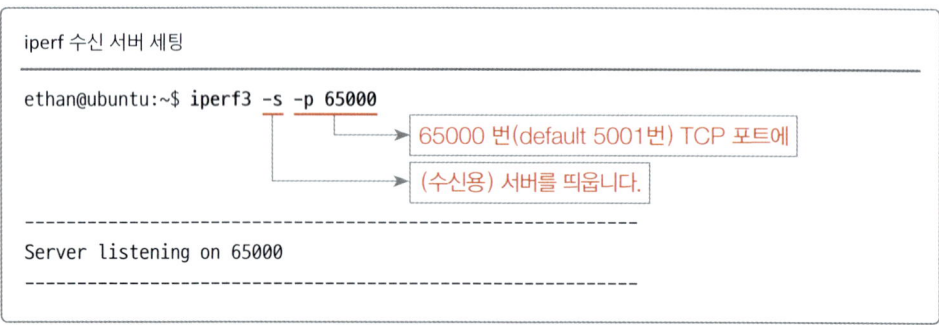

수신 서버를 세팅하고 다음 커맨드로 송신(클라이언트) 서버에서 트래픽 전송을 시작합니다 (기본 10초, -t 옵션으로 변경 가능). 모든 트래픽이 전송되면 자동으로 B/W를 계산합니다 (빨간색).

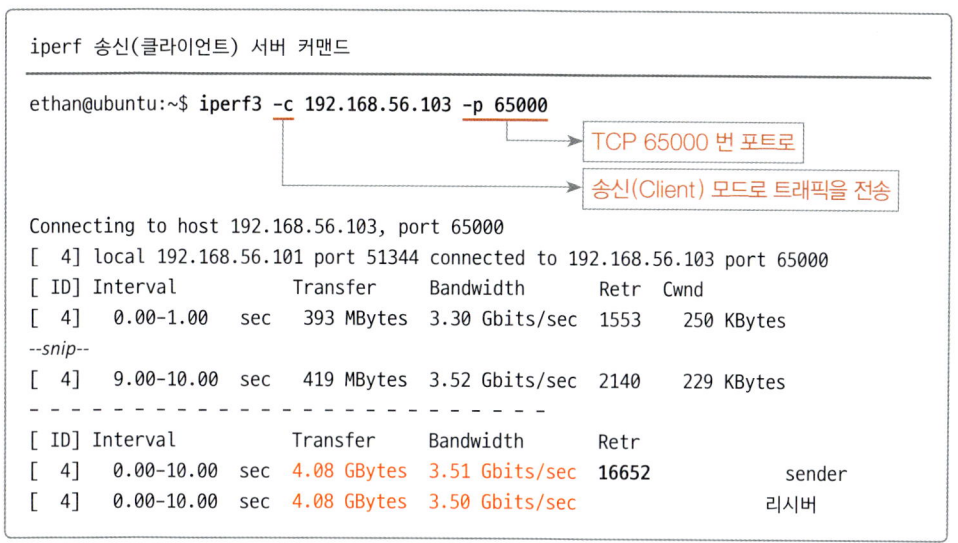

Output을 해석하면 10초 동안 평균 3.5 Gbps가량의 속도로 4.08 GBytes 데이터를 보냈다는 것과 총 16652번의 TCP 재전송(Retr)이 있었음을 알 수 있습니다.

iperf 사용 시 주의사항

iperf를 사용할 때 방심하지 않고 살펴야 할 3가지 주의사항이 있습니다. 첫째, 테스트는 송수신 서버 성능에 의존하게 됩니다. 예를 들어, 네트워크 인프라는 100 Gbps 트래픽을 처리할 수 있는데 서버 성능 제약으로 인해 iperf 트래픽 볼륨은 1 Gbps 미만으로 측정될 수도 있습니다.

둘째, 실 망 장비에 직접 테스트할 경우에는 각별한 주의가 필요합니다. iperf가 만들어 내는 트래픽은 실 망 장비에 큰 영향을 줄 수 있습니다. 이 예시의 3.5 Gbps 정도면 낮은 스펙의 방화벽, SLB를 마비시키기 충분한 볼륨입니다. 송수신 서버에 (--fileinput 혹은 --stdin 등) 별도 옵션을 지정하지 않으면 iperf는 무의미한 페이로드 데이터를 만들어 보냅니다. 데이터 내용과 무관하게 방화벽이나 SLB와 같은 장비들은 세션 테이블을 만들고 각 TCP 패킷을 추적해야 합니다.

더 나아가 보안 장비와 같은 응용 계층(Layer 7) 장비가 있다면 그 모든 패킷의 페이로드를 검사해야 합니다. 서버는 의미 없는 페이로드를 쉽게 만들어 내지만, 보안 장비는 큰 부담을 받을 수 있습니다. 따라서 iperf 테스트가 서비스에 영향을 줄 수 있는 환경이라면 다음과 같이 대역폭 제한을 걸어 주는 것이 좋습니다. 다음 예시에서는 bps 단위[-b 100000000]로 제한하였으나 Kbps [-b 100000K] 혹은 Mbps [-b 100M]와 같이 보다 가시성이 좋은 단위로 제한할 수도 있습니다.

```
iperf B/W 제한

ethan@ubuntu:~$ iperf3 -c 192.168.56.103 -p 65000 -b 100000000
                                                  └─ 100000000 bps (즉 100Mbps)로 트래픽 제한을 거는 옵션
Connecting to host 192.168.56.103, port 65000
[  4] local 192.168.56.101 port 51340 connected to 192.168.56.103 port 65000
[ ID] Interval         Transfer     Bandwidth       Retr  Cwnd
[  4]  0.00-1.00  sec  10.8 MBytes  90.8 Mbits/sec   28   222 Kbytes
[  4]  1.00-2.00  sec  11.9 MBytes  99.7 Mbits/sec   29   181 Kbytes
```

셋째, 테스트 TCP 세션을 여러 개 열어야 합니다. 방화벽이나 SLB처럼 세션을 관리하는 장비들은 대부분 둘 이상의 패킷 프로세서(쉽게 말해, ASIC)를 가지고 있습니다. 따라서 작업량 Workload이 각 패킷 프로세서들에게 고르게 분배되어야 최적의 성능을 발휘할 수 있습니다. 별도 옵션이 없을 경우 iperf는 세션을 단 하나만 열어서 테스트합니다. 이러한 경우 장비 설계에 따라 차이가 있지만 방화벽, SLB의 수많은 패킷 프로세서 중 단 하나에서만 트래픽을 처리할 가능성이 높습니다. 이로 인해 해당 프로세스를 이용하는 또 다른 서비스에게 악영향을 줄 수 있습니다.

이러한 현상을 막기 위해 다음 예시와 같이 여러 스레드를 만드는 옵션인 -P(대문자)를 사용하는 것을 권장합니다. 각 스레드는 독립적으로 별개의 TCP 세션을 생성해 사용합니다.

```
iperf TCP thread(session) control

ethan@ubuntu:~$ iperf3 -c 192.168.56.103 -p 65000 -b 100000000 -P 16
                                                               └─ 총 16세션으로 테스트
```

```
Connecting to host 192.168.56.103, port 65000
[  4] local 192.168.56.102 port 49904 connected to 192.168.56.103 port 65000
[  6] local 192.168.56.102 port 49906 connected to 192.168.56.103 port 65000
[  8] local 192.168.56.102 port 49908 connected to 192.168.56.103 port 65000
[ 10] local 192.168.56.102 port 49910 connected to 192.168.56.103 port 65000
[ 12] local 192.168.56.102 port 49912 connected to 192.168.56.103 port 65000
[ 14] local 192.168.56.102 port 49914 connected to 192.168.56.103 port 65000
[ 16] local 192.168.56.102 port 49916 connected to 192.168.56.103 port 65000
[ 18] local 192.168.56.102 port 49918 connected to 192.168.56.103 port 65000
[ 20] local 192.168.56.102 port 49920 connected to 192.168.56.103 port 65000
[ 22] local 192.168.56.102 port 49922 connected to 192.168.56.103 port 65000
[ 24] local 192.168.56.102 port 49924 connected to 192.168.56.103 port 65000
[ 26] local 192.168.56.102 port 49926 connected to 192.168.56.103 port 65000
[ 28] local 192.168.56.102 port 49928 connected to 192.168.56.103 port 65000
[ 30] local 192.168.56.102 port 49930 connected to 192.168.56.103 port 65000
[ 32] local 192.168.56.102 port 49932 connected to 192.168.56.103 port 65000
[ 34] local 192.168.56.102 port 49934 connected to 192.168.56.103 port 65000
```

총 16개 세션

스레드 개수는 경로 중간에 있는 장비들의 패킷 프로세서보다 충분히 많이 설정하는 것이 좋습니다. 예를 들어, 네트워크 장비 패킷 프로세서가 16개라서 iperf 스레드를 16개 만들었더라도 생성된 TCP 세션 16개가 균일하게 분배된다는 보장이 없습니다. 따라서 프로세서 사용량을 확인하면서 충분히 많은 스레드를 생성하는 것이 좋습니다.

23.3 웹 서버 테스트 툴

지금까지 L3 혹은 L4 툴들에 대해서 살펴보았습니다. 이번 학습에서는 L7, 그중에서 HTTP 프로토콜을 테스트할 수 있는 툴들을 살펴보겠습니다.

1 cURL(리눅스)

cURL^{Client URL}은 리눅스 CLI환경에서 웹 페이지 내용을 확인할 수 있는 툴입니다. SLB에 L7 H/C를 설정하면 SLB는 주기적으로 실 서버 URL을 체크합니다. SLB를 운영하다 보면 SLB의 헬스 체크는 다운 상태로 확인되는데 개발자는 실 서버 애플리케이션이 정상이라고 주장하는 경우가 있습니다. 이런 경우 curl을 이용하면 실제 정상 여부를 즉각 확인할 수 있습니다.

```
cURL로 웹 페이지 내용 확인

ethan@ubuntu:~$ curl http://192.168.56.103/SLB-health-check.html
<h1>OK</h1>
```

예시는 cURL을 이용하여 http://192.168.56.103/SLB-health-check.html로 HTTP GET 요청을 보낸 것입니다. 그리고 그 응답으로 <h1>OK</h1>라는 HTTP 콘텐츠를 받았습니다. 웹 서버가 정상적으로 HTTP 콘텐츠를 응답했다는 것은 해당 실 서버 애플리케이션이 정상 동작한다는 의미입니다.

사실 SLB에게 중요한 것은 HTTP 응답 상태 코드입니다. SLB는 HTTP 콘텐츠가 아닌 HTTP 상태 코드를 확인하기 때문입니다. cURL로 HTTP 상태 코드가 포함된 헤더 정보를 확인하고 싶다면 다음 예시와 같이 -I 옵션을 사용하면 됩니다(참고로 -I 옵션을 사용하면 HTTP GET 메소드가 아닌 HTTP HEAD 메소드를 사용합니다.).

```
cURL로 웹 페이지 헤더만 가져오기

ethan@ubuntu:~$ curl -I http://192.168.56.103/SLB-health-check.html
                     └──▶ (웹 페이지 content 말고) HTTP 헤더 정보만 출력
HTTP/1.1 200 OK
Date: Thu, 09 Sep 2021 16:18:25 GMT
Server: Apache/2.4.18 (Ubuntu)
...
```

이 예시 또한 HTTP 상태 코드, 200 OK라고 응답했으므로 서버가 정상 동작 중인 것을 알 수 있습니다. 만일 URL에 이상이 있다면 다음 예시의 404 Not Found처럼 200 OK가 아닌 HTTP 상태 코드를 받게 됩니다. 이는 실 서버 애플리케이션에 문제가 있다는 것을 의미합니다.

```
cURL - HTTP 에러

ethan@ubuntu:~$ curl -I http://192.168.56.103/a_url_does_not_exist.html
HTTP/1.1 404 Not Found
Date: Thu, 09 Sep 2021 16:18:53 GMT
Server: Apache/2.4.18 (Ubuntu)
...
```

참고로 SLB 장비에서 HTTP 상태 코드를 별도 지정할 수도 있습니다. 예를 들어, 예상되는 HTTP 상태 코드를 302로 지정하면 실 서버가 302 응답을 보냈을 때만 정상이라고 판단합니다.

사설 인증서

cURL로 HTTPS(TLS, SSL) 서버에 접근할 때 셀프 서명 인증서에 대한 대응 방법을 알아 두면 좋습니다. '13.1 SLB 심층 학습'의 'HTTPS 인증서'에서 살펴본 것처럼 셀프 서명 인증서는 개인이 임의 생성한 인증서로, 브라우저로 접근할 경우 "안전하지 않은 연결"이라는 경고가 발생합니다. cURL에서도 마찬가지로 "검증되지 않은 인증서"라는 경고가 발생합니다.

```
curl - HTTP error

ethan@ubuntu:~$ curl -I https://192.168.56.103:443/SLB-health-check.html
curl: (60) server certificate verification failed.
```

유저에게 노출되지 않는 순수 사설 구간 통신이라면 굳이 비용을 들여 CA-서명 인증서를 받을 필요가 없기 때문에 셀프 서명 인증서로 운영되는 애플리케이션 서비스들이 많습니다. 이러한 경우 cURL에 --insecure 혹은 -k 옵션을 주면 해당 경고를 무시할 수 있습니다.

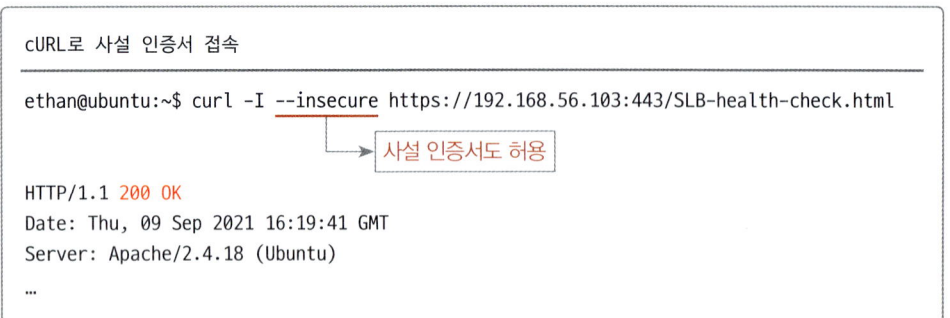

telnet을 이용한 L7 H/C

SLB 장비 내부에는 cURL 명령어가 없는 경우가 많습니다. 이러한 환경에서 헬스 체크 URL을 테스트해보고 싶다면 cURL 대신 사용할 수 있는 툴이 있습니다. **telnet**입니다. HTTPS가 아닌 HTTP 프로토콜은 평문 통신 프로토콜입니다. 따라서 텍스트를 오타 없이 입력할 수 있다면 telnet을 통해서도 HTTP 통신을 할 수 있습니다. 단, 오타가 나더라도 [Backspace] 혹은 [Delete] 키를 눌러서 수정해서는 안 됩니다. telnet에서는 이 키들을 텍스트 삭제 키가 아닌 일반 문자열로 취급하기 때문입니다. 따라서 telnet으로 HTTP 통신을 시도하려면 메모장 같은 곳에서 HTTP 커맨드를 미리 완벽하게 작성한 뒤 복사해 붙여 넣는 것이 좋습니다. 다음 예시와 같은 HTTP 요청(파란색)을 오타 없이 치면 응답(빨간색)을 받을 수 있습니다.

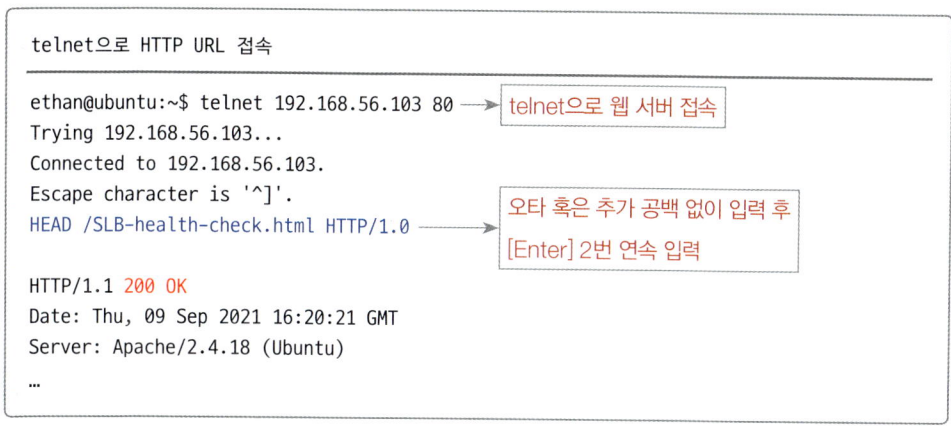

HTTP 메소드는 GET/HEAD 외에 POST, PUT 등이 있지만 단순하게 헬스 체크 정상 여부를 확인하는 용도라면 예시와 같은 HEAD 혹은 GET 메소드를 주로 사용합니다.

2 ab(리눅스)

ab$^{\text{Apache HTTP server Benchmarking tool}}$는 아파치 HTTP 서버를 위해 개발된 성능 테스트 툴입니다. iperf는 세션 하나(혹은 몇 개)로 트래픽 테스트를 하지만 ab는 마치 실제 유저가 접속하듯 3-way handshake를 하고 GET 요청을 보낸 뒤 FIN으로 세션을 닫는 URL 접속 테스트를 쉴 틈 없이 반복합니다.

ab 커맨드로 100개의 세션을 동시에 열고 총 1만 번의 GET 요청을 보내는 예시를 살펴보겠습니다.

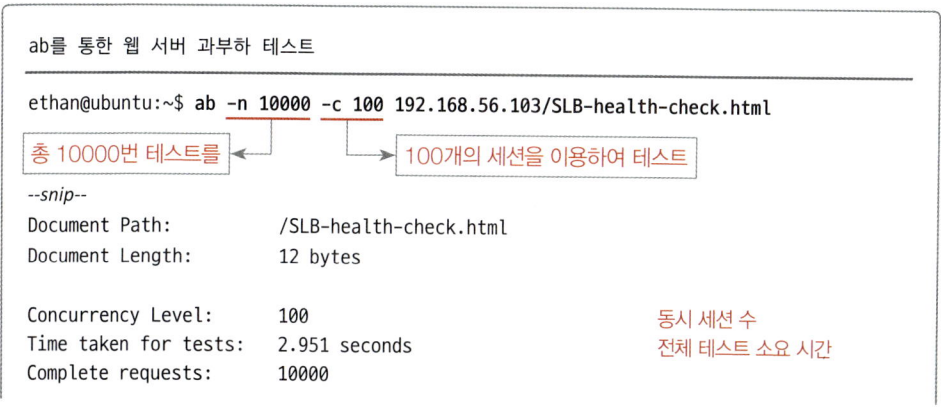

```
Failed requests:        0                                요청(request) 실패 개수
Total transferred:      3130000 bytes
HTML transferred:       120000 bytes
Requests per second:    3388.71 [#/sec] (mean)           초당 처리 HTTP 요청 수(평균)
Time per request:       29.510 [ms] (mean)               전체 평균 소요 시간 ①
Time per request:       0.295 [ms]                       요청 평균 처리 시간 ②
(mean, across all concurrent requests)
Transfer rate:          1035.81 [Kbytes/sec] received    초당 트래픽 전송량
Connection Times (ms)
              min  mean[+/-sd] median   max
Connect:        0    0    1.1      0      9              세션별 통계 ③
Processing:     6   29    5.1     28    248
Waiting:        5   29    4.6     28    146
Total:         14   29    4.7     29    248
Percentage of the requests served within a certain time (ms)
  50%     29
  66%     30
  75%     30
  80%     31                                             처리 시간 비율 ④
  90%     33
  95%     36
  98%     43
  99%     44
 100%    248 (longest request)
```

ab는 결과 리포트를 해석하는 데 약간 난이도가 있습니다. 하나씩 세세하게 살펴보겠습니다.

② 요청 평균 처리 시간

② 결괏값은 비교적 단순하게 계산합니다. 전체 테스트 소요 시간인 'Time taken for tests'를 총 테스트 횟수 10000(-n 10000)으로 나눈 값입니다. 이 예시에서 전체 테스트 소요 시간, Time taken for tests는 2.951 s이므로 이를 10000으로 나누면 0.295 ms입니다.

① 전체 평균 소요 시간

①은 각 세션의 소요 시간을 총 요청 수로 나눈 것입니다. 예를 들어, 5번 테스트(-n 5)를 했는데 그 결괏값이 10, 10, 20, 10, 10 ms였다면 (10 + 10 + 20 + 10 + 10) / 5 = 12 ms로 계산됩니다. 다르게 표현하면 각 요청들의 평균 응답 시간입니다.

앞서 예시에서는 ②의 값인 0.295에 동시 세션 개수 (-c 100)을 곱하면 정확히 ①의 값

29.510이 나옵니다. 이처럼 ①과 ②의 값이 차이가 없다는 것은 세션을 많이 늘려서 테스트해도 웹 서버 성능이 줄지 않았다는 것을 의미합니다. 만일 이 두 값의 차이가 크다면 테스트 과정이 일정하고 균일하게 진행되지 못하고 불규칙한 지연이 발생했다는 것을 의미합니다.

③ 세션별 통계

③은 row(열)별로 각각 의미가 있습니다. 첫 번째, Connect는 3-way handshake가 완료되기까지의 시간입니다. 두 번째, Processing은 요청을 보낸 후 응답을 완전히 다 받을 때까지 걸린 시간입니다. 세 번째, Waiting은 요청을 보낸 후 첫 번째 byte를 받기까지 걸린 시간입니다. 마지막으로 네 번째, Total은 처음 세션을 열고 마지막 응답을 받기까지 걸린 전체 시간입니다. 쉽게 말해 **Connect + Processing = Total**입니다.

각 column(행)의 min, mean, median, max란 값들은 각 결괏값들의 통계 수치입니다. min과 max는 각각 최솟값과 최댓값입니다. mean은 평균값을 말하며 median은 중간값입니다. 예를 들어, 10, 20, 80, 90, 100 이란 총 5개 숫자의 평균은 60 이지만, 중간값은 5개 값 중 '중간에 위치한' 80입니다. 마지막으로 mean(평균) 옆에 조그맣게 쓰인 +/-sd는 **SD**Standard Deviation(표준 편차)를 말합니다. 표준 편차는 값들이 평균에서 얼마나 흩어져 있는지를 말합니다. 예를 들어, 평균이 29고 SD가 ±5.1이라면 값들이 대략 23.9 – 34.1 사이에 대부분 흩어져 있음을 말합니다.

④ 처리 시간 비율

ab output의 맨 마지막 줄은 처리 시간 비율입니다. 이 예시에서 50% 옆에 29(ms)를 볼 수 있습니다. 이는 ab 테스트를 해보니 전체 요청 중 50%는 29 ms 안에 처리가 되었다는 뜻입니다. 80%의 요청은 31 ms 안에, 99%는 44 ms 안에 처리가 되었음을 알 수 있습니다. 가장 오래 걸린 요청 처리 시간은 248 ms입니다. 거꾸로 말하면 모든 요청이 최대 248 ms 안에는 처리되었는데 그중 대부분(99%)은 44 ms 안에 처리되었음을 알 수 있습니다. 예시의 결괏값을 전체적으로 분석하면 동시 세션 처리에 따른 편차 및 연결 시간의 SD가 크지 않으므로 전반적으로 안정적이고 양호한 웹 서버 테스트였음을 알 수 있습니다.

ab 사용 시 주의 사항

ab는 계측기가 없는 환경에서 SLB, 방화벽의 RPS를 테스트해보기 좋은 툴입니다. 허나 'iperf

사용 시 주의 사항'에서 살펴본 것과 동일한 이유로 실 망에서 테스트할 때에는 주의가 필요합니다.

첫째, 순수하게 서버 CPU에 의존하기 때문에 네트워크 장비 성능에 도달하지 못하더라도 테스트가 실패한 것처럼 보일 수 있습니다. 서버 CPU 리소스 부족으로 인한 것인지, 네트워크 장비의 한계인지 구분하기 어렵습니다.

둘째, 저사양 네트워크 장비라면 서비스 영향을 받을 수 있습니다. 따라서 고립된 테스트 망 혹은 안전을 보장할 수 있는 환경에서 테스트를 진행하길 권장합니다.

23.4 패킷 캡처

대표적인 캡처 프로그램 중 하나인 와이어샤크는 윈도우 GUI 기반으로 진입 장벽이 높지 않고, 관련 자료가 많기 때문에 굳이 이 책에서 다루지 않겠습니다. 대신 익숙하지 않을 수 있는 리눅스 패킷 캡처 툴 **tcpdump**를 살펴보고자 합니다.

1 tcpdump

SLB나 방화벽처럼 L4 이상의 장비를 운영하다 보면 각종 이슈 등으로 빈번하게 패킷을 캡처해야 합니다. 윈도우는 와이어샤크라는 훌륭한 툴 덕분에 패킷 캡처에 어려움이 없지만, 리눅스는 tcpdump라는 CLI 툴에 의존성이 높습니다. tcpump는 진입 장벽이 있지만 몇 가지 기본 옵션만 알아 두면 매우 간편하게 사용할 수 있는 툴이기도 합니다. 더욱이 필요 시 언제든지 미러링Mirroring할 수 있는 미러링 전용 네트워크를 구성하려면 리눅스 서버로 구성하는 것이 보다 유리하므로[2] 반드시 tcpdump 사용법을 익혀야 할 것입니다.

tcpdump CLI 분석

먼저 간단한 예시 커맨드부터 살펴보겠습니다. 다음 커맨드는 전체 인터페이스에서 TCP 80 포트 관련 트래픽을 캡처하라는 커맨드입니다.

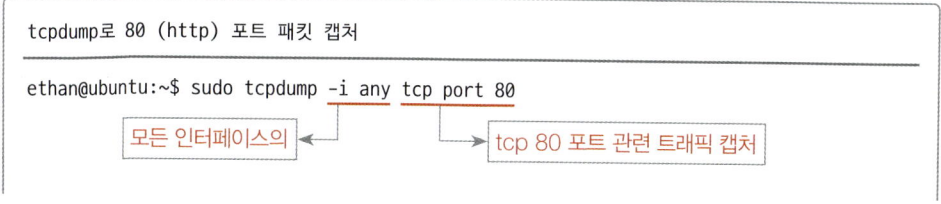

tcpdump로 80 (http) 포트 패킷 캡처

---

[2] 윈도우 서버의 경우 접속을 위한 RDP 시스템을 별도 구성해야 해서 다소 번거롭습니다.

```
① 3-way handshake
#1    01:00:27.033444 IP 192.168.56.1.3404 > 192.168.56.102.http: Flags [S], seq
2203559382, win 64240, options [mss 1460,nop,wscale 8,nop,nop,sackOK], length 0

#2    01:00:27.033462 IP 192.168.56.102.http > 192.168.56.1.3404: Flags [S.], seq
1443989163, ack 2203559383, win 29200, options [mss 1460,nop,nop,sackOK,nop,wscale 7],
length 0

#3    01:00:27.033591 IP 192.168.56.1.3404 > 192.168.56.102.http: Flags [.], ack 1,
win 8212, length 0

② HTTP request/response
#4    01:00:27.037178 IP 192.168.56.1.3404 > 192.168.56.102.http: Flags [P.], seq
1:445, ack 1, win 8212, length 443: HTTP: GET /index.html HTTP/1.1

#5    01:00:27.037218 IP 192.168.56.102.http > 192.168.56.1.3404: Flags [.], ack 445,
win 237, length 0

#6    01:00:27.037675 IP 192.168.56.102.http > 192.168.56.1.3404: Flags [P.], seq
1:287, ack 445, win 237, length 286: HTTP: HTTP/1.1 200 OK

#7    01:00:27.077372 IP 192.168.56.1.3404 > 192.168.56.102.http: Flags [.], ack 287,
win 8211, length 0

③ TCP tear down
#8    01:00:31.966141 IP 192.168.56.102.http > 192.168.56.1.3404: Flags [F.], seq 287,
ack 445, win 237, length 0

#9    01:00:31.966619 IP 192.168.56.1.3404 > 192.168.56.102.http: Flags [.], ack 288,
win 8211, length 0

#10   01:00:32.188525 IP 192.168.56.1.3404 > 192.168.56.102.http: Flags [F.], seq 445,
ack 288, win 8211, length 0

#11   01:00:32.188564 IP 192.168.56.102.http > 192.168.56.1.3404: Flags [.], ack 446,
win 237, length 0
```

예시를 보면 캡처된 내용이 CLI[3]에서 텍스트 형태로 나타납니다. 이러한 텍스트 방식은 눈으로 분석하기 어렵기 때문에 정상적인 TCP 플로우가 있었는지 간략하게 확인하는 등 큰 흐름만 확인하고자 할 때 주로 사용됩니다.

---

3 정확하게는 stdout, user 터미널

CLI output 분석

앞서 예시의 tcpdump text output을 해석해보겠습니다. 먼저 TCP flag에 관한 기본 지식이 필요합니다. 이 예시에서 TCP flag들이 Flags [S.]와 같이 표기되고 있는데 S = SYN, F = FIN, P = PSH 그리고 마침표(.)는 ACK을 의미합니다. 즉, [S.]은 SYN + ACK패킷을 의미하고 [F.]는 FIN + ACK 패킷을 의미합니다.

이 예시의 전체 플로우 중 첫 번째 섹션 ① **3-way handshake**의 Flags를 순차적으로 살펴보면 #1 [S] → #2 [S.] → #3 [.], 즉 #1 [SYN] → #2 [SYN+ACK] → #3 [ACK] 과정을 거치며 TCP 세션을 오픈한 것을 볼 수 있습니다. 두 번째 ② **HTTP request/response** 섹션에서는 192.168.56.1에서 **192.168.56.102** 웹 서버로 HTTP request(**GET /index.html HTTP/1.1**)를 보내고 응답으로 웹 서버가 **HTTP/1.1 200 OK**를 보낸 것을 확인할 수 있습니다. 마지막 ③ **TCP tear down** 섹션에서는 #8 [F.] → #9 [.] → #10 [F.] → #11 [.], 즉 #8 [FIN+ACK] → #9 [ACK] → #10 [FIN+ACK] → #11 [ACK] 과정을 거치며 TCP 세션이 닫히는 것을 볼 수 있습니다.

예시의 TCP 세션을 분석하면 세션을 하나 열고, HTTP 요청과 응답을 주고받은 뒤 해당 세션을 닫는 과정이 기록되어 있음을 알 수 있습니다.

참고로 대부분의 리눅스 툴은 IP나 포트 등을 변환^{Resolve}하려는 경향이 있습니다. 예를 들어, 포트 번호가 80이라면 숫자 80이 아니라 HTTP로 표기하려고 합니다. 앞서 예시에서도 **192.168.56.102.80** 대신 **192.168.56.102.http**라고 표기된 것을 볼 수 있습니다. 만일 변환하지 않고 숫자 그대로 표기하고 싶다면 **-n** 옵션을 사용하면 됩니다.

Output 파일로 저장

앞서 예시처럼 text output은 가독성이 좋지 않은 편이며 TCP 플로우가 조금만 많아져도 분석이 매우 어려워집니다. 이처럼 복잡한 TCP 플로우를 분석하기 위해서는 와이어샤크와 같은 전문 분석 툴이 필수입니다.

tcpdump 캡처 패킷을 다른 프로그램에서 분석하려면 먼저 pcap 파일로 저장해야 합니다. 방법은 간단합니다. 다음 예시와 같이 -w 옵션 적용 후 적당한 시간이 흐른 뒤 [Ctrl] + [C]를 눌러 캡처를 중단하면 캡처 내용이 pcap 파일로 저장됩니다.

```
tcpdump로 80 (http) 포트 패킷 캡처

ethan@ubuntu:~$ sudo tcpdump -i any tcp port 80 -s 0 -w http.test.pcap
                                              ───┬──   ────────┬────────
                                        사이즈 제한 없이    http.test.pcap파일에 저장
tcpdump: listening on enp0s8, link-type EN10MB (Ethernet), capture size 262144 bytes
10 packets captured
10 packets received by filter
0 packets 드랍ped by kernel
```

이 예시에서 −s 0 옵션은 사이즈 제한을 없애라는 옵션입니다. 근래 tcpdump는 사이즈 제한이 없는 편이기 때문에 사실 불필요한 옵션입니다. 그러나 오래된 tcpdump 버전이라면 캡처하는 데이터 패킷 사이즈가 64 bytes로 제한되기도 합니다. 이 경우 패킷당 64 bytes 이상 데이터가 잘려서 http와 같은 응용 계층을 분석할 때 큰 어려움을 겪기도 합니다.

라우터나 SLB 장비에 내장된 tcpdump는 캡처 크기에 제한이 있는 경우가 제법 많습니다. 이러한 경우 그 제한을 없애는 옵션이 −s 0입니다.

인터페이스 지정

앞서 예시들에는 −i any 옵션을 주어 모든 인터페이스에서 패킷 캡처를 하도록 했습니다. 일반적인 경우에는 any interface에서 패킷 캡처를 하더라도 무방하지만 특정 인터페이스를 지정해야 할 때도 있습니다. 예를 들어, 다른 인터페이스 트래픽이 과하게 많은 경우입니다. 또는 L3 DSR − DSCP를 사용하는 환경에서 루프백과 물리 인터페이스에서 동일한 패킷이 중복 수집되는 경우 등이 있습니다. 이럴 땐 −i 옵션으로 인터페이스를 정확하게 지정해야 합니다.

tcpdump에서 특정 인터페이스를 지정하려면 패킷이 어느 인터페이스로 들어와서 어느 인터페이스로 나갈지 알아야 합니다. 즉, 인그레스 인터페이스와 이그레스 인터페이스를 알아야 합니다.

리눅스에서 인그레스 인터페이스 찾기(인터페이스 IP 확인)

인그레스 인터페이스의 IP를 확인하는 대표적인 커맨드가 2개 있는데 하나는 ifconfig, 또 다른 하나는 ip addr입니다. 다음 예시에서는 각 커맨드를 통해 총 3개의 인터페이스 IP를 확인할 수 있습니다.

- lo(loopback): 127.0.0.1/8, ::1/128
- enp0s3: 10.0.2.15/24
- enp0s8: 192.168.56.102/24

```
리눅스 인터페이스 IP 찾기 - ip addr

ethan@ubuntu:~$ ip addr | egrep "(^[0-9]|inet)"
1: lo: <LOOPBACK,UP,LOWER_UP> mtu 65536 … state UNKNOWN group default qlen 1
    inet 127.0.0.1/8 scope host lo
    inet6 ::1/128 scope host
2: enp0s3: <BROADCAST,MULTICAST,UP,LOWER_UP> mtu 1500 … state UP … qlen 1000
    inet 10.0.2.15/24 brd 10.0.2.255 scope global enp0s3
    inet6 fe80::a00:27ff:fe99:a841/64 scope link
3: enp0s8: <BROADCAST,MULTICAST,UP,LOWER_UP> mtu 1500 … state UP … qlen 1000
    inet 192.168.56.102/24 brd 192.168.56.255 scope global enp0s8
 inet6 fe80::a00:27ff:fee9:c2bd/64 scope link
```

```
리눅스 인터페이스 IP 찾기 - ifconfig

ethan@ubuntu:~$ ifconfig | egrep "(Link|inet)"
enp0s3    Link encap:Ethernet   HWaddr 08:00:27:99:a8:41
          inet addr:10.0.2.15  Bcast:10.0.2.255  Mask:255.255.255.0
          inet6 addr: fe80::a00:27ff:fe99:a841/64 Scope:Link
enp0s8    Link encap:Ethernet   HWaddr 08:00:27:e9:c2:bd
          inet addr:192.168.56.102  Bcast:192.168.56.255  Mask:255.255.255.0
          inet6 addr: fe80::a00:27ff:fee9:c2bd/64 Scope:Link
lo        Link encap:Local Loopback
          inet addr:127.0.0.1  Mask:255.0.0.0
          inet6 addr: ::1/128 Scope:Host
```

ifconfig 또는 ip addr 명령어로 인터페이스별 IP를 확인했으니 패킷이 어느 인터페이스(인그레스 인터페이스)로 들어올지 알 수 있을 것입니다.

리눅스에서 이그레스 인터페이스 찾기(라우팅 테이블 확인)

이그레스 인터페이스를 찾으려면 라우팅 테이블을 알아야 합니다. 마치 네트워크 장비의 라우팅 테이블을 확인하듯 리눅스 서버의 라우팅 테이블을 확인하면 이그레스 인터페이스를 알 수 있습니다. 다음은 리눅스 서버의 라우팅 테이블을 확인하는 **route** 커맨드 예시입니다.

```
리눅스 라우팅 테이블 확인 커맨드 - route

ethan@ubuntu:~$ route -n
Kernel IP routing table
Destination     Gateway         Genmask         Flags Metric Ref    Use Iface
0.0.0.0         10.0.2.2        0.0.0.0         UG    0      0        0 enp0s3  → ①
10.0.2.0        0.0.0.0         255.255.255.0   U     0      0        0 enp0s3  → ②
192.168.56.0    0.0.0.0         255.255.255.0   U     0      0        0 enp0s8  → ③
```

output에서 주요 정보를 해석하면 다음과 같습니다.

No.	Destination	Gateway	Genmask	Iface	Destination + Prefix → 라우팅
①	0.0.0.0	10.0.2.2	0.0.0.0	enp0s3	0.0.0.0/0 → 10.0.2.2
②	10.0.2.0	0.0.0.0	255.255.255.0	enp0s3	10.0.2.0/24 → enp0s3
③	192.168.56.0	0.0.0.0	255.255.255.0	enp0s8	192.168.56.0/24 → enp0s8
No.	상세 설명					
①	Destination(0.0.0.0) + Genmask(0.0.0.0)입니다(Genmask = netmask). 알아보기 쉽게 프리픽스로 변환하면 0.0.0.0/0입니다. 즉, default G/W라는 뜻이죠. 해당 라우트의 넥스트-홉이 10.0.2.2이므로 정리하면 default G/W가 10.0.2.2라는 뜻입니다.					
②	Destination/Genmask가 10.0.2.0/255.255.255.0이므로 이를 프리픽스로 변환하면 10.0.2.0/24입니다. 헌데 Gateway가 0.0.0.0입니다. 즉, 게이트웨이가 없다는 뜻입니다. 이럴 경우에는 Gateway 항목이 아니라 Iface(인터페이스)를 확인하면 됩니다. 해당 라우트의 Iface가 enp0s3로, 10.0.2.0/24으로 가는 패킷은 enp0s3로 내보내란 뜻입니다. 앞서 커맨드로 살펴본 것처럼 enp0s3 인터페이스의 IP가 10.0.2.15/24고 Up 상태이기 때문에 이는 사실 매우 당연한 라우팅입니다. 즉, 게이트웨이 없이 직접 ARP request를 보내야 하는 경우입니다.					
③	② 항목과 동일한 맥락으로, 192.168.56.0/24로 가는 패킷은 enp0s8로 보내라는 의미입니다.					

▶ 표 23.4 리눅스 라우트 해석

만일 네트워크 장비의 show ip route처럼 특정 목적지의 이그레스 인터페이스만 보고 싶다면 다음 커맨드를 사용할 수 있습니다.

```
리눅스 라우팅 테이블 확인 커맨드 - ip route get [dst]

ethan@ubuntu:~$ ip route get 203.0.113.1
203.0.113.1 via 10.0.2.2 dev enp0s3 src 10.0.2.15 uid 1000
    cache
```

예시에서 맨 아래 cache는 해당 라우팅이 FIB에 cache되어 정상 동작한다는 뜻입니다.

> **Tip.** Linux kernel 3.6 전에는 라우팅 cache를 이용하여 프로세싱 속도를 높였습니다. 예시의 cache라는 단어는 해당 라우팅 정보가 캐싱되었는지를 가리킵니다. 버전 3.6 이상 커널에서는 LC-trie(Level-Compressed-trie)라는 자료 구조를 사용하고 있으며 nhc_pcpu_rth_output (egress), nhc_rth_input (ingress)와 같은 복잡한 caching mechanism을 포함하고 있다는 의미로 여전히 사용하고 있습니다.

tcpdump 필터 표현식

지금까지 살펴본 내용이면 간단한 패킷 캡처 정도는 문제가 없을 것입니다. 그러나 트래픽이 많은 환경에서는 모든 트래픽을 캡처하기 어려울 수 있고 다양한 패킷이 섞여 있으면 분석이 힘들어집니다. 이 경우에 tcpdump의 필터 옵션들을 이용하면 원하는 패킷들만(필터링) 캡처할 수 있습니다. 따라서 간단하면서 자주 사용하는 필터 표현식Filter expression을 소개합니다.

> **Tip.** and, or 옵션은 여러 개를 이어 쓸 수 있습니다.

```
tcpdump 필터링 - 특정 IP 관련 패킷들 캡처

ethan@ubuntu:~$ sudo tcpdump ip host 192.168.56.102
```

```
tcpdump 필터링 - 특정TCP 또는 UDP 포트 패킷들 캡처

ethan@ubuntu:~$ sudo tcpdump tcp port 80
ethan@ubuntu:~$ sudo tcpdump udp port 80
```

```
tcpdump 필터링 - 특정 포트 범위의 패킷들 캡처

ethan@ubuntu:~$ sudo tcpdump tcp portrange 80-8080
```

```
tcpdump 필터링 - 특정 IP + 특정 포트로 통신하는 패킷들 캡처(and 옵션 주목)

ethan@ubuntu:~$ sudo tcpdump ip host 192.168.56.102 and tcp port 80
```

```
tcpdump 필터링 - 특정 두 IP와 관련된 패킷들 캡처(or 옵션 주목)

ethan@ubuntu:~$ sudo tcpdump -i any ip host 192.168.56.102 or ip host 10.0.2.2
```

tcpdump는 이외에도 많은 필터링 옵션을 가지고 있으나 와이어샤크의 디스플레이 필터$^{Display\ filter}$만큼 강력하진 않습니다. tcpdump의 필터링 룰의 경우 최대 L4(TCP/UDP) 정도까지만 지원하기 때문입니다. 반면 와이어샤크는 특정 TCP 플로우만 필터링할 수 있을 뿐 아니라 http.response.code == 200처럼 (HTTP 200 OK 메시지) L7 레벨 정보도 필터링할 수 있습니다.

tshark

저장된 pcap 파일 사이즈가 매우 클 경우(예. 1 GB 이상) 와이어샤크로 오픈하기 어려울 수 있습니다. 이러한 경우 와이어샤크의 CLI 툴인 tshark를 이용하면 저장된 pcap 파일에 필터링을 추가 적용할 수 있습니다. 더불어 tshark의 -Y 옵션을 이용하면 와이어샤크의 강력한 디스플레이 필터 구문(예. http.response.code == 200)을 적용할 수도 있습니다.

다음 예시는 HTTP 응답 패킷이면서, TCP dst 포트가 29618인 패킷들만 따로 찾아내 별도 파일로 저장하는 tshark 커맨드입니다.

```
윈도우 CLI(윈도우 커맨드 라인)에서 tshark를 이용한 display filter 기능 적용

c:\> tshark.exe -r original.pcap -Y "http.response and tcp.dstport == 29618" -w new_one.pcap
```

2 패킷 제작 툴

tcpdump 혹은 와이어샤크로 캡처한 패킷을 네트워크 장비로 전송하고 싶을 때가 있습니다. 프로토콜 동작을 확인해보거나 ARP learning rate를 체크하거나 또는 특수하게 조작된 패킷, 즉 crafted packet을 이용한 보안 취약점 등을 체크해야 하는 경우 등입니다.

네트워크 계측기가 있다면 쉽지만 없다면 대안으로 패킷 제작 툴을 이용할 수 있습니다. 여러 종류의 패킷 제작 툴이 있지만, 대부분 리눅스용이거나 별도 라이선스 비용을 필요로 합니다. 이 책에서는 무료면서 윈도우 GUI 기반으로 쉽게 사용할 수 있는 Colasoft의 Colasoft Packet Builder를 소개합니다.

메인 화면

공식 홈페이지(colasoft.com/packet_builder/)에서 Colasoft Packet Builder를 다운로드 및 설치 후 '관리자 권한으로 실행'하면 다음과 같은 메인 화면이 나타납니다.

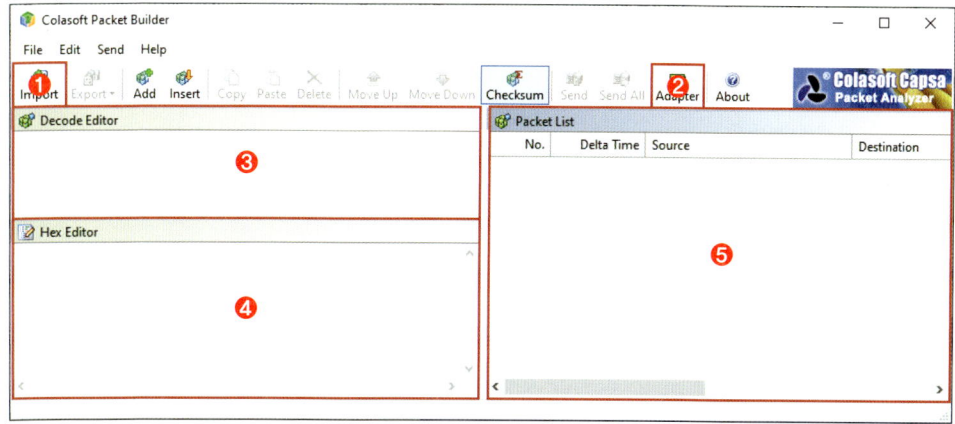

▶ 그림 23.1 Colasoft Packet Builder 메인 화면(버전 2.0 기준)

각 패널 및 주요 기능 설명은 다음과 같습니다.

No.	설명
①	저장된 캡처 파일을 불러옵니다.
②	패킷을 내보낼 인터페이스(Adapter)를 지정합니다.
③	와이어샤크와 유사한 UI를 가진 디코드 편집기로, 패킷 내용을 수정할 수 있습니다.
④	패킷별 Hex 값을 수정할 수 있는 Hex 편집기입니다.
⑤	불러오거나 만든 패킷 리스트가 표기됩니다.

▶ 표 23.5 Colasoft Packet Builder 메인 기능 설명

pcap 파일 오픈 및 tcpdump 캡처 시 주의 사항

메뉴의 [Add] 버튼을 누르면 마치 계측기처럼 개별 패킷을 만들 수 있습니다. 허나 그보다는 기존에 캡처해 둔 pcap 파일을 오픈하는 방법이 간편합니다. 단 이때 한 가지 주의해야 할 점이 있습니다. tcpdump로 pcap 파일을 저장할 때 `-i any`라는 옵션을 사용하면 안 됩니다.

앞서 '인터페이스 지정'에서 살펴본 것처럼 해당 옵션은 리눅스의 모든 인터페이스에서 패킷 캡

처를 하라는 명령입니다. 해당 옵션을 사용하면 L2 헤더, 즉 이더넷 헤더가 저장되지 않습니다.[4] 다음 그림처럼 -i any 옵션으로 저장된 pcap 파일은 이더넷 정보가 없습니다.

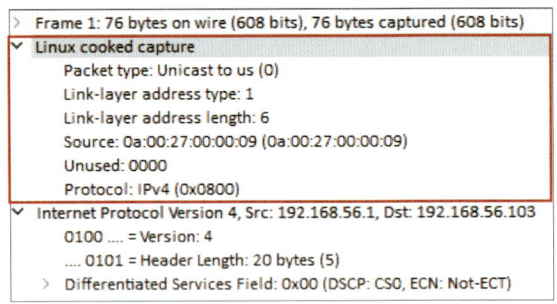

▶ 그림 23.2 이더넷 대신 리눅스 cooked capture로 저장된 pcap 파일

Colasoft Packet Builder에서 파일을 오픈하면 정상 인식되지 못하고 엉뚱한 내용이 로딩됩니다. 따라서 tcpdump로 pcap 파일을 저장할 때 -i any가 아니라 -i eth1과 같이 특정 인터페이스를 정확하게 지정해야 합니다.

Packet sending

다음 그림은 간단한 ping pcap 파일을 Colasoft Packet Builder에서 오픈한 화면입니다. 만일 패킷 내용을 수정하고 싶다면 'Decode Editor' 패널에서 수정할 수 있습니다. 이때 목적지 MAC과 IP를 주의해서 살펴보아야 합니다. pcap 파일에 저장된 dst MAC/IP를 그대로 사용한다면 무방하지만, 다른 장비로 보낸다면 필히 두 필드를 해당 목적지에 맞게 수정해야 합니다.

준비가 완료되었다면 [Adapter] 버튼을 눌러 해당 패킷을 내보낼 인터페이스를 지정합니다. 그리고 [Adapter] 버튼 좌측에 [Send] 혹은 [Send All] 버튼을 눌러 패킷을 전송합니다. 혹은 다음 그림과 같이 메뉴의 [Send] 버튼 대신 'Packet List' 창에서 마우스 오른쪽 버튼을 클릭하여 [Send Selected Packets…] 혹은 [Send All Packets…] 메뉴를 이용할 수도 있습니다.

---

[4] -i any 옵션을 주면 패킷을 캡처하는 libpcap이 Linux cooked-mode capture (sockaddr_ll, SLL)모드로 동작하면서, L2 헤더를 모두 제거한 뒤 tcpdump로 전달합니다. 따라서 pcap상의 프레임 포맷 또한 이더넷(Ethernet)이 아닌 Linux cooked capture 프레임으로 저장됩니다.

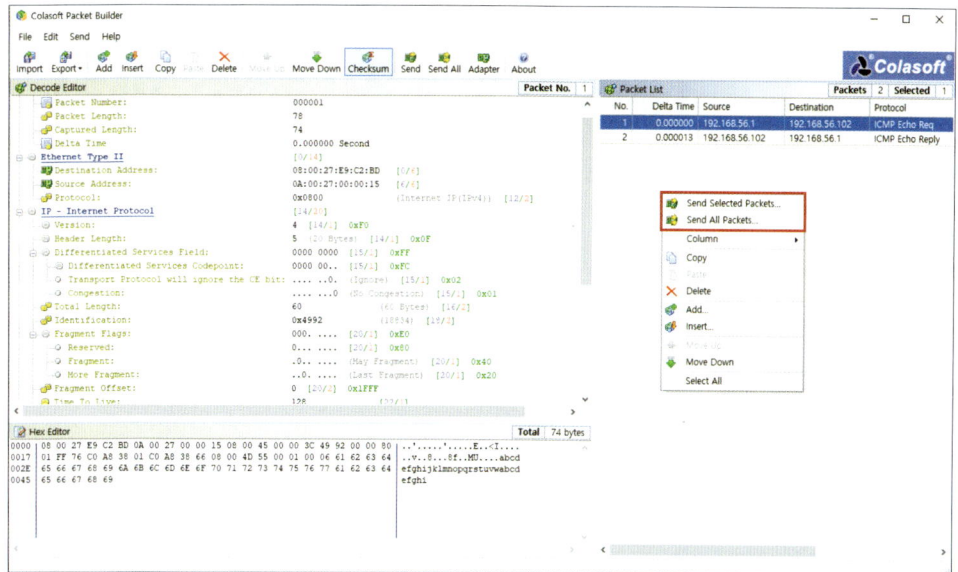

▶ 그림 23.3 간단한 ping pcap 파일 오픈

Colasoft Packet Builder는 간단하게 패킷을 만들고 테스트할 수 있습니다. 그러나 이 툴을 이용해 TCP 세션을 오픈하기는 매우 어렵습니다. TCP 헤더의 시퀀스 번호/ACK 번호Sequence/acknowledgement number 때문입니다. RFC 1122에서 살펴본 것과 같이 TCP 세션이 오픈될 때 시퀀스 번호(ISN)가 랜덤하게 만들어지며 TCP 표준에 따라 보내준 값에 +1씩 해서 응답해야 합니다.

사람이 실시간으로 이 값들을 계산해서 전송하는 것은 사실상 불가능하기 때문에 패킷 편집Packet crafting 툴에서 자동 계산해야 합니다. Colasoft Packet Builder는 이러한 기능이 없기 때문에 꼭 TCP 세션을 오픈해야 하는 테스트라면 파이썬 기반 패킷 편집 툴인 Scapy와 같은 툴을 사용하여야 합니다.

다른 테스트 툴도 마찬가지지만, 특히 Colasoft Packet Builder와 같은 패킷 편집 툴은 가급적 실 망에서 사용하지는 않는 것이 좋습니다. 의도치 않게 잘못 만들어진(예. VRRP용 GARP) 패킷 하나만으로 치명적인 장애를 유발할 수 있기 때문입니다.

23.5 네트워크 장비 접속 관리

네트워크 엔지니어는 주기적으로 네트워크 장비에 접속하게 됩니다. 만일 관리하는 장비가 많다면 체계적으로 장비 IP 및 접속 리스트를 관리해야 할 것입니다. 대표적으로 다음 방법이 있습니다.

① 텍스트 또는 엑셀 파일 등으로 관리
② putty(혹은 SecureCRT)와 같은 터미널 프로그램으로 관리
③ 웹 페이지에서 〈a href="ssh://192.168.0.10"〉192.168.0.10〈/a〉와 같은 URL로 관리
④ (다이렉트 장비 접속을 허용하지 않고)별도 게이트웨이 서버에서 관리

대형 시스템을 관리한다면 보통 ④와 같이 네트워크 장비 접속용 게이트웨이 서버를 사용하는 편입니다. 게이트웨이 서버를 이용하면 유저 관리 및 감사^{Auditing}와 같은 보안성을 향상시킬 수 있을 뿐 아니라 중앙 집중화^{Centralization} 형태로 장비 접속 리스트를 관리하여 편의성 또한 높일 수 있습니다.

이번 학습에서는 이와 같은 G/W 서버를 구축할 때 감사를 위한 로그 수집 방안과 네트워크 장비 접속 리스트를 자동 완성하는 방안 등을 살펴보고자 합니다.

감사

리눅스는 다양한 형태의 감사 툴을 제공합니다. 그중 간편하게 로그를 수집할 수 있는 **script** 라는 툴을 소개하고자 합니다. script는 script와 scriptreplay라는 프로그램으로 구성되어 있습니다. script는 유저 입력 및 CLI output을 텍스트 파일로 저장하는 프로그램이고, scriptreplay는 유저가 입력했던 화면을 마치 녹화한 것처럼 재생해주는 프로그램입니다. 이 툴의 설치 커맨드는 다음과 같습니다.

```
script 및 scriptreplay 설치 (ubuntu 기준)

ethan@ubuntu:~$ sudo apt-get install -y util-linux
```

설치가 끝났다면 다음과 같이 /etc/profile 파일을 수정합니다. 다음 설정은 G/W 서버에 유저들이 로그인했을 때 그들의 명령어 및 CLI output을 텍스트 파일로 자동 저장하는 설정입니다.

```
"/etc/profile" 수정

sudo vim /etc/profile
if [ -z "$session_record" ]; then
    timestamp=$(date "+%Y.%m.%d_%H.%M.%S")
    log_directory="/var/log/session/$USER"
    [ ! -d "$log_directory" ] && mkdir -p "$log_directory" && chmod 700 "$log_directory"
    output="$log_directory/$USER.$$.$timestamp"
    session_record=started
    export session_record
    script -t -f -q 2>"${output}.timing" "$output"
    exit
fi
```

마지막으로 로그를 저장할 base 디렉터리를 생성합니다.

```
로그를 저장할 기본 디렉토리 생성

ethan@ubuntu:~$ sudo mkdir /var/log/session
ethan@ubuntu:~$ sudo chmod 777 /var/log/session
```

어떤 유저가 로그인했다면 /var/log/session 디렉터리에 입력 커맨드와 결괏값이 실시간으로 자동 저장될 것입니다.

```
생성된 로그 파일 확인

ethan@ubuntu:~$ ls -l /var/log/session/ethan/
-rw-rw-r-- 1 ethan ethan    1435 Oct  7 16:47 ethan.4787.2021.10.09_16.46.28
-rw-rw-r-- 1 ethan ethan     769 Oct  7 16:47 ethan.4787.2021.10.09_16.46.28.timing
```

유저가 입력했던 화면을 그대로 replay하고 싶다면 다음과 같이 scriptreplay 툴을 이용하면 됩니다.

```
scriptreplay로 커맨드 입력 내용 재생

ethan@ubuntu:~$ scriptreplay    --timing      ethan.4787.2021.10.09_16.46.28.timing
--typescript ethan.4787.2021.10.09_16.46.28
```

script 툴은 매우 간단한 설정으로 감사를 할 수 있다는 점이 매력적입니다. 그러나 치명적인 단점이 하나 있습니다. 해당 유저 권한으로 로그 파일이 write되기 때문에 유저가 임의로 자신의 로그를 수정하거나 삭제할 수 있습니다. 따라서 유저를 신뢰할 수 있는 환경에서만 사용하길 권장합니다.

이보다 완벽한 감사를 원한다면 **auditd**라는 감사 데몬 툴을 이용할 수 있습니다. auditd는 단순 로그 기록을 넘어 보안 침투 분석 등을 염두하고 개발된 툴입니다. 따라서 설정이 까다롭고 유저가 호출한 파일, 프로그램까지도 기록하므로 로그 양이 대단히 많습니다. 더불어 ssh를 통해 다른 네트워크 장비에 접속한 로그까지 감사하려면 별도 PAM 모듈(pam_tty_audit)을 설정해야 합니다.

그 대안으로 최근 tlog라는 툴이 개발되었습니다. 최신의 Red Hat 계열 리눅스라면 매우 간단한 설정으로 SSH 감사가 가능합니다. 신규 G/W 서버를 구축한다면 이를 검토하길 권장합니다.

∞ tlog : github.com/Scribery/tlog

Bash auto-completion

게이트웨이 서버에서 네트워크 장비 hostname을 관리하는 방법은 크게 2가지가 있습니다.

첫째, DNS 서버를 통해 네트워크 장비 IP와 hostname을 관리하는 방법입니다. 간편하고 효과적인 방안이지만 개인적으로는 권장하지 않는 편입니다. 만일 DNS 장애가 발생하면 긴박한 순간에 네트워크 장비 hostname을 찾을 수 없기 때문입니다.

둘째, bash-completion이 있습니다. bash-completion은 hostname 정보를 서버 내부 파일로 관리하기 때문에 안정성이 높습니다. 설치 및 설정 방법은 비교적 간단합니다.

```
bash-completion 설치

ethan@ubuntu:~$ sudo apt install -y bash-completion
```

설치 이후 다음과 같이 SSH config 파일에 스위치 hostname과 IP를 기록합니다.

```
SSH config 파일 수정

ethan@ubuntu:~$ vim ~/.ssh/config
Host Switch11
    HostName 192.168.0.11
    User myUserID
Host Switch12
    HostName 192.168.0.12
    User myUserID
```

앞서 config 예시처럼 Host 뒤에 네트워크 장비 hostname을 적으면 됩니다. User는 ssh로 네트워크 장비를 접속할 때 자동으로 입력되는 ID입니다. 별도 지정하지 않을 경우 리눅스에 로그인할 때 사용한 ID(username)를 그대로 사용합니다. 설정을 끝내고 서버에 재접속하면 모든 준비가 끝납니다. 이후 다음과 같이 ssh 커맨드 다음에 [Tab] 키를 누르면 hostname이 자동 완성됩니다.

```
자동 완성 확인

ethan@ubuntu:~$ ssh Switch1[TAB]
Switch11  Switch12
```

이제 네트워크 장비를 접속할 때 IP 대신 hostname으로 접속할 수 있습니다.

SSH config 파일을 수정할 때 2가지 유의 사항이 있습니다. 첫째, SSH config 파일은 유저별로 개별 관리됩니다. 따라서 계정 config 파일을 각각 수정해야 합니다. 만일 G/W 서버에 접속하는 모든 유저에게 노출되어도 괜찮은 hostname이라면 `/etc/ssh/ssh_config` 파일을 수정하면 됩니다(`/etc/ssh/sshd_config` 파일 아님 주의).

둘째, 앞서 config 예시를 보면 Host 문자 다음에 hostname을 적었습니다. 이때 hostname으로 사용 가능한 문자에 다소 제약이 있습니다. 알파벳, 숫자, 마침표(.) 언더바(_) 대쉬(-) 등을 권장합니다. 만일 이외의 특수 문자 또는 공백을 사용하고 싶다면 `"Switch 11"`처럼 큰따옴표(")로 감싸야 합니다. 다만 특수 문자나 공백을 넣으면 정상 동작하지 않을 수 있으므로 가급적 마침표(.) 언더바(_) 대시(-) 내에서 사용하는 것을 권장합니다.

나가며

Part 06은 네트워크 장비 도입 프로세스와 안정성 극대화, 보안 위협에 대한 대응 및 설정 관리·자동화, 모니터링 툴 등 네트워크 엔지니어링을 더욱 탄탄하게 만들어 주는 다양한 주제를 다루었습니다. 이들은 네트워크의 안정성과 효율성을 한층 더 높이는 데 크게 기여할 수 있는 주제들입니다.

Chapter 20 생존성 향상 기술에서는 네트워크 생존성을 높여주는 BFD, NSF, NSR 그리고 LFA를 살펴보았습니다. 비록 LFA의 개념은 어렵지만 커맨드 몇 줄로 활성화되며 그 복잡한 로직은 장비 자체적으로 구현되므로 일반적인 환경에서 권장되는 기술입니다.

Chapter 21 보안과 공격에서는 DoS·DDoS 공격을 중점적으로 살펴보았습니다. 이 공격들은 네트워크 리소스를 소모시키는 전략을 취하기 때문에 네트워크 엔지니어의 이해도에 따라 방어 전략이 크게 달라집니다. 해당 강의가 적합한 방어 전략 수립에 도움이 되었기를 바랍니다.

Chapter 22 설정 관리에서는 자동화를 중점적으로 살펴보았습니다. 크게 2개의 주제를 살펴보았는데 먼저 필터링 자동화에서는 중앙 서버 혹은 네트워크 장비를 활용하여 ACL 필터링을 다수의 네트워크 장비에 전파하는 방법을 살펴보았습니다. 이후 원격 설정에서는 모든 설정을 자동화할 수 있는 프로토콜과 모델들을 살펴보았습니다.

Chapter 23 커맨드 & 툴에서는 네트워크 모니터링을 풍요롭게 만들어주는 각종 ping 툴과 성능 측정 툴, 그리고 패킷 캡처 툴인 tcpdump를 살펴보았습니다. 특히 리눅스 툴들이 강력한 기능을 제공하는데 최근 윈도우에서도 WSL을 통해 리눅스 툴들을 실행할 수 있으므로 해당 툴들을 훌륭하게 활용할 수 있을 것입니다. 마지막으로 게이트웨이 서버를 통해 네트워크 장비를 관리하는 환경에서 감사 및 hostname 자동 완성 방법 등을 살펴보며 Part 06의 여정을 마무리하였습니다.

APPENDIX 부록

네트워크 잡학 사전

부록에서는 알아 두면 좋을 법한 작은 주제들을 담았습니다. 구체적으로 국제 표준 단체들은 어떠한 표준들을 만들어왔는지 이들의 차이점은 무엇인지 살펴볼 예정입니다. 특히 가장 많이 레퍼런스되는 표준인 RFC의 표준화 과정과 카테고리를 깊게 다루겠습니다.

이후 알아 두면 도움이 될 만한 5가지 주제로 윤초, 알파 입자, 데이터 센터 화재 관리, 배너 작성 및 업계 실무 용어 등을 살펴볼 예정입니다.

APPENDIX A1
국제 표준화 단체

네트워크 엔지니어는 업무상 수많은 네트워크 표준들을 접하게 됩니다. 이러한 표준들은 어떤 단체가 만들고 어떤 형태로 관리할까요?
A1에서는 대표적인 네트워크 표준화 단체들을 간략히 살펴본 이후 네트워크 엔지니어가 가장 많이 접하는 표준 문서 RFC는 어떻게 관리하는지 자세히 알아보고자 합니다.

Roadmap

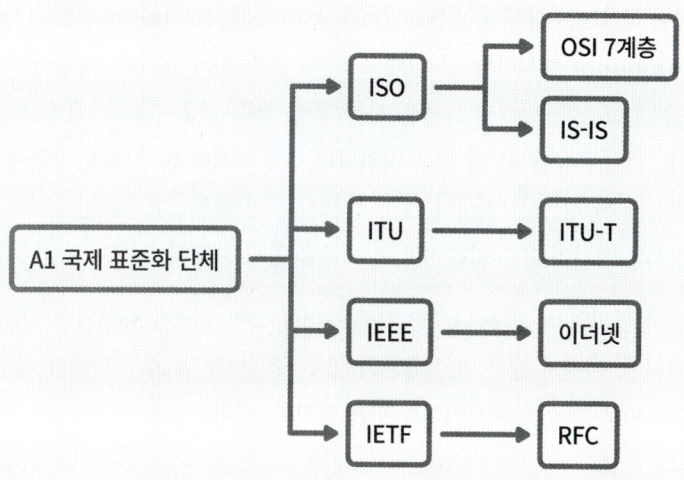

A1.1 네트워크 국제 표준화 단체

국제 표준화 단체 ISO, ITU, IEEE 그리고 IETF에 대해서 간략히 알아보고자 합니다.

1 ISO

가장 먼저 알아볼 국제 표준화 단체는 ISO입니다. ISO의 본딧말, International Organization for Standardization을 해석하면 말 그대로 '국제 표준 단체'입니다. 일상에서 ISO 표준들을 많이 접할 수 있습니다. 인터넷 쇼핑을 하다 보면 상품 설명 부분에 "품질 보증 규격, ISO 9001 인증 제품"이란 문구를 본 적 있을 것입니다. 또, 카메라 밝기 조정 항목에서 ISO 100, 200와 같은 명칭도 본 적 있을 겁니다. 모두 ISO라는 단체에서 표준화한 규격들입니다. ISO는 네트워크 영역뿐 아니라 아주 넓은 영역의 표준을 만드는 국제 표준 단체입니다.

ISO는 1947년 설립되었고, 2024년 7월 기준 무려 172개 국가가 등재되어 있는[1] 매우 큰 국제 표준 단체입니다. 유서가 깊은 만큼 표준화 세부 프로세스 및 표준 관리가 매우 체계적입니다. 너무 체계적이어서 다소 학구적이다는 평을 받기도 합니다.

OSI 7계층

네트워크 엔지니어링 입문 과정에 꼭 마주하는 **OSI 7계층**^{Open Systems Interconnection 7 Layer}은 ISO가 만든 표준 중 하나입니다. 프랑스 엔지니어 위베르 짐머만^{Hubert Zimmermann} 과 컴퓨터 과학자 존 D. 데이^{John D. Day}가 고안하고[2] 1984년 ISO가 표준화를 완료한 다소 오래된 개념 모델^{Conceptual model}입니다.

OSI 7계층이란, 쉽게 말해 컴퓨터 간 통신이 이뤄지려면 어떤 과정을 거치는지 단계별로 정리

---

[1] https://www.iso.org/members.html
[2] https://ieeexplore.ieee.org/document/1457043/authors#authors

한 것으로, L1부터 L7까지 7계층으로 구분되어 있습니다. 다음은 각 계층을 TCP/IP 네트워크에 매핑한 것입니다.

계층	계층명	IP 네트워크 기술
L7	응용 계층 Application Layer	컴퓨터 프로그램(예. 아파치 웹 서버)
L6	표현 계층 Presentation Layer	데이터 변환 모듈(예. mod_deflate)
L5	세션 계층 Session Layer	세션 관리 프로토콜(예. HTTP 쿠키)
L4	전송 계층 Transport Layer	TCP/UDP 통신
L3	네트워크 계층 Network Layer	IP 통신
L2	데이터 링크 계층 Data Link Layer	MAC 통신
L1	물리 계층 Physical Layer	전기 신호, 광 통신, 전송 장비

▶ 표 A.1 OSI 7계층과 TCP/IP 매핑

이 매핑은 OSI 7계층의 디테일한 부분에서 약간 차이가 있을 수 있지만 거의 대등하게 매칭됩니다. OSI 7계층을 온전히 이해하기 위해선 해당 모델이 '컴퓨팅'이라는 개념조차 완전히 완성되지 못했던 1984년에 만들어졌다는 점을 감안해야 합니다. 그처럼 오래 전에 만들어진 OSI 7계층 모델이 최신 네트워크 영역에서도 빼놓을 수 없을 정도로 잘 디자인되었다는 점이 되려 놀라울 따름입니다. 문제는 L5부터 L7, 즉 세션, 표현, 응용 계층이 베테랑 엔지니어조차 혼란스러워할 만큼 이해하기 어렵다는 점입니다. OSI 7계층에서 가장 이해하기 어려운 부분인 L5부터 L7 계층을 살펴보겠습니다.

L5 세션 계층

L5는 세션 계층입니다. 어떤 웹 페이지에 로그인했는데 페이지를 이동할 때마다 아이디와 비밀번호를 새로 입력해야 한다면 얼마나 귀찮을까요? 이를 방지해 주는 개념이 **세션**Session입니다. 클라이언트와 서버가 통신을 오픈할 때 필요한 정보를 각자 저장해 두고 계속 활용하는 것이죠.

TCP에도 유사한 개념이 있습니다. 처음에 3-way handshake를 할 때 서로에 대한 정보를 저장하고, 세션이 살아 있는 동안 계속 사용합니다. 따라서 TCP가 세션 계층 개념을 일부 사용한다고 볼 수 있습니다. 다만 OSI 모델에서 말하는 세션 계층은 ID/PW처럼 조금 더 넓은 영역까지 포함한 개념입니다.

L6 표현 계층

이 계층은 애플리케이션에서 전송할 데이터를 '보다 적합한' 형태로 변환시킵니다. 예를 들어, 애플리케이션에서 데이터를 평문 형태로 내려 보내면 표현 계층 모듈(또는 기능)에서 자동으로 암호화해주거나 전송 용량을 줄이기 위한 압축 등을 수행합니다.

데이터를 전송할 때 더 적합한 형태로 변환해주는 계층으로, 번역자 역할과 유사해서 번역 계층Translation layer이라고도 부릅니다. TCP/IP를 벗어나 다소 넓은 시각으로 본다면 아파치에서 SSL/TLS(암호화)를 담당하는 mod_deflate 같은 모듈 등이 이 표현 계층에 해당한다고 볼 수 있습니다.

L7 응용 계층

마지막으로 응용 계층은 엔드 유저가 직접 접하는 부분입니다. 어렵게 생각할 것 없이 크롬, 파이어폭스와 같은 인터넷 브라우저, 스마트폰의 앱 등과 같이 우리가 직접 접하는 프로그램이라고 생각하면 됩니다.

간단히 말해 TCP/IP로 OSI 7계층을 구현하려면 유저 ID/PW까지 TCP/IP에서 관리해야 한다는 의미일까요? L5 이상은 도대체 어떤 TCP/IP 프로토콜에 매핑되는지 혼란스러울 수 있습니다. 혹자는 "구현된 바 없다."라고 단정짓기도 하지만 우리가 실제 네트워크 통신을 할 때는 이러한 개념들이 모두 녹아 있습니다. TCP/IP 프로토콜처럼 네트워크 라우팅 관련 프로토콜이 아니라 HTTP와 같은 별개 프로토콜로 구현되어 있을 뿐입니다.

다시 한번 강조하지만 OSI 모델은 TCP/IP를 설명하기 위한 모델이 아닙니다. 더 넓은 시각으로 이상적인 엔드 투 엔드 네트워크 통신에 어떠한 계층이 필요할지 그려 놓은 모델입니다.

ISO가 만든 라우팅 프로토콜(IS-IS)

ISO에서 만든 라우팅 프로토콜이 있습니다. 바로 **IS-IS**Intermediate System-to-Intermediate System입니다. 정식 표기명은 IS-IS지만, 하이픈을 생략하고 ISIS라고 표기하기도 합니다. OSPF만큼 대중적이지는 않지만, 대형 네트워크에서 많이 사용하는 라우팅 프로토콜입니다. 2000년대 초까지만 하더라도 OSPF와 IS-IS를 경쟁 구도로 두고 논쟁이 많았습니다. 표준화 과정에서 서로의 장점을 보완했기 때문에 더욱 더 논쟁이 뜨거웠던 듯합니다. 서로 닮은 듯 다른 두 프로토콜 중 IS-IS는 진입 장벽이 있는 편입니다. 용어가 어렵기 때문입니다.

비록 대상을 명확하게 지칭하긴 하지만 IS-IS는 ISO에서 만든 프로토콜 답게 용어들이 다소 길고 어려운 편입니다. 예를 들어, OSPF에서는 간단하게 hello packet이라고 부르는 것을, IS-IS에서는 Intermediate System-to-Intermediate System Hello Packet(IIH)라고 부릅니다.

이와 같이 진입 장벽이 다소 있더라도 IS-IS는 매우 잘 설계된 프로토콜 중 하나로 확장성이나 보안성에서 강점을 가지고 있습니다. IS-IS만 잘 살펴보아도 ISO가 어떻게 표준을 만드는 지 엿볼 수 있습니다.

> **NOTE** OSPF 및 IS-IS의 표준화 과정에서 상호 영향
>
> 최초의 OSPF RFC 1131(1989), 'The OSPF Specification'의 '1.3 Brief history of SPF-based routing technology'를 살펴보면 OSPF가 IS-IS로부터 직접적인 영향을 받았음을 알 수 있습니다.[3] 반면 IS-IS의 경우 직접적으로 OSPF로부터 영향을 받았다는 공식 문서는 없습니다. 그러나 간접적인 영향을 살펴볼 수 있는 대목들이 있습니다.
>
> 최초 IS-IS는 DECnet을 지원하는 프로토콜로 1987년 DECnet Phase V의 한 파트로 공개되었습니다. 3년 뒤 1990년, IS-IS가 TCP/IP를 지원할 수 있도록 IETF의 RFC 1195(1990), 'Use of OSI IS-IS for Routing in TCP/IP and Dual Environments'가 표준화되었습니다. 그로부터 2년 뒤인 1992년, ISO에서 OSI 프레임워크를 지원할 수 있도록 ISO/IEC 10589:1992가 표준화되었습니다.
>
> 최초 DECnet Phase V에서(OSPF의 LSDB$^{\text{Link State Data Base}}$와 유사한 역할) 'forwarding database'는 동작 방식이 매우 간략하게 기술되어 있습니다. 그러나 IETF의 RFC 1195에서는 OSPF와 유사한 메커니즘으로 구체화된 것을 보았을 때 IETF 표준화 과정에서 비공식적인 교류 등을 통해 IS-IS가 간접적으로 OSPF 영향을 받았음을 가정해볼 수 있습니다.[4]

---

[3] https://www.rfc-editor.org/rfc/rfc1131.pdf 참조
[4] DECnet Phase V General Description (Sep 1987)의 '5.4 Routing Operation' 및 RFC 1195(1990)의 '3.10 Order of Preference of Routes / Dijkstra Computation' 참조

2 ITU

두 번째로 살펴볼 표준화 단체, ITU를 한국말로 번역하면 '국제 전기통신 연합'입니다. 전기와 관련된 표준을 다루는 국제 표준화 기구인데 그 하위 섹터 ITU-T^{Telecommunication standardization sector}, 즉 통신 표준화 섹터에서 수많은 네트워크 표준들을 만들었습니다. ITU-T는 매우 넓은 네트워크 영역에서 표준화를 완성했는데 그중 대표적인 몇 가지만 정리하면 다음과 같습니다.

- 광 통신 영역에서 WDM
- 케이블 영역에서 Twisted-Pair(TP) 케이블
- 클락 동기화^{Clocking} 영역에서 SyncE
- TDM 영역에서 SONET/SDH
- 그 외에 ITU-T Y.1731

이외에도 이 책에서 소개한 수많은 네트워크 표준을 만들었습니다. 즉, ITU를 빼고 네트워크를 논한다는 것이 불가능할 정도입니다. 이러한 ITU의 표준들을 한 문장으로 핵심만 정리하면 '음성 통신 네트워크를 기반으로 한 신뢰성 높은 표준들'이라고 할 수 있습니다.

> **Tip.** 표준 문서를 보기 위해서 소정의 비용을 지불해야 하는 ISO나 IEEE와 달리 ITU는 수많은 표준을 웹 페이지에서 무료로 다운로드할 수 있습니다.

3 IEEE

IEEE^{Institute of Electrical and Electronics Engineers}는 I-Triple-E라고 발음하는 '국제 전기전자 공학 단체'입니다. 전기전자라는 명칭처럼 주로 L1, L2 관련 표준을 주로 만들었는데, 특히 대부분의 L2 이더넷 표준들이 IEEE 내부 802 위원회의 LAN/MAN 표준에서 나왔다고 해도 과언이 아닙니다.

IEEE에서는 LAN/MAN 표준을 의미하는 802라는 숫자 뒤에 3을 붙여서 IEEE 802.3 이더넷 표준을 만들었습니다. 'IEEE 802.3ah(이더넷 LFM)'에서 살펴본 것과 같이 802.3 뒤에 문자를 덧붙여 보다 세분화된 표준을 만들기도 합니다.

> **Tip.** 무선 이더넷은 802.11 하위로 표준화되며 802.11a, 802.11b, 802.11g, 802.11n, 802.11ax순으로 표준화되었습니다.

4 IETF

IETF^{Internet Engineering Task Force}는 네트워크 엔지니어라면 최소 한 번 이상 접하는 **RFC 문서**를 만드는 표준 단체입니다. 앞서 살펴본 표준화 기관들은 네트워크 영역뿐 아니라 일상 생활과 관련된 넓은 영역의 표준들을 다룹니다. 그러나 IETF는 오직 인터넷을 위한 표준만을 다룹니다.

IETF의 표준 문서인 RFC가 대중화된 배경에는 누구나 표준화 과정에 참여하고 의견을 낼 수 있도록 한 것이 큰 역할을 했습니다. RFC는 Request for Comments 약자로, 말 그대로 '코멘트를 요청한다'는 뜻입니다. 표준을 공개해 둘 테니 혹시 잘못된 점이 있거나 더 나은 아이디어가 있으면 말해 달라고 요청하는 것입니다.

IETF에서는 RFC 글자 뒤에 숫자를 붙여 표준화 문서를 관리하며 기존 표준보다 더 나은 신규 표준이 채택되면 기존 RFC를 Obsoletes(퇴역)시키면서 다음 그림과 같이 RFC 헤더에 관련 구/최신 표준 번호를 표기해 둡니다.

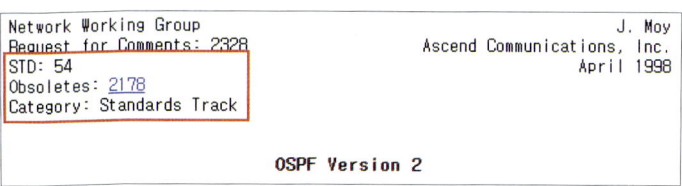

▶ 그림 A.1 RFC 헤더

Area Director

IETF는 특정 국가나 단체가 아니라 자원 봉사자들에 의해 운영됩니다. 누구나 RFC를 쓸 수 있으며 그 결과물 또한 인터넷에 공개되어 있습니다. 오픈 커뮤니티로 누구나 더 나은 아이디어를 내놓을 수 있기 때문에 수많은 네트워크 표준들이 RFC로 탄생했습니다. 허나 자원 봉사자에게만 의존하게 된다면 서로 합의점을 찾기 어려운 문제가 있을 수 있습니다. 때문에 새로운 RFC를 만들 때 RFC 2418 가이드라인에 따라 **AD**^{Area Director}가 관장하도록 하고 있습니다. 24년 5월 기준 AD는 다음과 같이 7개입니다.[5]

- Applications and Real-Time Area(art) - 애플리케이션 및 실시간 영역
- General Area(gen) - 일반 영역

---

[5] https://www.ietf.org/topics/areas, https://datatracker.ietf.org/wg

- Internet Area(int) – 인터넷 영역
- Operations and Management Area (ops) – 운영 및 관리 영역
- Routing Area(rtg) – 라우팅 영역
- Security Area(sec) – 보안 영역
- Web and Internet Transport(wit) – 웹 및 인터넷 전송 영역

RFC 카테고리

모든 RFC가 '표준'을 위해 만들어지는 것은 아닙니다. 순수하게 참고용으로 만들어지는 RFC도 있는데, 이를 구분하기 쉽도록 (그림 A.1의 빨간색 부분과 같이) RFC 헤더에 카테고리를 표기합니다. 카테고리는 총 5개가 있습니다.

① Standards Track

표준용 RFC입니다. 추후 Proposed Standard 또는 Internet Standard 중 하나가 될 수 있습니다. 이 중 proposed Standard는 개정의 여지가 있는 RFC라는 뜻입니다. 반면 Internet Standard (STD)는 완전히 인터넷 표준으로 인정받은 RFC입니다. 예를 들어, 그림 A.1의 OSPFv2는 RFC 2328로 등재되어서 STD 54로 인정되었습니다.

② Best Current Practice(BCP)

방법론을 서술한 RFC입니다. 예를 들어, 외부로부터 DDoS 공격이 들어올 때 어떤 방법으로 공격을 완화시킬 수 있는지 설명한 RFC 등입니다. 일종의 가이드라인이라고 볼 수 있습니다.

③ Experimental

표준이 될 수 있을지 아닐지 모호한 경우에 부여됩니다.

④ Historic

현재는 사용하지 않는 표준을 말합니다. 예를 들어, BGP 전의 EGP라는 프로토콜 등이 Historic으로 분류됩니다. 이때 EGP라는 프로토콜은 앞서 IGP와 함께 살펴본 EGP$^{\text{Exterior Gateway Protocol}}$도, eBGP도 아닙니다. 쉽게 말해, BGP의 이전 버전 프로토콜이라 볼 수 있으며 RFC 904로 표준화되었던 프로토콜입니다. 이처럼 오래되어 현재는 사용하지 않는 RFC들이 Historic RFC로 분류됩니다. Historic이 되는 경우는 2가지가 있는데, EGP처럼 사용하지 않아서 Historic이 된 경우도 있고, BGP 초기 표준 RFC 1163처럼 추후 새로운 RFC로 개정되면서 변경된 경우도 있습니다.

⑤ **Informational**

말 그대로 순수 정보 전달용 RFC입니다. 예를 들어, RFC 1855는 인터넷 커뮤니티에서 지켜야 할 네트워크 에티켓Netiquette을 서술해 두었습니다.

24년 5월 기준, RFC 카테고리별 카운트는 다음과 같습니다.[6] Standards track의 경우 Proposed standard, Draft standard, STD를 각각 별도 표기하였습니다. 이 중 Proposed Standards가 압도적으로 많음을 알 수 있습니다.

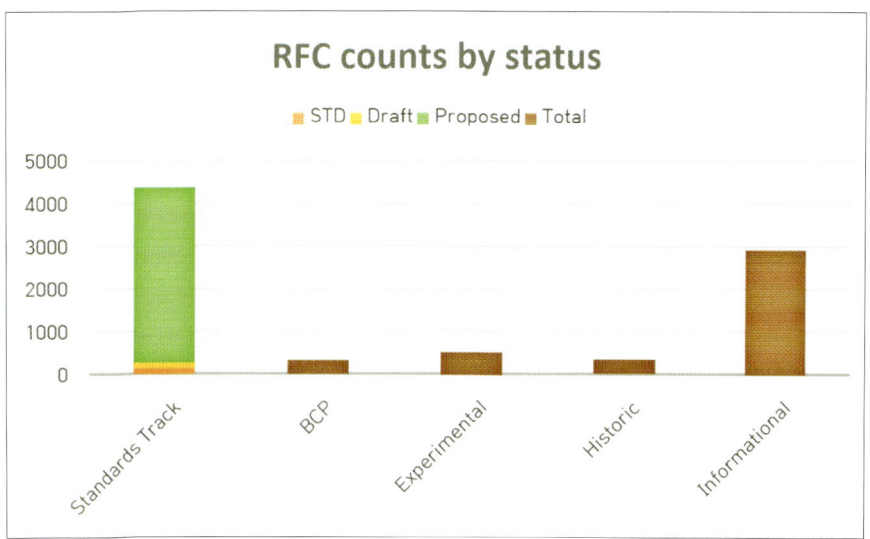

▶ 그림 A.2 RFC 카테고리별 카운트

💡 Tip. 'Standards Track'에 보이는 'Draft'(노란색)는 2013년 폐기된 프로세스로, 현재는 사용되지 않습니다.

Gray zone

표준으로 지정되었다고 해서 세세한 내용들까지 모두 강제할 수는 없습니다. 프로토콜을 위해 절대적으로 필요한 룰이라면 RFC 문서에서 "MUST(혹은 SHOULD)"라고 표현하지만, 선택적인 항목이라면 "MAY"라고 표현합니다. MAY는 말 그대로 옵션일 뿐 강제 사항이 아닙니다. 따라서 벤더들이 해당 룰을 따를 수도 있고 아닐 수도 있습니다.

---

6 https://www.rfc-editor.org/search/rfc_search_detail.php?page=All&pub_date_type=any

더불어 표준에서 언급되지 않은 세부 사안들도 있기 마련인데 이처럼 표준에서 명확히 정해지지 않은 영역들을 흔히 그레이 존$^{Grey\ zone}$ 또는 그레이 영역$^{Grey\ area}$이라고 표현합니다. 흔한 경우는 아니지만 벤더별로 이 그레이 존을 다르게 해석해서 장비 간 호환이 안 되거나 장애가 발생하기도 합니다.

5 표준화 단체들의 경쟁 관계

앞서 살펴본 4개의 표준화 단체는 각기 다른 분야에서 활동하기 때문에 어느 기관이 더 뛰어나다고 보기 어렵습니다. 때론 유사한 표준을 내놓음으로써 마치 경쟁 관계에 있는 것처럼 보이기도 하지만 대부분 서로 협력하여 보다 나은 표준을 만들기 위해 노력합니다. 다만 RFC는 누구나 표준화 프로세스에 참여할 수 있기 때문에 RFC 표준들이 서로 경쟁 관계에 있는 경우를 종종 볼 수 있습니다.

벤더에게 표준은 돈이고 전쟁입니다. 표준이 기업의 흥망성쇠를 결정하기도 합니다. 대규모 개발비를 투자하는 기업 입장에서는 자사 기술이 대중적인 표준으로 자리 잡을 수 있을지가 큰 관심사입니다. 이러한 배경으로 경쟁 관계에 있는 유사 RFC 표준이 동시에 여럿 등장하기도 합니다. RFC의 저자^{Author} 목록에 네트워크 벤더 직원이 많이 등장하는 이유도 이 때문입니다.

APPENDIX A2
기타 참고용 자료

A2는 이 책의 마지막 학습으로 네트워크 엔지니어로서 참고할 만한 콘텐츠들을 정리해 두었습니다.

Roadmap

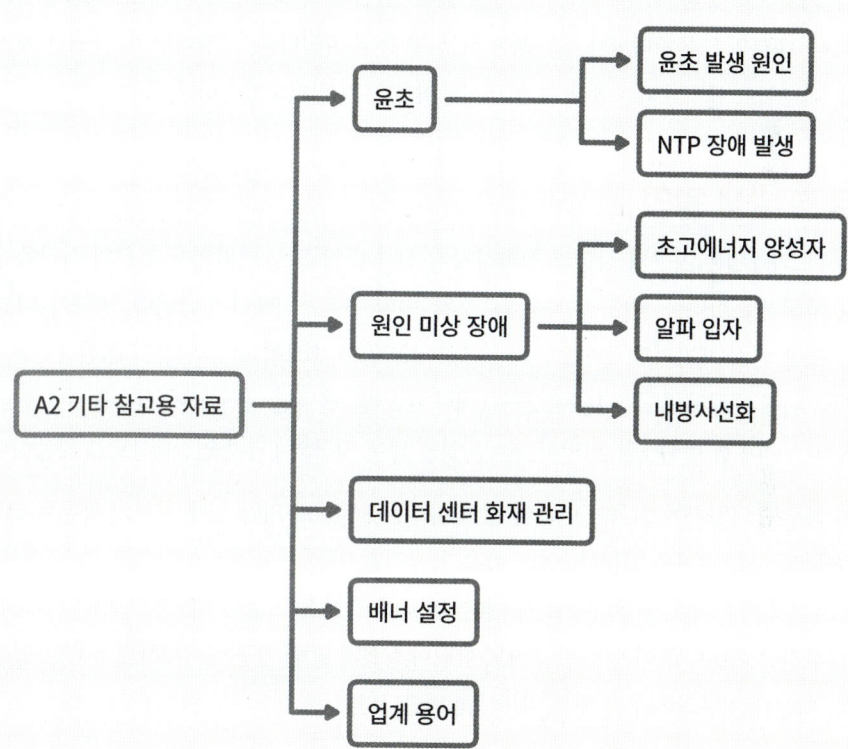

A2.1 윤초

가끔 IT 기사에서 윤초Leap second라는 단어를 볼 수 있습니다. 윤초는 초 단위로 시간을 조정하는 것으로, 네트워크 엔지니어가 조심해야 하는 것 중 하나입니다. 그렇다면 이 윤초가 왜 발생하는지, 네트워크 엔지니어는 왜 윤초를 조심해야 하는지 살펴보겠습니다.

1 윤초 발생 원인

인간의 1초와 1일은 지구의 시간과 정확하게 일치하지 않습니다. 따라서 인간의 시간을 앞당기거나 미루기도 합니다. 대표적인 사례로 2월 29일 윤일Leap day이 있습니다. 지구가 태양 한 바퀴를 돌아 다시 제자리로 돌아오는데 365.24225일이 소모됩니다. 인간이 정한 1년은 365일이므로 뒤에 애매하게 남는 0.24225일(대략 0.25일)을 4년 동안 모아 하루를 추가합니다. 다시 말해 4년에 한 번씩 2월 29일이라는 윤일을 넣어 지구의 1년과 인간의 1년을 맞춥니다.

지구의 하루도 마찬가지입니다. 인간이 정한 하루는 86400초지만 실제 지구의 하루는 그보다 미세하게 짧기도, 길기도 합니다. 여러 이유가 있지만 가장 대표적인 원인으로 조수(밀물·썰물)가 지구의 자전 속도에 영향을 주기 때문입니다.[1] 이 밖에도 맨틀 대류Mantle convection와 같은 지구 내부적인 이벤트 등이 영향을 주기도 합니다.[2] 쉽게 말해 지구는 미세하게 부르르 떨고 있습니다. 덕분에 지구의 하루가 매우 미세하게 변합니다.

지구와 인간의 시간이 정확히 맞아야 하는 이유

인간이 정한 하루는 (60초 * 60분) * 24시간 = 86400초입니다. IT가 발달하기 전까지 지구의 하루와 인간의 하루가 1초 정도 틀어져도 큰 문제가 없었습니다. 어쩌다 한 번씩 시계를 조

---

1 R. D. Ray et al., Diurnal and Semidiurnal Variations in the Earth's Rotation Rate Induced by Oceanic Tides. Science 264, 830–832(1994). DOI:10.1126/science.264.5160.830
2 Chen, S(2010) The earth dynamic system: the earth rotation vs mantle convection. Natural Science, 2, 1333–1340. doi: 10.4236/ns.2010.212162. http://dx.doi.org/10.4236/ns.2010.212162

정하면 끝이었습니다. 허나 본격적인 IT 시대가 열리면서 얘기가 달라집니다. 매우 정밀하게 시간이 맞아야 하는 경우가 자주 발생했습니다. 대표적인 예가 GPS입니다. 사실 GPS 신호에 시간 정보가 같이 있기 때문에 시간이 틀어질 일은 없습니다만 여기서는 틀어질 수 있다고 가정해보겠습니다.

GPS 수신기는 빛의 속도를 기반으로 현재 위치 정보를 구합니다. 만일 GPS 수신기의 시간이 1 µs(0.000001초)가 틀어지면 300 m 오차가 발생할 수 있습니다. 도심지 운전 중에 내비게이션에서 인식하는 내 차 위치가 300 m씩 달라진다면 내비게이션을 사용할 수 있을까요? 1초가 틀어지면 무려 30만 km 오차가 발생합니다. 이처럼 현대 사회에서는 전기 장치 간에 시간이 아주 정확하게 일치해야 할 필요성이 커졌습니다.

1967년, CIPM$^{\text{Comité international des poids et mesures}}$에서 지구의 자전 속도와 무관하게 누구든, 언제든, 어디서든, 1초를 아주 정확하게 잴 수 있는 기준을 정했습니다. 이때 정해진 '과학적인' 1초는 0도에서 세슘-133 원자가 9192631770번 진동하는 시간입니다. 이 '과학적인' 1초와 지구의 1초가 항상 같을 리가 없겠죠. 이렇게 틀어진 시간을 초 단위로 맞추는 것이 바로 윤초입니다.

2 윤초로 인한 네트워크 장비 버그

윤초는 네트워크 장비의 버그를 유발할 수 있습니다. 심각하게는 장비가 재부팅되기도 합니다. 대부분 네트워크 장비는 이중화되어 있으므로 장비가 재부팅되더라도 문제가 없지만, 윤초는 그렇지 않습니다. 윤초로 발생한 버그는 한날한시에 발생합니다. 즉, 네트워크 장비들이 동시에 재부팅됩니다.

윤초 조정 과정을 구체적으로 살펴보면 1초를 줄일 때는 해당 1초를 빠르게 건너뛰는 방식으로 처리합니다. 반면 1초를 늘릴 때가 복잡합니다. 23:59:59 초 뒤에 00:00:00가 아니라 23:59:60초와 존재하지 않는 1초를 삽입하는 다소 변칙적인 방법을 사용합니다. 이러한 방식에 예외 처리가 되어 있지 않은 네트워크 장비들이 윤초 처리 과정에서 오작동을 일으킵니다. 윤초는 NTP를 통해 전파됩니다. 만일 최악의 상황을 피하고 싶다면 윤초가 조정되는 시간대에 NTP를 잠시 끄면 됩니다. 물론 윤초 관련 버그가 패치된 OS를 사용하는 것이 보다 근본적인 방안입니다.

다행히 최근에는 네트워크 장비의 OS 완성도가 높아져서 윤초 관련 이슈가 많이 줄었습니다. 다만 오래된 OS로 운영되는 장비들은 윤초 관련 버그가 제법 있습니다. 따라서 오랫동안 OS 업그레이드를 하지 않은 네트워크 장비를 새롭게 NTP에 연동할 때는 윤초 이슈를 잘 살펴보는 것이 좋습니다.

A2.2 알파 입자

원인 불명의 네트워크 장비 재부팅 혹은 오동작의 범인으로 알파 입자Alpha particle가 지목되기도 합니다. 저도 이러한 장애 분석 리포트를 여러 차례 접한 적 있습니다. "우주에서 발생한 알파 입자로 인한 장비 재부팅"이라는 표현은 엄밀히 말하자면 반은 맞고, 반은 틀린 말입니다.

1 우주선 샤워

우주는 고요해보입니다. 그러나 우리가 알고 있는 것보다 훨씬 더 많은 일이 일어나고 있으며 우주에서 발생한 이벤트가 지구에 큰 영향을 미치기도 합니다. 다음 그림은 우주에서 날아온 초고에너지 양성자(우주 입자Cosmic ray particle)가 지구 공기 중의 원자 혹은 분자와 충돌하면서 더 작은 입자들로 깨져 지상으로 쏟아져 내리는 현상, 즉 **우주선 샤워**Cosmic ray shower 현상을 컴퓨터 모델로 그린 것입니다. 이러한 현상을 공기 샤워Air shower (EAS)라고도 합니다.

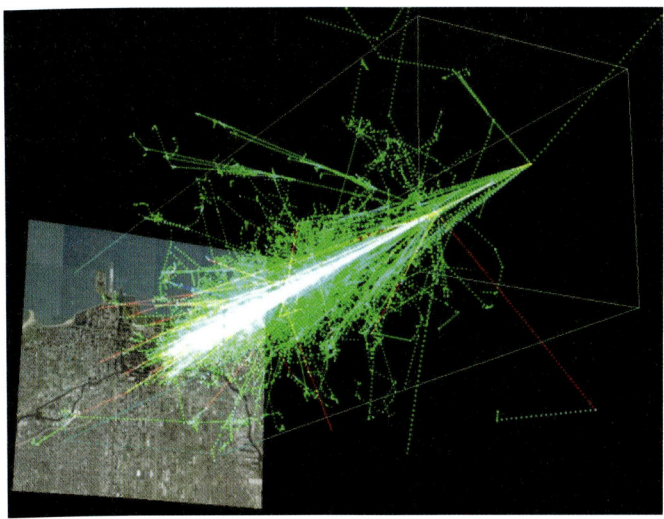

▶ 그림 A.3 초고에너지 양성자가 우주선 샤워를 유발하는 컴퓨터 모델링(출처: nasa.gov/pdf/582876main_CRaTER_Edu_Kit.pdf)

이 우주선 샤워 현상으로 인해 생성된 이차입자$^{Secondary\ particles}$가 ASIC과 같은 반도체에 부딪히면서 데이터 손상이 일어날 수 있습니다. 예를 들어, 0으로 기록된 데이터를 1로 읽어 들이는 현상이 나타납니다. 이러한 현상을 **SEU**$^{Single\ Event\ Upset}$라고 합니다. 이 SEU는 당연하게도 데이터 에러를 유발합니다.

이때 중요한 것은 데이터의 중요도와 손상 정도입니다. 만일 ECC$^{Error-Correcting\ Code}$ 메모리에서 SEU가 한 번 발생했다면 복구할 수 있습니다. 허나 ECC 기능이 없는 반도체 데이터를 건드렸거나 ECC가 있더라도 동시에 여러 데이터를 손상시켰다면 시스템 자체적으로 복구할 수 없습니다. 하필 시스템 운영에 중요한 데이터가 손상되었다면 네트워크 장비는 라인카드 재부팅 혹은 전체 시스템을 재부팅하기도 합니다.

2 알파 입자

우주선 샤워와 달리 알파 입자는 외부 요인이 아니라 내부 요인입니다. 반도체 공정은 현존하는 최고 기술들의 집약체라고 할 수 있습니다. 그럼에도 반도체를 만들 때 방사성^{Radioactive} 물질이 미량 첨가되기도 합니다. 이로 인해 중성자 2개와 양성자 2개로 구성된 알파 입자가 생성됩니다. 이 알파 입자도 데이터 손상을 유발하는 원인이 됩니다.

사실 네트워크 장비에서 발생된 장비, 라인카드 재부팅이 우주선 샤워 때문인지 아니면 알파 입자 때문인지 파악하는 것은 불가능에 가깝습니다. 너무 작은 세상, 즉 미시 세계^{Microworld}에서 순식간에 발생하고, 그 흔적마저 사라져버리기 때문입니다. 이러한 종류의 장애를 완벽히 막는 것 또한 불가능에 가깝기 때문에 시스템을 더 견고하게 설계해야 합니다. 예를 들어, 시스템이 재부팅될 때 추후 분석이 가능하도록 'OO 영역의 데이터 손상으로 인한 재부팅'이라고 로그나 코어 덤프$^{Core\ dump}$등을 남겨야 합니다. 그럼 근본 원인 분석은 힘들더라도 어떤 영역이 문제를 유발한 것인지는 추정할 수 있을 것입니다. 동일 위치에 이슈가 반복된다면 하드웨어 불량을 추정해볼 수도 있을 것입니다.

그러나 안타깝게도 시스템 설계가 치밀하지 못한 시스템들은 아무런 로그 없이 재부팅 하거나 패킷 일부만 포워딩하고 나머지는 드랍하는 행^{Hang} 상태에 빠져들기도 합니다.

3 내방사선화

미시 세계에서 발생하는 데이터 손상의 완화 방법 중 대표적인 2가지 방안은 다음과 같습니다.

① **ECC 메모리 사용**: 단일 비트 에러를 복구할 수 있습니다.
② **차폐**^{Shield}: 우주선 샤워 등으로 인한 데이터 손상을 막기 위해 반도체에 차폐 물질을 입힙니다.

또는 메모리를 이중화하는 등의 시스템 설계 자체를 강화할 수도 있습니다. 이러한 완화 방안들을 통틀어 내방사선화$^{Radiation\ hardening}$라고 합니다.

A2.3 데이터 센터의 화재 관리

데이터 센터 구축 비용은 천차만별이지만 보통 서버 1000대를 구축할 때 네트워크, 보안 장비들을 포함하여 아주 개괄적으로 계산해도 약 100억 원가량이 소모되는 편입니다. 꽤 큰 비용이 투입되지만 IT 장비들은 화재에 매우 취약합니다. 화재로 인한 직접적인 손해도 크지만 서비스 중단 비용도 만만치 않습니다. 수만~수십만 대의 IT 장비가 운영되는 이른바 메가 데이터 센터는 어떻게 화재 관리를 할까요?

1 이산화탄소 소화기

2001년 어느 날, 한국의 한 미술관에서 어린이 대상 전시 기획전이 진행 중이었습니다. '따르릉 따르릉' 한 아이가 장난으로 화재용 소화 버튼을 눌렀습니다. 요란한 알람 소리에 숨가쁘게 대피가 이뤄졌으나 5살 여아가 숨지는 안타까운 사고가 발생하였습니다. 실제 화재가 있던 것도 아니었고 대피 상황에 충돌이 있던 것도 아니었습니다. 이산화탄소 소화기 때문이었습니다.

박물관에서 화재가 발생하면 우리가 쉽게 접하는 빨간 통의 분말형 소화기를 쓰지 않습니다. 미술관의 그림이나 박물관 사료 등이 거품이나 분말로 인해 손상될 수 있기 때문입니다. 데이터 센터의 장비들도 마찬가지로 분말로 인한 장비 손상 위험이 큽니다. 따라서 박물관이나 데이터 센터의 경우 이산화탄소 소화기를 사용하기도 합니다.

이산화탄소 소화기는 액화 상태 이산화탄소를 방출합니다. 쉽게 말해, 화재 영역에 드라이 아이스를 퍼붓는다고 생각할 수 있습니다. 그 자체의 냉각 효과도 뛰어나지만 이산화탄소 가스로 덮어서 산소의 공급을 차단시키는 효과 또한 강력합니다. 즉, 냉각 효과 + 산소 억제 기능을 동시에 보유하고 있습니다. 분말처럼 남는 것이 없고 반영구적으로 보존도 가능하기 때문에 박물관 및 데이터 센터 화재에 최적화된 소화 방식입니다. 허나 사람에게 치명적입니다. 동상뿐 아니라 질식의 위험이 매우 큽니다.

데이터 센터에 설치되는 이산화탄소 소화기는 휴대용으로 사람이 들고 사용하는 게 아닙니다. 매우 빠르게 화재를 진압할 수 있도록 천정에서 대량의 이산화탄소가 순식간에 발산되며 불과 수십 초 만에 전체 상면Space을 가득 채울 수 있도록 설계되어 눈 깜짝할 사이에 상면 내의 산소가 희박해질 수 있습니다.

이산화탄소 소화기는 사람에게 매우 치명적이기 때문에 화재가 감지되면 사람이 대피할 수 있도록 일정 시간이 지난 후에 이산화탄소를 뿌리도록 설계됩니다. 따라서 데이터 센터에서 화재 및 대피 경보가 발생하면 실제 화재 발생 여부와 별개로 그 즉시 대피해야 합니다.

> **Tip.** 최근에는 질소, 아르곤, 이산화탄소 등을 혼합해 인체에 치명적이지 않은 INERGEN gas 등을 사용하기도 합니다. 2010년 이전까지는 하론 소화기를 사용하기도 했으나 오존층에 유해한 것으로 밝혀져 근래에는 많은 국가에서 사용이 금지되었습니다.

2 배너

네트워크 장비 운영 시 꼭 해야 하는 것 중에 하나가 **배너**Banner 설정입니다.

리눅스 배너 설정

리눅스에도 배너 기능이 있으며 로그인 전 배너와 로그인 후 배너 2가지가 있습니다. 로그인 전 배너는 `/etc/issue` 파일에 저장하며 주로 '관련자만 접속하라'는 경고 용도로 사용됩니다. 로그인 후 이용 팁 등을 알려 주는 배너는 `/etc/motd`[3] 파일에 저장합니다. 네트워크 장비에서 이 둘을 분리해서 부르는 공식 명칭은 없지만, 보통 로그인 전Before login 배너, 로그인 후After login 배너로 구분합니다. Before login 배너는 ID/PW를 입력하기 전에 표시되며 주로 허가된 유저만 접속하라는 경고 메시지를 입력해 둡니다. After login 배너에는 접속 후 각종 팁을 적어 두기 좋습니다만 네트워크 장비는 지원되지 않는 경우가 많습니다.

배너와 관련된 이런 도시 전설이 있습니다. 어떤 인프라 관리자가 자신이 관리하는 시스템 배너에 "Welcome"이라고 간략히 적어 두었습니다. 이후 해커가 이 배너를 보고 기분 좋게(?) 침투했습니다. 이로 인해 법정 다툼이 일어나자 해커는 배너에 "Welcome"이라 적혀 있어서 침투했다고 주장했고, 놀랍게도 이 주장이 받아들여져 결국 무죄 판결을 받았다는 내용입니다.

실제 이와 같은 일이 발생하더라도 무죄 판결 가능성은 낮습니다. 허나 배너를 무성의하게 적

---

[3] motd = message of the day

어서 좋을 건 없을 듯합니다. 좋은 배너를 작성하기가 까다로운데 VULPOINT 블로그의 훌륭한 샘플 중 하나를 옮겨 두었습니다.[4]

Notice to All Users (Authorized or Unauthorized)

This computer system is for authorized use only. Users have no explicit or implicit expectation of privacy.
Any or all uses of this system and all data on this system may be intercepted, monitored, recorded, copied, audited, inspected, and disclosed to authorized sites and law enforcement personnel, as well as authorized officials of other agencies. By using this system, the user consent to such disclosure at the discretion of authorized site personnel. Unauthorized or improper use of this system may result in administrative disciplinary action, civil and criminal penalties. By continuing to use this system you indicate your awareness of and consent to these terms and conditions of use. STOP IMMEDIATELY! if you do not agree to the conditions stated in this warning.

접근 제한 공지
이 컴퓨터 시스템은 승인된 사용자만 사용할 수 있습니다. 사용자는 이 시스템에서 개인 정보에 대한 명시적 또는 암묵적 기대를 가질 수 없습니다.
본 시스템의 일부 혹은 전체 이용 기록 그리고 모든 데이터는 도청, 감시, 기록, 복사, 감사를 비롯해 검사될 수 있으며, 인가된 조직과 법 집행 기관 및 기타 승인된 관계자에게 공개될 수 있습니다. 본 시스템에 접속함으로써 사용자는 인가된 조직 구성원의 판단에 따라 정보가 공개될 수 있음을 이해하고 이에 동의하는 것으로 간주합니다. 본 시스템을 무단으로 사용하거나 부적절하게 이용할 경우, 행정적 징계뿐만 아니라 민사 및 형사 처벌의 대상이 될 수 있습니다. 시스템을 계속 이용하시는 경우, 귀하는 본 이용 약관을 숙지하고 이에 동의하신 것으로 간주합니다. 본 경고에 명시된 조건에 동의하지 않으시면 즉시 접속을 중단해주시기 바랍니다.

---

4 https://www.vulpoint.be/sample-log-on-warning-banner

A2.4 업계 실무 용어

마지막으로 한국 네트워크 실무에서 자주 쓰이지만 다소 낯설 수 있는 용어들을 보기 쉽게 정리했습니다.

단어	한문	영어	의미
관로	管路	Conduit	기본적으로는 흙이나 물이 흐르기 위한 시설(관)을 의미하며 네트워크 업계에서는 통신 케이블을 외부로부터 보호하기 위해 설치한 전선로를 말합니다.
개비	改備	Replacement	있던 것을 갈아 내고 다시 장만한다는 뜻으로, 헌 것을 새것으로 바꾼다는 말입니다.
대개체	代改替	Replacement	위의 '개비'와 동일한 의미로, 교체하다는 뜻의 대체代替와 고쳐 바꾼다는 뜻의 개체改替를 합친 표현입니다.
이원화	二元化	Redundancy, Diversify	어떤 공급처나 경로 등을 둘로 나눠서 한쪽에 문제가 생기더라도 다른 곳을 통해 서비스 영향이 없도록 구성하는 것을 뜻합니다.
인입	引入	Ingress, Incoming	일반적으로 '외부에서 내부로 들어오는' 것을 의미합니다. 예를 들어, 인입 패킷이라고 하면 들어오는 패킷을 말합니다.
입전	入電	Energize	장비에 전기 설비를 연결하는 것을 말합니다.
절체	切替	Failover, Switchover	한 경로에서 다른 경로로 변경한다는 일본식 표현입니다.
적체	積滯	Congestion	트래픽이 원활하게 처리되지 못하고 쌓여 있는 현상을 말합니다.
증설	增設	Expansion	(용량 등을) 더 늘려 설치하는 것을 말합니다.
최번시	最繁時	Busy hour, Peak hour	하루 중 가장 많은 트래픽이 발생하는 시간 대역(보통 1시간 단위)을 말하는 일본식 표현입니다.
최한시	最閒時	Idle hour	최번시의 반대말로 트래픽이 가장 낮은 시간대를 말합니다. 이 단어에 대한 정확한 기원은 찾을 수 없으나 최번시의 번잡할 번(繁)을 한가할 한(閒)으로 바꾼 것으로 추정됩니다.
포설	布設	Laying, Cable installation	케이블을 땅속, 관로, 해저 등에 설치하는 것을 말합니다.

▶ 표 A.2 업계 실무 용어

클립 레퍼런스

Laser pointer clip by Freepik / Freepik
https://www.freepik.com/free-vector/modern-composition-with-two-crossed-light-swords_2995476.htm
그림 3.7 빛의 수면 굴절과 반사

Building clip by macrovector / Freepik
https://www.freepik.com/free-vector/city-buildings-icon-set_6438411.htm
그림 4.1 해저 케이블 시스템

Building clip by macrovector / Freepik
https://www.freepik.com/free-vector/city-buildings-icon-set_6438411.htm
그림 4.5 OADM 예시

MUX/DEMUX image by macrovector / Freepik
https://www.freepik.com/free-vector/datacenter-equipment-isometric-set_5970811.htm
그림 4.6 광 증폭기 포지션들

DB, Wireless clip by macrovector / Freepik
https://www.freepik.com/free-vector/data-center-isometric-infographics_3796427.htm
그림 7.1 모바일 백홀의 주요 컴포넌트, 그림 7.4 FDD

Cellphone clip by pch.vector / Freepik
https://www.freepik.com/free-vector/mobile-phone-hand-isolated-flat-vector-illustration-man-holding-smartphone-with-blank-screen-doing-screenshot-software-technology-concept_10173281.htm
그림 7.1 모바일 백홀의 주요 컴포넌트, 그림 7.4 FDD
그림 12.1 3-way handshake, 그림 12.5 HTTP 쿠키, 세션, 그림 12.7 two-arm OSPF, 표 13.1
그림 13.4 TCP 세션 종료(4-way handshake)

Set-top box clip by macrovector / Freepik

https://www.freepik.com/free-vector/isometric-set-icons-with-various-telecommunication-equipment-devices-isolated_7200363.htm

그림 8.7 멀티캐스트 컴포넌트

Media server clip by macrovector / Freepik

https://www.freepik.com/free-vector/datacenter-equipment-isometric-set_5970811.htm

그림 8.7 멀티캐스트 컴포넌트

그림 10.16 MTU, MSS 망 예시

그림 12.1 3-way handshake, 그림 12.2 SLB 컴포넌트들, 그림 12.3 라운드 로빈(RR)

그림 13.4 TCP 세션 종료(4-way handshake)

그림 16.5 샘플링이 원활하지 않은 장비용 샘플링 인프라 구성 방안

TV clip by Layerace / Freepik

https://www.freepik.com/free-vector/realistic-television-design_893947.htm

그림 8.7 멀티캐스트 컴포넌트

Server clip by fullvector / Freepik

https://www.freepik.com/free-vector/set-server-room-icons-3d-database-datacenter-concept-lighting-technology-object_3629636.htm

그림 6.4.1 uRPF

그림 9.4 4-MPLS LSRs, 그림 9.17 RD 예시 토폴로지

그림 10.8 SSL/TLS VPN (웹) 포털 예시

그림 11.2 DNS 계층

그림 12.5 HTTP 쿠키, 세션, 그림 12.7 two-arm OSPF, 표 13.1

그림 16.5 샘플링이 원활하지 않은 장비용 샘플링 인프라 구성 방안

그림 21.2 라우트 인젝션

Datacenter clip by macrovector / Freepik

https://www.freepik.com/free-vector/datacenter-server-cloud-computing-isometric-

클립 레퍼런스

interior-composition_4027518.htm
그림 10.1 원격 서버에 연결하는 2가지 방법, 그림 10.3 GRE 터널 구성 예시, 그림 10.8 SSL/TLS VPN (웹) 포털 예시, 그림 10.16 MTU, MSS 망 예시
그림 11.1 DNS 역할 예시, 그림 11.2 DNS 계층

Programmer clip by macrovector / Freepik

https://www.freepik.com/free-vector/game-development-isometric-illustration-with-male-female-developers-their-workplace-looking-pc-screen-with-program-code_7496550.htm
그림 10.1 원격 서버에 연결하는 2가지 방법, 그림 10.3 GRE 터널 구성 예시
그림 11.1 DNS 역할 예시, 그림 11.2 DNS 계층

SLB clip by iconicbestiary / Freepik

https://www.freepik.com/free-vector/network-scheme-stationary-wireless-equipment_1310860.htm
그림 12.2 SLB 컴포넌트들, 그림 12.3 라운드 로빈(RR)
그림 12.5 HTTP cookie, session, 그림 12.7 two-arm OSPF, 표 13.1
그림 16.5 샘플링이 원활하지 않은 장비용 샘플링 인프라 구성 방안

Clock clip by Macrovector / Freepik

https://www.freepik.com/free-vector/time-icon-collection_1048123.htm
그림 20.4 네트워크 장비 시스템 아키텍처

Scrubbing center clip by fullvector / Freepik

https://www.freepik.com/free-vector/data-security-isometric-database-icon-with-shield-key-data-lock-personal-support-safety_4102338.htm
그림 21.2 라우트 인젝션

참고 문헌

| PART 01

양자 물질의 역사 [7]: 빛도 물질이다(2019), 한정훈
- https://horizon.kias.re.kr/12316

〈Everything You Always Wanted to Know About Optical Networking - But Were Afraid to Ask〉(2017), Richard A Steenbergen
- https://archive.nanog.org/sites/default/files/2_Steenbergen_Tutorial_New_And_v2.pdf

Introduction to Fiber Optics, Jeffrey Cwalinski, P.E.
- https://www.cedengineering.com/userfiles/introduction_to_fiber_optics_0428.pdf

Concept of EDFA (Erbium-doped Optical Fiber Amplifier), (2020), Techno Pedia
- https://www.technopediasite.com/2020/06/concept-of-edfa-erbium-doped-optical-fiber-amplifier.html

Optical Transport Network (OTN) Tutorial, Timothy P. Walker
- https://www.itu.int/ITU-T/studygroups/com15/otn/OTNtutorial.pdf

| PART 02

Principles of Synchronous Digital Hierarchy, Jain, Rajesh Kumar. Taylor and Francis CRC Press. (ISBN-10: 1466517263)

All You Wanted to Know About T1 But Were Afraid to Ask, by Bob Wachtel, Data Comm for Business Inc.
- https://www.dcbnet.com/notes/9611t1.html

Introduction to PTP, NetTimeLogic
- https://www.nettimelogic.com/resources/PTP%20Basics.pdf

IEEE 1588 Frequency and Time & phase profiles at ITU-T, Silvana Rodrigues, System Engineering, IDT, Renesas Electronics Corporation, NIST WSTS - 2013, San Jose

참고 문헌

- https://tf.nist.gov/seminars/WSTS/PDFs/3-4-IDT_Rodrigues-IEEE%201588-profiles%20at%20ITU-T%20.pdf

A Tutorial on SONET/SDH Automatic Protection Switching (APS), white paper by Steve Gorshe, Principal Engineer, 2005 PMC-Sierra
Early T-carrier history, Frederick T. Andrews, IEEE
- https://ieeexplore.ieee.org/document/5741139

LTE Network Architecture: Basic, By Netmanias
- https://www.netmanias.com/en/post/techdocs/5904/lte-network-architecture/lte-network-architecture-basic

〈8B/10B Coding 64B/66B Coding〉 PeterJ, (2008)
- https://www.nikhef.nl/~peterj/KM3net/8B10B_Coding.pdf

| PART 03

TCP MSS values - what's changed?, APNIC, https://blog.apnic.net/2019/07/31/tcp-mss-values-whats-changed
Broken packets: IP fragmentation is flawed, Cloudflare
- https://blog.cloudflare.com/ip-fragmentation-is-broken

| PART 04

Coping with the TCP TIME-WAIT state on busy Linux servers, Vincent Bernat
- https://vincent.bernat.ch/en/blog/2014-tcp-time-wait-state-linux

MISUSING TCP TIMESTAMPS, Veit Hailperin
- https://www.scip.ch/en/?labs.20150305

| PART 05

An Informal Guide to the Engines of Packet Forwarding, Salah M. S. Buraiky
∞ https://forums.juniper.net/t5/routing/An-Informal-Guide-to-the-Engines-of-Packet-Forwarding/ta-p/401192

∞ https://community.juniper.net/browse/blogs/blogviewer?blogkey=713e4e3a-2813-4d02-8a03-db04b353f11f

Strategies of packet buffering inside Routers, Rafal Jan Szarecki
∞ https://archive.nanog.org/sites/default/files/wednesday_tutorial_szarecki_packet-buffering.pdf

DAY ONE: INSIDE THE MX 5G, David Roy
∞ https://www.juniper.net/documentation/en_US/day-one-books/DO_MX5G.pdf

Design and Evaluation of the Combined Input and Crossbar Queued (CICQ) Switch, Kenji Yoshigoe, University of South Florida

An Update on Router Buffering, Lane Wigley
∞ https://xrdocs.io/cloud-scale-networking/blogs/2018-05-22-update-on-buffer

Performance analysis of VOQ packet-switch, Ojomu, Sunday abayomi, University of nigeria
∞ http://www.unn.edu.ng/publications/files/images/MAIN%20WORK%20_revised_%20.pdf

Structured ASIC Based SoC Design, by Rick Mosher, AMI Semiconductor
∞ https://www.design-reuse.com/articles/7058

찾아보기

숫자
3-way handshake 458
5 tuple 461

ㄱ
가시광선 58
감사 750
감쇠 85
감쇠기 50
경로 선택 규칙 252
계단식 장애 470
계측기 626
고유 흡수 91
광 송수신기 27, 44
광양자설 64
광원 75
광원 센서 77
광 증폭기 125
광 케이블 82
광 케이블 커넥터 104
광 테스터기 47
광 통신 26
광 파장 26
구면파 60
그레이 존 267
극성 교체 107

ㄴ
내륙 케이블 117
내방사선화 777
내부전반사 94

ㄷ
다크 파이버 381
대역 85
댐프닝 666
데이터시트 512
데이터 통신 29
데이터 펄스 230
드라이 플랜트 112
디멀티플렉싱 184
디바운스 666
디피-헬먼 알고리즘 390
딜레이-버퍼 586
딥 버퍼 스위치 588

ㄹ
라디오파 62
라만 증폭기 128
라만 현상 128
라벨 스태킹 293
라우트 인젝션 681
라우팅 31
라우팅 프로토콜 31
라운드 로빈 38, 463
레이턴시 70
로드 밸런서 458
로드 밸런싱 37
루스 튜브 케이블 100
리셰이핑 331
리피터 114
링 브릿지 203
링 토폴로지 201

ㅁ
마루 61
마이크로 루프 654
마이크로-버스트 593
마이클 패러데이 58
먹스폰더 122
멀티 모드 72
멀티 바인딩 462
멀티 스테이징 579
멀티캐스트 268
멀티프레임 206
멀티플렉싱 164
모달 대역폭 88
모달 분산 74
모드 분산 73
모바일 백홀 183
물리 규격 54
미러링 597

ㅂ
바운드 광선 96
발산각 72
발진기 172
배너 779
백로그 큐 672
백플레인 568
밴드 120
버스 546
버퍼 99, 586
베어 광 케이블 96
변조 89
보조 버퍼 99

분극 현상 451
브로드캐스트 269
비트 스터핑 184
빛 58

ㅅ

사설 인증서 733
산란 91, 93
샘플링 599
세그먼트 라우팅 353
셀프 라우팅 579
셰이핑 602
소프트웨어 로드 밸런서 514
스위치 606
스크러빙 센터 386
스톰핑 590
시간 동기 네트워크 192
실리카 82
싱글 모드 72
싱글 스테이징 579

ㅇ

알파 입자 775, 776
암페어 617
앙페르의 오른손 법칙 60
양자역학 64
양자화 163
언리피티드 케이블 시스템 115
언바운드 광선 95
에코 모드 641
에포크 527
오프 칩 메모리 587
온 칩 메모리 587

와이어샤크 597
외피 102
우주선 샤워 775
원격 설정 698
웹 챌린지 683
유니캐스트 228
유휴 시간 518
윤초 772
음성 통신 29
이더넷 28, 214
이스케이핑 718
이중 슬릿 65
임계각 95
임계치 48
입자 64

ㅈ

자기장 58
자외선 62
적외선 58, 62
전기장 58
전기 재생기 124
전기 통신 26
전용선 379
전자기파 58
전자파 60
점보 프레임 419
접지 614
정규표현식 716
정적 LSP 298
주 버퍼 99
주파수 61
증폭기 122, 124

ㅊ

차폐 150
채널 간격 120
초단파 62
최소 pps 469
최소 대역폭 469
최소 연결 467
최소 응답 시간 468

ㅋ

캡슐화 122
커넥션 풀링 534
컨트롤 패킷 546
컨트롤 플레인 542
컷 스루 스위치 588
케이블 쉽 116
코너 케이스 607
코어 82
코히어런트 138
큐-버퍼 586
큐잉 567
크로스바 577
클락 172
클락 동기화 177
클락 지터 176
클락 펄스 230
클래딩 94

ㅌ

타이트 버퍼 케이블 99
타키온 71
터널링 384

찾아보기

퇴플리츠 해시 488
트래픽 제한 329
트랜스폰더 122

ㅍ

파동 61
파동–입자 이중성 67
파워 유닛 612
파이프라인 719
파장 61
패브릭 568
패브릭 스케줄링 577
패킷 29
펄스 스터핑 184
페룰 83, 105
페일오버 647
편광 144
평면파 60
포워딩 칩 566
포인터 207
포트 34
포트 플랩 663
폴리싱 570
풀로렌 67
프레임 비트 169
프로그래머블 ASIC 563
프로시저 700
프록시 476
프리엠블 229
플랫 케이블 156
필터링 77
필터링 자동화 690

ㅎ

하인리히 헤르츠 59
해시 452, 465
해저 케이블 112
핸드오버 220
핸들 51
행 470
헬스 체크 506
흡수 91

A

ab 735
AC 616
ACL 680
ARP 29, 407, 440
arping 447
Arp 스푸핑 448
ASIC 559
ASK 138
AWG 614

B

Batch job 517
BFD 640
BGP 32, 261
Bidding 623
BiDi Optic 136
BMT 624
bps 511
breakout 46
B/W 테스트 722

C

CAPTCHA 684
CC 512
CIOQ 573
Cipher Suite 403
CLI 커맨드 714
CLS 113, 116
Colasoft Packet Builder 746
CPS 512
CRC 590
cURL 732

D

DAC 케이블 156
dB 50
dBm 49
DBMS 513
dBmW 49
DC 616
DDM 48
DDMI 48
DDoS 670
DH 170
DMD 73
DNS 430
DOM 48
DoS 670
DP 545
DSP 145
DSR 480

E

E-carrier 168
EDFA 125
EGP 32
EMB 90
EMI 150
EoL 554
EPON 237
Expect 698

F

FEC 133
FIB 542
First window 85
FLF 261
Flowspec 696
FPGA 560
fping 723

G

GARP 442
GI-MMF 97
GPS 174
GR 651
GRE 383
GSLB 438

H

H/C 506
hot-pluggable 46
hot-swappable 46
hping 726
HTTP cookie 674
HTTP 인증 466
HTTP플러드 678
HVDC 617

I

ICMP 플러딩 670
idle timeout 517
IEC 77
IEEE 54, 764
IETF 765
IGP 32
IP 28
iperf 728
IP 스푸핑 670
IP 패킷 분할 385
IS-IS 32
ITU 764
ITU-T 764

K

keepalive 518

L

LC 104
LDP 301
LTE 113
LTE 모바일 백홀 218

M

MAC 28
MBB 325
MBW 88
MMF 75, 83
MoFRR 661
MPLS 290
MPLS VPN 334
MPLS 시그널링 300
MPLS 헤더 292
MPO 104
MRT-FRR 658
MSA 54
MSS 420
MTTF 636
MTU 407
mW 49

N

NAT 500
NEBS 630
netflow 599
NMS 595
NSF 648
NSR 649

O

OADM 122
OAM 132, 188
OEO 컨버터 124
OFL 90
On Board Optic 46
OpenConfig 708
Optic 44
OPU 131
ORIGIN 265
ORL 106
OS 550

찾아보기

OSI 7계층 760
OSPF 32, 252
OTN 129

P
PDH 167
PDM 144
PHB 295
PIM 580
PLL 179
PoP 112
pps 510
PSK 140
PSNPacket 29
PsPing 720
PSTN 162

Q
QAM 142
QoS 573, 593

R
RESTCONF 702
RF 232
RFC 1122 525
RFC 6291 188
RIB 542
RIP 460
RJ45 44
rLFA 656
ROADM 123
RPC 700
RPS 458, 514

RR 38, 463
RTBH 693
RUDY 678

S
SC 104
SDH 182
SDN 371
SE Style 324
SFP 54
SFP+ 27
Sham link 257
SI-MMF 97
SLB 37, 458
Slowloris 679
SMF 75, 83
SNIA SFF TA 54
SNR 134
SoC 587
SONET 182
SONET/SDH 30
SPRING 353
SR 353

T
T-carrier 168
TCM 132
TCP 35
tcpdump 739
TCP Ping 722
TCP 타임스탬프 526
TCP 플러딩 672
TDM 30, 164

TE 264
threshold 48
TIA-598 102
TIME-WAIT 520
TIR 94
TLD 433
TLS 오프로딩 503
TLV 262
TPS 513
TP 케이블 150
tshark 746

U
UDP 34
UDP 플러딩 671
uRPF 690

V
VIP 460
VOQ 573
VPN 291, 378

W
WDM 119

X
XO 173
X선 62

Y
YANG 모델 703